云南省社会科学院
中国（昆明）南亚东南亚研究院　研究文库
何祖坤　主编

东巴文献及其
当代释读刊布和创新

DONGBA LITERATURE AND ITS CONTEMPORARY
INTERPRETATION PUBLICATIONS AND INNOVATIONS

杨福泉等　著

中国社会科学出版社

图书在版编目(CIP)数据

东巴文献及其当代释读刊布和创新 / 杨福泉等著 . —北京：中国社会科学出版社，2020.3
ISBN 978-7-5203-6115-6

Ⅰ.①东… Ⅱ.①杨… Ⅲ.①东巴文—研究 Ⅳ.①H257

中国版本图书馆CIP数据核字(2020)第040812号

出 版 人	赵剑英
责任编辑	任　明
责任校对	闫　萃
责任印制	李寡寡

出　　版	中国社会科学出版社
社　　址	北京鼓楼西大街甲158号
邮　　编	100720
网　　址	http://www.csspw.cn
发 行 部	010-84083685
门 市 部	010-84029450
经　　销	新华书店及其他书店

印刷装订	北京君升印刷有限公司
版　　次	2020年3月第1版
印　　次	2020年3月第1次印刷

开　　本	710×1000　1/16
印　　张	47.5
插　　页	2
字　　数	853千字
定　　价	198.00元

凡购买中国社会科学出版社图书，如有质量问题请与本社营销中心联系调换
电话：010-84083683
版权所有　侵权必究

云南省社会科学院 中国(昆明)南亚东南亚研究院
研究文库编委会

主　任：何祖坤

副主任：沈向兴　王文成　陈光俊　陈利君
　　　　黄小军

委　员：(按姓氏笔画排序)
　　　　马　勇　王文成　王育谦　孔志坚
　　　　邓　蓝　石高峰　任仕暄　杜　娟
　　　　何祖坤　余海秋　沈向兴　陈光俊
　　　　陈利君　郑成军　郑宝华　赵　群
　　　　郭穗彦　黄小军　萧霁虹　董　棣
　　　　雷著宁

编　辑：马　勇　袁春生　郑可君

本书撰写者

杨福泉　杨杰宏　和力民　李德静
习建勋　李　英　张　磊　杨琼珍

目　录

导论　关于东巴文献及其当代释读刊布和创新的思考 ………… (1)

上篇　国内外东巴文化及其文献研究概述

第一章　国内东巴文化及其文献研究现状 ………………… (31)
一　当代东巴文化的兴衰 ………………………………………… (31)
　（一）1949年到1978年东巴教的兴衰概况 ………………… (31)
　（二）改革开放后东巴文化及其文献的复苏 ……………… (33)
二　东巴文化的当代传承 ………………………………………… (38)
　（一）纳西族社区自发的东巴教传承 ……………………… (38)
　（二）学者实践东巴文化传人的培养 ……………………… (41)
　（三）民间文化企业参与东巴文化的传承 ………………… (43)
　（四）东巴文化滋养旅游产业 ……………………………… (47)
三　东巴文化现状简析 …………………………………………… (47)
　（一）简析当下东巴教 ……………………………………… (47)
　（二）三点建议 ……………………………………………… (49)
四　国内博物馆、图书馆和民间收藏东巴文献概况 …………… (53)
　（一）路鲁人独特的两种东巴经 …………………………… (54)
　（二）阮可人的东巴经 ……………………………………… (55)
　（三）东巴医书 ……………………………………………… (55)
　（四）东巴象形文字和经书在民间的应用 ………………… (56)
　（五）宗教经典之外的东巴文字当代应用 ………………… (56)
五　东巴文献所用"东巴纸"现状 ……………………………… (57)

六　东巴口诵经的整理与翻译……………………………………（58）

第二章　国外对东巴文化及其文献的研究……………………………（60）
一　19世纪到中华人民共和国成立前的状况……………………（60）
二　1949年到1978年的状况………………………………………（64）
三　1980年以来的发展状况………………………………………（66）
四　近期的研究热点和态势………………………………………（71）
五　国外首部研究纳西语言文献的专著
　　——评述巴科的《麽些研究》…………………………………（76）
六　德国的纳西学研究学术史述略………………………………（83）
　（一）20世纪60年代对东巴古籍的研究………………………（83）
　（二）20世纪80年代以来的纳西语文和摩梭研究……………（86）
　（三）20世纪90年代以来奥皮茨为代表的人类学研究………（90）
七　纳西传统和一些喜马拉雅地区社会的联系
　　——德国学者奥皮茨的一项研究……………………………（94）

第三章　纳西族东巴文献保护与发展概述……………………………（105）
一　概述……………………………………………………………（105）
　（一）基本情况…………………………………………………（105）
　（二）书写文献…………………………………………………（106）
二　中华人民共和国成立后东巴文献收集整理简述……………（107）
三　东巴文献保护及其成绩………………………………………（109）
　（一）文献普查与编目及其《中国少数民族文献总目提要》
　　　　的编写……………………………………………………（109）
四　东巴文献的整理与研究………………………………………（112）
　（一）文献翻译整理成就………………………………………（112）
　（二）研究论著…………………………………………………（113）
五　东巴文献的学术交流…………………………………………（114）
　（一）国内学术会议……………………………………………（114）
　（二）国际相关学术会议………………………………………（115）
六　结语……………………………………………………………（117）

中篇 专题研究

第一章 与东巴（达巴）文献相关的"纳族群"认同及其变迁 …… (121)
  一 研究纳族群多重称谓与认同的学术意义 ……………… (121)
  二 纳人（摩梭人）的多重称谓与认同 …………………… (122)
    （一）官方认定的身份 ………………………………… (123)
    （二）学术界对纳族群的称谓 ………………………… (124)
    （三）族内认同方式："我们是纳" …………………… (126)
    （四）对外宣称的认同方式："我们是摩梭人" ……… (129)
    （五）历史上纳人上层的族群认同 …………………… (131)
  三 结论 ……………………………………………………… (133)

第二章 关于东巴教性质的几点新思考 ……………………… (135)
  一 宗教"经典定义"与东巴教的性质 …………………… (135)
  二 东巴教与本教、道教和古羌宗教 …………………… (138)
  三 从几种宗教定义看东巴教的独特性 ………………… (144)

第三章 东巴口诵经研究 ……………………………………… (150)
  一 东巴教的"还树债"仪式和口诵经 …………………… (150)
    （一）"还树债"观念和相关仪式 ……………………… (150)
    （二）东巴的口诵经 …………………………………… (153)
    （三）口诵经《还树债》 ……………………………… (156)
  二 东巴教神幛画"开眼"仪式及其口诵经 ……………… (160)
    （一）东巴教的神轴画和"开幛眼"仪式 …………… (160)
    （二）口诵经《神幛开眼》（《开幛眼》） …………… (164)
    （三）东巴教与藏传佛教在"开幛眼"仪式中的区别 ……… (168)

第四章 东巴图画象形文字的象征意义 ……………………… (170)
  一 独特的纳西象形文字 …………………………………… (170)
  二 纳西象形文中的民俗事象象征 ……………………… (174)
  三 纳西象形文字中的宗教象征意义 …………………… (179)

第五章　外来宗教与东巴教和巫术文化的融合
　　——纳西族巫师桑尼所用的一幅卷轴画考释 ……………（184）
　一　桑尼、东巴神与纳西族地方信仰 ……………………（184）
　二　对洛克所收集到的纳西族桑尼巫师的卷轴画的深度解读 ……（185）
　三　结语 …………………………………………………………（192）

第六章　东巴仪式及其文献的当代变迁 ………………………（194）
　一　东巴教祭天仪式的女性禁忌及其变迁 …………………（194）
　　（一）祭天中妇女禁忌的空间表现形式及其变迁 ……………（194）
　　（二）祭天妇女禁忌习俗形成原因论析 ………………………（199）
　二　"东巴进城"：传统文化传承的新途径 …………………（204）

第七章　纳西族东巴文献整理范式检析 ………………………（215）
　一　以"历史主义为取向"的东巴文献整理范式及成果 ……（215）
　二　以"文学为取向"的东巴文献整理范式及成果 …………（221）
　三　介乎于"文学"与"历史"之间 …………………………（223）

第八章　东巴文献文本研究 ……………………………………（226）
　一　东巴多模态叙事文本探析
　　——基于东巴书面与口头文本的比较研究 ……………（226）
　　（一）东巴叙事传统的文本类型 ………………………………（227）
　　（二）东巴叙事传统中的口头性特征 …………………………（236）
　　（三）东巴叙事传统中口头与书面文本的互文性 ……………（247）
　　（四）多模态叙事文本：东巴叙事文本性质的探讨 …………（251）
　二　东巴文献所载史诗的多元叙事 ……………………………（255）
　　（一）以情节为导向的叙事视角 ………………………………（256）
　　（二）预言式的叙事视角 ………………………………………（257）
　　（三）以情感为导向的叙事视角 ………………………………（259）
　　（四）仪式语境中的角色融合与视角转换 ……………………（260）
　三　东巴叙事传统中口头与书面文本的互补性 ………………（262）
　　（一）叙事内容的互文性 ………………………………………（263）
　　（二）叙事形式的互文性 ………………………………………（264）
　　（三）叙事功能的互文性 ………………………………………（268）

（四）东巴叙事传统与纳西族民间叙事传统互文性的
　　　　 非对等性 ································· (270)

第九章　东巴仪式与东巴文献的程式化特征研究
　　　　——以东巴祭天仪式为个案 ···················· (274)
　一　祭天仪式的民族志考察 ··························· (275)
　　（一）传统祭天：塔城祭天 ························· (275)
　　（二）圣地祭天：三坝祭天 ························· (281)
　　（三）城区祭天：郭氏祭天 ························· (284)
　　（四）祭天之变：传统祭天仪式的变迁分析 ··········· (288)
　二　祭天仪式的程式化特征 ··························· (290)
　　（一）仪式核心程序的程式化 ······················· (291)
　　（二）仪式程序步骤的程式化 ······················· (292)
　　（三）仪式程序时空的程式化 ······················· (293)
　三　祭天仪式与东巴文献的程式对应关系 ··············· (296)
　　（一）祭天仪式的主题或典型场景 ··················· (297)
　四　仪式类型与故事类型 ····························· (303)
　　（一）仪式类型的分类 ····························· (303)
　　（二）仪式类型与故事类型 ························· (304)
　　（三）超级仪式的故事集群 ························· (306)
　五　祭天仪式程式的结构形态 ························· (309)
　　（一）口头程式与仪式程式的互动关系 ··············· (309)
　　（二）"仪式程式"的概念内涵及特征 ················ (311)

第十章　东巴仪式表演的文本结构探析 ················ (314)
　一　东巴仪式表演文本：以口头演述与仪式表演互为文本 ····· (315)
　二　东巴仪式表演中的并列平行式 ····················· (316)
　三　东巴仪式表演中的递进平行式 ····················· (319)

第十一章　东巴经的口头程式与经文书写 ·············· (323)
　一　口头程式理论概述 ······························· (323)
　二　东巴经的口头程式 ······························· (324)
　　（一）语词程式 ··································· (325)

（二）句法程式 …………………………………………………… (326)
　　（三）主题以及围绕主题的故事叙述程式 …………………… (330)
　三　东巴经的口头程式和经文的书写 …………………………… (331)
　　（一）东巴文字对文本的书写方式 …………………………… (331)
　　（二）东巴经的口头程式和东巴经的书写 …………………… (332)
　四　结论 …………………………………………………………… (333)

第十二章　纳西族口头传统特征刍论 …………………………… (334)
　一　口耳相传中形成的口头表达艺术 …………………………… (334)
　二　口头传统的创作、传承是以集体的形式而实现的 ………… (336)
　三　文化传播带来的地域差异性 ………………………………… (338)
　四　不同时空语境中的文本变异性 ……………………………… (340)
　五　东巴文化成为纳西口头传统的重要传承载体 ……………… (341)
　六　仪式中的表演：口头传统的综合艺术文本 ………………… (342)

下篇（一）　田野调查研究报告和文献翻译

一　东巴文化传人培养的一次实践和总结 …………………… (347)
　（一）实施此项目的社区文化背景 ……………………………… (347)
　（二）所培训的 8 个东巴文化传人情况简述 …………………… (347)
　（三）东巴师生的传承体会 ……………………………………… (365)
　（四）配合项目的田野调查 ……………………………………… (367)
　（五）东巴师生参与社会公众活动情况 ………………………… (368)
　（六）传承培训的管理条例 ……………………………………… (368)
　（七）结束语 ……………………………………………………… (369)

二　玉龙县鲁甸乡新主村东巴文献传承应用调研报告 ……… (370)
　（一）新主东巴文化溯源 ………………………………………… (371)
　（二）清末至民国时期东巴经书及其传承、刊布 ……………… (372)
　（三）1958—1965 年新主村东巴经典收集、释读和研究 ……… (376)
　（四）1968—1977 年新主村东巴经典的没收和焚毁 …………… (378)
　（五）1980—2000 年新主村东巴应邀到东巴文化研究室释读、
　　　　翻译东巴经 ………………………………………………… (379)

（六）1995—2014年新主村东巴经典的传承和研究 ………………（380）
　　（七）现今流布使用的东巴经典情况 …………………………………（384）

三　玉龙县塔城乡署明村东巴经文献传承应用调查 ………………………（399）
　　（一）相关背景 …………………………………………………………（399）
　　（二）东巴经文献收藏情况、特点及历史变迁 ………………………（406）
　　（三）东巴经文献的书写媒介东巴土纸 ………………………………（412）
　　（四）东巴文化的传承及存在问题 ……………………………………（413）
　　（五）对署明东巴经文献传承的建议与对策 …………………………（415）

四　丽江市古城区开南街道贵峰社区东巴经典文献传承应用调查 ………（417）
　　（一）贵峰五村社会背景概述 …………………………………………（417）
　　（二）贵峰五村历史文化概况 …………………………………………（419）
　　（三）历史上三元村的东巴和东巴经典的传承 ………………………（431）
　　（四）20世纪末以来三元村东巴祭仪及经典文化传承 ………………（440）
　　（五）现存东巴经书的书写、保存和使用 ……………………………（448）
　　（六）正在开始的东巴经典文献手抄项目 ……………………………（459）
　　（七）贵峰社区东巴经文献传承的特点 ………………………………（459）
　　（八）贵峰村东巴文化传承的未来走向 ………………………………（463）

五　宁蒗县拉伯乡油米东巴文化及其文献应用调研 ………………………（468）
　　一　油米的自然环境 ……………………………………………………（468）
　　二　油米社会经济概况 …………………………………………………（469）
　　三　油米传统文化存活情况 ……………………………………………（471）
　　　　（一）服饰 …………………………………………………………（471）
　　　　（二）建筑 …………………………………………………………（471）
　　　　（三）婚恋 …………………………………………………………（472）
　　　　（四）丧葬 …………………………………………………………（473）
　　四　油米的东巴文化 ……………………………………………………（475）
　　　　（一）油米东巴民俗活动现状 ……………………………………（476）
　　　　（二）油米东巴祭司传承 …………………………………………（477）

六 香格里拉市三坝乡吴树湾村纳西族东巴文化调查报告 …………(484)
   （一）概况 ……………………………………………………………(484)
   （二）传统农业调查 …………………………………………………(486)
   （三）居住文化调查 …………………………………………………(490)
   （四）服饰文化调查 …………………………………………………(495)
   （五）饮食文化调查 …………………………………………………(496)
   （六）民俗文化调查 …………………………………………………(498)
   （七）东巴文化传承调查 ……………………………………………(503)

七 香格里拉市三坝乡东坝大村东巴经典传承现状调查报告 ………(519)
   （一）东坝大村概况 …………………………………………………(519)
   （二）东坝大村东巴经典的传承与现状调查 ………………………(520)
   （三）东坝大村东巴文化传承与研究简述 …………………………(538)
   （四）东坝大村与周边关系 …………………………………………(541)

下篇（二） 东巴文献翻译

一 口诵经：《还树债》 ………………………………………………(545)

二 祭斯蹦祖先仪式：《在斯蹦祖先住地架檩子经》 ………………(561)

三 祭天神、地神和柏神仪式：《阿瓦腊瓦唱本和射箭镇仇敌经》 …(594)

四 《超度女性死者·挽歌》 …………………………………………(609)

五 三坝纳西族阮卡人东巴经《烧天香》译注 ………………………(645)

六 三坝吴树湾村东巴婚礼"谷气"调翻译 …………………………(718)

七 香格里拉市东坝村东巴经《汝日·簇翅》译注 …………………(731)

后记 ………………………………………………………………………(745)

导论

关于东巴文献及其当代释读刊布和创新的思考

一

居住在云南省丽江市①玉龙纳西族自治县、古城区、维西傈僳族自治县、永胜县、四川省木里藏族自治县俄亚、盐源县达住等地的纳西人自称"纳西"（国际音标：nɑ²¹ɕi³³，纳西拼音文字：naq xi）②；居住在云南省宁蒗县永宁、翠依、四川省盐源县、木里县的雅砻江流域和泸沽湖畔的纳西人自称为"纳"（国际音标：nɑ¹³，纳西拼音文字：naq）或"纳日"（国际音标：nɑ³¹zɯ³³，或音译为"纳汝"；纳西拼音文字：naq，naq ssee）；居住在宁蒗县北渠坝和永胜县獐子旦的自称"纳恒"（国际音标：nɑ²¹xĩ³³，纳西拼音文字：naq xin）；居住在云南省中甸县③三坝乡的纳西人自称"纳罕"（国际音标：nɑ²¹hæ³³，纳西拼音文字：naq hai，或译为"纳汗"）；此外，还有少数自称为"玛丽玛莎"（国际音标：ma³³li⁵⁵ma³³sa³³，纳西拼音文字：ma lil ma sa，他们居住在云南迪庆藏族自治州维西县）、"路路"（国际音标：lv⁵⁵lv³³，纳西拼音文字：lvl lv，又音译为"鲁鲁"，他们居住在丽江市玉龙纳西族自治县塔城乡、鲁甸乡等地）。

在上述自称中，以纳西、纳日、纳罕、纳恒几种称谓居多，特别是自称纳西的人占纳西族总人口的5/6，因此，根据本民族意愿，经国务院批

---

① 丽江地区已经于2002年12月26日撤地改市，丽江县在2003年分为玉龙纳西族自治县和古城区。

② 笔者在此书中除了国际音标之外，在一些地方也采用1957年设计、1981年修订的拉丁字母形式拼音文字《纳西文字方案》来记录纳西语词汇。

③ 中甸县在2001年已经更名为香格里拉县，后2014年撤县设市、更名为"香格里拉市"详见后文17页脚注。本研究叙述到中甸时多涉及历史上的情况，因此有些地方仍沿用旧名中甸。

准，于1954年正式定族称为纳西族。①"纳"一词有"大""宏伟""浩大""黑""黑森森""黑压压"等意思，"西""日""罕"等皆意为"人"。

在汉文文献中，纳西族的他称有"麽些"（些读如 so）、"摩沙""摩挲""摩娑"等，近现代汉族民间亦曾流行以"麽些"（摩梭）称纳西人。英文、法文将"麽些"译为 moso 或 mosso。方国瑜先生认为"麽"或"摩"都是"旄牛夷"之"旄"一词的音变，"些"（so）是"人"一词之古称。由于历史上的这一他称比较普遍，直至族称正式定为"纳西"之前的20世纪50年代初，各地纳西人填族别时填"麽些"或"摩西"。藏族人则称纳西族为"姜"（Hjang），《格萨尔·姜岭大战之部》中的"姜"即指纳西族。"姜"是"羌"的音变。白族自古称纳西族为"摩梭"（麽些）；傈僳族称纳西族为"罗木扒"；普米族称纳西为"娘命"，但通用的他称仍为"摩梭"（麽些）。主要居住在中甸县东南部东坝等地的部分纳西人（自称纳西或纳罕）被称为"阮可"（又音译为"若喀""汝卡"）。

"纳"在纳西语中有"黑""大"等意，而"西""罕""日"只是方言之别，均为"人"之意。因此，"纳西"即为"纳人"之意。据学术界的主要共识，纳西族源于古羌人，源自我国西北的河（黄河）、湟（湟水）地区，原为随畜迁徙，逐水草而居的民族，现今纳西人以农耕为主，主要居住在云南省丽江市的古城区和玉龙县，其他如迪庆州的香格里拉市、维西县和丽江市的永胜县、宁蒗县，四川省木里县、盐源县、盐边县，西藏芒康县等地均有零星分布。

据2000年中国第五次人口普查，纳西族总人口为308839人。

纳西族居住在滇、川、藏交界的横断山脉地区，境内有金沙江、澜沧江、怒江、贡嘎大雪山、玉龙大雪山、哈巴雪山、梅岭雪山等名山大川，高山海拔常在5000米以上，峡谷深，相对高差极大。平均海拔2700米，独特的地貌使气候、植被、土壤呈现明显的垂直变化。气候有寒、温、热三种类型。高寒山区平均气温5.4℃，金沙江河谷区为14.5℃，丽江坝区和永宁坝区为12.6℃。年降雨量为800—1034毫米。

纳西语属于汉藏语系藏缅语族彝语支。近年来，也有学者认为纳西族语

---

① 笔者认为，严格地讲，根据如今的纳西族中有自称"纳西"，也有自称"纳""纳日""纳罕"等事实，纳西族更为确切的族称应该是"纳族"，这样更贴近不同地方纳西人自称的原意，同时也容易被不同的支系所认同。

言处于羌语支和彝语支分界点上，与这两种语言具有双向相似性。① 纳西语分化为以丽江坝区为代表的西部方言和以宁蒗永宁为代表的东部方言。西部方言主要通行于丽江、香格里拉、维西、永胜等市县。此外，鹤庆、剑川、兰坪、德钦、宁蒗永宁坝皮匠村和四川省木里县的俄亚、盐源县的大咀、冷九主和西藏芒康县的盐井等地也使用西部方言。东部方言主要通行于宁蒗、盐源、木里、盐边等县。②

纳西族东巴教不仅仅因它内涵丰富的多元宗教内容引起了国内外学术界的关注，已经成为国际性的一门显学。它的一个独特之处，在于它有两种古老的文字作为载体。这种古文字，使东巴教那浩博宏富的内容不因时过境迁而湮没在历史的烟尘之中，而是永久地将它们留在了人间。

这些图画象形文字，与那刻在一块石头上使学者们苦苦破译了多少年的埃及罗塞塔碑③上的象形文有相同之处，又有不同之处；它亦完全不同于已仅存3种古抄本的中美洲玛雅象形文字；④ 它也不同于苏美尔人的文字体系——楔形文字；⑤ 它与镌刻在成堆龟甲兽骨上的我国商周时代主要用于占卜的"甲骨文"也很不同。

据不完全统计，这种图画象形文字共有3000多个单字。方国瑜编、和志武参订的《纳西象形文字谱》收录"东巴文"的独体字和合体字共计2274字（100%），其中有编号的1340字（58%），可以称为"基本字"，附于基本字下面的是"异体字"685字（30%），此外没有编号的是"派生

---

① 孙宏开：《纳西语在藏缅语族语言中的历史地位》，《语言研究》2001年第1期。

② 纳西族介绍部分看杨福泉撰稿：《纳西族》，国家民委《民族问题五种丛书》编辑委员会、《中国少数民族》编写组、《中国少数民族》修订编辑委员会：《中国少数民族》（修订本），民族出版社2009年版，第515—534页。

③ Rosetta Stone 古埃及石碑，由于其所刻铭文解读的成功，使人们读懂了象形文字。铭文撰于托勒密五世（公元前205—前180年）即位第九年之际，志其践位庆典，铭文出自祭司手笔。碑文用埃及和希腊两种语言和三种文字体系——象形文字、通俗文字（埃及象形文字的草写体）和希腊文字——雕刻而成，为解读埃及象形文字提供了线索。这座黑色玄武岩石碑发现于距亚历山大48千米处的罗塞塔镇附近，现藏于不列颠博物馆。

④ 玛雅象形文字（Maya hieroglyphic writing）：约公元3—17世纪末，属于中美洲玛雅印第安文明的民族所使用的文字体系，约有850个象形文字。用玛雅象形文字写成的作品可溯至1540年，但大部分文字被西班牙教士作为异端予以焚毁。现仅存3种玛雅文古抄本，可能出自11世纪或12世纪。

⑤ 苏美尔（Sumer）：已知的最早文明的发祥地，位于底格里斯河与幼发拉底河之间、美索不达米亚的最南部分，即后来成为巴比伦地区（今伊拉克南部，从巴格达周围到波斯湾）。苏美尔人创造了最早的文字体系之一，起初主要是象形符号，后来以软泥版为纸、以小枝条为笔，"压刻"成一头粗、一头细的笔画，称为"楔形文字"，又称"钉头字"。

字"250 字（11%）。①

　　学术界称这种东巴教使用的文字为东巴文或纳西象形文，纳西人称为"斯究鲁究"（ser jel lv jel），"斯"是"木"的意思，"鲁"是"石"的意思，因此，有的将"斯究鲁究"译为"木石上的痕记"，有的则译为"木与石的记录"。② 这种文字有几个独特之奇，一奇在于它是人类文字从图画文字向象形文字过渡的一个特殊阶段的象征，从文字形态而言，它代表了比图画文字晚，但又比像甲骨文这样典型的形意文字早的一个人类文字发展史阶段。另一奇在于它是当今"世界上唯一活着的象形文字"；③ 有这个美誉是因为现在世界各地发现的象形文都已湮没在时代的风雨烟尘中而成为"死文字"，需要一代代学人费尽心力去破译，而纳西象形文却至今尚有纳西传统文化的传承者——东巴祭司能识读。

　　东巴图画象形文字始于何时，学术界还没有一个定论，有殷商之前说、唐代说、宋代说、明代说等。

　　从这种文字的性质看，它是一种兼备表意和表音成分的文字，由象形符号、表音符号和附加符号构成，并以象形符号为主。在象形符号中，包括象形字、指事字、会意字、合体字、转意字等字符。东巴文中的象形字非常丰富，有单体符号和合体符号，有的象形字图画性非常突出。如东巴经中有不少表示动物的文字常常就以动物整体的形象出现。但从整体上看，东巴象形文字所表现的趋势是动态的，即由繁到简，比如表示动物的文字常常是从动物的整体形象到以动物的头部代表动物全身。

　　东巴文中的指事字有两种，一种是独立的指事符号（主要是数字），另一种是不独立的指事符号，附加在其他独立的符号上表示意义，如在一棵树、一两个人的周围以众多的黑点表示树林、人群等。东巴文中的会意字有两种，一种是"篇章会意"，以一个字符或一组字符代表一句话或一段文字，如东巴经记载的纳西族创世史诗《人类迁徙的来历》（又译为《创世记》）中就常常有这种以几个字符表示一段故事情节的表述方式。另一种是"语词会意"，即用两三个图符，代表一个语词，如"金沙江"这个语词用"水"（江、河）和"金"两个象形字符表示：

---

　　① 周有光：《纳西文字中的"六书"》，《民族语文》1994 年第 6 期。
　　② 以我之见，纳西东巴教的象形文字被称为"斯究鲁究"（ser jel lv jel），还与木与石在东巴教中丰富的象征符号意义有联系。可参看杨福泉《纳西族木石崇拜文化论》，载《思想战线》1989 年第 3 期。
　　③ ［日］西田龙雄：《活着的象形文字——纳西族的文化》，中公新书 1966 年版。

这些字符的读音、意义和形体已开始基本固定，并同纳西语中的具体词语有了大体固定的联系，这使它同原始记事的图画字有着明显的本质区别。而形声和假借的表音符号在纳西象形文字中的大量运用也是与原始记事的图画字相区别的重要标志。但是，纳西象形文中也同时保留了很多完整的图画字，不少表示动物的字往往一字二体，一体表全身，一体表局部（局部往往是头部）。从文字形态看，纳西象形文是一种正从图画字向象形字过渡的文字，在文字发展史上代表一个特殊的阶段。东巴象形文字的造字方法大体可以分为象形、指事、会意、假借和形声五类。以象形文书写东巴经有三种基本方法：一为图画式的表意法，即以字记忆，启发音读；二为省略词语表意法，即以字代句，帮助音读；三为逐词逐句表意法，即以字代词，逐词表音。在这三种书写方法中，以省略词语表意法为主，大多数东巴经的书写方法并非逐字逐句写出，有时几个词甚至一两句话只写出一两个字符，带有较强的语段文字特征，比典型的表意文字如古汉语更具原始性。这与东巴教祭司东巴学习经书和举行仪式皆以口诵记忆为主，象形文字仅仅是用来帮助记忆的习惯密切相关。

如中国著名语言文字学家傅懋勣在《纳西族图画文字和象形文字的区别》①一文和《纳西族图画文字〈白蝙蝠取经记〉研究》的"序言"中，对东巴经中的义字和它所记录的语言做了精细的分析，得出如下结论：一般东巴经中的文字，"在相当大的程度上接近图画，它在文字发展史上，代表一个特殊的阶段"。② 马叙伦先生认为："我国云南麽些族的文字，几乎可以说是汉字的前身……"③

---

① 傅懋勣：《纳西族图画文字和象形文字的区别》，载《民族语文》1982年第1期。
② 傅懋勣：《纳西族图画文字〈白蝙蝠取经记〉研究》（上册），日本亚非语言文化研究所，1981年，第8页。
③ 马叙伦：《中国文字之源流与研究方法之新倾向》，载《马叙伦学术论文集》，科学出版社1958年版，第30页；转引自王元鹿《汉古文字与纳西东巴文字比较研究》，华东师范大学出版社1988年版。

从 1939 年起就在纳西族地区调研纳西东巴文化的李霖灿先生就纳西象形文字的性质和特点发表了他的看法，认为"麽些象形文字，既是文字，又是图画，正在由图画变向文字的过程中，因之在形字经典中有不少的图画存在"。"因其正在由图画变向文字之过程中，故其文字中时有图画之出现，成一种奇特复杂之混合现象，书画同源，在这里得到良好证明，是为麽些形字特点之一。"① 董作宾曾言纳西象形文处于象形文字"幼稚而原始的""儿童时代"。古文字学家裘锡圭则认为："纳西文是已经使用假借字、形声字，但还经常夹用非文字的图画式表意手法的一种原始文字。"②

现在看来，李霖灿当年提出纳西象形文具有由图画向文字发展的特点，是比较客观的，在后来学者们的不少观点中也包含了这层含意。

东巴所使用的另一种文字称"格巴"（gə²¹ ba²¹，或音译为"哥巴"），它是一种表词的音节文字，当文字记录语言时严格保持字和词相对应。一个字代表一个音节。格巴文中有些字是独立创制的，有的从东巴象形文字蜕变而来，另有一部分则来源于汉字，有的是借汉字的字形和字义，有的是借汉字的字形和读音，有的只借汉字的字形而无音义联系。格巴文流行的范围小，能识读它的东巴也不多，用它写成的东巴经很少，目前在国内收集到的只有二三百册。关于格巴文的创始年代，中国学术界与国外一些学者有不同的看法。中国学者以比较充分的论据从多方面论证了纳西格巴文的创制晚于象形文；国外持格巴文早于象形文观点的主要是美国学者洛克和英国学者杰克逊。洛克曾经说："纳西人有两种不同的文字形式，一种是象形文字，另一种是标音文字或音节文字，这两种文字都是很古老的，但现在很难下结论说哪一种文字是最先使用的。我一直主张音节文字早于象形文字，也许在纳西人从西藏东北部向南迁徙时就已把这种文字带来，后来，他们又在如今居住的地方创制了象形文字，因此，更为难记的音节文字就逐渐被他们忘掉了，或者渐渐地停止使用，只用来记录巫术套语。纳西人的音节文字有几种形式，但其中的一些是后来才发展而成的。"③

洛克这样论证他的观点："有一点可以说的是，纳西人有一种很古老的'格巴'文字类型，我在写于明朝的东巴经中发现了这种文字。关于象形文字，在过去纳西王的一本家谱《木氏宦谱》中说，这种文字是由牟保阿琮

---

① 李霖灿：《麽些象形文字字典·引言》，中央博物院（四川李庄，石印版），1944 年。
② 裘锡圭：《汉字形成问题初步探讨》，载《中国语文》1978 年第 3 期。
③ ［美］洛克：《论纳西人的"那伽"崇拜仪式——兼谈纳西宗教的历史背景和文字》，杨福泉译，载《国际东巴文化研究集粹》，第 49—75 页。

创制的①，他生活于宋朝末期，即忽必烈南征大理到丽江的1253年之前的时期，他的儿子阿琮阿良曾到丽江城外的地方去迎接忽必烈。象形文字为牟保阿琮创造的说法毕竟只是传说，不足全信，但象形文字是在纳西人现在居住的地区形成这一点却是无疑的，因为所有用字符所描绘的动物、鸟、植物都产生在现在纳西人居住的区域里，只有两个是例外，一个是'季尤科白'，它的意思是两只角扫（地）的'季尤'，此兽即藏人所称之gNyan，发音为Nyen，盘羊，产生于天山北部遥远之地和阿尼玛青山②区域。另一种是'叽敖秋使'，这是一种很大的长脖水鸟。此鸟名字的前两个音节说明了它的产生之地，'叽敖'即藏语之rGyasde，是一个位于西藏中部东北方的区域。"③

洛克还根据格巴文与彝文的相似之点提出格巴文的创制早于14世纪的观点。（格巴文例如下）

| 雨 | 不 | 来 | 就 | 毡 | 房 | 前 | （助） | 搭 |

| 水 | 不 | 发 | 就 | 桥 | 宽 | 前 | （助） | 搭 |

未下雨时就先搭毡棚
未发洪水时就先搭桥

而在20世纪30—40年代在丽江调研东巴文化、编纂有《麽些象形文字

---

① 杨福泉按：《木氏宦谱》中记载牟保阿琮"生七岁，不学而识文字……且制本方文字"。但没有明确地说是创制了象形文字。
② 即位于川甘青三省界上的大积石山。——笔者译注
③ ［美］洛克：《论纳西人的"那伽"崇拜仪式——兼谈纳西宗教的历史背景和文字》，杨福泉译，载《国际东巴文化研究集粹》，第49—75页。

字典》和《麼些标音文字字典》的李霖灿先生在纳西象形文字和音节文字哪个产生得更早的问题上则与洛克有不同的看法。

李霖灿在东巴文化研究中的另一突出成绩是澄清纳西象形字和音字何者创造在先的问题。在一些地区的东巴中流传着音节文字"格巴文"比象形文"斯究鲁究"（sə^{33} dʑɚ^{55} lv^{33} dʑɚ^{55}，意为木石之记录或木石之痕记）创制得早的传说，西方著名的纳西学学者洛克和杰克逊（Anthony Jackson）根据这样的传说，认为纳西音节文字比象形文字创制得早。我国学者闻宥在1940年发表的《麼些象形文字之初步研究》中则认为象形文字和音节文字是大致同时产生的。李霖灿则通过自己大量的田野调查资料和对东巴文献的认真研究，提出音节文字晚于象形文字的观点，并写下了推理缜密、论证严谨的《与骆（洛）克博士论麼些象形字、音字之先后》，从两种文字的地理分布、两种文字的名称、从音字有形字蜕化的痕迹、从经文的组织、从一册音字经典的内容、从音字最近发展的情况等六个方面论述纳西音节文字晚于象形文字，旁征博引，实证性很强，使文章显得很有说服力。继而他又写了《麼些族文字的发生和演变》《论麼些族音字发生和汉文的关系》等文，对纳西族的这两种文字的来龙去脉和特点做了相当深入的研究。尽管有些观点尚是假设性的，但由于他的立论皆基于脚踏实地的田野调查和对东巴文献的深入论析，因此论述缜密，自成一家之言。[1]

二

东巴图画象形文字多由东巴用来书写东巴文献（东巴经）[2]，民间也偶尔有人用它来记账、书写医书、谱牒、契约、书信。如丽江东巴文化博物院就收藏有16本四川省木里县俄亚纳西族乡纳西人用于记账、记事的象形文字账本、石印象形文字叙事本、象形文字人情簿。

民间有的东巴用象形文字开药方，记录草药等。以医术而论，东巴文化中的"精威五行"（雌雄五行）说是东巴用来认识疾病、治疗疾病的基本理

---

[1] 参看杨福泉《绿雪歌者——李霖灿与东巴文化》，云南教育出版社1999年版，第71—72页。

[2] 关于东巴文献，东巴文献古籍纳西语一般称为"东巴特恩"（to^{33} ba^{21} tʰe^{33} ɤɯ^{33}），直译就是"东巴书籍"；有的也称为"东巴久"（to^{33} ba^{21} ʑa^{21}），直译就是"东巴经"。国内学术文化界最常用的是"东巴经"一词，或者"东巴文献"一词。西方学术界多称之为"manuscript"（手稿）。也指当代产生的东巴特恩（东巴书，东巴经）。本项目用"文献"一词指称东巴古籍和当代书写的东巴经。

论之一。很多东巴会根据东巴教的"木火土铁水"五行理论为病人诊断疾病，东巴在为人看病时除了根据《病因卜》经书进行占卜外，还采取望、闻、问、切"四诊"方法。特别强调望诊。用驱鬼和扎针、拔火罐、草药熏鼻、火草点穴、草药外用内服等"神药两解"方法为人治病。

东巴经中有不少医药知识的记载，东巴象形文中"药"的字符为盛于碗中的草药泡水状。东巴经《崇仁潘迪找药》也有寻找草药和药泉，观察野生动物啃草药以分清有毒与否的内容。同时有针刺、灸、拔火罐等土法治疗的象形字，并有数部专门性医学经典。如在清道光二十年，丽江县鸣音乡（今属玉龙县）冷水沟的大东巴阿普肯命就著有一册东巴医药专书《称恩说津》，书中记有200多种草药、动物药和矿物药。

从东巴文献中收集整理出植物类药物近80种。在东巴教的医疗方法中还有大量就地取材、简便易行的药物，其中包括瓜果蔬菜、五谷、花鸟虫鱼、矿物质等。东巴经中所记载的多数药方至今仍为民间草医所用，有的草药则被后来的丽江纳西族民间医师编入著名的《玉龙本草》一书中。该书写成于200多年前，记载有328种中草药标本，还附有药物的产地、性能和疗效的说明。①

此外，东巴象形文字也有用在摩崖、石雕、砖雕等上的。比如在1998年，丽江东巴文化博物馆征集到两块刻有东巴象形文字的青砖，这两块青砖是丽江县宝山乡本卡村的农民在1998年5月挖地时发现的。经该馆研究人员考证，上面是本地农民买卖土地时刻写的地契。其中一块上的东巴象形文字表明了"低价位纯银二两一钱"。由此可断定此地契产生于当地纳西族使用铜钱之前，或是铜钱和金银并用时期。而纳西族地区普遍使用铜钱是在清朝道光年间，可初步推测这两块象形文字砖的使用年代至迟在清道光年间。这两块刻有东巴象形文字的地契砖的发现，也证明了东巴象形文字除了用于书写东巴经之外，还用于日常生活中。②

此外，在20世纪90年代在纳西族地区还发现了东巴石雕文物。笔者于1989年3月在丽江县塔城乡（今属玉龙县）依陇行政村巴甸村调查东巴文化，有一天和同行的丽江县民语委副主任和学才一起到远近闻名的东巴东五的曾孙和桂森家里去采访，言谈之中，他谈起东五的墓碑上雕刻有东巴形象，但墓碑在"文化大革命"期间已被人掀了，我问现在还能否找到墓碑，

---

① 参看《纳西族东巴医药研究》，东巴医药研究课题组（田安宁、杨钊等），打印稿。
② 李锡：《丽江宝山东巴砖初考》，载白庚胜、和自兴主编《玉振金声探东巴——国际东巴文化艺术学术研讨会论文集》，中国社会科学出版社2002年版，第73—80页。

他略思片刻，说有两块丢在地头，因为这里有墓碑不兴搬来家中的习俗，因此虽然是祖先的墓碑，但他也未加照料。我们立即请他带我们去看。来到一块地旁，果然见有两块断裂的墓碑扔弃在地头，一半已为土掩埋。我们把土扒掉，把石面拂干净，见一块尚比较完整的石块上雕刻着一个在跳舞的东巴形象，他头戴五幅冠，身披法衣"展"，法衣上有状如鱼鳞的纹饰，左手持剑高扬过头，右手似作掀衣襟状。

在东巴形象的左边，刻着"妙法行时传经服类"，这正是丽江木土司（清朝雍正元年后，木氏土司被降为通判）在清朝光绪年间赐给东五的一副对联的上联（下联为"良方济世著手成春"，和桂森抄记在一张纸上）。

关于这块碑的来历，当地流传着这么一个故事：相传当时木土司的太太生病，土司请汉族和尚、藏族喇嘛、傈僳族巫师、纳西巫师桑帕以及大东巴东五到家为他的太太作法治病。东五最后技压群雄，治好了土司太太的病。木土司十分器重他，封他为管辖巨津（今丽江巨甸、塔城、鲁甸等地）的官，并赐对联以嘉其功。东五在光绪六年把这副对联与横联制成两块竖匾与一块横匾。他去世后，其亲属便将这副对联镌刻在墓碑上。

据了解，东五生于1824年，卒于1888年。汉名和永公。在东五墓旁边的他的长子和文玉（裕）的墓碑上，有如下记载：

"原籍元津，姓董，始祖精于彩画，应土司之聘，先落丽江，随安家白沙，后分支南山（南山包括现今的太安乡、黄山镇南溪、七河乡前山、后山等地），雍正初年移落巴甸。"

东五坟墓上这块断裂的石碑长53厘米，宽32厘米，厚17厘米。另一块残缺不全的石碑上刻着一只鹿和一只驴（从左至右），鹿是东巴经书和东巴画中常提到的吉祥动物；关于那只驴则与有关东五的传说有关，传说在东五当年为木土司家主持丧礼，做惊人之举，把"洗马"仪式中所用的马改用驴，以示他与众不同。

在距这两块石碑不远处，又发现一块被土掩盖的石碑，裂为两半，把两块凑齐一看，上面刻着东五之子和文玉（裕）（亦是著名的大东巴，是"格巴"文的主要传播者）的家世及迁徙至巴甸村之概况。看来这当时远近闻名的东巴父子的墓碑都是被人掀翻后欲作垒田埂之用，因此散落田间的。我们又随和桂森去他家的祖坟地去考察。东五的坟上留有残存的墓碑上部，墓碑为两块，每块上两角分别雕刻着一只展翅飞翔的蝙蝠，共四只，互相对应，每两只蝙蝠中间有个符号，状如如今月饼上的圆形图案，在东巴用来夹经书的夹板上也多刻有这个符号，墓碑从左至右刻着"医明法精"四个大字，这正是当年木土司赐给东五的横联（东五把这四字制成横匾，此匾现藏和桂森家里，竖匾已佚），每块墓碑上刻两字。而那两块散落田头的石碑的位置应该是在这四字之下，雕东巴形象的在左面，鹿、驴形象的在右面，下联"良方济世著手成春"应在雕有鹿、驴的石碑上。

东五的墓碑是迄今为止在丽江县（包括今玉龙县和古城区）境内所发现的第一件极有东巴文化特色的石雕文物，所雕刻的东巴形象以及鹿、驴、蝙蝠形象都与东巴文化密切相关，蝙蝠在东巴教中是一种神异的动物，有一本叫《白蝙蝠取经记》的经书中专门讲述了蝙蝠凭机智和伶俐的口才从天上的女神盘祖萨美处取来360种卜书。东巴经《创世记》中记载，纳西族祖先崇仁利恩生下三个儿子，但都不会说话，又是蝙蝠从天神子劳阿普处探听到原因，使他们学会了说话。崇仁利恩和衬红褒白咪结婚后不会生育，也是蝙蝠从天神子劳阿普处机智地探听到生育的奥秘，使他们有了后裔，繁衍出纳西族。在东巴经神话史诗《黑白之战》中说，当代表光明的白部落和代表黑暗的黑部落发生战争时，蝙蝠骑上白肚大鹏，从天上请来"优麻"护法神为白部落助战，战胜了黑部落。东五的墓碑上雕刻着蝙蝠的形象，无疑反映了东巴文化中视蝙蝠为神异动物的这一特点。在各种东巴画中，鹿常常与人类始祖美利董子（亦为阳神、创物神，是神人同格体）相伴随，它也是东巴教中一种象征吉祥的动物。

东五之子和文玉（裕）的墓碑已无东巴文化痕迹，上两角各雕一龙头，中雕一珠，为二龙戏珠之状。

笔者因还要到塔城乡洛固行政村调查，未能设法把石碑带走。回来后即把信息转告东巴文化研究室①，东巴文化研究室很快派人把雕有东巴形象和鹿驴形象的两块石碑运回，现藏丽江东巴文化研究院。②

到20世纪30年代，丽江有的东巴还将东巴象形文字、音节文字"格巴"文和东巴教神像等刻在木板上，进行印刷。如丽江县黄山乡（今属于玉龙县黄山镇）长水中村的大东巴和泗泉曾版刻"形字音字对照书"。当时丽江的东巴们鉴于各地东巴各自书写东巴文，用字繁杂混乱，便公推大东巴和泗泉来整理文字。和泗泉用梨木版刻了东巴象形文和格巴（音节）文的对照字汇，共收900多字，并在序言中叙述了此事的缘由。这在东巴文字的

---

① 1981年4月，经云南省委正式发文批准，成立了云南省社会科学院丽江东巴文化研究室，1991年升格为研究所，2004年更名为"云南省社会科学院丽江分院暨丽江东巴文化研究院"。

② 杨福泉：《丽江县第一件东巴石雕文物的发现和考察记》，载杨福泉《纳西民族志田野调查实录》，第3—7页。

发展史上具有重要的历史性的意义,只可惜后来夭折了。[①] 笔者曾在1990—1991年参与编撰学术画册《东巴文化艺术》一书时,在和泗泉的孙子和国相先生处看到此木刻板,并拍摄了图片,用在《东巴文化艺术》一书中。

据不完全统计,分布在国内外的东巴文献有32700多册(不算20世纪80年代以后书写的新的东巴文献),丽江收藏的5000多册东巴文献2003年在波兰召开的"联合国教科文组织世界记忆工程咨询委员会第六次会议"上入选《世界记忆名录》,成为我国迄今3项入选该名录的文化遗产之一,也是迄今为止中国唯一入选这一世界性重要遗产名录的少数民族文献。

1949年以来特别是在"文化大革命"中,大量东巴文献被毁。20世纪60年代以来在当时的丽江县委书记徐振康等一些有识之士的力促下,数千卷东巴文献得到收集保护。改革开放以来,纳西族东巴文献的保护传承力度加大。在不同的纳西族聚居的乡村,东巴教的一些仪式活动逐渐得以恢复,一些东巴家庭幸存的东巴文献得以重新使用,重新把这些深藏的家传经典又拿出来,用于一些逐渐恢复的东巴仪式中,并将这些文献的内容传授给家里的子弟。有的则从其他东巴那里借来幸存的东巴文献来抄写,有的根据自己的记忆重新写下东巴文献。没有了家庭传承东巴文献的东巴家庭也开始重新书写东巴经。借助东巴文化研究院出版的《纳西东巴古籍译注全集》(100卷)重新抄写在东巴纸上传承的东巴也逐渐增多。

三

本项研究主要聚焦在如下的几个问题:

一是对国内外东巴教和东巴文献的收藏和整理翻译情况,比较具体地做了概述和分析研究;

二是国内东巴教和东巴文献收集整理和在民间应用的近况;

三是选择几个在东巴文化的保护和传承方面有代表性的点进行田野调查,来看东巴文献和仪式等的现状。

除了上述几方面的内容,本项研究还特别关注了过去被普遍忽略的东巴教口诵经。东巴教祭祀仪式系统中除了有与各个仪式相配套成体系的用东巴图画象形文字(斯究鲁究)和音节文字(格巴文)所写的文字经书之外,还有一类"口诵经","口诵经"在纳西语中称为"枯使"(khu^{33} sʅ^{21}),直

[①] 李静生:《纳西族的东巴经书与东巴经译注本》,载《中国印刷史学术研究会文集》,印刷工业出版社1997年版。

译就是"口诵""口述"的意思。比如在丽江市玉龙纳西族自治县的大东、宝山（今属玉龙县）一带的纳西族中，流传着一种在丧葬仪式上唱跳的歌舞形式"热美蹉"（ze^{21}me^{33}tsho^{33}），东巴用口诵经的形式口耳相传，成为东巴口诵传统的一部分。本项研究以属于东巴教"还树债"仪式的口诵经《还树债》和东巴教的神轴画的"开幛眼"仪式上咏诵的《开幛眼》（《神幛开眼》）为例，进行了个案研究，并翻译了口诵经《还树债》。

学术界对东巴的口诵经还没有系统地进行过调研，笔者在多年的田野调查中，了解到各地东巴还保持着的一些口诵传统。纳西族西部方言区的东巴流行使用的主要是用图画象形文字书写的东巴经，口诵经比较少。宁蒗县永宁乡纳人（摩梭人）巫师达巴则没有文字经书，只有口诵经。从达巴口诵经的内容看，其中也有《崇搬绍》，内容和流行于丽江纳西人中的《崇搬绍》（译为《创世记》或《人类迁徙的故事》《人类迁徙的来历》等）很相似，《崇般绍》是讲纳人祖先开天辟地的故事。[①] 此外，达巴口诵经中有《动孜》（开坛迎神、生神的经）、《森嗯》（超度妇女经，用于出嫁后在夫家去世的妇女的灵魂超度）、《崇多崇》（祭锅灶，祭家神）、《本祠汝拉日母古》（人与龙王，用于祭祀水神龙神的"金可布"仪式，直译即"祭祀泉眼"）、《软嗯软昌》（用于丧仪的超度•洗马经）、《崇顶吕英英•泽亨金金米》（祭祀天神和祖先，崇顶吕英英•泽亨金金米是东巴经中经常讲到的纳西族祖先崇仁利恩和衬红褒白咪的异读）[②]，这些口诵经的名字和内容都与丽江象形文字东巴经非常相似，应该说是同源异流的纳族群[③]原始宗教口诵和书写传统的不同文本。

"还树债"仪式上东巴所咏诵的《还树债》是一部口诵经。笔者专门就这部口诵经询问了从7岁起就学习东巴教知识，从小跟着祖父走村串寨举行东巴教仪式，在当今东巴中堪称佼佼者的青年东巴和秀东，他说他跟他祖父、著名东巴和顺学习举行"还树债"这个仪式时，就只有口诵，而没有

---

① 周汝诚调查整理，原载周汝诚《永宁见闻录》，载《纳西族社会历史调查》（二），永宁民族出版社1980年版。载和志武主编、杨福泉副主编《中国原始宗教资料丛编•纳西族卷》（丛书总主编：吕大吉、何耀华），上海人民出版社1993年版，第199页。

② 和志武主编、杨福泉副主编：《中国原始宗教资料丛编•纳西族卷》（丛书总主编：吕大吉、何耀华），上海人民出版社1993年版，第219—229页。

③ 笔者认为，严格地讲，鉴于如今的纳西族中有自称"纳西"，也有自称"纳""纳日""纳罕"等事实，实际上，纳西族更为确切的族称应该是"纳族"，这样更贴近不同地方纳西人自称的原意，同时也容易被不同的支系所认同。因此，包括摩梭（纳）研究在内的纳西学，按照准确的说法应该是"纳学"研究。参见杨福泉《民族，用历史的眼光解读——关于纳西、摩梭与纳族群的思辨》，载《中国民族报》2012年9月14日。

书写的经文。为什么不写成文字经书，是因为这个仪式只是属于"本若本咪"（biuq sso biuq mil），纳西语的意思是"小的比较零碎的仪式"，不是属于一个大仪式。举行这个仪式的原因大都是因为犯了砍伐或折断家屋前后的果树、小树等小罪，所以也没有将它归类到某个大仪式中，比如"署古"（$sv^{21}gv^{21}$）祭大自然神署这样的大仪式中，由于口诵时，要根据事情的场景和原委进行适当的调整，也就没有写成经书。

由此可见，这些口诵经有的与民歌、民间咏诵词等有密切关系，咏诵时要根据场景和事件变化诵词，灵活性比较大；有的口诵经其中需要即兴发挥和组合的部分也比较多，而写成文字的经书的内容是比较固定和稳定的。

由于《还树债》是口诵经，靠口耳相传，现在能全部记起来的东巴很少了，和秀东因为从小就和他祖父和顺学习过这部口诵经，而且因为常年参与或主持"还树债"仪式，所以对口诵经《还树债》的内容记得烂熟。

丽江东巴文化研究院长期以来进行了卓有成效的东巴文献的翻译工作，花费20多年之力的《纳西东巴古籍译注全集》（100卷，897册）已经出版，并于2001年获第五届国家图书奖荣誉奖。然而也是因为所有的翻译整理都集中在对文字写成的经书的抢救翻译上，忽略了对口诵经的翻译整理。东巴除了文字书写传统，还有口诵的传统，由于忽略了翻译，东巴在举行各种仪式上口诵的部分很少有翻译整理出来的。鉴于面临今后如何传承东巴文献的问题，笔者感到，口诵经是最容易流失失传的，应该尝试将它录音和记录下来，作为现在的东巴，其实也需要思考如何把口诵经传承给自己的传承人的问题，过去东巴的方式都是师傅要求弟子背诵下来，因为举行仪式的机会多，所以很多东巴能在实践过程中把冗长的口诵经也逐渐背熟。但现在东巴在民间举行仪式的机会毕竟比他们的老师辈要少多了，所以要背那么多口诵部分十分不易，所以随着丽江10多个曾经参与《纳西东巴古籍译注全集》（100）卷翻译的东巴的全部去世，很多口诵经部分就失传了，这是一个很大的损失。所以笔者认为现在还记得一些口诵经的东巴，应该把它用文字记录下来，作为以后传给自己的弟子的一宗文化遗产。

鉴于这样的想法，笔者就请还记得《还树债》口诵经的东巴和秀东用"斯究鲁究"（$sə^{33}dʐə^{21}lv^{33}dʐə^{21}$）（直译意是"木与石的记录"，指东巴图画象形文字）把内容写下来，还把另一本口诵经《神嶂开眼》也用图画象形文写了下来。具体写的方式还是用东巴写东巴经书的习惯，不一定每一个字都写，而是根据传统把他们认为应该写下来的语句写下来。另外，笔者则用国际音标全文记录，并进行录音。笔者把用文字记录东巴口诵经作为本项目试图在"东巴经的长期保存和传承、使用"上所做的一项尝试。很多年前老东巴和玉才将口诵经《热美蹉》用图画象形文字写下来，事实证明这对传承东巴文化以及民间文化与东巴杂糅的文化而言，是非常有利的。①

近来，一些纳西族摩梭人（纳人）的祭司达巴也因为他们的口诵经很多，没有文字记载，所以更加大了学习的难度，有些达巴提出来要学习东巴图画象形文字，用图画象形文把他们的口诵经记录下来。这个也是一个创新，过去达巴从来都不会用丽江纳西人的图画象形文去记录他们的口诵经的。笔者2000年在宁蒗县永宁乡温泉村采访了两个达巴先生，在他们那里看到了一本用类似丽江纳西人所用的图画象形文书写的经书，是家庭传承的文化遗产。这本占卜经与丽江的象形文经书有什么联系，目前还没有进行对比研究。如今，有的摩梭人祭司达巴在试着把他们的口诵经用东巴图画象形文字写在东巴纸上，做成东巴经那样的文本，这是当代摩梭人达巴口诵经从口诵到书写文本的一种创新和变迁。也会有利于达巴口诵传统的保护、留存与传承。也有的摩梭学者试图用国际音标记录达巴口诵经。尽管在国际音标的标注上还存在一些不准确的问题，但这也是一个很好的口诵经传统抢救整理的积极举措。相比于过去类似的整理本只有汉文的情况而言，有了长足的发展。②

本项目的研究还对纳西族阮可人的东巴文献及其使用现状做了逐步的调研。以往的东巴文化研究和东巴文献的搜集整理翻译，忽略了对纳西族支系阮可（z_{∂}^{33} kho^{33}，或 z_{∂}^{33} kha^{33}，又音译为"汝卡"）人的东巴教文献的翻译和整理。本项目也选了一个阮可人的村寨进行了认真的调研，即云南省宁蒗县拉伯乡加泽村委会油米村。

阮可（z_{∂}^{33} kha^{33}）人主要居住在中甸县（今香格里拉市）东南部，三坝乡东坝大队（行政村）有70余户，多数姓习，少数姓和；此外，白地大队吴树湾、洛吉公社阁迪也有阮可，总共约300户，现已使用西部方言。

除了上述香格里拉市与宁蒗县等地，丽江玉龙县大东乡吉潘克空枏恒纳等村也有阮可，据说是从鸣音乡的妥冷初搬来，那里有个村叫"阮可其里"，想必是原来阮可居住的地方。宝山公社（乡）宝山大队永绿湾古时也是阮可村，自称祭战神阮可人，现使用西部方言。

东巴教的"阮可派"主要分布在被称之为"阮可"（z_{∂}^{33} kha^{33}）的纳西族居住地区。"阮可"原意指江边河谷地区，可能是这个支系的纳西族早

---

① 杨福泉：《略论东巴教的"还树债"及其口诵经》，《思想战线》2013年第5期（本项目阶段性成果）。

② 《摩梭达巴经通译》，阿泽明·次达珠译注，云南民族出版社2013年版。

先居住在金沙江峡谷区而得名。和力民提出，阮可这个支系的纳西人自称是"习"（$çi^{21}$）这个支系的后裔，"习"支系不属于纳西族四大古氏族梅、伙、束、尤。

而据我1999年在三坝与阮可大东巴习阿牛父子的访谈记录，习阿牛说：阮可人是住于"阮堆"（$zə^{33}\,dy^{21}$）的人，"阮堆"即指靠近江边的地方。在"趣"（$tshy^{55}$）与"习"（$çi^{21}$）这一代，阮可属于"束"（氏族），是"趣汝路汝"（$tshy^{55}\,zu^{33}\,lu^{55}\,zu^{33}$）的后裔。他们属于"古展"（$gv^{33}\,zæ^{21}$）祭天群。他的二儿子习世林也说，他们村子的人有习与和二姓，习姓村民属于古展（$gv^{33}\,zæ^{21}$）祭天群，和姓属于"扑笃"（$phv^{55}\,tv^{21}$）祭天群。① 习阿牛还对我说，很多纳亥人②东巴不懂阮可人的东巴经，在三坝流行一句话：阮可空都迪（$zə^{33}\,kha^{33}\,khu^{33}\,du^{33}\,dɯ^{21}$），意思是"阮可人重礼俗大（复杂）"。

据笔者在1989年和1991年的调查，吴树湾村约有50户阮可人，据阮可东巴久嘎吉和和占元讲，他们属"阮可祭天群"③。由此看来，不同区域的阮可人的族源以及他们的祭天派别、他们的东巴经书，还应该做更为深入的调查研究。

本项目还结合项目主旨做了一些专题研究，内容涉及东巴图画象形文字的象征意义，东巴教书画艺术与纳西人的殉情悲剧之关系，东巴文化及其文献的当代变迁，纳西东巴文献的书面性与口头性关系，东巴文献所载史诗的叙事结构与视角，东巴仪式表演的文本结构，口头传统与仪式叙事关系，东巴仪式与东巴文献的程式化特征等。

本项目的第三部分聚焦在田野调研上，要了解东巴文献当下使用的情况，必须聚焦在一些基层社区和作为东巴文化的传承点。本项目的另一聚焦点是对纳西族地区当前东巴文献使用的情况进行了审视和调研，具体选了一些点。比如历史上迄今具有东巴文化深厚土壤和众多杰出东巴的丽江市玉龙纳西族自治县塔城乡署明村，该村现在的和秀东等几个青年东巴已经成为纳西族重要的东巴文化传承人，还有历史上出过好几个远近闻名的大东巴的玉

---

① 纳西族主要有四个祭天派（或译成祭天群），是从束（sv^{55}）、尤（yz^{21}）、梅（me^{21}）、伙（ho^{21}）四个纳西古氏族发展而来。它们称为扑笃（$phv^{55}\,tv^{21}$）、姑徐（$gv^{33}\,çy^{33}$）、姑闪 $gv^{33}\,sæ^{21}$，或姑展 $gv^{33}\,ndzæ^{21}$），其中扑笃是最大的祭天派。

② 纳亥（$na^{21}\,hæ^{33}$），又音译为"纳罕"，是香格里拉市三坝乡（除阮可人）之外的纳西人的自称。

③ 杨福泉：《中甸县三坝乡白地阮可人的宗教礼俗调查》，载杨福泉《纳西民族志田野调查实录》，中国书籍出版社2008年版，第76—88页。

龙县鲁甸乡的新主村。在 20 世纪 40 年代，受中央博物院委托进行东巴文化研究和东巴文献收集整理的李霖灿先生曾在此村做过深入调研，该村在民国时期就做过"文化基层"的乡村文化建设工作。目前，该村已经成为现在纳西族一个重要的东巴文化保护与传承点，本项目对这个村进行了认真的调查研究。此外，还有近年来在丽江市东巴文化研究院的学者兼东巴和力民的努力下东巴文化保护与传承活动做得十分活跃的丽江市古城区贵峰村，这是在学者兼东巴的推动下东巴文化的仪式和文献使用再复苏的一个典型村子，本项目对这个村也做了细致的调研。

此外，该项目还对迪庆藏族自治州香格里拉市①三坝纳西族乡吴树湾村东巴文化的保护传承以及东巴文献的使用情况进行了调研。三坝乡是纳西族东巴文化成熟的重要区域，三坝乡的白地是东巴教的圣地，过去是各地东巴都要去朝圣、学习和"加威灵"②的地方，民间传统习俗保留得比较完整，从吴树湾村当前的东巴文化保护传承的状态，可以了解在传统文化习俗保留得比较完整的乡村社区东巴教及其文献的传承情况。本项目还对三坝乡的东坝村东巴文化及其文献的情况做了初步的调研，过去对东坝的调研很少，这次对东坝东巴文化的初步调研，也是这方面的一个突破。

通过上述纳西族乡村社区传承东巴文化的情况，我们大体可以看到当下纳西族东巴文化及其文献的保护和传承的一个概貌，从而思考如何使东巴文化保护传承工作做得更好。

四

结合本项目的研究主题，项目组成员还在各个阶段发表了一系列的理论研究文章，内容包括对东巴教口诵经的探讨，纳西族东巴教与纳西族摩梭人达巴教同源异流的历史背景研究，国内外东巴文献及其研究的概述，法国学者对东巴文献和纳西族文化和语言的研究，东巴文献使用场景的东巴教仪式个案研究，作为重要的与东巴文献关系密切的巫师桑尼仪式绘画的研究，"口头传统"理论方法开辟东巴文献整理新路径的探析，东巴文献所载史诗的叙事结构与视角研究，东巴仪式与东巴文献的程式化特征研究，东巴文献叙事文本性质的探析，基于东巴书面与口头文本的比较研究，东巴仪式大

---

① 2001 年 12 月 17 日，经国务院批准中甸县更名为香格里拉县，2014 年 12 月 16 日，国务院批准香格里拉撤县设市。
② 关于"威灵"，可参读杨福泉《略论纳西族东巴教的"威力""威灵"崇拜》，《思想战线》2011 年第 5 期。

词：口头传统与仪式叙事关系的研究，东巴祭司进城引发的传统文化传承新途径等。

围绕项目主题，我们还致力于对一些不同地区有突出特色的东巴文献进行了"四对照"（象形文原文、国际音标、直译、意译）的翻译释读，其中包括东巴祭司的口诵经，纳西族阮可人以及不同地区的几种东巴文献。这些经书都没有收进《纳西东巴古籍译注全集》中。有的经书反映了东巴文化与汉文化的融合，比如《祭斯蹦祖先仪式：在斯蹦祖先住地架檩子经》是融汇了汉族墓地文化中立墓碑石门的形式，把立墓碑石门说成是为祖先建房门，以建房架檩子为题，但核心内容则是反映东巴文化中的祖先文化观念。经书称死者为斯蹦祖先，祈求年岁和寿岁、贤能和快捷、生育和繁衍、富足和富余的思想，祈愿上方祖先欢欣、下方家人生育繁衍和健康长寿，以及为祭物除秽并把秽鬼送往南方秽鬼住地，鬼檩子点血、献药等思想，与纳西族传统东巴经典文献思想意识形成一致，也是汉文化传播过程中的民族化的表现。为墓碑石刻动物点血、献药，则是汉文化经语的直接译用。在语词上，墓志之词是直接借用。这本经书是新时期东巴经典文献传承中增添的新作。

本项目的东巴文献翻译也收进了富有当代在传承的基础上有创新和整合的文本，比如《祭天神、地神和柏神仪式——阿瓦腊瓦唱本和射箭镇仇敌经》这本和力民东巴写的经书，为了完整地保留和传承祭天文化遗产，在温瑟阿祭天群里传承了祭天唱阿瓦腊瓦调、祭天射箭和祭天跳舞唱凯旋歌。这本经书的这些内容，原来都是口诵传承，历史上没有完整的文字经。现在和力民东巴完整地写成东巴文字经典，也成为当代东巴经典文献传承的一个新版本。通过上述这些文献的翻译，力图从一个侧面看现在东巴文化文献使用中的变迁和创新状况，也提供一个未来东巴文献如何发展和创新的案例。

通过这个项目的研究，我们有如下几点想法和建议。

（一）必须做好乡村的东巴文献的保护与传承

现在纳西东巴文献的搜集与以前出于抢救整理性质而普遍到民间搜集整理的性质已经截然不同，民间留存的年代比较久远的东巴文献珍本已经很少，很多收藏在民间的珍本，除了在各个历史阶段国内外学者搜集而保留在国内外各大图书馆以及私人手中的以外，很多珍本在"文化大革命"中被烧毁或毁灭。所以，现在留存在民间年代久远的东巴文献已经不多。如果要扶持帮助社区民众传承东巴文化，作为其载体的东巴文献最重要，现在各地纳西族地区，四川省木里县俄亚纳西族乡由于受外界的影响相对较少，传统东巴文化活动保留了日常化的局面，所以留存的东巴文献原典比较多，很多东巴所用的东巴文献是家庭传承下来的。而丽江市和香格里拉市的东巴所用的东巴文献，有少部分是家庭代代传承下来的，很多则是20世纪80年代以后相互传抄，有的还是从21世纪初出版的《纳西东巴古籍译注全集》中摹写下来的。现在不能不面对的一个问题是，随着丽江的开放和旅游的迅猛发展，经常有各种人士走村串寨去购买东巴经书、绘画和东巴的各种文物，因为民间的东巴文献、文物等还没有纳入国家相关文物保护法的保护范围，所以从20世纪80年代到现在，民间为数不少的东巴文献和文物不断被各种文化商或个人悄悄买走，民间东巴文献流失严重。所以，现在的问题不是如何向民间搜集东巴文献，而是如何制止这些私人的民间采购，以保证民间留存更多的东巴文献原典和新书写的东巴文献[①]，以利于民间的传承。

（二）东巴纸的制作既要有利于东巴文献传承又要有利于植物保护

造纸是中国的"四大发明"之一，纳西族的东巴发明制作了东巴纸。东巴纸是用来抄写东巴经的纸张，用当地人称为"弯单"的一种植物（当地汉语称为山棉树皮，植物学中是瑞香科荛花属中的一种）经特殊处理后制成，"东巴纸"厚实、防虫蛀，纸张色泽如象牙色。写成东巴经后，东巴长年累月在家居火塘边诵读，烟火熏染，因此逐渐变成古色古香的模样。比如玉龙县下虎跳的大具乡是一个著名的"东巴纸之乡"，这与大具过去是一个著名的东巴文化之乡有关。大具所出的"东巴纸"在纳西族地区远近闻名，历来是各地东巴梦寐以求想得到的稀罕之物。[②]

1978年改革开放以后，纳西族民间很多东巴重新写作新的经书，有的是写在一些纸箱拆下的纸或各种厚一些的包装纸上，笔者在20世纪90年代初在当时的丽江县一些山村里就见过类似的一些新东巴经。后来有一些东巴开始重新恢复传统的东巴纸制作，比较典型的如大具乡（今属玉龙纳西族自治县）的东巴造纸传人和圣文（家庭传承的东巴纸制作艺人，已去世）和香格里拉市三坝乡白地的和志本老东巴（获得了国家级非物质文化遗产传承人称号，已去世），各地的东巴开始逐渐恢复用传统的东巴纸书写东巴经。丽江东巴文化研究院也多年致力于和造纸艺人合作制作东巴纸，这些年来，该院支持各地东巴，给他们东巴纸，鼓励他们书写东巴经。因此，在各地纳西族地区又产生了一批批新书写的东巴经，这些新的经书有的是从各地

[①] 这里用"东巴文献"一词，与"古籍"一词相区别，因为文献应该是东巴祖上一代代传承下来的古本。而当代书写的，尽管有不少是对古本的复制，但不能称之为"古籍"了。

[②] 杨福泉：《丽江热土大具随笔》，《丽江岁月与海外萍踪》，云南人民出版社2006年版，第21页。

依然还幸存的东巴文献中摹写下来的，有的是从丽江东巴文化研究院已经出版的《纳西东巴古籍译注全集》（100）卷中摹写而成的，有的是一些老东巴书写下来的。现在的关键问题不是从民间搜集，而是如何鼓励民间的东巴再书写新的经典，以便推动东巴文化在民间的传承。

由于很多乡村没有人能制作东巴纸，本地的东巴没有东巴纸书写经文，就写在各种纸张上，1989 年我在丽江县塔城乡（今属玉龙县）署明村看到当时和训东巴用的一册东巴经是写在硬纸箱上拆下来的纸上。这几年，丽江市东巴文化研究院开展了"纸援东巴"的行动，送传统的东巴纸给一些东巴文化传承活动开展得比较好的村寨，所以这些村寨重新有了用传统的东巴纸书写的东巴文献。这对东巴文献在基层社区的传承和东巴文化的保护传承是很重要的。

另外一个事关东巴文献保护传承的难题是，随着东巴文化的声名鹊起，东巴纸逐渐成为旅游市场上的热销产品，价格不断上涨，许许多多本地和来自天南海北在丽江旅游市场上淘金的画家书家用它作画写字，然后以高价出售。甚至很多人以东巴纸制作名片为时髦之举。有的文化商推出了用东巴纸制作的丽江古城地图。不少东巴纸的制作传人、造纸名师被旅游公司聘去专事东巴纸制作。丽江市邮政局、昆明三希堂文化传播有限公司又联合开发了"东巴纸三遗产系列邮品"，东巴纸可谓一时"洛阳纸贵"，可最终对制作东巴纸的这种高山植物"弯单"（ua^{33} dɚ^{33}）构成了极大的威胁。制作东巴纸的瑞香科荛花这种植物生长在海拔 2500 米以下的山区，过去它只需承担用于圣典的使命，如今随着东巴文化声名鹊起和旅游业的迅猛发展，面对无数双旅游市场上想开发赚钱的眼睛和手，便遭厄运，这种野生植物如今便越来越少，濒临危境。云南省植物所的几个科学家朋友曾做过人工栽培这种植物的实验，但迄今还不见用于东巴纸制作。即使有一天人工种植成功，东巴纸能大量上市赢利，那传统的宗教和文化含义，也将悄然散失。这种传统工艺产品含金量增加而神圣意义淡化的悲喜剧，也是文化变迁的结果。

所以，未来如何利用科学技术手段来制作有利于生物多样性保护原则的东巴纸，也是一个事关东巴文献保护和深度开发的重要一环，传统的东巴纸制作技艺要传承，但东巴纸的原料采集，则又要顾及相关植物的保护。特别是当今天市场上大批鱼龙混杂的"东巴文化产品"需要消耗大量的东巴纸，这就不能不考虑到如何将东巴纸的开发置于一个环境友好型的程度上。

（三）东巴古籍的释读应更加精细缜密

当下对东巴古籍文献的翻译整理，以"四对照"（东巴象形文原文、国际音标、逐字直译、意译）的释读方式最常见，从 20 世纪 40 年代以来的李霖灿、方国瑜等学者直到今天的东巴文化研究院集 20 多年之功完成的《纳西东巴古籍译注全集》用的都是这一方法。但另一方面，迄今这种"四对照"的释读翻译工作，也还是有做得不足之处。比如《纳西东巴古籍译注全集》100 卷的"四对照"翻译整理做得很好，但在词汇和术语的详细注释和考释这方面做得比较粗疏。有"西方纳西学之父"美誉的洛克（J. F. Rock）释读的方式则是写出一段经书原文，然后音标注音，逐句解释和翻译，他虽然没有做到一个翻译对应一个文字和语词的直译，但其长处是用大量的注释对原典进行认真的考释和释读，比如他翻译注释了属于东巴教"署古"（祭大自然神"署"）仪式的东巴古籍，后来出版了《纳西人的纳嘎崇拜及其相关仪式》（上下卷），其中对经书的术语和词汇的注释非常详细，多达 1317 个，而且有不少注释还注明可以参看他的哪一本论著哪一页的哪一条注释，相互对照比勘，十分精细。他的考释中还有大量对本教和藏族古文化语词的对比研究，下了扎扎实实的功夫，[①] 这是值得翻译研究东巴经和达巴经的学者们认真学习的。过去，我国著名语言学家傅懋勣先生曾经对纳西东巴古籍《崇搬图》（《创世记》）做过很认真的字释研究。[②] 近年来西南大学长期从事文字学研究的喻遂生教授带领他的学生们对东巴文献古籍重点做了"字释"的翻译工作，对东巴古籍图画象形文字的"字释"工作做得很细，将东巴象形文与甲骨文等一些古文字做了细腻的比较研究，在文字考释和研究上取得了令人瞩目的成绩，但喻遂生先生及其弟子的研究重点是在"字"上，而东巴古籍文献所用的象形文字不过 2000 多单字，更多的是语词，由于象形文字单字不多，所以东巴古籍的书写用了大量的假借方法来表达纳西文本丰富多彩的含义，所以每一个语词和有语法意义的虚词的考释和释读是纳西东巴古籍文献释读中最难和最重要的，而这种释读意味着翻译者必须精通纳西古语今语，要花大功夫来进行释读。以后对东巴古籍文献的释读，要做得更为精细缜密，包括对其中大量具有宗教意义的具体术语的注释和解读，包括将纳西今语、古语词汇与同属一个语族（藏缅语族）其他语言的比较研究，才能深入解读东巴教的古籍文献。

（四）民间的自觉组织是东巴文化保护传承的根基

东巴文化及其文献传承得比较好的乡村，最初都是得力于东巴和村民的

---

① J. F. Rock: The Na-khi Naga Cult and Related Ceremonies, Roma, Is. M. E. O. 1952.
② 傅懋勣:《丽江麽些象形文古事记研究》，华中大学，1948 年。

热情组织，自觉保护传承。比如玉龙县塔城乡署明村、鲁甸乡新主村的东巴文化传承，最初都是在本地著名的几个大东巴的提倡和组织下发展起来的。署明村是大东巴和顺、和训兄弟组织成立了东巴文化传承组，新主村是著名东巴大师和世俊、和文质后代为主的几户人家自发组织起来的。此外，还有不少村落的东巴文化活动都是村民自己组织的。没有这样来自草根的文化自觉和组织，就不可能做好东巴文化的保护传承。

（五）政府和社会力量的扶持是东巴文化传承的关键动力

纳西族地区东巴文化及其文献的保护传承的很多案例表明，来自政府和社会的大力扶持是其得以保护传承的关键因素。比如新主东巴文化传承学校的创建，从开始到现在，都是得到丽江市和玉龙县政府的各级各部门在资金上的大力支持。玉水寨丽江市东巴文化传承协会也在新主东巴文化传承学校挂牌，作为协会之下的分会，资助办学。在建盖教学大楼时，丽江市政府协调丽水金沙企业资助经费。2012年以来，云南省委宣传部土风项目把新主东巴文化传承学校列为点，资助其经费。丽江古城管理局也资助其经费。所以，新主村的东巴文化传承是在各级各部门政府和社会的帮助和支持下建立起来的。而由玉龙县白沙乡纳西族民营企业家和长红创办，并被评为国家4A级旅游景区的"丽江玉水寨生态文化旅游有限公司"对东巴文化传承的工作贡献甚大，早在1999年，该公司就在玉水寨建立了东巴文化传承基地，请来了塔城乡（今属玉龙县）巴甸村的大东巴杨文杰在这里指导东巴文化的传习工作。并聘请了丽江东巴文化研究院的学者和力民为顾问，以东巴文化研究院翻译出版的《纳西东巴古籍译注全集》100卷作为基本教材，先后招收多批学员，给予员工待遇，进行长期的学习和实践，有20多名学员成为玉水寨的东巴文化骨干，有些来自塔城乡署明村等的青年东巴已经在玉水寨工作了十五六年。玉水寨也被中国民间文艺家协会命名为"东巴文化传承基地"。玉水寨每年组织举办东巴会，到2016年已经连续办了十六届。资助来自滇川两省的三四百个东巴在玉水寨举办"东巴会"、祭祀东巴教祖师东巴什罗、相互切磋探讨、办学校传承东巴文化等。

（六）做好面向大众的东巴文献的通俗释读刊布

传统的用于东巴教仪式的东巴古籍文献记录了大量的神话、史诗、传说、诗歌、谣谚等，是纳西族古典文学的宝库。这些作品是用三、五、七、九、十一等奇数字的诗歌体写的，从文体上而言，有些类似"楚辞"。东巴古籍所用的是纳西古语，如古代汉语一样，其中古词汇较多。而且这些经典在东巴仪式上不是念诵，而是要用特定的曲调咏诵出来。如今，面对大众对东巴文化的喜好和热望了解的趋势，我们也需要思考如何以更为通俗易懂的方式，使东巴古典文化得以让更多的人所了解，让东巴文化的原典也能够进入大、中、小学的课堂，这也是东巴古籍的释读刊布需要思考的一个问题。当下，除了把东巴古籍记载的故事翻译成通俗易读的汉文文本的方式之外，有的民间歌手也采用一些方式来进行东巴文化典籍的大众化传播，比如纳西族民间著名歌手李秀香，就尝试把一些东巴古籍记载的经典作品用纳西族传统的民间咏唱调"古气"① 来咏唱，而"古气"全是用五言体咏唱的，李秀香的方式是用民歌五言体翻译释读东巴经典长短句的"奇数诗体"。但即使这种"五言体"的民歌，也因为纳西语的词汇丰富典雅，比兴手法又多，当下的很多年轻人也不容易听懂，所以还有待于采用更为通俗易懂的现代纳西语来释读和翻译东巴经典，使更多的纳西年轻一代了解，并通过这样的方式来学习母语，学习以母语为载体的纳西族古典文化。当代有的民间歌手把东巴古籍文献中的一些著名的经文片段用为祝福的歌咏，效果也很好，比如《吉日经》，就很受欢迎。

大、中、小学也需要了解本民族的古典文学，所以，还需要探索如何把用古纳西语写的东巴文献里的古典故事翻译为更为通俗的现代纳西语，就像当年五四以后推广汉白话文一样地将大量纳西古典文献里的各种神话、史诗、传说、故事、谚语等翻译为通俗易懂的当代纳西语，让这些民族文化瑰宝进入中小学课堂。笔者从2003年开始，在玉龙县白沙完小实施"白沙完小乡土知识教育实践"项目，后来通过学者、教师、学生、家长共同参与的方式，编写了乡土教材《白沙，我的家乡》，其中第一章第四课是"我们的家谱"（选学），用了纳西族木氏土司的家谱《木氏宦谱》的引子，原文是用汉语音译的东巴经作品《创世记》中讲到的天地山川万物的起源，木氏土司把这段话放在《木氏宦谱》的开头，反映了纳西族宗教圣典与土司家谱在叙述祖先起源上的重合与借鉴，反映了东巴经典和土司对祖源的共同认同。课文中用了3页东巴经原文来进行讲解，并出了这样的一个思考题：一个家族、一个村子的历史与一个民族的历史有什么关系？课文的第二章是"历史、文化、人物"，其中第16课的内容讲了"东巴文字"。此外，学生们学习了东巴象形文字和东巴绘画后，他们还画了不少东巴画风格的插图，

---

① "古气"（gu^{21}tɕhi^{55}）是纳西语，"古"意为痛、痛苦、悲伤，"气"意为歌吟，特别指吟唱心中的痛苦、悲伤。因此，"古气"有悲痛吟唱，吟诉悲伤，长歌当哭之意。当后来"古气"形成一个民间流行的歌调后，演变成为咏唱喜怒哀乐的曲调，而不是专唱悲歌的曲调了。

比如"我家的房前屋后有些什么"、"我们的家人"、"我们的家畜"、"我们的用具"、"我们的食物"、"玉龙雪山"、"我们的村子"、"森林资源与管理"等丰富多彩的内容。从教学实践中看,学生对这种通俗易懂,结合具体家谱和家庭实例解读东巴经典的方式很感兴趣,而且也比较轻松惬意地学到了重要的东巴经典的内容及其意义。①

笔者最近主持编写了一本《听"云之南"的故事——云南民间故事中小学读本》,其宗旨是基于如下的考虑:中华民族的文化是56个民族多元一体的汇聚,要了解中华民族文化,我们就有必要对除了汉族之外的其他55个少数民族的文化也有所了解。现在汉文化的经典作品和民间故事进校园的已经比较多,而其他少数民族一些脍炙人口的神话、传说和故事等进入课堂的则还很少,编这本《听"云之南"的故事——云南民间故事中小学读本》②,就是想弥补一下这方面的不足。通过这样的阅读,有助于同学们加深对各民族文化的了解,从而达到"美人所美,美美与共"的阅读境界,为今后进一步深入了解各个民族的文化奠定一定的基础。东巴古籍文献的当代开发利用,除了学者的严谨和释读外,笔者认为还得走这样的通俗化之路,只有这样,卷帙浩繁的东巴古籍经典才能深入人心,为人知晓,并一代代传承下去。

(七) 东巴古籍文献的数字化建设和国际合作需要加强

我国是东巴古籍文献收藏最多的国家,据不完全统计,有3万多册东巴古籍收藏在丽江、昆明、北京、南京、台湾等地,1万多册收藏在美、英、德、法、意大利、西班牙等国,在东巴古籍文献的数字化平台建设和各国之间的合作方面,还需要做更多的工作。

德国著名人类学家奥皮茨教授早在1999年丽江召开的"第二次国际东巴文化学术研讨会"上,就呼吁各国应该加快利用现代互联网技术等建立全球东巴古籍的共享机制,促使各个国家都能了解各国收藏东巴古籍的详情,并能相互研究、切磋、翻译、探究相关问题。2011年5月13日在纽约市鲁宾艺术博物馆(Rubin Museum of Art)举办的"纳西东巴教艺术展暨国际学术研讨会"上,他再次呼吁加强这方面的合作。

在这方面,我国学术界已经迈出了可喜的一步,几年前,中国社会科学

---

① 杨福泉主编:《丽江市玉龙纳西族自治县白沙乡白沙完小乡土知识教育的实践》,云南科技出版社2006年版,第5—6、26页。

② 杨福泉主编:《听"云之南"的故事——云南民间故事中小学读本》,云南人民出版社2015年版。

院民族学人类学研究所、丽江东巴文化研究院与美国哈佛大学燕京学社进行了卓有成效的合作，对哈佛燕京学社所收藏的东巴古籍进行了整理翻译。这批东巴经古籍收集的年代比较早，由于收集者洛克和昆亭在收集中注意按照东巴教仪式系统地收集，因此大多数经书是与东巴教仪式相配套的，有些是珍本和孤本。这批经书在历史学、文献学、文字学、宗教学、语言学等方面都有很高的研究价值。这项合作研究最终出版了《哈佛燕京学社藏纳西东巴经书》（1—5卷），具有很重要的意义，是迄今为止国外所收藏的纳西东巴古籍第一次影印回归我国，并由我国学者用"四对照"（原文影印、国际音标标音、汉文直译、意译）的科学翻译方法翻译出版的文本，这5卷译本的每一册古籍还有英文内容提要。西方纳西学权威洛克博士也翻译整理过一些德国国家图书馆和意大利罗马东方学研究所收藏的东巴古籍，但只是根据东巴象形文原文用英文翻译和注释，而没有用这样科学的"四对照"翻译方式。参与这4卷东巴古籍的翻译整理的参与者有20多年从事东巴古籍翻译研究的丽江东巴文化研究院的学者们和目前纳西族最优秀的几个东巴祭司，翻译整理的质量水平比较高。

《哈佛燕京学社藏纳西东巴经书》（1—5卷）的出版为争取使我国流失在国外的珍贵东巴古籍逐渐回归，对我国民族古籍的抢救整理和进行科学翻译整理并提供多学科的学者们进行深度研究等方面都有重要的现实意义。

美国、德国的东巴古籍收藏都已经做了比较细致的编目工作，德国和美国的东巴古籍都已经公开发布了其藏书目录、古籍内容概要等。美国国会图书馆和法国国家图书馆都已经在网络平台上开放了它们的部分东巴古籍藏本，实现了网络平台共享。

我国的东巴古籍收藏最多，翻译整理工作也做得最扎实而有成效，其最重要的标志是集丽江东巴文化研究院20多年之力的《纳西东巴古籍译注全集》100卷的问世。但我国各地的东巴古籍编目工作虽然已经做了很多，比如东巴古籍收藏最多的丽江市和国家图书馆，都还没有公开出版或公布东巴古籍收藏的详细目录和文献提要等的成果，所以国际学术界还无从了解我国各地东巴古籍的收藏和翻译整理的详细情况。如果要推进国际性的东巴古籍的数字化网络平台共享，我国相关图书馆、博物馆还得做更多的工作，以促进这项工作的国际交流与合作，也彰显我国作为东巴古籍文献翻译整理和研究中心的地位，促进国际上东巴古籍藏本的回归和及时的翻译整理。几年前，中国国家哲学社会科学规划办公室批准了国家哲学社会科学基金重大项目"世界记忆遗产东巴经典传承体系数字化国际共享平台建设研究"的立项，这个项目将促进国际东巴古籍文献数字化国际共享平台的早日建成。东巴古籍国际共享平台如果能建成，不仅会促进国际性的东巴古籍翻译整理和研究，也将会促进东巴古籍与藏族本教古籍、敦煌古籍等的比较研究，意义十分重大。

（八）东巴文献的当代创新问题

数万卷的东巴古籍文献记载了不同时代纳西人的社会生活和各种与人的生老病死、喜怒哀乐、衣食住行密切相关的内容，包括道德伦理观、人生观、生死观等。随着社会生活的变迁与发展，东巴文献也面临如何进行与时俱进的发展与创新，这也是笔者和东巴们常常交流的一个话题。在笔者主持的这个国家哲学社会科学基金重点项目中，也在这方面进行了一些尝试，也收进了富有当代在传承的基础上有创新和整合的文本，比如《祭天神、地神和柏神仪式——阿瓦腊瓦唱本和射箭镇仇敌经》这本文献，是当代知名东巴和力民写的经书，他为了在家乡完整地保留和传承祭天文化遗产，在村里他所属的温瑟阿宗族祭天群里传承了祭天唱"阿瓦腊瓦调"、祭天射箭和祭天跳舞唱凯旋歌。而这本文献里的这些内容，原来都只是口诵的传承，历史上没有过完整的用象形文字书写下来的文本。现在和力民把这些过程也加进去，完整地写成了一本当代东巴文献，弥补了传统东巴文献的不足，成为当代东巴经典文献传承的一个新版本。

有些获得了国家级荣誉的文献，怎么不使它成为一个如故纸堆一样的文化遗产，而是让它如过去一样有声有色地活在民间，这也是东巴文献目前面临的一个问题。比如东巴文献记载的纳西古代英雄史诗《黑白之战》（纳西语是"董埃述埃"（$du^{21}\ a^{21}\ sv^{21}\ a^{21}$，意思是"白董部落与述部落的争斗"）是获得国家级非物质文化遗产称号的作品，按东巴的咏诵传统，它是要由特定的歌调吟唱的，如果能像藏族的《格萨尔王传》一样以歌吟的方式传承下来就最好，但现在除了一些东巴会吟唱之外，一般民众都不懂，要借助汉文翻译本来理解其中内容。所以还有待于采用更为通俗易懂的当代纳西语来释读和翻译东巴经典，让更多的纳西年轻一代了解，并通过这样的方式来学习母语和以母语为载体的纳西族经典作品，特别是像《黑白之战》这样进入了国家级非遗名录的东巴文献，笔者以为不仅要以东巴歌吟的方式使之传承下去，而且还可以用其他大家耳熟能详的吟唱方式使之更多地为人们所知，乃至进入大学、中学、小学的课堂里。

云南诸如著名的彝族撒尼人长诗《阿诗玛》原来的歌咏传唱方式也衰落了，虽然《阿诗玛》的故事被拍成了著名的故事片《阿诗玛》，但民间能吟唱《阿诗玛》的歌手却所剩无几。所以，笔者认为要传承如《黑白之战》

这样的民间宗教文献记载的文学作品，应该恢复其本来有的诗和歌一体的原貌，而且应该有变通的传承方式。最近，丽江市古城区文广局获得一项"国家艺术基金交流推广展示项目"，即"《黑白之战》连环画"，根据东巴经书《黑白之战》改编，将《黑白之战》这一经典故事改编为连环画的方式，并举办展览，中间用象形文字书写东巴古籍原典，两边则以当代画家创作的《黑白之战》故事情节绘画来烘托中间的文献原本，笔者觉得这也是东巴文献在当代开发创新的一种方式。

笔者以前在西藏和青海聆听了不少格萨尔艺人演唱著名的《格萨尔史诗》，艺人来自不同的藏区，老幼妇孺都有，我也听到了各种这些歌手因为"神授"而成为杰出艺人的传说。而他们那种对"格萨尔"虔诚而真挚的热爱和他们的信仰，深深地感染了我，使我也领悟到为什么《格萨尔》史诗的生命力会这样强大，能在物质生活贫困艰苦的藏地高原这样长盛不衰、深入人心的原因。纳西族东巴古籍文献中所记载的如《黑白之战》等史诗与《格萨尔王传》有一点是共同的，它们的根基与核心是那种本真的乡土民间艺术的天籁和魅力，以及人们对它的礼敬与挚爱之情。如果一种民间艺术最终没有了与人们的生命和心灵生死相依的情结，那它的命运和生命力也将会遭到困厄。所以，以多元化的方式让东巴经典史诗走进大众，深入民间，活在民众的口耳相传中，应该是当下我们努力要做的重要事情。

关于东巴文献的当代传承，民间也有一些比较好的尝试，比如有的民间歌手把东巴经里的一些经典唱段在东巴咏唱调的基础上，从音乐的角度进行更多的加工和润饰，使之成为更受到大众欣赏和理解的古典现代歌曲版。让古籍文献的内容走向大众，更多地让大家了解和喜爱东巴文化。

迄今已经有不少比较成功地将东巴古籍文献作品翻译成汉文文本的译作，笔者以为，还应该有将这些古籍文献翻译成当代纳西语（拼音文字）的文本，就如汉文学古典文言文作品的"白话今译"一样，让典雅但又不易读懂听懂的少数民族古典作品以现代语文为载体走进大众。

此外，东巴文献还面临一个如何创新和丰富其内容的问题，从东巴古籍的内容来看，它是随着社会历史的发展而在不断丰富和发展，没有停留在某一个阶段而停滞不前。所以，随着今天社会文化的巨大变迁，社会和人们的生活也产生了巨变，人们面临着各种新的困惑、疑难和挑战。所以，东巴文献如何与时俱进地增进新的内容，也是需要思考的问题。比如，东巴文献有很多包括《神鸟与署之争斗》（《修曲署埃》）这样反映人与生态环境矛盾的经典作品，而今天的环境问题，仅仅只有这些作品是不够的，东巴怎样在经典的基础上结合当前的实际环境问题增加新的内容，产生当代的原创吟诵作品，这是需要每一个东巴和民间歌手都认真思考的，东巴文化本身是一条活水长流的河，要有一种结合社会实际吐故纳新的机制，让东巴文化那种不断吸纳新的精神养料的传统保持下去，不断丰富哲理、伦理等方面的内容，让它焕发出当代的精神和生机。

上篇
国内外东巴文化及其文献研究概述

第 一 章

国内东巴文化及其文献研究现状[①]

一 当代东巴文化的兴衰

(一) 1949年到1978年东巴教的兴衰概况

在历史上,东巴教是纳西族信仰的本土宗教。东巴教的祭司自称为"本补"(biu bbuq),而在纳西族西部方言区,民间称东巴教的祭司为"东巴",因此有了"东巴教"的学术界名称。

东巴教主要流行在滇川藏地区的纳西族乡村,丽江大研古城的一些纳西族居民(包括木氏土司家族)也信仰东巴教。从文化内涵看,纳西族的东巴教明显是一种具有多元宗教因素的民族宗教,在它的历史发展过程中,由单纯的自然宗教形态逐渐融汇百川,最终成为一种具有多元文化特质的宗教。东巴教的源与流可分为纳西族本土原始宗教和外来宗教因素这两个大层面,本土信仰体系(即原始宗教)是"源",而各种外来宗教因素则是"流"。

东巴教最初是纳西先民从早期的巫术文化基础上发展而来的一种原始宗教形态,后来融合了以藏族为信仰者主体的本教和"喜马拉雅周边区域"(有的称之为"喜马拉雅山地文化"或"喜马拉雅周边文化带")一些萨满(即巫术、巫教,Shamanism)文化、藏传佛教文化等因素,形成一种有卷帙浩繁的象形文字经典为载体,有繁复的仪式体系而独具特色的古代宗教形态。虽然东巴教文化内容纷繁复杂,但原始宗教的自然崇拜、图腾崇拜、祖先崇拜、灵物崇拜、鬼魂崇拜等仍然是它的主要内容,其中的自然和自然神(或精灵)崇拜思想非常突出。

1949年以前,东巴教是纳西族中信众最多的民族宗教,大多数村寨都

[①] 此章一些涉及宗教的内容,作为该项目阶段性成果,曾载邱永辉主编《宗教蓝皮书·中国宗教报告(2014)》,社会科学文献出版社2015年版。

有东巴祭司,还产生了诸如迪庆州香格里拉县三坝乡白地村、玉龙县塔城乡、鲁甸乡、白沙乡等大东巴辈出的"东巴之乡"。

东巴祭司平时从事耕稼樵牧,是不脱产的农牧民,只是在农牧劳作之余为人祝吉祈福,请神送鬼,占卜治病。他们在受人所请时才举行法事,略得实物或现金报酬,但家庭收入主要是靠生产劳动。东巴没有自己的宗教组织——教会,没有统一的教规教义,相互间没有统属和被统属的关系。学识渊博、精通众艺的东巴被东巴们和民间尊称为大东巴,出类拔萃者被尊称为"东巴王",但这仅仅是一种尊号,与诸如藏传佛教那样的教徒等级制不同。东巴全是男子,其传承主要是家庭或亲族世袭制,父传子,子传孙,无子则传于侄。也有一些东巴是无东巴家世而投师学艺的。

1949年后,东巴教曾长期被认定是封建迷信的东西而被禁止,纳西族民间的东巴教活动大量减少,即使有一些仪式活动等,也大多处于秘密举行的状态。玉龙县鲁甸乡新主村是著名的东巴之乡,民国年间出过和世俊、和文质等大东巴,他们曾协助由当时的中央博物院派来收集整理东巴经典的著名学者李霖灿(后来成为台湾故宫博物院副院长)解读东巴教典籍。中华人民共和国成立后,在丽江县文化馆工作的纳西族青年作家木丽春在1958年曾到鲁甸等乡村收集东巴经,收集了1700多种东巴经,收藏在当时的丽江县文化馆里。① 1959年,云南省民族民间文学调查队到丽江调查纳西族民间文学,当时还是比较重视东巴经典,把它视为纳西族民间文化遗产,成立了一个东巴经典翻译小组,请新主村的著名东巴和正才等参加,组织翻译了一些东巴经的翻译工作。

在20世纪五六十年代,尽管民间东巴教的活动已经基本销声匿迹,但还是有少数共产党的领导干部认识到东巴教典籍的文化价值,所以组织人员进行过翻译整理工作。20世纪60年代任中共丽江县委书记的徐振康先生青年时代曾在云南大学外语系学习,他从外文资料中认识到东巴文献的价值和国际意义。他在1962年专门邀请在中央民族学院任教的纳西族学者周汝诚回乡主持东巴文化抢救,经学校同意,周汝诚于下半年返回家乡任丽江县文化馆馆长。当时丽江财政十分困难,徐振康指示拨出专款,派出县委唯一的一辆吉普车,把鲁甸乡新主村的和正才、大东乡的和九日、黄山乡五台村的和芳、太安乡汝南化村的多海、黄山乡文笔村的多兴等五位大东巴接至县文化馆,又去中甸县(今香格里拉市)三坝乡白地村请来了两位大东巴久干吉、年恒,先后抽调了周霖、周汝诚、周耀华、

---

① 木丽春:《抢救纳西族文化遗产东巴经书的遭遇》,载《炎黄春秋》2003年第4期。

桑文浩、和锡典、李即善、木耀钧、林炳铨、和凤春、赵净修等人组成了抢救班子。在老东巴和抢救组的共同努力下，收集东巴经书 5000 余册、一批东巴画和法器，随即开展翻译、整理和记录工作，由老东巴念诵讲解，年轻的纳西学者们用国际音标记音、直译和意译。这次抢救行动整理了不雷同的东巴经书 528 本，分为 13 类；翻译了 140 多本，石印了"四对照"（象形文原文、国际音标、汉文直译、意译）格式的 22 本东巴经，这是中华人民共和国成立后首批翻译和内部出版的东巴经。[1] 这可以说是中华人民共和国成立后首批东巴文献的刊布问世。

在 1978 年"改革开放"之前，除了个别地处偏远的山村，纳西族民间东巴文化的活动几乎绝迹，1949 年后成长起来的纳西青少年自然就谈不上对东巴教有多大的认同意识了。

（二）改革开放后东巴文化及其文献的复苏

改革开放后东巴教的复苏，与国内外学者对东巴教的学术研究密切相关。东巴教以其突出的文化特点和价值吸引了国内外众多的学者，特别在汉学（Sinology）、东方学（Orientalism）、藏学（Tibetology）等领域里受到学术界重视。自 19 世纪以来，国内外研究东巴教的论著已不少。20 世纪 80 年代，随着我国的改革开放，一些国外学者开始到中国来研究东巴教等纳西文化，1980 年德国（西德）学者代表团到云南来访问，其中曾在 1962 年协助"西方纳西学之父"洛克（J. F. Rock）对西德国家图书馆收藏的东巴经典进行编目的德国科隆大学印度学研究所所长雅纳特（K. L. Janert）专程来与纳西族著名学者方国瑜教授与和志武研究员做关于纳西语言文献研究的学术交流，当时在云南大学就读的笔者协助方国瑜、和志武两位学者与雅纳特教授一起翻译整理一些纳西语文本的民间故事等，后雅纳特教授邀请笔者到西德科隆大学进行合作研究。国门的打开使我国学术界初步了解到西方国家研究东巴教文献等的概况，这也成为促进我国重新重视东巴教文献的整理研究的因素之一。

在方国瑜、任继愈等著名学者和纳西族有识之士和万宝先生（时任丽江地区副专员）等的大力推动下，各级政府开始逐渐意识到东巴文献是我国重要的民族文化遗产。因此，在 1980 年 6 月，丽江地区行署正式发文成立"丽江东巴经翻译整理委员会"。1981 年 4 月，中共云南省委正式发文批准成立了云南省社会科学院丽江东巴文化研究室，此举是对纳西族东巴教以

---

[1] 杨福泉主编：《当代云南纳西族简史》，云南人民出版社 2012 年版，第 114—115 页。

及与东巴教有关的纳西族民俗文化重新认知和肯定其精华的一个重大举措。"东巴文化"一词从此正式被官方和民间广泛使用，这极大地鼓舞了纳西族地区的民间文化精英"东巴"祭司整理东巴文献和传承东巴文化的热情，也开启了纳西人重新认同东巴文化的一个新时期。"东巴教"这个词除了在学术界用得比较多之外，在政府机构、科研机构和社会上使用最多的则是"东巴文化"这个称呼，这也反映了各方面对纳西族民间宗教开始从文化的角度来理解和审视，也反映了东巴教在当代开始由过去单纯的宗教仪式、礼仪等向与民俗文化、民间文化等相融合的趋势发展。

丽江东巴文化研究室在1991年升格为研究所，2004年更名为"云南省社会科学院丽江分院暨丽江东巴文化研究院"。该院收藏东巴经2000册，文物200多件，图书10000多册。东巴文化研究院在20多年时间里，经10多个研究人员、10个东巴的努力，整理翻译了1000多册东巴经。经过分类，除去重本，汇编成"四对照"（东巴经象形文和音节文字格巴文原文、国际音标注纳西语读音、汉文直译对注、汉语意译）的《纳西东巴古籍译注全集》（100卷，936册东巴文献），于1999—2000年正式出版，并在2001年11月荣获第五届国家图书奖（荣誉奖）。

1983年3月，在丽江县（今古城区和玉龙县）召开了"东巴"（"达巴"）座谈会。参会的有来自丽江、中甸（今香格里拉市）、永胜、宁蒗等县的"东巴"和"达巴"61人，还有来自北京和云南省内社会科学文化界的代表30多人，会议充分肯定了东巴文化的价值，对东巴文化的发掘和研究进行了热烈的讨论和研究。解除了当时很多东巴还存在的疑惧心理。那次座谈会后聘请了10多个在丽江知名度最高的"大东巴"，开始由云南省社会科学院丽江东巴文化研究室对丽江县图书馆收藏的东巴经进行"四对照"的整理翻译工作。有些参加了这次座谈会的"东巴"则开始在家乡重新举行一些东巴教的仪式活动，对纳西族民间向东巴文化认同的回归起了重要作用。

纳西族学者和志武、郭大烈在20世纪80年代曾对当时东巴的数量做过一个调研。在纳西族245154人口（1982年的人口普查统计数）中，不完全统计东巴约有217人，占人口总数的0.08%。从地区上看，丽江县有112人，其中太安19人，鲁甸18人，塔城16人，宝山12人，鸣音11人，大东8人，金山6人，龙山5人，大具4人，黄山4人，金庄3人，奉科2人，龙蟠、白沙、拉市、七河各1人。他们估计，1949年前东巴活动最盛时，人数约达1000人，占当时纳西族总人口的0.8%，而在80年代健在的东巴已不到过去的五分之一。①

2001年5、6月份,丽江地区宣传部曾牵头组织了一次规模较大的民族文化调研。调查结果表明,在丽江县,有近百名从事东巴文化活动的人。其中55—64岁的东巴有12人,65—74岁的东巴有13人,75—92岁的东巴有18人。而这18位中多数人年老体衰,无力参加东巴教的祭祀活动。东巴们的知识水平差异较大,知识全面、水平较高的只有六七人。② 丽江东巴文化传承协会在2012年曾公布,丽江古城区、玉龙县范围内已经有123个东巴,这个数字包括了很多在古城区和玉龙县一些旅游景点工作的青年东巴,其中水平高的东巴寥寥无几。

1982年,丽江县东巴文化博物馆(丽江县博物馆)成立。1995年,丽江县东巴文化博物馆开办了"东巴文化学校",举办了多期东巴文化培训班,学员以各个乡镇对东巴文化感兴趣的中青年为主。

1990年9月10—27日,在亚运会期间,纳西族东巴文化被选为会期五大展览之一,丽江县政协具体组织,在北京民族文化宫举办了纳西族东巴文化展,全国人大、政协领导费孝通、钱伟长、胡绳、阿沛·阿旺晋美、程思远、司马义·艾买提、任继愈等为展出题词、剪彩,费孝通还专门为展览题词。这是纳西族东巴文化及其重要载体文献首次比较全面地在首都展览。

2003年8月,在波兰格但斯克召开的联合国教科文组织"世界记忆工程咨询委员会第六次会议"上,由世界记忆工程中国国家委员会申报的丽江东巴文献,经评委会审议表决列入《世界记忆名录》(Memory of the World Register),成为中国迄今3项入选该名录的文化遗产之一,也是迄今为止中国唯一入选这一世界性重要遗产名录的少数民族文献。

1999年10月和2003年9月,丽江政府先后举办了两届"中国丽江国际东巴文化艺术节"。加上连续在北京、广东、昆明以及瑞士、加拿大、德国、美国等国举办的以东巴文化为主题的展览,使国内外各阶层人士不仅能欣赏也能学习乃至参与东巴文化的一些活动。而东巴文化中"人与自然是兄弟""对自然的索取要有度"等深刻的哲学观念和人生观、自然观,也在一定程度上成为具有鲜明时代精神的丽江当代文化的组成部分,对很多到访丽江的国内外人士产生了深刻的正面影响。东巴文化成为中国社会主义时期

---

① 和志武、郭大烈:《东巴教的派系和现状》,载《东巴文化论集》,云南人民出版社1985年版,第38—54页。

② 和力民:《浅析东巴文化的传承》,载《民族艺术研究》2002年第3期。

民族文化遗产抢救和开发利用的一个成功的范例。纳西民众对东巴文化的认同，融进了一些与过去不同的时代特色，不再完全基于信仰体系，东巴文化为纳西人争光、成为国际知名的"显学"等因素也成为促进纳西民众对东巴文化认同意识的重要催化剂。

2001年6月28日，丽江县人大通过了《云南省丽江纳西族自治县东巴文化保护条例》；2005年12月2日，云南省第十届人民代表大会常务委员会第十九次会议通过了《云南省纳西族东巴文化保护条例》。这些法规的颁布，丰富和具体化了《宪法》关于少数民族拥有使用和学习本民族语言文字权利的条款，使东巴文化的保护和传承走上法制化的道路，为纳西族东巴文化的保护和传承提供了法律保障。

无论从官方层面还是民间层面，都开始对这个昔日一度被视为"四旧""落后""原始"的东巴文化另眼相看，认同度大大提升。印制有东巴文字的个人名片也成为一种时尚；东巴象形文字书法和绘画作品，成为丽江官方赠送给国内外宾客的重要礼品之一；而在原来多少还有些看不起东巴文化的丽江古城民众中、在机关事业单位工作人员中，在家里挂上几幅东巴象形文字书法绘画，春节期间在大门贴上一副东巴象形文的对联等，也成为很多人喜欢的一种时尚。每年春节前，丽江古城管理委员会等部门都要组织地方书法家为市民书写春联，几个青年东巴也每年参加这种为市民撰写春联的活动，他们书写的东巴象形文字春联很受欢迎。可以说，丽江纳西族精英阶层对东巴文化的认同，又一次产生了戏剧性的变化。

2008年，由丽江市政府举办、丽江师范高等专科学校筹办了为期三个月的"丽江市东巴文化保护传承强化培训班"，此次办班的目的是"通过三个月的短期强化培训，结合在乡村开创性实践，为将来东巴文化保护传承培养精英，传递东巴文化薪火，促进纳西族原生态东巴文化保护村建设"。来自川滇两省的80名学员进行了为期三个月的强化培训。由28位纳西族专家学者和文化专业人士讲授了14门讲座课程，涉及纳西族历史、宗教、文化等诸多内容。尽管这些课程基本上是普及纳西学知识的内容，但对传承东巴文化还是起到了重要的作用，这些学员中的不少人后来成为各乡镇传承东巴文化的骨干。

1998年，原丽江县人民政府决定将大东、宝山、鸣音、鲁甸、塔城、太安等6个乡确定为东巴文化生态乡。要求东巴文化原始生态区要重视东巴文化自然传承的引导和扶持工作，丽江东巴文化学校招生时向东巴文化原始生态乡倾斜。东巴文化原始生态乡是目前东巴文化保存较好、群众仪式较强的乡镇，除了鸣音乡之外，目前其他五个乡都有民间东巴文化传承组织。①

2006年5月，有着深厚东巴教传统底蕴的玉龙纳西族自治县塔城乡依陇村委会署明自然村东巴文化传承点举行授牌、挂牌仪式，丽江市人大常委会主任杨国清、副主任和世华以及市文广局局长和慧军等参加了挂牌仪式，并授予署明村的青年东巴和秀东、杨玉华等"纳西族传统（东巴）文化传承人"的牌子。

到2013年，丽江市已在玉龙县鲁甸乡新主村、宝山乡吾母村分别挂牌成立了"丽江市东巴文化传承基地"。新主村还建立了国家级非遗保护项目纳西族东巴画传承培训基地。在玉水寨建立了"玉水寨东巴文化学校"，在古城区金山乡三元村建立了"纳西东巴文化传承中心"，各地积累了许多东巴文化传承的经验。

上述所提到的丽江官方和纳西民众这种对东巴文化认同的巨大变化，其主要促成因素与国家的主流话语对东巴文化的推崇和大力宣传有密切关系，也与国内外学术界、文化界和媒体对东巴文化的深入研究和传播密切相关，同时还和旅游市场上因为其观赏性很强的审美特点而带来的销售热有关。从这种变迁中可以看出，一个民族和地方对自己本土文化的认同的变迁，其促成原因是多方面的，而主流社会和主流文化对待这种地方文化的意识形态和观念、做法等，起到了非常重要的作用。

目前，丽江东巴文化学习与传承的方式主要有如下几种。一种是在保留东巴文化传统和文化环境较好的乡村由本地东巴和村民自发组织的学习与传承，或者是由一个或几个东巴传授一批学生的方式，或是由东巴传授给自己的儿孙辈的方式，以玉龙县塔城乡署明村、鲁甸乡新主村、宝山乡吾母村、香格里拉县三坝乡吴树湾村等村寨为代表。一种是以企业和民间协会主办、东巴与学者共同参与指导的方式，这是一种把东巴文化的学习、传承与文化旅游产业相结合的模式，以丽江市玉龙县玉水寨生态文化旅游有限公司为代表。一种是成立由学者牵头，继而政府支持的东巴文化传承组织，比如学者兼东巴和力民1998年在自己的家乡金山乡贵峰村民委员会三元村成立了丽江纳西文化研习馆，2012年在丽江市古城区政府的支持下更名为丽江古城东巴文化传承学校及古城区东巴文化传承中心，这是古城区成立的第一所东巴文化传承学校，由和力民任校长。再一种是在政府的支持下，有学者参

---

① 和晓蓉、和继全：《丽江东巴宗教文化"保护与传承"的实践总结和理论反思》，《全球化背景下的云南文化多样性学术会议论文集》，载《大家》文学杂志社2010年版，第117页。

与、以学校或办培训班为主体的传承模式，这种模式以丽江古城区黄山小学、玉龙县白沙完小等学校为代表，主要是一种在小学里传授东巴文化基础知识的方式。

二　东巴文化的当代传承

（一）纳西族社区自发的东巴教传承

随着上述各级政府对东巴文化的重视，各地乡村纳西族民众对东巴文化传统的认同意识逐渐有所恢复和加深。如原丽江县塔城乡署明村（今属玉龙县），在当地著名老"东巴"和顺、和训兄弟的大力推动下，于1998年自发成立了东巴文化学习小组，村子里的一些年轻人在和顺的指导下学习东巴文化知识，他们在村子里还恢复了祭天等东巴教的重要仪式。

此外，原丽江县宝山乡（今属玉龙县）的吾母村也自发组织了东巴文化传承活动；丽江大研镇下束河村（今属古城区）组织了东巴文化舞蹈队；玉龙县鲁甸乡阿时主村村民在几个东巴后裔的带动下，自发进行东巴文化的学习和传承。后来该村的东巴文化传承活动也得到了丽江市政府的支持，将阿时主村作为东巴文化传承基地，2011年12月正式挂牌成立了东巴传习学校。从2004年开始，新主东巴传习学校每年开班三次，吸纳全市有志传承纳西文化的社会青年、辍学少年来此研习东巴经文，目前已有170多人接受了培训。丽江市东巴文化研究院的和力民、市博物院的木琛等有较深厚的东巴文化知识的学者担任学校的兼职教员。[①] 丽江市群艺馆还在该村组织过两期东巴画培训班。丽江大具乡（今属玉龙县）的东巴纸制作传人和圣文在20世纪90年代就致力于进行东巴纸的制作和传承，笔者曾经去他的村子调研过他制作东巴纸的整个过程。

此外，玉龙县太安乡汝寒坪村在2001年创办了东巴文化传习会，主要传承东巴舞。古城区大东乡竹林村成立了东巴文化传习班，其前身是1991年成立的大东乡仁美群众艺术团，主要传承东巴舞蹈和民间歌舞"仁美磋"。

和丽江相比，迪庆州香格里拉县三坝纳西族乡吴树湾村保留的纳西族传统民俗、东巴教仪式相对比较丰富。该村教师和树荣自筹经费，1998年3月16日在三坝纳西族乡吴树湾村成立了东巴文化传承学校，请吴树湾村阮

[①] 李成生、和文：《东巴文化传承的民间样本》，载《云南日报》2013年10月23日。

卡人（纳西族支系，又音译为"阮可人"）大东巴和占元传授东巴文化知识，学习主要利用晚上时间。这个东巴文化传承学校迄今已经坚持了12年，在三坝、洛吉两乡成立了12个迪庆东巴文化传习点，培养出了17个有较高造诣的东巴学生。他们的文化传承活动也受到了迪庆州政府的重视，2009年4月28日，州文化局、民政局下文批准成立了"迪庆州纳西东巴文化传习馆"，并于2010年3月22日举办了白水台东巴学校建校十二周年庆典暨迪庆东巴文化传习馆挂牌仪式。吴树湾村借助这个传习班，逐渐恢复了如下东巴教仪式：祭家神（恒孙，$he^{21} ʂu^{55}$）、祭祖（阿普阿级布，$a^{33} phu^{33} a^{33} dʑi^{33} bv^{55}$）、祭天（美本，$mɯ^{33} py^{21}$）、祭畜牧神（建丹字，$tɕɑ^{55} tə^{33} dʐŋ^{55}$）仪式、求雨（很美，$hɯ^{21} me^{55}$）、压口舌是非（补本，$bv^{21} py^{21}$）、顶灾（堵不，$tv^{55} py^{21}$）、祭自然神（署古，$ʂv^{21} gv^{21}$）、除秽（凑速，$tʂʰə^{55} ʂu^{55}$）、祭东巴教祖师（东巴什罗布，$to^{33} ba^{33} ʂʅ^{55} lo^{33} pv^{55}$）、驱邪禳灾（考肯足，$kha^{33} kɯ^{33} dʐŋ^{21}$）、冷误蹉（$le^{33} u^{55} tsho^{33}$，阮卡人特有的东巴教仪式，是丧葬仪式中的一个祭仪）。除了恢复上述大仪式外，还恢复了10多种小仪式。此外，东巴文化传承学校的东巴们在14年间举行主持了46场正规免费的丧葬和超度仪式。每年农历正月，本地东巴合伙去东巴教灵洞"什罗乃科"，祭拜东巴教两位祖师东巴什罗和阿明147罗。①

在云南香格里拉县三坝乡白地村、丽江塔城乡（今属玉龙县）署明村等地，村民对东巴文化的认同不断加深，将东巴文化认同为本民族最重要的文化遗产和精神信仰，东巴文化融于日常生活的各种礼仪和节庆中，不少东巴教祭祀仪式得以复苏。据初步统计，从1996年到2007年，丽江民间有14个传承组织在开展东巴文化传承活动。约有400多名年轻人学习东巴文化。时至今日，这个数据有了较大的增长，根据杨杰宏所做调查统计数据看，目前丽江已有传习机构20多个，近千人在这里学习东巴文化知识，近万人通过学校开设的课程了解了东巴文化。②

改革开放后，远离纳西族聚居中心丽江的一些纳西族地区也恢复了东巴教的一些仪式和习俗。仅就笔者从20世纪80年代以来做田野调查所见，就有如下纳西族村寨恢复了东巴教的仪式活动：香格里拉县三坝乡（其中白地行政村在历史上有"东巴教圣地"之誉）、丽江市玉龙县塔城乡、鲁甸乡、白沙乡、古城区的大东乡、金山乡等。恢复得比较普遍的是按东巴教仪

---

① 此系笔者采访吴树湾村东巴文化传承学校校长和树荣、东巴和树昆二人所获悉，同时参考了《薪火相传　根脉不绝——迪庆州东巴传习班传承东巴文化14周年汇报材料》（未刊稿）一文。

② 杨杰宏：《东巴文化传承前路犹长》，载《中国文化报》2011年3月22日。

式做的丧葬仪式，时间二至三天不等，还有东巴教中规模较大的祭天仪式、祭署（司掌大自然的精灵，东巴教经典和民间相传他与人类是同父异母的兄弟）。笔者在2008—2010年连续三年在春节期间参加了玉龙县鲁甸乡新主村组织的祭天仪式。

民间流行的当代东巴教仪式也有所变迁，比如原来规模比较大、要花好几天时间举行的仪式普遍缩短了一些程序和时间，比如祭天、祭署和丧葬仪式，都在向保留主要程序而缩短一些祭仪程序的趋势发展。而不少地方的祭天仪式已经没有了过去女子不能进入祭天场的规矩[1]，我参加过的几次祭天活动都是老幼妇孺咸集祭天场，其乐融融，民俗和宗教气息都很浓郁。

此外，有些传统也在变迁，比如鲁甸乡过去举行祭天仪式是各家各户独自举行，现在则是一个自然村联合起来一起祭天，而且祭天仪式结束后，村里举行其他集体打跳等歌舞娱乐活动，相邻村落的民众都会来参加。这使传统神圣的祭天祭祖活动增添了不少世俗生活的娱乐，民间逐渐地把东巴教的传统认同为一种民俗文化活动。

此外，东巴用神药两解之法为人治病、为人占卜病因、为小孩取名等东巴教传统在有些地方有所恢复。在东巴教传统比较浓郁、历史上有"东巴教圣地"之誉的香格里拉县三坝乡白地村，东巴教不仅在纳西族中有影响，而且在毗邻而居的藏族和彝族中也有影响，笔者在1989年和1990年，多次在白地村看到纳西族和彝族的民众请东巴来占卜病因。据调查，香格里拉县的不少藏族认为东巴的占卜是很灵验的，所以常常请东巴占卜。据白地村大东巴和志本讲，他家做东巴到他已经七代。每一代东巴除了给纳罕（三坝纳西族的自称）做法事，也给藏族人做法事。现在还常常有藏族人请白地的东巴做法事，为他们求子女，东巴应藏人的要求，举行"除秽""亨诉"（祭神），求尼与哦（意为求福气、福泽），一般是在白水台进行。和志本每年都要给藏族人举行上述这几个礼仪。为求子的藏人占"巴格图"卜（东巴教的"青蛙五行卜"），属相卜等。

在玉龙县塔城乡洛固、陇巴等纳西族与藏族混居或相邻而居的村寨，同时请东巴和藏传佛教僧人同堂举行丧葬仪式的现象也比较突出，东巴和僧人各自按照自己的宗教传统为逝者超度灵魂（藏传佛教），送亡灵回归祖地（东巴教）。有的藏族老人也向东巴学习东巴教的仪式，能为当地人举行东巴教丧葬仪式等。在纳人（摩梭人）聚居的云南宁蒗县永宁乡，同时请达

---

[1] 关于不少地方的纳西族祭天仪式禁忌妇女进入祭天场的原因，可参考杨福泉《东巴教通论》第二章第一节"祭天仪式及其功能"，中华书局2012年版。

巴和藏传佛教格鲁巴派僧人为逝者举办丧葬仪式的传统习俗也还保留着。

21世纪以来，原来视东巴教为不登大雅之堂之物的丽江古城里，以东巴教仪式为主导的社会和文化活动也逐渐增多。比如，在丽江古城举行了祭祀四川汶川地震死难者的东巴教超度亡灵仪式。这个主要由受过大学以上教育的年轻人在网络上首先倡议发起的东巴教超度亡灵仪式，折射出了年轻一代纳西人对东巴文化认同意识的改变。在丽江城乡的不少小学里，也开设了东巴文化知识的校本教材（兴趣课），学者、小学老师、学生和家长一起来探讨传承地方性知识的课程，其中东巴文化特别是东巴字画，是学生们非常感兴趣的学习内容。[1]

（二）学者实践东巴文化传人的培养

一些纳西族学者在从事研究的同时，也开始通过不同的渠道和方法进行东巴文化传承的实践活动。从1999年起，由笔者牵头和丽江东巴文化研究院合作，在丽江纳西族地区做了几项培养民间文化传人的实践。首先实践的就是培养民间文化精英的项目，笔者和东巴文化研究所的同人一起，在培养东巴文化传人方面进行了努力。我们在美国大自然保护协会（TNC）云南项目办公室和福特基金会的帮助下，从东巴文化传统深厚且现在还保留有一些东巴教仪式和习俗的山村里挑选了7个学生展开培养工作，其中有3个是当时在东巴文化研究院工作的著名大东巴的孙子。

对这些学生进行东巴文化的传授采用了传统的东巴培养方法，东巴老师让学生读、写、诵东巴经，读经书不凭借注音符号，也不用现代录音工具，要求学生对所学东巴经能写、能读、能诵，所学东巴经按仪式逐一学习。在教授一个仪式的过程中，东巴要传授该仪式所要遵循的规程和仪式中所需的各种祭品，以及制作面偶，绘制木牌的相关知识。研究人员与东巴老师配合，定期查看他们的学习情况、教学情况，遇到问题及时解决。东巴和研究人员定期召集学生座谈，师生一起交流。学生在学完一些仪式之后，东巴老师和研究人员有意识地让学生不定期返乡，感受社区生活，如遇村里作传统的文化活动，他们就去参加，展示自己所学到的东巴文化知识。

该项目所选的东巴文化传人培养点塔城乡（今属玉龙纳西族自治县）依陇村民委员会署明村，尚保留有一些传统的宗教、民俗活动，如每年农历正月、七月的两次祭天活动，有些家户的祭畜神活动，村中老人死后的丧葬

---

[1] 杨福泉：《丽江社区乡土知识教育试点项目概述》，载张晓、张寒梅主编《文化多样性与社会性别行动研究文集》，中国言实出版社2009年版，第126—135页。

活动等，如确知村里有此类活动，就安排学生返村，参与并主持村中活动，这样，一方面他们又连接了与村中长老的接触与学习（这一条是很重要的，因为村中熟谙传统文化的老人都已至耄耋之年，随时都会离世，这样有些珍贵的传统文化知识有可能随他们的离世而永无人知），激发村民热爱民族传统文化的热情；另一方面他们学以致用，巩固了所学知识和实践能力，同时也会觉察自己知识的不足方面。

该项目所培养的几个东巴都已掌握了东巴文化中一些难度较大的知识，如书写象形文字、咏诵一些经典、举行祭祀仪式、跳东巴舞蹈、制作用于仪式的面偶和纸扎的祭品等。学习比较优异的和秀东已经在村寨里独立主持不少祭仪，而且还能独当一面地主持难度大的丧葬仪式，迄今，他已经为他熟谙东巴文化的姑奶和海以及他的老师——大东巴和开祥主持了东巴教的丧葬仪式。2003 年，他应邀赴美国华盛顿惠特曼学院和匹茨尔学院进行东巴文化交流，独立主持了祭祀大自然神的"署古"仪式。2004 年，他应邀到台湾参加"李霖灿教授学术纪念展"，主持了为纪念为民族和社区做出重大贡献者的"祭胜利神"仪式和"署古"仪式。他还在应联合国教科文组织等的邀请而举行的一些重要的东巴祭祀仪式中担任重要角色。2007 年，他应邀参加了在美国国家林荫广场（the National Mall）举办的"澜沧江—湄公河流域国家民俗文化艺术节"，展示东巴教仪式。2006 年，该项目所培养的青年东巴杨玉华和其他 10 个云南少数民族文化传人一起应邀赴美参加了盛大的"中国文化艺术节"，到美国不少大学和城市交流云南民族文化。

这个培养年轻东巴的项目的实施推动了丽江一些山村年轻人学习东巴文化的热情，如塔城乡署明村，现在学习东巴文化知识的年轻人增多，村里与东巴文化相结合的民俗活动也变得活跃起来，比如祭天、祭大自然神"署"、祭祖、祭谷神、畜神、婚丧礼俗等活动。传统文化在这些民俗活动中得以延续。

但是，丽江诸如东巴这样的文化传人，也面临着各种生计的压力和旅游市场的诱惑，由于丽江是旅游热点地区，用象形文字为载体、观赏性比较强的东巴文化，也成为热卖点，因此，好的东巴也成为一些旅游公司招聘的对象，在所剩不多的乡村东巴中，有不少已经应聘走向市场，开始了他们异地传承和"展演"东巴仪式、书写东巴字画的谋生之路。这样导致的结果，就是乡土文化传人离开了草根群体，离开了他们的社区，成为在旅游市场上谋生的乡土文化专家，虽然他们也在起着向大众展示本地乡土文化的功能，但毕竟与原来坚守在乡村、传经布道的祭司生活已经发生了很大的变化。

有些东巴教信仰保存较深的东巴，恪守着东巴教神圣仪式的规矩，不随意地在任何场合做东巴教仪式,像上述笔者牵头的项目所培养的东巴教知识最全面的和秀东,也是对东巴教信仰最笃定的东巴之一。他不随意地举行东巴教仪式的表演,按东巴教规矩,在特定场合不能举行的仪式,他就不会举行,不像有的东巴,已经放弃了东巴教的禁忌和规矩,不分场合、地点、时间等,比较随意地向游客表演东巴教仪式。和秀东常常应比较边远的村寨民众的邀请去举行东巴教仪式。

除了上述培养纳西族民间文化精英东巴的实践,纳西族学者们也意识到,要把当地民族的传统知识体系传承下来,仅仅靠培养几个传人是不行的,要将教育和传承工作与社区的学校教育结合起来,要让更多的学生学习和了解本民族的传统文化,这样才能在更大的范围内将对当地社区的可持续发展至关重要的乡土知识传承下去。因此,从2004年开始,由笔者牵头,争取到福特基金会的资助,与丽江东巴文化研究院的学者和丽江市玉龙纳西族自治县教育局合作,在玉龙县白沙乡白沙完小实施了包括传承东巴文化知识在内的参与式乡土知识教育项目(教师、学生、学生家长、学者共同参与)。中央电视台专门来拍摄了该学校的教学方法,提供给中央领导作为西部如何进行民族文化教育的参考,并多次在全国的乡土知识教育会议上交流经验。[①]

1998年,有东巴文化研究院研究员和东巴双重身份的和力民在他的家乡丽江县金山乡贵峰行政村(今属丽江市古城区)成立了一所传习东巴文化的学校——贵峰东巴文化夜校。研习馆吸收当地村民为学员,业余学习东巴文化、民族舞蹈及几十个节庆祭祀仪式,对恢复祭天、祭地、祭三朵和祭祖仪式发挥了重要作用。和力民本人也常常应邀去为乡村社区的民众举行东巴教仪式。

纳西族学者郭大烈、黄琳娜夫妇从1999年4月起,也在家乡黄山镇黄山小学致力于向学生讲授东巴文化知识的活动。

经过多年的实践,丽江东巴文化传承工作取得了较大的成绩。据不完全统计,仅丽江市古城区、玉龙县上报的东巴人数已达97人,比20世纪八九十年代有了一定的增加。2002年丽江县与云南民族大学合作开办了"纳西族语言及东巴文化方向本科班",开设了纳西族语言、纳西族文学概论、纳西族文化史等课程。

(三)民间文化企业参与东巴文化的传承

丽江近年来推进东巴文化传承的经验表明,民族文化的保护与传承需要

[①] 杨福泉:《民族民间文化教育和传承的几次实践》,载《民族高等教育研究》2013年第4期。

多样化地进行，政府的倡导、支持和推动非常关键，同时，来自社区民众与学术界的参与和推动也至关重要。除此之外，一些有慧眼的民营企业也可以在其中起到重要的作用。[①]

除了官方支持的东巴文化传承活动之外，一些主要从事文化旅游的纳西族民营企业也开始致力于东巴文化的传承。由玉龙县白沙乡纳西族民营企业家和长红创办，并被评为国家4A级旅游景区的"丽江玉水寨生态文化旅游有限公司"就是比较突出的一家。该公司在景区建成了东巴祭天、祭风和祭自然神三大祭场。早在1999年，该公司就在玉水寨建立了东巴文化传承基地，请来了塔城乡（今属玉龙县）巴甸村的大东巴杨文杰在这里指导东巴文化的传习工作。并聘请了丽江东巴文化研究院的学者和力民为顾问，以东巴文化研究院翻译出版的《纳西东巴古籍译注全集》100卷作为基本教材，先后招收多批学员，给予员工待遇，进行长期的学习和实践。

2003年11月，由"玉水寨"牵头、丽江纳西族民间人士发起成立了丽江市纳西东巴文化传承协会，该协会会员囊括了丽江境内主要从事东巴文化传承、研究的人员，其核心成员是以玉水寨培训学员为主。协会靠玉水寨支撑，其注册资金、活动组织、活动经费都是由该公司提供。传承协会不仅使民间东巴有了一个可以相互学习交流的合法组织，也使玉水寨的传承组织有了政策保障与组织保障。

农历三月五日相传是东巴教祖师东巴什罗的诞辰，每年农历三月五日，由丽江市东巴文化传承协会组织，丽江市及周边地区的东巴都会云集在玉水寨，在这里举行一年一度的东巴法会，法会上举行祭祀东巴教祖师东巴什罗的仪式。这个"东巴会"逐渐成为不同地区纳西族东巴文化交流的纽带。

玉水寨请大东巴杨文杰按照传统的东巴招徒方式招收徒弟，确立师生关系后要明确学习的内容与阶段性目标，一般学员主要掌握东巴教的基本知识，掌握一些简单的仪式程序，学习期限为2年；东巴传承员的要求是在此基础上能够熟诵东巴经典的主要作品，掌握东巴绘画、东巴舞蹈、东巴工艺的基本技能，且熟练掌握主要东巴仪式的仪轨，学制为4年；东巴师则要求能够熟练掌握东巴经书、东巴绘画、东巴舞蹈、东巴工艺、东巴仪式等综合知识及技能，学制为4年。从东巴学员到东巴师，学习期限大约为10年。杨玉勋、和华强、和旭辉等三人基本达到了东巴师这一水平，成为玉水寨东

[①] 杨福泉：《论少数民族本土文化传人的培养——以纳西族的东巴为个案》，载《云南民族大学学报》2005年第3期；杨福泉：《少数民族文化保护与传承新论》，载《云南社会科学》2007年第6期。

巴文化传承的骨干。玉水寨继而在 2009 年出资 60 余万元，在玉龙雪山下建起了"玉水寨东巴文化传习学校"。

"东巴"（do bbaq）一词，在国内学术界一般解释为"智者""上师""大师"等。国外比较多见的有如下几种译法：萨满（shaman）、祭司（priest）、纳西宗教专家（Naxi religious specialist）、纳西仪式专家（Naxi ritual specialist）。东巴没有自己的宗教组织——教会，没有统一的教规教义，相互间没有统属和被统属的关系。学识渊博、精通众艺的东巴被东巴们和民间尊称为大东巴，出类拔萃者被尊称为"东巴王"，但这仅仅是一种尊号，与诸如藏传佛教那样的教徒等级制不同。

2013 年，丽江民间组织丽江市东巴文化传承协会通过充分的讨论、协商后达成共识，决定参照藏传佛教内部实行"格西学位"的制度，决定试行内部授予"东巴学位"的做法，出台了关于设立东巴学位级别的相关措施，应该说这是当代东巴教传承中的一个创新。丽江市东巴文化传承协会在 2013 年推出了评审东巴等级的活动，评审委员会由大东巴和从事东巴文化的学者等组成，经过评议，经无记名投票，确定出杨文吉等 6 人为东巴大法师，30 人为东巴（达巴）法师，40 人为东巴传承员，57 人为学员。评议结果经《丽江日报》6 月 16 日公示，玉龙县文广局审核，报玉龙县人民政府颁发证书。在一年一度的东巴会上正式颁发了证书，授予了相应的"学位"服，并颁发了由"玉水寨"公司提供的东巴文化传承补助金。东巴会上，入选者在东巴"大法师"的带领下举行了传统的"授威灵"仪式。①

这对进一步健全、完善现有传承机制起到积极的促进作用。此举目的，一是为了给东巴相应的荣誉，二是为了鼓励年轻人学习东巴文化知识的热情，鼓励那些已经有一定基础的青年东巴们认真学习，争取得到相应的"学位"。

当代东巴教的传播与活动的变迁之一，是一些东巴塑像应运而生。过去，东巴在举行仪式时，要根据仪式所祭的鬼神控制一些神祇、精灵鬼怪的

---

① 按东巴教的传统，东巴们都要举行一个"汁在"（dʒɚ²¹ tsa⁵⁵）仪式，通过这种祈求神祇和东巴教祖师等的威力附体的方式，取得正式的东巴地位。从纳西语字面上直译，"汁在"的"汁"（dʒɚ²¹）指威力、威灵，"在"（tsa⁵⁵），意思是将某种力量附于自己的身上，果树嫁接也用"在"这个词，因此，"汁在"的"在"这个词的大意在这里就是"附体"的意思，将各种神祇的力量祈求来附加在自己的体内。如云南中甸县（今香格里拉市）三坝乡白地村的东巴常在"阿明什罗灵洞"里举行"汁在"仪式。每个东巴在学习东巴教仪轨经书学到一定的程度时，要由自己所拜的师傅主持举行"汁在"仪式，仪式多在东巴教所信奉的灵洞外举行。过去，很多东巴都会想方设法来到云南省中甸县（今香格里拉市）三坝乡白地村的什罗灵洞外面举行这一"加威灵"的仪式。

面偶。面塑在东巴教中称"多玛",是用于各种东巴教仪式的献祭供品。早期的面塑是用大麦面混合酥油和水捏制而成,后来也普遍用小麦面制作。面塑一般是一次性的,随用随捏。后来,有的东巴为方便计,用泥捏制这些仪式上必需的"多玛",这样可以使用多次,于是泥偶应运而生。随着泥偶的产生,木偶也逐渐出现,木偶一般是用来做东巴初学做面偶的仿效模型,有东巴"画谱"的相似功能。2012 年笔者在香格里拉县白水台一个山庄看到一批比较大的东巴神祇木偶,据介绍是从四川省木里县纳西族聚居的俄亚大村收来的。说明纳西族民间已经开始制作比较大的东巴教神祇木偶。近年来丽江东巴文化传承者开始制作一些宛如佛教寺庙里供奉的神祇铜塑像。

在玉水寨东巴文化传习院,有个"玉水缘"大殿,里面就塑了东巴教祖师东巴什罗、纳西远祖崇仁利恩夫妇、司掌大自然的精灵"署"等铜像。在玉水寨的灵泉旁还塑了大自然神"署美纳布"的铜塑像。玉龙县鲁甸乡新主村的东巴文化传习学校,也供了东巴教祖师东巴什罗的铜塑像。这显然是当代东巴教发展的一个变迁。在 20 世纪 40 年代,就曾有东巴想建盖东巴教的"亨吉"(神房),即类似佛教的庙宇那样的供神之所在。

随着乡村社会生活的变迁,现在很多纳西村寨的东巴已经很少,所以一些东巴教的仪式活动在乡村逐渐恢复后,村民们多要请一些知名度较高的东巴去主持仪式。几个比较重要的东巴传习组织的东巴就常常受到邀请去做法事。作为玉水寨东巴文化传承倡导者和扶持者的和长红和笔者交流过一个观点,他认为目前如果不能像藏传佛教寺庙那样把东巴供养起来做法事,东巴迫于生计,要养家糊口,肯定没办法把全部精力都用在东巴知识的钻研和传授上,所以玉水寨的做法就是要把东巴供起来,然后应人所请到各个村寨去做东巴教仪式。东巴学员的食宿费用由公司提供,每月还发给 400 元的零花钱。玉水寨除负责他们的食宿外,每月按职称和绩效发给 1500—2000 元工资,解除了他们传承东巴文化的后顾之忧。他们因此能没有生计之忧地从业到东巴文化传承的行列中。应聘在丽江东巴文化研究院工作的优秀东巴和秀东,还有东巴文化研究院研究员兼东巴和力民以及他的东巴学生,也常常被各地村寨的民众请去主持东巴教仪式,做得最多的是丧葬仪式、祭天仪式、祭署仪式等。

从上述现象看,当代云南纳西族地区的东巴教从传统的分散各地村镇,业余为人做法事的方式也分化出依托某个科研机构和民间文化企业进行传道授业的方式。而一些知名度高的东巴常常有青年村民来拜师学艺,这对推动民间的东巴文化活动是很有益处的。

（四）东巴文化滋养旅游产业

20世纪90年代以来，一些纳西书画家将东巴教的绘画艺术认同为他们的艺术创新的资源和素材进行创作，一个称之为"现代东巴画派"的纳西族本土当代画家流派应运而生，并多次到国外举办展览。一些乡村纳西艺人继而发展出"东巴雕塑"等产品，在丽江古城开设了制作销售东巴文化旅游产品的店铺。纳西艺术家个人和集体在国外办画展者也不断增多。

随着丽江旅游业的升温，东巴文化作为丽江文化的重要标志，逐渐被开发利用于丽江的旅游市场，其内容日益丰富。以东巴文化为内容的书籍、纸张、雕刻、印染、绘画、书写、工艺及音乐、舞蹈乃至演艺、景点企业等，已经成为丽江旅游文化中的重要产业。依托东巴文化艺术的民营文化企业如"东巴宫""玉水寨""东巴谷"等，都取得了可观的市场效益。有的东巴应文化产业或旅游公司的聘用，来到城镇里，从事主持东巴仪式、书写东巴象形文字纪念品等。比如来自玉龙县塔城乡署明村的东巴和贵华就长期在丽江纳西文化产业开发有限公司在古城四合院里经营的"纳西喜宴"为客人展演为新婚夫妇主持传统婚礼的习俗。常常会有来自国内外的游客请求东巴为他们主持按东巴教仪式而进行的婚礼，有的游客请东巴举行"求寿"和祈吉等仪式。

中国当代杰出导演张艺谋多年前在丽江进行艺术创作，先是在丽江拍摄了故事片《千里走单骑》。之后，张艺谋又和他的两个老搭档王潮歌和樊跃合作，在丽江苦心创作了大型实景剧"印象丽江"，把舞台放在了玉龙雪山上。上篇"雪山印象"分为"古道马帮""对酒雪山""天上人间""打跳组歌""鼓舞祭天"和"祈福仪式"等章节。把纳西族东巴教相关仪式内容融进了这个实景剧中。在李亚鹏的资助下，取材于东巴经殉情故事的同名音乐歌舞剧《鲁般鲁饶》也曾搬上了舞台。

三　东巴文化现状简析

（一）简析当下东巴教

东巴教在纳西族民间的一些复苏，在纳西族地区对东巴文化认同的变化，以及反映在旅游市场上的东巴文化的日趋"时尚"，都会给人们造成一种印象：似乎东巴文化（东巴教）正在纳西族民间实现一种"文化复兴"。

但如果认真分析，就会发现这种文化认同的变迁和表现，是有几个不同层次的表现的。

第一种认同是一种"表层的认同"，主要表现为东巴文化在国内外重大庆典等大场景中的利用而产生的民族自豪感所促成的认同，以及旅游市场上的"东巴文化产品热"所促成的认同。这种认同反映在旅游市场上繁荣的东巴文化付诸书画作品、旅游工艺品、歌舞表演乃至所谓的"东巴医学""东巴饮食"等。

第二种认同，主要表现为纳西民众从文化艺术欣赏的层面上对东巴文化艺术的重新欣赏和学习，所欣赏和学习的对象包括东巴象形文书法、东巴音乐、东巴书画、东巴歌舞，有不少纳西年轻一代也孜孜不倦学习东巴书法绘画、乐舞、雕刻等。这种认同基础上的学习和欣赏与第一种认同的差异是它不完全是追求经济效益的。

第三种认同，表现在纳西社区对融合了东巴教仪式和民俗节庆为一体的东巴文化活动的兴趣和实践。在一些纳西村落，逐渐恢复了一些诸如祭天、祭署（祭大自然之神灵）等东巴教仪式，东巴教中与婚丧嫁娶、取名、祈福、求寿、起房盖屋等传统民俗密切结合的礼仪习俗得以复苏，这些民俗成为一种滋养东巴文化复苏的"文化生境"。

第四种认同，是表现为深深植根于东巴教信仰的一种认同。这种植根在信仰观念深处的东巴文化认同，目前还仅仅见于一些真正保持着东巴教信仰的"东巴"和传统古风、民俗等保留得比较多的山村里和少部分纳西人身上。比如有些"东巴"祭司，对东巴教仪式举行的场合、时间、地点等非常讲究，都要严格地按照东巴教的传统规矩和禁忌习俗来做，这些信仰制约着他们的行为规则，该做的做，不该做的就不轻易做，他们不会因为旅游市场上一些经济利益的诱惑等来随意举行一些"表演性"的仪式。笔者在田野调查中，就看到如塔城的一些山村里，在举行"还树债"这样的安抚大自然精灵的仪式时，人们确实是在认同传统的"人与自然是兄弟""人对自然的取舍要有度"这样的信仰和价值观。而在笔者看来，这种认同才是能够保证东巴文化的根基和源泉的重要活力。一种基于本土信仰的宗教文化，如果已经没有了植根于社区民众的信仰的根基，那它就不会有鲜活顽强的生命力，不会有勃勃的生机和创新的活力，而只会逐渐沦为一种商品化的、表演化的"旅游文化"。如今城市和乡村社区的文化变迁、主流文化与外来文化的深度影响、人们的生存压力、教育体制等的制约、人口的流动与迁移等，都给东巴文化在纳西人社区的"复苏"和繁荣、对东巴文化基于信仰的认同，带来了一系列的挑战和难题。

上述玉龙县鲁甸乡新主村所办的东巴文化传习学校面临的主要困难是没有固定的教学经费，都是到处化缘争取一些经费在办学。而玉水寨和新主村两所东巴文化传习学校面临的另一个难题是学员的学历认定。这两所学校都未被列入地方教育部门的学校体系内，学员毕业后没有学历证书，如果脱离了东巴文化传承的小圈子，他们就是一群没有学历的孩子，就业非常困难。这一点在玉水寨传习学校较为突出：孩子们在这里学习 5 年、10 年，离校后没有学历证书，除了在公司就业外别无他途。长此下去，东巴文化的社区传承将变得越来越困难。①

今后东巴文化将如何发展，是否有望深入挖掘其博大精深的深层内涵，将其转化为对当今纳西人的自然观、人生观、价值观等有影响的"文化力"或是"信仰力"，还有待于我们做更多的跟踪调研和观察，也取决于社区民众、东巴祭司、学者以及政府有关部门的认知与协作。

（二）三点建议

第一，去芜存菁，使纳西族的衣食住行民俗与东巴教仪式相融。

把纳西族的东巴教按传统的分类划归到"原始宗教"（或原生性宗教）里，从其内容看，它是一种已发展到原始宗教较高阶段的宗教形态，在宗教和民俗的关系上更明显地表现出原始宗教与民俗互相渗透和影响的特点，② 在东巴教的许多仪式和经书中，既保留和记录了很多纳西族的古风古俗，又以特殊的宗教手段稳固和延续了纳西族的传统习俗。这些反映在东巴教的典籍和仪式中的纳西传统民俗，是东巴教赖以产生和发展的重要本土文化土壤。

比如丽江市玉龙纳西族自治县塔城乡的署明村和周围的一些村子至今仍保留着传统的民族文化习俗，比如传统的祭天仪式、祭大自然之神署的仪式、丧葬仪式、取名、婚礼、占卜等。笔者参加过该村的祭天仪式，仪式上，年轻人从祭祀过程中学到很多本民族的传统知识，比如从东巴吟唱的《创世记》中知道自己的祖先如何解释天地、山川、鬼神、人类等的来历，了解自己的祖先如何战胜种种困难娶得大神之女，繁衍出纳西、藏、白民族的传说等。因此，该仪式极大地促进了纳西传统文化的传承。

另外，署明村现在还保留着东巴教的"还树债"仪式，该仪式在纳西语中叫"子趣软"，意思是"偿还树木的债"。当某人或某家庭有了什么病灾，经东巴占卜，认定是因为违规乱砍了树木或污染了水源的时候，便请东巴在

---

① 参看李成生、和文《东巴文化传承的民间样本》，载《云南日报》2013 年 10 月 23 日。
② 关于原始宗教的概念，参看杨福泉《东巴教通论》导论，中华书局 2012 年版。

砍了树的地方或水泉边举行这个仪式，用供品向"署"告罪，向其偿还所欠之债。这个仪式非常有意思，不仅大人虔诚地参与，很多小孩也要参加，笔者也亲自参加过。在祭祀过程中，小孩好奇地问大人这个仪式的种种含义，大人一一作答，这实际上也促进了传统的生态伦理道德和生态信仰的教育。

随着社会和文化的变迁，东巴教的仪式体系也发生了变迁。有些仪式和礼俗已经逐渐消逝。比如各种求神问卜、驱鬼禳解等仪式，在接受了现代科学技术教育的青年一代中会逐渐失去其影响。而有些和纳西人的哲学、历史、文学、伦理道德观念、与大自然保持和谐的生态观等密切相关的内容，则需要充分挖掘其精华而吸收、整合进今天的民族文化习俗和乡土知识教育中。

第二，加大培养东巴文化传人特别是知识渊博的大东巴的力度。

东巴文化是纳西族传统文化的主要组成部分，通过东巴教的仪式活动，传承着纳西族的各种传统文化知识，它包括纳西族的历史、语言、习俗、文学、艺术、医药、地理、天体等知识，也包括协调人与自然之间关系，合理使用和保护社区资源等。另外，纳西人日常生活中的审美愉悦、民俗娱乐等，很大一部分来自传统节日、仪式、歌舞以及各种社交活动，而东巴历来在这些社会活动中起着重要的作用，东巴文化是纳西人人生理想、生命热情和审美境界的重要促成者，是纳西族文化史和心灵史的重要载体。因此，在社区培养这样的传统文化传承者，不仅对于保护纳西族的传统知识体系具有重要意义，而且它对于提高纳西人精神生活和社会生活的质量，提高当代纳西人的文化品位，突出自己的文化个性等，都有重要的现实意义。

如上文中所述，虽然如今云南纳西族地区学习东巴文化知识的人很多，也产生了不少知识比较丰富的新一代东巴，但那种像过去的大东巴那样精通东巴教典籍、工医学艺匠俱精、熟谙传统文化、民俗的东巴已经非常少。而这样的大东巴是经过了数十年的刻苦学习的。我国目前还有1万多卷东巴经籍在国外，国内北京、南京、云南等地还有上万卷，都等待着高明的东巴来翻译释读。由于东巴经大多是用帮助记忆的图画象形文"语段文字"写的，很多内容都由东巴熟记在心而不是逐字写出，所以释读经书必须靠这些把全部内容牢记于心的东巴，没有这样的东巴就无法释读。据了解，有些收藏在国外的与天文历法相关的占卜经书，特别是用音节文字（表音文字）"格巴"文书写的经书，能释读的东巴可以说没有了。当务之急，就是要致力于培养一些这样"百科全书"式的大东巴，他们是纳西族的民间文化精英，没有这样的精英，东巴文化的抢救整理、传承都无从谈起。所以应该在现在基础比较好的东巴中挑选可造之才，给他们条件去钻研学习深造，继续东巴教拜师学艺的传统。

目前云南纳西族地区还有寥寥可数的几个知识渊博的大东巴，比如受聘在玉水寨工作的杨文杰，在东巴文化研究院工作的和秀东、香格里拉县三坝乡白地村的和树本等，他们都是从小在乡村耳濡目染拜师学艺苦学东巴教典籍仪式技艺等的东巴，和秀东虽然只有30多岁，但是他从7岁就被其祖父、大东巴和顺耳提面命学习东巴教知识，跟着祖父走村串寨做法事，现在是能独立解读较多东巴文献、熟悉各种仪式的青年东巴，已经主持过不少东巴教大仪式。应该创造必要条件，加大这些杰出青年东巴的培训力度，这样才能保持我国东巴在世界上进行文献释读的权威地位，促进在民间传承东巴文化。应该把东巴的培养纳入丽江打造"文化硅谷"的具体举措，以及目前正在制定的建立丽江生态文化保护区计划中"培养民间文化传人"的条款中。建立起相应的政策措施、制度的保障和经费的支持。

虽然《云南省纳西族东巴文化保护条例》于2005年获得通过，但这只是一个保护条例，还没有形成一整套行之有效的实施细则方案，另外以一省之法律条例，推动东巴文化保护，在保护范围上也有局限。

第三，去芜存菁，汲取有益于社会民生的文化精华。

千百年来，纳西族的东巴教和民间传统信仰，对纳西族的一些社会风尚和民族道德观念和文化个性魅力的形成，曾起了十分重要的作用。随着社会文化的变迁，纳西族对东巴教的认同也在发生变化，东巴教的一些仪式习俗也在发生变迁。我们现在谈东巴文化的传承，不是意味着不加区别地全盘接受并传承，这也不可能。有些已经与当今的生活和思想观念格格不入的内容肯定会被逐渐扬弃，比如打卦、占卜、算命等。但东巴教中有很多有利于自然和社会环境、有利于民生的内容，则值得传承和弘扬。比如东巴教中认为人与大自然是兄弟，人不能破坏自然环境，否则会遭到大自然的报复。东巴教中有祭大自然神的"署古"仪式，在这种理智的认知基础上，纳西族民间产生了一整套保护自然生态的习惯法，以此规范制约着人们对待自然界的行为。东巴经中常见的禁律有：不得在水源之地杀牲宰兽，以免让污血秽水污染水源；不得随意丢弃死禽死畜于野外；不得随意挖土采石；不得在生活用水区洗涤污物；不得在水源旁大小便；不得滥搞毁林开荒。立夏是自然界植物动物生长发育的关键时期，因此，立夏过后相当长一段时期内禁止砍树和狩猎。由此可见，作为传统文化重要源头的原始宗教是不乏积极的社会功能作用的。这个融合东巴教仪式和民俗节日因素的习俗就值得弘扬，并可以在此基础上有更多的升华。

联合国教科文组织曾经请东巴在丽江举行过上述"署古"仪式，笔者2003年在美国讲学期间，随我们去的东巴也在两个大学举行过这个仪式，非常受欢迎。在当下的丽江旅游景点比如玉水寨灵泉旁，很多游客都虔诚地敬拜纳西族的大自然神，默默说出自己美好的心愿。在人类生存环境不断被污染的当下，这样的宗教礼俗就显出了它的现代价值。

又如，纳西族相沿至今的一些社会规范和伦理思想，其源头可以追溯到东巴教的思想体系中。纳西族伦理道德思想中有一个观念，称为"董"（du^{33}），凡是符合本族社会规范、习俗、传统习惯法等的行为，纳西人称之为"董"（du^{33}），意思与汉语中的"兴"（做某事）相近，否则称为"某董"（mə^{33} du^{33}），即"不兴"（做），如姑舅表婚是"董"的，而同一宗族内开亲是"某董"的。千百年来，纳西人的社会行为都以这"董"和"某董"为基准而进行。这个"董"的观念源于东巴教，"董"（du^{33}）原是东巴教中的一个重要神祇，又叫美利董阿普。这些蕴含了民族伦理道德思想的观念，也是可以汲取其精华的。

东巴教中还有一个观念，称为"臭"（tʂhə^{55}），意为污秽、不洁。指称一切违反本民族传统习俗、伦理道德的行为和由此引起的后果。东巴经、东巴画和东巴教仪式中指称为"臭"的行为有涉及婚姻和两性伦理的，如远古洪水暴发后发生的纳西远祖兄妹婚配；同一宗族的男女之间发生的两性关系；婚外性行为导致的私生子等。有涉及违反民族传统禁忌习俗的，如杀死红虎、狗和吃狗肉等。有涉及民族传统生态道德观的，如认为乱砍滥伐、污染水源河流和滥杀野生动物都会导致产生秽鬼。有涉及民族一些独特的道德观念的，如认为杀死曾帮助过你的人是恶行，会产生"臭"。东巴教中这一"臭"的观念深深地渗透到纳西族人的社会生活中，形成一个传统伦理道德范畴，制约着纳西人的社会行为。

在东巴教长 10 多米的布卷画《神路图》中，也体现了纳西族融汇着多元文化因素的伦理道德观念，东巴在丧葬仪式上向人们宣讲这些观念，对纳西族的社会生活有较大的影响。《神路图》中把下列这些行为都视为罪孽：牵狗打猎滥捕野兽，杀夫，赌博，偷牛马，与同宗族的妇女发生性关系，与同一宗族的男子通奸，投机倒把，短斤少两坑害买主和借贷人，烧毁森林，倒污血秽水于水源中，偷盗耕牛，造谣诽谤，等等。

像上述这样的伦理道德观念和礼俗，在东巴教中是比较多的。笔者认为是可以汲取其精华融进当下的社会生活与民生，并且可以在此基础上，加以升华，演绎出更有利于今天的生活和民生的精神养料。东巴教在每一个特定的历史时期都会产生一些创新的内容，笔者认为，今天的纳西族也是可以在借鉴和汲取的基础上，对东巴文化不妨有当代的创新。比如当代乡村里的祭天仪式，纳西人就打破了妇女不能到祭天坛参加祭天的习俗，这和当今丽江

四 国内博物馆、图书馆和民间收藏东巴文献概况

东巴文献是东巴文化的重要载体。据云南省社会科学院丽江东巴文化研究院的不完全统计，目前国内外共有东巴文献 32700 册，在国内收藏的 20000 多册中，国家图书馆有 3800 多册，中央民族大学民族文献办公室和博物馆分别收藏 1600 多册和 200 多册，南京博物馆 1000 多册，台湾故宫博物院 1300 多册。云南省丽江县图书馆 4000 多册，云南省丽江东巴文化博物馆 1000 多册，云南省社会科学院丽江东巴文化研究院 1000 多册。云南省图书馆 600 多册，云南省民族文献办 200 多册。[①]

玉龙纳西族自治县玉水寨东巴文化博物馆总共收藏了 305 本东巴文献，其中绝大多数是从宁蒗县乡村收集来的阮可（阮卡）东巴文献；15 幅东巴卷轴画（普劳幛），其中有 2 幅"神路图"。

田野调查中所见的东巴文献情况如下：

迄今，纳西族民间尚存的东巴文献有多少册？新书写的东巴文献又有多少？这些都还没有做过系统的调查统计，所以，笔者在这里只能根据自己在田野调查中所获悉的情况做一些粗略的说明。

"文化大革命"浩劫后，很多地方的东巴文献被查抄、烧毁。1978 年改革开放后，民间东巴文献的保护和传承的情况逐渐好转。以笔者所见为例，1989 年和 1990 年，笔者去丽江县塔城乡（今属玉龙县）依陇行政村进行田野调查。当时看到有些身体还好的东巴那时主要是为人主持丧仪和婚礼。塔城乡依陇行政村署明四村的东巴和顺就是活动得比较积极的一个，常被远近村子的人请去主持丧葬仪式和传统婚礼 "素字"（sv^{55}ʦʅ^{55}，请生命神）。

1989 年 4 月笔者去署明四村访问他的那天，他正好被陇巴行政村的一户人家请去主持丧仪，只见到他的哥哥和训，他也是个东巴，1989 年时 62 岁，对东巴经书和仪式的熟悉程度不如其兄。在他家里，我看到了几本和顺重新写的经书和一些已装订好、打好格子准备写经文的本子。和顺根据记忆重新写了《祭三多神、山神、火塘神》（此本写于 1988 年），经书的纸用四层棉纸粘贴而成，长 25 厘米，宽 6.9 厘米。他还写了一本《卜算日子经》

[①] 国家民族事务委员会全国少数民族文献整理研究室编：《中国少数民族文献总目提要·纳西族卷》，中国大百科全书出版社 2003 年版，第 3 页。

(写于 1987 年)。此书的纸用装炸药的纸箱外面的那层纸粘贴而成,有一本已画好了封面,写了经书名《画吕特恩瓦妹》(《咒语经》)。此本比传统经书小得多,长 15.8 厘米,宽 5.4 厘米。另有两本在上方装订的待写本子,长 16.4 厘米,宽 16.9 厘米,其装订法和本子大小都与传统经书不一样,只有一本的装订方式和形状大小与传统经书一样。

(一) 路鲁人独特的两种东巴经

1989 年,笔者去纳西族路鲁人聚居的丽江县塔城乡洛固行政村(今属玉龙纳西族自治县)调研东巴文化。

洛固行政村有 18 个自然村,231 户,1251 人,其中 30%为藏族,60%为纳西族,10%为傈僳族。洛固山高谷深,海拔多在 2700 米左右,最低海拔也有 2000 米。村落分布极散,大多坐落在极陡的山坡上稍微平坦一些的地方,自然村多则十几户,少则五六户。交通闭塞,气温低,霜期长,主产苞谷、小麦。经济林木胡核桃、漆树、药材等。

在洛固的纳西族中,约有 80 户自称是 "路鲁($lv^{55}lv^{33}$, lvl lv)的纳西人,散居于各个自然村落中。相传他们是四个纳西古氏族梅、伙、束、尤中梅氏族的后裔,其祖先从南山迁居塔城依陇,一部分又从依陇迁到洛固,多是因躲兵等原因而迁居于此。据路鲁东巴和玉顺讲,他的祖先从南山迁到依陇已历四代,从依陇迁到洛固已历三代,他还说路鲁人有白路鲁和黑路鲁之分,洛固的路鲁都是白路鲁,至于属黑路鲁者现在何处,他也说不清楚。相传在丧礼中把死者的胁部朝着家神龛放置的(把棺木垂直放于家神龛方向)的是黑路鲁,把死者与家神龛方向平行放置的是白路鲁。前者称为 "尸伙祀愣达",即 "死者之胁朝着家神" 之意;后者称为 "尸肯祀愣冲",即 "死者之脚伸向家神" 之意。

路鲁人的东巴经多与其他纳西人的东巴经相同,只是在丧礼中念的两本经书很独特,书虽用纳西象形文写成,但必须用 "路鲁语" 念,一册是开路经,题名 "斋富";一册是杀羊经,题名 "余扩" ($y^{21}ko^{55}$, yuq kol)。其他纳西东巴对这两本经书的内容一无所知。相传路鲁人的这两本经书是从一个叫 "腾磁波"($the^{33}tsh\eta^{21}bu^{21}$, tei ceeq bbuq)的地方学来的。相传路鲁人远祖父为纳西,女为傈僳,因为这两本经书是舅舅写下的,因此变了音。笔者在洛固调研时,当地能读这两册经书并释其大意的只有路鲁东巴和玉顺一人,其他地方的一些纳西东巴说这两本经书是用傈僳语念的,但和玉顺及另一路鲁东巴和瓦若都否认这是傈僳语,究竟属哪种语言,尚待考证。

香格里拉市三坝乡白地村的纳西族东巴和志本,生于 1926 年。他家是制作东巴纸的东巴家庭，他因此既是东巴，也是制作东巴纸的传人。1999年和志本被云南省评为民间美术师。现在，他还在圣灵东巴文化学校传授东巴画制作。和志本有两个绝技：造东巴纸和绘画。造东巴纸是和家的祖传。"文化大革命"后和志本成为最早恢复造纸的人，他手工制作的经书用纸均匀、厚实、色正、光洁，是深受东巴经师喜爱的上品用纸。

（二）阮可人的东巴经

纳西族阮可（$z\jmath\partial^{33}$ kho^{33}）人，纳西拼音文字为 rer ko，又音译为"阮卡"或"汝柯"，纳西族的一个支系，多居住在滇川两省金沙江、洛吉河河谷地带。"阮"（$z\jmath\partial^{33}$，rer）多指江（金沙江）边之地。长期以来，对阮可人的东巴古籍翻译整理的工作相对比较薄弱，最近有了长足的发展。

丽江市东巴研究院的研究人员于20世纪80年代在抢救整理翻译东巴经过程中接触到收集于云南省博物馆的约90多本阮可东巴经，由于没有阮可东巴的协助，没能对阮可东巴经进行整理翻译，东巴文化研究院编著的《纳西东巴古籍译注全集》（100卷）中只收进一本阮可经书，是由西部方言区东巴用西部方言释读，研究人员用西部方言记音翻译的，到目前为止，尚缺乏对阮可东巴文献进行系统和全面的整理翻译。因此，本项目特定选译了一册阮可人的东巴文献。

比如宁蒗县拉伯乡油米村和树枝村的纳西族阮可人在改革开放以后恢复东巴仪式，重新抄写经书的过程中，因为是应急传抄，没有太多时间可以供东巴们慢慢书写，更没有经济条件购买市场上价格日益昂贵的手工东巴纸，因此这些东巴经大多被书写于牛皮纸上，有的甚至书写于学生作业本、账簿纸上，东巴们放弃了传统的竹笔，改用书写快速方便的钢笔、碳素笔，这样做的结果是，油米、树枝等地东巴们拥有的经书失去了传统东巴经书的扎实和古色古香，今不如昔，但东巴们把书写东巴经典看作一件很神圣的事，非常注重和追求书法的形状和书法的美观。

2011年开始，丽江市东巴文化研究院实施了一个称为"纸援东巴"的项目，以传统手工东巴纸支援并鼓励东巴按照传统方式重造自用经书，使许多东巴重新拿起竹笔，认真按照传统书写方法重写经书。

（三）东巴医书

笔者在1991年7月的调查中了解到，迪庆州中甸县（今香格里拉市）三坝乡白地行政村曾经有过用象形文书写的医书。白地行政村医务室医生杨吉春讲，他的父亲懂草药，他曾见过那本用"斯究"（即纳西象形文）写的药书，读起来很接近口语。1992年，丽江东巴文化研究所研究人员在丽江县（包括现在的古城区和玉龙县）大具乡上里都村老东巴和学增家发现古代纳西族图画象形文医书抄本残页。书中记载了几十种禽兽草木矿物药物种类，记述了中毒、肠疾、胃病、乳房病等几十种人体疾病及其对症治疗方法，有单方和配方。该书为1949年前丽江县大具乡里罗村和重安的抄本。据调查，明末清初，和重安的先祖从中甸县白地迁到丽江时就带来一本图画象形文字写成的《治病医书》。该书传至和重安之父时，因陈旧破损而重新抄写和整理。《治病医书》正本在"文化大革命"中被焚，只有和重安抄写的抄本医书残页幸免于难。① 这本源于白地的医书残页的发现说明白地行政村医生杨吉春所说的象形文医书的存在确是事实。早在明末之前，白地就已流传着象形文医书。

（四）东巴象形文字和经书在民间的应用

受到外来文化影响比较小的纳西族地区，熟悉东巴文字和文献内容的人相对就比较多，比如宁蒗县拉伯乡油米村的男人们多多少少都懂一些东巴文，这和丽江市古城区和玉龙县两地许多纳西族的村落就有很大的不同，这些村落除了东巴之外，一般人大都不掌握东巴文字，不能读懂东巴经了。

在不同的纳西族地区，东巴文献的运用也因地而异，根据本课题组李德静的调查，比如宁蒗县拉伯乡油米和树枝两个村子所有家庭都必备六本东巴经书以做家祭之用，这些经书是《祭祖经》《除秽经》《烧天香》《祖先名册》《历数胜利神》《点油灯》。

改革开放后，不少地方的东巴重新到东巴文献保留得还比较多的村寨去抄写，比如宁蒗县拉伯乡油米村的石甲阿次、石英支、杨英塔、杨子拉、杨扎实，树枝东巴石英文等老一代东巴们就前往四川木里县的俄亚乡卡瓦、依吉乡甲曲、甲波等村抄写东巴经书，临摹东巴教著名的长卷绘画"神路图"。

（五）宗教经典之外的东巴文字当代应用

纳西族东巴象形文字除了祭司东巴用来书写东巴经书之外，还常常被用来作为日常的记账、记事、书信等，过去有个别的非东巴人士（村民）也学过一些东巴象形文字，也用来作为日常生活的记账、记事等。但用得最多

---

① 参看和力民《丽江县发现古代纳西族图画象形文医书残页》，载《丽江报》1992年6月15日。

的还是东巴祭司。这次在调研中了解到，现在年轻的东巴很多也懂汉文，所以除非东巴之间的交流用象形文字之外，对其他人士的文字交流一般都用汉字了。但也有一些至今依然坚持用东巴象形文字来书写假条、婚礼喜帖等的东巴。本项目报告也具体搜集了几例加以分析和释读。

五　东巴文献所用"东巴纸"现状

东巴文献的载体是东巴纸，本项目也关注了当代东巴纸的状况。

玉龙纳西族自治县大具乡是一个著名的"东巴纸之乡"，这与大具过去是一个著名的东巴文化之乡有关。大具所出的"东巴纸"在纳西族地区远近闻名，是历来各地东巴梦寐以求稀罕之物。东巴纸是用来抄写东巴经的纸张，用当地人称为"弯单"（ua^{33} dɚ^{33}）的一种植物（当地汉语称为山棉树皮，植物学中是瑞香科荛花属中的一种）经特殊处理后制成，"东巴纸"厚实、防虫蛀，纸张色泽如象牙色。写成东巴经后，东巴长年累月在家居火塘边诵读，烟火熏染，因此逐渐变成古色古香的模样。

20世纪50年代以后，随着东巴教的衰落，大具的东巴纸也无人再做，这种珍稀的民间工艺逐渐濒临灭绝。1991年初，随着东巴文化研究热在国内外的兴起，大具乡肯配古村东巴后裔、当了10年民办小学教师的和圣文在丽江东巴文化研究所的扶持下，萌发了重新传承这门濒临灭绝的技艺的心愿，他向村中唯一还懂得东巴纸制造方法的老岳父软磨硬缠地学到了初级手艺，后来又不断地自己钻研，终于在前人的基础上做出了质地更为优良的东巴纸。

笔者在2002年曾去和圣文先生的家乡调研，他的村子属于大具乡白麦行政村（zzei perq loq）肯配古自然村，纳西语称之为"珍盘罗"，海拔2600米，在大具算是个高海拔村落了。那时该村有46户，200多人，全是纳西人。我们在他家看了他的造纸作坊，以及笔者和云南生物多样性和少数民族传统知识研究中心（CBIK）的一些同事为保护这种野生的造纸原料作物而实施的人工种植东巴纸制作原料瑞香科荛花的结果，当时看到在和圣文家里的塑料棚里所种植的这种高山植物长势良好。

笔者在访问和圣文先生时高兴地看到，他正把这一门技艺传给自己的儿子。多年来，出自和圣文之手的"大具东巴纸"，正走向各地东巴和研究者的手中，谱写着东巴文化的新篇章。

和圣文先生后来因病去世，一代制作东巴纸的圣手，过早地离开了他的故土和他所钟爱的东巴教圣纸制作技艺！

笔者1989年去迪庆藏族自治州中甸县（今香格里拉市），那里的东巴经是东巴用植物根茎自制的纸书写装订而成的，现在，三坝乡白地行政村古都自然村的老东巴和志本还在自制这种传统的纸。他自幼开始向也是东巴的舅舅学习东巴文字、绘画和经书、仪式等。他还把家传的东巴造纸技艺传授给了侄子杨光红和儿子和永红。2002年，云南省文化厅、云南省民委命名其为民间高级美术师。2007年，他被中国非物质文化遗产中心评为"纳西族手工造纸传承人"，成为国家级非物质文化遗产传承人。

从2012年起，丽江市东巴文化研究院开始实施"纸援东巴"项目，这个项目的实施一方面扶持纳西族民间传统的东巴造纸，一方面无偿提供各地东巴书写经书用纸。基本做法是：研究院负责购买东巴土纸制作作坊的东巴纸，然后分发给各个村寨的东巴，让他们书写经书，并定期验收查看东巴经书的书写情况，达到既保护与恢复好民族民间传统手工艺，又能给东巴提供书写经书的东巴纸张的目的。

著名的东巴文化之乡玉龙县塔城乡依陇村民委员会署明村是本项目的重要调查点之一，据本课题组成员李英的调研，过去是否有东巴造纸已经无法考证，但比较公认的一种说法是塔城乡陇巴的和圣家是东巴造纸世家。目前署明村"纸援东巴"项目的积极实践者是杨建华。在采访杨建华后得知，他的造纸方法是从塔城乡陇巴的和圣家里习得，与研究院合作已经两年多，已完成2000张左右的东巴纸制作。

据本项目组成员李英的了解，杨建华目前制作的东巴纸张的原料为纯正的灌木"荛花"树皮，取材于巨甸，制作工艺基本上遵循传统的技艺。杨建华对东巴纸张的制造技术上的改进也有所践行与思考，他认为传统的东巴纸张光度比较暗淡，曾实验在纸浆中加入一种纳西语叫"y^{21} dzo^{21} phu^{55}"的树皮，可以使东巴纸张变白且更富有韧性。从东巴纸原材料的持续供应考虑，他本人在房前屋后分别种植了一定量的"构树"做实验。还谈及了利用署明拥有大量闲置荒山荒坡的优势，大量种植构树荛花实现东巴纸张的大量生产，满足东巴书写经书及旅游市场潜在需要的构想。[①]

六　东巴口诵经的整理与翻译

在本项目中，笔者特别关注了东巴的"口诵经"。东巴教祭祀仪式系统中除了有与各个仪式相配套成体系的用东巴图画象形文字（斯究鲁究）和

[①] 笔者在本项目的导论里谈了一些关于制作东巴纸的看法和观点，可参看。

音节文字（格巴文）所写的文字经书之外，还有一类"口诵经"，"口诵经"在纳西语中称为"枯使"（khu³³ ʂʅ²¹，ku sheeq），直译就是"口诵""口述"的意思。比如在丽江市玉龙纳西族自治县的大东、宝山（今属玉龙县）一带的纳西族中，流传着一种在丧葬仪式上唱跳的歌舞形式"热美蹉"（ze²¹ me³³ tsho³³，reiq mei co），东巴用口诵经的形式口耳相传，成为东巴口诵传统的一部分。丽江纳西族地区东巴流行使用的主要是用图画象形文字书写的东巴经，口诵经比较少。学术界对东巴的口诵经还没有系统地进行过调研。

如上文中说到的，过去东巴文化研究院等科研机构所有的翻译整理都集中在对文字写成的经书的抢救翻译上，忽略了对口诵经的翻译整理。东巴除了文字书写传统，还有口诵的传统，由于忽略了翻译，东巴在举行各种仪式上口诵的部分很少有翻译整理出来的。鉴于面临今后如何传承东巴文献的问题，笔者感到，口诵经是最容易流失失传的，应该尝试将它录音和记录下来，作为现在的东巴，其实也需要思考如何把口诵经传承给自己的传承人的问题。笔者认为现在还记得一些口诵经的东巴，应该把它用文字记录下来，作为以后传给自己的弟子和后人的一宗文化遗产。因此，笔者请从 7 岁起就和他的祖父、著名东巴和顺学习东巴经典和仪式且还记得一些口诵经的和秀东用"斯究鲁究"（sɚ³³ dʑɚ⁵⁵ lv³³ dʑɚ⁵⁵，直译意是"木与石的记录，指东巴图画象形文字）书写了两种"口诵经"，一本是《还树债》，另一本是《开幛眼》，并以"四对照"方式进行了整理翻译"。

据本项目组成员李德静在宁蒗县拉伯乡油米村等地的调查，当地东巴们还得掌握大量的口诵经，口诵经没有书面记录，更难学习记忆，靠口传心授传承应用，这些口诵经约占仪式应用经书的1/3。油米村的东巴杨扎实近年开始将禳垛鬼仪式中的口诵经部分书面化，用东巴象形文字整理记录书写了三本口诵经，并被其他村落东巴借去传抄，他准备逐步将所有口诵经整理书写为书面经典。这无疑有利于将易于失传的东巴口诵经保护和传承下来。

分布在滇川两省的纳西族摩梭人（纳人）巫师达巴（dɑ²¹ pɑ³³）则没有文字经书，只有口诵经。从达巴口诵经的内容看，其中也有《崇邦绍》，内容和流行于丽江纳西人中的《崇搬绍》（译为《创世记》或《人类迁徙的故事》《人类迁徙的来历》等）很相似，是讲纳人祖先开天辟地故事的。①

---

① 周汝诚调查整理，原载周汝诚《永宁见闻录》，载《纳西族社会历史调查》（二），永宁民族出版社 1980 年版，载和志武主编、杨福泉副主编《中国原始宗教资料丛编·纳西族卷》（丛书总主编：吕大吉、何耀华），上海人民出版社 1993 年版，第 199 页。

第 二 章

国外对东巴文化及其文献的研究[①]

2003年在波兰召开的联合国教科文组织"世界记忆工程咨询委员会第六次会议"上,中国申报的纳西族东巴教文献入选《世界记忆名录》,成为我国迄今3项入选该名录的文化遗产之一。也是迄今为止中国唯一入选这一世界性重要遗产名录的少数民族文献。东巴教文化成为当下中国西南很有特色的民族学、人类学国际文化交流的一个领域。本文拟简略地把国际学术界对东巴文化及其文献的研究情况做一个简略的介绍,以飨国内同好。在这里需要做一点说明的是,以下所介绍的不完全仅仅是对东巴文献的研究,而是涉及人类学、宗教学诸多方面,但西方学者之所以对纳西学有浓厚的兴趣,其重要原因之一就是因为纳西族有卷帙浩繁的图画象形文文献,所以他们从各自的学科背景出发对纳西族进行深入的研究。

一 19世纪到中华人民共和国成立前的状况

西方学者早在19世纪中叶就注意到了远在云南边陲的纳西族东巴教。1867年,法国传教士德斯古丁斯(Pere Desgodins)从云南寄回巴黎一本11页的东巴教文献——东巴经摹写本《高勒趣赎魂》。数年后,吉尔(W. Jill)上尉和梅斯内(Mesney)在丽江旅居时得到了三本真正的东巴经,其中两本被寄回梅斯内在英国泽西的家,一本被寄往大英博物馆。这本东巴经被标以《中国缅甸之间山地祈祷者的象形文稿》的题目。这之后,不断有一些西方的探险家、旅行家、传教士从云南丽江带回东巴经。这些东巴经被视为人类启蒙时期的原始图画文字的珍本,在欧洲高价出售。1922年,英国曼彻斯特约翰·赖兰图书馆从英国爱丁堡植物学家福雷斯特(G. Forrest)那里买到135本东巴经,成为当时世界上收藏东巴经最多的图书馆。1929年,

---

[①] 本章一些内容作为阶段性成果,曾以《国际学术界对东巴教的研究述评》为题,载《云南宗教研究》,云南人民出版社2015年版,第182—198页。

英国外交部和印度事务部委托英国驻中国腾越（今云南腾冲县）理事购买和翻译东巴经，购集了 55 本属于东巴教求寿仪式的东巴经，在留居丽江的美国传教士安德鲁斯（Andrews）和一个东巴的帮助下把它们译成汉语，其中一部分已译成英语。当时，美籍奥地利植物学家洛克（J. F. Rock）已开始大规模收购东巴经，价格上涨。英国方面于 1931 年停止了翻译工作，匆忙购买了 125 册经书，连同原有的 55 本东巴经一起运回国内，共 180 册东巴经分别收藏于大英博物馆和印度事务部。

西方第一篇讨论东巴教用图画象形文书写的经籍文字的文章是拉卡帕里尔（Terrien de Lacouperie）于 1885 年发表的《西藏境内及周边的文字起源》一文。他在文章中公开发表了由德斯古丁斯带回西方的第一本纳西东巴经复制本，明确指出这是麽些（汉文文献中对纳西的称谓）人的象形文手稿。第一个比较完整地写出一本关于纳西族和东巴经书、东巴象形文字专著的是法国人巴科（J. Bacot），他在 1913 年出版了《麽些研究》（Les Moso）一书，全书约 6 万字，作者在书中介绍了他于 1907 年和 1909 年两次考察纳西族地区时所见到的 370 多个象形文字。并对纳西族的口语、词汇和语法做了初步研究，书中还介绍了纳西人的衣食住行、地理环境、体质特征、婚姻道德和宗教等。

对纳西族的历史和东巴教的研究用功最深的是美籍奥地利学者洛克，他于 1921 年至 1949 年长期留居丽江。他原来是受美国农业部之托采集植物标本，接触到东巴文化后就醉心于此，潜心研究。在美国农业部、美国地理学会、哈佛大学等单位的资助下，洛克购买了大量东巴经，这些数以万计的东巴经后来由他赠送或卖给各国的一些图书馆、研究机构及个人收藏者。经过数十年锲而不舍的努力，洛克在纳西学的研究领域里取得了举世瞩目的成就，在美国、意大利、瑞士、联邦德国等国家先后出版、发表了《纳西—英语百科辞典》（上、下卷）、《中国西南的古纳西王国》《纳西人的"纳伽"崇拜和有关仪式》（上、下卷）[1]、《纳西人的祭天仪式》《中国西南纳西人的"开路"丧仪》《中国西藏边疆纳西人的生活与文化》《与纳西武器起源有特殊关系的武士祭丧仪》《开美久命金的爱情故事》《献给中国西藏边疆纳西人的萨满教》[2]、《纳西文献研究：第一部分：东巴世罗的诞生和来

---

[1] 那伽（Naga）：印度教和佛教神话中的一类精灵，其形半人半蛇。据说他们属于强壮俊美的族类，可化作人形或蛇姿，行动危险，在某些方面优于人类。他们也与水、河流、湖泊、海洋和源泉有关，并能护卫财宝。该书在国内通译为《十万白龙》，为与汉族文化观念中的"龙"相区别，这里照原文音译为那伽。这里指东巴教里司掌大自然的精灵"署"（svq）。——作者注

[2] Shamanism，萨满教，这里指原始宗教（或原生性宗教）。

历,第二部分:纳西的"亨日皮"(神路图)》《纳西人的驱逐使人生病之鬼》《纳西文献中的洪水故事》《纳西巫师占卜书"左拉"的起源》《纳西巫师所举行的"杀魂"仪式》《江边纳西人"日喜"和他们的宗教文献》《美国地理学会所藏尼古斯麽些手稿》《德国东方手稿纳西手写本目录》等十几种论著,影响很大,在西方被誉为"纳西学研究之父"。

在国际学术界享有盛誉的西方藏学权威、东方学家、意大利罗马东方学研究所所长图齐(G. Tucci)教授对洛克的纳西文化研究给予了极高评价,在为他的论著所写的序言中多次称洛克为"伟大的学者"。洛克的代表作之一《纳西—英语百科辞典》以及《纳西人的"纳伽"崇拜和有关仪式》被图齐列入该研究所的东方学研究丛书出版。他认为纳西文化在宗教学、民族学的研究中具有特别的重要意义,特别对研究古本教的原始面目更具有重要意义,因为在西藏等地,本教已经越来越受到佛教的深刻影响,难以窥见其原初面目。①

洛克对东巴教的研究是开拓性和奠基性的,他为西方的纳西学研究奠定了雄厚的基础。他在纳西族地区期间广泛搜集资料,翻译了很多东巴经,并对东巴经的文字、词语进行详细考释,在译文中附以大量注解。他在丽江进行研究工作期间,很多知识渊博的大东巴仍健在,他对帮助自己工作的东巴的筛选也很慎重,经反复考查后才任用,因此,他对东巴教仪式和经书的翻译和解释中保留了很多珍贵的资料,有许多是后世年轻的东巴已解释不清楚的,加之他懂梵文,比较熟悉藏族文化特别是古本教的内容,对东巴教的不少观念、教义中的文化互渗现象阐释得比较清楚。洛克的论著中还有多种关于纳西族社会历史、宗教活动的调查报告,积累了大量现在已很难获得的民族学资料。笔者认为,目前国内的东巴教研究只有充分利用洛克的研究成果,相互参证比勘,才能使今天的研究得到更好的进展。洛克在研究中的缺陷之一是未对纳西族社会进行深入细致的调查,未能把纳西族的社会结构、纳西人的社会生活与东巴教作为一个文化整体来进行深入的研究。

俄裔作家顾彼得(Peter Goullart)于1941年作为路易·艾黎等领导的国际援华组织"中国工业合作协会"的一员到丽江建立办事处,留居丽江八年,于1955年在英国伦敦出版了《被遗忘的王国》,书中比较翔实地描述了当时丽江的风土民情,也描述了纳西人的东巴教信仰和巫术信仰状况,是认识当时纳西族社会不可多得的珍贵资料,在某种意义上可以弥补洛克论著中的不足。作者在书中对东巴教及殉情等社会问题也表述了自己的看法。

---

① [美]洛克:《纳西—英语百科辞典》下卷,图齐序言,罗马,1972年。

1961年，他在伦敦还出版了《玉龙山中的喇嘛寺》一书。

美国老罗斯福总统的孙子昆亭·罗斯福（Quentin Roosevelt, 1919—1948）1939年来到中国，昆亭对纳西东巴文化的兴趣肇始于他的父亲和叔叔1928年在中国之行中带回来的两幅东巴教"神路图"和一些东巴经书。他非常想从艺术的视角来研究这些东巴教的物品。而据昆亭在来中国之前的悉心考察，当时除了美国国会图书馆和哈佛大学福格（Fogg）博物馆收藏有一些东巴经之外，几乎没有其他博物馆收藏有东巴教的文献和物品，当时西方知道纳西人文化的人还很少（洛克博士当时已经在研究纳西东巴教，但他还没有开始大量收集东巴教典籍和发表研究成果）。所以，当时波士顿美术博物馆（Museum of Fine Arts）、哈佛大学皮博迪（Peabody）考古学和民族学博物馆愿意资助昆亭·罗斯福去中国收集纳西东巴文献和绘画等。由于昆亭·罗斯福家族的影响和美国当时与中国的友好关系等诸多因素的作用，昆亭的中国之行一路上受到了当时民国政府各级官员很高的礼遇和帮助；同时也得到了他父亲的老朋友、当时在丽江的美国传教士安牧师（H. Andrews）的大力协助，找到了几个知识丰富的老东巴帮昆亭选择要收购的东巴经和东巴绘画等，当时丽江的东巴教也在衰落之中，加上贫困等原因，有不少东巴的后裔除了一些家传的重要法器等恪守古规不愿卖之外，他们情愿出售一些家藏的东巴经典和绘画等来填补家庭生活所需，所以昆亭此行收获不小，仅以"神路图"而论，他就购买到了五幅绘在麻布上的"神路图"和一幅绘在纸上的"神路图"，皆是东巴教绘画的珍品。昆亭·罗斯福还于1940年在美国《自然历史》第A5卷上发表了一篇关于丽江和东巴的文章，题为《在镇鬼祭司的土地上》。

昆亭·罗斯福1939年的中国之行历时四个月，在云南丽江收集到了不少东巴教典籍、东巴纸牌画、占卜图、木牌画、卷轴画、神路图、仪式用具、东巴法器、五幅冠等。后来，昆亭·罗斯福收集的东巴经和绘画作品等分别被美国国会图书馆、哈佛大学、波士顿美术馆等收藏。如美国国会图书馆就收藏了昆亭·罗斯福收集的2200多本东巴经。

昆亭·罗斯福1941年在哈佛大学读书时写下了当时西方国家第一篇研究纳西族文化的学士论文，题为《对纳西人的初步研究：他们的历史、宗教和艺术》（现在收藏在纽约公共图书馆中）。其中有不少昆亭手书的东巴象形文的插图。这篇厚重的论文侧重在对东巴绘画艺术的研究上，反映出昆亭当时所下的功夫是比较深的。这也是西方大学第一篇以纳西人及其文化为研究对象而写的学士论文。昆亭·罗斯福还在美国的《自然》杂志等著名刊物上发表了他此行的经历和见闻。

二　1949年到1978年的状况

　　20世纪60年代初，联邦德国学术界意识到了纳西东巴教文献重要的学术价值，国家图书馆动议购集已在国际学术界享有盛誉的东巴经。在阿登纳总理的亲自支持下，以昂贵的价格把洛克原先赠送给意大利罗马东方学研究所的500多册东巴经悉数买回。当时，罗马东方学研究所急欲出版洛克的《纳西—英语百科辞典》两大卷，但苦于资金短缺，只好忍痛割爱，卖出经书筹资。联邦德国国家图书馆随后又从洛克那里得到他个人收藏的1700多册东巴经原本及照相复制本。1962年1月，洛克应邀赴联邦德国讲学和编撰东巴经目录及经书内容提要。西德梵文学者雅纳特（K. L. Janert）博士协助洛克从事编撰工作。至1962年10月，编订和描述了527本西德国家图书馆所收藏的东巴经，编撰成《德国东方手稿目录》第七套第一部《纳西手写本目录》一、二卷。编撰工作尚未完成，洛克不幸于1962年12月5日在夏威夷度假期间去世。雅纳特继续进行西德所藏东巴经的编目工作，完成了《纳西手写本目录》三、四、五卷。这五卷书是迄今世界上唯一一套公开出版的东巴经目录，编目完整，叙述详备，受到国际学术界的好评。著名美籍华裔语言学家张琨教授曾撰文评论此书，给予高度评价。所遗憾的是由于洛克的逝世，后三卷书缺少了对经书的内容提要。

　　这之后，雅纳特教授继续从宗教文献学、语言学角度研究纳西文化，与他夫人合作，按照《纳西手写本目录》的顺序把西柏林国家图书馆所藏的东巴经摹写编印出版，现已出版八大卷。他认为把藏于图书馆的东巴经公之于世是进行研究的第一步工作，只有让国际学术界看到东巴经的面目，才谈得上进一步的研究。1978年1月至1985年1月，1986年3月至1988年3月，他邀笔者到西德科隆大学进行合作研究，完成了"联邦德国亚洲研究文集"第七套《纳西研究丛书》的《现代纳西文稿翻译和语法分析》《古代纳西文稿翻译和语法分析》《现代纳西语语法》《纳西语—英语词典》等著作，其中第一卷于1988年在波恩科学出版社出版。雅纳特是目前西方学者中为数不多的从语言文献学角度研究纳西学的学者之一，其研究方法承袭了德国传统的语言描写方法，以包括民间宗教内容的口头文学文本等为依据，逐字逐句分析解剖，求其真意，翻译过程就是一个语音、词汇、语法的研究过程。这种研究方法以其严谨细腻、讲求科学性的特点饮誉于世界学术界（如德国的梵文研究），它除了能保留民族语言文化的原始面目和真实性之外，也为从多种角度进行研究的学者提供了真实可靠的资料。同时，在这种深钻穷究、以语言剖析为本的研究中,也能探究出不少有关民族历史、语言演变、民族关系、民俗宗教等方面的很多问题。我国著名语言学家傅懋勣先生研究东巴教文献的方法与此有相似之点。

从20世纪60年代起,西方一些学者也开始从文化人类学的角度研究纳西族宗教、社会和文化。1964年,雷斯托夫(A. M. Reshetov)在莫斯科发表了《纳西族的母系组织》一文。1977年,西德的普鲁诺(G. Prunner)在《民族学》杂志上发表了《纳西象形文所反映的亲属称谓制》一文。英国爱丁堡大学的安东尼·杰克逊(A. Jackson)博士是在以文化人类学方法研究东巴教的学者中成就较为突出的一个。他于1965年在英国曼彻斯特约翰·赖兰博物馆学刊上发表了《麽些巫术手稿》一文。1969年在北欧第六届民族学会议上发表了《灵魂,巨蛇和精灵》一文。1970年在瑞典的哥德堡发表了《纳西宗教仪式的基本结构》一文。1973年在《民俗学》第84期上发表了《论纳西族的一个民间故事》一文。1971年在《民族学》上发表了《纳西亲属称谓制、自杀和象形文字》一文,文中就亲属称谓制等问题与普鲁诺、雷斯托夫进行了商榷,提出不同看法。1975年他在维利斯(*Willis*)发表了《人的血统、乱伦和儿子们的命名》。1975年在《民族学》杂志上发表了《洪水、繁殖和享受》。1979年,杰克逊在荷兰海牙出版了在其博士论文基础上写成的专著《纳西宗教——对纳西宗教经典的分析评价》。全书分为历史背景、基本结构、分析、结论、附录五章。第一章讨论了纳西族的历史、地理区位、民族志结构、文献问题、亲属称谓制、殉情、象形文字、巫师"吕波"(桑尼)、东巴经的形成等;第二章讨论了东巴教仪式的基本结构、纳西宇宙观、自然环境、人文环境、社会环境、宇宙观环境(如鬼、神、精灵、灵魂等观念)、各种环境事象的象征意义、仪式结构的信仰体系(其中分基本信仰、普遍信仰、特殊信仰)、毗邻而居的汉族与藏族的信仰体系、生产周期的仪式、生命周期的仪式等;第三章详细论述了神话与仪式的结构,东巴教一些主要符号的含义;第四章概述了分析研究的结论;第五章讨论了丽江纳西与永宁摩梭(纳人)之间的关系;论述了大英博物馆和印度事务部所藏的55本属于东巴教求寿仪式的东巴经。

杰克逊的研究主要根据洛克翻译注解的东巴教文献和其他论著,把洛克所建构的资料纳入文化人类学的理论框架中进行分解、归纳、论析,方法新颖,理论性、学术性都较强,其中不乏精辟独到的见解,特别是在剖析东巴教仪式的结构和各种文化符号的意义上颇有创见。但由于未对纳西族的社会历史作纵向与横向的深入研究,未进行过田野实地考察,单纯根据洛克的资料立论,在不少问题上的论述失之片面和错误,诸如在论述本教、藏传佛教与东巴教之间的关系时，忽略了纳西族的原生文化形态在东巴教中的大量表现；在东巴教的形成时期、象形文字的创制时期等问题上的论点也存在着比较明显的错误，如他认为象形文和东巴经都是创始于17世纪中叶的论点就缺乏明确的论据，猜测性的论述居多。事实上，美国学者洛克所发现的标明日期的东巴经最早版本就已是明万历元年八月十四日（1573年9月17日）；[①] 台湾学者李霖灿教授在美国国会图书馆所发现的标明日期的最早东巴经版本是清康熙七年（1668）。

杰克逊于1987年8月到丽江进行了短期考察访问，之后仍在孜孜不倦地致力于纳西学研究，还培养了一名有志于研究纳西文化的研究生。目前他在进行的工作是想弄清东巴经在世界上分布的确切数字，编撰出一份书名目录。根据书名目录对所有纳西东巴教的仪式进行分类，编出各种仪式的参照目录，确定东巴教最基本的经书和复制传抄的经书，从而弄清东巴教发展的历史脉络。在他当时所定的四年研究计划中，其研究内容还包括外来文化对东巴教的影响，东巴教所反映的文化转移等问题。1988年，他与挪威奥斯陆大学东亚语言学系勃克曼博士等人还共同发起组织了国际纳西文化研究会，并制订了研究会章程，原拟编一份纳西学研究通讯，筹办国际性的纳西学学术讨论会。后来因各种原因没能一一实现。

挪威奥斯陆大学东亚语言学系的卡瓦尔内（P. Kvaener）教授、哈尔伯梅耶尔（C. Hablmeyer）教授和勃克曼（H. Bockman）博士都对东巴教文化深感兴趣，把纳西文化研究列入他们的"藏缅之行"研究课题。勃克曼曾两次来丽江考察，于1987年发表了长文《中国的纳西学研究》，并致力于把我国著名语言学家傅懋勣教授在日本出版的东巴教文献研究专著《白蝙蝠取经记》翻译成英文。

三　1980年以来的发展状况

从20世纪80年代以来，西方涌现了一批把纳西学作为博士论题的青年学者，他们从多种角度对纳西族的社会和文化进行深入的观察、体验、研究。1985年至1986年，美国芝加哥大学人类学系博士研究生孟彻理（C. F. Mckhann）为完成他有关纳西族传统文化和社会的博士论文，在丽江进行了为期一年半的田野调查。他的主要兴趣在纳西宗教仪式结构中所表现的宇宙观和亲属关系，以及汉藏文化对纳西人的思维和行为的影响，纳西族

---

① [美]洛克：《中国—西藏边疆纳西人的生活与文化》，联邦德国威士巴登，1983年。

近代的文化变迁等。1988年，他在第12届国际人类学、民族学会议上发表了结合东巴教仪式、东巴经和田野调查写成的论文《骨与肉：纳西传统建筑空间结构中体现的宇宙观和社会关系》，通过对纳西传统民居结构的细致分析，论述了纳西族宇宙观在居住空间中的反映和各种亲属关系。他完成了博士论文《骨与肉——纳西族宗教中的亲属关系与宇宙观》，是以文化人类学的角度对东巴教仪式进行深入分析的一本力作。

1990年，美国密执安大学人类学系博士研究生赵省华（Emily Chao）来到丽江进行为期一年半的田野调查。她的博士论题是关于纳西族的两性社会角色及在特定历史时期所发生的社会角色的转换、变化等问题。她想通过对纳西族两性社会角色的细致分析和对社会角色转换、变化的论析，揭示纳西族社会和文化中一些重大问题的内涵和真义。1990年，她在密执安大学人类学论集第九卷上发表了论文《纳西族的殉情、宗教仪式和两性社会角色的转变》，文章论及纳西族的历史背景、两性角色体系、纳西妇女在宗教仪式中的低下地位、丽江和永宁两地纳西族妇女角色的比较、男尊女卑的儒家学说对纳西族社会的影响、社会阶层、纳西有关两性的宇宙观等，文章把1723年丽江"改土归流"后所发生的两性社会角色的转变作为纳西族殉情问题的重要原因来加以理论性的论述。2012年，赵省华在美国华盛顿大学出版了她的学术著作《丽江故事：中国改革时代的巫师、出租车司机和"跑婚"的新娘》。

美国伯克利大学博士研究生白西林（S. D. White）则选择从医学人类学的角度研究纳西族文化。她的博士论题涉及纳西族民间医学传统的多元性，东巴教中有关医疗的教义、方法和各种有关健康和饮食的信仰，以及中西医对纳西族医学文化的影响，纳西族兼收并蓄诸种医学文化的传统等。她想探索形成这种医学多元文化的历史因素和社会因素。白西林于1989年至1990年在丽江进行了一年多的田野调查。

20世纪90年代，意大利青年人类学家柯兰（Cristiana Turini）从医学人类学的角度对东巴教和纳西族民间坐木撰写博士论文，完成了题为《身体、手稿与占卜：云南纳西文化中的疾病与康复观念研究》的博士论文，于2015年在意大利出版。该论文阐述了纳西族的传统文化及宗教信仰的历史，以及相关的祭祀仪式。对纳西族的民间巫术文化和民间草医等的关系以及巫术仪式与治疗疾病的关系等做了比较深入的调查研究。对纳西人的身体观念和医疗方法等进行了探讨。此外，该书还附录了作者与东巴合作翻译的洛克在1950年赠送给罗马史前博物馆的一本东巴经。

此外，也有不少西方国家的青年学者对永宁纳西族（摩梭人）的宗教、社会结构和婚姻形态感兴趣，不少人以之为博士论题。从1991年起，澳大利亚佩斯·摩尔多赫大学亚洲研究中心蓝诗田博士的（Christine Mathieu）来云南进行关于丽江、永宁两地纳西族的宗教和家庭形态的比较研究，完成了她关于此专题的博士论文，后来她在纽约埃德温·爱伦（Edwin Mellen）出版社出版了专著《汉藏边境一个古王国的历史及其人类学研究：纳西与摩梭》。

来到云南丽江县、宁蒗县永宁等地进行过田野调查和研究的还有德国科隆大学民族学系的苏珊（Susanne）、柏林大学东亚研究所的艾娃（Iva）等。苏珊主要从历史的角度论述永宁纳西族（摩梭人）的母系家庭结构和功能；艾娃则把研究重点放在1949年以后永宁纳西族母系制的变迁上。

从目前所看到的上述中青年人类学者的研究情况看，有一个突出的特点，即他们大都受过人类学专业的严格训练，对西方各种文化人类学的理论和研究方法很熟悉，其研究角度新，论述带有较强的学术性和理论色彩，加之都在纳西族地区进行了较长时期的田野调查，有较多的感性认识，因此具有很大的研究潜力，已经成为目前国外纳西学和东巴教研究的骨干力量。

近年来，西方学者的东巴文化研究逐渐趋向多学科、多角度，研究范围比1949年以前和"文化大革命"前相比有很大的拓展，这一点从上述学者的研究中也可窥见一斑。有的西方学者也开始从艺术的角度研究纳西文化。如法国克利夫兰艺术学院教师伍德沃德（Woodward）博士从原始艺术和形象化艺术的角度研究纳西象形文，认为作为东巴教重要载体的象形文是"作为形象化语言的艺术"。她于1990年在丽江进行了一段时期的田野考察，拟对纳西象形文做更进一步的研究，用艺术的理论阐释它，并把它纳入她的"视觉形象化艺术"的教学计划中。加拿大学者卓罗文（Norman S. Track）则从民间音乐学的角度研究纳西文化，先后两次到丽江考察民间音乐、东巴音乐和丽江古乐。

也有的学者从社会语言学的角度研究纳西宗教和文化。如加拿大魁北克大学教授福伊尔·汉妮（Feuer Hanny）和杨福泉合作，从问候语的角度研究纳西文化与社会，其中也研究了东巴教、藏传佛教与问候语之间的关系。1999年，他们在国际著名的学术刊物《藏缅语研究》（美国伯克利大学主办）上共同发表了基于他们近半年田野调查的长篇学术论文《云南藏族和纳西族的问候语研究》，在社会语言学领域里作出了崭新的探索，弥补了纳西学的一项空白。

2000年5月21日至30日，笔者应瑞典"国立远东文物博物馆"、斯德哥尔摩大学东方语言学系、隆德（Lund）大学东亚、东南亚研究中心及瑞典"国立民族学博物馆"亚洲部的邀请，赴瑞典讲学访问。没料到此行会在这里与从未见诸任何记载的一批东巴经瑰宝邂逅。把如今收藏在瑞典民族学博物馆的东巴经藏本带到瑞典的是瑞典著名东方学家、探险家赫定的一个同事、德国著名的蒙古学家费迪南（Ferdinand Lessing）博士。据说他是从两个来过中国的传教士手上获得这些经典的。

笔者与伊蕾内一起核查了该馆的亚洲图书收藏目录，共有14本，现在库房里找到了6本，据笔者的初步考察，这六本经书全是"斯究鲁究"象形文，其中的两本属于"署古"（祭大自然神"署"）仪式，一本属于"凑速"（除秽）仪式、一本属于"堕拿肯"（放替身）仪式，一本属于"汝仲本"（延寿）仪式。其中有4本经书的封面有彩色缀饰，这些经书的象形文字都写得相当有风格。①

2009年，北京东巴文化艺术发展促进会获得"国际东巴经典文献课题研究"的编目项目资助，该促进会会长张旭女士从法国远东学院拍摄回来了收藏在该院的49册，丽江东巴文化研究院的和力民研究员帮助该促进会进行了编目，据和力民编目的结论，49本东巴经中有11本属于"祭署"（$ṣv^{21}\ gv^{21}$，祭自然神）仪式；12本经书属于"禳垛鬼"（$to^{55}\ khɯ^{55}$，放替身消灾）仪式，这12本中的4本属于禳垛鬼大仪式（$to^{55}\ na^{21}\ khɯ^{55}$），8本属于"禳垛鬼"（$to^{55}\ khɯ^{55}$）仪式；2本属于禳鬼仪式（$nɯ^{21}\ tshŋ^{21}\ ua^{33}\ tshɯ^{21}\ py^{21}$）；1本属于"祭凑鬼"（$tʂə^{55}\ gv^{21}$）仪式；1本属于"关死门"（$ʂŋ^{33}\ khu^{33}\ tɚ^{55}$）仪式；17本属于"超度死者亡灵"（$ɕi^{33}\ ŋv^{55}$）仪式；5本属于镇压"短鬼"（$tɚ^{21}$，凶死鬼、无头鬼）仪式。和力民根据这些经书标签上的音标文字等，推测这49本东巴经的收集者和初步编目者应该是洛克先生和他的东巴助手。49本经书重名重本较少，有珍贵的文献价值。②

笔者在2014年也去考察了法国国立东方语言文化学院（Inalco）图书馆，这里共收藏有22种东巴经书（手稿），其中有7种是法国学者巴科（J. Bacot）于20世纪初在丽江纳西族地区收集的，其中13种手稿的来历，据说是来自亨利，但还没有明确的答案。笔者发现这些经书有的是曾经在民国年间担任过木氏土司（1723年"改土归流"后降为通判）祭天东巴的丽江著名东巴和凤书写的，他是民国时期纳西族木氏土司家的祭天东巴。巴科在有的经书上用自己的拉丁拼音文字做了一些标注，显然他做了一些初步的研究。

---

① 杨福泉：《在诺贝尔的故乡邂逅东巴秘笈》，载《中国民族报》2005年2月1日。
② 和力民：《法国远东学院东巴经藏书书目简编》，载《丽江文化》2010年第3期。

在法国国家图书馆,笔者看到了 4 种东巴经的收藏,据初步考察,其中有一本纳西族东巴教中很重要的经书《崇搬图》(tsho^{21} bə^{33} thv^{33}),是讲述纳西族祖先创世和迁徙的神话与历史。除了法国国家图书馆的 4 种东巴经书已经数字化上了馆网之外,其他两个学院的东巴经书还没有数字化进入学校的网站。

如今流散在美国、英国、德国、法国、意大利、荷兰、瑞士、西班牙等地博物馆、图书馆以及私人之手的纳西象形文东巴经有 1 万多卷。英国学者杰克逊(A. Jackson)在 1979 年公布的欧美两地的收藏数是 9354 卷。[1] 据笔者 10 多年来在美、英、法、德、瑞士、瑞典等国游学时的粗略了解,还有很多私人收藏的东巴经没有计算在内。估计至少有 1 万多卷。如笔者 1998 年在瑞士讲学时从苏黎世民族学博物馆馆长奥皮茨(Michael Oppitz)教授处得知,西班牙也有不少私人收藏的东巴经。

从 20 世纪 80 年代以来,国际上对东巴文化的研究在领域上有很大的拓展,如东巴教神话中反映的宇宙空间关系与纳西传统住宅空间结构之间的关系,这以在英国剑桥大学人类学系任教的瑞士学者伊丽莎白·许(Elisabeth Hsu)博士撰写的《论纳西、摩梭的家屋》和美国人类学家孟彻理撰写的《骨与肉:纳西族传统建筑空间中体现的宇宙观和社会关系》等论著为近作代表。有的学者对东巴象形文字和东巴经典不断进行深层次的社会人类学解读,如中国留英博士潘安石在英国著名社会人类学家安东尼·杰克逊的指导下,完成了他的博士论文《文化之间的阅读:社会人类学与纳西宗教文献的解读》,联系中国西南部的历史,纳西和汉族之间的历史关系以及藏缅语族的语言和宗教文化特征,对东巴教象形文经典的种种文化含义进行了细致的剖析。安东尼·杰克逊与潘安石还联合发表了《纳西仪式、索引书和占卜书的作者》等文章。

揭示东巴教与敦煌学之间的神秘关系,这也是近年来国际东方学界的一个重大成果。1899 年,隐世千余年的敦煌千佛洞石窟的藏经洞被世人发现,深藏其中的大量"敦煌遗书"问世,成为石破天惊的人类文化史盛事。近 100 年来,"敦煌学"成为举世瞩目的显学。其中,对"敦煌遗书"中占相当比重的吐蕃时期古藏文文献的研究成为国际东方学、藏学的重要组成部分。

19 世纪中叶,云南纳西族大量的象形文东巴经开始引起国际学术界的

---

[1] [英] Anthony Jackson: *Na-Khi Religion: An Analytical Appraisal of Na-Khi Ritual Texts*, Mouton Publishers, The hague Printed in the Nethrlands, p. 23.

重视，100多年来，纳西东巴文化亦逐渐成为国际性重要学科。而使很多国际学人兴奋的是，近年来，法国、瑞士等国的学者发现，在敦煌古藏文遗书和东巴经这两种喜马拉雅周边地区的文化瑰宝之间有着某种神秘的联系。通过研究东巴经，可以揭开前者的不少难解之谜，探究那在藏区早已消逝的古老的本教和喜马拉雅地区受本教影响的各民族民间宗教的珍贵文献，因为在东巴教中，可以看到不少古老的本教文化因素。由于本教后来受佛教的排挤和影响，教义中融进了大量佛教内容，其原生形态的东西大都已经湮没丧失，而东巴教中的本教文化因素则保持着大量的原初风貌。

法国著名藏学家石泰安（R. A. Stein）多年从事敦煌古藏文写卷的研究，曾将其与流散西方、经洛克翻译的一些东巴经做过粗略的比较，认为东巴经所反映的古老本教内容要比支离破碎的敦煌藏文写卷详细和清楚得多，应该进行深入的比较研究。除上述学者外，奥地利的藏学家勒内·德·内贝斯基·沃杰科维茨（Rene de Nebesky Wojkowitz）、萨勒斯（A. D. Sales）等学者都先后对本教和东巴教的一些仪式和经书做过初步的比较研究，如萨勒斯写了《马嘉人的歌、纳西人的象形文字和敦煌文献》，他们为揭示古老的本教和东巴教之谜展示了全新的角度和可观的前景。

敦煌藏文写本的发现为深化藏学和本教的研究提供了很多新线索，其中伯希和敦煌藏文写本第1134号对了解吐蕃殡葬仪礼具有非常重要的意义，它被国内外藏学家视为同类文书中最难懂的一卷。法国的石泰安教授译释了这一文本，著有《敦煌吐蕃文书中有关苯教仪轨的故事》一文，笔者在研究中也发现可以通过对有关东巴经以及相关民俗的比较研究，对某些敦煌藏文写本的本来面目有更深的了解。撰文对《敦煌吐蕃文书中有关苯教仪轨的故事》中的《马匹仪轨作用的起源〈西藏东北部的古代文学〉》一文和纳西族东巴经《献冥马》做了初步的比较研究。

将东巴文化作为解读喜马拉雅周边文化区域中的前佛教文化、萨满文化种种不解之谜而进行深入研究的趋势在西方学者中不断形成。有些国际著名的人类学家进行了不少微观研究，如任瑞士苏黎世大学民族学博物馆馆长的奥皮茨教授对东巴教所用的法器与喜马拉雅地区和亚洲北部的巫师、中国的羌族巫师等进行比较研究，写下了《纳西起源故事与宗教法鼓》等视角独到的论文。

四 近期的研究热点和态势

从目前研究的态势看，国际上对东巴文化的研究领域在不断拓广，从过去对东巴教宗教结构、仪式、文献、象形文字等的研究拓宽到了东巴文化对纳西族生态观的影响，对不同社会阶层的影响差异，以及对纳西传统医药学的影响、多元文化与东巴文化之间的关系等领域，而且有多方面学者参与的跨学科研究也日益形成一种趋势。

在20世纪90年代，中国和国外学者之间合作进行的有关纳西学的大型研究项目不断增多，如美国哈佛大学、加州大学、加拿大西蒙菲莎大学（Simon Fraser University）大学、魁北克大学、瑞士苏黎世大学、挪威奥斯陆大学、亚洲理工学院、日本筑波大学等与云南省社会科学院纳西族学者之间的合作研究，内容涉及一系列与纳西族东巴教文化密切相关的内容，如反映在东巴教和民俗中的生态环境保护意识和人与自然之间关系的传统哲学思想，东巴文化与社区协作精神等；东巴文化在旅游人类学领域中的研究等。

另外，对东巴教和其他周边民族的宗教文化进行比较研究也是国外学者所关注的一个热点，在这方面有着十分可观的前景，这种比较研究不仅将涉及上面说到的与藏族本教的比较研究，而且还将涉及与汉族古代文化、古羌文化、藏缅语族群以及西夏语言和宗教文化的比较研究。1988年，杰克逊与挪威奥斯陆大学东亚语言学系勃克曼博士等人曾倡议组织国际纳西文化研究会。1999年10月和2003年9月，由丽江政府先后举办了两届"中国丽江国际东巴文化艺术节"。在会上，瑞士的著名人类学家奥皮茨在会上呼吁成立"国际东巴经共享联盟"；英国人类学家安东尼·杰克逊建议编印"国际纳西学通讯"等加强各国学者之间的联系。

与学术讲座、开设课程等结合举办东巴教文化展览是近年来国际合作的一个突出特点，1998年，瑞士苏黎世大学民族学博物馆与丽江县博物馆和东巴文化研究所合作，在瑞士苏黎世举办了为期半年、题为"纳西之物、神话、象形文字"的学术展览，请中国的四位学者去该校讲学，随即推出了由奥皮茨、伊丽沙白·许主编的《纳西、摩梭民族志——亲属制、仪式、象形文字》（*Naxi and Moso Ethnography*）一书，全书分为亲属制、仪式、象形文字三大部分，收入中国、德国、美国、英国、法国和瑞士学者的13篇文章，内容涉及东巴教的祭天、祭风、生命神崇拜、殡葬、摩梭的达巴仪式等内容。此书基于丰富的第一手田野调查资料，视角独到，有不少学术新见，既是西方近年来出版的最新一本反映当前国际纳西学界对纳西族和摩梭人研究成果的文化人类学研究专集，也是第一本在西方出版的首次荟萃了中外学者研究纳西、摩梭文化力作的学术著作，该书得到了人类学大师列维-施特劳斯等人的高度赞誉，在欧美民族学界颇有影响，被誉为近年来最有分量的纳西学著作。此书已经由杨福泉组织翻译成汉文，于2010年在云南大学出版社出版。

1998年，丽江东巴文化博物馆与加拿大海达格王伊博物馆举办了"中国丽江纳西文化展"。

2003年，美国惠特曼学院推出"纳西文化学年"和"纳西族东巴艺术及其再创造"展览，纳西族学者杨福泉和张云岭在该校开设了"纳西族文化与艺术""中国绘画与现代东巴画"等课程，并且在该校出版了一本图文并茂的英文专著《图像及其变迁——东巴艺术及其再创造》（孟彻理、杨福泉、张云岭主编），对纳西族传统东巴艺术及其当代的再创造进行了认真分析。这本书因其视角独特、图文并茂，装帧高雅大方而获得了华盛顿州的图书奖。

1999年，亚洲理工学院推出了《纳西宗教、社会性别和文化》一书，收入纳西族学者郭大烈、杨福泉、和钟华、习煜华、戈阿干研究纳西族东巴仪式、纳西族殉情、社会性别、养蛊问题研究等的五篇论文以及印度学者高文（Govind Kelkar）、戴维（Dev. Nathan）和汉族学者于晓刚合作对纳西族、傣族和印度少数民族桑塔尔（Santhal）蒙达（Munda）族的社会性别进行比较研究的论文。

2011年5月13日至9月19日，纽约市鲁宾艺术博物馆（Rubin Museum of Art）隆重举办了纳西东巴教艺术展。在展览开始的翌日，一个为期两天的纳西学国际学术会议也在该馆举行。鲁宾艺术博物馆以专题展示喜马拉雅地区的各种文化而著称于世，这次聚焦纳西东巴文化的展览吸引了国际相关学术界、文化界广泛的关注。

这次展览取名为："纳西祖先的领域——昆亭·罗斯福眼中的中国"（Quentin Roosevelt's China: Ancestral Realms of the Naxi），从美国老罗斯福总统的孙子昆亭·罗斯福（1919—1948）1939年在中国云南丽江所收集的大批东巴教文献和艺术作品中精选出了100多件作品。这次鲁宾博物馆展出的展品分别来自美国国会图书馆，哈佛大学皮博迪考古学、民族学博物馆，波士顿美术馆，纽约公共图书馆，瑞士苏黎世民族学博物馆等；有的还来自个人的收藏，比如昆亭·罗斯福先生的遗孀法兰西斯（Frances）所收藏的两幅"神路图"以及其他一些东巴法器、东巴绘画等。据这次展览的主要推动者之一、美籍华人何重嘉（Cindy Ho）女士文中所记，昆亭夫人拿出的这些收藏品是50年来第一次面对公众展览。展品中，还有昆亭于1941年在哈佛大学读书时所写的学士论文《对纳西人的初步研究：他们的历史、宗教和艺术》（现在收藏在纽约公共图书馆中）。其中有不少昆亭手书的东巴象形文的插图。这篇厚重的论文侧重在对东巴绘画艺术的研究上，反映出昆亭当时所下的功夫是比较深的。这也是西方大学第一篇以纳西人及其文化为研究对象而写的学士论文。

这次展览也包括收藏在西班牙私人之手的洛克博士收集的一些东巴文化艺术品，这是在全球首次将西方对东巴文献收集最多的两个人物的东巴文化收集品同堂展出。展览举行之前，还出版了由人类学家蓝诗田（Christine Mathieu）和何重嘉主编的与这次展览同名的学术画册《纳西祖先的领域——昆亭·罗斯福眼中的中国》，此书收进了西方和中国学者的一些文章和不少昆亭·罗斯福所收集的东巴文献和东巴绘画作品。

为期两天的国际纳西学学术会议在展览期间同期举行，代表中有来自美国、德国、瑞士、澳大利亚等国对纳西学有较深研究的一些著名学者。杨福泉与和力民两个纳西学者作为中国的代表参加了学术讨论会。美籍纳西人娄连竺女士也来参加了这次展览和学术讨论会。瑞士苏黎世大学民族学博物馆原馆长奥皮茨教授作了题为《与纳西族相关的联系：纳西传统和一些喜马拉雅地区社会的联系》的学术报告；美国惠特曼学院人类学系主任孟彻理作了题为《传统的东巴艺术及其现代形式》的学术报告；来自坦普尔大学（Temple University）的白西林副教授作了题为《纳西文化遗产与旅游商品》的学术报告；来自美国加州大学洛杉矶分校的李海伦（Helen Rees）教授作了题为《纳西人的音乐》的学术报告；来自澳大利亚的蓝诗田（Christine Mathieu）和王爱林（Eileen Walsh）博士作了《母权制的神话》的学术报告。学术会议上还组织了几个专题讨论，杨福泉博士与和力民研究员和孟彻理博士为主要讨论人，进行了"作为艺术的东巴象形文字"的专题讨论；以杨福泉博士、张玫（"野性中国"创办人）、孟彻理博士、白西林博士与何重嘉女士为主要讨论人，进行了"纳西族的未来"的讨论。

在会上，德国著名人类学家奥皮茨教授再次呼吁利用现代互联网技术等建立全球东巴文献的共享机制，即各个国家都能了解各国收藏东巴文献的详情，并能相互研究、切磋、翻译、探究相关问题。他多年前在我国丽江举办的国际东巴文化学术讨论会上就提出过这个建议，可惜还没有引起各个收藏有东巴文献的国家足够的重视。现在，美国国会图书馆、哈佛大学图书馆、德国国家图书馆、法国远东学院、中国国家图书馆、台湾央究院等都先后做了各自收藏东巴文献的一些编目工作。特别值得大书特书的是，在我国各级政府的大力支持下，云南省社会科学院丽江东巴文化研究院历 20 多年之功，用原文、国际音标、直译、意译"四对照"的方式翻译出版了收录 897 册的 100 卷《纳西东巴古籍译注全集》，这个巨大的工程对国际东巴文献的翻译、释读奠定了雄厚坚实的基础。尽管西方学者在研究东巴文化方面有其视野广阔、理论和方法新颖等的优势，但可以说，翻译和释读东巴文献的艰巨任务，非中国学者莫属。

目前，国家相关部门对流落国外的东巴教文献如何使之回归我国开始予以重视，中国社会科学院设立了一个重点研究项目，促成美国哈佛燕京学社与中国社会科学院民族学人类学研究所和丽江东巴文化研究院合作，对哈佛大学所藏的东巴文献进行翻译释读，这是中外学术界合作进行抢救整理东巴教文献的良好开头。美国哈佛大学燕京学社所藏的东巴经是由约瑟夫·洛克和美国总统罗斯福的孙子昆亭·罗斯福在中国云南丽江等地收购而来的珍贵藏本。这批东巴经收集的年代比较早，由于收集者洛克和昆亭在收集中注意按照东巴教仪式系统地收集，因此大多数经书是与东巴教仪式相配套的，有些是珍本和孤本。这批经书在历史学、文献学、文字学、宗教学、语言学等方面都有很高的研究价值。早在20世纪30年代就进行东巴文献研究的台湾故宫博物院原副院长李霖灿教授曾于1956年赴美国对这些藏本做过初步的整理编目，英国爱丁堡大学杰克逊博士、我国学者和继全博士等人也对藏本做过一些研究。

《哈佛燕京学社藏纳西东巴经书》（1—5卷）已经由中国社会科学出版社翻译出版，它是迄今为止国外所收藏的纳西东巴文献第一次影印回归我国，并由我国学者用"四对照"（原文影印、国际音标标音、汉文直译、意译）的科学翻译方法翻译出版的文本，这四卷译本的每一册文献还有英文内容提要。西方纳西学权威洛克博士也翻译整理过一些德国国家图书馆和意大利罗马东方学研究所收藏的东巴文献，但只是根据东巴象形文原文用英文翻译和注释，而没有用这样科学的"四对照"翻译方式。参与这四卷东巴文献的翻译整理的参与者有20多年从事东巴文献翻译研究的丽江东巴文化研究院的学者们和目前纳西族最优秀的几个东巴祭司，翻译整理的质量水平比较高。《哈佛燕京学社藏纳西东巴经书》（1—5卷）的出版为争取使我国流失在国外的珍贵东巴文献逐渐回归我国，并在目前还有东巴祭司释读翻译的关键时机进行抢救整理，对我国的民族文献的抢救整理和进行科学翻译整理、提供多学科的学者们进行深度研究等方面都有重要的现实意义。

2003年，南斯拉夫驻上海总领事馆的代总领事德拉甘·亚内科维奇（Dragan Janekovie）先生与纳西学者习煜华合作，在南斯拉夫出版了《纳西象形文——塞尔维亚文辞书》一书。

波兰学者梅西亚（Maciej Gaca）、日本学者中山修一和旅日学者王超鹰、高茜等提出了书写东巴教典籍的东巴图画象形文字成为一种超民族、超语言的"符号语言"或"绘形文字"问题，在日本有多种介绍东巴文书籍出版，并广泛应用于工艺品和通信中，成为日本青年时尚，王超鹰编写的

《纳西象形文字》（日文版）在日本印了 10 次。①

除欧美各国外，日本对纳西族的研究也十分活跃，已有多种论著出版，形成了老中青皆备的学者群。他们的主要成就是在神话和文字学等方面，形成自己的特点。纳西族青年学者白庚胜已发表了《谈谈日本的纳西族文学研究》一文（载《民族文学研究》1989 年第 5 期），对日本的纳西学研究评述详备。此外也可参看笔者与白庚胜编译的《国际东巴文化研究集粹》一书。②

在迄今 100 多年的时间里，国外以东巴教为聚焦点的纳西学研究从未间断，至今更是论者众多，视角多样，形成"显学"，其原因是多方面的。首先，纳西族尚存两万多卷用象形文字写成的文献，这在世界上绝无仅有，西方学者从人类文化史的角度来认识这一笔罕见的珍贵文化遗产。其次，东巴教形态特殊，东巴经内容宏富，包含很多人文学科的内容，是研究中国西南宗教文化流变和民族关系史的珍贵资料，西方不少学者就把东巴教视为研究藏学必不可少的学科，纳西族特殊的社会形态和习俗，如永宁纳西族的母系制、丽江纳西族的殉情因其特殊的意义成为西方学术界瞩目的研究课题，纳西族有丰富独特的传统文化，但又以能兼收并蓄其他民族的文化闻名于世，一些西方学者把纳西族作为文化融合、文化变迁和转移的典型来加以剖析。目前国外纳西学的研究，正逐步形成多元立体的格局。

五　国外首部研究纳西语言文献的专著——评述巴科的《麽些研究》

笔者在进行纳西学研究的 30 多年时间中，深切感到将国外学者研究纳西学的论著翻译为中文的重要性，在 20 世纪 90 年代和白庚胜合作编译了《国际东巴文化研究集萃》，后来又花费很大精力，致力于洛克的学术巨著《中国西南纳西古王国》的审校和一部分的重译工作。不久前刚组织翻译出版了堪称当代最新的西方纳西学名著《纳西摩梭民族志——亲属制、仪式、象形文字》一书。2014 年应邀赴法国访学，初步考察了收藏在法国远东学院图书馆（The Ecol, Francaise d'Extreme Orient，简称 EFEO）、法国东方语言文化学院（Institute National des Langues et Civilization Orientales，简称 Inalco）和法国国家图书馆等学术机构的东巴文献收藏情况，对法国的纳西学研

---

① 郭大烈、杨福泉：《近期纳西族研究述评》，杨福泉主编《纳西学论集》（第一辑），云南人民出版社 2009 年版。

② 白庚胜、杨福泉编译：《国际东巴文化研究集粹》，云南人民出版社 1993 年版。

究有了进一步的了解。

在西南民族大学赵心愚教授的组织和支持下，由该校法国留学归来的宋军老师和毕业于四川外国语大学法语专业的纳西青年学者木艳娟翻译法国学者 J. 巴科（J. Bacot）（1877—1967）的纳西学著作《麽些研究》，在成都的纳西青年学者白郎与和继全参与了审校工作。几经寒暑，经过他们几位学人的努力，现在此书中文本已经译出，笔者有幸先读到了中文译本全书。巴科此书可以说是西方学者研究纳西学的开山之作，看到《纳西摩梭民族志——亲属制、仪式、象形文字》和《麽些研究》这一新一旧两种西方学人的纳西学论著先后面世和即将面世，我心中感到很欣慰。

欧洲的学者早在19世纪中期，就注意到中国西南边陲的纳西族东巴教文献。1867年，法国传教士德斯古丁斯到云南，寄回一本共有11页的东巴文献摹写本《高勒趣赎魂》。几年过后，吉尔（W. Jill）上尉和梅斯内（Mesney）到丽江考察，获得了三本真正的东巴文献，他们把其中的两本寄回梅斯内在英国泽西的家里，另一本则寄到大英博物馆。他们给这本东巴文献加上了《中国缅甸之间山地祈祷者的象形文稿》的题目。之后，陆续有一些来自西方的学者、探险家、旅行家、传教士从云南丽江收集东巴经带回。西方学者第一篇讨论纳西族象形文字和东巴文献的文章，是一个叫拉卡帕里尔（Terrien de Lacouperie）的学者在1885年发表的《西藏境内及周围的文字起源》一文。他在这篇文章中公开发布了由德斯古丁斯带回西方的第一本纳西东巴文献复制本，明确地指出这是麽些（纳西）人的象形文字手稿。而西方学者第一个比较完整地写出一本关于纳西族和东巴经书、东巴象形文字专著的，就是法国学者巴科。

巴科是20世纪中叶西方著名的藏学家，巴科等人所著的《敦煌吐蕃历史文书》和意大利图齐（G. Tucci）的《西藏画卷》被藏学界视为西方藏学形成的标志性学术名著。巴科曾经在20世纪初多次来到西藏、云南、四川等地的藏区考察。在研究藏族语言、文化的同时，他也注意到了卓有特色的纳西东巴象形文字和宗教、语言等，进行了实地调研，1913年他在荷兰莱顿（Leiden）出版了《麽些研究》一书，这是西方学者第一本比较系统地研究纳西族历史、文化和语言文字的著作，全书217页，书中还附上了法国著名汉学家沙畹（E. Chavannes）的长篇论文《有关丽江地区的历史、地理文献研究》。附录部分收图版72幅，人名、地名索引，纳西族分布图等。

《麽些研究》一书分为三部分，第一部分题为"人种和宗教"；第二部分题为"语言和文字"，第三部分题为"史地资料"。

巴科体现在《麽些研究》一书的研究特点表现为将历史文献、田野调查和语言文字的考证相结合，常常从调研地原住民的语言、地名入手，比如说到丽江，他指出丽江的藏语名为"三赕"（Sadam），麽些语为"衣古"（Ye-gu），对他所去过的地方的地名、土著都认真地做了记录，十分严谨，笔者从继他之后长年居住丽江研究纳西族的洛克的论著中也看到了这种认真地以国际音标等记录和考释地名的做法，与巴科和沙畹的治学方式一脉相承，不仅学风严谨，而且裨益后学。

巴科在云南进行了实地考察调研，所以对纳西人多的聚居地及其周围的环境做了较细的描述。他也讲到了明代纳西人在巴塘、理塘（今属四川省）等地修建的土砌碉楼，并收集了在藏区广为传颂的"丽江王"四郎罗登（一般认为是明代纳西土司木增，在藏区又有"木天王"之别称）派人修建这些土碉楼的传说。巴科在书中还分析比较了东巴经和土司家谱所记载的纳西人的族源。

巴科在书中还对纳西人做了一些初步的体质和外貌的描述及其区域差异，并注意到了体质外貌随着社会历史变迁而发生的变化，指出今天他所见到的一些地方的麽些人的外貌已非原来的麽些（纳西人），但还明显看得出麽些人与藏族等的区别。从中可看得出，他重视随时空变化和民族融合等因素而发生变化的民族体貌特征，也看得出他治学严谨之一面。

巴科对纳西人衣食住行习俗的描述是结合文献记载（比如《南诏野史》等），并结合自己去过的不同地区纳西人的习俗而做的记录，他的这本著作汇聚了不少难得的民族志资料。他的有些记载很有意思，比如说当时的纳西人抗拒接受基督教，从60年前传教士进入纳西人中传教以来，至他到丽江时，纳西人中从未出现一个基督徒。传教士们也因此很恼火。记得1920年来丽江长期进行调研的美国学者洛克以及在抗日战争期间在丽江居留八年的俄裔学者顾彼得也曾写过纳西人很少有人愿意信奉基督教、天主教的情况，应该说巴科是最早记录这个状况的西方学者。

巴科对纳西社会的观察是比较敏锐和细腻的，比如，他注意到了纳西人既保留自己的传统习俗，又善于吸收汉族、藏族等的文化习俗的特征，指出当时纳西人唯一保留下来的核心传统是受外界影响较小的语言、文字、宗教和丧葬习俗，同时，他们也不排斥汉、藏族的同类习俗。他客观地记录了纳西人一直保持下来的兼包并容汉、藏等族外来文化的习俗在20世纪初的状态，而纳西人为什么拒斥基督教和天主教呢？移民到藏区（西藏芒康县盐井乡和云南德钦县燕门乡茨中村等地）的纳西人则在19世纪末20世纪初逐渐接受了天主教。这种区域的差异及其历史文化原因，是值得我们深入探究的。

巴科也是西方学者中最早实地分析东巴教仪式及其神话传说的学者，他在考察中就已敏锐地观察到了纳西人信奉东巴教、藏传佛教、萨满教巫术（指纳西民间的"桑尼"或"桑帕"巫文化）并存的情况，并已经注意到了本教和藏传佛教对纳西东巴教的影响，但他指出，纳西人对外来的宗教采取的是兼收并蓄而并非全盘取代。巴科也敏锐地注意到了纳西人突出的对"天"（蒙）的崇拜和大自然崇拜，他结合自己在中甸县（今香格里拉市）三坝乡白地的调查，认真分析了东巴教祖师丁巴什罗与本教祖师辛饶米沃之间的关系。他在维西县的叶枝（今叶枝镇）调研得较多，并请叶枝纳西土司的东巴翻译了根据口传资料整理的纳西东巴教祖师东巴什罗的传说，包括他用计镇压女怪西摩（在丽江等地的东巴经中，这个女怪名斯咪玛左古松玛）的传奇故事。

巴科在纳西族地区调研期间就注意到了纳西族东巴教中的本教因素及其价值，他指出，现在的本教已经融入（藏传）佛教中，人们只能通过其宗教活动和神职人员构成体系认出一二本教的遗留，而要在这种本佛两教的融合中找出本教的原型已没有可能。然而原始本教就是保存至今的麽些（东巴教）巫术。他之后的西方学者洛克和图齐在他们的论著中都谈到在东巴教中可以发现本教的一些原貌。这与历史上吐蕃王朝时期本佛之争中形成的本教对纳西东巴教的影响密切相关。[①] 从《麽些研究》中，我们知道巴科是最早通过调研观察意识到这一点的学者。

巴科也记载了纳西人的丧葬习俗，他对维西县叶枝一带的丧葬习俗考察比较细，在那里见到了比较普遍的火葬习俗，和丽江等地自从1723年"改土归流"后被朝廷派来的流官强制性移风易俗而逐渐推广的纳西土葬习俗形成鲜明的对比。这说明20世纪初，在一些远离汉文化中心的纳西地区，火葬还比较普遍地保留着，这一点我们可以从香格里拉县三坝乡的白地、玉龙县塔城乡等地直至当代依然保留了火葬习俗的民族志资料中得到佐证。

巴科《麽些研究》第二部分是"语言和文字"，他的词汇也主要采自维西县叶枝的纳西人中，据他在文中说是根据纳西叶枝王（土司）的首席东巴口述而记录的。巴科全书的这一部分，可以说是这本书最有价值的，可以说是国外学者对纳西族语言文字进行现代语言学研究的开创之作。他在这部分中的语法和词汇分析分为第一章"口语、词汇和语法"，第二章"语法注释"，他在书中归纳了纳西语的音位系统。该书的词汇部

[①] 参考杨福泉《东巴教通论》第19章"东巴教与本教之关系"，中华书局2012年版，第556页。

分则采用列表对照的形式，将国际音标标音记录的纳西语语词和法文注释一一对照列出，并用25张图表罗列词汇，其中收录的纳西语词汇量有1000多个，他还用表列出了纳西语从一到一万的数词，还有纳西族传统的十二生肖的周期表。

该书第二部分第二章是"语法注释"，巴科对纳西语的冠词、名词、动词、形容词、代词、副词进行功能分析，并对动词的时态、语态、句法结构功能等做了比较详细的分析。每个部分都一一举例说明，十分严谨。该部分的第四章是"文字"，巴科对纳西象形文字（斯究鲁究）和音节文字（格巴文）的性质和文字结构、体系等做了比较深入的分析，并采用列表对照的方式，将象形文字、音节文字、国际音标记录的文字音值、法文解释等逐一列出。这一文字对照收录了370多个东巴象形文字字符，近400个音节文字（格巴文），是国内外首次对纳西东巴象形文字和音节文字所做的比较系统的研究。巴科在书中还指出，纳西象形文字包括两种字，一种是图画字，一种是表意字，他的研究可以说开了用文字学的理论来探究东巴文字的先河。

巴科在《麽些研究》中，还对他收集到的东巴经《东巴什罗的传说》的4页做了逐字逐句的注音解读，并对经书的内容做了比较详细的解读和翻译。巴科在《麽些研究》一书中对东巴经的解读和翻译的"四对照"方式，有些类似目前国内学术界普遍使用的"四对照"译释东巴经的方式，从时间上看，巴科应该算是最早用这种方式的一个。他用的"四对照"释读方式是：首先对经文中的字符逐个标注上词意，然后对原文的每个字符用国际音标标音，并用法文直译出原文的内容，最后以篇章段落为单位来译出东巴经的内容。

另外，《麽些研究》一书的第三部分是"史地资料"，除文字资料之外，收录了20多张难得的照片，其中有今香格里拉县三坝乡白地村的纳西人、金沙江边"革囊渡江"的纳西船夫、维西县澜沧江边的纳西妇女、僧人、藏化了的纳西人、纳西人的头饰和妇女羊皮披肩、金银和绿松石、珊瑚等装饰的饰针、耳环、丽江县纳西人的民居、丽江大研古城四方街街市、中甸（今香格里拉县）三坝乡白地村纳西人的男子服饰、丽江县纳西人的男女服饰、金沙江边纳西人用羊皮革囊渡江的情景、丽江县纳西人的村寨布局、金沙江畔纳西淘金人的淘金劳作场面，以及丽江府流官的照片、藏传佛教噶玛噶举教派在丽江的寺院和僧人的图像、丽江县一带其他少数民族的人物等图像、东巴教图像中绘着大鹏鸟（纳西语"修曲"）、东巴教祖师东巴什罗等的卷轴画、纳西东巴经经书图片、鸡足山寺庙群落等。

巴科在第一部分的说明中写道:"麼些王的后裔在丽江把《木氏宦谱》提供给我参考,书中明确记载了自公元618年起麼些在中国历史的地位。沙畹先生很乐意翻译此书并进行述评。我对他为研究这些资料获得的珍贵成果和付出的艰辛劳动表示衷心感谢。这些成果发表在《通报》(T'oung Pao)第十三卷中,成为本书的第三部分。"

沙畹在此书的这部分里,对丽江及其往西一带区域的历史、民族、行政区划沿革等,做了十分认真的考证,旁征博引,引用大量的汉文文献史料以及一些西方学者的研究成果来进行考证和释读。对《木氏宦谱》所下的功夫很深,有不少独到的见解,比如他敏锐地指出了反映在《木氏宦谱》中的父子连名制等西南不少民族都有的习俗。

沙畹在文中对开明好学、广采博纳的纳西族木氏土司给予了很高的评价,他写道:"如果认为木氏家族是没有教养的野蛮人,那显然错了。他们对优秀宗教,例如对佛教的虔诚;在石鼓碑文上反映出他们对汉语言文学的掌握;他们成功顺应不同朝代的灵活外交手段;这些都让我们觉得木氏是西南地区土官中最文明开化的家族之一。"

沙畹也意识到诸如木氏土司这样的少数民族世袭土司的家族史资料对研究云南地方史的重要意义,他在文中说:"这种血脉的延续是引起我们重视其历史的一个重要因素。南诏国与大理国足以让我们追溯云南五百年的历史。此后,在貌似统一的中国行政统治下,我们似乎只能看到各个分散的部族。现在一切更加明朗,我们发现当地原住家族比我们想象的更加稳固,或许他们已经失去了昔日的辉煌,但仍然存在。通过追溯他们的家谱,可以看到他们的角色愈加清晰、愈加重要。这些家族是编织历史脉络的主线,在中原、西藏地区以及中缅边境,各民族混杂、动荡不安,类似《木氏宦谱》这样的编年史如同过去黑暗的历史中出现的一线光明。"

沙畹此文中还有一部分专述"路线指南",共描述了7条当时人们走滇川藏的路线,第一条是巴科一行走过的路线,记录了22天走过的行程和沿途地名,是山川自然、人文地理考察的珍贵资料,其他6条路线也一一标注路线行程地名,是难得的关于滇川藏"路"的实录,对后人研究"茶马古道""藏彝走廊"等民族交流和迁徙的路线而言,沙畹此文弥足珍贵。

沙畹对巴科带回来的《木氏宦谱》旁征博引各种史料,进行了详细严谨的翻译、注释和分析考证,从中可见他对汉文文献史料和各种汉学典籍的娴熟。他还援引翻译注释了记录木氏土司事迹的《明史》节选(三百一十四卷第4页)。沙畹还在文中,用专章讨论了丽江石鼓碣铭文及相关历史,丽江石鼓碣，又称"丽江石鼓木氏纪功刻辞"，碑上有阴刻《大功大胜克捷记》等4篇诗文，现有不同时期拓印的拓片存世，但国内现存的拓片中没有一块是完整无缺的，比如方国瑜先生所存的拓本，就缺了38字①，而沙畹所录的石鼓碣铭文拓片是19世纪末所拓的，当时这块碑的铭文还没有遭受严重毁损，使铭文的内容得到完整的留存。沙畹在文中设专门图版刊布了这一铭文，使后人能完整准确地利用铭文内容。洛克后来在其著作《中国西南古纳西王国》一书中，也曾把此碑铭文翻译为英文。

总之，巴科的这本学术著作无论从丰富的图文内容，从他对前人研究成果的旁征博引，都堪称一部很严谨的西方学者研究纳西学的开山力作。该书的出版，结束了当时西方学者对纳西族的介绍多比较零星、缺乏系统性的局面，《麽些研究》标志着西方学者的纳西学研究开始进入比较系统化的阶段，为20世纪20年代初洛克等学者全方位研究纳西学铺垫了很好的基础。笔者在20世纪90年代审校洛克的《中国西南古纳西王国》一书时，在文中多次看到洛克对巴科在《麽些研究》一书中所记录的一些地名、人名以及区域里程等的纠误和评论，这说明洛克是非常认真地研读过巴科这本专著的，该书对他后来的丽江和纳西学研究有过深刻的影响。

《麽些研究》一书所涉及的内容，都是建立在作者在丽江纳西族聚居地区进行的田野调查上，而且有大量的实录图片，资料翔实，图文互证互补。巴科以其藏学功力看出了纳西族的宗教、文化与藏族历史文化之间的密切联系，并在《麽些研究》中做了初步的探讨，他的这一研究成果，拓广了藏学和纳西学研究的视野，也使国际藏学界进一步关注纳西族和东巴教，包括图齐、石泰安等后来的西方著名藏学家们，都在他们的研究中涉猎到纳西学，并对东巴教文化的意义给予了很高的评价。巴科先生等先驱在这块领域里的开拓功劳，是我们应该铭记在心的。

《麽些研究》中文本的问世，既为我国学术界展示了国际纳西学的开山之作和20世纪初西方学者研究纳西学的关注点和方法等，也向国际学术界展示了我国学界对国外纳西学的关注度在不断增加，这是从事民族学、纳西学和云南研究的同人们值得欣慰的。

当代法国有一些中青年学者也在从社会学、语言学、人类学等多种角度对纳西族进行更多的研究，笔者将根据新的资料和调研，再另文论述。

---

① 木仕华：《十九世纪末至二十世纪初西方关于纳西文化研究的述评》，载《云南民族学院学报》（哲学社会科学版）1999年第1期。

六　德国的纳西学研究学术史述略

(一) 20世纪60年代对东巴古籍的研究

20世纪50年代以前，德国学术界对纳西学的研究鲜为人知，尽管有德国传教士等曾到丽江纳西族地区传教，但尚未见到他们发表的调研报告和文章等。20世纪60年代初，联邦德国学术界在对"东方手稿"进行整理、收集和研究的过程中，意识到了纳西东巴教古籍的重要学术价值，沃尔夫冈·福格特（Wolfgang Voigt）等学者动议联邦德国国家图书馆购买当时已在国际学术界享有盛誉的东巴古籍。① 尽管当时联邦德国处于战后重建阶段，德国国家图书馆经费拮据，但当时的《德国东方手稿》丛书主编沃尔夫冈·福格特博士努力想方设法争取经费，并得到了当时任西德总理的康拉德·阿登纳（Konrad Adenauer）先生的支持。德国国家图书馆把洛克原先赠送给意大利罗马东方学研究所的500多册东巴经悉数买回。当时，罗马东方学研究所急欲出版洛克的《纳西—英语百科辞典》两大卷，但苦于资金短缺，只好忍痛割爱，卖出这批古籍来筹资。洛克在《德国东方手稿目录》第七套第一部《纳西手稿目录》的前言里也说到了这件事，指出500册纳西手稿是他原来赠送给著名藏学家图齐教授任所长的意大利罗马东方学研究所的，后来图齐教授因为要出版洛克编纂的《纳西—英语百科辞典》而碰到了经费上的困难，所以就把这些纳西东巴古籍卖给了西德国家图书馆以筹集出版资金。② 关于联邦德国总理阿登纳直接支持资助购买东巴古籍和邀请洛克来进行编目和翻译一事，20世纪80年代初和笔者一起进行合作研究的德国科隆大学印度学研究所所长对笔者讲述过，他在写于1963年11月27日的《德国东方手稿目录》第七套第一部《纳西手稿目录》序言里，也特别对阿登纳总理本人的支持表示了感谢之意。

雅纳特教授这样叙述到德国国家图书馆收藏的东巴古籍的情况：包括洛克个人收藏的照相复制本在内的1115册手写本被马尔堡德国（西德——译者）国立图书馆（当时西德国家图书馆在马尔堡，后来才迁往西柏林）购买（其编号是："Hs, Or, Collection" Hs, Or, 301—677, 1362—1590,

---

① 国外多用manuscirpts（手稿）一词来指称东巴古籍，国内则多译为东巴经。
② K. L. Janert：Forward, *Verzeichnis Der Orientalishen Handschriften in Deutschland*, Band Ⅶ, 1 Josheph Francis Rock *Na-khi Manuscripts*, Franz Steiner Verlag GMBH · Viesbaden, 1965, p. XV.

1593—1594，1596—1601，"K，Or，Collection" K，Or，1—501）。英国人类学家杰克逊在他的著作《纳西宗教：对纳西仪式文本的分析评价》中指出，联邦德国马尔堡国家图书馆共藏有1118册东巴经，其中913册为复制本。① 洛克在《纳西手稿目录》序言里还专门提到，马尔堡图书馆收藏的纳西手稿中，最早的一本标有日期的经书是明万历年间（1573—1620）的，他后来在1963年出版于德国威斯巴登的《中国西藏边疆纳西人的生活与文化》一书中，明确指出这本手稿（东巴经）的书写时间是明万历元年八月十四日（1573年9月17日），他这样写道，明朝时期，丽江的白沙（今玉龙县白沙镇）有一个被称为东腊三兄弟的家庭，这是大家熟知的一个东巴后裔家庭。三弟兄之一的一个后人和国柱一直活到1930年。三弟兄都是东巴，都对东巴手稿做过阐释，其中一本手稿落款的日期是水鸡年第七周第八月，猪十四日蕊恒星（二十八宿第十五星）时，即1573年9月17日或明万历元年八月十四日。②

此外，洛克还知道其他一些纳西手稿的收藏情况，据洛克所述，英国曼彻斯特市里兰德（Rhyland）图书馆中约有150本，巴黎吉梅特博物馆（Musee Guimet）约有10本，荷兰莱顿约有10本。另外，在伦敦印度事务局图书馆有大约50本属"汝仲本"（延寿仪式——译者）仪式的手写本；这50册手写本是传教士霍利·罗勒尔（Holly Roller）在纳西祭司为洛克举行延寿仪式后向他们购买的。洛克当时不知道这回事。华盛顿国会图书馆还从昆亭·罗斯福先生和罗勒尔（H. Roller）牧师那里得到大量手写本，他们于1926年至1927年在丽江得到这些书。巴黎国家图书馆保存有6册手写本，据说它们是用麽些（纳西）文写的。③

意大利著名藏学家图齐在洛克编著的《纳西—英语百科辞典》（上卷）序言中说："我们对洛克博士的感激之情不仅仅限于他在这套丛书出版中所作的科学贡献，而且还在于他在丛书的出版中还从经济上也给了我们很大的支持。"④ 他在该书下卷序言中又说："我非常感激我亲爱的不幸去世的朋友

---

① Anthony Jackson：*Na-Khi Religion: An Analytical Appraisal of Na-Khi Ritual Texts*，Mouton Publishers, The hague Printed in the Nethrlands, p. 23.

② J. F. Rock：*The Life and Culture of the Na-khi tribe of the China-Tibet borderland*. Wiesbaden, 1963, p.44.

③ J. F. Rock：*A Na-Khi-English Encyclopec Dictionarry*, Part 1, ISTITUTO PER IL MEDIO ED ESTERMO ORIENTE, Roma, 1963, p. xiv. 关于西方国家的东巴古籍收藏情况，也可参看英国人类学家杰克逊的统计，参看杨福泉《东巴教通论》，中华书局2012年版，第462—463页。

④ J. F. Rock：*A Na-Khi-English Encyclopec Dictionarry*, Part 1, ISTITUTO PER IL MEDIO ED ESTERMO ORIENTE, Roma, 1963, p. xiv.

洛克教授对纳西文化的贡献，这东方的文化在我们这个时代的变迁中消失。我也非常感激洛克教授对出版我们的这一系列丛书慷慨的帮助，如果没有他的帮助，这卷辞典是不可能得以出版的。"①

洛克收到德国国家图书馆负责人福格特博士的邀请书后，他作为弗里茨·蒂森基金会（Fritz Thyseen Stiftung）和德国研究学会（Deutsche Forschungs Gemeinschaft）的客人，于1962年1月底离开美国夏威夷来到德国，在马尔堡（严格说是在马尔堡城上上方的奥尔滕贝尔格）着手编撰现属"马尔堡收藏本"（Hs. Or 和 K. Or)② 的纳西手稿（东巴经）附有说明的分类目录。

在将近4个月的时间里③，雅纳特博士协助洛克编目并和他一起进行研究④。洛克在马尔堡编订和描述了527本纳西手写本。洛克做完这些工作后，表示这些有内容提要的编目已可付印，因此在他回夏威夷（1962年10月30日）之前已把这部分书稿交给了出版商。洛克在写于1962年9月23日的《德国东方手稿·纳西手稿目录》前言中特地指出，很感谢雅纳特博士全力帮助我编撰这些纳西手稿目录，他是为数很少的对这个领域真正感兴趣的人。⑤ 到1962年10月，编订和描述了527本西德国家图书馆所收藏的东巴经，编撰成《德国东方手稿目录》第七套第一部《纳西手稿目录》一、二卷。编撰工作尚未完成，洛克于1962年12月5日在夏威夷度假期间不幸因心脏病突发而去世。

洛克去世后，雅纳特继续进行西德所藏东巴经的编目工作，完成了《纳西手稿目录》三、四、五卷。这五卷书是迄今世界上唯一一套公开出版的东巴经目录，编目比较完整，叙述详备，受到国际学术界的好评。著名美籍华裔语言学家张琨教授曾撰文评论此书，给予高度评价。所遗憾的是由于

---

① J F Rock: A Na-Khi-English Encyclopee Dictionarry, Part 2, ISTITUTO PER IL MEDIO ED ESTERMO ORIENTE, Roma, 1972, p. XIV.

② 福格特博士为马尔堡所购买的原属洛克的这些手写本，一部分直接来自洛克，一部分则从罗马东方学研究所买回，该所的纳西手写本是洛克过去赠送的。（可参看洛克《纳西—英语百科辞典》XVIII页。)

③ 1962年9月，洛克在吉森（Giessen）皮亚（H. W. Pia）教授那儿接受外科手术治疗。1962年10月，他在奥地利和瑞士度过了约10天的时间。在马尔堡，洛克看了《中国西藏边疆纳西人的生活与文化》一书和《纳西—英语百科辞典》一、二卷的校样。后一部著作的第一卷于1963年夏出版。

④ 据雅纳特教授的回忆，当时很遗憾未能找到藏学和汉学方面合适的专家来协助洛克博士进行研究。

⑤ K. L. Janert: Forward, Verzeichnis Der Orientalishen Handschriften in Deutschland, Band VII, 1 Josheph FrancisRock Na-khi Manuscripts, Franz Steiner Verlag GMBH·Viesbaden, 1965, p. XVII.

洛克的逝世，后三卷书缺少了对经书进行比较详细的内容提要。

根据雅纳特教授的回忆，作为洛克助手和《纳西手稿目录》编者之一的他抄写洛克所写的资料，列出了东巴教仪式分类表，最后付诸出版。雅纳特教授说，这部目录很遗憾既不包括所有可得到的纳西手写本的题目，也不包含全部标有"洛克编号"（Rock Number）的手写本，但雅纳特教授觉得它的出版是有意义的。目录所依据的洛克手写笔记已由他在回夏威夷时带回，因此当时已不可能重新获得。①

这套书里的分类表所列的主要的纳西宗教仪式分为几部分，每个主要仪式由几个小祭仪组成，这些小祭仪看来总是依一定的连续次序举行。在表中，这些小祭仪也都编了号。由洛克后来增补的小祭仪已并入原号码顺序排列，并在各个连着顺序的号码前加上一个或一个以上的零，以此表其特征。另外，在任何一个小祭仪中咏诵的特定手写本的题目依顺序排列，同时标以字母（比如 50, aa, a-z, AA-AZ, Ba-Bz, Ca-Cj）；作者后来增补的可合并在连续顺序中的题目，以在分开的字母后标以阿拉伯数字的方式表示（比如：50, C, C1、C2, 或 50, Ab, Ab1）；尚不知其题目的手写本在连续顺序的字母后用"-"号标出（比如：50, f、g, 或 50, Be-Bn）；后来增补的只知属于某个特定祭仪，但不知其在各个仪式中实际位序的详情的手写本题目，以附加括号的字母标出〔比如：50, (Da)-(Du)〕。雅纳特教授指出，这个分类表中提供了依书中的"洛克编号"（Rock Number）编成的索引。②

（二）20世纪80年代以来的纳西语文和摩梭研究

洛克在夏威夷度假期间谢世后，雅纳特教授继续研究纳西东巴古籍，主要是从文献学、语言学的角度。与他的夫人合作，按照《纳西手稿目录》的编目，把西柏林国家图书馆（马尔堡国家图书馆后来搬到了西柏林）所藏的东巴古籍摹写编印出版，笔者1984年在德国时看到已出版了八大卷。他认为把藏于图书馆的东巴古籍③公之于世是进行研究的第一步工作，只有让不同国家的学者看到东巴古籍的面目，才谈得上进一步深入的研究。1978年1月至

---

① K. L. Janert: Forward, Verzeichnis Der Orientalishen Handschriften in Deutschland, Band Ⅶ, 1 Josheph FrancisRock Na-khi Manuscripts, Franz Steiner Verlag GMBH·Viesbaden, 1965, p. XI.

② J. F. Rock: A Na-Khi-English Encyclopec Dictionarry, Part 1, ISTITUTO PER IL MEDIO ED ESTERMO ORIENTE, Roma, 1963, p. XIV.

③ K. L. Janert: Forward, Verzeichnis Der Orientalishen Handschriften in Deutschland, Band Ⅶ, 1 Josheph FrancisRock Na-khi Manuscripts, Franz Steiner Verlag GMBH·Viesbaden, 1965, p. XI.

1985年1月，1986年3月至1988年3月，他邀笔者到西德科隆大学进行合作研究，完成了"联邦德国亚洲研究文集"第七套《纳西研究丛书》的《现代纳西文稿翻译和语法分析》《古代纳西文稿翻译和语法分析》《现代纳西语语法》《纳西语—英语词典》等著作，其中第一卷于1988年在波恩科学出版社出版。在笔者与雅纳特的语言文本研究中，根据他的建议，参考了洛克所用的拉丁记音符号系统，创制了一套可以在打字机上全部打出的拼音文字符号，雅纳特称之为"科隆文字"（Koen script），将当代纳西语大研镇方言的四个声调分别用1（=国际音标音值的33），2（=国际音标音值的21），3（=国际音标音值的12），4（=国际音标音值的55）表示。他的基本观点是认为这个"科隆文字"（Koen script）不是用来记音，但是可以方便书写，尤其可以在打字机上全部打出。① 而不是如国际音标一样用来记音的。

雅纳特在当时估算全球的东巴手稿（古籍）大致应该有5万册，他当时提出应该共享全球的东巴古籍资源，认为首先要把分布在全球的东巴手稿全部认真地编目并公开出版，这样大家就可以研究它们。而所有编目所使用的记录文字应该是可以在打字机上打出来的，不应是如传统的音节文字那样不可能在打字机上打。所以他提出创制这个实用的"科隆文字"就是为此而准备的。②

雅纳特是目前西方学者中为数不多的从语言文献学角度研究纳西学的学者之一，其研究方法继承了德国传统的语言文本研究方法，以文稿为本，逐字逐句分析解剖，求其真意，翻译过程即一个语音、词汇、语法的研究过程。这种研究方法以其严谨细腻、对实词和虚词逐词逐句穷究文本底蕴的特点饮誉于世界学术界（如德国的梵文和其他语种文本的研究），它除了能保留民族语言文化的本来面目和真实性之外，也为从多种角度进行研究的学者提供了真实可靠的资料。同时，在这种深钻穷究，以语言、词汇、语法剖析为本的研究中，也能探究出不少有关民族历史、语言演变、民族关系、民俗宗教等方面的很多问题。我国著名语言学家傅懋勣先生研究东巴古籍的方法与此有相似之点。

著名学者季羡林在德国留学期间，曾经是雅纳特教授的同学，他对雅纳特教授有过一些回忆，1936年，季羡林负笈德国，到哥廷根大学主修梵语，师从瓦尔德施密特教授。与雅纳特教授是同学，张光璘先生曾转述过季羡林

---

① 就笔者所见，20世纪80年代初计算机还不见用于德国大学的人文研究机构中。
② Stories in Modern Naxi by Yang Fuquana and Prefaced and edited by Klaus Ludwing Janert, VGH Wissenschaftsverlag. Bonn, p. 14.

先生对雅纳特的一段回忆：

　　梵文班从第二学期开始，来了两个德国学生：一个是历史系的学生，一个是一位乡村牧师。前者在季羡林来德国前，已经跟西克教授学过几个学期梵文，是位老学生了。季羡林开始时对他肃然起敬。然而，过了不久，就发现他学习梵文很吃力。尽管他在中学时就学过希腊文和拉丁文，又懂英文和法文，但是对付这个语法规则烦琐到匪夷所思程度的梵文，他却束手无策。在课堂上，只要老师一问，他就眼睛发直，张口结舌，说不出话来。瓦尔德施密特教授并不是脾气很好的人，他一生气，这位老学生就更加不知所措，常常使课堂气氛变得十分紧张。一直到二战爆发，这位德国学生被征从军（据雅纳特教授的讲述，他被分配到负责在飞机上运输物资的部队里）。

　　季羡林先生生前多次告诫学生，在这个世界上，可以蔑视任何人，唯独不能小视德国人。林梅村先生的回忆中说，张光璘先生讲的故事，我也听季先生说过。但张先生没把这个故事讲完。其实这位"老先生"就是前面提到的雅奈特（即雅纳特）教授。二战结束后，雅奈特重返哥廷根，在瓦尔德施密特指导下继续攻读梵语，最终获得了博士学位，在科隆大学当教授（笔者按：笔者在德国期间，雅纳特是科隆大学印度学研究所的所长）。吕德斯的遗著《秣菟罗碑铭》（哥廷根，1961），就是他整理出版的。此外，他还出版了《印度手稿图录和分类研究目录》（威斯巴登，1965）、《印度和尼泊尔手稿》（合著，威斯巴登，1970）等专著。雅奈特不仅征服了梵文，而且还开始研究纳西东巴文献和纳西语。[①]

　　1977年，西德学者普鲁纳尔（G. Prunner）在《民族学》上发表了《纳西象形文所反映的亲属制度》[②]一文，算是最早从民族学人类学角度进行纳西学研究的论文。20世纪80年代后期，德国民族学家苏珊·克内德尔（Susanne Knödel）深入云南纳西族摩梭人（纳人）居住地永宁等地，对摩梭人进行了比较深入的研究，完成了研究摩梭亲属制度和国家权力的博士论文，她在《永宁摩梭的亲属制度和中国的国家权力》一文中指出，过去，中国地方志中官方所做的民族志著述都把纳西和摩梭人作为一个单一的群体。汉人把他们称为"麽些"，发音为"摩梭"（moso）。中华人民共和国成立后，这个名称就被"纳西"这个族称取代了[③]，"纳西"其实只是丽江

---

　　① 林梅村：《忆季羡林先生》，《南方周末》2012年9月9日。
　　② G. Prunner: The Kinship system of the Na-khi（S. W. China）as seen in their pictographic script. Ethnos 1970.
　　③ 这里指的是中华人民共和国成立后进行民族识别后，原来的"麽些族"称改成了"纳西族"。

纳西人的自称。永宁纳人在与汉人打交道的时候用的还是"摩梭"这个老名称。事实上,摩梭(纳)和纳西的语言关系很近;在他们的语言中他们都自称"纳人"(纳西与纳日);他们有共同的神话,讲述他们怎样迁居到现在的居住地;在神话中,这些迁徙群体的名字都是相同的。[1]

苏珊博士在她研究摩梭人的论著中提出了"性联盟"(sexual union)这个概念,她指出,摩梭人中也有正式的婚姻,但很少见。摩梭人认为性伴侣之间不可能像血缘亲属之间那样亲近,因为血缘亲属在他们的整个一生中相互都很了解。不管结婚与否,伴侣都要避免同居在一起,因为家里的陌生人是家庭分裂的潜在因素。摩梭人喜欢伴侣之间的走访关系,因为这能让摩梭人维持一种和谐的家庭关系,这一点他们尤为自豪。走访关系的开始除伴侣双方外不再涉及其他方,关系的结束也是如此。男方一般夜晚到女方家访宿,清晨就离开。双方自始至终都是各自母方家庭的成员。这种关系下诞生的孩子属于女方家庭。虽然社会要求男方向其女伴和孩子赠送礼物,但所赠送的礼物实在太少,不足以在双方之间建立起经济依附关系。她指出,根据她在调查中的了解,一旦某个关系结束了,赠送礼物也随之停止。迄今为止,这一类型的制度化性联盟只在印度喀拉拉邦的纳亚尔人社会(the Nayer of Kerala)中被发现过,但那也只在英国人入侵之前,后来它就因为其本身而被瓦解了。[2]

此外,苏珊还提出摩梭人的另一显著社会特征是基于血统的群体(a descent-based groups)和外婚的母系世系群(exogamous matrilineages):从早期的一个母方家户(a mother household form)分裂出来的摩梭家户构成了一个继嗣群,被称为"斯日"(sizi)。斯日的成员认为他们都来自"同一根骨"[3]。他们会把血缘连环回溯到五代之远(很少有更远的),这样斯日成员的数量可达100人(大多少于100)。在理想的状况下,只有有母系关系的

---

[1] [德]米歇尔·奥皮茨、[瑞士]伊丽莎白 许主编:《纳西摩梭民族志——亲属制、仪式、象形文字》,刘永青、骆洪等译,杨福泉校,云南大学出版社2010年版,第47页。

[2] [德]米歇尔·奥皮茨、[瑞士]伊丽莎白·许主编:《纳西摩梭民族志——亲属制、仪式、象形文字》,刘永青、骆洪等译,杨福泉校,云南大学出版社2010年版,第48页。
摩尔(Moore,1985:526)。我把在西方和加勒比社会中发现从母居排除在外了,(Kunstaedter 1963),因为那儿实行从母居的人自己也认为那是边缘性的,而摩梭人却非婚姻性视为一种社会规范。

[3] 在纳西人中,以及在喜马拉雅地区的其他父系族群中,普遍都会用"一根根骨"来指称(父系)世系群的成员,与此一致的一个观念是母方亲属和姻亲属被认为是"肉",参见孟彻理(McKhann,1989)。摩梭对母系世系群成员的确有"骨"的观念,但笔者发现对于父系方的亲属,他们并没有"肉"的用辞。

人才能成为群体成员。苏珊还指出，在纳西人中，以及在喜马拉雅地区的其他父系族群中，普遍都会用"一根根骨"来指称（父系）世系群的成员，与此一致的一个观念是母方亲属和姻亲都被认为是"肉"。而摩梭对母系世系群成员的确有"骨"的观念，但她提出根据她的调研，发现对于父系方的亲属，他们并没有"肉"的用词。

不过，如前所述，理想的状况常常无法达到。因此，摩梭人对于"斯日"有着一种明确的母系思想，苏珊指出这也是她把这种群体称作"基于血统的群体"的原因。苏珊还指出摩梭人的社会特征还有"类似氏族的迁徙群体"，摩梭祖先在迁到永宁时有四个群体，分别为西、胡、牙、峨，几乎每个摩梭人都能说出他自己按母系继承血统的那个群体的名字。此外，还有贵族中的掌权者通常实行婚姻和父系世系制度这个社会特征。

苏珊还通过她的调查对当代摩梭婚姻习俗的"变迁和复归的因素"进行了分析研究，她"推想坚持以家庭要以母亲为中心的思想暂时会得以保持，并充满生命力，这种思想甚至会成为母系观念的支撑"。

德国柏林自由大学东亚研究所的艾娃（Eva）博士在20世纪90年代到云南宁蒗县永宁地区进行博士研究的田野调研，1992年发表了论文《"幸存的活化石"：（中国）永宁非父权制的摩梭人——一个民族学和民族政策的研究目标》[①]，她在文中提到，在20世纪60年代，中国的学者对这个大多数人保持了非一夫一妻制和父权制的藏缅语族族群进行了全面的调研，受到恩格斯和摩尔根进化论理论影响的这些学者，把这个族群认定为一个保持了人类早期婚姻和母系亲属制度的"家庭的活化石"。在90年代，这个族群相比1963年时已经发生了很大的变迁，80年代的研究，揭示了1949年之后特别是"文化大革命"时期，国家权力机构如何致力于促进摩梭人社会向父系制的转变，而摩梭人保留至今的亲属制度，则使它的母系制传统习俗在社会和经济的巨变之中得以幸存。

（三）20世纪90年代以来奥皮茨为代表的人类学研究

20世纪90年代以来，从文化人类学的角度对纳西学进行了深入研究的一个杰出学者是米歇尔·奥皮茨（Michael Oppitz），他的田野调查都集中在对喜马拉雅地区民族社会的研究。这其中包括对尼泊尔夏尔巴（Sherpa）

---

① "Ein《Fossil》überlebt. Die nichtpatriarchalischen Mosuo aus Yongning（VR China）als Gegenstand der ethnologischen Forschung und der Minoritätenpolitik." in：PERIPHERIE 47/48（1992）S. 150-171.

(1968) 和马嘉（Magar）(1980—1991) 的研究。他的主要研究兴趣在于对本土宗教（萨满教）、艺术与物质文化以及口传知识的传播的研究。

1997年，当时在瑞士苏黎世大学任民族学博物馆馆长的德裔人类学教授奥皮茨与当时的丽江县东巴文化博物馆合作，从1997年12月4日至1998年5月15日，在苏黎世大学民族学博物馆举办了一个聚焦在东巴教的学术展览，来自中国、瑞士、德国、意大利、美国、法国、葡萄牙等国的学者专家和社会各界人士200多人参加了展览开幕仪式。笔者应邀在展览期间赴该馆讲学，并仔细看了展览。

此次展览取名为"Naxi Dinge·Mythen·Piktogramme"（德语的意思是"纳西之物、神话、象形文字"），从题目上也可以看出来展览设计者奥皮茨的意图。奥皮茨认为，不应把东巴教的仪式法器等物件与神话孤立分割开来看待，这二者都是仪式的有机构成部分。他想在展览中体现这种二者相依互存的关系。他曾对笔者说："我不太在意要使人们知道东巴仪式鼓的尺寸、用途等所谓'科学的理性知识'，而是要使人们知道东巴的法鼓会飞这样的传说，启示人们去寻找一种宗教的思维、源流和纳西宗教中人、神、仪式、祭品的相互关系，体会一种民间宗教中的艺术和美学意义。我们此次展览不是像有的展览那样以展出一些贵重的东西来体现它的价值，纳西东巴教是民间宗教，其仪式物品的价值大多不是在于它的经济价值，而在于它深厚的宗教意义、文化内涵、艺术色彩和美学价值。"从他的话中可以体会到这位人类学家想以纳西族本土宗教的思维特征贯穿整个展览，使展览的整体布局体现出一种文化结构的意图。笔者觉得这种办展览的思路是十分新颖而有创意的，从学术思维上讲，它与一般就展品介绍展品，重在外在学术性的解释而忽略它在本族文化中的内在含义和阐释的做法截然不同。以本民族的起源神话作为展品的基本解释，从看去浪漫和荒诞不经的神话故事中，却可以真实地抓住该族宗教的一些文化特质和思维方式，以及它与周边相邻民族的文化源流、宗教异同、互渗的关系，从总体上去把握这种宗教文化。[①]

曾对纳西族宗教和喜马拉雅地区很多民族的宗教进行过深入研究的奥皮茨教授指出，纳西族并不是一个孤立的社会，千百年来，纳西人生活在一个受多种文化影响的十字路口，包括印度人、缅甸人、西藏人、蒙古人和汉人的文化，这些周边拥有伟大的古文明的国家和民族对纳西人有深刻的影响，纳西人的文明反映了多元文明转变和转化的一种结果。他们共有的风格和特

---

① 杨福泉：《记在瑞士举行的国外首次纳西东巴文化展》，载《云南社会科学》1998年第4期。

征反映了他们和或远或近的邻居共同分享的内容。在喜马拉雅区域和西藏高原东部地区，不少族群没有书写文字而只有口述传统。他们的文化处于民族国家的边缘，与那些有组织和书面学说的宗教或意识形态有较大差异。对纳西人的宗教和喜马拉雅区域以及西藏高原东部地区那些无文字民族的宗教，是值得认真地进行比较研究的。①

奥皮茨教授对上述这些地区包括纳西人在内的巫师、祭司所用的仪式鼓以及其他宗教法器就做过深入的比较研究。特别在东巴教的仪式鼓与羌族和喜马拉雅区域的仪式鼓的比较研究别开生面，以小见大，有很深的学术洞见和观点。他从东巴教的仪式鼓起源的神话传说受到启发，认真对喜马拉雅周边地区国家各个民族的仪式鼓进行了比较，特别是与纳西族有历史渊源或宗教方面相互影响的一些民族进行了深入的比较研究，从它们的起源神话传说、形状（比如有些仪式鼓是单面，有的是双面），鼓面上的图案，关于仪式鼓的神奇传说，比如在喜马拉雅为中心的周边区域传播得很广泛的一个本教祖师骑法鼓与佛教高僧斗法的故事（在纳西族中是东巴教祖师东巴什罗和米拉斗法），这个故事反映了本教、东巴教以及这一区域普遍认为本教祖师会骑法鼓飞行的共同传说。

奥皮茨通过这个仪式鼓的比较研究，指出："在以上提及的各种宗教之争的故事中，争执的根本问题其实是相同的，即宗教霸权问题（religious hegemony）。实际的争执点在不同的版本中有不同的表述，主要是：对某一领地的控制权（如大山、湖泊等）；处于危险之中的教义的真正价值；传播本派教义、压制敌对教义的权力；某些仪式活动的取缔；或者简单说来就是谁最重要的问题。拥有口头传统和文字传统的两种文化之间不断发生碰撞，由此产生各自代表之间的冲突。在这些冲突中，往往一方是喇嘛，而另一方是旧宗教势力的代表。在纳西和古鲁的故事版本中，使用经文和口头吟诵的传统之间明显存在着冲突。"②

如前所述，2011 年 5 月 13 日，在纽约市鲁宾艺术博物馆（Rubin Museum of Art）隆重举办了纳西东巴教艺术展，在展览开始的翌日，一个为期两天的纳西学国际学术会议也在该馆举行。这次聚焦纳西东巴文化的展览吸引了国际相关学术界、文化界广泛的关注。在会上，奥皮茨教授再次呼吁加快利用现代互联网技术等建立全球东巴古籍的共享机制，促使各个国家都

---

① ［德］M. Oppitz：*Naxi Connections*：Lecture held at the Rubin Museum of Art NY, Naxi conference May 14th 2011.

② ［德］米歇尔·奥皮茨、［瑞士］伊丽莎白·许主编：《纳西摩梭民族志——亲属制、仪式、象形文字》，刘永青、骆洪等译，杨福泉校，云南大学出版社 2010 年版，第 364 页。

能了解各国收藏东巴古籍的详情,并能相互研究、切磋、翻译、探究相关问题。他多年前在我国丽江举办的国际东巴文化学术讨论会上就提出过这个建议,可惜还没有引起各个收藏有东巴古籍的国家足够的重视。

此外,还有德国的几个青年学者在20世纪90年代直至21世纪,也做过纳西族的民间文学和纳西音乐的相关研究。德国柏林自由大学硕士研究生习莲(Petra Kiel)在1993年来丽江做田野调查,她主要研究丽江纳西族的民间口头文学,收集现在不多见于现有出版物中的纳西人日常生活的故事,从中分析纳西族的社会规范和习俗、亲属关系以及妇女的生活与社会地位。她收集了4个纳西男子讲述的10个故事,她说当时在田野调查中很难收集到纳西妇女自己讲述的故事。习莲后来根据这些收集到的故事写了一篇论文,她根据大量国内外的资料,最终完成了她的硕士论文《纳西族研究的现状(1996)》,该文对西方学者洛克、顾彼得和雅纳特的研究也进行了评述,对迄至1996年中国的纳西族研究的历史和发展做了评介。

柏林自由大学另一名硕士研究生沃尔夫冈·威斯(Wolfgang Wiese)在20世纪90年代到丽江调研,对纳西族的"白沙细乐"进行了研究,完成了他的硕士论文《中国云南丽江纳西族的合奏音乐的白沙细乐》,文中他写到"白沙细乐"这种纳西音乐最初是用于悼念死者和在丧葬仪式上演奏。1949年以后有相当长一段时间没能得以延续。在20世纪90年代重新在民间复苏的"白沙细乐"则是一个新的民俗现象,它被用来作为配合旅游的一种娱乐演奏方式,反映了传统的音乐在时代变迁中的适应性。他的硕士论文的主题是通过"白沙细乐"对纳西人的文化历史变迁进行民族音乐学视角的研究,并对丽江在20世纪50年代用简陋的录音设备对"白沙细乐"进行抢救整理的情况进行了评介。

小结

从上述德国学者的纳西学研究历程看,突出的成就主要是两个方面,一个是语言学、文献学的角度所做的研究,如被列入"德国东方手稿"系列的德国国家图书馆收藏纳西古籍的编目和内容提要等工作,不仅在世界上首次系统地公开出版了德国国家图书馆收藏的纳西手稿目录,并出版了相应的学术著作。并率先意识到研究纳西古语为载体的东巴古籍应与当代纳西语及其文本结合起来研究,即古今语进行比较的研究。而且,他们对当代纳西语文本进行穷究底蕴,不放过任何一个实词和虚词进行深钻细研的做法,也是非常严谨踏实的学风。20世纪90年代之后,以奥皮茨为代表的德国人类学家对纳西学的研究也体现了德国学者重实证和思辨的特点,从所举的对仪式鼓的研究和聚焦"起源神话"的东巴教的展览,就可以看出他们独辟蹊径、小题大做、微观条分缕析中见宏观的研究特点。此外,20世纪90年代以后德国中青年学者对纳西族摩梭人社会习俗的研究,也是当代西方学者研究摩梭社会较早的成果。

七　纳西传统和一些喜马拉雅地区社会的联系[①]
——德国学者奥皮茨的一项研究

纳西族从来就不是一个孤立的社会,在过去也不是。几个世纪以来,他们就生活在一个多元文化相互影响的交叉路口,这些文化包括:印度,缅甸,中国云南、西藏和蒙古,仅仅只是列出了他四周那些伟大的如同圣经般的文明。纳西族的独创性在于,如同这里所指出的,是和周围或近或远的邻居分享的集体风格和文化特点的积极变化,经过转换后的结果。这些邻居都是小型的地理上的扩展,其共同特性是他们都是基于口头传承;在民族国家边缘的当地文化首先就并不信奉有组织的宗教和意识形态的教条。这些喜马拉雅山脉和西藏高原东部地区的小范围的社会将会在下文我们所进行的比较中被重视,这涉及许多的领域:社会关系,神话,宗教实践,礼节仪式和艺术成就。

纳西族把他们的亲属关系分为了两个基本的类别:骨头亲属和肉亲属。前者指那些父亲一方的亲属,后者则指那些母亲一方的亲属。骨头意指男系亲属,而肉则是同母的亲属团体。这种特性是基于对身体感觉的假设上的,父亲亲属提供了独特的骨头,而母亲提供的则是肉。父亲是骨头,母亲是肉,儿子是骨头,女儿则是肉。男人就像岩石,女人则像树木。女人是可以流动的,男人则不能。就像树木,根在岩石中,女人把根扎在男人的骨头里,给她们的丈夫的骨族带来了肉。女性成为连接丈夫和儿子这两条"骨头亲属"方的线,由于这种特性,她们扮演着一种模糊不清的角色。

在纳西宗教文献的象形文中,"骨头"一词,意指父亲一线的亲属,用简单画出骨头来表示,"肉"一词则意指母亲一线的亲属,用简单画出一团肉来表示。而"氏族"意思则是由两个字来表示,后者是表示"骨"的字符,而前者则是表示人类先祖名字的字符。表示两边的亲属的则是由两个字来表示,第一个是栅栏,意味着男性父系的亲属,第二个则是用来表示蕨菜

---

① [德] M. Oppitz: Naxi Connections: Lecture held at the Rubin Museum of Art NY, Naxi conference May 14th 2011. 此文征得作者同意,翻译后收录在本书中。

的字符，它包括了父亲和母亲的所有亲属。"栅栏"一词代表着骨头一系的稳固，而蕨菜则象征了女人和肉这一亲属方的移动性。

关于骨头和肉的比喻，影响了纳西族从怀孕到婚姻到死亡的生活中的许多方面。人死亡后，柴堆的火焰分开了骨头和肉。肉会以青烟的形式升入天空，而骨头则被掩埋，将会回归大地。这种肉和骨头的观念是从起源神话中来的，根据起源神话所记，纳西祖先的第一场婚姻（和天神女儿衬红褒白咪"肉"族这一亲属线）来自天上，而天神女儿衬红褒白咪的丈夫是来自大地上的。第一个给予妻子和"肉"（族）这条亲属线的提供者是天神，而第一个有妻子的纳西男子祖先，名为崇仁利恩，就是说，后世持续这"骨头"亲属线的建立者，是一个来自大地的男人。这就是为什么创世史诗中父亲亲属也被称作崇仁利恩的骨头。所有的这些都是异族婚。同一个骨系亲族内的人如果结合，会被看作乱伦的，是不被允许的，在过去，甚至还可能会被同一骨系的人惩罚。

然而，这种将亲属关系分成父系为骨头、母系为肉的清晰的分隔并非是纳西族都有的特点和独创的概念。这种区分是被喜马拉雅山南麓的许多当地不同的社会共有的习俗，例如尼泊尔西北部的胡姆拉卡纳利（Humla Karnali）的尼巴（Nyinba）人，道拉吉里（Dhaulagiri）区域说马嘉（Magar）语的康巴人，居住在尼泊尔中部和索卢昆布（Solu-Khumbu）区域的塔芒（Tamang）和夏尔巴（Sherpa）人，尼泊尔东部锡金的原住民多基兰蒂（Kiranti）部族雷布查（Lepcha）人。西藏关于骨头和肉的概念早在1712年就被意大利的传教士Ippolito Desideri记载了下来。更远的北方同样的亲属关系分法则被到达中亚草原的旅行者记录了下来，如卡尔梅克（Kalmuk）、乌兹别克（Usbek）和哈萨克（Kasakh），在蒙古地区被记录的地区是鄂尔多斯（Ordos）、喀尔喀（Khalkha）、Chakar（查卡）和蒙古东部的所有族群。

在列维-施特劳斯1949年首次出版的著作《亲属关系的基本结构》中，用整整一章论述了关于"骨头"和"肉"的亲属关系，把他的分析延伸至古代中国，传统的印度和更远的部落如上缅甸高地的克钦（Kachin）、阿萨姆邦（Assam）的那伽（Naga），中国北部边远地区的通古斯人和满人，四川的梁山俫俫（彝），甚至到了果尔第（Goldi）和远东西伯利亚。他联系了三种基本的联姻形式中较普遍的一种，关于骨头和肉的暗喻。根据他的设想，骨头亲属和肉亲属的区别是一个不会混淆的特征，对社会而言，其功能是规定了母系一方的交表婚姻，这样引导了经过一代代的传承，在氏族（或者继嗣群）中关于对妇女间接地和普遍地进行交换的联姻制度。

这个断言在后来的民族志的发现中是不能够站住脚的。许多喜马拉雅山脉的社会赞成关于骨头和肉的特性，实际上是赞扬一种不同于这种说法的理想的婚姻交换。我们仅仅从至今已知的研究成果中挑选出几例来说明这一点：尼泊尔尼巴（Nyinba）人，就像倮倮①，习惯于双方对等的交表婚，塔芒（Tamang）人则实行的是对等的相互姐妹交换的交表婚，基兰蒂（Kiranti）人和专门的姑表舅表姐妹成亲，禁止七代（甚至更多）以内的交表婚。依据打破骨亲属限制的规则，他们推崇族内婚；纳西人则采取父系模式下的表亲婚姻；而夏尔巴（Sherpa）人则完全放弃了这些基本的亲属间的联姻形式，包括母系的、双边的或者是父系的。只有马嘉（Magar）人，他们的单一的婚姻规则规定了应娶母方舅舅舅女儿的联姻。

马嘉人今天对这种母系交表婚的习俗的解释是，他们坚持这种配偶制度，是源自他们著名的起源神话之一。其中说他们的祖先无法为他们的儿子找到配偶，陆地上的首领和他的妻子就把他们的后代送到了因陀罗克（Indralok）这个天上的领域，在那儿他找到了天界最高的神因陀罗（Indra）的女儿之一索玛拉尼。在新郎带新娘回家之前，他必须在他未来岳父的家里工作12年。当通过劳务而代替获得新娘应该送的礼物（kanye dan，这是本地人指一个家庭允诺女儿出嫁的一个词汇），这对年轻的夫妇沿着从天界放到大地上的有7级银台阶的金梯金质的有着九级银阶的梯子到地面上，随身带上了丰富的嫁妆，包括金银，青铜的容器，谷类和动物。但是新娘因为没有被婆家好好对待，于是她逃跑了，回到了她父母身边。只有他父亲当时送的另一件礼物———一个神秘的她不能打开的箱子，能够劝说她再次回到地上。当索玛拉尼刚刚回到地面上，她就打开了这个箱子，九个太阳和九个月亮跳了出来。它们把森林烧成灰烬并烧毁了所有生命。首次尝试在地面上创造人类生命的努力终结于一场灾难。人类将必须再次尝试创造生命，一开始使用泥土或者木头来创造形体，但既不能动也不能说，之后假借一对老夫妻，他们的双胞儿子为遗产而争斗。尽管这种婚姻一开始就很糟糕，但这种联姻还是被后来的继承者们视为模范：天上的居民（肉）下嫁到地上（骨）。如同新娘的母亲是因陀罗最小的妹妹，新娘重复着和她的婆婆相同的模式，像她一样嫁到下面。显然，作为新郎的母亲的兄弟的女儿，她依然是今天最好的选择。起源神话创建了如此的联姻标准。

相同的情节也发生在纳西族关于人类始祖崇仁利恩的神话中，他的父亲

---

① 1949年以前汉文献中对当今彝族常用的称谓之一，又译为"倮倮"等。彝族学者刘尧汉教授认为在彝语中，罗（或倮）是虎的意思。——编者注。

有许多的子女，但除了崇仁利恩以外，彼此乱伦。为了把世界从这种极端的罪行中净化，男神董降下滔天洪水，只有崇仁利恩在这场洪水中活了下来，他坐在一个皮囊里，最后着陆在世界上最高的一座山峰上。他孑然一身，找不到一个女性同伴。所以董神做了一个尝试，尝试让他做的木头人有生命，但没有成功。之后就把他送到了精（Dzi）所在的天上，精（Dzi）有两个女儿，一个很漂亮，另一个一般。崇仁利恩选择了漂亮的那一个，但这场婚姻以灾难结束。所以又试图和另外一位天女结合。但崇仁利恩必须为他未来的岳父完成一系列几乎不可能的任务，作为迎娶新娘的聘礼的代价。当所有的考验都通过之后，崇仁利恩带着他的新娘从一架用金链做成的银梯上来到陆地，带着丰富的嫁妆，包括珠宝、动物、谷类、农用具，九个男性东巴祭司和七个巫师"里补"（llǘ-bú）①，通灵的女巫。开创他们在地面上的生活，崇仁利恩和他的天女妻子生育了三个儿子，大儿子成了藏族的祖先，小儿子成了白族的始祖，而二儿子则成了纳西族的先祖。当灾祸来临时，所有崇仁利恩的子孙后代都像他一样：他们让东巴祭司在祭坛上安置犁头做仪式。根据纳西神话的记述，纳西祖先崇仁利恩的妻子来自天上，而崇仁利恩则是地上的人，这个说法和马嘉人的传说一样。

在关于纳西第一个男祖先崇仁利恩的神话中，有后续故事讲到了第一个东巴东巴什罗。故事是这样的，崇仁利恩的孩子生了重病，而他们带下来的嫁妆中，没有能治疗疾病的人，病没法痊愈。所以，崇仁利恩让人送信到天上向东巴什罗求助，东巴什罗是第一位巫师，从他母亲的腋窝下诞生出来。在他起程前，一些神灵和他的父母为他可能遇到的考验准备了许多工具：一条带子，一个饶钹，一个手鼓，一个大皮鼓，一个牦牛角，一个海螺号，一顶五幅冠，一顶铁帽子，一条项链，一把雷石匕首（又译为降魔杵），一杆铁矛，一副手杖，一把三叉戟，一把剑，一张弓和箭，一杆长矛和一副盔甲。在他下降的过程中，他在路上被一个女巫挡住了，这个女巫手中拿着九把锯齿镰刀，头顶一把有着八个手柄的铜壶。她用轻浮的风情迷惑了他，并成为他的女伴侣之一。当他们的关系结束时，什罗让他的学生杀了她。他们用她有八个手柄的锅煮了她，她的尸体也被埋在土下面九尺，她身边跟随的魔鬼从今以后时常骚扰人类。自此以后，什罗和他的继承者们不得不保持定期的血祭来对抗。

在马嘉人的第一个巫师拉玛普兰赞（Ramma Puran Tsan）的故事里，许多情节和什罗的故事是一样的。

---

① 纳西族对不同于祭司东巴的巫师的称呼，民间普遍称为"桑尼"（或桑帕）。——编者注

拉玛的诞生不同寻常,他从他母亲的膝盖弯中出生,在他作为巫师的生涯中,在他流放到阴间九年后,他遇见了九个女巫,她们欺骗了他并让他带她们到世界各地去游玩。无论他们途经哪里,他都让她们跳起危险的女巫舞蹈,并告知每个人她们的真实面目。一个接着一个,拉玛消灭了这些女巫,把她们封到了遥远的西部边界的高山顶的界碑当中。而其中的一个女巫必须被特别对待,为了交换他的病人被这个女巫抢走的灵魂,巫师必须提供丰厚的血祭,血祭的物品由他的委托人提供。

在第一个巫师东巴什罗的故事中提到的仪式用具在其同时代的巫师的用具中也同样存在。然而,这些东西当中的大多数,并不为纳西祭司们所独有。在喜马拉雅的巫师和宗教祭司的随身物品中时有发现,如佛教和周围的本教。其中一些分布较小,而其他则分布较广。也许可以把这些仪式物品一并考虑是有意义的。如同这些具体的文化实例比文字更加证实了在一个广阔的区域内自过去就存在着部族之间的联系。

仪式用的有木柄的鼓的分布是广泛的。在汉藏语系和喜马拉雅一带到处都能发现这种有木柄的鼓。这种鼓主要有三种基本形式:作为萨满鼓,和在蒙古一带和西伯利亚的鼓一样,有一层鼓面和一个内手柄,在尼泊尔西部和四川也是;而有两层鼓面和一个外手柄的,则是在尼泊尔中部和东部;有两层鼓面而没有手柄,套着或者绷着弦,则在西藏中部和云南。

仪式项链的分布则是平均的,有的是用菩提果小珠子,有的是用未经打磨的宝石,有的是铁链,有的则是蛇骨或者其他动物的部分,都有着宗教形式的磨面。

其他类型的膜质乐器著名的手鼓有两种形式:第一种是沙漏模式的,在古代印度,藏传佛教和本教的实践活动中,并存在于西藏灵媒(spirit mediums)中;第二种则有环形的框鼓,分布在汉藏边界的部落,例如羌、摩梭、纳西和本教。我们也惊奇地发现,这种鼓也被尼泊尔的摆渡种姓①所使用,它比标准的要小,有一个弯曲的手柄并有很多毛发。

对于西藏和邻近东部区域来说的一种奇怪的乐器是平面的铃,发现于在四川的羌、纳西和云南四川边界的摩梭人中,在藏传佛教,并存在于被称为哈巴(lhapa)或帕窝(pawo)的西藏的灵媒(spirit mediums)中,②这是本教最为独特的一种器具,被东巴祭司原样记录在画卷上。

牦牛角和海螺号用于宗教仪式中,它们是与古代西藏有密切联系的两种

---

① 尼泊尔的职业种姓之一。——编者注
② 指能与神灵鬼怪沟通的巫师等。——编者注

器物。塔芒人、夏尔巴人和尼泊尔的以勒人，位于西藏文化东部边缘的羌人和纳西人，都有这种器物。

盛装的东巴祭司和他们的同行巫医最明显的就是五幅叶状的头冠，这种头冠传播很广，从四川北部的羌族到尼泊尔西部山脉古伦人（Gurung）的克乐伯里（khlebri），夏尔巴人（Sherpa）的婆尔波（pormbo），苏瓦尔人（Sunwar）的婆波（poembo），还有尼泊尔中部和东部塔芒人的伯波（bombo）、拉伊人（Rai）的曼巴（mangpa），西藏的佛教徒，本波和哈巴（lhapa）灵媒，更不用说纳西族东巴和摩梭宗教专家达巴。一般来说这些法冠都染着颜色，绘着各自的区域性神灵，也有没有涂色的。

五幅冠的另一类则有羽毛饰品，在喜马拉雅的许多本地社会的萨满都戴这种头冠，而不使用那种上了色的纸质头冠。这类鸟羽饰的头冠可以在尼泊尔西部多地发现，如马嘉人（Magar）的拉马（ramma）、卡米人（the Kami）的加克里（jhakri）、古隆人（Gurung）的帕玉（pajyu），尼泊尔中东部塔芒人（Tamang）的伯波（bombo）、塔米人（Thami）的古鲁（guru），还有诸多拉伊人（Rai）的色乐么（seleme）、诺克从（nokcho）和德摩颇（demop），尼泊尔到大吉岭和锡金的边缘地的林布人（Limbu）、雷布查人（Lepcha）的宗教专家亚波（yeba）和比居瓦（bijuwa）。[①]

纳西族祭司的羽毛装饰的帽子在手稿（东巴古籍）记录中有的在顶部有三叉形，有的没有。在尼泊尔地区的许多地方，如塔芒人（Tamang）、夏尔巴人（Sherpa）、马吉（Majhi）和拉伊人（Rai）的村子里，羽毛头饰也有其他的饰品，如豪猪带状头饰，这种头饰将佩戴者和动物世界联系起来。

在纳西族象形文古籍和绘画中被记载的铁质帽子，要么是有着高耸的铁质三叉形的，要么是羽毛装饰的有着顶部三叉形的，邻近的摩梭达巴还有自己独特的垂饰。三叉戟也是单独的一种仪式用具。

萨满的衣服也有多种多样的当地风格，比如外套、披风、斗篷或者裙子和短外衣，这些穿戴主要的功能都是保障祭司举行仪式，其目的是对抗邪恶力量并吓走它们，这也是为什么这些衣服都装饰有可以发出响声的铁片的原因。这些代表着勇士的服饰装饰有野生动物的身体和毛皮。有的萨满巫师还穿戴着盔甲，为的是在与恶灵和魔鬼，甚至是人类敌人的战争中保护他。

萨满活动的好战天性也表现在他们所持有的真正的或象征性的武器中，在许多情况中，如夏尔巴人，他会持着真正的盾直接进入战争中，或者带着

---

① 这段里提到的各个族群的祭司或巫师，为方便读者查找，保留了原文的词汇拼写。——编者注

刀剑、枪和长矛进入战场。甚至纳西东巴在宗教舞蹈中使用的舞蹈刀剑也是真正的武器。弓和箭在许多喜马拉雅萨满的仪式中常被用于做出攻击性的一些动作，如马嘉人、车旁人（Chepang）、古隆人、塔芒人和夏尔巴人的那些作灵魂之战的人们（spirit fighters）①，其所持的就是原尺寸或者是微型的复制品。尾部饰以长叶片，铁器的咯咯响声，围着弯曲线发出咔嗒声响的圆箍，也是武器的一部分。在纳西族，被里补（llú′-bú，纳西巫师）用的，以前的通灵者，就是用声音来威吓，目前羌人的萨满释比（shüpi）祭司也用它来吓跑鬼，召唤迷路的灵魂，当他站在岔路口时把法器插入地下，为病者或死者挡住邪恶的灵魂绑架者。

其他萨满仪式的物品，尤其是三叉戟（ts′à-gyê）和称为 p′ô-bô 仪式匕首②，可以理解为一种象征性的武器。这种三叉戟出现在许多装束上并有许多功能：被羌人、纳西人和本教巫师用在宗教活动中。也被喜马拉雅山地中部地区的萨满用在集体到一座特殊的山顶去朝圣乞求力量之时用为一种礼物；或被用作湿婆神的象征，他是尼泊尔巫医信仰的无所不在的守护神，画在手上和他们的鼓的表面。其他如卡米、塔芒、塔米、马吉（Majhi）、苏瓦尔（Sunwar）人和其他拉伊人（Rai）的巫医都这么做。

仪式匕首普补（phurbu）是一种在藏区被广泛应用的象征性仪式工具，包括佛教徒和本教，在周边的萨满中主要以两种形式出现：一种是作为单独的神秘的物品，一种是有手柄的鼓，通常是单面鼓，出现在喜马拉雅山中部和东部地区的则有两面鼓。在那里这种鼓的手柄也不叫作 phurbu，它被理解为一种仪式性的匕首。

再一种是仪式法杖，通常由木头制成，它分布在东部的摩梭、纳西和羌人中，也是本教的传统，被广泛地雕刻制作，可以被分类为一种象征性的武器，其中一项功能是和对神不利的敌对力量做斗争并征服它。这类法杖也出现在尼泊尔，在马嘉人（Magar）、塔芒人（Tamang）、夏尔巴人（Sherpa）和几热尔人（Jirel）中，那里的这类权杖是一根直立的棍子，底部是铁质的，人们认为它可以捕到和钉住幽灵。此外，其他专门的人员可能是主持仪式的萨满聘来的，一个神秘的罗盘状物可以发现病人丢失的灵魂，然后将其从躲藏处强力地拉出来。纳西人的这种宗教权杖最主要的作用，不是取回一个活人的灵魂，而是用于把失去的灵魂拉过来，向其指引最终的安息地——祖先的家园。这种功能可以在权杖上部雕刻的象征性意义中推论出来，这类

---

① 指那些巫师、祭司等与神灵鬼怪相沟通的宗教专家。——编者注
② 也翻译为"降魔杵"。

雕刻是一座三层的宝塔，象征着三个宇宙的范围，通过这个，死者必须在丧礼中得到法杖的帮助和引导。

通向祖先之地的路线也可以借助另一类物品，那是一条非常长的白布条，用麻布手工制成，30—40厘米宽，6—10米长。这个长条将附在棺材的上部，其开头和尸体平行并朝着东北方向。这个布条被哀悼者放到埋葬地，也就是之前的火葬地。这种布条在这样的场合叫作"恒日皮"（hà′zhî p′ì）[①]，也许被解释为死者必须经历的神灵审判之路。来自多种族群社会的报道也表明了同样的习俗，包括在纳西人附近的摩梭人，更远的如喜马拉雅山脉西部，甚至东南亚。菩提亚人，一个西藏西部普兰县（塔克拉西）和皮拉托加尔（北安尔恰邦）边界的藏—印当地文化，他们有通过一条白布指引村里的逝去者灵魂的风俗，他们把这叫作阿姆鲁嘎拉（am lugara）布。道拉吉利峰地区以北的马嘉人是用一条长白布，当地叫作巴托（bato）之路，来护送他们的逝者从其家园到墓地。这由村子里受人尊敬的人来举行，也会根据逝者的声誉来定，这条白布几乎有一英里长，布由许多的部分组成，来自不同的宗族的捐献。越南西北部的山地部族芒人（Muong）也是一例，在丧礼队伍中用一条白布来作为桥梁或者是道路以指引逝者通向先祖所在的天国。在喜马拉雅山脉的许多社群，为逝者通向先祖之路而唱的宗教咏唱调，这路线恰好指出了通向先祖最早迁徙而来的方向。这种倒转的路表明了，通过一步一步地列出地理名字，表示回归部落起源地。在许多案例中，灵魂回归的方向都是北方或者东北方向，如塔芒人、古鲁人、拉伊人，以及我们知道得最多的纳西人，他们的逝者所走的先祖之路通向四川，接近羌所在地，他们声称先祖来自那里。

除了白色的麻布，纳西族还常用另一种精致的"恒日皮"（hà′zhî p′ì），这是一条很长的画布，画满了许多宇宙世界的场景，死者要穿过的路，从地狱的最底层，通过人类的世界，终止于神的最高领域。这部路程图穿过了世界的所有层级和死者将会遇见的各种障碍，用平行的方式陈列出一段通过一个垂直世界的三个部分的旅程。图像材料呈现了一段混杂着各种文化范围的旅程，有印度的、缅甸的、泰国的，以及中国西藏和中原的要素都融合在一起：热带大象，高海拔地区的动物和植物，来自海怪嘴里的可怕的满是刀剑的树，顶端站着吞食蛇的金翅鸟的天堂之门和许愿树，缅甸人守护神的住所，人类轮回的场所，大善见王之城因陀罗的宫殿，中国文化中的审判官和地方官员，藏人喇嘛，纳西东巴祭司，这幅神路图是不同宇宙的汇集。这

[①] 国内一般译为"神路图"。——编者注

种汇集也出现在纳西族其他形式的绘画中，在宗教仪式占卜图中，在插进圣坛供奉盘子的硬纸板上，在唐卡卷轴中，这显示了藏族艺术明显的影响。

绘画和上色所需要的一种原材料是漆树和松树，把其做成板条，在上面画上魔鬼、蛇精灵和神灵。神话故事也被刻在这种板条上。这种绘画的板条被称为"夸标"（k'ó byù），相当于藏族的 khram shing。那些对（画着）魔鬼的木板条是截短为平顶，其他的则是尖顶的楔形。它们也许被插进水源地的土里，或者是仪式上的水果或者谷粒中。在锡金的雷布查人和索鲁昆布（Solu-Khumbu）的藏人中也发现了相似的板条，藏族前门上的驱逐魔鬼的木板，或者是称为 shing ris，仪式木桩被用来救赎画在它们上的（人物）。有时候，它们被称为护篱板。一些学者曾经解读敦煌和其他考古遗址发现的古代木板，被称为人面版画，作为纳西族木板条画的原型。

对亚洲高地没有文字社会的文化遗产研究，最早的贡献之一就是纳西族象形文字系统。这些符号，明显地、简化地、比喻性地绘画了事物、自然和超自然的存在、天体、地理现象、数字、宗教关系和行为，这些象形文字被创造出来帮助记忆那些巨量的宗教仪式文本，否则是不会被写下来的。它们是研究口头文本的窗户，处于绘画和书写之间。象形文字并不等于完整理念世界的文本。然而它们是精巧的创造，收录了一套当地各种知识和完整复杂的宗教思想的百科全书，这取决于谁能读它们。这些知识被限制于东巴祭司，即那些熟悉这些图片背后的口述文本的人所知晓。

纳西族有许多关于他们的象形文字的起源故事。其中之一，就是所有东巴宗教仪式实践的神话中的创立者，东巴什罗遇到了一位佛教僧侣，名叫米拉，东巴什罗和他有了一次争夺这个国家宗教最高权力的比赛。他们谁能够首先到达在遥远的西边的最高山居那世罗山（Ngyu-na-shi-lo Ngyu），也就是岗仁波齐（Kailash）山的山顶，就可以得到埋藏在那里的所有书籍。而失败者则只能空手而归。什罗半夜就出发了，骑着他的鼓。米拉则在早晨太阳投下第一缕光线时出发。他们几乎同时到达山顶，但米拉仅以一个鼻子长短的距离优势赢了并取走了所有的书籍。愤怒于这个结果，什罗向他的竞争者的书稿掷过去一阵风，吹乱了所有的页数。因为无法阅读，喇嘛向什罗寻求帮助，让这些书页重新恢复顺序。从那天起，藏人就将他们书籍的活页用木头盖子。虽然没有得到书籍，但什罗得到了一个安慰奖：用金子做成的板铃（ds-lèr）和松木制成的鼓（ndâw-k'ò）。当敲起鼓时，他能够吟诵出记忆中的所有章节，而他的对手来辨识这些文字则有巨大的困难。什罗的思维是自由的，他能将发现围绕在他身边的所有事物绘在石头和木头上。这就是为什么他创造的象形文字被称为"斯究鲁究"（ss dgyú lv dgyú），意思是木头与石头的记录，后来他把这些画到了纸上，并将其装订起来。所以，在他的事例中，比赛以最好的绘画结束。

这个关于一个佛教徒和非佛教徒的比赛故事在喜马拉雅山区域流传得非常广泛。我在12个当地社会收集到超过30个以上的版本。萨满版本中的竞争者有时候叫作Naro Bonjung、Tunsuribon，或者直接就叫本波；那个佛教徒可能叫Milarepa、Kalden Sangye、Urghien Pema，或者直接就叫喇嘛。在所有的版本里这都是一场与有组织性的宗教的交锋，通常佛教徒是基于经文和一场当地的宗教实践，萨满教徒则是在自然里并基于口头的传授。并且通常都是前者赢得比赛，而后者失去使用书籍的权利，转而换得一面鼓和巨量的记忆文本。在收集到的所有版本里面，藏族的，包括本教和噶举派，而尼泊尔部落，像那些塔卡里（Thakali）、古隆（Gurung）、格尔（Ghale）、塔芒（Tamang）、车旁（Chepang）、夏尔巴（Sherpa）和塔米（Thami），只有纳西族在失败者失去书籍方面有了替换物，即象形文字文本。

一方面纳西人以半口述半书写的方式完成了象形文字，另一方面这些垄断了阅读的东巴祭司，以绘制书籍的方式被培养，模仿藏传佛教徒那样地按照顺序绘制书籍。他们同样把书页切成长方形（大约10厘米宽，28厘米长）并保持水平方向从左至右。保持竖直版本。用仿制印章装饰，有介绍图案，也有结束页和末页。和西藏版本不同的一点是，活页是缝在左边的。和所有差不多的设计例外的是用来占卜的图片，是竖直编排的，目前我们看到的羌人的占卜画片，是躲过了"文化大革命"时期的破坏而得以幸存。

关于他们的占卜书籍和预言未来的艺术，纳西祭司讲述了起源故事。曾经，在人类早期，孩子生病后无法诊断，于是一只白蝙蝠就骑在金翅鸟的背上飞到天上去向神寻求预言书。靠蝙蝠的机智和辩才，拿到了装在密封盒里的书。因为好奇，蝙蝠在半路上就打开了盒子。一阵风吹过，把书吹向了四个方向。因此，关于预言未来的不同占卜术也失散了，其中，有羊肩胛骨卜、线卜、掷骰子卜、鸡骨卜等，所有的这些掌握在了不同的部落手里。占卜术被一只青蛙吞咽了，这也是为什么它的背面的条纹看起来像书籍的页面。在蝙蝠的要求下，四个猎人用弓箭射杀了这只青蛙。这只垂死的青蛙的身体变成了五种元素：骨头变成铁，尾巴变成了木头，它的血液变成了火，胆汁变成了水，它中间的躯干变成了大地。伸出去的四肢，标示了罗盘状图的四个方向，这九个方面共同构成了青蛙占卜的结果。一根针被扔到画着伸展开的青蛙的图画上，当其停在一点上时，将会给出关于未来的迹象。青蛙占卜被称为巴格（bpâ gkù′），巴的意思是青蛙，那么，语言上类似的，联想到中原的八卦，而青蛙的九个方位之说联想到了九宫，即中原风水的九星占卜图。因此，这个故事有着当地的痕迹和纳西人常见的动物，蝙蝠和青蛙来作为主角，掩盖了实际上中原神谕知识的宇宙体系面目。

其他的占卜术在神话里有所提及，可以在今天的羌族中发现，例如线卜和掷骰子卜、用凹口的牦牛蹄或者是两片竹片的占卜。这些占卜术与中原占卜术也有关，即九宫八卦或阴阳八卦，据说这些占卜术是从道士那里学到的，根据阴阳平衡的原理来进行解释。

除了神话传说之外，许多的假设被提出来解释纳西象形文字的演变。有一种关于东巴象形文字的理论，是说其是由史前岩画发展而来的，这种岩画被发现在长江上游地区，有几千年的历史。然而，真正困难的是如何从考古发现和现实存在的象形文字之间发现细微的关于外形和风格方面的连续性。另外与之有联系的是商朝的甲骨文，但是在两种图文体系之间没有相似性，更不用说时间和空间的距离。我自己的观点是，纳西象形文字的发展需要近处探寻：在传统的纳西绘画当中。直观来看：象形文字被创造出来，排除内部的色彩，单纯地视完整的绘画为超自然的力量符号，至少在文体和美学水平方面有艺术制作方面的连续性。

如果象形文字来自纳西族绘画，而纳西族绘画又源于藏族绘画艺术——尤其是本教传统，那原始的绘画灵感应该到西藏去探寻。传统的纳西文化受到了这个西北邻居最有力的渗透，如同中华文明塑造了当代的景象。但对相关的和有共同的影响方面的公平探寻，则必须与周围的小社会和当地的文化结合起来，如同纳西人在一潭共同要素的池水中确立了自己的身份。纳西传统文化的这种天赋，在许多领域都显而易见，这是吸收了外部的影响继而将其转变为他们自己的特色文化。

这就像音乐一样，一旦主旋律确定了，会有被调整的内容，而整部作品因发生了这样的变化而更为生动。

第三章

纳西族东巴文献保护与发展概述

一 概述

（一）基本情况

纳西族有古文字和新文字，古文字为自源文字，新文字为借源文字。古文字有三种，一为东巴文、二为格巴文、三为玛丽玛莎文。"东巴文"纳西语称"斯究鲁究"（sɚ^{33} tɕə^{55} lv^{33} tɕə^{55}），意为"木石上的记痕"，引申为文字，是一种较为原始的意音文字，学术界称之为"图画象形文字"。东巴文主要用于记写东巴教上用的书，掌握和使用这些文字的主要是纳西族的祭司东巴。清末民初以来，有人用东巴文记账、写地契、写信等应用性文书。方国瑜《纳西象形文字谱》收录东巴文独体字和合体字 2274 字。"格巴文"，纳西语称"哥巴特额"（gə^{21} bɑ^{21} the^{33} ɣɯ^{33}），意为"弟子的文字"，相传哥巴文为东巴教祖师东巴什罗（丁巴什罗）360 个弟子所创，是一种较为原始的音节性文字。方国瑜《纳西象形文字谱》收录格巴文音节 250 个，每个音节有多个符号。纳西语是有声调的语言，而格巴文不标调。格巴文也用于记写东巴经书，但用这种文字写的东巴经书数量极少。东巴文与格巴文产生的年代有待进一步研究。"玛丽玛莎文"流行于云南维西县拉普乡一带纳西族中，民间相传这些纳西人是 200 多年前从木里拉塔地迁来的，起初没有文字，后来从东巴文中选用了部分符号（常用者有 105 个符号）来记录自己的方言。"玛丽玛莎"即"木里摩梭"，是从木里迁来的摩梭人（即麽些）之意。

纳西新文字是借用拉丁字母而创制的借源文字。中华人民共和国成立以后，中央人民政府根据有关民族语文政策和纳西族人民的要求，于 1956 年 6 月开始，由中国科学院少数民族语言调查第三工作队和云南省民族语文指导工作委员会共同对纳西语进行了全面的普查工作，经过调研，选定西部方言为基础方言，以丽江大研镇纳西方言为标准音，加以归纳音系、设计了拉丁字母形式的《纳西文字方案》（草案），并提交1957年3月在昆明召开的云南省少数民族语文科学讨论会，讨论通过了《纳西文字方案》（草案），并报经中央人民政府民族事务委员会批准试验推行。但由于后来的极"左"思想干扰，未能在群众中试验推行。"文化大革命"结束以后，党的民族语文政策得到落实，1981年，相关部门组织专家修订了《纳西文字方案》，并创办纳西文《丽江报》，在丽江纳西族自治县选点试行。编辑出版了数十种纳西语文辅助读物。新纳西文在纳西文化工作者和教育工作者中得到了应用。

东巴教是纳西族全民信仰的原始宗教（近年来又有宗教学者称之为"原生性宗教"）①，这种宗教产生于纳西族初民社会阶段并流传至今。东巴教信仰万物有灵，几千年来，它支配了纳西人的精神世界。东巴教的祭司称"本补"（by^{33}bu^{21}）、"打恒"（da^{33}hɯ^{21}）、"许虽"（çy^{33}sue^{33}）等。依所作仪式不同而称谓各别。另外又把纳西族东巴教祭司称为"东巴"。"东巴"为祭司神"东巴什罗"之简称，后世祭司自以为都是东巴什罗的弟子，民间一般也都叫他们为"东巴"。"东巴"死后，要举行超度东巴什罗仪式。"东巴什罗"与雍仲本教祖师称东巴先饶（或译为敦巴辛饶、辛饶米沃、辛饶米保等，在藏语中写作STon-pa gshen-rab，即"东巴先饶"，又译为"辛饶米保"），东巴什罗与东巴先饶之名其实源于一人。本教在藏地的"本佛之争"失势后于唐朝初年传入纳西族地区。②传说如果可信，那么"东巴"之称不能早过唐。从汉籍资料看，李京于元大德七年（1303）写的《云南志略·诸夷风俗》与徐霞客于明崇祯十二年（1639）写的"滇游日记"都对纳西人的宗教活动有所记述，他们都是亲临丽江，亲眼所见，亲耳所闻的，可惜他们的笔下都未记及对纳西祭司的称谓。清乾隆八年（1743）撰修的《乾隆丽江府志·风俗》则有如下记载："土人亲死，既入棺，夜用土巫名刀巴者，杀牛羊以致祭。"从这条材料看，对纳西祭司"刀巴"（即今所译之"东巴"）之称，不能晚于乾隆八年。"东巴"之称流行后，"本补""打恒""许虽"诸称便隐于东巴经的文本中了。

（二）书写文献

东巴文献现在的人一般称作"东巴经"，"东巴经"纳西语称"东巴特额"（to^{33}ba^{21}the^{33}ɣɯ^{33}），是"东巴的书"的意思。纳西语中无"经"的

---

① 金泽：《宗教人类学导论》，宗教文化出版社2001年版，第103—104页。
② 杨福泉：《东巴教通论》，中华书局2012年版，第十九章"东巴教与本教之关系"。

概念，所谓"东巴经"是学者们对"东巴的书"的称谓。后世有"东巴久"（东巴经）之称，"久"（tɕə²¹）应是汉语"经"的借词。

东巴经用一种民间土法制作的纸用麻线装订而成，纸质坚韧厚重，耐磨，其原料主要是构树皮。这种纸不一定由东巴自制。经书一般长26厘米，宽6厘米，呈长方形，左边装订，而占卜经书一般长宽差距不大，书的上方装订。每页一般横分上、中、下三行，每行若干格，分格的竖隔线有标点断句功能。写经书的笔一般由山竹削制而成，就地取材，简单易得，也有用蒿杆削制的笔。民国时期在丽江宝山地区发现一种铜笔，铜笔所写的东巴经，笔画细而均，但未及广传。书写东巴经用的墨，取松明子油烟，用一种名叫"季古都鲁"的植物根所制的药水调和油烟，便成了"墨"。这种"药水"有两种功用，一是防虫蛀，二是使松烟墨增添光泽和加强附着力。东巴经主要用于东巴教的仪式上，约有1000种，而国内外收藏东巴经多达3万多册。

二 中华人民共和国成立后东巴文献收集整理简述

中华人民共和国的前30年，在纳西族地区，东巴教被指责为"封建迷信，牛鬼蛇神"的东西，遭到了严厉的批判和打击，人们已不再正面谈论东巴。"文化大革命"结束以后，情况没有很快好转，许多基层干部和群众或心有余悸，或对自己民族的传统文化根本不了解。因此整理东巴文献实际上存在一定难度，这是不利的一面。而有利条件也同时存在：一是20世纪五六十年代从民间搜集来收藏在丽江县图书馆的4000多卷东巴经没有在"文化大革命"中被毁掉；二是民间一批年龄六七十岁的老东巴还在世；三是以和万宝为代表的为数不多的几个纳西族精英重返领导岗位和学术前沿，身居要职（和万宝复出后任丽江地区副专员），他们深知东巴文化在人类文化史上的重大价值，深感这一文化已处于濒危之中，如不及时抢救，将有灭迹之灾，他们有一颗民族责任心；四是深知纳西族东巴经、东巴文、东巴教学术研究价值的一些国内顶尖级学者在"文化大革命"中被打成反动学术权威，如今又重返学术前沿，他们是方国瑜、任继愈、傅懋勣、马学良等，他们在20世纪40年代或专门到丽江纳西族地区做过东巴文献研究，或深知其价值。他们的意见、建议可以影响地方官员，基层干部；五是对抢救翻译整理至关重要的一个条件是党中央国务院先后下发了关于整理我国文献的两个重要文件，它们是：中发〔1981〕37号《中共中央关于整理我国文献的指示》，国办发〔1984〕30号《国务院办公厅转发国家民委关于抢救、整理少数民族文献的请示的通知》。这两个文件保证了整理民族文献无政治风险,名正言顺。国发办〔1984〕30号文件指出:"少数民族文献是祖国宝贵文化遗产的一部分,抢救、整理少数民族文献,是一项十分重要的工作。各地、各有关部门要加强这项工作的领导,并在人力、财力、物力方面给予支持。"

和万宝采取的抢救翻译整理纳西东巴文献的措施是在丽江建立机构,招揽翻译研究人才,聘请高水平的东巴来单位工作;对外加强宣传,争取国内外学术权威和各级领导干部的支持。在他的不懈努力下,1981年5月云南省委下发了在丽江成立"云南省社会科学院东巴文化研究室"的文件,研究室的行政级别为正处级单位,云南省社会科学院和丽江行政公署双重领导,研究室主任由和万宝兼任。那时和万宝任云南省委民族工作部副部长。

建立专门机构,意味着这项工作可以持续稳定地进行,这一措施是当时云南省内其他地州都深以为可效法的经验。

东巴文化研究机构正式建立于1981年5月,1982年的春秋两季,云南省社会科学院东巴文化研究室正虚位以待,一批有志于献身传统文化抢救、研究事业的高考恢复后上了大学的纳西族大学生进入了这个单位,研究室一时人才荟萃,先后聘请了10个当时知名度最高的大东巴来研究室工作,协助研究人员翻译东巴文献。

东巴文化研究室成立以后,最为棘手的还是经费问题,为了经费,和万宝先生上下求助,争取社会各界的支持,他请我国著名历史学家方国瑜先生(纳西族)给中国社会科学院世界宗教研究所所长任继愈写信,希望中国社会科学院能够支持东巴文献的翻译整理工作。任先生将方先生的信转送院科研局,经过院领导研究决定支持云南省社会科学院丽江东巴文化研究室开展丽江所藏东巴文献的翻译整理工作。1982年4月,任继愈先生和陈荷夫先生一行亲自到云南丽江东巴文化研究室指导翻译整理东巴文献的工作。并决定由中国社会科学院支持研究室的经费,由世界宗教研究所拨付。不久,支持经费之事转交中国社会科学院民族研究所傅懋勣先生具体操办,傅先生将此事交语言研究室的孙宏开先生具体办理。

为了扩大社会影响,获得社会和广大基层干部的理解和支持,1983年3月29日至4月8日,在丽江召开了"东巴达巴座谈会",来自丽江县(今古城区、玉龙县)、中甸县(今香格里拉市)、宁蒗县、永胜县、维西县等地的东巴、达巴61人,来自北京、昆明等地的学者专家29名参加了会议。因为这个会议由政府出面举办,因此在纳西族地区的基层干部和群众中产生了很大影响,人们进一步知道纳西族的东巴文化不是简单地可以说成"封建迷信"和"牛鬼蛇神",因为来自北京和昆明等地的大学者、大干部都说它很有价值。在那次会议上，我国著名舞蹈家、国际舞协及中国舞协副主席戴爱莲先生还专题做了演讲，肯定了纳西东巴舞在人类舞蹈史上的重大价值。有些在历次政治运动中备受迫害的东巴激动得流下了眼泪。丽江塔城乡署明村的老东巴和顺回去后，在他的村里恢复了每年的祭天活动，并开始传经授徒，自发组织了村子里的东巴文化传承活动，和秀东、杨玉华等一批优秀的青年东巴在他的指导下逐渐成长。

东巴文化研究室于1991年改名为东巴文化研究所，研究所在政府部门和社会各界的支持下，翻译整理东巴文献的工作进展顺利，但由于工作量太大，花了20年时间，才算基本完成。2001年终于以《纳西东巴古籍译注全集》为名，由云南人民出版社出版，抢救性的东巴文献翻译工作告一段落。

三 东巴文献保护及其成绩

（一）文献普查与编目及其《中国少数民族文献总目提要》的编写

1. 文献普查

东巴文献收藏情况比较复杂，难有确数，据最近专家统计有32700多册，其中国内收藏20000多册，国外收藏12700多册。国内：国家图书馆藏3800多册，中央民族大学民族文献办公室藏1600多册，中央民族大学博物馆藏200多册，南京博物馆藏1000多册，台湾故宫博物馆藏1300多册，云南省丽江图书馆藏4000多册[①]，云南省丽江东巴文化博物馆藏1000多册，云南省社会科学院东巴文化研究所藏1000多册，云南省图书馆藏600多册，云南省民族文献办藏200多册，云南省博物馆藏270多册，此外有一部分收藏在民间。值得注意的是，30000多册中雷同者多，不同者仅为1000种左右。

2. 文献编目

东巴文献藏书情况如上，这些藏家的东巴文献或编有目录，或没有。据相关资料获知，南京博物院藏本有李霖灿于20世纪40年代编的目录。北京国家图书馆藏本有周汝诚于20世纪50年代编的目录。丽江县[②]图书馆藏本有20世纪60年代丽江县文化馆编的目录。中央民族大学藏本有2001年东

---

① 丽江县图书馆收藏的东巴经主要是在20世纪60年代收集的。
② 丽江地区已经于2002年12月26日撤地改市，丽江县在2003年分为玉龙纳西族自治县和古城区。

巴文化研究所专家编的目录。云南省图书馆和云南省博物馆藏本有20世纪80年代东巴文化研究所专家编的目录。丽江东巴文化研究院藏本有自编的目录。和志武先生曾发表过《纳西象形文东巴经目录》一文（《世界宗教研究》1984年第1期），分前言、正文、其他东巴书目。前言介绍目录的概要；正文将编者搜于丽江和白地的629册经书依仪式分11类列举，对每类类名和每册书名都标注拼音文字和汉译文。德国（西德）国家图书馆有在20世纪60年代初由洛克（J. F. Rock）和雅纳特（K. L. Janert）合编的德国国家图书馆收藏的《纳西手稿目录》。

3.《中国少数民族古籍总目提要·纳西族卷》的编写工作

1996年，国家民族事务委员会在北京召开了第二次全国少数民族文献工作会议，会议提出了集中力量编纂总目提要的设想。1997年国家民族事务委员会以民办（文宣）字〔1997〕114号文件下发了《关于印发〈中国少数民族文献总目提要〉编写纲要的通知》，对全国少数民族文献总目提要编纂工作进行了全面部署。此时，纳西族文献编目问题也提上了日程。2000年3月，云南省民族文献办在昆明举办了全省少数民族文献编目培训班，"纳西族卷"编写人员都参加了培训。同年8月在丽江召开了"纳西族卷"文献条目审定会议，并落实了编写人员，开始了集中的编纂工作。2001年4月17日至21日，云南省民委文献办在昆明召开了"纳西族卷"编写工作会议。会议总结了上一阶段工作，审定了已编目完成的东巴文献条目，并决定扩大补充条目。会后，云南省民委文献办派遣丽江东巴文化研究所编写人员到中央民族大学、国家图书馆、南京博物院等单位调查了解所收藏东巴文献情况，通过这次调查了解了从内容看，发现95%以上的不同种类的东巴文献已收入"纳西族卷"中，各地所藏文献绝大部分与已收文献大同小异，除少数部分需要做补充外，多数可不作为单独条目处理，但因抄写人员和抄写年代不同，同一内容的不同抄本还有其各自的价值，于是决定将各地所藏东巴文献作为存目处理。

根据《中国少数民族文献总目提要·编写纲要》的要求，"纳西族卷"分甲、乙、丙、丁四编，甲编为"书籍类"，文献条目，以《纳西东巴古籍译注全集》所收897种文献的分类目录及提要为基础，增编了白地、俄亚的一些书目，同时增编了明、清两代纳西人用汉文写的部分文献目录。乙编为"铭刻类"，含砖刻、石刻、木刻。丙编为"文书类"。丁编为"讲唱类"，含神话传说、民间故事、史诗歌谣。

附录部分：①东巴文献存目，含国家图书馆、中央民族大学、南京博物院（部分）、云南省博物馆、云南省图书馆、丽江东巴文化研究所、丽江县图书馆、台湾中央研究院历史语言研究所（部分）收藏东巴文献目录。②书题汉语拼音索引。③新纳西文与汉语拼音方案和国际音标对照表。

此外书中有一部分彩页插图。

《中国少数民族文献总目提要·纳西族卷》于 2003 年 4 月由中国大百科全书出版社出版。编纂到出版历时 3 年。

4. 入选"国家珍贵文献名录"工作

从 2007 年开始，国家启动了评选"国家珍贵文献名录"的工程，2008 年，第一批国家珍贵文献录入，迄今已录四批，录入的东巴文献共有四批。

第一批：《创世记》抄本，国家图书馆藏；《东巴舞谱》抄本，云南省丽江市东巴文化研究院藏；《东巴舞谱》抄本，国家图书馆藏；《白蝙蝠取经记》抄本，云南省丽江市东巴文化研究院藏；《董术战争》抄本，云南省丽江市东巴文化研究院藏。

第二批（2009 年）：《祭拉姆道场·祭茨早吉姆道场尼瓦血湖边迎接拉姆经》，清·和世俊抄本，云南省玉龙纳西族自治县图书馆藏；①《祭家神·烧天香》写本，国家图书馆藏；《占卜请神》写本，中央民族大学图书馆藏；《超度仪式·解除罪过》写本，中央民族大学图书馆藏；《超度仪式·年轻死者之挽歌》写本，中央民族大学图书馆藏。

第三批（2010 年）《延寿道场·镇压仇人经》，清和世俊抄本，云南省玉龙纳西族自治县图书馆藏；《延寿道场·请天神降临经》，清和世俊抄本，云南省玉龙纳西族自治县图书馆藏；《送鼠知敖母经》清抄本，国家图书馆藏；《东巴舞谱》清抄本，中央民族大学少数民族文献研究所藏；《火甜油咒》清抄本，中央民族大学少数民族文献研究所藏；《祭神送理多面偶经》清抄本，国家图书馆藏；《鸡蛋占卜》清抄本，中央民族大学少数民族文献研究所藏；《哥巴文与纳西象形文对照书》清末抄本，中央民族大学少数民族文献研究所藏；《经咒》清末抄本，中央民族大学少数民族文献研究所藏。

第四批（2013 年）《延寿道场·看羊五脏吉凶》清抄本，云南省玉龙纳西族自治县图书馆藏；《延寿道场·祭胜利神献饭》清抄本，云南省玉龙纳西族自治县图书馆藏；《鲁般鲁饶》二册，抄本，国家图书馆藏；《蝙蝠使者求灵经》抄本，国家图书馆藏；《祭萨拉阿巴解口舌经》抄本，国家图书馆藏。

---

① 20 世纪 90 年代以前的东巴经仪式常常翻译为"道场"，现在一般翻译为"仪式"。

5. 东巴文献入选联合国教科文组织的"世界记忆项目"（Memory of the World Programme）①

2003 年在波兰召开的"联合国教科文组织世界记忆工程咨询委员会第六次会议"上，中国申报的纳西族东巴文献（丽江收藏）入选《世界记忆名录》（Memory of the World Programme），成为我国迄今 3 项入选该名录的文化遗产之一。也是迄今为止中国唯一入选这一世界性重要遗产名录的少数民族文献。

四 东巴文献的整理与研究②

（一）文献翻译整理成就

自 1981 年 5 月在丽江正式成立"云南省社会科学院东巴文化研究室"（后改所、院）后，国内外东巴文献的翻译、整理、编目工作，基本上由这个专门机构承担。20 世纪 80 年代后东巴文献的翻译大致可分两个阶段，第一阶段：1981—2001 年，费时 20 年，此间出三类成果，①油印内部出版数十种"四对照"（即原文、记音、对译、意译）文献翻译本，以作内部资料交流。②由云南省少数民族文献整理出版规划办公室编，东巴文化研究室翻译（四对照），云南民族出版社出版《纳西东巴文献译注》三卷。第一卷出版于 1986 年，第二卷出版于 1987 年，第三卷出版于 1989 年，共 10 种东巴文献。③由丽江东巴文化研究所编译，云南人民出版社出版的《纳西东巴古籍译注全集》（四对照翻译）共 100 卷 897 种，2000—2001 年出版，这标志着基本上完成了国内收藏的不同种类东巴文献的解读和刊布。在国际学术界奠定了中国对东巴文献翻译整理的权威地位。《纳西东巴古籍译注全集》在 2001 年获得第五届国家图书奖荣誉奖。

丽江东巴文化研究院近年来承担了国家哲学社会科学基金项目《纳西东巴大词典》，完成云南省社科"九五"课题"纳西族东巴教 29 种仪式资料整理"并作为东巴文献的背景资料出版发行，编撰出版《西南少数民族文字文献》第 12—14 卷（纳西族文献），与中央民族大学合作编撰出版《中国少数民族原始宗教经籍汇编·东巴经卷》，完成并出版云南省社科

---

① 有的媒体译为"世界记忆名录"，"世界记忆遗产"，按照英文原文，应译为"世界记忆项目"。

② 参读杨福泉、李静生《纳西东巴古籍保护与发展报告》，载黄建明、邵古主编《中国少数民族古籍保护与发展报告》（1982—2012），民族出版社 2013 年版，第 308—321 页。

"十五"课题《东巴占卜典籍研究》。

纳西摩梭人的达巴教是和东巴教同源异流的原始宗教形态,达巴教没有书面语文献,主要是口诵经,迄今达巴口诵经翻译整理的主要成果是由摩梭学者拉木·嘎土萨主编的达巴口诵经典翻译《摩梭达巴文化》(云南民族出版社,1999年)。

第二阶段是对美国《哈佛燕京学社藏纳西东巴经书》的翻译,此为中国社会科学院民族学与人类学研究所、丽江市东巴文化研究院,哈佛燕京学社联合所作的项目。此项目始于2008年,至今在进行中,已出版四卷,由中国社会科学出版社出版。第一卷出版于2011年1月,第二卷至第四卷出版于2011年12月,共收77本东巴文献。应该指出的是,这些东巴文献,其内容大致与《纳西东巴古籍译注全集》"100卷"中相应卷目雷同。虽然如此,由于东巴经都是手抄本,它也有各地不同抄本的文献价值。

目前,国内正在研究的与东巴文献研究相关的国家重大项目和重点项目有如下几种:喻遂生教授主持的国家社会科学基金重大项目"纳西东巴文献字释合集";徐小力主持的国家社会科学基金重大项目"世界记忆遗产";东巴经典传承体系数字化国际共享平台建设研究;杨福泉研究员主持的国家社会科学基金重点项目"纳西东巴文献搜集、释读刊布的深度开发研究"。

(二) 研究论著

20世纪80年代以来,国内外对东巴文化和东巴文献的研究不断向纵深拓展,不断有创新之论。此时期,国内有较多论著问世,其中有代表性的著作略述如下。

傅懋勣:《纳西族图画文字〈白蝙蝠取经记〉研究》(上册),日本亚非语言文化研究所1981年、1984年版。方国瑜《纳西象形文字谱》(1981),李霖灿编著、张琨标音、和才读字:《麽些象形文字、表音文字字典》,云南民族出版社2001年出版。国家社会科学重点科研项目《中国原始宗教资料丛编·纳西族卷》(和志武主编、杨福泉副主编),由上海人民出版社和中国社会科学出版社两次出版,该书汇集了大量珍贵的田野调查资料,在国内外学术界受到高度评价;国家社会科学基金项目《东巴教通论》(杨福泉主持)于2010年完成后最终评议获得了"优秀",入选"国家哲学社会科学成果文库",2012年由中华书局出版。云南人民出版社推出了"纳西族东巴文化研究系列",其中包括和志武的《祭风仪式及木牌画谱》、白庚胜的《东巴神话象征论》、杨福泉的《原始生命神与生命观》及白庚胜、杨福泉的《国际东巴文化研究集萃》、戈阿干的《东巴神系与东巴舞谱》

《东巴骨卜研究》、李国文的《东巴文化与纳西哲学》、杨正文的《最后的原始崇拜》等。云南民族出版社推出了《东巴文化研究所论文选集》。1985年和1991年,由郭大烈、杨世光主编的《东巴文化论集》与《东巴文化论》两本论文集由云南人民出版社出版。

社会科学文献出版社出版了白庚胜、和自兴主编的《玉震金声探东巴——国际东巴文化艺术学术研讨会论文集》。木仕华著《东巴教与纳西文化》也由中央民族大学出版社出版。此外还有:王元鹿《汉古文字与纳西东巴文字比较研究》(1988);喻遂生《纳西东巴文化研究丛稿》(巴蜀出版社2003年版);李静生《纳西东巴文字概论》(2009);王世英《纳西东巴占卜典籍研究》(2008);郑飞洲《纳西东巴文字字素研究》(2005);周斌《东巴文异体字研究》(2005);刘悦《纳西东巴文异体字关系论》(2011);黄思贤《纳西东巴文献用字研究》(2010)等。

有的学者对东巴文献与古藏文文献等也进行了一些初步的比较研究。比如杨福泉的《敦煌吐蕃文书〈马匹仪轨作用的起源〉与东巴经〈献冥马〉的比较研究》,首次探讨了东巴文献与敦煌文献之间的联系,此文在中国民族学研究的最高刊物《民族研究》1999年第1期上发表后,引起了国内外学术界的普遍关注,在国内敦煌学研究述要中,把此文作为近年来在敦煌学领域中有创见的新论。[①]

五 东巴文献的学术交流

(一) 国内学术会议

1988年3月25—29日在丽江召开"纳西族东巴语言文字专题学术讨论会"。来自北京、上海、昆明、丽江的40余名专家教授参加了会议。会上我国语言学界老前辈、语言文字学家常竑恩先生和民族语言学家孙宏开先生分别作了题为《纳西东巴文在文字发展史研究中的地位》和《纳西语在藏缅语族中的地位》的学术发言。会议收到18篇学术论文。

1989年10月26—30日,在丽江召开"纳西族原始宗教及社会思想学术讨论会",杨知勇、盖兴之、秦家华、王天佐等省内外学者、教授及丽江学者共70余人参加了讨论会。会议收到40多篇学术论文,会后将这次会议

[①] 杨富学:《近期国内敦煌民族研究的主要成就及存在的问题》,敦煌研究院网站,http://public.dha.ac.cn/Content.aspx?id=054931134086&Page=8&types=1。

的论文编印成集,内部出版,以广宣传。

1990年9月10—28日,为配合第十一届北京亚运会期间的文化宣传队活动,《云南丽江东巴文化展》在北京民族文化宫举办。钱伟长、胡绳为其剪彩。展出期间,在民族宫会议室举办了一次北京社会科学界专家、教授座谈会。前来参加的社会科学院及一些高校的专家、教授对纳西族东巴文化的价值和抢救、研究方面的问题进行了座谈交流。

1990年11月5—8日在丽江召开"纳西族民族史专题学术讨论会",来自昆明、北京、成都、意大利、美国的学者参加了会议,汪宁生、陈宗祥等教授在会上发了言,会议收到40多篇学术论文,会后将这次会议的论文编印成集,内部出版,以广宣传。

此外,在两次于丽江举办的国际东巴文化艺术节暨学术讨论会上,全国各地的学者们提交了一批研究东巴文化(包括文献)的论文。

(二) 国际相关学术会议

1998年,瑞士苏黎世大学民族学博物馆与丽江县博物馆和东巴文化研究所合作,在瑞士苏黎世举办了为期半年、题为"纳西之物、神话、象形文字"的学术展览,随即推出了由奥皮茨(Michael Oppitz)、伊丽莎白·许(Elisabeth Hsu)主编的《纳西、摩梭民族志——亲属制、仪式、象形文字》,内收13篇由美、英、德、法、瑞士、中国12位学者撰写的有关纳西、摩梭人的民族志文章。此书基于丰富的第一手田野调查资料,视角独到,有不少学术新见,既是西方近年来出版的最新一本反映当前国际纳西学界对纳西族和摩梭人研究成果的文化人类学研究专集,也是第一本在西方出版的首次荟萃了中外学者研究纳西、摩梭文化力作的学术著作,该书得到了人类学大师列维-施特劳斯等人的高度赞誉,在欧美民族学界颇有影响,被誉为近年来最有分量的纳西学著作。①

2003年,南斯拉夫驻上海总领事馆的代总领事德拉甘·亚内科维奇(Dragan Janckovic)先生与纳西学者习煜华合作,在南斯拉夫出版了《纳西象形文——塞尔维亚文辞书》一书。②

我们在前文中已讲到,2011年5月13日,美国纽约市鲁宾艺术博物馆(Rubin Museum of Art)举办了为期半年的纳西东巴文化展和国际纳西学学

---

① 此书已经由杨福泉组织翻译成中文,书名为《纳西、摩梭民族志——亲属制、仪式、象形文字》,云南大学出版社2010年版。
② 杨福泉:《德拉甘·亚内科维奇编〈纳西象形文——塞尔维亚文辞书〉序言》,作者博客,http://blog.sina.com.cn/s/blog_ 48a464120100087a.html。

术会议。

附　杰克逊（A. Jackson）统计西方国家东巴经收藏情况一览表[1]

收藏地点	收集时间	收集者	书目（册）
美国国会图书馆 Library of Congress	1924 1927 1930 1940	洛克（J. F. Rock） 洛克（J. F. Rock） 洛克（J. F. Rock） 哈里森（V. Harrison） （得自洛克） 罗斯福（Q. Roosevelt）	78 598 716 573 1073 共 3038
哈佛燕京学院 Harvard-Yenching Institute	? 1945	洛克（J. F. Rock） 罗斯福（Q. Roosevelt）	510 88 共 598
康涅狄格州赫伦梅（哈里森夫人藏本）Heronmere, Conn.（V. Harrison）	1934	洛克（J. F. Rock）	3500 *
其他的私人收藏	? 1945	洛克（J. F. Rock） 罗斯福（Q. Roosevelt）	25 * 700 *
美国收藏总数			7861
德国柏林国家图书馆（Stttsbibliothek）			1118 （+913 复制）
英国曼彻斯特约翰·赖兰图书馆（John Rylands Library）	1961 1916-22	洛克（J. F. Rock） 福雷斯特 G. Forrest	135 17
伦敦印度事务部图书馆（India Office Commonwealth Library, London）	1916	福雷斯特 G. Forrest	91 共 108
大英博物馆（British Museum）	1929-31	怀亚特·史密斯 S. Wyatt-Smith	91
巴黎东方语言学院（L'Ecole des Langues Orientales, Paris）	1929-31	怀亚特·史密斯 S. Wyatt-Smith	25
荷兰莱顿民俗博物馆（Rijksmuseum voor Volkenkunde, Leiden）	1890? 1900?	亨利伯爵 Prince Henri 巴克（J. Bacot）	15
英国曼彻斯特大学博物馆（University Museum, Manchester）	1880	莎尔顿（E. Scharten）	1
欧洲收藏总数			1493 *
欧美收藏总数			9354

---

[1]　此表摘译自［英］Anthony Jackson：*Na-Khi Religion: An Analytical Appraisal of Na-Khi Ritual Texts*（Mouton Publishers, The hague Printed in the Nethrlands）一书第 23 页，Jackson 在表末注明：有 * 标记的指东巴经的实际数目比这里所统计的数量要大得多。据笔者 10 多年来在美、英、法、德、瑞士等国游学时的粗略了解，还有很多私人收藏的东巴经没有计算在内。据丽江东巴文化研究院的统计，国内外目前收藏的东巴经约为 30000 册。

六　结语

我国以经济建设为中心的 30 年过去了，我国各级政府对我国 56 个民族的传统文化已高度重视，这是我们建设民族文化的大好时机。就纳西族东巴文化而言，我们应该充分利用现今条件，一是要进一步搞好东巴文化传承工作，让东巴文化真正传承于民间，活于民间；二是要进一步搞好对这项文化遗产的多角度研究，推出更多有学术深度的成果，以进一步揭示它的重大学术价值。

中篇
专题研究

第一章

与东巴（达巴）文献相关的"纳族群"认同及其变迁[①]

一 研究纳族群多重称谓与认同的学术意义

目前，云南与四川交接地区的纳族群（有学者又称之为纳系族群）有不同的自称：居住在云南省丽江市玉龙纳西族自治县、古城区、维西傈僳族自治县、永胜县，以及四川省木里藏族自治县俄亚、盐源县达住等地的纳族群自称"纳西"（nɑ²¹ ɕi³³）；居住在云南省宁蒗县永宁、翠依，以及四川省盐源县、木里县的雅砻江流域和泸沽湖畔的纳族群自称为"纳"（nɑ¹³）或"纳日"（nɑ²¹ zɯ³³，或音译为"纳汝"）；居住在宁蒗县北渠坝和永胜县獐子旦的纳族群自称"纳恒"（nɑ²¹ xĩ³³）。在上述自称中，以"纳西""纳日""纳罕""纳恒"几种称谓居多，自称"纳西"的人占纳西族总人口的5/6。经国务院批准，除了四川省盐源县、木里县的"纳"被识别为蒙古族之外，其他纳族群在1954年正式定族称为纳西族。"纳"一词有"大""宏伟""浩大""黑""黑森森""黑压压"等意思，"西""日""罕"之意为"人"，上述纳族群的几个本族语称谓事实上都是"纳人"之意。

据民族学家李绍明先生所论，在中华人民共和国成立初期，四川境内的"纳日"人，未经过民族识别，而是沿用纳族群某些上层人士的说法直接被称为"蒙族"或"蒙古族"。虽然20世纪60年代四川省志民族志调查组和四川省民委民族识别工作组分别对"纳日"人进行了民族调查，但一直未进行民族内部的族称协商工作，因此"蒙族"或"蒙古族"这一族称沿用至今。[②]

1960年，四川省志民族志调查组对盐源、木里的"纳日"人进行了调

[①] 本篇作为《东巴文献及其当代释读刊布和创新》的系列研究成果，以《多元因素影响下的纳族群称谓与认同》为题发表于《民族研究》2013年第5期。

[②] 参见李绍明《川滇边境纳日人的族别问题》，《社会科学研究》1983年第3期。

查，撰写了《关于盐源、木里"蒙族"的识别调查小结的报告》，得出的结论为，他称为"摩梭"的"纳日"人，实际上并非"蒙族"而是纳西族的支系，但当时未以合适的手段进行确定，"纳日"人的族称问题也就被搁置了。1979 年，四川省民委派遣工作组对盐源、木里、盐边三县进行实地考察，确认了 1960 年的调查结论是完全正确的。考虑到当时存在族称问题上的意见分歧，四川省民委于 1981 年派遣代表到云南进行协商。当时的最终意见是：第一，两省的民族事务委员会根据国家民委的要求再度进行关于"纳日"人的调查，并在此基础上召集"纳西""纳日""拉惹"支系的代表对族称问题进行协议；第二，协议行使之前，四川省对于"纳西族""蒙族"（"蒙古族"）的族称维持现状。①

由于上述情况的存在，多年以来国内各界，尤其是诸多媒体在对纳族群的称谓使用上出现了诸多不当之处。"摩梭族"等称谓经常见诸报刊；有的则把泸沽湖周围滇川两省的纳人一概称为"蒙古族"而导致读者的误解和当地民众的不满。因此，对这些相关的称谓及认同方式进行正本清源式的研究是非常必要的。本文宗旨并非想对这些经过民族识别而划归某个民族的现实情况进行纠正，不是来论证纳（摩梭）今天应该划归哪个民族，而是想提出另一个问题，即对一个民族的研究，如果仅仅局限在经过民族识别后确定的这个民族本身，而不去对过去与这个民族有千丝万缕的同源关系的其他民族进行比较研究，就很难在诸多相关问题上得出科学的结论，很难对一个民族的深层文化进行科学分析。

无论从社会形态、宗教文化，还是从当代的旅游发展等方面来看，纳族群目前已经受到了社会各界的普遍关注。审视纳人当代的族群称谓与认同及促成其变迁的因素是有意义的，从中可以看到政治、社会情境和文化变迁对一个民族或族群的自我认同和文化认同所带来的各种影响。②

二 纳人（摩梭人）的多重称谓与认同

"认同"的英文词是 identity，汉文也译为"身份"。它的基本内涵是指人们的身份，因此认同主要体现为"我是谁？"或者"我们是谁？"等身份确定问题。这个术语往往用来概括个体的一种特殊性。人们往往通过家庭、

---

① 参见杨士杰等《未识别民族存在的突出问题和对策研究》，国家民委民族问题研究项目打印稿，2009 年。
② 参见杨福泉《"纳木依"与"纳"之族群关系考略》，载《民族研究》2006 年第 3 期。

宗教团体、社区、同行等的认同来构建自己的身份。简言之，"认同"就是某一个体或群体将自己从心理上、精神上、行为上归属于某个特定群体。人有多重身份，群体亦然，因此会导致个人或群体的多元认同，例如家族认同、族群认同、民族认同、国家认同等。在各种社会和文化条件不断变迁的影响之下，这些认同方式有可能会出现新的变化。

在所有的汉文史籍中，"摩梭""麽些""摩挲""磨些"等是对分布在滇、川、藏地区的现在称为"纳西""纳""纳罕""纳日"等所有族群的称呼。如果按照这个历史文献称谓来定义，"纳学"与"摩梭学""麽些学"等的含义是等同的。汉文献所称的"麽些""摩挲"这个族群有60%的人自称纳西，因此，有学者认为，应该"名从其主"，认定其族称为"纳西族"。这也是1954年国务院批准正式确定其族称为"纳西族"的重要原因之一。有关纳族群认祖归宗（比如他们的迁徙路线、送魂路线等）、语言、宗教等方面的诸多研究成果也清楚地表明，这个自称中都有"纳"（na^{21}）这一词根的族群，是同源异流的一个民族。[①] 但是，由于受到历史与现实等多元因素的影响，当代纳族群的称谓与认同出现了多样化的特点。

（一）官方认定的身份

在云南，宁蒗县永宁等地自称"纳"的族群被识别为纳西族支系。直到20世纪80年代，研究纳人（摩梭人）母系制和走婚（走访）习俗的论著都用"纳西族"来称呼他们。后来，在一些纳人干部的一再要求下，云南省人大常委会在1990年4月27日召开的七届十一次会议上通过了《宁蒗彝族自治县自治条例》，将纳人确定为"摩梭人"，允许宁蒗县境内摩梭人的身份证上用"摩梭人"作为本人的民族身份。[②]

全国人大常委会和国务院在对内对外宣传上，迄今一直将纳人（摩梭人）作为纳西族的一个支系来看待。2010年，云南省政府印发了《云南省人民政府办公厅印发省民委关于规范使用民族称谓的意见的通知》（云政办发〔2010〕29号）。文件强调，我国是一个统一的多民族国家，大多数少数民族历史源远流长，社会经济文化发展不平衡，各民族历史、族源、政治制度、民族关系及地理分布等情况相对复杂，有的民族存在拥有多个支系的现象，如彝族有撒尼、阿细、樊人等支系，哈尼族有僾尼、碧约等支系，白族

[①] 参见杨福泉《民族，用历史的眼光解读关于纳西、摩梭与纳族群的思辨》，《中国民族报》2012年9月14日。

[②] 参见杨士杰等《未识别民族存在的突出问题和对策研究》，国家民委民族问题研究项目打印稿，2009年。

有勒墨等支系，瑶族有山瑶等支系，拉祜族有苦聪人等支系，布朗族有克木人、莽人等支系。因此，各地、各部门在工作中要准确把握民族与支系的关系，不能把民族的支系单独作为民族的族称，若特指某个民族的支系时，应规范书写为某族（某人）、某族的某人或某族的某支系。

在四川，同样是自称"纳"或"纳日"的族群，被划为蒙古族，这一族称一直沿用至今。四川盐源、木里县如今对内自称"纳日"、对外自称摩梭人的干部群众，其身份证上的官方认同身份大都是"蒙古族"。由于近年来"摩梭文化"的知名度日益提高，四川省各级政府在举行涉及纳人的重大活动时，现在也普遍采用了摩梭人和摩梭文化的称呼。2012年由四川省民委、四川省社会科学院和凉山彝族自治州联合举办的"摩梭家园暨摩梭文化建设与保护国际学术论坛"即为一例。据纳人（摩梭人）学者拉木·嘎土萨介绍，在云南境内约两万多摩梭人中没有一个人自认是蒙古族；在盐源县内，自认是蒙古族的也只占少数。1991年国家民委曾派民族调查组在那一带进行座谈调查。在四川省盐源县左所举行的一次座谈中，参加会议的38人中（不包括参会的汉族和纳族群之外的其他民族）自认蒙古族的只有1人，其余37人都承认自己是纳人（摩梭人）。

随着纳人（摩梭人）身份认同的日益多元化，在纳人（摩梭人）中出现了三种官方认定的作为身份认同标志的身份证：四川盐源县、木里县等地的纳人（摩梭人）身份证上填写的是蒙古族，户口不在宁蒗县的云南摩梭人身份证上填写的是"纳西族"，户口在宁蒗的摩梭人身份证上填写的是"摩梭人"。这就意味着，即使是同一个家庭的纳人成员，户口不在宁蒗县的，其身份证上的民族身份就是"纳西族"，户口在云南宁蒗县的其民族身份则是"摩梭人"，户口在四川的其民族身份则为"蒙古族"。

（二）学术界对纳族群的称谓

在纳族群学术研究史中，可以看出现代和当代学者对纳族群称谓的多元化理解及与其特定时代相呼应的特点。1927年，"西方纳西学之父"美国学者洛克（J. F. Rock）到丽江考察并长期居留于此。他把纳人归类到"纳西"中，是第一个用丽江纳西人的自称"纳西"来指称纳西人的学者。洛克对永宁纳西人（摩梭人）的称谓进行过考证：永宁纳西人自称"里新"（Hli khin），丽江的纳西人称他们为"吕西"（Lii khi）或"吕堆"（liu ddiuq）（在纳西语中，"吕堆"的意思是"吕人居住的地方"）。洛克把"吕西"归类到纳西中，指出"永宁主要是纳西人的一个分支聚居的区域"。洛克认为古代汉语称这片区域为"楼头"，"楼头"可能就是"吕堆"的音译。永宁当地人则称呼丽江人为"尤古西"（Yu-gv-khi），"尤古西"的意思是"尤古"这个地方的人。他们称丽江是"尤古"（Yu-gu），与丽江纳西人称丽江为"衣古"有些差别。① 永宁纳人称呼丽江纳人为"尤古西"，与丽江纳人称呼永宁纳人为"吕西"一样，都以地名为前缀。"尤古"即"衣古"（i^{33} gv^{33}），在纳西语中均指丽江。

1942年，著名学者李霖灿先生到云南省宁蒗县永宁地区进行民族学田野调查。在他的论文中用了《永宁麽些族的母系社会》这样的标题，把纳人归类到"麽些"之中。当时汉族和纳西族学者对纳西族所用的称谓都是"麽些"。

20世纪60年代，在云南省宁蒗县永宁乡等地进行纳人母系制研究的严汝娴、宋兆麟、詹承绪、王承权、李近春等前辈学者，在他们的论著中用的是"永宁纳西族的母系制"这样的术语。近年来，可能因为"摩梭"的称谓在社会上已经流行起来，上述有的学者也开始改用"摩梭"一词。比如，严汝娴先生和她女儿刘小幸于2012年出版了《摩梭母系制研究》一书。

研究纳族群的当代学人也在使用不同的称谓。蔡华、翁乃群、何撒娜等人用的是"纳（人）"或"纳日"一词，如蔡华基于其博士论文的专著就取名为 Society without Fathers or Husbands: The Na of China（《一个没有父亲没有丈夫的社会：中国的纳人》），遵循了"名从其主"的原则。施传刚等一些学者则用了"摩梭人"的称谓，采用的是纳人对外所用的"摩梭"称谓，主要依据是云南省人大常委会于1990年4月27日在第七届十一次会议上通过并批准的《宁蒗彝族自治县自治条例》。在该条例中，"纳人"被确定为"摩梭人"。

国外学界对纳族群的研究一直是个热点，已经有多种博士论文和相关论著问世。由于上面提到的我国国内对该族群术语使用上的复杂性，也导致了国外学界在纳西、纳、摩梭、麽些等纳族群各种称谓使用上出现了一些混乱。

德国人类学家奥皮茨（Michael Oppitz）教授和瑞士人类学家伊丽莎白·许（Elisabeth Hsu）博士多年来一直从事纳族群研究。奥皮茨于1997年在瑞士苏黎世大学民族学博物馆举办了题为"纳西之物·神话·象形文字"（Naxi Dinge · Mythen · Piktograijime）的学术展览，邀请世界各地从事纳（西）学研究的学者来做系列学术讲座。之后，奥皮茨和伊丽莎白·许

---

① 参见［美］洛克《中国西南古纳西王国》，刘宗岳等译，杨福泉、刘达成审校，云南人民出版社1999年版，第248页。

主编了 Naxi and Moso Ethnography：Kin，Rites，Pictographs 一书，在西方人类学界产生了较大影响。笔者在组织翻译此书时，碰到了一些与纳族群族称相关的问题。首先是本书的书名。编者在书名中用了"Moso"一词。从本书西方学者多篇论文的实际内容来看，这里的"Moso"一词实际上包括了"麽些""摩梭""摩挲"等古代对纳西族的不同称谓，其中以"麽些"（Moso）一词用得最为普遍。"Moso"这个词有时用来指称如今的纳西族全体，即"麽些""摩挲"等，有时则用来专指如今生活在云南宁蒗县永宁乡以及四川盐源等地自称"纳""纳恒"或"纳日"（即目前在中国流行的"摩梭"称谓）的族群。因此，如果按照全书中"Moso"这个词语所涵盖的内容而言，要把"Naxi and Moso Ethnography"的含义翻译得准确，书名就得叫做《纳西、麽些（摩梭）民族志》。这里的"纳西"一词，是经国务院批准于1954年正式确定的纳西族族称；"麽些"是1954年前官方文献对纳西族（包括如今的"摩梭人"）的称谓（中国古代文献中的"麽些"一词，按古音也读作"Moso"），也是1954年纳西人普遍用于证件等的族称；"摩梭"这个称谓，则始于云南省人大常委会于1990年4月27日在第七届十一次会议上通过并批准的《宁蒗彝族自治县自治条例》中将"纳人"确定为"摩梭人"的提法。经笔者和本书主编商讨后达成共识，认为《纳西、麽些（摩梭）民族志》的译法兼顾了"纳西族"（"纳族群"）从历史到现在的称谓变迁。云南省民委有关部门审稿后，觉得"麽些"一词已经是过去的称谓了，要和现在的56个民族的称谓对应起来。而"摩梭"一词，一方面是本书的部分作者用了这个称谓，再者是云南省人大常委会1990年4月27日所批准的正式术语。

综合考虑上述诸方面的因素，该书中文版正式出版时使用了《纳西、摩梭民族志》这个书名。[①] 由此反映出国外学界对纳族群理解上的混淆，同时也提示我们，对纳族群（摩梭、麽些）称谓和认同的研究，应是中国学界多加关注的重要学术命题。

（三）族内认同方式："我们是纳"

纳人（摩梭人）在族群内的普遍自我认同是"纳"或"纳日"，其意是"纳人"。1999年至2000年，笔者在纳人（摩梭人）聚居的云南省宁蒗县永宁乡进行田野调查，发现族群内的认同称谓一般都是"纳"。

[①] 参见［德］米歇尔·奥皮茨、［瑞士］伊丽莎白·许主编《纳西、摩梭民族志——亲属制、仪式、象形文字》，刘永青、骆洪等译，杨福泉审校，云南大学出版社2010年版，第403—406页。

在调查中，笔者看到这样一个现象：有的纳人（摩梭人）用汉语在向外人包括游客介绍本民族文化习俗时，用的是"我们摩梭"这样的表达方式，其原因明显是因为旅游市场上"摩梭"已经成为一个广为外界知晓的族称，外地人大多知道"摩梭"而不一定知道"纳"。在纳人自己族群内部，纳人相互间则以"纳"来认同。笔者听见很多当地村民这样问陪笔者去调研的纳人学者和干部："他是'纳'（人）吗？" 2000 年和 2012 年笔者在四川盐源县和木里县纳人（摩梭人）聚居的一些村落调查时，当地"摩梭人"（官方认定其族别为蒙古族）都自我认同是"纳"或"纳日"，他们说的"日"（zŋ^{33}），与纳西的"西"（xi^{33}）、"纳恒"的"恒"（xĩ^{33}）一样，是"人"的意思。

2000 年，笔者在四川凉山州木里县利加嘴村调研，该村村民绝大多数都是"纳"人，因上文所述的原因，其族称被划为蒙古族，但他们族群内的自我认同则都是"纳"，他们与来自云南永宁的纳人都以"纳"这一称谓相互认同。2012 年 8 月，笔者在四川省盐源县泸沽湖镇几个村里考察，问了几个不同年龄的人，包括老人和男女青年。他们说，村子里大家用本民族语言相互认同的是"纳"，即他们自我认同为纳人；而用汉语向游客等外地人讲解本民族文化习俗时，他们用"我们是摩梭人"这个说法，不说"我们是蒙古族"，尽管官方认定其族称是"蒙古族"。在上述的四川和云南纳人村落中，一般都不用"摩梭"来作为族群内的相互认同称谓。

因为各种历史和现实的原因，四川的纳族群形成了认同上的多元性：一方面，要认同官方在民族识别后将他们识别为"蒙古族"的身份，要过蒙古族民族节日，派人去内蒙古学习蒙古族语言文字等；另一方面，他们以"我们是纳"来表达族内认同；对外方面，则日益突出自己的"摩梭本位"，突出"摩梭文化特色"，强调"摩梭人"的身份，在文化、学术和旅游市场要突出各种摩梭人的公共文化习俗。就笔者所见的盐源县对外宣传的泸沽湖景区资料上，都只字不提"蒙古族文化"，而全都用"摩梭文化"。

"纳"这一族裔身份认同，首先是基于如格尔茨（Geertz）所说的一种与生俱来的，主要植根于族裔文化并在"社会化过程"中建立起根基性情感联系的认同。[①] "纳"是纳族群的自称，其中含有强烈的"原生情感"。在纳族群中，无论是丽江的"纳西"，香格里拉县三坝乡的"纳罕"（nɑ^{21}hæ^{33}），还是宁蒗永宁的"纳"，都常常会以"我们纳若纳美（咪）"来表

---

① 参见黎相宜、周敏《抵御性族裔身份认同——美国洛杉矶海南籍越南华人的田野调查与分析》，载《民族研究》2013 年第 1 期。

达强烈的认同意识,其意为"我们纳族的男人和女人们"。说这话时,本身就带有群体自我认同的强烈情感色彩(常常要加上"我们"这样的词以加强认同意识)。

四川的纳人(纳日)在汉语的语境里,对游客等宣称"我们是摩梭人"也经历了一个漫长的过程。据笔者 2012 年在四川的调查及对纳人干部、学者的访谈,四川省木里县等地纳人的一些领导干部至今都不认同"摩梭"这个称谓,认为摩梭人这个称谓是带有贬义的,认为纳人不应该接受。据调查,过去,本地有时发生纳人与其他民族的民事纠纷,当事的他族人会以"烂摩梭"来辱骂摩梭人一方。其实"摩梭"这个词本身是没有贬义的,只是后来"摩梭"一词被他族用来作为对纳人一种贬损的称呼,久而久之,部分摩梭人至今都认为"摩梭"是对本族群的贬称。自己被他族称为"纳",自己的文化被他族称为"纳文化",对上述纳人而言,则愿意接受,这证明其实在"纳人"内部,对"摩梭"一词的认同还是存在分歧的。

无独有偶,在 20 世纪 50 年代,在纳西人正式被识别为纳西族这个族称之前,丽江纳西人大多填写自己的民族身份是"麽些"。在后来的民族识别中,有不少纳西人认为这个称谓是他族对纳西人的贬称,其中原因也与有的汉文献记载麽些为"獏些""獏梭"等有关。在他们看来,应该按照"名从主人"的原则,放弃"麽些"称谓而将纳西作为纳西人的族称。

上述纳族群民众不喜欢"摩梭"或"麽些"的称呼,认为这是个带有贬义的称谓,这种现象并非孤立的案例。过去如果人们称彝族为"倮倮",会被彝族人认为是一种贬称,而引起彝族人的反感。刘尧汉先生、卢央先生论证了"罗罗"(倮倮)其实是彝语"拉"的变音,"拉"即虎,彝族崇拜虎,自称为虎之后裔,所以才称"罗罗"("倮倮")。① 后来,由于历代中央封建王朝中有轻视少数民族的官员,汉文史书记载"倮倮"时,在"果"旁用反犬旁,久而久之,本来源于本民族自称的术语也就变异为一种对彝族的贬称和蔑称。过去苗族被有些民族贬称为"苗子",其实此词从词义本身看也说不上有多少贬义,不过如上所述,因为被一些民族用为带有贬斥性的称呼,久而久之,苗族人士也逐渐受到影响,所以不喜欢这个本无贬损之意的称谓。丽江古城(大研镇)的一些妇女过去在骂别人时会用"鲁鲁"($lv^{55}\ lv^{33}$)等词,鲁鲁是大多散居在山区的纳西族一个支系的自称,因为生产生活水平滞后于丽江坝区的纳西族,于是在本民族内有时也会出现这种以"鲁鲁"来贬称对方的情况。这说明,如果外界在长时期使用本无褒贬含义

---

① 参见陈久金、卢央、刘尧汉《彝族天文学史》,云南人民出版社 1984 年版,第 7 页。

的族群称谓的过程之中赋予其贬称、蔑称的含义，那么这种称谓会给该族群带来难以抹掉的不良影响。"摩梭"、"摩挲"或"麽些"是汉文献中对如今纳人族群的统称，而四川的部分摩梭人至今认为"摩梭"是对自己的贬称。丽江纳西族在20世纪50年代初也有不少人认为"麽些"有贬称自己的含义，也是这个道理。

纳人对本族族称的多元认同现象也反映了一个事实，即族称除了民族识别中的国家建构①之外，各民族也在不同的情境下自我建构着自己的族称，族群内部的认同以本族语境中的自称为主，对外则以一种在族群所在的国家最具有社会知名度的他称来自我认同，"摩梭"一词的使用即是这样。在国家的政治事务和民族身份认同中，则以国家认定的身份来自我认同。在云南的纳西族中，也出现了族内认同的称谓有丽江的"纳西"（$na^{21}\ ci^{33}$）、香格里拉县三坝乡的"纳罕"（$na^{21}\ hæ^{33}$）、丽江的"鲁鲁"、丽江宁蒗等地的"阮可"（$z\mathscr{I}^{33}\ kho^{33}$，又音译为"阮卡"）等，而他们对外正式的族称认同则是根据国家在民族识别中正式确定的族称"纳西"。

（四）对外宣称的认同方式："我们是摩梭人"

除了与本族的历史、语言、宗教信仰和地域分布等多种因素相关之外，族群认同也与社会和时代的变迁及由此带来的族群切身利益的变化密切相关。在当代社会的发展与变迁中，"民族成分"与族群自身的切身利益发生了密切联系，这就进一步强化了纳人（摩梭人）多种认同的趋势。

"我们是摩梭人"这一点特别突出地表现在20世纪90年代以来旅游业在这些地区蓬勃发展起来之后。在云南促成这一认同的还有一个因素，即上面所述的1990年宁蒗县人大会上通过了《宁蒗彝族自治县自治条例》，其中将"纳人"确定为"摩梭人"。

随着纳人（摩梭人）母系制和"走婚"（走访）习俗广泛地受到学界和旅游市场的关注之后，来研究、调查、探秘、观光、猎奇等的各种人士和群体纷至沓来。泸沽湖云南境内周边的纳人（摩梭人），因为被外界宣传和自我对外（非对内）认同为摩梭人时间较早，书籍、杂志、电视、报纸等对摩梭习俗文化的宣传力度大，所以慕名而来的游客很多，每天热热闹闹，民众从旅游获益日多。而四川一边则相对显得有些清寂冷落。笔者多次在永宁调研，发现其中的一个重要原因在于，很多游客一听说泸沽湖那边是

---

① 有学者认为，有些族称是民族识别中国家建构的一种代表性产物。例如，彝族称谓是20世纪50年代进行民族识别后，由国家确定的对于诺苏、聂苏、撒尼等复杂自称的族群的族称。

"蒙古族"而不是摩梭人,便不感兴趣了。笔者在 2000 年和以后的几次田野调查中曾在宁蒗县永宁乡问过一些游客,问他们是否打算去泸沽湖对面四川境内的摩梭人地区去旅游。他们回答说:"据我们了解,对面居住的是蒙古族呀,我们看蒙古族可以以后去内蒙古的大草原看,不用来这里看的。"

于是,四川境内被划归到蒙古族的纳人(摩梭人)也就逐渐加大了对外宣称"我们是摩梭人"的宣传力度,成立了"盐源县摩梭文化研究会"等民间组织,一些作为"蒙古族摩梭人"的本土文化人撰写了一系列宣传介绍四川摩梭人文化习俗的书籍(如《未解之谜:最后的母系部落》《摩梭史话》《摩梭女王》等)。其中最为人瞩目的是官方民族身份划归于蒙古族的摩梭人杨二车娜姆,她成功推出了几部展示自己生活阅历的书籍(这些书籍中有的还被翻译成外文),树立了自己独闯天下、行走世界的摩梭女的形象,可以说她是目前网络和各种媒体知名度最高的摩梭人。这些自传性的书之所以畅销,主要卖点是摩梭人的母系制、"走婚"习俗及个人的一些相关生活经历。

如今,随着摩梭文化知名度的不断提升和摩梭人聚居区旅游的繁荣发展,在四川省盐源县泸沽湖镇和云南省宁蒗县永宁乡等摩梭人聚居地,"我们摩梭人"已经逐渐成为一个本地人对外宣称时颇感自豪的自我认同称谓。这种族名认同上所发生的变化,反映了社会、经济、文化等大环境变迁对族称认同的影响,说明了族称本身的语义虽然未变,但族群对它的接受程度、认同程度可能会随着社会文化的变迁而发生变化。可以说,"我们摩梭"这个对外独用的族裔身份认同,带有"族裔以个体或群体的文化标准对特定情境的策略性反应和理性选择"[①]的认同"情境论"(circumstantialism)意味,是随着旅游业的发展"摩梭"一词提高了其社会知名度后,当地纳人顺应社会情境变化所做出的一种策略性抉择。四川和云南的纳人做出的这种自我选择及展示出的族裔认同,因为带有资源竞争的目的,因而同时具有一定程度的"工具论"(instrumentalism)色彩。

泸沽湖两边的纳人先后成立了"摩梭文化研究会",云南丽江市泸沽湖摩梭文化研究会还创办了"摩梭网",上面登载了摩梭人经济、社会和文化的大量讯息。他们对"摩梭"的认同主要是一种文化认同,突出母系制、"走婚"(走访)等习俗,并由此来构建族群的"公共文化"。

上述滇川两地纳人日益彰显的对外主观认同为"摩梭人"的趋势,是

[①] Jonathan Y. Okamura, "Situational Ethnicity," Ethnic and Racial Studies, Vol. 4, No. 4, 1981.

与旅游市场对"摩梭人"的关注及其带来的实际利益密切相关的,由此可以看到实际利益对族群认同变迁的影响。笔者在滇川藏纳西族地区进行田野调查中,曾注意到这样一种现象:藏区中的某些纳西族社区,其年轻一代的成员逐渐开始说自己是藏族并争取在身份证的民族一项上填写藏族。他们的解释是,生活在藏区,如果是藏族,就可以享受到国家的不少优惠政策。在自己的村子里,他们还是以"我们是纳西人"作为社区的公共认同并参加本民族的各种节庆祭祀活动。这个现象表明,族群认同除了语言、文化等历史因素之外,现实利益的影响力也在不断加大,这和上述所论的当代纳人对"摩梭"的认同是同一个道理。

目前,鉴于国内外对纳人母系制关注度的加深及旅游业在该区域的快速发展,滇川两地都想申报"摩梭母系制文化"作为世界文化遗产,云南省丽江市早就紧锣密鼓地展开将摩梭母系文化申报为"世界文化遗产"的前期工作,已经写出了申报文本,笔者还受委托和联合国教科文组织的人类学家讨论过这个问题。四川一边也在造势,在"世界文化遗产网"上转载了四川省凉山彝族自治州人民政府门户网站文章《盐源泸沽湖摩梭人文化申遗值得关注》。从这个事情上,可以看出云南、四川两地对"摩梭文化"的认同不断在深化,明显超越出了两省官方认定的他们属于"纳西族"或"蒙古族"的族群边界。

(五)历史上纳人上层的族群认同

如前所述,中华人民共和国成立后,四川的纳人被划到蒙古族之中,这主要是听从了一些纳人上层人士说法的结果。元代以来受封的川滇交界泸沽湖地区的纳人土司,为了树立自己的正统和光荣的家族历史,而将其家族认同为元代蒙古军的后裔。四川和云南的纳人土司将自己认同为蒙古后裔之说,正是对这段历史的一种附会。以泸沽湖地区最长最完整的纳人阿氏土司宗谱世系(光绪年间的甲乙两份《永宁土知府承袭宗枝图谱》)来看,从一世祖卜都各吉开始,完全看不出蒙古族的取名方式,历代土司名字均属摩梭人的取名传统。[①]

丽江木氏土司后裔木秀在乾隆四十二年至嘉庆二十一年间撰成的《木氏宦谱世系考》中,自称"始祖"是宋徽宗年间由金沙江浮木而至的西域蒙古人"爷爷","肇基始祖名曰爷爷,宋徽宗年间,到雪山,原西域蒙古人也。初,于昆仑山中结一龛于岩穴,好东典佛教,终日趺坐禅定,忽起一

---

① 参见李绍明《川滇边境纳日人的族则问题》,载《社会科学研究》1983年第3期。

蛟，雷雨交兴之际，乘一大香树浮入金江，流至北澜沧。夷人望而异之，率众远走，遂登岸上，时有白沙羡陶阿古为野人长，见其容貌苍古离奇，验其举止安详镇定，心甚异之，遂以女配焉……"① 这是一个非常晚起的说法。在此之前的"木氏宦谱"各种版本都以唐代的"摩娑叶古年"为始祖，明确指出木氏先祖是土著的纳西族首领，并非蒙古族，这也与《元一统志》《元史》等元明文献的记载相一致。1253年忽必烈率蒙古军南征大理国，在丽江境内奉科渡口"革囊渡江"。统治着以今天丽江古城一带为核心的大片领地的纳西酋长麦良（阿琮阿良），面对蒙古大军压境，审时度势，为免桑梓生灵涂炭，当机立断到渡口迎接忽必烈大军。忽必烈进入纳西族地区后，对当地部落首领先后授以"茶罕章管民官""茶罕章宣慰司"等官职，这是丽江土司土官制度的雏形。麦良家族后裔在明代成为在滇川藏赫赫有名的"木氏土司"。但木氏土司在清嘉庆年之前都没有在族谱上附会自己有蒙古血统。方国瑜先生曾这样分析：清代，蒙古与清甚亲密，木氏自1723年"改土归流"后失势，为拉近与蒙古的关系而故意在家谱中这样附会。方国瑜先生还举了一例以佐证这一观点，他写道："何以木氏肇基始祖，来自蒙古，殊不可解，有以故事，似可作旁证。嘉庆七年，维西傈僳族以恒乍绷为首，起义兵抗清统治。云贵总督觉罗琅玗率兵镇压，至巨甸，见一和姓墓地，古塔（俗称番字塔）周匝刻蒙古文，闻尚有蒙古文刻本，琅玗识之，唤其家族曰：'尔家乃蒙文献，与满族至亲、琅玗待之甚厚。自是此家改姓元，以系蒙文献为荣。'"方国瑜先生指出："此事虽与木氏无涉，惟木氏附会蒙古原籍，希得清统治者之重视，乃作新谱，则可能也。闻永宁阿少云言其家自古是纳西族，但有蒙古族之说，殊不可解。亦因出于附会。此仅地方统治家族之传说，而在盐源左所土千户麽些族，有传说从蒙古迁来，然于史事无可征信也。（丽江木氏土司）明代无蒙古原籍之说，此可为证丽江木氏原籍，蒙古之说，始于嘉庆初年。"② 在清朝满蒙联姻政策下，蒙古族的地位仅次于满族而远高于国内其他民族，蒙古贵族在清代享有经济、政治等多方面的特权，蒙古族在与相邻人群的利益争夺中，多受到清朝地方政府的袒护，木氏土司的附会即源于此。

纳族群土司的这种认同意识，明显有他们在特定历史时期"攀龙附凤"的心理因素在里面，但土司们从来没有将所有他们治理下的纳西人认同为"西域蒙古人"的后裔。众多关于纳西、纳人乃至木氏土司、纳人土司的民

---

① 《木氏宦谱》（影印本），云南省博物馆供稿，云南美术出版社2001年版，第99页。
② 参见方国瑜《云南史料目录概说》，中华书局1984年版，第475页。

族学、人类学和历史学的研究成果，从民族的迁徙历史、宗教、语言、送魂路线中的认祖归宗、家庭结构、亲属称谓、父子连名制等诸多方面论证了纳西、纳等族群的土司和民众与蒙古人没有联系。只是忽必烈1253年南征大理国经过纳人的居住地，有一部分蒙古官兵留在了这些地区，以后融合为纳西和纳的一部分。

笔者在玉龙纳西族自治县境内忽必烈1253年曾"革囊渡江"的奉科乡做田野调查时，也了解到当地流传着本地姓"树"的纳西人的先祖是蒙古将军的故事。相传树姓蒙古先祖曾奉命去打四川，不幸战败，全军覆没，这位将军和一些部下侥幸脱身，流落在奉科生存。后来他投奔了与忽必烈相熟、本地最大的纳西酋长木氏土司，木土司指定他要有个姓，而姓中必须含有一个"木"字。这个蒙古将军左思右想就是想不出，后绝望地靠在一棵树上，无意中摸到树，一下子有了灵感，就以树为姓。在另一支蒙古军渡江的玉龙县石鼓镇、巨甸镇，也流传着一些蒙古军后裔留居本地的传说，反映了忽必烈"革囊渡江"过丽江时有些蒙古军士留在丽江的事实，但因此就说整个纳族群是蒙古后裔是明显的谬误。①

三 结论

因各种因素造成的纳族群认同差异，普遍流行于滇川毗邻地区的纳人族群社会。20世纪60—80年代，把纳人称为纳西族，把纳人的母系制和走婚习俗定义为"纳西族的母系制和母系家庭""纳西族的走婚"等。但是，2000年由四川民族出版社出版的《四川省志·民族志》则如是记载："居住在泸沽湖畔的蒙古族人的婚姻形态比较特殊，这里相当一部分人仍旧实行古老的'阿肖（夏）婚'，即以妇女为主体的母系氏族婚姻。男不娶、女不嫁，子从母居。"② 有的媒体因此称中国有两个民族形成了一个"女儿国"，中国有两个民族保持了"走婚"文化。纳人的本土宗教达巴教，被有的文章说成是四川省泸沽湖边蒙古族的达巴教；也有文章认为云南纳人的达巴教就是"摩梭人的达巴教"；蒙古学的相关信息称，四川蒙古族信仰达巴教。这些完全相同的纳人族群的宗教和民俗文化，就这样被贴上了不同民族的标签。事实上，纳人的母系制和走婚，都被纳人认同，这些反映社会习俗的标志成为是否被认定为"纳西族""摩梭人"的依据。新中国的民族识别，根

---

① 杨福泉：《"元跨革囊"渡口考察记》，《云南日报》2010年5月7日。
② 四川省地方志编纂委员会：《四川省志·民族志》，四川民族出版社2000年版，第203页。

据历史源流、语言、宗教因素，把云南的纳人识别为纳西族。严格来讲，根据如今的纳西族中有自称"纳西"，也有自称"纳""纳日""纳罕"的事实，实际上纳西族更为确切的族称应该是"纳族"，这样更贴近不同地方纳西人自称的原意。

从历史的情况来看，强势族群和主流文化对某个弱势族群的特定称谓使用时的主观褒贬态度，会对这个族群的称谓及其认同带来重要影响。本文中提到有些纳人不喜欢"摩梭"或"麽些"称谓而不以此来表达认同，则属于这个范畴的问题。

从现实的情况来看，当"民族成分"与族群、社区和个人的切身利益密切相关时，就会进一步强化这种"民族身份"。滇川两地"纳西族摩梭人（纳）"和"蒙古族摩梭人（纳）"对外宣称为"摩梭人"、认同"摩梭文化"的力度，也就进一步促成了这种对内、对外不同，随情境而变化的多重民族认同现象。

一个民族或族群的自我认同，受到政治社会制度、社会文化变迁，乃至学术文化界的关注、旅游市场的博弈等诸多因素的影响，会出现多样化的认同现象。一个民族或族群的认同变迁，与其和外界的交流和互动密切相关，也会对当代民族关系、族群关系、族群公共文化的建构和变化产生重要影响。

第 二 章

关于东巴教性质的几点新思考[①]

一 宗教"经典定义"与东巴教的性质

中国是个多民族的国家，各种宗教文化非常丰富。仅仅是按我国学术界传统定义所说的各民族的"原始宗教"，就非常多元化且差异很大。国内学术界一般把纳西族的东巴教划归到"原始宗教"里。笔者参与的国家"七五"规划哲学社会科学重点科研项目"中国原始宗教资料丛编"就是大规模收集整理中国各个民族的原始宗教文献和田野调查资料的一个大项目。纳西族东巴教是《中国原始宗教资料丛编·纳西族卷》[②]中最主要的内容。

关于原始宗教，国外在早期多称为"primitive religion"。当代有称之为"indigenous religion"（原住民宗教、土著宗教、本土宗教）的，笔者1996年曾在美国加州大学戴维斯分校参加了一个研究本土宗教（即国内所说的"原始宗教"）的国际学术会议，会议名称就用了"indigenous religion"这个词。也有将"原始宗教"称为"Shamanism"（巫教、萨满教）等。

任继愈先生主编的《宗教大辞典》这样定义原始宗教："处于初级状态的宗教，存在于尚不具有成为历史的原始社会中，就此意义来说，与史前宗教同，但一般专指近存原始社会之宗教。是研究宗教起源问题和宗教演化史的重要课题之一。……在中国，不少少数民族中仍保存着一些原始宗教残余，是对宗教学研究十分珍贵的社会活化石。"[③]这部辞典的"原始宗教"一词的英译也用了"primitive religion"这个说法。《辞海》（1989年版）中对"原始宗教"的解释如下："人类在原始时代所产生的宗教，约出现于旧

[①] 本篇作为"东巴文献及其当代释读刊布和创新"系列研究成果，以《关于东巴教性质的几点新思考》为题发表于《宗教学研究》2013年第5期。杨福泉：《东巴教在宗教学研究中具有独特价值》，《中国社会科学报》2014年7月14日。

[②] 和志武、杨福泉编：《中国原始宗教资料丛编·纳西族卷》，见《中国原始宗教资料丛编·纳西族卷、羌族卷、独龙族卷、傈僳族卷、怒族卷》，上海人民出版社1993年版，第1—432页。

[③] 任继愈主编：《宗教大辞典》，上海辞书出版社1998年版，第1012页。

石器时代中期氏族社会形成阶段。基本特征：将支配原始人生活的自然力和自然物人格化，变成超自然的神灵，作为崇拜对象。最初是在万物有灵观念基础上形成的精灵崇拜，其主要表现为图腾崇拜，以及随之出现的巫术、自然崇拜、祖先崇拜、灵物崇拜和偶像崇拜等。进入阶级社会后，多神崇拜渐为一神教所取代，但原始宗教仍在一些民族中长期残存，如新中国成立前的一些民族中的'萨满教。"①

关于"原始"（primitive）一词，在20世纪日益被用来同人类社会及其组织和产品相联系，并被人们认为是殖民精神的残余，由此产生了人类学。曾有人认为"原始的"一词，连同其近义语：野蛮、文字前时期、城镇史前期等均意味着：同"高级的"文化相比，这种原始状态的文化处于文化发展前期。当代的人类学则认为这种假设过于简单化，而不愿采纳。此外，早期的作家们常常使用这类词来暗示这些民族在智力方面和道德方面都处于低级状态。某些学者采用"无阅读能力和写作能力的"一词以避免否定评价的含义。然而，由于一种文化在论述另一种文化时所表现的固有的局限性，所有这类用词是否恰当，均尚无定论。②

因为有不少学者认为"原始"这个术语不雅和不恰当，认为它指的是落后的社会，或者是处于进化线上的后进社会。有时人类学家会使用"无文字"这个术语，因为这些社会通常还没有自己的文字记载。然而纳西族的东巴教则是有专门用于书写记录经典的图画象形文字的，而且这种文字已经比较成熟，其读音、意义和形体已开始基本固定，并同纳西语中的具体词语有了大体固定的联系，这使它同原始记事的图画字有着明显的本质区别。而形声和假借的表音符号在纳西象形文字中的大量运用也是与原始记事的图画字相区别的重要标志。

大多数文化从自己的起点上就有宗教文化参与其中，宗教在民族文化的发展过程中有其完善、持续和变化的过程，由此，有学者将原始宗教作为文化现象的持续、变化加以探讨，提出以"原生性宗教"的概念来代替常用的"原始宗教"概念。他们之所以提出"原生性宗教"的概念，而不用一般人所说的"原始宗教"概念，主要是认为"原生性宗教"这一概念更为准确，首先，原生性宗教不是创生的，而是自发产生的，它在历史中或许有非常著名的大巫师，但却没有明确的创教人。其次，人们通常所理解的原始宗教往往在时间上属于史前时代，而原生性传统宗教却可从史前时代延续到

---

① 《辞海》（1989年版），上海辞书出版社1990年版，第171页。
② 《简明不列颠百科全书》（9），中国大百科全书出版社1986年版，第263页。

近现代。再次，原生性宗教不仅仅是作为文献、考古发现的"化石"，还是一种在社会生活各方面发挥作用的活态宗教。最后，一般所说的原始宗教大都存在于无文字社会，而原生性宗教不仅从史前社会延续到文明时代，而且许多民族的原生性宗教还具有成文的经典。"原生性宗教"更强调原始宗教所具有的超越时代、被传承和经受变化的特点。①

上述"原生性宗教"这个概念明显弥补了传统所说的"原始宗教"含义的不足，但如以此具体来看东巴教，依然还有难以涵盖的内容，比如上面说到"原生性宗教"没有明确的传教人，而东巴教中则有相传是传教的祖师丁巴什罗（又音译为"东巴什罗"），他也是所有的东巴教祭司所崇拜的教祖，他是在东巴教受到雍仲本教影响后产生的宗教人物，但在东巴教中已经形成了对"教主丁巴什罗"②的信仰和相关的宏大仪式，并且已经产生了不少关于祖师丁巴什罗事迹的神话故事。由此也可看出一个民族的"原生性宗教"随着社会历史变迁而相应产生的复杂性。

孟慧英在论述原始宗教时提出，应该说，"原生性宗教"更强调原始宗教所具有的超越时代、被传承和经受变化的特点。原始宗教的确存在着一种文化流动性，我们需要注意原始宗教包括哪些被继续的传统、被改变的传统或再发明的传统，从而全面认识原始宗教的发展过程。但是，"原生性宗教"是否在后来的发展中还能够保持"纯正"，是否能够完全排斥非本土的宗教影响而没有杂生运动，仍旧是需要注意的问题③。

孟慧英这里提出的一个观点对于理解原始宗教是很重要的，即"把原始宗教理解为人类宗教的初始形式，认为应在原始文化的历史形态范围内观察它的存在和演变；原始宗教在人类文化生活中提供了互动和沟通的媒介，因此需要在文化历史的发展过程中探讨它的角色、地位和价值；原始宗教不仅是宗教发生史或宗教概念的问题，也是文化原型问题，因此有必要解释原始宗教与各种不同时代文化群体的需求结合在一起的经验事实。在这样的理解中，原始宗教就是一种历史的、文化的和意义的存在"④。

吕大吉先生在《宗教学通论新编》的第二章中，论述了"原始社会的氏族—部落宗教"，他在恩格斯的宗教发展观的基础上，提出了如下观点："宗教发展的历史性分类"，认为"全部人类宗教作为一个整体看，是从原

---

① 金泽：《宗教人类学导论》，宗教文化出版社2001年版，第103—104页。
② 在纳西语言文字中，没有与"教主"和"祖师"所对应的词汇，但丁巴什罗在东巴教中确实是类似"教主"和"祖师"这样的人物。
③ 孟慧英：《再论原始宗教》，《民族研究》2008年第2期。
④ 同上。

始社会的氏族—部落宗教发展为古代阶级社会的民族—国家宗教,以及又发展为世界性宗教"①。这里所指的"氏族—部落宗教"明确指原始社会时期的宗教形态,在纳西族东巴教中,有不少"氏族—部落宗教"的内容,它无疑是从原始社会时期发展而来的。但如果我们忽视这种发轫于原始社会的宗教在后来不同的社会发展阶段所发生的种种复杂变化,而仅仅以"原始宗教"来理解东巴教,也就会产生我们在上文中所叙述到的那些难以自圆其说的问题。值得我们认真研究的是东巴教这种生发于"氏族—部落时期"的宗教,在后来所发生的种种变迁,能对宗教发展的历程和规律等说明一些什么问题。

笔者认为,随着各民族的社会生活的变迁和文化的交融而发生在宗教信仰领域里的变迁,是我们研究少数民族本土宗教应该特别注意的一个问题,如果仅仅用过去的一些"经典定义"来看待各民族的本土宗教的内涵,而忽略了它在历史社会发展中的变迁,那就有可能对各民族从氏族—部落发展而来的本土宗教的理解发生歧义。我在这里结合纳西族的东巴教,来谈纳西族原始宗教的变迁和源与流的问题,从中管中窥豹,看中国各民族宗教丰富的文化多样性之一斑。

二 东巴教与本教、道教和古羌宗教

在对纳西族东巴教的研究中,国内外都有各种不同的研究焦点,同时也就产生了各种不同的观点。特别在对东巴教的性质问题上,存在着很多明显的分歧和不同的理解。

由于东巴教本身内容的复杂性,对东巴教性质的看法也就产生了种种歧义。有不少学者把东巴教视为纯粹的纳西族本土的传统文化,因此,在研究中就简单地全然从纳西族社会习俗的角度来诠释东巴教的种种文化现象,将东巴教锁定在纳西族这一族群的有限时空范围内来进行狭窄的探究,将东巴教中所反映的一切信仰、鬼神体系都归之于纳西族的原生文化,忽略了东巴教中种种复杂的外来文化因素,其结果是难以透视东巴教的多元文化内涵。

另一种观点则与此相反,有的研究者看到藏族本教文化因素在东巴教中的种种反映,便认为东巴教是本教的一支或"一而二,二而一的变体",如藏学家房建昌先生对东巴教的祖师丁巴什罗(又音译为"东巴什罗")进行了深入研究,探究出他与本教祖师东巴先饶(sTon-pa gshen-rab)"钵

---

① 吕大吉:《宗教学通论新编》,中国社会科学出版社1998年版,第473页。

（本）教创始人东巴先饶与东巴什罗本是一个人"，进而认为"东巴教只不过是钵教在纳西族中的变体，实际上是一而二、二而一的现象"①。

这种观点的弊病在于以东巴教中一些明显受到外来宗教文化影响的内容和现象来推论整个东巴教的性质，而不是全面审慎地剖析东巴教这种民族宗教的整体结构和各种外来和本土文化在其中的整合与汇融的情况，忽略了外来宗教文化因素（包括像东巴什罗这样的宗教人物和仪式、教义等）进入东巴教之后在新的文化语境中所发生的变异。

东巴教中留存了不少反映藏区历史上本佛二教争斗的资料，由于本教与藏传佛教两种文化的杂糅，也使有的学者因片面关注其中的某一宗教现象而下了错误的断语。如董绍禹和雷宏安先生便根据东巴教祖师丁巴什罗曾与喇嘛一起学习经书，东巴教中的神名大量是藏名神，以及东巴教圣地云南省中甸县（今香格里拉县）三坝乡白地摩崖上的纳西族土司木高在明嘉靖甲寅年（1554）的题诗"五百年前一行僧，曾居佛地守弘能"等诗句，提出了"丁巴什罗本身也就是一个喇嘛教徒"，"东巴教是纳西族原始宗教和喇嘛教结合形成的一个教派"的观点。

已有学者考证摩崖所称"五百年前一行僧"并非指东巴什罗，而是指曾来南诏国传教的印度古国摩揭陀（Magadha）国佛教僧人室利达多（又云赞陀崛多），木高的摩崖诗之落款"嘉靖甲寅长江主人题释里达多禅定处"已很明确地表明了所咏之人即"释里达多"②（室利达多）。

将东巴教所尊奉的祖师东巴什罗与"喇嘛教徒"混为一谈是不知本教与东巴教之渊源关系所导致，本书下面的章节中将专章论述东巴教与本教之间的关系，兹不赘述。

关于东巴教与道教之间的关系，是一个需要进行认真探索的命题，目前尚未见到比较深入的研究，但在为数不少的论著中，已经出现一种过于简单地将两者进行推论的倾向。如不少论著常常以道教的"一生二，二生三，三生万物"的宇宙论及阴阳五行的观念与纳西族相类似的宇宙论（如东巴经中常提到的"二生九""九山母体"以及"雌雄五行"观念）作比较研究，多推断为是东巴教受道教影响的结果，有的甚至以明代道教传入丽江纳西族地区的时间来论证东巴教中与道教类似的宇宙生成观念形成的时间以及记载有这些思想的东巴经的形成年代。③

---

① 房建昌：《东巴教创始人丁巴什罗及其生平》，载《思想战线》1988年第2期。
② 和泰华：《白水台摩岩诗辨正引玉》，载《中甸县志通讯》1994年第2期。
③ 董绍禹、雷宏安：《纳西族东巴教调查》，载《云南民族民俗和宗教调查》，云南民族出版社1985年版，第244页。

笔者认为，对这些哲学观念及宗教思想的形成要历史地看待，不能仅凭一些相似的现象就不顾历史背景地推断宗教的相互影响。道教源于中国古代的原始巫教，作为炎黄后裔的诸多民族在原始宗教上有一些相同或相似的哲学思想和宗教观念的现象，有时正反映了华夏传统文化源与流的关系，如原始的阴阳观念起源甚早，它与远古的生殖崇拜观念有密切关系，汉族的五行观念的产生也不晚于夏代。不少民族都有与汉族相类似的阴阳五行观念，但不能因此而一概论为是受道教的影响。纳西族的宇宙论及"雌雄五行"（纳西语称为"精吾瓦徐"）说在其起源和结构功能上有突出的民族特点，受汉族阴阳五行观念影响的部分又是从藏族文化中辗转渗透进来的，因此简单地把它称为受道教的影响是不恰当的。

如果我们历史地看待道教的源流变迁，那么，东巴教和羌戎后裔诸民族的原始宗教倒不失为探索早期原始道教渊源的参考资料。中国著名学者向达"疑心张道陵在鹤鸣山学道，所学的道即是氐、羌族的宗教信仰，以此为中心思想，而缘饰以《老子》之五千文。因为天师道思想皆源出于氐、羌族，所以李雄、苻坚、姚苌以及南诏、大理才能靡然从风，受之不疑"①。闻一多先生在其《道教的精神》一文中指出："我常疑心这哲学或玄学的道家思想必有一个前身，而这个前身很可能是某种富有神秘思想的原始宗教，或更具体地讲，一种巫教。这种宗教，在基本性质上恐怕与后来的道教无多大差别，虽则在形式上与组织上尽可截然不同。这个不知名的古代宗教，我们可暂称为古道教，因之自东汉以来的道教即可称为新道教。我以为与其说新道教是堕落了的道家，不如说它是古道教的复活。""这种古道教如果真正存在的话，我疑心它原是中国古代西方某民族的宗教。"② 道教研究专家卿希泰教授认为："道教是在西南少数民族'鬼教'中注入了"道"的精华，加以改造而成，贬称'鬼道'。"③

由此看来，纳西族是古羌人后裔，其传统宗教中有一些与道教相似的观念，有可能是肇源于古羌人、氐人的古代原始道教。不能简单地把这些文化因子理解为明代道教传入后在东巴教中的反映。

从其文化内涵看，纳西族的东巴教明显是一种具有多元宗教因素的民族宗教，在它的历史发展过程中，由单纯的自然宗教形态逐渐融汇百川，最终成为一种具有多元文化特质的宗教，只有梳理清楚它的源与流、它在历史进

---

① 向达：《长安史略论》，参见其《唐代长安与西域文明》，三联书店1957年版，第175页。
② 《闻一多全集》第一册，三联书店1982年版，第143页。
③ 张桥贵：《道教与中国少数民族关系研究》序言，四川大学出版社1998年版，第1页。

程中的发展变异，我们才有可能对它有正确的认识。

纳西族的民间巫术与东巴教有密不可分的关系，纳西民间巫术的代表是巫师桑尼（sæ^{33} ɳi^{21}，或称"桑帕"sæ^{33} pha^{21}），桑尼与东巴一样自称"吕波"（lɯ^{33} bu^{21}），其古称为"帕"（pha^{21}），一切卜卦的主持者都是巫师"帕"。"帕"在古代多为女性，后来才逐渐由男性取而代之。桑尼（桑帕）为"神授"，与东巴的家庭传承不同。桑尼（桑帕）除有"灵魂附体""捞油锅""咬红犁铧"等一系列巫术仪式外，还一直沿袭了司占卜的古规。东巴教源于远古的原始巫术（巫教），即国外通常所说的Shamanism（萨满教），与以桑尼为代表的纳西巫术文化有密切的关系，因此，东巴教保留了大量的巫术巫技，很多高明的东巴集祭司巫师于一身，不仅博通东巴象形文经书和祭祀仪式，而且善于以捞油锅、咬红犁铧等巫术镇鬼驱怪；东巴还有"杀魂""打魂""放鬼替"等黑巫术。

任何一个民族在分化发展为一个独立的族体之前，其整个意识形态总是与其脱胎母体有着千丝万缕的联系，因此，探索东巴教之源，我们就必须深入纳西族肇源之母体——古羌人的宗教里去。纳西族源于古羌人部落，这一点已为国内外许多学者从历史学、考古学、地理学、语言学诸方面认真考证确认。[①]

笔者曾对纳西族与羌人宗教进行过初步的比较研究，认为初步可以从以下几方面探究古羌人宗教中的东巴教之源。一是对共有的重要仪式进行比较研究，如祭天同时是东巴教和羌人最重要的仪式，纳西族以"纳西是祭天的人"进行自我认同，祭天也是纳西族民间最大的传统节日。羌人也历来以祭天为重，此俗一直保留到现代的羌族中。再一个是共同的图腾祖先崇拜，如纳西族和羌族都曾有猴图腾崇拜的宗教意识，两族民间都有将猴认同为祖先的神话传说，在东巴教祭仪、语言文字中也可以看出猴祖崇拜的种种痕迹。同样源于古羌人的藏、彝、傈僳、拉祜、哈尼诸族也都有猴图腾崇拜的宗教意识，说明猴祖崇拜是古羌人部落一种普遍的图腾文化现象。

此外，从羌人和纳西人对一些神性动物的共同崇拜意识中，也可以追溯东巴教与古羌信仰之关系，如羊在羌人和纳西人文化中都是一种神性动物，相传纳西族民族保护神三多的属相是羊，纳西人的神山玉龙雪山也相传属羊，而"羌"之本义即与羊有关，有的史籍记载古羌人信仰羊神。对老虎

[①] 纳西人源于羌人说，主要著作可参看方国瑜《麽些民族考》，载《民族学研究集刊》1944年第4期；[美]洛克（J. F. Rock）：《中国西南古纳西王国》，刘宗岳等译，杨福泉、刘达成审校，云南美术出版社1999年版；杨福泉：《纳西族与藏族历史关系研究》，民族出版社2005年版。（作者：这里指参看上述几种著作，不必标出页码。）

的崇拜意识也是羌人和纳西人共同的宗教现象。① 另外，崇白忌黑也是纳西文化与古羌文化一脉相承的一种文化现象。在古羌人宗教、民俗和纳西族东巴经和各地纳西族的民俗中，都有大量以白为善、以黑为恶的反映。②

东巴教是以纳西族的传统文化为主干，又吸收了多种文化因素而形成的一种独特的原始宗教形态，它与藏族的本土宗教本教有着特别密切的关系。但需要特别指出的是，东巴教与本教并非是"一而二，二而一"的同一种宗教，东巴教与本教的相同因素首先源于纳西先民活动于西藏东北部和青海黄河、湟水流域时其原始宗教与古代本教的相互影响，也源于公元7世纪后期本教——雍仲本教的影响。在后期本教的影响下，本教祖师东巴先饶经东巴的改造，演变成东巴教祖师东巴什罗。在赤松德赞时期（755—797），西藏扬佛灭本，赤松德赞先活埋了宫廷本教大臣马尚仲巴结，又流放了另一名本教大臣达扎路恭。而后又让佛教大师与本教大师辩论教理之优劣，借机宣布本教是一种谬误之教。他给本教师们三条出路：（1）改宗佛教；（2）放弃本教；（3）流放边地③。很多本教徒逃到纳西族地区，据《西藏本教源流》记载："赤松德赞于公元8世纪灭本时，象雄雄达尔等本教高僧用多头牲畜驮运本教经书来到藏区东部的霍尔和东南部的姜域。"姜（Vjang）④ 域即麽些之地。藏文木刻版《美言宝论》第175页记载："赤松德赞取缔本教时，象雄地区的本教徒热巴金和塔衣布穹等人，带着多部经典，逃至东边和嘉绒地区（即阿坝藏区的农区部分）。"⑤

纳西族原始宗教进一步受到本教的深刻影响。图齐（G. Tucci）等一些国际著名的藏学家认为，由于本教后来受佛教的排挤和影响，其教义融进了大量佛教内容，其原生形态的东西大都已湮没丧失，而东巴教中的很多本教文化因素则保持着原初风貌。

东巴教最初是纳民从早期的巫术文化（巫教）基础上发展而来的一种原始宗教形态，后来融合了以藏族为信仰者主体的本教和"喜马拉雅周边文化带"一些萨满（即巫术、巫教，Shamanism）文化、藏传佛教文化等因素，形成一种以卷帙浩繁的象形文字经典为载体、有繁复的仪式体系而独具特色的古代宗教形态。虽然东巴教文化内容纷繁复杂，但其处于氏族—部落

---

① 杨福泉：《纳西族与藏族历史关系研究》，民族出版社2005年版，第40—60页。
② 杨福泉：《纳西族东巴经中的"黑""白"观念探讨》，载《世界宗教研究》1986年第2期；杨福泉：《再论纳西族的"黑""白"观念》，载《西南民族大学学报》2009年第8期。
③ 参看房建昌《东巴教创始人丁巴什罗及其生平》，载《思想战线》1989年第2期。
④ Vjang是"姜"最常见的藏文拉丁文转写，有的中外论著中也用其他的转写法。
⑤ 阿旺：《阿坝藏区钵佛二教考略》，载《西南民族学院学报》1983年第4期。

原始社会时期的那些自然崇拜、图腾崇拜、祖先崇拜、灵物崇拜、鬼魂崇拜等内容仍然是它的主要内容，其中的自然和自然神（或精灵 spirit）崇拜思想非常突出。

佛教和道教文化的不少因素也渗透到了东巴教中，使东巴教对纳西族社会的影响呈现出一种混融着多元文化因素的形态，其中比较典型地表现在东巴教的丧葬仪式上。人死后举行的丧葬和超度仪式是生命的一种过渡仪式和身份转换仪式。纳西族的传统观念认为，人死后通过丧葬和超度的仪式，将回归到祖先之地。但随着纳西族文化与汉藏文化的交融和相互影响的加深，关于生命归宿的观念也随之复杂化和多元化，产生了地狱、人间、天堂和人死后转生的观念，并形成了具体体现这种生命观的系列东巴经《神路图经》和著名的长幅布卷画"神路图"。在丧葬仪式上，东巴铺开"神路图"，据图咏诵《神路图经》，为死者评断通往神地之路，即为他（她）排难解忧，把死者从鬼地的熬煎中解脱超度出来，在人类之地转生为人，或送至神灵之地。但这种生命历程三界观又与回归祖先之地的传统观念杂糅在一起，呈现出纳西本土的生命观和外来生命观交融并存的多元格局。在藏族著名史诗《格萨尔王传》终结篇章《格萨尔地狱救妻》中，也描写了24个不同的惩罚之狱，其中有一些与纳西族《神路图经》中的描写极为相似。如对虐待牛马、杀害野生禽兽、嗜食火烤活牛羊、放火烧山冈、偷杀他人马匹、用盐水害死青蛙、用麝香毒死蛇类等罪人的各种惩罚，以及"耕舌之罚"都很相似；对不守法事行为规范的尼姑僧侣、咒师的惩罚，与"神路图"中所绘"耕舌之罚"和对失职东巴的惩罚极为相似，反映了宗教行为规范在藏人和纳西人心目中的神圣性。

东巴教"神路图"中已有人死后转世的观念，认为人可能在六个不同的领域中转世，这六地通称为"尼瓦六地"，这是受到了佛教"五趣六道"说的影响[①]。东巴教接受了佛教的"三界六道"说，产生了描述生命历程的鸿篇巨制"神路图"，并把它运用于丧葬超度仪式。但有意思的是，这种佛教观念并未能取代本民族传统的生命归宿观，而是形成了一种传统与外来文化因素并存于丧葬文化中的现象。它与纳西族传统的"回归祖地"的生命归宿观并存于东巴教教义中。一方面，东巴在丧仪上铺开"神路图"，咏诵有关地狱、人间、神地的经书，为死者超度灵魂，帮助死者转生于神地；另一方面，又咏诵描述传统送魂路线的东巴经，把死者灵魂送往祖先之地，而且确切地指示亡灵必经的具体路站名。在纳西人心目中，回归祖先之地是根

[①] 参看杨福泉《原始生命神与生命观》，云南人民出版社1995年版，第183—195页。

深蒂固的观念，即使东巴依"神路图"把亡灵送往神地，人们还是认为死者实际上是沿着东巴所指引的送魂路线回归祖地去了。旨在回归祖地的送魂路线与力求转生神地的"神路图"分别代表了传统生命观和受外来文化影响的生命观，而左右人们心理的仍然是传统的"回归祖地"观，"神路图"所展示的生命转生观念并未能进入纳西人的心理深层，即使东巴死后，也要叫他的灵魂沿着祖先迁徙之路回归祖地，这一点比超度其灵魂往18层天或33个神地都还重要。而且有意思的是，东巴教中虽然接受了33个神地的观念，但对它的具体描述则又与经书中描写的祖先之地相同，散发着纳西族独有的浓郁生活气息。

东巴教的"神路图"中还有印度婆罗门教的神祇形象和观念，如长着33颗头的白象和33座神房的神界观，据洛克考证，这实际上源于婆罗门教、印度教所信奉的空界首席大神、雷电神、战神"因陀罗"和他所住的宫殿。但这种内容不见于藏族、蒙古宗教及其他东方宗教的绘画和典籍中[1]，笔者询问过多位藏学家，也说没有在藏传佛教绘画中看到过这个内容。而纳西人与缅甸之间在历史上鲜有文化交流，这是否如洛克所推断的是纳西及缅甸有关民族在迁徙到现在居住地之前就已共同吸收了这种印度文化呢？这都是很值得研究的论题。[2]

三 从几种宗教定义看东巴教的独特性

从中国各个少数民族的宗教形态看，非常复杂和多样化，特别应该指出的是，各民族的原生性宗教随着社会历史所发生的变迁也是很不同的，所以，以"原始宗教"一词来概括他们的原生性宗教甚或本土宗教（indigenous religion），已经不能涵盖其差异和历史性的变迁。因为各民族的"原始宗教"有非常大的差异，有学者曾就学术界直接以"原始宗教"来指称藏族信仰的本教提出过不同的看法，比如孙林在《试论本教的宗教性质及与藏区民间宗教的关系》一文中认为，本教这个名称在7—8世纪形成，在该词汇被用来指称一种宗教之际，它已成为一个有自己的一套系统的宗教，已经不是原始宗教了。作者认为可以用国际学术界常常讨论到的一个词汇——民间宗教来称谓本教，这个词在语义指意的外延性方面比较开放，其

---

[1] ［美］J. F. Rock and Janert（ed）：Na-khi Manuscritps 2 parts, Franz Steiner Verlag GMBH-WIESBADEN, 1965, p.165.

[2] 杨福泉：《魂路》，深圳海天出版社、江西教育出版社2000年版。杨福泉：《从〈神路图〉看藏文化对纳西族东巴教的影响》，载《云南社会科学》2001年第5期。

不仅包容性强，而且相对而言更能反映民间社会中的一些宗教现象的特点①。长期以来，在我国宗教学界，基本上是把凡没有文字、没有宗教组织和制度的宗教都统称为原始宗教，而把汉族民间的各种信仰则称为"民间宗教"。

且让我们从民间宗教的定义来看看东巴教，在《中国大百科全书·宗教卷》和任继愈主编的《宗教大辞典》中，收有"原始宗教""民族宗教"的词条，但都没有"民间宗教"的词条；"百度"里对"民间宗教"词条有如下的介绍：民间宗教（或者称为民间信仰）也有学者称之为民俗宗教（folklore religion）或普化宗教（diffused religion）。一般是指乡土社会中植根于传统文化、经过历史演变并延续至今的有关神明、鬼魂、祖先、圣贤及天象的信仰和崇拜。

国外汉学人类学者对于中国是否存在"民间宗教"这一问题，存在很大的争议。现存的看法主要包括两类：一类不承认民间的信仰、仪式、象征为宗教；另一类认为它们构成一个"民间宗教"（popular/folk religion）。采用古典宗教学分类架构的学者认为，因为民间的信仰没有完整的经典和神统，仪式不表现为教会的聚集性礼拜（congregations），而且象征继承了许多远古的符号，所以不能被当成宗教而与基督教、伊斯兰教、佛教等制度化的宗教相提并论，也不能与中国大传统里的儒、道、释三教等同待之。为了把它们与制度化的宗教区分开来，保守的古典宗教学者主张它们是"多神信仰""万物有灵论""迷信"和"巫术"的总和。著名英国古典人类学家泰勒的《原始文化》（1871）和弗雷泽的《金枝》（1890）两书中，都把中国民间的信仰、仪式、象征等现象与"原始的文化"列为同类②。

美国华裔学者杨庆堃在其宗教社会学名著《中国社会中的宗教：宗教的现代社会功能与历史因素》一书中，提出了两个概念，即制度性的宗教（institutional religion）和分散性的宗教（diffused religion）。他认为，中国的传统宗教在性质上属于一种普化的宗教，这类宗教的特征就是在宗教教义、仪式、行为、组织、信仰心理等层面都与世俗生活乃至个人生计紧密相连，甚至混而为一，与制度化的宗教有很大的区别。而制度化宗教是一类有自身

---

① 孙林：《试论本教的宗教性质及与藏区民间宗教的关系》，载《西藏研究》2006年第4期。法国学者石泰安以及卡尔梅就认为本教在其被当作一种宗教性的名称时，就已经与早期的所谓自然崇拜或原始宗教有所区别了。参见石泰安《敦煌写本中的吐蕃巫教和本教》，耿昇译，载《国外藏学研究译文集》第1辑，西藏人民出版社1994年版，第2页；[法]卡尔梅·桑木旦：《本教教理和历史概论》，向红笳译，原载《东洋文库论丛》第3卷，东洋文库1975年版。

② 王铭铭：《中国民间宗教：国外人类学研究综述》，载《世界宗教研究》1996年第2期。

完整的教义、经典、仪式,以及独立的宗教组织和场所,并有专职的宗教人员进行主持的宗教。杨庆堃认为,在中国社会历史上,尽管宗教始终是非常重要的,但并没有如在欧洲或阿拉伯文化中那样作为一个独立的因素而存在。这是因为中国社会分散性宗教占主导地位,而制度性宗教相对薄弱。"分散性的宗教"概念一方面为中国宗教形式界定了一个符合社会学规范的模式,同时更使那些存在于民间生活中的信仰得以作为中国宗教来被检视。[①]

中国著名人类学家李亦园根据杨庆堃对中国宗教的上述观点,也认为中国民间宗教是一种普化的宗教(他将 diffused religion 译为"普化")而非制度性的宗教,他就中国民间宗教的问题做了如下的阐述。

中国民间宗教具有"普化宗教"(diffused religion)的特性,所谓"普化宗教"又称为"扩散的宗教",亦即其信仰、宗教活动、仪式都与日常生活密切相关,而扩散成为日常生活的一部分,其教义也与日常生活相结合,缺少有系统化的经典,更没有具体组织的教会系统,因此我国的民间信仰在制度上与制度化宗教(institutional religion)颇有不同。所谓制度化的宗教是有系统化的教义和经典、有相当组织的教会或教堂,而其宗教活动与日常生活有相当程度隔离的宗教,我们接触最多的基督教、天主教、回教、佛教以及道教都属于制度化的宗教。我国民间宗教虽然吸收了很多佛教和道教的教义,但是并非佛教,也非道教,也不好说是佛道教的混合。我国民间宗教因为扩散于日常生活中,所以可以包括下列各种不同的仪式范围:(1)祖先崇拜:①牌位崇拜(包括家内崇拜、祠堂崇拜),②坟墓崇拜;(2)神灵崇拜:①自然崇拜,②精灵崇拜;(3)岁时祭祀;(4)农业仪式;(5)占卜风水;(6)符咒法术。李亦园先生继而指出,虽然这些仪式类别实际上都是各不相干,而是分别与生活的不同层面联结在一起,只是基于一种信仰基础,不需要有什么经典;大部分不需要专业者协助,所以也无须固定的组织,因此就不是一种制度化的宗教,只是一种普化存在的宗教信仰[②]。

从李亦园先生的上述定义来看,纳西族的东巴教确实也有民间宗教的性质,它没有固定的宗教组织、寺观庙宇等,它有成系统的仪式架构,且都与日常生活(包括生产生活、人生礼仪等)密切相关;但不同的是它又有与每个仪式相配套并成规模的东巴经(to^{33} ba^{21} $dʑə^{21}$)或称东巴书(to^{33} ba^{21}

---

① 杨庆堃:《中国社会中的宗教:宗教的现代社会功能与历史因素》第十二章,范丽珠译,上海人民出版社 2006 年版,第 268 页。

② 李亦园:《民间宗教仪式之检讨:讨论的架构重点》,载李亦园、庄英章主编《"民间宗教仪式之检讨"研讨会论文集》,中国民族学会编印,1985 年,第 2 页。

the^{33} ɯ^{33}），每个仪式都要严格按照仪式规程经"笃母"（du^{33} mu^{21}）[1]来使用特定的一系列东巴经书，而中国大多数少数民族的"原始宗教"是没有用文字写成的经典的。东巴教没有专门的宗教组织，但有专门的祭司东巴，而这些东巴祭司又与其他制度化宗教的神职人员不同，除了受人所请举行仪式之外，平时都是在家里务农的农夫。

不仅中国各民族的原始宗教有很大的差异，以作为"普化宗教"（diffused religion）的民间宗教的一些定义来衡量东巴教，也可以看出它与汉族的民间宗教的很多不同之处。这其实也反映了中国民间宗教的丰富多样性。因此，如果我们用"原始宗教""民族宗教"或"民间宗教"来指称诸如东巴教这样的宗教形态，就会感觉到其表述难以涵盖其内容的问题。东巴教既具有"氏族—部落宗教"即"原始社会宗教"特征的内容，也有"民间宗教"的内涵，也是一个民族的"本土宗教"（indigenous religion），把它称为"民族宗教"（national religion）也没有错。但它也有自己很多独到的特点，无法用现在的原始宗教、民间宗教等定义来涵盖其复杂性和多样性。

而对"民间宗教"和"民间信仰"的概念，中外学术界也有不同的看法，刘平、冯彦杰在《近年美国有关中国民间宗教的研究》一文中在概述了美国学术界对中国民间宗教的研究情况后指出："在港台学者中往往把民间宗教与民间信仰混为一体。那么，如何区分这两者之间的关系呢？我们认为，民间宗教是指具有一定组织形式的民间教派，中国学术界以前一般称为秘密宗教（或教门），现在也开始改称民间宗教；民间信仰是指存在于民众之中、没有固定组织形式的信仰现象。"[2]

按这个观点，东巴教没有共同的组织，没有"具有一定组织形式的民间教派"，但东巴教祭司东巴们又有不规则的集体活动，比如由一个或几个名声大的东巴组织举行集体的祭祀活动，而且有根据不同的世系群而形成的"祭天派"等。

一些欧美和日本学者还用"民俗宗教"（folk religion）一词来定义上述的"民间宗教"，如日本学者渡边欣雄在他的著作《汉族的民俗宗教》一书中说："汉族宗教的特征，不是道教和佛教，而是民俗宗教。"他在第一章的注释中说："关于民俗宗教，有多种定义，或者说民俗宗教乃是未被制度

---

[1] 洛克（J. F. Rock）将"笃母"译成"index book"（索引书）。
[2] 刘平、冯彦杰：《近年美国有关中国民间宗教的研究》，载《世界宗教文化》2010年第5期。

化并且不依赖文字传统的宗教（Seiwert, 1985），或者说民俗宗教乃是没有宗教职业者（道士、法师等）和不依据教典的宗教（Jordan, 1972）。此外，还有其他一些定义。本书对此也有所涉及，我自己是这样认为的：所谓民俗宗教，乃是沿着人们的生活脉络来编成，并被利用于自己生活之中的宗教，它服务于生活总体的目的。这种宗教的构成要素，比如，国家的制度保障、文字的利用、祭祀对象的由来等，即使发源于正规的宗教，也是被摄取到了人们的生活体系之中。所谓的民俗宗教构成了人们惯例行为和生活信条，而不是基于教祖的教导，也没有教理、教典和教义的规定。其组织不是具有单一宗教目的的团体，而是以家庭、宗族、亲族和地域社会等既存的生活组织为母体才形成的；其信条根据生活禁忌、传说、神话等上述共同体所共有的规范、观念而形成并得到维持。民俗宗教乃是通过上述组织而得以传承和创造的极具地方性和乡土性的宗教。"①

用欧美学者和日本学者所用的"民俗宗教"这个定义的内容来比照东巴教，也可以看出，其中不少内容与东巴教相吻合，但也并不能涵盖东巴教的全部内容，比如东巴教有文字传统，宗教仪式依赖经典。此外，东巴教虽然没有宗教职业者（道士、法师等），但东巴教有不脱离日常农业生产活动按传统进行家庭世袭的祭司东巴。从东巴教乃至藏族的本教、彝族的比摩教的实际情况看，说明了我国各民族宗教形态的多元化和丰富性，不少非制度化的各民族宗教形态相互之间也还有很大的区别，如果仅仅以学术界现有的关于原始宗教、民间宗教、民间信仰、民族宗教、民俗宗教等固定概念来指称这些宗教，都会碰到词不达意、片面而不完整的问题。这说明我们原有的宗教学学术概念，需要根据各民族各种宗教形态来做更认真的钩沉考证、发微阐幽的实证研究，来具体分析其性质和功能，而不是照搬某种概念将其划定在某类现成的"宗教学范畴"中。认真地对中国各民族的各种宗教和信仰习俗进行发微阐幽的研究，是奠定我们对中华民族的宗教和信仰做出准确定义的基本前提。笔者认为，目前中国宗教学界需要对各民族的宗教形态进行更为深入扎实的实证研究，这样的研究积累多了，无疑会极大地丰富中国宗教学的研究，也有利于我们对各种宗教术语做出更为全面和准确的阐释。

曾对纳西族宗教和喜马拉雅地区很多民族的宗教进行过深入研究的德国

---

① ［日］渡边欣雄：《汉族的民俗宗教——社会人类学的研究》，周星译，天津人民出版社1998年版，第3页。作者这里引的（Seiwert, 1985）全书名称为：H. Seiwert, *Volks religion und Nationale Tradition in Taiwan*; *Studien zur Regionalen Religions geschichte Einer Chinesischen Provinz*, Stuttgart, Franz Steiner, 1985。（Jordan, 1972）全书名为：D. K. Jordan, *Gods, Ghosts and Ancestors: Folk Religion in a Taiwanese Village*, California: California University, Press, 1972。

人类学家奥皮茨（M. Oppitz）教授指出，纳西族并不是一个孤立的社会，千百年来，纳西人生活在一个受多种文化影响的十字路口，包括印度、缅甸、藏族、蒙古族和汉族的文化，这些周边拥有伟大的文献古文明的国家和民族对纳西人有深刻的影响，纳西人的文明反映了多元文明转变和转化的一种结果。他们共有的风格和特征反映了他们和或远或近的邻居共同分享的内容。在喜马拉雅区域和西藏高原东部地区，不少族群没有书写文字而只有口述传统。他们的文化处于民族国家的边缘，与那些有组织和书面学说的宗教或意识形态有较大差异。对纳西人的宗教和喜马拉雅区域以及西藏高原东部地区那些无文字民族的宗教，是值得认真地进行比较研究的。[1]

鉴于在东巴教源流问题的探索上有这样艰深而复杂的学术背景，全面地梳理东巴教的源流和各种文化因素，探索它们的来龙去脉，有待于在纳西族地区做更加深入的田野调查，有待于将分散在全世界各地的数万卷东巴文献不断地翻译问世，有待于对纳西族和滇川藏交界地区乃至环喜马拉雅文化带（或如西方学者所说的"喜马拉雅山地区"）各民族的宗教文化进行更深入的研究，有待于对古羌族群文化、藏学（特别是本教）做更深入的研究，在占有大量材料的基础上，将它们与东巴教放在一个大的宗教文化背景下做深入的比较和分析，这样才能不断地得出新的结论。笔者在这里仅仅是对东巴教的本质做一个概述性的研究，用意在于将它作为引玉之砖，以期广泛引起从事纳西学、藏学以及滇川藏交界区域乃至喜马拉雅地区众多从事于各民族文化比较研究的学者的关注。

---

[1] M. Oppitz, Naxi Connections：Lecture Held at the Rubin Museum of Art NY, Naxi conference May 14th 2011.

第三章

东巴口诵经研究

一 东巴教的"还树债"仪式和口诵经

(一)"还树债"观念和相关仪式

纳西族东巴教中所反映的人与自然观的重要内容之一是人对大自然的敬畏之情,除了反映在各种礼俗中外,比较集中的还有一个向自然"欠债"与"还债"的观念。东巴教认为,人们为了自己的生存,使用大自然所拥有的物质,如伐木、割草、摘花、炸石头、淘金、打猎、捕鱼、汲水、取高岩上的野蜂蜜,甚至使用一些树枝和石头等用于祭祀礼仪,都是取自大自然,是欠了大自然的债,如东巴经《超度放牧牦牛、马和绵羊的人·燃灯和迎接畜神》中说:"死者上去时,偿还曾抚育他(她)的树木、流水、山谷、道路、桥梁、田坝、沟渠等的欠债。""你曾去放牧绵羊的牧场上,你曾骑着马跑的地方,用脚踩过的地方,用手折过青枝的地方,用锄挖过土块的地方,扛着利斧砍过柴的地方,用木桶提过水的山谷里,这些地方你都要一一偿还木头和流水的欠债。除此之外,你曾走过的大路小路,跨过的大桥小桥,横穿过的大坝小坝,翻越过的高坡低谷,跨越过的大沟小沟,横穿过的大小森林地带,放牧过的大小牧场、横渡过的黄绿湖海,坐过的高崖低崖,也都一一去偿还他们的欠债。"①

《祭署·把署与猛鬼分开》中有人们给大自然神灵精灵和动物"还债"的叙述:

> 今天,这一家主人,由能干的东巴的手给北方署酋醋孟多居(四尊)财物,偿还黄色的署龙的债。做千千万万的白牦牛、千千万万的

---

① 和云彩释读、和发源翻译,和力民校译:《超度放牧牦牛、马和绵羊的人·燃灯和迎接畜神》,载《纳西东巴古籍译注全集》第67卷,云南人民出版社1999年版,第133—134页。

枣红马，偿还鹿和野牛，偿还熊和野猪，偿还麂子和獐子、野鸡和箐鸡、蛇和蛙。偿还署酋醋孟多居的债，醋孟多居领着好的财物，拿着好的财物，又去住到北方黄色的天、地、沟谷和黄海中。竖翠柏"纳召"，又去看翠柏"纳召"。向福泽树祈福泽，梨树上摘枝白花。今天，这一家主人家，由能干的东巴的手来偿还，给天地中央杂色的署与龙、署酋注纳罗知，千千万万的白牦牛、千千万万的枣红马。偿还鹿和野牛、熊和野猪。偿还麂子獐子、野鸡箐鸡、豹子和老虎。偿还木、石、土。雪山上没有挖墨玉，但偿还墨玉。金沙江里不淘金，但偿还金子。水里不拿鱼但偿还鱼。没有射树上的白鹇鸟，但偿还白鹇鸟。树下没有猎杀獐子，但偿还獐子。给杂色的署与龙满眼满目的财物。署酋注纳罗知领去所有的好财物，拿去所有好财物，杂色的署与龙又去住到天地中央杂色的山岩间、杂色的海子里去。祈求福泽树上的福泽枝，梨子树上摘枝白花。住在天上的署酋纽格敦乌，住在地上的署酋纽莎许罗，住在村寨中的里母，云的里母，高原的里母，肥田的里母，山地的里母，在九棵岩树下、九个岩石下、九条细水下、九棵蕨枝下所住的里母，树上的绿蛇所睡之处、石上青蛙所睡之处的里母。敦署酋住在岩上，尼署酋住在树上，署酋住在水中，刹道酋住在地上。美利达吉海里边、左边的鲁久、麻米朗注山上的署美纳布，住在天上的青龙，住在高原白海螺般的狮子，住在密林中的巨掌红虎，住在岩间的黄猴，住在地上的金龟，住在海里墨玉般的蝌蚪，住在居那若罗山的飞蟒鲁久，所有这些都由能干的东巴的手来偿还财物，署来拿所偿的财物。偿还木、石、偿还水、蛇、蛙。①

在远离丽江古城180多千米的玉龙纳西族自治县塔城乡依陇行政村署明村，对"署"的信仰和东巴教"人与'署'是兄弟"的观念迄今还浓厚地保留在不少村民的意识中。如该村东巴和顺严格规定自己的三个儿子不准参与任何砍树卖钱的行为中，他认为随便超越出自己生活所需地砍树是明目张胆地触犯自然之神"署"，是违犯古规的恶劣行为，以后必然对家庭和子孙后代带来灾难。署明村至今除了保留着祭大自然神"署"的"署古"仪式之外，还比较普遍地保留着另一个东巴教向大自然神灵"谢罪""还债"的小仪式，该仪式叫"子趣软"（dzɚ²¹ tshy⁵⁵ zua²¹），意思是"偿还树木

---

① 和即贵释读、李静生翻译，王世英校译：《祭署·把署与猛鬼分开》，载《纳西东巴古籍译注全集》第6卷。

的债"。

在笔者调查"还树债"仪式的过程中,发现东巴教中的"还债"这个概念有两个层次的意思,一个是"趣软"(tshy^{55} z̦ua^{21}),是"赔偿、偿还"的意思,一般是用实物偿还,在东巴教中,指那些所犯过失较小的那种赔偿、偿还,"还树债"纳西语名"子趣软"(dzɚ^{21} tshy^{55} z̦ua^{21}),即指这个仪式是为那些对大自然有较小过失者而举行。如果所犯的过失大,比如猎杀了野兽、砍伐了大树、烧毁了山林等,就要"朱软"(dzu^{33} z̦ua^{21}),即"还债",指还那种较大的债,那些对大自然侵扰较大的罪孽,被视为应该进行大的"朱软"(还债),要举行"署古"(祭大自然神灵"署")仪式。

"还树债"仪式在以下情况举行,当家庭发生了不顺之事,家庭成员和家畜有病灾,请东巴占卜后,东巴根据求卜者所陈述的情况、身体开始不适的日期等诸多因素,占出其原因是该家庭成员犯了侵扰大自然的"小罪孽",比如,砍了房前屋后所栽种的果树、小树或树枝,开沟理渠时挖掘了所用到的石头、开荒时挖了草皮等。这些行为还是会触怒大自然神"署"或者山神,于是就要请东巴举行这个"子趣软"(dzɚ^{21} tshy^{55} z̦ua^{21})仪式,这个仪式的名字"子趣软"(dzɚ^{21} tshy^{55} z̦ua^{21})的意思是"还树债",其实是以"树"来代表上述那些树木、花果、石块、草皮等自然物。

举行"还树债"仪式,首先要选择一个好日子,一般是与家里人的属相不相冲犯,属龙或蛇属相的日子,这个日子对自然神"署"来讲是吉祥的。然后要找一根有三杈的松树枝,搓12根棉制条缠在树枝上,象征"美利陈尼库"(天地十二属相的年份),用意在于解除因为人的不当行为招致的"厄运"[纳西语称为"库今"(khv^{55} dzi^{33})]。请东巴举行仪式,东巴先在祭树前烧刺柏香火(汉语一般译成"烧天香")、炒面、酒水茶水、蜂蜜等祭物。然后东巴咏诵口诵经《还树债》。2006年笔者在玉龙县塔城乡署明村全程看了东巴和贵华主持的一个"还树债"仪式,该仪式在离他家不远处的一棵树下举行,过程和上述内容差不多。

直到现在,玉龙县鲁甸乡阿时主等不少纳西村寨里,各种有关基于"署"信仰的生态环境禁忌还很多,如称之为"署科"(sv^{21} kho^{33})的泉水中不得用脚去踩,不得洗手洗脏东西,不得用棍棒去鼓捣泉水,不得砍泉水边的树,不得乱挖山石,不得打杀蛇、蛙等。村中的人(特别是小孩)得病,往往都归咎于触犯了这些禁忌。

显然,纳西人把自然视为人一生赖以生存的恩惠之源,是大自然抚育了人类,人的一生欠着大自然的很多债。这些债要通过举行祭祀大自然神灵的仪式来"还债"。从这种敬畏自然、感恩自然的传统思想中,可以领会到为什么纳西人过去盖一幢房子、劈一块石头、砍一棵树，都要举行一个向自然种种精灵告罪的仪式之风俗的意义。从这些现代人看去可能会觉得迂腐的观念和习俗中，反映了纳西先民将大自然的一切都视为像人一样的生命体，因此要尊重它、呵护它，不能过分盘剥它的观念，从这种生态观念中，可以看出纳西先民将自然界万物也视为一种有尊严性的生命体的思想。正是靠了这种将大自然拟人化，将人与自然一视同仁地看待的"生命一体化"观念，纳西人所居住的地域才长期保持了人与自然和谐、生态环境良好的人居环境。①

英国历史学家汤因比（Arnord Joseph Toynbee，1899—1975）指出："宇宙全体，还有其中的万物都有尊严性，它是这种意义上的存在。就是说，自然界的无生物和无机物也都有尊严性。大地、空气、水、岩石、泉、河流、海，这一切都有尊严性。如果人侵犯了它的尊严性，就等于侵犯了我们本身的尊严性。"②

东巴文化中所反映的观念与汤因比的论点，都反映了一种应该尊重和礼敬自然界的主张，从中可以看到这么一种基本的观点：人和宇宙间的万物是平等的，都是宇宙间的一分子，尽管人类自诩为万物的灵长，但人类的生存状态亦取决于大自然界的生态平衡，自然界不依赖于人类，而人类则需要依赖于大自然才能生存。东巴文化中所反映的敬重自然界万物的观念固然产生于古代自然宗教的泛灵信仰，但这种敬畏自然的思想至今仍有它非常积极的意义，人类在任何时候，都要以一种平等的心态对待大自然，特别是要充分意识到人类的生存是依赖于自然界这个道理。东巴文化中人对自然界"欠债"的观念有利于约束人对自然界的开发行为，凝聚着纳西先民从人在自然界的生存经验中总结出的朴素而充满真理性的智慧。

（二）东巴的口诵经

东巴教祭祀仪式系统中除了有与各个仪式相配套成体系的用东巴图画象形文字（斯究鲁究）和音节文字（格巴文）所写的文字经书之外，还有一类"口诵经"，"口诵经"在纳西语中称为"枯使"（khu^{33} ṣʅ^{21}），直译就是"口诵""口述"的意思。比如在丽江市玉龙纳西族自治县的大东、宝山（今属玉龙县）一带的纳西族中，流传着一种在丧葬仪式上唱跳的歌舞形式

---

① 参看杨福泉《略论纳西族的生态伦理观》，载《云南民族大学学报》2008年第1期；杨福泉《丽江纳西族的社区资源管理传统》，载《思想战线》2000年第6期。

② ［英］汤因比、［日］池田大作：《展望二十一世纪》，荀春生等译，国际文化出版公司1984年版，第429页。

"热美蹉"（ze^{21} me^{33} tsho^{33}），东巴用口诵经的形式口耳相传，成为东巴口诵传统的一部分。

相传"热美"是一种精灵，亦雌亦雄，"蹉"意为"跳"和"跳舞"。东巴教中有口诵经"热美蹉"（ze^{21} me^{33} tsho^{33}），大东的著名老东巴和玉才曾经将"热美蹉"口诵经用象形文字写下来。宣科先生根据这个文本，对"热美蹉"做了比较深入的研究。玉龙县鲁甸乡老东巴和云彩先生也能完整地吟诵《热美蹉》全文。宣科先生认为口诵经原也可能是书写的，或早于书写的经书。① 从"热美蹉"的音乐舞蹈形式看，其内容是比较古老的，它以口诵的方式在东巴中流传下来。从很多民族的民间传统看，口诵的传统应该比文字的传统要早。

据玉龙县塔城乡署明村的东巴和秀东解释，"热美蹉"之所以不写成文字经书，是因为它主要是作为民间口头咏诵，要根据丧葬仪式的死者身份（男、女、老人、中年人、年轻人等）的不同而改变唱词，改变舞蹈的步伐、形式等，所以不用象形文字写成固定的经书。

学术界对东巴的口诵经还没有系统地进行过调研，据纳西族学者和继全在香格里拉县三坝乡波湾村的调查，发现有一种东巴经《媳妇祭奠经》，用纸盒书写，是该村东巴和学仁根据口诵经书写的。该经书用于尤支系的丧葬仪式，内容是讲述举行媳妇祭奠的来历等。② 可能也有上述根据死者身份而变更咏诵之词的原因。

笔者在多年的田野调查中，也了解到各地东巴还保持着的一些口诵传统。比如1989年笔者在香格里拉县三坝乡白地行政村了解到当地东巴有一个"祭土王"仪式，这是白地的纳西族目前仍然在举行的仪式之一。这个仪式在起房盖屋后举行。纳西人认为起房动土，冒犯了土王（称为"止欧斯沛"），因此要举行这个仪式慰解（抚慰）土王。仪式在新盖房的大门口举行，用九个米饭团，九片肉，过去，每个月用什么肉都有严格规定，现一般用猪肉。另用一小罐牛（羊）奶，一碗爆米花，一碗净水，一坨盐巴，一头用泥巴捏成的牛，烧一炉柏香，一点水酒、茶水，这些东西都放在一个小圆竹筐中，东西放入前先在里面撒上一层细火塘灰，东巴用筷子在灰上描画一公一母两条龙，然后才把上述供品放进去。东巴坐于供物前，合掌念《祭土王经》（纳西语叫"吐送"），据本地东巴久嘎吉、和志本、和占元讲述，咏诵的是口诵经，其内容是把冥冥中的土王请来。先用杜鹃树枝蘸净

---

① 宣科：《"热差蹉"的来历经之研究》，载《四川音乐学院学报》1990年第4期。
② 和继全：《白地波湾村纳西东巴文调查研究》，博士学位论文，民族出版社2015年版。

水给供品除秽，然后祭献给土王。把奶汁、爆米花等洒放在每一棵柱子底部和房屋基石上，洒放前东巴先用一根粗木棍捶打一下祭处。这过程的意思是给土王施药，求土王的福泽，请土王谅解起房盖屋的这家人，保佑他们。最后，把各种供品放去野外东北方向的高处。

比如，纳西族有传统的"新火塘升火"仪式，这个仪式一般都与盖新房（包括兄弟分家时另盖新房）联系在一起，盖新房过程中最终重要的一项工作就是建正房平台和平台中心火塘。这个平台是家宅的中心，也是家庭日常生活和社会性活动的中心。所祭的是司火与灶的神祇，也包括祖灵等。这类民间的仪式有的请东巴主持，有的请熟谙民俗的长者举行，后者完全就是口诵，其所用的口诵经更多为民间谣谚和民歌的成分，而很少有东巴教的一些教义和神祇，东巴所咏诵的是夹杂着东巴文字经书和"枯使"（口诵经），而东巴的口诵经则会多一些东巴经的教义、故事和神祇的内容。笔者1989年在丽江县塔城乡（今属玉龙县）巴甸村调研，了解到本地请东巴主持"新火塘升火礼"时，东巴也会用祭生命神"素"等的象形文字经书，但也咏诵口诵经，其口诵经就包含了很多民间口诵的内容，比如东巴会歌咏一些传统的祝吉词，有"三个锅庄石是三个姐妹"，"火塘神五兄弟，火塘神五兄妹，告诉我们上火塘煮什么？下火塘煮什么？"等语，可以看出过去纳西人在火塘曾立锅庄石，并有上火塘、下火塘两种，这种上下火塘的结构至今仍可在香格里拉县三坝乡白地村的纳西族和宁蒗县永宁纳人的住宅中看到。

丽江纳西族地区东巴流行使用的主要是用图画象形文字书写的东巴经，口诵经比较少。宁蒗县永宁乡纳人（摩梭人）巫师达巴则没有文字经书，只有口诵经。从达巴口诵经的内容看，其中也有《崇邦绍》，内容和流行于丽江纳西人中的《崇搬绍》（译为《创世记》或《人类迁徙的故事》《人类迁徙的来历》等）很相似，是讲纳人祖先开天辟地的故事。[①] 此外，达巴口诵经中有《动孜》（开坛迎动、生神的经）、《森嗯》（超度妇女经，用于出嫁后在夫家去世的妇女的灵魂超度）、《崇多崇》（祭锅灶，祭家神）、《本祠汝拉日母古》（人与龙王，用于祭祀水神龙神的"金可布"仪式，直译即"祭祀泉眼"）、《软嗯软昌》（用于丧仪的超度·洗马经）、《崇顶吕英英·泽亨金金米》（祭祀天神和祖先，崇顶吕英英·泽亨金金米是东巴经中经常

[①] 周汝诚调查整理，原载周汝诚《永宁见闻录》，载《纳西族社会历史调查》（二），永宁民族出版社1980年版。载和志武主编、杨福泉副主编《中国原始宗教资料丛编·纳西族卷》（丛书总主编：吕大吉、何耀华），上海人民出版社1993年版，第199页。

讲到的纳西族祖先崇仁利恩和衬红褒白咪的异读)①，这些口诵经的名字和内容都与丽江象形文字东巴经非常相似，应该说是同源异流的纳族群②原始宗教口诵和书写传统的不同文本。

(三) 口诵经《还树债》

"还树债"仪式上东巴所咏诵的《还树债》是一部口诵经。笔者专门就这部口诵经询问了从 7 岁起就学习东巴教知识，从小跟着祖父走村串寨举行东巴教仪式，在当今东巴中堪称佼佼者的青年东巴和秀东，他说他跟他祖父、著名东巴和顺学习举行"还树债"这个仪式时，就只有口诵，而没有书写的经文。为什么不写成文字经书，是因为这个仪式只是属于"本若本咪"（$py^{22}\ zo^{33}\ py^{21}\ mi^{55}$），纳西语的意思是"小的比较零碎的仪式"，不是属于一个大仪式。举行这个仪式的原因大都是因为犯了砍伐或折断家屋前后的果树、小树等小罪，所以也没有将它归类到某个大仪式中，比如"署古"（祭大自然神署）这样的大仪式中，由于口诵时，要根据事情的场景和原委进行适当的调整，也就没有写成经书。

由此可见，这些口诵经有的与民歌、民间咏诵词等有密切关系，咏诵时要根据场景和事件变化诵词，灵活性比较大；有的口诵经其中需要即兴发挥和组合的部分也比较多，而写成文字的经书的内容是比较固定和稳定的。

由于《还树债》是口诵经，靠口耳相传，现在能全部记起来的东巴很少了，和秀东因为从小就和他祖父和顺学习过这一口诵经。上文提到，和顺是一个特别重视保护森林的东巴，在村里人乱砍滥伐森林成风的 20 世纪 80 年代，他都严格规定自己的三个儿子不准参与任何砍树卖钱的行为中，而且恪守着每年举行"还树债"仪式的传统，所以和秀东对口诵经《还树债》的内容记得烂熟。

丽江东巴文化研究院长期以来进行了卓有成效的东巴文献的翻译工作，花费 20 多年之力的《纳西东巴古籍译注全集》100 卷（936 册）已经出版，并于 2001 年获第五届国家图书奖荣誉奖。然而也是因为所有的翻译整理都

---

① 和志武主编、杨福泉副主编：《中国原始宗教资料丛编·纳西族卷》（丛书总主编：吕大吉、何耀华），上海人民出版社 1993 年版，第 219—229 页。

② 笔者认为，严格地讲，鉴于如今的纳西族中有自称"纳西"，也有自称"纳""纳日""纳罕"等事实，实际上，纳西族更为确切的族称应该是"纳族"，这样更贴近不同地方纳西人自称的原意，同时也容易被不同的支系所认同。因此，包括摩梭（纳）研究在内的纳西学，按准确的说法应该是"纳学"研究。参见杨福泉《民族，用历史的眼光解读——关于纳西、摩梭与纳族群的思辨》，载《中国民族报》2012 年 9 月 14 日。

集中在对文字写成的经书的抢救翻译上,忽略了对口诵经的翻译整理。东巴除了文字书写传统,也还有口诵的传统,由于忽略了翻译,东巴在举行各种仪式上口诵的部分很少有翻译整理出来的。笔者在2011年立项的国家哲学社会科学基金重点项目题目是《纳西东巴文献搜集、释读刊布的深度开发研究》,鉴于面临今后如何传承东巴文献的问题,笔者感到,口诵经是最容易流失失传的,应该尝试将它录音和记录下来,作为现在的东巴,其实也需要思考如何把口诵经传承给自己的传承人的问题,过去东巴的方式都是师傅要求弟子背诵下来,因为举行仪式的机会多,所以很多东巴能在实践过程中把冗长的口诵经也逐渐背熟。但现在东巴在民间举行仪式的机会毕竟比他们的老师辈要少多了,所以要背那么多口诵部分十分不易,所以随着丽江10多个曾经参与《纳西东巴古籍译注全集》100卷翻译的东巴的全部过世,很多口诵经部分就失传了,这是一个很大的损失。所以笔者认为,现在还记得一些口诵经的东巴,应该把它用文字记录下来,作为以后传给自己的弟子的一宗文化遗产。

笔者记忆犹新,在20世纪80年代,那些从丽江各个山乡请来帮助学者翻译东巴经的老东巴们,由于自1949年以来已经很少用东巴经了,所以当他们重新面对着自己年轻时学过用过的东巴经,很多内容一时想不起来,幸亏有象形文字写的经书,于是他们依据经书慢慢推敲回忆,几个东巴凑在一起反复磋商破译,才逐渐恢复他们记忆里的东巴经详细内容,一本本地译注出了东巴经。当时笔者就觉得文字的记录太重要了,为什么纳西东巴教的那么多仪式、神话和民俗内容能保留下来,在很大程度上是依赖了图画象形文字记录之功。

鉴于上述事实和想法,笔者就请还记得"还树债"口诵经的东巴和秀东用"斯究鲁究"(直译意是"木与石的记录",指东巴图画象形文字)把内容写下来,还是用东巴写东巴经书的习惯,不一定每一个字都写,而是根据传统把他们认为应该写下来的语句写下来。另外,笔者则用国际音标全义记录,并进行录音。笔者把用文字记录东巴口诵经作为本项目试图在"东巴经的长期保存和传承、使用"上所做的一项尝试。很多年前老东巴和玉才将口诵经"热美蹉"用图画象形文字写下来,事实证明这对传承东巴文化以及民间文化与东巴杂糅的文化而言,是非常有利的。

口诵经《还树债》内容概要:[1]

第一部分是讲举行"还树债"仪式,首先举行"烧天香"请神,请天

---

[1] 以下内容根据东巴和秀东用"斯究鲁究"(东巴图画象形文字)所写的《还树债》文本摘引。

上地上的各路神祇到来：

> 古时候，天上布满繁星，有星星的这天吉祥如意；地上长满绿草，绿草茵茵的这天吉祥如意；日从左边出，日出的今日暖洋洋；月从右边出，月出的今夜明亮亮。住在拉萨白脚坡下的藏人，善于卜算年份；请他们卜算出吉祥的年；住在下面放羊曲径下面的白族，善于卜算月份，请他们算出吉祥的月；人类居住的天地中间，纳西人善于卜算日和夜，算出吉祥的日和夜。在有吉祥的星宿日月的这天，这家主人举行"还树债"仪式。尽管他们没有砍树，但还是举行"还树债"仪式。这家主人请来东巴，举行"烧天香"（烧刺柏枝等香祭）祭神仪式。请来天上地上各路大神、保护神，请来各个祭司（本波，py21 by21）神与巫师（帕，pha21）神。

口诵经中还提到请来"本府城隍"，并把他列为"恒底"（大神）类里，请来三多神（纳西民族神，丽江境内和周围的一些白族也信仰）等，向神祇贡献酒茶、祭粮等物。

烧天香请神后，口诵经《还树债》第二部分是讲为什么要举行"还树债"仪式：

> 这家主人，忽然感到身体不宁，神魂不安，白天筋肉痛，夜里筋骨疼。于是请手脚快捷的年轻人去请傈僳人占竹片卜，请久阿地的人占左拉卜，请扭扭人（彝人）占羊髀卜，请鲁鲁人（纳西支系）占鸡骨卜，请藏人占线卜，请90个眼睛敏锐的卜师占卜，卜卦的结果表明主人家的病因就是触犯了大自然神灵，应举行"还树债"仪式。

有意思的是，口诵经《还树债》用为当事的主人家辩护的口吻做如下辩解，而这些辩解的内容在很多"署古"（祭自然神署）的经书中常常是人们所犯的触怒大自然神灵的事。当事的主人家说：

> 虽然我没有砍伐大树小树滥伐森林，没有在高岩上掏取野蜂蜜，没有在雪山上乱挖银矿，没有在金沙江里淘金，没有在天地连接处射鹤与鹰，在老虎跳跃的高峰，我没有猎杀虎与豹，在雪山的悬崖间，我没有猎杀鹿与山驴，在密林里没有猎杀野猪和熊，在高岩上没有猎杀岩羊，没有在荒地湿地里猎杀野猫和狐狸，没有在水塘里猎杀水獭，没有在树

上掏蜂窝，没有开荒挖地，开沟引水，所有这些事都不是我干的。但我还是要根据祭司占卜的结果举行"还树债"仪式。

口诵经《还树债》中，还有一些有趣的内容，咏诵的东巴为当事的主人家开脱触犯大自然的责任，比如说到，那些打猎杀兽、开荒挖石等行为，可能是其他××地方的人干的呢，可能是××族的人干的呢。我虽然没有做这些坏事，但还是请来东巴祭司，举行了"还树债"的仪式，向神祇贡献祭礼。东巴祭司最后说，希望做了"还树债"仪式后，这家主人又身魂平安，不病不痛，流水满潭，长寿足食。① 明显看得出民歌和民间谣谚所具有的那种诙谐幽默、天真的遣词用句风格。

在记录、翻译和整理的过程中，感到《还树债》这部口诵经有如下特点：它的句式表达方式和传统的文字东巴经的表达句式大致相同，以五言诗体为主，夹杂以七言、九言、十一言等奇数句式。

结语

敬畏大自然、崇尚人和自然的和谐关系，是纳西族东巴教的一个主要理念，由此产生了大型的祭司大自然之神"署"的"署古"仪式，还有与这个仪式配套的图画象形文字经书体现。而口诵经《还树债》则是一部游离于"署古"仪式的口诵经，但它的主题和内容也反映了人以诚惶诚恐的一种态度对待自己使用了大自然之物的行为，所以以"子趣软"的仪式和口诵经的方式对大自然之灵进行讨饶似的告解、道歉。这皆源于东巴教"人和大自然是兄弟""人曾经因为过分盘剥大自然这个兄弟而遭到惩罚"的传统观念和信仰。

从东巴教口诵经《还树债》来看，多年来，学术界忽略了对东巴教的口诵经的记录、翻译整理和研究，应该重视。东巴教的口诵经没有被记录为文字，多与所举行的仪式的性质、灵活机变、即兴增删歌咏之词等特征密切有关。所以也形成了它与民间歌谣、民间祭词等有密切联系的特点，比如《热美蹉》口诵经在这方面的特征就很明显，除了东巴，民间老人会歌咏的比较多。通过对东巴教口诵经的翻译整理研究，可以深入探讨口诵经与书写经之间的关系，可以对永宁纳人的达巴口诵经与东巴书写经、口诵经之间进行比较研究。

---

① 上述口诵经《还树债》的内容依据东巴和秀东书写和咏诵、解说的文本。

二 东巴教神幛画"开眼"仪式及其口诵经[①]

(一) 东巴教的神轴画和"开幛眼"仪式

东巴教的仪式包括了一整套宗教绘画体系,包括在用植物自制的东巴纸上所绘的纸牌画、尖头和平头的木牌画,还有就是本文要讲到的卷轴画。

卷轴画指画在麻布卷轴上的各种神像画,东巴举行仪式时挂在临时设置的神坛正上方,每一仪式都有相应的神像卷轴画,卷轴画有长卷、多幅和独幅多种,纳西语称布卷画(即卷轴画)叫"普劳幛"(phu^{33} la^{21} $tsæ^{33}$),"普劳"(phu^{33} la^{21})意为"神"、菩萨,"幛"看来是汉语"幛"的变音。这种布卷画又译为"神轴画"或卷轴画,如按纳西语"普劳幛"的原意,可以把它翻译为"神幛画"。

东巴教的多数神像卷轴是在元明之际发展起来的。神幛画早期以麻布居多,后期的一些用土白布绘制。我也见过用绘在纸上的东巴教卷轴画。神幛画的制作程序是:先经过用鹅卵石磨平、刷浆、涂粉等工序,用炭条起稿,然后涂以颜料(早期用矿物质制作的颜料,后来也用现代绘画颜料),再拿毛笔墨线勾勒。每幅神幛画主要画一尊神祇,其中有东巴教三尊"最大之神"萨英瓦登、依古阿格和恒迪窝盘,东巴教祖师东巴什罗,九头护法神恒依根空,镇压殉情鬼的四头神卡冉,镇压无头鬼(凶死鬼)的神明东巴辽久敬究,狮子头护法神优麻,鹰头护法神多格,帮助平息人与自然神争端的神鸟"修曲"(大鹏鸟),以及畜神、谷神、药神等。卷轴画上主神的周遭绘着与其相关的神界和其他神祇、祭司、灵禽异兽以及各种东巴教的吉祥符号。

神幛画中还有一些装饰性的动物画卷,如卫护东巴教仪式之门和神门的红虎和白牦牛、二龙抱珠等。这些神兽画挂在东巴教仪式神坛的前方,表示由它们守护着神坛。

神幛画在形式上受到藏传佛教"唐卡"画的影响,不少神祇绘如藏传佛教神佛那样坐于莲花座上,头部背后有圆形光环。色彩艳丽多变,有的还勾勒以金线银线,使画面显得富丽。人物造型趋于准确,细腻的笔法随处可

[①] 本篇作为"东巴文献及其当代释读刊布和创新"系列研究成果,以《东巴教神幛画"开眼"仪式及其口诵经》为题发表于《云南社会科学》2013年第6期。

见，特别是晚期的卷轴画精工细描，构图紧凑，造型严谨，色调明丽，技巧十分娴熟。画面讲究对称、均衡，给人以优美的审美愉悦。

神幛画虽受"唐卡"画风影响，但二者仍有重大区别。东巴传统的粗犷古拙画风与后者的细致工笔画风有机地融汇一起，精细的描绘中不时浪荡着自然飞扬的笔法，一看就与富丽精工、纤巧细腻的"唐卡"画迥然有别。特别在较早的神幛画中，东巴画那单纯明快、粗犷拙稚、重在写意的画风更为明显。一些东巴教神跣足散发，衣帻飘飞，狂态毕现，放任情性之风溢出画面，毫无那些凝神合掌、端坐莲台的神祇的拘束之状。一些飞禽走兽笔法细致，造型逼真；一些则快笔勾勒，看似比例不均，但自有一种生动传神的气韵。

从东巴教神幛画中不仅可以看出东巴画发展的艺术轨迹，而且也可以窥见东巴教神灵观念在藏传佛教的影响下变异发展的迹象。在前述木牌画、竹笔画与纸牌画中，所绘神灵形象大多质朴自然，衣饰神态都具有人的浓郁气息。而在神幛画中，很多神的形象渐渐落入方面垂耳、盘腿打坐的藏传佛教神像模式，有的保护神绘得狰狞可畏，有使人可望而不可即之感，失却了早期东巴绘画中神人一体的原始气息。这些都反映了本教和藏传佛教神灵观对东巴教的影响。但传统粗犷画风与"唐卡"画精细画风的有机结合则又使东巴画形成一种新的风格，即粗细有致、疏密相间，原始宗教的山野蛮荒气息与藏传佛教典雅细腻、远离红尘的神气氛围交互相融，使东巴神幛画透出一种独特的艺术气质。

纳西东巴教的神幛画与藏传佛教的唐卡卷轴画使用的不同之处是，东巴仅在举行仪式时把布卷神幛画挂出来，仪式结束后就收起来，平时在家里不张挂。而藏传佛教的唐卡卷轴画则是平时都挂在寺庙殿堂或家庭的经堂里进行供养。东巴对此的解释是，东巴不像藏传佛教的僧人那样有时间，每天在寺庙里打坐修行，有足够时间每天给唐卡神像画上供、诵经和祭拜，东巴则是不脱产的宗教祭司，每天都要干农活，所以只是在举行仪式时才挂神轴画，仪式做完后就立即收起来，这是规矩。

东巴教有一种称之为"幛缪扩"（$zæ^{33}$ mie^{21} kho^{55}）的仪式，"缪扩"是"睁开眼睛"的仪式，这句话直译就是"开幛（画）之眼"，专门给新绘的神幛画举行，与佛教和道教的"开光"仪式有些类似。

据有的学者研究，"开光"作为一种宗教仪式，最初来自道教，是道教的仪式之一，道教认为，开光是把宇宙中无形的、具有无边法力的真灵注入神像中去，神像也就具有无边法力的灵性。故而开光是神像被供奉后，必不可少的仪式。道教开光神像，须经由高功法师，择良辰吉日进行开光点眼之仪，仪式中含：清净、请神、发旨、发令、七星、八卦、入神、敕笔、敕镜、敕鸡、开光、发毫等 12 种科仪才完成，使恭请的神灵会聚神像，借助神的威灵，使供奉者运气好转，求财谋事都能得心应手，方可安座家中或庙堂，供人参拜，庇佑平安。与其他宗教不同处，在于道教神像有入神仪式，其目的为有神灵常驻。佛教本来没有开光，但有种佛像加持的仪式，跟开光差不多，流传到后来，就都统称为"开光"了。佛教和道教的开光是高僧使用佛教所传秘法，根据每年每月每时不同的吉祥方位推断，来选定开光加持仪式的寺庙及道观，结合各方寺庙或者道观长老大德的无上修行，通过严谨的持印诵经，对吉祥物品进行相应的开光加持，对吉祥物的本质加以特有的文化提升。①

道教开光时，当道长给神像"开窍"，每开一窍都要问一声：眼光开了没？众人齐声回答：开了！如此，直到所有的窍都开完为止。这时，道长一击令牌，说："开了三千六百骨节，八万四千毛窍，节节相连，窍窍相通。开光之后神无不应。"众答："法众声声谢神恩，万道光明送苍穹。"道长接着问："开光以后，神无不应，试问天下光明否？"众答："天下光明，神光普照。"②

在佛教中，开光，又称开光明、开眼、开明、开眼供养，就是新佛像、佛画完成时，而想置于佛殿、佛室时，举行替佛开眼的仪式。《禅林象器笺·垂说门》中说："凡新造佛祖神天像者，请宗师家，立地数语，作笔点势，直点开他金刚正眼，此为开眼佛事，又名开光明。"在佛教中，只有经过开光后，佛像便不是原来的木雕石塑，而是具有宗教意义上的神圣性，受到佛教徒的顶礼膜拜。

而据《西藏历史文化辞典》介绍："'开光'（rab-gnas）是藏传佛教的一种仪式，藏文 nab 是'无上''最胜'，gnas 是圣地、住处。因而开光又称'安神'和'善住'，就是为神佛等的住处和佛像、佛塔以至经典等举行的灌顶仪式。经过开光仪式迎得神灵安住，这些法物和宗教艺术品才能成为信徒崇拜的对象。开光仪式最重要的步骤之一是装藏……对那些没有内腔的法物，如面具、唐卡等，要将经咒写作物品的里面或皮面，通常写的是六字真言或神佛名的梵文字母标志，或者捺印大师的手印。装藏完毕后要由高僧大德主持，祈请法物或宗教艺术品表现的神佛将恩泽与智慧灌注到新制成的塑像或法物中去，灌注到祈祷者的脑海中去。因为那些灌进宗教造像中的神

---

① 《开光来自于道教》，载《文史博览》2013 年第 2 期。
② 宗清：《道教开光》，载《武当》2012 年 5 月，总第 261 期。

佛智慧使得含有神佛智慧的造像本身也持续向外施发恩泽智慧，从而使祈祷者、信众通过祈求神灵造像便可获得神佛智慧。开光仪式的规模可大可小，程序可繁可简，可以根据人们的意愿而随时举行。但具体做法要根据仪式文献的规定来进行。其中包括禅定闭关、念诵经文、背诵陀罗尼。司仪者有一套适当的姿势和动作，还要使用一定的宗教法器。"[1]

佛教把"开光"又称为"开眼""开眼供养"，纳西东巴则称为"开幛眼"，语义也一样。纳西族东巴教的"开幛眼"仪式，显然受到藏传佛教的影响，而不是道教的影响。据调查，"开幛眼"仪式更多的是流行在丽江靠近藏族聚居区的地方，应该说是受了藏传佛教给神像和塑像"开光"习俗的影响，但二者也有较大的差别，东巴教只是在有新绘的神幛画时才举行，而东巴教其他的绘画品种诸如木牌画、纸牌画等，即使是在上面绘神像，也不举行这个仪式。

笔者多次在玉龙县塔城乡署明村调查，当地青年东巴和秀东告诉笔者，他们村的东巴画好了新的神幛画，要进行"普劳幛缪扩"（phu^{33} la^{21} ʂæ^{33} mie^{21} kho^{55}，即"开神幛之眼"）仪式，他的祖父、著名东巴和顺就很多次被人家请去举行这个仪式。

和秀东是从7岁起就跟随身为大东巴的祖父和顺学习东巴教各种知识的青年东巴，他也掌握了做"开幛眼"仪式的知识。他到现在已经举行过两次"开幛眼"仪式。据他介绍，东巴自己绘的神幛画，不能自己主持"开幛眼"，一般要请法力大的东巴，东巴称之为"本迪"（py^{21} dɯ^{21}），意思是大祭司，应该是那些"铺汁迪美丽雷再，斯汁迪美若雷再"（phv^{55} dʐɚ^{21} dɯ^{21} me^{33} lɯ^{55} le^{33} zæ^{55}，sʐ^{21} dʐɚ^{21} dɯ^{21} me^{33} zo^{33} le^{33} zæ^{55}）的家庭，其意思是"祖父威力（威灵）大传给孙子，父亲威力（威灵）大传给儿子"的祭司家庭，而一般不会请那些"本若本咪"（py^{21} zo^{33} py^{21} mi^{55}，意思是资历浅、威力小的祭司，指东巴）。主持这个"开幛眼"仪式的东巴称为"米可补欧本"（mi^{33} khə^{21} bu^{21} gə^{33} py^{21}，意思是承担责任的祭司）。而神幛画的东巴作者则只能扮演在仪式中参与咏诵的角色。据和秀东说，他画了两幅神幛画，都是请他的大伯、老东巴和训来主持"开幛眼"仪式，他则当助手，参与咏诵口诵经等工作。

按过去东巴教的传统，这个"开幛眼"的仪式常常在举行一些很大的东巴教仪式［东巴称之为"母迪"（mu^{33} dɯ^{21}），为大仪式］时融会在其中

---

[1] 王尧、陈庆英主编：《西藏历史文化辞典》，西藏人民出版社、浙江人民出版社1998年版，第133页。

进行，比如"求寿岁"（汝仲本）、"祭大替身仪式"（堕拿肯）、"大祭风"等。到时，会有很多的东巴家庭把他们家画好的神轴画拿到举行仪式的这一家，恳求主持仪式的东巴也替他们的神轴画"开眼"。据和秀东的祖父和顺讲述，他们家在 20 世纪 40 年代曾举行过一个举行了九天九夜的"汝仲本"（$zŋ^{21}$ tʂu^{55} py^{21}，"求寿岁"）仪式，远近很多东巴都把他们新绘的神幛画拿来请大东巴和顺"开幛眼"。

（二）口诵经《神幛开眼》（《开幛眼》）

"神幛开眼"的仪式上，没有专门的象形文字经书，但有口诵经"普劳幛缪扩"（phu^{33} la^{21} tsæ^{33} mie^{21} kho^{55}），"普劳"即"神"的意思，"幛"即东巴神轴画，"缪"是"眼睛"，"扩"是睁开的意思，可译为《神幛开眼》。东巴和秀东解释为什么没有专用的象形文字经书的原因，这是因为东巴有了新绘的神幛画，才举行这个仪式，画哪个神祇就咏诵相应的口诵经。口诵经在纳西语中称为"枯使"（khu^{33} ʂʅ^{21}），从该口诵经的内容里可以看到一些宗教观念，和秀东从 7 岁起就和作为大东巴的祖父和顺学习东巴教的各种知识，跟着祖父去各处做仪式，牢牢地记住了口诵经"开幛眼"的内容。笔者想到很多东巴口诵经由于没有用文字记录下来，所以一旦知晓某种口诵经的东巴去世，他也就把口诵经的内容永远地带走了，所以建议和秀东用东巴象形文字将口诵经"开幛眼"写下来。有意思的是，纳西族支系纳人（摩梭）有与东巴同源异流的达巴教，达巴没有经书，只有口诵经，据 20 世纪 20 年代至今的民族志资料，达巴能连续几个小时咏诵洋洋洒洒的口诵经，全凭记忆。笔者在 2013 年的田野调查中了解到，现在能咏诵长篇达巴口诵经的达巴已经越来越少，有些纳人（摩梭）的达巴现在来丽江向纳西东巴学习写象形文字经书，其主要目的是想把这些口诵经用象形文字记录下来，以便于传承和学习。

笔者感到，口诵经是最容易流失和失传的，应该尝试将它录音和记录下来，作为现在的东巴，其实也需要思考如何把口诵经传承给自己的传承人的问题，过去东巴的方式都是师傅要求弟子背诵下来，因为举行仪式的机会多，所以很多东巴能在实践过程中把冗长的口诵经也逐渐背熟。但现在东巴在民间举行仪式的机会毕竟比他们的老师辈要少多了，所以要背那么多口诵部分十分不易，随着丽江 10 多个曾经参与《纳西东巴古籍译注全集》100 卷翻译的东巴的全部过世，很多他们所知道和默记在心的口诵经部分就失传了，这是一个很大的损失。所以笔者认为，现在还记得一些口诵经的东巴，应该把它用文字记录下来,作为以后传给自己弟子的一宗文化遗产。①

以下是和秀东所写下的《开嶂眼》口诵经的一些主要内容,为了便于理解东巴教"开嶂眼"仪式的内涵,笔者先把其主要内容译为汉语:

  阿霍!(语气词,类似于汉语的"啊")古时候,天上布满繁星,有星星的这天吉祥如意;地上长满绿草,绿草茵茵的这天吉祥如意;日从左边出,日出的今日暖洋洋;月从右边出,月出的今夜明亮亮。住在拉萨白脚坡下的藏人,善于卜算年份;请他们卜算出吉祥的年;住在下面放羊曲径下面的白族,善于卜算月份,请他们算出吉祥的月;人类居住的天地中间,纳西人善于卜算日和夜,算出吉祥的日和夜。在有吉祥的星星、饶星、蕊星、日月的这天,(要举行开嶂眼的)东巴主人这一家,派了手脚利索走得快的小伙子,去请威力(威灵)② 大的东巴,请威力大的东巴向盘神($phə^{21}$)、禅神($sæ^{21}$)、嘎神($gɑ^{33}$)、吾神(u^{21})、嗯神($ŋv^{55}$)等千千万万的神祇要一宗威力(威灵)。③

  这家东巴在黑白交界之地,搭起白色的麻布和白绸的帐篷,安置白毡神坛,要请千千万万的神和保护神到放了祭祀用白米的竹筐里,即使请得他们来,由于这些神祇还没有睁开眼,还没有被点药,所以他们听不到东巴祭司的咏诵声,听不到东巴祭司摇动的金黄板铃声,听不到祭司东巴敲击的如绿松石般的皮鼓声,听不到祭司东巴吹响的白海螺声。有耳听不到,有眼看不到,有舌不会讲,有心不会想④,有脚不会走,有手不会拿。神座上供奉的刺柏香火等也不会享用,祭鬼没有效,射箭不中靶。太阳出来的这天,这家东巴祭司派了手脚麻利的年轻人,去请威力大的东巴祭司来。威力(灵)大的东巴祭司搭起白绸帐篷,立起白毡神坛,献上白米等供物,献上银子金子绿松石墨玉(笔者注:不是真的要贡献这些珍宝,这里用来形容贡品之好)等供物,献上酒肉食品等供物,向成千上万的神祇烧刺柏天香祭祀,用白色的凿子切割一

---

① 关于东巴教的口诵经的阐述,参看杨福泉《略论东巴教的"还树债"及其口诵经》,载《思想战线》2013 年第 5 期。
② 关于"威力和威灵"的观念,参看杨福泉《略论纳西族东巴教的"威灵""威力"崇拜》,载《思想战线》2011 年第 5 期。
③ 关于东巴教的神祇体系,参看杨福泉《略论东巴教的本土神祇谱系》,载《思想战线》2009 年第 1 期。
④ 纳西人和汉人的观念一样,认为是心在思考,所以有"心想"的说法。

下神的雄鸡鸡冠①，用鸡冠血向神祇献药。

如果不知道雄鸡的出处来历，就不要讲述雄鸡的故事，做相关的仪式②。在人类远祖美利董主这一代，他的神鸡恩余恩麻的蛋壳和蛋液做变化，出现了三个蛋卵，最初，一个大的蛋卵作变化，出现了一个黄鸡的种，它成为畜神谷神的鸡，只用于祭献给畜神谷神的仪式。小的那个蛋卵作变化，出现了一个黑鸡的种，这种黑鸡只用于祭献给各种鬼怪。最初一个蛋卵作变化，出现了一个白鸡的种，威力大的祭司，用白铁凿子在白鸡鸡冠上凿出一点血，将它作为神药祭献给成千上万的神（把鸡冠血蘸一点在神轴画的顶部）。神的眼睛睁开了一次（接下来东巴祭司不出声地默诵一些非纳西语的咒语③，最后长出一口气，象声词类似"飞"feif）。威力大的祭司东巴，割破神的白鸡鸡冠，将鸡冠血祭献给神，给神祭献药④，祭献给盘、禅、嘎、吴、沃、恒等神祇⑤，祭献给天上十八层的萨衣威登大神，衣格哦格大神、恒迪哦盘大神，给他们烧刺柏天香。给住在天上十八层白绸帐篷的东巴祖师东巴什罗祭献神药，烧天香。给天上十八层住在用风云交织成的神房里的大神辽久季久祭献神药，烧天香……（这之后还列举了很多男神和女神，一一给他们献祭神药和烧刺柏天香，这里从略）

用于"神幛开眼"仪式的那只公鸡一般是给主持仪式的东巴，口诵经《神幛开眼》继续说：

做完这些祭献仪式后，以下这一切将会实现：神有眼睛又能看，有耳又能听，有舌又能说，有心又会想，有手又能拿，有脚又会走；他们将会降临到白毡祭坛，将能听到祭司的咏诵声，听到祭司如黄金般的板铃声，绿松石般的法鼓声，吹白海螺的声。神们又会聚集在刺柏天香燃烧之处。威力大的东巴祭司，烧天香祭祀盘、禅、嘎、沃、恒等神祇，

---

① 按东巴教的传统，要用小的白铁凿子割破雄鸡鸡冠，白色的铁是吉祥的象征，不能用黑铁凿子，因为黑色是邪恶的象征，也不能用刀来割。
② 东巴教特别强调万事万物和各种祭祀缘由的出处来历。
③ 这些巫术咒语究竟是哪种语言？是否是受本教的影响，还有待于语言学家的考证。
④ 这里所说的"药"（池儿，cher），指用牛奶、家畜的胆汁、酥油、蜂蜜等与净水混合而成的祭献物。
⑤ 关于这些神祇，参看杨福泉《略论东巴教的本土神祇谱系》，载《思想战线》2009年第1期。

三百六十个神祇,给这家举行"开幛眼"仪式的主人赐福,愿这家主人从此长听到吉祥的声音,流水满潭,牲畜繁衍,庄稼丰收;愿祭司长寿足食。

和秀东用东巴象形文字"斯究鲁究"写下了"开幛眼"口诵经,在经书的末尾,他写了这样的一段文字:

> 哪天要举行"开幛眼"仪式,应该先咏诵这些内容,在还没有"开幛眼"之前,要先叙述神药的出处来历,然后施药,再进行"开幛眼"仪式。这本"开幛眼"经书原来没有,就像金沙江水流淌中形成江中永久的小岛屿一样,这书也应该保留下来,我写时没有写错的地方,以后东巴咏诵(此书)也不应有错,如果咏诵中有错讹,以后会有罪孽的。

这段话是和秀东按照东巴经书写的传统加上去的,因为口诵经过去没有写下来,现在为了防止它失传和便于后人的学习,和秀东东巴按经书传统写上了如上的结束语。这也体现了东巴教的一个观念,经书是不能念错的,仪式是不能做错的,仪式上的各种宗教绘画也是不能画错的。

东巴教用于人死后超度仪式的长幅布卷画《神路图》[①]中有一幅图所绘的是生前失职的东巴(或不请东巴而自作主张地安排仪式,坏了仪式规矩之人)在受两对夫妻鬼的折磨,他们在用利器凿其头、掏其舌。他生前在举行东巴教仪式时没有安置好祭木"欺夺"(东巴教祭木之一类,共18根,用竹子削制而成,是卫护神域之精灵,用来镇鬼)和祭木"嘎巴"(东巴教祭木之一,用杜鹃树枝、柳枝等捆制而成,用来镇压诬陷人、诽谤人的鬼)。右边是一个生前没有布置好牦牛、绵羊、公牛、鸡等供品,没有安排好送魂的马等的东巴在受折磨,图中有青蛙和蛇的形象,亦解为亡灵生前犯有杀青蛙和蛇这两种与自然神灵"署"密切相关的动物之罪,象征人触犯了大自然,并犯了杀生之罪,因此在此备受折磨。

《神路图》中对罪人的惩罚还包括:对生前好散布流言蜚语、诽谤他人

---

① "神路图"的纳西语原名叫"亨日皮"(he^{21} zʅ^{33} phi^{21}),"亨"(he^{21})意为"神","日"(zʅ^{33})意为"路","皮"(phi^{21})一词,丽江鲁甸乡老东巴和开祥解之为"评断",西方学者洛克(J. F. Rock)译为"裁决""判定"。"亨日皮"意为东巴为死者评断指点往神地去之路,即为亡灵排难解忧,把他(她)从鬼地(地狱)的煎熬中解脱超度出来,在人类之地转生为人,或送至神灵之地。

的亡灵的惩罚，惩罚方式是鬼怪用铁链捆住罪人舌头拉出口外，驱使两头牛在舌上犁，纳西语称这种罪过叫"么子么劳社美瓦"（mə³³ tsɿ²¹ mə³³ lɑ²¹ ʂɚ⁵⁵ me³³ uɑ²¹），意为瞎说乱道。亦解释为一女性巫师"吕波"（或自称巫师的女子），她曾宣称能与死者和鬼沟通，能呼唤死者之魂，但结果未能如她所夸口那般灵验。生前犯了将祭树倒置之过失［纳西语称之为"斯古多本"（sɚ³³ kv³³ to³³ pe³³）］的东巴在受折磨，鬼怪用斧砍罪人之头，用尖刺凿其头。《神路图》这一幅图反映了纳西先民对宗教法事的虔诚敬畏之情。宗教神职人员犯了过错而受惩罚亦见于《西藏度亡经》中，在该书所载的"冥界审判图"中，有个"尖桩地狱"，在它的旁边，有一名狱卒在执役的，是"无门铁屋"。然后，依次是4名喇嘛在撑持一本巨重如山的藏文经书，他们之所以受到如此处罚，系因在世时匆匆跳读宗教圣典。[①] 有的"神路图"上绘有一个身着僧衣的喇嘛的舌头被拉出，由此可看出藏传佛教观念对东巴教的影响。

（三）东巴教与藏传佛教在"开幛眼"仪式中的区别

东巴教的神幛画从形式上借鉴了藏传佛教的唐卡画，其"开幛眼"仪式也源于道教和佛教的"开光"礼俗，但它在吸收的同时，也把东巴教原有的一些信仰理念整合进其中，比如，东巴教"开幛眼"的仪式总是和东巴教的大仪式结合在一起，常常在举行一些很大的东巴教仪式［东巴称之为"母迪"（mu³³ dɯ²¹），为大仪式］才进行"开眼"仪式，因为大仪式上所用的神幛画、木牌画、纸牌画都比较多，威力（威灵）大的东巴也比较多，请他们来进行"开幛眼"仪式是最可靠的。而需要在仪式上"开眼"的，只是借鉴了藏传佛教"唐卡"画形式的神幛画，大仪式上所用的木牌画、纸牌画等所绘的神祇，则不需要进行"开眼"仪式。

又如，"开幛眼"除了东巴祭司要咏诵相关口诵经，还要举行"血祭"的程序，用一点鸡冠血点在神轴画的顶部，这是作为原始宗教（金泽等宗教学者又称之为"原生性宗教"）的东巴教不同于禁忌杀生和血祭的藏传佛教理念。而东巴教则认为如果不用一点祭牲的血，则任何仪式都不会灵验的。

笔者1997年在有"东巴教圣地"之誉的中甸县（今香格里拉县）采访当地大东巴阿牛谈到这个问题，他说："东巴做仪式怎么能不用一点祭牲呢！如果不用点牲血牲肉遮一遮鬼怪的眼睛，迷一迷他的心，那就不起作

---

① 莲花生：《西藏度亡经》，徐进夫译，宗教文化出版社1995年版，第181页。

用。而且，杀牲是'米可瀑'（'解脱罪孽过失'）。我每次在做法事杀牲时，都要说，不是东巴我要杀你，不是东巴我要吃你的肉喝你的血，而是那个作祟于人的鬼要你。"

东巴和秀东说，藏族人不敢用我们的幛，因为我们的幛上要用到祭牲的血［这个过程称为"塞兔"（sæ^{33} thv^{55}），意为"出一些血"］，而纳西东巴则在仪式上敢用藏人的幛，并进行血祭仪式。但即使我们用藏人的唐卡画，我们也要按照东巴教的规矩，每次用完都把唐卡收起来。当代一些年轻东巴还专程到拉萨等地区学习绘制藏传佛教的唐卡画，而回来画了东巴教仿唐卡画的"普劳幛"（神幛画），也要举行具有东巴教特色的"开眼"仪式，在仪式上要进行血祭。由此可看出，尽管东巴教借鉴了藏传佛教唐卡画的形式和"开光"的习俗，但还是在这个外来习俗中糅进了东巴教的理念和做法，在进入祭祀和迎请东巴教神祇的程序时，就必须用一些祭牲的血，方能奏效。

尚血观念和尚血仪式是反映在原始宗教仪式中的古代生命崇拜和人体崇拜的产物，在世界各民族原始宗教中都有反映，我国先秦各种祭祀仪式中的祭礼用牲血也很普遍，东巴教在形式上借鉴藏传佛教的唐卡而形成"神幛画"后，依然在"开神幛眼"仪式上保持了东巴教传统的祭礼用牲血习俗。

第四章

东巴图画象形文字的象征意义[①]

一　独特的纳西象形文字

中国西南滇西北的纳西族，可以说是世界上为数不多的最早用图画文字和象形文字抒写自己人生旅程和心路的民族，数万卷飘零在茫茫红尘中的图画象形文经典东巴文献，不仅铭刻了他们与大自然和精灵世界的对话，也记录了他们在漫漫世路的生死歌哭、悲欢哀乐。万卷秘籍，是宗教的圣典，也是一座奇丽的艺术之殿、精神之苑。因此"纳西古王国"又有"象形文古国"之称。撇开东巴经典的浩瀚内容不谈，仅仅探视一下这种图画象形文字本身的种种象征意义，我们也可领略到很多纳西古文明的清音神韵。

纳西族祭司东巴用来书写经书的两种文字，最主要的一种是图画象形文字（广义的象形文包括了保留有图画性质的字符，因此可以称"纳西象形文字"），纳西语称之为"斯究鲁究"（ser jel lv jel），意思是"木石上的痕记"（又译为"木石之标记"或"木石之记录"）。绝大多数的东巴经用这种文字写成，因此东巴经又称为"斯究鲁究特恩"（ser jel lv jel tee'ee），意为"'木石上的痕记'之书"。东巴图画象形文字始于何时，尚无定论，有殷商之前说、唐代说、宋代说、明代说等。

从其文字性质看，它是一种兼备表意和表音成分的文字，由象形符号、表音符号和附加符号构成，并以象形符号为主。在象形符号中，包括象形字、会意字、合体字、转意字等字符。这些字符的读音、意义和形体已开始基本固定，并同纳西语中的具体词语有了大体固定的联系，这使它同原始记事的图画字有着明显的本质区别。而形声和假借的表音符号在纳西象形文字中的大量运用也是与原始记事的图画字相区别的重要标志。但是，纳西象形文中也同时保留了很多完整的图画字，不少表示动物的字往往一字二体，一体表全身，一体表局部（局部往往是头部）。

[①] 本篇作为与该项目密切相关的研究成果，发表于《云南民族大学学报》2011年第5期。

第四章　东巴图画象形文字的象征意义

　　从文字形态看，纳西象形文是一种特殊的文字阶段。东巴象形文字的造字方法大体可以分为象形、指事、会意、假借和形声五类。以象形文书写东巴经有三种基本方法：一为图画式的表意法，即以字记忆，启发音读；二为省略词语表意法，即以字代句，帮助音读；三为逐词逐句表意法，即以字代词，逐词表音。在这三种书写方法中，以省略词语表意法为主，大多数东巴经的书写方法，并非逐字逐句写出，有时几个词甚至一两句话只写出一两个字符，带有较强的语段文字特征，比典型的表意文字如古汉语更具原始性。

　　学者们认为这种文字的形态比苏美尔和巴比伦的楔形文字、古埃及的圣书文字、中美洲的玛雅文字[①]和甲骨文字都更原始，它对人类早期原始图画文字如何演进到象形文字的研究和甲骨文之前汉字发生演变的研究具有十分重要的学术价值。如中国语言文字学家傅懋勣在《纳西族图画文字和象形文字的区别》[②]一文和《纳西族图画文字〈白蝙蝠取经记〉研究》的"序言"中，对东巴经中的文字和它所记录的语言做了精细的分析，得出如下结论：一般东巴经中的文字，"在相当大的程度上接近图画，它在文字发展史上，代表一个特殊的阶段"[③]。马叙伦先生认为："我国云南麽些族（20世纪50年代前汉文献中对纳西族的称谓）的文字，几乎可以说是汉字的前身……"[④]由于至今还有人能识读和运用这种文字，因此纳西象形文在国际学术界有"唯一保留完整的活着的象形文字"之誉。[⑤]

---

　　① Rosetta Stone 古埃及石碑，由于其所刻铭文解读的成功，使人们读懂了象形文字。铭文撰于托勒密五世（公元前205—前180年）即位第九年之际，志其践位庆典，铭文出自祭司手笔。碑文用埃及和希腊两种语言和三种文字体系——象形文字、通俗文字（埃及象形文字的草写体）和希腊文字——雕刻而成，为解读埃及象形文字提供了线索。这座黑色玄武岩石碑发现于距亚历山大48千米处的罗塞塔镇附近，现藏于不列颠博物馆。
　　玛雅象形文字（Mayan hieroglyphic writing）：约公元3—17世纪末，属于中美洲玛雅印第安文明的民族所使用的文字体系，约有850个象形文字。用玛雅象形文字写成的作品可溯至1540年，但大部分文字被西班牙传教士作为异端予以焚毁。现仅存3种玛雅文古抄本，可能出自11世纪或12世纪。
　　苏美尔（Sumer），已知最早文明的发祥地，位于底格里斯河与幼发拉底河之间、美索不达米亚的最南部分，即后来成为巴比伦地区（今伊拉克南部，从巴格达周围到波斯湾）。苏美尔人创造了最早的文字体系之一，起初主要是象形符号，后来以软泥版为纸、以小枝条干为笔，"压刻"成一头粗、一头细的笔画，称为"楔形文字"，又称"钉头字"。
　　② 傅懋勣：《纳西族图画文字和象形文字的区别》，载《民族语文》1982年第1期。
　　③ 傅懋勣：《纳西族图画文字〈白蝙蝠取经记〉研究》（上册），日本亚非语言文化研究所，1981年版。
　　④ 马叙伦：《中国文字之源流与研究方法之新倾向》，载《马叙伦学术论文集》，科学出版社1958年版，第30页。转引自王元鹿《汉古文字与纳西东巴文字比较研究》，华东师范大学出版社1988年版。
　　⑤ ［日］西田龙雄：《活着的象形文字——纳西族的文化》，中公新书1966年版。

从1939年起就在纳西族地区调研纳西东巴文化的李霖灿先生就纳西象形文字的性质和特点发表了他的看法，认为"麽些象形文字，既是文字，又是图画，正在由图画变向文字的过程中，因之在形字经典中有不少的图画存在"。"因其正在由图画变向文字之过程中，故其文字中时有图画之出现，成一种奇特复杂之混合现象，书画同源，在这里得到良好证明，是为麽些形字特点之一。"① 董作宾曾言纳西象形文处于象形文字"幼稚而原始的""儿童时代"。

古文字学家裘锡圭则认为："纳西文是已经使用假借字、形声字，但还经常夹用非文字的图画式表意手法的一种原始文字。"②

古文字学家周有光在论述纳西族东巴象形文字的价值时，从三个方面做了阐述。

第一，纳西文字是一种多成分、多层次的文字。

居住在云南丽江一带的纳西族，创造了"东巴文"之后，又创造"格巴文"。傅懋勣先生说："过去所称的象形文字（东巴文），实际上包括两种文字；一种类似连环画的应当称为图画文字，另一种一个字表示一个音节的应当仍旧称为象形文字。"③ 此外，纳西族还创造一种"玛丽玛莎文"。这样，纳西文字有四种成分，属于两个类型层次：①"形意文字"（东巴"图画文字"）；②"音节文字"（东巴"象形文字"、格巴文、玛丽玛莎文）。这种现象只有日文可以相比。日文也有4种成分，属于两个类型层次：①"意音文字"（汉字）；②"音节文字"（万叶假名、平假名和片假名）。不同的是，纳西文字开始于自源的"形意文字"，日文开始于借源的"意音文字"。

第二，纳西文字是"形意文字"和"意音文字"之间的中间环节。

生物进化论的研究重视找寻"猿"和"人"之间的环节。人类文字史的研究重视找寻"形意文字"和"意音文字"之间的中间环节。纳西文字正好就是这种中间环节。"东巴经"起初只有口头传说，后来写成"东巴文"，但是只写经文的一部分，不是全部写出。这不是有意的省略，而是文字还没有发展到能够全部写出语词的水平，属于"形意文字"类型。跟其他同类型的文字相比，"东巴文"是水平很高的"形意文字"，接近于"意音文字"，处于从"形意文字"到"意音文字"之间的中间地位。

---

① 李霖灿：《麽些象形文字字典·引言》，中央博物院（四川李庄，石印版），1944年。
② 裘锡圭：《汉字形成问题初步探讨》，载《中国语文》1978年第3期。
③ 傅懋勣：《纳西族图画文字和象形文字的区别》，载《民族语文》1982年第1期。

第三，纳西文字在6000年的人类文字史上是晚期产品，但是属于早期的"形意文字"类型。傅先生说："图画文字的创制年代在12世纪下半叶到13世纪上半叶。"① 方国瑜先生说："应用象形文字（东巴文）写经书可能在公元11世纪中叶，又到13世纪初年创制标音文字（格巴文）。"（《纳西象形文字谱》，1981年）在一两百年的时期中，纳西文字在本地区从"形意文字"发展成为"音节文字"而且二者并用，这是罕见的文化现象。

钉头字（楔形字）在公元前35世纪发展成熟，一早就内含不独立使用的表音成分，经过3000年传到埃兰人之后，在公元前6—前4世纪演变成为半音节文字。圣书字也在公元前35世纪发展成熟，内含偶尔独立使用的表音字母，经过3000多年传到麦罗埃人之后，在公元前2世纪成为字母文字。汉字在公元前13世纪发展成熟，一早在形声字中间含有表音的声旁，在公元前3世纪传到日本，经过600多年然后产生音节字母"假名"。"表音化"一般不是短时期内由本民族在本地区所能完成。纳西文字的演变是罕见现象。

纳西文字的演变历史使我们更多地了解从"形意文字"到"意音文字"的演变过程和"音节文字"的产生过程。这是人类文字史的重要收获。

纳西文字的基本作用是书写"东巴教"的经文，但是内容丰富，包含历史传说、诗歌格言、宗教祭祀、医药占卜、风俗习惯等许多方面。东巴文遗留下大量文献，仅丽江东巴文化研究所收藏的就有1400多本。这些活着的文字化石是人类文字史中的无价之宝，需要深入研究。生活在高山深谷中只有不到30万人口的纳西族，能够自力更生地创造出如此多姿多彩的曙光文化，真是历史奇迹。②

由于纳西象形文在人类文字发展上独树一帜，因此，它对进行比较文字学研究提供了很多有价值的依据。早在20世纪40年代，古文字学家董作宾就通过对甲骨文与纳西象形文的比较研究，指出纳西象形文字可以反映汉字起源之古，汉字演进之久，可以对证汉字产生的地理环境，可以见造字心理之同，可以见造字印象之异。如地理环境之论，他举下面数例加以说明。纳西象形文的水字写为像源头流水之形，山中人唯知水从泉中来，故以泉为水。甲骨文的水写如像平原上河流弯曲之形。"日出""日落"的东巴象形文为太阳从高坡上升出落下，而甲骨文的日出、日落则为太阳一旁地面树木之形，反映出两种文字产生的不同地理环境。再如"路""田""山"等

---

① 《中国大百科全书·民族卷》"东巴文"条，中国大百科全书出版社1986年版。
② 周有光：《纳西文字中的"六书"》，载《民族语文》1994年第6期。

字，纳西象形文和甲骨文都有突出的地理特征的区别。

纳西象形文由于处于图画文字向象形文字过渡的阶段，因此，很多文字的象征含义相当直观，象征义十分丰富。以下着重从民俗事象和宗教事象两方面列举一些实例，管中窥豹地看一看纳西象形文丰富多彩的象征含义。

二　纳西象形文中的民俗事象象征

以局部象征整体　在纳西象形文的造字方法中，非常突出和普遍的一个特点是以局部象征全体，这一点比较突出地反映在表示生物特别是动物的象形字上，因此，在反映放牧、狩猎等习俗的东巴经中就常常见到这种文字形态。这也是纳西象形文从图画文字向象形文字过渡的一个特征，如老虎写如：🐅，羊写如：🐑。另一种是以事物的特征部分来象征所指事物全体。如雌性写如：又，是女阴之形，用来象征雌性、女性。雄性写为：⁂，是阴囊之形，用来象征雄性、男性。

基于传统宇宙观的领地象征　这一点比较突出的是以"天"和"地"象征一个民族、氏族、部落的领土，其基本观念是将上述一个社会组织群体的所居之领地理解为独立的一片天和一片地。象形文写成：▱，读做"美堆"（mɯ^{33} dy^{21}），直译即"天地"，文字上部分为天之形，下面为地之形。纳西语说自己的家乡是"乌美乌堆"（u^{33} mɯ^{33} u^{33} dy^{21}），直译即"自己的天和自己的地"，异乡则称为"西美西堆"（çi^{33} mɯ^{33} çi^{33} dy^{21}），直译即"别人的天和别人的地"，这种语言现象与汉语所说"有自己的一片天地"有相似之处，但此词组在纳西语中是专指自己的家乡、区域，没有汉语那样有可指称某专业领域或精神领域的引申义。

以某种突出的内在特性来象征特定观念　这类象形字以指称对象内在的特性来象征特定观念，如有个象形文写成：✦，是一个手持旗杆矛，头插旗帜的男子形象，在东巴经中普遍指武士，另一字写成：✦，是一个手持旗杆矛的女子形象，读"单咪"（dæ^{21} mi^{55}）或"咪单"（mi^{55} dæ^{21}），意为"勇猛的女子"。这个"单"原指"勇猛""勇武"，"咪"意为兵士。但"单"一词亦有几个象征义，如指称能干、敏捷、能力、力量，其原始字义皆源于古代武士之勇，后来，这个字也用来指男子的能干、女子的贤能等，如能干、贤能的女子亦可称为"咪单"。东巴教中的"单务"（dæ^{21} ŋv^{55}）仪式最初是超度武士灵魂的丧仪，后来亦成为超度能人、贤人之魂的仪式。

以某一特定物质象征抽象观念。在纳西象形文中，有不少文字的象征意义是从文字本身所代表的物质实体的实用功能而萌生的，但逐渐产生了更深的引申象征意义。如有不少字的象征意义是从过去的生死崇拜观念中发展而来的。如纳西象形文的"福气""福泽"一词写成：　　，读"尼哦（nɯ²¹o²¹）或"尼能哦"（nɯ²¹ne²¹o²¹），"尼"有两义，一指男精，"哦"亦有两义，一指女性分泌液，东巴经中常见一短语，写作：　　，读"阿斯尼般日，阿美哦饶日"（ə³³sʅ²¹nɯ²¹bɚ³³zʅ³³，ə³³me³³o²¹bɚ³³zʅ³³）。"阿斯"意父亲，"尼"指男精，"般"是迁徙、流动之意；"阿美"意母亲，"哦"指女性分泌液或女性之蛋（卵），"饶"是下降之意。直译即父亲流"尼"之路，母亲下"哦"之路。① 方国瑜编撰、和志武参订的《纳西象形文字谱》中有一个表示男性生殖器的象形字：　　，读"爪恩尼饶日"（tsua²¹ɯ³³nɯ²¹bɚ³³zʅ³³），直译即"好男下'尼'之路"。② 在纳西先民的观念中，一旦男女生殖之路受阻，就要影响生育。东巴经《崇仁利恩解秽经》中说：秽鬼堵塞了父亲的"尼"出来之路和母亲的"哦"下降之路（意即堵塞了生殖之路）。③ 民间也有认为不生育是男女的"生殖之路"被鬼堵塞的观念。"尼"（nɯ²¹）与"哦"（o²¹）的观念，最初无疑与纳西先民的生殖崇拜观念有关。在过去一个部族、部落、村寨乃至家庭的兴旺发达取决于人口的繁盛与否的特定历史阶段，男女皆有充溢的"尼"与"哦"，即有强盛的生殖能力，无疑是一种"福气""福泽"，因此，象形文以"尼哦"象征福气极易理解。

在纳西象形文中，又有一个象征福气、福泽的字组，写成：　　，亦读"尼哦"（nɯ²¹o²¹）是绿松石、光玉髓。羊也是一种吉祥的动物。如云南滇西北著名的两大神山（藏族神山太子雪山卡瓦格搏属羊）。这种对羊的崇拜可以上溯到纳、藏远祖古羌人的羊图腾崇拜。如果一个人或家庭有很

---

① J. F. Rock, The Na-Khi Naga Cult and Related Ceremonies, Part 1, Roma：Is. M. E. O., 1952, pp. 91、188、201.

② 方国瑜编撰，和志武参订：《纳西象形文字谱》，云南人民出版社1981年版，第245、263页。

③ 东巴和芳讲述，周耀华译，丽江县文化馆1962年石印本。

多绿松石和家畜，那无疑是有福气、福泽的。显然，这一观念主要是基于家庭财产积累的意义而产生的。从东巴经中分析，上述第一例的含义要比第二例的含义萌生得早。

有意思的是，在古汉字中，羊也与吉祥有神秘的关系。《说文·羊部》中说："羊，祥也。"《说文·示部》"祥"下说："福也。从示羊声，一曰善。"羊在中国古人的心目中是吉祥和福泽的语源和字根。如《说文》中还说："美，甘也。从羊从大。羊在六畜，主给膳也。""善，吉也。从言从羊。"羊的吉祥含义在古汉字中的表现还有很多，如与纳西象形文和东巴教中关于羊的文字、语词和信仰习俗进行详细的比较研究，可能会有不少收获。

在纳西象形文中，与上例同类的还有一个典型的语词，写成：，读"窝增"（o^{33} dze^{33}），表示财产。在东巴教中，此词又广泛地象征各种物质性和精神性的财产等。如东巴常以此词指称精神性的拥有物，如宗教和文化遗产等。但最初是以牛和麦子为财产之象征，典型地反映了纳西人与农耕定居生活密切相关的财产观念，以及由此衍生出的各种抽象观念。

此外，纳西象形文中还有一个特定的语词，写成：，读"诺哦"（no^{33} o^{21}），这个词只用于死者，指死者生前所拥有的物质性和精神性的东西，如各种财产，各种诸如勇敢无畏等好品质、品德、好本事、能力、力量、人缘等，在丧葬仪式上，东巴教中有称为"诺哦少"的仪式，详细描述东巴怎么帮助主人家祈求死者"回归祖地"前把所有的"诺哦"留给后人，有种种设法拦截天地山川飞禽走兽物"诺哦"的浪漫描述。但如果从"诺哦"的象形文字上看，它也与"绿松石"这一象征财物和吉祥的物品有关，关于此字的造字心理和方法与上述几个表示财产、遗产的字是同源一理的。

与特定社会组织相关的象征意义　有的象形文有纳西族特定社会组织的象征含义，如"氏族""宗族"写为：，读"窝"（o^{21}），表示"源于一个（男性祖先）根骨"的群体，因此以一根骨头来象征一个氏族或宗族。这个表示"骨头"的象形文字成为表示氏族、家族的字根。如现在还普遍存在于纳西族社会中的"崇窝"（$tsho^{21}$ o^{33}），是一个实行外婚制的父系世系群，即一个男性始祖后裔组成的、有血缘亲属关系的家庭组织。它在象形文中写成：，一个大象之头是古语"崇"（$tsho^{21}$，意为"人类")的同音假借字,"窝"(o^{33})即指"同一（父系）根骨"的宗亲。

纳西人认为父系是"骨",而母系是"肉",因此在象形文中就有一个与"骨"（父系亲族）相对应的字,写成：![图],为一块瘦肉之形,读"纳"（nal,意为"瘦肉"）,边上的黑点是"纳"的声符。以"肉"象征母系亲属。

纳西象形文中还有一个象征氏族、亲族的字,写成：![图],读"括"（koq）,是栅栏之形,因氏族、亲族设栅而居,因此以栅栏象征"亲族"。方国瑜编撰、和志武参订的《纳西象形文字谱》中说此字的象征义是："母族也。"而洛克的《纳西—英语百科辞典》中则说此字的象征意是："父方亲族。"但从"母方亲族"称为"纳括"、父方亲族称为"窝括"来看,"括"（kho^{21}）这一词看来已泛指"亲族"。在纳西象形文中,从这一有具体象征意义的字符中又产生出不少字,如象形文中又有：![图],读"窝括",意为"父系亲族",另一字组：![图],读"纳括",意为"母系亲族",又有：![图],洛克解为"父系亲族之仇敌",[①] 意为"亲族之仇敌",是表示"山柳"的字符,同音假借为"敌人"。另有一字：读"括低"（kho^{21} dɯ^{33}）,兼指包括母系和父系在内的亲族,洛克认为"括"指父方亲属,"低"（dɯ^{33}）指母方亲属。

从汉古文字和纳西象形文中还可以看出不同民族的审美观在文字上的反映,如"美"字,《说文》中说："甘也,从羊大。"徐铉曰："羊大则美。"段玉裁曰："羊大则肥美。""羊大"之所以为"美",则由于其好吃之故："美,甘也。从羊从大。羊在六畜,主给膳也。"美学家李泽厚有独到的猜测,认为"很可能'美'的原来是冠戴羊形或羊头装饰的大人（'大'是正面而立的人,这里指进行图腾扮演、图腾巫术的祭司或酋长）……他执掌种种巫术仪式,把羊头或羊角戴在头上以显示其神秘和权威。……美字就是这种动物扮演或图腾巫术在文字上的表现"[②]。

纳西象形文中一是以自然物象征一种审美观念,如纳西象形文的美丽一词写成：![图],头上有花,示其美,以花象征美。"美女"写成：![图],

---

[①] J. F. Rock：A Na-Khi-English Encyclopec Dictionarry, Part 1, 2, Roma 1963, p. 201.
[②] 李泽厚、刘纲纪主编：《中国美学史》第1卷,中国社会科学出版社1984年版,第80页。

，一女子脸旁有花，示其美。以花插头上作为装饰是纳西族女子的传统习俗，东巴经所记载的殉情故事中的女主人公都是满头鲜花。

除此之外，纳西象形文中还反映了纳西人一种古老的审美观念，即以"竖眼"为美，写成：　　，此字源于纳西象形文文献中所记载的创世史诗《崇般图》（又直译为"（纳西）人迁徙的来历"）。洪水后，创物神美利董阿普引导纳西始祖崇仁利恩去找配偶，叮嘱他不要找那个美丽的竖眼女，应找那个善良的横眼女。崇仁利恩却想：心美不如身美，脸美不如眼美。于是就找了那个漂亮的竖眼女。

日本学者伊藤清司认为，眼睛深深地包含着"文化"的意义，他以彝族创世神话《梅葛》中的"直眼"和"横眼"与人类文化史的对应情况，以及《楚辞》中所描写的"豺狼从目""豕首纵目"等作比较研究，提出"直眼"象征一种非人类的眼睛的观点，纳西始祖与直眼女结合生出野兽的情节也证明了这一点。①

伊藤清司的论述自有独到见解。但我们从上述故事情节中更可以直观地看出一层神话本身启迪于人的含义：即这种"心美不如身美，脸美不如眼美"的取貌不取心的审美意识是当时社会存在和意识形态在性爱观中的反映。由于当时配偶的不稳定性，在经济及生活上还未结成牢固的纽带，对方的人品、性情等属于伦理道德范畴的品质，还未成为取舍情人的首要因素，当时的人们所追求的首先是定于性感的外表的美，是富有生命力、生育力的形体美。东巴古典作品中常常讲到"聪明的猎犬爱追肥壮的麂子，能干的汉子喜欢漂亮的女子"。东巴经最常见的祝词中，都提到希望生女美丽漂亮，但很少说到被现代纳西族社会视为女子美德的勤劳、贤惠等品质。这也透露了这种沿袭自古代的性爱审美意识。即如伊藤清司所论，这种"直眼"和"横眼"有与文化发展史相对应的象征意义，但我们从《崇般图》中更多地得到启示的是一种古代性爱观的信息：即当时的男人更欣赏一种野性的、没有多少文明教化及伦理色彩的自然之美，因此，横眼的"善良"女被排斥，而具有野性的、非文明特征之美的竖眼女则被男性祖先作为求偶的首选目标。

借助纳西象形文，还可以考证出某些汉字的象征意义，如方国瑜教授借助纳西象形文字考证出了汉字"古"的本义是"苦"。关于"古"的本义，

---

① ［日］伊藤清司：《眼睛的象征》，载《民族译丛》1982 年第 2 期。

学术界长期一直没有圆满的解说。《说文·三上·古部》中曰："古，故也。从十口。识前言者也。"然而在甲骨文中，"古"作 ⚲，并非"十口"之形。方先生由纳西象形文字看到"甘"写作 ⌒，表示口含甘物，"苦"写作 ⌒，表示口含苦物。由此联想到汉古文字"甘"写作 ⊟，亦是口含甘甜之状，以此类推，方先生得出了"古"字的甲骨文象征"口吐苦物"之意，古字即"苦"字的最初形态。①

三　纳西象形文字中的宗教象征意义

"黑""白"的象征

纳西象形文是纳西族东巴教的载体，因此，文字本身就有很丰富的纳西传统宗教的象征意义。如象形文的"黑""白"两个字符就突出地反映了东巴教中的"黑白"二元对立观念，而这黑白的观念又与日月星辰密切相关，如以白天、太阳和月亮代表光明，生发于日月星辰崇拜的"白"象征善和吉祥的食物；以黑夜代表黑暗，萌生于憎惧黑暗心理的"黑"象征邪恶和不洁的东西。所以"黑"的象形文写成 ●，在东巴经中有黑、毒、苦诸义，象形文"巨毒"一词写成：⚘，是在一朵黑花旁加一黑点，直译是"黑毒"，又如"苦"字，写成 ⌒，成嘴中吐一黑物出外之形，黑物表示味苦。"毒"写成：⚘，黑之花，毒也。又：黑道日、不吉之日写成：⊛，于太阳中加入四个黑点，直译即"黑太阳"。东巴经中说鬼地一切皆黑，天地日月星辰尽为黑色，故象形文亦有"黑太阳"之字，以与人间之白日白月相对。还有一象形字写成：⚹，是三尖全黑之形，四面有震颤外射的线，意为天下初出的一团黑色，是生恶之万物者。另一字为：⚹，是三尖全白之形，意为天下初出的一团白色，是生善之万物者。象形文"黑月亮"写成：⌒，指鬼地之月亮，"黑月"指不吉的月份。象形文的"欺骗"一词写成：▲，是一个全黑三角形字符，"邪念"一词写成：⚘，是一个黑三角形从心中生出；坏人写成：⚘，是人形上有一

---

① 参见方国瑜《"古"之本意为"苦"说》，载《东巴文化论集》，云南人民出版社 1985年版。

黑团。

上述表现在纳西象形文上的象征现象对于研究原始思维和原始宗教有很重要的意义，在汉语、英语、德语、俄语等语言中也有以白为善、以黑为恶的反映，这些观念源于原始先民崇尚光明、憎惧黑暗的心理和功利性的自然观。①

1. 象形文与肇源于宗教的伦理观念

类比联想也是纳西象形文中反映出的一个特点，如"凑"（tʃhə⁵⁵）是东巴教中的一个重要观念，此字义为污秽、不洁，象形文有两字表示，一字写成：🌀，西方纳西学学者洛克（J. F. Rock）解释是"粪便之形"②，李霖灿解释为"胎胞之形"③，方国瑜、和志武解释为"秽气也"。④ 另有一字写成：〰〰，洛克解释为"已经腐烂的腱或肠子"⑤，李霖灿解释为"秽气也，象秽气之形"。⑥ 但此字又指称一切违反民族传统习俗、伦理道德的行为和由此引起的后果。东巴经、东巴画和东巴教仪式中指称为"凑"（tʃhə⁵⁵）的行为有涉及婚姻和两性伦理的，如远古洪水暴发后发生的纳西远祖兄妹婚配；同一宗族的男女之间发生的两性关系；婚外性行为导致的私生子等。有涉及违反民族传统禁忌习俗的，如杀死红虎、狗和吃狗肉等。有涉及违反民族传统生态道德观，如认为乱砍滥伐、污染水源河流和滥杀野生动物都会导致产生"秽鬼"。有涉及民族一些独特的道德观念的，认为杀死曾帮助过你的人是恶行，会产生"凑"。东巴教中这一"凑"的观念深深地渗透到纳西族人的社会生活中，形成一个传统伦理道德范畴，制约着纳西人的社会行为。而这个复杂观念在象形文字中则是一个上述直观的秽物。

纳西族有些重要的传统观念在象形文中则可溯源到某个与这种观念有关的神灵。如纳西族伦理道德思想中有一个观念，称为"董"（du³³），凡是符合本族社会规范、习俗、传统习惯等的行为，纳西人就称之为"董"，意思与汉语中的"兴"（做某事）相近，否则称为"某董"（mə³³

---

① 杨福泉：《纳西族东巴经中的"黑""白"观念探讨》，载《世界宗教研究》1986年第2期。

② J. F. Rock, A Na-Khi-English Encyclopec Dictionarry, Part 1, Roma 1963, p. 201.

③ 李霖灿：《麽些象形文字字典》，台湾文史哲出版社1972年版，第54页。

④ 方国瑜编撰、和志武参订：《纳西象形文字谱》，云南人民出版社1981年版，第245、263页。

⑤ J. F. Rock, A Na-Khi-English Encyclopec Dictionarry, Part 1, 2, Roma 1963, p. 43.

⑥ 李霖灿：《麽些象形文字字典》，台湾文史哲出版社1972年版，第11页。

du^{33}），即"不兴"（做），如姑舅表婚是"董"的，而同一宗族内近亲是"某董"的。千百年来，纳西人的社会行为都以这"董"和"某董"为准则。这个"董"的观念源于东巴教，"董"原是东巴教中一个重要神祇，又叫美利董阿普，董神创造了世上万物，并给了世上万物不同的寿岁。东巴教认为每个仪式程序也是董神规定下来的，因此，东巴教的每个仪式都有一本指导性的"仪式规程经"，称为"董母"（du^{33} mu^{21}），意为董神规定的规程。每个仪式都必须严格按照"董母"来进行。到后来，"董母"或"董"这个词就成为一个固定术语，指一切社会行为规范的来历和准则。而在象形文中，一直以这一观念之源的创物神"董"神来象征这一抽象观念，写成： 。

2. 神灵、精灵的象征体

从东巴教的神祇谱系中可以看出，一些比较古老的神祇是不具人形的，尚未进入与人同形同性格的人格化阶段，它是以相关的象征物来象征的，而这种现象也反映在纳西象形文上，如生命神"素"（$sʅ^{55}$）写成： ，是以生命神所栖居的"素笃"（"素"之竹篓）来象征该神，过去，纳西族家家户户的神龛上都供有这个象征家庭成员生命神组合体的生命神竹篓。生命神"素"一词两义，既指生命神，也指生命，因此，这一表示生命神竹篓的象形文字也用来象征所有包括人、家畜、庄稼等人和各种与人密切相关的生命和生命有机体（野生动物则属于大自然神"署"所统辖的范畴，因此"素"这一字义不涵盖野生动物的生命）。

在纳西族的神坛上，畜神和谷神亦栖居在一个竹篓中，称为"糯笃"，内放象征畜神、谷神的石头、连枷、粮架模型、松球及谷物等。纳西象形文中的畜神写成： ，在有的东巴经中，将畜神又写成： ，是一根松枝之形，众多黑点象征结的松球很多，此字是以松枝象征畜神，以表示众多松球的黑点来象征东巴教中的18尊畜神。

在有的东巴经中，谷神哦美恒写成： ，是谷堆之形，以谷堆象征谷神。

上述几例是以与该神灵有关的"神舍"来象征该神，如纳西象形文中的"人类之神"亦即"繁衍之神"，写成： ，是银河之形状，读"伙"（ho^{21}）。洛克的调查指出，有的东巴又把"伙"解释为"指称男精和司男精之精灵",① 这是从银河布满繁星的自然现象推想而来的生殖崇拜观念。很多东巴经中说："天上布满星星，在天上的星星中，银河是最博大的，星星不计其数，天底下的人不像天上银河的星星那么多，因此人们肩扛银河的木，怀揣银河的石。"象形文写成：⿻，这里，木石是作为多育的象征。②

东巴教中的村寨在象形文字中写成：⿻，读"子瓦"，是以石砌成的房屋和墙壁之形，它也有山神的含义，是象征主宰着某个村寨建寨所用的那一块山地的精灵。

东巴教中有的神灵、精灵的象形文形象则以宗教内含的主要具象物来象征，从一个形象中可以看出多种象征意义。如相传与人是同父异母的司掌大自然之精灵的形象写成：⿻，读"署"（sv^{21}），是一个蛙头人体蛇身的精灵，"署"虽管辖着所有的野生动物，但蛇与蛙被认为是"署"手下动物的代表和基本的具体象征物。人们触犯大自然即触犯了"署"，旨在与"署"和解的东巴经中最经常提到的是人们伤了树上的蛇、蛙和水中的蛇、蛙，因此得罪了"署"。祭"署"仪式中的主要祭献品之一是用面粉做的蛇和蛙，以及绘在仪式木牌上的蛙和蛇，表示向"署"偿还原来属于他的动物。东巴经《白蝙蝠请"署"》中说，要把木牌做成顶部似蛙，下部似蛇的形状。③ 东巴经第一部反映殉情习俗的《鲁般鲁饶》中说，人们原来不会砍木牌的尖头，后来在亨依瓦吉河的上游，看见青蛙在跳跃，于是模仿青蛙头修造木牌尖；人们原来不会砍木牌尾，后来在吉衣瓦吉河的下游，看见青蛙在蠕动，于是模仿青蛙尾修造木牌尾。④ 纳西象形文中有相应的一字：⿻，这与"署"的本原形体与蛇与蛙有关。"署"是纳西族大自然崇拜中产生的精灵，他以蛇为其形体的主要象征物，又把死者的灵魂解释为化成蛇，说明了蛇是纳西先民远古所崇拜的一种灵性动物，一种逐渐衍化成自然神秘力量的象征。

---

① J. F. Rock, *A Na-Khi-English Encyclopec Dictionarry*, Part 1, Roma 1963, p. 348.
② 杨福泉：《东巴教所反映的生殖崇拜文化》，载《东巴文化论》，云南人民出版社1991年版。
③ J. F. Rock, The Na-Khi Naga Cult and Related Ceremonies, Part 1, Roma：Is. M. E. O., 1952, p. 201.
④ 东巴杨士兴、和云彩讲述，和发源译，丽江东巴文化研究所油印本，第81页。

有的神灵的象形字本身就是这一神灵所代表的实物本身，如启神写成：
，是根刺的形状，"启"即"刺"之意，在仪式中门用来刺鬼怪，共有18尊。不仅拟人化，还把他们性别化，东巴经中说"在九十个坡上插上启男，在七十个坡上插上启女"。东巴经中有专门描述启神来历的《启神的来历》。从象形文可以看得出这一精灵是一种利刺的神灵化。

第 五 章

外来宗教与东巴教和巫术文化的融合
——纳西族巫师桑尼所用的
一幅卷轴画考释①

纳西族本土宗教有两种形式,一种是东巴教,其宗教专家称为"本补"(py³³ by²¹),民间称之为东巴,学术界因此称之为"东巴教"。另一种本民族的传统巫文化,其类似于西方学术界所称的 Shamanism(即萨满教、巫教),该宗教的宗教专家自称为"吕波"(lɯ³³ bu²¹),民间称之为"桑尼"(sæ³³ ɲi²¹)或"桑帕"(sæ³³ pha²¹)。在笔者调查过的纳西族地区,常常有把"桑尼"和"桑帕"这两个词混用的情况。在丽江坝区,人们一般称之为"桑尼",而在丽江的鲁甸、塔城(今属玉龙县)等山乡,人们常混用二者,有的还用"桑尼帕"一词来称呼他(她)们。桑尼(或桑帕)与东巴教等多种宗教有非常密切的关系。研究桑尼(帕)巫术文化,对探索东巴文化发展的历史脉络,探讨东巴教在形成过程中早期的纳西族本土宗教因素有十分重要的意义。本文通过对一幅桑尼巫师所用的仪式图的分析,来探讨纳西族本土宗教的特征问题。

一 桑尼、东巴神与纳西族地方信仰

东巴经中用象形文字所写的纳西巫师是一个有女性头饰,头发披散,以手击锣的形象，读"吕波"或"帕"(pha²¹)②,"以手击锣"为西方"纳西学研究之父"洛克的解释,李霖灿所编的《麽些象形文字字典》中对此字解释为"女巫打卦之形"。据洛克的调查研究,古代纳西族的桑尼多为

---

① 本篇是"东巴文献及其当代释读刊布和创新"的阶段性成果,以《本土与外来宗教思想的融合——纳西族巫师桑尼所用的一幅卷轴画考释》为题载于《云南社会科学》2014 年第 6 期。
② [美] J. F. Rock, A Na-khi-English Encyclopedic Dictionary, Roma 1963, p. 375.

女性，后来才逐渐改由男性担任该职务。东巴经中还有另一个表示巫师的象形字，是一个男巫在散发跳神的形象 ![symbol]，读"桑尼"。①

直至近代，纳西族仍保留许多东巴兼做桑尼（桑帕）的巫术表演和仪式，这反映出东巴教是在纳西族民间巫术文化的基础上发展起来的，至今尚可见以桑尼（桑帕）为代表的纳西民间巫术对东巴教的影响。这一点在下面再谈。

桑尼（桑帕）与东巴的不同之处是：他（她）们没有用文字写成的经书，对东巴经和东巴仪式一无所知（一身兼东巴和桑尼者除外），其职位多为神授，没有父传子的世袭制。要成为桑尼（桑帕）者，首先举止行为都要处于疯狂状态，表现如一个处于突发性癫狂的人，他会疯狂地舞蹈，同时，边舞边走向玉龙雪山下的"三多"庙。到庙里后，他会继续在"三多"神的偶像前狂舞。在"三多"偶像上方的一根绳子上悬挂着一些红色的长条布，人们相信，如果"三多"神同意此人成为桑尼（桑帕），其中的一块红布会落在他身上，他随即停止狂舞，把这神赐的红布缠绕在头上，这是桑尼的标志，表明他从此已是一个桑尼。

东巴教有一整套宗教绘画体系，包括在用植物自制的东巴纸上所绘的纸牌画、尖头和平头的木牌画，此外就是卷轴画。卷轴画指画在麻布卷轴上的各种神像画，东巴举行仪式时将其挂在临时设置的神坛正上方，每一仪式都有相应的神像卷轴画，卷轴画分长卷、多幅和独幅多种，纳西语称布卷画（即卷轴画）叫"普劳嶂"（phv^{33} la^{21} tʂæ^{33}），"普劳"（phv^{33} la^{21}）意为"神"、菩萨，"嶂"看来是汉语"嶂"的变音。这种布卷画又译为神轴画或卷轴画，如按纳西语"普劳嶂"的原意，可以把它翻译为"神嶂画"。而巫师桑尼（桑帕）也用卷轴画，但不像东巴那样成体系地使用。下面笔者对洛克曾收集到的一幅桑尼巫师在举行巫术仪式时所用的卷轴画进行较深度的解读，以期对纳西族本土宗教有更深的认识。

二 对洛克所收集到的纳西族桑尼巫师的卷轴画的深度解读

洛克收集到的这幅画（见下图）目前收藏在美国华盛顿国家地理学

---

① 方国瑜编撰、和志武参订：《纳西象形文字谱》，云南人民出版社1981年版，第351页。

会①，它较典型地反映了东巴教对巫师桑尼的影响，以及一些外来文化在本土宗教体系中的表现。

1. 图正中和两边的神祇

这幅画的正中绘着三多神，身着白色长袍，坐在莲花座上，右手拿着一把汉式的扇子，头缠下垂的布条，与桑尼缠布条头饰相类似。脸上有三缕胡须，看去很像一个汉式神祇，绘画风格显然受到汉族绘画的影响。饶有意思的是三多神左右两个都是女性神祇：右边的骑着一头马鹿，头戴一顶白海螺状的帽子，洛克认为她是"嗯鲁盘世日"（^{2}Nv-lv-^{2}p'er ^{4}Shi-^{1}zhi），意思是"白雪山的山神"；左边是"达勒乌莎咪"（da^{33} le^{21有3} sa^{21} mi^{55}），骑着一头山骡。"达勒"是地名，指现在属香格里拉县境、位于金沙江边的达勒村。相传她是东巴教中与殉情密切相关的七个女性精灵——被称为风女、风鬼、风流女一类神祇的首领。她们与纳西人的殉情习俗密切相关，但与三多有什么内在的关系，民间没有说法，但纳西民俗，很多殉情的情侣殉情前都会去祭拜三多神。

民间相传三多神有两个夫人，一个是藏族、一个是白族，在丽江北岳庙（三多郭）里，三多神的塑像两旁就有这两个夫人的塑像。

根据东巴教的说法，达勒乌莎咪②是七个风鬼的首领。在东巴经《祈求福泽·祭风招魂·鬼的来历·卷首》中，对风鬼和与之密切相关的云鬼以及达勒乌莎咪的来历，有这样的说法：

---

① ［美］J. F. Rock, *The Na-khi Naga Cult and Related Ceremonies*, Roma, Is. M. E. O. 1952. Plate LVIII.
② 不同文本中的音译有差异，这里统一音译为"达勒乌莎咪"。

远古的时候，娆鬼①出世之后便是云鬼和风鬼。若不知道云鬼和风鬼的出处和来历，就不要说云鬼和风鬼的事。恩余怖布霍是云鬼和风鬼的母亲。恩勒达坞地方的达坞达孜姑娘，达坞松单姑娘，松单松妞姑娘。在达勒肯萤山崖地方的达勒乌刹命姑娘，达勒阿诺命姑娘。

这七个姑娘嫁到拉宝（石鼓镇）的拉妥迪地方。当女儿要出嫁的时候，母亲给女儿金衣、银衣、松石衣、墨玉衣，给滑溜溜的绸缎衣服。没有不给的东西，给了九十九件衣服，一百件里不足仅一件。但是，所给的衣服中，在缝衣服的时候，所有的线尾都未曾打结。母亲对女儿说，当你出嫁走在路上的时候，千万别回头看。

达勒乌莎咪骑一匹绿鬃的母骡，走到拉宝拉寿博山坡上的时候，突然想起自己的白银篦子和黄金梳子忘在家中了，忍不住回头看一看，就在这个时候，左边吹起白风，右边刮起黑风，被云和风抬了去，被毒鬼和厌鬼抬了去，达勒乌莎咪被风吹贴在这岸的达勒肯萤崖上。②

这些女子为什么被称为风鬼，她们又为什么与殉情有密切的关系呢？从记载于东巴经的作品和民间流传的诗歌和故事中看，其缘由主要与七个风鬼的首领达勒乌莎咪有关。在《超度达勒乌莎咪经》和一些民间故事中说，达勒乌莎咪爱上一个牧羊青年，但她的父母却把她许配给一个她不相识的边远村子的人家。在出嫁那天，她骑着一匹骡，走到金沙江边红岩地时，突然想到梳子忘在家里，便回首一望。忽然，左边刮白风，右边刮黑风，两股风把达勒乌莎咪及她所骑的骡子吹到对面金沙江边的红石崖壁上。从此，达勒乌莎咪就成为风鬼，永远留驻在石壁上。所有与殉情相关的民间文学作品、东巴经作品和东巴教仪式、纳西民俗，都会说到达勒乌莎咪的故事，要祭祀她，由此可见她与殉情民俗有着一种神秘关系。

三多神的右边是白雪山女山神，而三多神也是纳西族民间相传的玉龙雪山山神，或许这与民间在三多神像旁塑立他的藏族与白族两位夫人有着某种内在的联系。而巫师桑尼为什么把达勒乌莎咪绘在他们奉为保护神的三多神旁边，或许与纳西族最早的巫师是女性有一种内在的关系。

另外可以佐证的是，过去纳西族殉情之风很盛，情侣决定殉情之后，要相约殉情的日子。很多殉情者十分郑重地选择日子，有的占卜打卦，有的专

---

① 东巴教观念中的一种星宿鬼之名。
② 《纳西东巴古籍译注全集》第16卷，和云章释读，和宝林翻译，习煜华校译，云南人民出版社1999年版，第178—249页。

门到供奉纳西族民族保护神三多神的北岳庙去烧香问神，请"达玉"（da^{33} y^{55}，庙祝）推算"库经"（khv^{55} dzi^{33}，厄年），想知道何时是情死最好的时候。有的殉情者去三多庙烧香卜算时，还要深情地演唱"骨泣"调、弹口弦、吹树叶歌调，因民间有一种说法，三多神如果听不到口弦调和树叶调，就不会高兴，烧香也就不会灵。这些口弦、树叶、"骨泣"等歌调平时是绝对禁止在家中和其他庙宇、神坛前弹唱的，三多喜欢听这些歌调，反映了关于这些歌调的种种禁忌是后来才产生的。[1]

为什么达勒乌莎咪这个被视为"风神之首领"的女精灵会出现在三多神的旁边，是因为三多神在纳西族神祇谱系中，是与殉情者关系最为密切的一个。几乎所有的殉情者，殉情前都会想方设法跑到三多庙去祭拜三多神，向他告别。如果路远不能到三多庙，则要在山上祭拜。其原因，笔者认为一是三多神是最著名的纳西本土神，在民间被视为纳西人的保护神、战神；二是他又被认为是玉龙雪山的山神，而殉情者向往的"玉龙第三国"是在玉龙雪山上，其中应该有某种内在的联系。

2. 图上方的神祇

而此图上方的神祇从左到右分别是：创物神美利董阿普、中间是东巴教祖师东巴什罗、道教神祇城隍。

在东巴教不少仪式中都要咏诵的重要东巴经《烧天香》（纳西语称为《凑巴季》，tʂhə^{55} pa^{33} dzi^{55}）中，排列了一个烧刺柏枝等物（即国内普遍所译的"天香"）祭神的顺序，这个次序反映了东巴教中各种神祇重要性排序，从中反映出一种更具本土文化特点的神灵观。其中有这样的叙述：

> 继普劳神之后，产生了各种大神，如爪史大神、余施大神、明苴大神、"署"神的督史聂补纳瓦大神、东方属木的大神、南方属火的大神、西方属铁的大神、北方属水的大神、中央属土的大神、白沙的三多大神，丽江古城的城隍大神。[2]

上面提到的神祇中，已经有了道教神城隍，而且是与丽江古城有关。这是在明代道教传入丽江后，东巴教逐渐受其影响的反映。在另一本东巴经《大祭风·镇压呆鬼佬鬼·送神》中详细叙述了送神的序列，送了五方大神

---

[1] 参看杨福泉《玉龙情殇：纳西族的殉情研究》，云南人民出版社2008年版，第21—25页。
[2] 这里所依据的东巴经文本为和士诚释读、和力民翻译、和发源校译《禳垛鬼大仪式·烧天香》，载《纳西东巴古籍译注全集》第22卷，东巴文化研究所编，第317—369页。

之后，经书中这样说：将"玉皇大神、玉皇娘娘大神、本府城隍大神、城隍娘娘大神往上送"①。

汉文化进入纳西族地区后，产生了与汉族大体相同的春节、腊月送灶神、正月初六的灯会、十五的元宵节、清明、端午、中元、中秋等节日；道教节日四月初八城隍庙会、二月初九的东山庙会、三月十九日的送子娘娘庙会、三月十五日的财神会、震青山会、正月初九演奏道教洞经和皇经音乐的节日朝斗会；融汉族、纳西族习俗为一体的三月二十八日祭龙节，也叫龙王会，辛亥革命后演变为祭龙王和物资交流融为一体的庙会。

结合画上的城隍神像，可以看出汉族道教对东巴教和纳西民间巫术文化的影响。而在《烧天香》中，城隍神总是与白沙的三多神联系在一起，桑尼巫师最大的保护神是三多神，三多与城隍都与特定的城乡社区密切相关，其中的原因值得深入探究。

3. 图下方的神祇

图下部分从左至右的神祇分别为：盘祖萨美女神，桑尼巫师的保护神之一突赤优麻，右边是一个骑着一匹白马的巫师。

盘祖萨美女神在东巴教中是个赫赫有名的女神，东巴教有一本著名的经书《本帕卦俗》（py^{31} pha^{21} kua^{55} $ṣu^{21}$），一般翻译成《白蝙蝠取经记》，讲的是人类请聪明伶俐的白蝙蝠到十八层天去向掌管着所有的占卜经书和方法的盘祖萨美女神求取占卜经书，最后求得三百六十种的故事。盘祖萨美无疑是从一个古代女巫的形象演变而来的，她的名字的第一音"盘"（$phɚ^{21}$）即是"卜算"的意思，与"帕"（pha^{21}）一词的意义相同。"祖"（$dzɿ^{33}$）有"女始祖"的意思，纳西人称"女始祖"即"阿祖"（a^{33} $dzɿ^{33}$），后来也演变为称"祖母"。

根据东巴教和民间的说法，纳西族的宗教专家有"本"（东巴）与"帕"（巫帅）两神，而巫师"帕"的基本职能是占卜打卦。至今还有桑尼巫师专门占卜，东巴根据桑尼的占卜举行仪式的习俗。显然，东巴和桑尼共同尊崇的盘祖萨美是个专司占卜的女神，是个女巫神。她出现在这幅画里，可以看出占卜与桑尼巫师之间密切的联系。

突赤优麻是东巴教的保护神，是协助各种神祇镇鬼降怪的战将，其在东巴教卷轴画中一般被绘为全身白色，身披虎皮，身长翅膀，狮头，腰系虎皮，左手持鹰爪状的三叉戟，右手持剑，周遭火焰环绕的形象。据洛克的调

---

① 和云彩释读，和宝林翻译，习煜华校译：《大祭风·镇压呆鬼佬鬼·送神》，东巴文化研究所 1983 年油印本。

查，优麻也称为"瓦麻"（Wua-ma），东巴教的优麻保护神共有 360 个，洛克认为优麻保护神类似本教的 Wer-ma，Wer-ma 是本教中的战神。[①] 在东巴教的"普劳幛"卷轴画中，优麻保护神总是与另外一类长着鹰头的保护神多格（$tə^{33}$ $kə^{21}$）有密切的联系。

最右边的这个骑着白马的女性巫师形象，洛克认为她是姜子牙的妹妹（或姐），是纳西巫师桑尼信奉的"祖师"，有些像东巴教的祖师东巴什罗。根据洛克在 20 世纪 30 年代的调查，纳西巫师桑尼称他们是姜子牙之妹（或姐）的信徒，在他们举行降神仪式时供奉的一张挂图上有她的形象。桑尼的守护神之一叫 Dja-ma（不是纳西语，不知是何语言），实则是被称为桑尼首领的姜子牙之妹（或姐）。由此也可看出，古代的桑尼首先是由女性担任这一事实。在东巴经所记载的神话里，纳西第一个远祖美利董阿普的巫师叫"美帕科璐"，是个女巫，有相应的象形文形象，美利董阿普的敌人米利术主亦有一个叫"美帕丁那"的女巫。《说文》说："巫，祝也，女能事无形以舞降神者也。"这说明了巫师首先为女性是中国古代一种较普遍的文化现象。

桑尼称姜子牙的姐妹是他（她）们的首领，笔者以为不是随意附会，原因在于：在桑尼所供奉的这幅卷轴画中，被称为 Dja-ma 的桑尼首领（姜子牙之妹或姐）骑一匹白马，头发披散，是一个如象形文字所绘的女巫的形象。桑尼说她有赋予任何桑尼盼望出现的神灵的能力，反映出该女巫高超的降神能力。

非常丰富的研究成果证明了纳西族是古羌人的后裔（这里不排除古羌人移民与纳西族居住地古时的土著相融合而形成现在之纳西族的可能性）。而作为姓氏的"姜"和作部落名的"羌"二字，在中国古音中是一样的。殷墟文字的"羌"从人，说它是部族，周代史志上的"羌"从女，说她是姓氏。西晋及刘宋时的司马彪和范晔尚知"羌"与"姜"的互通互用，所以都明白指出："西羌之本，出自三苗，姜姓之别也。"[②] 羌人为姜姓，而姜子牙是周初姜姓部族长，有学者考证，周文王得到羌人吕尚（姜子牙）做他的幕僚长，巩固了周室的根据地。[③] 羌族神坛中亦供奉姜子牙。[④] 从其形象上来分析，披散头发与古羌人妇女的发式有关，"羌族妇女古时的发式为

[①] J. F. Rock, *The Na-khi Naga Cult and Related Ceremonies*, Part 1, Roma, Is. M. E. O. 1952, p. 136.

[②] 马长寿：《氐与羌》，上海人民出版社 1984 年版，第 17 页。

[③] 黄奋生：《藏族史略》，民族出版社 1985 年版，第 8 页。

[④] 见中国南方少数民族哲学及社会思想史学会编《研究集刊》第 1 辑，1985 年。

披发，河湟间的羌妇，最初为披发，从披发改变为辫发"①。从这里也可推断，巫师桑尼所称的首领姜姓女子是一个古羌妇女的形象，从前述她的巫师特征等来综合分析，可知她是一个古羌人部落的女巫首领。

再看桑尼所尊奉的主要保护神三多，他亦是纳西族千百年来笃信的保护神，因此丽江县人大常委会于1986年起将"三多节"定为纳西族的民族传统节日。"三多"与藏语"三赕"（Sa-tham）同，三赕是藏族神话史诗《格萨尔王传》中位于西藏西北部的姜国（HJang 或 IJang）国王的名字，洛克对此有详细考证，指出"姜"即"羌"，认为三多的故事是纳西先民在南迁时带到丽江来的，三多神起源于遥远的北方草原地带，纳西先民从那里南迁到丽江，把这个神灵也带到了丽江。② 洛克的推论除了有多种藏英词典及藏文手稿等为依据外，也有纳西族的民间传说以及有关三多的汉文献为依据，三多来自西北的传说，在清代丽江纳西族文人杨品硕写的《丽江北岳神考》中也曾提到。1743年版的《丽江府志略》中收录了在三多泥像中发现的一份关于三多传奇故事的汉文残稿，其中说三多神从遥远的西北降临到丽江。从多方面考察，笔者以为洛克的推论是可信的。至于藏语"三赕"亦指称丽江，那应当是三多神成为丽江的守护神之后，成为丽江的代称所致。

三多神有两个突出的相同点：第一，三多神是个白色神，面如白雪，穿白盔白甲，手执白矛，骑白马，桑尼所供奉的三多画像也是身着白衣；第二，三多神的化身是一块白石，笔者以为这与羌人的尚白观念和尊崇白石神有联系。在羌族的传说中，白石帮助羌人战胜了戈基人，而纳西族中的三多神也总是在战斗中露面帮助纳西人战胜敌方。纳西族东巴经和许多民族学资料也反映出纳西先民的尚白习俗。③ 综上所述，可以看出桑尼的主要保护神三多在纳西先民定居丽江之前就已是本民族的保护神，南迁的纳西先民把这个神灵带到丽江，自然地把这个白色神与白雪皑皑的玉龙山联系在一起，并树为此山的神灵。④

从以上论述中，可以看出三多神为保护神及"巫职授予神"，奉古羌人部落首领之妹（姐）为首领的纳西族巫师桑尼，是早已存在的本民族巫师，

---

① 马长寿：《氐与羌》，上海人民出版社1984年版，第17页。
② 洛克：《中国西南古纳西王国》，刘宗岳等译，杨福泉、刘达成审校，云南美术出版社1999年版，第123—125页。
③ 杨福泉：《纳西族东巴经中的"黑""白"观念探讨》，载《世界宗教研究》1986年第2期。
④ 羌族亦有关于白石化为雪山挡住戈基人的道路的传说，可进行比较研究。

他（她）们是纳西族原始巫术文化的代表。

但在主要叙述东巴教神祇谱系的东巴经《烧天香》中，三多神的产生是比较靠后的，是继东、南、西、北、中五方神祇之后而产生。① 东巴教有一个叫"三多恒颂别"（sæ^{33} do^{33} he^{21} su^{55} py^{21}，祭三多神）的仪式和一本用象形文字写成的名为《三多恒颂》的经书，只有东巴会咏诵，但语言不是纳西语，东巴解释不出其内容含义，其中提到三多的妻子儿女及部将等。经书以大段巫术咒语结尾，由此亦可看出这个仪式有可能是从巫术仪式中转化而来的。至于东巴不能识读《三多恒颂》经书，有这两种可能，一是因详细描述三多生平（包括家庭及部落情况）的传说年代久远，为后世东巴（或东巴兼桑尼者）所忘却；二是在本教的影响下东巴教逐渐兴起，到后来地方神三多在东巴教的神祇中已非最重要之神，因此关于他的经书也逐渐被忽略。三多在一些东巴经书中虽仍被称为大神（恒底，he^{21} dɯ^{21}），但逐渐居于众多外来神祇之下。

该画最下面所绘的形象是：左面是一个头缠红布巾的桑尼（桑帕）巫师在舞蹈；往右是两个鬼怪，一个长鸡头，一个长虎头。洛克解释说还有其他3个没有绘在画上的鬼，分别是长乌鸦头、兔头、马头的鬼。② 东巴教中也有很多类似长着各种飞禽走兽的鬼怪，显然纳西桑尼巫术文化与东巴教的鬼神谱系有相互影响的一面。

总体来说，纳西本土宗教中的"桑尼"（桑帕）总体上是一种与纳西族原始宗教东巴教有区别的民间巫术文化，但其中已有巫术和原始宗教东巴教两种意识交叉重叠的现象。桑尼敬奉"三多"（白石神，又为山神）及"优麻"（iə^{33} mɑ^{21}）等保护神，仪式中求告祖灵等，说明自然崇拜、动物崇拜及神灵、祖灵观念等宗教意识已渗入桑尼巫术文化中，这反映出当人们见到巫术力量不能偿其所愿，转而乞灵于较高超自然力，乞灵于神祇和祖灵这种观念意识的转化，但它与有庞大神祇群和繁杂的仪式系统以及相应配套的宗教经书的东巴教相比，其性质还是十分不同的。

三　结语

从这幅难得一见的纳西族桑尼巫师所用的卷轴图中，可以看到如下几

---

① 杨福泉：《略论东巴教的本土神祇谱系》，载《思想战线》2009年第1期。
② ［美］J. F. Rock：*The Na-khi Naga Cult and Related Ceremonies*，Roma，Is. M. E. O. 1952. Plate LVIII.

点。其一，桑尼的神祇体系是以纳西族大多数民众信仰、在民间影响力最大的保护神三多为主，三多是纳西族的民族保护神，也是玉龙雪山山神。过去纳西族打仗前都要去祭拜三多神，殉情者殉情前也要去祭拜三多神，如今的纳西族民族节日是每年农历二月初八日的三多节，可见三多神在纳西族民间的影响很大。而三多神在神祇系统复杂、受本教神祇等影响大的东巴教里，没有被列入最重要的几个神祇之列，可知东巴教是后来且受到其他宗教影响较深的宗教，只有桑尼巫师的神灵观念更多地保持了纳西本土神的崇拜意识。其二，这幅画反映出本土神祇和外来神祇在纳西巫师神灵观念中的整合现象，其中既有如东巴教也非常尊崇的创物神美利董阿普、执掌占卜之术的女巫神盘祖萨美、有"护法"性质的突赤优麻保护神（战神），又有东巴教祖师东巴什罗；既有在东巴教中被视为"凤鬼"的司风之女精灵达勒乌莎咪，又有相传是"羌人"的姜太公及其姐妹以及道教神城隍。神祇的组合反映了诸种宗教在纳西族民间巫师信仰中的整合，东巴教与纳西族民间巫术文化的相互影响以及外来宗教对纳西宗教的影响，这与本教、藏传佛教、道教等对东巴教的影响是相似的。

第 六 章

东巴仪式及其文献的当代变迁

一 东巴教祭天仪式的女性禁忌及其变迁[①]

祭天在纳西语中叫"美本"（mɯ³³ py²¹）[②]，"美"是天的意思，"本"（py²¹）意为祭祀，举行法事，一般都有"咏诵"宗教经典的意思在其中，"东巴"的自称就是"本"（py²¹）。"祭天"是纳西族东巴教最大的仪式之一，也是纳西族民间最大的传统节日。而祭天场是纳西人的精神圣地，祭天中有诸多禁忌习俗，禁忌外族人参加祭天仪式，禁忌在仪式中说外族语言。在诸多禁忌习俗中，有表现在社会性别上的禁忌习俗，本文对此做些分析。

（一）祭天中妇女禁忌的空间表现形式及其变迁

在丽江的很多地方，有忌讳妇女参加祭天仪式的传统习俗。它的表现不尽相同，与以祭天场竖立祭树的祭坛为核心而外延的神圣空间观念相关，大致有如下几种情况。

1. 传统仪式中禁止妇女进入祭天场

祭天场是一个神圣空间，存在着一道"边界"，可以说是一种物理空间与文化心理上的边界。祭天禁忌的一种是表现为比较严格的空间禁忌，完全禁忌妇女进入祭天场这一空间。比如洛克在1923年记录了丽江嗯鲁肯村（ŋv³³ lv³³ khɯ³³，今玉龙县白沙乡玉湖村）的一个祭天仪式，其中写道：

> 祭天仪式的积极参与者毫无例外地全是男性。他们都来自属于同一个祭祀地区的父系"骨"亲。女性是不许进入圣地的。也就是说，这

[①] 本部分作为"东巴文献及其当代释读刊布和创新"阶段性成果，以《纳西族祭天仪式中的女性禁忌及其变迁》为题发表于《云南社会科学》2015年第4期。

[②] 本篇中所用纳西语音译采用1957年设计、1981年修订的拉丁字母形式拼音文字《纳西文字方案》。

个仪式是只属于父系根骨亲的活动。①

玉湖村人、纳西族学者李近春先生回忆小时候参加过的祭天仪式,该村姑徐祭天群②有这样的禁忌,年满 14 岁的女孩子,不能来参加祭天仪式。而未满 14 岁的女孩则可以到祭天场参加祭天。③ 显然成年与未成年是妇女能否参加祭天仪式的一道边界。

美国人类学家孟彻理(Chas Mckhann)也根据他在丽江鸣音乡(今属玉龙纳西族自治县)的田野调查做了如下的描述:妇女对祭天仪式的参与极为有限。女性不允许到仪式场地,也不参与仪式中的任何活动。在(丽江)鸣音乡就曾有两个初嫁到村子里的女子,在为仪式做准备的一个早上,带领着男性祭祀队伍,沿着通向祭天场的路撒水和松针。当她们走到祭天场边时,立刻转身往村子的方向走。村里的新婚夫妇,或是头年刚得子的夫妇会为仪式酿酒,并一起把它搬到仪式场地。就是在这样的情况下,妇女也会在场地的入口处撒下回家④。这个入口就表现为一道边界,以这道边界为界,禁忌妇女进入祭天场空间。

东巴文化研究的先驱、出身东巴世家的和志武先生曾撰文回忆他的家乡丽江县黄山乡(今属丽江市玉龙县)长水村的祭天习俗,其中也说到妇女不参加祭天仪式的一些细节,长水村是正月初一、初二过新年,初三开始祭天,妇女用小竹箩把祭天物品背到祭天坛附近,不得进入祭天坛而返回家里。当晚,妇女依然准备食品祭品等物品,把祭天男子送到祭天坛附近又返回,当晚参加祭天的男子露宿于祭天坛。在第二天祭天时,主祭东巴向祭树献酒,并祷告说如下的话:这个事情(祭天)是男人的事,男人的事情只能由男人做,男人做了,干干净净!⑤

2. 传统仪式中祭天场的分区

在部分纳西族地区,祭天场这一神圣空间又可分为核心区与非核心区。

---

① 洛克图、奥皮茨文:《祭天——约瑟夫·洛克的照片》,沈芸译,杨福泉审校,载米歇尔·奥皮茨、伊райт莎白·许主编《纳西摩梭民族志——亲属制、仪式、象形文字》,云南大学出版社 2010 年版,第 168、172—173 页。

② 纳西族的祭天群体分为几个派别,分别是扑笃(pvl dvq)、姑徐(ggv xiuq)、姑闪(ggv saiq)、姑展(ggv zzaiq)。参看杨福泉《东巴教通论》第三章,中华书局 2012 年版,第 106 页。

③ 《李近春纳西学论集》,民族出版社 2008 年版,第 7 页。

④ [美] Charles E. Mckhann(孟彻理):*Fleshing Out the Bones*: *Kinship and Cosmology in Naxi Religion*, Ph D, Thesisin Anthropology, University of Chicago, 1992, pp. 175, 191.

⑤ 和志武主编、杨福泉副主编:《中国原始宗教资料丛编·纳西族卷》(丛书总主编:吕大吉、何耀华),上海人民出版社 1993 年版,第 49 页。

有些地方将其称为内场和外场，禁忌妇女进入祭天场最核心的"内场"。李霖灿先生是中国学者中最早到有东巴教圣地之誉的中甸县（今香格里拉县）三坝乡白地实地考察祭天仪式的一个，他在1942年考察了中甸县白地村（又写为北地）属于扑笃祭天派的一个祭天群体①的祭天仪式的整个过程，根据他的观察，妇女参加了所有的准备工作，和男人一起来到祭天坛，但妇女留在"外坛"，男子则进入"内坛"，祭天猪要先扛到外坛的一个小土堆旁，沿着土堆绕上三圈，表示除秽，然后才抬进祭天内坛。内外坛以篱笆或者垒石为界。在李霖灿所绘的祭天场草图中，内坛包括有供奉神树的祭坛、给乌鸦施食处、象征射杀仇敌的射箭仪式处、放置祭天猪、神粮等贡品的地方。而外坛里则有除秽土堆（在中间）、撒祭谷之处（右边）、烧祭天猪牲之处（左边）。②

四川省木里县俄亚纳西族乡纳西人在祭天时，也禁忌妇女走进祭天坛参加祭祀活动，只能在场外观看，即在核心区域的外围观看。男子祭完后，向等候在祭天场外（也就是如白地的"外坛"）的妇女示意可以进来了，于是妇女们进来祭天场，向东巴祭司磕头祝贺，和大家一起唱跳传统歌舞"俄门达"（又音译为"阿默达"）。③

据笔者从1989年以来所做的田野调查，纳西妇女参加祭天仪式的习俗也是多样化的，比如笔者在1989年在中甸县（今香格里拉县）三坝乡白地行政村吴树湾村调研阮可人（纳西族支系）的宗教和民俗，据当地大东巴久嘎吉的讲述，阮可妇女可以参加祭天仪式，但有如下一些禁忌习俗。

吴树湾村阮可人的正式祭天仪式是在阴历正月初九。在初八这天，男子上山砍祭天木，砍来黄栗（栎）和柏（刺柏）木两种放到祭天场。回家后打扫住房和畜厩，全身擦洗干净，做祭天的准备工作。太阳快落山时，每家去一个男人清扫祭天场，并把一罐泡大麦酒（苏理玛酒）放在祭天场，备第二天祭天时掺水使用。太阳落山后，各个小群体（从一个祖房分支出去的）又聚集到自己原来的"尤郭"（父母或长辈所居的祖房）举行量神米仪式。该仪式在正房举行，而以"美杜"（擎天柱）为核心的火塘周围是神圣空间，在举行这个"量神米"仪式时，妇女要出外回避。……初九鸡鸣即起床，男主人身背神米篓，手持弓箭，一男子持松木火把在前为之照明，众

---

① 关于纳西族的祭天派和祭天群体，可参看杨福泉《东巴教通论》第三章，中华书局2012年版，第106页。
② 李霖灿：《麽些研究论文集》，台湾"国立故宫博物院"，1984年，第234页。
③ 和志武主编、杨福泉副主编：《中国原始宗教资料丛编·纳西族卷》（丛书总主编：吕大吉、何耀华），上海人民出版社1993年版，第57页。

男子各持火把随后，属一个祭天群的阮可人各依宗亲辈分先后列队走向祭天场，一男子扛胜神之矛。妇女们则在家中准备好肉、饵块等食品后，送到祭天场。妇女只能待在祭天场用石头圈起来的外围（即李霖灿所说的外坛），不能进入内场。

笔者长期进行田野调查的丽江塔城乡（今属玉龙纳西族自治县）署明村的祭天活动是在1983年该村老东巴和顺的倡议下重新恢复的，从恢复之年起，和、杨二姓就联合在一起祭天，时间则依和姓之俗，在每年的正月初五和七月初五进行。和顺去世后，他的弟弟和训和二儿子和贵华继续主持每年的祭天仪式，并带动了一批有志于学习东巴教知识的中青年村民，在山村的寒夜聚集在一起苦心学习东巴教的象形文字、经典、歌舞、绘画等。2000年初春，笔者在丽江县塔城乡（现属丽江市玉龙县）依陇行政村①署明村参加了该村村民的一个祭天仪式，在这个祭天仪式上，男女老幼都参加，女子身背神米篓，男子手持弓箭和象征胜利之神的长矛，扛着祭天猪，一男子手持松明火把在前引导，众人列队去神圣的祭天场。妇女在祭天场可以参加仪式中所有的活动，看不出有明显的禁忌。

笔者因此对该村的东巴进行了咨询，据该村东巴和秀东讲，署明村的家庭祭天和祭天群祭天并存，只是时间错开。在祭天过程中，在举行祭天除秽之前，妇女一般都站在祭天场稍微离立神树的祭坛远一些的一个地方，这个地方称为"$\text{tʃhə}^{55}\text{ khua}^{21}\text{ lv}^{33}\text{ me}^{33}\text{ na}^{21}$"（臭夸鲁美拿，直译的意思是"分开秽气的大黑石"）之处，因为一般认为妇女身上不太干净，有些秽气，他用了"墨臭墨俗"（$\text{mə}^{33}\text{ tʃhə}^{55}\text{ mə}^{33}\text{ su}^{21}$）这个词，意思就是"有点不洁净"。所以在除秽仪式举行之前，禁忌靠近竖立着天神、地神和天舅之神树的祭坛。举行了祭天仪式后，妇女也可以和男子一起来敬香、磕头等。显然，署明祭天场的神圣空间又与上述外场（坛）和内场（坛）的观念有些差别，是以供奉神树的祭坛为最神圣的空间而外延到进行除秽仪式的祭天场边缘地带。

3. 现今纳西族宗教仪式中妇女禁忌的多样形态

到现在，祭天场的神圣空间观念与社会性别的联系有很大变迁，据笔者2000年在署明村祭天仪式现场的观察，无论任何年龄的女子，都可以自由出入祭天场的任何一个角落，但在祭天正式开始时，站在第一排向神树敬香的都是村里的东巴和男性长者，妇女虽然都在祭天场，但大都是在男性的后面，有的妇女在祭天场纺羊毛线，聊家常。在吃祭天饭的时候，男女都一样

---

① 塔城乡现在属于丽江市玉龙纳西族自治县。行政村现在改称村民委员会。

席地而坐聚餐。显然，从过去到现在，署明村与丽江坝区的乡村祭天习俗严格地禁忌妇女到祭天场的习俗有着明显的区别。禁忌妇女到祭天场神圣空间的观念没有像上述丽江坝区乡村那么严格。

笔者在 2008 年和 2009 年两次参加了玉龙县鲁甸乡拓鲁瓦村恢复举行的祭天仪式，看到的也都是男女老幼都可进入祭天场，没有对妇女的禁忌习俗。但在举行祭祀时，最靠近供奉神树的祭坛的都是主持祭祀的东巴和男性长者，妇女都站或坐在比较靠后的地方。其神圣空间观念的表现与同样有家户独立祭天和群体祭天并存习俗的塔城乡署明村、巴甸村等一致。

上述玉龙县塔城和鲁甸这几个地方，原来保留着传统的以家庭为单位的祭天仪式。按传统古规，神圣的祭天米箩要由家里的女性家长背到祭天坛，祖母在世由祖母背，不在则由母亲或女儿背。这两个保留着以家庭为单位进行祭天的乡村，祭天时对妇女的禁忌习俗明显比较宽松，没有如丽江坝区和香格里拉县三坝乡白地村等地分为"内场"（坛）和"外场（坛）"等空间，并因此来划分妇女可以容身的空间。

据香格里拉县三坝乡白地村吴树湾村东巴和树昆的讲述，至今香格里拉县三坝乡白地的纳西人还恪守着妇女只能待在祭天场外围（如李霖灿先生所说的"外坛"），纳罕（白地纳西人自称）和阮可人都一样，还是恪守古规没有变化。

禁忌妇女参加的东巴教仪式不仅仅是祭天，多数生活在金沙江河谷地区的纳西族支系阮可（又音译为"阮柯"或"汝柯"）人，其最重要的仪式是"嘎本"（ga^{33} py^{21}，祭战神或胜利神）①，这是阮可人区别于其他纳西族支系的一个重大标志。云南省宁蒗县拉伯乡加泽行政村油米村阮可人的祭战神仪式一般在农历十一月（冬月）举行，与祭祖仪式同时举行。而在举行祭战神祖先的仪式时，所有女性成员都要退出祭场。② 据香格里拉县三坝乡白地吴树湾村阮可东巴和树昆讲，迄今香格里拉县三坝乡白地村民委员会吴树湾村的纳西阮可人在"嘎本"（祭战神）时，禁忌妇女进入石头或篱笆围起来的祭天场内场。

尽管很多地方的纳西族在举行祭天仪式时，禁忌妇女进入祭天场的核心空间，但在主持祭天的东巴或长者向居于祭天场最核心的祭坛中央的天神、地神（天神之妻）和天舅（天神之舅）献祭时，都要代表所有男子女子咏

---

① "嘎"（gga）也是"胜利""赢"的意思，所以"嘎本"也可译为"祭胜利神"。
② 和发源、王世英、和力民：《滇川藏纳西族地区民俗宗教调查》，云南民族出版社 2008 年版，第 75 页。

诵祭词，祭词中一般都有类似的句子：笔者们属于扑笃的这一群，男的来给你祭献一炷大香，一坛白酒，来磕三个头；女的来给你祭献三炷小香，一坛白酒，来磕三个头……尽管女子不在祭神处，但男子都要代表女子说出祭词，男女并列。

显然，一些纳西族地区过去禁忌妇女参加祭天的习俗，在丽江市古城区、玉龙县等纳西族聚居区现在已经很少保留了，在一些比较偏远、传统习俗保留得比较多的纳西人聚居区，这个习俗还普遍保留着。这种祭天仪式中社会性别角色禁忌习俗的变迁，是与纳西族习俗随着社会文化的变迁而产生变化同步的，它也与纳西族区各地的社会文化变迁状况密切相关。按过去的传统，丽江洞经音乐的演奏也有严格的性别禁忌，妇女不能参加演奏，不能加入如"洞经会"这样的洞经音乐社会组织，但可以听。20世纪80年代以后，很多纳西族妇女参与了"洞经音乐"的演奏，典型的如大研古乐队，其中妇女不仅参与演奏各种古乐器，还是一些洞经音乐曲目的主唱者。过去，纳西族的家屋制度中，以神圣火塘灶和"美杜"（擎天柱）为核心的火塘边座位有很严格的基于社会性别和长幼卑尊观念的座位秩序，现在，这些观念也根据纳西族聚居区域情况的不同而在逐渐变迁中。当代纳西族祭天仪式中的女性禁忌的变迁，有的与传统的区域传统有关，但更多的是随着时代的社会文化变迁而发生的变迁。

而有些与丽江古城紧密相连的农村，也保留着祭天仪式，但又没有严格的妇女参与的禁忌，笔者母亲家乡、毗邻古城的思吉村的祭天群有自己独到的特点，祭天大多是各个祭天团体在住宅的院子里进行，笔者母亲这个家族有三四十户，但20世纪30—40年代在一起举行祭天仪式的有7户人家，这是一个祭天群体。这些在一起祭天的成员在同一家族中是属于比较亲近的亲戚，斯基村的纳西人称这种在一起祭天的同一家族亲戚为"补吐低化"（bu^{21} thv^{55} dɯ^{33} huɑ^{55}），意思是"（轮流）出（祭天）猪的一群"。母亲家族的这一个祭天群每年轮流在一家举行，仪式中有杀"祭天猪"、献"祭天神米""点大香"等程序。祭天时，院内铺满表示吉祥的青松毛，仪式由族中会咏诵祭天口诵经的长老主持。在斯基村，妇女是可以参加祭天典礼的。和玉龙县塔城乡和鲁甸乡有家户祭天的习俗一样，看来在家庭里举行的祭天习俗，对妇女的禁忌习俗比较宽松。

（二）祭天妇女禁忌习俗形成原因论析

1. 认为女性不净的观念所导致

在纳西族的祭天仪式中，其中最为重要的一个祭仪是"除秽"（tʃhə^{55}

su^{55}，臭送），供奉的祭品、参与的人员，在正式祭天之前都首先要举行"除秽"仪式，也就是一种洁净仪式。东巴教关于"臭"（tʃhə^{55}）的观念，是指污秽、不洁，指称一切违反本民族传统习俗、伦理道德的行为和由此引起的后果。东巴经、东巴画和东巴教仪式中指称为"臭"的行为有涉及婚姻和两性伦理的，如远古洪水暴发后发生的纳西远祖兄妹婚配；同一宗族的男女之间发生的两性关系；婚外性行为导致的私生子等。有涉及违反民族传统禁忌习俗的，如杀死红虎、狗和吃狗肉等。有涉及民族传统生态道德观的，如认为乱砍滥伐、污染水源河流和滥杀野生动物都会导致产生秽鬼。有涉及民族一些独特的道德观念的，如认为杀死曾帮助过你的人是恶行，会产生"臭"。东巴教中这一"臭"的观念深深地渗透到纳西族人的社会生活中，形成一个传统伦理道德范畴，制约着纳西人的社会行为。

而按传统的观念，妇女一般被认为不太干净、有些秽气，这与妇女的生理现象以及后来融入了社会特定内涵的观念变迁有关。笔者在上文中引述了署明村东巴和秀东提到的认为妇女有些"不洁净"（"墨臭墨俗"，mə^{33} tʃhə^{55} mə^{33} su^{21}）的观念。类似的解释也从其他地方的东巴那里得到印证，2015年4月，来参加第15次"东巴法会"的玉龙县大具乡头台村的东巴东珍这样对笔者解释过去为什么妇女不能参加祭天，是因为妇女不太干净，有秽气，所以不能参加祭天，但可以在祭天结束后进去和男人们一起吃煮好的祭天猪。现在没有这些禁止妇女进入祭天场等禁忌了，妇女可以参加祭天仪式。玉龙县太安乡的东巴对禁忌妇女参加祭天仪式的原因也如上面所说，不过他们强调，现在的祭天仪式就不讲这些不准妇女参加的老规矩了，男女都可以参加。

香格里拉县三坝乡白地纳西族在举行祭天仪式时，首先要举行洗涤除秽仪式。正月初二日举行祭天，各个祭天群的男女都要到指定的河流去除秽净身，这称为"除秽气"。比如属于扑笃祭天派的群体，除了孕妇和喂奶妇女不去之外，其他人都要到村南头的一条大河里去洗涤秽气，男女分河而浴。在举行祭天时，首先由主持祭天的东巴主持，在祭天外坛一个土堆处举行"除秽"仪式，这个土堆称为"除秽之土堆"。然后才能进入祭天场内坛。①

在中国包括汉族的很多民族的文化中，比较普遍存在女人"不洁净"的观念，特别是女人来月经或是生育孩子时，更被认为是不干净，非常忌讳此时期的女子参加祭祀神灵的仪式。比如华北地区，忌讳女子参加祈雨活动，人们通常认为女人身子"不净"。有人说："女人身子是半月干净半月

---

① 李霖灿：《麽些研究论文集》，台湾"国立故宫博物院"1984年，第227页。

不干净,龙王爷爱干净,所以不要女人参与。"①

纳西族的祭天仪式所反映的其实是一种"重母系""重女性"的文化特点,祭祀的都是本民族始祖母的父母亲和舅舅这个母系祖先,而为什么又忌讳妇女参加这个神圣的仪式呢?在纳西族的文化中,对母系祖先和女性超能力的崇拜与女性的禁忌习俗同时存在。从各种关于女性不洁净的东巴文献和民俗的描述中看,主要肇源于因女性特殊的来月事和生育等生理现象而产生的一种恐惧感,其次才来源于包括不符合传统习俗的性关系、私生子等观念。一方面,在纳西族的神话传说的人类谱系、宗教礼仪乃至语言中,都保留有"以母为大""女人为尊"的文化印记;另一方面,又保留着女性"不洁净"等观念。而那种极端的重男轻女观念和繁多的妇女禁忌习俗则恶性发展于1723年实施"改土归流"之后"男尊女卑"的封建礼教观念被灌输进来后。

2. 本土联姻家庭关系破裂的解释

按纳西神话创世史诗《崇般图》《人类迁徙的来历》的记载,纳西先祖、文化英雄崇仁利恩把原来已经许配给了天神舅舅蒙若可西可罗的女儿衬红褒白咪给娶走了,因此,崇仁利恩同时就负债于两个天神亲属家庭,他们分别是:给了他妻子的天神岳父母和被他夺走了原本该娶其妻的天神之舅家。在崇仁利恩出现之前,蒙若可西可罗和衬红褒白咪的婚嫁计划和纳西族的传统母系联姻制度是一致的,即母亲的兄弟的儿子按照古规应该迎娶父亲的姐妹的女儿。纳西族有相沿甚久的姑舅表婚俗,纳西语称这种婚俗叫:阿古(或阿巨)增美干,意思是:阿舅有优先娶姑妈女儿的权利。这与纳西族"母舅为大"的传统习俗是相对应的。在纳西族的"祭天"仪式中常常提到,人类的舅舅是天,天的舅舅是柏树,所以祭天时,象征舅舅的刺柏树要立在正中间,左右才是天神子劳阿普和地神衬恒阿祖(天神之妻),可见舅舅地位之高。在很多纳西族地区,舅舅有权过问外甥和外甥女的婚事,在各种重大的家庭亲族活动中都扮演着重要的角色。创世神话《崇般图》中说,不是舅父的儿子,不能占有姑母女,"占有"一词在纳西语中叫"该"(ggai),即预先占着的意思,也指娶之意。

按照这个与父系交表婚有着完全一致的逻辑体系的制度要求,一个亲属家庭嫁出一个姐妹后(例如,天神之舅老蒙若可西可罗把他的姐妹衬恒阿祖嫁给了天神子劳阿普之后),就有权从娶了自己姐妹的那个亲属家庭中换回一名女子。比如,天神之舅的儿子小蒙若可西可罗应该娶回他的父亲的姐

---

① 苑利:《华北地区女性祈雨研究》,载《青海民族研究》2003年第4期。

妹的女儿作为妻子。也就是说，这种互惠的制度会在第二代完成一个完整的循环。

然而，这一传统的婚嫁制度被纳西族的远祖、文化英雄崇仁利恩打破了。因为天神的女儿衬红褒白咪爱上了他，因此勇敢的崇仁利恩无视衬红褒白咪已有的婚约，两个相爱的人齐心协力克服了天神所出的种种难题，崇仁利恩把衬红褒白咪带到人间并娶为妻。此举激怒了天神之舅蒙若可西可罗的联姻家庭。这种顺理成章的愤怒必须要由崇仁利恩来平息，他应该偿付娶走原应属于蒙若可西可罗家庭的女子所欠下的债。按照纳西族传统婚嫁制度的逻辑要求，他必须将自己下一代中的一名女子还给蒙若可西可罗家庭。祭天仪式的出现无疑为如何偿还这种双重债务找到了解决的途径。

《崇般图》（人类迁徙的来历）中描述说，崇仁利恩带着天女妻子回到人间后，夫妇俩发现如果没有天神岳父母的福佑，他们就永远不会有孩子。因此，崇仁利恩派了神禽白蝙蝠作为使者，到天神那里去求助，希望能够获得他们的福佑，天神夫妇说，举行了祭天仪式后，他们就会有孩子了。白蝙蝠回来后细致准确地向崇仁利恩描述了祭天仪式的整个过程。

崇仁利恩按照天神的指示举行了祭天仪式，之后他和妻子就生了三子三女。然而，因为仪式中没有对天神之舅蒙若可西可罗家族献祭，他们的儿女都不会说话。为了平息这个失去新娘的天舅家族的愤怒，防止他们报复崇仁利恩夫妇而投向人间的灾难，崇仁利恩夫妇在祭天仪式中为天舅家族准备了一根开杈的树枝，把开杈的一段朝上插在祭台上，并在枝杈上放上一只鸡蛋作为祭品。另外，他们还准备了一棵刺柏树竖立在代表天神岳父母的两棵栎树中间，即放在祭坛最重要的位置，作为这个家族的象征而享受他们的祭祀。通过这样的祭祀方式来安抚崇仁利恩直接联姻的天神家庭，平息天神家族原定联姻家族——天舅家族的愤怒。

3. 西方人类学家的观点及对其的思考

德国人类学家米歇尔·奥皮茨（Micheal Oppitz）对纳西族的创世神话和祭天民俗做了这样的分析：人们为偿还这份双重债务献祭天舅的供奉和补偿物是具有欺骗性的，生在凡尘的人们没有把自己的女儿作为互惠的礼物奉献给天神，而是用猪牲作为替代的供品，不仅如此，人们让所有未婚女子都远离天神的视线（也就是远离祭祀的祭天场）。人们这样做的目的，是想把女子留下，用于和自己的同类结盟。在另一方面，给予人类妻子的天神在被人类夺走了本应属于自己的同类的妻子之后，只收到人类的一些简单的供品、祭牲。不仅如此，人类还用这些简单的供品同时搪塞了天神和他的姻亲家庭。于是，人类和他们的天神亲戚之间就形成了一种不平等的回报交换关系。从祭天仪式的神话来源中，可以找到形成忌讳妇女参加这个规矩的原因。根据神话的记述，可以理解为地球上的第一个人（纳西人的祖先）从天神那里娶了他们的女儿为妻，但他并没有按照规矩给岳父母的家族交换一个妻子，相反，他用普通的婚姻关系中涉及的礼物交换，如赠送猪等祭牲的方式来完成他所负有的责任。这一项不公平的交换必须通过祭祀仪式来平衡。因此可以推测，人们在祭祀天神的时候把女子藏起来是想告诉天神："看，我们这里没有妇女可以和你们交换的，所以就请接受我们的这些祭品来作为替代吧。"①

奥皮茨的这个分析很新颖，且逻辑推理也不错。前述李近春所回忆的玉湖村姑徐祭天群②不允许年满14岁的女孩子参加祭天仪式，而未满14岁的女孩则可以到祭天场参加祭天的这个例子，似乎可以佐证奥皮茨上述观点，14岁的女孩尚未成年，可能不需要回避涉及与天神家族婚姻纠葛而引起的害怕妇女参与祭天可能会导致惹怒天神之舅的后果。另外，也许还存在14岁的女孩还没有如成年妇女那样的例假等"不洁净"的因素，所以还可以进入神圣空间祭天。

在纳西族社会里，这个传统古规一直延续到1949年乃至之后一段时间，这种互惠的父系交表婚普遍存在于民间。

但另一方面，要从东巴以及纳西族长者那里得到对奥皮茨上述观点和推论的一些佐证非常不容易，从笔者所采访过的东巴而言，对奥皮茨提出的这个问题已没人能做出一些自己的解释，他们大都只是从妇女因为有特定的"臭"（不净）而禁忌参加祭天仪式中一些最核心的程序。这里就面临一个人类学家非常理性且有逻辑性的推断和分析在没有获得足够的田野民族志资料的佐证时，也只能作为一种合理的假设。

从阮可人的祭战神和祭祖仪式上也要妇女回避的习俗来看，和大多数父系制的纳西村落社区一样，反映了男性为神圣仪式上扮演主体角色的文化习俗。是否有上述奥皮茨教授所分析的这些叫妇女回避的礼物交换忌讳因素，现在尚难得出结论，还需要更多的实证研究。因为祭战神"喔本"（ŋga³³ py²¹）和祭祖仪式的源起没有涉及如祭天这样凡人与天舅家族的婚姻纠葛。

要进一步深入了解祭天的社会性别文化和妇女禁忌，需要对藏缅语族各

---

① 洛克图、奥皮茨文：《祭天——约瑟夫·洛克的照片》，沈芸译，杨福泉审校，载米歇尔·奥皮茨、伊丽莎白·许主编《纳西摩梭民族志——亲属制、仪式、象形文字》，云南大学出版社2010年版，第173页。

② 纳西族的祭天群体分为几个派别，分别是扑笃（pvl dvq）、姑徐（ggv xiuq）、姑闪（ggv saiq）、姑展（ggv zzaiq）。参看杨福泉《东巴教通论》第三章，中华书局2012年版，第106页。

个民族的类似祭祀仪式进行更多的比较研究。本文提供一个个案,以利于对此问题的深入研究。

二 "东巴进城":传统文化传承的新途径[①]

传统文化的传承关键在人,难点也在人,这里的"人"指的是传承人。"以人为本",传承人生存境遇直接关系到传统文化的生死存亡。在全球化、现代化背景下,民族地区的旅游经济兴起,由参与的边缘转换为边缘的参与,其中旅游与民族传统文化相结合成为推动这些区域实现工业化、城镇化的重要途径。在这样的时代语境下,传统文化的传承人从民间村寨进入城镇中,从民间村寨的文化空间进入文化展演舞台,由此对传统文化的保护与传承带来了新课题。从民族地区的传承人情况而言,民间宗教的祭司无疑是传统文化的集大成者,如纳西族的东巴、彝族的毕摩、羌族的释比、普米族的韩规等,所以本文的研究对象也集中到这些祭司身上。本文的旨归在于通过对"东巴进城"这一个案的调查分析,以期对这一新课题的应对路径及思考有所裨益。

1. 东巴原先不进城

(1) 内部因素

传统的东巴作为民间祭司,其活动范围以自己生存的村落社区为主,这与东巴文化传统密切相关:一是与传承方式相关,东巴传承方式主要有家庭传承、村寨传承,二者都是血亲传承;二是与东巴传统习惯法相关,每个村落、家族都有沿袭而成的主事东巴,每个东巴从事法事活动都有严格的"领地"范畴与边界,不能随意篡改;三是东巴本身不脱离生产,从家庭经济而言,从事东巴活动只能说是业余活动,甚至有时会与农事相冲突。这三个因素决定了东巴本身的守土性、民间性、宗教性、传统性等特点。另外,传统东巴所从事的东巴法事活动大多是"义务劳动",没有具体的报酬规定,属于民间传统习俗活动。这种传统内在性在很大程度上成为"东巴不进城"的制约因素。

(2) 外部因素

从外部因素而言,与主流话语对东巴文化的长期歧视、排斥密切相关。清朝雍正元年(1723),丽江实行"改土归流",由此开展了一场轰轰烈烈

[①] 这部分作为"东巴文献及其当代释读刊布和创新"阶段性成果,以《"东巴进城":旅游情境中传承人境遇调查及思考》为题发表于《民族艺术研究》2013年第5期。

的"以夏变夷"文化运动，历任流官视东巴文化为蛮夷鄙陋之俗而大加挞伐、打压，从而使东巴文化急剧萎缩到偏僻的山区苟延残喘，朝不保夕，加上"五四"运动直至"文化大革命"时期的对传统文化的污名化，东巴文化仍是"封建迷信""牛鬼蛇神"的代称而处于自生自灭状态。城区—山区，构成了中心与边缘、先进与落后、愚昧与科学、主导与服从的两极对立。"东巴不进城"，也是这种社会客观条件使然。

2. 东巴因何进城

从"东巴不进城"到"东巴进城"，反映了巨大的时代变迁。"东巴进城"的驱动力也有外在与内在两个因素。

(1) 外力因素

外在决定因素就是旅游。丽江位于云南西北部，在很长的历史时期处于"被遗忘的纳西王国"。从1997年丽江古城成功被列入世界文化遗产以后，丽江旅游迅速崛起，经过近20年发展，丽江成为一个炙手可热的旅游热点地区。世界遗产桂冠犹如"黄袍加身"，随着丽江知名度的不断提升，丽江也从一个边陲小镇成为国内外游客趋之若鹜的观光目的地，这也意味着丽江进入了一个全新的旅游经济时代。据统计，1995年，丽江游客接待量和旅游总收入，仅为84.5万人次和3.3亿元；至2012年，增加到1599.1万人次和211.21亿元，分别增长18.9倍和64倍。据云南省科协和文化厅所做的科学技术课题研究显示，丽江古城品牌对丽江经济社会的贡献率已达63%。[1]

可以看出旅游业已成为丽江经济社会发展的支柱产业。丽江旅游的实质是"文化旅游"。纳西族作为丽江的主体民族，其先民创造发展的东巴文化因其独特古朴的东巴象形文字、东巴音乐、东巴舞、东巴画、东巴仪式、东巴工艺构成了吸引游客的"异文化"表征。"异乡体验"是游客的普遍心理需要，客观上构成了旅游商品需求要素。在多元利益诉求驱使下，地方官员、文化学者、旅游企业以及地方民众成为制造"东巴文化商品"的主要推手。"东巴"一时奇货可居，成为众多旅游操作者利用的商品化工具，在丽江大大小小的旅游景区、市场中，以"东巴"命名的商品、店名数不胜数，头戴五幅冠，身穿东巴法衣的东巴也大行其道，随处可见。从以往的"东巴不进古城"到如今的"东巴遍地"，就是在这样一个现代性语境中传统文化变迁的折射。

---

[1] 和仕勇：《争当建设世界文化名市排头兵》，《丽江日报》2013年6月8日。

（2）内力因素

"东巴进城"也有内部因素。东巴所在村落大多属于偏僻山区，经济状况窘迫，而子女上学、婚嫁、建房造屋等本身经济需要，加上民间东巴信仰逐渐失落，东巴活动式微等多元因素促使他们走进城里。主因与外因结合才能达成行为的产生。在国际、国家、地方的多元互动互构的背景下，"文化遗产""非遗"传承人、"文化立市"等社会话语不断地把东巴文化赋魅为"活化石""世界记忆遗产""中华绝学"，由此祛除了以往"不敢进城""不能进城"的心理阴影，从以往的沉默者、受屈者的身份成为"传统文化传承人""民族文化代言者"，所以"东巴进城"既是"请进去"的，也是主动进来的。据不完全统计，现在丽江各大小景区从事旅游业的东巴不下百人，如果把一些从事不法活动的"假东巴"统计在内，则不止这个数。可以说，"东巴进城"在丽江不是个别现象，而是大势所趋。从丽江东巴传承协会 2012 年公布的 123 个东巴情况来看，近 2/3 的东巴就在城区及景区中，其中被评为"东巴（达巴）大师"的 6 人中，就有 4 人在城中。①

3."东巴进城"后的境遇

东巴进城后做什么，从调查情况看，东巴在城中主要从事以下几个行业。

（1）从事文化展演活动

文化展演是旅游市场中主要构成要素。在丽江旅游企业中，从事东巴文化展演的企业不下 10 余家，其中以"玉水寨""东巴谷"为两个成功典范。原来的东巴万神园、东巴王朝被玉水寨旅游公司合并，老牌企业东巴宫因经营不善被古城酒吧收购后转型。玉水寨是属于以东巴文化与玉龙雪山景观为主题的旅游景区，从 1997 年到 2011 年，景区的游客从 5 万人增长到 70 多万人，综合收入从 20 多万元增长到 2011 年的 5800 多万元，上缴利税近 1000 万元。② 景区内有东巴祭天、祭风和祭自然神三大祭场，东巴教大殿、东巴壁画廊、东巴文物展厅、东巴民俗院、纳西古乐展演厅、东巴文献被列入世界记忆遗产纪念碑等。玉水寨现有从事旅游展演及学习的东巴近 30 余名，这些东巴在景区内主要从事展演性质的东巴绘画、东巴舞蹈、东巴仪式、东巴占卜等活动。玉水寨为社会培养 50 多名东巴，并为民间义务举行

---

① 丽江东巴传承协会制订的东巴学位共分为东巴法王、东巴大师、东巴师、东巴传承员、东巴学员等五个等级。2012 年 6 月共评定了 6 位东巴大师、30 位东巴师、40 位东巴传承员、47 位东巴学员。

② 石玉麟、李倩云：《一位民营企业家保护纳西文化的无私奉献》，载《云南民族》2012 年第 12 期。

东巴仪式40多次。从中可以看出，玉水寨作为一家民间旅游企业，实质上也承担了东巴文化的宣传、保护、传承的职能。这与旅游市场与传统文化的互谋关系有内在关系：东巴文化能否持续传承直接关系到这一以东巴文化为旅游主题的企业的生死存亡，东巴文化成为企业发展的生命线。可以说，市场为传统文化的传承提供了坚实的平台，而传统文化又为旅游发展注入了文化内涵，提升了旅游品位，二者是相辅相成、互为一体的。

（2）从事旅游商品生产活动

旅游商品构成了旅游市场的重要环节，也是东巴从事旅游服务业的主要行当。这些旅游商品大多是以东巴文化符号为载体，如东巴披肩、东巴短袖、东巴灯罩；东巴木雕、东巴银器、东巴陶艺、东巴作坊、东巴陶斋、东巴纸坊、东巴饰品；东巴香烟、东巴绿宝（螺旋藻）、东巴茶饮、东巴医药（制药有限公司）；东巴三宝（螺旋藻、青刺果、雪茶），基本上覆盖了旅游的吃、住、行、游、娱、购等六大环节。① 与玉水寨、东巴谷等集体企业相比，这类旅游服务行业大多属于私营、个体经营为主，单个规模虽没法与上述旅游景区企业相提并论，但其集体规模、经济效益、旅游商品市场占有率、就业率远在前者之上。据笔者粗略统计，仅在丽江古城内从事东巴纪念品生产的东巴就有80—100人，这些东巴生产的旅游纪念品中，以东巴造纸、东巴木版画、东巴手工织布、蜡染、东巴陶器、东巴手册等为主。如果细分，还可以分成同类不同的商品，如东巴造纸的旅游商品除了单个卖的东巴纸外，还有以东巴纸为材料制作的东巴字画、东巴字典、纳西纸书、东巴书签、东巴彩纸、东巴明信片等。这些以东巴造纸为材料的纪念品有的是在工厂成品加工的商品，有的是现场由东巴书写、制作销售的商品。东巴在场构成了这些旅游纪念品的商品附加值。

（3）从事导游服务行业

与旅游企业及旅游纪念品行业相比，导游行业工作相对自由，虽存在一定的风险性，但利润空间及收益远大于前两种行业。风险来自这一行业的不稳定性，因为大多数导游与旅行社之间属于劳务关系，而非劳动关系，旅行社并不承担相应的工资、保险等劳动保障。这就决定了导游职业的流动性与风险性。但利润空间也在里面。导游的利润空间主要来自旅行社的带团补贴、游客小费（国外游客为主）、销售提成（又称为回扣）等，尤其是回扣成为导游收入的主要来源，包括了一些旅游商品，特别是珠宝、贵重土特产的回扣惊人，如果团队购物较多，导游回扣相应水涨船高，曾有一个导游一

---

① 光映炯：《旅游场域中东巴艺术的变迁》，中国社会科学出版社2012年版，第178页。

次性拿到几十万元回扣的真实个案；再加上饮食、交通、演出票务等方面的销售回扣，一个能够常年带团的导游，平均收入在 10 多万元之上。而东巴自身的文化优势，在导游行业中转化成为优势文化资本。东巴导游通过自身的现身说法使游客充分感受到地方文化的真实性与完整性得到，甚至有些东巴导游利用自身的文化优势，站在游客利益角度辨识东巴商品真假，从而赢得游客的好感、认可，客观上也为自己创造了利益平台。笔者认识的一个东巴导游，因在一次带团中结缘了一个北京游客，并为其打卦算命，预测前景，提出相关注意事项，二人由此深交成友，在他购房资金困难时，北京游客提供了无偿相助，2008 年，邀请他到北京参观奥运村，并全程陪同。当然，这只是一个非典型性个案，但从中说明了东巴服务的对象由熟人社会转向了陌生的市场，他们的命运也由此发生改变，这也预示着东巴文化的巨大转型与变迁。

（4）从事民俗旅游服务行业

随着旅游市场的不断完善，旅游产品的更新换代进程加快，游客不再满足于以往"走马观花"式的景点观光，"参与体验地方文化"成为旅游市场的新生长点，且呈现出方兴未艾趋势。以标榜"文化旅游"的核心主题的丽江旅游市场中，民俗旅游所占的市场份额也呈现出扩增势头。丽江的民俗旅游行业主要指以东巴文化为主体的纳西族民俗旅游活动，如参与体验式的"当一天纳西人""东巴家访""自己做东巴纸"等，以及参加东巴婚礼、东巴庆宴、东巴延寿、东巴赐名等诸多东巴仪式体验。这些民俗旅游面向旅游市场，迎合、满足游客的东巴文化体验要求，以营利为目的。在丽江民俗旅游市场中，以东巴婚礼为主题的民俗体验旅游成为这一市场的主体。丽江喜鹤民俗文化有限公司就是其中的一个典型个案，此公司成立于 2007 年，在短短的六年时间里，从原来的作坊式经营发展成为年收入突破上百万元的中小型企业，其成功因素在于依托巨大的丽江旅游市场，抓住游客体验"异文化"的普遍心理，尤其获得了把丽江视为"浪漫之都""爱情之都"的小资类型游客的青睐，从而打开了巨大的旅游市场，促进了公司的长足发展。从公司的宣传词中也可清楚地看到这一逻辑关系："雪山为盟，古城为证"。把丽江的人文自然特色融入婚礼中，突出了婚礼庆典的浪漫情调，而东巴仪式的神圣、庄严契合了"永结同心，百年好合"的婚礼主题，从而在市场与传统文化的"互谋"中达成了"共赢"的互动格局。东巴也成为市场与传统的中介，甚至成为关键角色，与当下流行的"洋婚礼"相比，东巴在东巴婚礼中的在场，无疑提升了这一婚礼的文化品位，当然也相应扩大了这一民俗旅游的利益空间。从中我们发现，市场为传统文化的"化腐朽为神奇"发挥了关键的作用。

(5) 从事民间东巴法事服务活动

与上述依托旅游市场从事东巴为主题的文化旅游活动的东巴相比,从事民间东巴法事的东巴更接近于传统意义上的文化传承,不同的是,进城后的东巴是从城里走向民间,而非传统的坚守民间。当然,这里的"民间"概念范畴也相应发生了变迁,不仅仅局限于原来东巴文化生态存留较好的偏僻山村,而是扩大到了东巴文化复苏的文化空间。"民间"概念的扩大,以及东巴角色的转型的驱动力仍是旅游这只无形的巨手。旅游通过文化提升旅游品位与内涵,文化借助旅游获得生产性保护,而文化与旅游的互动共赢,使地方知名度获得了空前提升,同时也促进了地方经济社会的可持续发展,提升了民众的地方、族群认同。这一文化与旅游的互动共赢效益在民间也产生了深远的影响,东巴文化自"改土归流"以来一直处于污名化窘境中,"东巴不下山""东巴不进古城"就是时代话语的真实反映;"越是民族的就是越是世界的"。三个"世界遗产"品牌成为这一名言的有力注解,其间隐喻了传统文化的资本转换功能,而旅游是资本转化的催化剂与内驱力。通过旅游的宣传效益,东巴文化不断地被"赋魅",不仅消除了"污名化"带来的诸多负面影响,且在一定意义上形成了"传统文化补课"的正面效益。一些从事旅游业的相关人员通过讲座、自学、培训等形式学习东巴文化,而官员、学者、导游、游客对东巴文化的褒扬、推崇,促进了民众对东巴文化的情感复苏,推动了东巴文化在民间复兴的趋势。近年来,政府、企业联手打造的"东巴艺术节""东巴文化研讨会""三多节""东巴法会"成为推介丽江形象的重要宣传平台,而民间的东巴婚礼、东巴丧葬仪式、东巴建新房仪式、东巴庆寿仪式、东巴敬祖仪式也得到了相应的恢复与复兴。东巴文化在民间的复兴为东巴施展自己才艺提供了广大的民间平台。

在东巴从事民间法事服务活动中,还有一个实情是迫不得已的"东巴回乡":原来东巴文化生态传承较好的村寨,因受丽江旅游大潮的影响,村寨中的东巴纷纷下山进城,而村寨举行岁时节日、民俗活动时,反过来要回请城中东巴回乡主持仪式。

(6) 从事科研辅助活动

"东巴进城"的历史最早应追溯到20世纪60年代初期,1962年,在当时丽江县委书记徐振康主持下,聘请了和芳、年嘎吉等一批大东巴到县文化馆进行东巴经翻译、整理工作。但时隔不长,随后而来的"文化大革命"中止了这一进程。东巴二度进城应该是80年代初期。1981年5月,在当时丽江地区副专员和万宝的奔走呼吁下,正式成立"云南省社会科学院东巴文化研究室",并先后聘请知名东巴和玖日、和云彩、和微、杨树兴、和云章、和成典、郑五山、和学智、和即贵、和士诚、和开祥、和丁巴等到研究室（现升格为东巴文化研究院）参与东巴文献的翻译整理工作，也有年轻东巴，如和秀东、杨玉华、陈四才等作为学徒协助参与，他们为《纳西东巴古籍译注全集》百卷巨著的出版作出了突出的贡献。另外，丽江东巴文化博物馆也先后聘请了杨学文、和承德、和国伟等东巴作为文化顾问。这些东巴与从事旅游行业的东巴不同，具有"体制内"性质，虽然经济收入方面不抵前者，但在劳动合同、医疗保险、工资收入等方面有相应的稳定保障。这些东巴都是德高望重、年事已高的民间祭司，聘请到这些研究单位后，长年居住在城里，应该说是"东巴进城"的先行者，也是一个民间学识、威望较高的东巴群体。这些因素在一定程度上构成了自身的文化资本优势，有些商家、企业、个体也会聘请他们做一些东巴法事，给予的报酬比一般东巴要高些。另外，从事科研辅助活动的东巴中，有些本身兼有研究者角色，如东巴文化研究院、东巴文化博物馆的和力民、木琛、和丽宝等人，既是单位的研究人员，同时因自身高深的东巴文化知识成为东巴老师。他们与外来聘任的东巴不同，他们的东巴知识来源不是传统自幼耳濡目染式的血缘传承，更多的是到单位工作后后天习得而来，且从事东巴活动也是为研究服务，从这个意义上，他们应定位为"东巴学者"。

4. "东巴进城"后的境遇及思考

（1）进城东巴的行业角色转换与情感困境

上述对"东巴进城"的类别划分并不是固化的，因为这些不同类别的进城东巴中存在着行业角色互换、交叉、融合等多元复杂因素。如原来在一个丽江研究机构受聘从事辅助研究的东巴，因所得报酬无法承担家庭生活，后辞职从事导游行业，同时兼职从事民间东巴法事；另外，也有身兼导游、销售人员、民间东巴等多重角色的现代东巴。这种多重角色互换与旅游市场有内在联系。一方面，市场给这些东巴提供了巨大的生存、发展空间，使他们能够脱离原来的农耕生活从事多种旅游服务活动；另一方面，市场中的竞争、风险因素也给他们带来了巨大的生存、发展压力，市场的"优胜劣汰"法则也促使他们不断地调整自己角色、寻求较好的生存方式，从而加快了进城东巴行业角色转换的频率。这显然与祭司角色、职能相对固定的传统民间东巴不可同等观之。从民间乡村东巴转换为城市东巴、旅游东巴的角色转换中，也杂糅了复杂的情感纠结。毕竟这些东巴大多来自民间，自小受到过传统信仰的濡染，有着深厚的传统文化情结，而他们携带着一身东巴文化知识进入旅游市场中，原来的传统信仰、文化情感不可避免地受到新环境、新规则的冲击、考验，形成了剧烈的文化冲突。一方面，情感深处无法与原来熟人社会中的人情关系、传统情结相切割；另一方面，在现实中又无法离开城市中的便利的生活条件及发展空间，由此也注定了"无法回去"的现实命运。

(2)"东巴进城"后的文化后遗症

毋庸讳言，"东巴进城"后对传统东巴文化的冲击，甚至损伤、摧残是客观存在的。以营利为目的的东巴活动与传统的信仰为根基的宗教仪式本质上是不同的。原来的东巴作为民间祭司，其从事的东巴活动是与民俗传统延续、深化族群认同、协调社区秩序等多元功能水乳交融，东巴本身构成了传统文化的中坚；而旅游情境中的东巴活动沦为商品经济的附庸，更多的进城东巴扮演的是"打工者"的角色，受到企业、市场行为的规约。而一些商家、企业为了满足游客"异文化"消费需求，对东巴文化进行大批量的"复制""拼图"式生产，甚至不顾实际进行篡改、变相利用，严重扭曲了东巴文化的本真性，导致了同质化、碎片化、庸俗化恶果。这是极为不利的，这些杀鸡取卵、自毁前程的短视行为，对东巴文化的保护、传承造成了诸多文化后遗症。

在很长时期里，文化往往视为与经济相对立的一个概念范畴。文化本身是一个内涵极为广阔复杂的概念范畴，文化属性包含了商品经济因素，所以"文化产业""文化经济""文化旅游"等名称概念也属于文化的范畴中。把文化与经济二元对立化，仅仅把文化视为"经济唱戏"的搭台工具，而对文化属性的重新审视，我们发现，文化不仅可以搭台，而且可以唱戏，唱特色大戏，文化产业、文化旅游的应运而生也是文化的这种多元属性的时代体现。一个倾向掩盖另一种倾向。文化与经济也存在矛盾统一性，二者的统一性并不能掩盖矛盾性，文化属性中的经济因素并不占文化的主体，二者存在相互独立性、矛盾性。如果把传统文化作为经济资本的转换工具而进行过度开发，不仅对文化本身构成了破坏，对经济本身也形成了反动，因为文化产品的商品因素往往包含在非商品因素中。只有最大限度地保护、传承传统文化，葆有其特有的文化本真性、历史价值，它才具有可供市场主体欣赏、购买、收藏的商品价值。东巴进城后的严峻生存境遇也深刻地揭示了这一文化事实。如何在保护与利用方面真正达成共赢格局，仍是一个沉重的时代课题，不容回避，无法以"永恒主题""国际性难题"作为托词。

5."东巴进城"：传统文化传承的新途径

"东巴进城"不是孤立事件，与我们所处的这个时代转型、文化变迁的大语境密切相关。笔者在国内诸多民族地区调查中，也发现了类似的民间祭司、艺人、传承人进城的社会事实，且呈现出加剧现象，如羌族地区的释比进城，彝族地区的毕摩进城，黎族、壮族、侗族、苗族、土家族等民族地区的道公、端公、师公进城等。对这一现象的评价往往倾向于站在传统立场的"正义辩题"上，对这种传统文化展演化、商品化，甚至庸俗化的文化现象的批判。笔者以为对这一现象应持辩证的立场，既不能否定传统文化与经济相结合后带来的积极社会效益，也不能片面地认为走市场化道路是挽救传统文化命运的唯一法宝，文化与经济的结合有个度的把握。另外，从传统文化的自身发展历史而言，它也不是自隔于时代的孤立、静止的，传统之所以能传，内因在于对不同时代合理因素的不断吸纳、整合，使之自成一统，从而得以世代相传。从这个意义上说，"东巴进城"又存在合理性，是传统文化的再造与延续。

英国历史学家霍布斯鲍姆提出"传统的创造"一词，认为许多今天所谓的"传统"是在一定的历史时期被创造、制定或自然形成的，"传统并非是千古不变或先民千年遵从的"。[①] 法国社会学家皮埃尔·布迪厄也提出文化"再造"理论，说明社会文化的动态发展过程，一方面，文化通过不断的"再造"维持自身平衡，使社会得以延续；另一方面，再造的不是一成不变的文化体系，而是在既定时空之内各种力量相互作用的结果，文化再造的方式不断演进，推动了社会文化的进步。[②] 笔者认为，对"东巴进城"这一新生事物应科学分析、评价，东巴文化对于推动丽江旅游乃至丽江经济社会的可持续发展无疑具有积极的作用，对发展中存在的诸多负面问题也不能掉以轻心。同时，我们不能把传统文化在市场中的遭遇、扭曲、变相等负面因素归结到"东巴进城"这一社会事实中，东巴既是市场的受益者，也是受害者，应两面观。而"东巴进城"在客观上形成了东巴文化在城镇传承的这一社会事实，这既是时代发展的合理性的体现，也是东巴文化的"再创造"，其间蕴含着传统文化可持续发展的巨大的内趋力。毋庸讳言，现在学术界、文化界有一种不自觉的倾向，往往把传统文化在原生地传承视为传统文化传承的唯一途径，而把传统文化与经济相结合产生的负面因素扩大化、污名化，大加挞伐，无视其间存在的合理因素与发展空间。这种把原生地传承与城镇传承人为地对立化观点无疑是错误的。二者并不矛盾，而是传

---

① E. Hobsbawm, *Introduction*: *Inventing Tradition* [A]. Eric Hobsowm & Terence Rangerels. *The Invention of Tradition*. Cambridge: Gambridge University Press, 1987, p. 235.

② Bourdiu, *Cultural reproduction and social reproduction*, Ouniversity press, 1977, p. 178.

统文化传承的"两条腿"。

当下，中国正经历着史无前例的城镇化、工业化的过程，植根于农耕经济、畜牧经济基础之上的传统文化面临严峻的转型危机，通过国家、政府部门、学者、村民等多元力量的有效合作而进行的原生地——村寨传承对延缓传统传承危机无疑是有效的，值得倡扬以远。但与这种"保护"意味浓厚的传承相比，城镇传承无疑更有创新性与生命力，因为后者更能适应新的生存环境，并根据新情况对传统文化进行合理化改造，从而使这一古老传统得以再生。在我们所处的这样一个不可逆转的社会变迁语境中，这种传统文化的城镇传承无疑更有深远的现实及未来意义，也更需要社会各方面的关注、支持。

东巴在旅游市场中扮演的角色是多重的，他既是文化旅游的从业者、服务者，客观上也承担了传统文化的宣传者、交流者、保护者、创新者的多元角色职能。在多年的市场拼打中，他们也练就了一身生存本领，根据市场需求，大胆地对东巴文化的仪式、职能、文化主题进行了卓有成效的合理化改造，从而为东巴文化在旅游市场中获得了相应的立足之地，也获得了自身再造的发展空间。这对百多年来东巴文化且败且退，在偏僻山村苟延残喘的整体颓势命运而言是极其难能可贵的，甚至可以断言，东巴文化能否再生，关键在此一举。笔者在调查中发现，从事民间东巴法事服务的区域并不只是局限于传统意义上的东巴村落，近年来城镇及周边乡村的东巴法事活动也呈现出复苏趋势；另外，他们的服务对象也不只是当地的族群内部成员，除了广大游客外，也包括了常住居民、外来经营者、打工者、当地学生等这样一个广泛的社会群体。东巴的法事职能也由传统的民俗祭仪转向为个体服务的小型法事，内容以打卦占卜为主，包括测定风水、算日子、祛病禳灾等。在这看似"封建迷信"的行为背后，也包含了时代合理性因素。现代化进程的加速也加剧了人际关系、人与自然的紧张关系，尤其是乡村青年通过读书、工作、打工等形式大量进入城市中，其携带的文化基因、价值观念与城市文化存在着诸多不适乃至冲突，而城镇相应的社会预防、应急、处理措施不足，从而只能拖着身心病痛问法于民间祭司，从而获得灵魂的安宁，协调失衡的精神世界。从这个意义上看，这些在城镇进行传统传承的民间祭司，客观上扮演了"城市牧师""民间心理医生"的角色，承担了协调社会紧张关系、促进社区和谐稳定的文化功能。"科学"本身存在着诸多"无能为力"的社会空间，由此为这些民间宗教及传统文化提供了广阔的施展平台与生存空间。

正如此文中所提，"东巴进城"不只是一个地方个案，它是当下国内的社会转型背景下传统文化传承、再造的一个共性现象的缩影，为传统文化保护与再造、社会转型、文化变迁、和谐社会构建等社会、文化方面的研究、观察提供了新窗口、新视野，同时也意味着我们不能静观其变、等闲视之，而应该通过深入的调查，深描其生存、发展现状，从学理上揭示其内在的运作规律，从政策上提供促进其合理、生态的成长的"土壤"和"气候"，使这些千百年来根脉未断的优秀传统文化获得新生，再创未来。

第七章

纳西族东巴文献整理范式检析[①]

东巴文献是指以纳西象形文字——东巴文记录而成的文献，包括东巴教经籍及民间应用文献（如地契、记账本、书信、歌本等），主要以东巴教经籍为多。东巴经书的书目有1500多册卷，计1000余万字，现存32700多册，分别收藏于10多个国家图书馆及科研机构中。[②] 东巴经是纳西族古代社会的百科全书，集纳西古文化之大成，也是研究中国民族关系史，以及中华远古文化源流的珍贵资料。东巴文献于2003年被列入联合国教科文组织的"世界记忆遗产名录"。纵观对东巴文献进行整理的百年历史，可以说成果可观，但也留下不少时代遗憾。这些遗憾无不与特定的历史条件下形成的研究范式存在着因果关系，具体说来，"历史主义""文学"这两种价值取向对东巴文献整理影响甚深。对这两种研究取向及范式进行总结与检讨，有利于东巴文献整理工作更加科学合理地开展下去，同样有利于为其他兄弟民族的文献整理提供"他山之石"，共同推进我国各民族文献的可持续发展。

一 以"历史主义为取向"的东巴文献整理范式及成果

"以历史主义为取向"的民族文献整理则是在历史学、民族学、人类学的学科维度中展开的。这一取向把东巴文献视为原始宗教、原始文化的"遗留物""活化石"，从而纳入社会进化论语境中的低级社会发展序列中。早期西方传教士、学者搜集东巴文献更多是把它视为与西方文明相对而言的"异文化""微型社会标本"，而中华人民共和国成立以来历次民间文学"生产运动"则与阶级斗争的政治话语密切相关，东巴文献成为原始社会向阶

[①] 本文作为"东巴文献及其当代释读刊布和创新"阶段性研究成果，以《纳西族东巴文献整理范式检析》为题发表于《民族学刊》2015年第4期。

[②] 参见喻遂生《纳西东巴文研究丛稿》，巴蜀书社2003年版，第2页。

级社会发展的"活化石",其间有些材料成为奴隶社会、封建社会阶级斗争的典型材料。从中可看到,东巴文献的搜集整理一开始就带上了浓厚的社会进化论的色彩,而这与近代以来西学东渐,建构现代国家的历史事实有着内在的逻辑统一。

东巴文献的搜集一开始与近代以来的全球化命运联系在一起。19世纪中叶,为了适应西方殖民主义扩张的需要,大量的西方传教士、探险家、人类学学者奔赴第三世界国家中进行调查、搜集工作。这一时期,以关注"无文字社会""微型社区""异文化"的人类学派、神话学派异军突起。随着中国逐渐沦为半殖民地,深藏于喜马拉雅山脉的东巴文献因其特有的"象形文字""原始宗教""本教文化因子"等文化特征引起了西方学者的关注。

1867年,法国传教士德斯古丁斯(Pere Desgcdins)从丽江寄回巴黎一本东巴经《高勒趣赎魂》。这是西方人第一次接触纳西族文化。随后掀起了一股搜集东巴经的狂潮,一直持续到1949年中华人民共和国成立。其间,美欧西方人在纳西族地区共搜集到东巴经12536卷,分别藏于美国国会图书馆、英国大英博物馆、法国国家图书馆、德国柏林图书馆等。这为西方学者研究东巴文化提供了丰富的研究材料。这一阶段西方学者的主要工作是搜集、介绍、翻译,并开始有人进行学术方面的研究。法国学者拉卡帕里尔根据寄回的第一本东巴经,于1885在学术刊物上发表了《西藏境内及其周围的文字起源》,第一次向西方学术界介绍了纳西族东巴象形文字。但第一个严格意义系统研究纳西族文化的是法国人巴科(J. Bacot),他于1907年、1909年两次深入纳西族地区进行田野调查,在此基础上实证研究与文本研究相结合,于1913年出版了《麽些研究》一书,对纳西族的口语、词汇、语法做了语言学方面的研究,还较为系统、全面地介绍了纳西族的社会状况、民俗习惯。虽然这本著作的学术价值仍有肤浅之处,但从学科意义上来说,他的这本书标志着西方学者研究东巴文化研究的起步,东巴文化研究已经从以前单一的猎奇式的记载介绍转入学科研究阶段。可以说巴科为西方学者研究东巴文化研究开了先河。从学科建设的角度上,可以这样说,东巴文化研究的研究客体——东巴文化研究是土生土长的,而东巴文化研究的研究主体——研究人是从西方产生的。

西方搜集东巴经书的热潮一直延续到20世纪中叶,尤其是20世纪30、40年代到纳西族地区进行搜集的美国人昆亭·罗斯福、约瑟夫·洛克为后来居上者。其中,昆亭·罗斯福搜集到了1861卷东巴经,约瑟夫·洛克搜集到了近8000卷,成为西方学者研究东巴文化的重要资料。洛克本人在纳西族地区从事东巴搜集、翻译、整理 29 年，精通纳西语与东巴文，从 1948 年到 1972 年出版了《中国西南古纳西王国》《纳西语—英语百科辞典》《纳西族的纳伽崇拜及有关仪式》等东巴文化研究的代表性著作，奠定了西方学界"纳西学之父"的地位。洛克是西方学者中最早译注、整理、刊布东巴经文的学者，他的主要译作有《纳西族的纳伽崇拜及有关仪式》（1952），该书收录了两个仪式包括 100 多册经书的详细翻译内容，洛克用了 800 页的篇幅和 1000 个脚注来详述这一点。他的第二本巨著是《指路葬仪》（1955），该书只涉及一个使用经书 36 本的仪式，有 230 页和 470 个脚注，按篇幅长短排。第三部著作是《纳西人祭天仪式》（1948），该书论及一个使用 12 本经书的仪式，有 150 页，近 300 个脚注。另外就是《开美久命金的爱情故事》（1939），这是一个单独的仪式用的经书，有 150 页。最后，还有 10 篇文章，涉及 8 个仪式，共有 200 多页。[①] 可惜，这些译注本至今未能翻译出版，从而影响了在国内学术界的影响。

西方人的东巴经搜集狂潮引起了国内学者的关注，1933 年，在北京大学国学研究所学习的方国瑜受刘半农指派回到家乡丽江进行东巴经及文字的搜集、整理工作，翻译了创世史诗《崇般图》及若干经书的章节，并于 1936 年完成了《纳西象形文字谱》初稿，该书经过近半个世纪的不断修改、补充，一直到 1981 年才正式出版，其间受到了章太炎、郭沫若、吴晗、周有光等学者的高度评价。全书共分作"绪论""纳西象形文字简谱""纳西标音文字简谱""纳西文字应用举例"等四个部分，"绪论"结合方先生多年研究纳西族历史文化成果，详细阐述了纳西族的渊源、迁徙和分布，纳西象形文字与标音文字的创始和构造特点，以及记录纳西语的音标；在"纳西象形文字简谱"中，分天象、地理、植物、飞禽、走兽、虫鱼、人称、人事、形体、服饰、饮食、居住、器用、行止、形状、数名、宗教和传说古人名号共 18 属，对 1340 个象形文字及 222 个派生（词），逐字作标音解说，这是全书的主体；在"纳西标音文字简谱"部分中，共收录较常用的 582 个标音字及 2000 多个常用词汇；在"纳西文字应用举例"中，详细说明了象形文在东巴经书中代表词、语和句子的方法。书末附有东巴经书简目，共 16 类 394 种（册）。方国瑜认为象形文字主要保存在卷帙浩繁的东巴经书里，要从文字、语言、文学、宗教四个方面联系起来深入研究。同时比较甲

[①] ［英］安东尼·杰克逊：《纳西族宗教经书》，彭南林、马京译，载《东巴文化论》，云南人民出版社，第 630 页。

骨文、金文，下苦功夫探索造字共同规律，庶几可获得更大成就。① 这对东巴文化的研究有着深远而重大的指导意义。

在东巴文字的搜集、整理方面，纳西族学者杨仲鸿是较早的先行者，早在1933年，与洛克的东巴经师和华亭合作编写了《摩些文多巴字及哥巴字汉译字典》一书，全书共134页，分为数类、天文类、地理类、时令类、鸟类、兽类、昆虫类、植物类、人类、身体类、服饰及用具类、水类、火类、杂类、佛类、鬼类、怪类、龙类等18类，共收1042字，并统计了不重复的东巴经书313种。但因此书编写完成后命运多舛，一直未能出版，同时因采用了汉字注音方式而降低了语言研究的参考价值。周善甫的评价是中肯的，"即不免粗疏，也算是有关研究东巴象形文的第一本著作"②。

上述两本纳西族学者编纂的字典虽成书较早，但都未能及时出版而影响了学术影响。而出版于1946年的李霖灿的两本东巴文字典——《麽些象形文字字典》《麽些标音文字字典》在当时学术界产生了广泛影响。语言学家闻宥评价说，"取材之富，实为已往所未有，每字下之音读，精确可信，亦远胜驼（洛）克不会音理之拼切（例如gk-de—等皆极费解），自此书出，而巴哥（克）书中文字之部分已成废纸"③。《麽些象形文字字典》共208页，16开本，分天文、地理、人文、人体、鸟、兽、植物、用具、饮食、衣饰、武器、建筑、数目、动作、若喀字、古宗字、宗教、鬼怪、多巴龙王、神等18类，收字2120个。因读音者为东巴和才，注音者为中央研究院历史语言研究所的张琨，语音准确度较为精准，同时对字义、字源、异体字、假借字做了相应的说明。《麽些标音文字字典》共108页，收字2334个，按照字形笔画分为黑点、弯钩、斜道、竖道、圆圈、不规则弯曲线、横平、卷扭、两点、人字形、十字、三点、三角形、方框、其他等15类，并对347个常用字及104个异体字做了简表。李霖灿的两本东巴文字典因其收集字数全面、字释详细、注音精准、字类丰富、字形分析合理、查阅方便等特点而获得了学术界高度评价，从而奠定了"麽些先生"的学术地位。

李霖灿对东巴文化研究的另一大贡献，则是开创了东巴经文字释之先河。东巴文字因其依类象形、突出特征、变易本形、依声托事、一字多义等

---

① 方国瑜：《"古"之本义为"苦"之说——汉字甲骨文，金文，篆文与纳西象形文字比较研究一例》，载《东巴论文集》，云南人民出版社1985年版，第98页。

② 转引自喻遂生《杨著〈摩些文多巴字及哥巴字汉译字典〉述略》，《纳西东巴文研究丛稿》（第二辑），巴蜀书社2008年版，第2页。

③ 转引自郭大烈《李霖灿与纳西东巴文化》，《东巴文化论集》，云南人民出版社1985年版，第457页。

造字特点，加上其书写方式并未体现出逐词记录、线性排列的语用特点，同时不同时期、不同区域中形成的异文特点，给东巴经文阅读造成了极大的障碍。这就意味着即使是掌握了东巴文字典中所有的文字，也并不意味着能够通读经文。正是基于这种实情，李霖灿独创了东巴经文字释的研究方式。"我在这几册经典的翻译格式上试用了一种新的处理办法：原则上是形、声、义、注四部分都能兼顾，而且是要一页之上面面俱到，使读者没有前后翻阅对照之劳。"① 此处的"形"指东巴经原文，"声"即国际音标注音及汉字直译，"义"为意译，"注"即注释，对经文中的假借字、字源情况予以详解。另外，在每卷经书前面详述了经书出处、搜集、翻译的过程，并对经书特点进行概括。

　　这一方法在学术界得到了广泛认可。语言学家傅懋勣于1940年到维西县纳西族地区调查，后在丽江与大东巴和芳学习东巴经文，并在他的帮助下完成了《丽江麽些象形文"古事记"研究》，此书于1948年出版。傅懋勣一直关注东巴文化的研究，1981年、1984年在日本分别出版了《纳西族图画文字〈白蝙蝠取经记〉研究》上下两册。与李霖灿字释相比，傅懋勣的字释更为详尽，除了对东巴经原文中的具体单字进行解释外，对构成完整句子的字组也进行了解释；在汉字直译中加入了主语助词、宾主助词、语气助词、动词前助词、引语等词性说明，从而便利了读者对句子的完整理解，也有助于了解纳西语法特点；对某些直译而词不达意的具有特殊意义的词，则采取了比较解释的方法。"东巴经里有一个 tsho^{31} 字，大体上可以用'人'来直译。但是另外还有一个 dzi^{33} 字，也可以用'人'直译。这在经书中会引起难以解释的问题。当我直译的时候 tsho^{31} 字的下面写'人（措）'在 dzi^{33} 的下面写'人（则）'。放在括号里的'措'和'则'是音译字。我认为'措'和'则'原来是两个氏族的名称。这样就可以区别开了。"②

　　20世纪50年代，由于受政治运动的冲击，东巴活动日趋减少，国外学者无法涉足纳西族地区进行搜集、整理东巴文献。直至60年代初期，时任丽江县委书记的徐振康看到洛克著的《中国西南古纳西王国》英文版本后，认识到东巴文化的重要价值，从而组织丽江县文化馆对丽江境内的东巴文献进行搜集、整理，并聘请大东巴和正才、和芳进行经文译注整理，组织人员开始专门的译经活动。译注了几百本东巴经书，并以石印形式内部出版了

---

① 李霖灿等《麽些经典译注九种》19页，李先生序写于"三十五年八月十一日　李庄"，即1946年。

② 傅懋勣：《纳西族图画文字〈白蝙蝠取经记〉研究》，商务印书馆2012年版，第12页。

21种东巴经译本。译注整理工作被随后的"文化大革命"冲击而中断,东巴经文译注本大多佚失,仅保留下来石印本21种。一直到"文化大革命"结束以后这项工作才得以延续,在丽江地区行署副专员和万宝的力推下,于1980年6月成立"丽江东巴经翻译整理委员会",1981年5月,正式成立"云南省社会科学院东巴文化研究室",并先后聘请知名东巴和玖日、和云彩、和微、杨树兴、和云章、和成典、郑五山、和学智、和即贵、和士诚、和开祥等人,从1981年到1989年,在60年代遗留下来的译注本基础上先后油印了26本东巴经译注本,公开出版了三册《纳西东巴文献译注》。这一时期的译注本采用了东巴经原文、国际音标注音、汉字直译、意译的"四对照"方式,所选经书种类代表了东巴经中重要的经典。2000年9月,由丽江东巴研究院翻译整理的《纳西东巴古籍译注全集》(简称《全集》)正式出版,《全集》共100卷,选入不重复的东巴经书共有897种。"《全集》分类,基本上是按东巴教内部的类属,分为五大类:祈神类、禳鬼类、丧葬类、占卜类及其他类(包括舞蹈、杂言、宇书、药书)等经典。《全集》的译注,采取科学严谨的五层次对照的文献译注体例。所以,这部内容浩繁,博大精深的东巴圣典,具有严谨的科学性和权威性。"[①]《全集》的出版意义深远,正如和万宝在《序言》中所评:"传统文化,备受近现代文化冲击,东巴文化当然在所难免,众多东巴已销声匿迹,幸存者已寥寥无几;图籍文物,不断毁销散佚;仪式习俗,濒临消亡。这一'其命维新'的古老文化,已是风烛残年,危在旦夕。好在东巴文化本身有其不可磨灭的价值,而世上也真有敢挽狂澜于既倒的志士仁人,存亡继绝、起死回生于奄奄一息之际!见此全集,理宜铭记具有远见卓识和大无畏精神的先驱者们,与学者共事研究的东巴先生们,他们率先叩响东巴文化大门,传扬出去,开山创业,卓有成就,功垂青史,永不湮灭!"[②]

综上所述,据英国纳西学家杰克逊统计,世界各地公私收藏的东巴经有21800多册,中国国内收藏约有13000册。其中美籍奥地利学者洛克一人所购就达7118册。[③] 中华人民共和国成立后,东巴经书虽损失惨重,但东巴经的搜集仍呈延续态势。喻遂生认为,改革开放以后,国内单位和个人收集了3500多册,流入西方国家2000余册。具体数目是:东巴文化研究所500

---

① 和力民:《东巴经典大破译——写在〈纳西东巴古籍译注全集〉出版之际》,载《民族团结》1998年第2期。
② 和万宝:《总序》,《纳西东巴古籍译注全集》,云南人民出版社2000年版,第1页。
③ [英]安东尼·杰克逊:《纳西族宗教经书》,彭南林、马京译,《东巴文化论》,云南人民出版社,第622页。

册，中甸县（今香格里拉市）文化站650册、维西县文化局360册、戈阿干先生近千册、个人零星收藏近千册、西班牙100余册、其他西方国家1000册以上。① 东巴经的刊布，国内学者整理并正式出版的共有22种。计有：傅懋勣先生的《丽江象形文〈古事记〉研究》《纳西族图画文字〈白蝙蝠取经记〉研究》《纳西族〈祭风经——迎请洛神〉研究》，李霖灿先生的《麽些经典译注九种》，云南东巴文化研究室的《纳西东巴文献译注》共10种。22种内有少量重复。另丽江县文化馆1962年至1965年石印东巴经22种，近年东巴文化研究所油印东巴经数种。② 从东巴文献的译注种类、数量、规模而言，以《纳西东巴古籍译注全集》百卷本成果最为突出，影响也最大，可以说在百余年来东巴文化研究史上具有里程碑式的意义。

二 以"文学为取向"的东巴文献整理范式及成果

以"文学为取向"是指整理、翻译文献时，根据整理者价值评判对文本进行符合时代语境的文学化改编。与"历史主义"所标榜的"全面搜集、忠实记录、准确翻译、慎重整理"相比，以"文学为取向"的东巴经文献整理受意识形态影响较大，格式化弊病也比前者更为突出。

东巴文献的文学化改编肇始于20世纪40年代，高潮是在"文化大革命"前后的两个时期。纳西族女作家赵银棠于1947年编写完成《玉龙旧话》一书，其中《"摩梭"创世记》《卜筮术的故事》《高楞趣》《教主"释理"》《牧儿牧女们，迁徙下来吧！》等译文取材于东巴经典，系统地向世人介绍了东巴文学经典，但在翻译过程中把东巴经典原文的史诗特征变成了散文体，主题则突出了反抗黑暗专制，向往光明自由的思想倾向，作者后来也意识到没能"保持原作的时代特点和本族风格"，所以在1957年重新翻译了《董埃术埃》《鲁般鲁饶》两本经书，后者保留了诗体风格，突出了"光明战胜黑暗"、控诉封建专制、反对礼教的主题倾向。③ 东巴文献的文学化改编在1949年后得到了空前强化，这也与当时特定的政治环境密切相关。1956年，还在中学读书的牛相奎、木丽春发表了根据《鲁般鲁饶》改编创作的长诗《玉龙第三国》，在国内文坛引起一定的反响，后来二人又根据创

---

① 喻遂生：《纳西东巴文研究丛稿》，巴蜀书社2003年版，第2页。
② 喻遂生转引张公瑾先生主编《民族古文字概览》，见喻遂生《纳西东巴文献整理与研究刍议》，《纳西东巴文研究丛稿》，巴蜀书社2003年版，第12页。
③ 赵银棠翻译整理的《董埃术埃——黑白斗争的故事》，收入《玉龙旧话新编》，云南人民出版社1984年版。

世史诗《崇般图》改编创作了《丛蕊刘偶和天上的公主》。1958年以来，云南民族民间文学调查队曾两度对东巴经文在内的纳西族民间文学进行了大规模的搜集、翻译和整理，在此基础上于1959年12月编写出版了《纳西族文学史》（初稿）。客观而论，这两次搜集、翻译、整理工作对于抢救、宣传纳西族民间文学有着积极意义，使纳西族文学在国内外民族文学之林中获得了相应的提升。但这一时期的民间文学搜集、翻译、整理受到"左"倾的严重干扰，这体现在突出政治路线，强调阶级斗争观点为主线，尤其以"剔除糟粕"为名，对东巴文学实行去宗教化篡改。认为"东巴教篡改、歪曲纳西族文学，宣传封建迷信思想"。"过去有些人过高地估计东巴教和东巴的作用，甚至把所有的东巴也说成是歌手，强调了积极的一面，忽略了消极的甚至是反动的一面。""归根结底，东巴教作为一种宗教，毕竟是一种反动的意识形态，它是统治阶级用来麻醉人民的工具，其实质是反动的。"①在这种"左"倾路线指导下，臆断《创世记》《鲁般鲁饶》《普尽五路》等东巴经典是封建社会时期产生的，主题是"歌颂劳动，反对封建迷信"。这不仅严重影响了东巴文学的翻译整理工作，而且使东巴文化研究陷入停滞状态。

"文化大革命"结束后，经过拨乱反正，国内政治环境趋于好转，推动了东巴文化的研究及东巴文献的搜集、整理工作的可持续拓展。这一时期"东巴文学"翻译、改编、创作成果以20世纪八九十年代较为突出，个人成果以戈阿干、杨世光、牛相奎、赵净修等人为代表。如戈阿干在80年代初期发表了根据《创世记》改编的《格拉茨姆》和《查热丽恩》两部长诗；杨世光先后出版了《黑白之战》《大鹏之歌》《牧歌》《猎歌》《逃到好地方》等系列长诗；赵净修分别与杨世光、牛相奎合作出版了《创世记》《鲁般鲁饶》等长诗。需要指出的是，这些根据东巴文献翻译、整理的作品存在"格式化"问题，与以"历史主义为取向"的"格式化"相似，都存在文本制作过程的"二度创作"问题。但也有不同，前者侧重于东巴经典的译注，以语言学、宗教学、历史学、社会学等学科为研究范式，对东巴经典内容不作大范围的改编、加工；而后者是以"文学创作"为维度，东巴经典只是起到参考作用，不仅对原文语言、情节进行符合文学审美要求的创编，甚至主题也发生较大改变，如戈阿干的《格拉茨姆》，"把部落仇杀这种社会历史现象，升华到民族团结的高度，用以反映民族团结的主题，这是

---

① 云南省民族民间文学丽江调查队编写：《纳西族文学史》（初稿），云南人民出版社1959年版，第96、97页。

有现实意义的"①。

这一时期对东巴文学的整理成果以 1991 年出版的《纳西族文学史》为代表,全书分绪论、口传文学时期、东巴文学兴起和繁荣时期、民间传统大调的产生、作家文学的兴起和繁荣时期等五编,全面系统地介绍了纳西族各个时期的文学创作。其中东巴文学萌芽时期的口传文学、东巴文学的兴起和繁荣时期、受东巴文学影响生成的传统大调和民间故事传说在整个文学史体例中占了主体地位,篇幅分量及所占内容皆超过半数。本书的开创之功,首先是把东巴文学置放于纳西族的历史发展背景中,与东巴文学的母体——东巴、东巴教、东巴文、东巴经有机予以联系、分析。其次,第一次提出了"东巴文学"的概念,与民间文学、作家文学相并立,使东巴文学从原来民间文学的附庸身份中获得了独立。"东巴文学是唯一用象形文字写的作品群,它以独特性、丰富性、宏伟性,赢得了人民的喜爱,经受了历史的检验,获得了不朽的生命。它和纳西族的民间文学、作家文学一起构成了三种文学潮流,成为古代纳西族文学的中坚。它不仅在纳西族文学史有深远的影响,占有极重要的地位,而且在祖国的文学遗产中,也是一束独特的艺术花朵。"② 再次,对东巴文学进行了科学合理的分类,把东巴文学分为东巴经神话(起源神话、伏魔神话、祖先神话)、创世史诗、英雄史诗、叙事长诗、祭天歌、东巴经故事、东巴习俗长调、口头传说、民间歌谣等。

三 介乎于"文学"与"历史"之间

第三类是介乎"文学化"与"历史主义"之间的折中整理法。这一类以分别由和志武、戈阿干翻译整理的《纳西东巴经选译》和《祭天古歌》为代表。这两个整理本有几个共性特征:首先是二者都完成于 20 世纪 80 年代,较少受到意识形态影响;其次是皆为汉语意译文本,不作音注、字释,在严格意义上不属于译注文本,主要为研究者提供研究材料;再次与上述"二度创作"的文学化改编不同,整理内容忠实于原来的东巴经文,且二人都对东巴经文进行过深入的调查研究,成果颇丰,翻译、整理经书文献时皆在东巴指导下逐字逐句进行翻译,最大限度地保留了东巴经典的原貌风格,并对经典中出现的特有名词进行了注释;最后因整理者对东巴文献理解深

---

① 杨世光、和钟华主编:《纳西族文学史》,云南人民出版社 1992 年版,第 796 页。
② 同上书,第 241 页。

刻,汉文化功底扎实,能够打破两种文化之隔,达到了"信、达、雅"的翻译水平,这样既体现了东巴神话所具有的奇特、朴拙、瑰丽的"文学色彩",又如实、准确反映了东巴文献的历史面貌及文化意蕴。从这个角度而言,这两个整理本的性质是介乎于"文学"与"历史"两个取向之间。

和志武对东巴经的文学改编创作与严格意义上的学术研究整理做了区分,"我们在进行翻译时,力求用科学的态度和方法,切忌任意进行加工、'整理',防止把东巴经译稿变成似是而非、非鹿非马的东西,至于作为一般的文学读物译文,进行必要的整理,或根据东巴经再创作,则应另当别论,但必须慎重,采取严肃的态度"①。和志武翻译、整理的《纳西东巴经选译》先后以内部版、公开版形式分别于1983年、1998年出版,后一本在前者18篇译作基础上增加了12篇,共集成30篇,基本上囊括了东巴经典的代表性作品,且这些选译经典集中了丽江、迪庆三坝两地的东巴经典,具有地域全面性。作者的翻译、整理工作建立在深入的调查及严格的科学方法上,"我们调查记录的方法,是先请东巴选择好经书或我们自己选好,然后请东巴按书读经,我们则用国际音标忠实记音,读一句,记一句。记完一本后,由我们按所记之音重读一次给东巴听,纠正有无记漏或记错。然后再询问疑难词句、古语古词、人名地名、鬼名神名及有关书本的道场法事,使其直译(对译)准确无误。记音和直译尽量在东巴在场时搞完,以求保证质量,意译则一般回到单位以后再进行,可以从容考虑,反复琢磨,尽量做到忠于原作"②。但在两个整理本中译者未能进行国际音标注音,从而留下了巨大的时代遗憾。

戈阿干翻译、整理的《祭天古歌》均系祭天祝词,按祭仪的程式,从头至尾的全部祭词共8000行,比较系统地反映了祭天文化的原貌。总体上而言,这部《祭天古歌》是纳西古代祭天活动程式化的结果,是祭司东巴在主持祭天活动的过程中,为配合具体而繁缛的仪式、仪节而编写创作的祭天经诗。③《祭天古歌》后一章的口诵篇虽作为补充部分,但其价值极为珍贵,一则说明了祭天作为纳西族传统文化的源远流长,二则从中反映出祭天经文源于口诵经,从而成为口头文本与书面文本互证的重要材料。难能可贵的是作者对经文中的口头程式有着深刻的认识,"为了保持作品的原貌,我们保留了原文套句的运用,就在作品中出现了大量相同与类同的句子与章节。

---

① 和志武:《纳西东巴经典选译》(内部版),云南省社科院东巴文化研究室,1983年。
② 同上。
③ 巴莫曲布嫫:《纳西族东巴祭祀经诗〈祭天古歌〉》,《中华文学通史》,华艺出版社1997年版。

这不能看成是不必要的重复,这些相同或类同的句、章不断出现在不同的母体篇目中自有它特殊的意义,这是祭坛诵经形式的需要,也是表达内容的需要,它犹如一首歌曲的主旋律一样,对表现作品的主题和神韵都起着增强的作用"①。整理本中虽然插入了少量的东巴经文内容,并进行了注音,但只起到了蜻蜓点水作用,未成整篇体例,这不能不说是时代的遗憾。瑕不掩瑜,可以说此整理本与《纳西东巴经选译》堪称汉语翻译东巴文献的上乘之作。

小结

"以文学为取向"与"以历史主义为取向"彼此消长,又相互交叉。"以历史主义"为取向的民族文献整理为"文学化"翻译、整理提供了蓝本,而"文学化"翻译、整理本身成为佐证"历史"的重要证据,同时通过通俗易懂的"民间文学"普及扩大了整理本的受众面及影响。这两种价值取向明显受到时代语境的深刻制约,前者把东巴文献视为与作家文学相对的"民间文学"或"口头文学",通过去宗教化、去仪式化改造以后成了可以为新时代服务的"大众文学",这一改造后的新型身份标签,看似借助有利的政治形势而得以策略化生存,实则窒息了东巴文化得以生存、发展的文化生态空间。"以历史主义为取向"的表现形态分为两个时期:"文化大革命"前期的整理着重于文献产生、发展演变、衰落消亡等一些历史主义倾向的假设命题,在搜集、翻译、整理过程中以意识形态的观点来代替科学研究,尤其突出了"阶级斗争"的主线。"文化大革命"结束后,"历史主义"的意识形态干预明显减弱,民族传统文献的整理又迎来一个新的时代高潮,但又受到"文化复兴""原生态""非遗"等时代语境影响,这些整理本中仍出现了"全集不全"、去语境化、人为创编等"再次格式化"问题。②

中华人民共和国成立以来,国家对各民族文献的调查、整理、研究工作予以了前所未有的重视,也取得了丰硕的成果,但因时代因素影响,民族文献的整理、研究工作仍留下了诸多时代遗憾。只有检析导致这些弊病的时代因素,认真汲取前人的经验教训,尽力避免重复性错误,才能真正贯彻落实"全面搜集、忠实记录、准确翻译、慎重整理"的方针,促进民族文献整理工作的可持续发展。这也是本文旨归所在。

---

① 陈烈:《祭天古歌》序言,中国民间文艺出版社1988年版,第18—19页。
② 对这些问题的检讨可参见巴莫曲布嫫的《叙事语境与演述场域:以诺苏彝族的口头论辩和史诗传统为例》,载《文学评论》2004年第1期;杨杰宏《"非遗"语境下口头传统文献整理的问题检析》,载《民族文学研究》2014年第3期。

第八章

东巴文献文本研究

一 东巴多模态叙事文本探析——基于东巴书面与口头文本的比较研究[①]

引言

如果仅从东巴经文本类型而言，主要指由东巴象形文字书写而成的书面文本，但从东巴叙事传统的文本类型而言，又包括了口头的、舞蹈的、音乐的、绘画及工艺美术的、仪式程序的等多元形态的文本。这些多元形态的文本是如何达成有机的统一？它们之间的内部构成及相互关系又是什么？东巴叙事的文本类型研究在东巴文化研究领域中仍是一个空白。本文以东巴叙事传统中的书面与口头两个文本类型的比较研究为个案，结合东巴仪式叙事中的多元文本形态，来探讨东巴叙事文本的形态及性质，以期对东巴叙事传统的概念内涵及文化功能有个整体的认识与把握。

文本（text）是一个人类学的关键词，指语言符号系统、现象系统及其内容。有两种情况，一为语言的成分，一为超语言的成分。前者指一个句子、一本书和一个观察现象的内容所构成的认识对象，后者指话语的语义和内容所组成的记号复合体，它反映语言外的情境。这种语言外的情境因各人的情况不同而有所不同。文本有三重意义：（1）话语的记号系统或现象的记号系统；（2）该系统所表述的意义系统；（3）现象的观察者与书本的读者所了解的不同抽象记号系统。结构主义大多把文本的记号系统与所表达的意义看成平行的、固定的。[②] 朝戈金认为，任何分析对象都是文本，文本产生过程也可视为文本。在这个含义上，文本包括表述和被表述两个层面。而

[①] 此部分作为"东巴文献及其当代释读刊布和创新"阶段性成果，以《多模态叙事文本：东巴叙事文本性质探析——基于东巴书面与口头文本的比较研究》为题发表于《纳西学研究》第一辑，民族出版社2015年版。

[②] 金炳华主编：《哲学大辞典》下卷本（修订本），上海辞书出版社2001年版，第1533页。

按口头程式理论的概念界定，文本是"表演中的创作"（composition in performance），这里是在口头诗学的形态学意义上理解"文本"的。[①] 本论文中的"文本"概念所指涉及三个层面：一是基于仪式中口头演述的口头叙事文本，如东巴口诵经；二是作为口头演述提词本（prompt）的书写文本，或半口传文本，如东巴经书；三是基于整个仪式叙事层面而言的仪式叙事文本，它涵盖了仪式中的口头演述、仪式程序、仪式表演等不同层面，既包含了口头叙事与书面叙事文本，也包含了超语言的多形态的复合型文本。

（一）东巴叙事传统的文本类型

东巴叙事传统的书面性与口头性关系涉及叙事文本类型问题。约翰·麦尔斯·弗里、劳里·杭柯等学者借鉴了洛德的"表演中的创编"理论及鲍曼的"表演理论"，把史诗研究对象的文本划分为三个主要层面：一是口头文本（或口传文本），二是来源于口头传统的文本（或半口传文本）；三是"以传统为导向"的口头文本。

从东巴叙事文本类型来看，也具备这三个不同文本类型。有些学者注意到东巴叙事传统的重要叙事载体——东巴经籍，具有书面性与口头性的复合性特征，就把东巴叙事文本类型归到源于口头文本类型中。但从东巴叙事传统整体而言，这一划分并不涵盖东巴叙事文本的整体类型。从东巴文本类型在书写、应用情况来分析，其实涵盖了上述三种不同文本类型。笔者作了相应的归类：

文本类型	创作	表演	接受	东巴叙事文本范型
口头文本或口传文本	口头	口头	听觉	口诵经《祭天古歌》《除秽经》
源于口头的文本	口头与书写	口头与书写	听觉与视觉	东巴经书《创世记》《鲁般鲁饶》
以仪式表演为取向的文本	书写	口头、书写与形体	听觉与视觉	东巴经书《蹉模》（东巴舞谱）、《冬模》（东巴画谱）、《笃模》（东巴仪式规程）
以传统为取向的文本	书写	书写	视觉	《纳西东巴古籍译注全集》《纳西族东巴文学集成》

从表格中可以看出，严格意义上的东巴经应为前三类，后面的"以传

[①] 朝戈金：《口传史诗诗学：冉皮勒〈江格尔〉程式句法研究》，广西人民出版社2000年版，第15页。

统为取向的文本"并不在仪式中应用,在整理过程中,东巴作为协助人员参与整理,但主体以研究人员为主,阅读者也多为研究者及相关兴趣爱好者,这一类经书因整理者对东巴文化知识掌握程度及主观价值评判不同,存在"再度格式化"问题。① 东巴经在东巴仪式应用中应分为口诵东巴经与东巴经书两类,这在东巴祭司中有着明确的分类,如前者称为"kho^{33} by^{31} tçy^{31}"(口诵经),"the^{33} ɤɯ^{33} by^{31} tçɤ^{31}"(书本诵经)。前者没有具体的经书,都是由东巴口头吟诵为主,如戈阿干搜集整理的《祭天古歌》中的"祭天口诵篇"就完整记录了祭天仪式上口头吟诵的口诵经内容,其内容涉及了祭天仪式的主要程序过程。另外,在一些东巴经书缺失、东巴文化传统剧烈变迁的地区存在着大量的东巴口诵经,如西藏昌都地区的盐井纳西族乡的东巴仪式以口诵经形式进行,在泸沽湖区域的摩梭人的达巴也只有口诵经。口诵经在祭天仪式中得到保留,说明了祭天仪式的叙事传统最初是以口诵经为主的,经书文本是后期才产生的,二者同时并存在祭天仪式中,也说明了祭天对纳西族传统文化的深远影响。但绝大部分的东巴经是以书面文本而存在,这些经书源于初期的口诵经,经过历代东巴的整理书写而成,用于仪式中的演述,所以明显带有"半口传文本"的特点。

　　表格中多了一个增加项——"以仪式表演为取向的文本",这是基于这些经书与前两种文本类型的不同特点而设立的,这些经书大多以韵文体形式书写而成,但并不在仪式中吟诵,而是东巴学徒学习东巴画、东巴舞、东巴程序规程时的"教科书",由东巴师傅边念诵边进行具体的画法、舞步、程序设置的指导,而这类文本内容用途不是念诵,而是通过具体的形体语言,如绘画、雕塑、跳舞来进行仪式表演。这些"以仪式为取向的文本"同样具有叙事文本的特征,因为它们与仪式中的叙事内容是内在统一的,譬如,东巴舞谱《什罗舞》,通过东巴象形文字完整记录了超度仪式上需要跳的13个不同舞种,这13个舞种按东巴经书《什罗传略》叙事逻辑分别记录了"什罗出生""什罗学走路""什罗学艺""什罗杀魔""什罗受难""招魂""接魂""送魂"等程序舞。如果说《什罗传略》通过东巴口头演述达成仪式叙事,而《什罗舞》则通过舞蹈语言完成有关什罗生平的仪式叙事。东巴画同样也是通过绘画语言来达成仪式叙事,《神路图》中的地狱、人间、天堂三界内容是超度仪式中必然经历的三个历程,举行仪式时,东巴手持油

---

① 这一"再度格式化"概念是基于20世纪50、80年代的两次民间文化知识"生产运动"中产生的"格式化"问题而言,与后者存在联系与区别,对这一问题的探讨可参考拙文《"非遗"语境中民族文献整理的路径思考及实践》,载《云南民族大学学报》(哲学社会科学版)2013年第5期。

灯，从《神路图》的最下方——地狱开始，然后依次向人间、天堂的画面上慢慢移动，口中念诵不同界域的内容，象征把死者的灵魂从地狱超度到天堂。从这个意义上，东巴画、东巴舞以及仪式程序中的行为表演，与口头演述一同构成了完整的仪式叙事。

东巴叙事文本中的东巴经书是由象形文字记录而成的书写文本，文字一经产生，就具有了书面语形成的可能性。东巴叙事传统的书面性特征与东巴文及东巴经关系密切，关于东巴文的造字结构类型及东巴经书特征在前文中已有论述，在此重点探讨东巴书面文本中书面语及其功能特征。

相对而言，口头语是用声音来实现，与说话、听者及相应的交流语境紧密联系，突出了即兴发挥、流动快、易消失、语句结构较为松散、可以随时补正、简单易学、自然习得等特点；而书面语是用文字记录的，有超越时空性，便保存，书写过程中可推敲和提炼，需要专门学习，书写规则、句法都有严格规范性，与口头语言的方言差异相比识别率更高，文字使用者通过经典在宗教、政治、经济中的使用获得了社会权势。应该说这种由于交际方式的不同造成的词汇差异是一切语言普遍共有的。东巴叙事传统中的书面性也具有上述功能特征。具体而言，东巴象形文字的产生，使原来的口头文本转化为书面文本，形成了数量众多的东巴经书，促进了仪式程序的繁复化，深化了东巴教教义思想体系；同时，文字所特有的超时空性，使这些书面经典保留了大量的古纳西语、宗教词汇及外来词汇，起到了传统文化保存、传承的作用；另外，文字的简约性、精练性特征促使东巴叙事文本的精练化、诗体化、经典化，由此形成了独树一帜的东巴文学、东巴神话、东巴史诗的诗学盛况。

1. 东巴书面文本保存了大量的古语词汇，包括纳西古语、宗教词汇及外来词汇

书面语源于口头语，尤其是早期书面记录文本更带有口头语言记录文本的特征。口头语与书面语并没有泾渭分明的划分标准，二者存在重合交叉、相互通用的特征，如那些最常用的基本词汇（天地日月、一二三、上中下、来去回、红黄白、你我他）就不但并行于书面语和口头语，在不同方言区中也相互通用。二者也有个演变过程，有些以前的口头语逐渐演变为书面语，而有些书面语也演变为口头语；另外，口语的庞杂性、差异大和缺乏规范而成为研究者难以驾驭的材料，所以语言学界对书面语与口头语的划分一直处于两难境地。国内学术界普遍采用赵元任的比较划分法，他以汉语为例，认为口头语"主要研究对象是日常说话"，"用非正式发言的那种风格

说出来的"①。东巴经书所具有的"半口传文本"特征也使书面语与口头语的分类造成了极大的障碍。笔者根据东巴经书的语言体例采用了三个划分参照标准：一是东巴教专有词汇，二是古纳西语，三是外来词汇及经文。这两种词语与日常用语差别较大，尤其随着东巴在纳西族地区的衰落，这两类词语仅存留在经书中，在日常用语中很少使用，成为东巴使用的专有词语。正如汉文献中的上古时期的《诗经》，楚辞原是可唱可吟的诗歌，比较接近口语，但现在无疑成为难解的书面语；《史记》中陈胜的老乡看到王府时的感叹语："夥颐，涉之为王沉沉者。"据考证也是当时的口语，但对现在读者而言，成了需要注解的书面语。下面对此予以简要概述。

（1）东巴教专有词汇

宗教专有词汇分为神灵词汇体系与仪式词汇。白庚胜在《东巴神话研究》一书中把东巴神话中的神灵体系分为旧有神灵体系、新生神灵体系、最新生神灵体系。如旧有神灵体系有：

天神：子劳阿普、子劳阿祖、衬红褒白咪、可洛可兴。
水神：沙衬吉补、本衬吉姆、那泽泽冉、堆萨萨。
星神：阿余米余补、贡米余拉巴。
风神：游注阿祖、构土西夸、达勒阿萨命、天女阿史命、丽江阿史命、阿昌白丁命、达文达孜命、固启化拓命。
始祖神：崇仁利恩、衬红褒白咪、先利恩若恒、高勒趣、里翅古叶、精古梅生、肯毒穆素、穆仁兴和。
生产神：尼、诺、利、俄美亨、华。
生活神：美利董主、朵拉沙劳古补、次早吉姆、早、卓、素、祖吾、董、塞。

新生神灵体系有：

善神：英格阿格、盘、禅、高、吾、俄、恒、董、塞、固、斯、腊、彻、祖、迪、毕、扒、精、崇。
恶神：此、纽、毒、仄、猛、恩、骤、直、单、拉、术、短。

---

① 赵元任：《汉语口语语法》，商务印书馆1979年版，第48页。

最新生神灵体系有：

天神：萨英威德、英古阿格、恒丁俄盘、盘孜萨美、丁巴什罗、趣英吉姆、敦所翅补、愚鲁胜敬、吕诗麻道。
战神：色森克久、骂米巴拉、卡冉、庚空都支、麦布精如、考如、肯忍米当、巴温、本当、三多、多格、优玛、神鹏、笃普西庚。
署神：署哥叽布、那吉、署木都公盘、署美那布、署哥斯配、丁居丁资、丁巴、古鲁古究、牛生许卢、牛格堆畏、斯汝、汝捏座。
鬼怪：此、尤、毒、仄、猛、恩、骤、直、单、拉、术、米麻塞登、格饶纳姆、受构负吉安那、英古底纳、恒丁窝纳、沙刷拿子姜、勒启斯普、史支金补、奴主金补、奴主金姆。①

东巴仪式词汇主要包括仪式名称及仪式经书名称，仪式主要分为祈福类、求"署"（自然神）类、禳鬼类、丧葬类、占卜类等五大类。每一类仪式类型中包含了相应的具体的仪式名称，如求神祈福类仪式包括：祭天、祭祖、求子、祭畜神、祭谷神、祭猎神、祭村寨神、祭星、祭署、祭素神、延寿；其他如祭嘎神（胜利神）、祭畜神等。这些仪式都要念诵不同的经书，经书名称也各不相同。此部分内容可参考上文中的"东巴仪式"内容，此不赘述。

（2）东巴经中的古纳西语②

东巴经中的古纳西语保留了纳西语的底层语言文化，如一部分与纳西东部方言区较为接近，而与东巴经流布的西部方言区发生了较大变异，如太阳 [bi^{33}]、月亮 [le^{31}]、眼睛 [nie^{31}]、乌鸦 [la^{33}ye^{31}]、好（人）[dʑə^{31}]、飞 [zi^{33}]、绳 [bər^{31}]、跑 [bæ^{31}] 等。

一部分古纳西语与彝语较为接近，如人 [tsho^{31}]、牛 [lei^{55}]、马 [ngu^{33}]、猫 [e^{55}ni^{31}]、饭 [zˌe^{33}]、赶 [ho^{31}]、怕 [tɕi^{55}] 等与凉山诺苏支系彝族语言较近。

古纳西语的构词法与现代纳西语产生了较大差异，如：

古语　　　　　　　　　　　现代语
白 [phər^{31}ɕe^{55}ɕe^{33}]　　　　白 [phər^{31}sa^{55}phər^{31}sa^{55}]
黑 [na^{31}bv^{55}bv^{33}]　　　　黑 [na^{31}lv^{55}na^{31}lv^{55}]

---

① 白庚胜：《东巴神话研究》，社会科学文献出版社1999年版，第52—94页。
② 本部分中引例参见和志武《纳西东巴文化》，吉林教育出版社1989年版，第155—157页。

绿［xər³¹tɕhər⁵⁵tɕhər³³］　　　　　绿［xər³¹ʐər⁵⁵xər³¹ʐər⁵⁵］

古语与现代语读音一致，但词汇位置发生变异，如：

古语　　　　　　　　　　　　　现代语

大山［na³¹dʐy³¹］　　　　　　　大山［dʐy³¹na³¹］

白水［pər³¹dʐi³¹］　　　　　　　白水［dʐi³¹pər³¹］

小偷［kv³³ɕi³³］　　　　　　　　小偷［ɕi³³kv³³］

（3）外来词汇与经文①

这部分内容主要以藏语词汇及藏族宗教经文为主，在此仅举部分内容。

东巴经中藏文借词：

汉义	藏文	纳西语
①修行	gus	gu³¹
②拨除	sgu	gv³¹
③喇嘛	lamas	lɑ³³mɑ³³
④面偶	gtor ma	to³³mɑ³³
⑤施主	idas	i³³dɑ³³
⑥祭龙食子	ldom	li³³to³³
⑦地祇	saams	sɑ³¹dɑ⁵⁵
⑧罪恶	sdi pa	di³³pɑ³³
⑨金刚杵	dugdi	dv³¹dʐɿ³³
⑩导师（东巴）	stonpa	to³³bɑ³³

这些藏族宗教借词在东巴经中有着不同层次的体现：一是音义的直接借用，如"东巴""东巴什罗""四大部洲""四大天王"等；二是同音异义的借词，如"精吾""吉姆""吉补""萨英威德"等；三是混合借词，即由藏语借词与本土词汇的混合词汇，如"居那若罗""能空""恒丁窝盘""都巴"等。这些借词大量充斥在东巴经中，丰富了东巴教的内涵，同时也给东巴教的原有内容带来了极大的冲击，促使其发生演变。如"三恶趣""三界六道""四大部洲"等佛教词汇对东巴教的教义、仪轨、思维方式等各方面都产生了深刻的影响。如果离开藏族宗教的这些借词，单是从纳西族的东巴教方面进行考证，可以说我们对东巴教的理解是不完整的，甚至会产生许多谬论。

---

① 本部分引例参见杨杰宏《纳西族与藏族宗教联系中的语言学考察》，硕士学位论文，云南大学，2005年。

（4）东巴文记录的本教经典抄写本

藏族宗教对东巴教的影响除了借词以外，还有以东巴文记录，藏语音读的东巴经书，应为藏族本教经典的东巴文抄写本。据和志武研究，现有东巴经书中，这类抄写本有八部之多：

《星根忓悔》——什罗忓悔经；
《窝姻达根》——什罗燃灯经；
《什罗张批》——什罗咒语；
《金中次》——建木蟠经；
《当使都》——念喇嘛经；
《喇嘛此布》——喇嘛送鬼经；
《阿明侬多萨》——阿明请神经；
《许冉老姆飒·报巴舞》——迎五方东巴夫人（女人）·跳花舞。

以上这些经书，纳西东巴只会念，不会讲，如《星根统昌》这本经典，藏语意为"忓悔书"，东巴也称为"当书"，与藏语"忓悔"相同，是东巴作为大类（大型）道场（仪式）之后必念之经。① 据和继全整理，东巴经中这类经书共有29部之多，不少内容为咒语抄本。②

2. 东巴书面经典促进了东巴教体系的完善

可以说，如果没有东巴文的产生，不可能形成这么庞杂博大的经书种类、神灵体系。它以2334个东巴文字，记录下来了两万余册东巴经典，其中互不重复的经书达1300多种，③ 可考神灵达2400多个。④ 口头语言通过运用程式化的传统片语、主题或典型场景、故事范型所构成的"叙事构件"，可以创编出成千上万行的惊人篇章巨作，但对于具有严格书写规范、体例的宗教文本而言，其间的严密庞大的神灵体系名称、宗教经书、教义思想体系仅非能够靠口头语言完整、准确地进行记录。书面语言特有的优势在此得到了充分的发挥及体现，极大地推动了东巴教体系化建构进程。

---

① 和志武：《纳西东巴文化》，吉林教育出版社1989年版，第45—46页。
② 和继全：《纳西东巴古籍藏语音读经典初探》，载《西藏大学学报》（人文社会科学版）2013年第2期。
③ 和力民：《东巴文化在古代纳西族社会历史中的作用》，载《东巴文化研究所论文选集》，云南民族出版社2003年版，第15页。
④ 白庚胜：《东巴神话研究》，社会科学文献出版社1999年版，第52页。

东巴文字的产生及东巴经典的形成，为东巴教从原生宗教向人文宗教的过渡注入了文化驱动力。从词汇分析中可以看出，这种影响已经涉及了宗教的深层文化。"宗教是文化精神，因此文化对话的关键在于宗教对话。就宗教的对话而言，这种各方都能接受的语言、术语、概念，只能是哲学的语言、术语和概念。理性的哲学语言可以不带有信仰和情感的色彩，因此较易为虽有自己的信仰但又有共通的人类理性思维的宗教徒所接受。"① 这些理性的哲学语言在东巴经中占有相当的分量，如神路图中的"三界六道""生死轮回""因果报应""超脱"等，在金龟八卦图中的"精威五行"（金、木、水、火、土）、"宇宙""时空""阴阳""相克"等。在引进这些哲学词语的同时，东巴教的教义、体系、仪式等宗教体系也随之得到了扩张。从这个意义上来说，历经千百年发展而来的东巴教绝非早期的"原始巫术"、萨满教可以概括，即使它仍残留着大量的原始宗教的内容，但它已经迈进了人文宗教的门槛。

3. 东巴书面经典催生了大批东巴经典名篇

书面语的可不断修正、超越时空等特征使东巴书面文本在上千年的发展过程中不断得到锤炼，催生了一大批东巴经典名篇，这与东巴文的书写传承特征有内在关系。东巴文属于发展不成熟的象形文字，书写、识读、记忆较为繁难，需要专门学习，而东巴学徒的学习、使用这些文字、经典的过程也是一个不断继承、发展的过程；还有一个重要因素是与书写材料的特殊性有关系，正如古代汉文献记载文字的简约性特征与鼎器、竹简、绵帛、纸张等文字载体的有限性存在内在关系一样，东巴纸、木牌、纸牌等书写材料的有限性也决定了东巴经典书面语言的精练化、简洁化特点。正是这些不同于口头语言的书面特征，使东巴书面经典不断得到提炼、深化，由此催生了一大批的东巴经典名篇，形成了蔚为壮观的以东巴神话、东巴史诗为主体的东巴文学图景，极大地丰富了纳西族文学史的内容，推动了纳西族口头传统与书写传统的整体发展。

民间叙事文本为东巴叙事传统提供了丰富的叙事题材，这些民间叙事文本收编到东巴经典后，经过历代东巴的精心提炼，由原来的散文体向韵文体转化，叙事语言、叙事结构、修辞、风格都发生了显著的变化，相对来说，东巴书面文本中的叙事作品质量要高出口头叙事作品。这从二者同名的叙事文本比较中可一目了然，如东巴经典中最有代表性的《创世记》《鲁般鲁饶》《董埃术埃》《白蝙蝠取经记》《崇仁潘迪找药》《东巴什罗传略》《署

---

① 何光沪：《月映万川：宗教、社会与人生》，中国社会科学出版社2003年版，第465页。

鹏争斗》《普尺阿路》《多格飒》《窝英都奴杀猛妖》等名篇，在民间叙事文本中都有相类似的作品，但从语言的润饰、修辞的精练、情节的设置、人物的塑造、影响的深广等方面来看，后者要远逊于前者。在纳西族东部方言区也存在类似情况，其间流传的民间口传的叙事作品的内容梗概、故事情节大多与东巴叙事作品大同小异，但不管从数量上，还是从质量方面来说，都不及东巴叙事作品。

这从《鲁般鲁饶》《尤悲》《初布由布》三个文本的比较分析中得到说明。这三个不同文本存在着相互转化的过程，正如和时杰所说的"《鲁般鲁饶》是《尤悲》的渊源和基础，《初布由布》是写进东巴经的《尤悲》"①。三个文本都属于殉情叙事长诗，《尤悲》是口头叙事，另两个文本为东巴书面经典。从诗篇长度来说，《尤悲》超过2000多行，而后两个书面文本只有1000多行，这说明了书面文本所特有的简洁、精练特点，从叙事文本功能而言，显然不能单纯以语言的数量来论高低。相比之下，《尤悲》的诗行长度超过后者，主要在于整个叙事手法通过男女对唱来完成文本叙述，其间铺陈、比兴、程式化语句要远远超出另两个书面文本，还有一个重要原因是，前者注重殉情过程的情节描写，全诗分为相识定情、许愿殉情、殉情前准备、深夜私奔、上玉龙雪山、寻找到玉龙第三国六个章节。而《鲁般鲁饶》的情节设置极为简单，一开始叙述青年男女在高山上集体放牧相爱的情景，这部分内容占了文本的一半，后半部分叙述男女主人公殉情经过，情节分为决定殉情到最后殉情而死的两段式。后半部分中男女主人公的对白、独白又占了近2/3，剩下的用来推进、完成情节的篇幅没有超过1/5。我们知道，情节是故事最重要的动力核心之一。这样一个简单的情节如何能够支撑长篇叙事诗的结构？其实，这种淡化情节、突出语言的抒情意味来突出悲剧基调恰好是东巴叙事手法的高明所在。对听众而言，《鲁般鲁饶》已经是耳熟能详的经典老作品，他们对故事情节、内容、结局已经胸有成竹，重点不在于通过曲折离奇的情节来体验审美感受，更在于对一种文化情感的深层体验与升华。从叙事功能而言，作为仪式中演述的文本，它不可能像民间叙事作品那样过多渲染铺陈情节。另外，作为一部爱情悲剧，过多的事件描述及情节纠缠只会冲淡主题，由此把叙事重点从情节转移到心理上来；将戏剧性的线性时间分解成空间的细节加以表现。普罗普给"功能"的定义（功能是人物的一种行为，由它对行动进程所具有的意义来界定）中，就预设

---

① 和时杰：《"尤悲"初探》，李之典主编：《纳西族民间抒情长诗：相会调》，云南民族出版社2011年版，第178页。

了作者赋予叙事的意义,其结果是,对形式进行预先阐释后再对形式进行描述。整合研究模式也研究叙事的形式,但将其放在读者的阅读语境中,叙事形式的意义只有在读者的阐释框架中才能体现出意义,从而将叙事意义的确定权交给了读者。①《尤悲》与《鲁般鲁饶》的结局处理也有重大差异,前者把殉情结局描绘成为喜剧式的大团圆,突出了男女主人公进入玉龙第三国后过上幸福安详的爱情生活,甚至全文中很少提及"殉情""死"等字眼,虽然其间洋溢着追求自由与爱情的坚定信念及乐观主义倾向,但无疑使文本的悲剧感染力打了折扣。

《鲁般鲁饶》是东巴超度殉情者灵魂的经书,在举行仪式时年轻人是禁止入内的,但每次举行仪式时,总是不断有年轻人相约前往偷听。有些东巴为了防止青年人偷听,在吟唱此书时通过敲锣打鼓来干扰唱经声音,而年轻人则事先把这些乐器藏起来,有的甚至直接上前把东巴手中的乐器夺下来。作为一部超越时空的经典作品,它的影响力已经浸透到民族的灵魂深处。"改土归流"后,汉文化渗透到纳西族地区,"以夏变夷",以一个强势民族的文化价值衡量另一个弱势民族的文化价值,这样的结果是文化的冲突,表现在婚姻形态上,就上演了一幕幕殉情悲剧。纳西族殉情主因在于文化的变迁与冲突,其中,东巴教所主张的回归自然、生死如一的生命观以及对死后世界的美好描述,无疑是造成殉情悲剧的主要内因,由此也型塑了纳西族轻生死、重大义,"不自由,毋宁死"的民族精神气质。从这个意义而言,东巴叙事传统是纳西族文化传统的表征,也是民族精神及文化特质的集中体现。②

(二) 东巴叙事传统中的口头性特征

1. 东巴口诵经文本的口头性

东巴经包含口诵经与书写经书两大类,口诵经本身具有口头文本的特征。这方面论述在东巴文本类型分析中已作了论述,在此不赘。

2. 东巴书面文本中的口头程式特征

东巴书写经典文本属于"半口传文本",源于东巴仪式中口头演述的文本记录,在经书内容中仍保留着突出的口头程式特征。这从其书写文本中的口头程式句式、名词性修饰语及程式频密度三个方面中得以充分体现。

---

① [美] 戴卫·赫尔曼:《引言》,戴卫·赫尔曼主编:《新叙事学》,马海良译,北京大学出版社2002年版,第12—13页。

② 杨福泉:《玉龙情殇——纳西族的殉情研究》,云南人民出版社2008年版,第170、195页。

第八章　东巴文献文本研究

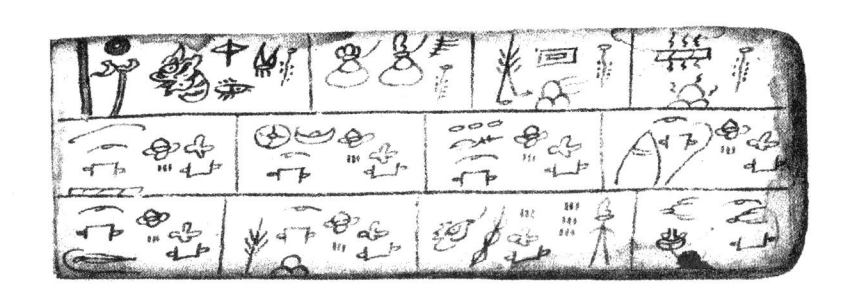

(1) 东巴书写经典中的口头程式句

东巴书写经典中的口头程式特征以东巴经典《创世记》为例作个简述。[①]

a²¹ȵi³³la²¹ʂæ³³ȵi³³，在很古很古的时候，
mə³³lɯ⁵⁵tʂv³³kuʔ¹dzɿ²¹，在天地混沌的时代，
duʔ¹seʔ¹xoʔ¹kuʔ¹dzɿ²¹，阴神和阳神相合的时代
sɿ³³dʑʅʔ¹ndʑi³³kuʔ³³dzɿ²¹，树木会走路的时代，
ɹi³³ŋgɯ³³taʔ⁵⁵kuʔ³³dzɿ²¹，裂石会说话的时代，
tʂɿ³³lvʔ³³ȵioʔ⁵⁵ȵioʔ³³dzɿ²¹，土石会颤动的时代，
lɯtʔ⁵⁵ȵioʔ²¹ȵioʔ⁵⁵ȵioʔ³³dzɿ²¹，大地晃动的时代。
mv³³neʔ³³dyʔ²¹laʔ³³mə³³thv³³sɿ³³thɯ³³dzɿ³¹，天和地也还没有开辟的时候，
mv³³oʔ²¹dyʔ²¹oʔ²¹sɿ⁵⁵syʔ³³thv³³，就先出现了三样天和地的影子。
biʔ²¹neʔ³³leʔ²¹laʔ³³mə³³thv³³sɿ³³thɯ³³dzɿ³¹，日和月也还没有出现的时候，
biʔ²¹oʔ²¹leʔ²¹oʔ²¹sɿ⁵⁵syʔ³³thv³³，就先出现了三样日和月的影子。
kɯʔ²¹neʔ³³zaʔ²¹laʔ³³mə³³thv³³sɿ³³thɯ³³dzɿ³¹，星宿也还没有出现的时候，
kɯʔ²¹oʔ²¹zaʔ²¹oʔ²¹sɿ⁵⁵syʔ³³thv³³，就先出现了三样星和宿的影子。
dʐyʔ²¹neʔ³³loʔ²¹laʔ³³mə³³thv³³sɿ³³thɯ³³dzɿ³¹，山和川也还没有出现的时候，
dʐyʔ²¹oʔ²¹loʔ²¹oʔ²¹sɿ⁵⁵syʔ³³thv³³，就先出现了三样山和川的影子。
dʑi³¹neʔ³¹khæʔ³³laʔ³³mə³³thv³³sɿ³³thɯ³³dzɿ³¹，水和渠也还没有出现的时候，
dʑi³¹oʔ²¹khæʔ³³oʔ²¹sɿ⁵⁵syʔ³³thv³³，就先出现了三样水和渠的影子。
sər³³neʔ³³lvʔ³³laʔ³³mə³³thv³³sɿ³³thɯ³³dzɿ³¹，木和石也还没有出现的时候，
sər³³oʔ²¹lvʔ³³oʔ³³sɿ⁵⁵syʔ³³thv³³，就先出现了三样木和石的影子。
tɕy⁵⁵tʂu³³sɿ⁵⁵syʔ³³ɯ³³meʔ³³gvʔ³³kv⁵⁵thʊ³³，最初，由三样好的得出九样，

---

① 丽江东巴文化研究所编：《纳西东巴古籍译注全集》（以下简称《全集》），第35卷《退口舌是非灾祸经：创世记》，云南人民出版社2000年版，第329—330页。

gv³³kv⁵⁵ɯ³³me³³e³³me³³dɯ³³gv⁵⁵thv³³，由九样好的产生出一个母体。gɯ³³ne³³mə³³gɯ³³¹thv³³。由此出现了真与假。①

这是典型的东巴叙事传统中"三段式"的开头程式，明显带有程式句法特征。第一句"a²¹ɲi³³la²¹ʂʅ³³ɲi³³"（在很古很古的时候）是东巴经典开篇句的普遍模式，由此意喻着开始叙述天地万物来历的主题或场景。这一开篇段落叙事结构分为两个大段。从"在很古很古的时候"到"大地晃动的时代"讲述天地未开辟时场景，其后一大段讲述开辟天地后的情景。而这些天地万物的产生在顺序上都严格遵循了固定模式：天地—日月—星宿—山川—水渠—木石—真假。这一模式在其他东巴经典中也以同样的程式句法出现，属于东巴经中"天地万物产生"的母题；在程式句式结构上遵循了递进平行式句法；整个段落诗行以五言句、九言句为主，这也是东巴经典中传统诗行特征：基本上以五、七、九、十一、十三等奇数诗言为主，很少出现偶数句。据笔者对《创世记》统计，全篇诗行字数为 14712 字，诗行共有 2668 行，而五言诗行达 1652 行，占 62%，其次为七言句，达 845 行，占 31%，这两类诗行共占了整个诗行的 93%。在韵式方法上普遍采用句尾押韵模式，如本篇中的句尾韵以 thv³³、dzʅ³¹为主，前一大段中统一用 dzʅ³¹韵，后一大段中以 thv³³与 dzʅ³¹隔行押韵为主，而 dzʅ³¹韵往往与"la³³mə³³thv³³sʅ³³thɯ³³dzʅ³¹"的固定句式相结合，这也是东巴经中描述"A 和 B 还没有出现的时候"时普遍使用的程式句。在东巴叙事的韵式程式中最为突出的是以语气助词"me³³""ne³³""tsʅ⁵⁵"作为尾韵，这些语气助词除了起到押韵功能外，对于诗行的补充、完善起到了显著的调整作用；同时，语气词在文本中的大量出现既是东巴叙事文本口头性的真实反映，也是东巴在演述文本时有意口头程式化处理的结果，由此极大方便了仪式中的口头叙述及表演。

（2）名词性修饰语的程式化特征

东巴书写经典中的名词性修饰语往往以四字格为主，如大黑飞骥、巨川大鱼、四眼猎犬、独角巨犀、花白公獭、金丝黄猴、花斑公鹿、红脚白鹇、蕃地赤虎、展角野牛等。这些修饰语与这些特定的名词的属性特征密切相关，成为固定程式储存到东巴的演述备用"语库"中。

东巴叙事中名词性修饰语另一种构词法以名词的类别来划分，如神类命名中的名词性修饰语一般以下述程式为主：

mɯ³³lɯ⁵⁵da³³dzi³³　　美利达吉（神海）

---

① 《全集》第 35 卷《退送是非灾祸·创世记》，第 329 页。

mɯ³³lɯ⁵⁵dv³¹lu³³　　　美利董卢（天神）
mɯ³³lɯ⁵⁵he³³dzɿ³³　　美利恒主（天神）
mɯ³³lɯ⁵⁵dv³¹dzɿ³³　　美利董主（祖先神）
mɯ³³lɯ⁵⁵sv³¹dzɿ³³　　美利术主（鬼主神）

前面的"mɯ³³lɯ⁵⁵"（美利）是用来修饰后面的核心名词，其义为"天地之间的"，意喻着这些神类具有通晓天地的神力。可以说"mɯ³³lɯ⁵⁵"（美利）这一修饰词成为"神性"的代称。

有些名词性修饰语在叙事情节中具有"指南"功能，如一提到"khɯ³³y³¹ʑe⁵⁵dʑi³³"（快脚小东巴），就千篇一律地预示着故事后面将要发生的情节——故事主人公遇上难题，需要去请大东巴做相关仪式来免除困难灾祸，其后就是描述举行仪式的过程、场景，以及仪式获得圆满后说明。这种名词性修饰语往往与特定的故事范型、仪式类型相联系，如"快脚小东巴"这一传统性程式片语往往与驱鬼禳灾类、祭署类故事及仪式密切相关。

东巴经的口头程式特征与宗教仪式的程序也有内在关系，东巴仪式中的程序以请神—安神—求神—送神作为固定结构，每一个相关程序内部又分为程式化步骤。如"请神"程式中的"神灵详表"是按神灵威力大小来排定次序的，这些次序在每一个请神程序的步骤中都要重复。请神仪式程序中包括了请神敬酒—请神受香—请神受饭—请神受神药四个步骤，其下"敬酒"步骤包括了请天、地、天舅三神饮酒，请五方天神喝酒，请属五行诸神饮酒；请五方山神饮酒；请境内诸山神饮酒……这些仪式程序及步骤的高度程式化又反映到经书内容中，成为典型的程式语句。

（3）东巴书面经典的口头程式频密度

程式频密度的有效性探讨。程式频密度也是检测文本口头特性的一种方法，这一方法最早在西方民俗学界引用，通常以此作为检测叙事文本是否具有口头文本特征的重要依据，认为文本内容中的程式频密度超过20%就可证明为源于口头创作。[1] 程式频密度作为检测口头文本的手段应该说是有效的，毕竟程式是口头文本的重要特征，也是与书写文本最为突出的区别所在。问题的关键可能在于这个"20%"的比例依据何在？譬如在一个有1000字的书面创作的故事文本中，其中引入一段200字的口头创作内容，而其余800字皆为书面创作内容，显然，这无法证明这一作品属于口头创作或源于口头创作。笔者认为程式频密度的有效性检测应考虑到三个方面因

---

[1] 转引自朝戈金《口传史诗诗学：冉皮勒〈江格尔〉程式句法研究》，广西人民出版社1999年版，第210页。

素：一是看程式在全文或同时代口头创作文本中的分布情况，而非仅集中于某一段落或章节或某一孤立的个案中；二是看程式的不同类型，如传统性片语、主题或典型场景、故事范型，而非仅限于其中一个类别；三是看与口头传统指涉性的关联程度，这与口头创作的历时性相关，因为有些今天我们看来是书面创作的故事可能在早期历史中是口头记录文本。下面以这三个标准为参照来分析《创世记》的程式频密度情况。

东巴叙事结构程式的频密度

《创世记》的文本结构与东巴叙事传统中的"三段式"结构程式是相一致的，尤其是开篇段落中的"万物来历"的主题及结尾的"法事灵验"主题都具有高度的程式化特征。开头段落的程式化特征在上面已作分析，而结尾句式普遍采用两种大同小异的句式：

"主人家得福泽，变富强，心安神宁，流水满塘。愿主人家长寿日永，愿娶女增人！"①

"愿主人家不病不痛，不得冷病悸病，愿主人家得富强，心安神宁，流水满塘。"②

与检测程式频密度的程式的鉴定与母题相似，不同故事类型中的共性比较研究是必要手段。笔者把这一结构程式句式放到同类文本中做了相应比较。在《纳西东巴古籍译注全集》的第一至第十卷的103部经书中，没有故事类型特征的经书有12部，这12部经书是有关仪式规程、请神方面的内容，不具备可比性，而剩余的91部故事类型的经书中，有"三段式"结构程式的经书达67本，占了73.6%，说明"万物来历"的开篇程式及"法事灵验"的结尾程式同时具有母题与口头程式特征。

《创世记》中的韵式程式频密度

从韵式应用情况而言，在东巴书面文本《创世记》中，以三个连续或跨行的诗行同韵作为同韵诗行的判断条件，其韵式程式频密度情况呈现出以下情况：

音韵	韵式	诗行数	比例（%）
tsɿ⁵⁵	尾韵	783	29

---

① 《全集》第7卷《祭署·纽莎套姆和纽莎三兄弟到人类家中》，第235页。
② 《全集》第7卷《祭署·祭署的六个故事》，第120页。

续表

音韵	韵式	诗行数	比例（%）
me^{33}	尾韵	536	20
dz$ʅ^{31}$	尾韵	469	17
be^{33}	尾韵	241	9
tsʅ^{33}	尾韵	89	3
总计		2118	78

表中情况并不说明《创世记》中的韵式诗行在全部诗行中占了78%，如果把比例较小的韵式诗行加上，这一比例仍会有所提升。值得注意的是，这些韵式诗行中所占比例最高的tsʅ^{55}、me^{33}两个音韵同为语气助词，这两个韵式诗行占了全文诗行的49%，将近一半，在不同故事类经书中，这一比例同样居高不下，如在《黑白之战》中达到52%。这与这两个音韵的口语特征有内在联系，语气助词在口头演述中往往起到加强语气、调整气息、补充诗行完整度等作用，从而极大便利了口头表演。另外，与这两个音韵强大的构词功能也密切相关。tsʅ^{55}本义为"说"，但这里并不具有"说话"之愿意，而是纳西口语中的肯定语气助词，相当于"要……呀！"云南方言中也有类似句式，如"他要过来说""他已经说服了说""他不听你的说"等。tsʅ^{55}的韵式句法以在其之前加动词作为固定程式，如：

a^{33}phʋ^{33}gv^{31}lu^{33}tsʅ^{55}　　　　　　要拿给阿普呀！
ŋə^{55}me^{55}iə^{55}lu^{33}tsʅ^{55}　　　　　　要嫁给我呀！
ŋə^{31}ga^{33}le^{33}tɕ^{33}i^{33}lu^{33}iə^{55}fæ^{33}tsʅ^{55}　　要过来帮我呀！

me^{33}也是语气助词，通常以"le^{33}ʂəʅ^{55}me^{33}"固定程式句形式出现，相当于"某某说"。在东巴叙事文本中都是以第三人称叙事方式为主，所以在引用故事中的主人公或主格的原话时，往往以此作为引述语，相当于文言文中"口""道"，但这里是口语化的程式句法。dz$ʅ^{31}$作为表述时间的程式句中，相当于"时候""时代"。be^{33}本义为"作"，为东巴经中常用的动词置后的语法。这一音韵出现频率最高的程式句是"bɯ^{33}pa^{33}be^{33}"，意为"作变化"，这一句式往往出现在开头的"万物来历"的主题中。东巴文写为

，分别以蒿草、蛙头、斧头的音作为合成形声词。这一句式在《创世记》中共出现了38次，而在开头段落中出现了19次，如下面这一段中以跨行押韵形式出现了七次：

gɯ²¹me³³tse²¹me³³ bɯ³³pa³³be³³，九样真与实作变化，
mu³³gɯ²¹mu³³tse³³ thv³³，出现了一颗亮光闪耀的松石；
gɯ²¹me³³tse²¹me³³ bɯ³³pa³³be³³，光亮的黑松石作变化，
i³³kv³³a²¹gə³³ thv³³，出现了依谷阿格善神。
a²¹gə³³ bɯ³³pa³³be³³，依谷阿格作变化，
kv³³phər²¹diʷ³³ly³³ thv³³，出现了一个白蛋。
mu³³gɯ²¹mu³³tse³³ bɯ³³pa³³be³³，光亮的黑松石作变化，
i³³kv³³ɳɖʐt³³na²¹ thv³³，出现了依古丁纳恶神。
ɳɖʐt³³na²¹ bɯ³³pa³³be³³，依古丁纳作变化，
kv³³na²¹diʷ³³ly³³thv³³，出现了一个黑蛋。
a²¹gə³³ bɯ³³pa³³be³³，依谷阿格作变化，
kv³³phər²¹diʷ³³ly³³ thv³³，出现了一个白蛋。
kv³³phər²¹ bɯ³³pa³³be³³，白蛋作变化，
æ²¹phər²¹diʷ³³ ly³³thv³³。出现了一只白鸡。①

专有名词的程式频密度与传统指涉性。程式频密度另一种表现形式是专有名词的出现频率。专有名词是表示人、地方、事物等特有的名词，与普通名词相对而言，在英语中专有名词的第一个字母要大写。专有名词与不同国家、族群的历史传统、语言文化密切相关，有传统指涉性。如《荷马史诗》中的专有名词与古希腊神话中的庞大的神灵体系、人名、地名、城邦等名称紧密联系在一起，这些专有名词往往成为构造母题、程式、主题或典型场景的重要工具。在东巴经典文本中也存在着这样的专有名词，笔者选取了有代表性的"数字""神灵""动物""颜色""天象"五个类型作为分析对象，表格中为这五个类型的专有名词在《创世记》中出现频率的统计情况：

数字	频率（次）	神灵	频率（次）	动物	频率（次）	颜色	频率（次）	天象	频率（次）
一	175	董神	26	虎	36	白	80	天	114
二	19	沈神	17	狮	3	黑	72	地	103
三	113	子劳阿普	35	象	1	黄	22	日	10
四	2	崇仁利恩	108	獐	17	红	3	月	10
五	20	衬红褒白咪	19	鹿	17	蓝（绿）	7	星	21

① 《全集》第35卷《退送是非灾祸·创世记》，第330页。

续表

数字	频率（次）	神灵	频率（次）	动物	频率（次）	颜色	频率（次）	天象	频率（次）
六	6	神	85	牛	35	青	4	云	6
七	15	鬼	54	马	24			雨	5
八	1			羊	17			雷	4
九	54			猪	15			电	6
十	1			猫	7			风	6
九十九	30			狗	8				

在这五类专有名词中，以数字类型中的"一"出现频率最高，达到了175次，但这并不说明"一"所构成的程式句式也是最多的，从《创世记》文本内容分析，"一"所构成的传统性片语、主题或典型场景等程式句式远逊于"三"。"一"的出现频率居高不下的原因与其构词功能丰富的特性有关。如在纳西语中，"一"除了具有表示数字的本义外，还有表示"全部"（dɯ^{33}xə^{33}bə^{33}）、"相同"（dɯ^{33}çy^{33}）、"初次"（dɯ^{33}ʐɯ^{33}）、"短暂的时间"（dɯ^{33}ka^{31}）等引申义，由此带来了出现频率居高不下的情况。在数字类型中居第二位的是"三"，在五个类型中仅次于"一"和"天"两个专有名词。相形于"一"的多义项特征，"三"在《创世记》中皆以数字义项出现，并且在整个诗篇的不同段落中往往以成组形式出现，明显具有程式化特点。如开篇段落中：

> 在很古很古的时候，在天地混沌的时代，阴神和阳神在相互追逐的时代，树木会走路，裂石会说话，土石会颤动的时代，天和地也还没有开辟的时候，就先出现了三样天和地的影子。日和月也还没有出现的时候，就先出现了三样日和月的影子。星宿也还没有出现的时候，就先出现了三样星和宿的影子。山和川也还没有出现的时候，就先出现了三样山和川的影子。水和渠也还没有出现的时候，就先出现了三样水和渠的影子。木和石也还没有出现的时候，就先出现了三样木和石的影子。最初，由三样好的得出九样，由九样好的产生出一个母体。由此出现了真与假。①

---

① 《全集》第35卷《退送是非灾祸·创世记》，第329页。

在建造居那若罗神山的段落中：

> 由天上的三滴白露，支撑着地上的三堆冰块。由地上的三堆冰块支撑着三股大水。用三股大水支撑着三把黑土。由三把黑土支撑着三棵青草。由三棵青草支撑着三棵蒿草。由三棵蒿草支撑着三棵红栗树。由三棵红栗树顶住三棵松树。由三棵松树顶着三棵黑冷杉。由三棵黑冷杉顶着三棵柏树。由三棵柏树顶住三座崖山。由三座崖山顶住三座大山。由三座大山顶住居那若罗山。①

在受到天神子劳阿普的难题考验的段落中：

> 母虎回来的时候，母虎跳三下，你也跳三下。母虎舞三下，你也舞三下。母虎嘴里"吒啦""吒啦"叫三声，你也学叫三声，这样就可以挤到三滴虎奶了。崇仁利恩照着衬红褒白咪说的办。的确，幼虎在阴坡上，母虎在阳坡上。崇仁利恩在林间拣来一块坚硬的大黑石，砸死了阴坡上的幼虎。剥来幼虎皮，穿在自己身上。母虎回来时，母虎跳三下，他也跳三下。母虎舞三下，他也舞三下。母虎嘴里"吒啦""吒啦"叫三声，他也学着"吒啦""吒啦"叫三声。②

"三"在《创世记》中出现频率较高的原因在于它所具有的传统指涉性。"三"在东巴叙事传统中有着深厚的文化意蕴。它在东巴经中除了有实数的义项外，多数以虚数形式出现，并具有多种文化象征功能。如上文中的"建造居那若罗神山"段落中：

三滴白露——表示白露。
三堆冰块——表示冰块。
三股大水——表示江流。
三把黑土——表示土地。
三棵青草——表示地上青草。

"三"引申出"一个整体""大部分"或"大多数"等义项。这一引申

---

① 《全集》第35卷《退送是非灾祸·创世记》，第340页。
② 同上书，第380页。

义也体现在东巴象形文的造字结构中，如 ![figure]，一个"天"字下面盖三颗星星，表示"满天星斗"；![figure]，"天"下"三片雪花"表示冬天；![figure]，"天"下"三滴雨水"表示夏天。"三"还象征了一种整体力量，如"三个天神""三个东巴""三个兄弟"象征了一个群体所具有的强大力量。"三"所特有的文化象征意蕴与宗教观念密切相关。"三"象征了宇宙时空的结构、社会秩序结构。如天—人—地，与天堂—人间—地狱的神话观念相一致，东巴仪式中，神坛居高处，人们的活动场所在中间，下方为鬼寨；《神路图》也从上到下分为天堂—人间—地狱三界。这一观念也渗透到地理方位观念中，如北方与天上、南方与地狱，中间为人间等象征义相联系。习煜华认为，纳西族是由北方迁徙而来，北方为祖居地，是心灵的依靠，于是把北方神圣化为保佑自己的神灵居住的地方。而纳西先民由北向南迁徙过程中，迎面遭到敌对势力的重重挑战，虽然最后定居于金沙江上游，但对未曾深入的南方仍视为潜伏危险和隐患的不祥之地，由此也被认为栖居着令人恐惧的鬼魔。① 在数字类的专有名词的出现频率中，奇数专有名词比偶数类要多，其程式句特征也较为突出。这与纳西族宗教观念中的"以单数为吉"的文化心理有内在关系。尤其是"三"的倍数"九""九十九"的数字概念中往往包含了"阳性""天神""神力""自然力"等宗教观念。

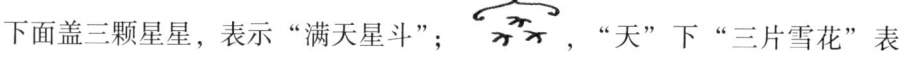

在神灵类的专有名词中，"崇仁利恩"出现频率最高，这与他作为故事中的主人公身份相关，其次是"神""鬼"，分别为85次、54次。如果把故事中的配角——子劳阿普、董神、沈神等神灵名词不计入内，基本上与"鬼"的专有名词比例一致。神鬼对应的叙事法则也构成了这一类型句式中的程式。如《创世记》中"万物来历"主题中的段落：

> 在白云青草的巢窝里，孵着九对白色的鸡蛋。一对蛋孵出了盘神和禅神。一对蛋孵出了嘎神和吾神。一对蛋孵出了沃神和恒神。一对蛋孵出了卢神和沈神。一对蛋孵出了万能神和智慧神。一对蛋孵出了丈量神和计量神。一对蛋孵出了酋长和小头目。一对蛋孵出了祭司和巫师。一

---

① 习煜华：《"三"在纳西文化里的含义》，载《习煜华纳西学论文集》，民族出版社2009年版，第192页。

对蛋孵出了精人和崇人。一对蛋孵出了崩人和伍人。一对蛋孵出了盘人和纳人。在这以后的一代，依古丁纳恶神出现了，依古丁纳恶神作变化，出现了一个黑蛋。黑蛋作变化，出现了一只黑鸡。这一只黑鸡，没有人给它取名字。只好自己给自己取名，取名为术鬼的付金安拿，付金安拿孵着几对黑蛋。一对蛋孵出了此鬼和扭鬼。一对蛋孵出了毒鬼和仄鬼。一对蛋孵出了猛鬼和恩鬼。一对蛋孵出了季鬼和其鬼。一对蛋孵出了呆鬼和佬鬼。①

在神灵类的专有名词中还有一个共性特征，即男性名称出现频率比女性要高。神灵出现时，往往夫妻二人同时出现，但随后妻子隐身其后，很少再叙及。这从崇仁利恩（108）与衬红褒白咪（19）、董神（26）与沈神（17）出现频率中可以说明问题，从中反映了《创世记》形成的时代已经是父系制为主的社会。但在纳西族另一支系——摩梭人的口传神话《创世记》中，情况刚好相反，虽然同样以崇仁利恩（锉治路一）为主人公，但出现了衬红褒白咪（彩红吉增美）喧宾夺主的变异情况，整个故事中女主人公贯穿了始终，从开始的由她带着崇仁利恩到天上求婚，到难题考验时的出谋献策，亲自帮忙，最后返回人间，也是她教会子孙取火种，种植谷物，驯养家畜，甚至她死后的葬礼形式也进行了详述。还有一个有意味的异文情况是，难题考验中的天神子劳阿普在此改成了他的妻子。显然，这种同源异流的文本变异情况与泸沽湖周边的摩梭人至今仍保留着母系家庭、走婚习俗的文化传统密切相关。

动物类中，虎的频率最高，其次为牛，分别为 36 次、35 次。牛主要指牦牛，二者也有对应性，在东巴经典中这两种动物属于神灵动物，至今民间仍有"虎牦守大门"之说，古俗中以虎、牦牛的纸牌画或石像作为门神。东巴神话中也有虎与牦牛死后化生万物的故事，如《创世记》中的化生万物的怪物原型就是牦牛。动物分为野生与家养，家养动物出现频率较多，这与东巴仪式中家养动物作为祭牲的情况有关。如狮子、象在纳西族地区并不存在，是外来词汇，在东巴神话中作为神灵坐骑而出现的，所以出现频率较低。历史上，纳西族经历了较长的狩猎时期，所以对本地的野生动物习性较熟悉，如獐子与麂子同时出现了 17 次，二者在文本中也是对应出现的，属于程式片语。

颜色类型中，白色最多，出现了 80 次；其次为黑色，出现了 72 次。

---

① 《全集》第 35 卷《退送是非灾祸·创世记》，第 331 页。

把白色作为特性形容词的频率（如"白海螺般的白狮子"）去除，基本上与黑色成对应关系，也有程式句特征，这在上面的开篇段落中就有具体陈述。

天象类中，"天"的次数达114次，其次为"地"，有103次。《创世纪》是祭天经书，"天"隐喻着神灵、神圣空间，"敬天法祖"是东巴教的信仰核心，对纳西族的族群认同、族群心理影响深远，如自称为"祭天人"，"天人之后"。纳西先民对"天"的认识也有一个发展过程，早期具有浓郁的原始思维特征，如《崇搬图》《人类迁徙记》中，把天描述成人一样有头有脸、有身体的形象，而到后期"天"被引申为阳性、天神、天理、皇权等不同文化象征，如明清时期，祭坛中间的柏树象征体由天舅改成皇帝。"天"与"地"也是相对应出现的，此处的"地"与前述中的地狱并不是同一概念，它更多蕴含了文化象征义——阴性、女性、孕育、慈祥、温柔等。"日"与"月"各出现了相同的10次，而后面的"风""雨""雷""电""云"的出现次数也较为接近，但频率较低，都在4—6次之内，说明在文本中并不占主体。而"星"出现了21次，仅次于"天"与"地"，这与东巴占卜中对星象的重视有关，如本文中的星类就出现了饶星、参星、行星、蕊星等不同的四种，所以"星"应属于天象下一个子类，它在文本中并未形成程式，也与其没有对应词组的情况相关。

综合以上分析情况，在《创世纪》中，以尾韵为主的诗行占了78%，且这些诗行以程式句形式出现；如果把《创世纪》中诗行、固定词组、专有名词、主题或典型场景与其他东巴经书文本相比较，则可以发现其程式频密度比单一文本分析要高得多。可以肯定的是，以书面形式保留下来的东巴叙事文本基本上保留了口头传统特征，属于典型的口头记录文本。

（三）东巴叙事传统中口头与书面文本的互文性

1. 东巴经书写特点的互文性

东巴叙事传统中的书面性与口头性是以互为文本的形式而存在、发展的。从历时性上看，东巴叙事书面文本的形成无疑源于口头文本，这从上述的东巴叙事传统与民间叙事传统关系分析及东巴史诗《创世记》的文本分析中可以得到论证。从共时性看，东巴书面文本是用于仪式上的口头演述，而非仅作为阅读文本。

东巴叙事传统中的书面性与口头性的互为文本特征与东巴书面文本的书写特点也有密切关系。东巴文"是处于原始图画文字与表意文字中间的一种象形文字"①，与具有一字一词相对应、逐词记录、线性排列的成熟文字不同，大部分东巴经书的书写方式体现出字词不对应、没有逐词记录、非线性排列的早期文字特点。② 如东巴经中出现频率较高的一个句式：[图]，看似为一个文字符号，其实由三个字符构成：[图] 蒿草（pɯ^{33}），[图] 山坡（bv^{31}），● 黑（na^{31}）。"黑"在此借代"纳西族"。整句读为：pɯ^{33} bv^{31} z̪e^{33} pɯ^{33} bv^{31}，na^{31} pɯ^{33} kæ^{33} nɯ^{33} dʑy^{33}，意为"艾蒿长山先于草，纳西历史很悠久。"[图] 蒿草（pɯ^{33}）还派生出"pɯ^{33} pa^{31} be^{33}"一词，意为发展变化或生育；"pɯ^{33} lɯ^{33} ʂv^{31} mv^{33}"，指传统古规。③ 就是说由三个字符组成了一个有10个音字的句子。其中三个字符中并没有包含"z̪e^{33}""kæ^{33}""dʑy^{33}"三个音字，这属于有词无字现象，也没有逐词记录、线性排列，由此给一般东巴的误读造成了极大的困难。即使知道三个字符的读音及义项，但不一定能够完整地予以识读出来。

东巴文的这些特点，可以从《创世记》中的一节文字中感受到。④ [图] 整幅用了 10 个字代表 13 句话，79 个音节。语句顺序排列并没有从左到右或从右到左的线性排列，形成了 [图]

[图] [图] 的非线性排列次序。可以说，没有东巴的释读，即使掌握了所有东巴字的读者也很难完整理解原意：

  衬红褒白咪在织布的时候，斑鸠飞来歇在篱笆上，崇仁利恩带来弓箭，瞄了三瞄，衬红褒白咪说：射呀！射呀！赶快拿起来织布的梭子，向崇仁利恩的手肘上一戳，箭就飞出去，正射在斑鸠的嗉子上。

东巴经书中的"有字无词"情况指经书中有东巴文字，但不作为读音，

---

 ① 和志武：《试论纳西象形文字的特点》，载《东巴文化论集》，云南人民出版社1999年版，第165页。
 ② 也有少数部分晚期产生的东巴经书中存在线性排列、逐词记录、字词对应的文本，尤其以丽江鲁甸、太安、塔城一带的经书最有代表性，但这部分经书总体所占比例不高。
 ③ 和志武：《纳西东巴文化》，吉林教育出版社1989年版，第123页。
 ④ 方国瑜：《纳西象形文字谱》，云南人民出版社2005年版，第504页。

仅作为提示性符号。李霖灿认为东巴文正处于由图画变向文字的过程中，故其文字中时有图画出现，比如"规程"类经书中"忽然加进一个板铃，一个法螺，意思是到此当打一下板铃，吹一下法螺，在这里都是图画而不是文字，因为它与画的关系多，而与音的关系少"。这有些类似于发言稿、演讲稿中的提示符号。①

2. 东巴仪式表演中的互文性

正如上文中提及的经书中的音乐符号、唱腔符号不作为读音，原因在于经书演述是为东巴仪式服务，与仪式中的音乐、舞蹈、绘画、程序步骤等仪式表演行为相辅相成。口头叙事与仪式表演诸要素是紧密结合在一起的。东巴念诵或吟唱经书与仪式程序同步进行。有些东巴经书中的字体间距较为疏散也是出于这种原因。李静生当年曾问过在丽江东巴文化研究所工作的老东巴和云彩，他说这种写得"疏散"的书，做仪式时便于调整吟诵的拖音时间，以对应仪式中的鼓点和节奏，书写得"太紧"，就不好诵读了。② 如果与经书内容相对应的仪式程序还没有结束，而经书已经念完，或程序结束后经书仍没有念完，这都视为仪式大忌，东巴的声望也由此受到影响，甚至会出现仪式重做的情况。东巴经书的"看图说话"特征也能够较好地适应口头表演与仪式表演同步进行的要求，如念经速度跟不上仪式节奏了，东巴就会采取节约口诵词，适当加快念诵节奏来适应仪式表演节奏，如果出现了相反情况，则通过增加铺陈内容或拖延腔调的方式进行灵活机动的调整。

3. 东巴传承过程中的互文性

东巴叙事传统中的口头性与书面性的互文性特征与东巴传承情况也有关联。东巴经的传承并非先识字再读经文，而是先跟随师傅熟悉句式，再背诵经书内容，再学习东巴文，然后随师傅进行跟读训练。跟读训练往往在具体的仪式中进行，以便掌握仪式口头演述能力。这种从口耳相传再到经书识读的传承、学习过程既与东巴经书的书写特点相关，也与东巴经书的仪式演述特征有内在关系，因为在他学会读东巴文字时已经较为全面掌握了经书内容，经书中的文字只起到提示关键词、主要情节的作用，并不需要逐词记录。同时，他在学习、传承过程中也积累了如何在仪式演述中灵活机动处理经书与仪式关系的方法及心得。

这一互文性特征也与东巴书写经书的过程有关系。有些学识高深的大东

---

① 李霖灿：《纳西族象形标音文字字典》，云南民族出版社2001年版，第46页。
② 李静生：《纳西东巴文字概论》，云南民族出版社2009年版，第139页。

巴对经文内容较为熟谙，在书写过程中相应采取简略形式，只是对神灵详表、仪式程序详表、咒语、藏音经书采取详记方式；而对经书内容掌握程度不深的东巴往往采取详记方式。还有一种情况，就是过去的东巴经师在书写过程中，为防止别人偷学经书，在保证自己能识读的前提下，往往有意采取省略一些字的方法，让经书难以看懂，这样，没有受过专门拜师学习的外来东巴无法识读这些经书。这说明，东巴经书的传承离不开口头传统，口头传统的传承需要东巴经书作为媒介，二者在传承中达成了互为文本的传承模式。

4. 口头与书面文本的互文性与传统指涉性

东巴叙事传统中的口头书面文本的互文性受到特定的传统指涉性制约，具体而言，这种互动转换情况与东巴教的"魔力崇拜"有内在关系。"魔力崇拜"与巫术存在联系。一般的魔力指神秘的超自然能力，但作为一种崇拜对象的"魔力"则主要指那些无具体形象或固定附体的，无独立人格或专门名称的各种超自然力。这种魔力是巫术仪式所要控制、利用、驱使的主要对象，也可称为"巫力"。① 东巴教信仰观念中具有浓厚的"魔力崇拜"内容，东巴在做仪式前在家中先祭家神，祈求家神降威力于其身上，在仪式开始时的请神仪式中也是请求天神降威灵，使他法力得到增强，也利于驱鬼杀魔。对于妖魔鬼怪也是毕恭毕敬先进行招待、安慰，然后才驱赶到它们居住的地方。东巴的法力与其身上的"威力"有内在关系，只有"大威力"的大东巴才能主持一些大规模的仪式。民间普遍认为，如果"威力"不够，会招致魔力反克，轻则伤身，重则有性命之虞。一个东巴出师前必须举行"加威力"仪式，纳西语称为"汁再"（dzər^{31}tʂæ^{55}），意为把"汁"附于其体内。"汁"一般翻译为"威力"或"威灵"，其概念内含了"巫力"因素。② 举行过"加威力"仪式的东巴表示着自身具有了神力，这种神力也会赋加到他使用的经书、法器、服饰等相关祭祀物品中，所以在他死后，这些东西也要与尸体一起火化，不能留存。这样就意味着一个东巴的去世，他所有的经书也会消失。他的徒弟在他去世前可以抄写一些重要经书，以防止失传，但一些与"威力"相关的经书则不能传抄，并且在书写过程中故意掺加一些只有自己看得懂的文字符号，这种有意设置识别障碍的书写方式称为"放刺"（tɕhi^{33}khɯ^{55}）。这样即使有人得了这些经书，因其中内容难解，无法识读而作罢。另外，东巴普遍认为，这些死者生前使用过的经书仍留有其

---

① 金泽：《宗教人类学导论》，宗教文化出版社2001年版，第113页。
② 杨福泉：《东巴教通论》，中华书局2012年版，第198页。

"威力",通过不正当手段获得这些经书,往往会给本人及家庭带来诸多灾难。这些宗教观念带来的文化禁忌对东巴传承及文本转换产生了相应影响。

东巴去世后出现空白的经书,只能由徒弟根据平时对师傅口诵内容的记忆而进行书写记录,由此形成了口头到书写的文本互动情况。从东巴书写文本类型而言,已经涵盖了抄写本(transcript)、提词本(prompt)、摹写本(script)等多种功能的文本,这些不同文本都是合一的,并非独自成立,这是由东巴书面文本与口头文本的互动关系所决定的。

这种口头文本与书面文本的互动转换有多种情况,如有些东巴对经书内容已经滚瓜烂熟,不需要经书提示,就完全演变为口头演述方式;在他去世后徒弟根据其口诵内容再记录成为书面文本。也有一开始只学口诵经,不学文字及经书,终生以口诵经形式主持仪式的东巴,他的这些口诵经再由徒弟整理为书面经书。如现仍在世的83岁的和承德东巴,因3岁时眼睛受伤致盲,7岁时学习东巴文化,18岁出师时已经熟练掌握大部分仪式经书内容,一部分未掌握经书通过向其他东巴学习而得以完善。现在他的这些口诵经内容大部分由徒弟整理成文。在这种口头与书写文本转换过程中出现了大量的异文本,这与不同的徒弟的记忆情况、书写能力相关;同时,口头演述所特有一般性("一次")与特殊性("这一次")之间存在差异也是导致文本变异的重要原因。

(四)多模态叙事文本:东巴叙事文本性质的探讨

1. 东巴叙事文本不是从口头到书面的"过渡文本"

美国民俗学家阿尔伯特·洛德曾提出一个问题:"一种介乎于口头与书面传统之间的过渡性的文本在现实中是否存在?这已经成为一个极其重要的问题。""这一文本并不是指口头与书面文体的过渡阶段,也不是指文本和书写之间的过渡,而是指某一个文本,即某个人的创造性的智慧的产物。"[①]他认为,史诗创作中口头技法与书写技法并不相容,口头技法一旦失去就不会复得,并不存在由这两种技法拼合而成的"过渡性"技法,这是由不同的思维方式及习得方式决定的。他也提及存在这样一种可能,某个歌手在其职业生涯中可能早期是一个口头诗人,后来可能成为一个书面诗人,但不可能在同一个特定时期,成为既是口头的又是书面的诗人。

洛德的这一观点有两个可商榷之处:是否在整个人类的历史长河中都没

---

① [美]阿尔伯特·贝茨·洛德:《故事的歌手》,尹虎彬译,中华书局2004年版,第186页。

有出现过这种"过渡性"文本？口头与书写背后不同的思维方式能不能合二为一？笔者认为"过渡性文本"的考察应放在更为宏大的历时性维度上予以考察，而不只是仅限于口头传统或书写传统相对发达的两个不同时期。如果我们一开始把考察对象放在两个传统泾渭分明的社会背景中，不难得出二者无法相容的结论。但是否有可能存在这样两个可能：一是在文字产生初期，这两种不同的叙事传统存在兼容的情况？二是在由不成熟文字书写而成的叙事传统中是否也会存在这种兼容的可能？从上文分析中，我们不难得出肯定的答案。因为文字产生初始，其记录内容都从口头传统来，其目的也是为口头演述服务，这些书面文本中保留了大量的程式句式及口头语，由此带有明显的口头传统特点；文字的产生，为书写传统的形成提供了可能，如东巴叙事传统中，形成了书面文本比口头文本的语言相对要简洁、精练，其间融入了相应的书面词汇及宗教思想内容。

　　从叙事主体而言，东巴既是民间口头叙事的佼佼者，也是东巴经典的书写者、集大成者。"如果把一支笔放到荷马手中，人们极易将荷马归到劣等诗人行列。"[①] 这种情况在东巴叙事传统中并未成立，反过来，东巴如果离开了笔就不成为东巴。盲人东巴和承德就承认过他主持不了大仪式，主因是记不住那么多神灵名称及地名。笔者在田野调查中发现，他在仪式中口诵的内容明显要少于东巴经书内容，如2013年2月28日在仪式中口诵的《董埃术埃》，不到6分钟就戛然而止，而其他东巴的以经书文本为主的演述时间都在40分钟以上。当然，这同口头与书面传统的彼此消长的历史实情也有直接的关系。一个在书写传统中习得成长的诗人放到口头传统语境中，也会成为一个劣等的口头诗人。我们从东巴经典传承情况中也发现，口头与书面两种文本始终处于不断的互动、转换过程中，二者既是源流关系也是互文关系，并不存在谁代替谁，非此即彼的对立关系。"讲古讲不过东巴，唱歌唱不过东巴。"东巴既是纳西族民间口头歌手的杰出代表，也是东巴文字、东巴经书的书写者、使用者，兼有口头传承人与书写传承人的双重身份。

　　这种口头与书面兼容的叙事文本是否可称为"过渡文本"？洛德提及的这一概念所指应为"由口头向书写过渡的文本"，但在东巴叙事文本中也出现了由书面向口头过渡的文本，源于口头的记录文本与源于书面的口头文本是同构的。另外，"过渡"一词明显带有单向进化论的色彩。如果从东巴经书形成的最晚时期——北宋来说，这些"半口传"文本至今已经"过渡"

---

① [美]阿尔伯特·贝茨·洛德：《故事的歌手》，尹虎彬译，中华书局2004年版，第239页。

了 1000 多年，但仍未过渡到书写传统中。显然，"过渡文本"并不符合东巴叙事文本的性质和特点，它更多带有口头与书面文本兼容的复合性特点。

2. "大脑文本"在东巴叙事文本形成中的媒介作用

口头与书写技法的思维的对立是否构成了一个史诗歌手不能同时兼备口头或书面诗人的双重角色？这一说法暗含了这两种传统不可能同时成为社会传统主流的观点，即一个口头诗人的成长离不开口头传统思维及习得的影响，相应地，一个书面诗人的产生也受到书面传统思维与习得的制约。这里是否忽略了下述可能：两种传统并存发展的情况？一个诗人可以同时受到这两种传统的影响？从东巴叙事传统形成过程及特点考察，这种可能性是成立的。瓦尔特·翁认为口头思维的特点是依靠记忆的、情境的、移情的、聚合的和保守的；而书写思维是分析的、抽象的、创造性的。[①] 从上文分析中可知，东巴书写经典中存在着大量的口头语及口头程式句，其主要功能也是为仪式口头演述服务。从中可察，东巴书写经书时离不开口头思维的支配；同时，东巴经书的书面性特点又给了东巴不断修订、锤炼、完善的机会，而作为一种宗教经典，其间包含了诸多抽象的、理性的思想观念，加上庞大缜密的外来宗教文化体系的影响渗透，促进了东巴书写思维的发展，由此也推动了东巴教的体系化进程。口头与书面思维的并存与东巴文字的特点及书写形式也有关系。东巴文字作为一种兼具"图画文字与象形文字"的不成熟文字，明显带有"看图说话"的功能特点，其中视觉功能与听觉功能是有机融合统一的，这也是东巴经书的口头演述出现"限度内的变化"的内因。如开篇句中的第一个字——虎，此处作为"很久很久的时候"的引申义，但不同东巴根据仪式不同情况、个人习得可以变通成五言、七言、九言等口语句式。这好比我们看一幅漫画，然后根据其间内容用口头叙述出来，这样就形成了不同语言形式、内容来表达同一主题的变异情况，图画视觉文本与口头文本在此达成了统一的超语言文本。劳里·航柯发现史诗演述者的口头文本是以"大脑文本"（mental texts）作为蓝本的，也就是说史诗歌手演唱之前大脑中就已经形成了一个"模式"。显然，"大脑文本"是从口头文本形成模式而言的，二者结构关系为：大脑文本→口头文本。根据对东巴叙事文本的考察，"大脑文本"在书面文本与口头文本的转换中同样存在，且呈现出多维关系：大脑文本错误！未找到引用源。口头文本⇔书写文本⇔大脑文本错误！未找到引用

[①] [美] 瓦尔特·翁：《基于口传的思维和表述特点》，张海洋译，载《民族文学研究》2000年 S1 期。

源。口头文本。从中可以看出，口头与书面文本并非单向度的进化发展关系，更多体现出互动共融的多维发展形态，大脑文本在二者的互文性转化中起了媒介作用。

3. 东巴叙事文本的性质定位："多模态叙事文本"

早期研究史诗的西方学者认为，英雄史诗是以高雅文体讲述的，它是关于传奇式的或历史性的英雄及其业绩的长篇叙事诗歌。洛德也认为在创作宏大的长篇史诗中，书写传统比口头传统更有优势。劳里·杭柯对印度西里人的史诗调查时，目睹当地歌手连续 6 天表演了 15683 行史诗，认为这个事件足以打破了长篇史诗必须借助于书写的技艺这样的神话。[①] 从历史发展的整体而言，口头传统与书写传统并无优劣之分。口头文本为书面文本提供了取之不竭的书写资源，书面文本又保存了不同时期的口头传统，继承、发展了口头文本的优秀传统，反过来，也影响、推动了口头传统的发展。正如书面语与口头语的相互转换，口头语一直不断地给书面语提供来源，口头语言也在不断吸纳书面语过程中趋于丰富，二者始终处于不断转换互融的过程中，并一同沉淀生成了特定的叙事传统。但二者的互动交融情况是以非均衡形态进行的，在不同的时空条件下形成的情况各有不同，如在书写传统仍未形成规模、气候时，口头传统为人类的交流、历史发展及文化创造往往做出了突出贡献，产生了大量脍炙人口、影响深远的经典名篇。从这个意义上看，"荷马史诗""仍然能给我们以艺术享受，而且就某方面说还是一种规范和高不可及的范本"[②]。至今，口头传统长盛不衰的地区仍流传着活态的口头经典，我国的三大史诗就是典型的例证。而在口头传统衰落的时期或地区，书写传统则成为主流，同样为社会、历史的发展做出了重要贡献。中国书写传统源远流长，为国家统一、族群认同、文明传承、社会发展发挥了重要作用。书写传统也会推动口头传统的发展及复兴。如 19 世纪的芬兰诗人伦罗特润色改编的书面史诗《卡勒瓦拉》（Kalevala）不仅深刻影响了芬兰民族文化与语言的发展，而且在实现国家独立进程中发挥了重要作用，其意义不亚于芬兰之"国学"。2000 多年前形成的印度两大史诗成为书面经典后仍然在民间口头传播。这些都说明，口头与书面文本并无优劣之分。正如洛德所言，"无论口头的抑或书面诗歌，都拥有其权威性，都是一种艺术的表达，

[①] 尹虎彬：《中国史诗的多元传统与史诗研究的多重维度》，载《百色学院学报》2009 年第 1 期。

[②] 《马克思恩格斯选集》第 12 卷，人民出版社 1972 年版，第 29 页。

我寻找的并非某种裁决,而是理解"①。口头传统与书面传统互动融合、彼此消长,共同构成了人类创造文化、推动历史发展的原动力。

综上,东巴叙事传统是由口头传统与书写传统互构而成的统一体,属于口头与书面互文性文本,可称之为"口头与书面的复合型文本"。但这一口头与书面互文的复合型文本又与仪式叙事中的东巴音乐、东巴绘画、东巴舞蹈、东巴工艺等多模态的文本交织融汇于一体,从而体现出多元模态的文本形态。应该说,这种多元模态的文本形态与大脑的信息解码的选择性有内在的逻辑关系。"多模态隐喻"的理论构建者阿帕里斯认为,对于同一个语言串,文字模块的逻辑表达形式可能有几种。同样,尽管非文字符号认知模块与指称一一匹配,但非文字符号信息的加工过程仍具有选择性。具体地讲,当读者理解一则视觉隐喻时,通过视觉输入能够认知图像,这是大脑对该物体已有的存储信息与所描述事物之间潜意识的比较。当图像信息带有目的性地传送到读者时,已不仅仅是简单的认知理解过程,信息加工过程逐渐推进到有意识地推理理解阶段。② 由此,东巴叙事文本性质应定位为"多模态叙事文本"。

二 东巴文献所载史诗的多元叙事③

古今时空相隔,古人是如何创作、叙述他们的世界观?他们的生活世界与精神世界又是怎样的?在一定程度上,作为叙事者的视角决定了口头传统的构成方式与感受方式。可以说,从叙事视角切入口头文本,对于理解口头文本的整体形态以及主体间性有着独到的洞察效果。口头诗学与叙事学相结合的"内在性"研究是当下史诗研究的利器。叙述视角也称叙述聚集,是叙述语言中对故事内容进行观察和讲述的特定角度。兹韦坦·托多洛夫把叙述视角分为三种形态。全知视角——古典主义的叙述往往使用这种公式。在这种情况下,叙述者比他的人物知道得更多,属于全知全能型。内视角——叙述者和人物知道得同样多。对事件的解释,在人物还没有找到之前,叙述者不能向我们提供,属于限制型。外视角——叙述者比任何一个人都知道得

---

① [美]阿尔伯特·贝茨·洛德:《故事的歌手》,尹虎彬译,中华书局2004年版,第176页。

② 王凤:《多模态隐喻:文字与非文字符号的视觉重构》,载《中国社会科学报》2013年5月27日。

③ 本文作为"东巴文献及其当代释读刊布和创新"阶段性科研成果,以《转换与交融:东巴文献所载史诗的多元叙事视角》为题发表于《贵州民族师范学院学报》2015年第5期。

少，他可以仅仅向我们描写人物所看到、听到的东西等，反而比所有人物知道得还要少，他像是一个对内情毫无所知的人，与"全知全能"视角刚好相反。这一分类法有其科学合理性，但如果应用到具体的文本分析中，必须根据文本生成的传统背景及演述场域来进行。本文拟从纳西族活态口头传统——东巴史诗为个案，对上述问题予以探讨。

纳西族口头传统十分丰富，其中以被称为"纳西族古代社会的百科全书"的东巴文化最有代表性。东巴文化是指以象形文字书写的东巴文献为载体，以自然崇拜、神灵崇拜、祖先崇拜为主要内容，以阐述人与自然和谐共处的价值观为主旨的纳西族传统文化。东巴文化虽具有书面文化的特征，但从整体来看，仍属于口头传统的范畴：首先，从东巴象形文（以下简称为东巴文）性质来看，"是处于原始图画文字与表意文字中间的一种象形文字"，与具有一字一词相对应、线性排列的成熟文字不同，东巴文献中的东巴文更多是作为仪式中吟诵的记忆符号。不同区域的东巴文字体、读音、书写方式也有区别，即使是同一区域的东巴文献，如果没有专门拜师学习，也无法完全能够翻译经文。其次，东巴文献的实质是东巴在祭祀仪式中的口头吟诵记录文本，突出特征是口头程式、口头语言在里面有大量的存在。最后，东巴文献内容以史诗、神话、传说、故事、大调长歌、谚语等口头传统文类为主。纳西族创世史诗《创世记》、英雄史诗《黑白之战》都保存在东巴文献中，由东巴在祭天、"垛肯"仪式中进行演述，所以又称为东巴史诗。①

从东巴仪式中演述的史诗文本来看，其叙事视角表现方式绝非以视角限制与非视角限制的二元论可以简单概括，更多是体现出多元视角的转换、互动、交融的特征，且这一特征与预言式语句的设置、情感的导向，文本情节的展开、文本叙事风格相辅相成、辩证统一。

（一）以情节为导向的叙事视角

情节是叙事中最重要的动力核心之一。叙事视角往往与情节联系在一起。帕维（Pavel）认为在情节的研究中，既突出了事件和转化的重要性，又勾勒了情节中的动力、张力和阻抗因素。就纳西族口头传统而言，较为普遍的叙事视角以情感为导向的限制型视角为主。以《创世记》为例，可以说每一个情节的发展都有限制型视角在里面。一开始，天地一片混沌，经过

---

① 本文中的《创世记》《黑白之战》内容均引自丽江东巴文化研究所编纂《纳西东巴古籍译注全集》，云南人民出版社 2000 年版。

一系列变化才出现了人类，似乎人类的出现是顺理成章的。但由此开始，人类经历了重重艰难险阻：人类才刚刚把天撑好，把地辟好，突然又出现了一头破坏天地的大怪物；把怪物征服了，又面临着生计问题：不会狩猎，不会放牧，不会种地；学会了生存方式，又因兄妹婚触犯了天条，天神怒发洪水而进行惩罚；崇仁利恩因受阳神启示得以幸存，但人类只剩下他一人，危机并未解除；最后到天上求婚，遭受天神的百般刁难；最后在天女的帮助下攻克系列难关，娶得天女回到人间。经历了这么多的艰难险阻，叙事情节似乎应该一帆风顺了，但困难还是接踵而来：头三年生育不出子女来；后来生出了子女，但又不会说话……可以说这种叙述模式基本上是限制型视角的，困难不出来之前往往无从得知，而受众者以为困难得以解决时，又接二连三地出现了诸多意想不到的困难。如崇仁利恩夫妇生育不了时，受众者心理预设了这个问题解决后就是大团圆了的文本结局。但孩子出生后，结局并未圆满：生出来的孩子不会说话。为了解决这个难题，崇仁利恩又派了天狗与蝙蝠返回天上向天神请教；在天神的指示下取得祭天经书并学会了祭天仪式规程；在举行完祭天仪式后，三个儿子终于会说话了……然而情节仍在延续：三个儿子说出来的话却是藏语、纳西语、白族语。这些都是受众者无法预料到的。

对于受众者角度而言，难题重重是预料之中的，他们更关注的是这些难题是在什么样的情节中展开的，又是通过什么方式得以解决的，这是引起受众者兴趣的魅力所在。以情节为导向的视角限制对于叙事者也是个综合的考验，因为与照本宣科式的书面文本诵读不同，它更多是融合在具体的仪式情境中，这就要求叙事者在演述时必须根据文本风格、主人公身份、现场观众、仪式程序予以恰如其分、身临其境的表演与创编，这样才能达成从大脑文本到口头文本、语境文本的顺利转化。

（二）预言式的叙事视角

值得注意的是，纳西族口头传统中的这种限制型视角并非属于完全限制，而是与预言式视角相伴而行。这种限制型视角和预言式视角的综合应用，使文本在"已知"与"未知"中产生了一种张力，"已知"给予了一种受众者的心理准备，"未知"则预设了受众者想深入探究结局的心理动力。二者又是相辅相成、层层铺垫、递进、互为因果的，原来的"未知"成为"已知"后，又有众多"未知"预设在后面的情节叙述中，由此形成的文本叙述张力推动着整个文本叙事情节的展开，这个推动过程也是文本情境的深化过程，最后达成一个全知的整体视角。

在纳西族口头传统中，预言式的视角限制往往出现在文本开头的大时空之中，如在东巴爱情史诗——《鲁般鲁饶》[①] 中："很古很古的时候，所有的人类从居那若罗神山上迁徙下来了，所有的鸟类从纠克坡上飞了出来，所有的河流从高山上飞流下来。在人类生存的大地上，所有的牲畜已经下来了，所有的粮食和财物已经迁徙下来了，所有的牧奴主们已经迁徙和繁衍起来了，只是看不到青年男女们迁徙下来……"这样一开始就给本文奠定了悲剧基调，同时也暗示了青年男女的爱情悲剧。在纳西族口头传统中这种预言式的叙述视角还有其他方式，有的是通过开头，也有的是通过插叙的手段来完成的。如在东巴英雄史诗——《黑白之战》中，董部族和术部族形成以后，形成了对垒森严的黑白两个世界，这两个世界"黑白交界处，董和术之间，黑白不交往，飞鸟不往来"。但不久这种状态被打破了，"术部族那只黑鼠呀，偷偷地在山上打洞，董部族晶亮的太阳，就从鼠洞照耀到术部族黑暗的地方"。这种均衡的打破，预示着战争的必然性。后来董部族王子阿路受术部族王子的诱惑，准备到术部族那里去找金银财宝，同时也去寻找自己的心上人。出发前，他的母亲有一段话，"阿路啊，你的在你出生的时候，你的左臂上三道死于非命的纹路，在你的小腿上三道死于污秽的纹路"。这种预言性叙事视角，一方面对人物的最终命运作了预言，另一方面又限制了叙事视角。受众者从阿路母亲的话语中隐隐预感到了主人公的悲剧式命运，同时对这种悲剧是如何展开、发生的产生了强烈的好奇心。可以说这种限制型视角是与非限制型视角联系交叉在一起的，不能说二者是截然分开的。

另外，东巴文献中还有一种比较常见的预言性叙事视角形式，就是通过人物的名字来预示其命运或代表性事件。如《黑白之战》中，术部族王子"安生命危"，其名字的含义为"夭折而死的人"。预示了其最终的命运，董部族王子"阿路"，意为"被扣的人"。暗示着他被术部族扣为人质的这一段经历。术部族公主"牟道格饶纳姆"，意为"没有嫁出的女儿"。这与她的命运是相符的：一是指她的少女时代，这一时期也是她在本文中出现的主要时期；二是指她的情人阿路被父亲杀死以后，预示着以后守寡的命运。当然，预言式视角的感知往往与受众者对文本背后的传统

[①] 在当下的史诗分类中，主要有英雄史诗、迁徙史诗、创世史诗、原始性史诗、神话史诗、复合型史诗等不同概念。"爱情史诗"并未成为史诗类别，但笔者以为，爱情作为人类文学传统中的永恒主题，也是史诗的重要主题。因为有些以爱情为主题的长篇叙事诗涉及了民族的重大历史题材，并对本民族的历史产生了深远的影响，在文化体系及社会影响上具有"社会宪章"的功能，由此成为"范例的宏大叙事"，《鲁般鲁饶》就是典型的爱情史诗。

熟谙程度息息相关，即史诗的传统指涉性。从这个意义上，"史诗成为其认同表达的一个来源"。

（三）以情感为导向的叙事视角

我们知道，情节是故事最重要的动力核心之一。但我们在东巴爱情史诗——《鲁般鲁饶》中发现情节在其叙事策略中变得无足轻重了，整个文本的1/2的内容以男女主人公的内心独白为主，剩下的内容中还得排除掉咏叹男女青年们迁徙过程的艰辛，以及对严酷的现实进行控诉的内容，那么，涉及叙事情节的篇幅不会超过1/5。这一史诗的情节很简单：男女青年牧奴们在高山牧场上自由谈情说爱，其中朱古羽勒盘与康美久咪金深深相爱，下山后二人恋情被双方父母拆散，最后二人先后殉情而死。问题在于——这样一个简单的情节何以能够支撑起这样一个长篇叙事诗的容量？客观地说，我们并不能据此下断语说这是一部枯燥乏味的叙事诗。反过来，一旦我们进入这一史诗的叙事语境中，自然而然地感受到一股强烈的叙事张力弥漫于整个文本之中，无不为其间深情坚贞、悲壮苍凉的情感力量所震慑和感染。就是说，《鲁般鲁饶》的史诗魅力并不是以传奇、情节来取胜的，而是以强烈的情感冲击与感染来达成的。如殉情女神劝慰女主人公康美久咪金的诗句无不闪烁着人性的光芒及深层的艺术感染力：

> 你痛苦的眼睛，
> 来这里看一看草场上的鲜花！
> 你疲倦的双脚，
> 来这里踩一踩如茵的绿草吧！
> 你痛苦的双手来这里挤一挤牦牛的乳汁吧！
> 你来这里可以品尝树上的野蜂蜜，
> 你来这里可以畅饮高山的清泉水！
> 你来这里可以插满头上的鲜花！
> 你来这里可以把老虎当坐骑，
> 你来这里可以自由地编织白云和清风！

这种以情感为导向的视角限制手法也是基于创作者的叙事策略，毕竟作为一部爱情悲剧，过多的坎坷命运遭遇、层出不穷的情节纠缠在某种意义上减淡了主题。这一史诗的高明之处也在于此——把史诗的叙事焦点从情节转移到心理上，把线性时间分解为空间的细节，把故事叙事衍变为以抒情为基调的意识流风格,从而极大地拓展了史诗的叙事功能及语域。普罗普给"功能"的定义(功能是人物的一种行为,由它对行动进程所具有的意义来界定)中,就预设了作者赋予叙事的意义,其结果是,对形式进行预先阐释后再对形式进行描述。整合研究模式也研究叙事的形式,但将其放在读者的阅读语境中,叙事形式的意义只有在读者的阐释框架中才能体现出意义,从而将叙事意义的确定权交给了读者。《鲁般鲁饶》并不是只用来阅读的文学作品,它是在东巴祭风仪式上演述的口头传统,是东巴超度殉情者灵魂的经书,在举行仪式时年轻人是禁止入内的,但作为一部超越时空的爱情史诗,它的影响力已经浸透到民族的灵魂深处,成为纳西族的特质文化。从史诗主题而言,是自由婚姻与包办婚姻之间矛盾冲突造成的爱情悲剧,但其深层因素是社会变革时期的文化冲突。美国学者赵省华认为:"自从在一个古代民间故事中提到一对情人为逃避父母包办婚姻和逃往殉情精灵居住的神秘之地而殉情之后,殉情成为一种仿效式的行为。关于开美久命金(即康美久咪金)殉情的神话悲剧性地成为殉情行为的'剧本',使后世的男女青年在相类似的情境中仿效故事主人公而殉情。在某种意义上,这一殉情悲剧可以理解为纳西本土文化对文化融合和性别角色转变的反抗。"

清朝雍正元年(1723)丽江实行"改土归流"后,地方统治者实行了"以夏变夷"的文化霸权政策,以一个强势民族的文化价值衡量另一个弱势民族的文化价值,由此导致了两种不同文化价值观的冲突,表现在婚姻形态上,就上演了一幕幕殉情悲剧,由此俄裔美国学者顾彼德称丽江为"殉情之都"。在汉文化没有渗透进来之前,纳西族的传统文化受东巴教文化影响甚深,型塑了他们对生死的豁达理解。"可以没有吃的,可以没有穿的,但不能没有心灵的自由,不能没有爱情。""一个宁可以死亡换取心灵自由的民族,是不可战胜的。"因此他企望通过歌唱"情死",倡扬一种对爱情忠贞不渝,对自由、理想执着而至死不渝的顽强追求。西方有些学者断言中国的神话故事缺少类似希腊神话的自由精神、悲剧意识,这是有失偏颇的。

(四)仪式语境中的角色融合与视角转换

当然,作为经过上千年千锤百炼而生成的民族经典,纳西族史诗叙事视角的形成与其特定的文化传统密切相关,而传统体系内部的复杂多样性也决定了叙事视角的多元性。譬如上述的预言式限制型视角更多是从初次受众者角度而言,对于叙事主体——东巴祭司来说,则是属于全知型的,对于从小受到这种传统濡染的受众者来说也是如此,因为对他们来说,这些都是耳熟能详的"老故事",但为什么这样的"老调重弹"能延续上千年?关键内因还是在于传统所蕴含的宗教信仰与特定的文化场域。在这样的传统场域中,叙事者与受众者的角色处于互动、融合的状态中,由此也达成了多元叙事视角的融合与转换。

正如困扰了西方学界上千年的"荷马问题",纳西族史诗也不可能是一个人所创作的,它是在不同的历史时期由集体大众不断地补充、完善、丰富而成的。从纳西族三大史诗的版本多样化就可以看出这一点。同一部同名史诗文本,在不同时期、不同区域存在不同的版本。这些版本的叙事视角也会存在"大同小异""小同大异"的复杂情况。即使是同一个版本,也融合了众多的叙事视角,尤其在与具体的东巴仪式中演述时,叙事视角不只限于叙事者与受众之间,叙事文本中的主人公、祭祀对象也参与到其间来。《创世记》演述之前必须先举行"除秽""迎请诸神""献祭牲"等仪式,此时的叙事者是以祭司的身份与神灵对话,语气是谦恭的;而叙及主人公崇仁利恩的事迹时,他成了神灵的化身,乃至民族的化身。譬如文本中有一段天神子劳阿普与崇仁利恩之间的对话,当子劳阿普问崇仁利恩是哪个种族时,崇仁利恩庄严地回答:"我是九位开天男神的后代;我是七位辟地女神的后代;我是连翻九十九座大山、连涉七十七个深谷也不会疲倦的祖先的后代;我是白螺狮子、黄金大象的后代;我是英雄高纳布的后代;我是把三根脊骨一口吞下去也不会哽的祖先的后代;我是把三斗炒面一口咽下去也不会呛的祖先的后代;我是把江河灌下去也不能解渴的祖先的后代;我是把居那若罗神山吞下去也不会饱的祖先的后代;我是所有刽子手来杀也杀不死的祖先的后代;我是所有利箭和毒刀都不能伤害的祖先的后代;一切敌人都想消灭我的种族,但我们终于生存下来……"此时,场内的民众也高呼相应,这种气壮山河的宣言成为民族文化认同的集体表白,而不仅仅是叙事者的独白。

史诗演述中的多元视角融合与其所蕴含的"戏剧因素"也有内在关系。"神话通常采用叙事体文体进行'叙述',当这种叙述在仪式中以故事中的人物角色进行'表演'时,叙事体就变成了代言体,而代言体的表演正是戏剧的典型特征,所以代言体的仪式表演可以称作'仪式戏剧'。"在演述《创世记》的祭天仪式中有个场景:当东巴祭司高呼"果洛人来了!"旁边的人们四处逃散躲藏,而东巴一喊"快来射杀果洛鬼!"人们又从四周团聚过来,纷纷持弓射箭,射中后观众都以高呼相庆。而在《黑白之战》史诗演述中也有类似的场景:东巴为了给病人招魂,让主人与鬼王史支金补下赌注,以掷骰子定输赢,自己当裁判。史支金补是以鬼形面偶为代表,东巴成了它的代言人,与主人掷六次骰子,六次皆输后,鬼王把偷走的魂还回来了。在做放替身仪式时,东巴助手手持柳枝编织的替身——儒欣阿巴、儒欣阿尤与东巴、主人进行对话,主人答应把自己舍不得吃穿的食物、衣物施舍给它们,东巴也在一边进行劝说,东巴助手也作相应对答。从上述的场景中,我们看到东巴不仅代言着"神灵""鬼怪",也代表着指挥仪式现场的"总导演",有时也发生角色互串,如有时也替主人代言与鬼神对话,有时又成为鬼神与主人的调解者或旁观者,由此可见,东巴的角色具有了"导演""主演""观众"等多元角色,"主演"也有祭司、神灵、鬼怪、主人公等多元角色的转化,他的视角与演述方式也随着角色的转换予以相应的变化。同样,在场的受众者也并非一味地扮演"沉默的旁观者"角色,他们有时也参与到场景中扮演相应的角色,成为仪式表演中不可或缺的有机构成,这种角色互融互动也促成了叙事视角的多元融合。也就是说,全知型、限制型的叙事视角的融合与转换是在叙事者、受众者、神灵、主人公等多元主体间的互动、交融场域中达成的。

三　东巴叙事传统中口头与书面文本的互补性[①]

中国西南的纳西族因东巴文化著称于世,2005 年,东巴文献被列入世界记忆遗产名录。东巴叙事传统指纳西族民间祭祀——东巴在东巴仪式及民俗生活中进行叙事活动的文化传统;它以宗教信仰及行为实践作为叙事动力,以仪式及民俗活动为载体,以神话为叙事内容及表现形态,以口头演述与仪式表演互文性,以程式作为叙事表达单元,成为纳西族民间叙事的一个传统范例,一种文化标志。

从宏观层面而言,东巴叙事传统应在纳西族民间叙事传统范畴内,毕竟东巴叙事传统的主体——东巴作为民间祭司而存在,东巴叙事的载体——东巴仪式、民俗活动的目的也是为民间服务的,东巴叙事的受众也是民众为主体。二者有着深厚的渊源关系。据汉文献记载,早在汉代,纳西族先民便"言语多譬类"[②]。永平年间,白狼王唐蕞慕义归化,作诗三章,为后人留下了千古绝唱《白狼歌》。《华阳国志·南中志》还称与纳西族有渊源关系的叟人、昆人在当时就有"桀黠善议、屈服种人者,谓之耆老,便为主。论议好譬喻物,谓之夷经,今南人言论虽学者亦半引'夷经'"。这里的"耆

[①] 此部分作为"东巴文献及其当代释读刊布和创新"阶段性成果,以《纳西族东巴叙事传统与民间叙事传统的互文性关系》为题,发表于《广西民族师范学院学报》2015 年第 1 期。

[②] 《文献通考》卷三十九,引《后汉书》。

老"相当于现今的东巴,而所谓"夷经"指东巴经。可见,东巴叙事传统与纳西族民间叙事传统源远流长。二者也存在较大的区别,东巴叙事传统所具有的宗教性、仪式性、书面性、保守性等特征与民间叙事传统形成了较大的差异。但从整体而言,东巴叙事传统与纳西族民间叙事传统存在着互文性特征,二者是辩证统一的关系。这一互文性体现在以下几个方面。

(一) 叙事内容的互文性

民间叙事传统往往与民间口头叙事相联系,在很长历史时期与民间文学等同,但在概念所指上民间叙事范畴更为广泛,与口头传统相类似,最突出的一个特点是口头形式演述、传承。纳西族民间叙事传统,是伴随纳西族民众的生产、生活而产生,同时渗透到纳西族民众的各种民俗活动中,成为传承生产、生活技能、知识,传播民俗文化,凝聚民心、寓教于乐的重要载体、工具,成为滋养东巴叙事传统及纳西族作家文学的文化土壤,东巴叙事传统及纳西族作家文学从中汲取题材、主题、风格,从而体现出浓郁的民族风格、特色。如纳西族早期的民间叙事文本——洪水神话、开天辟地神话、创世神话、迁徙故事、万物起源神话等成为东巴叙事文本的主要内容,这方面最为突出的是纳西族创世史诗《创世记》,其间所叙述的开天辟地、兄妹结婚、洪水灾难、造船避险、上天求婚、难题考验、娶回天女、迁徙故事等叙事情节与周边民族的创世神话大同小异,说明源于早期的底层传统文化。同时,后期的民间故事也大量进入东巴叙事文本中,成为东巴叙事传统内容的主要源泉,如《达勒阿萨命的故事》《富家偷穷家牛》《普尺伍路的故事》《买卖岁寿》《三女卖马》等;另外,大量的民间习俗歌谣、大调也进入东巴经籍内容中,最有代表性的是《古谱歌》《吟老歌》《挽歌》(东巴经中称为《孟咨》)。另外,东巴教产生、发展过程中,汲取了大量的外来宗教文化因素,其间包含了大量神话、史诗、传说、故事,这些叙事内容又传播到民间,成为民间叙事文本。这方面比较突出的是《东巴什罗的传说》《蝙蝠取经的故事》《鲁般鲁饶》《鹏龙争斗》《黑白之战》《优麻的故事》《精如镇鬼》等。

东巴叙事传统与纳西族民间叙事传统的互文性还有一个重要方面是体现在二者的在影响、传播上的互融、互动。如东巴长篇叙事诗《鲁般鲁饶》、东巴经籍《初布由布》、民间殉情大调《尤悲》三者之间的关系可以清晰地看到这一特征。三个文本的故事情节、主人公、主题都存在着惊人的相似性,不同点在于《鲁般鲁饶》突出了牧男、牧女们集体恋爱、集体群婚、集体殉情的爱情悲剧,把男女主人公的爱情悲剧置于集体悲剧之中,而后两个文本则明显消淡了集体殉情描述内容，以两个男女主人公的爱情悲剧为主。和时杰认为，"《鲁般鲁饶》和《初布由布》，虽然都以男女殉情为内容，但也有很大的差别。《初布由布》是反映现代生活的，是与口头流传的《尤悲》完全一致的，是写进东巴经的《尤悲》，只是结尾处加了一些颂扬道场场面、东巴法力、祝福主人吉祥如意的内容而已。而《鲁般鲁饶》则不同了，它所反映的时代、矛盾冲突，与《尤悲》《初布由布》相比，则相去甚远。……撇开这些宗教色彩不谈，我们就明显地看到《尤悲》《初布由布》是《鲁般鲁饶》的继承和发展"①。很明显，三个文本虽都是以"殉情"为主题，但"殉情"的历史根源却截然不同，东巴经籍《鲁般鲁饶》的殉情缘由是对偶婚向一夫一妻制过渡时的婚姻形态变迁冲突：九十九个小伙子与七十七个姑娘不听父母的劝诫，"做了丢人的事"，"去做嬉游绝后的事"，不愿"传宗接代"。而《尤悲》《初布由布》描述的是旧社会包办婚姻造成的殉情悲剧，其中还控诉了苛捐杂税、抓壮丁等社会丑恶现实。这样，我们就可以看到一个清晰的历史发展线索：东巴经《鲁般鲁饶》反映的是早期人类婚姻制度变迁的历史，其叙事情节、手法深刻影响了后期产生的民间叙事长诗《尤悲》，不同在于《尤悲》是反映封建包办婚姻历史，东巴经籍《初布由布》是由东巴在《尤悲》的内容基础上整理而成的，是写进东巴经的《尤悲》。三者之间这种相互影响、互动制约的关系既反映了东巴叙事传统与纳西族民间叙事传统之间的互文性、转换生成的文化事实，也深刻反映了纳西族婚姻制度变迁的历史脉络。从这个意义上，任何一个民族的叙事传统折射出来的文化意蕴不只是文学的，更多是历史的、社会的。

（二）叙事形式的互文性

东巴叙事传统与纳西族民间叙事传统的互文性的第二个特征体现在其表现形式上，或者说是艺术手法方面。

首先，是口头程式在文本中的普遍应用。口头性是二者共同特征之一。东巴经书有书面性特征，但主要用于仪式的念诵、吟唱中，东巴经文并不是照本宣科的读本，更多是东巴作为举行仪式时念诵的提示记忆的文本。同时，东巴经书内容中大量充斥着程式句子，大多以五言、七言句式为主，韵文占了绝大部分。东巴叙事传统中的叙事结构也呈现出程式化特征：开头部分叙述天地万物的来历，且多以反诘句式作为开头语。如叙及丧葬仪式时，

---

① 和时杰：《"尤悲"初探》，李之典主编：《纳西族民间抒情长诗：相会调》，云南民族出版社 2011 年版，第 162、175 页。

往往先用"不知道丧葬礼仪的古谱,就不要做葬礼的祭司";讲到火的来历时,先说"不知道火的来历和出处,就不要讲火的故事",等等。中间部分为叙事主体,故事情节、矛盾在此展开,主题由此体现。结尾则叙述东巴法事活动的效果,包括送神、禳灾、求福、祝颂等。东巴叙事传统的口头性还表现在传承方面,所有东巴开始学习东巴仪式时,必须跟着师傅熟悉仪式规程,再去听熟经书内容,不懂的内容由东巴师傅进行口头解讲。真正的大东巴并不以能读多少经书为荣,而是以仪式中所表现出来的灵活自如的口头演述能力、仪式规程调控能力、仪式效果圆满程度等方面决定的,如果一个主持仪式的东巴只会一念到底,往往为同行所讥。至今民间流传的大东巴的逸闻趣事,多以他能够不看经书,几天几夜口头唱诵、演唱作为重要评价标准。

纳西族民间叙事传统本身是在劳动中产生,在漫长的无阶级和阶级社会中,很少有机会学习文字经籍,他们的生产生活经验、科学知识大多从祖上口传而来。传承也是靠口头形式来完成。人们在田间地头谈天说地、尽兴而唱,在婚礼、丧葬礼仪上各执其手,团旋歌舞、以歌抒情都离不开口头演述。民间叙事传统的口头性特征与社会生产、生活密切相联系。青年男女谈情说爱,如果不会"时授"(指"相会调"),就很难找到心仪的伴侣;一个家庭主妇在其家人去世后不会哭丧,就会为邻里亲戚所不齿;一个村民在村中听不懂《谷气》,《喂默达》就备感形影孤单。纳西族民间叙事传统的口头传承植根于深厚的民间土壤中。

其次,二者表现形式的互文性特征是通过说、诵、唱等手段相结合的口头演述中达成的。东巴祭司在宣讲吟诵经籍,其语调并非一成不变、单调乏味,而是结合史诗中具体的情节、人物个性,时而娓娓而叙,时而慷慨激昂,时而沉吟低咏,这种似唱似吟、讲唱结合的形式称为东巴唱腔,尤其以结婚调、丧葬调中更为突出。《鲁般鲁饶》是一部爱情悲剧长诗,东巴诵唱此书时,一般安排在夜深人静之时,也防止青年男女听到后相互仿效。这部长诗的艺术魅力不只是表现在内容情节上,也与东巴声情并茂、哀婉动人的诵唱有着密切的关系。好多青年男女不顾禁令及深夜霜露,偷偷倾听,为男女主人公的忠贞不渝而感动,为宁为玉碎、不为瓦全的爱情境界而折中悲叹,一次次为身临其境、细致入微、声情并茂的说唱打动心扉,无语凝噎,潸然泪下。真正的经籍是难以磨灭的。另外,《起房调》、《赶马调》、《犁牛调》、《栽秧调》等劳动歌更是民间叙事传统表现形式的代表,其唱式、唱腔、唱声、器乐形式多样,不一而足。唱式既有独唱、对唱、合唱,也有轮流盘唱,对唱合唱、独唱相结合;唱腔上既有东巴腔、达巴唱腔、桑尼唱腔,也有丧调哭腔、结婚喜腔;唱声中大部分为单声部,也有多声部民歌,如《窝仁仁》《栽秧调》《拔秧调》及《丧调》等。

再次,衬字、衬词、装饰音在两个叙事传统中使用较为频繁。古老的纳西民歌《谷气》《喂默达》《尤悲》《挽歌》《阿丽丽》都糅合了相当比例的衬字、衬词、装饰音:《阿丽丽》中阿丽丽,阿丽丽,丽丽尤个华华色,华华色,作为起调句,在整个歌曲中循环往复;《谷气》中一开始的拖腔长调"哦——",是每一句歌词唱完以后必须开始的过门;《喂默达》《尤悲》《挽歌》《起房调》等皆犹如此。东巴叙事传统中往往以这些衬字、衬词、装饰音作为诗行押韵、句式规整的重要工具。如:

he^{31}dɯ^{31}ua^{33}pher^{31}tsho^{33}bɯ^{33}me^{33},要跳恒迪窝盘大神舞时,

sŋ^{55}thv^{33}kæ^{33}dʑi^{33}me^{55},向前迈三步后,

uæ^{33}khɯ^{33}ʂər^{33}lv^{31}ne^{31},左脚吸七次腿,

i^{31}khɯ^{33}^{3} ʂər^{33}lv^{31}me^{55},右脚吸七次腿,

sŋ^{55}thv^{33}kæ^{33}dʑi^{33}dɯ^{33}y^{55}y^{33}ne^{31},旁腰托掌闪身的向前迈三步,

i^{31}tɕy^{31}sŋ^{55}zŋ^{31}ɯ^{55}ne^{31},向右原地自转一圈。

le^{33}tɕy^{31}dɯ^{33}tse^{55}tse^{31},回身做一次顿步跳后,①

……

以上诗行的尾韵为[e],以[ne]、[me]韵为主,在诗句中作为语气助词来运用,起到了押韵、诗行规整的作用,类似的还有"ʂə^{55}mə^{33}""tʂhŋ^{33}tʂŋ""tsŋ^{55}"等衬字、衬词、装饰音。这些衬字、衬词、装饰音在叙事传统中频繁使用,一则保持了口头演述内容的稳定,易学易唱;二则给歌手充分的酝酿、思考的时间,如《谷气》自始至终皆由一人完成,难度大,从而给了从容应对、思考的时间;三则使唱词增添了咏叹调的况味,徐唱低吟,意境深沉,言犹尽而意未尽。

东巴叙事传统及纳西族叙事传统中还有一种独特的润腔方式及演唱方式——"作罗""若罗扣"。"作罗"是指纳西族民间音乐中唱奏长音的特殊技法,意为慢而长的波音。其唱奏方法是从本音低小二度或大二度的音开始,快速滑至本音来回波动。"若罗扣"纳西语意为"流畅而滚动地放开嗓门唱",是民歌中特殊的润腔方式,起调时声音细小入微,并由此慢慢放开,尽量把音调拖得悠长,以此把歌喉、状态调整到最理想的状态之中。

最后,"增缀"(tse^{33}dzy^{33})表现句法在东巴叙事传统及纳西族民间叙

---

① 参见丽江东巴研究所编《东巴古籍译注全集》第100卷《舞蹈的来历》,云南人民出版社2000年版,第89、90页。

事传统中得到了有机结合。"增缀"（tse^{33}dzy^{33}）指的是民间叙事中的比兴手法，主要特征为"借字谐音"，即上下句必须内容连贯，上句是下句的起兴或比喻，下句是上句的承接、深化，而且下句中的一字必须借用上句中的一字音。此字可同音同意同字，亦可同音异意异字。如"花园牡丹艳，全靠党培育"中的以"丹"韵"党"；"大理三塔雄，三中全会好"中的以"三"道"三"；"煮豆腐水涨，越涨越开锅"用以形容人们"热情高涨"中的"涨"则是形神兼备而生动形象；"白米掺谷粒，万恶四人帮"中的"谷粒"用纳西话"席四"的"四"取而代之，加上白米中的谷粒本属被淘汰之物，纳汉皆通，恰到好处。民间常以借字谐音技巧的高低来评价歌手的优劣。"增缀"（tse^{33}dzy^{33}）句法应源于东巴经籍文本，后传播、影响到民间叙事传统中。《鲁般鲁饶》中这样的典型句式经常性出现：

  河水清莹莹，久命眼睛呀，
  也是清莹莹，河水不让久命死，不死又转来。
  岩壁白森森，久命脸庞呀，
  也是白森森，岩壁不让久命死，
  久命转回来。
  青松青幽幽，久命黑发呀，
  也是青幽幽，青松不让久命死，
  久命转回来。

这三句诗分别用"河水""岩壁""青松"的颜色起兴，作为"眼睛""脸庞""头发"的喻体，用"清""青""白""死"谐音协调，形成一个排比句，突出了三次女主人公等不到男主人公，想死不得死而"转回来"的矛盾纠结心理。

《尤悲》诗句没有了宗教经籍及仪式规程的束缚，诗句数量激增，诗句组合更为自由随兴，这一句法也比比皆是。如：

  十五月亮圆，哥妹得团圆；
  团圆结伴侣，寻路上雪山。

  大雁翔高空，只只紧相随；
  哥妹一路走，双双紧相随。

锅底冥黑了，今晚走的路，
比锅底还黑，我们错了路？①

另外，二者在表现形式上的互文性还体现在五言体句式、拟人、排比、重复、借代等修辞手法的应用上，在此不赘述。可以说，东巴神话中大量程式句式的形成，以及类型化，模式化人物形象的大量出现，为纳西族民间叙事传统的发展传承提供了必要的条件，二者又共同构成了纳西族传统叙事的文化多样性与独特性，成为纳西族文化传统的范例。

（三）叙事功能的互文性

东巴叙事传统与纳西族民间叙事传统的功能也是互文性的，二者都是为纳西族民众的社会生产、生活服务，从而达到规范个体行为、稳定社会秩序、维协调低自然关系，深化族群认同等多重社会功能。二者的叙事功能都属于民俗学的社会功能。钟敬文先生认为，"民俗主要有四种社会功能，即教化功能、规范功能、维系功能、调节功能"。② 总的说来，纳西族的这两种叙事传统的功能表现在如下几个方面。

1. 教育功能

东巴叙事的主要文本载体——东巴经是纳西族古代社会的百科全书，它深刻影响了纳西族民族文化心理的形成。东巴经渗透了整个纳西族民俗的事象，从祭天、祭祖、祭山等重大民俗活动到饮食起居、婚姻丧葬等日常生活，都自始至终地贯穿着东巴文化的浸染。东巴的祭台从一定意义上说就是民俗场，也是进行教育的讲台，它的教材便是东巴经。

在庄严而隆重的祭天活动中，面对祭坛，东巴祭司可吟唱着各种祭天的经书，这里有对民族历史的追溯，有对天地万物起源的解释，有对各种人生礼仪、生产生活、制度规约的宣讲，从中表达对上天的崇敬，对祖先的追慕，对人生观的看法，对劳动生产的礼赞，对伦理道德的规约。在这样一个特定的"纯自然"的情境中，诵经者引经据典、娓娓诵读，受众者虔诚恭听，接受东巴的洗礼。在二者的互动中，民俗的教育功能得到了实施、强化。

2. 娱乐功能

邓迪斯认为民俗具有"在宣泄和排遣不良情绪和情感方面"的功能。

---

① 和时杰：《"尤悲"初探》，李之典主编：《纳西族民间抒情长诗：相会调》，云南民族出版社2011年版，第177页。

② 钟敬文主编：《民俗学概论》，上海文艺出版社1998年版，第14页。

这种"宣泄和排遣"是通过娱乐而达到的。东巴叙事传统与纳西族叙事传统的一个共同特征是诗歌舞三位一体的共融性。尤其在民俗活动中,这两种叙事传统往往互融互动,难分彼此,如丧葬仪式中的民间歌舞"窝热热""买卖岁寿""挽歌",既是东巴调,也是民间调,东巴主持仪式,民众集体歌舞,既通过歌舞形式表达对死者的缅怀之情,安慰死者亲属,也有通过歌舞娱乐形式度过漫长夜晚,威慑鬼怪的社会功能。这里也有历史发展继承的根源,如"窝热热"起初是纳西先民以狩猎为主的民族社会前期或更早的巫教舞蹈,只是随着社会的发展,才渐渐脱却了浓郁的原始宗教气息,纯粹地成为一种娱乐性舞蹈。但迄今为止,这个舞蹈里仍然保留了原始巫教舞蹈的遗迹,如"咩咩咩"的羊叫声、"嘘嘘嘘"的围猎声,还有模仿羊的动作等。

重大的东巴祭祀活动往往是族人的大聚会,这些定期的聚会演变为民族的节日。在重大的祭祀活动完成以后,人们或执手跳舞,或讲述民间传说、歌谣,或对情歌谈恋爱。元人李京的《云南志略》里有这样的记载:"麽些人正月十五登山祭天,极严洁,男女动百数,各执其手,团旋歌舞以为乐。"描述的就是祭天以后的民间娱乐。随着人类社会发展进程的加快,民俗的娱乐功能也愈加突出。人们通过讲故事、玩游戏、猜谜语、绕口令、开展民间竞技、对歌、跳舞等活动,来达到娱悦身心、宣泄生存压力、调节社会生活、补偿精神生活的多重娱乐目的。

3. 操作功能

作为叙事传统,是与宗教仪式、民俗活动与生俱来、共融共生的,东巴叙事传统与民间叙事传统具有仪式操作功能,这两种不同的叙事传统的功利性是通过一系列具有操作性的民俗事项来完成的。如举行祭天仪式时,有着一整套完备的操作系统。

预祭:(1)除秽仪式;(2)舂神米;(3)量神米,(4)浴身,(5)洗祭米。初四这一天的正祭:(1)告祭;(2)入坛;(3)布置祭坛;(4)祭拜;(5)颂《分开天地经》;(6)尝祭天酒;(7)射杀仇敌;(8)换猪头肉;(9)接福接旺,颂《创世记》。纳西族东巴经里记载的史诗、神话、故事、传说基本上是宗教仪式上、民俗活动中的操作性工具。前面提到的祭天仪式上要颂《创世记》《分开天地经》就是这种操作功能的具体表现。纳西族民间叙事传统中也无不贯穿着自身的操作功能,栽秧时唱的《栽秧调》,赶马时唱的《赶马调》,男女恋爱时唱的《时授》,丧葬上唱的《挽歌》《古占》,开荒种地时吟唱的《饮食的来历》等。从某种意义上来说,一个民族的叙事传统是依靠民俗而存在的。以人生礼仪中的诞生礼为例,从一出生时的接生礼、迎头客礼、认舅礼到取名礼、满月礼、百日礼、拜干爹干妈礼、请保亲礼，都有一整套严整有序的具体操作程序，其间，东巴叙事传统与民间叙事传统相互穿插、互为利用、不分彼此、相互融合。

可以说叙事传统的操作功能渗透到了纳西族的物质生活、精神生活以及社会组织制度之中。有些操作程序在外人看来未免烦琐复杂，但对本民族的成员而言，这些操作程序已经约定俗成、习以为常，成为社会生活中密不可分的一部分，成为民族个性的标的。同时这些民俗事项的操作功能是通过特定的仪式活动来进行的。在这种特定的民俗场中，每个民族成员加深了对自己的民族文化的认同和理解，强化了自己的民族意识，使个体融入民族全体的文化中，成为社会人、文化人、民族人。这样不但保存了自己的民族文化，而且使民族传统文化得到传承和弘扬。从这个意义上讲，东巴叙事传统及民间叙事传统的操作功能同时包括了传承功能，或者说两个不同的叙事传统的传承功能是在操作功能的基础上延伸出来的。

叙事传统的功能也是民俗的功能，互文性，共融共生。上述的叙事传统的三种功能，只是纳西族民俗在社会生活中具有普遍意义的功能而已。从全面的、发展的观点来看，民俗及叙事传统的功能是多重的，有些是重叠的。如教育功能中的维系功能、规范功能、稳定功能、认识功能，操作功能中的传承功能，娱乐功能中的调节、宣泄、补偿功能等，要把这些民俗功能严格地分割开来是不现实的，也是不可能的，我们只能把它们作为有机体的组成部分来研究。从这个意义而言，东巴叙事传统不只是文本的、宗教的，也是口头的、心理的、仪式的、历史的、社会的。

（四）东巴叙事传统与纳西族民间叙事传统互文性的非对等性

东巴叙事传统与纳西族民间叙事传统的互文性也有非对等性。首先，二者的叙事主旨的非对等性。东巴叙事传统的宗旨是为了宣扬宗教思想，突出神灵无所不在、无所不能的神圣性、权威性，而作为神灵的代言人，通过这些宗教叙事，也突出了自身的社会地位。这种宗教性特征需要通过系列庄严神圣的宗教仪式以及严格规整的仪式程序、仪式表演来实现，仪式性、规整性、神圣性与宗教性互为前提、表里为一。而后者突出的是民间性、娱乐性、自主性、世俗性，如果说东巴叙事中的娱乐功能、教育功能、操演功能是附加于宗教之上的，而民间叙事则直接为民众的生产劳动、日常生活服务。

其次，二者互文性的不对等性也表现在文本内容及形式上。相对来说，东巴叙事文本最初形式来源于民间叙事，但进入东巴叙事文本的过程中，经过东巴的整理,已经由口头文本转化为书面文本,对故事情节内容做了适应东巴教观念的改造。如前文提到的三段式结构就是充分的明证,尤其是结尾段落中对东巴及东巴法事的渲染、颂扬,无疑是宗教叙事的结果。同样,东巴叙事文本转变为民间叙事文本的过程中,三段式特征往往只保留中间叙事部分,开头的万物来源叙事及结尾的宗教宣扬内容成为累赘而被摒弃,内容相对简洁。如东巴经中的《东巴什罗传略》与民间故事《东巴什罗的故事》相比,前者内容更为庞杂,而后者把前者的叙述什罗家世、什罗生平以及神灵系列渲染铺陈的宏大叙事有意简略,只选择几个情节曲折、人物矛盾集中、趣味性较突出的故事内容。如下面这则《东巴什罗的故事》就是一个典型个案:

> 很久很久以前,东巴什罗到西藏拉萨学法术,与喇嘛、经师念经拜佛。但那些喇嘛因东巴什罗为初学者,又是从远地赶来的异乡人,都有些看不起,甚至到吃饭时也不喊他。东巴什罗受到侮辱后,决定露点法术惩罚一下。于是趁他们出去吃饭,把桌上的经书全部用风吹散,散落到院里院外。喇嘛们回到经堂,发现他们的经书已经散落一地,根本无法整理,大家一筹莫展。东巴什罗施展法术,把散落的经书全部一一归回原位,整个经书完好如初。喇嘛们对东巴什罗刮目相看,尊敬有加。为了表达歉意之情,大家自剪下一边的袖子赠给东巴什罗。这也是为什么喇嘛只穿一只袖子,而东巴什罗的白袖子加长了一截的缘故。[①]

这则民间故事虽名之为"东巴什罗的故事",但与东巴经的《东巴什罗传略》相比,只能说是其中一段情节内容,原文中的神灵叙事、宗教叙事已经脱落,只保留了最为典型的故事情节基干。

东巴叙事文本中的民间故事也存在格式化痕迹,如民间叙事长诗《尤悲》中的男女主人公最后都以殉情而终,而在东巴经《鲁般鲁饶》的异文本中却出现了男主人公最后违背诺言,偷走女主人公私房钱而遭致殉情鬼缠身,一病不起,后来经过东巴举行祭风仪式而得以解除病痛。《鲁般鲁饶》的结局显然经过了东巴们的精心加工编纂,主旨不是宣扬对自由爱情的追求,而是东巴的神力无边。东巴经中的《达勒阿萨命的故事》也是如此,把民间故事中有情有义,面对恶势力压迫不肯屈服的坚贞少女形象被改造成为七个风神之一。《富偷穷家牛》中的富人遭致报应也归功于东巴所做的

---

① 杨杰宏:《纳西族民俗通论》,云南美术出版社2007年版,第249页。

法事。

再次，二者互文性的非对等性表现在文体的差异上。相对说来，民间神话、故事经过东巴的整理后，大多成为韵文体文本，更具有诗体文学的特征。和志武认为东巴经籍的语言艺术集中体现在六个方面：第一，东巴经属于诗体文学，以五言、七言、九言奇数句为主，抑扬顿挫，韵味十足；第二，成套对偶句成为经籍中固定模式，运用四字格修辞，使语言更富于诗句的音乐跳跃性；第四，连环串珠式的比兴，使比喻贴切而深刻；第五，大胆奇特的夸张，更富有浪漫色彩；第六，善于运用对话和论战。① 如《达勒阿萨命的故事》被东巴改造后，成为东巴经《祭风·开坛经》中的一则典故：

达勒村的阿萨命姑娘\\别名叫阿妞阿沃\\原来许给了石鼓拉都村\\母亲送女儿出嫁\\嫁妆给了九十九件新衣服\\一件又一件\\缝衣不结线疙瘩\\母亲嘱咐女儿说\\出家离家时不兴回头看啊\\母亲的心留在女儿上\\女儿的苦楚印在母亲的心坎里\\不回头看望一下实在不行啊\\当她走到石鼓拉升坡时\\又回过头来看了一下\\狂风和乌云突然起变化\\把她卷到达勒肯赤岩间去了。②

其语言句式、韵式、字格、情景描述明显染上了诗体语言特色。

最后，二者在文体方面的非对等性还体现在文体转换的非对应性，最集中体现在东巴叙事文本中的神话、史诗在民间叙事中往往成为传说、故事。如东巴经籍中的创世史诗《创世记》、迁徙史诗《人类迁徙记》、英雄史诗《董埃术埃》在民间故事中分别成为《崇仁利恩与衬红褒白咪的故事》《崇仁利恩夫妇返回人间的故事》和《美利董主与美利术主的故事》。导致这种文体的不对等性的原因是多方面的，东巴作为纳西族传统文化集大成者，他们对民间叙事传统及东巴叙事传统耳熟能详，他们对民间叙事文本的运用、整理水准比一般民间叙事传承者要高出许多，俗谚中的"讲古讲不过东巴，唱歌唱不过东巴"就说明了这一道理，事实上，民间的说唱、歌舞活动中，如果没有东巴起调、开头，没有人敢挑这个头。

小结

东巴叙事传统与民间叙事传统存在着互文性关系的内在根源是东巴及东

---

① 和志武：《纳西东巴文化》，吉林教育出版社1989年版，第192、193页。
② 方国瑜主编：《纳西象形文字字谱》，云南人民出版社2003年版，第584页。

巴教在纳西族民间社会中的地位及影响。东巴教作为纳西族的原生宗教，在纳西族的古代社会中充当着"全民宗教"的文化功能，在其族群认同、文化建构以及社会发展的进程中产生了深层的影响。东巴扮演了祭司与民间歌手、故事家的双重角色，一个大东巴不仅是主持东巴祭祀仪式的主持者，也是民间文化的集大成者，历史上的大东巴往往也是一个区域的代表性民间歌手、故事家。他们能够把东巴经籍中的典故与教义灵活机动地融入民间叙事中，从而使民间叙事传统的文化体积、规模、重量得以显著提升，由此创作了大量脍炙人口的民间叙事文本。"民国时期的和泗泉不仅发明了东巴刻板印刷，而且还创作过一部融《鲁般鲁饶》与民间口头长诗《尤悲》为一体的东巴神话作品《初布由布》。"[1] 这也说明了两种不同叙事传统的主体也存在着重合交叉的情况。

东巴经籍中的神话、史诗不是一个东巴改编之功，而是经过数代，甚至几十代东巴们的千锤百炼、精心加工改造而成。另外一个重要原因是，东巴经籍往往在仪式中反复使用，从而使演述文本在口头性与书面性得到了有效的结合。同时，仪式的重要性、神圣性在很大程度上影响着经书文本的质量高低，如被称为"东巴文学三颗明珠"的《创世记》《黑白之战》和《鲁般鲁饶》三部经籍是祭天仪式、垛肯仪式、祭风仪式中最主要的代表性经籍，这三大仪式在东巴仪式中的地位也是非同一般，东巴在习得东巴文化时，或者在举行仪式中，对这些代表性经籍的重视程度往往要高于其他经籍，也就是说，仪式及其经籍的重要性客观上影响着经籍文本的质量。

---

[1] 白庚胜：《东巴神话研究》，社会科学文献出版社1999年版，第417页。

第 九 章

东巴仪式与东巴文献的程式化特征研究
——以东巴祭天仪式为个案

东巴文献是为东巴教服务的，主要借助神灵故事来宣扬东巴教的主旨，其讲述方式又往往与仪式表演融合在一起，通过文本口头叙事、东巴舞蹈、东巴绘画、东巴音乐、东巴游戏等多元艺术表演形式的融合，给受众者以多种艺术审美感受、体验，从而达到"神话是真实的"叙事目的，可以说，东巴叙事传统中的神话叙事同仪式叙事相辅相成、并行不悖。譬如《东巴什罗传略》是在东巴丧葬仪式上唱诵的主要经书，主祭东巴在仪式中以口头叙事方式讲述东巴教教祖东巴什罗一生的传奇故事，从他的出生、成长一直到杀魔除妖，最后葬身毒海的整个过程。而仪式现场，东巴助手们以舞蹈形式再现东巴什罗出生时的情景，如躺在地上，伸出左手做痛苦状，象征东巴什罗从其母亲左腋下出生的情景；然后东巴又模仿他蹒跚学走路的样子，还有他的脚跟上中了青刺后一瘸一拐的走路姿势……另外的东巴助手在仪式神坛上挂上东巴什罗的神像，在仪式旁边设置画有其形象的木牌，以及毒海场景，烘托"真实可信"的现场环境，在进行到"送魂"仪式时，主祭东巴一边念诵《送魂经》，一边手持油灯从《神路图》的最下端——"地狱"内容上方慢慢向上移动，依次讲述"人间""神间"的画卷情景。旁边东巴助手们也随着主祭东巴演述的故事情节展开舞蹈程序环节，手上有板铃、板鼓等乐器相伴奏。整个仪式场面带有浓郁的"仪式戏剧"的色彩，或者说东巴叙事通过仪式表演达成了如临其境般的演述场域。

口头性是东巴叙事传统的主要叙述手段。在书写传统未形成之前，口头叙事是东巴叙事的主要表征；东巴象形文字产生后，形成了体系庞大的书写经典系统，但这些书写经典内容都源于口头叙事文本，属于口头记录文本，而且这些书面经典用于仪式中的口头演述，文本类型属于口头演述的提词本（prompt）；由于东巴文字不成熟的文字符号体系，没有线性排列、逐词记录、字词对应的特点，形成了"看图说话"的文本性质，不同念诵者可以根据自己的演述习惯组织不同的口头表达形式。所以口头性不只是表现在口头文本中，也表现在东巴书面经典中，口头程式是东巴叙事传统的主要表达单元，其主要特点是东巴文献中经常性地出现大量重复的、口语化、程式化的套语。

在东巴仪式中，祭天仪式无疑是最有代表性的。一则历史悠久，元代李京《云南志略》中即有记载："麽些人正月十五登山祭天，极严洁，男女动百数，各执其手，团旋歌舞以为乐。"祭天属于纳西传统文化的底层文化，与古羌文化渊源关系颇深。二则影响大，祭天是纳西族自识的重要文化标志，历史上一直以"纳西祭天人"自称，内部分为"扑笃""姑徐""姑哉""姑闪"等四大祭天群，也是与他族相区分的文化标志。三则规模大，文化内涵丰富，分为春秋两祭，春祭分为小祭、中祭、大祭，从除夕一直延续到正月十五。仪式内容包含了吟诵《创世记》《人类迁徙记》等东巴经典，除秽、祭祖、祭署、请神、禳灾、赐福等众多系列仪式，以及东巴舞、东巴绘画、东巴工艺、民歌等民间艺术。祭天文化涵盖了神灵崇拜、祖先崇拜、自然崇拜、生殖崇拜等多元文化主题。

笔者在此引入祭天仪式，旨在通过对这一典型仪式的深描，揭示隐藏于东巴仪式叙事中的程式化特征。口头叙事文本中无疑存在口头程式，东巴仪式叙事中也会有相应的程式，二者是如何达成统一的仪式叙事的？这也是本部分重点探讨的问题。传统既是沿袭成俗的，又是不断变迁的。笔者选取了不同时期的三个祭天仪式个案，其旨不在管窥祭天仪式的变迁过程，而重在考察"仪式程式"在祭天传统的"变"与"不变"中如何生成、运用、传承的问题。

一 祭天仪式的民族志考察

（一）传统祭天：塔城祭天

2002年7月21日，笔者在丽江市玉龙县塔城乡的依陇村调查，与村民闲谈中得知署明村第二天要举行一个祭天仪式，便萌生了前往一探的念头。塔城位于丽江的最西北部，与藏区相接壤，是藏纳文化交融的典型社区。塔城离丽江有120千米，路况皆为柏油路，五个小时即可抵达。塔城乡政府在金沙江边，历史上的"神川铁桥大战"[①]发生于此，纳西族、藏族、傈僳族

---

① 唐贞元十年（794），吐蕃向藩属国南诏征兵万人。异牟寻亲自率兵数万北进吐蕃境内，大部队后尾随5000士兵，昼夜兼程抵达丽江境内的神川铁桥后，向吐蕃军发起突然袭击，吐蕃军惨败。南诏自臣服吐蕃近三十年以来，第一次大获全胜，此役后吐蕃势力日衰，纳西族地区纳入南诏管辖范围。

是主要原住民，东巴教、本教、藏传佛教在此共荣共生。东巴文化生态保存较好的村落是依陇、陇巴、署明、巴甸四个自然村，离乡政府20多千米，皆为悬崖峭壁间穿行的山路，而署明村当时还未通公路，可能也是偏僻的地理位置为东巴文化的保存提供了天然屏障。毕竟对祭天的概念一直停留于文献书籍中的认识，从未参与观察过。第二天一早与同伴徒步前往署明村，走了一个多小时山路，抵达祭天场时已是上午8：30。祭天场在署明村东北边的一个半山坡上，是一个缓坡地带，面积约为80平方米，依山势从高到低分成了神坛、敬香坛、献牲坛三个祭坛；祭坛下为一块平地，是村民做饭、休息的地方。我们到达时村民也刚到半个多小时，正式祭天还未开始。村民在祭天场周边忙碌着，妇女们主要忙生火做饭，男子们在两个东巴指挥下准备布置祭天场。两个年轻东巴都刚三十出头，他们并未戴五幅冠，只是在头上戴着绛红色的布，身着红袍。经交谈得知他们名字分别为杨玉勋、杨玉华，皆为同一家族叔伯兄弟，杨玉华比杨玉勋大一岁，两人都从12岁时拜师于村中大东巴和勋，21岁正式出师，成为可以独立掌坛的东巴祭司。该天的主祭方是他们的老师家族——和氏宗族，而主祭东巴是杨氏兄弟，这与村内和、杨两个宗族传统关系相关，宗族祭天都要请另一个宗族的东巴担任主祭，而其他地方的祭天东巴只能由本宗族东巴来担任。听杨玉勋介绍，祭天以春节祭天为大，从春节前开始就得为祭天所需的米、酒、祭牲做准备，大年初二开始祭天，一直延续到十五，以初三、初五、初八三个祭天仪式为主，初五那天为大祭天，规模最大，也最隆重。秋季祭天属于小祭天，以前分为两天举行，准备一天，祭天一天，现在基本上集中在一天内举行。好多禁忌也放开了，如以前严禁外人、妇女进入祭天场，现在已经打破了。以前除了有宗族的集体祭天场外，还有每家每户的祭天场，现在只保留一个祭天场，主要原因是村民的东巴信仰程度大不如前，很少有单一家庭举行祭天的情况，而且也不利于保护山林植被，因为举行祭天仪式要砍伐祭天树、围场树，现在的宗族祭天场也没有用松树枝来围场了。以前砍祭天树、围场、清理祭天场、准备祭品是提前一天举行，现在都集中在当天。另外，以前轮流养献牲畜习俗也变成集体统一购买。现将观察到的祭天流程简述如下。

1. 砍祭天树

9：10 东巴带着两个助手到山上砍祭天树，东巴先砍象征天地的两棵栗树，先砍的第一棵作为"天树"，后砍的作为"地树"，地树必须是分权的。助手砍象征天舅的柏树以及作顶灾、木桩用的白桦树。砍好后，东巴扛着天树带领大家回到祭天场，把祭树放在场边。

2. 布置祭天场

9:41　助手在神坛上挖了三个插树洞，挖好后插入木桩；修整祭天树，砍去底下杂枝，只保留顶上枝叶，象征地神的栗树必须留有两个杈枝；拔掉木桩后从左到右插入祭天树，柏树居中，天树居左，地树居右，树下放上杜鹃叶、蒿叶，并分别用三块称为"卢鲁"的圆石压住；在每棵祭天树的左右两侧插上代表神仆的木偶；① 在代表天舅的柏树前插一个白杨木桩，桩顶用刀切成十字形，用两小根木条分开，在凹陷处放入一个鸡蛋，称为顶灾杆；在神坛、敬香坛、献牲坛都铺上青松毛。

3. 敬香、献祭米

10:05　布置完祭坛后，东巴召集大家做好敬献准备，众人收拾好祭品集中到祭坛前肃穆站立。东巴口诵《敬香经》《献祭米经》，大意为感谢上天对和氏宗族、村子的保佑，希望年内收成五谷丰登、六畜兴旺、家族兴盛。诵毕，东巴把三炷香分别插于象征天神、地神、天舅的三棵祭树前，并率众人齐拜天神三次。拜完后，村民依次把手中本炷香分别插入敬香坛内，并把祭米摆放在献牲坛上。

4. 敬酒

10:30　助手把祭酒倒入三个木碗中，陈放于三棵祭树前。东巴口诵《献祭酒经》，大意是我们这个祭天群能过上丰衣足食、幸福安康的日子，是靠了天、地、天舅、董等神灵的保佑，所以我们这一祭天群的每一个子民向诸神虔诚地敬酒。敬完酒，东巴口诵赐福经：

今年的祭酒味道美极了，全拜天地诸神保佑！预示着今年肯定是个好年成！五谷满仓，牛羊遍山，家和业兴！

参加祭天的男子都手持酒碗，东巴说一句，大家重复一遍。说完后席地而坐喝祭天酒。

5. 除秽（tʂhər^{55} ʂv^{55}）

10:50　东巴诵读《除秽经》。东巴助手手持青蒿、松枝、杜鹃扎成的火把分别在祭坛、敬香坛、献牲坛的神树、供品上挥动而过，然后绕场除秽。

6. 献牲（mv^{33} dʑi^{33}）

11:15　东巴念诵《蒙增、崇搬图》经书。此本经书是整个祭天仪式的核心经书，主要讲述了祭天的来历，阐述了人命由天命而得，是上天赐福给

---

① 左边的木偶称为"优洛"，意为神的男仆，右边的称为"玛洛"，意为神的女仆。木偶上部刻有眼睛、耳朵、鼻子、嘴巴。

人类，所以人类通过行祭天仪式来表达对天地诸神的感恩之情。这本经书分为两部分，"蒙增"意为献牲，向天、地、天舅三神祭献祭牲，并赞颂三神的恩德。笔者根据经书内容作了部分翻译：

> 我们这一扑笃祭天群，要举行祭天的仪式。纳西人生来就崇奉天，伟大的天神也生来就保福保佑纳西人。福泽和吉祥、富裕和强盛、胜利和美好、能干和敏捷、延年益寿，都是天和地及位居天地中央的柏三个来赐予的。是长寿的白鹤连接了天上与人间。
>
> 天啊！是天爷爷的天；是那笼罩大地的天；是如帽子般罩在人头顶上那神圣的天；是那碧蓝光滑光滑溜溜的天；是那有阴天的天；是那有晴天的天；是那白天出太阳温暖、夜晚出月亮皎洁的天；是那孜劳祖父的天；是那良善高远的天；是那有九层白云的天；是那有颗颗硕大灿烂星星的天；是那身材长的处处齐整，生的双肩匀称美好的天。属于恩余扑笃祭天群的这些人；若不祭天，天廊不高远；若不祭天，地域不辽阔。祭天后，一切都平平安安、稳稳当当了。
>
> 天神和地神设置了年年岁岁，在这新的一年里，卢神和沈神确立了月份。在这新的一月里，福泽和吉祥、富裕和强盛、能干和敏捷，都要靠天来保佑赐予。用这四脚白净的黑猪作牲品，整头祭献、完整供奉在天的面前。祭祀了天后祭祀地。
>
> 地啊，是那生育力旺盛的大地；是那乳房丰满、乳汁充盈的大地；是挂着墨玉珠串、戴着绿松石项链的大地；是那名为衬恒衬孜的大地；是那衬恒祖母大地；是水大长流的大地；是那地下有成背黄金的大地；是那地上牛羊成群的大地；是那用金银作被盖的大地；是石缝中都生长着药草的大地；是那身材长得处处匀称、衣襟华美、双肩齐整的大地。福泽和吉祥、富裕和强盛、胜利和美好、能干和敏捷、长寿又延年，都要靠大地来保佑赐予。天地设立的新的一年里；卢神、沈神确立的新的一月里，不祭祀大地，天廊不高远；不祭祀大地，地域不辽阔。祭祀大地后，一切就平平稳稳、顺顺利利了。用这四脚白净的黑猪来给大地作牲品，整头的祭献、完整地供奉在大地的面前。最后，祭祀与天地并列、位居中央的柏。
>
> 人的舅舅是天，天的舅舅是柏。那在高崖上扎下深根的柏，成了天的舅舅。天门边有了郁郁葱葱的柏树，天大不动摇。大地上绿叶茂盛的杉，是地之祖母。地之门紧依杉树，大地稳固不震动。茂盛的柏树有千丫，获得了千年的福寿；高大的柏树长百杈，获得了百年的福寿。属于

扑笃祭天群的福泽和吉祥、富裕和强盛、能干和敏捷、长寿延年都要靠柏来赐予和保佑。天地设置了年年岁岁，在这新的一年里，若不祭祀柏，天廓就不高远；若不祭祀柏，地域就不辽阔。祭祀柏后就会平安稳当、顺顺利利了。用这四脚白净的黑猪作牲品，将它整头的祭献、完整地供奉在柏的面前。

给白杨树枝做成的顶灾杆和顶灾蛋前也祭献上整头的祭牲、完整地供奉。上方那是人类始祖父的天，愿降临在为您竖立的祭木上。下方那是人类始祖母的地啊，愿降临在为您竖立的祭木上。那位居中央的柏，愿降临在为您竖立的祭木上。白杨顶灾杆、顶灾蛋也被顶灾之神占守之后就平平稳稳、顺顺利利了。

《崇搬图》《人类迁徙记》主要讲述人类祖先崇仁利恩遭遇洪水灾难后到天上寻求伴侣，后经过种种困难考验，娶回衬红褒白咪回到人间的过程。与《崇搬图》《创世记》不同在于前者主要叙述天地万物的起源以及崇仁利恩上天求偶的过程，而后者重点在讲述崇仁利恩夫妻从天上返回人间的过程。他们返回人间后，三年没有生育，并遭遇了诸多不顺之事，后听从神谕举行祭天仪式，从而获得了幸福生活。诵完此经后，众人开始杀祭天猪，清理完祭牲，东巴助手把猪胆、猪腰子、猪脾分别挂于象征天舅的柏树、天树、地树上，其余的肉一部分煮在锅里，另一部分分割成块，平均分配给祭天户。

接下来就是熟献程序，因肉还没煮熟，大家在树下休息闲聊。笔者从一个老者处了解到，1949年前的祭天仪式程序比现在要复杂得多，比如以前东巴念诵《崇搬图》经书时，各户家长站成一排在旁边听经，当念至天神时，各户家长轮流向天神告白祭天的虔诚态度，举行仪式时没有发生任何不妥行为及错误，祈求神灵保佑。

7. 献饭（ha^{33} ʂɿ^{21}）

12:06 待肉煮熟后，东巴助手把猪头放在柏树前，肩胛骨放在天树前，肋骨放在地树前。然后把熟肉切碎后放入三碗热汤中，与三碗热米饭、三碗酒一起祭献在三棵神树前。东巴念诵《献饭经》。东巴念经时，助手手持除秽火把在祭品上挥一下，以示除秽，当东巴念诵到给天神、天舅、地神、董神给饭时，助手从碗中分别取出一点饭、肉，一一放在神树、神石上。

8. 施灵药（tʂhər^{33}khɯ^{55}）

12:25 东巴念诵《献灵药经》。《献灵药经》又称为《求长生不老药》，与求寿内容相关。经书大意讲述了崇仁利恩夫妻从天上返回人间后，发现忘了带长生不老药，崇仁利恩带着黄狗、黑狗两条神犬，以及一个神射手到雪山、大地、山谷间寻找长生不老药，最后猎到一只体内藏有长生不老药的神兽，但神药太重，牛马都拖不动。这神药是由天神掌控的，拿到天上，日月星辰熠熠生辉；拿到人间大地，大地绿草如茵，生机盎然；拿到白云间，白鹤长寿得千岁。所以东巴念诵此经时，要祈求天神赐神药于人间：

> 长生不老药是天神所有的，他把一滴药水洒天上，蓝天高远苍茫茫；一滴洒大地，人间绿茵茵，山间柏树郁葱葱；一滴洒居那若罗神山，神山巍峨又雄伟。天神啊！祈求您把长生不老药也带给人间，使我们这个扑笃祭天群的子民也永远健康长寿！天神啊！请您把神药普洒人间大地，使我们人人健康幸福！

东巴念毕，助手从柏树上取下猪胆放入酒碗中，以此作为神药，然后用柏枝蘸之施于神坛诸神树；给神施完神药后，参加祭天的人们也纷纷前来，主动接受神药施福。

9. 送神、分福泽枝

12:40　东巴念诵《送神经》，念毕，助手们开始撒神坛，拔神树时，东巴及助手从上折下小树枝，作为天神的福泽分别送给村民，村民把树枝插入祭米篓中带回家中，供奉于家神神坛前，以祈求天神庇佑。分完福泽枝，众人开始清理神坛，祭树与洗净的神石放在祭天场旁边的一棵大树上，扫除场内垃圾。然后大家席地而坐，聚餐喝酒。聊天中，有个老者说道："有没有参加过祭天是不一样的。他的侄子当兵前参加过三次祭天，最后一年的祭天猪他家还多出了一份。后来他参加了对越自卫反击战，是尖刀连的骨干，在老山战役中，全连就剩下连长、通讯员和他三个人，真的可以算是大难不死了。后来因为立了功就在部队当上军官了。有一年探亲回来，他说起参战时的那些事，有几次他以为必死无疑了，眼睁睁看着子弹朝自己射来，而倒下去的是旁边的战友。他说是老天爷在保佑。那年春节他还特意参加了祭天仪式，说要感谢老天爷。"另一个村民谈到另一件逸闻，说是有一年祭天，祭牲猪肉由各家各户自带。但那次祭天后，村中有一户发生了诸多不顺的事故，家人外出出车祸，家中猪、鸡连续莫名而死。后来知情人透露出来内幕，说是他家的祭天肉是被猫吃过了，不洁，由此受到了上天的惩罚。祭天的仪式叙事与民间叙事往往相辅相成，祭天是传统信仰观念的实践，而民间叙事巩固了仪式的功能与意义。

（二）圣地祭天：三坝祭天

三坝是迪庆藏族自治州内一个纳西族乡，位于哈巴雪山脚下，与丽江的大具乡隔着玉龙雪山与金沙江，离丽江市区 120 千米，离迪庆州府近 100 千米，十年前开通柏油路。三坝因白水台、东巴文化著称于周边地区，相传东巴教教祖东巴什罗、第二代教祖阿明什罗都出生于此地，至今流传着有关他们在此创教、修行的诸多神话故事，由此三坝也被誉为"东巴教的发祥地""东巴文化圣地"。东巴教在三坝纳西族村落影响很深，加上地理位置的偏僻，使东巴文化生态得到较好留存。

2009 年 3 月 3 日（农历二月初七），笔者受邀到三坝参加一年一度的纳西族传统节日"二月八"①。我们提前一天到达三坝乡，在乡政府听到今天白水台在举行祭天仪式，心里觉得很奇怪：传统祭天仪式是在春节期间举行的，此地为何在"二月八"期间举行？乡里一个主管文化的干部说明了原因，1949 年前有春节祭天之俗，后来受到批判禁止，80 年代初期政策放宽后，原来的传统没有得到恢复。后来在乡政府支持下重新恢复祭天仪式，由白水台附近的波湾村主办，祭牲猪由乡政府资助购买。现在的祭天仪式是这样恢复而来的。

趁着时间还早，我们就前往白水台考察这一有些特殊的祭天仪式。现依仪式程序分述如下：

白水台离乡政府只有 250 米，是一个碳酸盐沉淀形成的华泉台地，好似层层梯田，被称为"仙人遗田"。明代纳西土知府木高在此摩崖题有一诗，字迹至今仍可清晰可辨："五百年前一行僧，曾居佛地守弘能。云波雪浪三千垄，玉埂银丘数万塍。曲曲同流尘不染，层层琼涌水常凝。"民间相传东巴教祖东巴什罗在此修行成仙，并创立了东巴教，所以白水台被东巴教徒视为圣地。祭天场在白水台高地的一块平地上。我们到达时已经是上午 9 点多，祭天仪式已经进行到除秽程序阶段。

1. 除秽仪式

10:16　两个头戴黑布箍、身着红长衫的东巴在一个石头垒起的烧香台前念着除秽经，另一个东巴怀抱一只公鸡在旁边坐着。烧香台旁边插着三棵黄栗树，树下插着三棵小木桩、三块圆石，地上铺着青松毛，周边放着祭天

---

① "二月八"在丽江又称为"三多节"，"三多节"于 1986 年由丽江纳西族自治县确定为法定节日。"三多节"源于"二月八"，是由纳西族传统祭春、祭自然神仪式中发展而来，丽江纳西族视三多为玉龙雪山化身，由此升格为地方保护神而受到崇拜。丽江以外的纳西族地区仍沿袭传统的"二月八"节日。

户带来的米篓。这时陆陆续续上来背着米篓，上面放着木牌画、松枝、桃枝，手持除秽火把的村民，其中有两个大汉抬着一头祭牲猪，后面有抬着大锅、餐具、牵着羊子的四五个男子。他们到了祭天场后，米篓放到祭天树旁边，松枝放在烧香台上，并在上面撒上带来的白米粉，除秽火把统一放在一旁。村民把带来的五彩线绕在东巴抱着的公鸡身上。

2. 祭署仪式

10:32　念诵完《除秽经》，三个东巴带领众人走向旁边的神泉边，举行祭署（自然神）仪式。东巴念诵《祭署经》，村民把画有署神的木牌画插在神泉边，在潭内倒入牛奶，并在旁边烧香台上放上青松枝，撒上白米粉。东巴念诵完经书，旁边东巴把祭牲鸡抛向潭水对岸，作为献给署神的祭牲。因署神作为主管自然之神，祭署仪式不能杀牲见血。东巴行祭拜礼，村民也依次磕头，祈求署神保佑风调雨顺、五谷丰登。

3. 献牲仪式

10:51　东巴又回到祭天场边，一个东巴吹响牛角号，两个东巴开始念诵《蒙增·崇搬图》《献牲经》，同时，村民开始杀祭牲猪，清理干净内脏后，东巴助手把猪头供奉在神树前，并把猪腰子、猪脾、猪胆分别挂在三棵神树上，然后用松枝蘸着猪血涂抹在木牌画、祭天树、神石以及代表胜利神、村寨神的石头上。猪肠子拿到祭天场北边10米远处的鬼寨处，挂在柳枝做的桩子上。从中可以看出，这一祭牲仪式中融合了祭胜利神、祭村寨神两个小仪式。

4. 分福泽肉

11:12　献牲仪式完后，进行分"福泽肉"，村长把猪肉按户数平均分配好，然后挨户唤人，领肉户主先到神坛前磕头，然后拿了猪肉回到旁边林中自己家的火塘。从参加仪式村民的不同姓氏情况可以看出，波湾祭天群并不限于一个家族内，而是以村为单位的，但在具体的仪式过程中，又可看出这种"和而不同"村内区隔：火塘是以家为单位，同一宗族的火塘集中在一块，与不同宗族的有距离界限。

5. 跳阿卡巴拉舞

11:30　祭天场内东巴仍在吟诵《崇搬图》，而离祭天场近200米远的另一空地上，村内青年男女跳起了传统歌舞——阿卡巴拉舞。他们手拉手，按逆时针绕圈而行，舞队领头边舞边吹奏葫芦笙。这情景，让人想起元代李京所记载的纳西先民祭天盛况："男女动百数，各执其手，团旋歌舞以为乐。"林间弥漫袅袅炊烟，妇女们在底下忙着做饭，她们仍遵循古制，并不参加祭天仪式。

6. 举行顶灾仪式

12:16 祭天场内的东巴仍然忙碌着，近12点，东巴们在举行另一场仪式——顶灾仪式。两个东巴念着《顶灾经》，顶灾仪式中包含了赎罪求寿内涵。大意是向天神讲述一年到头，属于这个祭天群的人们谨守天条，不敢有任何违背神旨的行为，在天神面前，不敢隐瞒任何错误行为，想到还是会有一些注意不到的地方，由此也会有不自觉犯下的一些过失，所以以这只鸡作为赎罪的恭礼，敬请天神开恩恕罪，继续庇佑赐福，使他的子民走路有大路，过河有大桥……东巴助手杀祭牲鸡，并将鸡血淋到祭天坛内神树以及代表董神的石头上，然后又淋到鬼寨内的每个柳桩上。鸡皮整张地剥下来后挂在一根树枝上，口中不断念诵着咒语，并把它插在祭坛北边。《顶灾经》内容与崇仁利恩故事相关：崇仁利恩从天上娶回天女衬红褒白咪回到人间，却触怒了另一个天神——蒙若可西可罗，因为衬红褒白咪原来是许配给他的，是崇仁利恩夺走了自己的妻子，为了发泄心头之恨，他经常作祟降灾给人类。由此才有了顶灾仪式。

7. 献饭

12:27 顶灾仪式举行完后，东巴准备下一个仪式程序——献饭。村长大喊一声："献饭喽！"在户主带领下，各家各户带着煮熟的肉饭，来到祭坛前。东巴念诵《献饭经》（"哈失"）。村民将肉汤、米饭、饵块、面饼轮流放在祭坛前，并一一行祭拜礼，然后从神树上折下树枝作为福泽枝。助手从神树下肉饭中各取了一些放在瓦片中，送到场边一块石头上，作为献给乌鸦的祭食。纳西族民间认为乌鸦通神性，是祖先神的化身。由此祭天仪式中融合了祭祖的内涵。

8. 送神

12:49 东巴念诵《送神经》，大意是感恩崇仁利恩先祖及诸天神带给村民的庇佑，希望诸神继续施予他们恩泽，让他们在新的一年里风调雨顺、五谷丰登，人畜平安兴旺。东巴助手将祭坛上的神树拔起来，插在祭坛上方，意为送天神。村民中的男人们团聚在东巴旁边聆听经文，东巴助手用松枝蘸着酒水洒至祭坛及众人。念诵完经文，助手则把祭坛前的九块神石取齐，放入天香台下的小洞中，以备来年再用。然后村民各自回火塘边聚餐聊天。将近13:15，仪式结束。

在闲聊中得知，主持仪式的东巴分别为和学仁、和宇恒、树格若，都是60、70多岁的老人了。和学仁说，今天的东巴仪式不只是祭天，还包括了除秽、祭署、祭天、顶灾、祭战神、祭村寨神等仪式。以前的三坝"二月八"是以祭畜、祭署为主的。畜牧是纳西先民的主要经济形态，祈求六畜兴旺是主要的东巴仪式，在"二月八"那天，东巴与放牧者要举行专门的祭畜仪式，村民各家要把煮好的饭、香肠、猪肉献给畜神。祭署主要祈求自然神保佑风调雨顺、五谷丰登，主要与种植农业有关，早期与狩猎也有关系，因为自然神除了具有风雨雷电的神力外，还主管自然界中山林植被、飞禽野兽。后来祭天也融合到其中，成为一个具有多种仪式功能的民间节日，也是一个规模最大、最为隆重的纳西族节日。这一天，全体村民都要参加，如有新生婴儿、刚过门的媳妇，都必须向村民敬酒、敬烟，标志着由此成为这一祭天群的新成员。

第二天笔者参加了正式的"二月八"节日活动，整个三坝乡及其周边的民众集中到白水台，其间也有汉、藏、彝、回、傈傈、普米等不同民族，这从不同民族服饰中可以看出。人们一至白水台，先到神泉边烧香、献祭供品，行祭拜礼。新婚夫妻、未孕女子则到白水台下方一个山洞前举行求子祭拜。上午在台上空地跳东巴舞、阿卡巴拉舞；中午吃过饭后举行对歌、跳民族舞、赛马等活动。散场时各家都在神泉处装一瓶水，并折一把栗枝带回家中，喻义着把神灵之福泽带回家中。

"二月八"在三坝是过三天的，祭天仪式只是其中的一个节日活动内容，甚至与娱乐为主的节日基调而言，祭天这一神圣重大的传统逐渐呈现出衰落趋势，在整个祭天仪式举行期间，自始至终参加的村民并不多，基本上以中老年男子为主。但这并不是说祭天在"二月八"中边缘化了，反过来，可以看出这一传统对整个民族文化的深层影响。祭天本身包含了祭神、祭祖、祭自然神、驱鬼禳灾等多元文化主题，从仪式经书内容来看，东巴什罗、崇仁利恩等神灵仍是不同仪式中的主角，他像无所不在的神灵，统摄着整个仪式的进程及叙事细节。甚至在娱乐功能愈加突出的节日活动中，神灵们仍如影相随：开场的东巴舞具有缅怀东巴教祖东巴什罗的意味，相传他出生于三坝，在白水台创立了东巴舞、东巴教，且一直护佑着这方水土；青年男女执手团旋而歌舞，与崇仁利恩与衬红褒白咪相遇于梅花盛开的春季的故事相关，隐喻着人口生殖繁衍的文化主题。"二月八"也给青年男女提供了相亲相爱的平台，以前青年男女通过对歌相互认识，并邀约到林间谈情说爱。可以说从祭天衍生而来的宗教行为与世俗狂欢有机地融合成为不断演进发展的民族节日，从这个方面来说，宗教是民俗的源头，民俗是退化了的宗教。

（三）城区祭天：郭氏祭天

祭天作为纳西族的传统根脉，在纳西族民间有着深远的影响，这从上述两个延续至今的祭天仪式中可以领略的到。另外，在急遽变迁的当今社会中，祭天传统也不可避免地受到空前冲击。变是永恒的主题，传统也一直处于不断的变迁中，正如上文中的三坝祭天，把传统的春节祭天挪移到"二月八"节日中，并融合了众多的子仪式，从而使这一传统在变迁与融合中历久弥新。但与上述两个偏远山村不同，丽江城镇及周边乡村的东巴文化生态早已破坏殆尽，这与清朝雍正元年（1723）在丽江实行"以夏变夷"的改土归流历史事件密切相关，由此而始，汉文化在国家主流意识形态支持下大行其道，逐渐取代了东巴文化的主导地位，东巴文化退缩到偏远山区苟延残喘，这一趋势从"五四"运动延续到"文化大革命"，到改革开放时期，整个纳西族地区东巴仅存10余人。东巴文化命运的转机出现在20世纪90年代中期，那一时期丽江旅游业迅猛崛起，成为丽江的主导产业，而东巴文化作为可以促进旅游经济发展的文化资本，受到政府、学者、企业的热捧、推崇，东巴文化为主题的旅游景点、线路、产品构成了丽江"文化旅游"的主体。东巴文化由此一洗长期的污名化所受的屈辱，"化腐朽为神奇"，成为不同利益相关者共谋的工具，客观上对民众也形成了"传统补课"效益。近年来丽江城区及周边乡村也开始恢复东巴仪式，已经消失了200多年的祭天仪式也重现民间。下面这个祭天仪式就是这样一个典型个案。

2011年2月18日（正月初五），笔者受邀参加了一个在丽江城区居民家里举行的祭天仪式。地点是在丽江市古城区束河街道办事处宏文街5号，郭大烈是户主，他已年逾七旬，但身体仍硬朗。他是纳西族资深学者，现任云南民族学会会长，退休后一直从事在小学进行东巴文化知识教育的工作。他与笔者谈起了这次举行祭天仪式的缘由。郭老师家所在的街道居民大都为同一宗族，1949年前有着祭天传统，在现在60多岁以上的老人们的记忆中仍有参加过祭天的印象，七年前还举行过一次规模较大的祭天仪式，是1949年以来的第一次恢复祭天仪式。今年腊月里宗族议事时，有些老者认为去年出现了诸多不顺事件：九人住院动手术，两人出车祸，且连年遭遇干旱，有必要举行一次祭天仪式。这一动议获得了族人的支持。然后大家商量了具体操作方案，决定请丽江的大东巴和力民来主持祭天仪式。和力民欣然答应了郭氏宗族的请求，并用东巴占卜算定了举行祭天的场所及地点，地点定在郭老师家，日期为大年初三、初四、初五三天。其中，初三为准备阶段，东巴及助手准备祭天所需用品，郭氏宗族内部分成购买祭天猪、备置供品等几个组同时行动。初四设神坛，举行杀牲、小祭天仪式，初五为大祭天。笔者只参加了初五的大祭天仪式，现根据访谈将三天的仪式流程分述于下。

1. 准备阶段

初三清晨，和力民带着徒弟及村民数人赴离古城 20 多千米的龙山砍祭天树、围场所需杂木，并寻找三块象征董神的圆形石。下午返回郭老师家中，东巴占卜后把祭天坛定在院中东北角花坛边，然后搭建了神坛、敬香坛、献牲坛，四周用杂木围了起来，整个祭天场 60 多平方米。大门设在西南侧，上面有东巴字写的对联，大意为"纳西祭天大，纳西祭天人"。郭氏宗族的成员到离城 20 多千米的太安乡山区买祭天猪，按照传统，祭天猪是由族内轮流饲养的，但现在宏文社区已经没有人养猪，而且祭天猪必须是四脚白的黑猪。只能到山区购买。族内妇女在院内忙着准备祭天所需要的锅碗、米、肉菜等物品。

2. 族内祭天：小祭天仪式

（1）布置祭坛，插神树，铺青松毛。祭天场门口放着一盆除秽火。东巴口诵《楚给楚姆》，交代仪式所需程序及所念经书。

（2）参加祭天人员都在门外准备入场，主祭东巴交代相关注意事项。主祭东巴手持夹着杜鹃、柏枝的火把率众人走进家门，一边高声说着："吉祥如意的好日子，上天保佑参加祭天的所有子民！"一边撒着青松毛；后面跟随的助手抱着公鸡，另一个东巴手持香柱，其后是抬着祭牲猪的村民及背着米篓的妇女。进入祭天场后，东巴吩咐助手把米篓放到献牲坛上。

（3）除秽仪式。东巴念诵《除秽经》，助手手持除秽火把在神树、神石、祭品上一一熏过，以示除秽，然后把除秽火把丢到门外鬼寨中，后面跟随的东巴一边念《驱秽鬼经》（大意为把秽鬼驱往南方鬼蜮），一边摇着手摆鼓。

（4）敬香。东巴念诵《敬香经》。众人先在盆内净手，东巴助手给每人分发三炷香。东巴分别向天神、地神、天舅三神献香，每位神灵前分别献一次。众人在东巴示范下行三次祭拜礼。

（5）烧天香，迎请诸神。主祭东巴和力民念诵《迎请天、地、天舅三神经》，另一东巴助手木琛在烧香炉前念诵《烧天香经》。

（6）献牲。主祭念诵《献牲、崇搬图》。助手给祭牲猪洒净水除秽，然后村民把猪抬到祭天场外进行宰杀。猪肾、胆、脾分别挂于天、地、天舅神树上，并用松枝蘸了猪血涂于神树、神石上。最后把猪头、猪肉放在祭牲坛上。

在东巴率领下，所有郭氏成员行祭拜礼，当天仪式到此结束。

3. 族外展演：大祭天仪式

初五清晨 8 点，院内挤满了参加祭天的人群。与昨天宗族内成员为主不同，今天有不少外来的学者、记者，共近百余人。
（1）除秽仪式（与昨日同）
（2）敬香（与昨日同）
（3）烧天香，迎请诸神（与昨日同）
（4）献祭粮
东巴边念《撒敬神粮经》，边把碗内五谷撒向神坛。
（5）许愿
东巴念诵《来年许愿经》，东巴以主人名义答应明年再向天神献牲祭拜，祈求神灵庇佑主人一宗族万事大吉，健康平安。念毕，东巴把献牲鸡抛向神坛。
（6）射箭仪式
东巴手持一把弓箭念诵《弓箭的来历》。念毕，率众人走到院子西南边一棵挂有鬼怪图的柏树前，向东、南、西、北、中五个方向做射箭状，意为射杀四面八方的鬼怪，然后拉弓射箭，当箭射中鬼怪时，众人高声欢呼；众人轮流射箭，每射中时都引起大家高呼。射箭活动结束后，东巴助手手持一除秽火把，另一只手拿着秽鬼饭，一齐丢到门外的鬼寨内。而祭天场内，在东巴领舞下众人翩翩起舞，和着东巴一起唱民歌，以示庆祝杀死仇鬼。
（7）献饭（哈失）
东巴念诵《献饭经》。助手把肉汤、米饭、酒水一一摆放在神坛、神石前。
（8）分福泽枝
东巴助手从三棵神树上折下象征天神的树枝，一一分发给众人。
（9）施灵药
东巴念《求长生不老药》。助手从柏树上取下猪胆放入酒碗中，以此作为神药，然后用柏枝蘸之施于神坛诸神树；给神施完神药后，助于手持杜鹃枝蘸酒水给众人赐福泽，参加祭天的人们也纷纷前来，主动接受神药施福。然后东巴把酒分给众人轮流喝一口。喝完后东巴再次率众人向神灵行祭拜礼三次。
（10）送神
主祭东巴念《送神经》，助手念《求富裕经》。另一助手从神树下取了一些食品放到祭天场外面的一块石头上，作为献给乌鸦的饭食。纳西族传统观念中，乌鸦通神灵，与祖先神关系密切。念经毕，先拔除祭天树，然后撒除敬香坛、献牲台，神树及祭木、香柱堆放在祭天场中间进行焚烧。神石洗净后置放于南边花坛上，以备来年再用。

仪式结束时为中午 13:30。相比于塔城、三坝两地祭天，郭氏祭天在程序上更为繁杂，这除了与主祭东巴较为全面掌握仪式轨程的因素相关外，与两天仪式规模也有关系。初四的小祭天主要限于宗族内，属于相对封闭的宗族祭天；初五的大祭天，参加范围扩大，甚至有些喧宾夺主，这使后一天的祭天有了展演意味。同时，此次祭天仪式多了一个射箭程序，这并不是东巴人为增加的，在传统祭天中也是有这一轨程，但在塔城、三坝的民间祭天仪式中已经流失，而这一古老祭天轨程在丽江城镇祭天中重现，应归功于东巴精英的重新挖掘、整理、恢复。主祭和力民本来兼有东巴与学者的双重身份，近 30 年来一直从事东巴文化的研究与传承工作，一手培养了近 50 个东巴徒弟，并在丽江境内诸多村寨中成功恢复了祭天习俗。另外一个东巴助手木琛也是个东巴学者，他是丽江东巴博物院副院长、副研究员，对东巴仪式、东巴画、经书极为熟谙，也是近年恢复东巴仪式的功臣之一。他们的出场，使祭天仪式更臻于"传统"的同时，也更接近于现代化。在仪式基本轨程得到保证的前提下，他们有意识地设置了一些有利于民众参与的仪式程序，如射箭、跳舞、敬香、分福泽枝、喝福泽酒，从而避免了念经书时间过长带来的场面呆板、冷场等弊病。当笔者问及这种是不是属于东巴教改革时，他回答说东巴教一直在改革中得以发展。我们现在看到的祭天仪式，不可能等同于民国时期，民国的也不可能等同于清朝，时代不同，必然在仪式上反映出来。民国时期出现了东巴经的雕版印刷，鲁甸派经书已经实现了一字一音的记音法，原来象征天舅的柏树后来变成了皇帝，这都是时代变迁的反映。没有不变的传统，今天我们看来是好像这些都是一成不变的传统，其实哪有这样的传统，如果有，也早就自取灭亡了。所以传统是在变中求生的，当然不能随意乱变，而是从实际需要出发，要符合传统规范，改革时尽量不要伤筋动骨，不要留下任何穿凿痕迹。这本身对东巴是一项很高的挑战。东巴趋于没落，除了统治阶级的排斥打压外，也与东巴自身局限有关系。一般东巴过于拘泥于传统，故步自封，导致与时代脱节，使它成为没有时代气息的死古董。这种明显带有托古改制的精英行为，对东巴文化的走势影响如何，现在妄下断言仍为时过早，但至少为东巴文化的传承提供了一条新途径，笔者倒是乐观其成。

（四）祭天之变：传统祭天仪式的变迁分析

综上，三个以"祭天"名义举行的仪式呈现出"大同小异""小同大异"的变化特征，印证了和力民所说的"没有不变的传统"。传统的祭天只是大体而言，为了便于比较，笔者根据东巴经中祭天仪式轨程拟构了一个

第九章　东巴仪式与东巴文献的程式化特征研究——以东巴祭天仪式为个案　289

"传统祭天"的相关事项，在此基础上对以上三个祭天仪式做了比较：

三个祭天仪式内容比较

祭天内容	传统	塔城	三坝	郭氏
时间	春祭、秋祭	秋祭	二月八	春祭
地点	宗族祭天场	宗族祭天场	公共祭天场	家中
参与人员	宗族祭天群	宗族祭天群	村落群体	郭氏宗族
主祭	本族东巴	同村宗亲东巴	两氏族东巴	外请东巴
祭坛	神坛（柏、栗、顶灾桩及鸡蛋）、敬香坛、献牲坛	与传统同	神树中无柏树，顶灾桩上没有鸡蛋，以鸡皮代替	与传统相近
程序	①置祭坛，除秽；②敬香请神；③祭牲；④献神粮；⑤射箭驱鬼；⑥献神饭；⑦施神药酒、分福泽枝；⑧顶灾，乌鸦献饭；⑨送神；⑩撤神坛，民间歌舞	无射箭驱鬼程序、民间歌舞	无射箭驱鬼程序。增加了祭署、求子、东巴舞、阿卡巴拉、赛马、对歌等内容	与传统相近

从上述比较表中可以看出，三个祭天仪式中，没有一个与传统祭天完全相对应，但相对来说塔城、郭氏祭天与传统祭天呈现出"大同小异"的特征：塔城祭天中主祭及缺少射箭驱鬼、民间歌舞两个程序与传统出现差异，郭氏祭天则在祭天地点、主祭两项上出现差异。相形之下，三坝祭天与传统祭天呈现出"小同大异"的特征，在时间、地点、参与人员、主祭、祭坛布置、程序等每个比较项上都出现较大差异，尤其在仪式程序上增加了祭署、祭胜利神、祭村寨神、东巴舞、阿卡巴拉、赛马、对歌等诸多内容。这显然与祭天时空发生变化密切相关，传统的春、秋两祭集中在"二月八"传统节日中，节日丰富内涵扩充了祭天仪式内容。从中可以看出，祭天在不同时空中发生的义化变异。

在三个仪式中也可看出，有些变化是共同的时代变迁导致的，最突出的是村民对祭天的信仰虔诚态度已经明显消淡，这在以下几个方面体现出来。

1. 准备阶段的诸多仪式程序已经消失

传统的祭天仪式准备阶段长达一年，从新年选稻种时已经为来年的祭天米作准备，选祭天米稻种时要请东巴念诵《粮种的来历》，并由户主选出最好的稻种装入一个麻布袋子里，寄存在母房里的神龛边，意喻向祖先神表明对祭天的虔诚态度，然后在撒种、插秧时也举行相应的小仪式，以祈求丰收。这种虔诚态度还体现在祭牲户选祭天猪、养祭天猪的系列过程中，以及上山砍祭天所需的柴火等环节。另外，在腊月里要举行小祭天仪式——"早许本"（tṣa³³ɕy³³py³¹）祭天场煮祭天酒、打醋汤、舂祭米等准备工作。这些准备程序现今已经消失，原来一年的准备时间大多压缩为提前一天。

2. 祭天仪式程序大为压缩

在春节祭天前的洗头、理发、制作香柱、舂祭天米（khe³³do³³）、祭天场守夜等古制已经作古，原来的春节祭天分为大祭天（初三、初四、初五共三天）、小祭天（初八一天）两次，现在压缩为一天，甚至半天。秋祭已经很少举行。

3. 祭天仪式中的村民参与性、东巴与村民的互动性明显降低

在举行祭天仪式过程中，仪式的主要程序、步骤基本上由东巴及其助手承担，村民只是在布置祭坛、杀牲等几个有限环节参与一下，东巴念诵经文时也没有在旁边倾听，也没有了传统的每个参与者向天神忏悔、赎罪的过程，在某种意义上他们成了在场的"缺席者"。这与整个民众的对东巴教的信仰消减有内在关系。

4. 信仰的消弱带来了仪式功能的变迁

原来以强化家族内部认同、驱鬼禳灾的仪式功能逐渐转变为村落认同、求吉辟邪为主，且文化展演色彩愈加突出。

5. 原来的诸多祭天禁忌已经打破

传统的"祭天"仪式在不少乡镇禁止妇女进入"祭天"场地，也禁止她们听仪式中的诵经；对家族中有不良记录、不轨者、得不洁疾病死者家庭、不属于家族的成员都严令禁止参加。祭天恢复后，由于时代发生了巨大变化，这些禁忌都不再存在。现在，妇女们能够进入"祭天"场，只是回避从"祭天"场门内进入，也不再强调外来者与不洁者等苛刻条件。尤其是妇女在"祭天"过程中扮演了重要的角色，一方面，她们承担大量的搬运炊饮用具、食物，生火、做饭等服务工作；另一方面，她们可以听东巴咏诵各种经文，到祭台前磕拜、许愿，接受东巴祭司的祝福。

二 祭天仪式的程式化特征

作为传承了上千年的传统仪式，祭天仪式在不断变迁中仍保留下来了诸多"不变"的文化因子，这些"不变"因素主要从仪式的程式化特征得以体现。传统的任何变迁都是基于稳定的、可持续的继承之上。今天留存下来

的祭天仪式程式化特征本身也是历经几十代东巴们的千锤百炼、在不断的继承与创新中逐渐沉淀生成的"程式",这一"程式"更多指向传统指涉,如民族的文化特质、文化主题、集体意识、族群认同。以祭天仪式为例,它的程式化特征集中体现在以下三个方面。

(一) 仪式核心程序的程式化

从传统祭天仪式程序来看,其整体程序包括了以下10个部分:①布置祭坛,除秽;②敬香请神;③祭牲颂神;④献神粮;⑤射箭驱鬼;⑥献饭;⑦施神药酒、分福泽枝;⑧顶灾,乌鸦献饭;⑨送神;⑩撤神坛,民间歌舞。这些不同程序的顺序是相对固定的,有内在逻辑关系,犹如一个故事中的"情节基干",推动着整个仪式有条不紊地往前展开。从仪式主题而言,其核心程序为:请神—颂神—祈福驱鬼—送神四个程序。"核心程序"是从这些程序在整个仪式结构中处于核心位置而言的,这四个核心程序是构成仪式的必备构件,缺一不可,少了其中一个核心程序,整个仪式的程序的链条就中断了。下面依次对这四个核心程序做些简要的逻辑分析。

1. 请神:①布置祭坛,除秽;②敬香请神

东巴仪式其实质是东巴神话观念的实践行为,神灵信仰构成了仪式灵魂,也是仪式行为得以产生的动力所在。整个仪式都围绕着神灵而进行。没有神灵观念就不可能产生东巴教,也就没有可能举行东巴仪式。"请神"是仪式的第一个程序。"布置祭坛""除秽""敬香"是构成这个核心程序的三个子程序,主要表达对神灵的虔诚态度。

2. 颂神:③祭牲颂神;④献神粮

神灵请到祭坛中,接下来就得做相应的安神程序:向神灵献牲、献粮食,并叙述神灵的光辉业绩。只有把神安定下来,才有可能使仪式得以延续,这也标志着仪式进入了关键进程中。

3. 祈福驱鬼:⑤射箭驱鬼;⑥献饭;⑦施神药酒、分福泽枝;⑧顶灾,乌鸦献饭

请神、安神的目的是对神灵有所图,让神灵为人类服务——祈福求吉、驱鬼禳灾。射箭驱鬼、顶灾、分福泽枝就是仪式的主旨所在;而献饭、施神药酒这两个程序也有同样的意图,献饭与"颂神"中的"献牲"相对应,但此时对应的是晚饭,而上者对应的是午饭,主要是让神吃好喝好,让神灵乐意为他的子民效劳;施神药酒的目的是求寿,这"神药酒"象征上天赐予人类的长生不老药。乌鸦献饭则意喻着祭祖,也有借助祖先神来庇佑后代的祈福内涵。这一核心程序应是整个仪式的最核心部分,由此相应的程序、

步骤也较为繁多复杂。

4. 送神：⑨送神；⑩撤神坛，民间歌舞

"请神容易送神难。"这是仪式最后的核心程序，"送神"与"请神"相对应，整个仪式是否圆满，这一仪式环节也是不可或缺的。"送神"时东巴须对请来的每尊神祇表示由衷的感恩之情，每个参与祭天的子民要在神灵面前进行忏悔、赎罪，祈求神灵的原谅、保佑。最后撤除神坛，隐喻着人神共享的时空转移回人间现实，通过歌舞娱乐形式来表达对来年光景的美好向往与寄托之情。

上述的核心程序是与一般程序比较而言，几乎所有东巴仪式都是以这四个核心程序为仪式结构框架，呈现出高度程式化特征。在保证这四个核心程序前提下，对构成核心程序的一般程序可以进行灵活机动的增减，如在塔城、三坝祭天仪式中缺少了"射箭驱鬼"这个程序，但"献饭""施神药酒""分福泽枝""顶灾"等程序仍支撑着核心程序的有机构成。也有在保证核心程序前提下增加相关程序的情况，如在三坝祭天中增加了祭署、求子、东巴舞、阿卡巴拉、赛马、对歌等诸多内容。这些增加的程序并没有影响祭天仪式的整体结构，反面促进了仪式内涵的丰富化、民间化、娱乐化。当然这些增加的仪式程序基于本地传统，这也是不同区域间的祭天仪式出现"大同小异""小同大异"的内因，如祭天仪式中的民间歌舞在不同区域间具体歌舞内容是不同的，如丽江的以传统的"喂默达""谷气"为主，三坝以"阿卡巴拉""呀哈哩"为主。

（二）仪式程序步骤的程式化

仪式程序的程式特征除了表现在核心程序上以外，也表现在具体的程序步骤中。下面以祭天仪式的头五个程序为例予以说明。

1. "布置祭天场"之程式

此程序可以分为砍祭天树、开辟祭坛、清理祭天场、摆设祭天场四个步骤，每个步骤又可分为更小的行动单位。

①"砍祭天树"：由主祭东巴先砍象征天神、地神的栗树，地神树必须是顶枝分杈的；由主祭户主砍象征天舅的柏树。

②"开辟祭坛"：先开辟上坛——祭天坛，然后依次开辟烧香坛、献牲坛。

③"清理祭天场"：用栗枝、松枝围场；在祭天场门口插一棵象征神树——恒依巴达兹的松树，底下放一张桌子，上铺松毛。祭坛上铺上青松枝；清理场内垃圾。

④"摆设祭天场":依次序挖插天神树、地神树、天舅树的洞,然后暂时用木桩插好;削制守卫三棵神树的神仆木偶;洗董神石;插入三棵神树,每棵神树前插入神仆木偶,摆放神石;在代表天舅的柏树前插一个白杨木桩,桩顶用刀切成十字形,用两小根木条分开,在凹陷处放入一个鸡蛋,称为顶灾杆;敬香坛、献牲坛上分别陈放香柱、祭米。

2."除秽仪式"之程式

①主祭东巴念诵《除秽经》;

②助手手持除秽火把在神树、神石、祭品上一一熏过,再绕场一周,以示除秽;

③助手把除秽火把丢到门外鬼寨中,后面跟随的东巴一边摇着手拨浪鼓,一边念《驱秽鬼经》(大意为把秽鬼驱往南方鬼蜮)。

3."敬香请神"之程式

①东巴念诵《敬香经》;

②净手;

③分香;

④东巴念诵《迎请天、地、天舅三神经》;

⑤敬香并行祭拜礼;

⑥念诵《烧天香经》。

4."献牲"之程式

①东巴念诵《献牲、崇搬图》;

②助手给祭牲猪洒净水除秽;

③杀牲;

④献牲;

⑤祭拜。

5. 分福泽肉

(三)仪式程序时空的程式化

仪式程序时空的程式化是从举行仪式的时间、场所两个方面得以体现,二者共同制约着仪式的性质、规模。譬如春祭之前的腊月期间不得举行任何驱鬼仪式,俗称"关诵经门"($py^{31}khv^{33}dər^{55}$)。请神之前不能举行任何与鬼怪相关仪式,以此来清净祭天场,防止鬼怪捣乱打扰,彰显了祭天仪式的神圣、隆重。"二月八"期间的祭天因融合了节日期间的诸多娱乐程序,凸显了娱神娱人的神俗相融特点,也扩充了祭天仪式的规模,而秋祭属于小祭,又处于雨季,为了防止洪水、冰雹等自然灾害,由此增加了祭署仪式。

时空的变化带来了仪式内容、形式的变化，这些变化都是在传统规定内的时空中发生的，带有程式化特征。

1. 祭天仪式的时间程式

（1）春祭

① 准备阶段

腊月十三，清理祭天场，举行"早许本"仪式；

腊月十四，打醋汤、煮祭天酒；

腊月廿四，春祭天米。

②大祭天仪式

大年初二，砍祭天树；

大年初三，洗头、梳头、理发；制作香柱；举行春祭天米仪式；

大年初四，布置祭坛；除秽；请神；敬香祭拜；射箭驱鬼；

大年初五，除秽；献牲；顶灾；献神粮；分福泽肉；献饭祭拜；分福泽枝；送神；撤神坛；聚餐。

③小祭天（kua^{31}le^{33}sʅ^{33}）

大年初八，重新布置祭坛；除秽；献牲鸡；许愿赎罪；献饭；顶灾；送神；清理祭天场；聚餐。

（2）"二月八"祭天

①二月初六，在家准备祭天所需的木牌画、柴火、炊具、肉食等。

②二月初七，正式举行祭天仪式：布置祭坛；除秽仪式；祭署；献牲；分福泽肉；跳阿卡巴拉舞；顶灾；献饭；乌鸦祭食；洒神药；送神；分福泽枝；聚餐。

③二月初八，除秽；祭署；祭祖；东巴舞；阿卡巴拉；呀哈哩；对唱；赛马；聚餐。

（3）秋祭

秋季祭天时间一般在农历七月中旬举行，具体日期根据东巴占卜而定，民间有"mɯ^{33}khɯ^{33}za^{21}mə^{33}za21"俗谚，意为"祭天日依北斗七星的星象而定"。祭坛布置及程序与正月初八祭天相同，但秋祭增加了祭署仪式，且突出了顶灾程序功能。秋祭前一天每个祭天户在家削制白杨木做的顶灾桩、驱鬼桩等用具，以抵御灾神蒙若可西可罗兴降下的灾祸。这与七月份多自然灾害的季节特点密切相关。

2. 祭天仪式的空间程式

祭天仪式的空间可分为神灵空间——祭天场、祭坛，鬼蜮空间——秽鬼寨、果洛鬼寨，世俗空间——灶台、歌舞场三个空间。这三个空间的设置有着严格的传统规定性,也是高度程式化了的地理空间。

(1) 神灵空间

①祭天场:分为宗族、家户两类,选址时须请东巴占卜而定,原则上择所住村落北部的山间。一般为向阳、缓坡地,周围有世代受到保护的神树林。祭天场由石头垒筑围圈而成,宗族祭天场比家户祭天场的面积要大几倍,且属于同一祭天群的家户祭天场只能居于宗族祭天场下方。祭天场西南角设一门,门口竖神树——恒依巴达兹,旁边设一除秽火塘,以此防止外面秽鬼、不洁物带入祭天场。

②祭坛:位于祭天场正上方,从上到下依次为神位坛、敬香坛、献牲坛。设置祭坛时,须先设神位坛,顺序为天神树、天舅树、地神树,然后依次在神树下安插神仆桩、顶灾桩,竖董神石、沈神石;设置完神坛后再设敬香坛、献牲坛。烧香台设在神坛右侧,须放置董神石,烧杜鹃枝、松枝、柏枝,点燃后举行敬香、撒神粮、米粉、牛奶等供品。

(2) 鬼蜮空间

①秽鬼寨:鬼寨分为秽鬼寨、果洛鬼寨,分别设在东南、西南方向。秽鬼寨从北到南共设五道用柳条编成的鬼门,并分别放置黑、绿、黄、红、白色的五碗除秽水。鬼门下方依次放置"丸肯依勒"($uæ^{33}khɯ^{33}i^{31}lə^{21}$),秽鬼木偶、驮秽马、四个"丹"秽鬼、两个秽鬼祭木,镇鬼石"纳鲁美"($lv^{33}me^{33}nɑ^{21}$)。最后在鬼门左侧搭建除秽火塘,旁边放置引诱秽鬼的"子补奴"($dzɿ^{21}bu^{33}nv^{21}$)。①

②果洛鬼寨:设置相应简单些,在西南角一棵树上挂一张画有果洛鬼的纸牌画。

(3) 世俗空间

灶台、歌舞场皆设在祭天场外,位置在祭天场外的下方位置。与祭天场形成了人神相隔的对应空间。祭天仪式举行期间,妇女、外来人不准进入祭天场内,他们的活动范围限定在这一世俗空间中。

3. 仪式时空程式特征的传统指涉性

从祭天时间与空间程式特征而言,二者相互制约、相辅相成,空间隐喻时间,时间制约空间,皆与传统指涉存在着内在逻辑关系。神坛从上、中、下的空间设置,隐喻了纳西先祖崇仁利恩从天上娶得天女后,经居那若罗神山回到人间的迁徙历程;象征天舅的柏树位于神坛中间,与时代变迁因素有

---

① "子补奴"($dzɿ^{21}bu^{33}nv^{21}$),指秽鬼饭,在一个瓦片上放上炭火及祭牲骨头烧炙,让它发出臭味,以引诱秽鬼前来食用。

内在关系：元朝以后，纳西族地区纳入国家统一版图，居住北方的天子——皇帝升格为主神，由此取代了原来的天舅，民间也有了"kha^{31} dzŋ^{31} ly^{55} gv^{33} çy^{55}"（皇帝坐中位）的说法；果洛鬼寨也隐喻着纳西先民的迁徙苦难史，原来举行射果洛鬼仪式时，主祭东巴高喊一声："果洛鬼来了！"众人做惊恐状，纷纷四处逃散、躲藏，直到东巴又喊一声："大家都来射杀果洛鬼！"众人重新聚集到东巴旁边，依次向象征果洛鬼的纸牌画上射箭，每射中一次，引起众人高声欢呼。祭天场、祭天坛、鬼寨的设置方位中体现出"北为尊贵、南为不祥"的文化象征，这与纳西族历史密切相关。习煜华认为，纳西族是由北方迁徙而来，北方为祖居地，是心灵的依靠，于是把北方神圣化为保佑自己的神灵居住的地方。而纳西先民由北向南迁徙过程中，迎面遭到敌对势力的重重挑战，虽然最后定居于金沙江上游，但对未曾深入的南方仍视为潜伏危险和隐患的不祥之地，由此也被认为栖居着令人恐惧的鬼魔。[①]

时间制约空间。三坝祭天在传统节日——"二月八"举行，而传统的约定俗成规定了祭天仪式只能在白水台这一空间中举行，期间进行的祭神、民间娱乐活动也是由特定的节日时间所制约了的；同时，在不同场所、地点举行的诸多仪式又制约着仪式时间的逻辑展开。祭天从准备阶段到仪式举行期间，祭天场自始至终构成了整个仪式及节日的核心空间，不同场所所举行的仪式、娱乐活动都是围绕祭天这一中心事件而逻辑展开的。但随着时代发展变迁，也出现了祭天场设在家中庭院的新情况，这与城镇化带来的祭天场消失现实相关；同时，人们生活节奏加快，宗族集体聚会的社会时间也趋于减少，由此也带来了祭天时间的压缩。也就是说，祭天仪式的时空程式的形成既是约定俗成的传统内在规定的，也是传统不断吸收时代因素而沉淀生成的产物。

三　祭天仪式与东巴文献的程式对应关系

从以上分析中可以看出，东巴祭天仪式有着严整的程式性特征，这一程式性特征既与历史沉淀形成的传统性密切相关，也与东巴文献的口头程式有着内在逻辑关系，仪式程式与东巴经典文献的口头程式之间存在着对应关系。需要指出的是，东巴祭天经典文献的大量内容是以借助史诗、神话的形

---

① 习煜华：《"三"在纳西文化里的含义》，《习煜华纳西学论文集》，民族出版社2009年版，第192页。

式出现的，如创世史诗——《崇搬图》、迁徙史诗——（人类迁徙记）都是以曲折动人的神话故事讲述了创世与迁徙的历程，具有显著的叙事性特征。东巴仪式与东巴叙事之间的程式对应关系主要体现在二者的主题或典型场景、仪式与故事类型、仪式与故事形态结构等三个方面。

（一）祭天仪式的主题或典型场景

1. 东巴仪式主题与仪式程序、故事主题的关系

口头程式理论创建者洛德提出的主题主要基于歌手的口头创作、表演而言，"歌手在脑海里必须确定一支歌的基本的主题群，以及这些主题出现的顺序。但那也不是全部。即歌手有一个共同的程式仓库，它可以从中随意抽取，好像存在着一个共同的程式仓库，还有一个我们见到的共同的主题仓库"①。

仪式中同样存在主题与典型场景，正如一个初学史诗的歌手，需要"一个场景一个场景地想象着故事，或者一个主题一个主题地脑海里过幕"，他有可能将主题想象为一个单元，但这个单元有可能拆分为几个小主题。②这对主持仪式的祭司而言也是如此，他必须对仪式的每一个程序、步骤耳熟能详，并且对仪式中所需要做的念诵经文、跳东巴舞、唱经、乐器伴奏、画木牌画都需要心中有数。

程序与主题是形式与内容的关系，都是构成仪式叙事文本的部件。如"请神""颂神""祈福驱鬼""送神"四个核心程序其实也是核心主题，它们构成了整个仪式的基本框架。每一个程序下有不同步骤，同样，大主题也是由不同小主题有机组合而成的。需要指出的是，仪式主题往往与故事主题存在着对应交叉现象。从以下的对比中可以清晰地看到这种内在的对应关系：

仪式程序、主题、场景、故事主题的对应关系

仪式程序		仪式主题		仪式场景	故事主题
请神	布置祭坛	请神	请神	布置祭天坛	请神
	除秽		除秽	驱除秽鬼	驱鬼
	敬香请神		敬香	敬香祭拜	敬神

---

① [美]洛德：《故事的歌手》，尹虎彬译，中华书局2004年版，第137页。
② 同上书，第101页。

续表

仪式程序		仪式主题		仪式场景	故事主题
颂神	祭牲	颂神	献牲	杀牲、献牲	人类迁徙记
	献神粮		撒神粮	撒神粮	粮食的来历
祈福驱鬼	射箭驱鬼	祈福驱鬼	射箭驱鬼	射箭驱鬼	弓箭的来历
	献饭		献饭	向神献饭祭拜	敬神
	施神药酒		献神酒	献神酒、享神酒	求长生不老药
	分福泽枝		祈福	分福泽枝	祈福
	顶灾		顶灾	顶回恶神降下的灾祸	禳灾
	乌鸦献饭		祭祖	给乌鸦喂肉	祭祖
送神	送神	送神	送神	送神祭拜	送神
	撒神坛		撒坛	撒除神坛	敬神
	民间歌舞		歌舞	歌舞欢庆	庆祝

　　仪式主题、典型场景与仪式程序、故事主题出现对应关系，内因在于它们都是仪式叙事文本的有机构件，每一个主题、程序、典型场景具有承上启下的链接功能，与前文述及的"哲作"功能是相同的，它们也是"哲作"。依表中内容分析，可以说由请神、颂神、祈神、送神构成了祭天仪式的四大主题，而每个大主题下面分为2—6个不等的小主题，这些大小主题共同构成了"祭天"这一中心主题，共同组成了完整的仪式程序。需要说明的是，与仪式主题相对应的故事主题存在不对等情况，也就是说一个仪式主题是受仪式程序统摄的，而不是故事主题；故事主题受前两者统摄：仪式程序举行到哪个步骤，就相应地念诵相关经书。

仪式程序与仪式经书上对应关系

仪式程序		仪式经书
请神	布置祭坛	《楚给楚姆》（口诵经）、《竖神坛、献祭米、迎神经》
	除秽	《秽鬼的来历和出处》《给卢神、沈神清除污秽经》、《除秽洗秽经》
	敬香请神	《卢神、沈神降威灵经》《烧天香经》（口诵经）、《敬酒经》《开坛经》
颂神	祭牲	《给牺牲、来拿牺牲经》《献牲、崇搬图》
	献神粮	《给卢神献祭粮、抹圣油》

续表

仪式程序		仪式经书
祈神	射箭驱鬼	《弓箭的来历》《撵鬼：给丹偶施食经》《施臭味经》
	献饭	《献饭经》
	施神药酒	《献灵药经》
	分福泽枝	《许来年献牲愿经》《求福泽经》
	顶灾	《顶灾经》
	乌鸦献饭	《开脱罪恶经》
送神	送神	《送神经》
	撤神坛	
	民间歌舞	

2. 仪式中的主题与典型场景的关系

仪式主题与典型场景往往容易混为一谈，二者虽有交叉重叠的一面，但也有差异性。弗里对典型场景与主题的区别做了更为深入的阐述："前者是一种行动化的情节模式，而后者是一种意象和细节的静态联想。"① 二者也有联系，同一个主题，可以表达诸多不同的场景。如祭天仪式中的"请神"的仪式主题，可以表达诸多不同的请神场景，这是由仪式中所请的神灵不同而引起的。如在布置祭天坛时，迎请的神灵是天神、地神、天舅神，东巴在念诵相关经书的同时，助手在神坛上竖立起分别象征天神、地神、天舅神的栗树、柏树。东巴的请神诵词如下：

> 纳西人生来就崇奉天，伟大的天神也生来就保福保佑纳西人。福泽和吉祥、富裕和强盛、胜利和美好、能干和敏捷、延年益寿，都是天和地及位居天地中央的柏三个来赐予的。是长寿的白鹤连接了天上与人间。
>
> 天啊！是天爷爷的天；是那笼罩大地的天；是如帽子般罩在人头顶上那神圣的天；是那碧蓝光滑光滑溜溜的天；是那有阴天的天；是那有晴天的天；是那白天出太阳温暖、夜晚出月亮皎洁的天；是那孜劳祖父的天；是那良善高远的天；是那有九层白云的天；是那有颗颗硕大灿烂星星的天；是那身材长的处处齐整，生的双肩匀称美好的天。属于恩余

---

① [美] 约翰·迈尔斯·弗里：《帕里-洛德理论》，朝戈金译，社会科学文献出版社2000年版，第177页。

扑笃祭天群的这些人；若不祭天，天廊不高远；若不祭天，地域不辽阔。祭天后，一切都平平安安、稳稳当当了。

天神和地神设置了年年岁岁，在这新的一年里。卢神和沈神确立了月份。在这新的一月里，福泽和吉祥、富裕和强盛、能干和敏捷，都要靠天来保佑赐予。用这四脚白净的黑猪作牲品、整头祭献、完整供奉在天的面前。祭祀了天后祭祀地。

地啊，是那生育力旺盛的大地；是那乳房丰满、乳汁充盈的大地；是挂着墨玉珠串、戴着绿松石项链的大地；是那名为衬恒衬孜的大地；是那衬恒祖母大地；是水大长流的大地；是那地下有成背黄金的大地；是那地上牛羊成群的大地；是那用金银作被盖的大地；是石缝中都生长着药草的大地；是那身材长得处处匀称、衣襟华美、双肩齐整的大地。福泽和吉祥、富裕和强盛、胜利和美好。

能干和敏捷、长寿又延年，都要靠大地来保佑赐予。天地设立的新的一年里；卢神、沈神确立的新的一月里，不祭祀大地，天廊不高远；不祭祀大地，地域不辽阔。祭祀大地后，一切就平平稳稳、顺顺利利了。用这四脚白净的黑猪来给大地作牲品，整头的祭献、完整地供奉在大地的面前。最后，祭祀与天地并列、位居中央的柏。

人的舅舅是天，天的舅舅是柏。那在高崖上扎下深根的柏，成了天的舅舅。天门边有了郁郁葱葱的柏树，天大不动摇。大地上绿叶茂盛的杉，是地之祖母。地之门紧依杉树，大地稳固不震动。茂盛的柏树有千丫，获得了千年的福寿；高大的柏树长百杈，获得了百年的福寿。属于恩余扑笃祭天群这一伙的福泽和吉祥、富裕和强盛、能干和敏捷、长寿延年都要靠柏来赐予和保佑。天地设置了年年岁岁，在这新的一年里，若不祭祀柏，天廊就不高远；若不祭祀柏，地域就不辽阔。祭祀柏后就会平安稳当、顺顺利利了。用这四脚白净的黑猪作牲品，将它整头的祭献、完整地供奉在柏的面前。[①]

竖立完神树后，在竖立神石时，东巴念诵《卢神、沈神降威灵经》，来迎请卢神、沈神两个始祖神：

最有福分的是卢神，卢神的福分从天上云间降下，沈神的福分从余敬地降下，酋长的福分从里美可降下，启神的福分从居那若罗山降下，

[①]《全集》第1卷《献牲、崇搬图》。

东巴的福分从本肯山降下，卜师的福分从美刷庚昂坡降下，水的福分从尤吉水降下，石头的福分从松垮可降下，水的福分从高山上降下，竹子的福分从增那美孜可降下，牦牛的福分从增罗拿降下，马的福分从支律古降下，牛的福分从松垮局降下，绵羊的福分从高原上降下，山羊的福分从达尤树降下，狗的福分从禅埔降下，猪的福分从趣可余降下，鸡的福分从普补迪降下。东巴不做仪式，就不迎请卢神，东巴来做仪式的这一天，请来了卢神。生活在天空下的人类无病无痛，这是卢神的保佑。没有酋长的时代，各地都不得安宁，有了酋长，各地都平静了。在辽阔大地上，盘人纳人间没有争斗前就派下了酋长，盘人纳人世世代代无争斗，这是卢神的安排；天由盘神开，星宿布满天，天空高又远，这是卢神的安排；地由禅神辟，大地辽阔，青草遍野，这是卢神的安排。①

在祭天仪式中，并不是开坛时请了神灵后就不需要再请了，可以说整个仪式从头到尾，所请神灵源源不断，甚至可以说每一个仪式程序步骤中都要不厌其烦地迎请具有不同职能、居住不同方位的诸多神祇，担心挂一漏万，贻害无穷。如在敬香、敬酒、献牲、献饭、敬神药等程序步骤中，都要从天神、地神、天舅神开始，把主要神祇一一点名一次。如敬酒时要念诵的神祇名称有如下一些：

敬献天的祭木，敬献天的祭石；敬献地的祭木，敬献地的祭石；敬献柏的祭木，敬献柏的祭石。

向北方长寿的卢神敬献上美酒；向南方命长的沈神敬献上美酒。来隆重祭祀天和地及居于天地中间的柏的今天，向天上的盘神、禅神敬献上美酒，向嘎神、吾神敬献上美酒，向沃神、恒神敬献上美酒，向卢神、沈神敬献上美酒，向那司掌畜牧的神灵也敬献上美酒。

向垛孜阿巴这一位神灵也敬献上美酒。向东方属木的伟大的沃神、恒神敬献上美酒；向南方属火的伟大的沃神、恒神敬献上美酒；向西方属铁的伟大的沃神、恒神敬献上美酒；向北方属水的伟大的沃神、恒神敬献上美酒；向天和地中间、属土的伟大的沃神、恒神敬献上美酒。

向崩史地方的三多大神敬献上美酒；向麻浩嘎拉大神敬上美酒；向火塘上方的大神敬献上美酒；向火塘的九个大神敬献上美酒。

---

① 《全集》第39卷《迎请卢神》。

向东方白海螺般白的高山上的山神敬献上美酒；向南方绿松石般的高山上的山神敬献上美酒；向西方墨玉般的高山上的山神敬献上美酒；向北方黄金般的高山上的山神敬献上美酒；向土中央杂色墨玉般的高山上的山神敬献上美酒。

给吕敦地方的构姆山上的山神也敬献上美酒；给禾敦地方的班卢山的山神也敬献上美酒；给乌日铺纳山的山神也敬献上美酒；给涅地方的白崖山上的山神也敬献上美酒；给美利术山箐里、术山箐里的白崖山上的山神也敬献上美酒；给班丹地方的班盘山的山神敬献上美酒；给庚地方的庚茨山的山神敬献上美酒……①

综上，"请神"作为一个大主题，是通过诸多不同的请神场景得以表述，且从其序列来看，呈现出从上到下、由简到繁的递进规律，这与仪式主题的不断推进密切相关。大主题由不同主题构成，不同主题下面又存在着主题群，以"敬酒"时请神主题为例：

大主题——请神；

主题群——请神饮酒；请神受香；请神受饭；请神受神药；

神灵详表——请天、地、天舅三神饮酒；

请五方天神喝酒；

请属五行诸神饮酒；

请五方山神饮酒；

请境内诸山神饮酒；

……

这些主题群都存在着类似高度程式化的主题详表，如轮到敬香、献饭、献神药等仪式程序时，敬酒程序中的神灵详表同样可以转化不同程序中的神灵。如果时间紧张，同样可以进行相应的缩减神灵数量。从中说明了故事主题与仪式主题有着同构功能，它们都作为主题仓库，不仅成为组合、装配传统叙事的部件，也构成了推动仪式进程的结构部件。主题构成了仪式叙事行为中的"词"。需要说明的是，这些仪式叙事行为中的"词"并不是固定不变的，可以根据仪式规模、时空进行相应的调整，如祭天分为大、小两种，七月中旬举行的小祭天集中在一个半天时间里，仪式程序、步骤都会相应地

---

① 《全集》第1卷《祭天、敬酒》。

压缩。其中的一些程序在一些不同类型的仪式中也可使用,如除秽、烧天香、请神、献牲、颂神、送神等仪式程序几乎所有东巴仪式中都有保留,这些程序犹如口头演述中"大词"穿插在不同仪式中,成为仪式的"情节基干",推动着仪式叙事的发展。这些仪式程序行为中也包含了主题或典型场景,如祭天仪式中的祭天主题也构成了东巴叙事文本的主题,渗透到东巴教各种仪式中,这些仪式中涉及迎请神灵、祭祖、祭神程序时,都毫不例外地引用祭天仪式中的核心程序——向象征天、地神祇的神树进行祭献仪式。当然,因仪式类别、性质不同,这一核心程序的步骤会产生相应的增减情况,但其基本结构是保留的。同时,口头文本中的典型场景与仪式行为是平行同步进行的,如仪式程序进行到迎请天神时,东巴要念诵《崇搬图》《人类迁徙记》,主要介绍人类始祖崇仁利恩与天女衬红褒白咪二人从天上回归人间的故事,而此时,东巴助手在象征天神、地神的两棵神树面前进行烧香、献牲;而念诵到崇仁利恩夫妻回到人类后,天舅蒙若可西可罗怀恨于崇仁利恩的夺未婚妻之恨而降下灾难时,东巴助手要在象征天舅的柏树及顶灾杆上烧香、献牲。仪式中的场景与演述文本中的场景形成了一个互动融合的共同文本,也就是说视觉中的场景与听觉中的场景融为一体。祭天场内的场景同样可以运用到祭祖、祭神、祭自然神等多种仪式类型中,且根据仪式主题进行相应的调整。

四 仪式类型与故事类型

(一) 仪式类型的分类

与作为最大尺度的"大词"——故事类型(或故事范型)相似,仪式类型构成了仪式叙事文本的"人词"。东巴教庞大复杂的仪式系统给其分类带来了困难。西方学者洛克把东巴仪式分出122种,并分别纳入"纳西宗教仪式""较小仪式""丧葬仪式""特殊丧葬仪式""延寿仪式"等四大类。[①]他这一分类法并没有一个统一的分类标准,并未得到学术界认可,其功绩在于较为完整地记录下来了这些仪式的主要内容。现在学术界倾向于把东巴仪式划分为祈福类、禳鬼类、丧葬类、占卜类等四大类。其中祈福类包括:祭天、祭祖、求子、祭畜神、祭谷神、祭猎神、祭村寨神、祭星、祭署、祭素神、延寿;禳鬼类包括:小祭风、禳垛鬼、退送是非灾祸、除秽、

[①] J. F. Rock, *A Na-khi-English Encyclopedic Dictionary*, Part 2, Roma, 1972, pp. 123-129.

祭端鬼、驱抠古鬼、祭蛇鬼、毁鬼寨、祭突鬼、祭绝后鬼、顶灾、招魂、驱妥罗能持鬼；丧葬类包括：大祭风、什罗务、拉姆务、关死门仪式；占卜类包括推算甲子、流年数、推算九宫、推算凶星、合婚择吉日、掷贝巴、占炙胛卜等。

这四大类的每一个类别下包含了诸多仪式，这些同一类别的仪式有着大同小异的仪式程序、演述文本、主题或仪式场景。如祈福类仪式主题是"敬（祭）天"，其仪式程序结构往往是：请神—颂神—求神—送神；禳鬼类仪式程序结构为：请神—安神—颂神—禳鬼—送神，这一类仪式的主题为"禳灾"；丧葬类仪式的程序结构为：请神—送魂—火化—超度亡灵—回归祖源地，与祖先团聚，这类仪式的主题是亡灵与祖先团聚。对东巴而言，这些不同的仪式类型提供了稳定的仪式叙事文本结构，有利于祭司可以根据仪式类别安排相应的仪式程序、仪式场景、仪式表演及仪式经文。

（二）仪式类型与故事类型

仪式类型决定故事类型，故事类型反映仪式类型。有关讲述崇仁利恩故事的仪式多与迎请天神的仪式程序相关；而讲到"黑白之战"，则意味着与禳解鬼怪之类仪式相关；而讲到人与署的恩怨纠结，必定与祭署类仪式相关。反之亦然，祭署仪式中必然会叙及与署相关的故事，禳鬼仪式中也必然叙及鬼怪的来历出处。相对来说一个仪式类型集中了诸多与之相关的故事类型，仪式规模越大，故事类型就越丰富。譬如春季大祭天仪式中所需念诵的经书多达22本，而小祭天只需10余本。也有一些特殊的祭天仪式只有一两本经书的情况。如流传在丽江县的丽江坝、鲁甸、塔城、新主等地一带的绝后户祭天仪式，一般只用《祭天·祭无人祭祀的天》《祭祀绝户家的天·献牲献饭》两本经书。两本经书内容同样属于祭天类型的经书，但与前述的大小祭天类经书不同，这两本经书内容短小精悍，念诵时间不及一小时，但其间内容包含了仪式所需的请神—颂神—驱鬼—送神四个核心程序。与传统祭天不同的是，这类特殊的祭天仪式并无固定的日期及场所，在举行前请东巴占卜测算具体日期及地点来定。举行特殊祭天仪式的原因是家屋不顺或家有病人，前去占卜问卦，得知是绝嗣之家的天（也有天鬼之说）在作祟，要消灾免难，就须祭祀绝嗣之家的天。因此这种祭天仪式是不定期举行的。在这种祭天仪式中，天、地、柏的原本神圣地位受到了动摇，仪式目的由祈福转化了禳灾，自然与一般的祭天仪式有本质的不同。它的产生与形成，显然与纳西族祭天群体的逐渐分散、瓦解，随之神灵、祖先神的观念变迁不无关系。①

由此可见，仪式类型与仪式故事类型的消长与时代变迁密切相关。与祭天仪式式微形成鲜明对比的是，一些与日常生活、生产劳动关系紧密的仪式的规模、经书、故事类型日趋丰富庞杂。如一个大祭署仪式（ʂv^{31} na^{31} gv^{31}）需要念诵的经书多达57本。主因在于"署"作为自然神，其所管辖的自然万物与人类的生活、生产越来越紧密，祭自然神带来的直接利益关系也显得更为突出。这从祭署类经书名称中就可看出人与自然神的这种多元复杂的关系。

《设置神坛》《撒神粮》《请署歇息》《唤醒署》《迎请尼补劳端神》《署的来历》《请署》《请署酋降临》《点燃神火灯》《送刹道面偶》《烧天香》（上、下）、《开坛经》《卢神的起源》《送署酋守门者》《迎接佐玛祖先》（上卷、中卷）、《迎按佐玛祖先尾卷》《用白山羊白绵羊白鸡偿还欠署的债》《都沙敖吐的故事》《普蛊乌路的故事》《神鹏与署争斗的故事》《把署猛鬼分开》《俺双金套姆和董若阿夸争斗的故事》《蛊堆三子的故事》《梅生都迪与古鲁古久的故事》《妥构古汝和美利董主的故事》《祭署的六个故事》《鸡的来历》《沈爪构姆与署争斗的故事》《崇仁利恩的故事》《纽莎套姆和纽莎三兄弟到人类家中》《高勒趣招父魂》《崇仁潘迪的故事》《崇仁利恩·红眼仄若的故事》《美利恒孜与桑汝尼麻的故事》《杀猛鬼、恩鬼的故事》《送傻署》《东巴什罗开署寨之门》《让署给主人家赐予福泽》《保福保佑》《建署塔》《白"梭刷"的来历》《药的来历》《拉朗拉镇的故事》《给署供品·给署献活鸡·放五彩鸡》《迎接四尊久补神·开署门》《祭者·给署许愿·给署施药·偿署债》《招魂经》《不争斗·又和好》《求福泽与子嗣》《给署献活鸡·开署门》《木牌的出处与崇仁潘迪找药的故事》《给仄许愿·给娆许愿》《立标志树》《开坛经》《送神》《除秽和仪式规程》。②

当然，并不是说所有祭署仪式都必须念诵这些所有经书，对东巴而言，经书数量只是一个虚数，因为他在仪式中，并不是每一本经书都要照本宣科，更多时候他只是摘其要点梗概，每本经书中重复部分，不同经书中情节相似的内容，他都会根据仪式情境做出增减、组合、创编，仪式的圆满与否，主要取决于仪式程序的完整，而请神、安神、驱鬼、送神四个核心程序构成了仪式是否达成完整、圆满的关键部分。这四个核心程序中的所念诵的经书往往是具有代表性的经典，如祭天仪式中的《崇搬图》，祭风仪式中的

---

① 《全集》第1卷《祭天·祭无人祭祀的天》，第193页。
② 《全集》第5、6、7、8、9卷。

《鲁般鲁饶》，祭署仪式中的《署鹏争斗》，祭垛鬼仪式中的《董埃术埃》，这些经典在仪式中起到了举足轻重的作用。在传统东巴仪式中，每当念诵这些经典时，受众往往要提高注意力，围聚东巴身旁凝神聆听，这不只是仪式具有的神圣、庄严情境所统摄，更多是与这些经典本身所具有的强烈的艺术感染力直接相关。祭天仪式期间，《崇搬图》一般要念诵多次，除了在初五大祭天仪式上念诵两次外，在初八的小祭天仪式上还要重诵一次。当东巴念到天神现世情节时，村民轮流向天神忏悔、赎罪。而举行大祭风仪式期间，《鲁般鲁饶》这部爱情经典悲剧往往成为仪式的高潮所在，因为此仪式是超度殉情者灵魂，东巴及家属为了避开议论者，往往选择在深夜里举行此仪式。但还是躲不过来听这一经典的诸多有心人，尤其是村里及周边的年轻人往往躲在围墙外静静地倾听，然后互相口传心授，在流传过程中，这部东巴经典演变为一部民歌长诗——《尤悲》。"总的来说，不论从思想内容、创作方法、艺术表现等诸方面看，我们认为《尤悲》是《鲁般鲁饶》的继承和发展，《鲁般鲁饶》是《尤悲》的基础和渊源。因此《尤悲》也是反映近代纳西族生活的《鲁般鲁饶》，《鲁般鲁饶》是反映纳西族远古时代的《尤悲》。"[1] 这些经典的沉淀生成，往往与不同时代的东巴在每次仪式中的千锤百炼密切相关，这些核心经典往往成为判断故事类型、仪式类型的重要参照物，同时，在仪式中演述这些核心经典的仪式程序也往往成为整个仪式的重心所在，其他仪式程序都是围绕这一核心程序展开的。

（三）超级仪式的故事集群

仪式类型是相对而言的，对于一些由10多个仪式组合而成的复合型仪式而言，因为多元仪式类型的混合，不好界定属于哪一种仪式类型。这些复合型仪式也就是"超级仪式"。"超级仪式"受到劳里·杭柯提出的"超级故事"概念的影响。接下来问题是，这些超级仪式中是否包含了"超级故事"？"超级故事"（superstories）是劳里·杭柯根据印度史诗传统提出一个概念名称。他认为，超级故事是相对于单一故事而言，是无数小故事的凝聚，其恢宏的形式和神奇的叙事方式易于多重意义的生成。《摩诃婆罗多》《罗摩衍那》《伊利亚特》《奥德赛》即属于超级故事。相对而言，单一故事规模小，具有完整的动机和真实可感的人类的情绪。在一个单一故事里，一个人的死去是一个重要事件，而在超级故事里，一个人的死亡只是统计学

---

[1] 和时杰：《〈尤悲〉初探》，《纳西族民间抒情长诗：相会调》，云南民族出版社2010年版，第178页。

上的琐事。布兰达·贝卡认为一部史诗就是一个超级故事。① 但从东巴叙事传统而言，超级仪式中虽然包含了众多史诗，但不能说由此形成了"超级故事"。因为在整个超级仪式中所演述的故事文本并不只是一个故事，而是包含了多达上百本的故事文本，这些故事文本更多是为超级仪式下面的子仪式服务而设。简言之，是仪式决定了故事类型，而非反之。所以在超级仪式中所念诵的各类经书更接近于"故事集群"。笔者分别于 2009 年 6 月、2013 年 2 月参加过两次东巴丧葬仪式，两次仪式都超过七天，大大小小仪式共举行了 35 个，所念诵的经书均超过 200 册，基本上涵盖了祈福类、禳灾类、丧葬类、占卜类等四大类经书，这些经书中既包括了《创世纪》《人类迁徙记》《黑白之战》《鲁般鲁饶》《署鹏争斗》《白蝙蝠取经记》等经典名篇，也有众多与神灵、鬼怪、祖先相关的故事类经书。这些不同仪式类型的经书在超级仪式中构成了一个作为整体的故事集群。

东巴仪式的规模大小主要依据这样几个情况而定：一是与仪式性质相关，如东巴大师去世，由他指定一个得意徒弟主持自己的丧葬仪式，众弟子都必须协力参与，这种东巴葬礼称为"什罗务"，意为举行东巴教教主东巴什罗葬礼，其规模是所有丧葬仪式中最大的，时间长达七至九天；二是与举办仪式的家庭相关，如果只是一般老百姓的丧葬，家贫难支仪式耗费，仪式也就简化为两三天，有些业主家大财粗，其仪式相应趋于宏大；三是与仪式的主持者也有关系。大仪式主要与所迎请的神灵及禳鬼数量有关系，神灵及鬼怪数量越多，所献祭牲越多，对主祭者能力水平也要求极高，尤其是一些非正常死亡的祭风仪式，不是大东巴不敢做此类仪式，有些东巴害怕自己神力压不住这些凶鬼而反克于己。一些大东巴借助自身的威力，在仪式财力不增加前提下，也可把一些中小型仪式扩大成超级仪式的规模。

当然，并不是只有丧葬仪式才有资格构成"超级仪式"。四大类东巴仪式都可以转换为超级仪式。如 2005 年 4 月 2—7 日，由中国社会科学院民族文学所与日本国文部省合作，在丽江塔城乡署明村举行了一次规模浩人的超级仪式——延寿仪式。这次仪式共邀请了包括老东巴和秀东及研究者兼东巴的和力民在内的 28 名东巴（16 名来自塔城署明村，12 名来自丽江附近）及 10 余名助手。东巴均通过认真挑选，并有一技之才，如有的是东巴舞大师，还有的能诵读上百本东巴经书。日程如下：

第一天（4 月 2 日）

---

① 转引自尹虎彬《史诗观念与史诗范式转移》，载《中央民族大学学报》2008 年第 1 期。

1. 布置主祭场、设神座、烧天香；
2. 迎接丽江地区的外来东巴仪式；

第二天（4月3日）

1. 退送口舌是非鬼并附祭凶死鬼仪式；
2. 大规模祭秽鬼除秽仪式；

第三天（4月4日）

1. 大规模祭祀署神（自然神）仪式；
2. 祭祀祖先神仪式；
3. 祭嘎神（战神·胜利神）仪式；
4. 祭星神仪式；

第四天（4月5日）

1. 祭风仪式；
2. 祭景神（雷神）本神（电神）仪式；

第五天（4月6日）

1. 请神加威力仪式；
2. 大规模烧天香仪式；
3. 请华神等大神赐福、求寿仪式；
4. 祭诺神（家畜神）仪式；

第六天（4月7日）

1. 祭山神仪式；
2. 祭三多神（地域神）仪式；
3. 祭天仪式；
4. 送龙神仪式；
5. 祭素神[①]仪式。

需要说明的是，以上20多个仪式中并未包括诸多小型仪式，而一个大的仪式就要花费六七个小时。各仪式基本依次做来，但有时也兵分两路甚至几路，在院内或村落不同处同步交错举行。其中第四天举行祭风仪式的地点选在一处环境秀美的山顶，第六天的祭天仪式则在与全村祭天场比邻的以杨天顺为族长的杨玉华家族的祭天场举行。仪式期间，东巴们诵经达200余册次，跳白狮舞、射箭舞等各种东巴舞近20场。[②]

这个由28名东巴参与、连续举行6天、念诵经书200多本、耗资10多

[①] 素是生命神，参看杨福泉《原始生命神与生命观》，云南人民出版社1994年版。
[②] 夏宇继：《恢复纳西东巴教求寿仪式的调查》，载《民间文化论坛》2006年第2期。

万元的超级仪式可谓空前绝后。从中也可看出，这一仪式的核心主题——"延寿"是由烧天香仪式、迎接东巴仪式、退送口舌是非鬼、祭凶死鬼仪式、祭秽鬼、除秽仪式、祭署神（自然神）仪式、祭祖仪式、祭嘎神（战神·胜利神）仪式、祭星神仪式、祭风仪式、祭景神（雷神）本神（电神）仪式、请神加威力仪式、请华神等大神赐福、求寿仪式、祭诺神（家畜神）仪式、祭山神仪式、祭三多神仪式、祭天仪式、送龙神仪式、祭素神仪式等20多个仪式构成。仪式内容虽然繁多，但其基本结构仍是请神、颂神、祈神求寿、送神四个仪式程序，核心程序为祈神求寿，核心经典为《求寿求岁》。仪式之所以变得如此庞杂，关键在于主祭东巴在其间填充了大量的子仪式，由此期望借助这些补充进来的仪式来增强祈福求寿的效果。笔者曾访谈过此次仪式的主祭东巴，他说这样的仪式也可压缩在一天内完成，前提是把不属于核心仪式范围的其他仪式程序可以大量删减。

综上，东巴祭天仪式中的每一个步骤、程序、主题、故事类型、仪式单元都具有高度程式化的特征，属于仪式程式的范畴。这些不同尺度的"仪式程式"为东巴进行仪式叙事提供了完备的"武器库"。他不仅对叙事文本中的程式片语、典型场景、故事类型了如指掌、得心应手，并且对这些仪式部件的机能早已胸有成竹。从这个意义上来说，这些仪式部件与口头传统各个部件一同构成了"仪式程式"。

五 祭天仪式程式的结构形态

（一）口头程式与仪式程式的互动关系

"仪式程式"有两个内涵所指：一是口头叙事传统中的程式，主要由传统性片语、主题和故事类型三个层面构成；二是指仪式中的程式，主要由仪式程序、仪式主题、仪式类型等三个层面构成。二者共同构成了"仪式程式"。

仪式是二者最大的公约数。仪式统摄故事、程序。仪式的规模大小、仪式的性质、仪式主持者的能力与水平在一定程度上影响、制约着故事文本以及仪式程序的结构、内容、规模。仪式叙事是由仪式行为（程序及步骤）与口头或经籍演述两个层面达成的，口头演述重在听觉，仪式行为重在视觉，都是仪式背后的宗教观念的实践表现。

仪式中的程式可以增减、调整、组合、创编。对于东巴而言，这些不同部件犹如一个构筑仪式叙事的"词"，如在超级仪式中，一个仪式成为一个

"词"；在一个仪式中，仪式程序成为一个"词"；在一个仪式程序中，一个步骤成为一个"词"。对于一个主持仪式的东巴而言，他把仪式程式与故事文本中的"大词"是作为仪式叙事的手段来统筹考虑的，并不存在顾此失彼的情况。与游吟诗人的独自演述情况不同，一个仪式往往由多个祭司共同来完成。相对说来，主祭是仪式的"总设计师"，他一开始就给助手们讲明了仪式的程序、所念诵的经书，仪式需要进行的大致时间，此后他的任务是监督、管控整个仪式的实施情况。念诵经文成为主祭颁布指令的重要途径，经文内容一般与仪式行为相辅相成。如祭天仪式中的《献饭经》中有这样的祭词：

给上天献上饭。为供奉好上天，还献上甜酒、祭米，还有那煮熟了的祭牲的脑浆、整块的软肋。吃啊，愿天吃的饱；喝啊，愿天喝个醉。这样，天就会开启他的吉口，发出福音；天就会开启他的好口，降下吉祥来。

给大地献上饭。诚心的祭祀，诚心的供奉。把最好的饭供奉在大地的嘴边，把最醇美的酒敬给大地的好口。还供奉上煮熟了的祭牲的脑浆，以及整块的软肋。愿大地吃啊吃个饱，喝啊喝个醉。于是大地就会开启吉口，发来福音、降下吉祥来。

上天和大地两个，不结伴就不吃饭；不相随就不行走。穿衣层层暖；同桌吃饭香。财物丰富银子多；粮食丰足装满仓。他家的酒碗用银子来镶；他家的茶碗用金子来镀。

谁的酒最甜，不品不知道；谁的饭最好，不尝不晓得。虽然天的酒甜、天的饭好吃，但还请尝尝地的甜酒、地的饭。用地的甜酒、地的好饭敬给天。还用煮熟了的祭牲的脑浆、四蹄来敬给天。在这祭供的日子里：愿天吃啊吃个饱；愿天喝啊喝个醉。然后，望天开吉口，降下福音吉祥来。

天和地两个，不结伴么不动筷，层层穿衣暖。不相随么不行走，坐也并头坐，站也并肩立，相依相随不分离。谁的酒最甜，谁的饭最香，不尝怎知道？地的好酒好饭不及天的好酒好饭吧？再用天的甜酒、天的好饭给地尝一尝。还有那煮熟了的祭牲的脑浆、四蹄、长肉骨节、排骨来给地尝一尝。在这祭供的好日子里：愿地吃时吃的饱；愿地喝时喝个醉。然后，望地开吉口，降下福音吉祥来。很好地祭祀这中间的圣柏。要在圣柏面前：供奉上比水大、比山高的供品。在祭祀的好日子里，给柏祭献；在祭献的美好时刻，给柏供奉。给这高洁的圣柏献上饭，还供奉上甜酒、祭米，以及煮熟了的祭牲的脑浆、骨节、排骨。愿柏吃啊吃的饱，喝啊喝的醉。这样圣柏开吉口，就会发出福音降下吉祥来。①

主祭在念诵这些经文时，旁边的助手依照所念及的内容分别给象征天神、地神、天舅的神树——献饭、献牲、献酒。从这个意义上，仪式经文成了仪式行为指南，仪式行为与经文内容构成了仪式叙事的两个侧面。仪式程序及故事情节犹如两条平行移动的线性结构，构成了仪式叙事文本的"情节基干"，不断推动着仪式叙事行为的逻辑展开。

（二）"仪式程式"的概念内涵及特征

这种叙事结构与刘魁立构拟的"民间叙事的生命树"极为相似。母题链、情节基干、中心母题是刘魁立"故事生命树"最基本的三个概念。三者之间的关系是这样的：情节基干是判断一个故事集合是否同属一个类型的基本要求，情节基干由若干母题链组成，但是，母题链却不一定只存在于情节基干之中，它也可能是某些"枝干"中的组成部分。中心母题是特指情节基干中的某一条母题链的核心内容，而"枝干"中的母题链则不在刘魁立的讨论范围。在情节基干中，每一条母题链必有一中心母题，因此，该情节基干有多少条母题链，就会有同样数量的中心母题。②

需要指出的是，笔者借用刘魁立的"民间叙事的生命树"示意图，主要来说明仪式叙事的结构形态，这里，民间故事中的"母题链""中心母题"等同于仪式中的核心程序，仪式中的"情节基干"指所有仪式中都存在重复的、共有的程序步骤。通过这个祭天仪式形态结构示意图，"仪式程式"的整体面貌从中得以体现（附章末）。

这个示意图有助于我们更全面、深入地理解仪式语境中"仪式程式"的几个表现特征。

1. 程序是仪式主持者运用"仪式程式"的基本构件，也是仪式行为的行动单位，类似于口头传统文本中的主题、母题，具有链接功能。而核心程序是指在整个仪式结构中处于关键转折点，且在同类仪式中都会高度重复存在的主要程序。"请神""颂神""祈神禳灾""送神"是所有东巴仪式中必须经历的"四部曲"，这四个程序在仪式叙事中起到了链接情节基干的作用，一个

---

① 《全集》第1卷《献牲、献饭经》，第225—227页。
② 施爱东：《民间文学的形态研究与共时研究：以刘魁立〈民间叙事的生命树〉为例》，载《民族文学研究》2006年第1期。

核心程序意味着一个仪式情节基干的结束，新的一个情节基干的开始。核心程序类似于母题链、中心母题，是构成仪式叙事文本的中心框架结构所在。

2. 作为仪式中的情节基干，在核心程序之间起到链接、递进的作用。如上述表中，"请神"的核心程序由布置祭坛、除秽、敬香三个程序构成，这三个程序通过有机的联系构成了"请神"的仪式情节基干。仪式情节基干只存在于核心程序之间，这与其自身的高度程式化特征相关，也就是说，仪式情节基干在同类仪式中有着高度的重复律和相近性。

3. 仪式程式是基于歌手或仪式主持者立场而言，着重研究他是如何设计、完成一个完整的仪式的手段、方法。从图中可以看出，在核心程序、情节基干得以保证的前提下，仪式可以进行相应的扩充与删减。如示意图中的祭天仪式是一个综合形态的仪式，在仪式情节基干上延伸出了不少新的仪式情节，这既是不同区域的仪式变异所致，也是仪式程式的特性所决定的。反过来，这个祭天仪式也可减缩为"除秽—献香—献牲—献饭—驱鬼—送神"六个程序的小仪式。这六个程序是构成一个完整、独立的仪式不可或缺的情节基干，包含了请神（除秽、献香）、颂神（献牲）、祈神（献饭、驱鬼）、送神四个核心程序。

仪式程式中，仪式程序行为与叙事行为是合二为一的。这些大小不等的仪式构成了一个超级仪式，每个程序包含了至少一个故事，由此形成了一个庞大的故事集群。从故事层面而言，一个程序其实就是一个故事主题，一个核心程序就是一个核心主题，其下集约了一个主题群。一个主题往往与一个故事类型相联系。如"除秽"作为主题，与"秽鬼"系列故事类型相联系，"施神药"的主题与"求长生不老药"的故事类型相联系。也就是说，程序—主题，主题群—故事类型，超级仪式—故事集群，对于仪式主持者而言往往是"一套人马，两块牌子"的关系。

4. 仪式程式的构词功能是在时代变迁中不断发展变化的。从上述图表中也可清晰地看到祭天文化的变迁过程——从原初阶段的六个程序到最后演变为近 30 个大小仪式构成的超级仪式，说明了祭天所负载的文化功能趋于繁富复杂。但从新增加的仪式程序中可以看出，祭署、歌舞娱乐在仪式中分量越来越大，说明了随着纳西族社会从畜牧、狩猎经济形态转入农业经济形态，自然神与农业关系甚大，而农闲时间的增多意味着娱乐要求的提升，这些都从这一古老传统的变迁中得到了充分的体现；同时也从侧面说明了传统的力量是构成仪式程式不断"与时俱进"的动力源泉。

5. 仪式程式是传统的产物。支撑仪式的是宗教信仰，仪式是信仰观念的实践。不管文化形态怎么演变，作为构成传统的内核——文化主题却呈现出稳定形态。祭天文化作为统摄了纳西传统的主体文化，其所包含的文化主题——人类自身的繁衍以及与自然互惠关系，不仅深刻影响了纳西族的历史进程，也仍然强有力地影响着当下纳西人的生活与精神。祭天仪式主要讲述了英雄祖先崇仁利恩面临人类生存危机的难题后，被迫到天上寻求伴偶，说明了天是人类得以生存的唯一希望，最后也是靠天神成全了人类的难题。天人合一，人类得以繁衍，二者互为前提、互为因果。人本身是自然的有机部分，只有与自然达成了和谐关系，才能促进人类自身的繁衍发展。这是东巴教最基本的教义所在，也是东巴叙事的主题所在。东巴仪式中的"程式"也是围绕这一主题而展开、运作的。

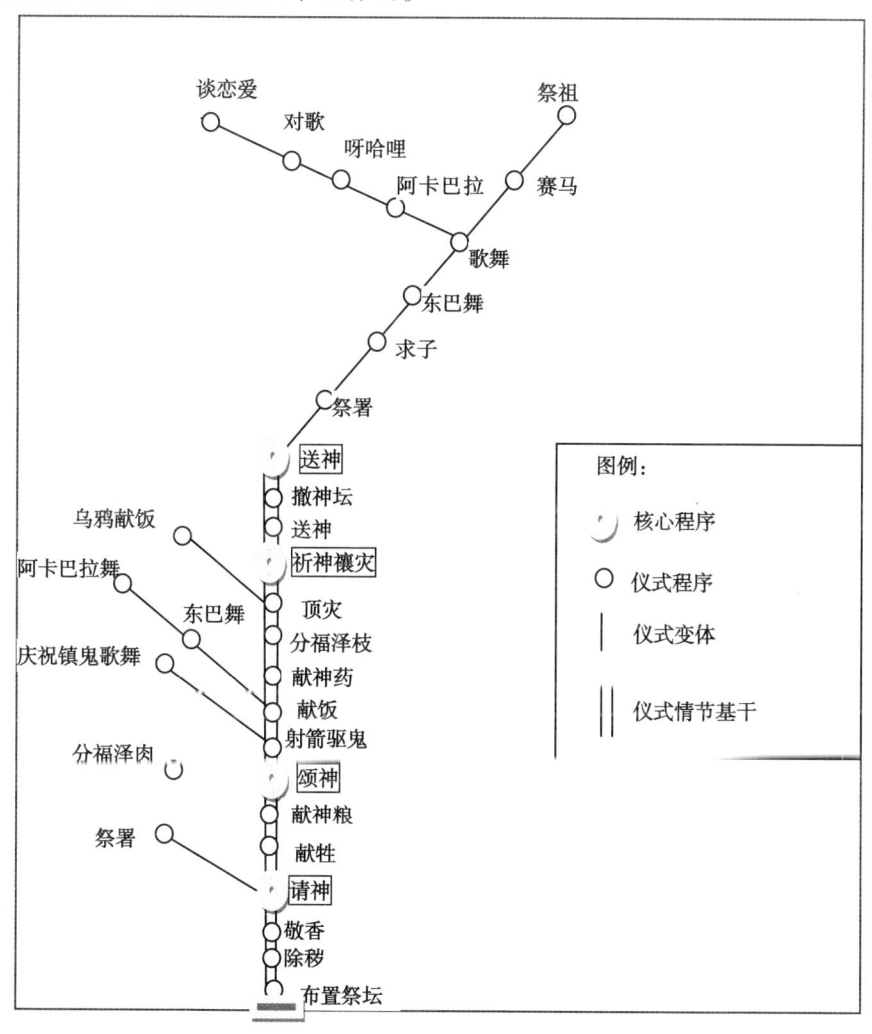

祭天仪式程式形态结构示意

第十章

东巴仪式表演的文本结构探析

晚近产生的口头程式理论、表演理论、民族志诗学深刻影响了民俗学学科的整体性发展，成为当代民俗学学科的三大理论流派。这三大理论流派引入国内后，对国内民俗学学科的可持续发展也产生了重大的影响。巴莫曲布嫫把"勒俄"史诗的"口述传统"与"文本传统"的比较研究置放于地方知识与仪式的"叙事语境"及"演述场域"中进行检阅，由此总结归纳了演述场域的"五个在场"，即"史诗演述传统""表演事件""传统中的受众""演述人"以及"研究者"的同时在场。另外，她认为在诺苏彝族史诗演述人的成长过程中，书写与口承这两种传统的教授与学习是始终相伴、相得益彰、互为表里的内驱力。①

近年来，运用这三种理论流派来研究东巴文化的论述呈现出增长趋势，尤其是在口头程式理论来观照东巴经籍文献方面的论述较为突出：如《多模态叙事文本：东巴书面与口头文本的比较研究》②《东巴经的口头程式与经文书写》③ 等研究论述；也有学者将程式范式引入东巴画研究中④；不少学者注意到东巴文化其实质是东巴教文化，具有诗、乐、画、舞合一的综合文化特征，也就是说东巴经书不只是用来阅读的"文学作品"，而是在仪式上与东巴音乐、绘画、舞蹈等不同表演单元进行综合表演的口头传统，所以对东巴经书文本的考察必须与东巴仪式中不同表演单元进行综合研究。笔者在这方面作了初探，提出了"仪式大词"的概念，认为程式不仅在东巴经文及口头演述的内在规律中，同时也贯穿于东巴舞蹈、东巴绘画、东巴音乐

---

① 巴莫曲布嫫：《叙事语境与演述场域：以诺苏彝族的口头论辩和史诗传统为例》，载《文学评论》2004 年第 1 期。
② 杨杰宏：《多模态叙事文本：东巴书面与口头文本的比较研究》，载和继全主编《纳西学研究》（第一辑），民族出版社 2015 年版。
③ 李英：《东巴经的口头程式与经文书写》，载《丽江师范高等专科学校学报》2014 年第 4 期。
④ 杨鸿荣、张志宏：《东巴绘画在东巴教仪式中的应用方法及程式研究》，载《美与时代》2014 年第 12 期。

等诸多表演单元中,东巴把这些不同表演程式视为"仪式大词",并且灵活机动地运用这些不同表演程式,从而使仪式得以构成一个流动的、整体的叙事文本。[①] 木春燕通过对东巴大祭风仪式的田野考察与文本解读,认为东巴教大祭风仪式具有诗、乐、舞统一于一体的特点。[②] 问题的关键在于——程式为何能够贯穿于东巴仪式的不同表演单元中?这些不同单元之间,尤其是东巴经书的口头与书面文本,东巴经文本与表演文本之间关系如何达成内在逻辑的统一?也就是说在东巴仪式中,口头演述与仪式表演的结构关系如何?这也是本文着力解决的方向。

一 东巴仪式表演文本:以口头演述与仪式表演互为文本

在口头史诗中,平行式是较为常见的句法结构。平行式又称为"平行结构"或"平行法则","其核心表征是相邻的片语、从句或句法结构的重复。因而平行式的核心是句法的。构成平行的,至少要有两个或两个以上的单元彼此呼应——意象、喻义、字面乃至句法结构上可供比较,才有可能建立起平行的关系来"[③]。本文把"平行式"这一概念引入东巴仪式表演的分析中,主要基于这样几个原因:首先,作为半口传文本的东巴经籍里的神话、史诗中大量存在着"平行式"句法结构,从而为这一概念的引入提供了基本条件;其次,东巴经籍中的神话、史诗并不是单独存在的,它作为一种叙事传统,与仪式中的各类表演内容——音乐、舞蹈、工艺、场景设置、仪式祭祀等叙事手段相互融合,共同构成了完整的东巴叙事传统。文本(text)成为一个关键词。朝戈金认为,任何分析对象都是文本,文本产生过程也可视为文本。在这个含义上,文本包括表述、被表述两个层面。而按口头程式理论的概念界定,文本是"表演中的创作"(composition in performance),这里是在口头诗学的形态学意义上理解"文本"的。[④] 本文中的"文本"概念所指涉及三个层面:一是基于仪式中口头演述的口头叙事文本,如东巴口诵经;二是作为口头演述提词本(prompt text)的书写文本,

---

[①] 杨杰宏:《仪式大词:口头传统与仪式叙事关系探析——以纳西族"哲作"($tʂər^{55} dzo^{31}$)为个案》,载《黔南民族师范学院学报》2015年第1期。
[②] 木春燕:《东巴教大祭风仪式诗、乐、舞的解读》,载《北京舞蹈学院学报》2014年第4期。
[③] 朝戈金:《口传史诗诗学:冉皮勒〈江格尔〉程式句法研究》,广西人民出版社2000年版,第193页。
[④] 同上书,第15页。

或半口传文本，如东巴经书；三是基于整个仪式叙事层面而言的仪式表演文本，它涵盖了仪式中的口头演述、仪式程序、仪式表演等不同层面，既包含了口头叙事与书面叙事文本，也包含了超语言的多形态的仪式表演文本。也就是说，东巴仪式表演文本是以口头演述与仪式表演互为文本的。平行式的句法结构研究范式引入对东巴仪式表演文本的分析中，可以对口头传统与仪式表演二者的深层关系有个深入的探析，同时对以仪式为中心的南方史诗的本体论及表现形态的研究也有积极的意义。

二 东巴仪式表演中的并列平行式

仪式表演中的并列平行结构，指构成平行重复的表演序列具有相同或相似的表现形式，各表演序列所表述的意义是一致的。仪式表演与口头史诗演述的区别在于，口头史诗的演述者大多以一个人演述为主，而仪式表演者往往是以群体形式出现的，且表演者的身份、表演形式、表演场所也不同，但这些不同的表演范型序列却以相同的结构和主题，表述了同样的事件。并列并行式根据仪式程序及表演内容分为两种。

1. 不同表演类别的并列平行式

在东巴超度仪式中，当仪式程序进行到叙述什罗出生的内容时，主祭东巴在祭坛上声情并茂地讲述经书中关于东巴什罗出生时的故事情景；东巴舞师们在祭坛下方场地跳东巴舞，模仿什罗出生、学青蛙走路的情景；东巴助手在神坛上给东巴什罗画像上敬香、除秽，给什罗木牌位上施神药、敬酒；旁边东巴摇动板铃、板鼓伴奏助兴。这些不同表演者都在表述同一个故事主题——东巴什罗的出世。这些不同表演者的表演行为在仪式程序中是平行进行的，每个不同的表演内容都有相应的程式。

主题、典型场景与东巴超度仪式表演的对应关系

仪式程序	主题	东巴经（唱腔）	东巴画	东巴舞	东巴音乐	典型场景
什罗出世	出世	《什罗出世记》	什罗像	什罗出世舞，黄金蛙舞	板铃、板鼓伴奏	什罗祭坛。东巴们在草席上打滚，抬左手，意喻什罗从母亲左腋下出生，学青蛙走路
给什罗找药	找药	《什罗弟子找神药》	什罗像，什罗牌位	找药舞	板铃、板鼓、伴奏	毒海。用柏枝、花草、牛奶做成神药，在祭坛、什罗牌位上洒药水

仪式表演的并列平行式的另一种表现形式是在不同仪式空间中，也就是说在东巴仪式中，往往会出现在两三个仪式场地中同时进行仪式的情况，如在东巴丧葬仪式的出殡程序中，灵柩抬到山上火化场进行火化，由两个东巴助手主持进行送魂仪式，仪式以口诵《送魂经》为主；而主祭东巴在村外的宗族祭天场举行送神仪式，内容有跳东巴舞、念诵《送神经》；东巴助手在家中举行驱鬼，安家神仪式，内容有跳驱鬼东巴舞，念诵《驱鬼禳灾经》。三个场地的仪式是并列平行进行的。

2. 同一项表演类别的并列平行式

表演类别不同，其并列平行结构的内容与形式也不同。经文文本的并列平行是从句法中得以体现，而东巴音乐、东巴舞、东巴画等分别是从乐谱节奏、舞蹈技法绘画手法中体现出来的。

（1）东巴经文本演述中的并列平行式

东巴经文作为口头记录提示文本，大量保留了口头传统特征，并列平行句法结构在文本中也较为普遍。如超度什罗仪式中的《迎请什罗经》中讲述什罗送魂路线时的排比诗句：

> 白云白生生，白鹤雄鹰将要飞翔时，所有生翅之飞禽，要为鹰鹤开辟飞翔的道路。
> 山岭黄灿灿，虎豹将要奔跑时，所有生斑纹的野兽，要为虎豹开辟奔跑的道路。
> 高原白茫茫，犏牛牦牛离去时，所有生蹄的野兽，要为犏牛牦牛开辟行走的道路。[①]

三句诗行对什罗的送魂路线做了并列平行式描述，每一个单句都有头韵、腰韵、尾韵的情况，体现出严整的口头程式句法特征。

讲述给什罗献牲时，对不能作为献牲的动物也有并列平行式的句法：

> 在很早以前，什罗在世时，用猪狗作牺牲，做了请神送鬼的仪式不灵验，死后要送到祖先居住的地方，小狗汪汪叫，小猪嗷嗷叫，会拦死者的去路。

[①] 参看丽江东巴研究所编《纳西东巴古籍译注全集》第72卷《超度什罗仪式·迎请什罗》，云南人民出版社1999年版，第6—7页。（以下简称《全集》）

什罗在世时，山羊绵羊作祭品，做了仪式不灵验，死后要送到祖先居住地的那一天，山羊绵羊咩咩叫，会阻拦死者的去路。

什罗在世时，牛马作牺牲，请神送鬼不灵验，死后要去祖先居住的地方，牛儿马儿哞哞叫，会阻拦死者的去路。

什罗在世时，用犏牛和牦牛作供品，请神送鬼不灵验，死后要去祖先居住地的那一天，犏牛、牦牛叫，会阻拦死者的去路。

什罗在世时，鹰、鹤作牺牲，请神送鬼不灵验，死后要到祖先居住地的那一天，小鹤鸣，老鹰叫，会阻挡死者的去路。

什罗在世的时候，用鹿与野牛作祭品，祭了不灵验，死后要送到祖先居住地的那一天，小鹿野牛鸣鸣叫，会阻拦死者的去路。

什罗在世的时候，用豹子老虎作祭品，祭了不灵验，死后要送到祖先居住地的那一天，豹子老虎乱吼叫，会阻拦死者的去路，会堵住什罗要过的桥，不准什罗去往沃神恒神居住的地方。①

仪式表演的并列平行式的一个重要特征是构成平行结构的每一个单元在整个序列中的地位、功能是同等的，没有先后、主次之分。如上面举例的篇章内容中，每一个诗行的意象、喻义、字面、句法结构体现出严整的并列平行式结构，其间的常项是核心特征，变项的产生基于常项之上。如上一篇章内容中，在基本句法结构的前提下，作为牺牲的"动物项"在具体的口头演述中可以进行灵活的增减、调整，在其他文本中出现了单句诗行结构、内容不变，而这些单句诗行在篇章中的顺序、诗行行数发生变化的异文情况，说明了并列平行式的功能是为仪式表演服务，便于演述者的记忆与演述。并列平行式在东巴经文的句法结构中也是最为常见的，由此也证明了东巴经文与口头传统的密切关系。

（2）其他仪式表演类别中的并列平行式

其他仪式表演内容中同样大量存在着并列平行式结构特征。如在跳东巴舞时，每一个东巴所跳舞蹈内容、步法、身体姿势都是相似的，且与领舞者的舞蹈行为是并列平行进行的；东巴们制作木牌画时，按照神类、鬼类、署类同时制作，同时布置，不能出现顺序混乱情况；东巴音乐的伴奏也是同样如此，每一个伴奏者都必须严格按照乐谱节奏、舞蹈进程、经文进度进行音乐伴奏，当中严禁出现不合音的情况。这一传统规则也是仪式表演中并列平行式大量存在的内在逻辑所在。无独有偶，不只是东巴音乐伴奏，在经文念

---

① 《全集》第72卷《超度什罗仪式·迎请什罗》，第10—12页。

诵、跳东巴舞、制作东巴画等过程中，如果出现经文念错、舞蹈动作变形、制作木牌画折断、插错位置等事故时，往往视为不祥之兆，意味着整个仪式程序的失败，主祭东巴要求重新开始。

仪式表演的并列平行式的另外一种表现形式是从个体表演者的身体表演中得以体现。如东巴舞者在跳东巴舞时，有时会出现双手、双脚同时做出同一动作；制作东巴木牌画、面偶、泥偶时，神类、鬼类的双眼、双手、双脚、双耳也是同时绘画、雕刻；东巴音乐最为常见的伴奏乐器是板铃和板鼓，演奏中一手持板鼓，一手持板铃，同时摇动；东巴舞者一边跳，一边双手摇动这两种乐器。仪式表演者表演动作的并列平行与传统指涉密切相关。如板鼓、板铃在东巴教中视为象征日月的神器，代表着阳神与阴神，二者同时使用，也有日月同辉、阴阳交合的文化象征意义。

三 东巴仪式表演中的递进平行式

仪式表演中的递进平行式结构构成平行重复的仪式表演类型序列具有逐步递进的结构形式。这种递进的存在也是以仪式程序发展的逻辑顺序为前提，主要表现在仪式程序进程的时间先后、内容主次、主体顺序而展开的。不同的表演类别存在着不同的递进平行方式。

1. 东巴经文本演述中的递进平行式

东巴经中有一句出现频率最高的谚语："不知道事物的出处与来历，就不要说这一事物。"由此几乎每一部仪式经书开头都要叙及天地万物的来历，而叙述句子都大同小异。如下面为超度什罗仪式中的《迎请什罗经》中的开篇诗行：

> 天地还没有开辟的时候，
> 日月还没有出来的时候，
> 星星与煞星还没有出来的时候，
> 居那若罗山还没有出现的时候，
> 恒依巴达树还没有出现的时候，
> 美利达吉海还没有出来的时候，
> 赠争含鲁美还没有出现的时候，
> 山谷还没有出现的时候。[1]

---

[1] 《全集》第72卷《超度什罗仪式·迎请什罗》，第16页。

这些诗行明显带有程式化特征，每一句的主语发生替换以外，句子的其他成分都是高度重复出现，音韵及押韵位置也是一致的，有平行式特征，但与并列平行式不同在于，这些平行句式有传统指涉性，先后顺序是在传统中约定俗成的，不能随意进行改动，其序列结构为：天界—神界—人界。也就是说，天地万物的产生是按照这一传统序列形成的。

在东巴经文中，另一种递进平行式则按神灵座次排位来设置，如下句：

> 什罗在世的时候，
> 向天的窝孜景布祈求神力。
> 东方的格衬称补东巴赐给一番本领，
> 南方的胜日明恭东巴赐给一番本领，
> 西方的纳生初卢东巴赐给一番本领，
> 北方的古生枢巴赐给一番本领，
> 天和地中央的梭余晋古东巴赐给一番本领。①

在东巴叙事传统中，东、南、西、北、中的方位序列是固定不变的，方位神的出现序列在平行中呈现出递进、深化特点，以此来强调什罗学到的本领越来越多的这一事实。

递进平行式很多时候出现在交代场景布置情况的经文中，经文诗行与场景位置序列是相一致的，如在《为什罗招魂》仪式中，有这样的段落诗行：

> （什罗的灵魂）没有散落在寿依朗巴聘居住的地方，
> 没有散落在玖日构补居住的地方，
> 没有散落在天白地白的地方，
> 没有散落在山白谷白的地方，
> 没有散落在水白沟白的地方，
> 没有散落在白署白龙、署首领寿道玖吾居住的地方，
> 但是找不到而滞留在那些地方。②

这一段经文描述了东巴们寻找什罗灵魂的过程，按什罗祭坛布置场景，从神类居住处一直寻找到人类、署类居住处，说明这一寻找过程是连续递进

---

① 《全集》第72卷《超度什罗仪式·迎请什罗》，第9—10页。
② 《全集》第72卷《超度什罗仪式·招魂》，第76—80页。

的，而在句法上采取了平行程式。在叙述寻找什罗灵魂的经文中，与之相同的递进平行式出现了 12 处之多，而每个类似句法序列都与场景内的神界、人界、鬼界设置相对应。

2. 其他表演类别中的递进平行式

东巴仪式中的东巴舞、东巴绘画、东巴工艺、东巴音乐表演也有递进平行特点，上述的并列平行式主要根据表演主体的表演动作的同时并列进行而言，而递进平行则从程序进程而言。表演动作的连贯持续在同一程式中展开，如跳东巴舞时，均按舞谱程式来进行表演，如东巴经《舞蹈的来历》有这样的舞谱：

> 要跳白海螺色大鹏鸟舞时，侧身张翅躬一次身，然后左脚吸一次腿，右脚吸一次腿，端掌做一次深蹲，接着起身，端掌双脚朝后面跳钩，向左原地自转一圈，向右原地自转一圈，向前迈三步。①

所有跳舞者的动作须照此同步进行，跳完一个舞步后再跳下一个舞步，如此循环往复而推动着仪式程序的发展。东巴音乐伴奏与仪式中各类别表演同步进行，如《迎请什罗》中的"招魂"程序中，主祭东巴要念诵东巴什罗弟子从天界、人界到地狱寻找什罗灵魂的内容，寻找每一个地方的句式有高度程式化特征，如寻找到居那若罗神山时，诗句是这样写的：

> 用金黄板铃声、绿松石大鼓声、白海螺号角声赎回死者的灵魂，
> 用一千只白牦牛、一万只黑牦牛赎魂，
> 用一千只母马、一万只骒马赎回死者的灵魂，
> 这样，死者的灵魂不再滞留于若罗山之东方了。②

后面叙及居那若罗山的南边、西边、北边、中间等方位时，用的是同一句式，而经文中出现了"金黄板铃声""绿松石大鼓声""白海螺号角声"的乐器内容，东巴念诵到此处时，旁边的东巴要依次吹奏这些乐器，每一次念诵到此处都要重复一次。跳东巴舞的人也要到象征神山的场景旁边跳招魂舞，并按方位进行相应变化。另外，东巴乐器与东巴舞的进程相配合进行，二者的节奏是一致的，大都采用 2\\4 拍，鼓声与板铃的节奏为｜X O X

---

① 《全集》第 100 卷《舞蹈的来历》（之一），第 26 页。
② 《全集》第 72 卷《超度什罗仪式·招魂》，第 76—80 页。

0｜。前节拍为板鼓，后节拍为板铃，二者交替平行演进。这也说明了东巴仪式表演所具有的舞乐合一的独特性。东巴布置仪式场景时，东巴木牌画、面偶、泥偶、神像的制作、摆放既有固定的程式动作，也是与仪式程序同步进行。这些表演类别间的相互配合协调，以递进式的重复，完成了对仪式表演主题的强调与深化。

综上所述，在东巴仪式表演中，口头传统及仪式的表演类型有着严整的结构单元，与口头传统文本的平行式结构相类似，仪式表演文本中的结构单元从最小的表演动作到表演步骤、表演程序、表演类别形成了金字塔式结构，这些结构单元通过并列平行或递进平行的方式达成了更完整的仪式叙事文本，同时也构成了各种仪式类型或表演类型。当然，这种仪式表演结构的组合方式在以仪式叙事为中心的南方民族的史诗传统中也广为存在，甚至在京剧、越剧、木偶剧、皮影戏以及现代综合艺术中也是广泛存在的，它既是形成传统的主要决定性因素之一，也构成了传统在不同时代背景下得以可持续发展的内因。也就是说，以前我们所说的表演套路，其实已经包含了口头与不同表演单元之间的最大公约数——程式，这些不同表演行为程式之间的统一矛盾关系构成了推动传统艺术发展的动力源泉。

第十一章

东巴经的口头程式与经文书写

一 口头程式理论概述

　　口头程式理论，又称"帕里-洛德学说"（The Parry-lord Theory of Oral Composition）。程式（formula）、主题或典型场景（theme or typical scene）、故事型式或故事类型（story-pattern or tale-type）三个概念，构成了口头程式理论体系的基本框架。是 20 世纪中期发展起来的民俗学理论。这一理论中程式是指在相同的格律条件下为表达某一特定意义而经常使用的一组词语。主题是指在传统地、程式化地讲述故事时有规律地使用的一组意义，它描述了某些不断重复出现的基本事件。故事型式则是指故事讲述中核心而稳定的叙事框架（skeleton of narrative）。口头程式理论的创立是基于对千百年来历代学者争论的"谁是荷马？他是怎样创作出被我们称之为荷马史诗的作品的？"这一被学界称为"荷马问题"的研究。20 世纪初，古典学学者米尔曼·帕里（Milman Parry）突破以往研究的格局，在继承前辈一直以来所取得的语文学研究成果，结合活形态的口头史诗演唱传统的民族志研究，通过实地观察和比较研究发现了古典文学研究与活形态的史诗演唱传统之间的密切关系。认为程式化是口头文学活动的基本特征，而这种程式来自悠久的传统。艾伯特·洛德（Albert Lord）是帕里的学生和助手，也参与了调查活动，而此后洛德所著《故事的歌手》（Singer of Tales）在 1960 年的面世无疑是对这一理论的丰富和发展做出了巨大的贡献。为此学术界把师徒二人共同创立的"口头程式理论"也称为"帕里-洛德理论"。"凭借着这几个概念和相关的分析模型，帕里-洛德理论很好地解释了那些杰出的口头诗人何以能够表演成千上万的诗行，何以具有流畅的现场创作能力的问题。"后来在世界各地出现了对不同地域和族群的口头传统的论述分析，这一理论在诗歌领域的有效视角得到了验证，而且通过这一系列的研究，理论得到了不断的丰富和发展。"已成功地应用到了多达 150 种语言传统的学术阐释中。另外，帕里-洛德学说与晚近才发展起来的重视非精英文化、非主流文化的人文思潮有某种契合关系，因而它不仅影响了20世纪美国民俗学的发展轨迹，并且成为西方知识界'口承—书写大分野'（The Great Divide Between Orality and Literacy）这一文化论争的先声，为传播学、书写研究、文化研究等领域带来了更为广阔的理论视野。"[1]

我国学界一直以来也运用口头程式理论研究口头诗歌和古代经典。20世纪70年代美国汉学界王靖献（Ching-Hsien Wang）以中国《诗经》为研究对象，出版专著《钟与鼓：诗经的套路及其创作方式》。此后还有像郑土有对吴语叙事山歌的研究等运用于汉语口头诗歌的研究。当前国内对该理论的运用和实践主要在史诗领域，比如朝戈金对蒙古史诗《江格尔》的研究，阿地里·居玛吐尔地对柯尔克孜史诗《玛纳斯》的研究，罗钶对《阿诗玛》语词程式研究等。本文把纳西族东巴文献作为研究对象，是把这一理论体系和研究方法运用于以相对独特的象形文字记录的原始宗教经典，以便进一步探索并丰富此理论及实践。对东巴经口头程式的分析，且东巴文字书写东巴经文本的方式和口头程式的独特性，或许可以为书写和文本的文化运作过程的理论建构有一定的贡献。

需要说明的是，为了更好地分析并呈现东巴文献当中的口头程式传统，本文以国际音标转写文献的纳西语读音。

二 东巴经的口头程式

东巴经，纳西语称作 to^{33} ba^{21} the^{33} ɯ^{33}，意思是"东巴用的书"。主要用于东巴教仪式中，每一种仪式都有相对固定的用书。东巴经以东巴文字书写记录。根据仪式分类，东巴经分为四类：祈福类、禳鬼类、丧葬类和占卜类。按用途分类有吟诵类和非吟诵类。非吟诵类包括规程类经书、占卜经书、舞谱等。东巴经记载有纳西族生活的自然环境及纳西族社会生产生活的广阔内容，记载有绘画、音乐、舞蹈等古代纳西族艺术，体现了纳西先民对于人与自然、人与人及社会组织的认识。被誉为纳西族古代社会的百科全书。吟诵类东巴经当中保留了较为完整的纳西族古代文学作品。学界称为东巴文学。东巴文学是东巴教与纳西族民间文学的交汇形式。东巴经一方面用于宗教，体现了宗教的思想；另一方面是纳西族民间文学的宝库，蕴藏着丰富的神话、传说、史诗、故事、谚语。吟诵类东巴经为韵文体的形式。多以

---

[1] 朝戈金、巴莫曲布嫫：《口头程式理论》（Oral-Formulaic Theory）[EB/OL].（2006-06-08）. http://iel.cass.cn/news_show.asp?newsid=868.

奇数言构成，有五言、七言、九言、十一言，五言、七言居多。仪式中，和着鼓点的节拍更觉其优美的节奏和韵律。这样的效果是与东巴经文严密的奇数言形式分不开的。音节数目配合得匀称、整齐以增加经文的节奏感，这构成了东巴经语言的形式特征。东巴在仪式中，伴以板铃、皮鼓、马锣、钹、海螺、牦牛角，打击、摇动、吹响的较为单调的节奏，吟诵的经文极富诗的跳跃感，朗朗而上口，跌宕而起伏。东巴经没有严格的押韵规律，但在吟诵中却能感觉到它很强的节奏，这样的效果，还有其他的因素使然吗？

"口头理论在其演进的过程中有两个至关重要的发展。其一便是抛弃掉以往对于口头的和书面的所做的过于简单化的区分。书面的东西完全可以与口头传统并肩而立。学者们已多次证明口头传统中的语言有被书面文本采用的可能。"我们在对吟诵类东巴经的研究中，就发现了诸多口头痕迹，即大量"程式化"表达的痕迹。因为"程式分析可以表明特定的文本是属于口头的还是书面的，一个口述文本会很清楚地表明它是由程式来主宰的……"这表现在东巴经形式结构、语词表达、叙述方式、故事框架等多个方面，从中可以清楚地看到高度程式化的口头传统痕迹。同时，这一视角或许也可以为我们研究东巴经韵律节奏打开另一扇门。

（一）语词程式

通过文本分析，发现东巴经中存在大量固定的、通常不再切分的词组和短语，经常出现的"重复语""常出现的形容词"以及"惯用的词语"等。它们是经文最基本的构造单元，可称为"语词程式"。

1. 固定修饰的语词程式

如 $sŋ^{33}bv^{33}ə^{33}phv^{33}$ 斯补阿普、$phe^{21}be^{33}ə^{33}dzŋ^{33}$ 培本阿祖、$le^{55}tɕə^{21}ə^{33}sŋ^{21}$ 楞周阿斯、$bv^{33}le^{21}ə^{33}me^{33}$ 补楞阿美（音译）。其中，阿普、阿祖、阿斯、阿美，纳西语义是祖父、祖母、父亲、母亲，但是其前的固定搭配因历时久远，以至于特殊的修饰意义即使是东巴们也已不知其意。这一现象正体现了洛德在帕里对程式的定义之基础上的补充，他指出，程式是"思想和吟诵的诗行相结合的产物"。

又如 $ko^{33}phər^{21}ʐo^{33}tɕi^{55}$ 戈盘若基、$khæ^{33}me^{33}mi^{55}tɕi^{33}$ 开美名金。前者主要指英武的年轻男子、后者指美好的年轻女子。$ʐo^{33}tɕi^{55}$ 是男子、$mi^{55}tɕi^{33}$ 是女子之意。

东巴经当中对动物都有程式化的形容词修饰。如 $hæ^{33}ʂŋ^{21}y^{21}ʂŋ^{21}$ 黄金猴子、$uɑ^{21}hər^{21}mɯ^{33}dʐər^{33}$ 绿松石天龙、$dv^{33}phər^{21}si^{33}gɯ^{33}$ 白海螺狮子。在 y^{21} 猴子、$mɯ^{33}dʐər^{33}$ 天龙、$si^{33}gɯ^{33}$ 狮子等动物前的色彩形容词是固定的搭配。

mɯ³³ dʑy³³ ku⁵⁵ ʂua²¹ 高远的天空、dy²¹ dʑy²¹ khuə⁵⁵ gɯ²¹ 辽阔的大地、bi³³ thv³³ khɯ³³ ʂər²¹ 日出温暖、le²¹ dʑy³³ uə⁵⁵ uə⁵⁵ 月光明亮。对天空、大地等自然物的修饰形容词也基本为固定的搭配。

2. 联合程式

东巴经中有很多成对出现的联合式词组，用连词 ne²¹ 连接。联合词组构成了特殊的程式。有的是一阴一阳的组合、有的是相同类别的组合、有的是相同职能的组合。

如 lu²¹ ne²¹ se²¹ 卢神和沈神、tʂhɿ⁵⁵ ne²¹ y²¹ 山羊和绵羊、dʑɿ²¹ ne²¹ bər²¹ 犏牛和牦牛、mɯ³³ ne²¹ dy²¹ 天和地、dʑy²¹ ne²¹ lo²¹ 山和谷、py²¹ ne²¹ pha²¹ 东巴和卜师、tʂhə⁵⁵ lər⁵⁵ 测者和量者。

3. 高度程式化的短语

东巴经中存在大量高度程式化的短语，这些短语都有固定的用法，在文本中有固定使用的位置。

ə³³ sɿ²¹ ə³³ gv³³ ŋə²¹ 像父亲舅父般的我（用于东巴自称）

ze⁵⁵ tɕi³³ bə³³ y²¹ 捷足年轻人（仪式中的帮手）

dʑi³³ dʑə²¹ la³³ lər³³ dy²¹ 人类生活的辽阔大地（大地）

ə³³ la³³ ma²¹ ʂər⁵⁵ ȵi³³ 远古的时候（经书开篇或者多则故事之始）

bi³³ thv³³ mə⁵⁵ tʂhɿ³³ ȵi³³ 天气晴好的一天（作仪的好日子）

sɿ⁵⁵ ha³³ i³³ so²¹ gv³³ 三天后的早晨（泛指几天以后）

dʑɿ²¹ i³³ dər³³ ʂər⁵⁵ 流水满潭、kho³³ y²¹ he³³ hɯ²¹ 声轻神安、zɿ³³ ʂər²¹ ha⁵⁵ i³³ 延年益寿（东巴经最后的祝福语）

ly²¹ lo³³ miə²¹ 司掌看的眼、dʑi³³ lo³³ khɯ³³ 司掌走的脚、ta⁵⁵ lo³³ ɕi⁵⁵ 司掌说的舌、ʂv³³ lo³³ nɯ³³ 司掌想的心、y²¹ lo³³ la²¹ 司掌拿的手（指眼睛、脚、舌头、心、手）

（二）句法程式

在行与行、语段之间同样有程式化的因素存在，这便是"句法程式"。这里从方位、自然万物、人物（或神灵）、数目等几个方面加以分析。

1. 方位程式：这一程式多以方位词为基础。如上下、前后、左右、东南西北中。前一句是上，下一句是下；前一句是左，后一句是右；先说东方，接着说南方、西方、北方，最后是中间。

例1：

uæ³³ i³³ bi³³ thv³³ lv²¹，bi³³ thv³³ tʂhɿ³³ ȵi³³ lv²¹；i²¹ i³³ le²¹ tʂhe⁵⁵ bu³³，le²¹ tʂhe⁵⁵ tʂhɿ³³ ȵi³³ bu³³。gə²¹ i³³ la³³ sa²¹ to⁵⁵ khɯ³³ phər²¹ nɯ³³ mɯ²¹ dɯ⁵⁵ dɯ³³，gv³³ dʑɿ²¹ khv⁵⁵ dẓๅ²¹ ɯ³³, khv⁵⁵ ɯ³³ tʂๅ³³ khv⁵⁵ ɯ³³；mɯ²¹ i³³ bv³³ lv⁵⁵ ẓɿ³³ ẓa²¹ mæ³³ nɯ³³ gə²¹ dɯ⁵⁵ dɯ³³，le³³ bv³³ he³³ dẓๅ²¹ ɯ³³，he³³ ɯ³³ tʂๅ³³ he³³ ɯ³³；mɯ³³ ne²¹ dy²¹ ly⁵⁵ kv³³，na²¹ ɕi³³ mɯ³³ bv²¹ ha⁵⁵ dẓๅ²¹ kɯ²¹ dẓๅ²¹ ẓy²¹ dẓๅ²¹ ɯ³³①。

　　左边出太阳，太阳今日暖；右边出月亮，月亮今日明。上方从拉撒垛肯盘往下，古孜人善于推算年份之吉凶；下方从补鲁日饶满往上，冷补人善于推算月份之吉凶；天地之间，纳西人善于推算日子、星象之吉凶……

　　例2：

ɕy⁵⁵ hər²¹ he²¹ khu³³ gə²¹ nɯ³³ tʂๅ⁵⁵，dzər²¹ phər²¹ gə²¹ nɯ³³ tʂๅ⁵⁵，dzo²¹ phər²¹ gə²¹ nɯ³³ tʂๅ⁵⁵，ẓv²¹ lv³³ phər²¹ me³³ gə²¹ nɯ³³ dɯ²¹；uæ³³ tɕhər²¹ i³³ le²¹ gv³³ tso²¹ mi²¹ nɯ³³ tʂๅ⁵⁵，tʂhə⁵⁵ uə³³ gv⁵⁵ uə³³ mi²¹ nɯ³³ thv²¹，tʂhədzər²¹ na²¹ me³³ mi²¹ nɯ³³ tʂๅ⁵⁵，ɯ³³ na²¹ tʂๅ⁵⁵ na²¹ y²¹ na²¹ mi²¹ nɯ³³ phæ³³②。

　　绿柳神门建上方，白色的祭木插上方，白色的桥梁架上方，白色的神坛设置在上方；左折右弯的九道秽鬼门建下方，九座秽鬼寨建下方，黑色的秽鬼祭木插下方，黑色的牛、山羊、绵羊拴下方……

　　2. 叙述顺序之程式：东巴经中对自然的描述、人物、神灵的出场使用了一些固定的俗套，句式可长可短，但有一定的顺序。这也是一种程式化的方式。如对自然的描述顺序是，先说天，后是地，接着是日月、星辰、山川、村寨等。众神的出场顺序是，先是盘神和禅神、嘎神和吾神、沃神和恒神，接着是端格神和优麻神；前句说到东巴，后一句必然要说卜师；前一句说到丈量神，后一句必是测量神；说到"署"自然神，必然接着就是"尼"，以及"里美"和"刹道"。

　　3. 比兴程式：朝戈金对蒙古史诗《江格尔》的研究中认为："实际上，这些所谓的起句之兴，在当时的民歌咏唱中可能就是一种民间自发产生并沿传的程式要求。"东巴经中大量运用的比兴句式，兴辞多与正句在内在意义上密切相关，也有个别兴辞只起谐音或发端的作用。兴辞（他物）可在正句（所咏之词）的前边，亦可置于正句的后边。兴辞与正句相对固定，为此我们认为，兴辞与正句的关系是程式关系。李静生认为，东巴经中比兴的运用有两个特点：（1）二者是相对固定的；（2）东巴要与宗教仪式分不开，诵诗与音乐、舞蹈分不开，所抒发的感情是群体宗教感情。

　　例1：

----

① 李英：《古事记》，《纳西东巴古籍译注全集》第39卷，云南人民出版社1999年版。
② 李英：《董术争战》，《纳西东巴古籍译注全集》第41卷，云南人民出版社1999年版。

gv³³ hɯ²¹ he³³ hɯ²¹, tʂhi⁵⁵ zi³³ bu²¹ zi³³。
　　心安神宁，马壮鬃秀。
例2：
bi³³ thv³³ lv²¹ me³³ he²¹ dʑi³³ hɯ²¹, nɯ³³ le³³　bi²¹　me³³ sɿ⁵⁵ zɿ³³ ʂər²¹。
　　日出温暖神行易，心中安宁人长寿。
例3：
pɯ³³ bu²¹ zə²¹ pɯ³³ bu²¹, na³³ pɯ²¹ kæ³³ nɯ³³ dʑy³³; æ³³ phər²¹ ʂu²¹ la⁵⁵ mu²¹, pɯ²¹ lɯ³³ ʂu³³ mu²¹ kæ³³ nɯ³³ dʑy³³。
　　蒿草坡啊蒿草坡，先有了黑蒿；白铜打铁模，出处来历先就有。

4. 排比程式：排比程式体现了经书的总体风貌。无处不在的排比式在客观上造成了重章复沓、一唱三叹的效果，是东巴经强化叙事的有效手段。东巴经中排比的运用，既有句子间、句组间的排比，又有段落之间的排比。排比句构成了东巴经语言的主要句式。在《纳西族文学史》分析东巴经叙事长诗《鲁般鲁饶》艺术特色中排比特征时有如下统计。

牧儿牧女给父母回话时所描写的天上星路、地上草路、山上树路、箐谷水路，是四个排比段。山下父母派十二种动物去接青年，也是洋洋大观的十二个排比段。约定迁徙、逃跑日子时对春夏秋冬四季景物的描写，是四个排比段。描写朱古羽勒排要逃跑，却一连十个晚上逃不成，有十个排比段。久咪第一次捎口信时表白的一段话，有三个排比段。描写羽勒排要去接久咪，有四个排比段。描写久咪想死而没有死，也有三大段排比。这些排比段的功用，有的是增助语势，有的是加浓感情，有的是隐喻象征，有的是渲染气氛和色彩，有的是强调内容的某一主旨，这样一唱几叹，往复回环，增强了艺术感染效果。①

事实上，东巴经语言大量的各个层次之排比的运用，也是其构成诗歌般韵律特征的重要手段，再加上其幻想、夸张、跳跃的思维所体现在语言上的特点以及排比与复沓的联合运用，更增加了节奏感和韵律感。在排比中比喻、夸张、比兴等修辞的手段都是随情应景的各种表现手法，力求所说所写呈现出形象性、具体性，增强语言文字的感染力。语言优美，精练简洁，豪放精犷，想象奇特，大胆夸张，气势磅礴。在语言艺术上这些排比段的功用，有的是增助语势，有的是加浓感情，有的是隐喻象征，有的是渲染气氛和色彩，有的是强调内容的某一主旨，这样一唱几叹，往复回环，增强了艺术感染效果。下面的例子分别是句子间、句段间的排比，从中可以领略到排

---

① 和钟华、杨世光：《纳西族文学史》，四川民族出版社1992年版。

第十一章 东巴经的口头程式与经文书写　329

比程式在东巴经当中的深刻含义。

例1：

lv³³ ʐo³³ lv³³ mi⁵⁵ tʂʅ³³ ua²¹ me³³，gu²¹ tʂhu²¹ tɕi⁵⁵ mə³³ thy⁵⁵，tʂhua⁵⁵ phu²¹ bɯ³³ ne¹² ȵi²¹；khɯ³³ ɯ³³ kua²¹ mə³³ tʂhʅ⁵⁵，dæ³³ phu²¹ bɯ³³ ne¹² ȵi²¹，ʐo³³ ɯ³³ gæ²¹ mə³³ hæ³³，u²¹ phu²¹ bɯ³³ ne¹² ȵi²¹，bɯ³³ ɯ³³ tʂhu²¹ mə³³ hæ³³，dʑy²¹ phu²¹ bɯ³³ ne¹² ȵi²¹。①

所有的青年男女们，会像没配上鞍鞯的快马，像鹿一样逃脱；不套上项圈的好狗，像狐狸一样逃开；没披挂铠甲的好男儿，像仆人一样逃离；不佩戴珠玉的好女子，像女婢一样逃走。

例2：

mɯ³³ ə³³ pa²¹ gə³³ mɯ³³；mɯ³³ so³³ tho²¹ gə³³ mɯ³³；mɯ³³ tho³³ lo³³ gə³³ mɯ³³；mɯ³³ lo⁵⁵ lo²¹ gə³³ mɯ³³；mɯ³³ da²¹ phu⁵⁵ gə³³ mɯ³³；mɯ³³ ba²¹ pu⁵⁵ gə³³ mɯ³³；so²¹ i³³ bi²¹ thv³³ o³³ lv²¹，khv⁵⁵ i³³ le⁵⁵ tʂhe⁵⁵ mi³³ bu³³ me³³ gə³³ mɯ³³；dʐʅ³³ la²¹ ə³³ phv³³ mɯ³³；dzi³³ ɯ³³ ku⁵⁵ ʂua²¹ mɯ³³；tɕi²¹ phər²¹ gv³³ thy⁵⁵ mɯ³³；kɯ²¹ phər²¹ ly³³ dɯ²¹ mɯ³³；sʅ²¹ gv³³ dɯ⁵⁵ dɯ³³，sʅ³³ khua³³ ʂua³³ ʂua³³ me³³ gə³³ mɯ³³。②

是天爷爷的天；是那笼罩大地的天；是如帽子般罩在人头顶上那神圣的天；是那碧蓝光滑溜溜的天；是那有阴天的天；是那有晴天的天；是那白天出太阳温暖、夜晚出月亮皎洁的天；是那孜劳祖父的天，是那良善高远的天；是那九层白云的天；是那有颗颗硕大灿烂星星的天；是那身材长的处处齐整美好的天。

例3：

dzʅ³³ gv³³ y³³ le²¹ phər²¹，tʂhʅ³³ sʅ⁵⁵ he³³ i³³ lɯ³³ bə²¹ ʂə⁵⁵，tʂhʅ³³ mɯ³³ tʂhʅ³³ sʅ⁵⁵ he³³，tʂhʅ³³ mɯ³³ be³³ phər²¹ gɯ³³，khɯ³³ tɕhi⁵⁵ ʐa³³ mə³³ dʑy³³，tʂhʅ³³ sʅ³³ he³³ i³³ bɯ³³ mə³³ tha⁵⁵。

tʂhʅ³³ se³³ ȵə²¹ le³³ tɕy²¹，ȵə³³ sʅ⁵⁵ he³³ i³³ bɯ³³ bə²¹ ʂə⁵⁵，ȵə²¹ mɯ³³ ȵə³³ sʅ⁵⁵ he³³，tɕər⁵⁵ pu³³ ly³³ dʐe²¹ lər²¹，tɕər⁵⁵ pu³³ lər²¹ me³³ tɕhi²¹ bɯ²¹ hə²¹，ʐo³³ ɯ³³ ha³³ mə³³ dʑy³³，ȵə²¹ sʅ³³ he³³ i³³ lɯ³³ mə³³ tha⁵⁵。

ȵə²¹ ʂe³³ ʐu²¹ tɕy²¹ tʂhʅ²¹，dzʅ³³ gv³³ y³³ le²¹ phər²¹，ʐu²¹ sʅ⁵⁵ he³³ i³³ lɯ³³ bɯ³³ ʂə⁵⁵，ʐu²¹ mɯ³³ ʐu²¹ sʅ⁵⁵ he³³，……③

---

① 和宝林：《鲁般鲁绕》，《纳西东巴古籍译注全集》第83卷，云南人民出版社2000年版。
② 李例芬：《纳西东巴古籍译注全集》第83卷，云南人民出版社2000年版。
③ 同上书，第163页。

冬天冬三月，朱古羽勒排想要来找开美久命金，冬天下白雪，天寒地冻的，男儿无鞋穿，冬天来不成；

冬去春又来，朱古羽勒排想要来找开美久命金，春天春三月，石缝中觅食的布谷叫得欢，布谷鸟儿叫，人间正缺粮，男儿无饭吃，春天来不成；

春去夏又到，朱古羽勒排想要来找开美久命金。夏天夏三月，……

（三）主题以及围绕主题的故事叙述程式

帕里-洛德认为，主题是指在传统地、程式化地讲述故事时有规律地使用的一组意义，它描述了某些不断重复出现的基本事件。我们认为东巴祭师主持的30多种仪式，每一种仪式都是一个大"主题"，所有的祭词和经文以及活动都围绕着这个主题。这个主题"有规律地使用的一组意义，它描述了某些不断重复出现的基本事件"。

东巴经典具有代表性的叙述程式是：某某祖先，遇某种危机，占卜以后又做了何种仪式从而化险为夷。现今，作为某某祖先宗族后裔之举行仪式的主人家遭遇了类似的情况，依循先例，请卜师占卜，举行同样的仪式，也顺利平安了。

例如除秽仪式。每年农历五月为了预防冰雹和泥石流等自然灾害以及各种流行性疾病侵扰人类，在有些纳西族地方就要进行 $tʂhə^{55}$ $nɑ^{21}$ $ʂu^{55}$ 大除秽仪式。在除秽仪式中要吟诵的经书约有50本，其中大部分是故事类经书。经书中都在固定的故事叙述框架之下讲述除秽这一主题。

《除秽·古事记》中记道：利恩五兄弟，兄弟不能争情侣，居命六姐妹，姐妹兄弟不能相婚配，可是他们结成了夫妻。他们悖理的行为，污染了天地日月，污染了大山沟谷，污染了房屋宅基。到处弥漫了污浊的秽气，三天过后，便洪水暴发，山崩地裂，人类面临了灭顶之灾。人们请来了占卜师占卜，是人类污秽的行为使得灾难发生，人们听从了占卜师的建议，请来了除秽的东巴行除秽之仪，利恩生活的时代才重新回归平安。

《斯巴空补、斯巴金姆的故事》讲述道：洪水暴发后，毁灭了村庄，只剩下斯巴空补及斯巴金姆两兄妹，兄妹为了繁衍人类，便结合作一家。但是，他们却生下了怪胎"臭"子。于是，斯巴空补把"臭"子切割成九十九块，撒向天地间。扔在树梢的变成飞鸟，扔在树腰的变成长斑的野兽，扔在水里的变成长鳃的鱼类。请来了占卜师占卜，是人类污秽的行为使得灾难发生，人们听从了占卜师的建议，请来了除秽的东巴行除秽之仪，利恩生活的时代才重新回归平安。

《为崇仁利恩除秽》：有妇之夫崇仁利恩与鲁美猛恩私通，养下三个秽子。从而不可避免地灾难肆虐。请来了占卜师占卜，是人类污秽的行为使得灾难发生，人们听从了占卜师的建议，请来了除秽的东巴行除秽之仪，利恩生活的时代才重新回归平安。

《搓笮搓饶的故事》：搓笮搓饶之妻沙拉沙趣与毒那爪所私通，养下秽子。从而那个时代也带来了灾难。请来了占卜师占卜，是人类污秽的行为使得灾难发生，人们听从了占卜师的建议，请来了除秽的东巴行除秽之仪，利恩生活的时代才重新回归平安。

事实上，东巴教的观念中尤其注重规矩、来源、程序。有大量的经典叙述起源。包括祭祀法器、祭牲、祭祀用品、仪式的规矩等的起源。仪式中，内容有时可详可略，但是一定要按照程序来办，如此，在东巴教仪式进行中、东巴教经典中处处体现着程式化的影子。

三　东巴经的口头程式和经文的书写

（一）东巴文字对文本的书写方式

东巴经籍有三种不同的写本：一是全用象形文字体系记写的写本；二是主要用象形文，偶有掺杂格巴文的写本；三是纯粹用格巴文记写的写本。多为前两种写本。介于格巴文字是音节文字的性质特征，讨论书写经文的功能和方法时，也主要讨论前面两种写本。一直以来，对东巴文字性质的研究，学者们都要论及东巴文字与语词的关系和记录方式。和志武总结认为象形文字书写东巴经有三种情况：一是以字记忆，启发音读；二是以字代句，帮助音读；三是以字代词，逐词标音。第一种"用字少"；第二种"不全句"。每个音节都标音，但此类情况较为普遍；第三种"为数甚少"。第一种和第二种情况属于字词关系里的有词无字类。[①] 李霖灿认为："所谓形字经典，只是东巴为协助其记忆，随意零乱记下之若干符号耳，其中或为插图，或以一字代表一句，绝非完整之文句组织，使人依其音读即可得其意其旨者也。"[②] 方国瑜指出："但写成的书，是把已有口说的经典简略记录，以助记忆，只供他们自己看，所以文字符号写得少，不把口语逐字记下来。""东巴教门用象形文字写经书，而不把口诵的全文写下来，每段只寥寥几字，要

---

① 和志武：《纳西应用文字举例》，《纳西象形文字谱》，云南人民出版社1981年版。
② 李霖灿：《麽些象形文字字典》，文史哲出版社1972年版。

读几句，文字符号只是帮助记忆，省略甚多。"① 基于东巴象形文字记写东巴经的特征，王元鹿认为："纳西东巴文化字尚处在从语段文字向表词文字发展的时代。"②

东巴文字以省略记写的方式记录东巴经语言，非是使图形符号或符号组跟语句中的词有一一对应的关系即吟诵类经典的书写方式。而另一种情况是，经书的跋语、规程类经书、咒语类经文，东巴文字多采用一字一音的对应，东巴文字逐一记录了每一音节。东巴文的这一记写方式，也运用在东巴文字应用性文献中。

（二）东巴经的口头程式和东巴经的书写

过去大多数学者在考察东巴象形文字以省略记写东巴经文的问题时，基本以东巴文字尚不发达，省借、通假、一字数义、数字一义的现象突出，从而文字不够用来解释并认为是其主要原因。由此推论东巴文字是语段式文字。然而，这却不能在根本上回答东巴文字的使用中以省略记写吟诵东巴经而经书的跋语、规程类经书和应用性文献的则是存在字词一一对应的问题。或许，从口头传统理论的视角可以为我们在相当程度上以解释我们原本探讨得不够深入或较为棘手的问题。通过大量的分析研究，帕里-洛德理论在对书写与口头传统的关系的论述中认为，口头传统与文本的书写具有谱系关系。口头传统理论把研究者的视角引入关注书面文本的语言风格之上。在探讨书写与书面文本的关系时，口头传统理论关注了文本语言的说话方式、叙述框架、语言的风格、文体特征、结构特点等因素。

在前面的研究中，我们已经知道东巴经文存在高度程式化的口头传统。这些口头传统中语词程式、句法模式、章句和节奏程式是相对固定的，各种层次的程式使得经文易于上口，程式也成为构成经文独特韵律的另一因素，易于记忆，便于流传，便于诵唱。而经书的跋语主要是交代经书书写地点、书写者的姓名、书写者年龄，也鲜有书写时间，以叙述、描写为主要表达方式。规程类东巴经，记录了仪式应准备什么祭木，怎样布置仪式场地，在什么时候该做什么，诵何经，东巴该做何动作。东巴文应用性文献，也基本是由东巴书写，主要有记账、便条、书信、地契、房契等。非吟诵类经书不讲究音韵，不讲究排比，是没有任何的束缚及限制的行文体例，以描写为主要表达方式。无论是跋语、规程类经书和应用性文献基本是平铺直叙。就其用

---

① 方国瑜、和志武：《纳西象形文字谱绪论》，云南人民出版社1981年版。
② 王元鹿：《汉古文字与纳西东巴文字比较研究》，华东师范大学出版社1988年版。

途而言，非用于吟诵，纪实及实用性是其主要特征。

据东巴文字记写不同语言风格的文本所体现出来的特征，我们认为高度程式化风格的口头传统对东巴文字书写吟诵类经文的方式起到了一定的作用，产生了较为深远的影响。也是因为高度程式化的口头传统使这一书写方式得以流传。在吟诵类东巴经中，文字只需满足帮助记忆和提示的需求，不是传承和流传的主要手段。口耳相传无论是在有文字或无文字阶段都是东巴经文传承的主要途径。高度程式化的语言特征和形式结构，一些固定的俗套，叙述有一定的顺序，经书内容大量的重复，文本本身回环复沓的韵律，即使文字不完全记全也可以记忆下来。高度程式化的口头传统是吟诵类东巴经文传承的基础，这也带有承袭的特征，对于传承者东巴来说可通过学习而获得。学徒东巴在学习伊始首先就要背诵经文。与此同时也通过抄写经书学习文字的书写。然而，背诵经文是基本功。东巴文字书写经文的方式证明，东巴文字的运用多为记录口头文献这一事实，但非书面的创作。此时，文字只是用来记录，而尚未用于创作。

四　结论

口头程式理论为研究者进一步深入地诠释东巴经文献的叙事方式和叙事艺术，探寻和梳理文本背后的实际、传统以及东巴文字的运用特征打开了另一有效的视角。笔者通过分析，认为东巴经存在语词、短语、句子、段落、格式、叙事等一系列的程式结构是东巴经所具有的口头传统的具体体现。东巴文字以省略书写东巴经的传统，根植于东巴经文高度程式化的语言风格、形式结构，是程式化文体结构与记忆的力量相结合的结果，呈现给我们东巴经口头传统、东巴文字与书写的这一文化运作过程中复杂而相互关联的面貌。而要探寻其中复杂的关联性，还有待丁从文字学、语言学、社会历史方面做出更为深入细致的研究。

第十二章

纳西族口头传统特征刍论[①]

纳西族口头传统源于纳西族先民的生产生活,依靠世代口耳相传、集体再创造而生生不息,成为一种包罗万象的社会生活文化事象。它不仅本身就是一种民俗事象,且记载和传承着民族的"根谱"。可以说纳西族任何一种民俗活动,皆有与之相对应的神话、传说、故事、史诗、歌谣等口头传统来解释、助兴、娱乐。一个纳西人从学民族语言时,就已经接受纳西族口头传统的熏陶,到生老病死、婚丧嫁娶、节日聚会,都有口头传统与之相伴。这些口头传统植根于民族文化土壤,富有生活气息和艺术特色,千百年来成为民间喜闻乐见、具有强大的生命力的文化标志和生活方式。口头传统内容类别繁多、作用多样,要作标准化的归类是困难的,如有些民歌中既含有歌谣的成分,也有谚语、谜语的特点;有些民歌的主题来自民间传说或神话史诗,很难把它划到具体的一类中。纳西族口头传统因类别、体裁多种多样,其特点也是各有千秋。如神话突出的是神灵的神圣性,民间故事强调的是情节,史诗则以宏大叙事见长,歌谣则以咏志抒情取胜,谚语、谜语以其短小精悍、发人深思而独存。所以要对纳西族口头传统的特征进行总结,只能从宏观的、历史的方面来把握。

一 口耳相传中形成的口头表达艺术

何为口头传统?"从民俗学意义而言,口头传统是一个民族世代传承的史诗、歌谣、说唱文学、神话、传说、民间故事等口头文学以及与之相关的表达文化和口头艺术,它不仅是民族文化传统的重要组成部分,也是全人类共同的文化遗产和精神财富。"[②] 口头传统又称口头表达艺术,这是因为口

[①] 本章作为"东巴文献及其当代释读刊布和创新"阶段性成果,以《纳西族口头传统特征刍论》为题发表于《中央民族大学学报》2016 年第 1 期。
[②] 朝戈金:《口头传统:人文学术新领地》,《光明日报》2006 年 5 月 29 日。

头传统的基本载体不是文字而是口头语言，口头性是口头传统的一个最主要的特点。这种口头性主要表现在以下三个方面。首先，这一传统的产生及创作是依靠口耳相传来完成的。虽说纳西族东巴经是有文字的宗教经典，但不可忽视它们最初的本源是口头流传的，是对口传经典的忠实记录和再创造，同时，这些卷帙浩繁的东巴经书并不是用来看的，而是用于仪式上的吟诵，属于半口传的口头传统文本。与东巴经相对应的达巴经①，迄今为止也是以口头形式流传，其内容、体例大致与东巴经相差无几，说明达巴经与东巴经在同一氏族时期中衍生而来，且最初以口头形式流传。

丽江这边的东巴虽有东巴经书，但这种经书是为诵经时提醒记忆而书，可以说是口诵的记忆线索。口头念出的经文不一定一一在经书中相对应，里面的东巴象形文字只是起到方便记忆的作用。如在卷首画一虎头，念出来时并不只发一音，而是发出"阿老蒙什尼"五个音节，其中的"老"意为老虎，以关键音标全句。全意为远古的时候。为什么以虎头引申为远古？纳西族先民在历史上有过虎图腾崇拜，是所有图腾崇拜中较早的民俗信仰，故以虎头表年代久远。与鲁迅先生说的最早的文学派别是"杭育杭育派"一样，口头传统一开始就是以口头的形式存在。真正的东巴大师以记忆惊人、能诵会解而著称，有些著名的大东巴可以把上百册经书倒背如流，引用自如。他们对传习的弟子的要求也是博闻强记，这样出去做法事就能轻松自如，不必背上沉重的经卷行囊，这样也会被同行所讥笑。有些口头传统本身是在劳动中产生，在漫长的无阶级和阶级社会中，很少有机会学习文字经典，他们的生产生活经验、科学知识大多从祖上口传而来；同时，大量的口头传统随时代的发展而应运而生。如《阿一旦的故事》，应该是纳西族地区进入封建经济形态以后才产生的；《栽秧调》《犁牛调》只会在纳西族进入农耕社会后才产生；《哭情调》是在三从四德的封建伦理渗透到丽江后才有的。"诗歌合为事而作，文学合为时而兴。"口头传统的口头性因其迅捷、简洁、通俗的特点在民间获得了极为深广的表现空间及生命力，并且在口头传统上表现得淋漓尽致。

其次，传承也是靠口头形式来完成。人们在田间地头尽兴而唱，在丧葬礼仪哀婉倾诉，在烟火缭绕的祭天坛上庄严而诵时，这些所诵所唱的口头传统或以优美的词语，或以扣人心弦的讲述，或以入情入理的说理，或以惊心

---

① 达巴经即纳西语西部方言区纳西族支系摩梭人的口诵经典，因其宗教祭司称为"达巴"而名。达巴教与东巴教为同源异流关系，达巴教的发展比东巴教缓慢，基本上保持着原始部落宗教的特征。达巴经书皆为口诵经书，据传约有117余部，现流传的有60余部。

动魄的情节，一唱三叹的旋律，在特定的场合中弥漫开来，深深地浸染着每一个在场者的心灵。这种深入人心的说唱其实也是一种心灵与口头相结合的传承。得于心而应于口。不同场合，不同时间，皆可以口头文学形式表达自己的心志。东巴的师徒传承以口耳相传为主，民间艺人更是如此，自小受这种口头文学的熏陶，不自觉地接受了民族传统文化教育。青年男女谈情说爱，如果不会"时授"，不懂得使用"增缀"的修饰，就很难找到心仪的伴侣；一个家庭主妇在其家人去世后不会哭丧，就会为邻里亲戚所不齿；一个村民在村中听不懂"谷气"，"喂默达"就备感形影孤单。口头传统的口头传承植根于深厚的民间土壤中，可以说，只要有民间的存在，口头传统是不会消失的。

最后，这种口头性是通过说讲、诵唱或说、诵、唱相结合而实现的。东巴大师在宣讲经义或主持仪式的诵经时，其语调并非一成不变、单调乏味，而是结合史诗中具体的情节、人物个性，时而娓娓而叙，时而慷慨激昂，时而沉吟低咏，这种似唱似吟、讲唱结合的形式称为东巴唱腔，尤以其中结婚调、丧葬调更为突出。《鲁般鲁饶》是一部爱情悲剧长诗，东巴诵唱此书时，一般安排在夜深人静之时，也防止青年男女听到后相互仿效。这部长诗的艺术魅力不只是表现在内容情节上，也与东巴声情并茂、哀婉动人的诵唱有着密切的关系。好多青年男女不顾禁令及深夜霜露，偷偷倾听，为男女主人公的忠贞不渝而感动，为宁为玉碎、不为瓦全的爱情境界而折中悲叹，一次次为身临其境、细致入微、声情并茂的说唱打动心扉，无语凝噎，潸然泪下。丽江成为"殉情之都"[①]，与受《鲁般鲁饶》这一东巴经典的对民族性的深沉影响有着内在关系。可以说，纳西族的传统文化少了口头传统这一块，就失去了文化重心而逊色不少。

二 口头传统的创作、传承是以集体的形式而实现的

集体性与口头性相辅相成，这种口头传统的创作、传承是以集体的形式而实现的。好多口头传统流传到现在，并不知道这篇长诗是谁创作，这首民歌是谁首创，因为这无从考证，也非个人所为，它是应时代要求而产生，产生后在不同时代不同群体予以了再创造、再加工，使其一次次获得了鲜活的生命力而源远流长。首先，口头传统表现在它所表现的主题上。歌以咏志，

[①] 顾彼得：《被遗忘的王国：丽江 1941—1949》，李茂春译，云南人民出版社 2007 年版。

文以载道，诗以传情，这些口头传统集中反映了民间社会的审美情趣，表达了民族集体的价值观、道德观。如从东巴史诗中可以清晰地看到纳西先民经历过的自然崇拜、神灵崇拜、灵魂崇拜、祖先崇拜的发展脉络；从《阿一旦的故事》中了解明清时期丽江的社会状况；从谚语中领悟到纳西族民间对农业、畜牧等生产知识的总结。这些都是集体智慧、集体经验的提炼及升华，绝非个人所为。

其次，这种集体性还表现在受众群体上。没有读者就没有文学，没有听众就失去了歌声。任何口头传统因受众而存在，它的生命力也体现在广大受众的态度、感情之中。任何一部口头传统作品只要失去了群众的认可就失去了存在的空间。当然这并不是说个人在口头传统中毫无作用，相反，许多著名民间歌手、艺人、祭司在口头传统的创作、传承中的作用是相当重要的。纳西族的东巴就是一个典型，一个大东巴，就是民族文化的集大成者，他不仅通晓口头传统艺术、熟谙仪式轨程，同时也是社区集体的代言人，在民族群体中享有崇高威望。有些仪式、有些口头传统作品并不是每个人都能胜任，它的演唱、主持、传承往往是由这些民间艺人、歌手、祭司完成的。一般的民众不可能掌握那么多的口头作品，那么繁富复杂的歌舞演唱等技能。民谚有言："摆古摆不过东巴，对歌对不过东巴。"另外，血缘传承、师徒传承也决定了口头传统传播过程中个人的作用。但需要强调的是，这种个人作用与集体性并非截然对立，而是辩证统一、有机结合的。如果一个歌手一味故步自封，抱残守缺，泥古不化，他再高深的知识或技能也是派不上用场的。一个优秀的民间歌手或创作能手是懂得如何反映听众的心声，表达他们的感受，他的威望是不断地通过与听众的互动而实现的。这种互动形式往往以集体合作方式来实现，《阿丽丽》《喂默达》往往是一人领唱，众人相合；《时授调》是男女二人对唱；《丧葬调》《起房调》《结婚调》也是通过集体合唱、对唱的形式来实现的。

再次，口头传统的演述是通过艺人与集体达成的现场情境中实现继承与创新的。洛德指出："每一次演唱都是一种特定的歌，同时又是一般意义上的歌。"因为每一次演唱的意义不仅限于演唱本身，那是一种再创造。关于歌与歌之间的这种相互联系的观念，比"原创的"或"变体"这类概念更接近口头诗歌的真实。[①] 这就是说，表面上听好像每一次民歌演唱都是"老调重弹"，但每一次都是在传统与现场基础上的再创新，这就是"每一次"与"这一次"的联系与区别所在。如《谷气》《喂默达》《时授调》《丧葬

[①] 参见尹虎彬《古代经典与口头传统》，中国社会科学出版社2002年版，第37页。

调》《栽秧调》等纳西族传统民歌,它们的调是传统的,但其具体演述的内容是现场即兴创作的,属于典型的"旧瓶装新酒",这些创新内容与具体的时间、空间、人物、事件等因素密切相关,集中而言,就是歌手的传统技能要在特定的场域中才得以彰显。一个民间歌手如果内容没有新意,语调没有色彩,不注重调动听众的现场气氛,他是无法赢得人心的。好多有名的民间歌手或东巴祭司,在进行仪式或表演过程中,无不在渲染现场气氛,突出当事者的情境。这种气氛与情境是集体的参与、互动。祭天时,在滚滚浓烟中,在抑扬顿挫的诵经声中,在严格的祭祀仪程执行过程中,现场的气氛是极为肃穆庄重的。每一位祭天群中的成员都从心底认为他们的诚心可以通达祖先灵魂处,可以通达天庭中的神灵。这种集体行为对个人不合群的言行是严加禁止的。这种现场体验绝非那些展演性质的宗教活动所能比拟。就是说这种现场性与集体的传统认同,集体的参与、互动紧密相连。同时,传统文化的代代传承,沉淀下来的集体意识、集体表象对个人的思想意识都会产生深远的影响,任何人都无法脱离这种集体知识背景而独存。

三 文化传播带来的地域差异性

一方水土养一方人。同是一个民族,因所处地理区域、气候、周边民族不同,原来同祖同脉的文化习俗也会产生变异。即使是同一口头传统文本,在不同地域也会有不同的变异情况。纳西族口头传统的地域差异性主要体现在丽江与泸沽湖地区两个地方,如两地都流传有口头传统经典——《创世记》[①],但二者版本在内容、情节、人物形象、主题、故事范型等方面存在的差异可以说是小同大异。丽江西部方言区的东巴经与东部方言区的泸沽湖地区达巴经皆具有突出的原始宗教特征,以自然崇拜、祖先崇拜内容为主,但东巴经更多是维护父权等级制度、强调一夫一妻的婚姻制度的正统性,达巴经多以讴歌母亲、女性,敬奉女神为主题,强调母系家庭的正统性、和谐性。这在其他的口头传统作品中也有所反映,如泸沽湖地区流行的《情歌》《献给母亲的歌》多与尊崇女性的传统有关,丽江地区的《殉情调》《结婚调》与丽江汉文化渗透进来后发生的文化变迁有关。同样是《赶马调》,丽江与泸沽湖地区也有不少出入,因为所居地域不同,赶马的路程不同,周边的文化背景不同,所以具体的内容也产生了差异。丽江的《赶马调》是从

---

① 《创世记》在纳西族的东西两个方言区中有不同的称呼,丽江的东巴经称为《崇般图》或《崇般崇笮》,泸沽湖的摩梭人的达巴经称为《子土从土》。

马的来历唱起，然后一直随马帮所经过的地方，如拉萨、永昌、普洱、大理、昆明、北京，讲述如何买办商货、进行交易、购置结婚用品的过程。这与丽江特有的茶马古道文化有着密切的联系。这两个地方口头传统的差异性属于同源异流，除了两地所处的地理环境不同之外，与受到外来文化影响有内在关系。相对说来，泸沽湖地区地处藏区、彝区之间，主要受藏族文化，尤其是藏传佛教影响较大，喇嘛教在当地的文化地位明显超越了原生的民族宗教；而丽江则受汉文化影响深远，尤其是雍正元年（1723）实行"改土归流"后这一影响呈现加剧趋势，形成了以丽江古城为中心的汉文化传播圈。

口头传统的地域性表现在不同的风格及形式上。泸沽湖地区口头传统以热烈活泼、欢快轻松为主调，文学形式多与歌舞乐相结合，如泸沽湖地区的《丧葬调》是在死者火化前一天晚上演唱，民间认为一个人终生积善行德，能够寿终正寝是有福之事，说明死者会平安、顺利地回到祖居地，是值得庆贺的事情，所以"要唱起歌来，跳起舞来"，整个仪式充满了事死如生、豁达乐观的人生态度。丽江纳西族的口头传统以悲壮沉雄为基调，丽江的《丧葬调》也是通过讲述死者的生平事迹、祈祷死者来表达生死有常、自古皆然的生死观，也包含着通达释然的人生态度，但整个仪式是在一种悲凉哀婉、怀念咏叹的气氛中进行。另外，泸沽湖地区纳日人①的口头传统作品多七言一句，两句一段，没有"增缀"的借字谐音，② 这与丽江的口头传统样式也是不同的。

不同地域的周边民族文化对口头传统也有不同的影响。就丽江而言，大研镇及其周边坝区范围受汉文化影响较大；塔城、三坝、盐井、俄亚、泸沽湖地区等地受藏文化影响大；七河、金山、九河、金江、石头等地则受白族文化影响大。这种影响在口头传统上也表现出来。如泸沽湖地区纳日人中流传的不少民歌、谚语是从藏族地区传入，他们往往在藏族的调子上配上自己的歌词来唱；塔城的勒巴舞有些段落是以藏语来演唱；七河、九河、金山等地方的民间传说，尤其是历史人物、历史事件、名胜传说多与白族的历史有关。

---

① 纳日人指纳西族支系摩梭人，"摩梭"系历史文献对纳西族的统一他称，与现在的"摩梭人"存在着大小的关系，为了避免二者的混淆，本文中以当地民众的自称"纳日"来指代。

② "增缀"系纳西语，指民间叙事中的比兴手法，主要特征为"借字谐音"，即上下句必须内容连贯，上句是下句的起兴或比喻，下句是上句的承接、深化，而且下句中的一字必须借用上句中的一字音。

四　不同时空语境中的文本变异性

　　一个口头传统题材在不同时空语境中有着相应的变化，甚至异化，变得面目全非，所以口头传统的变异性主要体现在地域性与历时性两个方面。就地域性而言，不只是距离相隔较远的地区之间有不同的版本，就是同一个方言区的同一民间作品，也会有不同的版本。如在丽江广为流传的《达勒阿萨命》的故事，在丽江城镇、乡村、山区皆有不同的版本，如达勒阿萨命的出生地或变成达勒村，或变成木老爷家；其身份也或变成达勒村的村姑，或变成木老爷的三女儿。《金沙江与玉龙山的故事》也是有多种异文版本，如有的说金沙江姑娘是与玉龙雪山相爱而折东而来；另外版本说她是向往太阳升起的东方而朝东而来，玉龙与哈巴是天父派来阻拦金沙姑娘的。同样是《创世记》，泸沽湖地区纳日人与丽江纳西族的版本也是小同大异。这种变异性的原因有这样几个方面。

　　一是因流传地的社会文化情境不同而导致的变异。如在丽江的东巴经中，英雄祖先崇仁利恩与魔女鲁美猛恩，衬红褒白咪与魔猴余补拉什曾发生不正常的性关系，并分别生下了后代，东巴经中对这种行为进行了否定，并以最后杀死魔猴及其后代而告终；① 泸沽湖地区纳日人的达巴经中也有类似情节，但结果却大不一样：男主人公从德鲁依依与目米吉增咪分开期间都与魔猴发生了关系，并生下了猴人，但他们并没有杀死他们，而是用开水烫掉了猴毛，由此变成了人类。② 造成这种变异的原因同泸沽湖地区、丽江两地不同的婚姻制度有着内在的逻辑关系。

　　二是原型不在本地，是从外地传入的，对外来的口头传统进行了本土化处理。这早期在东巴神话中较为突出，主要是受藏族的宗教文化影响；后期则在传说、故事、童话方面更突出些，明显受汉文化的影响。譬如在汉族地区的灰姑娘型、地主财主型、两兄弟型、呆女婿型、机智人物型、巧女型等类型的故事已经在纳西族地区广为流传，这与"改土归流"后大规模吸纳汉文化的社会背景分不开。

　　三是受特定时期的意识形态影响。如20世纪六七十年代大兴阶级斗争，无中生有地炮制了大量的符合当时政治情境的"民间文学"。如上述的达勒

---

①　参见东巴文化研究所编《纳西东巴古籍译注全集》第41卷《除秽·为崇仁利恩除秽》，云南人民出版社1999年版。

②　参见拉木-嘎吐萨主编《摩梭达巴文化》，史诗篇《子土从土》，云南人民出版社1999年版。

阿萨命的传说,在东巴经中有较为详尽的描述,[①] 可能这是最早的原型,后来把女主公的家庭或变成贫苦家庭,或成为贵族公主,目的是突出阶级对立的尖锐性,不可调和性。阿一旦故事类型中也有些是后来补充进来的"现代版"。有个老学者曾回忆说当时还在读中学时,上面要求搜集口头传统,其实是集中在一起编写口头传统,搞"文学大跃进",一个月就编出一本集子。这样的"神话""传说"大多遭到了民众的唾弃,但有些至今仍在"谬种流传",贻害无穷。

五 东巴文化成为纳西口头传统的重要传承载体

首先是东巴文化对纳西族口头传统内容的传承。口头传统是民族最初的教科书,它讲述的是民族的历史,人类的起源,回答的是人类灵魂归宿,生存死亡的哲学问题,传授的是生产生活经验。这些都是人类可持续发展的基础,也是文明的基石,具有相对的稳定性,所以口头传统历经上千年,仍能薪火不断,源远流长。纳西族口头传统与东巴传统文化在概念范畴上存在着交叉重合,东巴—东巴经—东巴仪式—东巴文化,构成了纳西族口头传统的核心要素,深层影响了纳西族传统文化的生成与发展。譬如创世史诗——《创世记》中天地万物的形成,崇仁利恩上天求婚,下凡繁衍人类,诞生藏族、白族、纳西族三兄弟,祭天的开始等内容,因与祭天、祭祖、婚丧习俗紧密结合在一起,因而得以代代相传;《达勒阿萨命》《鲁般鲁饶》等爱情悲剧因其强烈的现实性、艺术感染力而散发着经久的艺术魅力;东巴经中随处可见的格言、警句、谚语等,以其简练的语言、深刻的哲理给人以启迪。

其次是东巴文化对纳西族口头传统形式的传承。这种形式的传承表现在以下几个方面。东巴经书中的文本在某种意义上是东巴文学的载体,其中包含了东巴神话、史诗、故事、传说、歌谣、谚语、谜语等不同文体的文学样式,这些不同体裁的文学样式构成了纳西族古代文学的宝库,深深地影响了以后纳西族民间文学及书面文学的可持续性发展。东巴文化对纳西族口头传统形式的影响表现在口头表达的范式上,东巴经典基本上是以诗行形式书写而成,在演述中也是以吟诵诗歌方式进行,东巴经典文本比较常见的修辞手法以比喻、排比、"增缀"居多,口头程式句法、类型化主题、故事范型、模式化人物形象也在东巴史诗、神话中大量出现。另外,东巴文化作为一门综合艺术文化,对纳西族的歌舞文化影响深远。和志武认为,"东巴为人家

---

① 参见方国瑜《纳西象形文字谱》,云南人民出版社2005年版,第584页。

念经，往往是有声有色的个人和集体的唱诵表演，配上鼓点和小马锣的回音，非常动听。诵经调以不同道场而区分，在同一道场中，又以不同法事和经书的内容而有不同的唱法；并且还有地区上的差别，如丽江、中甸、白地、宝山等，就有明显的差异。总起来说，东巴经诵经腔调有20多种，最丰富的是丽江坝区。从音乐本身价值来看，以丽江祭风道场和开丧、超度道场的诵调为佳。前者除配锣鼓响点外，有时还配直笛，唱诵《鲁般鲁饶》时，一般是中青年的东巴唱诵，声音清脆轻松，节奏明快，所以颇能吸引青年听众。后者往往不用锣鼓，而是采用集体合唱方式，庄重浑厚，雄音缭绕，表现的是一种较为严肃的气氛"①。东巴经、东巴仪式蕴含着丰富多彩的东巴唱腔、民间歌舞形式，并渗透到民间叙事传统中，共同构成了纳西族口头传统的表现艺术，如纳西族传统大调——《谷气》《喂默达》《殉情调》《丧葬调》《相会调》基本上是从东巴唱腔中嬗变发展而来，如民间丧葬仪式中演述的东巴乐舞——"窝仁仁"，在东巴领舞下，民众相互招手，团旋歌而舞，以其独有的艺术魅力，在民间一直经久不衰。

再次是主体的传承。这儿的主体是指口头传统的主要传承者，即口头传统的讲述者、集成者、传承者。口头传统的受众对象是整个民族的大众百姓，但不可能人人都能成为记忆超人、口才出众、熟悉民族历史文化的民间文化的代言人。在漫长的历史中，这种代言人由东巴来承担。一个大东巴往往是一个纳西族地区的民族文化或口头传统的重要载体。这样也意味着，一个大东巴的去世就会有不少口头传统经典无疾而终、随风而逝。民间文化传承者的传承本身属于民间文化传承重要的内容。往往有这种情况：东巴集中的地方，民间文化就异常丰富，传统文化生态也保留完好。一般来说，这种民间文化主体的传承主要有三种方式：一是血缘传承，传内不传外，传男不传女；二是师徒传承，师傅选徒或徒弟选师，皆以为人、才能、天赋为重要标准；三是多元传承，即包含了父子传承、师徒传承等多种传承途径。父子联名制、东巴师徒联名制就是这种传承关系的佐证。一个大东巴往往要转承多个德高学深的东巴才能有所成就。

六 仪式中的表演：口头传统的综合艺术文本

美国民俗学家纳吉通过对印度活态史诗传统与"荷马史诗"传统的对比，阐明"荷马史诗"形成的演化模式以及荷马史诗文本化的过程，建立

---

① 和志武：《纳西东巴文化》，吉林教育出版社1989年版，第211页。

了表演、创作和流布三位一体的阐释学模式,他认为口头传统的关键要素是表演。没有表演,口头传统便不是口头的;没有表演,传统便不是相同的传统;没有表演,那么有关荷马的观念便失去了完整性。① 流传至今的不少纳西族的口头传统文本中还保留着自然崇拜、祖先崇拜、神灵崇拜的原始宗教观念。这些宗教观念往往通过与之相关的宗教仪式表演得以实践与宣扬。东巴仪式是借助神灵故事来宣扬东巴教的主旨,其仪式行为又往往与仪式表演融合在一起,通过文本口头叙事、东巴舞蹈、东巴绘画、东巴音乐、东巴游戏等多元艺术表演形式的融合,给受众者以多种艺术审美感受、体验,从而达到"神话是真实的"的叙事目的,可以说,东巴叙事传统中的神话叙事同仪式叙事相辅相成,并行不悖。譬如《东巴什罗传略》是在东巴丧葬仪式上唱诵的主要经书,主祭东巴在仪式中以口头叙事方式讲述东巴教教祖东巴什罗一生的传奇故事,从他的出生、成长一直到杀魔除妖,最后葬身毒海的整个过程。而仪式现场,东巴助手们以舞蹈形式再现东巴什罗出生时的情景,如躺在地上,伸出左手做痛苦状,象征东巴什罗从其母亲左腋下出生的情景;然后东巴又模仿他蹒跚学走路的样子,还有他的脚跟上中了青刺后一瘸一拐的走路姿势……另外的东巴助手在仪式神坛上挂上东巴什罗的神像,在仪式旁边设置画有其形象的木牌,以及毒海场景,烘托"真实可信"的现场环境,在进行到"送魂"仪式时,主祭东巴一边念诵《送魂经》,一边手持油灯从《神路图》的最下端——"地狱"内容上方慢慢向上移动,依次讲述"人间""神间"的画卷情景。旁边东巴助手们也随着主祭东巴演述的故事情节展开舞蹈程序环节,手上有板铃、板鼓等乐器相伴奏。整个仪式场面带有浓郁的"仪式戏剧"的色彩,或者说东巴叙事通过仪式表演达成了如临其境般的演述场域,这一演述场域涵盖了口头传统所特有的口头性、集体性、传承性、地域性、表演性等方面的特征。

综上所说,这六个特征并不是单一地发生作用,它们是相辅相成地、有机地结合在一起,构成了纳西族口头传统的整体性特征,这些特征中内在的逻辑线索是口头性。神话、史诗、传说、故事、歌谣、谚语、谜语都是以语言艺术作为载体的,这是口头传统与其他民俗事象最突出的区别。同时,口头传统内部因体裁分类不同,其语言特征也产生了相应的差异,如神话、史诗语言中的神性,故事语言的起伏性,传说语言的传奇性,歌谣中语言的简

---

① 参见尹虎彬《在古代经典与口头传统之间——20世纪史诗学述评》,载《民族文学研究》2002年第3期。

洁明快性，谚语、谜语中语言的哲理性。语言区域的不同也会导致口头传统的变异，最突出的是丽江、泸沽湖地区两个西东方言区；同样，同属一个方言区，但周边民族文化影响程度不同，也会影响到口头传统，当然，这些变异了的口头传统首先是通过变异的语言传入的。语言天然具有的口头性、集体性、传承性、地域性、表演性，而东巴仪式通过观念实践使口头传统的这些特征得到了紧密、有机的统一。

下篇（一）
田野调查研究报告和文献翻译

一

东巴文化传人培养的一次实践和总结

"东巴文献及其当代释读刊布和创新"主持人曾经和丽江东巴文化研究院在2000年开始合作实施过一个培养东巴文化传人的项目，后该培养计划持续进行，所培养的东巴有的已经成为当前丽江著名的东巴了。该项目有些创新，现回顾一下这次东巴文化传人培养项目的过程和做法。

（一）实施此项目的社区文化背景

东巴文化是纳西族传承了几千年的宗教文化，一代又一代的祭司东巴是这一古老文化的传人。历史上，纳西族几乎所有的村寨都有东巴，这些东巴主持每个村寨一年之中的各种宗教仪式。几千年来，这种文化以父传子的形式传承下来。1949年以后，由于社会变革和文化变迁，这种几千年传下来的社区文化活动便停止了。20世纪80年代初期，中国共产党进行改革开放的政策，有关少数民族的政策得到落实，人们对本民族传统文化的价值也有新的认识，东巴文化的抢救与弘扬提到了地方政府的议事日程。丽江于1981年5月正式建立了旨在抢救、研究东巴文化为任务的专门机构"云南省社会科学院东巴文化研究室"（后改为所）。据1983年4月的统计，丽江纳西族乡村中尚有61个60—80多岁的东巴，这61个东巴是1949年以前就学成的，而且他们是在村里具体主持过较多的宗教事务的东巴。然而1949年以后，这些东巴就未能公开举行宗教仪式，有的东巴甚至已没有一本东巴经书了，由于丢的时间长，他们对东巴文化已经荒疏。为抢救东巴文化资料，东巴文化研究所先后聘请了10个东巴，协助研究人员做翻译工作，历时20年，对1000余种东巴经和30余种东巴教仪式做了抢救性的翻译整理工作。20年过去之后，东巴文化研究所所聘请的东巴已仅存一个已经94岁告老回乡的东巴。而在民间真正的东巴已所剩无几。

（二）所培训的8个东巴文化传人情况简述

和秀东，1980年11月20日生于丽江塔城乡依陇村民委员会署明村的一个世传东巴之家。和秀东的曾祖父叫"歪呆沙"（we dder sa），因为是东巴，故称"东沙河"。年轻时曾到新主大东巴和世俊家学东巴，和世俊的妻子有点不喜欢他，不让和世俊收这个学生，有一天，和世俊的妻子对东沙河说，"不是自己的马就骑不了它，你要带自己的书来"。东沙河听懂了她的话，便离开了和家。离开和世俊家后，他一路打工来到石鼓。他在石鼓见三个白地的东巴准备给一人家做"退口舌是非"的仪式，他旁观多时，白地东巴见他对他们的仪式感兴趣，就有意询问他一些东巴的事，他也能够一一对答，白地东巴就让他当"熊多"（即东巴的助手）。于是他到附近山上砍祭木，按尺寸把这个仪式上该用的祭木砍好背回家，三位东巴见他懂得这些"规矩"，就问他家住何方，家中是否有人做东巴，东沙河都一一回答，他们知道东沙河还是东巴世家子弟，非常高兴，征得他的同意之后就把他带到白地去了。他在白地学了四年的东巴知识后，才回到家里，原来家人因他不知去向，还以为他死了呢。

和秀东 3 岁的时候，他因家里是东巴而吃尽苦头，受尽折磨的祖父和顺从丽江城里参加了一个东巴座谈会回到村里。和顺在这次会议上，听到了地县领导和国内的专家学者对"东巴"所作的重新评价，激发了他的一腔热血，暗下决心回到村后，准备恢复一些东巴教活动。然而在当时，城里虽然对东巴做了重新的评价，但署明这样的地方还是笼罩着政治运动年代的思想，人们还是处于"谈虎色变"的状况之中，另外，由于多年的政治运动，和顺养了三个儿子，没有一个能继承祖业做东巴，那个时代就因为他过去是东巴，不仅他本人遭殃，还殃及了子女，还谈什么教子女学东巴！还好，村里的许多老年、中年的人，虽然多年没有做过东巴教的仪式，但他们还知道过去村里兴做些什么，心灵深处还信仰过去的一套传统习俗。和顺开了座谈会回到家里，他首先在村里恢复了祭天仪式，平时教小儿子和贵华，外孙杨玉华、族弟和世先和其他愿意学东巴的村中青少年。和顺把年仅 3 岁的和秀东随时抱到火塘边，在火塘边的烟熏火烤中让他熏蒸在东巴经的诵读之中。和顺这个老东巴特别钟爱和秀东这个长房长孙，据和秀东回忆，爷爷教给他东巴的各种知识，而从来没有指责过他。在和顺的眼里，和秀东是继承东巴祖业的希望所在。

和秀东的父亲叫和志华，1956 年生，是东巴和顺的长子，母亲是维西县其宗村人氏，有傈僳族血统。妹妹叫和秀华，质朴健康，非常可爱。和志华的幼年和青少年时代都处于政治运动的年代，他虽然诞生在东巴世家，父亲又是很有学问的东巴，但那时父辈们已不敢做东巴教活动，也不敢教自己的儿子学东巴，然而署明村毕竟是"山高皇帝远"的地方，因此一阵风似的运动和上面派来的工作队出村以后，山里仍然是一片寂静，几千年传讲不辍的古谱还是闲来无事时的谈资，一家人坐在火塘边，老人们便免不了讲述些纳西的历史和种种鬼怪神灵的故事，因此和志华还是从村里祖辈父辈的口中，知道不少纳西人的历史。又由于地处高寒山区，汉文学校教育的条件也非常糟糕，因而仅仅就读了几天小学，便走上了放羊做活的道路，后来便生儿育女，成了一名地道的山民，具备一个山民所具备的一切知识，将这个小家的生活安排得井然有序，更为重要的是他从父亲和顺那儿，学得了许多的草药知识，家里人生一小点病是无须出村求医的。

和秀东在5岁时进了村里的汉文小学，可是他对汉文兴趣索然，在父亲的责骂声中读完了小学第一册课本之后，他便再也没有踏进学校的门，父亲在无奈之下，便让他跟着他的爷爷和顺到高原放羊。署明高原有一片草地，俗称大草坝，海拔3000多米，面积大概有2平方千米，是一块高原湿地，四周原是千年古杉和满山的高原宽叶杜鹃。夏秋之季，大草坝中芳草萋萋，野花遍地，牛羊牧放其中，真是一幅优美的图画。草坝以西为维西县界，南边为丽江新主的山林，和秀东家的"化"（纳西语，指高原放牧用的简易房子和羊圈）便搭在草坝西北的一个坡地上，俯视草坝，羊子的活动可看得清清楚楚，东巴经故事中讲的纳西祖先都沙敖吐就好像也是在这样的高原上搭起了他牧羊的"化"。署明高原大草坝上，除了署明人，还有维西人和新主的人在放牧。村中牧者一年12个月有3个月在家，也就是在冰天雪地的季节，高原的气候已经十分恶劣，为了避免羊子冻饿，各家又要把羊子赶回家，三月开春后，各家又把羊子赶到高原。和秀东牧羊的那些年月，村里羊子并不是很多，因此亲戚之间便相互托管，由一两个人上高原放牧，冬季下山，羊子又赶回各自的家。和秀东几个叔伯家的羊子，便由爷爷和顺与和秀东牧放，多的时候有100多只，各家的情况大抵一样，家中的男丁劳力，一般在家里耕作，承担更为繁重的劳动，"牧羊人"一般是由家中的老人和小孩承担，因为他们都做不起耕作施肥、收获之类的重活。这是各尽所能的家庭分工。我们在署明几乎没有见到一个真正闲着的人，除非病卧床上。和秀东连小学一年级都不愿读完就跟爷爷上高原放牧，这却中了有心想传承东巴祖业的爷爷和顺的下怀，历经沧桑的和顺，用东巴特有的敏锐眼光，感觉到这个长房长孙的可塑性，他发现，他的这个孙子对东巴的每一件东西，每一句东巴经中的话，每一个东巴的文字都非常的痴迷。对东巴的舞蹈也十分着迷，走在路上都会载歌载舞，村里的人说，和秀东放羊痴迷于东巴舞，羊子丢失也不知道。古人曰"知之者不如好之者，好之者不如乐知者"，和秀东由"好之"进入"乐之"的境界，这便是和顺以为"可塑"的根本依据所在。天时、地利、人和便这样巧合在一起，和顺便抓住带孙子放牧的机会，有意识地向孙子传授东巴知识，好让自己的孙子把纳西东巴的知识继承下来，传承下去，一了心愿。署明的高原上有的是时间和宁静，爷孙俩的活动只有清风明月所知，和顺恐是"文化大革命"以后纳西族地区第一个有意识地试图培养"东巴传人"的老东巴了。然而好景不长，和秀东在11岁那年，爷爷和顺去世了。一个真正的东巴，用传统的方式，企图让自己的孙子从宗教的意义上继承东巴教文化，这是纳西东巴文化传承史上的一件重要事件，和顺已将和秀东引领到东巴教殿堂的门口，假设和顺再活10年，完全可能把他所知晓的知识让他的孙子全部继承下来，使孙子成为一个东巴，并有可能把孙子教育成一个传统的东巴应具有的人格条件和道德要求。屈指算来，和秀东跟爷爷学了六年的时间，以小学校的学历来比较，那该是小学毕业生了。六年里，和秀东从爷爷那里还是学了不少东西，他记得爷爷带他上高原放牧时是带了两本家传的东巴经，一本叫作《迎请本丹神》，另一本是《给天女那森本木除秽》，这是爷爷教他诵读的东巴经书"启蒙"读本，也是他第一次削制竹笔，第一次临写的两本东巴经，虽然他的临本是抄在纸烟壳子上，虽然他临写的东巴文字很稚拙，但他现在还珍藏着，因为这是他学习东巴文化的起点。此外，他跟爷爷学了一些东巴舞，学会了竹编，也学会了羊子得什么病，该给什么草药，草药该到什么山上采等。和顺去世后，和秀东承担了和氏几个叔伯家的牧羊任务，共在山上放了11年的羊子。

2000年9月，获福特基金会和美国大自然保护协会（TNC）的资助，和秀东从边远的署明来到位于丽江县城黑龙潭公园内的云南省社会科学院东巴文化研究所学习深造。当时，东巴文化研究所尚有两个老东巴，即丽江县鲁甸乡新主村的东巴和开祥和鸣音乡的东巴和即贵，他们都是在1949年以前就学成东巴的人，又于20世纪80年代初来到东巴文化研究所，苦读、探索了20多年的东巴经，已经成为当代的东巴大师。他们都传承正宗，学识渊博，在丽江而言已经是仅存的两位知识渊博的老东巴。和秀东及其他的几位同学都因遇上了这样高明的导师而欣喜，而两位东巴则在这样的一个传统不断消亡而无以为继的年代，来了这样几个纳西优秀青年拜师求学，心里感到非常的高兴、十分激动，决心要尽最大的努力把自己的知识尽数让这几个想学东巴的青年人学到手。

和秀东早在1999年丽江举行的国际东巴文化艺术节时以旁观者的身份自费到丽江观看东巴文化艺术节的活动，他也到黑龙潭东巴研究所拜访过和开祥等老东巴，当时和秀东就给和开祥留下了很深的印象，和开祥生前不止一次说过"和秀东可教"。到了研究所以后，和秀东与几位同学跟和开祥、和即贵学习。学习的方式和内容是研究所的研究人员和两位老东巴共同商定的。当时根据培养目的（即培养东巴文化传人的目的），研究人员和老东巴都一致认为，既然要培养"小东巴"，培养方式应以传统的东巴传承方式为主，以利用现代工具（如录音机等）为辅。东巴是纳西人东巴教的祭司，是东巴教传承的主体。过去，东巴主要是以父传子的形式传承下来的，在东巴家中，不论有几个儿子，一般在六岁左右，父亲就有意识地让儿子学习东巴，但不一定每个儿子都学成东巴，如有这样的例子，有个东巴生三个儿子，让三个儿子都跟他学东巴，后来三个都成了东巴，又如有个东巴生三个儿子，让三个儿子都跟他学东巴，后来，只有一个或两个学成了东巴，有的甚至一个都没有学成，因为每一个人的智力和志趣是不同的。如果某东巴家世代相传有东巴，就受到人们的尊敬，认为这个东巴家庭家学渊源，学问很深。绵连代数越长，越受人尊重，这样的家庭中出现大东巴的可能性也多，人们把一代接一代都有东巴传承的东巴家称为"本汝什"（biuq ssee sherq），而以历史上东巴都有传承，而至某一代断了根的东巴之家称为"本肯不"（biuq kee bbeeq）。过去纳西族的东巴都没有脱离生产劳动，他们和一般农民一样，生活来源主要靠农耕和畜牧，白天耕种或放牧，晚上坐在火塘边，休息聊天，或教子弟认东巴文、背诵东巴经。逢村中的宗教事务（每年在固定的时间里举行的仪式），如祭天、祭署、退口舌是非、祭村寨神之类的仪式，就要主持祭仪，同时有意识地让自己的儿子，在具体仪式中耳濡目染，学习仪式的各种程序和制作各种祭木的方法。遇村民有事请东巴举行仪式，东巴也带上儿子，让儿子边干边学。除了"父传子"方式之外，过去有的家庭也将自己的小孩寄居到东巴家学习东巴，他在白天要给老师家干一些力所能及的活，如放猪、放牛、砍柴之类，在东巴老师家表现得越勤快、越好学、越尊敬教师，东巴老师就越会把自己的知识毫无保留地教授给自己的学生，而现在已经没有这样的传统文化背景了。1950 年以后，由于东巴教被斥为"封建迷信"的东西，因此在丽江纳西人所住的地方，没有一个地方可以公开搞东巴教仪式活动，因此，东巴教在社会上逐渐衰落。

我们这里所说的按照"传统的东巴传承方式"来培养这些学生，主张的是不过分注重现代手段，运用国际音标记音，辅以录音机录音之类。而是要求学生学东巴经首先要死记硬背，把一本一本的东巴经背下来。这里，研究所所能做到的也只是让他们会诵读一些经书，懂一些简单的仪式程序，制作一些用于仪式的祭木和捏制一些面偶，而像过去一样把学生带到具体的宗教仪式场地让他们"耳濡目染"已经是很难办到的事。传统的东巴传授主要有三个方面：一是在火塘旁边的诵、读、写、画；二是仪式场中的程序及仪式设置的学习；三是在日常生活中充分展现现在研究所能做的是第一方面的传授，而空间上则换了个位置，即从乡村的火塘边移到城里的研究所，这是由于过去有传统宗教文化的土壤和背景，而现在已经基本上没有这个社会条件的原因。然而和秀东的家乡塔城乡署明村，由于地处边远、交通闭塞，这里的村民，特别是60岁左右的老人，还有传统的宗教信仰，有人生病，他们还往往归因于精灵把病者的灵魂摄去。此外，"文化大革命"结束以后，那里在和秀东的祖父和顺的带领下恢复了一些小规模的东巴教仪式，如祭天、祭素神、祭大自然神"署"、祭畜神、驱诵口舌是非鬼等，但所作仪式一般也从简。相对而言，署明是丽江保留传统文化较多的地方，故最初招四个学员来研究所培训学习，其中三个就来自署明。根据这个情况，研究所还决定这些学生到一定时间回村学习一次，以便向村中的老人学习在研究所里学不到的知识，如有人请他们举行仪式，或是村里有宗教活动，他们就去参与，以便实践自己所学得的东西。

和秀东到研究所后，更广泛地接触到东巴经，所里第一个阶段的学习安排是先从东巴教"祈福"类的仪式入手，逐一学习。由老东巴和开祥、和即贵教授，所里的研究人员配合。和秀东在从进研究所学习的2000年9月到2001年12月这一年多时间里，他已经掌握了如下东巴文化知识：能诵读60种东巴经书，并有相应手抄本，学会跳30种东巴舞，能做10种小仪式，能捏制10来种面偶。

当然，和秀东上述所掌握的知识，不全是在研究所里获得，在此之前，他就从他的祖父处学了不少，有了一定的基础。到了研究所，学习条件大大改善，和秀东在两位东巴的指教下，在原有的基础上深入学习了祭天、祭署、祭素神三个仪式的内容，扩张了原有的学识。到了2001年的下半年，东巴和开祥已意识到他的生命已余下不多，于是，他急切地想让和秀东学习东巴教的大仪式"祭什罗"的内容。按过去的习俗，东巴去世后，要举行一个与常人不同的丧仪，那就是"祭什罗仪式"。和开祥专门让和秀东抄写下祭什罗仪式中最重要的书，教他诵读，教他仪式的设置和仪式的程序，并不止一次地对和秀东说，我死后，你要给我举行"祭什罗仪式"，和秀东默默心领了。从那个时候起，和秀东便有了一个使命感，从一个弟子的角度讲，这个使命感对他来说是义不容辞的。当年大东巴和云彩去世前留下遗言，他死后要请和开祥替他做"祭什罗仪式"，并死前亲手抄写了这个仪式上用的一些重要经书，要家人转交给和开祥。和云彩没有等到有条件培养弟子的年代。2002年1月，因病回家多月的和开祥病危的消息传到丽江，东巴文化研究所的人员带上学员和秀东与和即荣（和开祥之孙）赶到和开祥家，虽然和开祥已经卧床不起，但从神色看还不是十分严重，和开祥见到和秀东来了，心里感到高兴，他叫和秀东坐在卧榻旁，给他讲"祭什罗仪式"上的"毒海"怎么做，看来那时自己感觉到自己实在没有多少天的生命了，他甚至担心主祭东巴如果不会按程序操作仪式，他的灵魂就会从"毒海"①里捞不上来。离开和开祥的那天，和开祥对研究所的李静生说："李老师，我是不会越过新年了。"听者甚为心酸，只好安慰老人："不会的，您会好过来的。"不料和开祥于2002年2月3日离开了人世。他去世时离新年只有几天了。那几天正下过几场大雪，高山早已被雪封住。在山的北面（和开祥的家乡丽江鲁甸乡新主村在山阳，而塔城乡的署明村则在山阴，过去这两地的东巴都有往来），和秀东在家里已坐卧不宁，按规矩，在新年前，他要到他的老师和开祥家拜年以尽师徒之礼，他已经备好了拜年的礼品。2月3日，他约了一个家乡的伙伴，离开署明翻山破雪来到新主和开祥家，然而在新主等待和秀东的已经不是给老师拜年，而是给老师做"祭什罗仪式"了。

和秀东在和开祥的灵前磕了几个头，急忙返回署明，去请举行这个大仪式所需要的人马，因为在和开祥的家乡已经没有人会帮和秀东做这个仪式了。和秀东回到家，请了现年72岁的在1949年前曾参加过"祭什罗仪式"的叔爷爷和训，和家乡一班学习东巴的青年共21人，其中专门跳的有12人，乘坐和训女婿杨秀峰的一架破卡车，连夜从公路绕道赶到了新主和开祥家，他们遵照和开祥的遗嘱，按照传统的祭什罗仪式和规程给末代东巴大师和开祥做了丧仪。那几天，临村的人都来参加和开祥的丧葬仪式，搞得很隆重，村上的老人说，他们已经多少年没有见过这种热闹的场面了。

和秀东在丽江东巴文化研究所学习期间，于2001年的8月和2002年1月至3月两次返回署明家乡向村中的长老学习。第一次回村学习，主要是逐一拜访村里的老人，向他们请教古规。他向村里的老人学到了许多传统的知识，也常有村里爱好东巴文化的青年人来闲聊，向他学习东巴经，要求他做这样那样的事，如伙伴们向他提出帮他们每人做一个东巴用的板鼓，和秀东二话没说，专程到江边买来山羊皮（因为这种鼓只能用山羊皮来做，不能用绵羊皮来做），满足了村里想学东巴的青年人的要求，而没有收他们的一分钱。又有一次，村里学东巴的10多个青年提出，待他回到丽江城后，帮他们定做黄铜板铃，他一到丽江便当作一回事，到四方街请白族工匠以最低的价钱给每人定做了一个。诸如此类的事，他不厌其烦，乐于帮人，因此村里的人对他也很好。

---

① 东巴神话中所说的一个鬼湖，相传东巴教祖师东巴什罗曾掉进这个鬼湖中。

东巴文化研究所第二次让他回村学习,是让他回村向村老专门学习东巴纸扎,过去东巴在做一些仪式时,要用纸扎,如神房、牦牛、马、鹿和鹤等,据和秀东的介绍,他们村里的和训、和明两位老人,还会传统的东巴纸扎。这是一种依东巴教的习俗而传承的纳西族纸扎工艺,时至今日,能够搞这种工艺的人不多了,如失传,那是很令人遗憾的。和秀东在丽江城里做了些准备工作之后,返回家乡,他把和训与和明请到家里,请他们教他纸扎工艺,那段时间,他向老人学了扎马、羊、鹤、灯笼的技术。在那次返村的两个来月时间里,除了向和训、和明学习扎纸技术以外,他遇到了和开祥逝世,在和开祥家参加"祭什罗仪式",耽搁了五天。这期间,署明村村民和尚志家请和秀东做"给署施药"(署是大自然之神),"切断绳、分清黑白"两个小仪式。署明村村民杨崇礼家请和秀东做"招魂"之仪。

东巴文化研究所培养东巴传人步入第二个阶段,是东巴和开祥病逝以后。2002年2月3日,和开祥逝世,几乎就在同时,另一位东巴和即贵也患了重病,在医院里抢救,出院后,身体虚弱,只好回到鸣音家里休养。这样,当时东巴文化研究所里已经没有东巴来教授这些正在培养中的传人了。2002年4月经过所里研究决定,鉴于这8位学生尚未完成原定的学习计划,因此暂由研究所的8位研究人员来负责辅导他们学习东巴经,主要是认读东巴文献。

和秀东由李静生老师负责辅导,这段时间里他主要学习了"祭署仪式"中的"汁笮"(zherl zzoq,即仪式规程经)和下列经书:(1)《祭署·高勒趣招父魂的故事》,(2)《祭署·普虫鸟路的故事》,(3)《祭署·唤醒署》,(4)《祭署·都沙敖吐的故事》,(5)《祭署·送傻署》,(6)《祭署·开坛经》,(7)《祭署·梅生都迪、古鲁古久的故事》,(8)《祭署·蚩堆斯汝、务鲁蚩堆的故事》,(9)《祭署·俺双金套姆和董若阿垮的故事》,(10)《祭署·沈爪构姆的故事》。

杨玉华,丽江县塔城乡依陇村民委员会署明村人,1978年生,汉文学校里读完了初小。杨玉华是和顺的外孙。署明村的杨姓祖上是从丽江县太安乡搬迁来的,是东巴世家,传至杨玉华的祖父,杨姓东巴的传承已经式微。杨玉华曾祖父是大东巴,祖父名叫杨义忠,杨义忠对东巴不是很感兴趣,由于他们祖上都是大东巴,村民有事,便找到他家。他的曾祖父去世后,村里的人就求他的祖父杨义忠帮忙做仪式,杨义忠迫于无奈,也被迫学会了一些常做的仪式。杨玉华的曾祖父留下了很多东巴的东西,经书法器等,其中有一幅叫"铎命幛"的画幛非常有名,画幛绘有7个女神,是杨家世代相传的宝物，听说有了这幅画幛，家传东巴无须到白地去"汁沾"，即东巴教中表示东巴学成而确立东巴身份的"加威灵"仪式，这可以说是杨家传家之宝了。

20世纪40年代，后来成为著名的东巴文化学者的李霖灿先生来到新主村和文质家，学习和收集东巴文化和相关资料，当时在和文质召集下，塔城、鲁甸等地许多大东巴都到和文质家，在和文质、李霖灿面前一展才华。杨玉华的祖父，带着他家祖传宝贝"铎命幛"前住。民间流传着这么一个故事，有一天做"延寿仪式"，用一羊子作生祭，东巴们牵着羊子诵至杨家带去挂在祭场上的"铎命幛"跟前时，此牲便跪下去了。大家以为杨姓东巴家的"威力强大"（纳西语中称为"汁底"），故得到李霖灿的嘉奖，杨玉华的祖父高兴之余，便把这传家之宝"铎命幛"送给了李霖灿。杨玉华的父亲杨兴，则是1949年以后的人，要公开学习东巴知识已经很艰难，所以杨家从杨兴这一代东巴就断了根。

在署明的历史上，和、杨二姓相互通婚，凡涉及东巴教活动，和家杨姓东巴来做仪式，杨家则请和姓东巴来做仪式，两姓家族都不兴由本姓东巴来搞。和顺去世前一年，他已预感到不久于人世，作为一个东巴，死后替他开丧送灵，是一件非常重要的事情，于是他想到应从杨姓侄子辈中选一个人来学东巴，让他学习开丧仪式，以后可应急。从年龄上看，杨玉华的哥哥杨玉光比较适合，他便让杨玉光来学，并嘱杨玉光，在他死后，由杨玉光做主持开丧的东巴，杨玉光学习还可以，只是他性格内向不敢在公众面前诵书作仪。和顺在无奈之下，又让其弟杨玉华来学，杨玉华与其兄的性格正相反，只要学会的书，他就敢在公众面前诵唱。那是1995年，他年纪17岁，这一次跟和顺学开丧仪式及其用书，是有使命的，也就是和顺死后，他要做主祭东巴（纳西语称为"米口补"）。因此这一次的学习是一次强制性的学习。除了天气好出去放放羊的日子外，几乎所有的时间都在和顺面前学习。那时村里没有电，晚上就在火塘边借火塘之火光学习。14岁读完初小以后，杨玉华就断断续续跟和顺学过东巴，只是随便学学，当时他已经学了《人类迁徙的来历》和《寻找占卜书》两本。和顺教他的方法是：①要学的书头一天就给他讲内容及其故事；②学诵书；③诵读给和顺听，待和顺认可以后，又教另一本书。那时，杨玉华五天左右可以学完一本书，学到能背诵的程度。和顺让他学的书是《杀猛妖》《粮食的来历》《开坛经》《在若罗神山的四个方向招魂》《祭死者·挽歌·安慰历代祖先》《生死分别经》《开路经》《解生死手结》。杨玉华学完这几本书以后，和顺的病加重了，在病榻前服侍了16天，见和顺病情好转一点，他便回家了。杨玉华第二次到和顺那儿学习，和顺的身体已很衰弱，他已没有诵书的力气，只能用微弱的声音一句句读了。这一次杨玉华跟和顺学了《给董神·沈神除秽》（dduq seiq chel shul）一书，另外听和顺讲了一些仪式的古规和传说故事。和顺在教杨玉华读书时，先将自己收藏的经典拿给他读，会诵读以后，就让他按旧书抄一本新书，然后把旧书还给他。和顺死前是抱着他死后能有人替他举行开丧仪式的愿望来教杨玉华的，可是时间不够了，他的生命没等到调教出一个能拿下这个仪式的徒弟。杨玉华毕竟才学了几本书，和顺死前知道这一切。但他想只要有一个能扛住"米克"（做仪式的责任）的人，他就放心了，和顺去世前，不止一次地对杨玉华说："我死了以后，你只要站在灵前就行了，不要怕，能诵多少经书就诵多少，你诵不出来，我也会自己解决着走的。"显然，和顺是完全相信东巴经中所讲死后灵魂返回祖先居住之所的传统信仰。

杨玉华是在和顺死后的第二天到和顺家的，那时，和训、和明等村中懂点东巴知识的老人都已在灵前，杨玉华一到便充当了扛"米克"的主祭"东巴"。和顺的灵柩在家中停了三天，第四天送灵。送灵的时候，有一本名叫《推卸责任》（mi keq pvl）的经书是必读的了，这一本书一定要由扛"米克"的东巴诵读，即出灵后，东巴要诵此书跟在后面，解决死者灵魂一路遇到的"麻烦"。而杨玉华恰恰还没有学着这本书。于是和训、和明两位村老当日便让杨玉华学诵这本书，由和训、和明教他。在和顺死后开丧的日子里，名义上主祭东巴由杨玉华承担，实际上主要由村老和训、和明、和志文等诵经作祭。杨玉华则在这个场合里大开眼界，他知道了做一个真正的东巴不是一件容易的事。和顺死后，杨玉华常到和训、和明处求教。和训为和顺的胞兄，他的东巴学问虽然没有和顺那么深，但一般祈福的小仪式他是会做的，也能诵读不少东巴经。

下面是杨玉华所知晓的一些东巴教仪式和民间习俗。正月：祭天，（亲见，并曾参与祭诵活动）。二月：祭三多（亲见）。三月：有"祖先的月份"，"鬼月"之称。四月：无宗教活动。五月：无宗教活动。六月：祭祖（亲见）。七月：①村民聚会于村中神庙，围坐唱"麻里拉"，内容主要是向神灵祈求一年中人畜平安（听老人讲）。②作小祭风仪式（听老人讲）。八月：无宗教祭祀活动。九月：无宗教活动。十月：无宗教活动。十一月：祭祖（亲见）。杨玉华家初一祭祖。十二月：驱口舌是非鬼（亲见）。偿树债小仪式（亲见）。

署的泉水里给署施药小仪式（亲见），祭素神仪式（亲见），祭神·给婴孩赐名·给小马赐名小仪式（亲见）。解生死手结小仪式［人死送葬后，送葬者与死者属相不相睦者生病，人们认为死者把病者的魂压住，故主人得请东巴到死者坟上举行这一仪式，以解生死结，赎回灵魂]。每月初一、初十、十五日署明村家家户户都烧天香，以求神灵护佑。

2001年9月，杨玉华被到村寨考察的东巴文化传人项目组的研究人选中，到丽江东巴文化研究所深造，他在东巴和开祥及和即贵的指导下学习了祭天、祭署、祭素神三个仪式的内容，并学了一些开丧仪式的内容。通过2001年9月至2001年12月这一段时期的学习，他掌握了如下东巴文化知识：能诵读50余种东巴经，学会跳30种东巴舞，能做7种小仪式，捏制10种面偶。2002年3—8月，杨玉华在东巴研究所学习抄写了30来种东巴经。

和即荣，1986年11月生，丽江鲁甸新主村人，读完初中二年级，父亲和成，不识东巴文，祖父和开祥晚受聘于东巴文化研究所工作，为有名的东巴。和即荣的祖上住塔城乡陇巴村。在先祖阿普波·阿普格父子的时代，在陇巴，他家的日子还算不错。人们把他父子的名字拉在一起，称为"温波格"（weboge），"波"为父，"格"为子。那时有两个四川人来他家里打工，温波格家便让他们养猪，不料在温波格父子不在家的日子里，让四川人养的猪全被强盗抢走了，两个四川人怕主人回来问罪，便上吊自杀了。后来，死者的亲戚告官，温波格父子怕吃官司，便潜逃到鲁甸乡的新主村居住。据和即荣家祖父讲，当时温波格父子弃地而逃时非常伤心，他们是倒骑着马到新主的。当时新主的地都是"崩"人的（崩人后称为普米族），他们只好给"崩"人家种地过活。

和即荣的祖上世代为东巴，祖父以后便无以为继。和即荣七岁上村中小学，小学毕业后考到鲁甸中学，学习成绩一直很好，特别是数学与英语两门特别好，语文不是太好，数学与英语考试都在95分左右（百分计）。

和即荣出生之前，祖父和开祥已在丽江东巴文化研究所，爷孙只是过年时相遇，在他小的时候，和开祥春节回家在家曾给他讲过东巴经《古事记》（coq bber tv），但印象不深。他也见过祖父在家，村里有丧事，人家请他的祖父去灵前诵经作仪，他有点害怕，不敢去看这种场面。由于和即荣的祖父和开祥只是偶尔回家，在家待的时间也不长，春节一过他就得返回研究所，所以祖父在家里对他的影响不大。

和即荣在鲁甸中学读书的时候，星期天或放寒暑假，返家多有伴同行，鲁甸中学到他们村子约20千米。不过在读初中的三年里，有好几次是他自己单独回家的，而且都是傍晚离开学校，走夜路回家的路上要经过十五六片坟场，但和即荣并不害怕。在和即荣的印象里，他们村里说是失魂而致病的人很多，但一般也不请东巴，也没有东巴，如果是儿女失魂，则母亲替他们喊魂，村里的老人们说，母亲喊魂最为灵验，民谚说"每朗古堆米"（mei lerq ggv ddiuq mi），意思是说母亲的喊魂声很远的地方都能听到。有时，村民也让鸡鸣狗吠声喊魂，把失魂者的衣服挂在鸡圈的门口，认为凌晨鸡鸣会把失魂者的灵魂喊回来。在和即荣的村子里，也有人被鬼拉走的传说，他曾听说这样的事发生过好几起，如有人去外边坐客，明明是回家了，第二天醒来，他是睡在坟地里的，有的是睡在山洞里，但被鬼拉走之人全然不知道其经过，醒后，人是好好的，也无病无痛，也无须去请东巴作仪祭诵。我们问和即荣是怎么回事，他也不知道是什么原因。和即荣在家乡听说过许多神秘的人物和故事，他说新主到鲁甸有一个叫"纽栾生"的地方，有一个女巫（俗称"三扒"），约50岁，听说卜巫非常的灵验，有事找她，有事者须带一只自家的母鸡生的鸡蛋，传言她从这个蛋里可以看出一切（看时需把鸡蛋煮过）。又如和即荣知道塔城乡有一男巫，也非常的灵验，新主村至少有五六百人请过他。和即荣家乡的人也相信土鬼作祟之类的话，他说他们下村一户杨姓人家，于2000年春建一新房，用了一个带有石匠受伤后的血的基石，房屋建成后人就住进去。后来这一家人畜都很不顺，家人也有病倒不能干活者，他家的牛、羊、鸡畜也死了不少。于是他家人找到"纽栾生"的那个女巫，卜知是带血的一个基石压住了土鬼，主人回到家把房子也拆了，去清理基石，果见一块沾有血的石头，把这个石头控出来后，那女巫作"送土鬼"巫术，然后又把房子盖好，这一家人又一切顺利了。村民中把这种事讲得神乎其神。

和即荣村子中的禁忌现在还很多，如称之为"署科"的泉水中不得用脚去踩，不得洗手，不得用棍棒去撮。不得砍泉水边的树，不得乱挖山石，不得打杀蛇、蛙等。村中的人（特别是小孩）得病，往往归因是犯了这些禁忌。和即荣毕竟是读过8年书的人，对村里的这些说法也不是很相信。

初中二年级读完之后，2000年8月，和即荣的祖父和开祥把他领到丽江，住在东巴文化研究所，当时和开祥还没有明确一定要让他学东巴的想法，和即荣到丽江后，和开祥对他说："你要读汉文学校或学习东巴都可以。"如果读汉文学校，和开祥是想同实验中学联系让他转学到该校读初三。8月份正是学生放假，和即荣便在祖父和开祥的指教下学了一本东巴经《开坛经》，这是和即荣认真学写的第一本东巴经书。9月初，和秀东他们被招进东巴研究所学习东巴，和即荣很快就和他们混熟了，那时候，他已对东巴文化发生了兴趣，就这样决定学东巴，放弃在学校里的继续学习。后来和即荣听父亲讲鲁甸中学的教师还到他家找过他，想让他回校，老师认为和即荣不继续读初三是很可惜的事，如果他继续读的话，考个高中是完全没有问题的。在研究所学习东巴，和即荣无疑受到了其祖父和开祥的特殊关照。和开祥让和即荣先学祭署仪式的书。听和开祥讲和即荣学得快，一本书几天就学会了，但忘得也快，另一个学生陈士才则相反，学得很慢，教他多少遍他才记得住，但一旦记住了，他就不会忘。

有一天早上，和即荣在他住的房间里学习诵读东巴经，和开祥则在隔壁的一间房里全神贯注地写他的彩色东巴字，正写得色彩飞扬之际，和开祥大声叫起来："错了，这句话怎么能这样读！"和即荣停住诵读声，听老人的指点，待和即荣改正过来后，和开祥又忙他的字画。看来老先生在忙作字画，但他的耳朵还是听着隔壁孙子的诵读声。有时候和即荣在诵唱东巴经，唱腔若有不对，和开祥也会马上给他指出，并发声示唱给和即荣听，好像音乐老师给小学生教唱歌一样。和开祥常跟所里的研究人员讲，他们小时候学东巴，老师也常这样，学习诵读的时候，老师好像在干别的事，但其实耳朵是监听着学生诵读的。

和开祥脾气大，稍不如意便骂和即荣，有一次和即荣被祖父和开祥打了，一气之下他跑出去不回来，和开祥发现孙子不在了，非常的着急，若干日后才打听到和即荣跑到拉市他姑妈家去了，后来又把他接回研究所。爷孙间的冲突时有发生，但不论怎么说，和开祥对和即荣是出于让他多学点知识，出于对他好，这一层意思和即荣在他祖父去世以后才深有体会。和即荣曾说："爷爷死了，可是我的感觉中好像他还在，学习时碰到问题，突然会意识到该去问爷爷。"2002年2月3日，一代大东巴和开祥去世，在此之前和即荣学会了20来本祭署的书，还学了祭天、祭祖的一些书，共42本。2002年3月从家里返回研究所后，学会了27本经书。此外，在研究所学习的两年中，还学会了4种东巴舞，学习了绘制祭署仪式的木牌画和捏制面偶。

和世先，1942年生。丽江塔城乡署明村人，为东巴世家子弟。民国时期，署明是东巴教盛行的地方，幼时村中东巴的活动，和世先耳濡目染，甚了然于心。1952年，和世先进村小读书（汉文学校），读了三年，该升四年级的时候，陇巴（原行政村，现为村民委员会）办完小，而五年级仅招着15个学生，故让和世先跳级读五年级，就这样，他在陇巴完小读了两年的高小，毕业后，因无力继续升学，而就此辍学。当时山区经济非常困难，要读中学得到丽江县城或维西县城，一般贫困山区孩子的家庭在经济上是难以承受的。高小毕业以后，和世先参加民工队伍，到塔城乡洛固村干了一年的水利建设，次年回到署明村。那个年代，在署明那样的地方，读书人很少，高小生已算是"秀才"了。1957年，上面让和世先当村里的民办教师，他一直上低年级的课。1962年，县里调整小学教师队伍，民办教师一般被辞退，和世先已在辞退的名单之中。退出教师队伍后，在家务农，从1965年至1992年的漫长时间里，和世先在村里当经济出纳和粮食保管员，因为他为人诚实、办事认真，几经换届，村民总选他担任村里的这个重要职务，据和世先回忆，在担任这个职务将近30年的时间里，他从来没有出过差错，群众很满意。后来农村"保家提留"的改革后，"出纳"和"保管员"这类的差事，便让村民各自去管了。那时在小小的署明村里，"出纳"和"保管员"总算是个人物，村里找他的事情多，急需记事时，和世先总喜欢用东巴文记上，有时候给自家记工分也用东巴文，和世先说用东巴文记事比较快速。遗憾的是那时候他用东巴文记事的本子或纸张早已无存了。1992年以后，和世先在家务农，2001年9月1日到东巴文化研究所学习。他对于晚年能进东巴文化研究所学习，感到非常的荣幸，他经常与东巴和即贵问学，获益匪浅。塔城乡依陇（村民委员会）巴甸村的大东巴和绍文是和世先家的姻亲，民国末年，和世先家有大事，都要请和绍文、和学智东巴父子来作法事。和世先2岁时，他的祖母去世，他家就请和绍文父子作开丧仪式。五年后，他家为他的祖母作超度仪式时，也请来了和绍文父子来主持，那时和世先已经7岁，他对当时的仪式印象很深。当时除了给祖母做超度仪式外，还请和绍文父子给和世先的大爹作了一场"禳垛鬼"仪式，和绍文父子在他的家住了一个多月，那时和世先开始迷上东巴文化，和绍文他们做仪式，和世先都在场观看，和世先记得那时和绍文还教过他一本名叫《粮食的来历》的东巴经书，让他咏诵，当时他能把这本书从头到尾背下来。

1949年以后，常常有工作队下来，村里的东巴也不敢活动，直到1964年所谓的"四大自由"时期，村里老人有去世的，有的逝者家庭请东巴做开丧超度仪式，但所做仪式已大大简略，不像1949年以前那种繁复，而且是"两场谷子一场打"，开丧超度两个仪式合成一个进行。当时署明村里还有大东巴东沙河（即和顺之父）、东恒、杨义忠等，他们曾分别给杨国顺的母亲、和昌的母亲、和明的母亲做过"开丧、超度"一次性的仪式。那时候，和世先20来岁，正是求知欲旺盛时期，他曾跟东沙学了《向祖父认错》《偿还树债》两本书，并学会了"偿还树债"这个小仪式。但村里"自由"的时间不长，1965年进行"小四清"运动，不断有"四清"工作队下村，派来署明的"工作队"是来自丽江地区永胜县的干部，他们非常革命，不能容忍半点宗教的东西，他们进村后，让贫协主任调查村里各家各户所收藏的宗教用品，如家家都有的"神石""素神箩"之类，重点搜查是东巴家，以为是宗教的窝子。对东巴做了批判，说东巴是剥削人、搞封建迷信，有的东巴被叫去在大会上表态，以后不搞此类活动等。当时各家交去的神石都有一大堆，让村民背去倒在河沟里，东巴家的经书，法器画幛更是不计其数，听说最后都交到大队部里面去了。和世先家的东西该交的都拿去了，只是有一套祖传"祭天"的书舍不得拿出去，当时他冒了一个险，他估计接收的工作队员不可能知道经书的内容，于是偷梁换柱，找了另外三本书交给工作队，当时他对接收的工作队员说："我家只会祭天，只有这三本祭天的书。"在旁的贫协主任说："是的，是的，他家只是祭天的东巴。"于是工作队员把书接过去，扔到书堆中了。和世先家祖传下来的"祭天"的书就这样幸免于难，他把这套书珍藏到现在。此后便是"文化大革命"，工作队撤了，接着又来了红卫兵和造反派，红卫兵是来"扫四旧"的，他们把"四清"时来不及清除的各家各户的烧天香坛和村中泉水边的"署房"，统统捣毁了。从那以后，村里的东巴们不论明的还是暗的，不敢做任何的宗教性质的活动了。

"文化大革命"以后，又有点"自由"了，和世先跟村里的一位名叫杨国华的东巴放猪、放羊经常在一起，杨国华是和绍文的弟子，比和世先长25岁，他出来放猪喜欢带东巴经在山上诵读。他喜欢和世先，和世先也喜欢东巴文化，杨国华就教他学"祭畜神"仪式，"祭素神"仪式，"给署施药""请署"等小仪式。特别是1983年4月和顺参加丽江召开的东巴达巴座谈会回来以后，他在署明村公开恢复了每年两次的祭天活动，并让他族中的一些子弟来学东巴，他甚至开办东巴学习班，着手搞传承的事。在和顺的弟子中，和世先是年纪最大、学习最为努力的一个，和顺是和世先的族兄，比和世先年长13岁，但他们像朋友一样相处，两人经常在一起讨论东巴文化之事，经常在火塘边谈至深夜，抵足而眠。那段时日，和世先主要向和顺学习了开丧仪式的书，计有《从若罗神山四方招魂》《迎接祖先·杀猛妖》《挽歌》《塞肯多昌》（咒语）以及《给署施药》《送呆鬼与从鬼》等书，此外还向和顺学画了一副抽签纸牌，并向和顺学习了抽签的方法和相关的知识。

1983年以后，和顺除了恢复祭天仪式外，村里老人死也请他去做开丧的仪式，但这些仪式都不像1949年以前一样详细了，许多细节都大大省略，像属于开丧仪式的很多经书和顺也都没有了，和世先跟和顺学的那几本书都是从陇巴村的和士阳家借来，他们又各抄了一份。村民请和顺去做开丧之仪，和世先也去帮忙，据和世先回忆，他跟和顺去过好几次了，在仪式中又学得了不少知识。

和世先说，村里称为"署科"的山泉出水处不能去破坏，祭天场里也不能破坏，否则会得病。他对他的几个儿子也是这样教育的。他说"祭天"看来还是要搞，去年村里不做"祭天"的四户人家家里都很不顺，人也病了，猪也病死完了，而"祭天"人家什么灾难也没有。另外，"什日"也要祀奉，说他家的牛、马春天都赶到高原上，秋末才从高原赶回来，没有人放牧，但牛马从来没有出过问题。

2002年1月，和世先返乡学习，适逢杨玉华的爷爷去世，他与和训、和明等东巴一起给杨家做开丧仪式，另外他还在村里搞过一些活动：①在自己家里举行"祭素神"仪式；②和秀东家在做"退口舌是非"仪式时，和世先主持了"祭素神"一节；③本村和六胜家曾请他主持"祭素神"仪式，并给他家写一本"祭天"仪式的书；④到依陇村东巴杨文杰家学习两天，期间同杨文杰（东巴）作"烧天香"仪和"祭素神"仪；⑤在本村杨志坚家做"祭天"和"祭素神"两个仪式；⑥有德良杨国清家请和世先去主持"祭素神"仪式，但他没有时间去；⑦参加村里举行的"祭畜神"仪式。按习俗，这个仪式应在高原草坝里举行，各家带香柱、食品等，到高原共餐，剩下的食品，按家户平均分了各自带回家。和世先来到东巴文化研究所后，读了不少在乡村里没有见过的书，将近一年的学习时间里，他学了20多种书。在学习过程中自己看不懂的句子，就请人读翻译本来学。

和贵华，署明村东巴和顺的第三个儿子。生于1961年，8岁入村小读小学。1975年小学毕业，因父亲和顺在"四清"运动中划成"新富农"而受株连，不得读中学。此后在署明高原大草坝放生产队的牛、羊。1977年至2000年一直在村里务农。2001年9月选到东巴文化研究所学习。和贵华从小就失去了母亲，父亲又因为是东巴而在"四清"运动中遭批判，划为"新富农"，备受欺侮。那时候，连亲戚都不敢来他家，都怕被"新富农"所株连。和贵华长到四五岁的时候，跟着他的祖父阿普东沙河放过猪，在放猪的山上东沙河曾经给他讲过东巴的事，并给他读过一本叫作《开坛经》的书，至今他还依稀记得《开坛经》的开头几句，但说什么是不知道的。

"四清"运动后接着是"文化大革命"，村里无人敢谈论东巴，和贵华更是害怕谈这些东西了。1983年4月，和贵华的父亲参加丽江地区召开的"东巴达巴座谈会"，回村以后，他就跟村里的人讲了会上的情况，讲了上级领导和专家学者是如何重视东巴文化的。和顺从会上知道，东巴文化是优秀的文化，继承和弘扬东巴文化已经没有风险了，因为领导和专家都这么说。和顺率先在村里恢复了传统的"祭天"活动，并组织了一些愿意学习东巴的村中子弟，办了"东巴学习班"。当初，和贵华对他父亲的行为还有"保留态度"，嘴上不说，心里还反对他老人家这样做，因为搞这个东西，在他这看来已经是"教训深刻"了。后来，也就是80年代的中期，云南省社会科学院的学者杨福泉三次来到署明进行田野调查，他找和贵华等人谈，让他跟他的老父亲学习东巴，把和氏东巴的香火接上，这也是和顺的心愿，因为在世代相传的东巴看来，"断根"是一件非常不体面的事。因此那些时日，住老二家的父亲和顺几乎每天都要来和贵华家"日努"（即酒后借酒骂人），说"和氏东巴就要断在你们这一代的手上了"。和贵华细想有道理，但学这东西余悸未消，最后做出决定，每天夜幕降临之后，到老父亲那儿学习东巴。当时，此事对老婆也保密。开始和顺教他读《开坛经》《给董神、沈神除秽》两本书。这两本书足足学了一个月才勉强学会。后来又逐步跟他的老父亲学了"祭天""祭素神""开丧"仪式上用的一些书。如村里有丧事，他也跟着父亲参加丧仪，充当助手。

和顺去世后，和贵华又跟他的伯父和训（和顺的同胞兄长）学习，村里人死，丧仪中的扛"米克"（"米克"意为责任）东巴便落到他头上，和贵华记得那些年先先后后做了30次的扛"米克"东巴，仪式过后，主人家往往送给他几瓶酒、几块茶、一只火腿等。

和贵华在研究所学习期间，学了31种东巴经，在这两年里收获最大的是能够流利地写一手东巴字，抄书的能力大大增强，在农村里，没有那么多时间去练字。这两年中和贵华还学会了3种东巴舞，和绘制"祭署"用的一些木牌画。还有一个很大的收获是开了眼界，对东巴文化的价值有了进一步的认识。

和丽堂，1985年11月26日生，丽江大研镇下束河村人，1991年入村小读书，小学三年级以后到五台完小读小学。1998年，考入丽江县一中读初中，同时入丽江县少年体校学足球。初中毕业后，自以为考不上高中，因而弃考辍学。毕业后在家闲着，半年后经叔叔介绍到丽江教育宾馆当保安，不到一个月因为坐不住而辞工回家，在家里也是闲着，无事可干。2001年有消息说东巴研究所要招东巴学生，村里没有一个青年愿意报名，当时和丽堂因为好奇，父母也觉得他老闲在家怕学坏，因此同意他报名来研究所学习。当时他对东巴是一无所知，因为村子里平常也没有人谈这些，偶尔有电视台的人下来，拍村中善跳东巴舞的和文贞老人的东巴舞，但村里人对此的兴趣看来也不大。前几年和文贞在村里组织了青年东巴舞表演队，热闹了一阵子，现在又冷下去了，没有人搞。和丽堂压根不知道在1949年以前在他们村子里出现过好几个远近闻名的大东巴。

和丽堂于2001年4月到东巴文化研究所学习。在研究所他觉得一切都很新鲜。这里所学的东巴是他们以前从来没听说的东西。在所里，东巴老师教他写东巴文，画东巴画，跳东巴舞，诵东巴经，教他东巴一些简单的仪式规程等。他觉得最感兴趣的是东巴画。两年的时间里，他向和即贵老东巴学读东巴经。一般的情况是，和即贵早上教他读，下午自学上午所教的内容，两年下来，和丽堂学会了15本东巴经，手抄了50来本。学会5种东巴舞，20来种木牌画。东巴文常用字他几乎都能写能读了。

和正文，1976年1月生，7岁入村小，16岁初中毕业，17岁到西双版纳当兵，19岁时回到家乡，在家的3年里，曾在官房酒店当过保安（一年)，在家做农活。做点小生意。他的祖父是著名老东巴和即贵，受聘于东巴文化研究所。2001年3月1日，和正文被选到东巴文化研究所学习。来研究所之前，和正文没有接触过东巴文化，在家里也没有人讲起东巴的事，甚至他的祖父和即贵从丽江回家，也从来不给他们讲什么东巴的事，小时候祖父一回来就要强调他们好好在学校念书。和正文知道在他们村里，老人去世，就有人在做法事，很简单，主持法事的人是村中的老人，不是东巴，也没有书。他还知道他们村里有小孩子病，母亲会喊魂，喊魂一般在傍晚时分。也有的老人会在病者前面烧一点松毛和粮食来驱鬼。村里的人以为这样做后病会好。

和正文来到研究所后，主要跟他的祖父和即贵学习，他所学的第一本书是《祭署·开坛经》，接着系统地学习了"祭天"仪式，"祭素神"仪式的书和仪式规程。后面又学了"祭署"仪式、"开丧"仪式"长寿"仪式上用的一些书。学了捏制面偶、画东巴画幛、画木牌画、跳东巴舞等。两年来，他学会了30本东巴经，画了14幅东巴画幛，会跳4种东巴舞，能够流利地书写常用东巴字，共抄写了49本东巴经书。

陈士才，1986年8月15日生，丽江县塔城乡陇巴村人，幼时在塔城乡陇巴完小，未毕业便已辍学。陈士才天生爱好民间文艺，而对正规学校的"学业"看来则不那么感兴趣。在塔城一带，盛行纳西族的"朗巴"舞，每逢节日，村民自发组织朗巴舞和其他打跳歌舞会，许多村民吹拉弹唱，无所不会。在那里要寻找一个"歌唱家"，那是轻而易举的事，有的甚至从祖母、儿子到孙子女都是歌唱和舞蹈的能手，举家皆歌手和舞者，那里是真正配称"纳西乐舞之乡"的地方，陈士才便生长在那个地方，而他的外公李文先、李文义兄弟是那里德高望重的朗巴舞高手。陈士才在5岁的时候，外公就教他朗巴舞，据称，朗巴舞统共有七八十调，为虎舞、龙舞、青蛙舞、猴舞、蚊子、苍蝇搓足舞等，他的外公都无一不精。陈士才在学校读书期间，只要逢星期天或放假日，他外公就常来他家找他，教他"朗巴舞"，教他吹树叶、弹口弦、吹笛子。陈士才学得如醉如痴，而他的父母则非常反感，学这些怕影响在学校的学习，因而经常挨骂，以致不敢在家里学艺。陈士才有时候远远躲到山上去学吹笛子，有时候乘砍柴之机到山上学吹树叶。在艺术上影响陈士才的另一个人是他的叔叔陈春元，陈春元也是一个多才多艺的人，朗巴舞、拉二胡、吹笛子、画画、摄影都是远近闻名的。陈士才也经常去找他学习。

2000年10月，陈士才到东巴文化研究所学习东巴知识，最初跟和开祥学祭天的书，他学习很努力、很认真，和开祥常说，陈士才学得慢，教他多少遍他才记得，但是只要学会了，他就不会忘记了。2002年2月，按研究所的安排，陈士才返乡学习，他先到署明和秀东家学"退口舌是非"仪式。和训、和明在做祭木，教他怎么做。在署明学了几天就返回自己的村里，村里有一个70多岁的老者、名叫李茂山，他懂得不少传统文化知识。陈士才向他学了纳西族传统命名法。还向李茂山学了朗巴舞上用的纸扎（蛙和鱼）。李茂山也给他讲了过去他们村子里祭天等活动的事。此外，陈士才还陪外公李文义到依陇的各个村寨，拜访了许多老者，向他们请教传统的知识。陈士才回研究所以后，虚心向和世先学习，和世先教他《杀猛妖》等书。

两年来陈士才学了70来种东巴经，4种东巴舞，还学习了制作面偶、画木牌画等知识。他已经掌握了常用的东巴文字。

（三）东巴师生的传承体会

东巴老师和开祥先生曾说："这些学生要抓紧学习了，我死了以后，他们还学什么呢？"他又曾经跟陈士才说，你这个人有点笨，但你比他们都努力，能吃苦，我教会你祭天的书，将来你回村当个"祭天"东巴去吧。

另一个东巴老师和即贵先生说："我认为东巴的经书（文化）是我们的祖先在千百年中创造出来的，是祖先一代一代地传下来的，过去东巴的传授方式是家传，即父亲传给儿子。一年当中要举行不少东巴教的仪式，每个仪式有每个仪式的经书。到1949年都还在做一些仪式，中华人民共和国成立后不搞了。1959年至1961年，天灾人祸，村里死了不少人。到1963年和

1964年的时候，又有点自由。因为是灾荒年，仪式搞不起，亲人的心里都不安，所以，村里就组织了一次集体的超度仪式，超度在灾害那几年死去的人的灵魂。当时鸣音村还有七八个大东巴，那次超度是由大东巴熊那支和大东巴东德来主祭的，仪式上哭声一片。那时群众都还普遍信仰东巴教。现在我们则是做给人家看，只是向人展示一下过去我们的宗教习俗。来看仪式的很多人都是看热闹的，真正信仰的人越来越少了。我看现在学习东巴要两个结合，一是学习东巴文化，不能断根，同时也要学习其他科学文化知识，不然我们就要变成聋盲者了。"

陈士才说："来东巴文化研究所学习以前，我对东巴是什么也不懂。到这里后，跟和开祥阿老学《开坛经》，学得非常吃力。有时候一句话开祥阿老教我10遍，我还记不得，一天只能学一句话，开祥阿老说：'你看来是学不成这东巴，最好回家去放猪，可能对家里还有好处。'当时我都灰心了，真的想回家去，但最后还是下了决心坚持学下去。我每天都比别人晚睡早起，拼命学习。读完《开坛经》后，开始有点入门，学习其他的书就不那么费力了，开祥阿老也表扬了我。这两年功夫没有白花，我懂得了东巴的许多知识。"

和贵华说："我虽然在家里跟我的父亲学过一点东巴经，但是，那时候家里负担重，天天有干不完的活，没有时间写，因此不怎么会写，注重诵读。来到研究所以后，有了专门的时间，我可以天天有大量的时间写经书，东巴文的书写是我在这里的最大收获。"

和秀东说："来到研究所学习后，提高不少，东巴文化是越学越想学了。过去和学智、和云彩那些大东巴，我们是无法赶上他们的了，因为现在我们无法看到过去他们时代做的各种仪式。一个仪式不能亲眼观看，光讲是没用的，无法学的。"

和即荣说："我爷爷是有名的东巴，但我对东巴文化一无所知，到丽江东巴文化研究所后，我跟爷爷学，爷爷对我要求很严格，有时骂我甚至打我。他去世以后，我才慢慢体会到爷爷那样对我，完全是为我好，是为了让我多学一点东巴文化知识，所以现在我很怀念他。有时候在读东巴经时遇到不懂的，我还不自觉地会想到去问爷爷。这两年的学习对我帮助很大，通过学习，使我懂得了我们纳西族还有那么丰富的文化。"

和世先说："我是生在民国末年的人，我自幼对东巴文化很爱好，1949年以后，只要有机会，我就找来东巴的书请村里的老东巴讲，向他们学习，懂得一些这方面的知识。到东巴文化研究所以后，看到了不少过去听说过，但未能见到的经书，使我大开眼界。另外，我来迟了一年，没有能向和开祥老人学习，感到很遗憾。但同和即贵老先生问学，也使我大受启发，总之，来到研究所学习后，我觉得有很大的收获。"

杨玉华说："我很钦佩过去的那些老东巴，虽然有些只是听说过而没有见过，但那些人可能学问都很高。我常常想，我要加倍地努力，也要成为一个东巴学识很高的人。我还想到白地找东巴做'汁占'。以后我不论到哪里，我爱好的东巴文化不会丢掉，只会更加努力地学习。"

和正文说："我爷爷是东巴，但过去我对东巴什么也不知道，爷爷每年春节回家，也不谈东巴的事。这次到研究所，才学了一些东巴的知识，我觉得很有意思。"

和丽堂说："我原来对东巴是一无所知，当时村里要送一名学生到东巴研究所学习，村里没有哪一个青年愿意报名，我由于好奇就报了一个名，这样就来到东巴文化研究所学习。现在我能读一些东巴经，能写所有的东巴常用字，收获不小。"

（四）配合项目的田野调查

1. 先期调查：东巴文化研究所研究人员于 2000 年 2 月 8 日至 9 日到丽江县塔城乡署明村调查，发现那里传统文化保留相对较多，他们还相信东巴教中的神灵，还有三四个老人会做一些简单的仪式。我们还发现村里有 30 多个中青年热衷于东巴文化的学习，那时，他们都有了一些基础。据我们掌握的情况看，丽江县境内，像署明这样的地方，已经没有了。

2. 基于上述调查，"培养传人"项目确定以后我们把选人的点主要放在署明，并选取了四名学员。项目实施以后，研究所的人员先后 11 次到署明进行调查。调查村民对我们所实施的这个项目的看法，听取学员家里人的意见，以及学员返乡学习的情况。据调查，村民对此项目的实施普遍反映较好，学员的家人也比较支持他们的学习。学员返村学习的主要内容是研究所研究决定的。如和秀东第一次返村学习，所里指定让他找村老学习传统东巴纸扎工艺。和秀东回村后，把村老和训、和明请到家里，饮食侍候，让老人教他编扎技术。研究人员到村里调查，与老人交流，老人们都非常愿意在有生之年把自己所掌握的知识技术传授给村里的年轻人。我们从调查中还发现，学员的"进城"和"返乡"的学习活动还带动了署明村学习传统文化的风气，越来越多的村中青年，喜欢学点东巴，学员返村，把研究所里抄的书带回家，供给村里青年学习，并成了一些爱好者的"老师"，很受村里青年的欢迎。

此外，研究所人员下去调查，顺便也找乡村干部，与他们进行交流，让他们也关注和支持传统文化的学习与传承。

（五）东巴师生参与社会公众活动情况

目前，东巴文化已经成为丽江各种重大公众庆典、国际会议、外事接待、旅游活动等的重要内容，作为人们心目中正宗的东巴大师和传人的东巴文化研究所东巴师生，常常被请去开展一些重要的文化活动，以下是本项目实施以来东巴师生所开展的一些活动。

2001年，东巴师生参与了丽江县县庆中举行的"祭天"等一些东巴文化活动。

2001年10月，联合国教科文组织"亚太地区文化遗产管理第五届年会"在丽江召开。会期，东巴研究所的东巴师生应会议之邀，老东巴和即贵带领学员到会议活动点白沙乡玉湖村，给前来参加会议的官员及学者专家们展演了反映人与自然关系的"祭署"仪式。主要的仪式活动皆由东巴学生承担。

2002年6月，东巴和即贵带领学员到鸣音乡冷水沟村，在该村举行"祭署"仪式。

2002年8月，"第三届东南亚大陆国际山地会议暨山地文化节"在丽江召开，会期，应会议的邀请，老东巴和即贵带领学员到会议活动点雪松村，给前来参加会议的官员及学者专家展演了"祭署"仪式。主要的仪式活动皆由东巴学生承担。在山地文化节上，东巴学生也演出了传统的东巴舞蹈，并在山地节的展览上现场表演书写东巴字、绘东巴画，充分地展示了他们所学到的才艺。在大会的开幕式上，和即贵老东巴还在两位学生的陪伴下，走上主席台，向前来参加大会的数百名中外来宾咏诵了东巴文化的传统祝福语。

（六）传承培训的管理条例

自从实施培养东巴文化传人的项目后，东巴文化研究所成立了东巴传人培养教学小组，由老东巴和研究人员组成，负责对学生的教学和考核。规定学习时间为周一至周五；要求学生要热爱民族文化，遵纪守法，树立良好的道德品质；要求学生要按教学计划认真完成学习任务，每月月底进行考核。根据考核结果确定奖学金，考核根据学生学习情况和品行表现打分，60分为及格，100分为满分。根据每位学生的得分高低来确定奖学金高低；学生有事外出须请假，缺席一天，扣发15元生活费；学生在学习时间必须专心学习，不准进行其他活动，不准让所外人员留宿；学生在晚上不准外出，不准进入娱乐场所，不准在外过夜；学生要安全用电，注意防火，谁引火，谁负责；学生要搞好个人卫生和环境卫生，不准乱扔垃圾。

（七）结束语

两年来东巴文化研究所培养东巴文化传人主要情况如上述，现在事情已经告一段落，我们有以下两点建议和设想。

1. 加强对东巴文化现状的研究，以促进下一步的工作。

2. 鉴于目前东巴文化研究所里已经没有老东巴，而且由于城里的经济与文化氛围对培养对象的影响，有可能使培养对象从高寒山区带来的那点对传统文化的感情，逐渐泯灭，这样反而不利于"传承"目的。因此，我们认为下一步应该采取"走回故土"的办法，除在所培养的传人中留下几个继续留在研究所做进一步的培养之外，其他已经学习了几年，已经有比较好的东巴文化知识的学员应该回到作为东巴文化赖以生存的土壤的乡村社区去，在那里实践所学的知识，这样，既能培养传人，又能恢复和保护乡村的传统文化活动。东巴文化研究所经过 20 年的努力，已经基本解决了东巴经书的解读问题和仪式过程的基本知识，研究所可以充当"走下去"指导下面的角色。

调查整理：赵世红、李静生、杨福泉

二

玉龙县鲁甸乡新主村东巴文献传承应用调研报告

新主村位于玉龙纳西族自治县西北部。从玉龙县城往西经石鼓镇再往西北溯江到巨甸镇后折转西行24千米，便到达新主村委会，全程145千米。

新主村委会的地势，东面入口处低，南、西、北面高，此三面的泉水顺着三条不规则的鹿角岔壑聚合于村委会所在地东元社后，形成一股被称为新主河的河水，从西往东流去。新主村共21个自然村落社，散布在这些泉水沟壑的周围。其村落主要分新字、红字、金字和东字等4个片村。新字片村社主要分布在南岔沟壑边，有新主、新联、新福、新华、新建5个自然村落。红字片村社主要分布在从西往东北的沟壑边，有红旗、红光、红元、红星、红岩等5个自然村落。金字片村社主要分布在从西北往东南方的沟壑边，有金星、金联、金海、金河、金山、金泉等6个自然村落。东字片村社主要分布在三条沟壑泉水合流的河边，有东元、东红、东海、东风和东山等5个自然村落。

2009年12月，新主村委会21个自然村共922户、4029人。其中纳西族678户、2891人，占新主村总人口的72%；普米族157户、726人，占新主村总人口的18%；傈僳族70户、298人，占新主村总人口的7%；汉族23户、114人，占新主村总人口的3%。另有藏族8户、26人，苗族2户、9人。

笔者于2007年10月13日至15日对新主村的东巴文化现状进行调查，2010年6月23日至30日对新主村的东巴文化传承资源做了较详细的调查，自2007年至2012年这六年时间里，参与了新主东巴文化传承学校的规划、建设、教学传承活动。2014年6月25日至7月3日及2014年9月3日至10日，笔者两次专程到新主村，对新主村东巴经典的传承、释读、刊布情况做了专题调研。本篇依据以上调查资料，重点陈述和研究新主村清末至今东巴经典文献传承的基本情况。

（一）新主东巴文化溯源

新主村所处的地域是属于老君山延伸线的世界自然遗产三江并流地区。新主村自古以来就是野生植物和动物的王国。2010年在新主村公所附近发现了史前野生动物的化石，其中有野牛等野生动物化石。而高鸟山的千年铁杉，是存活到现在的高龄野生植物。

新主村纳西族最早始源于何时，缺乏文献记载。但是，两汉以来纳西族就迁居到金沙江沿线，唐代吐蕃在丽江塔城建铁桥，设铁桥节度使，宋元时期，巨甸土酋强盛称霸一方，而巨甸土酋和失和谍的族谱可追溯很多代。新主距巨甸仅24千米，距塔城的山路20多千米，从巨甸绕行也只有52千米。所以，以此为旁证，纳西族最早到新主的居住时间，至少应该从两汉时期算起，至今当有两千多年了。

纳西族东巴经记载，纳西族远古祖先，从崇仁利恩到高勒趣，高勒趣生有四子，即美（me^{21}）、活（ho^{21}）、松（su^{55}）、优（$iə^{21}$）①，这四子后来发展为四大氏族。新主村红光社东巴和盛典，多年为人家做开丧仪式，掌握开丧人家的支系和来源。据他说，新主村的一部分纳西族是从维西县迁徙过来的，有一部分是从丽江七河后山和太安迁徙过来的。根据他的分析，新主村95%的纳西族是松（su^{55}）支系的后裔，3%左右的纳西族为优（$iə^{21}$）支系的后裔，其余的还有美支系、活支系的后裔。譬如：新华社（年鲁生）和则信家族是从维西迁徙来的美支系的纳西族；东元社（康满）布拾家族是活支系的纳西族；红字片（妥鲁本）恭根（地名）杨姓家族是从太安乡天红村迁徙来的优支系的纳西族；红旗社杨树高家族是从塔城乡依陇村迁徙来的松支系的纳西族；红光社（本吕股）和盛典家族的祖先是从丽江市古城区七河乡后山迁徙来的纳西族。

理论上，鲁甸乡新主村东巴文化始源于新主有纳西族居住的两千多年前，其间，东巴文化传承是不断的。但是，今天我们调查新主村东巴文化历史时，调查到的是清代以来的东巴文化传承世系。其中，最有影响的是和世俊这位东巴大师及其传承世系。

和世俊，属猴，生卒年月为1860—1931，享年71岁。和世俊祖上居住在现今丽江市古城区七河乡后山村委会的目术村，在目术的祖先世系是：什罗埔—阿埔迪—阿迪日—阿日吐—阿吐奏—阿奏陶。自阿奏陶这一代迁徙到新主村。和世俊家族坟地立于光绪二十年（1894）的祖宗碑记载，其祖籍

---

① 这四个古氏族也音译为梅、伙、素、尤等不同的读音相近的汉文。

"自古于乾隆年从丽江木书里"迁至鲁甸里阿时主中村。清朝乾隆年当是1736—1795年间，和世俊的祖先阿奏陶从木书迁徙到新主村。从阿奏陶到和世俊是第六代，即阿奏陶—阿陶若—阿若恒—阿恒悲—阿悲景—阿景孜（阿普孜）。阿普孜就是和世俊。我们可以说，和世俊祖先自18世纪中期从丽江市古城区七河乡后山村木书村迁徙到新主村。和世俊祖先从丽江木书迁来新主阿时主后，代代都是东巴，而后来又出现了和世俊、和文质这样的大东巴。从清末到民国年间，新主村的东巴就以这个家族的名望最大，成为新主村东巴文化传承的大宗。

和世俊乳名叫乌孜，后人称他为阿普孜。他的东巴法名叫梭补余登。和世俊的父亲叫阿普吉，母亲叫阿孜汲。他父母生了五个儿子。和世俊是老三。和世俊小时就生活在这么一个大家庭里。和世俊的父亲阿普吉，既是东巴，又识些汉文。和世俊小时就受到父亲的用心教育，学习东巴文经典，同时也学习一些汉文。年长，父亲为了把他培养成为大师级的东巴，虽然家贫，但仍坚持把他送到当时极负盛名的塔城依陇巴甸村大东巴和永公（1824—1888）家学习经文。当时老师门下有两个弟子，另一个弟子家比较富有，而和世俊家则比较贫寒。老师平时就偏爱富家子，常支和世俊出去山上干活。但是和世俊悄悄地把老师的经书拿到山上抄写学习，凭着自己的智慧学到了许多重要的经文，事后，老师感到十分惊讶。由于他的勤学和智慧，他精通东巴经书和仪式教理，在鲁甸塔城巨甸以及维西中甸等金沙江沿线都很有名气。他一生在新主培养了许多东巴弟子，其中较有名的有七大弟子，即和文质（属羊，法名普支登梭，1907—1951，享年44岁）、东朗（属龙，法名庚套乌朗，1880—1953，享年73岁）、和建勋（属兔，法名曲拖劳梭，1891—1959，享年68岁）、和正才（属鸡，法名东吐，1885—1965，享年80岁）、和尚志（属鼠，法名初吉初补，1888—1960，享年72岁）、杨尚志（属猪，法名休梭休端，1875—1962，享年87岁）、东才（属猪，法名嘎乌玖套，1899—1955，享年56岁）等。另外，鲁甸村甸头社的东琪也是和世俊的弟子。

和世俊的弟子后来又传承和云章、和云彩、和开祥这一代东巴。之后，和云章、和云彩、和开祥一辈东巴又培养了和盛典、和桂生，和盛典、和桂生又培养了和树杰、和春生、和应龙、杨政元等。因此，今天的新主村东巴文化传承，可以上溯到和世俊这一大宗的传承体系上。

（二）清末至民国时期东巴经书及其传承、刊布

1. 和世俊与他的弟子们书写的经典

和世俊作为一代东巴宗师，他一生书写了大量的东巴经书。第一，他书写的东巴经书，每一本都是字迹端正、笔画规范的。和世俊学习过汉文，有一定的汉文化修养，他在世时还为新主村民书写汉文的墓志铭文，其书为楷体。在他书写的东巴文也是工整的东巴文字体，每一笔每一画都交代得清清楚楚，而且篇章和页面布局也很讲究。第二，和世俊有汉文、藏文、纳西东巴文兼通的优势，所以，他不仅书写了大量的传统东巴经，而且还书写了从汉文藏文中翻译过来的经书。传说，和世俊把藏文《消灾经》译成东巴经就是一例。其实不仅如此，他还把汉文的看日子占卜经翻译成东巴文传世。丰富了东巴经书的文化内涵。和世俊在世时，在自己的家里开办私塾学堂，白天教汉文，夜晚教东巴文，培养了一大批东巴传承人。所以，在他的墓志铭里写有"日教书文，夜课麼些，亲邻受学"。

和世俊一生没有生育儿女，就把大哥的儿子老三阿普纳（和志忠）作为养子，生下孙子和文质、和文彦后，和文彦又由他的弟弟老五家接养为孙子，和世俊就专心地培养和文质，专门请汉文老师到家教和文质，使和文质从小就有较好的东巴文化和汉文化的教育。和世俊去世时，为孙子和文质留下了丰富的东巴经典、画像、法器等遗产和良好的社会人文关系。和世俊书写的东巴经书，一些是在1942年李霖灿到新主调查收集东巴象形文字及其经典时，和文质售给李霖灿，由李收集到当时中央博物院里，现藏南京博物院里，一些是藏在家里，1958年中共云南省委宣传部领导下的云南省民族民间文学丽江调查组在新主收集了1700多本东巴经书和10多件的神像画、法器，其中较多的经书是和世俊、和文质书写的。这部分东巴文物保存在原丽江县图书馆里，后来，丽江东巴文化研究室翻译其中一部分经书，收入《纳西东巴古籍译注全集》出版，使之得以传承。和世俊书写的东巴经书，经文中常盖有和世俊的方形印章，跋语中会用东巴文写有梭补余登的法名。

2. 和文质的东巴经典传承

和文质，东巴法名为普文登校，属羊，1907年生，1951年逝。他是和世俊的养子乌纳的儿子、和世俊最用心培养的孙子。和文质从小就受到良好的东巴文化教育，又受到良好的汉文化的教育，这多亏和世俊精心的培养。和文质只读过三年的汉学，听村里人说，和世俊为了提高和文质的汉文化水平，专门从巨甸请来一位汉文先生，教和文质的汉语文。

据说，和世俊在世的时候，教育和文质一生从事东巴宗教文化事业，千万不要去从政。但是，和文质掌握汉文化，名望又高，35岁（1942）左右时，就从政任了当时的鲁东乡乡长。同时兼任鲁东乡的小学校长。和文质恪守其职，获得丽江县教育局赐给"校正育人"的一块匾。这块匾原来是挂在学校大门上的。当时的学校遗址地就在新主村红光社的三多庙龙王庙处，此地很特别，北面有一颗像个座椅式的巨石，南面有一池泉水。寺庙坐西朝东坐落在西面，南面水池边是坐南朝北的一排学校教室，东面是一栋楼房，大门从楼下过。就在坐北朝南的这颗巨石的上节处从右到左地镌刻着"文化基层"四个篆字。没有落款署名。当是与匾为同一时期同一部门所为。

据杨六斤老人回忆说："和文质的乳名叫长贵，是鲁甸、新主一带的大东巴。每年的冬夏都会被人迎接着去做东巴仪式，跳东巴舞。他的诵唱声好。其弟乌述爸亦跳得好，乌海亦会跟着去，会到维西、鲁甸杵峰等地，和文质的妻子是杵峰安乐迪示村人。李霖灿来时，就住在和文质家楼上，向他学习东巴文。和文质最后一次为人做东巴仪式是在现在的红旗社的腊恒去世时。那人（腊恒）是属兔年的农历二月初六日死，在家摆了好几天才出殡的。做了此人的丧葬仪式后40天左右，和文质就被人捕去，之后不久就死在狱中。"据此，和文质最后一次做东巴仪式应在1951年（辛卯）3月1日（农历二月初六日）以后的几天里。此后40天左右即约在4月中旬里他被捕。他的死，应在1951年4月以后的一段日子里。

和文质对东巴经典文献传承的贡献，有如下几点。首先，他身体力行的东巴经典文献的应用实践。在他活着的时候，自始至终地从事东巴教祭祀活动，就是在从政担任鲁东乡乡长和鲁东学校校长时也如此。其次，他书写、传承、介绍和保存了较多的东巴教经典。他在历代祖先的传承下书写了较多的东巴教经典。和文质曾把一部分经典交给了李霖灿，带到中央博物院，现藏南京博物院；另一部分藏在家里，1958年云南省民族民间文学丽江调查组在新主收集了1700多本东巴经书和10多件的神像画、法器，其中较多的经书和法器是和文质家的。这部分东巴文物保存在原丽江县图书馆里，丽江东巴文化研究室翻译其中一部分经书，收入《纳西东巴古籍译注全集》出版，使之得以传承。再次，他帮助了李霖灿编写《麽些象形文字字典》《麽些标音文字字典》。虽然这两本书是收集了李霖灿几年在纳西族地区调查所得的文字，但是主要的部分是在和文质家完成的。所以和文质一直以此为骄傲。最后，他对下一代东巴传承的重视。和文质与妻子有一个儿子，教东巴文和汉文都不能学好。他在新主村金星社有一个情人，生下一个儿子，儿子长到18岁，他就把他领回到家，用心地培养，每两天教一本经书，要他学好。就是和文质要出门时，也会把这个儿子交代给自己的师兄弟，绝不会有误。这个儿子就是和成典。和成典不负期望，经文学得很好，后来曾到云南省社会科学院东巴文化研究室工作过一段时间，参加《纳西东巴古籍译注全集》的翻译工作。

3. 李霖灿与新主东巴经典搜集

李霖灿，1913年生于河南省辉县，1939年到丽江学习研究东巴文，1942年春节期间在中甸白地认识新主村年轻东巴和才，他们一同到永宁木里调查，回到丽江后，于1942年9月往丽江县塔城乡依陇村调查，随后转到丽江县鲁甸乡新主村调查，主要就在和文质家住下收集东巴经典，着手编写东巴文、格巴文字书的素材收集工作。李霖灿到1943年5月才从新主回到丽江城，9月从丽江城出发，11月到达当时中央博物院所在地的四川南溪县李庄。李霖灿大约1942年10月到新主，1943年5月离开新主，前后在新主的时间约八个月。李霖灿为新主东巴经典文献的研究所做的工作主要有以下几点。

第一，以新主村纳西语方言和东巴文格巴文编写《麽些象形文字字典》《麽些标音文字字典》。

第二，李霖灿在纳西族地区搜集1185册东巴经书、100多件法器和一些卷轴画，收藏在中央博物院，即现在的南京博物院内。其中相当一部分是鲁甸新主村的东巴经书。鲁甸乡鲁甸村甸头村东巴和云章在20世纪80年代说，李霖灿到新主后，依靠和文质收集东巴文化资料。和文质曾召集鲁甸村和新主村东巴在新主集会，为李霖灿跳东巴舞，讲东巴故事，还让每位东巴送经书给李霖灿，如果是有缺的东巴经书，就请东巴为他抄写。和云章说，他就曾经为李霖灿抄写过经书。

第三，《麽些经典译注九种》中新主经典的刊布。其东巴经版本，东山一本，上吉村两本，巴甸村一本，鲁甸杵峰村一本，新主村三本，维西培德戈乡一本。

序号	仪式名	经书名	原生地	收集地	书写	释读者	译者	书页	形状
1	退口舌	麽些族的洪水故事	东山	长水和泗泉家	和才抄	和才	李霖灿译	21—88	竖
2	祭风鬼	占卜起源的故事	巴甸和国梁	巴甸村	和尚文	和才释读张琨记音	李霖灿译	89—122	横
3	超度祖师	多巴神罗的身世	鲁甸打米杵	鲁甸打米杵	多子	和才释读张琨记音	李霖灿译	123—160	横
4	祭署神	都莎峨突的故事	上吉村和士贵	上吉和士贵	和才抄	和才释读张琨记音	李霖灿译	161—188	横
5	祭署神	哥来秋招魂的故事	鲁甸区阿时主	鲁甸区阿时主	和才抄	和才注音	李霖灿译	189—215	横
6	祭署神	某莉亥孜的故事	维西培德戈	维西培德戈	和才抄	和才注音	李霖灿译	217—235	横
7	求寿	麽些象形文字延寿经释注	可能是新主经书	可能是新主经书	和才抄	和才释读张琨记音	李霖灿译	237—286	横

续表

序号	仪式名	经书名	原生地	收集地	书写	释读者	译者	书页	形状
8	开丧	麽些族挽歌			李霖灿	记音附后	霖灿、和才	287—295	横
9	祭署神	菩赤阿禄的故事	上吉村和士贵	上吉村和士贵	请人写	周觉痴译	霖灿记录	297—310	立轴

4. 和才的东巴文献释读和贡献

和才，乳名叫乌严，学名叫和卫文，属蛇（1917—1956），享年39岁。

和才小时因家贫没有进过汉文学堂，稍长随东朗学习东巴文。1938年22岁时，他被抽去当壮丁，患重病被遗弃在路边，后来又讨饭回家。为了逃壮丁，他曾到密支那。后来，他的哥哥为他出钱雇壮丁。为学东巴，他到香格里拉县三坝乡的白地村，在那里认识了李霖灿，帮助李霖灿到洛吉、拉伯、永宁、木里、俄丫调查。1942年9月他带李霖灿到老家新主村，使李霖灿随和文质学习研究东巴文，并收集东巴经书和东巴教文物。1943年5月他随李霖灿到丽江，同年9月离开丽江，11月到达当时中央博物院所在地四川省南溪县李庄。从李霖灿写的《和才传》中得知，在到达李庄之前，李霖灿就开始教和才汉文，到李庄后，在与李霖灿一道请张琨老师标记纳西语国际音标的工作中，和才又学习了标记纳西语的国际音标。1942年2月到1948年12月26日，和才协助李霖灿释读、书写研究东巴文字经典。1948年12月26日后，和才回昆明，李霖灿去了台湾，两人共同工作约七年后从此诀别。

和才对东巴经典文献传承和研究的贡献，主要是：第一，帮助李霖灿完成了《麽些象形文字字典》《麽些标音文字字典》，他是两字书的发音人；第二，和才为李霖灿《麽些经典译注九种》抄写东巴经书5本，释读东巴经书7本，注音东巴经书2本；第三，和才于1947年1月20日回丽江新主，他在家完了婚，还用5个月的时间，采集了百余个故事，收集了十余本经书，于1947年8月返回上海。1948年6月28日他把自己收集书写的纳西族民间故事汇集成册，取名为《拿喜历代故事》[①] 并写了自序。

（三）1958—1965年新主村东巴经典收集、释读和研究

1. 1958年新主东巴经书的收集

1958年，在中共云南省委宣传部领导下，云南省民族民间文学丽江调查组在丽江县境收集纳西族民间文学资料，为撰写《纳西族文学史》作准

---

① 拿喜即纳西。

备。当时，在调查的同时，也注重收集纳西族的东巴文献经典，先后在丽江县的七河、黄山、鲁甸等地收集了一批东巴经书。其中，到鲁甸乡新主村调查的木丽春等人，在新主收集了1700多本东巴经书和10多件的神像画、法器。据调查，这批经书主要是从和文质的家里收集出去的。因为其家自和世俊到和文质都是当地赫赫有名的东巴大师，藏书丰富；当时和文质家是地主成分，从他家收集东巴经书理所当然。这部分东巴经典文物保存在原丽江县图书馆里，幸免于"文化大革命"的焚毁。

2. 1962年和正才应邀到丽江县文化馆释读、翻译东巴经

1960年，时任丽江县委书记的徐振康重视纳西族历史文化的研究，从1961年初，开始让李即善着手东巴经典翻译的筹备工作。1962年在遍访各地东巴大师的情况下，邀请鲁甸乡新主村的和正才和黄山乡中和村的和芳到丽江县文化馆翻译东巴经书。

和正才，乳名乌通，东巴法名东通，属虎，生于1890年，卒于1965年4月，他是鲁甸乡新主村委会红元社人，和世俊的七大弟子之一，当代著名的东巴大师。1962年，他应邀到丽江县文化馆释读翻译东巴经书，之后在正月春节、六月祭祖节、十一月祭祖节回家外，一直工作到1965年1月。他先后翻译了近百种东巴经书，石印传世的21种22册东巴经书中，有12册经书是他释读翻译的。

序	原译书名	象形文字书名释读记音	讲述者	翻译者	石印落款
1	虎的来历	$tʂua^{21}$ $dæ^{21}$ $ŋv^{55}$, la^{33} thv^{33} la^{33} $pɯ^{55}$	和正才	周耀华	1963.7.15
2	崇仁潘迪找药	$ɕi^{33}$ $ŋv^{55}$, $tsho^{21}$ ze^{33} $phər^{33}$ $dɯ^{21}$ $tʂhər^{33}$ su^{21} ua^{21} me^{55}	和正才	赵净修	1963.8.15
3	献冥马	$ɕi^{33}$ $ŋv^{55}$, $ʐua^{33}$ fv^{33} the^{33} $ɯ^{33}$ ua^{21} me^{55}	和正才	赵净修	1963.10.3
4	高勒趣招魂	$ʂv^{21}$ gv^{21}, $ka^{33}le^{21}$ $tshy^{55}$ $nɯ^{33}$ ua^{21} $ʂər^{55}$ the^{33} $ɯ^{33}$ ua^{21} me^{55}	和正才	赵净修	1963.10.10
5	普称乌璐	$ʂv^{21}$ gv^{21}, $ɲi^{33}$ me^{21} thv^{33} $gə^{33}$ ma^{55} mi^{33} pa^{33} lua^{33} dzy^{21} $khɯ^{33}$ thv^{33}, $ʂ$ v^{21} ne^{21} phv^{33} $tʂʅ^{33}$ u^{33} lu^{55} $tʂər^{55}$ dzo^{21}	和正才	赵净修	1963.10.15
6	拯救什罗祖师经	$ʂər^{55}$ $lər^{33}$ $ŋv^{55}$, $ʂər^{55}$ $lər^{33}$ phi^{55} $ʂ$ $ər^{55}$ $lər^{33}$ $ʂu^{21}$, dv^{21} $hɯ^{55}$ na^{21} phv^{21} dv^{21} $tʂh^{21}$ sy^{55} ua^{21} me^{55}	和正才	周耀华	1963.11.1
7	懂述战争（卷上）	to^{55} $kɯ^{55}$, du^{21} $æ^{21}$ $ʂ$ v^{21} $æ^{21}$ kv^{33} $tʂu^{55}$	和正才	李即善	1963.11.10

续表

序	原译书名	象形文字书名释读记音	讲述者	翻译者	石印落款
8	什罗祖师传略	ʂər^{55} lər^{33} ŋv^{55}，ʂər^{55} lər^{33} gu^{33} mu^{33} thv^{33} kv^{33} pɯ^{55} kv^{33} the^{33} ɯ^{33} uɑ^{21} mu^{33} me^{55}	和正才	周耀华	1963.11.18
19	鹏龙争斗	ʂv^{21} gv^{21}，ɕə^{33} tɕhy^{21} ʂv^{21} æ^{21}	和正才	桑文浩	1963.11.25
10	庚空都知绍	tər^{21} tɑ^{55} tokhɯ^{55}，phv^{33} lɑ^{21} kɯ^{21} khu^{55} dv^{21} dzʅ^{21} sɑ^{55} tər^{21} zər^{21} uɑ^{55} me^{55}	和正才	李即善	1964.9.1
11	碧庖卦松	to^{55} kɯ^{55}，py^{33} phɑ^{21} kuɑ^{55} ʂu^{21}	和正才	李即善 周汝诚	1964.11.10
12	安铺余资命	ɕi^{33} ŋv^{55}，æ^{33} phv^{55} y^{21} dzʅ^{33} mi^{55}	和正才	李即善 周耀华	1964.11.15

（四）1968—1977年新主村东巴经典的没收和焚毁

史无前例的"文化大革命"时期，如同全国一样，新主村的东巴经典已被列入横扫的"牛鬼蛇神"之中。为了了解新主村东巴经没收和焚毁的情况，2014年9月8日，笔者走访了新主村的和述典、杨荐、和国柱等人。

1. 新主村红光社和述典老人说，新主村的东巴经书的焚烧，从20世纪50年代初就开始了。1949年冬，藏族土匪至新主，大东巴和建勋的儿子和志坚误杀藏族喇嘛。其父和建勋替子顶罪入狱，1951年出狱。1952年土改中被划为富农。其家有七代历史的东巴经。此时，和志坚将东巴经书全部烧毁。

2. 和述典家是和世俊家族的后裔，和述典之父和文茂是东巴。和文茂有三男三女，他坚持东巴经书的传承。1968年正当红卫兵没收东巴经典时，和文茂将其东巴经书砌入房子土墙中而免于没收。

3. 杨荐曾在鲁甸公社工作，他说，1966年"四清"运动时，他为公社的干事。新主在"四清"时没有没收东巴经书。1968年，甸北村的杨金山、和银生、和云光等大串连回来的红卫兵，没收新主村的东巴经书，当时库巴胜村的杨志新是民兵连长，他们带人没收新主村的东巴经，和学芳是记录员。没收来的东巴经书全都收藏在新主大队部的二楼上。"文化大革命"时期没收来的东巴经都不曾放置在公社里，而是放置在大队部里，而且当时还有人记录的。1970年杨荐到鲁甸大队时，还看见鲁甸大队部有没收来的东巴经书收藏。杨荐1974年到新主大队任支书以来，虽没有见过新主大队部有东巴经收藏，但是，当时新主大队部的档案很全，共28卷。杨荐后来卸任时，如数移交给后任领导，可以去找找。笔者到现在的村委会档案室查看。此档案室在办公室的一个套间里。进屋一看，书籍、杂物和文件袋一片狼藉，里面靠墙处有两个文件柜，柜门开着，放在文件袋里的纸张文件被老鼠啃成纸屑，有两层还排列着几个文件袋，笔者顺着一边依次查找，注意1968—1970年的文件袋，但未获。

4. 和国柱在20世纪60年代末是鲁甸公社的团工委书记，1969年去当兵，1972年回来探亲，在新主大队外面（过去是坟地），有烧东巴经书的残迹，有些没有烧尽的经书纸还被风吹跑着。

5. 1973年和文茂拿出部分经书送给和文远而受拒，和文茂将经书藏于山中，期待有缘者相遇。

6. 1977年农历二月初八日，和文茂的小儿子和士典在自家祭天场焚烧东巴经书，和学典、和述典两兄弟闻讯赶来，从火中抢出三本。

从以上几个事件，可以基本描述新主村东巴经书的焚毁情况。

（五）1980—2000年新主村东巴应邀到东巴文化研究室释读、翻译东巴经

1980年时任丽江地区副专员的和万宝组建"丽江东巴经翻译整理工作委员会"，开始聘请东巴，与研究人员一起翻译东巴经典。在此基础上，1981年4月，和万宝积极创建了云南省社会科学院东巴文化研究室，进一步聘请学识高深的东巴大师到研究室翻译东巴经书。新主村的和云彩、和云章、和开祥、和成典等东巴先后被请到东巴文化研究室工作，参加了旷世之作《纳西东巴古籍译注全集》百卷本的翻译释读工作。

1980年5月22日至1991年，和云彩（属鸡，1921—1991）受聘到"丽江东巴经翻译整理工作委员会"（续为东巴文化研究室），释读翻译东巴经典。1981年到1989年，和云章（属兔，1915—1994）受聘到东巴文化研究室释读翻译东巴经典。1983年11月至1984年2月，和成典（属龙，1928—1988）受聘到东巴文化研究室释读翻译东巴经典。1984年2月至2000年，和开祥（属狗，1922—2002）受聘到东巴文化研究室释读翻译东巴经典。这些老东巴，生前帮众多研究纳西族东巴文化的学者文人释读翻译了大量的东巴经书并介绍较多的东巴文化知识，为东巴文化研究事业培养了一大批纳西东巴文化的学者。

统计和云彩、和云章、和开祥、和成典各人参与翻译《纳西东巴古籍译注全集》的东巴经典册数如下。

姓名	工作时间	释读	说明
和云彩	1980—1991	271 本	参与 81 卷的释读工作
和云章	1981—1989	94 本	参与百卷中 50 卷的释读工作
和成典	1983—1984	9 本	参与 8 卷的释读工作，合读 1 本（33 卷）
和开祥	1984—2000	196 本	参与 71 卷的释读工作，合读译 2 本（73 卷、100 卷）
总计		570	

统计《纳西东巴古籍译注全集》所用鲁甸经书数，可知。

（六）1995—2014 年新主村东巴经典的传承和研究

1. 和盛典的东巴文化传承

和盛典，东巴名叫登松恭补；属鼠，1960 年 3 月 31 日生；高中学历，新主村委会红光社人。他是有名的东巴大师和世俊、和文质之族裔。其父阿士福是和文质的学生。他七八岁时就向父亲学习祭祖、祭署献药等仪式经书。他从 1978 年高中毕业回乡至 1988 年，在本村完小任民办教师。1988 年父亲去世后，他回家务农。1983 年，他报名参加云南省社会科学院东巴文化研究室举办的"纳西语文培训班"，接受东巴文化知识和国际音标记录纳西语言的训练，为日后的学习打下良好基础。1988 年始，他在家做祭祖等日常祭祀仪式，1992 年始为村民做开丧和祭署献药等仪式。

1995 年，和盛典开始招收弟子传承东巴教经典仪式。他选定每年冬季农闲时在自己的家里教东巴文经典，也常带着弟子为人家做开丧等东巴仪式。从 1995 年到 2000 年的五年多时间里，他先后招收了八个弟子，即和春生、和树杰、和秀文、和金康、杨国福、和桂生、和茂俊、和在典。先后传授了开丧仪式的经书共 20 本。其中一些较优秀者，已经能够独立地主持开丧仪式。其中，和桂生等现在已经成为传承学校的老师。

2001 年以后，和盛典为培养儿子读书，就到丽江城里旅游市场工作，他先后在嘉和、东巴纸坊、三多庙、茶马古道博物馆等从事东巴文化介绍宣传展演服务。其间，他抄写大量的东巴经书，广泛地与各地东巴进行东巴文化交流和学习。2009 年春节，他又回到老家，参与新主东巴文化传承学校的教学工作。

2. 和桂生的东巴文化传承活动

和桂生，属兔，1975 年生，初中学历，新主红光社人。其祖上阿普林，是鲁甸有名的大东巴，善于巫术。阿普林之子为乌嘎，乌嘎之子为乌布。乌布是一个桑尼，善巫术，曾与和世俊结拜兄弟。乌布之子为阿普茨里，茨里之子为阮补，阮补之子是乌胡，乌胡就是和桂生的父亲。

和桂生5岁时就向祖父阮补学习抵灾仪式经文（正月初一至十五日间做的抵灾仪式经文）。那时不看经文，只是听祖父念诵。23岁时开始正式学东巴文经典，先是向本村的和学典东巴学习，用录音机录下经语，然后跟着录音机学习。主要学习的经典是开丧仪式经典，有《开丧仪式·从居那若罗神山四方招回死者亡灵》《开丧仪式·给死者献上猪和鸡》《开丧仪式·粮食的出处来历》《开丧仪式·十三盏油灯的出处来历》《开丧仪式·劝慰死者亡灵之挽歌》《开丧仪式·给死者准备去往冥界的礼物》《开丧仪式·赞美死者生前贤能的事迹》《开丧仪式·死者亡灵起程前献饭叙述粮食的来历经》《开丧仪式·离别经》等。24岁开始又拜和盛典为师，系统学习开丧仪式文字经典。他先后学习和主持过祭祖、开丧、祭署献药、把亡灵从土鬼那里拯救出来、立墓碑等仪式，拥有祭祖、开丧等仪式东巴经30余本。

自从2001年和盛典到丽江旅游市场服务以来，和桂生就承担起新主村东巴开丧仪式的工作。他不仅在新主村各社做，有时还被请到鲁甸村，甚至被请到丽江城做开丧仪式。他说这六年里他已经不知做了多少个仪式了。

2005年4月8日，和桂生开始在自己家里收徒传承东巴文化。当时报名学习的有16个人。那年冬季他在家里教了三个月，主要教《开丧仪式·劝慰死者亡灵之挽歌》《开丧仪式·离别经》等。次年，从丽江市博物院和东巴文化传习院得到几本教材，就依教材教东巴文字，他积极参与新主村东巴文化学校筹建。2007年3月，东巴文化学校教室建成，他就把教学地点转移到新建的东巴文化学校，教学时间在晚上7点至10点30分，一直上到2007年9月26日放假，所教的内容是东巴文化博物馆教材第一本和开丧仪式经书。至2009年东巴文化学校学员有如下16个。

杨政军	龙，19岁	和桂远	蛇，30岁	和梅桂	蛇，18岁
和家兴	蛇，18岁	杨政园	狗，24岁	和俊吉	虎，21岁
和灿丹	羊，16岁	和桂清	狗，24岁	和胜明	蛇，30岁
和应龙	龙，19岁	和桂军	蛇，30岁	和　光	龙，31岁
和灿峰	马，17岁	和家龙	马，17岁		
杨国胜	羊，28岁	和贵全	蛇，30岁		

以上16个学生，红光社的7人，红旗社的5人，红元社的1人，金星社的2人，新华社的1人。

3. 新主村东巴文化学校的初建

新主村东巴文化学校建在新主村红字片五个社的红光社里。红字片区是分布在由西向东的一个沟壑缓坡上，西面是海拔 3000 多米的高鸟山和亨生居山，南北是两座山的余脉。两股泉水从高山深处流下，从西面高山上分两股顺坡朝东流下，红字片区五个社从上到下分布在这个沟槽的缓坡地上，自上而下依次是红旗、红光、红元、红星、红岩等五社。这个片区中，红光社在居中位置，东巴文化学校建在这里，一方面是这是历史上出现过和世俊、和文质等东巴大师的地方，另一方面是近 10 余年来从事东巴文化传承的老师和盛典、和桂生都是红光社人，这些年的东巴文化传承都是发起于红光社。

学校的基本格局已成型。学校是建在从西往东流淌的泉水河道南面、房屋两院相连，分东西两院。东院为教学校，西屋为正屋，是村里一幢古老的房屋（有历史意义）搬迁过来的。南屋、北屋为新建，其中北屋设为教室。东院的东面有一块平地，是准备作东巴舞场的。大门朝南开，东院的围墙和大门都还未完成。西院为里院，西院西屋和南屋都是村里两所有历史意义的古老建筑物。具有文物保护价值。据说西院是要作为神庙院，西院西屋今后将塑东巴教主等神像。学校已经在西院的屋角选定祭天场，又在学校附近的泉水边选定祭署场，以适应学校教学的需要。

据介绍，学校筹办初始于 2004 年 10 月 30 日，由和绍忠（现任新主村委会书记）、和桂生（现为东巴文化学校教师）、和桂军、和茂生、和政云等负责。申报创办东巴文化学校的报告经新主村委会、鲁甸乡送到玉龙县和丽江市文化局，2006 年 5 月 8 日是属猴日，依东巴什罗属猴之传说，动工起建。从 2006 年 1 月至 2007 年 5 月，他们先后向丽江市文化局、丽江市东巴文化研究院、丽江市东巴文化博物馆等提出申请建校经费、百卷经书、教师待遇和围墙大门经费等。据和桂生说，到 2007 年已投入 6 万多元。其中有市税务局长杨培高、市方志办主任杨树高、古城区人寿保险公司和万寿、发展银行和春发、玉龙县生物创新办和耀文、新主老乡会 46 人，以及丽江市东巴文化研究院、丽江市博物院等单位和个人的支持和帮助。

4. 新主村东巴文化传承学校的建立

2007 年 10 月 13—15 日，应丽江市地方志办公室主任杨树高和时任鲁甸乡党委书记的王洪涛的邀请，丽江市东巴文化研究院研究员和力民到新主村作东巴文化传承专题调研。完成《玉龙县新主村东巴文化传承现状调查》一文，认为新主村有较好的东巴文化传承的土壤、资源和条件，"建议政府把新主村作为社会主义新农村建设点和纳西族东巴文化生态保护村"。并提出"新主村东巴文化学校的东巴文化传承，要组成一个由村委会、教师、管理员组成的民间传承组织，具体分工负责，各自明确自己的职责，这样才有利于东巴文化传承有组织、有领导、有计划地进行"。之后，和力民积极向丽江市和玉龙县的党和政府反映，并在 2008 年以丽江市政府的名义在丽江师专举办"丽江市东巴文化强化培训班"招收丽江市范围的民间东巴 30 人教纳西文化的小学老师 50 人，作为期 3 个月的培训。其中招收新主学员和桂生等 3 人。2010 年 6 月 23—30 日和力民对新主村的东巴文化传承又做了一次详细调查，完成《新主村东巴文化传承资源调查》，文中最后提出三点建议，即"1. 对新主村进行以东巴文化保护为标志的社会发展规划。2. 争取列入国家和省级文化保护项目。3. 整合资源、调整产业结构，形成旅游开发为先导，产业发展为基础，东巴文化传承保护为基本特色的社会发展格局"。

之后，和力民奔走于丽江市玉龙县有关领导和部门之间，着手新主东巴文化学校的开办工作。丽江东巴文化研究院研究员和力民作为学术顾问，全面负责学校教学传承总体走向和对外协调的工作。新主村党支部书记和绍忠为校长，负责处理与乡村地方的协调工作。和桂生为副校长，具体负责学校管理工作。丽江市博物馆副研究员木琛为特邀教授，具体负责学校的教材教学。新主东巴和桂生、和盛典，丽江市博物馆馆员和丽宝，塔城署明著名东巴和明、研究院东巴杨玉华、玉水寨东巴和学东为特聘教师，参与学习教学。新主村民和政云、和桂军为财务人员，新主村村民和茂胜、和茂新为后勤人员。

2010 年 8 月丽江市非物质文化遗产保护中心的"国家非物质文化遗产东巴画传承基地"在新主东巴文化传承学校挂牌，同时开办首期国家非物质文化遗产东巴画传承班。2010 年 10 月 31 日至 11 月 3 日，丽江市东巴文化传承协会的"丽江市东巴文化传承协会新主分会"在新主东巴文化传承学校挂牌。2011 年 12 月 8 日，"丽江市新主东巴文化传承基地"在新主东巴文化学校挂牌。之后，"丽江市博物院东巴文化传承点"和"丽江市东巴文化研究院田野调查室"在新主东巴文化传承学校挂牌。

2010 年 8 月丽江市非物质文化遗产保护中心的"国家非物质文化遗产东巴画传承基地"在新主东巴文化传承学校挂牌，依托非遗传承，新主东巴文化传承学校自 2010 年开始每年开办一个班来传承东巴绘画、经典、仪式、舞蹈等内容。具体统计如下。

时间	学员数量	传承内容	传承教师	教学主要经典及学员来源说明
2010.8.14—9.2	24	东巴文、画、经、舞、偶塑、仪式	和力民、木琛、和丽宝、杨玉华、和盛典、和明	学《求神赐威力经》。有新主 13、杵峰 1、塔城 1、巨甸 2、奉科、鸣音 1、维西 2、白沙 1 人

续表

时间	学员数量	传承内容	传承教师	教学主要经典及学员来源说明
2011.12.8–12.28	27	东巴画临摹、壁画、文字	和力民、木琛、和丽宝、杨玉华、和盛典	学《祭祖经》。有新主13、杵峰1、塔城2、太安1、奉科2、拉伯2、维西2人
2012.8.14–9.14	30	东巴卷轴画、祭天经系列	和力民、木琛、和丽宝、杨玉华、和盛典	学《祭天经》。有新主14、杵峰1、塔城3、巨甸1、太安1、奉科2、俄亚2、维西2人
2013.10.16–11.4	26	东巴祭自然神的卷轴画、木牌画、祭家神经	和力民、木琛、和丽宝、杨玉华、和盛典、和学东	学《祭家神经》《祭大神经》。有新主14、杵峰1、塔城3、巨甸1、太安1、奉科2、俄亚2、维西2人
2014.11.8–12.4	30	开丧经	和盛典、和桂生、杨玉华、和学东	学《开丧经》。有新主杵峰塔城巨甸太安奉科俄亚维西人

新主东巴文化传承学校的传承是省、市、县政府资金支持下，在非遗传承的背景下的地方代表性学校传承。以几年来连续培训的办法培养学生。至2013年，新主东巴文化传承学校成为云南省土风计划的东巴文化传承项目，新主东巴文化传承学校在纳西族东巴文化传承方面成为一个典型和一面旗帜。2013年以后，丽江市东巴文化研究院的和力民、丽江市博物院的木琛、和丽宝等不再具体参与教学传承工作，具体传承由丽江市和玉龙县的非遗中心和当地东巴负责教学。

2014年10月20日，玉龙纳西族自治县非物质文化遗产保护中心在新主东巴文化传承学校批准成立"玉龙纳西族自治县非物质文化遗产传承基地"，基地负责人和桂生。特邀教授和力民、木琛、和丽宝。专职教师和盛典、和桂生、和应龙、和桂军、和学东、杨玉华、杨成胜。从2014年开始以抄写东巴经为主要工作。已经书写一套开丧经，一套祭署经等。

（七）现今流布使用的东巴经典情况

1. 现存东巴经藏书抽查统计

为了掌握新主村现在东巴经书的收藏情况，笔者对新主村东巴的东巴经典作逐一的盘查，采取逐本封面照相和采样测量的办法，调查结果如下，共833本。

姓名	和盛典	和桂生	和秀文	和春生	和树杰	和应龙	和灿峰	和义	和金文	和俊宣
数字	281	240	33	22	18	103	50	72	5	9

新主村现存东巴东巴经具体抽查情况如下。

和盛典藏东巴经，逐本封面照的有281本，另外还有一些经书没有照相。其经书基本上是他从事东巴文化学习以来自己抄写的，抄写年代为1984年以来至2014年间。长30×宽9.6（厘米）。有一本上端装订的占卜书，显得特别宽大，长23.2×宽18.5（厘米）。另外有用电信纸写的祭天经9本，长24.2×宽15.5（厘米）。有一本鲁甸东巴和云章于1985年前后写的《鲁般鲁饶》，长17×宽9.5（厘米）。还有一本曾经向和世俊学习过的鲁甸东巴东勤写本，长28.4×宽9.6（厘米）。他的经书的特点，一是藏经数量可观，总共400本左右。二是内容比较丰富，有开丧、超度、延寿、祭天、祭家神、祭祖先、祭风、祭山神、祭三多神、祭阿鬼、祭垛鬼、祭署、超度什罗亡灵、超度腊穆亡灵仪式及各种占卜种类经典，还有些特别的经书。三是有几本老一辈东巴的抄本，如新主东巴和世俊抄本、鲁甸东巴东勤抄本、鲁甸东巴和云章抄本。四是他的藏书，所用纸质反映了不同时期东巴的用纸情况。1949年前的东巴经都是用鲁甸东巴自己造的东巴纸。1984年以后的东巴经用高丽纸、厚白纸、名片纸，1999年的东巴经抄本多用自己造的东巴纸。另外，还有一些经书是复印件、拓印件。五是他的藏书，书写工整，继承了民国时期新主老一辈东巴的书写风格。六是他的藏书封面书写图案有自己的创造，有的经书还有装饰画和彩色。有神圣、大方和华美的感觉。

和桂生藏有东巴经179本。

序	仪式类	尺寸（cm）	纸质
1	超度什罗	30×8.6，21本	东巴纸
2	祭神	29.7×9.3，5本；29.6×8.6，14本	东巴纸，名片纸4本
3	祭天	30×8.6，7本	东巴纸
4	祭家神	29×8.6，5本；29×9.4，6本；31×7.6，1本	东巴纸
5	祭祖先	29.5×9，9本；28×9.3，2本	东巴纸
6	开丧	30×8.6，18本；27.8×9，26本；28.8×9.6，2本；28.2×8，1本	东巴纸
7	占卜	27×8.6，1本；14.5×8.7，3本	东巴纸
8	杂经之一	32.5×10，3本	包装纸（马粪纸）
9	杂经之二	30×9.6，2本；30×9，3本；27.3×9.3，1本；27.8×8.7，3本；29.6×9，2本；30×8.4，2本	名片纸

续表

序	仪式类	尺寸（cm）	纸质
10	杂经之三	28×9.3，3本；27.6×10，1本；30×8.4，2本；29×9.6，2本；30×7.3，1本；29.6×9，2本；30×8.4，2本	东巴纸
11	杂经之四（开丧）	27×16.3，3本；11×29，2本；29.8×9.6，1本；28×10.3，1本	烟壳纸；名片纸
12	和学典写本	31×12，3本	东巴纸1；白纸2
13	和世俊写经	29.6×9.6，3本	复印件
14	和世俊写占卜经	36×26，1本	复印件
15	和秀东写经	29.6×11，3本	—
16	东巴学校教科书	29.8×8.6，9本；29.6×10，5本	印刷品

和桂生家藏新抄经书61本。

序	仪式类	尺寸（cm）	纸质
1	开丧消灾经	28.6×9，27.5×9，共14本	东巴纸
2	开丧经	29.5×9，27×9，共33本	东巴纸
3	祭署神经	27.5×9，27×8.5，共14本	东巴纸

和桂生家藏经书，在现今新主村东巴中仅次于和盛典。他在2008年以前，藏书不多，那时的东巴经多是用白纸书写的，经书尺寸差别很大，形制也很不统一。譬如，他的老师和学典抄本是在白纸上书写，尺寸31×12（厘米）。他自己的抄本很多是用白纸、烟壳纸、包装纸等。而且内容也比较单一，多为开丧经。2008年以后用的多是东巴纸形制和尺寸也较为一致。经书的种类也比较多，有开丧、超度、祭天、祭家神、祭署、祭风、祭阿鬼、祭祖等和占卜经。而近期书写的经书多半是他的弟子和应龙等人抄写的。

和秀文藏有东巴经32本。

序	仪式类	尺寸（cm）	纸质
1	开丧	30×10.6，4本；28×9.3，4本；30×10.8，3本；29.8×9.6，1本；29.8×9.9，16本	东巴纸
2	祭家神	29.8×10，1本；29.7×9.3，2本	明信纸

续表

序	仪式类	尺寸（cm）	纸质
3	祭天	30×10，1本	东巴纸

和秀文是和盛典1995年招收的弟子。和秀文的东巴经藏书，一是全是自己书写。二是基本上是用东巴纸书写。三是字迹比较工整，从师和盛典，学得他的风格。

和春生藏有东巴经28本。

序	种类	尺寸（cm）	纸质
1	开丧	30×9.1，5本；30×10，10本；	东巴纸
2		29.8×9，6本；29.8×9.6，6本	明信纸
3	祭天	30×9.8，1本	东巴纸

和春生的经书情况基本上与和秀文同。

和树杰藏有东巴经18本。

序	种类	尺寸（cm）	纸质
1	除秽、祭神、祭天	34×11，3本；34×10.6，1本；30.4×10，2本	东巴纸
2		31×10.6，1本；30×9，1本；28×9.4，2本；26.6×9.6，5本	东巴纸
3	祭署	30×8.6，2本；31×10，1本	东巴纸

和树杰的经书很少，据他说，原来写了很多，后来被借走丢失，一些曾出售。但是，现有的都是东巴纸抄本。

和应龙藏有东巴经91本。

序	种类	尺寸（cm）	纸质
1	东巴经	29×9，24本；27.4×9，20本	东巴纸
2	东巴经	28×9，34本；28.5×8.4，1本	东巴纸
3	东巴经	27.5×10，1本	东巴纸

和应龙家藏早期经书12本。

序	种类	尺寸（cm）	纸质

续表

序	种类	尺寸（cm）	纸质
1	延寿经、开丧经、祭家神经	31×8.1，29.4×9，30×9.1，30×10.05	东巴纸
2	请神经	30×8.4	东巴纸
3	祭天经	29.8×10.05，30.7×10.04	东巴纸

和应龙为和桂生 2005 年招收的弟子，2007 年以后得到较多的学习，尤其是在 2008 年与老师和桂生一道参加丽江市东巴文化强化培训班，2010 年以后每年参加在新主东巴文化传承学校的学习，书写和拥有的经书逐渐增多。从 2014 年开始，他在和桂生家脱产抄写经书，书写了相当多的东巴经书。2008 年前他的经书多用白纸、包装纸和名片纸。但此后的经书，基本上用东巴纸。他的抄本书写流利、干净利落，书写风格上更多吸收了丽江各地的书写特点。

和灿峰藏有东巴经 50 本。

序	种类	尺寸（cm）	纸质
1	东巴经	30×9.2，30×9.3，30×9，29.7×9，27.2×9.3，309，27×9，27.6×9，27×8.1，29.8×9.1	名片纸
2	东巴经	27×9，27.2×9，27×9.1，27.8×10，27.6×10，30×10.05	牛皮纸
3	东巴经	29.6×8.7，30×8.6，29×8.6	东巴纸
4	东巴经	29.6×10.05，29.6×9	名片纸复印件
5	东巴经	29.8×10.05	白纸复印件

和灿峰藏的东巴经，用纸种类比较多，有名片纸、牛皮纸、白纸、东巴纸等。有名片复印件、白纸复印件等。

和义藏有东巴经 72 本。

序	种类	尺寸（cm）	纸质
1	东巴经	30.5×9.6，27.3×9.5，27.3×9	白纸
2	东巴经	30.8×10.5，28.8×9.7，27.6×9.8，27.6×9.6，29.1×8.1，29.8×9.6，27×8.9，28×10.6，31×10，18.5×13.4	东巴纸

续表

序	种类	尺寸（cm）	纸质
3	东巴经	27.1×8.6, 27.1×8.7	香烟壳纸
4	东巴经	27.2×9.1, 27.4×9.6, 27.1×9, 20×12	牛皮纸
5	东巴经	29.8×10.5, 29.8×10.6, 29.8×11.1, 28×11.4, 26.4×11.4, 29.2×9.8, 30×9.8, 30×10.06, 29.8×8.8, 27×9.6	名片纸

和义藏东巴经书的特点：（1）从学其伯父和云彩，有和云彩的手抄本；（2）收集到当地东巴和世俊的抄本；（3）自己有些抄本，也有一些东巴朋友的抄本，如杨玉华、和旭东、杨玉勋的抄本；（4）用纸较复杂，有白纸、香烟壳纸、牛皮纸、名片纸和东巴纸；（5）封面有横本，也有少数竖本横书；（6）有一套杨玉勋的抄本样式近乎正方形。

和金文藏有东巴经5本。

序	种类	尺寸（cm）	纸质
1	东巴经	29×10, 28×8.1, 27×8.6, 29.6×10	东巴纸
2	东巴经	29.8×10.6	名片纸
3	东巴画	58×47，2幅；52×35，1幅	纸画
4	东巴画	58×40，1幅	卷轴布画

和金文自2010年始在新主东巴文化传承学校学习。经书除了学校发的教材外，自己书写的经书少。有一本名片纸抄本和四本东巴纸抄本。他爱好东巴画，经文书写字迹流畅，还是彩色，有自己的特点。他的东巴画也很有特点，在传统基础上有创新。2014年玉龙县东巴画比赛中获三等奖。

和俊宣藏有东巴经9本。

序	种类	尺寸（cm）厘米	纸质
1	东巴经	28.6×9.8	东巴纸
2	东巴经	27.6×10, 29.8×10.05, 28.6×10.05, 31.5×10.05	牛皮纸，东巴纸
3	东巴经	28.6×10.05	东巴纸
4	东巴经	28.6×10.05	牛皮纸

和俊宣东巴，属鼠，2003年农历八月逝，享年80岁。他从小向东恒学东巴，1949年前就从事东巴祭祀，1949年后不做东巴。1993年开始给村里年轻人传承东巴文化。他收藏的东巴经书特点：（1）有和世俊抄本藏书；（2）基本上都是自己1993年以后靠回忆书写的；（3）多用牛皮纸书写；（4）书写形式和用字保持新主传统风格。

2. 现存东巴经藏书整体统计

从民间口碑调查到入户抽样调查，新主村现存东巴经情况如下所述。

a. 根据口碑资料，新主村有几位已经过世的老东巴家里还有一些1949年前的东巴经书，由其后裔保存，但不轻易示人，也不再使用。估计这部分经书不会在200册以下。

b. 现在抽样调查的新主村经书有833册。基本上囊括了现在祭祀活动的东巴的存书。因此，这部分经书的相当一部分是在使用中的经书。

c. 还有一部分正在学习的12位东巴的藏书没有统计，以抽样调查和传承活动用书情况看，每人有25本左右的藏书，共有300本左右。

d. 2010年元旦至2014年，新主村和家政、和乾、和应钦到玉水寨东巴文化学校脱产学习，到2015年元月结束五年期的学习。他们三人在五年间书写的经书有500本左右。

新主村现存东巴经藏书整体统计，大概有1833本。

3. 现存东巴经藏书整体内容分析

根据以上藏书情况调查，新主村东巴藏书内容有如下特点。

a. 多数东巴经抄本时间较短，种类较少。和盛典东巴学习时间较长，抄本时间较长，种类较多。其他东巴的经书抄本时间较短，种类较少。

b. 1949年前的东巴经书很少见到。在我们抽样调查的10家东巴，只有几家东巴有很少的几本老经书。

c. 开丧、祭天经典藏本具有普遍性。藏有祭部鬼和祭署神、祭祖仪式经典也较多。

4. 现存东巴经藏书整体形式分析

a. 新主村现存东巴经藏书，反映了不同时期东巴经的用纸情况。1949年前的东巴经都是用东巴纸书写的。20世纪80年代到21世纪的2010年这段时间的抄本，用烟壳纸、白纸、牛皮纸、名片纸等。2010年以后，多用东巴纸书写。其来源，一部分来自东巴文化研究院的赠送，一部分自己购买。和盛典的东巴纸经书是自1999年以来自己造的纸。2013年5月至2014年9月，和国新与塔城人李学光合作，在新主造纸，生产东巴纸在新主和丽江城销售。其原料是构树皮和荛花皮混合。从金沙江边买来树皮原料。每公斤 5—10 元不等。其纸张尺寸为 25×60（厘米）。此尺寸为的是可以满足书画市场的需要，同时一分为二，就可以成为 12.5×30（厘米）的传统东巴纸尺寸。

b. 多数东巴经抄本封面为横本横写。

c. 抄本的参照本多为《纳西东巴文献译注全集》。

d. 抄本的尺寸不太统一，30×10（厘米）为一般尺寸。长在 28—31 厘米，宽在 8—11 厘米。

e. 装帧多用线装，基本上是机线，还有包装线。但未见过去传统的纸搓线。装订眼多为三孔，也有四孔、五孔的。

f. 封面一般不装饰图案和彩色，即便是有，多是仿照母本，很少有自己的特色。

5. 现今常做的东巴仪式以及常用的东巴经文献

就新主村现今常用的东巴经文献的调查，笔者从东巴教仪式活动调查入手，来统计常用经典种类和名称。

①现今常做的东巴仪式

新主村现在常做的东巴仪式有如下九种。

a. 开丧仪式。新主村东巴现今做得最多的东巴仪式就是开丧仪式。但凡村里有人过世，丧家必请东巴到家里做开丧仪式。在新主，这种习俗已经成为规矩。新主村东巴不仅受新主村民的邀请，还受邻近的鲁甸村杵峰村及维西等地纳西族的邀请，做开丧仪式。

b. 祭祖仪式。祭祖仪式是现今新主村做得比较多的仪式之一。其主要祭祀的是本家庭的三代近祖。每个家庭住房附近的路边有一个祭祖的地方，一般情况下，就是正月初一、清明后一早、农历六月初、农历十一月初、腊月三十等都祭祀自家祖先。

c. 墓志上梁仪式。在为已故祖先立墓志的日子里，主人请东巴在墓地为之做此仪式。

d. 与死者解生死结仪式。家中有人生病或家禽家畜有病、减损，占卜认为是与死者有关联，便做此仪式来解除灾祸。

e. 从墓穴里招出病人之魂仪式。经占卜得知病人之魂被墓地里的死者摄去，于是便请东巴做此仪式。此仪式要用麻秆、黄连枝、柏木梯子、生米、鸡蛋等。

f. 给署神献药水疗伤仪式。经占卜得知，病人的病因与署神有关，便请东巴在泉眼处做此仪式，给署神献药水疗伤，祈求病愈。

g. 祭部鬼仪式。该仪式在年末腊月的属狗日或房主人的属相相合日举行，以此消除一年来的口舌是非带来的灾祸。

h. 祭天神仪式。主要是在春节正月初五和农历七月初五举行，祭祀天父地母柏舅及主人家的祖先。

j. 祭家神仪式。在结婚办喜事时，请东巴祭司做祭家神仪式。

②现今常用的东巴经文献

根据仪式类别和每一种仪式活动程序来记录东巴经文献的使用情况，可以比较客观地了解现今新主村东巴经文献的使用状态。

a. 开丧仪式经典，主要用《请有威力的祭司神经》《祭司至丧家叙述祭祀因由》《给死者送领路的猪鸡经》《开丧烧天香祭大神经》《从神山四方招回死者亡灵经》《钉五色古颂缘子经》《叙述粮食的来历，给死者亡灵献饭经》《给男贤者点油灯经》《给女贤者点油灯经》《唱挽歌经》《鸡鸣时分唤醒死者启程经》《给猎狗喂食，给死者献早餐经》《祭女死者，送女方先祖经》《给贵人六马开光点血经》《送重丧鬼经》《给死者准备干粮食物经》《给死者寻找新天地经》《临行前给死者献饭经》《生死离别经》《为死者亡灵指路经》《叙镰刀之来历，为死者开路经》《送走死者亡灵，祭司推卸罪责，抵鬼镇鬼经》《丢弃考露面偶经》《招回活人之魂经》《送走有威力的祭司神》《给威力神烧天香作供养经》。

b. 祭祖仪式经典，主要用《祭祖献牲经》《祭祖献饭经》。

c. 墓志上梁仪式经典，主要用《烧天香作供养经》《祭山神经》《给祖先神献牲经》《给祖先神献饭经》《让死者荣升祖先位经》《给非正常死亡鬼施食经》《给祖先墓志上梁经》。

d. 给死者解生死结经典，主要用《设神座献祭粮经》《给卢神沈神除秽经》《烧天香作供养经》《点油灯作供养经》《喊非正常死亡者亡灵经》《鸡的来历经》《粮食面偶来历经》《丹鬼的来历经》《血祭烧祭经》《请卢神起驾，请神赐威力附体经》《给丹鬼施食经》《喊鬼魂经》《砸丹鬼头经》《超度沙劳阿巴亡灵，解生死结经》《超度美瑟东奔亡灵，解生死结经》《送走丹鬼，祭丹鬼结尾经》《送神经》《解生死结仪式之祭家神经》。

e. 从墓穴里招出病人之魂经典，主要用《烧天香作供养经》《给祖先（墓地死者）献饭经》《招出病人之魂经》《请山神招出病人之魂经》。

f. 给署神献药水疗伤经典。《烧天香作供养经》《请署神经》《给署神献药，偿还署神之债经》《送署神经》《祭署仪式招魂祭家神》。

g. 祭部鬼仪式经典。《铺陈祭仪陈述祭祀因由经》《给卢神沈神除秽经》《烧天香作供养经》《招仇鬼魂经》《部鬼之来历经》《鸡的来历经》

《用面偶吸附灾祸，解除鬼之缠绳经》《血祭烧祭经》《请卢神起驾，求神赐威力附体经》《招家人魂使之与仇鬼分开经》《烧部鬼拆毁部鬼寨经》《给部鬼施食经》《砸部鬼头经》《架起阻拦部鬼的松木杆经》《送走部鬼经》。

h. 祭天神仪式经典。《给天神上香及祭坛除秽经》《给天神献牲经》《许愿，献饭，送神经》《给天神献药水经》。

j. 祭家神仪式，主要用《设神座献祭粮经》《给家神献牲经》《给家神献药经》《烧天香作供养经》《给家神献饭经》《招富强之福分经》《祝婚歌》。①

6. 新主村东巴经文献传承的特点

①新主村有可以传承东巴文化的社会文化土壤

新主村东巴文化传承的有利条件，就是这里还有东巴文化传承的社会文化土壤。具体说来，有如下几点。

a. 具有较好的东巴文化传承土壤，民众信仰，社会需求

新主村作为东巴文化传承最有利的条件，就是这里的东巴文化具有良好的社会文化土壤。在新主村，从大人到小孩，都有比较明确的东巴教的基本信仰，尊重东巴，崇尚东巴文化，说到历史上的东巴大师的名字，大家都有崇敬的意念。村子里有东巴仪式活动，大家都自觉参加。每一家都有祭祀祖先的地方。村子里有老人去世，必定要请东巴来做开丧仪式。有些病痛，在医院里治疗无效，村民就请东巴招魂治疗。村里祭祀人家给东巴的酬劳相对较高。社会上对东巴文化有需求。这些条件，都是新主村东巴文化传承的有利条件，是东巴文化在中断了许多年以后，可以传承的原因所在。

b. 经济条件比较好，东巴酬劳相对较好

一个地方的经济条件对于这个地方的文化传承，特别是传统民间文化的传承有着很大的影响。新主村自改革开放以来，村民的经济条件有了改变。20世纪80年代到90年代，主要靠的是木材经济，一部分人富裕起来。之后，国家天然林保护政策实施，新主村和鲁甸乡的其他村一样，很快从木材经济转型到种植业（白芸豆、烤烟、药材）上来，加之生态养殖的养蜂业等的配合，村民的平均经济收入在全县、全市都名列前茅。家庭经济的发展，有力地保障了东巴文化传承。在开丧和其他东巴祭祀仪式服务中，东巴

---

① 关于东巴教的"家神"，实则生命神，可参看杨福泉《原始生命神与生命观》，云南人民出版社1994年版。

的收入相对比较高。做两天的仪式，给的报酬，高者达两千元，低者有五六百元，还有物质馈赠。在市场经济时代，如果没有一定的社会报酬，很难保证东巴学习和传承。

c. 还有一些懂得东巴礼仪习俗的老人在世

新主村东巴文化传承的中断，是与整个纳西族地区一样的，即20世纪50年代初中断的。但是，新主村到21世纪初还有一些东巴老人在世，他们了解地方掌故，熟悉东巴文化礼仪习俗。和开祥东巴是到了2002年才去世的。到现在有一些高寿的东巴后裔在世，这就保证了东巴文化传承还有根可寻，还有人可问，还有师可拜。

d. 有一批东巴后裔愿意继承东巴文化传统

文化的传承要有师有生。清末至民国时期，新主村东巴人才辈出，东巴人数众多。现今一部分东巴后裔愿意学习祖先传承下来的东巴文化，从事东巴的活动，保证了东巴文化传承后继有人。

e. 有东巴文化传承专家参与指导

新主村东巴文化传承学校于2008年开始创建，丽江市东巴文化研究院的和力民研究员从2007年开始在鲁甸乡新主村进行东巴文化传承的调研，撰写《新主村东巴文化传承现状调查》；2008年选调一些学员到丽江市参加"丽江市东巴文化传承强化培训班"；2009年又再次调查鲁甸乡东巴文化传承资源，撰写《新主村东巴文化传承资源调查》；2010年开始招生，开班教学。新主村东巴文化传承学校，从2010年至2014年每年开办一个班，连续五年传承教育，和力民自2007年至2013年一直参与其创建和教学过程。丽江市博物馆的木琛副研究员、和丽宝老师从2010年到2013年一直参与学校的具体教学。丽江市东巴文化传承协会也曾派东巴到新主教学。还有民间东巴和明等人的参与，从教材、教师、教学方法、教学管理等有了一个比较规范的模式。

f. 政府资金的支持

新主东巴文化传承学校的创建，从开始到现在，都得到了丽江市和玉龙县政府的各级各部门在资金上的大力支持。丽江市和玉龙县的各级很多部门在新主村创建东巴文化学校时都有出资，丽江市非物质文化遗产保护中心自2010年以来把国家级非物质文化遗产东巴画的传承基地设在新主东巴文化学校内，每年的开办经费由他们出资解决。玉水寨丽江市东巴文化传承协会也在新主东巴文化传承学校挂牌，作为协会之下的分会，资助办学，并增送东巴什罗铜像。在建盖教学大楼时，丽江市政府协调丽水金沙企业资助经费。2012年以来，云南省委宣传部土风项目把新主东文化传承学校列为点，资助其经费。丽江古城管理局也资助其经费。所以，新主村的东巴文化传承是在各级各部门政府和社会的帮助和支持下建立起来的。

②新主村近年东巴文化传承的特点

近年来，笔者曾经连续六年在新主村参与东巴文化传承工作，具体从事东巴文化实践的前期社会调查、总体规划设计、学校基地建设、教师队伍组建、传承学员招生、教学计划、教材编写、教学实践、教学总结、对外联络和报道等工作。笔者认为，其中值得借鉴的有如下几点。

a. 民间组织形式

新主村东巴文化传承，最初是著名东巴大师和世俊、和文质后代为主的几户人家自发组织起来的。传承学校筹办于2004年10月30日。最初由和绍忠（现任新主村委会书记）、和桂生（东巴文化学校具体负责人和教师）、和桂军、和茂生、和政云等发起。2006年5月8日为属猴日，开始动工起建。搬迁三所民国时期大东巴家的木楞房，又建了一所砖木房为教室。2010年以后才有了比较大的发展，但是这种民间组织形式一直延续到2015年。

b. 教师队伍

初建时期，学校的教师由新主村的东巴和盛典、和桂生担任。但是，从2010年开始正式办班以来，就有丽江市东巴文化研究院、丽江市博物院、丽江市东巴文化传承协会的老师来任教，保证师资力量和教学质量。

c. 政府各界的支持

新主村东巴文化传承学校的成功开办是云南省、丽江市、玉龙县以及社会各界形成合力支持的结果，反过来说，如果没有云南省、丽江市、玉龙县及社会各界的支持，这个学校不会这样顺利办成。

d. 依托非遗传承东巴画

新主东巴文化传承学校的创建正好赶上国家非物质文化遗产保护工程的实施。2010年以来，丽江市非物质文化遗产保护中心在新主东巴文化传承学校的挂牌，以国家非物质文化遗产东巴画为名，每年资助新主东巴文化学校开办传承班，是依托国家非物质文化遗产来传承东巴经典文献和东巴绘画的最好方式，名正言顺。

e. 招生范围不限

新主东巴文化学校的传承班，招生不限于丽江市，甚至不限于云南省，使学校传承产生了较为广泛的影响。

f. 逐年跟踪培训

新主东巴文化学校的传承班，以五年连续传承，不间断地教学，保证传承人员的知识累积和学习递进，培养出一批掌握一些基本的东巴绘画、舞蹈技巧和释读一些基本的东巴经典的年轻东巴传人。

7. 新主村东巴经文献传承的未来走向

新主村东巴经典文献的传承走向，我认为，有以下一些可能。

①丧葬仪式及其经典仍将继续传承

新主村民间东巴文化意识和传统宗教习俗的延续，使得现今村里有人去世，必请东巴为之开丧。这种社会的需求，是东巴经典文献活态传承的社会基础，是文化生态中最具生命力的社会元素。因此，今后，在新主村，丧葬仪式及其经典仍将继续传承。

②祭天仪式及其经典会在部分村落和家族、家庭里传承

作为纳西族传统社会中最具有影响力和最为普及的宗教仪式，祭天仪式会在新主村一部分纳西族自然村落和家庭里恢复。目前在新主村已经恢复的祭天组织有新主东巴文化传承学校祭天群，和义家族祭天群等。在20世纪上半叶，新主村的祭天已经发展到家庭祭天的状态中。但是如今家庭祭天仍有困难，多半会以家族祭天的形式来进行。这主要是能主持祭天的东巴人数少，祭天所用的祭牲等费用大等问题。但是家中有东巴的人家，仍可能恢复家庭祭天的形式。

③祭祀东巴什罗可以成为当地的一个传承节庆

新主村从清代末年以来，出现和世俊、和文质等一大批东巴大师级人物，在社会上有很大的影响力。如今新主东巴文化学校的创建和学校的发展，成为丽江市乃至云南省东巴文化传承的典型。2010年9月1日，"丽江市纳西东巴文化传承协会新主分会"在新主东巴文化传承学校挂牌，把高1.7米的一尊铜身东巴什罗塑像赠送给东巴文化传承学校，把它安放在新主东巴文化传承学校的神殿里，并举行隆重的迎请东巴什罗仪式。此后2013年又举行祭祀东巴什罗的盛大仪式。东巴什罗神殿与东巴文化传承学校双位一体，互为依托，成为新主村东巴文化传承和社会文化活动的中心。如若发展得好，祭祀东巴什罗可以成为当地的一个传统节庆，以此来带动新主东巴文化传承与社会经济文化协调发展，促进新主社会的和谐健康发展。

④新主村东巴文化传承将会进一步影响到周边的鲁甸、巨甸及维西永春、攀天阁、白济汛等地

自清末以降，特别是民国时期，新主东巴文化的活动影响到周边的鲁

甸、巨甸及维西永春、攀天阁、白济汛等地，甚至丽江太安等地，名声大震，可以说是名噪一时。1949年以后，由于社会和政治的因素，新主东巴文化处于濒危的境地。改革开放以来，新主东巴文化重新复苏，现今，基本形成一定的气候和条件，而其周边的东巴文化传承仍然是人才奇缺，活动有限，很多时候是请新主东巴去做仪式。如若发展得好，新主村东巴文化传承将会进一步影响到周边的鲁甸、巨甸及维西永春、攀天阁、白济汛等地。

新主村东巴经典的传承应该与新主村东巴仪式传播和东巴活动同步进行。历史上东巴经典的传承是这样，今天的东巴经典的传承也应该是这样。

⑤东巴经文献传抄有团队化的发展趋势

自2014年底以来，新主村部分年轻东巴学员，在和桂生的组织下，为政府、企业和一些商业人员传抄东巴经书。即传抄新主版开丧仪式的东巴经书（27本为一套），为死者亡灵退口舌仪式经书（13本为一套），坟地祭祖立墓碑仪式经（6本为一套），神殿里祭祀神灵仪式经（24本为一套）等。先后为玉龙县非物质文化遗产保护中心、丽江市东巴文化研究院等单位书写经书。2015年6月参与丽江市东巴经典完整版手抄本项目组抄写《纳西东巴古籍译注全集》为主的东巴经典文献。从2015年6月12日到8月5日，由和桂生组织8人抄写组，集中在东巴文化传承学校全脱产抄写经书，共抄写220本经书，纸张和抄写经费由丽江市纳西东巴经完整版手抄本项目组支出。据调查，这种抄写活动将继续延续下去，将会为更多的需求者服务。

附记：

1. 这篇调研报告是用我于2014年7月和9月两次到玉龙纳西族自治县鲁甸乡新主村委会调查的资料写成的。我曾于2007—2013年间，应新主乡友、丽江市地方志办公室主任杨树高和时任鲁甸乡党委书记的王洪涛的邀请和委托，在新主村创办新主东巴文化传承学校。所以对新主村东巴文化传承的历史和现状有很多体会。尽管如此，接受该项目任务以后，我仍两次到新主村对现有的东巴经书逐一照相记录，对现在的东巴进行逐一访问，经过反复研究，写成这篇文章。

2. 在具体撰写这篇文章的时候，也参考了我于2007年写的《玉龙纳西族自治县新主村东巴文化传承现状调查》和2009年写的《玉龙纳西族自治县新主村东巴文化传承资源调查》这两篇文章。

3. 在2014年到玉龙纳西族自治县新主村委会的两次调查中，得到新主村和桂生、和桂军、和盛典、和应龙、杨政园、和义、和嘉龙东巴和新主村民和寸清、杨国美、和茂生、杨荐等人的支持和帮助,在此表示诚挚的感谢。

调查整理:和力民

三

玉龙县塔城乡署明村东巴经
文献传承应用调查

（一）相关背景

1. 署明村概况

（1）基本情况

云南省丽江市玉龙纳西族自治县塔城乡署明村，纳西语称 tsv^{33} bv^{21} kho^{33}，tsv^{33} 为温泉，bv^{21} 为冒、出，kho^{33} 为泉眼，即有温泉冒出的地方。地处丽江西北部，距离玉龙县城 160 千米，塔城乡政府 15 千米，属依陇村委会。署明下辖六个村民小组，183 户，850 人，全部为纳西族，主要为和、杨二姓。署明纳西族的历史来源，由于缺乏文献记载，已无从可考。据当地村民的说法，他们的祖上是从玉龙县的太安及古城大研等地搬迁而来。至今，最早来到的已有九代，晚者至少也有五代的历史，有 200 年到 100 年的时间。

署明村海拔 2700 米，属高寒山区，一年两熟，主要种植小麦、玉米、青稞、燕麦、土豆等农作物，基本上能自给自足。近几年来，村民改变观念，调整产业结构，发展养殖、种植等多种经济方式。大范围种植木香、秦芁、附了、续断、白芷、重楼、独定子、天麻等中药材，种植中药材已成为当地农民增收致富的主要手段；得益于得天独厚的地理环境，养牛、养猪、养羊等养殖业逐渐成为增收致富的有益补充。核桃、木瓜、苹果、梨子、花红等也有一定范围的种植，其中，核桃产生了很好的经济效益。农闲时采集野生菌、土法制作芳香剂、采摘花椒出售及到城镇打零工也逐渐成为家庭收入来源之一。2017 年全村年人均收入在 8000 元左右。

（2）生活生产方式

纺毛线、擀毡子、东巴造纸、东巴纸扎等传统手工在署明至今传承。居屋形式，既保留有纳西族古老的木楞房、木板房，也有土木、砖木建筑。作为纳西传统文化延续的主要场所之一的母房，除极少数家庭有所保留外，室内基本布局被新式灶、电磁炉、电饭煲、电烤炉、电视机等现代电器所取代，"火塘"逐步丧失文化传承、文化交流的传统功能。

婚俗方面，历史上存在换亲、抢婚、姨表、姑表婚等诸多形态。如今，恋爱婚姻自由，都实行一夫一妻制，普遍生育两胎。养老方面，都实行居家养老，60 岁以上老人每月都能拿到国家给予的 60 多元的基础养老金，80 岁以上的还可以领取 400 元的长寿补贴，老人们视自身身体状况在力所能及的前提下或从事轻度生产劳动或帮助子女看管小孩，并承担部分家务劳动。

文化教育方面，50 年代以前出生的只有极个别男性掌握一点汉文化；中华人民共和国成立初期出生的一部分男性接受到初中教育，但受到"文化大革命"的影响基本上没有完成学业；70、80 年代出生的大多只接受到小学文化教育，而且大多中途辍学。总的来看，这三个阶段的教育更多体现出重男轻女的思想，女性接受汉文化程度普遍偏低。90 年代出生的，得益于署明社会经济的发展、人们思想观念的转变，汉文化的接受程度都有大幅度的提升，出现了一批高中生。今年，出现了第一个大学生。现在，男女都享受到了平等的教育机会。近几年，幼儿学前教育在署明开始兴起。

医疗卫生方面，国家新型农村医疗合作的全面覆盖，疾病治疗有了更加可靠的保障，人均寿命也有了大幅度的提高。

文化方面，众多诸如转山、跳任忍舞、禅懂堆等世俗化了的宗教民俗、歌舞至今有遗存。

基础设施建设逐步完善，50 年代，修通了塔城到依陇的土路。80 年代，又修通了依陇到署明的土路。但路况一直很差，坐车还不如步行。2013 年底，铺设了从塔城到依陇的柏油路，大大方便了村民的出行。但依陇到署明路段仍为弹石路，而且路基不好，缺乏有效的维修，雨天出行不便，这已成为制约署明进一步发展的瓶颈。

2. 东巴文化发展历程及现状

（1）东巴文化发展阶段

根据对署明村东巴文化历史以及现状较为全面的调研，我们认为在国家政治、经济、文化等大环境的不同历史阶段背景之下，东巴文化无论在传承模式、传承人结构以及掌握情况、仪式形态等方面也留下了时代的烙印，呈现着不同的特点。为此，我们把署明东巴文化的发展划分为四个阶段。

①1949 年以前署明的东巴文化状况

1949 年以前是署明东巴文化相较于当代，在信仰基础牢固、传承系统规范、仪式规范、经书丰富完备各方面的繁荣期。东巴文化成为全民的普遍价值认同，东巴文化影响到社会生产生活的方方面面是这时期署明东巴文化的总特点，这一时期也是署明东巴文化吸收、融合其他纳西族地区的东巴文化的时期。

②1949年至1983年东巴、达巴座谈会的召开之前

一方面，中华人民共和国的成立，医疗卫生条件的大大改善，人们的思想观念改变，对东巴文化的信仰也产生了一定的动摇；另一方面，也经常有政府部门的工作队、工作组进村入户，丧失了东巴文化在署明进一步传承发展的环境，特别是后来的历次政治运动也对东巴文化的传承弘扬产生了破坏性的影响，东巴遭受批斗，大量的东巴经书被烧毁。虽然在20世纪60年代中期，有过短暂的恢复，当时健在的东巴由于处在特殊的历史时期，对仪式做了大幅度简化。为东巴文化保留了今后传承的火种。总的来说，这一时期东巴文化呈现出打压、彷徨、简化整合的特点。由于受到"左"倾路线的影响，署明的东巴文化处在被打压中艰难的传承。

③1983年东巴达巴座谈会的召开到1999年国际东巴文化艺术节的举办之前

1983年在丽江召开东巴、达巴座谈会，当时有来自不同纳西族地区的61位东巴、达巴参加了会议，其中署明村和训东巴也参加了此次会议。会议的召开极大地鼓舞了老东巴们传承弘扬东巴文化的信心。是年，和训东巴在署明恢复了中断20多年的祭天仪式，其间为了更好地传承好东巴文化，以和训、胞弟和顺为代表的老东巴们集思广益，努力探索东巴文化传承的新途径、新方法。积极恢复部分东巴仪式，并适应时代与东巴文化自身发展的实际对东巴传统的仪式规程进行重组、简化、创新。目前塔城的开丧仪式基本上是和训、和顺改良、创新的。他们还回忆书写了"文化大革命"中焚烧的经书并重抄了一批经书。开办民间东巴学校以培养东巴文化传承人方面做出积极的努力。这一阶段是署明东巴文化的"文化自觉"时期。

④1999年国际东巴文化艺术节的举办至今

1999年国际东巴文化艺术节的召开是署明东巴文化"走出去"的开端，是署明东巴文化反思、发展、传承的重要转折时期。一方面由于受到东巴文化学术研究热的影响和促进，学习和传承东巴文化的热情高涨；另一方面东巴文化的旅游商业价值得到逐步的彰显，东巴及与之相关的一切可以用"价值"来衡量，大量的东巴古籍、文物流失。这一时期，老东巴们相继离世，也涌现出一大批赴城打工的东巴。为此东巴传承受到极大的挑战，但也是在这一时期，东巴文化传承在政府部门、文化单位合力"输血"下非传统方式的传承。

(2) 东巴文化现状

①现有东巴数量与特点

整个署明片区共有 20 多个东巴，其中 1949 年前出生的有和世先、和明，50 年代初期出生的有杨兴永、杨志坚，60 年代出生的有和桂华、杨卫东，70 年代出生的有和继明、和国瑞、杨玉光、杨玉华、杨建华，80、90 年代出生的有和秀东、和忠、和元勋、和元臻、杨紫全、杨继辉、和秀山、杨成晟以及和金龙、和吉智、和秀合、和秀全。年龄跨度从 79 岁到 24 岁。和金龙、和吉智、和秀合、和秀全四人为东巴文化的初学者。总的看来，虽然署明东巴文化历经数次政治运动，但是东巴文化传承人的年龄构成趋于基本合理的状态，有老中青三代，这对东巴文化的传承是有利的。就传承谱系而言，这些东巴都是"东巴三"（和训、和顺的父亲）、和训、和顺、和忠义等过去老东巴的弟子。

从掌握的程度和特长而言，呈现良莠不齐相互补充的状态。其中能单独并且比较稳定主持东巴仪式的只有和世先、杨志坚、和秀东、杨玉华、和秀山、杨成晟。自丽江发展旅游业以来，先后有和明、和世先、杨志坚、和桂华、和继明、杨玉华、和秀东、和秀山、杨成晟等分别到丽江东巴万神园、玉水寨、古城东巴纸坊、北京歌舞团、云南民族村、拉市海湿地公园、丽江千古情、丽江市博物院文化展示中心等企事业从事展演等旅游服务业活动。目前仍有和世先、杨志坚、和桂华、和继明、杨玉华、和秀东长期在外。民间称呼这类东巴为"打工东巴"。近几年，由于通过种植中药材和经济林木使得村民的经济情况有了很大的提高，有些在外打工的东巴又回到家里。如和秀山、杨成晟。所以村中以及周边村落，无论仪式的主持，还是传承活动基本上由和秀山、杨成晟两人承担，那些初学者是和秀山、杨成晟两人的学员并做助手。只有和世先老东巴经常受人邀请返乡做些仪式，其他长期在外的东巴，从某种意义上来讲，已经远离东巴文化传承的原生态土壤。可另一方面，这样的格局也使署明东巴内部具备了较强的互补性。那些进城打工的东巴都从事与东巴文化相关的领域，能接触到来自不同纳西族地区的东巴，通过与他们的交流分享，东巴自身得到查缺补漏，在各个方面的能力得以提高，从而在一定程度上也完善补充并推动着署明东巴文化的发展。他们利用余暇时间借抄了一定数量的在署明失传的东巴经书，也复印了一部分使用频率比较高的经书，恢复和完善补充了一些仪式规程。这为署明东巴文化知识的丰富完善提供了可能。

20 世纪 30—40 年代出生的和明、和世先东巴曾耳濡目染了一定数量的传统东巴仪式，后来也与先前的老东巴们一起参与过仪式并与他们有较长的接触交流和学习，所以他们对东巴文化的了解与认识是比较深刻、全面、系统的，完全可以充当后来者的师傅，特别是涉及仪式规程方面，二位东巴的分量举足轻重。和明东巴在东巴舞蹈、东巴纸扎方面所做出的贡献是巨大的。唯有不足的是这些东巴成长在特殊的时期，学习经书的机会极少，所以在掌握经书的数量上明显不足。50、60年代出生的东巴，如杨兴永、杨志坚、和桂华等人在知识层次上比此前出生的东巴稍有逊色，但毕竟也与和训、和顺老东巴们相处过而且后来在传承学校与他们学习过，所以他们掌握的知识也较强，也抄写了较多的经书。但需要强调的是，这些人所了解、所掌握的东巴文化知识是经过老东巴们逐步改造过的署明东巴文化，同时受到当时历史局限性的影响，所以这些人很少有东巴仪式实践活动。而70、80年代出生的东巴，一方面由于掌握了一定的汉文化，另一方面也接触过思想上被"解放"了的老东巴，老东巴们把文化传承的希望很大程度上寄于这些年轻人身上，所以在教学过程当中较为全面、系统、深入。这些东巴当中如和秀东、杨玉华、和秀山等人先后到丽江市东巴文化研究院与来自不同纳西族地区有较高水平的老东巴们学习过较长时间，了解到了不同地区的东巴文化知识，目睹不同纳西族地区的仪式活动、东巴经书，也收集抄写了很多经书。特别是丽江市东巴文化研究院《纳西东巴古籍译注全集》和《东巴宗教仪式汇编》两本书，成为他们全面系统掌握东巴文化极有效的教材，他们对东巴文化有了更高的思考，他们有着恢复传统东巴文化的强烈愿望，并付诸具体实践活动，这些人是未来署明东巴文化传承发展的主力军。

至于90年代出生的这些东巴，他们掌握的汉文化水平明显提高，有思想，也会利用现代科学技术，也热爱东巴文化，其中不乏出生东巴世家者，但学习上不能专心、持之以恒，学习的动机带有明显的功利色彩。有的人学习东巴文化只是想能在旅游市场谋得一份工作。这些人如果能够积极引导、科学培养、规范管理，将成为署明东巴文化传承的后备力量。

署明部分东巴人员信息一览

姓名	性别	年龄	习得方式	特长	评级
和　明	男	79	祖传、拜师	东巴（综合）	省级
杨成晟	男	30	祖传、拜师	东巴（综合）	县级
和秀山	男	26	祖传、拜师	东巴（综合）	县级
和秀东	男	34	祖传、拜师	东巴（综合）	市级
杨玉华	男	36	祖传、拜师	东巴（综合）	市级
和　忠	男	33	拜师	东巴（综合）	

续表

姓名	性别	年龄	习得方式	特长	评级
和世先	男	73	祖传	东巴诵经	市级
杨志坚	男	63	祖传	东巴诵经	县级
和桂华	男	51	祖传、拜师	东巴诵经	市级
杨卫东	男	52	祖传	东巴诵经	
杨兴永	男	63	拜师	东巴诵经	
杨玉光	男	40	拜师	东巴诵经	
和国瑞	男	37	拜师	东巴舞	县级
和元勋	男	26	拜师	东巴舞	
杨紫全	男	27	拜师	东巴舞	
和元臻	男	24	拜师	东巴舞	
杨继辉	男	27	祖传	东巴舞	县级
和金龙	男	25	拜师	初学者	
和吉智	男	24	拜师	初学者	
和秀合	男	22	拜师	初学者	
和秀全	男	20	拜师	初学者	
和兴	男	38	拜师	初学者	
和文勋	男	29	拜师	东巴舞蹈、绘画	
杨卫全	男	35	拜师	舞蹈	
杨建华	男	40	拜师	东巴（综合）	
杨玉勋	男	36	拜师	东巴（综合）	

②署明东巴经济收入现状与文化传承

署明东巴的经济收入情况可以划分为以下几类。

第一类是年长东巴凭借自己的特长获得各级政府的补助，主要是国家、省级传承人的补助，如已故和训东巴荣获国家级非物质文化遗产传人称号，每年获得10000元的生活补助，和训东巴只享受了一年就去世了。荣获省级东巴舞蹈师的和明东巴，每年可以享受5000元的生活补贴。此外他还可领到国家新型养老金每月70元的补助，到80岁还可以享受长寿健康补助。所以，在没有大病的情况下，生活基本有保障，但也存在这样的一个问题，那就是这些获得相应补助的东巴有传承教授培养新人的责任，所以每年都要接收一定数量的学员，同时要为学员提供酒、烟、茶及伙食，所以有时候他们的开支超过了国家的补助，有入不敷出的情况。于是出现了和明东巴的儿子和世俊所说那样"只是因为肩负民族文化传承责任而坚持罢了"的应付式传承活动。

第二类是符合国家非物质文化遗产保护项目的文化传承人获得相应补助。市级的有和世先、杨志坚、和桂华、杨玉华、和秀东等人每年可以获得政府补助2400元的补贴，而且这些人多为东巴打工者，每月有1200—2000元的收入，所以收入较高。县级传承人和秀山、杨成晟、和元臻等每年可以获得1200元的补助，但这些人基本上在民间切实履行东巴文化传承的具体使命。而杨建华、杨玉勋等其他东巴则还没享受到这些待遇，所以他们经济收入基本上还得靠家庭农业收入，他们在民间传承东巴文化活动，也是兴趣使然。此外，2011年起，玉龙县政府与玉水寨，从规范东巴职称角度出发，开展东巴等级评定工作，把东巴分为"东巴王""东巴大师""东巴法师""东巴传承人""东巴学员"五个等级，其中"东巴王"空缺，按照相应的等级每年给予8000元、6000元、4000元、2000元、200元的生活补助，并规定获补助人员每年都要到玉水寨2—3次，义务参加相应的民俗宗教活动。署明和世先、杨志坚、和秀东分别获得"东巴大师""东巴法师"的殊荣。从以上可以看出这样的一个信息，基层的具体从事东巴文化传承的人员，生活补助的确偏低，而在城市的东巴，经济收入则相对偏高。署明村和秀山、杨成晟的生活负担尤为偏重，据他们说，做东巴的报酬偏低，一般视主人家的具体情况而定，平均下来每天20、30元左右，这与农村目前每天100元以上的工价形成鲜明的对比。当然他们也不否认，由于他们长期充当基层的东巴，虽然获得的报酬比较低，但人们普遍会尊重他们，在农忙人手不够时会主动帮忙，这似乎是他们最大的福利。

③现存的东巴仪式及特点

据和明及和世先东巴介绍，民国时期署明有祭天、祭署、给署神施约、祭畜神、除秽、烧天香（麻里拉）、祭什罗、祭拉姆、开丧仪式、退送口舌是非、祭鬼、祭风仪式、祭神仪式、祭祖仪式、求福泽仪式、祭素神仪式、解生死手结小仪式、小祭风、大祭风、祭星、延寿、砍断黑绳与白绳、给新生婴儿取名、占卜及一般的超度等仪式，而且已经形成了比较固定的民俗宗教活动。随着社会的变迁与发展，当下的署明只保留了祭天、祭署、给署神施药、除秽、烧天香开丧仪式、退送口舌是非、解生死手结小仪式、给新生婴儿取名等仪式，且仪式本身也比之过去大有简化。对于民国后期到当代，东巴仪式的变迁情况在经书文献部分的列表中有具体体现。这里不再赘述。

（二）东巴经文献收藏情况、特点及历史变迁

到20世纪50年代以前，整个署明片区有多少经书已经不得而知，但据和顺之孙和秀山曾听爷爷讲过，"文化大革命"期间，仅和顺东巴的经书就被没收销毁了三马驮左右，以每驮有经书300本计算，起码也有900来本。如此推算，当时署明东巴所拥有的经书数量可见一斑。20世纪80、90年代署明民间收藏的东巴经书特别是民国前后书写的近200本的经书先后被国内外政府机构或个人购买。

署明现保存的东巴经旧抄本不是很多，多为近年来抄写的新抄本。具体统计情况是和秀山：新100本，旧10本；杨成晟：新50本；杨玉光：新54本；和玉明：新20本；和桂华：新100多本，旧20本；杨志坚：新80本，旧6本；杨兴永：新21本；杨俊：新50本；杨建华：新90本，旧4本；和吉智：新20本；和金龙：新2本；和国瑞：新4本；和秀东：新100多本，旧20本；杨玉华：新100多本；杨玉勋：新80本；和世先：新100多本，旧16本；和明：新150多本。目前整个署明片区共计有东巴经1200多本。其中有120本左右的旧本，1100本左右的新抄本。所有经书八成左右雷同，只有近200本左右不同。

署明现藏经书的构成包括：祖传的经书，比如和世先东巴的祭天经书；和三、和训、和顺等东巴在1949年以后书写，并在"文化大革命"中藏匿下来而免于销毁没收的经书，以及后来"文化大革命"结束后老东巴们凭记忆书写的约占总量一成多；还有一部分是进城打工东巴借抄的其他地方的东巴经书占三成，主要来自玉龙县鲁甸乡、大具乡、鸣音乡的经书；还有从《纳西东巴古籍译注全集》中复印抄写的约占五成的经书。

从经书的内容上看基本上能满足祭天、祭署、开丧、占卜、迎接素神、祭风、烧天香等10种左右的仪式。

从经书的书写风格上看，由先前的省略较多的语段式书写到一字一音记录。不少经书中有一定数量的格巴文字，甚至有的完全以格巴文字书写，也有部分经书是格巴文与东巴字混合书写。这种现象在老东巴们后来书写的经书中尤为明显，出现这种状况可能是老东巴们基于方便释读传承的考虑，在当时有一定的历史意义。

东巴经书书写的媒介也呈现出较强的历史发展轨迹。祖传的经书都是用传统的"构树"和"荛花"土法制作而成的纸张，学界称为东巴土纸。这种纸韧性好、有防水功能，特别是"荛花"制作出来的东巴纸有微毒，能防止虫蛀，宜于保存。70、80年代书写的经书，有的书写于牛皮纸、有的

书写于香烟包装盒、有的书写于水泥包装纸袋、有的书写于学生作业本，这些纸张书写的经书容易磨损，故保存时间短；还有一小部分用鹤庆白族制作的纸张，这种纸价钱相对低廉，每张在3元左右，虽然质量远不如传统的"构树"和"荛花"制作而成的东巴纸，但经过打磨写成的经书可以以假乱真，很受部分东巴的欢迎。2012年丽江市东巴文化研究院开始实施"纸援东巴"项目，这个项目的实施一方面扶持纳西族民间传统的东巴造纸，一方面无偿提供各地东巴书写经书用纸。基本做法是：研究院负责购买东巴土纸制作作坊的东巴纸，然后分发给各个村寨的东巴，让他们书写经书，并定期验收查看东巴经书的书写情况，达到既保护与恢复好民族民间传统手工艺，又能给东巴提供书写经书的东巴纸张的目的。署明也是这个项目的直接受益地之一。实施该项目以来，研究院先后给署明近千张的东巴纸，所以近几年书写的东巴经基本用上了东巴土纸。如果以5张土纸可以书写一本经书计算，1000张总共可以写200本，这对民间东巴经书的传承保护是大有好处的，同时也可以带动署明的东巴造纸业。

署明村收藏的东巴经书当中祖传的和老东巴们书写的，多以竹笔、艾枝书写，极少数用铜笔蘸猪胆拌松烟的传统墨汁，书写风格上表现出较强的随意性，极具原始粗犷的风格，极少数经书的东巴字则着有矿物原料的颜色。书写方式都是横写，有极少数的经书封面竖写，多为占卜类的经书。经书页面一般书写三行居多，语段结束时用"｜"隔开，占卜类经书有时每页书写成4—7行。横写经书一般长18—21厘米，宽8—10厘米。竖写类经书一般长14—16厘米，宽13—15厘米。现今书写的经书一律用一得阁墨汁，竹笔仍然是普遍使用的书写工具。东巴经书的书写格式、装帧严格遵守以前的传统。东巴经书的书写向艺术唯美过渡，少量经书的东巴文字上着有现代BC原料色。民国时期到近现代的东巴经书部分还盖有经书书写者的汉文印章。

民国时期固定的仪式活动及使用经书

月份	仪式名称	历时	经书
一月	祭天；迎请素神；祭村寨神	各1天	5本；10本；7本
二月	春祭祖先；祭自然神；祭三多神；祭神	各1天	2本；50本左右；6本左右；10本左右
三月	祭风	1天	18本
四月	祭风	1天	18本
五月	除秽	2天	50本左右

续表

月份	仪式名称	历时	经书
六月	顶灾；夏祭祖先；祭三多神	各1天	20—30本；2本；2本
七月	小祭天	1天	5本
八月			
九月			
十月			
十一月	冬祭祖先	1天	2本
十二月	退是非灾祸	1天	12本

民国时期非固定的仪式活动及使用经书

名称	时间	历时	经书
给婴儿取名仪式	小孩出生后的第三天	1天	2—10本
结婚请素神仪式	结婚婚礼当中	1天	10本
穿裤子、穿裙子仪式	小孩子年满13岁后，选一天	1天	口诵为主
求生育仪式	择日	1天	20多本
延寿仪式	给老人或德高望重的人举行，择日	7天	200多本
开丧仪式	死者落气到出殡（祭什罗、祭拉姆）	3—5天	120本
关死门仪式	家里有人去世后不久择日举行	1—2天	22本
超度	人死后第二年或第三年冬天举行	3天	120多本
大祭风仪式	为殉情或非正常死亡者举行	5天	
祭景鬼、瓦鬼	择日	3天	60多本

现在举行的固定的仪式及使用经书

月份	仪式名称	历时	经书
一月	祭天（基本恢复，只有两家没有祭天）；迎请素神（少数人家）	1天	5本
二月	祭神（部分家庭）	1天	10本
三月	祭风（部分家庭）；给署施药	1天	18本；15本左右
四月	祭风		
五月			
六月	夏祭祖先（基本以献饭为主）	1天	口诵经为主
七月	小祭天	1天	5本

续表

月份	仪式名称	历时	经书
八月			
九月			
十月			
十一月	冬祭祖先（基本以献饭为主）	1天	口诵经为主
十二月	退是非灾祸（大部分家庭）	1天	20多本

现在举行的非固定的仪式及使用经书

名称	时间	历时	经书
结婚请素神仪式	结婚婚礼当中（部分家庭）	1天	10
开丧仪式	死者落气到出殡	1—2天	10—22
超度什罗仪式	2009年曾为和训老东巴举行过该仪式，由和秀东、杨玉华主持	1—2天	20—40
祭景鬼、瓦鬼	占卜后举行	1天	15本左右

从表中我们看到：相比而言，现仍在举行的东巴仪式数量已多有减少。因仪式本身内容与环节简化了很多，使用经书以及所需时间也相应减少。

下面具体以开丧仪式和2014年8月举行的几个仪式所使用经书的状况为例，对于经书文献在仪式中的运用及文献在书写方法、书写风格、书写内容上的变化及文字的运用等特点可见一斑。

暑明村现行的开丧仪式规模缩小，没有了烟熏火燎，杀牛宰羊，历时几天繁文缛节的步骤。与仪式发展变化相对应，所使用的经书数量和内容也多有改变。开丧类经书共有24本。其中包含6本退送是非口舌的经书，剩下18本当中有4本以超度对象不同（男、女、长寿与否）而灵活应用，如此，整个开丧仪式只用到10本左右的经书。这与传统开丧仪式相比，可谓沧海一粟、冰山一角。

开丧仪式当中具体用到的经书有：《$z\eta^{33}\,dz u^{21}\,m\ua^{33}\,\ua^{21}\,sy^{55}$》（超度仪式·杀猛鬼恩鬼）、《$æ^{33}\,dz\eta^{33}\,mi^{55}$》（粮食的来历）、《$lu^{55}\,pha^{33}\,ua^{21}\,\mathrm{s}ər^{55}$》（在居那若罗山四方招魂）、《$tcy^{21}\,dzo^{21}$》（鸡鸣时唤醒死者）、《$gu^{33}\,dzo^{21}$》（生离死别·送死者）、《$z\eta^{33}\,phu^{33}$》（为死者开路）、《$py^{21}\,mæ^{55}\,tər^{55}$》（结束经）、《$bu^{21}\,iə^{55}\,æ^{21}\,iə^{55}$》（献猪献鸡）、《$y^{21}\,la^{21}\,ta^{33}$》（用绵羊给死者献祭牲）、《$t\mathrm{s}hv^{33}\,tchi^{21}\,py^{21}\,mæ^{55}\,tər^{55}$》（退送口舌是非鬼·结束经）、《$tci^{55}\,lo^{33}\,\mathrm{s}\eta^{21}$》（退送是非灾祸·达季罗松门）、《$sv^{55}\,mi^{33}\,ku^{55}$》（迎素神·素米故）、《$ha^{33}\,na^{21}$

phi^{55}》（给凶死者泼饭）、《bɯ^{21}hɑ^{33}iə^{55}》（给夭折鬼施食）、《mu^{55}dzər^{33}》（挽歌）、《ɑ^{33}sʅ^{21}tɑ^{21}le^{55}dzu^{33}》（超度男性死者·挽歌）、《sʅ^{33}mu^{33}zʅ^{21}kæ^{55}phv^{33}》（超度女性死者·挽歌）、《phæ^{55}dzər^{33}》（超度年轻死者·挽歌）、《khɯ^{55}dzo^{21}》（超度仪式的来历）、《zv^{21}khv^{21}》（迎请死者的敌人）、《thv^{55}mæ^{55}dæ^{21}khuɑ^{33}》（退送鬼·分开丹鬼）、《py^{21}ly^{33}khu^{33}》（开坛经）、《lu^{21}se^{21}tʂhə^{55}ʂu^{55}》（为卢神沈神除秽）、《tʂhu^{55}bɑ^{33}dʑi^{55}》（烧天香）共 24 本。其中《bu^{21}iə^{55}æ^{21}iə^{55}》《y^{21}lɑ^{21}tɑ^{33}》为献牲时用的经书，如果献猪鸡就诵《bu^{21}iə^{55}æ^{21}iə^{55}》，如果献绵羊就诵《y^{21}lɑ^{21}tɑ^{33}》。而《ɑ^{33}sʅ^{21}tɑ^{21}le^{55}dzu^{33}》《sʅ^{33}mu^{33}zʅ^{21}kæ^{55}phv^{33}》《phæ^{55}dzər^{33}》为开丧时的挽歌，一般视超度对象不同灵活运用，如死者为男性就用《ɑ^{33}sʅ^{21}tɑ^{21}le^{55}dzu^{33}》，如死者为女性则用《sʅ^{33}mu^{33}zʅ^{21}kæ^{55}phv^{33}》，如果死者为年轻人则用《phæ^{55}dzər^{33}》。

开丧仪式使用的经书数量减少，而且有的经书包含了过去几册经书的内容，几个部分均只有简短的语句。如目前开丧类经书中所应用到的《mi^{55}ʂʅ^{33}ɕi^{33}ŋv^{55}·mu^{55}dzər^{33}uɑ^{21}me^{55}》（超度女性死者·挽歌）是和训东巴在 20 世纪 80 年代经回忆和创新的专门用于超度 60 岁以上女性死者的。此经书从内容到书写风格都体现出署明东巴经书与相应的仪式发展变化的历史脉络。从内容上看，这本经书整合了《纳西东巴古籍译注》中的《超度死者·献贡品》《创世记》《开丧和超度死者·安慰死者之歌》三册经书的精华部分，而构成全新一册。因记忆力所限等原因这本经书有些瑕疵，但是值得注意的是，和训老东巴在创新该经书时态度是比较严谨的，比如整本经书采用五言、七言为主，读起来更加朗朗上口。此外，老东巴为便于后来者学习的考虑，在书写上尽可能采用一字一音的手法。

为传承计尽量避免传统书写省略的方式，经书用字假借居多，并大大放宽了假借音近度，经书中还用了较为丰富的格巴文字符。以经书正文第一页第一行为例，经文共有 23 个音节，20 个东巴字符，字符数占音节数 87%。其中，17 个假借用字，占字符 85%；有 4 个格巴文字。

2014 年 8 月 3 日至 5 日，在署明和明东巴家借老东巴 80 大寿，举行了《除秽》《祭署》《烧天香》三个仪式。这三个仪式只有《烧天香》才与祝寿有关，而其他两个仪式是行东巴文化传承之举的文化传承活动。《除秽》《祭署》是联系在一起的两个仪式，因为署是自然精灵，它容不得半点的污染与不净，所以要祭署必须要先除秽，祭署的目的主要是祈求风调雨顺、人畜平安。按照传统，祭署和除秽应历时三天的时间。第一天要做仪式的准备工作，准备与祭署相关的木牌画、制造署塔、布置相应的除秽道场；第二天除秽，按照除秽的程序把秽一一清除，之后布好祭署神坛，把署请到家中并让署歇息于署寨之内；第三天祭署，在黎明时分就唤醒署，给署献药，然后，把署请到房前屋后有水的湿地或泉眼处进行"偿还欠署的债务"。而此次祭署只历时两天，第一天除秽，第二天祭署。

其中除秽仪式用到的经书有《除秽·烧天香》《除秽·撒神粮·点燃油灯》《除秽·迎卢神》《除秽·秽的来历》《除秽·白蝙蝠取经记》《除秽·系宝物利箭的来历》《除秽·用黑梭刷火把除秽》（上、下卷）《除秽·咒白水黑水》《除秽·分开秽门和神门》《除秽·董术战争》《除秽·纽沙套姆的故事》《除秽·九个故事》《除秽·用净水壶中的水除秽》《除秽·抛弃冷奏面偶》《除秽·秽驮于米纳打纳马上》《除秽·顶灾》《除秽·分清黑白》《除秽·优麻神砍倒黑秽树》《除秽·清除秽鬼（中卷、下卷）、把当鬼分开》《除秽·结束经·退送秽鬼》《除秽·为人类退送秽鬼》《除秽·偿还秽账·清除秽鬼》《除秽之规程》。

祭署仪式用到的经书有《署仪式的概说》《设置神台·撒神粮》《请署歇息·唤醒署神》《欢迎请涅补劳端神》《署的出处与来历》《请署》《请署降临》《点燃神灯》《抛刹道够多面偶》《烧天香》《开坛经》《卢神的起源》《送署寨守门者》《求雨》《偿还署债》《杜撒熬吐的故事》《普嗟乌路的故事》《神鹏与署争斗的故事》《把署和猛鬼分开》《祭署的六个故事》《高勒趣招父魂》《鸡的来历》《崇仁利恩的故事》《纽莎套母、纽莎三兄弟到人类家中》《崇仁利恩与红眼仄若的故事》《美利恒孜、桑汝尼嘛的故事》《杀猛妖的故事》《丢弃傻署》《开署门、东巴什罗给主人家降临福》《建署塔》《白梭刷的来历·药的来历》《拉朗拉镇的故事》《给署贡品·给署献活鸡·放五彩鸡》《欢迎请玖补四神》《给署许愿·给署施药·偿署债》《招魂》《不争斗又和好》《祈求福泽与子嗣》《木牌的来历·崇仁潘迪找药》《给仄许愿、给娆许愿》《立招的标志树·诵招的开坛经》《送神》。

在仪式结束后东巴之间出现了下面几个争议。

（1）参加祭署仪式的各位东巴对仪式的流程有不少的争议，有东巴认为其中部分环节前后顺序颠倒了。（2）在具体的仪式过程当中，部分东巴认为对所布置的仪式道场的处理比较少，更多则侧重于诵经书。（3）吟诵经书也没有体现出"整体性"与"全盘性"的特点。部分参与祭祀的东巴所掌握的经书量有限，所以当他们遇到自己熟悉的经书就有模有样地大声诵读，相反遇到自己不会的经书就滥竽充数甚至逃之夭夭。（4）仪式本身的连续性不是很明显。从这些争论可以看到在署明东巴内部，东巴仪式规程没有得到统一，而且掌握得还不够全面。

署明东巴仪式在简化，许多的大仪式被比较重要的简单的仪式环节所取代,如"祭署"被"给署施药""开丧"仪式被零杂的"小开丧"仪式取代。所以,相应出现很多经书被"解放"闲置而没有使用的状况。

而很多非固定时间举行的临时性的仪式,如家中有人生病,遇到不顺利的事情通过东巴占卜后举行的诸如祭风鬼、祭呆鬼、祭仄鬼、祭火鬼、祭秽鬼、祭佬鬼仪式等,都带有较强的鬼神崇拜特点。这些仪式在署明保留得比较完好,相关的经书经常使用。

受汉文化影响的"犯重丧"等观念的产生和与之相应出现的经书也在署明比较流行,吸收与借鉴了藏族文化的被署明称为"嘛里老"又做"梭多"或"烧大天香"仪式,在署明有一定范围内的恢复。看香烛、两颗海贝、五颗海贝、十三颗海贝、抽纸牌占卜等及与占卜相关的仪式与经书在署明保持比较完整,其中以杨成晟、和秀东的看香烛占卜的经书最全,并得到普遍认可。

总的看来,署明的东巴仪式随着社会的变迁,历经时代的取舍,再经重组、整合、吸收的曲折历史过程,形成今天的局面,也由于仪式的变化必然引起经书的"吐故纳新"。从署明目前所保留的仪式来看,这些更多的是在解决人与鬼的关系,相反那些有积极深邃思想内容,充满纳西族先民朴素的善恶观、自然观,具有较强民族性的传统仪式虽然有少量保留,但是这方面的践行活动则是比较少的。从这点上看,当前署明东巴文化具有明显的适用、功利色彩。

(三)东巴经文献的书写媒介东巴土纸

有一种说法是塔城乡陇巴的和圣家是东巴造纸世家。而署明过去是否有造纸作坊已经无法考证,目前署明"纸援东巴"项目的积极实践者是杨建华。杨建华的造纸方法是从塔城陇巴的和圣家里习得。他与研究院合作已经两年多,已完成2000张左右的东巴纸制作。据了解,杨建华目前制作的东巴纸张的原料为灌木"荛花"树皮,取材于巨甸,制作工艺基本上遵循传统的技艺。杨建华对东巴纸张制造技术上的改进也有所践行与思考,他认为传统的东巴纸张光度比较暗淡,曾实验在纸浆中加入一种纳西语叫"y^{21} $dzo^{21}phu^{55}$"(不知汉语学名)的树皮可以使东巴纸变白且更富有韧性。从东巴纸原材料的持续供应考虑,他本人在房前屋后分别种植了少量的"构树、荛花"做实验。他还与我们谈及了利用署明拥有大量闲置荒山荒坡的优势,大量种植构树、荛花实现东巴纸张的批量生产,满足东巴书写经书及旅游市场潜在需要的构想。然而种植批量的荛花、构树不仅需要一定的资金支持,还需要具体的种植技术,所以仍需要相关部门的合力支持。所以,到目前为止，此想法还未付诸实施。杨建华希望能得到政府相关部门给予政策及技术、资金的支持。

(四) 东巴文化的传承及存在问题

东巴文化一般是世袭相传，父传子、祖传孙，世代相传，世袭越久远，越受人敬重。如果断代，被视为断了东巴的根。也有的以寄学拜师方式传承，家中祖辈没有东巴，为了荣祖耀宗，把聪明的孩子寄到附近东巴大师家中学习。父传子、祖传孙方式能在家庭当中从小耳濡目染，一般在做完一天的农活以后，在母房的火塘边进行。主要从背诵经书开始学习，在祖辈、父辈的领读下反复背诵，真正做到刻骨铭心。东巴字的书写以及相关的东巴绘画等方面师傅只能起到点拨的作用，关键还在于徒弟的长期努力与坚持，体现出"师傅引进门，修行靠徒弟"的特征。就仪式规程而言，徒弟一方面要认真记忆，另一方面要在具体的仪式实践当中学习。至于那些祖上不是东巴而去拜师学艺者，首先要拜师，要抽出较长的时间到师傅家帮工，甚至要在师傅家里住五六年的时间，师傅在徒弟来帮工期间教授徒弟。当然，如果师徒距离近的，早晚可以随时来向师傅讨教。作为徒弟，除帮工外，每年的春节都要给师傅拜年。徒弟们学有所成后，在以后举行仪式活动中特别是做大型仪式活动所得的食物酒肉等，也要分给师傅一份，体现了署明纳西文化尊师重教、不忘本的思想理念。署明共有四个东巴世家，分别是和明家、和秀东家、杨玉华家、和世先家。其中，杨玉华家世袭最远。他家是最早被村中派往传统东巴圣地白地（今属香格里拉市三坝乡）学成的东巴。

署明东巴大多在7—13岁开始学习，18—20岁开始参与并主持一些简单的仪式。其中杨志坚、和桂华由于处在特殊历史时期，所以真正意义上开始学习东巴的年龄比一般人晚些，都在三四十岁。而杨建华、杨玉光等后来者学习东巴的时间也在20岁左右。随着社会的变迁，如今署明的东巴很少像过去那样严格遵守古规，只有和秀山等极少数人才遵循传统进行了拜师仪式。从年龄上看，即使有志于学习东巴的孩子，在七八岁时也还是先要进入汉文学校学习，所以学习东巴的年龄有所推后，多在十五六岁以后甚至到20岁。拜师也不像过去那样严格，只要两个人投缘即可。但不能很好地保证学习时间，质量上大不如以前。署明也有"没到过白地，不算真正的东巴"的说法。历史上，东巴三也到过白地学习，并且在那里举行过"加威灵"仪式。现在已逐步演变成在具体的仪式过程当中，举行过"加威灵"这一程序即可。年轻的东巴，在学习和交流过程当中还能充分利用现代电子产品和网络社交平台。杨成晟就经常使用微信平台与其他东巴交流。采访中，他展示了与巨甸东巴和旭东在微信上的交流。这个平台有图文、有声音（唱腔）、动作，所以交流学习起来方便快捷。当然，这种交流方式也有局限性，比如用录音来替代东巴吟诵经文的教授，失去文化传承的语境等重要载体，使学习只停留在表面，但如果使用得当，有所引导、改进、创新，合理应用也将对东巴文化的传播、传承产生划时代的影响。

事实上，署明当地的东巴从未间断过传承方式的探索和创新。80年代中期，和顺东巴曾借用村中和秀忠家的一栋楼房，开办民间传承学校进行集体授课式传承。学员自愿报名，当时有30多人的东巴学员。和顺东巴历经五六年时间采用教授经书、东巴舞蹈、举行仪式相结合的方式培养了一大批东巴文化传承人。和世先、和桂华、杨志坚就是此东巴学校培育出的中坚力量，为署明东巴文化传承起到了承前启后的重要作用。

另外，政府和相关科研机构也扶持并采取多种方法培养东巴传人。2000年丽江市东巴文化研究院从东巴文化真实持久的传承发展考虑，从东巴文化底蕴比较深厚的署明片区招收了和秀东、杨玉华作为东巴传承人加以培养，并在长期的探索实践当中逐步摸索出一条"研究人员的辅导与民间的自然传承相结合的道路"。经过将近10年的学习，他们的东巴文化素养明显提高，知识面更全、更系统，颇具现实意义，对东巴文化的"走出去、引进来"方面起到了桥梁纽带的作用。但随之而来出现了一个问题，就是"进城"东巴如何融入现代城市生活及如何做好部分"返乡"东巴的民间传承，这是一个值得深入研究的课题。

为保护好署明东巴文化，实现东巴文化的可持续发展，丽江市政府也给予了大力的扶持。曾在村中开辟专门地点设立了专门的东巴文化传承点。2006年5月20日，丽江市文化局在此举行东巴文化传承点授牌仪式。期间，主要由和明东巴教授东巴舞蹈，除成立了男子舞蹈队以外，还成立了拉姆女子舞蹈队。女子舞蹈队人数12人。因缺乏有效管理和监督完善等多种原因，此传承点只维持了两年多，没能坚持下来，也没有探索出有效的传承模式。如今这个传承场所因常年失修，没人看护已经破败不堪。2013年，署明又成立了东巴文化传承协会。由5个村民牵头，每人拿出2000元，筹集了1万元注册资金。现有会员100多人，然而因内部人事安排、会员资格核定等问题而矛盾纷争不断，也不能切实履行好东巴文化传承的使命，一直以来没有组织安排任何的活动，已经是名存实亡。此间和继明、和秀山、杨玉光、杨成晟、杨建华等人还参加过2003年由丽江市博物院开办的东巴文化传承班里为期一个多月的学习。

署明目前没有集多种传统技艺于一身的东巴，体现出春兰秋菊各有千秋

三　玉龙县塔城乡署明村东巴经文献传承应用调查　　415

的局面。就东巴舞蹈方面而言，据东巴和明介绍，他掌握的有 bər^{21} tɕhy^{33} çy^{21} so^{33}（牦牛、狮子、青龙舞蹈，3 套）、py^{21} bv^{33} uɑ^{33} kv^{33}（五方大东巴舞，5 套）、py^{21} bv^{33} dzæ^{33} ʑuɑ^{33}（五方大东巴坐骑舞，5 套）、be^{33} dæ^{21} tsho^{33}（迎本丹神）、lər^{21} dʑiə^{33} tɕi^{55} dʑiə^{21}（朗久敬久大神舞）、tər^{33} kə^{21}（端格舞）、iə^{33} mɑ^{21} ʑv^{33} æ^{21}（优麻与敌人械斗舞蹈）、iə^{33} mɑ^{21} tʂʅ^{21} zər^{21}（优麻镇压鬼怪舞）、bæ^{33} mi^{33} v^{33} tɕy^{21}（迎神灯舞）、çi^{33} ʂə^{33} khv^{33} tso^{33}（开丧舞蹈）、bɑ^{55} bɑ^{55} v^{33}（祭献鲜舞）he^{21} dɯ^{21} sɑ^{21} lɯ^{55} uə^{33} de^{33}（撒利威登大神舞）、he^{21} dɯ^{21} uɑ^{33} phər^{21}（恒迪瓦大神舞）he^{21} i^{33} kɯ^{33} khu^{55}（恒依给空大神舞）、kɑ^{33} zər^{21} ȵiə^{55} ȵiə^{55}（卡冉扭妞大神舞）、ʂər^{33} lər^{33} tɕi^{33} hə^{21}（东巴什罗出生舞）、dɑ^{33} lɑ^{21} no^{55} py^{21}（达佬诺毕神舞）、mə^{33} py^{21} zʅ^{33} ʑv^{21}（牟毕汝日舞）、hæ^{33} ʂʅ^{21} bɑ^{21} me^{33}（黄金大蛙舞）、ko^{33} tsho^{33}（鹤舞）、kə^{55} tsho^{33}（鹰舞）、tʂʅ^{21} zər^{21}（镇压鬼怪舞）等 30 多种东巴舞蹈。在署明也只有他掌握得最多。和明本人已于 2004 年被省文化厅命名为省级东巴舞蹈师的称号。目前通过和明东巴传承的只有 20 多种舞蹈，其中的佼佼者为和秀东、和秀山、杨成晟。东巴绘画方面师承和训的杨玉华、和秀东最有成就。

　　作为东巴仪式传承的模式来讲，这几年随着丽江经济社会的发展，政府对东巴文化的扶持力度大有增强，能实现旅游反哺文化的确是件好事，但由此也引出来一系列值得关注的问题。比如，署明在恢复祭天仪式以后，2009 年为了修建祭天场所，跟相关的政府部门、文化单位申请资金，并顺利实现了场地的重修扩建，这姑且说是个好事情，但这种申请资金的方式被当地人普遍效仿，甚至发展到后来每年搞祭天仪式或相应的东巴仪式都要打着各种名义向政府以及文化单位申请资金的情况，然而所得资金因没有统一管理，使用不规范，缺乏有效的监督，出现了资金没能用在刀刃上，更有甚者中饱私囊，也出现了一些不正当的利益链条，无形地给当地东巴传承人内部造成矛盾与混乱，不利于东巴的团结和谐以及科学的传承，这必须引起相关部门的高度重视。

（五）对署明东巴经文献传承的建议与对策

　　根据署明东巴文化的现状，针对文献传承提出以下若干对策与建议。

　　1. 通过研究论证，依托研究单位，在署明应该选取恢复 3—4 个能代表纳西族民族特征与署明地方特色的诸如"祭天""祭署""烧天香""除秽"等若干仪式，积极探索这些仪式当中所体现的传统民族元素的新表达，比如"祭天"的民族认同感、"祭署"当中人与自然和谐共处的理念、"除秽"当中的环保理念。实现这些仪式在署明成为具有民族凝聚力的"村寨、集体"祭祀。

　　2. 要与时俱进地推进署明东巴仪式的精简、规范与统一工作，书写一批具有时代意义的东巴经书。目前署明东巴仪式中有不少鬼神崇拜及迷信色彩的东西，结合署明社会发展的需求可以适度科学创造一些符合时代要求的东巴仪式。也有繁文缛节的仪式环节，所以在传承上要秉持"取其精华，去其糟粕"的精神，并对铺张浪费烦琐的仪式环节进行精化、重组，以适应东巴文化传承的时代需要。与此同时，通过交流、整合、创新方式书写一批具有时代意义的东巴经书。

3. 收集整理分散在署明民间的东巴经书及相关的东巴文化资源，建设一个具有署明特色的"东巴民俗博物馆"。

4. 署明东巴文化传承工作要杜绝多重干预，政府部门要明确研究机构、文化部门、参与传承的企事业单位等各方责任，如研究单位应重点开展东巴文化传承的时代性研究，提出相应的对策建议。传承应以政府为主导，使参与传承的各方以及传承人通力合作，统一规划部署，尽量减少东巴文化传承资金使用的重叠浪费，以及资金投入不均衡等问题。

5. 针对"东巴泛滥"，考核没有统一标准的窘境，从政府层面上解决好搭建东巴文化传承的公共文化平台，要及时编制统一的东巴文化教材，把规范了的仪式仪规、东巴字以及经书的书写、东巴绘画、东巴舞蹈、东巴唱腔与具体的东巴仪式实现联网以便东巴文化资源的共享。

6. 努力探索能够实现东巴文化传承持续健康发展的新路子，切实解决好东巴文化传承的"输血"与"造血"的转变。依托署明有利的自然环境和独特的地理优势，大力发展高原生态经济特别是药材种植业，实现规模化生产，千方百计搞活署明经济，让外出打工的东巴愿意返乡，扎根家乡，为东巴文化的传承做出更大的贡献。要凭借署明深厚的东巴文化底蕴，优美的高原自然环境发展乡村旅游，为东巴文化的传承提供坚实的经济基础。

7. 坚持区别对待原则，努力提高东巴的经济待遇，特别是提高基层东巴文化传承人的经济待遇。可以低保、困难补助等方式给予适当的倾斜。真正让基层的东巴安于、乐于在基层做好传承工作。

8. 依托署明东巴传承协会，通过选举的方式，选出几个业务过硬，并有较强责任感、使命感的年轻东巴组成管理小组，对他们开展资金、人员、活动管理方面的能力培训。并制定相应的规章制度和监督机制。使东巴传承协会有效地运行起来并成为东巴之家，以团结各个东巴和凝聚各方力量，也使之成为与各地东巴交流学习的平台。

调查整理：张磊　李英

四

丽江市古城区开南街道贵峰社区东巴经典文献传承应用调查

本文是一篇关于丽江市古城区开南街道贵峰社区近百年来东巴经典文献传承的专题调查报告。其目的是想通过东巴经典文献传承的调查，审视近百年来社会、政治、经济和意识形态对传统历史文化的影响，记述贵峰社区东巴经典文献为代表的传统历史文化演变的过程，展示世纪之交贵峰社区东巴经典文献传承的探索历程、严峻现状和未来前景。

贵峰社区鸟瞰图
采自贵峰社区护林防火广告牌。

（一）贵峰五村社会背景概述

贵峰，顾名思义就是以贵峰山而得名。贵峰山之名记载于清代地方文献中。《光绪丽江府志·地理志·山川》记为"双贵人山"，即"大干自阿寿岩山南行，为达湾山，在城东南二十里，系永北通衢。又南为双贵人山，在城东南三十里"①。其位于丽江古城东南面，城东之自北而南横列着吴烈山、震青山、白石山、双贵峰山。双贵峰山海拔3213.9米，成为贵峰的标志性地标。

贵峰作为行政区划的名字，是1949年后的事情。从清代乾隆《丽江府志略》《光绪丽江府志稿》和碑刻铭文上看，贵峰，元代属丽江路军民总管府，后为丽江军民宣抚司的通安州；1382年后属丽江府的通安州；清顺治六年（1649）裁通安州；乾隆年间属丽江府你罗约；光绪年间（1875—1908）属丽江府东园里；民国时期，贵峰属丽江县西南第一保（包括良美美自增村）和第二保；20世纪50年代，属丽江县开南区；1959年以后为丽江县金山公社贵峰大队；20世纪80年代，属丽江县金山区贵峰大队，90年代改区后属丽江县金山乡贵峰行政村；2003年4月1日后属丽江市古城区金山乡贵峰村委会；2013年属古城区开南街道办事处贵峰社区居委会。自20世纪50年代末用贵峰作为行政区划以来，贵峰辖五个村，即大来上村、大来下村、三元村、寿南村、保吉村。贵峰五个村自北而南地排列在丽江东坝子南端的双贵峰山麓。

贵峰社区坐落在丽江盆地东坝子南端，整个村落集中在东面双贵峰山麓，村落朝向为坐东朝西。贵峰社区前面的平坝为丽江坝子海拔最低处，整个丽江盆地的水均从贵峰三元村西南的木家桥崖口排出，过去木家桥崖口未开凿时，夏季雨量大，整个东坝子南边均成积水湖，所以贵峰曾有"前抱海，后背山"之说。

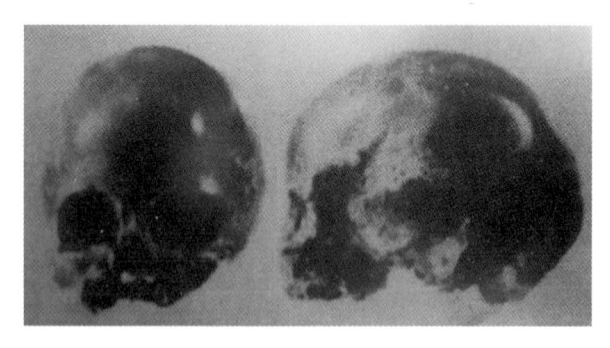

"丽江人"头骨化石模型
采自《丽江纳西族自治县志》。

---

① 《光绪丽江府志·地理志·山川》，政协丽江市古城区委员会文史资料委员会2005年6月印，第33页。

贵峰社区是人类发祥地之一。1956年春和1964年3月，曾在贵峰三元村之西的漾西木家桥挖到人类股骨化石和丽江人头骨化石，专家鉴定为"丽江人头骨是云南迄今已发现的更新世晚期化石智人的颅头骨化石"。[1] 估计距今5万—10万年。[2] 20世纪90年代末在贵峰三元村北边山脚下挖到一把石刀，刀面有孔，具有金沙江边新石器时期石刀之特征。[3]

贵峰五个自然村落，自20世纪50年代初以来，村落和山林耕地就划分为五个单位。至2014年底，贵峰五个村的户籍人口和耕地山林情况如下。[4]

序	村名	曾用	户口	人口（人）	土地（亩）	人均土地（亩）	山林（亩）	人均林（亩）	收入（元）
1	大来上	da^{33}le^{21}be^{33}kv^{33}	80	354	932.8	2.635	4281.15	12.093	0.8—1
2	大来下	da^{33}le^{21}be^{33}ly^{33}	103	418	929.5	2.223	8609.59	20.597	0.8—1
3	三元	sər^{33}le^{21}	151	613	1112.6	1.815	6676.35	10.891	0.8—1
4	寿南	ʂə^{55}na^{21}kv^{33}	101	427	590	1.381	3719.12	8.709	0.8—1
5	保吉	Bu^{33}tɕər^{21}	98	413	740.6	1.793	3767,27	9.121	0.8—1
总	五村	da^{33}le^{21} sər^{33}le^{21}	533	2225	4305.5	1.935	27053.48	12.158	1万

贵峰五村距离丽江古城有约12千米。背靠东面贵峰山的贵峰五村与背靠西面磨岩山的漾西诸村之间，是平畴万亩良田。这里是整个丽江坝海拔最低的地方（最低海拔2360米），所有丽江坝的水流都从东坝子的南端经邱塘关排出，时至20世纪70年代，这里夏季是一片积水的沼泽地。贵峰往丽江古城，先要涉水到漾西居委会的黎红村或西林瓦村后从蛇山经东元迎恩桥到古城南门。1997年丽江机场建设，修筑丽江到大理的公路，丽大公路正好从北到南经贵峰西边田地通过，大大方便和缩减了贵峰到古城的距离。2013年，丽江加快城市化建设，开通了从丽江城到贵峰寿南村的公交车，方便了人们的交通。

（二）贵峰五村历史文化概况

1. 大来上村之历史文化

大来村这个村名，是纳西语"打冷"之音译。大来上村和下村都叫

---

[1] 云南省博物馆：《云南丽江人类头骨的初步研究》，原载《古脊椎动物与古人类》1977年第2期，后载云南省博物馆编《云南人类起源与史前文化》，云南人民出版社1991年版，第161页。

[2] 郭大烈、和志武：《纳西族史》，云南大学出版社、云南人民出版社2015年版，第48页。

[3] 1995年4月28日，笔者得知在三元村村边发现石刀的消息，急忙赶到村里，村民和兆武带笔者到石刀发现地，得知石刀已经毁了。在刺棚里寻找半天，拾得石刀前端一节，刀片上有孔。

[4] 本数据由贵峰居委会副主任和兆军提供。

贵峰社区大来上村和建红家宗谱

"打冷",现在,大来上村叫"打冷本古"($da^{33}le^{21}be^{33}kv^{33}$),本古即上村或村头之意;大来下村叫"打冷本律",本律即村中心之意。从村名看,或许是先有了村中心,才有村头。所以大来上村的建村历史应该是在大来下村之后。或者是从大来下村分化而来的。何时分化成两个村呢,没有确切的记载。但是从一些家谱和碑文上推测,在清代中期已经是现在这个格局了。

大来上村和下村,最初建村者的来源,从村名上推测到,是来自长江第一湾石鼓上游金沙江东岸的同名村落。2015年6月28日,笔者专程到香格里拉县金江乡士达村委会的士林村,向82岁的老人王美询问,得知,士达村委会的士林村就是纳西语叫作"桑冷"的村子(士达村分上村、下村),达林村就是纳西语叫作"打冷"的村子。达林村与玉龙县的红岩村委会四兴村隔金沙江相望(石鼓往北行20千米即至四兴村)。而士林村与玉龙县的格子村委会下格子村隔金沙江相望(石鼓往北行23千米即至下格子村)。大来村最初迁居的村民,可能是与三元村的建村者为同一个时期从士达村委会迁来的。

大来上村和建红家藏有一本宗谱,记录了大来上村各个宗族的谱系。此书作者是民国时期本村邑人和忠。该书从始祖和浦开始,我们暂且把这本宗谱称为《大来上村宗谱》。笔者在大来上村的和耀增家看到这本书的复印件。该书形状为直长方形,棉纸,横宽12—14.5厘米(含装订线),直长24.6厘米。其封页没有复印,或许是封页无字的原因。按封页1页计算,共20页,据说后面的部分是程姓人家的谱系,已经被程姓人家撕去。所以这是一本不完全本。该书封二有"中华民国十六年岁次丁卯孟春上浣续修,十二代孙和忠谨志"字样,表明这是公历1927年2月初书写的,可能是在春节祭天时间里书写的。此书按古线装形式从右装订，书的内页文字从上到下书写，从右到左直行排列。作者在这本宗谱序言中写道：

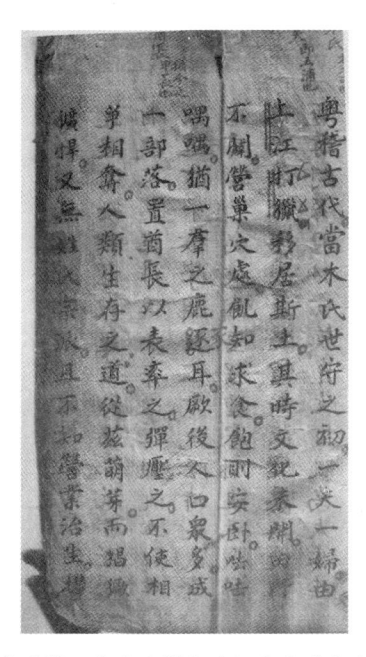

贵峰社区大来上村和建红家宗谱序文

"粤稽古代，当木氏世守之初，一夫一妇由上江打猎移居斯土。其时文化未开，四野不辟，营巢穴处，饥之求食，饱则安卧。呿呿喁喁，犹一群之鹿逐耳。厥后人口众多，成一部落，置酋长以表率之，弹压之，不使相争相夺，人类生存之道，从兹萌芽。而猖獗犷悍，又无姓氏宗派，且不知营业治生，撵山打猎，逐水草而居，食禽兽之肉，衣禽兽之皮，男女裸体，披发左衽而已，故名之曰打猎。迨雍正二年，改土设流，与以姓氏，遣子弟入学，开科取士。乾隆时，义武齐出，贡生和明谦，武生程钟灵，开通风气，扫除旧染。嫁娶丧葬之礼，渐次变迁。于是，通海沟开海田，以广教育，改打猎为大来。其取义有在，其名不凡，以期将来子弟，豁然兴起，大英雄大豪杰者，济济而来也。即此而论，文化之基础，脱胎于程和二氏者，可无疑也。然饮水思源，溯其开创之始祖，其名曰五浦。五浦生五乃，五乃生五敦，代代相传，一本万枝，瓜瓞联绵者，皆浦之裔也。猗欤休哉。何其子孙之发达耶。但恐代远年湮，逐末忘本，不知一脉流传之统系也。余故折衷前人，笔而记之,以垂教后世,使之有所稽也。后生嗣子,诚能续而修之,不惟一家之历史,而成一族之历史,则未必无补于后也。是为序。时在大中华民国十六年岁次丁卯孟春上浣补修,十二代孙和忠谨志。"

我们可从《大来上村宗谱》得知,(1)其远祖"粤稽古代,当木氏世守之初,一夫一妇由上江打猎移居斯土"。此上江即指现今的金江乡士达村委会。可能民国时期属上江乡。所指"木氏世守之初"当是元代。这与我们分析三元村迁居历史基本吻合。(2)早期以打猎为生。那时无姓氏。但有酋长。(3)早期以打猎为生,故名打猎为村名。迨雍正二年改土归流后才有姓氏,遣子弟入学,开科取士,到乾隆年间出文武贡生。并且婚丧制度改革和通海开海田,推广教育,所以取名"大来",以期望村里人才辈出。(4)大来上村全村为程和二姓。据调查,程姓也是纳西族,是因为科举考试需要而取程姓的。(5)大来上村当时人户的远祖只能追溯到十二代前的始祖五浦。五浦后裔全都记载入册。

考大来村之名,成书于乾隆八年(1743)的乾隆《丽江府志略》中载:"大来哨:你罗约内,府东十五里,哨民:和价吉立,和价册册。"[①] 至少1743年时就用"大来"这个地名。

现在大来上村有80户人家,384人。从大来下村94岁老人和民嘉的介绍中得知,大来上村都是纳西族。全村共有四个家族支系:(1)阿塔室($a^{33}tha^{55}ʂɿ^{21}$)家族(和学诚、和学善、和学义等家族);(2)阿塔本($a^{33}tha^{55}by^{33}$)家族(和象元、和象文、和象武等,据说其家族中有一部分是回族入籍的);(3)($ma^{21}khɯ^{33}khɯ^{55}$)家族(程姓人家);(4)($ma^{21}khɯ^{33}ga^{33}$)家族(程姓人家)。

大来上村早期历史上好像没有东巴,村里需要做东巴仪式就请大来下村和美自增村的东巴。但是,据大来下村的和民嘉老人说,20世纪初,大来下村三八塔后裔和尚清(乌四湖)的二儿子和钺(锡庚)到连生母家做童养夫,从伯父东路才学习东巴文化知识,40年代初东路才去世后,他又向三元村的和名魁(东文灿)学习东巴文化,已经参与东巴祭祀仪式,成为年轻的东巴了。但是,后来被抽调当国民党兵,分在工兵营,驻扎在永胜县。那时,他还用东巴文写信给他的老师和名魁,信中说"老师,您教给我的东巴经文我现在也没有忘记"等言。

此外,大来上村也有人学习过东巴,如民国时期大来上村的和耀勋也是

[①] 乾隆《丽江府志略·山川略》,丽江县县志编委会办公室1991年翻印,第72页。

东巴，但没有形成传承世系，名气也没有以上东巴大。

大来上村的汉文化开化得比较早。据《大来上村宗谱》记载，雍正以后就有一些子弟学习汉文化，到乾隆年间，出过文武贡生。书写这本宗谱的和忠也是一个文化人。大来上下村的一些墓地碑文也有和忠的字样。清末民国初期村里就有私塾教育。在大来上村与下村间的地方建过寺庙和魁星阁。听说还出过文武秀才。

2. 大来下村之历史文化

大来下村的纳西语叫"打冷本律"（$da^{33}le^{21}be^{33}ly^{33}$），意思就是大来村中心。应该是比较早居住的地方。如上所说，最初的村民当是来自长江第一湾石鼓上游红岩村委会四兴村对面的金沙江东岸金江乡士达村委会达林村。大来下村发展到今天有108户。除了20世纪50年代迁入的几户汉族外。其余都是纳西族。全村纳西族分为五个家族：（1）冷罗崇（$le^{33}lo^{21}tʂhu^{13}$）家族（和民嘉等属）；（2）泉拿塔（$tɕhuæ^{21}na^{21}tha^{13}$）家族（和学光、和浩等属）；（3）纳夸夸（$na^{55}khua^{21}khua^{13}$）家族（和社琴等属）；（4）咪阿查（$mi^{55}a^{21}tsha^{13}$）家族（东巴和泽深、和泽均等属）；（5）阿本若（$a^{55}bɯ^{21}zo^{33}$）家族（和文明、和继先、和锡昌等属）。

大来下村与上村一样，清代中后期已经开始接受汉文化教育，在科举考试中出过文武秀才。在20世纪30年代初曾请丽江洞经音乐师到村里传古乐，有过一个古乐队，丽江古乐老师和运隆就是大来古乐队的传承师。

大来村的东巴和东巴文化传承。据和运隆在1998年4月30日讲，20世纪40年代，大来下村比较有名的东巴有两个，一个是东路才（$to^{33}lu^{55}tshæ^{21}$），一个是东册舒（$to^{33}tshe^{21}ʂu^{21}$）。东路才有四个儿子，大儿子当东巴，其他三个儿子即乌锡安、乌锡华、乌锡堂当和尚。此外，东册舒后裔和泽广、和运炳也是东巴。根据对大来下村的和民嘉（属狗，1922年生）、和山凯（属鼠，1936年生）调查核实，大来下村的东巴文化传承世系如下。

东路才一系。东路才为三八塔之后裔。据说东路才属龙，大约1941去世，享年70多岁。推算其生年，若是属龙，当是1868年生，若1941年去世，享年为74岁。东路才有四个儿子。

老大和铨，乳名锡贵，属猴，1896年生。他从小从父学习东巴文化，继承东巴。

老二和铄，乳名锡安，法名慕西，俗称慕西和尚。他属牛，1901年生。1915—1921年在鸡足山学经。1922年到浙江杭州，后转到江苏镇江湖墅佛学院学习，1926年毕业。1926—1939年秋，为浙江弥陀寺（灵隐寺附近）住持、法师、大师。1940—1942年底为丽江通化寺住持。1943年因事入狱，后由村人和学勤保释回村，后住村庙，1945年初冬病逝。享年44岁。据大来村和仁先生研究，和铼1939年秋回云南后，曾担任云南省佛教协会主席。①

老三的学名不详，乳名锡华，法名慈霖，又名普泽。他属马，1906年生。他14岁出家到金山寺，从丽江黄山镇吉来村的高僧传杰（1869—1948，法号真空，自号正修）和尚学习。20年代末金山寺遭火灾（后又修复），传杰大师派其徒孙慈云、慈霖到内地参拜名山，成就一番事业。慈霖（即普泽）与慈云（谛闻）同为师门，交往甚密。抗战时期，慈云曾在湖南湘西洪江嵩云山当方丈，后来交给慈霖主持。据湘西洪江佛教史略和五溪禅林等记载，普泽大师1941年后，来洪江嵩云山，住持大兴禅寺。1947年4月，洪江嵩云山大兴禅寺传戒，普泽法镜禅师任得戒大和尚。普泽禅师工诗文、善草书，与当地名流交往，诗文唱和。有《洪江嵩云山普泽禅师语录》八卷、《洪江嵩云山普泽禅师诗集》八卷。普泽大师的生年，湘西洪江佛教史略和五溪禅林等记载为1891年，或是有误。卒年记为1968年，或口碑传为1950年土改时因胆怯自尽。今有从金山寺信徒手中获得的普泽大师1934年的照片。②

老四学名不详，乳名锡堂，属鸡，1909年生。16岁时同本村少年和典一道上鸡足山削发为僧。几年后还俗回家。不久又出门当兵，之后，杳无音信。

东路才的弟弟和尚清（乳名乌四湖）之子和钧（乌锡昌，三元村和健仁的岳父）、和钺（乌锡庚）也是东巴。和钧学习东巴，留家，1972年前后去世。和钺为大来上村的童养夫，从小到大来上村生活。他先是向伯父东路才学习经文，伯父去世后，他后又向三元村的和名魁学习经文仪式，参与良美、贵峰等地的东巴祭祀仪式，曾与良美居委会达坞村的杨即兴等人一同做仪式。但他在1949年前（20世纪40年代）病逝在永胜。

东册舒一系。东册舒的先祖也是著名的三八塔。东册舒（to³³ tshe²¹ ʂu²¹），有时简称东舒。和民嘉老人说，东册舒是在和民嘉大约10岁时去世的，享年60多岁。和民嘉1922年生，东册舒大约在1931年前后去世。东册舒大约是生于1871年前。东册舒的妻子是良美居委会美自增村大东巴东高的姐姐，两村相隔不远，又有姻亲关系，东巴文化的传承和交流自然是频繁的。和民嘉说，东册舒是个大东巴，春节时，村里祭天群多，他一天之内交替为两个祭天群做祭祀，一会儿在这边做祭仪，一会儿在那边做祭仪。

---

① 这里参考和仁先生收集整理的《慕西和尚》一文，见中共丽江市古城区金山白族乡委员会、丽江市古城区金山白族乡人民政府编《金山文化系列丛书》第四集，第129—133页。

② 关于慈霖即普泽法师的资料，得到夫巴先生提供线索，查得网络中关于普泽法师的文章。夫巴认为慈霖就是普泽。唯生年与大来村的口碑调查资料不符。

贵峰大来村大和尚慈霖法师

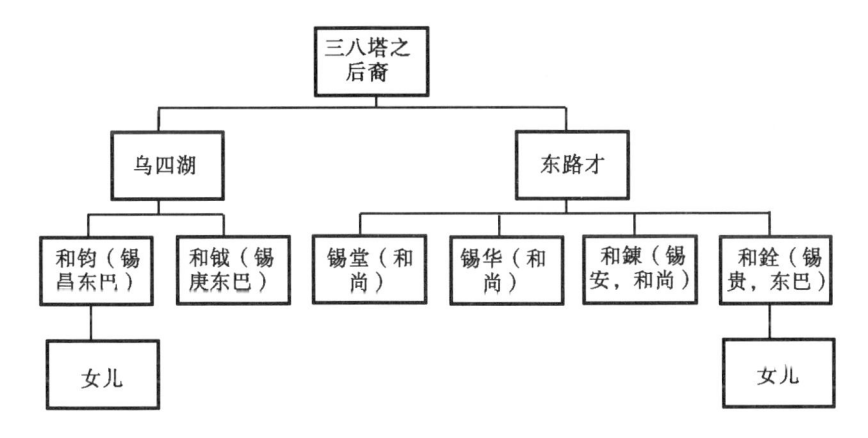

```
                    ┌─────────┐
                    │ 三八塔之 │
                    │  后裔   │
                    └────┬────┘
              ┌──────────┴──────────┐
         ┌────┴────┐            ┌───┴───┐
         │ 乌四湖  │            │ 东路才 │
         └────┬────┘            └───┬───┘
        ┌────┴────┐      ┌─────┬───┴──┬──────┐
    ┌───┴──┐ ┌───┴──┐ ┌──┴──┐┌─┴──┐┌──┴──┐┌──┴──┐
    │和钧（锡││和钺（锡││锡堂（和││锡华（和││和鍊（锡││和鋑（锡│
    │昌东巴）││庚东巴）││  尚） ││ 尚） ││安，和尚）││贵，东巴）│
    └───┬──┘ └──────┘ └─────┘└────┘└─────┘└──┬──┘
      ┌─┴─┐                                  ┌─┴─┐
      │女儿│                                  │女儿│
      └───┘                                  └───┘
```

东册舒有四个儿子，四个儿子各有特色。

老大和泽远，乳名福远，是个桑尼巫师，常做东巴的助手和配角。他享年49岁，1949年前去世。

老二和泽深，乳名福春，是东巴，也是木匠。其子和运柄属龙，1928年生，曾学过东巴。1949年前夕参加中共地下党革命活动，是开南研习所的负责人之一，1950年去世。

老三和泽广，乳名福培，据说他也是东巴。

老四和泽均，乳名福根，大约生于1914年。他是个大东巴。

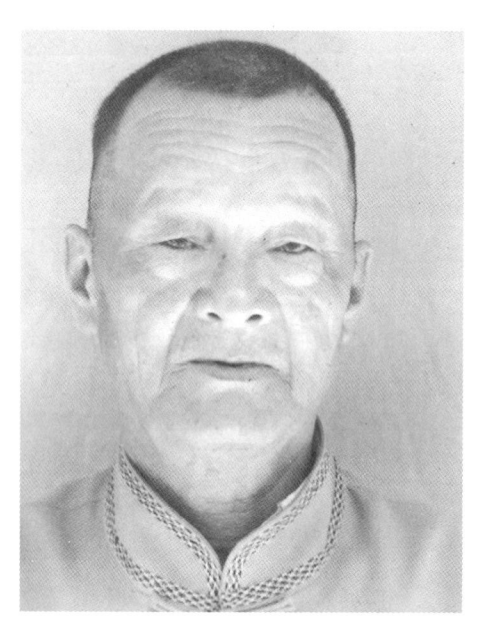

和万全先生半身照

大来村民国时期出了一个后来被称为纳西族民族领袖的人物，这人就是和万宝，和万宝（1923.3.15—1996.6.15）。其祖上是从依古到本村的冷罗崇（$le^{33}lo^{21}tʂhu^{13}$）家族上门的。和万宝从小受东巴文化的熏陶。他生前对笔者讲，20世纪40年代在西南联大读书时，就曾经翻译研究过东巴经书了。1949年以后曾帮助博物馆收集东巴经书，1958年11月被错划为"地方民族主义分子""极右分子""反党反社会主义分子"。次年11月被定为"地方民族主义分子"，开除党籍，撤销丽江行署副专员职务，遣往永胜中和煤炭厂任副厂长。1979年2月15日中共丽江地委为1958年错处的"地方民族主义集团"假案平反，恢复其丽江行署副专员职务。1980年，经他倡议批准，成立丽江东巴经翻译整理委员会。1981年4月28日，经中共云南省委批准，成立云南省社会科学院东巴文化研究室，和万宝任主任。1982年2月，他被调任中共云南省委民族工作部副部长，仍兼任东巴文化研究室主任。1991年，东巴文化研究室改所，他任所长。1995年春，回家乡大来村筹建大来民族文化生态村，组建"日新书屋"、古乐队，把在东巴文化研究所工作的和即贵老东巴请到大来村传承东巴文化，举行东巴教祭战神、结婚新人灵魂结交斯神仪式。和万宝为东巴文化的传承、翻译和研究做出了毕生的贡献。

和万宝的笔记体著作《守住精神家园——纳西文化笔记》的《大来村史人物志异·三八塔之后》里记录了1949年之前大来村东巴文化的情况。

三八塔，py^{21}即pha^{21}，亦司亦巫，约当阿明什罗及俗人八那量之世。

懂水文，曾为坝子找到大龙潭水源，村民不信，刺曰眼瞎不能自治，是什么能引地下大水，一气出走，永昌郡人于某处塑为神龙王云云，真正出了神。

其先世亦为东巴，阿明就是请来大来讲经的，留下了阿明所封的"阿明增科"（井）与"三八塔金科"（水塘），香火不断，柏塔如林，人畜不敢用，因其神圣，不可侵犯。

其家，东巴世系长传。其后东纯、东安、东更，均有名气。东纯逝，作大东巴祭仪，东巴百余人，杀牛羊猪鸡一百多。见东巴舞，幼童学了十余年。万志每作"带头东巴"演员，惟妙惟肖。

长子福安，学巫加不成"威"，但供"弼马"神、猎神云云，但邻居多忌讳。有人讲，其老屋养公水牛，本人养种驴，乃此之谓。

孙辈炳生，颇知该东巴世系事，未及详记而夭折，憾事。

这一文化点，值得宣扬，经常除秽防治污染，颇整洁：保护住阿明井，人畜莫敢犯；其家分为四户，三四十人，各行各业，事杂，烟火炊事均不断，但有条理。

文化水平高，生活质量就佳，讲卫生，各行各业均旺盛，福培经商，福安为祭司、木匠，福祥操畜牧繁殖，福更为学生、木匠，也为祭师，泽洪为多面手，三嫂营山地，轮流营水磨。①

以上这些就是和万宝先生对大来村东巴事迹的记录。

大来村历史上的东巴经书，经过文化大革命的劫难，村子里没有保留旧本。但是笔者在2005年6月应邀到台湾"中央研究院"历史语言研究所为该所傅斯年图书馆做东巴经藏书编目时，发现该馆编号为A-MS-275的经书是大来村的经书。其书内容原编目为《人类的来历》。笔者查看原文，当

---

① 《大来村史人物志异·三八塔之后》，见和万宝《守住精神家园——纳西文化笔记》，云南民族出版社2004年版，103—104页。

译为《祭天仪式·迎接迁徙下来的人类祖先,给天地柏神献牲经》。经书缺封页,东巴土纸,书中未注明书写者名字。全书共 80 页。经文用东巴文和格巴文两种古文字书写而成。而且写明是扑笃祭天群用的经书。书写水平一般。这本经书当是 20 世纪 30—40 年代收集的。

3. 三元村之历史文化

三元村的纳西语叫"桑冷"($sər^{33}le^{21}$)。

"三元"乃是纳西语"桑冷"之音译。和万宝曾把三元村名音译为"上来"。三元村在大来村之南,三元与大来南北相邻,所以地理称呼上常常是三元与大来并称。他们的先祖都来自长江第一湾的香格里拉县金江乡士达村委会。三元村与石鼓以北 23 千米的格子村委会下格子村隔金沙江相望的士达村委会士林村有渊源关系。

三元村的音译汉名,自清代改土归流传播汉文化以来,有用汉字记村名的事。清乾隆《丽江府志略》和《光绪丽江府志稿》均有"大来"记载,推测那时当有三元之汉称用字。

三元村民历史上一直笃信本民族的东巴教。三元村纳西族的东巴教历史可以追溯到最早的这批纳西人迁入的时候,即元代至正二年(1342)前后。建村以来,三元村各个宗族都曾有过自己的东巴教祭司和传续制度。到了清代中后期至民国时期的近现代,詹智补宗族的东巴群崛起,出现了几位有名东巴大师,其他宗族的东巴活动多请詹智补宗族的东巴来操作,还请上村下邑的东巴来参与,因此,詹智补宗族的东巴便成为三元村主要的东巴宗族。

三元村东巴教历史源远流长,可追溯到元代。因历史上的东巴经书多已焚毁，其早期东巴世系难以考证，只有詹智补宗族后期的东巴历史较为清楚。

詹智补宗族本是从大来下村迁来的，迁来时就有自己的东巴。其迁入三元村的历史大概有16代，即330年，在1672年前后（清康熙十一年）。清代中后期，詹智补宗族东巴开始崛起。从和长贵开始，其传承世系如下。

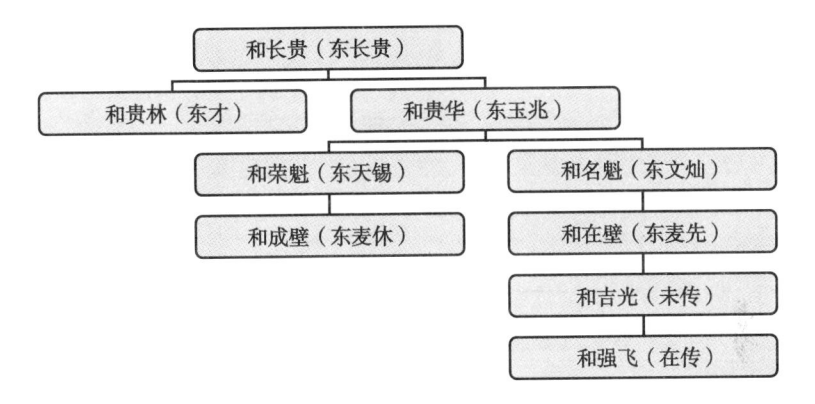

```
                    和长贵（东长贵）
                    ／          ＼
         和贵林（东才）        和贵华（东玉兆）
                              ／          ＼
                    和荣魁（东天锡）        和名魁（东文灿）
                          │                    │
                    和成壁（东麦休）        和在壁（东麦先）
                                               │
                                          和吉光（未传）
                                               │
                                          和强飞（在传）
```

三元村除了詹智补宗族的东巴外，还有其他的东巴传承，只是名声没有詹智补宗族的那么大。1996年5月19日，三元村村民和季本告诉我，他的爷爷乌金魁是东巴，并说传世的《为超度木偶招魂经》是他爷爷写的。

4. 寿南村之历史文化

寿南村的纳西语叫束拿古（ʂv⁵⁵nɑ²¹kv³³）。其名称中有纳西族四大氏族之一束支系的纳西族的意思。据和鉴尧（1989）讲，有四个宗族，一是垛股（to⁵⁵kv³³），是他本人的宗族；二是臣本（tʂhe²¹by³³）；三是东阿但（to³³ɑ²¹dər⁵⁵）；另外还有一个。据和汝林（2015）介绍，寿南村有三个宗族。一是东阿但（to³³ɑ²¹dər⁵⁵）宗族，以和汝云为代表人。二是常宇巴（tʂhæ²¹y³³bɑ³³）宗族，以和继祖为代表人。三是丹杜恒（dər³³tv⁵⁵huɯ²¹）宗族。寿南村的东巴宗族就是东阿但这一宗族。东阿但之前的东巴传承不清楚，但是，尔阿但之后的比较清楚。

东阿但宗族是从玉龙县拉市乡美泉村迁来的。其迁徙历史不会太长，在口语方言中还有两地联系的痕迹。

东阿但生二子，老大阿但邓没有学东巴，老二阿但波学习东巴，称东六斤。阿但邓之子和士俊学东巴，称东七斤。此后两代都没有学东巴，到了第三代，又有后裔传承东巴文化。东阿但世系的东巴文化传承与传统的纳西族医学传承相结合，既医又巫，巫医兼济。到了和士俊时，经常住在束河为人家治病。传说，有一个失明患者，来到和士俊家治病。一段时间后眼睛治好了，意欲送一块匾给他家。后来老人婉言谢绝了。其两个孙女都曾为老人到山上采药，也曾见过老人为他人做东巴祭仪。

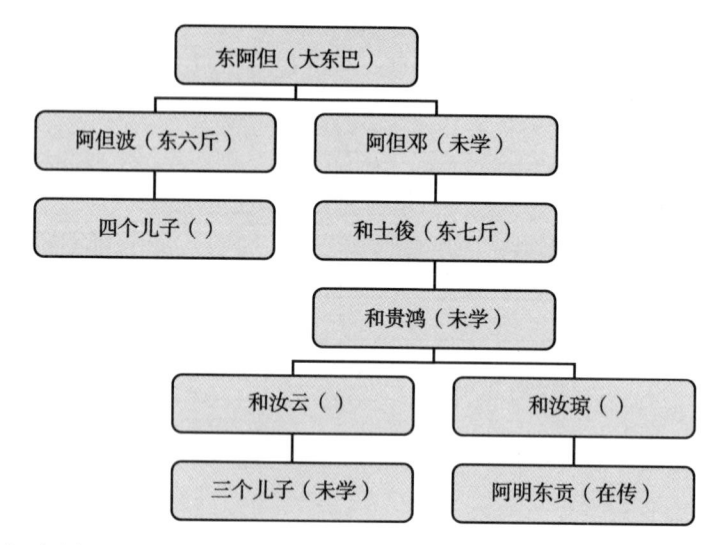

```
                    东阿但（大东巴）
                    ┌──────┴──────┐
         阿但波（东六斤）      阿但邓（未学）
                │                    │
         四个儿子（ ）         和士俊（东七斤）
                                     │
                              和贵鸿（未学）
                              ┌──────┴──────┐
                         和汝云（ ）      和汝琼（ ）
                              │                │
                      三个儿子（未学）   阿明东贡（在传）
```

5. 保吉村之历史文化

保吉村的纳西语叫部吉（bu^{33}tɕər^{21}），就是坡上的意思。保吉村的建村历史，本村的退休老师和学诚生前有过一些研究。2015 年 7 月 30 日到保吉村调查，据村民和肖生介绍，保吉村主要有三个宗族，其一是册膑知（tshe^{21}by^{33}tʂʅ^{55}），此为保吉村最早家族。据说，此族始祖本是寿南村的人，在保吉村开瓦厂烧瓦，后来就迁居在这里。其二是东巴宗族，保吉村东巴就是该宗族在传承。其三是倍公屈（be^{33}kv^{33}tɕhy^{33}）宗族，因住在村头而得名。

和学诚于 1998 年 3 月 14 日说，保吉村民国时期的东巴主要是阿普才、阿普林这两位，那时就是既从医又做东巴，曾写过东巴文的药书。保吉村与西面的高士村为邻村，两村土地相连，距离很近。历史上有联姻。高士村东巴，叫东巴帆，1944 年逝，享年 74 岁，即生于 1871 年。其妻为保吉村人。东巴帆之子东廘学过东巴，也习古乐。

保吉村的东巴后裔就是和学礼。他家的东巴经书已经不存，1999—2002 年，和学礼的儿子和寿光学过一段时间的东巴文。

根据和学诚先生生前记录的资料，东巴家族的谱系如下：1 和玉—2 和兔—3 和毛—4 和苴—5 和口—6 和保（大东巴，始有土葬墓地）—7 和恩兆（大东巴，阿普才 a^{21} phv^{33} tshæ^{21}）、和金福、和志立（大东巴，阿普立 a^{21} phv^{33} li^{21}）—8 和铼（ ）、和铨（ ）—9 和士清（ ）、和士杰（ ）、和士敏

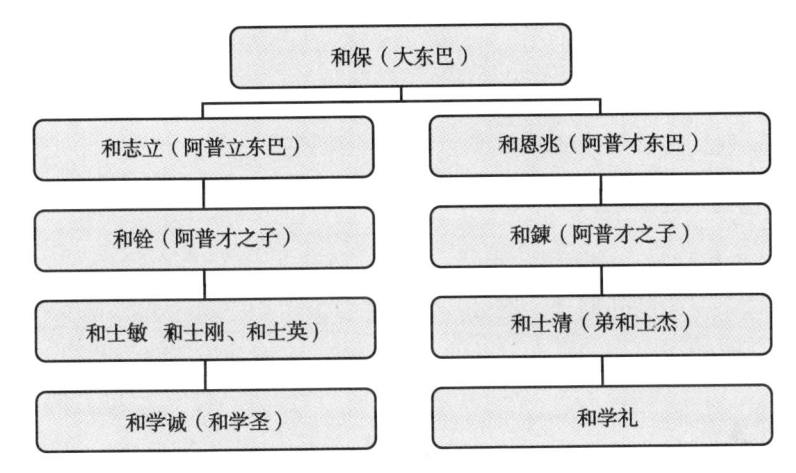

（和士刚、和士英）—10 和学诚（ ）、和学圣、和学礼—11 和四光。

```
                    和保（大东巴）
            ┌───────────────┴───────────────┐
      和志立（阿普立东巴）              和恩兆（阿普才东巴）
            │                                │
      和铨（阿普才之子）                和鍊（阿普才之子）
            │                                │
      和士敏 和士刚、和士英）           和士清（弟和士杰）
            │                                │
      和学诚（和学圣）                      和学礼
```

据调查，和士清、和士敏之下，还有一个和士杰，2015 年 88 岁。他说，和恩兆是老大，和金福是老二，和志立是老三。和志立东巴是他 11—12 岁那年杀年猪时去世的。推其 12 岁为 1939 年。和志立后东巴传承中断。据保吉村文化人和学诚 1989 年 4 月 12 日告知，和志立去世时，是请三元村东巴和名魁等人来超度的。

根据和学诚的遗稿《教书四十年》（写于 1 月 14 日）记载，1958—1959 年，和学诚先生在丽江师专班进修时，曾协助教师刻印教材、校刊，整理民歌，翻译东巴经。

根据保吉村民介绍，保吉村的东巴经书是在 1964 年前后被毁的。

（三）历史上三元村的东巴和东巴经典的传承

三元村人的历史，可以上溯到宋末元初，即忽必烈军南下时，至川西盐源以后，分兵三路往南诏进兵。其西路军由兀良合台带领，至长江第一湾石鼓北面的半空和寨，被卜甸卡酋抵御，鏖战七天七夜。正是这场战争使得原来居住在石鼓之北 23 千米的下格子村对面的香格里拉县金江乡士达村委会的士林、达林村民东迁，成为今天贵峰居委会大来村和三元村的最早居民。

三元村的东巴教文化，本来就与其迁徙源头的香格里拉县金江乡士达村委会有渊源关系。至清末至民国时期，三元村著名东巴大师和贵华、和名魁父子，都一直与士达村委会的东巴保持着密切的联系。和彦壁老人是东巴大师和名魁的小儿子，2015 年，他以 89 岁高龄健在。他曾多次对笔者说，小时候，其父和名魁经常带他到金江乡士达村委会做东巴仪式。有一次，那里的一位大东巴去世了，留下遗言要和名魁为他做超度东巴什罗亡灵仪式，和彦壁跟随父亲到那里。那位大东巴的儿子说，他父亲在遗言里说，家里有一套专用格巴文书写的经书，只有贵峰三元村的和名魁大师才能诵唱得好，届时，要请和名魁来做超度仪式。超度仪式中，孝子端来一大盘现金银圆给和名魁，以此作为念这套书的酬劳。和名魁用这套书超度这位大东巴的亡灵后，却把主人家送给他的现金银圆现场分给各位东巴，赢得好名声。

三元村原来的居民分四个宗族，即博纳德宗族（后来分出牛兔吉宗族）、乌森翱宗族、詹智补宗族、吉麻义宗族。其中，博纳德宗族来得最早，是这个村子的开创者。据说其先祖迁徙途中，曾在金山街道新团居委会恩冷村住过一段时间，后来就迁到今天的住地。博纳德宗族传到今天至少已有24代，以每代27.5年为计，已有660年的历史。即在公元1342年，元代至正二年前后建立三元村历史。牛兔吉属博纳德宗族的分支。乌森翱宗族的祖先迁居到三元村，成为博纳德宗族的女婿，因此开创其历史。詹智补宗族祖先从大来村迁来，成为博纳德宗族之女婿，因此开创其历史。吉麻义宗族从寿南村迁来。三元村四个宗族历史的先后顺序为：博纳德宗族、乌森翱宗族、詹智补宗族、吉麻义宗族等。

詹智补从大来村迁到三元村，成为博纳德宗族的女婿。其迁入三元村的历史大概有16代，即330年，在1672年（清康熙十一年）前后。清代中后期，詹智补家族的东巴开始崛起。三元村和名魁家居住在三元村中心区，这可能与他家世代为东巴有关系。从大来村迁到三元村，本是博纳德家族上门的女婿，但是因为是东巴后裔，就把他家安排在村中心。

詹智补家族现在知道的东巴，先是和长贵，东巴名为东长贵。其下有两个儿子，即和贵华（东玉兆）、和贵林（东才）。和贵华（东玉兆）有两个儿子，两个都继承东巴祭司，即和名魁（东文灿）和与荣魁（东天锡）。和名魁有三个儿子，大儿子和在壁（东麦先），学东巴，懂东巴文。二儿子和士壁也学过东巴文，后来出去当兵，曾用东巴文写回家信。和士壁后来成为有名的军医。三儿子和彦壁没有学过东巴文，但小时曾跟随父亲到香格里拉县境金江乡士达村委会观摩东巴仪式。和荣魁的儿子和成壁（东麦休）也是东巴。其下一代，生活在新社会，和在壁的儿子和吉光没有学东巴。但是，1999年，和吉光的小儿子和强飞开始学习东巴文化，继承东巴祖业，现已成为新一代东巴传承人。和在壁的女儿和述芬的儿子和力川也于1999年开始学习东巴文化，成为三元村新一代东巴文化的传承人。

三元村的东巴，自清代末年到民国时期，名声大起。所以村里的东巴经书，在"文化大革命"期间，作为重点没收对象，被没收和毁灭。所幸的

三元村大东巴和贵华（东玉兆）

是，自20世纪30年代到50年代，有几次被收集后藏入国家政府的博物馆和图书馆中，得以保存。

第一，2005年笔者在台湾中央研究院历史语言研究所为傅斯年图书馆收藏的东巴经做编目时，发现有几本经书是三元村的东巴书写并明确地送给当时中央研究院的陶云逵博士。

（1）编号A-MS—269，9×29（厘米）。

全书48页，封面下端有磨损，但无缺页。东巴土纸，竹笔书写。书名《大型烧天香仪式·东巴教烧天香经》。全书用东巴象形文字和格巴表音文字书写。东巴文字书写线条粗壮，笔画有力，字形笔画简练，布字宽松得当，笔调娴熟，布局从容。经书篇末有跋语，交代该经书在不同情况下使用时的变通，另外还写出书写者所在村名及一些符咒、插图等，此书当时是和名魁书写的。

（2）编号 MS—345，9.5×28.3（厘米）。

封面封底齐全，全书 40 页。东巴土纸，竹笔书写。书名为《东巴教叙述出处来历的经书·叙述东巴什罗出处来历经上册》。全书用东巴象形文字和格巴标音文字书写。封页正中打框横本横书书名，左边有从上到下、从左到右竖写两行的汉字，内容即"陶博士到丽纪念"。右边也有从上到下、从左到右竖写三行的汉字内容即"喋叭登群和名魁赠"。扉页左边有从上到下、从左到右竖写四行的汉字内容即"申明，这两本纪录喋叭吵老事迹及他的历史"。

（3）编号 MS—351，9.3×28（厘米）。

封面封底齐全，全书 24 页。东巴土纸，竹笔书写。书名为《东巴教叙述出处来历的经书·叙述东巴什罗出处来历经下册》。全书用东巴象形文字和格巴标音文字书写。此书封页上部从左到右大字书写"陶博士存阅"的字样。此本正文书写完了，还专门用分隔和起始符号，写下一段跋语。内容是："这两本经书，是丽江贵峰山麓三元村，大东巴东玉兆的儿子东松鹤我来写的。由于眼力不好，虽然写得也不像样了呀，如果丽江这一个地方像我一样地有十个人，格巴文字也就能够很好地应用了。愿祭司们长寿，愿祖父重孙相见，四代同堂。愿出现贤能和快捷的人。这两本经书，是从东巴教叙说出处来历的五本经书里挑选出来后书写下来的。"

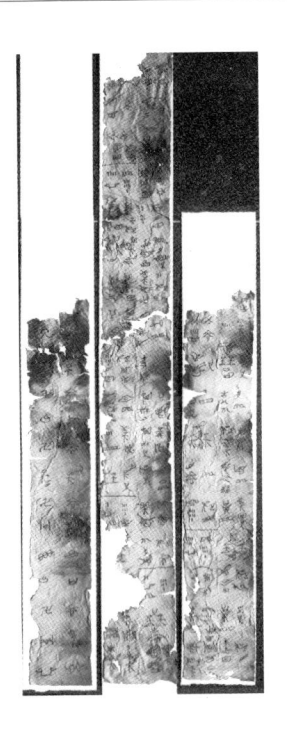

这两本经书记述了东巴教创教始祖的很多传说故事，对于研究东巴教的起源、发展，有着重要的参考价值，是目前发现的同类书中记述最详尽的一本。

第二，2008年，笔者到重庆办理出国签证时，曾到重庆中国三峡博物馆为该馆收藏的东巴经书编目。在该馆收藏的60多本经书里，有一本三元村的经书。该馆的藏书编号是41246，经书规格是8.8×29.2（厘米）。经书封页缺，全书22页。经书内容是《隆重禳风鬼仪式·人类的起源和迁徙的来历》。书中明确记有三元村的村名。

第三，2008年3月，二元村和名魁的重孙和强飞在修葺老祖房时，在山墙土基里发现有东巴法珠和东巴经书。按东巴文献的状况可分为四种。

（1）条状民间口碑文书。和强飞家新发现的东巴文献资料，其中一部分就是条状民间口碑文书。共有三条幅。均为薄白纸，发现时，有些残缺。具体为：

A. 东巴文对联。此对联顶端残缺。条幅直长46厘米，横宽8.5厘米。从内容上分析，可能是一副十三字的对联。首联缺第一和第二字，尾联缺第一字和第三字。推测配字后，意思为："女子善唱美音，善唱者让人喜悦，美音者使人悦耳；男子善行健步，善行者让人快捷，善步者使人稳步。"

B. 东巴文口碑记事文长幅。此条幅直长77厘米，横宽8.5厘米。从内容上分析，是对历史上（可能是民国时期）的一桩比较重要的事情的评价。唯不知是所指之事。

C. 东巴文口碑记事文短幅。此条幅直长 47 厘米，横宽 8.5 厘米。从内容上分析，与前面长幅内容有联系，是对历史上（可能是民国时期）的一桩比较重要的事情的评价。唯不知是所指之事。

以上这三个条幅，所用的纸张类型一样，都是横宽 8.5 厘米的长条形白纸，应该是机器纸。从内容上看，B 和 C 两条幅讲的应该是一个内容，A 幅可能是与这桩事情有关的对联创作。

（2）缺封面及前端后端内容的残本经书。此书用东巴纸，当是竹笔书写。该书直长 30 厘米，横宽 8.5 厘米。共 31 页，其中有 9 页为脱落页。墨书，棉线装订。经书前部分缺封面和开篇若干页经文内容，后部分缺末尾若干页经文及封底。从经书中间的内容看，这是一本禳垛鬼仪式中使用的经书，其书名为《禳垛鬼仪式·施放哈布赤补的替身经》。经书叙述了哈布赤补居住在居那若罗神山的北面，因肆意捕杀神山上的野生动物和毁坏山林，破坏生态，所以被努孜景补捕去魂魄，生病后去卜师处占卜，知道原因，用牛作牺牲，举行禳垛鬼大仪式，病好。其后裔们都以此作为楷模举行祭仪，祈愿平安。

（3）有封面但没有写书名的经书。此书用东巴纸，也是竹笔书写。该书直长26厘米，横宽10厘米。全书共32页，没有脱落页。墨书，棉线装订。此经的下端和右边残缺。从中间这部分残页的内容看，这应该是东巴教超度死者亡灵的经书，书名当为《超度死者亡灵仪式·在丧家门口退口舌鬼之经》。

（4）有封面和书名的经书。此书用东巴纸，也是竹笔书写。该书直长27.5厘米，横宽10厘米。横本横书，东巴纸绳三孔装订。全书共20页，没有脱落页。墨书彩色，内页中有一印章，但还没有辨析出内容。这本经书为开丧和超度死者亡灵仪式中诵唱的经书，具体书名为《超度死者亡灵仪式·为死者亡灵燃灯经》。

第四，云南省图书馆的收藏。1957年初，纳西族学者牛相奎到贵峰三元村，住在和名魁老人家学习和翻译东巴经。他受云南省图书馆文献部主任周永先的委托，征得和名魁先生的同意，收集了和名魁家的600多本藏书。牛相奎在《纳西婚礼与歌谣》一书里，专门写《有关东巴经的一段往事》来记述他到和名魁先生家学习和收集东巴经书的事情。①

> 关于收集和名魁家东巴经书的事情，发生在1957年的啥月呢？牛相奎到贵峰三元村的时间只说是1957年初，具体在哪一个月呢？家父提供一个线索：家父在1957年春节后到大理看病，与和名魁同车。和名魁在孙子和吉光的陪伴下也去大理看病，据说是肺部有问题。牛相奎在三元村三个月，可能是在春节后的时间里。1957年1月31日是春节。那么，去大理看病可能是在2月或3月。牛相奎在三元村调查学习的时间可能是在1957年3月到6月的时间里。从牛相奎的文章看，是

---

① 牛相奎译著：《纳西婚礼与歌谣》，云南民族出版社2009年版。

牛相奎先把经书的数目和情况写信告诉周永先，省图书馆寄来钱和邮寄费。和名魁的孙女和述芬在世时曾告诉笔者，是她随爷爷把东巴经书背到城里的。牛相奎在寄出前都曾经与老人一道记录了每本经书的名字。但这份记录稿后来不存了。

1986年6月，云南省社会科学院东巴文化研究室，组织东巴先生和学者到省城昆明，为云南省博物馆、云南省省图书馆做东巴经编目。在东巴文化研究室里工作的东巴先生和云彩、和云章、和开祥以及研究人员和宝林、王世英等人都参加这次活动。当时做了一个简单的盘查，记录了基本的数字和大概的情况。多数记下了封面书名，有的封面残缺或不清楚的就没有记具体的书名。这里依据当时的记录，统计省图藏贵峰三元村东巴经的类别及数量于下：

大号	序	类别	读音	数量	内容说明
一		祈神		124	祈神类仪式、经书
	1	祭天神	$mɯ^{33}py^{21}$	13	
	2	祭祖先神	$y^{21}py^{21}$	3	
	3	祭地域山神	$he^{21}ʂu^{55}$	9	山神、嘎子、三多
	4	祭斯神	$sɿ^{55}khv^{21}$	12	
	5	祭壬神	$ze^{21}me^{55}$	2	
	6	祭星神	$kɯ^{21}py^{21}$	1	
	7	祭猎神	$lɯ^{55}py^{21}$	3	
	8	祭畜神	$no^{55}bv^{21}$	2	
	9	祭村寨神	$dʐɿ^{33}uə^{33}py^{21}$	4	
	10	延寿	$zɿ^{33}tʂu^{55}py^{21}$	19	
	11	祭自然神	$ʂv^{21}gv^{21}$	43	
	12	祭风神	$hər^{33}khɯ^{55}$	8	
	13	抵灾祭天	$tv^{55}py^{21}$	5	
二		驱鬼		158	驱鬼类仪式、经书
	1	祭凑鬼	$tʂhə^{55}gv^{21}$	33	
	2	祭口舌鬼	$ua^{33}tshɿ^{21}py^{21}$	19	
	3	祭抠古鬼	$khə^{33}gv^{21}dʑi^{21}tshɿ^{21}thv^{55}$	8	
	4	祭呆鬼	$dər^{33}py^{21}$	6	

续表

大号	序	类别	读音	数量	内容说明
	5	禳垛鬼	to^{55}khɯ^{55}	65	
	6	祭猛鬼恩鬼	mu^{33}ɯ^{21}py^{21}	2	
	7	祭锝鬼	tər^{21}py^{21}	13	
	8	驱鬼小祭仪	Py^{21}zo33py^{21}mi^{55}	12	驱鬼小祭仪经书
三		丧葬		344	丧葬类仪式、经书
	1	开丧	ɕi^{33}khæ^{33}	22	
	2	超度	ɕi^{33}ŋv^{55}	57	
	3	超度勇者	gɑ^{33}ŋv^{55}	15	
	4	超度贤者	dæ^{21}ŋv^{55}	12	
	5	超度什罗	ʂər^{55}lər^{33}ŋv^{55}	101	
	6	超度腊穆	lɑ^{33}mu^{33}ŋv^{55}	21	
	7	超度长寿者	zɿ^{33}ʂər^{21}ŋv^{55}	6	
	8	超度夫妻	mi^{33}lv^{21}ŋv^{55}	9	
	9	超度牧人	bər^{33}dʑi^{21}y^{33}dʑi^{21}ŋv^{55}	1	
	10	超度绝后者	bɯ^{21}ŋv^{55}	5	
	11	关死门	ʂʅ^{33}khu^{33}tər^{55}py^{21}	11	
	12	隆重祭风鬼	lɑ^{33}lɯ^{21}khɯ^{55}	84	
四		占卜		41	占卜类仪式、经典
		占卜的经书	phæ^{21}the^{33}ɯ^{33}	41	
五		论		5	论仪式经典内容
	1	叙说因由经	ʂə^{55}y^{21}ʂə^{55}pɑ^{33}	1	
	2	叙说出处经	thv^{33}kv^{33}pɯ^{55}kv^{33}uɑ^{21}	1	
	3	叙说来历经	thv^{33}kv^{33}pɯ^{55}kv^{33}	1	
	4	叙说祭祀经	py^{21}du^{33}ʂə^{55}kv^{33}	1	
	5	格巴文字典	gə^{21}bɑ^{21}zɿ^{55}diæ^{33}	1	
共				672	

第五，百卷本《纳西东巴古籍译注全集》收录三元村的两本东巴经书。

（1）《丽江县金山乡贵峰村禳垛鬼大仪式规程》，载《纳西东巴古籍译注全集》第34卷（第6本，第183—198页）。此本跋语说明此书是三元村东巴书写的经书。

（2）《戈布鬼来作祟》，载《纳西东巴古籍译注全集》第 49 卷（第 8 本，第 195—210 页）。《全集》中是放在祭抠古鬼仪式中的。当时，丽江市东巴文化研究室的东巴不知道这本书用于何仪式，就权宜之计地把它放在祭抠古鬼仪式中。此本跋语说明此书是三元村东巴从香格里拉县三坝乡白地村委会抄来，丽江无此同种经书。

（四）20 世纪末以来三元村东巴祭仪及经典文化传承

三元村 1949 年之前传承的东巴，最后一位是和在壁，法名东麦先，于 1982 年 5 月去世，享年 71 岁。之后，村里没有传统东巴。

1982 年 3 月，三元村大学本科毕业生和力民被分配到云南省社会科学院东巴文化研究室工作。自此，和力民开始对三元村东巴文化的历史展开调查和研究，并于 1996 年始着手三元村东巴文化复兴和传承工作。

1. 1998 年 6 月至 2012 年以丽江纳西文化研习馆为组织，开展东巴文化传承活动，走过 14 年的传承道路。

（1）应时成立丽江纳西文化研习馆

1996 年丽江大地震后，面临着受自然灾害破坏的有形文化需要恢复重建，更面临着受人为社会运动冲击破坏了的无形文化需要传承抢救。东巴文化这种世界级的人类文化遗产面临着断代绝根的危险。如何"活态"保护东巴文化，实际上就是如何把东巴文化传承在新一代纳西人身上，如何塑造新型的纳西东巴。创办研习馆者认为，"东巴文化需要多方面、多渠道抢救"，"东巴文化的民间性、实践性、民族性和群众性决定了需要民间有一个从事东巴文化传承的群众性组织"。"为了更广泛地交流和介绍纳西文化，为了多渠道地抢救纳西族珍贵文化遗产，为了更广泛地团结和结交文化友人，为了更加广泛深入地开展纳西文化研究，为了纳西族地区社会经济的发展多出一份力、多发一分光。"因此，自 1996 年始酝酿成立丽江纳西文化研习馆。1998 年 6 月 23 日，经丽江教育学院党委会议研究上报，中共丽江地委宣传部丽地宣发〔1998〕7 号文件批复同意，丽江纳西文化研习馆成立。[①]

（2）聘请著名东巴大师，培养传承骨干

1998 年 6 月至 1999 年 6 月，我们聘请老东巴和学文为师，培养首批东巴文化传承骨干。这批传承骨干一共五人。在没有一文经费的情况下，研习

---

① 见中共丽江地委宣传部文件丽地宣〔1998〕7《关于成立"丽江纳西文化研习馆"报告的批复》和《关于成立丽江纳西文化研习馆的申请报告》。

馆师生们节衣缩食,自写东巴经书,自制东巴法器和道具,集资聘请老东巴,在严冬三个月夜晚,每晚学习四个小时,学会10多种东巴舞蹈和7本东巴经书以及东巴教一些基本仪式。在一年的时间里,他们先后开辟了东、南、西、北、中五方道场,先后举行祭署、烧天香、什罗灵洞加威力、祭三多神等仪式。作为传承骨干的中介传承队伍的形成,为研习馆今后的东巴文化传承实践打下坚实的基础。

(3) 建立东巴文化传承基地,开办东巴文化传承夜校

1999年7月至2003年7月,研习馆选择在金山乡贵峰三元村建立东巴文化传承基地,开办了贵峰东巴文化夜校,掀起学习东巴文化的热潮。研习馆确定先以东巴舞蹈教学开始,其后开设纳西语国际音标教学,再后开展东巴经典、祭仪教学的方案。在短短半年多时间里,传承活动取得了可喜的成绩。研习馆全体成员参加了1999年国际东巴文化艺术节,并为艺术节完成祭风祭仪和舞蹈展演;完成玉水寨的祭神和大祭风仪式;为接待地区旅游考察团而举行祭自然神仪式;为2000年第一届丽江东巴文化旅游节和黄山乡民俗旅游节完成东巴舞蹈展演;为玉龙山开发公司完成玉龙雪山祭神活动;在玉水寨举行东巴舞蹈展演;在黄山乡为"献爱心——香港汽车旅游团"进行东巴舞蹈展演;为七星越野挑战赛开幕式进行东巴舞蹈展演;为金山乡建党节和开南研习所揭碑活动进行舞蹈展演。这些传承活动,一方面锻炼队伍,一方面服务于社会,受到社会各界人士的充分肯定和一致好评。

在传承教育过程中,首先,研习馆制定了《丽江纳西文化研习馆守则》,要求学员端正思想、遵纪守法、团结友爱,刻苦学习纳西东巴文化和优秀的传统文化知识。其次,坚持由浅入深、循序渐进的基础教育方法,从文字入手,经典为目,仪式为纲。在第一个阶段,逐本逐字逐句地课堂教学,让学员牢牢学好纳西语国际音标和东巴象形文字以及东巴经基本用语。在舞蹈教学中,让学员先学好最基本的舞蹈动作,学好依古敦(丽江盆地)东巴舞蹈,为今后学习其他地区的东巴舞蹈打好基础。仪式学习亦如此,从烧天香等基本仪式入门,让学员掌握东巴祭仪的基本程序。这些基础教学的实施,使研习馆学员有了一个入门的基础,并逐步健康地进入东巴文化奥妙的殿堂。

在教学中,研习馆实施边学习边实践的教学方法,注重实际操作知识的传授,并且在教学活动中安排各种祭祀活动,让学员参与实践,亲手去做,亲口去诵,亲身去跳,亲耳去听,亲眼去看,亲临现场,把课堂和书本中学到的知识与实际祭仪结合起来,加以理解和体会,取得很好的效果。实践和参与,为每个学员的学习和成长起到了良好的推动作用。一些学员在学习过

程中，自己也就成为某一方面的主祭司了。一方面增强了他们的成功信心，一方面及早为社会输入了人才。总之，实战练兵是增强学员实干才能的好方法。研习馆自2000年始，每年二月到三多庙祭祀三多神，每年正月为三元村乌森翱家族举行祭天仪式。2001年修复三元村传统祭自然神遗址。在三元村、西林瓦村恢复祭祖。为和志伟、和奇龙家举行竖卢神石仪式。为杨学红家举行祭山神三多神仪式，为三元村10个36岁的青年举行祭三多神仪式。为和志伟举行结婚祭素神仪式等。这些祭仪，一方面是宣传东巴文化的社会教育活动，一方面是学员学习实践的课堂。

爱好和热情是学习的动力。丽江纳西文化研习馆运用外出和内引的互动方法，激发学员学习的积极性，并且扩大学员的学习面，开拓学员的眼界。研习馆与丽江鸣音、塔城、木里依吉、中甸白地等地东巴共做祭仪，可以在其中学到别人的唱腔、舞蹈和科仪习俗，而且在互动和竞争中充分激发了学员们积极向上的学习积极性，对传承活动注入了活力，起到了积极推动的作用。2002年春节前后，研习馆与玉水寨和县博物馆的东巴合作举行开丧仪式，起到了文化交流作用，锻炼了研习馆的队伍。互动可以增进友谊，增强知识，激发热情，产生奇妙的社会文化效应。

理论水平的提高，一是要靠学习知识，二是要靠思考和理解。知识的学习需要长时间的努力和积累，而思考则是从学习的第一天起就可以做到的。为了提高学员的理论水平，我们坚持在教学中研究、在研究中教学的原则和方法，让学生在理解的前提下学习知识。每一个字，每一本经典，每一个祭仪科仪等都交代个为什么，交代因果关系。这样，既提高了东巴文化理论水平，又牢固地掌握了东巴文化的知识。我们还在教学的同时，为当地居民环境保护和经济文化发展出谋献策、尽心尽力，先后完成《云南丽江贵峰三元村东巴文化传承调查及保护行动设想》《丽江县金山乡贵峰行政村三元村东巴仪式和舞蹈保护调研报告》《丽江县金山乡发展民族风情旅游的基本设想》，提交给当地政府作决策参考。2002年10月引进中国—欧盟合作课题项目"中国村庄的可持续性前景"研究，把贵峰三元村列入全国七个村庄之一，进行系统调查和研究。

学习需要循序渐进，而东巴文化面临断代绝根的危险。这个矛盾如何解，是传承工作中的一个大问题。经过反复实践和研究，研习馆制定了《丽江纳西文化研习馆东巴传承纲要》，制定四个传承要点（原则）。①恢复东巴文化中与现代文明相适应的一些民俗祭典，满足现今纳西民族丰富的进步的文化生活需求。②东巴文字经典传承是以集体授课传承，个别指导传承和发放辅导四对照译本自学传承三种形式进行。③舞蹈传承。前四年为集体授课传承，并以丽江依古敦（丽江盆地）舞蹈为主要传承内容，次二年在巩固依古敦（丽江盆地）舞蹈基础上学习塔城、大东、东坝、油米、依吉、俄亚等地东巴舞蹈。④民俗祭典传承，当在进步、传统、独特、可行这四个标准下选择实施。其中，在各种传承内容中，东巴经典传承任务和分量十分繁重。研习馆的做法是：前五年，为打基础时期，进行跟班集体授课传承。后二年，为个别指导传承。再3—5年为自学传承。

（4）依托国际可持续性发展项目，开办妇女东巴文化学习班

2003年4月至2006年，在中国—欧盟合作课题项目"中国村庄的可持续性前景"研究小组倡导下，我们开办了"三元妇女东巴文化学习班"。全班共25名学员，开设了东巴象形文字、纳西族谚语格言名句、纳西族民间舞蹈、纳西族民歌等课程。三元妇女东巴文化学习班自成立以来，2003年接待中欧"中国村庄可持续性前景研究"专家考察团，与贵峰三元东巴班学员共出21个歌舞节目，受到一致好评。2003年7月，配合"纳西印象"拍摄组拍摄东巴文化传承纪录片。2003年9月第二届国际东巴文化艺术节"东巴百年成就展"中展览了三元村妇女东巴文化学习班传承的情况。2003年10月古城区电视台作"三元妇女东巴文化学习班"传承情况报道。2004年3月古城区妇联颁奖给三元妇女东巴文化学习班为"民族文化传承先进集体"称号。2004年3月6日和8月9日，丽江日报对三元村东巴文化传承研究和三元村妇女东巴文化学习班进行报道发表《用创新理论指导东巴文化传承和研究》《三元村文化保护前景看好——妇女东巴文化班被列为古城区妇联巾帼文化传承项目记》。2004年7月，省妇联授予三元妇女东巴文化学习班为"巾帼民族文化传承项目点"，省妇联主席赵秀英视察三元村并了解三元妇女学习班教学情况。2004年8月丽江市电视台报道了三元村妇女东巴文化学习班学习情况。2004年11月丽江市电视台拍摄以民族文化传承为中心、以学习班学员和兆星为题材的《丽江女》。2005年"二月八"三多节和四月份，三元妇女东巴文化学习班分别参加金山乡政府"欢度二月八文艺活动晚会"和漾西敏儒村举办的文娱活动。2005年11月，云南民族大学张宁教授专访三元村妇女东巴文化学习班。2005年12月丽江《震后十年》摄制组拍摄三元村妇女东巴文化学习班传承情况。三元妇女班进行东巴文化传承的这三年里，得到省、市、县妇联和金山乡政府的大力扶持和帮助，也得到三元村人民的积极支持，三元妇女东巴文化学习班所获得的荣誉也是社会的一种评价和肯定。

（5）重组纳西古文化，成立丽江三元古乐会

2004年7月至2011年，研习馆在东巴文化传承的基础上，开展了丽江

古乐的传承活动,把东巴文化与丽江古乐结合起来传承。2004年8月成立"丽江三元古乐会",丽江纳西文化研习馆和丽江三元古乐会,为两块牌子一套人马的纳西族古代文化传承组织。把东巴文化与丽江古乐结合起来传承,实现纳西族古代文化的重组和转型。同时,在更为广阔的社会背景中进行纳西古文化传承活动。譬如,2005年4月2—7日,丽江纳西文化研习馆与当地东巴合作,在玉龙县塔城乡署明村为杨玉华、杨玉勋家做六天六夜的大型求寿仪式。2007年3月26日,丽江纳西文化研习馆应丽江纳西文化传播开发公司邀请,在丽江古城口举行祭祀三多神仪式。2007年10月22日,丽江纳西文化研习馆为和学文老东巴举行开路送魂仪式。2008年5月23日,应丽江社区网站、丽江文化研究会邀请,丽江纳西文化研习馆与来自四川木里、云南香格里拉、古城、玉龙、宁蒗等区县的东巴一起,在丽江古城举行为四川汶川地震遇难同胞祈福仪式。2007年9月6—9日,丽江三元古乐会参加"云南省首届'石宝山杯'洞经音乐邀请赛"。2007年6月19日和27日,丽江纳西文化研习馆两次为上海福寿园集团丽江考察团作丽江古乐和东巴乐舞展演。2008年3月14—18日,丽江三元古乐会应邀到德宏州芒市为丽江籍乡友"三多乡友会"举行祭祀三多仪式及丽江古乐展演活动。

(6) 为乡村培养人才,开办三元仲夏英语学习班

2004—2010年,在每年的暑假期间,研习馆聘请奥地利维也纳的迈克先生和他的妻子凯伦斯不远万里到丽江三元村教英语。在与研习馆和志伟老师的合作中,集中在纳西文化研习馆为三元村的在读学生开办"三元暑假儿童英语班",为纳西族乡村儿童培养人才。经过多年的教学,三元村儿童的英语有了较大的提高。活动也经过《丽江报》和丽江电视台的报道,得到了社会的好评。

(7) 扩大传承范围,不遗余力地传承东巴文化

2005年以后,研习馆把东巴文化传承的活动扩大到丽江市古城区、玉龙县、宁蒗县及迪庆州香格里拉等县纳西族地区。其实,自丽江纳西文化研习馆成立以来,研习馆的东巴文化传承就没有受到地域村落的局限,在广泛的纳西族地区进行东巴文化传承行动,如丽江市古城区和玉龙县的大东、奉科、塔城、鲁甸、太安、白沙、七河乃至宁蒗县、木里县、香格里拉等县都留下了我们传承的足迹。2005年,丽江纳西文化研习馆集体参加了玉龙县塔城乡依陇村委会署明村杨家东巴教大型延寿仪式。

2007年至2012年底这六年时间里,和力民应邀到玉龙县鲁甸乡新主村委会为该村创建东巴文化学校。从只有三所搬迁来的旧房子到一进三院的学校建筑,从几个本村的年轻人学习东巴文到有丽江市古城区、玉龙县、宁蒗

县和迪庆州维西县及四川省木里县的几十位年轻人连续办班传承,和力民从规划到筹集资金、从教学到管理,都付出了巨大的心血。这一切都极大地推动了东巴文化在民间的传承影响。

2. 2012年10月,丽江市古城区纳西东巴文化传承中心在三元村成立,传承中心把三元村作为传承基地,并开办丽江古城东巴文化传承学校,展开东巴文化的传承和传播工作。

(1) 在中心基地和传承学校举办多期纳西族东巴文化培训班

2013年,传承中心在古城区金安镇、七河镇、金山街道、开南街道、束河街道和玉龙县的黄山镇五台社区,招收民间有志于传承纳西族东巴文化的学员,集中脱产学习东巴教祭天经典和仪式规程。

2014年1月10—13日,传承中心在丽江古城东巴文化传承学校开办"丽江市古城区2014祭天文化骨干培训班"。其中,有古城区学员14人,教师3人,后勤1人参加。

2014年2月26—27日,传承中心举办"水洛河畔的日廊东巴舞骨干培训班"。

2014年6月9—10日,和力民为"古城区东巴象形文字传承培训班"上课,主讲"纳西象形文字概述""纳西象形文字常用字词例说"。

2015年7月14—15日传承中心举办"古城区纳西族东巴经书写培训班",有古城区金安镇七河镇大东乡和金山、开南街道办事处的学员20余人参加培训。

(2) 到广大纳西族乡村,恢复传统的东巴祭仪

2013年1月8日始,和力民率领和志伟、和丽伟等东巴,多次往返于金安镇龙山村委会罗竹村和七河镇共和村委会南西(恨柯督)村,选择和布置祭天场地,确定和培养祭天仪式主祭司。

2013年2月11—12日,和力民到玉龙县大具乡白麦村为该村恢复东巴祭天仪式。

2013年2月14日,2013年2月17日,东巴文化传承中心的和力民、和志伟、和丽伟、和正刚、和力川、和强飞、和兆武、和力刚、和玉生等分别为金安镇龙山村委会罗竹村、开南街道贵峰居委会三元村、七河镇共和村委会南西村等操作东巴祭天仪式。金安镇七河镇等地已经有60多年没有做过祭天仪式,当地几百名群众怀着激动的心情观看并参与仪式。祭仪结束时,东巴文化传承中心的东巴们跳起东巴舞。从参加祭天群众的言行中流露出对传统东巴文化的热爱的表情,传承中心的老师和学员感受到了纳西族民众对传统文化的感情,这些活动受到当地群众的热烈欢迎和好评。

2013年3—5月，和力民、和正刚、和志伟、和丽伟等人多次到鹤庆县等地定制东巴法器。

2013年内传承中心参与多次民间东巴祭祀仪式活动。在玉龙县和古城区主持迁居祭仪、建筑开工祭仪，到昆明主持驱鬼祈福仪式，到英国主持祈福仪式。

2013年11月29日至12月20日，传承中心延请宁蒗县拉伯乡加泽村委会次瓦村的杨旭林东巴，在丽江古城东巴文化传承学校教授水洛河畔日廓东巴舞。学了25种东巴舞蹈。

2014年2月4日传承中心帮助古城区金安镇龙山村委会乐竹村开展祭天活动。

2014年8月5日，传承中心和力民、和正刚、和丽伟组织东巴，在丽江黑龙潭公园，作为公益活动主持祭署（自然神）求雨仪式。

2015年2月25（初七）—28（初八）日，传承中心在自己新开的祭天场举行祭天仪式。

2015年4月11日，在金山街道新团居委会俄罗村山上为天网公司和黄记煌旅行团举行纳西族祭猎神仪式。

（3）开展东巴文化对外传播活动

2013年初，传承中心和力民多方寻求支持，在丽江古城寻找一个东巴文化教学场地。2013年5月28日，经古城区大研街道办事处领导的关心协调，得到新华社区的支持，将新华街黄山上段46-1院落房屋借给我们传承中心，作为丽江古城东巴文化传承学校的教学场所。

2013年1月5日，和力民无偿地给南京艺术学院部分师生做东巴文化知识讲座，从东巴教、东巴文、东巴画、东巴经、东巴舞蹈、东巴医药、东巴文学、东巴音乐等方面介绍东巴文化，重点介绍非物质文化遗产东巴画、东巴舞等内容。

2013年2月28日，和力民到湖北卫视做东巴文化专题节目。

2013年4月15日，传承中心东巴与盐源县和宁蒗县东巴进行东巴文化交流活动。

2013年7月27日，传承中心为江西青联公益夏令营40多人进行东巴文化传承传播培训。

2013年10月21日，传承中心为广州华南农业大学艺术学院服装专业师生93人做"纳西族服饰与东巴文化"的专题讲座。

2013年3月21日至4月8日，传承中心和力民、和正刚随丽江东巴文化艺术交流团到英国北安普顿大学进行东巴文化交流和展览，其间，为该校东巴艺术展览做东巴祈福仪式,到英国伦敦大英博物馆、英国国家图书馆为该馆收藏东巴文献做前期编目工作。本中心参与拍摄的电视纪录片《失去的山谷》在英国独立电视台播放后,产生较大的影响。

2014年4月1日,传承中心东巴在古城与四川省木里县依吉乡麦洛村委会甲波争伍村东巴11人进行东巴文化交流。

2014年上半年,传承中心先后接受市农业局、市委宣传部、古城区委宣传部负责的对外宣传电视片拍摄,接受中央电视台、江苏电视台、丽江电视台等媒体的采访并报道。先后接受国内外的博士生、硕士生和大学生和学者的采访。

2014年8月6—8日,作为公益活动,传承中心承办"2014大学生东巴文化夏令营"活动。

2014年12月5—15日,和力民应邀参加在阿联酋阿布扎比市举行的国际驯鹰节,在会上展示和宣传了纳西族东巴文化。为此,和力民书写一本适用于当代的《祭猎神仪式·祭丽玛乌郑经》。

2015年1月29日至2月10日,传承中心为两期上海儿童亲子东巴文化学习班开课,主要传授东巴象形文字。

2015年三多节前夕,和力民应中共玉龙县委宣传部邀请,在玉龙县委礼堂做《三多节前话三多》的学术讲座。

2015年3月26—27日(农历二月初八日),传承中心和力民、和志伟、和正刚参加玉龙纳西族自治县在白沙镇三多庙举行的祭三多神活动,主持东巴祭仪。

(4)加强传承中心基地建设

修建传承基地的东巴祭祀场和舞蹈场。该工程的第一阶段于2013年6月10日开工,2013年8月13日停工。第二阶段盖瓦、刷墙、修建祭祀场。

修缮丽江古城东巴文化传承学校教室。该项目于2013年6月8—20日实施。其间,和正刚、和丽伟着手请人,对丽江古城东巴文化传承学校的厨房、教室和院落做了基本的装修。

完善教学设施。丽江古城东巴文化传承学校有了教学房子后,杨一红老师联系大研办事处所辖的几所小学的领导,争取到了目前学校不用的旧桌凳,解决了课桌和黑板空缺的问题。

2014年7月28日至8月15日,传承中心请工匠在基地建盖东巴造纸房。

2014年10月12—29日,传承中心基地围墙盖瓦打地坪建设。

2014年11月8—17日,传承中心基地祭天场、祭署场和东巴舞蹈场建设。

（五）现存东巴经书的书写、保存和使用

1. 现有经书的用纸、用笔和用墨

贵峰三元村丽江纳西文化研习馆传承东巴经典文献之初，传统东巴纸的生产还比较少，而且，纸张的价格比较高。所以，从1998年到2008年这10年时间里，学校的老师和学员用的纸，主要是市场上旧纸回收后又压制出来的包装纸，俗称马粪纸。此外，还用白纸书写的经书。三元村这时期所写的东巴经典文献，多半是用这种马粪纸书写的。2008年春，贵峰三元村有三名学员参加为期三个月的丽江市东巴文化强化培训班的学习，有一名学员到丽江古城东巴纸坊打工，学到东巴造纸术。虽没有自己生产东巴纸，却购买一些丽江乡下东巴生产的东巴纸。这时开始出现用东巴纸书写的东巴经书。书写用现代墨汁或碳素墨水，笔有时用竹笔，有时用钢笔。装帧用棉线为多。

和加东巴

2. 现有经书的情况

我们对三元村部分东巴学员的东巴经书做了盘查，情况如下。

（1）和力川手抄本，1999年到2003年书写的祭天和开丧仪式经书，用

四　丽江市古城区开南街道贵峰社区东巴经典文献传承应用调查　　449

的是包装纸。2003年以后书写的祭署神仪式和驱鬼仪式经书一部分用的是名片纸和东巴纸。

和力川手抄本，封页基本上为横本横书，只有三本经书封面是竖本横书。其手抄本分为六个部分内容。祭天神仪式经书的规格是，横长30厘米，竖高10厘米。开丧仪式经书的规格也是，横长30厘米，竖高10厘米。祭署神仪式经书有两种规格：一是横长30厘米，竖高10厘米；二是横长30厘米，竖高9厘米。祭凑鬼仪式经书横长30厘米，竖高9厘米。祭斯神仪式和驱鬼仪式经书，基本上也是两种规格，即横长30厘米，竖高10厘米和横长30厘米，竖高9厘米。有几小本，规格为横长26厘米，竖高7厘米。和力川手抄本有经书夹板和捆绳。

类	序	经书读音	汉译书名
一	1	$mɯ^{33}da^{33}ɕy^{55}py^{21} \cdot tʂhə^{55}şu^{55}$	祭天神·除秽
	2	$mɯ^{33}da^{33}ɕy^{55}py^{21} \cdot tsho^{21}bər^{33}sa^{55}, mu^{33}dʑi^{33}$	祭天神·献牲
	3	$mɯ^{33}da^{33}ɕy^{55}py^{21} \cdot ha^{33}ʂɿ^{21}$	祭天神·献饭
二	4	$ɕi^{33}khæ^{33} \cdot ʐɿ^{33}ʂv^{33}bu^{21}iə^{55}, mu^{55}dʑər^{33}$	开丧·给领路猪
	5	$ɕi^{33}khæ^{33} \cdot lu^{55}pha^{33}ua^{21}ʂər^{55}$	开丧·四方招魂
	6	$ɕi^{33}khæ^{33} \cdot æ^{21}tɕy^{21}tʂʅ^{21}i^{55}ʂv^{33}$	开丧·唤醒死者
	7	$ɕi^{33}khæ^{33} \cdot æ^{33}phv^{55}y^{21}dʐɿ^{33}mi^{55}$	开丧·粮食的来历
	8	$ɕi^{33}khæ^{33} \cdot ʐua^{33}fv^{33}$	开丧·献冥马
	9	$ɕi^{33}khæ^{33} \cdot mi^{55}ʂɿ^{33}mu^{55}dʐɿ^{33}mi^{55}$	开丧·唱挽歌
	10	$ɕi^{33}khæ^{33} \cdot gu^{33}dzo^{21}$	开丧·离别经
	11	$ɕi^{33}khæ^{33} \cdot ʐɿ^{33}phu^{33}y^{21}pv^{55}$	开丧·开路经
	12	$ɕi^{33}khæ^{33} \cdot kv^{33}tsu^{55}$	开丧·上卷经
	13	$ɕi^{33}khæ^{33} \cdot tsho^{21}bər^{33}thv^{33}$	开丧·人类迁徙的来历
	14	$ɕi^{33}khæ^{33} \cdot he^{21}ʐɿ^{33}phi^{21}, i^{33}dua^{33}dy^{21}ʂv^{33}$	开丧·开辟到达神界的路
三	15	$ʂv^{21}gv^{21} \cdot py^{21}ly^{33}khu^{33}$	祭署神·铺陈祭祀由因经
	16	$ʂv^{21}gv^{21} \cdot ʂv^{21}do^{21}phi^{55}$	祭署神·丢弃傻署木牌经
	17	$ʂv^{21}gv^{21} \cdot ɕə^{33}tɕhy^{21}ʂv^{21}æ^{21}$	祭署神·鹏鸟与署争斗经
	18	$ʂv^{21}gv^{21} \cdot ʂv^{21}dɯ^{21}khv^{21}, ʂv^{21}dɯ^{21}sa^{55}$	祭署神·迎请地位高的署神

续表

类	序	经书读音	汉译书名
	19	ʂv²¹ gv²¹ · ʂv²¹ i⁵⁵ ʂv³³	祭署神·唤醒署神经
	20	ʂv²¹ gv²¹ · sa⁵⁵ da⁵⁵ li³³ to³³ phi⁵⁵	祭署神·抛弃刹道面偶经
	21	ʂv²¹ gv²¹ · ʂv²¹ gv²¹ the³³ ɯ³³	祭署神·祭署神经
	22	ʂv²¹ gv²¹ · po²¹ ba³³ dʑi²¹ nɯ³³ tʂhə⁵⁵ tʂhər³³	祭署神·用净水壶里的水来洗秽
	23	ʂv²¹ gv²¹ · ɲi⁵⁵ bv³³ la²¹ dua³³ sa⁵⁵	祭署神·迎请尼补劳端神
	24	ʂv²¹ gv²¹ · mɯ³³ lɯ⁵⁵ du²¹ dʑɿ³³ tʂv⁵⁵ tʂv⁵⁵ dʑi³³ mu³³ tʂər⁵⁵ dzo²¹	祭署神·美利董主和珠珠景姆的故事
	25	ʂv²¹ gv²¹ · tho³³ kə²¹ gv⁵⁵ zɿ³³ mɯ³³ lɯ⁵⁵ du²¹ dʑɿ³³ tʂər⁵⁵ dzo²¹	祭署神·端勾九兄弟和美利董主的故事
	26	ʂv²¹ gv²¹ · ʂv²¹ thv³³ ʂv⁵⁵ pɯ⁵⁵	祭署神·署神来历经
四	27	tʂhə⁵⁵ gv²¹ · py²¹ ly³³ khu³³	祭凑鬼·铺陈祭祀因由经
	28	tʂhə⁵⁵ gv²¹ · thv²¹ kv³³ thv⁵⁵ ly⁵⁵ thv⁵⁵ mæ⁵⁵ dæ²¹ kha³³	祭凑鬼·驱鬼经上、中、下卷
	29	tʂhə⁵⁵ gv²¹ · so³³ ʂua²¹ phər²¹ thv³³, tʂhər³³ thv³³	祭凑鬼·白梭刷火把和药水来历经
五	30	sɿ⁵⁵ khv²¹ · zɿ²¹ tɯ²¹ ka⁵⁵ o⁵⁵	祭斯神·设神座献祭粮经
	31	sɿ⁵⁵ khv²¹ · sa⁵⁵ da⁵⁵ li³³ to³³ phi⁵⁵, zɿ³³ tʂhu⁵⁵	祭斯神·抛弃刹道面偶经
	32	sɿ⁵⁵ khv²¹ · sɿ⁵⁵ khua²¹ khɯ⁵⁵, lɯ³³ sɿ³³ thv³³, dzæ³³ dzər⁵⁵	祭斯神·装斯神物件，箭之来历，求富强福泽经
六	33	nɯ²¹ tʂhɿ²¹ a²¹ tʂhɿ²¹ py²¹ · zɿ²¹ tɯ²¹ ka⁵⁵ o⁵⁵	驱鬼·设神座献祭粮经
	34	nɯ²¹ tʂhɿ²¹ a²¹ tʂhɿ²¹ py²¹ · du³³ se²¹ tʂhə³³ ʂu⁵⁵	驱鬼·为卢神沈神除秽经
	35	nɯ²¹ tʂhɿ²¹ a²¹ tʂhɿ²¹ py²¹ · tʂhu⁵⁵ ba³³ dʑi⁵⁵	驱鬼·烧食物祭献神灵经
	36	nɯ²¹ tʂhɿ²¹ a²¹ tʂhɿ²¹ py²¹ · dzər²¹ tʂæ⁵⁵	驱鬼·求威力附体经
	37	nɯ²¹ tʂhɿ²¹ a²¹ tʂhɿ²¹ py²¹ · py³³ phæ²¹ kua⁵⁵ ʂu²¹	驱鬼·白蝙蝠求取祭祀占卜经
	38	nɯ²¹ tʂhɿ²¹ a²¹ tʂhɿ²¹ py²¹ · phv³³ la²¹ sa⁵⁵ phv³³ la²¹ ka³³ tɕhi³³	驱鬼·迎请神灵，请神灵帮助经
	39	nɯ²¹ tʂhɿ²¹ a²¹ tʂhɿ²¹ py²¹ · phv³³ la²¹ pv⁵⁵	驱鬼·送神经
七	40	kɯ³³ tʂhv²¹ py²¹ · kɯ³³ tʂhv²¹ py²¹ the³³ ɯ³³	祭鬼·夜晚祭除鬼经
八	41	lv³³ ʐv²¹ py²¹ · y²¹ py²¹ me⁵⁵	祭祖先·祭祖加祭猛鬼恩鬼经

续表

类	序	经书读音	汉译书名
九	42	gɑ³³py²¹·mu³³dʐi³³	祭战神·献牲经
十	43	ȵi³³dʑu³³bæ²¹mæ³³to⁵⁵	占卜·两个海贝占卜经
	44	ly²¹the³³ɯ³³·muɯ³³gv³³sʅ²¹, ȵi³³me³³he³³me³³sʅ²¹ly²¹	占卜·占雷神，占日食月食

（2）和强飞手抄本，其经书分为六类。1999—2003 年书写的经书基本上是用包装纸，2003—2008 年书写的是用名片纸书写，只有一本是用丽江古城东巴作坊的东巴纸书写的。

和强飞东巴

和强飞手抄本的经书封面基本上是横本横书的。该内容分为六类。祭天神仪式经书的规格是横长 30 厘米，竖高 10.05 厘米。祭祖先仪式经书为横长 29.5 厘米，竖高 9 厘米。开丧仪式经书的规格，用包装纸的，横长有 29 厘米、29.5 厘米和 30 厘米三种，竖高有 9.5 厘米和 10 厘米两种。用名片纸的有横长 30 厘米，竖高 10.5 厘米。祭风鬼仪式经书也是用名片纸抄写的，亦同前。祭署神仪式经书用名片纸，有两种规格：一是横长 30 厘米，竖高 9 厘米；二是横长 30 厘米，竖高 10.5 厘米。驱鬼仪式经书，用包装纸，横长有 28 厘米、29 厘米和 30 厘米的，竖高 9 厘米、9.5 厘米和 10 厘米的。和强飞手抄本有经书夹板和捆绳。

类	序	经书读音	汉译书名
一	1	mɯ³³ py²¹ · tsho²¹ bər³³ sa⁵⁵, mu³³ dʑi³³	祭天神·献牲
二	2	y²¹ py²¹ · y²¹ py²¹ ua²¹ me⁵⁵	祭祖先·祭祖先经
三	3	ɕi³³ khæ³³ · æ²¹ tɕy²¹ tʂʅ²¹ i⁵⁵ ʂv³³	开丧·唤醒死者
	4	ɕi³³ khæ³³ · æ³³ phv⁵⁵ y²¹ dʑʅ³³ mi³³	开丧·粮食的来历
	5	ɕi³³ khæ³³ · bæ³³ mi³³ tʂʅ⁵⁵	开丧·燃灯经
	6	ɕi³³ khæ³³ · gu³³ se³³ tɯ³³ dzo²¹ tɕhi³³ dzo²¹	开丧·离别经
	7	ɕi³³ khæ³³ · kha³³ lv⁵⁵ thv³³	开丧·抛考露面偶经
	8	ɕi³³ khæ³³ · i³³ dua³³ dy²¹ ʂv³³	开丧·把亡灵往依端地引领
四	9	la³³ lɯ³³ khɯ⁵⁵ · tʂh²¹ ne¹³ iə²¹ ŋv⁵⁵ si³³ dzʅ³³ hɯ²¹ dzʅ³³	隆重禳凤鬼·说富道贫经
五	10	ʂv²¹ gv²¹ · ʂv²¹ ne²¹ lv²¹ thv³³ pɯ⁵⁵	祭署神·署神来历经
	11	ʂv²¹ gv²¹ · ʂv²¹ khv²¹	祭署神·请署神经
	12	ʂv²¹ gv²¹ · so³³ ʂua²¹ phər²¹ thv³³, tʂhər³³ thv³³	祭署神·白梭刷火把及药水来历经
	13	ʂv²¹ gv²¹ · so³³ ʂua²¹ phər²¹ thv³³, tʂhər³³ thv³³	
	14	ʂv²¹ gv²¹ · ʂv²¹ ne²¹ lv²¹ kæ³³ bæ³³ mi³³ tʂʅ⁵⁵	祭署神·燃灯经
	15	ʂv²¹ gv²¹ · ʂv²¹ tha⁵⁵ tʂʅ⁵⁵, ʂv²¹ tʂhər³³ khɯ⁵⁵	祭署神·给署神建塔和献药经
	16	ʂv²¹ gv²¹ · he²¹ pv⁵⁵	祭署神·送神经
六	17	nɯ²¹ tʂʅ²¹ a²¹ tʂʅ²¹ py²¹ · p y²¹ ly³³ khu³³ ua²¹ me⁵⁵	驱鬼·陈述祭祀因由经
	18	nɯ²¹ tʂʅ²¹ a²¹ tʂʅ²¹ py²¹ · py³³ phæ²¹ kua⁵⁵ ʂu²¹	驱鬼·白蝙蝠求取祭祀占卜经
	19	nɯ²¹ tʂʅ²¹ a²¹ tʂʅ²¹ py²¹ · du³³ se²¹ tʂhə²¹ ʂu⁵⁵	驱鬼·为卢神沈神除秽经
	20	nɯ²¹ tʂʅ²¹ a²¹ tʂʅ²¹ py²¹ · tʂhu⁵⁵ ba³³ dʑi⁵⁵	驱鬼·烧食物祭祀神灵经
	21	nɯ²¹ tʂʅ²¹ a²¹ tʂʅ²¹ py²¹ · phv²¹ la²¹ sa⁵⁵ phv²¹ la²¹ ka²¹ tɕhi³³	驱鬼·迎请神灵，请神灵帮助经

（3）和力刚手抄本。和力刚手抄本共14本，10本是用包装纸书写的，4本是用名片纸书写。全部都是横本横书。

和力刚手抄本内容主要是三类，即开丧仪式、驱鬼仪式和祭署神仪式的

四　丽江市古城区开南街道贵峰社区东巴经典文献传承应用调查　　453

和力刚东巴

经书，其规格大多数为横长 29 厘米，竖高 11 厘米。只有两本经书为横长 28 厘米，竖高 11 厘米。他的这些经书，没有木夹板。

类	序	经书读音	汉译书名
一	1	çi³³khæ³³·lu⁵⁵pha³³uɑ²¹ʂər⁵⁵	开丧·神山四方招魂
	2	çi³³khæ³³·æ³³phv⁵⁵y²¹dʐŋ³³mi⁵⁵	开丧·粮食的来历
	3	çi³³khæ³³·æ²¹tɕy²¹tʂŋ²¹i⁵⁵ʂv³³	开丧·唤醒死者
	4	çi³³khæ³³·tʂho³³bər³³thv³³	开丧·人类迁徙的来历
	5	çi³³khæ³³·bæ³³mi³³tʂʅ⁵⁵the³³ɯ³³	开丧·燃灯经
	6	çi³³khæ³³·gu³³oo³³tɯ³³dzo²¹tɕhi³³dzo²¹	开丧·离别经
	7	çi³³khæ³³·zʅ³³phɯ³³y²¹pv⁵⁵	开丧·开路经
二	8	nɯ²¹tʂŋ²¹ɑ²¹tʂŋ²¹py²¹·zʅ²¹tɯkɑ⁵⁵o⁵⁵	驱鬼·设神座献祭粮经
	9	nɯ²¹tʂŋ²¹ɑ²¹tʂŋ²¹py²¹·py²¹ly³³khu³³uɑ²¹me⁵⁵	驱鬼·陈述祭祀因由经
	10	nɯ²¹tʂŋ²¹ɑ²¹tʂŋ²¹py²¹·py²¹ly³³khu³³uɑ²¹me⁵⁵	
	11	nɯ²¹tʂŋ²¹ɑ²¹tʂŋ²¹py²¹·phv³³lɑ²¹sɑ⁵⁵phv³³lɑ²¹kɑ³³tɕhi³³	驱鬼·迎请神灵，请神灵帮助经

续表

类	序	经书读音	汉译书名
	12	nɯ²¹ tʂʰʅ²¹ ɑ²¹ tʂʰʅ²¹ py²¹ · py³³ pʰæ²¹ kua⁵⁵ ʂu²¹	驱鬼·白蝙蝠求取祭祀占卜经
	13	nɯ²¹ tʂʰʅ²¹ ɑ²¹ tʂʰʅ²¹ py²¹ · tʂʰu⁵⁵ ba³³ dʑi⁵⁵	驱鬼·烧食物祭献神灵经
三	14	ʂv²¹ gv²¹ · ȵy⁵⁵ sɑ³³ tʰɑ⁵⁵ mu³³ nɯ³³ ȵy⁵⁵ sɑ³³ ʂʅ²¹ zʅ³³ ko²¹ tʰv³³	祭署神·纽萨套姆到纽萨斯日家的故事

和玉生东巴

（4）和玉生手抄本共 16 本，内容分四类。这些经书 14 本是用包装纸书写的，其他两本是用名片纸书写。经书封面全是横本横书的。

和玉生手抄本，有 8 本是开丧仪式经书，有 6 本是驱鬼仪式经书，其余两本各是祭署神和祭凑鬼仪式经书。其经书规格为横长 29 厘米，竖高 11 厘米。有的经书内正文前还有东巴画插图。和玉生手抄经书的扉页或篇末都写有他的东巴文名字和玉生的落款。他的经书有木夹板和捆绳。

类	序	经书读音	汉译书名
一	1	ɕi³³ kʰæ³³ · zʅ³³ ʂv³³ bu²¹ iə⁵⁵	开丧·给领路猪经
	2	ɕi³³ kʰæ³³ · lu⁵⁵ pʰɑ³³ uɑ²¹ ʂər⁵⁵	开丧·四方招魂
	3	ɕi³³ kʰæ³³ · æ²¹ tɕy²¹ tʂʰʅ²¹ ʂv³³	开丧·唤醒死者经
	4	ɕi³³ kʰæ³³ · æ³³ pʰv⁵⁵ y²¹ dzʅ³³ mi⁵⁵	开丧·粮食的来历

四 丽江市古城区开南街道贵峰社区东巴经典文献传承应用调查　　455

续表

类	序	经书读音	汉译书名
	5	ɕi³³ khæ³³ · bæ³³ mi³³ tʂʅ⁵⁵ the³³ ɯ³³ ua²¹	开丧·燃灯经
	6	ɕi³³ khæ³³ · mi⁵⁵ ʂʅ²¹ mu⁵⁵ dʐʅ³³ mi⁵⁵ ua²¹ me⁵⁵	开丧·唱挽歌
	7	ɕi³³ khæ³³ · gu³³ se³³ tɯ³³ dzo²¹ dʐʅ²¹ dzo²¹, mi³³ khæ²¹ phv⁵⁵, tʂhv³³ tɕhi³³, khu³³ tər⁵⁵	开丧·离别经
	8	ɕi³³ khæ³³ · zʅ³³ phu³³ y²¹ pv⁵⁵ the³³ ɯ³³ ua²¹	开丧·开路经
二	9	nɯ²¹ tʂhʅ²¹ a²¹ tʂhʅ²¹ py²¹ · zʅ²¹ tɯ²¹ ka⁵⁵ o⁵⁵ ua²¹ me⁵⁵	驱鬼·设神座献祭粮经
	10	nɯ²¹ tʂhʅ²¹ a²¹ tʂhʅ²¹ py²¹ · du³³ se²¹ tʂhə⁵⁵ ʂu⁵⁵	驱鬼·为卢神沈神除秽经
	11	nɯ²¹ tʂhʅ²¹ a²¹ tʂhʅ²¹ py²¹ · tʂhu⁵⁵ ba³³ dʑi⁵⁵	驱鬼·烧食物祭献神灵经
	12	nɯ²¹ tʂhʅ²¹ a²¹ tʂhʅ²¹ py²¹ · py²¹ ly³³ khu³³ ua²¹ me⁵⁵	驱鬼·陈述祭祀因由经
	13	nɯ²¹ tʂhʅ²¹ a²¹ tʂhʅ²¹ py²¹ · phv³³ la²¹ sa⁵⁵ phv³³ la²¹ ka³³ tɕhi³³ ua²¹ me⁵⁵	驱鬼·迎请神灵，请神灵帮助经
	14	nɯ²¹ tʂhʅ²¹ a²¹ tʂhʅ²¹ py²¹ · py³³ phæ²¹ kua⁵⁵ ʂu²¹	驱鬼·白蝙蝠求取祭祀占卜经
三	15	ʂv²¹ gv²¹ · ʂv²¹ do²¹ phi⁵⁵ mu³³ me⁵⁵	祭署神·丢弃傻署木牌经
四	16	tʂhə⁵⁵ gv²¹ · mɯ³³ zʅ³³ khæ³³ ɕi²¹ gv⁵⁵ zʅ³³ gə³³ tʂhə⁵⁵ tv⁵⁵ dzu³³ rua²¹ ua²¹ me⁵⁵	祭凑鬼·抵住天子柯希九兄弟施放下来的凑鬼，还债经

和兆武东巴

(5) 和兆武手抄经书共 11 本。用包装纸和名片纸书写。其经书规格为，祭天经 3 本用名片纸书写，规格为横长 30 厘米，竖高 10.5 厘米。开丧经 2 本，横长 29.5 厘米，竖高 10 厘米。驱鬼经 3 本，横长 30 厘米，竖高 10 厘米。祭署神仪式经书 2 本，横长 30 厘米，竖高 9 厘米。占卜经书 1 本，横长 30 厘米，竖高 9 厘米。和兆武的经书有木夹板和捆绳。

类	序	经书读音	汉译书名
一	1	mɯ^{33} da^{33} çy^{55} py^{21} · tʂhə^{55} ʂu^{55} uɑ^{21} me^{55}	祭天神·除秽
	2	mɯ^{33} da^{33} çy^{55} py^{21} · tsho^{21} bər^{33} sɑ^{55}, mu^{33} dʑi^{33}	祭天神·献牲
	3	mɯ^{33} da^{33} çy^{55} py^{21} · ha^{33} ʂɿ^{21} uɑ^{21}	祭天神·献饭
二	4	çi^{33} khæ^{33} · æ^{33} phv^{55} y^{21} dʑɿ^{33} mi^{55}	开丧·粮食的来历
	5	çi^{33} khæ^{33} · bæ^{33} mi^{33} tsɿ^{55} the^{33} ɯ^{33} uɑ^{21}	开丧·燃灯经
三	6	nɯ^{21} tsʅ^{21} a^{21} tsʅ^{21} py^{21} · py^{21} ly^{33} khu^{33} uɑ^{21} me^{55}	驱鬼·陈述祭祀因由经
	7	nɯ^{21} tsʅ^{21} a^{21} tsʅ^{21} py^{21} · phv^{33} la^{21} sɑ^{55} phv^{33} la^{21} ka^{33} tɕhi^{33} uɑ^{21} me^{55}	驱鬼·迎请神灵，请神灵帮助经
	8	nɯ^{21} tsʅ^{21} a^{21} tsʅ^{21} py^{21} · tʂhu^{55} ba^{33} dʑi^{55} the^{33} ɯ^{33} uɑ^{21} me^{55}	驱鬼·烧食物祭献神灵经
四	9	ʂv^{21} gv^{21} · ʂv^{21} khua^{21} khɯ^{55}, lɯ^{33} sʅ^{33} thv^{33}, dʑæ^{33} dʑər^{55}	祭署神·装署神木桩，神箭的来历和招富强之福泽经
	10	ʂv^{21} gv^{21} · ʂv^{21} tʂhər^{33} khɯ^{55}, ʂv^{21} tɕhy^{55} ʐ uɑ^{21}	祭署神·给署神献药和还债经
五	11	bæ^{21} mæ^{33} to^{55} · bæ^{21} mæ^{33} sʅ^{21} ly^{21}	占卜·海贝占卜经

(6) 和兆军手抄本共 20 本，内容分为三类，即开丧仪式、驱鬼仪式和祭署神仪式经书。除了 2 本为名片纸书写和 1 本复印件外，其他全是用包装纸书写的。这些写本的封面都是横本横书的。

和兆军写本的规格，开丧仪式多为横长 30 厘米，竖高 10.5 厘米。有一本竖高为 10 厘米，有一本竖高 10.5 厘米，还有一本为竖本 12 厘米。驱鬼经书，横长都是 30 厘米，但竖高有 10 厘米、10.5 厘米和 11 厘米三种。祭署神仪式经书，横长 30 厘米，竖高 10.5 厘米。和兆军的经书有木夹板和牛皮捆绳，经书夹板规格为横长 33 厘米，竖高 12 厘米。

四　丽江市古城区开南街道贵峰社区东巴经典文献传承应用调查　　457

和兆军东巴

类	序	经书读音	汉译书名
一	1	ɕi³³ khæ³³ · ʐɿ³³ ʂv³³ bu²¹ iə⁵⁵, mu⁵⁵ dzər³³	开丧·给领路猪
	2	ɕi³³ khæ³³ · lu⁵⁵ phɑ³³ uɑ²¹ ʂər⁵⁵	开丧·四方招魂
	3	ɕi³³ khæ³³ · æ²¹ tɕy²¹ tʂɿ²¹ i⁵⁵ ʂv³³	开丧·唤醒死者
	4	ɕi³³ khæ³³ · æ³³ phv⁵⁵ y²¹ dʐɿ³³ mi⁵⁵	开丧·粮食的来历
	5	ɕi³³ khæ³³ · mi⁵⁵ ʂɿ³³ mu⁵⁵ dʐɿ³³ mi⁵⁵	开丧·唱挽歌
	6	ɕi³³ khæ³³ · bæ³³ mi³³ tʂɿ⁵⁵ the³³ ɯ³³ uɑ²¹	开丧·燃灯经
	7	ɕi³³ khæ³³ · qu³³ se³³ tɯ³³ dzo²¹ dʐɿ²¹ dzo²¹, tɕhi³³ dzo²¹, mi³³ khə²¹ tʂɿ²¹ khu³³ phv⁵⁵	开丧·离别经
	8	ɕi³³ khæ³³ · ʐɿ³³ phu³³ y²¹ pv⁵⁵ the³³ ɯ³³ uɑ²¹	开丧·开路经
	9	ɕi³³ khæ³³ · tʂho²¹ bər³³ thv³³ dzo²¹	开丧·人类迁徙的来历

续表

类	序	经书读音	汉译书名
二	10	çi³³ khæ³³ · tsho²¹ ze³³ phər³³ dɯ²¹ tʂhər³³ ʂu²¹ ua²¹	开丧·崇仁潘迪找药经
	11	nɯ²¹ tʂhʅ²¹ a²¹ tʂhʅ²¹ py²¹ · zʅ²¹ tɯ²¹ ka⁵⁵ o⁵⁵ ua²¹ me⁵⁵	驱鬼·设神座献祭粮经
	12	nɯ²¹ tʂhʅ²¹ a²¹ tʂhʅ²¹ py²¹ · du³³ se²¹ tʂhə⁵⁵ ʂu⁵⁵ me⁵⁵	驱鬼·为卢神沈神除秽经
	13	nɯ²¹ tʂhʅ²¹ a²¹ tʂhʅ²¹ py²¹ · tʂhu⁵⁵ ba³³ dʑi⁵⁵ the³³ ɯ³³ ua²¹	驱鬼·烧食物祭献神灵经
	14	nɯ²¹ tʂhʅ²¹ a²¹ tʂhʅ²¹ py²¹ · py²¹ ly³³ khu³³ ua²¹ me⁵⁵	驱鬼·陈述祭祀因由经
	15	çi³³ khæ³³ · mi⁵⁵ ʂʅ³³ mu⁵⁵ dʑ³³ mi⁵⁵ ua²¹ me²¹	开丧·唱挽歌
	16	nɯ²¹ tʂhʅ²¹ a²¹ tʂhʅ²¹ py²¹ · py³³ phæ²¹ kua⁵⁵ ʂu²¹	驱鬼·白蝙蝠求取祭祀占卜经
三	17	ʂv²¹ gv²¹ · so³³ ʂua²¹ phər²¹ thv³³, tʂhər³³ thv³³ ua²¹ me⁵⁵	祭署神·白梭刷火把及药水来历经
	18	ʂv²¹ gv²¹ · ʂv²¹ tha⁵⁵ tʂhʅ⁵⁵, æ²¹ tv³³ æ²¹ pɯ⁵⁵ ua²¹ me⁵⁵	祭署神·给署神建塔和鸡的来历经
	19	ʂv²¹ gv²¹ · khua⁵⁵ thv²¹ khua⁵⁵ pɯ⁵⁵ the³³ ɯ³³ ua²¹ me⁵⁵	祭署神·木牌的来历经
	20	ʂv²¹ gv²¹ · tsho²¹ ze³³ phər³³ dɯ²¹ tʂhər³³ ʂu²¹ ua²¹	祭署神·崇仁潘迪找药经

以上记录的只是在三元村调查的东巴经书的情况，和力民抄写的东巴经书没有做记录。

三元村东巴经典传承工作自 1998 年开始以来，除了三元村的许多学员参加东巴经的书写和诵唱传承，还有丽江市各个地方的东巴学员到三元村学习。其中，在古城区，有开南街道贵峰居委会的大来上村、大来下村、寿南村、保吉村的学员，有开南街道漾西居委会的西林瓦村、中吉村的学员，有金山街道金山居委会开文村、新团居委会恩烈村的学员，有七河镇共和村委会南西村和金安镇龙山村委会的学员；在玉龙县，有太安乡天红村委会天红村的学员，有太安乡吉子村委会吉子村和汝南化村的学员。他们在丽江纳西文化研习馆和古城区东巴文化传承学校学习和书写的东巴经书，其版本，一是老东巴和学文手抄的经书，二是和力民手抄的东巴经书，三是百卷本《纳西东巴古籍译注全集》，还有一些是在与外地东巴交流时学到的经书。他们当中，有的人书写的经书也很丰富，如杨学红书写的经书，数量达到 500 本。其书写的经书，有一个特点，就是在抄写原来传统的东巴经书时，边读边写，在原来省略式书写的原文基础上增加一些东巴文字符号，增强东巴文字记录语言的密度。他的理由就是怕以后释读时忘记原来书写时省略的词汇。

（六）正在开始的东巴经典文献手抄项目

2015 年 6 月 12 日，丽江市委宣传部决定组织当代东巴传人，手抄一套《纳西东巴古籍译注全集》，送给中国国家博物馆收藏。此项目由丽江市古城区委宣传部具体实施，在古城区和玉龙纳西族自治县组织东巴抄写。

贵峰社区三元村东巴和力川、和强飞参加《纳西东巴古籍译注全集》手抄工作，他们用东巴纸和竹笔抄写祭天、祭自然神仪式和占卜的经典。经书尺寸是直高 9 厘米，横长 29.5 厘米。和力川的抄本字迹清晰，笔画流畅，字形生动形象，插图精细优美，封面书写也自然大方。

（七）贵峰社区东巴经文献传承的特点

1. 有东巴文化传承专家领导

贵峰社区自 1998 年以来，就一直能够坚持走东巴经典文献传承之路，其中一个重要因素是三元村有一个东巴文化传承专家在领头。一个优秀的东巴文化传承专家，要具有如下条件。第一，本为专家，要精通东巴文化各方面知识，当足以为师。第二，具有公心，无私奉献，亲力而为，不计较个人得失。第三，具有号召力和组织能力，能够率领着一批纳西族青年在纳西族社区产生正能量。第四，懂得传承要领，能够选择可行的传承路径和传承内容，与时俱进，开创传承新局面。第五，能够与当地政府和外界加强联系，依托社会外界力量开展东巴文化的传承传播工作，产生良好的社会影响。贵峰社区三元村先前的丽江纳西文化研习馆和后来的丽江市古城区纳西东巴文化传承中心都因为有这样的传承专家的掌门，才在东巴文化传承中，做出具有自己特色的绩效米。

2. 有东巴文化传承活动的稳定场所

贵峰社区能够 17 年来坚持东巴文化的传承，其中另一个重要因素是有一个较稳定的传承场所。1998 年 6 月成立丽江纳西文化研习馆时，就选定了传承专家的一栋没有围墙的老房子作为传承基地。后来传承专家自费打了围墙，又自费把城里的一栋楼房搬到基地作为教学楼。2012 年成立丽江市古城区纳西东巴文化传承中心，才依靠中心建了东巴纸造纸坊和东巴舞蹈场等。如果没有一个稳定的传承场所，很难想象如何较长期地开展东巴文化传承活动。

3. 有社区民众的信仰和参与

贵峰社区能够在三元村扎下根，取得可观的成绩，主要的因素是三元村有民众信仰和参与。17年来，本村纳西族学员能够学习和参与东巴的祭祀仪式和乐舞，主要是村民们的心中有东巴文化的意识和情感。在祭天等仪式中，有民众的自觉参加，使得文化传承成为传统民俗活动的一部分。

4. 顺应时局，争取国际、国家项目和政府的支持

贵峰社区东巴文化传承过程，顺应了社会历史发展的潮流，在纳西族民众对自己文化反思和复兴的时候崛起，正值丽江恢复重建生活家园的时候，也迎合丽江旅游文化建设的契机。同时在2003—2005年，传承专家争取到欧盟课题——"中国村庄可持续性前景"研究的项目，开办了三元妇女东巴文化学习班，也推动了东巴经文献传承的工作。2012年成立丽江市古城区纳西东巴文化传承中心以来，又紧紧依靠政府，开展东巴文化传承和传播工作。应时、应地、应人和是东巴文化传承的一大法宝。

5. 依托血缘宗族组织，选定具有代表性的祭仪

贵峰社区东巴文化传承的又一个特点，是依托社区原有的宗族血缘组织，选定具有代表性的祭祀仪式，开展东巴文化传承工作。其做法就是选定有代表性的宗族和传承遗址，为之培养东巴经文献和科仪的传承人，先是带着这些传承人做祭仪，三五年以后放手让传承人自己做祭仪，成为本村本宗族的真正东巴传承人。

贵峰社区三元村的乌森翱宗族是一个比较大的家族，还保留有自己宗族传统的祭天场遗址，有几位年轻人在学习东巴文化。本宗族有恢复传统祭天的愿望，有东巴文化的情感意识。所以，2000年新世纪之始的春节，丽江纳西文化研习馆就为该宗族主持祭天仪式，并为此培养祭天东巴和力川、和力刚、和力军等人。从2000年以来，乌森翱宗族祭天活动情况如下。

序号	时间	主祭、参祭人员	仪式	说明
1	2000.2.5	和学文、和力民　丽江纳西文化研习馆		首次祭天
2	2001.2.5	和力民　丽江纳西文化研习馆		48户
3	2002.2.5	和力川、和力民等　丽江纳西文化研习馆		
4	2003.2.5	和力川、和力民等　丽江纳西文化研习馆		
5	2004.2.5	和力川、和力民等　丽江纳西文化研习馆		
6	2005.2.5	和力川、和力民等　丽江纳西文化研习馆		

续表

序号	时间	主祭、参祭人员	仪式	说明
7	2006.2.5	和力川、和力民等 丽江纳西文化研习馆		
8	2007.2.5	不杀猪，烧香祭拜	和力民去塔城拉市落和圣家祭天	40余户
9	2008.2.5	和力川主祭，和力军、和力刚、和强飞助祭	和力民去塔城拉市落和圣家、李文先家祭天	
10	2009.2.5	和力川主祭，和力军、和力刚、和强飞助祭	和力民去新主东巴文化学校祭天	
11	2010.2.5	和力川主祭，和力军、和力刚助祭	和力民去塔城拉市落1村祭天	
12	2011.2.5	和力川主祭，和力军、和力刚助祭	和力民去七河乡七河中村祭天	
13	2012.2.5	和力川主祭，和力军、和力刚助祭	和力民去奉科乡奉联村祭天	
14	2013.2.5	和力川主祭，和力军、和力刚助祭	和力民去大具乡、金安镇、七河镇祭天	
15	2014.2.5	和力川主祭，和力军、和力刚助祭	和力民去金安镇龙山乐竹村祭天	
16	2016.2.5	不杀猪，烧香祭拜，和力民参加	正月初八传承中心祭天场杀猪祭天	40余户

6. 组织领导者具有奉献自律的精神，传承中心有规范的社团管理制度

从1998年开始成立丽江纳西文化研习馆以来，组织领导者本着传承纳西族东巴文化的信念和牺牲奉献的精神，坚持走东巴文化传承之路。开创之初，因经济拮据，曾经几个人凑钱支付东巴老师的酬劳。之后，就是漫长的定点传承的路子。第一，组织领导者用自家的老宅无偿提供给研习馆做东巴文化传承的学校，从1998年到2015年，共为17年，使传承活动有了稳定的活动场所。第二，从1998年到2006年，组织领导者下班后自己租车到三元村上课，传承东巴文化。第三，在组织参与市县级政府的庆典活动中获取少数酬劳，分配给学员和参与者，若有结余，用于传承活动支出，账目清楚，从不乱用。第四，2007年至2012年，参与社会东巴文化传承活动，组建新主东巴文化学校，为新主东巴文化学校的创建和传承筹集经费达上百万元，但是，自己从没有拿过酬劳。第五，从2012年成立丽江市古城区纳西东巴文化传承中心以来，得到市、区级有关部门一定的资金支持。中心依照政府对非营利社团组织的要求，建立完善的财会制度，按章办事，保证经费使用的合理性、规范性和制度性。奉献、自律和制度化的传承经费处理办法，保证了贵峰社区东巴文化传承健康发展。

7. 有传承专家的直接传授，东巴经典文献传承比较规范

贵峰社区的东巴仪式及经典文献的传承，一开始就有学养深厚的东巴和专家的传授。丽江市玉龙纳西族自治县太安乡吉子村委会汝南化村老东巴和学文直接传授东巴舞谱和东巴教仪式、绘画等。30多年学习研究东巴文字经典和仪式的专家直接担任传承教授。所以在传承经典文献时，一是能够传诵正确；二是意思明白；三是知道文献的活用；四是同时明白不同地方的差异；五是通过专家对国内外收藏东巴经的了解，把一些重要的文献和经典语言传授给年轻的东巴。譬如，贵峰社区东巴文化传承中，传承专家就请和学文老东巴来传授丽江盆地的东巴舞谱，使丽江盆地的东巴舞蹈得以比较完整地保护和传承下来。纳西族东巴教祭天仪式，从组织规模上有大、中、小几种，从内容上有完整、相对完整和比较简单几种，其使用祭天经典文献也有多少之别。贵峰社区三元村的祭天仪式和经典文献保留了纳西族氏族或宗族家族祭天比较完整的形式和内容，譬如，比较完整的祭天经典，比较古老的祭天习俗，独特的射箭仪式和演唱带有民歌风格的《阿瓦腊瓦经》，在其他地方很难看到的祭天谢神歌舞。还有从台湾中央研究院历史语言研究所傅斯年图书馆传抄下来的三元村传统的东巴经书，得以在三元村传承。

8. 东巴学员在学与用的实践中，较好地掌握了东巴经典文献的内容

贵峰社区三元村的东巴学员，在接受传承的过程中，边学边用，在学习的过程中，参与民间祭祀活动和丽江市区的庆典展演活动，从中比较好地掌握了东巴文献的内容。譬如，2005年4月2日到4月7日，和力民、和志伟、和正刚、和力川、和强飞、和兆武六人，到丽江市玉龙纳西族自治县塔城乡依陇村委会署明五组，参加六天六夜的东巴教求寿仪式，参与这个东巴教隆重的复合仪式中的19种仪式，在经典诵唱和立体活态应用上得到较好的锻炼。又如，自1999年9月以来，贵峰社区三元村的丽江纳西文化研习馆学员，为玉水寨旅游有限责任公司举行过祭风、祭天、祭东巴什罗祖师、祭战神、祭自然神、除秽等仪式，2003年以后每年农历三月初五日参加东巴法会，不仅展示了自己掌握的东巴经典文化，也与各地的东巴有了更多的交流和学习。

9. 挖掘经典文献，保护传承内容，恢复传统东巴造纸，按传统规矩书写东巴经典文献

传统的东巴经典文献是自制松明烟墨，用竹笔或铜笔，把东巴象形文字或格巴文标音文字书写在土制的东巴纸上。起初，贵峰社区东巴老师和学员们，因经济拮据，都买来较便宜的包装纸来书写东巴经文献，2008年以后，开始购买东巴土纸来书写东巴经典。丽江市古城区纳西东巴文化传承中心成

立以后，就在三元村的传承基地建起东巴纸生产作坊，用传统的东巴造纸术生产东巴纸。贵峰社区五个村的山上都有生产东巴纸的荛花。贵峰方言称这种植物为"腊满恩"，意为"如虎尾般结实的树皮"。用这种树皮做的纸防虫防蛀，有千年寿纸的美誉。东巴学员参与东巴纸的生产，一方面学到了古老的造纸术，另一方面也解决了用纸的困难。

为了全面立体地传承东巴经典文献内涵，传承中心还专门开办了东巴经典文字书写培训班，教学员自制竹笔，一笔一画地学习书写东巴文经典。在教学过程中，特别传授东巴经典书写前的折纸、磨纸、画竖干横行、经书封页、内页书写、结尾落款、经书装订等知识。

2015年6月，丽江市委、市政府组织书写一套完整版的东巴经书，准备赠送给中国国家博物馆永久性收藏。传承中心的和力川、和强飞等人参加了这套经书的书写。他们书写的经书格式和装帧符合传统东巴经典文献的规格和要求，字迹美观大方，代表了贵峰社区新一代东巴传承人的水平。

10. 出现了一些适应当代社会发展需要的新的东巴经典文献

在东巴文化传承实践中，贵峰社区出现了一些新的东巴经典。其中原因：①原来是口耳相传的口碑经文，在现阶段传承中，被书写成新的东巴经典并付诸应用。譬如，《祭天仪式·弓箭的来历经》《祭天仪式·给天地柏神献酒经》就是这样。②原来的仪式浓缩或简化，祭祀时间压缩，为满足现阶段民众的需求，书写新的东巴经典。譬如，《祭天仪式·向天地柏神献牲献饭经》就是这样。③社会上要求做的仪式与传统的情况不一样，或者传统东巴教仪式中没有设置过这种仪式，没有这种仪式的经典，根据社会的需求和东巴教传统文化资源，新创一些东巴经典。

（八）贵峰村东巴文化传承的未来走向

这次比较全面地调查贵峰社区近百年东巴文化传承的背景、状况，经过客观、科学、理性的分析，笔者认为，贵峰社区今后东巴文化传承，可以有如下的走向。

1. 祭天的仪式和经典可望继续活态传承

1998年以来，贵峰社区复兴东巴文化传承以来，比较成功的一点，就是在三元村乌森翱宗族恢复了祭天仪式。资料表明，从2000年开始，到2015年，乌森翱宗族坚持传统的祭天仪式。在这16年里有14年是杀猪大祭，有两年是不杀猪但届时全宗族的人户集中在祭天场拜祭天神。乌森翱宗族已经有了自己的祭天传承人，有了公共的祭天场，有了自己宗族的内部组织人员，有了一套祭天活动规则，本宗族的人对于传统的祭天记忆有一定血缘纽带联系下的公共情感。在今天丽江坝区快速城市化的背景下，显得尤为珍贵。只要在这个基础上，建立起一个比较可持续性的、与传统乡规民约和家族传统相联系的民间规则，特别是在经济运作和祭拜行为上的规定办法，就可以把祭天仪式传承下去，也就把祭天经典立体活态地传承下来。

2. 烧天香祈神仪式可以成为村落集体祭祀的节日活动

不仅是过去的乡村，还是今天的社区，每个纳西族原居地，村民们都有自己地域情感，即公共情感。这是居住在同一地域上的人们对于这片土地上的眷恋和自尊。贵峰社区五个自然村落，每年春节都有轮流在某一个村里开展篮球运动会和民间歌舞展演的活动。在这里，适当地加入东巴文化传承传播内容，一方面可以还东巴文化于民间社区，另一方面也可以就此展示东巴乐舞，丰富村民的文化生活。这当中，东巴教的烧天香祈福仪式比较合适，可望在社区集体活动中举行。在推广期，可以由办事处或贵峰社区支持来推广。逐渐形成一种新时期纳西族社区文化活动的一种模式。

3. 东巴舞谱和舞蹈传承将继续深度传承下去

东巴舞谱和东巴舞蹈是东巴文化的重要组成部分，东巴舞蹈在历史上就比较受到纳西族民众的喜爱，在纳西族社区举行东巴教的仪式，很多民众就是喜欢看东巴舞蹈。贵峰社区这17年的东巴文化传承中，东巴舞蹈是特别受到欢迎的。在丽江甚至是云南省内的东巴文化展示中，贵峰东巴舞受到普遍的赞赏和欢迎，丽江市古城区非物质文化遗产保护中心给三元村的东巴文化传承中心挂了省级非物质文化遗产东巴舞传承基地。贵峰三元村的传承中心传承的东巴舞，保留了丽江盆地东巴舞的传统，同时还学习和传承了香格里拉县三坝乡、宁蒗县拉伯乡和丽江玉龙山北部和西部的东巴舞蹈。这些东巴舞蹈和舞谱可以在贵峰社区传承保护。东巴舞蹈的形体动作，其直观性、视觉性和变化性，比较容易得到社区居民的关心和认同。

由于贵峰社区东巴文化传承领导人具有纳西族多个地区东巴舞蹈的知识，这里的东巴舞蹈传承将会是多元化的，即以丽江盆地东巴舞为主，兼备玉龙山北部、西部和香格里拉县、宁蒗县等地东巴舞的传承，也将形成多地的东巴舞谱文本，对东巴舞谱传承起到一个集大成的作用。

4. 传统的祭战神、祭三多神、祭家神仪式及经典将可能依托血缘家族和个体家庭传承

传统东巴教的仪式和经典，在传统纳西族社会里，靠民族共同体的成员的自然信仰和传统生活习俗，以及东巴教血缘、师徒传承而得以延续下来。但是，在20世纪50年代以来，纳西族社会与中国其他地区的农村一样，传统信仰被否定而动摇，与之相关的仪式经典也因此而受到质疑。虽然1977

年以来，中国社会拨乱反正，开始重视传统文化的价值，但是，直到1996年，很多纳西族社区的东巴文化的仪式经典的应用还是没有得到恢复，长期的宁左勿右思想的影响，很多人心有余悸。1996年以后才有一些民间自发的群众组织，开始自觉传承东巴仪式经典，长期的文化中断和习俗失落，使得如今要恢复传统的东巴教仪式和经典的应用，遇到了一些障碍。这里还不完全是接下来那么简单。尤其是在丽江盆地，在传统文化认同上，有了不同的分歧。这种分歧，有经济、时间、习俗、社会、文化观念和趋向心理的原因。

在丽江盆地这种民族多元化、文化边缘化、村落城市化、本民族传统信仰淡漠的地方，要全面地恢复东巴文化的仪式经典的传承，只是痴人说梦话了。

丽江盆地中，贵峰社区，特别是三元村，与其他社区相比，具有传统村落的村容村貌保护尚好，一些公共空间仍在使用，血缘组织发育和活动健康，公共情感仍有一定强度。这些都是可以依托的有利条件。根据10多年的传承实践，笔者认为，依靠血缘组织开展东巴文化传承活动是一条可行的道路。不同的血缘组织可以有不同的传承内容，可以让他们选择性地恢复祭战神、祭三多神、祭家神仪式及经典。譬如，在一个村子里，有三个组织，有的选祭天，有的选祭三多神，有的选祭村寨神。这样，不仅让传承主体有了选择性和自主性，还可以达到东巴文化传承的多样化的目的。这样，祭天经典、祭三多神经典、祭村寨神经典、祭自然神经典的传承就会落实在一批人身上。

5. 传承与传播同步，发挥近水楼台的优势

贵峰社区东巴仪式经典文献的传承，有一个比较好的条件，就是距离丽江旅游核心区丽江古城13千米。如今丽江盆地皆以旅游为主导产业，东巴文化与旅游的结合，可以在贵峰社区居民村落里实施。这样，可以让国内外的游客真正体验东巴文化原生形态，同时让社区居民从中获得回报，激发居民的东巴文化传承的积极性。传统的东巴经典和古老的图画象形文字就会在旅游活动中，通过传承与传播，达到学习和交流的目的，也促进东巴经典文献的活态保护和传承。

因此，贵峰社区东巴经典文献的保护传承，完全可以依据地理区位优势，主动参与丽江旅游服务，对外传播东巴文化，开展东巴文化传承传播体验活动。

6. 争取政府和社会的支持，继续做好纳西族地区东巴文化传承的指导工作

处于21世纪经济全球化、文化一体化的大背景下，位于丽江盆地城市

化急剧变化之中，贵峰社区东巴经典文献的传承，势必要走一条不同于传统自然传承的道路。

在面临着严峻考验的社会大背景下，我们也看到国家和政府对于传统文化保护传承的重视。

国家和政府对非物质文化遗产的保护和传承工作逐年加大力度。贵峰社区三元村东巴文化传承中心，也有两人是市级非物质文化遗产代表性传承人，有四人是区级非物质文化遗产代表性传承人。2012年丽江市东巴文化传承协会和丽江市玉龙纳西族自治县东巴达巴学位评定中，贵峰三元村东巴文化传承中心有1名东巴大法师，1名东巴法师，3名东巴传承师，4名东巴传承员。

在目前的条件下，只有依托民间社团组织，依靠政府和社会的支持，团结一心地开展东巴仪式活动，经典文献传承才有现实的可行性，才会在社会上产生良好的影响，成为良性传承氛围，促进东巴经典文献可持续性保护。

7. 自觉承担纳西族地区东巴文化传承培训责任，办好东巴文化传承学校

贵峰社区东巴文化的传承活动，先是1995年和万宝在大来村开办大来生态文化村的建设，请老东巴和即贵教东巴文字经典，恢复东巴教祭战神、结婚祭家神仪式。后来，1998年和力民在三元村开办丽江纳西文化研习馆，直到现在的丽江市古城区纳西东巴文化传承中心，召集古城区和玉龙县的纳西族青年传承东巴经典文献和科仪。已经积累了一些传承的经验和储备了一些传承人才，并且建立了传承基地。此东巴文化传承中心，当一如既往自觉地承担起纳西族地区，尤其是古城区东巴文献传承的培训责任，不定期地开展东巴文献传承的活动，支持各地纳西族青年在自己的村落里传承东巴文化。现在已经奠定基础的古城区七河镇共和村委会南溪村和金安镇龙山村委会罗竹村，将是主要的传承点。

8. 满足现阶段社会需求、民众需求，继续改编和传承新的东巴文经典

贵峰社区在今后的东巴文化传承实践中，根据社会的需求和传承的需要，还将会出现一些新的东巴经典。其中一些将是仪式中使用的唱诵经典，另外一些将是非祭祀性的日常应用经典。

结束语

在做完这份调查报告之后，笔者觉得，现阶段的东巴文化传承，是同社会经济全球化、丽江农村城市化的一种博弈。贵峰社区位于丽江城市近郊，自然受城市文化影响大。贵峰社区的东巴文化传承要比纳西族地区的其他地

方更为艰难，更加举步维艰。然而，依靠传承专家、依靠社区群众、依靠地方各级政府、依靠有传承民族文化志愿的当代东巴，开动脑筋，解放思想，不拘一格地探索新的传承路径，贵峰社区东巴文化传承还是可以走出一条自己的路来。

调查整理：和力民

五

宁蒗县拉伯乡油米东巴文化及其文献应用调研

2011年3月，笔者前往云南省宁蒗县拉伯乡加泽村委会油米村进行东巴文化田野调查，这是继我院1988年5—6月间对油米进行田野调查之后第二次踏入这一区域，除油米以外对与油米相隔5千米以外的树枝村东巴经典应用情况我们都做了详细调查。2011年9月前往树枝村东巴石宝寿家参加该户举行的禳垛鬼（dol keel）仪式。2013年2月前往油米村参加油米东巴杨格果的葬礼，杨格果东巴的葬礼进行了四天，举行了超度死者、超度什罗、超度能者、祭祖四个仪式。每次田野调查，我们都是从宁蒗县永宁乡搭乘加泽行政村的一汽红塔农用车，来回翻越加泽大山，从永宁到加泽路程80千米，20多千米是永宁至丽江的柏油路，50多千米是简易林区公路，这段路程需用时六个多小时，时速不到10千米。2013年12月30日到2014年1月4日、1月9日至14日两次前往油米村参与考察油米村纳西历新年风俗，2014年11月27日至12月2日前往油米考察油米杀猪祭祖东巴仪式。通过多次的田野调查，经书解读翻译、阮可音系研究等工作，我们对油米东巴文化有了更深刻的了解和认识，油米附近水洛河流域阮可人保存的东巴文化是纳西族文化的重要一支，阮可（rer ko）[①]东巴文化与同样作为纳西文化重要内容的摩梭人达巴文化加上纳西族西部方言区东巴文化，才能全面呈现纳西族的古代文化，只有通过深入的调查、解读、对比、研究，才可能完整真实描述纳西族传统文化。

一 油米的自然环境

油米属宁蒗县拉伯乡，拉伯乡地处云南省丽江市宁蒗县最北端的干热河

[①] 阮可，又音译为"阮卡"，纳西族的一个支系，多居住在金沙江以及雅砻江、洛水河等江河河谷地带。

谷地带。处于青藏高原东南缘，青藏高原向云贵高原过渡的横断山脉腹地，北与四川省木里县依吉乡和迪庆州香格里拉市（中甸）[①]落吉乡接壤，西与玉龙县奉科乡隔江相望，南与该县的翠玉乡相邻，东与该县的永宁乡相邻。全乡辖托甸、加泽、拉伯、田坝、格瓦5个村委会，63个自然村。辖区面积为457平方千米，耕地面积为12626亩，人均占有耕地1.5亩。有纳西族摩梭人、汉族、普米族、纳西族、傈僳族、苗族、壮族、藏族等8个民族，总人口为11000人。拉伯乡属低纬暖温带高原山地季风气候，全年平均气温在12.6℃—19.8℃之间；全年无霜期为191—301天，年降水量一般为904.5—1046.6毫米，雨季集中在6—9月，年降雨日数一般为122—148天。年降雪日数0.2—3.5天，年日照时数在2321.1—2554.5小时之间，年平均相对湿度为60%—69%。全年风向多为静风或西南偏南。

油米是拉伯乡最北端的一个自然村，也是丽江市最靠北的纳西族村落。属宁蒗县拉伯乡加泽行政村，在牦牛山西北山麓临洛水河的一小片缓坡上，是一处绿色梯田中间的土掌房聚落，海拔1800米。油米村东北靠牦牛山（俗称加泽大山），加泽大山往东是纳西族摩梭人聚居区宁蒗县永宁乡，西南面向流往金沙江的洛水河峡谷，西隔洛水河与木里县俄亚纳西族乡相望，北边与四川省木里县依吉乡的甲波村、争伍村相邻。油米气候干热，土地稀少，离村较远的加泽大山高处森林茂密，但附近林木不多，水资源亦不丰富。

二 油米社会经济概况

油米全村有72户（登记数为82户，因为户口登记每户只能填五口，所以人口多的人家领了两本户口本），390多人，除两户是汉族外，均为纳西族阮可人。村内阮可人由杨、石、阿三姓家族组成，杨姓28户，石姓23户，阿姓18户。油米村是加泽行政村15个小组中人口最多的小组。

油米土地资源有限，全村有土地250亩，人均拥有土地0.64亩，年人均收入800元。油米水资源稀缺，灌溉用水是从10千米以外的洛可村用水渠引来的，该渠1958年始修，1962年通水，一直使用至今。饮用水则从村旁的泉眼处用钢管和胶管引来，饮水工程是政府出资群众投劳的扶贫攻坚项目，饮水工程未实施前要靠妇女用木桶去泉眼处背水解决。油米的林地在近年的林权改革中没有分到户，只划到村，原因是油米和四川的木里县依吉乡

[①] 迪庆藏族自治州香格里拉县于2015年6月19日撤县设市。

相邻，林地分界历史上就没有那么清楚，现在也不好分。油米一带海拔稍高处有宁蒗县金龙公司20世纪末在加泽大山对云冷杉的大砍大伐，至今山顶附近仍有被砍倒又未运出的大量木材，在风雨中慢慢等待腐朽，让人看了痛心。海拔3000米左右地带仍是森林茂密，据说本地无盗伐偷卖木材者，除找些家用柴薪外，建房盖屋所需木材先到乡政府林工站申请批准之后采伐，油米群众几乎没有来自林业资源的收入。鉴于以上情况，油米常年到外打工的有100人左右，有的小家庭两口子都去打工，小孩托付给了亲戚。油米打工者主要前往云南省的迪庆州、怒江州及四川和西藏的临近地区，并大多从事道路交通的修建，特别是砌挡墙是油米男人的强项，油米建筑为碉楼结构，墙体全是石砌，男人们自幼练就了砌石头的手艺，出外打工也常常靠此手艺，他们一般不参与开矿项目，这与他们的信仰有关。

油米主要种植玉米、小麦、稻谷、大麦、青稞、蚕豆、黄豆、鸡豆、豌豆、蔓菁等农作物，主粮是稻谷、玉米、小麦，人口多的人家稻谷不够自用，还需购买。种植有白菜、苦菜、萝卜、包包菜、南瓜、苦瓜、西红柿、茄子、大蒜、芫荽、辣椒、豌豆等蔬菜。养殖有猪、牛、山羊、马、鸡、鹅等。

油米九年义务教育阶段入学率几乎达到百分之百，但只有差不多1/4的初中毕业生读高中，目前全村有七个在校大学生。在县城任国家公务员的有四五个，没有人在丽江市市级机关工作。油米村小2010年与加泽完小合并，村里的孩子从读学前班开始就要到离家5千米的加泽完小上学并住校，一星期回家一次，低龄学生需要家人每星期接送，集中办学给山区家庭带来了许多不便，孩子少了家庭教育和情感教育，家长多了担心和时间及劳力投入，老师增加了精神负担和时间投入，他们需要身兼老师和家长之职。

2010年油米通了公路，2005年加泽大山上的林区公路延伸修到加泽村委会，2010年底油米全村每户出资300元将公路修至村口，油米的公路属简易公路，冬春下雪和夏秋下雨时公路不能通车。近年建设村村通路工程，正在修一条从乡政府托甸到加泽村委会的乡村公路，该路应该比现有的路要修得规范一些，而且不用翻越海拔4300米的加泽大山，受天气影响的程度要小得多，油米群众以后的出入交通会有一个较大的改善。但直到2014年1月，这条修到半路的公路还是停留在2011年我们看到的情景，不知道哪一天油米及附近村落的人们出入本地可以不用翻越加泽大山。

2012年底以前，油米村没有政府帮助架设的通电设施，差不多全村都在用以家庭为单位购买和架设的微型电机发的电，很多家庭添置了电视、VCD等家电设备，利用卫星电视接收器收看电视，油米的孩子特别喜欢丽江本土的一些纳西语歌舞和童谣影像制品。但微型电机发电受天气、水量等影响大，油米用电不稳定。油米人也使用手机，但信号极差，只要方向和距离稍差几步，信号就会断掉，一旦联结上了，就得原地不动把电话讲完。2012年底，油米终于通电，结束了自古以来夜晚用松明照明的历史，油米的夜生活由此改变了很多。

三　油米传统文化存活情况

（一）服饰

油米人在1949年以前均着本民族服饰，1949年以后特别是改革开放以后，平时年轻人多数着现代便装，如T恤、夹克、西装、牛仔裤等，只在年节和礼仪中穿戴本民族服饰，老年人特别是老妇人平时仍然着本民族服装。传统油米服饰为青年妇女留发辫，外加黑青丝线长三四尺许，裹在头部，再配上珠子、玛瑙、琥珀、绿松石、银圆等头饰，上着金边衣，下穿白色或蓝色、绿色的百褶长裙，系蚕丝腰带或毛制腰带。中老年妇女则裹黑头帕，大概需要两丈许单纹黑青布，着深色百褶长裙、深色右衽短衣。阮可妇女们背上还会加披一块没有剪裁过的羊皮，是羊割了头、蹄后的整张羊皮，经过制革加工而成，冬夏两用，冬天毛在里保暖，夏天毛在外防雨。男子着本白色麻布右衽长衫，宽脚麻布长裤，腰系毛织或丝织腰带，头戴毡帽，受附近藏族的影响，也有穿藏式"楚巴"的。阮可妇女自古个个都要从小学习种麻、采集火草、撕火草绒、纺麻线、织麻布、纺羊毛、制羊毛毯子、养蚕制作蚕丝腰带、缝制衣服、布鞋、鞋垫等技艺，过去家家户户都有一块麻地，从种麻直到织成麻布、缝制衣服都得妇女完成。油米有句俗话可以印证其中道理："欲知妇人本事，且看男人衣装。"作为母亲、妻子、女儿都将纺麻织衣看成是责任，也是彰显女性能力的重要领域。她们制作的"楚巴"是男人们出行时必穿的较宽大的衣服，白天作衣穿，夜晚作被盖的兼用衣物。

阮可人做什么都注重牢固，譬如说住房：土掌平顶，以石当墙，坚固耐用，整个房屋取材土木石三样，既简便实用，又朴素大方，既有利于生态环保，又经久耐用。

（二）建筑

油米的民居均为碉楼式建筑，一般为二层，上层住人，下层关牲口。建房是人生大事，油米人极为重视。建房过程中伐木、立柱、封顶、入住等重要节点何时进行都要请东巴算日子，不可随便决定。开始伐木当天首先用香、牛奶、烧苞谷祭山神，向山神说明来意，并请求山神的同意恩赐，之后才可以选材伐木。碉楼的修建要遵守住房门朝南方、神龛向东方、仓库门向北方、脚碓头向东方等规矩，认为如此才吉利。碉楼建设先下石脚、伐来木头请木匠设计并制作，举行竖柱仪式立好屋架后用石头砌墙，之后是盖一屋顶，屋顶先用松柴横一层竖一层交叉铺7—10层，再铺上一层茅草，之上铺生土和成的泥拍打，稍干用木制工具夯实，如此建好二层，碉楼屋顶再修砌天香炉"梭塔"（烧天香祭祀之处）和象征居纳若罗神山的"牙增"。碉楼屋顶是油米人每天早晨烧香敬神的地方，人们瞭望纳凉之处，还是一年两季堆放、脱粒、晾晒粮食的地方。碉楼内设火房一大间、住房若干间，火房是全家人主要的起居场所，火房中间的柱子称为顶天柱，立柱时要放一点金子或银子，柱子上挂五色彩布，柱头装饰以云纹木雕，表示中柱穿云顶天，平时人们对顶天柱极为敬畏，不可以随便挪动。火房设火塘、神龛、锅桩石，神龛供奉的是祖先，锅桩石是给祖先祭献食物的地方，一日三餐或食用任何食物及客人带来的礼物都要先供于锅庄石。油米有句俗语："神龛是房屋的心脏，三脚是火塘的心脏。"入住新房当日，要请帮助建房的石匠、木匠、村里的老人、亲戚等到家做客，用黄酒、骟羊肉招待客人，左前腿请东巴食用，后腿请石匠、木匠食用，东巴和石匠、木匠们将羊肉带回去首先要置于锅庄石上敬献给祖先。要看羊肩胛骨上的卦象，预测主人一家未来的生产生活。东巴要说一通吉利话，祝福房主人，之后是老人们按年长在前的顺序说吉利话。老人们边喝酒吃肉边唱"斯布土"祭火神调，从房屋的屋基到木材、石材的采集到修建历程一一回顾颂扬，表示一切皆呈吉祥之象。

（三）婚恋

阮可人建立婚姻家庭，讲究"牢靠"，男女之间婚恋不能朝三暮四，应按传统进行嫁娶，同一个"斯日"（家族）不开亲，即使是相隔七八代至十代的，同系一个根脉互不开亲，只与其他"斯日"开亲，同辈分男女青年恋爱可以自由，但婚配则讲究门当户对，一般不与外族（藏族、纳西、普米除外）通婚，男女成婚须得双方父母长老的同意。其首要条件是双方家庭的历史背景、病史、人缘，其次要测算属相五行是否合适，没有大问题，则同意开亲。男女方同村的，男方家庭要主动邀请女方家父母、舅舅、伯叔（母）、姑姨及其亲属到家里招待一顿晚餐，泡一坛黄酒，杀猪宰鸡要视就餐人员多少而定，餐后要为女方父母备一份锅庄礼：一壶酒，一圈猪膘，一个风干猪腿、茶糖等送到女方家中敬锅庄；如果女方是外村的，则要进行一次较为隆重的敬锅庄仪式：除了为女方家准备的一坛白酒，一圈猪膘，一个风干猪腿，还有茶、糖、烟等以外，也要向女方家族（斯日）的每个家户送礼物，诸如猪膘、酒、茶、糖等物。油米有句古话：卖姑娘须得家族（斯日）来卖，买姑娘要得家族（斯日）来买；婚姻不单是男女双方的事，是两个家族（斯日）的事，两个村寨的事。敬了锅庄以后，结婚的日子也就确定下来了。等到接亲的日子，男方家组织女伴男友前去接亲，男方父母和新郎是不去接亲的，由男方一长辈人带队，驮着三四驮东西，三五个人到女方家里，第一天是散发男方家礼物的日子，包括给女方家里的礼（包括献给女方长辈的衣服），家族的礼，全村每家每户的礼，这些礼物一般是一瓶酒、一块猪膘、糖茶等；第二天是女方家待客的日子，凡女方家的家族、亲友、全村人都来贺喜、送礼、赴宴；第三天是送亲的良辰，接亲的队伍前面开道，送亲的队伍随后跟上，而女方家族及亲友每户指派一名妇女前来送一程，她们都备好鸡蛋酒，端上盘子、银碗，为前来接亲的客人敬酒，为新娘祝福，这样送过一程又一程，敬酒一波又一波，接亲的人则要为送亲者散发一次又一次的回礼钱，新娘接到男方家里，在东巴主持接亲的仪式之后，紧接着又一次散发新娘的见面礼物，如男方家的礼物一样，外加糖果、煮熟的鸡蛋。男方所在的村子热闹非凡，除了家族亲友要请送亲客及新娘到家里喝酒吃饭以外，其他的村民各家各户都要请到。第二天是男方家待客的日子，也是男女双方正式结婚的日子，白天摆席待客，晚上所有宾客聚在一起，唱酒歌跳锅庄，祝福新人幸福美满，结婚典礼达到高潮。阮可人常说"做客做三天""婚姻是两个家族（斯日）的事"，在婚礼中得以充分体现。

（四）丧葬

油米及附近阮可人均实行火葬，油米村有一个集中的火葬场，设在油米村背后虎头山半山腰的一片青冈林当中，这里地势较为平坦，分别设有油米石姓、杨姓、阿姓的火化塘。

油米东巴的葬礼仪式分以下步骤。

1. 接气，阮可语称"萨萨阔"，在逝者未落下最后一口气之前，家人及其东巴徒弟们要事先准备好少许金、银、珠宝、米等物，称作"萨萨"，让逝者口含这些东西，是送给死者的阴间路费。

2. 送什罗亡灵（此仪式死者为东巴才做），阮可语称"什罗格释"，即把亡灵带上天去的意思。在逝者未落气之前，在他卧床上方专设神坛，用麻布铺设一条从神坛通往天窗至土掌顶上"牙增"的"路"，而且在逝者未落下最后一口气的时候，其徒弟们就穿戴东巴法衣、法冠边舞蹈边诵经，不让逝者在落气时刻冷场，让其灵魂不迷失上天的路，在舞蹈和诵经声中送上去。在这里特别要说明的是，屋顶上的"梭塔"是设置在"牙增"前面的烧天香炉，这个"牙增"是用土石砌成的四角长方体柱，应高出"梭塔"，象征居那若罗神山，传说居那若罗神山是方形的，太阳从其左上方出来，月亮从其右上方出来。

3. 洗尸，人去世以后，首先要到大一些的溪河中取洗尸水，洗尸的水不能取生产生活用水，要到直接流入大江大河的溪河中去取，取水时要顺水流方向舀水，不能逆流舀水。取来的水先加温后洗尸，之后再用黄酒洗尸，该坛黄酒为洗尸专用，最后再用牛奶洗，洗尸完毕给逝者穿戴整齐，将死者肢体屈曲似婴儿在母胎中形状用麻布捆扎，装入形似轿子的立式棺材。

4. 归排辈分，阮可语称"持达"。洗尸捆尸完毕后开始祭奠亡灵，逝者家庭、家族献饭点油灯，由东巴向死者交代祖先来路，确定逝者排位次序。"持"是"代""辈"之意，"达"是"归""排"，此环节将死者排列在祖先的名册上。

5. 迎请东巴，本场葬礼请哪几个东巴，要一一上门去请，又一一迎接到家中，东巴测算日子，布置安排各项事宜，分解任务。

6. 尸体火化仪式，尸体火化前东巴为死者做指路"格故本"仪式，之后将死者送往火葬场，在本姓氏火葬点火葬，火化开始第一缕青烟升起时，拿事先准备好的一青松枝烟去熏，死者是东巴的，还要将一个泥塑面具在死者火化的青烟中熏一下，松枝和泥塑就成为亡灵的载体，其灵魂不灭，已附松枝、泥塑之上。在以后几天的道场中，让松枝穿上逝者的衣服，让泥塑戴上逝者的佛冠，象征逝者对其进行祭拜。

7. 聚客，尸体火化当天，一般就是所有吊唁者集中的时间，无论本村的、外村的都要求这时候赶到，叫"拜组"，意思是客人集中起来，聚客的这顿饭是本环节的主要内容，当事者承担的费用要大一点，对东巴的酬劳也相应地多一点。首先是所有参加葬礼的客人集中起来，按年龄大小排座，一般要备一头大黄牛、一驮大米、一驮酒，另外还备烟茶，以"拜组曲"（聚客餐）为名，招待各方吊唁者。

8. 超度亡灵仪式，一般人要举行超度能者"单怒"仪式或超度长寿者"日什怒"仪式，死者是东巴的要举行超度什罗"什罗怒"仪式，超度仪式分两段，第一天做超度能者或长寿者仪式，献牲牦牛一头，绵羊一只；第二天做超度什罗仪式和超度死者仪式，称"我迪"（大祭），献牦牛一头、绵羊一只，东巴按"神路图"跳送死者灵魂的舞。超度仪式是整个葬礼中耗时最多的环节，一般用两天的时间，破费也最多，所有献牲要让逝者一一接纳。

9. 归祖，阮可语称"余铎"，祭祀包括死者在内的所有祖先，意为死者已经祈求祖先将福泽赐给所有生者。该仪需用小猪一头或羊一只。

10. 散客，各种仪式结束，逝者家庭要将请来的东巴一一打发送回，外村来的远客和前来帮忙的弟兄姐妹都要一一打点相送。

在葬礼的各个阶段中，包含了多种仪式，大仪式中包含各种小仪式，程序各异，而每个仪式都有献牲并由逝者的儿女们分别承担费用，招待客人。

四　油米的东巴文化

油米的东巴文化到目前为止，还处于自然状态，也就是无外界和其他任何机构干预而以当地民众需求为前提的存在，这与丽江市许多村落东巴文化传承保护有政府和研究机构、企业介入的情况非常不同，也是我们所期望看到的最本真的东巴文化。

油米处于云南省丽江市玉龙县、宁蒗县、迪庆州香格里拉县、四川省凉山州木里县交会处，金沙江东岸洛水河旁，洛水河流域多有阮可人居住，油米以南的洛水河下游，有树枝村，全部是阮可人，再往南的次瓦村也全是阮可人，布洛村（属拉伯乡托甸村委会）除七八户汉民族以外，80%是阮可人，托甸村委会三江口村民小组中，也有七八户阮可人；油米以东、下落科村有九户阮可人，瓦日村有四户阮可人；油米以北洛水河上游是四川省木里县依吉乡甲波村、甲区村、麦洛村都是阮可人居住的村寨，油米以西无量河西岸的木里县俄亚乡苏打村、俄日村、卡瓦村，至甘孜州稻城县东义乡俄牙桐乡交界的色库村也均为阮可人，油米处于洛水河流域阮可人聚居区的中心地带。

油米村现有阮可东巴12人，其中有一人是拉伯村委会新建村民小组的纳西族阮可人，是专门从异地去油米学东巴的，后来娶了油米媳妇。油米村人世代信奉东巴教，东巴文化代代相传，不曾间断。每个东巴都有几百册经书，东巴法器一应俱全，东巴在社会上的地位威信最高，民间的信仰氛围浓厚，凡逢年过节，婚迁喜庆，或祭风消灾或丧葬仪式，都得请东巴做法事，与老百姓的生活息息相关。其四周均有纳西族居住，并有与油米相同的自称为阮可的纳西族居住的村落约15个，这一带的阮可人在20世纪民族识别中，居住在宁蒗县拉伯乡内的被划归为纳西族摩梭人，居住在四川木里县的有的划归蒙古族，有的划入纳西族，这是民族识别方面的历史遗留问题。阮可是纳西族的一个支系，自称和他称为"阮""阮可""阮西"（有的音译为"如柯"或"阮卡"），其意为"居住在江边的人"。这些阮可人至今全民信仰东巴教，历史上永宁土司阿氏曾经强制推行藏传佛教，油米曾有二人做藏传佛教僧人，后一人病死，一人瘫痪，从此再无人去学。直到现在东巴祭司仍然是油米一带民众生活中不可或缺的重要角色，拉伯乡这一带有 70 多个阮可东巴，东巴主持的民俗活动仍然是当地民众最重要的文化活动。

油米阮可人所用语言属于纳西语东部方言，与西部方言较难通话。油米阮可语的独特性表现在阮可人使用的《东巴经》中，不懂阮可语就无法读懂阮可《东巴经》。丽江市东巴研究院的研究人员于 20 世纪 80 年代在抢救整理翻译东巴经过程中接触到收集于云南省博物馆的 90 多本阮可东巴经，由于没有阮可东巴的协助，无法释读，使得自 20 世纪 80 年代初开始的东巴文献抢救整理翻译工作没能对阮可东巴经进行整理翻译，东巴文化研究院编著的《纳西东巴古籍译注全集》（100 卷）中只收入一本阮可经书，是由西部方言区东巴用西部方言释读，研究人员用西部方言记音翻译的，到目前为止还没有人对阮可东巴文献进行系统和全面的整理翻译。

（一）油米东巴民俗活动现状

油米东巴民俗活动频繁，受现代文化影响较少，基本保留了传统民俗，民俗活动除了农历三月十二至十三日进行的女子沐浴节外，都需要东巴主持或使用东巴经书，这些民俗活动包括下述内容。

1. 日常生活中的每日三餐祭祖。
2. 节日祭祀：
（1）纳西新年（油米在农历十二月过年，十二月初一即新年初一，初一至初五祭祖、初一烧天香、初六烧大天香、初十村中男性祭署求财、十三全村转山）；
（2）四月尝新节；
（3）五月端午；
（4）六月初十祭祖；
（5）七月十三转山；
（6）十月尝新；
（7）冬月杀猪祭胜利神、祭祖；
（8）冬月除尘。
3. 每年以家庭为单位举行的祭祀仪式有：

(1) 祭署（吉柯补）仪式，在农历正月和二月进行；
(2) 禳垛鬼仪式（消灾仪式），不定时；
(3) 祭风仪式，不定时；
(4) 退口舌是非仪式，不定时。
4. 人生礼仪：
(1) 取名仪式；
(2) 成丁仪式；
(3) 结婚仪式；
(4) 丧葬仪式。
在油米，可以说人们每天都离不开东巴祭司和《东巴经》。

（二）油米东巴祭司传承

油米和树枝的东巴祭司传承与其他纳西族地区相同，有家传和师徒相传两种形式，家传又有父传子、叔传侄、舅传甥几种方式。每个东巴都有其传承谱系，在举行各种仪式时东巴们都要由远至近历数东巴先辈，请先辈威灵降与自己，帮助顺利完成各项仪轨，与油米、树枝频繁的东巴仪式相对应的是众多的油米东巴祭司，目前油米有10多位东巴，各个年龄段分布均匀。

2014年油米有11位东巴祭司：哈巴茨（79岁）、杨扎实（63岁）、石那布（43岁）、阿公塔（43岁）、杨那本（42岁）、石玛里（42岁）、杨布里（41岁）、石根茸（37岁）、阿此里（36岁）、杨玛佐（32岁）、石米念此（22岁）。

树枝有五位东巴祭司：石永文（55岁）、石宝寿（43岁）、石哈巴若（43岁）、石阿子拉（29岁）、石独几（23岁）。

油米村的东巴情况可较详细查到的是1930年以后的去世者，他们是：
阿格哥塔，1930年60岁去世，大东巴。
石博布次尔，1933年58岁去世，著名大东巴。
阿甲初吉，1947年73岁去世，大东巴。
杨独基此里，1949年61岁去世。
石达甲，1957年72岁去世，大东巴。
石义下，1959年66岁去世。
杨博布，1960年81岁去世，1949年前曾任总伙头。
杨高突，1966年76岁去世，著名大东巴。
阿克左里，1966年62岁去世，著名大东巴。
杨本马次尔，1973年46岁去世，多才多艺人。

杨师吉，1976年84岁去世。
杨古马左1982年去世73岁，大东巴。
杨英塔，1987年去世，64岁，著名大东巴。
石音支，1988年去世，76岁，画家。
石布塔，1992年85岁去世，保村护寨英雄。
阿次尔，1992年去世，61岁。
杨棒布，2000年去世，85岁，老乡长，党员。
石玉夏，2010年去世，64岁，大东巴。
杨格哥，2013年去世，70岁。

杨扎实家是东巴世家，到杨扎实这一代，已有18代相传，加上杨扎实带的徒弟他儿子杨布里和侄子玛佐一代，已有19代470年左右。据杨扎实提供的东巴谱系是：

高窝甲萨→纳美布→依迪甲→依迪布松→布莫嘎→布若塔→公玛→嘎若→贡布→贡甲→贡玛若→哈巴甲→哈巴若→依迪塔（松纳次尔）→玛尼哇（嘎若、迪甲若、而青）→仪夏塔（泵布杜几、杜几次尔、构土若、生根杜几）→贡玛若（依迪塔、阿兹拉）。

石玛里家也是东巴世家，连他这一代在内已有十代，他家的东巴谱系为：

习拉迪→习约若→公玛迪→哈巴布（余衬、甲阿）→贡玛夏（打夏、巴甲、公萨）→哪布甲（贡玛夏、肯若塔、生根甲、巴若、依迪次而、生根若、雀基）→夏那（松那扎西、依念若、公玛夏）→依迪加（次尔、博布次尔、基公肯、生根都几）→依念若（以迪扎西、而青、那本、以迪次尔、玉夏都几）。

油米一带的东巴至今都抱着有请必去的传统观念，这是不成文的东巴规矩，有的年轻东巴外出打工，村里老人去世，赶回百公里以外的村子帮忙，如此往返几次后便只能留在村里。东巴为民众做仪式没有报酬标准，按家庭条件付酬，有的付酒、肉等实物，有的付三五十元，如到远处的村落做仪式，往往要花上三五天时间，上山过河非常辛苦，在当前一切以货币计算的商品经济时代，东巴们在传统与现代之间面临种种困惑和艰难的选择。

东巴经典是东巴仪式必需的工具，是东巴仪式的重要组成部分，东巴仪式是东巴经典的应用场域，也是东巴经典价值和意义的直接表现，离开东巴仪式的东巴经典仍然是珍贵文献，具有历史和文化价值，但不再有"活着"的状态，一种东巴经典如果长期没有被应用于东巴仪式，该种经典也就渐渐走向了"死亡"，东巴经典的应用随东巴仪式的兴衰而兴衰。

据了解，油米一带"文化大革命"以前做的仪式比现在多，有全村参加举行的仪式、家族团体参与举办的仪式、个人家庭举办的仪式三个层次。"文化大革命"之后已经没有举行的东巴仪式有：

全村性仪式：

1. 祭风仪式 dɯ^{31} u^{55} tsa^{31} pv^{31}，在农历一月十五日举行；
2. 祭绝后鬼仪式 dʑue^{13} pv^{33}，在农历七月三十日举行；

家族团体举办的仪式：

3. 祭胜利神祭祖 ŋɑ^{33} pv^{33}，杨家在腊月初八举行，阿家和石家在初十举行。

个人家庭举办的仪式：

大禳垛鬼仪式 ɣɯ^{33} qho^{55} ʂu^{33} dɯ^{31} be^{33}，不定时举行。

以上四种仪式"文化大革命"以后没有举行，现在也没有恢复迹象。

还有的是目前还举行，但较"文化大革命"以前已经很少举行的仪式：

1. 退送是非灾祸仪式 o^{55} pv^{33}；
2. 洗秽仪式（为小孩夭折的妇女而做）tʂhuɑ^{33} tʂhɯr^{33}。

这两个仪式都是以个人家庭为单位举办的仪式。油米东巴经典历史上靠父子和师徒传承，东巴一般是家庭传承，父亲会选几个儿子中对东巴文化感兴趣和有悟性者作为东巴传人，在其10岁左右就有意培养，授予东巴文字、经典、仪轨各方面的知识，并将其带在身边参与各种东巴仪式，在实践中提高能力，直到其可以独立执掌仪式。可以肯定的是，当时使用的东巴经书比现在多，在"文化大革命"期间大多数东巴经书都被作为牛鬼蛇神烧毁，有的东巴悄悄藏下少数经书，改革开放以后一些文物贩子到油米一带收购东巴经，当时经济还非常困难，有的人家就把仅存的东巴经卖了解燃眉之急，只有少数东巴留下了祖传的极少数东巴经，油米东巴文化在"文化大革命"时期虽然受到重创，但是此地偏僻，不通公路、没有电，接收外来文化较少，人们心中仍然视东巴文化为根本，是祖宗传下来的遗产。"文化大革命"刚结束，政策才现宽松之势，油米的石甲阿次、石英支、杨英塔、杨子拉、杨扎实，树枝东巴石永文等老一代东巴们就迫不及待地前往四川木里县的俄亚乡卡瓦、依吉乡甲曲、甲波等村抄写东巴经书和神路图，这些地方因更为偏僻受政治影响更少，保留了更多的经书，卡瓦村的东巴戛若佯装成疯子，拿枪守护东巴经书，不让任何人靠近他家，使得他家的经书没有被抄、烧，得以全部完整保留下来。笔者于2014年4月前往卡瓦村做田野调查，那里还没有通电、通路，也没有网络信号，过河还得靠简易溜索，让人胆战心惊。从卡瓦、甲曲、甲波等村抄回的经书不仅为油米村、树枝村东巴带回了急需的原典，拉伯乡的其他阮可村落东巴也纷纷向油米、树枝东巴借了再抄写，渐渐地油米、树枝及拉伯乡阮可村落东巴都有了可供学习和仪式应用的成套东巴经，他们在为民众做仪式时，自己还没有的经书向其他东巴借用的方式解决。最近两年，油米东巴石玛里从四川木里县依吉乡的甲曲、增五村抄回退送是非灾祸仪式、$o^{55}\,pv^{33}$ 仪式用书近 30 种。

在改革开放以后恢复东巴仪式，重新抄写经书的过程中，因是应急传抄，没有太多时间可以供东巴们慢慢书写，更没有经济条件购买价格昂贵的手工东巴纸，因此这些东巴经大多被书写于牛皮纸上，有的甚至书写于学生作业本、账簿纸上，东巴们放弃了传统的竹笔，改用书写快速方便的钢笔、碳素笔，使得油米、树枝等地东巴们拥有的经书失去了传统东巴经书扎实、耐磨、讲究笔法、美观的特点，与东巴们手中留存的老经书相比，经书形貌相差甚远，令人感叹今不如昔，从仅存的老经书看可以感受过去东巴虔诚的心，他们把书写东巴经典看作是一件神圣的事，一笔一画毫不潦草，非常注重和追求书型和书法的美观。2011 年以后丽江市东巴文化研究院实施"纸援东巴"项目，以传统手工东巴纸支援并鼓励东巴按照传统方式重造自用经书，许多东巴重新拿起竹笔，认真按照传统书写方法重写经书，油米东巴经书整体形貌正在得到逐步改善。

油米村和离油米约 5 千米的树枝村的每一位东巴都有 100 多到 300 多本东巴经典，拥有经书最多的是油米的杨扎实、石玛里和树枝的石宝寿，三位东巴经书的构成和数量具体情况如下。

1. 杨扎实，油米村东巴，2014 年 63 岁，小学文化，担任加泽村委会护林员 11 年、油米村长 10 年。其经书有 264 册，90% 以上为杨扎实自己书写，有家传的少数经书。杨扎实祖父杨构土若是油米有名东巴，曾与本村的东巴杨泵布独几（现油米东巴杨格果之祖父）在 20 世纪初应永宁土司总管阿少云之使到泸沽湖息瓦俄岛与美国学者洛克会面，洛克与两位阮可东巴交流会谈，了解油米及附近东巴文化情况，并买下他们带来的阮可东巴经书，当时洛克身边有从丽江带来的助手纳西东巴和华亭。现在收藏在美国国会图书馆的 3000 多册东巴经书中有 30 多册阮可东巴经书，这些应该就是当年洛克从杨构土若、杨泵布独几手中买走的经书。

杨扎实现有的经书分 10 类。

（1）禳垛鬼（$ʂu^{33}\,be^{31}$）仪式（消灾仪式）用书 67 册，其中：（$dɯ^{33}\,ȵi^{33}\,ʂu^{33}\,be^{31}$）（用一天做的禳垛鬼仪式），36 册；（$ȵi^{33}\,ȵi^{33}\,ʂu^{33}\,be^{31}$）（用两天做的禳垛鬼仪式），31 册。

（2）祭风（$tsɑ^{31}\,pv^{31}$）仪式用书，18 册。

（3）祭署（dzi³³ qhvr³³ pv³¹）仪式用书，13 册。

（4）超度死者（tʂhu³¹ ŋv¹³）仪式用书，47 册。

（5）超度能者（ɖæ³¹ ŋv¹³）仪式用书，14 册。

（6）超度什罗（ʂæ³¹ ɭæ³³ ŋv¹³）仪式用书，28 册。

（7）祭祖（y³¹ pv³¹）仪式用书，3 册。

（8）除秽（tʂhu³¹ pv³¹）仪式用书，5 册。

（9）占卜（ʁvr³¹ tshɿ³³ phæ³¹）用书，25 册。

（10）杂类，44 册。

2. 石玛里，油米村东巴，2014 年 41 岁，初中毕业，其经书有 305 册，多数为其叔叔石玉夏东巴（2010 年 64 岁去世）所传。石家是最早到油米居住的家族，也是传承较好的东巴世家。石玛里的经典分 10 类：

（1）禳垛鬼（ʂu³³ be³¹）仪式（消灾仪式）用书 83 册，该仪式又分两种：（dɯ³³ i³³ ʂu³³ be³¹）（用一天做的禳垛鬼仪式），用书 39 册；（i³³ i³³ ʂu³³ be³¹）（用两天做的禳垛鬼仪式），用书 44 册。

（2）祭风（tsɑ³¹ pv³¹）仪式用书，28 册。

（3）祭署（dzi³³ qhvr³³ pv³¹）仪式用书，12 册。

（4）退口舌是非（ʁvr³³ pv³¹）仪式用书，17 册。

（5）超度死者（tʂhu³¹ ŋv¹³）仪式用书，55 册。

（6）超度什罗（ʂæ³¹ ɭæ³³ ŋv¹³）仪式用书，25 册。

（7）超度能者（ɖæ³¹ ŋv¹³）仪式用书，25 册。

（8）除秽（tʂhu³¹ pv³¹）仪式用书，5 册。

（9）占卜（ʁvr³¹ tshɿ³³ phæ³¹）用书，30 册。

（10）杂类，25 册。

3. 石宝寿，树枝村东巴，2014 年 43 岁，没有上过学。有经书多数为其父石波布（2010 年 73 岁去世）所传，共有 361 册，分 13 类.

（1）禳垛鬼（ʂu³³ be³¹）仪式（消灾仪式）用书 109 册，其中（dɯ³³ i³³ ʂu³³ be³¹）（用一天做的禳垛鬼仪式），43 册；（i⁵⁵ i³³ ʂu³³ be³¹）（用两天做的禳垛鬼仪式），40 册。

（2）祭风仪式用书（分三种）：（tsɑ³¹ pv³¹），34 册；（χæ̃³³ zo³³ pv³¹），20 册；（χæ̃³³ phæ³¹ pv³¹），5 册。

（3）祭署（dzi³³ qhvr³³ pv³¹）仪式用书 12 册；（dzi³³ qhvr³³ ly³³ pv³¹），6 册。

（4）退口舌是非（ʁvr³³ pv³¹）仪式用书 37 册。

（5）超度死者（tʂhu³¹ ŋv¹³）仪式用书 19 册。

(6) 超度能者（dʑæ³¹ ŋv¹³）仪式用书 38 册。
(7) 超度长寿者（du³¹ ŋv¹³）仪式用书 14 册。
(8) 超度什罗（ʂæ³¹ ɭæ³³ ŋv¹³）仪式用书 45 册。
(9) 敬神烧香（tər³¹ lɑ³³ so³³ doŋ³¹）（藏语）仪式用书 4 册。
(10) 小祭素神（se³³ mi³¹ khɯ³¹ i³¹ tɕhue¹³）仪式用书，1 册。
(11) 预防难产（nɑ³³ thi³³ pv³¹）仪式用书，1 册。
(12) 祝婚歌（tʂhər³³ me³³ so³¹ qho³³）用书 3 册。
(13) 杂类 13 册。

油米和树枝所有家庭都必备六本东巴经书以做家祭之用，这些经书是：《祭祖经》《除秽经》《烧天香》《祖先名册》《历数胜利神》《点油灯》。每家每户的男主人是家庭日常祭祀的主持，他们都能背诵这几本经文，因此油米的男人们多多少少都懂一些东巴文，这和我们去过的许多纳西族村落有很大的不同，这些村落除了东巴人们一般都不掌握东巴文了，至少目前是这样的情景，也许在我们不曾看到的过去，所有纳西族村落都和现在的油米一样，男性村民都掌握一定的东巴文，能诵一些东巴经。

现阶段，油米全部东巴仪式必需的经典数量在 300 种左右，该村所有东巴都已经基本拥有这些工具书，并在本村和附近村落服务时具体应用。除此之外，东巴们还得掌握大量的口诵经，口诵经没有书面记录，更难学习记忆，靠口传心授传承应用，这些口诵经约占仪式应用经书的 1/3。油米东巴杨扎实近年开始将禳垛鬼仪式中的口诵经部分书面化，整理记录书写了三本口诵经，并被其他村落东巴借去传抄，他准备逐步将所有口诵经整理书写为书面经典。

在油米附近一些汉族和普米族居住的村落，有请纳西族东巴为他们做仪式的特别现象。普米族村落有自己的祭司韩规，"文化大革命"以前做大一些的仪式时常常请纳西东巴去做，小仪式请韩规做，改革开放以后经济社会得到发展，普米族培养年轻文化人才的意识提高，韩规传承人逐步增加，请纳西族东巴做仪式的现象越来越少，目前已基本不请纳西东巴。汉族村落"文化大革命"以前也请东巴做仪式，现在村中能够为人们进行占卜、祈福禳灾的"先生"逐步减少，请东巴做仪式的频次呈上升趋势，每年每户请东巴做仪式在二至三个，所做仪式主要有各种禳垛鬼仪式（消灾仪式）、祭风仪式、退口舌是非仪式、祭署仪式。普米族韩规教与纳西族东巴教有同源关系，有许多相似之处，历史上其他地区也有普米、纳西祭司相互交叉为对方民众服务的现象，但汉族请纳西族东巴做仪式的情况比较少，在油米一带汉族民众请纳西族东巴做东巴仪式却成为平常行为。当笔者问回程乘坐的一汽红塔汽车汉族司机他们家是否也请东巴做仪式时,他肯定地说请。我们再问知道东巴读的经书内容吗?他又说晓不得在读个啥子。看来,人们只追求祈福禳灾的目的,至于过程或者通过什么途径达到,对他们而言并不重要。

目前,油米、树枝两村东巴经典应用频次最高的是禳垛鬼仪式(消灾仪式)、祭风仪式、祭署仪式、退送口舌是非仪式经典,这些仪式每个家庭每年都要请东巴各举行一次,每个仪式用书较多;其次是每年按时序进行的节祭、丧葬仪式和其他人生礼仪东巴仪式经典,丧葬仪式包括超度死者仪式、超度能者仪式、超度什罗仪式、超度长寿者仪式,共计用书110种左右;其他取名、成丁、结婚等仪式用书较少,这些仪式仍然按照传统方式举行;应用频次最少的是预防难产、退送是非灾祸、洗秽等仪式用书,这些仪式已很少举行。

调查整理:李德静

六

香格里拉市三坝乡吴树湾村纳西族东巴文化调查报告

三坝纳西族乡是迪庆藏族自治州唯一的纳西族乡，历史上作为东巴文化圣地而闻名遐迩，至今仍有"不到白地算不了大东巴"的民谚。吴树湾村是三坝乡东巴文化传承生态较好的传统古村落，白水台、东巴灵洞就坐落在村落范围内，村里历史上大东巴辈出，至今仍延续着传统的东巴仪式、民俗节日，尤其是1998年成立东巴文化传承学校以来，在三坝乡率先恢复传承东巴传统仪式，培养了近30个东巴传承人，在州内不同乡镇建立了11个传习点，从而使传承之花开遍了全州的纳西族地区。吴树湾村在纳西族地区东巴文化传承中具有典型样板的价值。对这一村落东巴文化生态的调查，有助于总结18年来的传承经验，同时对于东巴文化的创新发展也具有积极的现实意义。

（一）概况

1. 行政区划

自然村名称：云南省迪庆州香格里拉市三坝乡白地村委会吴树湾自然村。行政辖区为白地村委会吴树湾自然村，面积1.06平方千米。户籍与人口：全自然村共有96户，426人，全村皆纳西族，人口密度约为1.7人/平方千米。

2. 自然生态环境

地形地貌：吴树湾是纳西语"鲁给吴树湾"的简称，"鲁给"，意为裂开的石头，"吴树湾"，意为新村。吴树湾主体居民为纳西族阮卡支系，来三坝时间晚于其他村落，故名"吴树湾"（新村），因村中有一个巨大的裂石而有了这一俗语。村中巨石高约8米，长约6米，宽约7米，"文化大革命"期间被毁坏。

村子与三坝乡政府相距1.5千米，与景点白水台相距2千米，地势西高东低。西面与三坝乡政府为邻，南面与波湾自然村为邻，西南面与谷都自然村为邻，东面与水甲自然村为邻，地势较平。

山川河流：吴树湾村地处三坝乡中心位置，四周为田园、山地所包围。村北与阿明灵洞所在的来开主山相对，村北为著名的东巴教圣地——阿明灵洞。相传阿明出生于吴树湾村，青年时期到藏区学习藏传佛教，学成后回乡创立了东巴教。在阿明灵洞对面的栎树林间有一块约1000亩的草坪，坪内四季鲜花盛开，是理想的休闲场所。村北为一个深切36米、纵长近3千米的大峡谷；峡谷里有一条落差25米的大瀑布；峡谷中还有一块华泉台地，当地人称为"小白水台"，相传是由白水台之女变化而成。小白水台上边有一水源地，终年流水潺潺，是全村人祭署的地方。村内河流主要有白水河、开每大沟、论开大沟、双开大沟。其中双开大沟、论开大沟两条河水引入村中，走村过巷，形成了"家家流水，户户浣衣"的高原江南风貌。

森林植被：吴树湾村四周森林植被丰茂，属于村辖林地约有15万公顷，人均有林361亩，森林覆盖率60%以上。主要植被有云杉、落叶松、山杨、杜鹃、箭竹、高山黄栎、漆树、枫树、桦树等，植被种类繁多，物种资源丰富。

野生动物：一类保护动物金豹和野驴；二类保护动物小熊猫、红腹锦鸡和猕猴；珍贵动物有水灵猫、大灵猫、黑熊、狼獾、穿山甲、弃狐、野猪、黄鼠狼、花面狸、豪猪、灰尾兔、红腹松鼠、竹斑鸟等。另有麂子、熊、野猪、野狗、野狼、山鹿等。

海拔与经纬度：吴树湾村海拔有2270米，东经99°56′—100°19′之间，北纬27°17′—27°43′之间。

民族情况：纳西族阮卡支系与纳西族纳恒支系。

语言文字：语言：纳西族西部方言；文字：纳西东巴象形文字。

历史沿革：建村年代。据《华阳国志·蜀志》记载，公元4世纪中叶前纳西族先民已进入迪庆高原及金沙江两岸区域。元明清时期，丽江纳西族木氏土司的势力在维西及中甸有着重大影响，纳西族人口随之增长。历史文献中称纳西族为"麽些"。清代乾隆年间余庆远撰《维西闻见录》，以麽些居首位。据村中老人世代相传，阮卡支系与丽江纳西族纳喜支系、永宁纳日支系（摩梭人）同为崇仁利恩后代，在高勒趣一代分祖后迁徙到泸沽湖区域，后因与当地土司发生矛盾后被迫逃难到无量河流域，元朝初期抵达三坝，由此繁衍成村。

迁徙路线：青海湖—河湟流域—果洛草原—大雪山—崩米悠悠底—垛朗崩补坞—克纳坞补巩—劳东桑阿垮—劳东瓦里支—木里公巴坞—颂昌屋吕栋—恒乌金科坞—替桑锁牛吕—灵补肯普坞—器土里若主—朗左美吕科—屋

钦金股肯—达子泥本公—瓦柯吴里东—夯实首衬买—树米吾鲁栋—韩施肯忍忍—本得吾刷里—鲁给吴树湾。

社团组织：迪庆州纳西东巴文化传习馆、香格里拉市"阿卡巴拉"艺术团、阮卡东巴文化学校设在本村。村中有村党委会支部、团委支部。全村村民信奉纳西族宗教——东巴教，村民依宗族关系形成大小不同的祭祀群。

经济状况：人均耕地面积1.5亩（两季田）。主要农副产业有稻谷、小麦、大麦、蚕豆、黄豆、玉米、蔓菁、南瓜、黄瓜、白芸豆、萝卜、豌豆等农作物，一般一年两熟。畜牧业以饲养黄牛、水牛、马、骡、绵羊、山羊、猪、鸡、鸭等为主。

吴树湾人均收入为1660元（据2012年统计）。

交通条件：三坝乡政府到吴树湾村的公路于1982年通车，乡政府易地搬迁后，与村仅相隔1千米；与乡主干道相隔1千米，路况良好，交通便利。

（二）传统农业调查

1. 传统种植业

农作物种类：粮食作物有稻谷、小麦、玉米（主要粮食作物），还有大麦、青稞、蚕豆、黄豆、四季豆、白芸豆、豌豆等。经济作物有土豆、蔓菁、南瓜、黄瓜、花椒。蔬菜有白菜、青菜、卷心白菜、黄心菜、水芹菜、西红柿、茄子、辣椒。水果有梨子、桃子、毛桃、梅子、李子、花红、橘子、罗汉果、苹果、杏子。

2. 耕作工具

木犁分单牛犁、双牛犁。纳西语称双牛犁为"思违都"，单牛犁为"恩斤都"，主要用于耕地，用栎树或杂木做犁架，在犁架头部套上铸铁犁尖。锄头有两种，纳西语称"从弓"。主要用来蓐玉米、土豆等。还有一种专门用来犁水田时修田埂的农具纳西语称为"贺从"，全部用铁打制的。尖锄：纳西语称"抓"，挖石头用。钉耙：有两种纳西语称"拉周"，三齿，专门出圈肥时用，六齿的用来拉松毛，有木制和铁制的两种。镰刀：纳西语称"书古"，用于割稻谷、小麦、大麦、青稞，割草。斧头：纳西语称"奔白"，用于砍柴、砍料子。撮箕：纳西语称"拉优"，用于抬物、出粪或其他。尖底篮：纳西语"扣"，用来背肥料和杂物。砍刀：有三种，"多布"刀柄为铁；"答片"刀柄为木头；"神罗"铁柄尖上有一小齿。前两种有木制或皮制刀壳，后一种刀柄是铁板要包上布才好用。

3. 仓储形式

储藏室，纳西语称"公"，为木楞房，一般在正房左右。木制储藏柜：纳西语称"加伟"，约长2米，高90厘米左右，宽2.5尺左右，主要是储藏粮食的，一般在木楞房下方。另一种叫"打"，置放于神龛下方，高约1.5米，宽约40厘米，有两层，一层装地契，一层装金银、银碗及贵重物品，一般为男主人睡处。皮制储藏袋：纳西语"拉答"，用于储存小麦、玉米、面粉等。

4. 传统家庭手工业

（1）纺织的历史及文化渊源

纳西族先民以游牧为主，至今畜牧业在吴树湾村经济中起主导作用，在生产生活中占着重要地位。长期的游牧生活使他们与毛纺织业结下了不解之缘，麻布、毛披肩、皮衣、毛毯子、毛绳、皮垫成为生产生活中不可缺少的必需品。村中妇女都能编会织，当地有"女人不会纺织就不算女人"的说法。以家中纺织品数量多少衡量一个家庭的贫富，越多就代表主妇越能干、家庭越富裕。

（2）毛纺、麻纺工艺

吴树湾的纺织在纳西族手工艺中堪称一绝。村中至今还保留着原始、古老的纺织技术，原材料均取自当地的绵羊毛、山羊毛、麻及到山上采来的火草线。用绵羊毛、山羊毛织成毯子。毯子有两种：大的称"古争"，意为帐篷；小的称"先伟"，意为挡寒避雨工具，大的帐篷长约1丈，宽约6尺；小的长约2米，宽约1米，四周织入五颜六色的花边。这种自制毯子冬天可以防寒，夏天可以防雨。

麻制品加工程序：种麻—撕麻皮—理麻线—摘火草—撕火草—纺麻线—织麻布，最后把火草掺和在麻布里织成厚厚的毯子用来冬天取温。用麻布裁绑腿，纳西语称"库鲁"，披肩由羊毛编织而成，披肩分为两种：一种为花披肩，披肩上边、下边、周围都是五颜六色，纳西语称"把英公阮"；另一种为没有织花的披肩，纯黑或纯白，还有一种纳西语称"把设英公抓"，麻布可裁裤子、衣服、书包，装粮袋纳西语称"打冷"，装茶盐袋纳西语称"册肯打冷"，马料袋纳西语称"抓擦几"。

麻布制品"国阮"，长约3尺，宽为2尺，上有帽子，两边有小花边，可以防寒、防雨、垫背。大毯子一般用4张毯子拼缝而成，小毯子一般用2幅接缝。"国阮"用于编织口袋、包腿、靴带、腰带、背带等用途。农历三月撒麻，八月砍麻秆。

麻线的制作：把麻秆放在通风向阳的干房子里晾干；麻秆变黄后，到农历三月泡在各家门前水沟或秧田里，三天后就撕麻皮成丝，绕成捆后晾干。妇女们用麻丝理麻线、绕生麻线、纺生麻线、煮麻线、洗熟麻线、晾熟麻线、纺熟麻线、绕熟麻线、穿熟麻线、织麻布，麻布主要用来做长衣、短衣、裤子、裙子、背带、带子、包腿、茶盐袋等。用粗麻线为纬线，粗火草线为经线，可织长2.4米，宽1.8米的麻布毯子，纳西语称"培拉把"，意为麻布毯子，耐用、暖和。

（3）纺织工具

织麻布机的纳西语称为"久久"，最早的是席地而坐的踞织机（也叫腰机）。使用方法是用足踩织机经线木棍，右手持打纬木刀打紧纬线，左手做投纬引线的姿态。这种足蹬式腰机没有机架，卷布轴的一端系于腰间，双足蹬住另一端的经轴并张紧织物，用分经棍将经纱按奇偶数分成两层，用提综杆提起经纱形成梭口，以骨针引纬，打纬刀打纬。腰机织造最重要的成就就是采用了提综杆、分经棍和打纬刀。这种织机虽然很简单，但是已经有了上下开启织口、左右引纬、前后打紧等三个方向的运动，它是现代织布机的始祖。后来人们在织布的生产实践中，又逐步革新成功创造了脚踏提综的斜织机。这种斜织机已经有了一个机架，经面和水平的机座成五六十度的倾角，而且采用了脚踏提综的开口装置。织布的人可以坐着操作，手脚并用，生产率比原始织布机一般提高10倍以上。

（4）纺织过程

纺织毛制品的程序分为七个部分：把羊毛剪下来洗干净晒干；用（抓羊毛的专用工具）把羊毛抓松抓匀，把抓匀的毛再次抓成片状；把羊毛捻成线，捻线时中指来调节线的粗细；令线、线坨，把两三股线绕成粗的一坨；把线坨放到甑子中蒸一个小时左右后晒干，有拉匀线、高温防缩水和增加线的弹力作用；奇线根据由所织毯子的大小来决定所要线的长短；麻线一头拴在织布人的腰上，一头拴在固定位置上就可以开始纺织。

纺织麻制品的程序分为九个部分：把麻皮洗干净晒干；手工理麻线：麻皮一头含在口中，双手把麻皮撕成细细的，边撕边理，把理好的细毛线绕在左手掌四手指上，等线绕满了，把麻线圈脱下来放在竹筐里，如此反复直到理完麻线。用纺车把麻线纺在插在车上的细竹竿上，这样反复若干次。用纺车把线条纺成约长3尺，粗2寸左右的麻线；把麻线支放在大锅里煮2个小时左右，煮熟后再到水沟里漂洗干净，然后晒干；用糯米粉与牛骨汤给麻线染色，纳西语称"敌米呀"，意为添白色；把染好白色的麻线纺一次，纳西语称"桑木泊"，意为纺熟麻线。纺成长约5寸，粗为3厘米左右的长条熟线；线心是细竹子，把竹子插在纺车上纺成一条条长线坨；穿麻线要用2个人，把纺好的白麻线穿到织布机上；织麻布，把穿好的麻线进行纺织，织男女长短衣服、裤子、各种口袋。

（5）编织

编织分为编织衣料、口袋与编扎农具两类。编织衣料以上述制作麻布衣服、口袋为主；编扎以劳动用具为多，如尖底篮。尖底篮相传是木天王为了不让奴隶偷懒，把竹篮底部做成尖形的，另外还有撮箕、簸箕、稍箕盒子、花篮、背斗、争争斗、鸡篓子、革冷、西斗、竹幅子等。

（6）榨糖

包括米花糖、苞谷糖、香米糖、核桃糖。

（7）冶铸

一般用于农具为主，如犁具、锛、斧、刀、叉、锄头等。现在多为购买现成品。

（8）竹木器加工

一般木器制作较多，木制品制作技艺也较高，如：木碗、木水瓢、木水桶、木盒、木茶盘等。

（9）建筑雕刻

主要有雕梁、橱柜、神龛、六合门等，内容有双龙戏珠、双鹿对卧法轮、双凤朝阳、龙凤呈祥等。

木碗选用杜鹃木、羊脚板、黄印木等木材。木水瓢，纳西语称"士把"，用"马乱木""豆腐渣木"等材料制作。木桶，大小均用柏木制造，用于背水或喂牲畜。

（10）传统饲养业

家禽种类：以鸡、鸭为主。家畜种类有黄牛、水牛、马、骡子、绵羊、山羊、猪等。黄牛人部分时间放养在外，在家时喂草料和玉米面。水牛喂养在家里，喂养饲料、玉米面。猪圈养喂饲草与玉米面、小麦糠、大麦、蚕豆、黄豆叶等。

（11）采集及其工具

采集野生菌类，如松茸、鸡枞菌、香菌、蘑菇菌、鸡油菌、猴头菇、白栓菌、红头菌、鸡爪菌、白头菌和龙抓菜、山野菜、山白菜、竹叶菜等；采集时不用工具，用手工采便可。

（12）狩猎工具

狩猎的工具有火药枪，纳西语称"命布"；弩的纳西语称"答怒"，弓称为"里深"，另外还有"弹弓"、"顺丰"、鸟扣、兽扣、鸟扎板、兽扎板等打猎工具。

(13) 林业与林产品加工

林产品主要有原木、锯材、坑木、建筑材、薪炭材。林产品加工主要用来制作建房屋之构件，家具等。

(14) 商品交换、计量单位

商品交换：以物易物是吴树湾传统交易的一种方式，纳西语称"开看"。1949年前通常于农闲时由几方约定在一个适合的地点进行交换贸易，贸易对象为附近的村民，包括纳西族、藏族、傈僳族、彝族等，交换内容为粮食、土豆、铁器。交易时双方用手指在衣袖里用手指比画，进行讨价还价。现在集市上大多以货币购物为主。

5. 计量单位：

①衡度单位

使用传统量具——"拉你"，"而""级""丁车""六卡""的六"。拉你：指五个手指平放，纳西语称"丁拉巴"，五个手指宽约3.5寸；一个手指，纳西语称"拉你丁论"约为2厘米。而：指拇指与十指展开的长度，约为15厘米。级：指拇指与十指展开的长度约为18厘米。丁车：指手指与手关节的长度约为1.4尺。六卡：指一只手到胸中央约为2.5尺。的六：指两只手展开约为5市尺。

②容量单位

吴树湾纳西族通常用量制称。筒子：纳西语称"毕"，原木雕凿而成。圆筒状，底大口窄，中腹略鼓，带把，至今还在使用。市斗以筒子为基础单位，20筒为1市斗，1筒粮食容积约1000毫升，容量0.75公斤左右，升，纳西语称"本"。2筒为1升，10升为1斗，10斗为1"石"（纳西语称"古"）。

③重量单位

重量单位的纳西语称"路"，现在的2斤，1两为现在的2两，1斤为16两，10市斤为16市斤。

(三) 居住文化调查

村寨建筑平面布局："文化大革命"前，全村均为木楞房，改革开放后已建土木瓦房、砖木瓦房。

公共建筑，公共活动场所：公共活动场所有祭天场、祭署场，东巴学校，球场。风景名胜有小白水台、林间草坪、阿明灵洞。

神山、神树：吴树湾村各家在家里烧香拜神，"文化大革命"前村头、树尾均有烧香拜神台，纳西语称"冲巴古"。现有一棵千年栎树。

祭天场、祭署场、祭村寨神场。祭天场，是用石块砌成高约1.5米的椭圆形，场地直径约有18米，西北方高1米、长8米，祭台有主祭、东巴座位，高40厘米、长80厘米左右的石头，下方有其他东巴座位高30厘米、长800厘米的几块石头。出口下方有高60厘米，长2米左右，宽1米左右的杀祭天猪场所。

祭署场在离村400米的小白水台上，约有3亩地。祭村寨神场，在村南边有一棵千年古紫油木，有烧香台，每年都在此祭村寨神，求村寨神保佑全村风调雨顺、人畜安康。

风景名胜。吴树湾村有良好的生态资源，森林较茂盛，境内风景秀丽，景点较多，鸟语花香，水源丰富，山清水秀。是这样的一块净土造就了吴树湾纳西民族勤劳、勇敢、聪明的地方文化魅力。

白水台位于吴树湾西南部，是中国最大的泉华台地之一，占地面积1平方千米，属典型的岩溶地貌，140多米高的白水台随山势自然而下，层层叠叠，状若梯田，冰雕环切，蔚为壮观。在纳西人的传说中，白水台为创世之祖美利董主和美利色两神为教授人们造田耕作而做的模型。因此，白水台又有"仙人遗田"的美誉。白水台以台地十景最负盛名：仙人遗田、神女显灵、碧玉翻花、五彩瑶池、万年灵芝、木高诗刻、灵洞远眺、垒石祭天、峡谷晚照等。白水台是集自然胜景，东巴教圣地为一体，具有重要的科学研究、旅游观光价值。

小白水台位于吴树湾北面，与吴树湾村相距250米，相传白水台一个女儿嫁到这里而得名，是吴树湾村祭署名神的地方。四周绿树成荫，风景秀丽，水流潺潺，未开发。林间草坪，位于吴树湾村西北面，约1000亩，与阿明灵洞遥遥相望，森林密度高，有挺拔的云松，松树下边有草，草中间有鸡枞菌、鸡油菌、香菌、红头菌、鸡爪菌、蓝头菌等。草坪南面有吴树湾村祭天场，每年农历正月初九，全吴树湾男女老少，在那里祭天，是自然景观与宗教文化融为一体的风景名胜。劳卡瀑布，位于吴树湾村西北900米处，约高50米。冬天瀑布冻成一条条从空中下来的银带，形成冰瀑奇观；夏天则成为银色白练。习美比岩洞：习美比位于吴树湾村景点林间草坪200米处，这里有一个岩洞名叫习美比岩洞，它是阿明灵洞的子洞，也是东巴教第二圣祖阿明什罗修习的地方，这里有阿明圣祖，修炼东巴祭祀仪式的场所。有阿明圣祖法器牦牛角、锣、鼓，东巴教圣祖习武场，教祖抄写经书场等，这里每个物件都是一个故事。

阿明灵洞：位于吴树湾林场草坪对面的秀柏峰山腰上，为喀斯特溶洞，纳西人称之为阿明灵洞。纳西语称"阿明乃卡"，意为阿明修习洞，此洞是东巴教师第二祖师阿明什罗当年修行的地方。洞为圆形，有两窟，直径约高3米，洞中石幔敲之响如锣鼓，传说为阿明法器所化。壁上有李霖灿、杨念才、陶云逵、周汝诚等学者留下的题记。此洞是各地东巴朝圣必到之处，也是东巴教圣地的重要地标遗迹。

传说民居基本造型及构造

木楞房建筑。木楞房建筑方便、防震，移动也很方便，冬暖夏凉。建筑种类有传统的正房、草楼、粮仓、猪圈、打场、庄房。木楞房四壁用削皮后的原木，两端砍上卡口衔楔垒摞而成，屋顶则用木板铺盖，上压石块，整幢房屋不用一颗钉子，也不用砖瓦，它不仅冬暖夏凉，而且因为衔楔整架结构而特别防震。

正房：一般是坐北朝南或坐西朝东，位于院子的右边，为家庭议事、炊事和祭祀的场所。门开在右边，一进正房门右边有睡坑，纳西语称"抓美丁"，意为大睡床，宽约5尺，长1.5丈；下方有一堵高5尺的隔木板，上方为一根长一丈，直径4寸左右的原木，原木可以用来挂火枪、刀、剑、箭、弩弓等狩猎工具；睡坑上方有个柜子，纳西语称"打"，用来装贵重物品，柜子约高4尺，宽2.5尺，长4尺，分上、下两格，下格装银子、金子、钱之类的，上隔装地契、账簿、草药、首饰之类。柜子上方是神龛烧香处。柜子下面是老年男人睡处，左方叫"抓美斤"，意为小睡床，为女性老人睡处。"抓美斤"上方有块宽9寸左右，长1.8丈的方匹，纳西语称"阿来主"，意为放东西的地方。"抓美丁"与"抓美斤"中间有两个火塘，叫上火塘、下火塘。上火塘边有个小香炉，每天早上烧香，中午与晚上在神龛烧香，火塘上有三脚架，"抓美丁"与"抓美斤"约高1尺5寸。房门对面是舂饵块的"碓"，后面是装碗筷的柜子，木制水"缸"，纳西语称"斤古"，"斤古"后面是"很水甲纬"祭恒动神的柜子。柜子对面叫"而好古"，意为鸡闲处。草楼有两间、三间、五间的，上面一间放草，两间住人，楼下关牲口，下面关牛马等大牲畜，一般在正房对面。

粮仓在正房右边或左边。猪圈、羊圈在草楼的左、右边。打场一般在正房隔壁，猪圈、粮仓、正房都是木楞房，屋顶盖房板。庄房在离家较远的田地中，用来暂存粮食。以简易木楞房为主。从20世纪80年代始，吴树湾民居建筑逐渐由木楞房向砖木结构、平房、楼房过渡。现由东巴文化学校收购了10所传统木楞房，作为传统民居的"活化石"见证。

非传统建筑数量及其分布所占比例

吴树湾村住房在1980年前为传统木楞房建筑。1981年后以砖木结构的平房与楼房为主。

建筑用材及其变迁：木楞房子建筑基本上转变为木结构平房和楼房，牲畜圈基本上用砖混结构的卫生圈来代替。大门基本换上铁门。围墙仍保留了石头、青砖、土墙的传统特色。

建筑习俗：择向：向阳面，坐北朝南，坐西朝东。选材：一般为粗大直松材、石头、砖、瓦。

建新房：修建新房对任何一个家庭都是一件十分重要的事，从选址、择基到装修搬迁每一个环节都极为重视，按工程阶段举行仪式，分别有选址、奠基、立柱、砌墙、封顶、隔整、竣工和乔迁仪式。

（1）选址择基：需要请德高望重的大东巴打卦卜算，确定房屋的最佳方位和开工时间。参与者主要是家庭成员、木匠师傅和东巴，宅基选好后，由东巴进行除秽，东巴诵五本经书做仪式，择开工吉日时辰。

（2）竖柱上梁，纳西语称为"几独"。竖柱当天鸡一开叫主人要到白水台烧香，求白水神保佑竖柱顺利。把从白水台舀来的圣水倒入神龛花瓶里，表示竖柱后金银满柜。鸡叫第三遍时要烧香，以求祖先保佑竖柱后，家庭五谷丰登、六畜兴旺。然后举行祭木神仪式，木神为一块长2寸，宽1寸木块，纳西语称"级许命还"，主人请大师傅把它放在中梁上，象征万事如意。当太阳初升时，竖柱就开始，大东巴烧上香，主人摆上八仙桌，上面铺上红纸，装上一盆米、一个猪头、一条香烟、一坨茶，大师傅就开始上大梁。此仪式主要是由一个大东巴举行，约需50分钟。大东巴在主人家里举行完素库仪式后，在神龛前烧香，然后举行"谷气"歌舞活动，由大东巴起好头后，全村男女老少相唱和，一直唱到太阳落山。主人要准备丰盛的饭菜酒食款待工匠及参加歌舞活动的人们。

（3）乔迁新房：请东巴算卦，择吉日良辰。请全村长者东巴、亲朋好友一起欢庆乔迁新居之喜。东巴在香炉里烧上香，把旧居的祖先灵魂迎请到新居的神龛上，把香炉放新居的神，再烧一炉香，让祖先灵魂坐在神龛上。东巴要做素库仪式。仪式结束后还要请家庭中的老者，与本村的老者（男女）进行"谷气"歌舞活动。主人要准备较丰盛的饭菜酒食款待老者，祈愿新居吉祥。晚上举行"呀呀哩哩"篝火晚会。

居室功能布局、装修陈设家具

居室功能布局：传统民居为木楞房结构建筑，多数为一层，正房的纳西语称"斤美"，有两格，前边一间纳西语称为"告抓"，约宽7尺，长18尺左右，用来摆放手磨；里面一格较大宽18尺左右，长20尺左右，多数为坐北朝南，少数为坐西朝东。神龛在东边，火塘在神龛下方。门右边的床，纳西语称"抓美丁"，意为大床，约宽7尺，长1.7尺左右，是男主人和男宾坐处，下方是一般男士坐或吃饭处，纳西语称"固定床"。东面也有一张固定的床约长一丈二，宽5尺左右，是女主人的睡处，或吃饭处，纳西语称"抓美斤"。下方是一般女人的睡处或吃饭处，纳西语称"抓美古"。"抓美丁"与"抓美斤"中间是火塘长约5尺，宽约4尺，火塘上置放两个铁三角，大铁三角安在"抓美丁"与"抓美斤"中间，纳西语称为"更抓"，小火塘在"抓美丁"下方，纳西语称"米瓜"，下火塘是煮猪的。下火塘下方有一长约5尺，宽约3尺的固定床，纳西语称"抓争古"，意为小孩子睡处或吃饭处。"抓争古"下方有个柜子，叫"很火加佛"，是大年初一祭神的柜子。"抓争古"上方有一棵方柱，纳西语称"母都"，意为擎天柱，正房的屋梁中心。"母都"脚下放有木制水缸。水缸对面有"碓"，纳西语称"布主"，用来舂米、舂饵块、舂炒面、糯米面。

进门左面有三根直通前后两面的原木，纳西语称为"而好总"，意为鸡架。正房左面或右面是粮仓，纳西语称"贡"，约长一丈，宽一丈，粮仓三面都有装粮食的格子，纳西语称"贡抓"。一般10格左右，用木板隔成的格子，每个格子大的能装千斤粮食，最小的也能装几百斤粮食，有二间、三间不等。正房对面是两层草房，一般下面关大牲畜，上面一间放好的饲草、饲料，一间睡年轻人，左边或右边是木楞房做的猪圈或羊圈。天井一方堆柴木，大门均木楞房门。离正房近处院子外有打谷场，有仿木制的架子，纳西语称"搞"。

装修：传统的木材雕刻为主，图案以吉祥八宝、龙凤呈祥为主。现以实木装修为主，神龛、门窗、橱柜、茶几、房檐、六合门一般生漆涂染。雕刻内容：二龙抢宝，双凤朝阳，吉祥八宝。图案：花草树木、飞禽走兽、吉祥图，客厅墙壁上绘有东巴什罗、东巴教诸神。

家具陈设：主要是木制品为主，如柜子、神龛、橱柜、桌子、书柜，采用优质核桃木、楸木、柏木等木材精雕细琢而成。

庭院绿化：庭院种植有核桃树、梅子树、梨子树、苹果树、柿子树、桃子树、杏子树、花椒树、李子树、花草等，也有盆景、花坛，围墙以砖砌成。

道路交通桥梁及交通运输

村中河流遍布，大小石桥共有50多座；村道以水泥路为主，宽约3米；村道与乡道相接，近1000米，为沙土路，路况良好。

白水河曾有一座简易的木桥，现已改成钢筋水泥桥。

交通工具：1949年前的交通、运输工具为骡马车、牛车为主，现有农用车、小车、面包车、东风汽车、客车等20多辆。

(四) 服饰文化调查

吴树湾丰富多彩的纳西族服饰具有悠久的历史以及独特的结构样式和艺术特点。

纳西族男装：吴树湾传统男子服饰以自制麻布衣服为主，分长衣、短衣。长衣一般由老年男人穿、短衣一般由中青年男人穿，长短衣服都以右扣为主。衣服胸部与背部都用丝线或毛线织有五颜六色的宽约3厘米，长约23厘米的三条草字形，蕴含有丰富的纳西族游牧时期的文化符号。1972年，89岁的东巴大师肯茸讲："那五颜六色草字头是指一年四季，春天牧场山野一片绿，夏天牧场山野一片青，秋天牧场山野一片果实累累，冬天牧场山野一片白，盖上了雪。"头上箍布纳西语称"阿丁"，呈红色，是用丝线编制而成，能取暖、辟邪。腰带由黑色绵羊毛线纺制而成，可插上烟杆，佩上腰刀，拴着火镰。年轻人上身穿山羊皮挂，老年人穿绵羊皮挂，下身穿麻布制成的普通裤，腿上打包腿，是用来防寒保护腿部的。

纳西族女装：吴树湾纳西妇女习惯穿麻布长衣，纳西语称"培干敢"，意为麻布长对裤长衣。衣领下端缝有宽3.5寸，长4.5寸左右的五颜六色的细布条，纳西语称"几谁"，意为衣领上的各色饰品条。灯芯绒、绵绒长衣黑色上衣，衣领长5尺，宽5寸，用黄色和绿色两块布拼成，黑色长对襟衣里面垫一层天蓝色或银灰色一层内衣，手工缝制而成以便舒适贴身。腰系自制白色毛线，头戴十二块银饰，纳西语称"古培"，意为头饰，起美观、辟邪之效。古时下身穿麻布裙子，打包腿，纳西语称"库鲁"，包腿宽9寸左右，长4尺左右。花边红色靴子，纳西语称"合早卡徐"，意为红筒靴子。

发型与头饰：吴树湾男女传统古俗都留长辫，不剃四周，发辫上系五彩丝线，盘于头上。

装饰挂件与身体装饰：吴树湾东巴胸前挂有一串至三串海产珠子，纳西语称"布丁"，意为保佑珠。一般男子戴有一串红色珠子，挎上一把长刀，纳西语称"刀票"，意为砍刀。腰间系一把短刀，纳西语称"瑞特"，意为小刀，用来护身。皮夹包纳西语称"多保"，意为多用包，内装针线、铜钱、碎钱、麝香、火镰等。妇女多戴有银头饰，手戴银手镯、金、银戒指。

吴树湾女子佩戴的首饰：头上戴有12块大小不一的银圆首饰，金银耳环，银手镯，金、银戒指，金、银耳环。

纳西族的饰品主要以银为主。纳西族爱银，不仅因白银是名贵之物，更有其历史和宗教的原因，白银被视为纯洁、高尚的象征，更重要的是作为老人去世时的"口含"，纳西语称"俄散"，意为到祖先处去的路费。

（五）饮食文化调查

主食：吴树湾主产稻谷、小麦，以大米、小麦为主食，糯米、蚕豆、黄豆、玉米、大麦、荞麦、青稞为辅，茶水是日常饮料，饮食以米饭、猪肉、炒蔬菜为主，蔬菜以土豆、青菜、白菜、蒜苗、莴笋、蕨菜等为主。

大米：纳西语称"川"，米有红米、白米两种。红米：纳西语称"闯徐"，维生素比白米丰富，味道比白米好，白地种植红米历史已近600年。白米：纳西语称"闯普"，维生素含量比红米低。味道比白米次些，但产量比红米高。

小麦、糯米：小麦是吴树湾纳西族主食。它用途广泛，可以做成馒头、油条、面条、饼干、月饼、蛋糕、面包、麻花、面汤等。糯米粑粑是糯米舂制而成，是纳西族春节时祭神、宴席的必用品。它是送亲人灵魂至祖先处的供品，人与自然和谐的供品，也是节日里招待客人好的招待品。

此外还有豌豆、蚕豆、黄豆、玉米、大麦、荞麦、青稞。豌豆：豌豆尖可以做菜，成熟后可以做冷粉。蚕豆：整个都是宝，叶子可以喂猪、杆可以喂马，豆子可以做菜。黄豆：可以做豆腐、豆浆。豆腐渣可以喂猪、马、牛、羊。玉米：纳西语称"卡争"，分白玉米、黄玉米，是农村生活中不能缺少的饲料，如喂猪、鸡、鸭、鹅、牛、马、骡、羊，白玉米磨成面可以吃。大麦：可以喂牲口，可以磨成炒面，是酿白酒的好材料，用大麦酿的酒可以活血、调血。荞麦：由粮杆打荞籽磨成荞面后，可以制成荞糕、荞粑粑。青稞：可以磨成青稞面、做青稞酒，是增加农村经济收入的一个途径。

佐食及加工：佐食以凉粉、米花糖、饼干、糕点等为主，每家春节期间都会自制麦芽糖、米花糖、奶渣等。

饮品及加工：青稞酒，是用纯青稞酿制出来的一种白酒，每家每户在春节前都会酿制六七十斤，酒的度数也较高，是喜庆节日必备的饮品。大麦酒，用纯大麦酿制出来的一种白酒，酒曲用海拔3500米以上的雪山上采来的植物，纳西语称"争"。每家每户在"二月八"火把节，祭天、祭署节前都会酿制七八十斤，大麦酒在纳西族地区有显赫的地位和名气，酒的度数也较高50°左右，是喜庆节日必备饮品。苏哩玛，纳西语称"丁日"。酿制"丁日"时先把大麦与青稞在开水里煮四五个小时，等大麦与青稞在开水里煮开时，捞出放在簸箕中沥干，温度适中时撒上自制的酒曲拌匀、发酵两三天，有酒香溢出后转置到大坛子中，放置一个月后便成了"丁日"（苏哩玛酒）。放置的时间越长，酒味越醇，在吴树湾每年每家都会酿制三五坛。由于酒精度一般在10°—13°，被现代人称为"纳西啤酒"，酒色呈棕红色，味道清爽上口，有独特的大麦与青稞味道，深受纳西民众青睐。是日常生活中不可缺少的饮料，也是待客必备的饮品。头酒称"日古"，酒度高，主要由老人饮用，二道酒称"日论"，三道酒称"日满"，最后一道酒叫"日主努"，只有些淡微的酒香，故由孩子饮用。

节日餐饮：一般都以面食糕点为主，还有米酒，纳西语称"川主"，意为米制酒、"丁日"（苏哩玛酒）、大麦酒、青稞酒、盐茶、酥油茶等。

豆腐：将黄豆泡在水里许久后，把泡好的黄豆与水一起放进手磨里人工磨制，从磨槽里流出黄豆汁，再把豆汁放进洗净的铁锅里（早已开了的开水里），豆汁在水里与开水一起涨开后，放进早已准备好的酸梅子与山楂水。10分钟左右后成为豆腐，可以用瓢把它捞上来放在簸箕里。豆腐冷却后，将豆腐捏碎与少量糯米面混合捏成圆形放进油锅里做成圆子。这是吴树湾特色食品。

豆浆：将黄豆泡在热水里许久，把泡透的黄豆与水一起放进手磨里人工磨制，从磨槽里流出黄豆汁，把豆汁放进沙布里用双手在桶架处紧按会流出许多细豆汁，再把它倒进铁锅里烧开，不加梅子水与山楂水，就成为豆浆。这一般在节庆时喝或招待客人。

粉皮：纳西语称"搞来"，有两种，一种纳西语称为"习独搞来"，意为大米舂制粉皮。将大米放在甑子里蒸几个小时后，把它放在簸箕里放适量冷水拌匀。再放进甑子里蒸，然后把它一大瓢一大瓢放在石碓里舂，等米粒不见了，就把它一块一块地放在平整的木板上搓，放在大簸箕里晾干。节日里把它在香油锅里一炸就变成可口的食品，专门供奉神灵、祖宗及招待客人的佳品。另一种纳西语称为"卡争搞来"，意为玉米面粉皮。将玉米磨成面，用细筛子筛，再把细面放入水里煮，要煮熟时把稠稀饭放在大盆里，要干时把它用线划成块晾在大簸箕里，晾干后装在口袋里，节日里把它在香油锅里炸就变成可口的食品，专门招待客人。

生活用具：吴树湾由于特殊的地理和生产生活环境，为了适应生产，传统上就形成一个家庭，二个住所的情况，即村寨一个家，牧场一个家。好多家庭都是四世同堂，通常两位老人长年居住在牧场，管理牧业生产，除了过年基本上在牧场，家里用的牛奶、酥油、奶渣、牛羊肉都由牧场供应，其余人则长住村中，打点家务和农务，全家分工明确，各司其职，这样的生产生活方式决定了他们日常生活用具的多样化。

家中的生活用具：大铈锅，纳西语称"丁得"，主要用于蒸饭和热水。大铁锅，纳西语称"顺布美"，煮猪食。小铁锅，主要用来煮饭。茶壶，纳西语称"来补"，有铜质和铁质两种，主要用来烧水。平锅，纳西语称"纯古",有铜质和铁质两种,主要用来烤面包、饼干。知布鲁,有铜质和铁质,有提耳,主要用于炸糯米油饼、大米油饼、香米油饼。水缸,纳西语称"争故",有木制、铜制两种,置于正房天柱边,纳西语称"母都"。背水桶,纳西语称"级误吐",约高80厘米,直径30—40厘米,桶口比桶底稍大,采用云松与松籽松木制作。外箍钉篾。水瓢,纳西语称"争告把",有木制(自制)、铜制、铁制三种,大小不等。均按大小排序悬挂水缸上方,数量多则越显主人家富裕。茶罐,纳西语称"冷布鲁",专用来煨茶的黑陶罐(中甸县尼西乡特产)。茶桶,纳西语称"冷拉头",用来混合茶水、酥油、食盐、香料。茶沥子,纳西语称"冷都作",竹篾编成的锥形,用来过滤茶叶。茶盐盒,纳西语称"册冷把",木制盒子,有两格,分别盛装砖茶和盐。油盒,纳西语称"毛图把",竹篾编成的圆形油盒,一般装酥油和其他油。银碗,纳西语称"恩夸",包银木碗,多用于节日喝茶(酒或待客时,是好几种民族均用的茶酒碗)。木碗,纳西语称"恩夸"。木盆,纳西语称"恩把"。瓷碗,纳西语称"鲁夸"。洋碗,纳西语称"洋夸"。

(六) 民俗文化调查

1. 宗教信仰

东巴教是纳西族普遍信奉的古老宗教,起源于原始巫教,同时具有原始巫教和人为宗教的特征。东巴教,是世俗化了的、多神崇拜的宗教。以祖先崇拜、鬼神崇拜、自然崇拜为基本内容,祭天、丧葬仪式、驱鬼、禳灾和卜卦等活动为其主要表现形式。由于经文讲师和仪式主持者被称作东巴,故名东巴教。东巴,作为宗教职业者,在社会上地位很高,被视为人与神、鬼之间的媒介,他既能与神打交道,又能与鬼说话。能迎福驱鬼,消除民间灾难。能祈求神灵,给人间带来安乐。东巴一般父子传承,世代相袭,不脱产,有妻室儿女,无儿招赘者传于女婿。东巴教第二祖师阿明什罗系香格里拉市三坝乡人,祖先从俄亚(川南)迁徙而来,至今在香格里拉水甲仍有后代东巴传人。白地成为全体东巴教徒朝圣地,有"没到过白地,不算真东巴"之说。

2. 婚姻制度、婚姻习俗

婚姻制度。吴树湾纳西族家庭婚姻是一夫一妻制,严禁直系血亲通婚。若一家孩子中有男、有女的,男儿当家,只有女儿的家庭,老大当家。古时男女婚姻由父母包办,讲究门当户对。1949年后,废除了包办婚姻制度,提倡自由恋爱。但男儿当家的习俗一直沿袭至今。

婚礼。吴树湾纳西族把婚姻当作人生第一大事。男女青年通过交往,私订终身后，男女方都向双方父母告白。经双方父母同意后，男方请媒人到女方家说亲，双方商议订婚日期和结婚日期。整个婚礼仪式都以唱代言的形式进行。接亲队去接亲每道桥上，女方都撒上青松毛，有人等候，接亲队要下马，唱过桥调，唱完后才能前往；到女方大门门口，门前撒上青松毛，男方要唱大门调；大门调唱完了，女方在院坝里撒上青松毛，男方要唱院坝调；院坝调唱完了，女方在正房门前撒上青松毛，男方要唱房门调，房门调唱完了，女方在抓美丁（父亲坐处）撒上青松毛，女方歌手要唱谷气调，问男方，男方要回答；回答完了，女方在抓美斤（母亲坐处）撒上青松毛，女方歌手问男方，男方回答完。女方家请男方接亲队上坐，坐好后男方必须颂烧香调，颂完后神龛上烧香。女方招待男方接亲队喝茶，吃早点，边喝茶，男女双方歌手边对歌，一直到天亮。

太阳东升时，男方必须把新娘接进家，新娘到家门前时男方必须与女方属相相符的两个女人每人各背上一桶水，新娘走在两人中间进家门，把水倒进水缸里，以示吉利。东巴在神龛下搬上火盆，盆里烧上香进行"素库"仪式，祝福新人从此生活美满、白头偕老。新娘方与新郎方进行对歌一直到太阳落山。晚上娶亲方举行歌舞晚会，全村男女老少载歌载舞，婚礼自始至终都在喜庆洋洋的气氛中进行。

3. 丧葬习俗

丧葬是人生生离死别的庆典仪式，要举行盛大的仪式。东巴是丧葬仪式的祭师，从老人病危要断气时就守候在床边。老人断气时，东巴把早已准备好的碎银和一撮米用一块布包上放进死者口中，然后把死者魂交代给祖先。用纸把死者脸蒙住，以示阴阳相隔。洗尸、梳发、换新衣后把死者安放在灵床上。如果是大东巴去世，要让其全身穿上东巴衣服，戴上五幅冠，穿上黑色靴子，大徒弟拉着大东巴左手拿着板铃，左手拿着手鼓，左脚踩着一个生鸡蛋，然后众徒弟们在东巴面前跳东巴舞，跳完后一排跪着进行"格本而"（哭唱）。第二天进行入殓仪式，棺材两边要画两条龙，前方画上所有杀的牲畜。送葬日由东巴算卦来定，当天晚上全村男女老少到死者家跳"艮热热"，意喻把死者的灵魂送到祖先处。每次献饭东巴们要颂献饭经。鸡叫头遍时要进行"而九巴答批"仪式。送葬仪式程序很多，每个程序都要由主祭大东巴安排，由其他东巴来进行运作。东巴去世要举行五天五夜仪式，送山前要举行"希母布对发"仪式，意为把死者从家里抬出来，放进新棺材里，这个仪式全体孝子孝女都要跪着哭，东巴要念三本经书，送山当天要举行九种仪式，每种仪式都由东巴主持，仪式完毕后送到山上火化场进行火化。第二天死者儿女把骨头捡来后撒到大河里，相传如果死者骨头被金鱼吃了，后代会幸福。

4. 天文历法、民间医药

天文历法。吴树湾纳西族沿用特有的东巴历法，至今在村民的生产生活中仍发挥着作用。

民间医药。千百年来，纳西族人民在与大自然作斗争的过程中，经过不断的实践，逐渐认识、掌握了许多植物药用功效的特性，并积累了大量临床治病经验，同时在狩猎过程中也逐渐认识了一些动物对治疗疾病的作用。药材一般有冬虫夏草、天麻、虫蜕、熊胆、麝香、野猪香、雪莲、雪茶等。

5. 舞蹈、雕塑、绘画

民间音乐、舞蹈。吴树湾民间音乐、舞蹈主要有东巴音乐、东巴舞蹈、"阿卡巴拉""呀哈哩""为没答""社级来""为册组""普挂子""阿里巴拉""忍诚""阿布里""卡里本红都""喂热热"等。东巴音乐是指东巴在宗教祭祀活动中有所吟诵的一种曲调，并伴有器乐，是东巴文化的一个重要组成部分。这种音乐流传于东巴口头，或零星保存于东巴经和东巴画中。除了占卜经书以外，东巴经书都是要通过诵唱表现出来的。

东巴唱腔音乐有50种左右，吟唱以纳西民族曲调为基础，在器乐上主要是用板铃、板鼓、锣、钹等，节奏单一，谱点简单。东巴教还有器乐音乐，在东巴教祭祀活动中，唱音乐和器乐音乐相合，可以演奏出节奏鲜明、音调洪亮的和声乐章。

东巴舞蹈是指东巴教进行宗教仪式过程中，东巴祭司根据不同仪式，按照道场规则所跳的一种宗教舞蹈。东巴舞来源于古代纳西社会生活，不少动作都是模拟各种动物的动作来进行的，形象十分生动。东巴舞蹈是东巴文化的重要组成部分，东巴教经典中有专门记述东巴舞蹈的舞谱《舞蹈教材》和《舞蹈来历》，这两部教程称为"蹉姆"，意为舞蹈的规范或舞蹈的调式，详细记录了60多种舞蹈的跳法。《舞蹈教材》和《舞蹈来历》具体记述了舞蹈的起源、种类、步伐、手势、动作和功能等，是世界上唯一的用象形文字书写的古代舞谱。

东巴舞蹈是纳西族传统舞蹈的重要组成部分，从内容及形式上可分为五种类型：神舞，鸟兽虫舞，器物舞，战争舞，踢脚舞。

除了东巴舞蹈外，还有"阿卡巴拉""呀哈哩""为没答""社级来""为册组""普挂子""阿里巴拉""忍诚""阿布里""卡里本红都""喂热热"等民间舞蹈，这些民间舞蹈都是边跳边唱，表达的内容除了礼赞诸神之外，更多的是借物言情，描绘山川景色，眷恋家乡，歌颂爱情，向往幸福生活等内容。

雕塑：雕塑以东巴雕塑为代表，主要为东巴在宗教祭祀仪式中制作使用的木偶、面偶、泥塑和各种竹木编扎品，造型独特，生动逼真，有较高的艺术欣赏价值。

面偶：在东巴教的30多种仪式中，都要使用神、鬼及动物的面偶，它用青稞面或大麦面捏，总计有200多个。面偶一般在举行宗教仪式的头天晚上捏制完成，一个东巴一夜能捏出上百个。每个面偶都有固定形象，神态各异。在仪式活动中，神面偶置于上方神坛上，鬼面偶放于下方鬼寨中。同一类型的鬼面偶，其形状也各有差异，如有蛇头、鸡头、牛头、马头、羊头等。

泥偶：泥面偶都是东巴信手捏制，一气呵成的，有单纯明快的审美特点。这些神灵偶像的造型自然纯朴，神态天真憨稚、普通平和，使人感到亲切，全无神灵那种道貌岸然、威严神圣、高高在上的敬畏感，有的还显现出一种滑稽的意味，其人情味、世俗生活气息十分浓郁，造型也完全是山民村夫那种纯朴的气质格调。

木雕：木雕是在面塑基础上形成的。东巴们做祭祀活动，总要把相关的神鬼用面捏塑出来，好让祭祀有一个确定的对象，也好让祭祀的主人信服无疑。时至清朝中后期，还出现了在木板上雕刻神像，雕刻东巴古籍中的经典语段，用拓印的手段为祭祀活动提供快捷的神像画与经文。

绘画：古老的东巴画是最具特色的纳西族美术遗产。纳西族在做仪式时，要绘画各种各样的佛神、人物、动物、植物以及妖魔鬼怪的形象，并对他们进行膜拜与祭祀，这种服务于宗教活动的各种绘画，统称为东巴画。主要有四个类别：木牌画，纸牌画，布卷画，经文画。

6. 传统节日

在吴树湾有浓郁地方特色的节日是春节，正月初五"赛马节"；正月初七"斗牛节"；正月初九"祭天节"；正月十五"狮舞节"；正月十九"祭牲畜神节"；农历"二月八"白水台祭龙节；农历六月二十五日"火把节"；农历六月二十六日"白水台祭龙节"；农历六月二十七日"火把节"；农历七月十五日"赌布节"；农历七月二十日"祭属节"；农历八月初八"肯除布节"；农历九月初九"高拉主节"；农历十二月二十日"除秽节"等。很多民间节日在"文化大革命"时遭禁，"肯除布节""高拉主节"至今还未恢复。

祭天节："祭天节"在正月初九举行，纳西语称"每布"。纳西人称自己是"纳西祭天子"。纳西族是祭天的子民。纳西人把天比喻为父亲，地比喻为母亲。祭天就是祭父亲，祭了天，族人安祥，五谷丰登，六畜兴旺，幸福永随。

祭畜神节：正月十九日为"祭畜神节"。古时的衣、食、住、行都离不开牲畜，通过祭拜"牲畜神"来祈求六畜兴旺、家业兴盛。

二月八"白水台祭龙节"：每逢农历二月初八，白地的纳西族和其他各族人民男女老少都要穿着节日盛装前往白水台祭龙。内容有烧香祭龙，杀鸡、野炊、歌舞、赛马等，表现了人与大自然和谐相处的愿望。这天有个重要的习俗，跳舞时首先要由吴树湾人先跳"阿卡巴拉舞"，即"呀哩哩舞"。据说吴树湾人从山坡上看到白水台有两条龙在那里狂舞，由此创编了"阿卡巴拉舞"，吴树湾人叫它"呀哩哩舞"。从此白地的头人们就决定"二月八"为白水台祭龙节。

祭署节：农历七月二十日祭署就是祭自然神，以调整人与自然之间的矛盾。纳西族把山林川泽、风雨雷电、鱼虫鸟兽等一切人类赖以生存的自然生态环境称为"署"，希望署神保佑人类平安、六畜兴旺、五谷丰登。祭祀时必须由德高望重的东巴来主持，程序是先除秽再祭署，全村人都要参加。

7. 民间艺人

和树昆：男，纳西族，1983年生，是吴树湾村一切祭祀活动的主持人，是当地有名的青年东巴。和树昆10岁就拜白地本村东巴和占元为师，学习东巴文、东巴画、东巴舞、东巴各种大小祭祀仪式，15岁开始拜白地东巴大师树银甲、和志本学习东巴各种知识，16岁始到东坝拜习阿牛大东巴学习东巴各种知识，受过严格的训练，虽然年龄不大，可是东巴知识很丰富，学会200多本传统东巴经书，20多种东巴舞，20多种东巴祭祀仪式。学会东巴木牌画、纸牌画、油卷画，各种面偶、泥偶、算、卦、签、卜，纳西族民歌及舞蹈。60多种东巴法语，熟知天文历法。会造东巴纸。是各种宗教仪式的主持。颇受当地人的爱戴。2005年开始他每年除两个农忙季节帮家里收种庄稼外，其余时间抢救和整理东巴经书，2005年3月始他被聘请到三坝中心完小任东巴文化兴趣班的东巴教师，迪庆东巴文化传习馆的专职教师。迪庆东巴文化传习馆第三传习点（白地水甲）、迪庆东巴文传习馆洛吉传习点、第四传习点（哈巴告湾）、第十传习点（瓦刷上只恩）等的兼职教师。为提高自己的东巴知识常到四川俄亚、宁蒗依吉等地交流学习。曾到北京、昆明、丽江等地参加东巴文化研讨会。和树昆应邀参加了2009年7月在云南大学召开的"第十六届国际人类学民族学大会"，并做了专题发言，受到好评。

杨金志：男，纳西族，1954年生，白地吴树湾村人，是吴树湾有名的芦笙艺人。他从小就跟其表哥和国强学习，能吹几十个芦笙调，另能演唱各种纳西族民歌。在吴树湾村及白地逢年过节、迎亲、大小会议、领导检查工作、民族节日、起房盖屋、丧事，都请他吹芦笙，人们尽情欢乐，给节日增许多乐趣与气氛。他也是吴树湾村多才多艺的东巴。

和德明：男，纳西族，1954年生，是吴树湾乃至白地有名的歌手，他是迪庆有名的纳西族歌手和义才的儿子，从小得到父亲的传授，能唱所有纳西族民歌，能跳纳西族所有舞蹈，常常对歌到通宵达旦。他还能讲述好些歌舞的来历，白地地名的历史故事，民族民间故事，神话传说等，是当地民众公认的纳西族歌手。

其他东巴传承人：和立仕、和学初、和树全、和仕全、和贵会、和光志、和永光、和根盛、和立东、和梅军、和建国、和建全、和秀光、和红军、和根利、杨贵红、杨英志、杨少、和松寿、杨润发、和卫、杨玉龙、和立国、和成志、和永太、汪圣海、和荣、和永才。

（七）东巴文化传承调查

1. 传承历程

1997年白地八大纳西村中只有三位东巴大师，吴树湾村和占元大师、古都村和志本大师、波湾村树银甲大师，而水甲村、恩水湾村、布主湾村、阿鲁湾村、恩土湾村没有一个能正规掌法事的东巴，白地的历史地位与现今事实极不相称，白地东巴面临着消亡的危险。

时任白地完小校长的和树荣老师自幼生长于白地，深受地方民间文化的熏陶，也在学校里组织开展过民间文化的传习活动。他深知民间文化的源头在民间，如果民间乡村的东巴文化失传，对于三坝的民族文化而言无异于灭顶之灾。他眼看东巴文化面临失传之危，看在眼里，急在心上。1997年3月始，和树荣与老东巴和占元先生、民间歌手和德明先生多次聚议，在三人倡导下，在吴树湾开始动员青年人学习东巴文化，村里一开始有不少年轻人参加了东巴文化学习小组，由此开始了东巴文化传承的历程。

因参加学习的人越来越多，而且也得到了村委会及村民的广泛支持，到了1998年3月16日，终于开办了迪庆州第一所东巴学校，请吴树湾村阮卡东巴大师和占元任教师，学习上课时间以夜晚学习为主。但随着课程的深入，夜校远远满足不了学员们的学习欲望，2000年春，吴树湾村长和志德等村委会提供校址，和树荣老师捐助两所木楞房（一所为快班教室，一所为慢班教室），并安装了照明设施，配备了教学用具等，把夜校办成全日制学校，取名为"白水台东巴学校"。

吴树湾村有96户，426人，全村100%为纳西族，其中多数是纳西族阮卡支系，占了87%。阮卡是纳西族最古老支系，与纳西文化是一个整体文化，同时也有自身的文化特色。近年来，西南大学钟耀萍博士与吴树湾村的和树昆、和树荣二人合作研究，在东巴经书《困丁土》《古不开》《加威力》《十我白争》等4本经书中找出93个阮卡东巴字，写成论文后参加了"第十六届国际人类与民族学联合会大会"。

东巴学校的传承活动一开始，就突出强调了传承主旨：把东巴文化传承与恢复文化生态相结合，把东巴文化传承与村容村貌建设、精神文明建设相结合，重在传承民族优秀传统文化的同时，促进村子的综合发展，为建设社会主义新农村做出应有贡献。

东巴文化传承不但得到三坝乡党委政府和三坝群众的认可，还得到迪庆州文化局、迪庆州民政局等单位的认可。2009年4月28日，州文化局、民政局下文批准成立了"迪庆州纳西东巴文化传习馆"，并于2010年3月22日，举办了白水台东巴学校建校十二周年庆典暨迪庆东巴文化传习馆挂牌仪式。迪庆州文化局局长浦江同志挂了牌，讲了话，肯定了白水台东巴学校十二年所取得的成绩，并寄予希望。云南大学、丽江市、丽江古城区、迪庆州、香格里拉市相关单位，三坝乡六个村委会，各所各站，各学校，白地各个自然村等单位前来庆贺，丽江市古城区电视台、迪庆州电视台、香格里拉市电视台分别做了报道。

迪庆州东巴文化传习馆成立后，传承范围辐射到整个迪庆州境内的纳西族地村落社区。目前传习馆传承基地主要涵盖了三坝乡、洛吉乡、金江乡、上江乡、州开发区、维西县等地区，传习馆在这些乡村建立了传承基地，并聘请了主要召集人、负责人，从而使以前零散、无序、各自为政的传承局面得到了有机的整合与联系。2010年6月21—27日和树荣、和树昆、杨玉春等在三坝、洛吉两乡进行了东巴文化摸底调查，并在三坝、洛吉两乡成立了12个迪庆东巴文化传习点，第一传习点设在白地波湾村，第二传习点设在白地谷都村，第三传习点设在白地水甲村，第四传习点设在哈巴告湾村，第五传习点设在东坝日树湾村，第六传习点设在东坝各迪村，第七传习点设在东坝科目村，第八传习点设在东坝次恩丁村，第九传习点设在东坝松八村，第十传习点设在瓦刷上只恩村，第十一传习点设在瓦刷下只恩村，第十二传习点设在洛吉乡洛吉行政村中村。

2011年10月22日，在传习馆主办下，乡内34位东巴在东坝行政村集中进行东巴丧葬仪式程序培训活动，方法是能者为师，互教互学，取长补短，共同提高。得到东巴们的支持与积极配合，达到了预期培训效果。2012年1月20—22日，传习馆负责人到东坝五个传习点进行慰问，发放慰问金。

1月21日到瓦刷行政村第十、第十一传习点进行慰问，给教师发放慰问金，1月22日除夕到哈巴行政村、白地行政村第一、第二、第三、第四传习点进行慰问，给各点东巴教师发放慰问金。2012年春节，传习馆在传习馆所在村开展体育运动会三天，联欢晚会三晚，初五在本村进行词语抢答、踢毽子、跳绳、投球、蒙眼坐板凳、蒙眼敲锣、筷子捡豆子等游戏活动。正月初九进行祭天、拔河、射箭等活动，活跃、丰富了农村文化生活，获得群众的好评。

2012年2月26—27日（农历二月初六、初七）传习馆在乡文化站举办三坝乡首届纳西东巴舞与纳西民歌展演大赛。参加者中有东巴72人、歌手29人，传习馆展演了10种东巴舞，8个传习点每点展演3种东巴舞，共计展演34种东巴舞，歌手每人唱1首歌。其中三位唱得好的歌手每人唱2首歌，共演唱了32首纳西民歌，整个展演活动获得了民众的好评。

这些传承基地以吴树湾村为传承中心，与上述村落传承点达成了点线面的传承网络机构，在传承过程中实行相互学习、互通有无、相互扶持的合作机制；另外，在传承模式上实行了平时集中在点上学习，一年举行几次集中交流座谈活动。有经验大家共同分享学习，有困难大家共同集思广益来解决，从而为东巴文化的传承打下了扎实的基础。

18年来传习馆以保护、抢救、传承东巴文化为中心，同时为保护、抢救、传承纳西族歌舞文化也做了力所能及的贡献。另外，在东巴造纸、阮卡麻纺织手工艺等方面也做了卓有成效的传承恢复工作。如2003年3月已恢复和抢救了东巴造纸，现白水台东巴学校东巴纸自给有余。

2. 传承纪实

（1）培养东巴传人

传承学校一成立就健全了人事制度，和树荣同志任东巴学校校长，和志德为副校长，和树昆同志为班长，和占元人东巴为教师、顾问；并制定了严格的规章制度，作息时间表。和树昆、杨玉春、杨秀光、和贵武、和根利、和学初白天轮流向阮卡东巴大师和占元学习，晚上又轮流传承给白天没有时间学习的其他东巴学员。东巴学校白天黑夜经声琅琅，学习风气蒸蒸日上，并在长期传承实践中形成了"农忙与农闲结合、白天与晚上互补；在仪式实践中传承，在民间习俗中延续；师傅带高徒，高徒带同学，同学相互督促"的传承模式。

10多年的实践探索，三坝的东巴传承危机得到了有效的缓解，同时，一批东巴传承人也获得了长足的进步，并出现了一批才学兼备的东巴高徒。如和树昆除了在东巴传承学校中刻苦钻研外，还常到著名大东巴习阿牛大师、白地和志本大师、宁蒗县永宁乡加泽村、余米村和阮卡纳西居住村跟石布不大东巴、阿八茸东巴及俄亚乡卫日村阿高大东巴处拜师学习，通过虚心学习各地东巴的各种知识，丰富、深化了自身的东巴文化知识体系，至今高徒和树昆已学会掌握了168本传统的东巴经书，66种东巴咒语，24种东巴宗教祭祀仪式及算、卦、卜、签等，成为三坝乡最年轻的东巴。高徒杨玉春、杨秀光、和贵武、和根利、和学初已出师能单独做东巴法事，传习馆已保护、抢救和传承20多种东巴舞。

（2）整理东巴经书

东巴古籍是东巴文化的载体。东巴文化是通过2000多卷不同种类的东巴经书得以记载。然而，经过“大跃进”“文化大革命”等历次运动浩劫，好多东巴经书已经佚失，这对传承构成了极大的威胁。吴树湾村东巴传承学校师生通过广泛动员群众、多处搜集、抄录，迄今为止共搜集到了近200多册东巴经书，并对这些经书进行了目录编排、抄录、解注等工作，并使这些经书在具体的仪式中得到了有效的应用实践，从而使这些东巴经典得到了活形态的传承。现将整理过的经书介绍如下。

①《习布》汉译《生送》，②《级拿花》汉译《洗身水念咒语》，③《毛米之》汉译《献油灯经》，④《冷怒记》汉译《献茶点经》，⑤《希车斤》汉译《祖宗经》，⑥《课母劳刀》汉译《献畜经》，⑦《只布》汉译《饭酒肉的来历》，⑧《头火批》汉译《献初汤经》，⑨《思布困得土》汉译《安慰经》，⑩《阿气》汉译《安慰经二》，⑪《车对》汉译《找药经》，⑫《好识》汉译《献饭经》，⑬《暖而三》汉译《加福经》，⑭《认书而肯》汉译《领路经》，⑮《古作斤作》汉译《颂舅经》，⑯《而九日答比》汉译《鸡鸣唤亲人》，⑰《高俄高作》汉译《请神经》，⑱《古认古好呀》汉译《献离别饭经》，⑲《作书土古》汉译《法器的来历》，⑳《东巴喊公社》汉译《请东巴经》，㉑《日拿松土古》汉译《酒的来历》，㉒《母之公社》汉译《当天程序》，㉓《只战》汉译《加威灵经》，㉔《母气》汉译《安慰经三》，㉕《识顾》汉译《献物经一》，㉖《白争》汉译《献物经二》，㉗《母土争》汉译《法杖经》，㉘《能能书》汉译《赠亲人礼经》，㉙《古不思》汉译《阮卡开门经》，㉚《知志多多》汉译《阮卡送祖经》，㉛《工土古》汉译《阮卡马出处》，㉜《阮给》汉译《阮卡马蹄献》，㉝《古不开》汉译《阮卡开路经》，㉞《命步普》汉译《阮卡推罪经》，㉟《普劳布》汉译《阮卡送神经》，㊱《把毛把公社》汉译《阮卡点酥油经》，㊲《素哭》汉译《祭素神经》，㊳《布给来车只》汉译《阮卡献牦牛经》，㊴《母恩准》汉译《杀母恩鬼经》，㊵《习布》汉译《生祭经》，

㊶《毛土古》汉译《 酥油出处经》，㊷《散土古》汉译《麻的来历》，㊸《日希》汉译《死者睡经》，㊹《毛米之》汉译《油灯经》，㊺《同花批》汉译《献头汤经》，㊻《和火肯》汉译《开头经》，㊼《母予米》汉译《安慰经一》，㊽《尔争米》汉译《饭酒肉的来历》，㊾《车对》汉译《找药经》，㊿《阮卡好十》汉译《献饭经》，(51)《母恩准》汉译《杀母恩鬼经》，(52)《暖尔叁》汉译《加福经》，(53)《命肯普》汉译《推罪经》，(54)《认书而肯》汉译《放领路鸡经》，(55)《半书公社》汉译《送糖托经》，(56)《共认共好》汉译《离别饭经》，(57)《布走土》汉译《送别经》，(58)《拉处土古》汉译《抢出处经》，(59)《阿古中》汉译《法杖经上》，(60)《母土阿吕中》汉译《法杖经中》，(61)《能能书》汉译《送亲人礼物经》，(62)《古中古多》汉译《送死者经》，(63)《工劳打》汉译《马出处》，(64)《阮给》汉译《马蹄献》，(65)《日高》汉译《开路经》，(66)《布满打》汉译《结尾经》，(67)《草本而》汉译《弟子巡大师》，(68)《上郎布》汉译《送东巴什罗经》，(69)《上郎毛米志》汉译《东巴什罗献油灯经》，(70)《上郎毛米志》汉译《寻找死者地盘》，(71)《草本而公社》汉译《寻找死者来历》，(72)《上郎公社》汉译《东巴什罗的来历》，(73)《洛多古母》汉译《安慰死者》，(74)《上郎占益》汉译《赞什罗经》，(75)《很认评骨中》汉译《神路图上》，(76)《很认评论中》汉译《神路图中》，(77)《很认评满中》汉译《神路图下》，(78)《布论空》汉译《开堂经》，(79)《肯作》汉译《程序来历》，(80)《种只》汉译《行程序经》，(81)《古争阿土》汉译《统颂经大》，(82)《上郎三》汉译《请东巴什罗经》，(83)《好色红》汉译《除环经》，(84)《斤土石》汉译《羊的来历》，(85)《母入母润哭》汉译《除秽经一》，(86)《母猪都》汉译《除秽经二》，(87)《车土请》汉译《除秽经三》，(88)《不满主》汉译《颂经尾经》，(89)《古争阿土斤》汉译《统颂经小》，(90)《不肯作》汉译《压口舌程序》，(91)《斤如三》汉译《请人类租先》，(92)《布排考刷》汉译《寻找东巴经》，(93)《抓狗三》汉译《请呀毛神经》，(94)《土作》汉译《创世经》，(95)《不只三》汉译《加威灵》，(96)《请鬼要鬼战》汉译《叙情经一》，(97)《土不要不》汉译《叙情经二》，(98)《争每普吃》汉译《叙情经三》，(99)《鲁般鲁饶》，(100)《俄高拉阿漓》汉译《儒凡的来历》，(101)《拉线 5 本》，(102)《从不三》汉译《请崇仁利恩》，(103)《土只普》汉译《攻峰经》，(104)《高车肯》汉译《祭胜利神经》，(105)《每布古母》汉译《祭天整体》，(106)《每布考》汉译《献祭天猪经》，(107)《答母斤》汉译《祭天神经》，(108)《每亩斤》汉译《祭地神经》，(109)《开公》汉译《射箭经》，(110)《考处请》汉译《压祭天场恶坏经》，(111)《每好十》汉译《给天献饭经》，(112)《把毛土古》汉译《酥油的来

历》，⑬《属毒属而》汉译《祭水龙经》，⑭《你高对伟只作》汉译《祭署顶灾程序》，⑮《都普小雀书眉拿布而》汉译《大鹏神鸟与自然神争执经》，⑯《属土属布》汉译《自然神的来历》，⑰《考土考布》汉译《木牌画的来历》，⑱《拿早独土》汉译《烧香用品出处》，⑲《吃土》汉译《药的来历》，⑳《布普的独土》汉译《白牦牛的来历》，㉑《属中阮》汉译《还自然神的帐》，㉒《属空普》汉译《开自然神的门》，㉓《怒美阿美》汉译《求子求女》，㉔《属处土》汉译《求雨经一》，㉕《很考水》汉译《求雨经二》，㉖《很的水》汉译《求雨经三》，㉗《斤考恒孙》汉译《祭水井经》，㉘《土水》汉译《祭土地神经》，㉙《争考红》汉译《祭非正常死亡经》，㉚《旺中半满多》汉译《五颗贝壳经》，㉛《你中半满多》汉译《两颗贝壳经》，㉜《处册的三次深片》汉译《大抽签37张》，㉝《使伟处册古牛》汉译《火星抽签九张》，㉞《布同处册》汉译《五行抽签经》，㉟《从希工木》汉译《解病经》，㊱《命为多》汉译《算火星经》，㊲《论早多》汉译《算性格经》，㊳《库斤》汉译《算本命年经》，㊴《很鲁早》汉译《月习性》，㊵《命鲁早》汉译《天习性》，㊶《茸习命习资》汉译《算生男生女经》，㊷《布同串词的多》汉译《六十甲子经》，㊸《拉布》汉译《看手线经》，㊹《考参》汉译《纳西历书一》，㊺《作拉》汉译《纳西历书二》，㊻《小孩取名经》，㊼《解火笑经》，㊽《解鸟鸦叫经》，㊾《解听》，㊿《解见经》，(151)《解狗叫经》，(152)《解打雷经》，(153)《解地震经》，(154)《算起房屋经》，(155)《算结婚经》，(156)《算修路经》，(157)《算搭桥经》，(158)《咒语66种》，(159)《母土阿满中》汉译《法杖经下》，(160)《看日食月食经》。

3. 恢复东巴仪式

三坝在历史上是负有盛名的东巴圣地，东巴文化在民间有深厚沉淀，有着较为坚实的群众文化基础。东巴传承学校抓住这有利的天时地利，把文化传承与民众的文化生活、精神信仰有机地予以结合，从而打开了局面，也为东巴文化的传承获得了最大的动力源泉：人民群众的支持！东巴学校18年间恢复的东巴仪式主要有以下一些。

祭家神"恒孙"仪式

东巴学校于2001年正月初一保护、抢救、恢复了"恒孙"仪式。"恒"是一种为家庭赐平安的家神，以各家为单位进行祭祀。每家火塘下方，"文化大革命"前家家都有一个高1米、长1米、宽1.6米左右的木柜子，这个柜子纳西语叫"恒孙甲伟"意为祭恒神的柜子。大年初一早上，当太阳从天边冉冉升起时，家家在这个柜子平面烧上香，摆上饵块、糯米粑粑、茶、酒、菜肴，主人开始祭神，要口述一本经书。正月初五保护、抢救了祭祖仪式"阿普阿级布"，把祖宗三代祖先请回来进行招待，摆上供品，要念一本东巴经书。是纳西族最古老的祖先崇拜。请求祖先保佑、家庭安康、吉祥。

祭天仪式

2002年正月恢复祭天仪式。纳西人称自己是"纳西祭天子"。纳西族是天的孩子，白地一带的纳西族古时就以自然村为单位正月初七至初九举行盛大的祭天仪式。"文化大革命"后全白地都停止了祭天。正月第一个属猴日，吉时到阿明灵洞祭东巴教第一圣祖东巴什罗与阿明什罗，东巴什罗是属猴的，所以必须在正月第一个属猴日祭拜以示不忘记圣祖，不忘记历史。

祭畜牧神仪式

2003年正月恢复"祭畜牧神"。牲畜是农家的生产工具和生活保障，要使农家五谷丰登，牲畜最为重要。田里要施畜牧肥，耕牛和驮马是农村主要生产工具。鸡、猪、鹅、鸭是农家生活基础，因此纳西族每年年初必须祭畜牧神，保佑农家五谷丰登、六畜兴旺。

求雨仪式

2003年4月恢复了"很美"仪式。"很美"意为求雨，白地纳西一般在农历三、四月久不下雨就到白水台去求雨，请白水神保佑旱降甘露，让人们五谷丰登。

压口舌仪式

2004年5月恢复和抢救"压口舌"仪式。农历五月全白地纳西族栽秧，谷是五谷之王，古时就流行着人们栽完秧后，会有许多口舌是非，比如他家今年的秧"好"与"坏"等，如果口舌不压，这后半年家里轻的会有谷子歉收，重的会有疾病及灾难。可是"文化大革命"后就没有进行了。

顶灾仪式

2007年7月恢复了顶灾仪式。"文化大革命"前每年农历七月就进行顶灾仪式，顶灾就是把一切病痛、虫灾、风灾、洪灾、野兽灾都堵住，让农家农业丰收，牲畜兴旺，人丁安康。

祭自然神仪式

2007年7月恢复和抢救"祭署"仪式。以调和人与自然之间的矛盾，纳西语"署谷"，即祭署神的意思，纳西族把山林川泽、风雨雷电、鱼虫鸟兽等一切人类赖以生存的自然生态环境称为"署"。

除秽仪式

2006年12月恢复了"除秽"仪式。意为要过年了，把一年所有脏的、不吉利的、恶的、不道德的、凶的都要用一只山羊做祭牲进行洗礼，以自然村为单位，进行祭祀，每个村都有固定的祭场。让农家过个轻松、安心、愉快的春节。

祭东巴什罗仪式

2007年7月恢复了"东巴什罗布"仪式。此仪式为大东巴送葬与超度仪式，从大东巴去世开始就做法事，要跳14种东巴舞，颂14本东巴经书，仪式最短要做三天三夜，长则做五天五夜。要做24个神仙面偶，把24个神仙从天庭请来进行招待后，最后把24个神仙送回天庭，没有送山前，每天要跳几场东巴舞，如果三天后送山就要跳10场东巴舞。这个仪式已失传50多年。

驱邪禳灾仪式

2007年9月恢复了"考肯足"仪式。如果家里有人长期得病，就请大东巴算，以后需要搞此仪式的就进行"考肯足"，意为把所有在家里施病或灾难的鬼请出去的仪式。

冷误蹉仪式

2008年恢复了"冷误蹉"仪式。这个仪式是只有纳西族阮卡支系才举行的，是超度、送葬仪式中的一个仪式，要举行30分钟左右，已失传50多年。保护、抢救、传承了20多种东巴祭祀仪式。18年间举行主持了46场正规免费的丧葬和超度仪式。

除了恢复以上所述的大仪式外，还恢复了索库、还布、则规红、土水、除夸批、还夸批、本古好早批、争考布等10余种小仪式。

4. 传承、展示民间歌舞

白水台东巴学校于2002年春成立了三坝纳西族民间艺术团，共有62人，分青年队、中青年队、中老年队，主要负责民间歌舞的挖掘、整理、传承、展示等工作，人们称这支艺术团为"白水台下一枝花"。三坝纳西族歌舞在继承传统民族歌舞的基础上，也融合了藏族民间歌舞内容，从而体现出明朗欢快、舒展优美的艺术特色，成为纳西文化大观园中的一朵艺术奇葩。东巴传承学校18年来不遗余力地对这些民间歌舞进行了挖掘、整理、传承，并通过民间节庆活动、文化展演活动活跃、丰富了民众的文化生活，同时向国内外观众展示了这一独特的东巴文化艺术魅力。

东巴学校18年来主要参与了以下一些活动。

（1）2003年9月、10月分别为云南交警哈巴希望小学开学典礼、迎接中外哈巴雪山登山队进行演出。

（2）2004年10月、12月为迎接大理州政协、丽江市政协、迪庆州政协的三坝视察，迎接州、县"普九"进行演出。

（3）2005年6月参加迪庆州首次歌、舞、乐大赛，参赛节目"东巴孔雀舞"荣获二等奖。2005年10月、12月分别为迎接省、州、县调研团、省、州、县检查团到山庄演出。

（4）2006年11月4日为迎接丽江市委书记、市长、市人大副主任、市文化局局长、玉龙县委书记、县长来三坝纳西族乡慰问进行演出。2006年11月19日为迎接省文化厅领导、州文化局领导、州城建局领导到山庄演出。2006年12月4日东巴学校艺术团迎接省领导到白水台演出。

（5）2007年1月为迎接香格里拉市人民政府三坝办公现场会议进行演出。2007年10月为迎接省职业艺术师生进行演出。

（6）2008年3月与迪庆州千名干部下基层工作宣传"十七大"精神到三坝乡政府对歌、演出、联欢。

（7）2009年3月29日应邀到丽江玉水寨东巴节演出。同年5月22日应邀到开发区新居落成庆典演出原始、原汁、原味的东巴舞及民间歌舞。开发区78岁的和正开老人拉着和树荣老师的手说："和老师，我俩都是开发区东巴后人，可是好多年没有见过这样的东巴舞，你们为纳西族做了一件好事。感谢你们！"

（8）2010年9月阿卡巴拉艺术团到康巴艺术节演出，参赛节目"阿卡巴拉"舞荣获一等奖。

（9）2011年2月14日，为迎接迪庆州委书记张登亮、副书记马文龙，香格里拉市委书记彭耀文、县长肖徐等领导视察三坝进行演出。

（10）2011年5月清华大学百年校庆之际举办西部地区濒危文字、文献、文物展览展示暨研讨会，迪庆纳西东巴文化传习馆应邀参加。和树荣同志作了"纳西族支系阮卡东巴文字的特点"的学术报告。和树昆、杨玉春展演了东巴呀毛舞、闪即舞、肯课舞、母呀舞等民间歌舞。纳西东巴文化第一次亮相清华，交流发言与东巴舞展演均赢得国内外与会专家们的阵阵掌声与好评。

（11）2012年2月13日迎接中央十台导演孙雷雷来拍摄有关节目，进行了烧天香仪式、跳东巴舞、纳西族民间歌舞等活动。

5. 参与、协助田野调查、进行学术交流活动

一个民族的文化单纯地靠自身的力量无法独善其身，只有通过更大范围的合作、交流才能获得可持续的保护、传承力量。纳西族的文化能够引起世人的广泛关注，并形成"纳西学"，也是近百年来国内外大量学者不断调查、研究、宣传的结果。三坝作为纳西族传统文化的重要区域，至今仍保留着较为完整的纳西东巴文化生态，近百年来国内外不少学者前来调查研究，

不仅为三坝东巴文化的弘扬做出了突出的贡献,同时为纳西文化的深层研究做出了应有的贡献。

东巴传承学校、东巴文化传习馆本着广交朋友、合作共赢、保护为先、传承为基的原则,承担起了配合、参与、协助、合作不同科研结构、研究人员的调查研究任务,同时通过撰写调查报告、论文,参加国内外学术会议,交流传承经验,从而使东巴文化的保护传承工作获得了广阔的发展空间与力量。

据统计,18年里,前来本地调查研究的学者专家主要有以下一些。

国际纳西学会会长、中国作家协会副主席白庚胜博士;中国民族学学会副会长、云南纳西学会会长、云南省社会科学院副院长杨福泉博士;云南民族大学副校长、西南民族学会副会长和少英;西南大学博士生导师喻遂生及其博士生邓章义、武小丽、曾小鹏、杨亦花等;中国社会科学院博士后杨杰宏、钟耀萍;清华大学博士生导师张丽明教授及研究生刘晶、徐可可;上海真龙电影工作室主任张凯文、副主任张金辉;云南省社会科学院和红灿副研究员;丽江师专副教授杨林军博士和春云、教授和爱东、副教授杨鸿荣、副教授曹斌;丽江东巴文化研究院李静生研究员、和力民研究员;加拿大社会语言学家汉尼·福伊尔、美国学者迈肯思·戴林;西班牙学者白西龙;韩国教授丁一、日本学者冈晋;北京舞蹈学院民族民间舞系冯莉博士、云南省民委副主任木桢教授等,其中很多人都写了研究三坝乡社会、文化、宗教的书与文。

传统文化并非一成不变的"老古董",它的前进动力源于不断地吸纳时代合理性因素从而使自身文化体系得以健全。新时代的东巴文化传承也有时代的命题,在全面、完整地继承东巴文化的基础上,也需要与时俱进,尤其对东巴提出了更高的要求:既需要成为村落、社区民众承认的民间东巴祭司,也要成为民族传统文化的继承者,更要成为东巴文化不断丰富、发展的开创者,这就需要不断地向本民族文化学习,也需要向国内外先进文化学习。不能仅满足于受访者、报告人的角色,也要努力成为地方民族文化的发言者、交流者。这几年来,传习馆要求东巴学生们除了在本地方沉下心来学习东巴知识外,还鼓励他们到丽江、宁蒗、俄亚等地的大东巴处虚心学习交流,积极撰写论文,参加国内外东巴文化的学术交流活动。和树荣、和树昆、杨玉春等人参加了第一、第二届国际东巴艺术节学术研讨会、国际人类学大会、丽江文化旅游研讨会、丽江茶马古道学术研讨会、清华大学百年校庆学术研讨会等,他们的学术论文、报告也获得了相应的反响,同时与国内外众多学术机构、学者建立了友好合作关系。

小结

三坝纳西族乡被迪庆州政府评定为"东巴文化特色之乡",白地在20世纪40年代被吴泽霖、李霖灿等人类学家、民族学家誉为"东巴教祖地""东巴教圣地"。吴树湾村2000年就被迪庆州命名为"迪庆纳西族文化生态村",评定为"歌舞之村",2010年由云南省文化厅命名为"云南省历史文化名村"。吴树湾是三坝纳西族文化的核心村。

吴树湾村坐落在白水台下方的田园中,全村近百户纳西人家围聚成一个圆形宝石状,村内古树参天,巷道与溪流纵横交叉,古老的民居建筑风貌与浓郁的东巴文化氛围相得益彰,融为一体。村子周边为著名的白水台、阿明灵洞、哈巴雪山等旅游景点,村内有东巴峡谷、飞瀑、"白水台之女"华泉、阿明巨石桌、祭天场、祭署(自然神)、祭山神、祭祖、火化场等人文自然文化遗留。民间相传东巴教第一代、第二代祖师东巴什罗、阿明什罗都出生于吴树湾,至今村内仍保留二圣教祖的东巴祭祀仪式,村中居民以纳西族阮卡人为主,据李霖灿、和志武、喻遂生多位资深学者研究,阮卡东巴文字在纳西文字体系中有突出的特色,至今仍保留着96个与其他纳西族地域不同的东巴象形文字,呈现出同中有异的地域文化特色。这种独特的文化遗产与优美的自然环境融为一体,构成了吴树湾独具特色、自成一体、人与自然和谐相处的魅力因素。

吴树湾村是迪庆州境内东巴人数最多的村落,现有东巴25人。东巴文化传承得到可持续发展,离村头200米处公路边有一所迪庆州纳西东巴文化传习馆,1998年3月16日村内成立东巴文化学校以来,招收学徒近36人,传授东巴经书120本,恢复20多种东巴祭祀仪式。其中和树昆、杨秀光、杨玉春、和贵武、和红军、和根利、和立仕、和学初等东巴已熟练掌握重要东巴经典近50部,能单独主持东巴主要法事。在迪庆州各级部门支持下,2012年,在村内东巴文化学校基础上成立了迪庆州纳西东巴文化传习馆,承担起了全州东巴文化传承的重任。

现在迪庆州纳西东巴文化传习馆内收藏的东巴经书有278本,能够完整主持23种东巴法事,能跳26种东巴舞蹈,完整掌握了东巴绘画、东巴造纸、东巴工艺等东巴艺术技能。

吴树湾被誉为迪庆州歌舞之村,至今仍保留着能歌善舞的传统。一年一度的"二月八"是三坝纳西族及周边兄弟民族最大的民间节日,欢庆节日时,首先要请吴树湾村民跳阿卡巴拉舞,这样才能开始节日狂欢娱乐,由此说明了吴树湾传统歌舞的源远流长。民间传说,吴树湾人先民迁徙到白水台时,在山坡上看见潭中有两条龙嬉戏游耍,由此受到启发而创编了《阿卡巴拉》歌舞,歌词共有22调,内容为赞美白地的山水自然,旨在阐述人与自然和谐相处的主题。

2001年村里组建东巴艺术团,现已恢复、抢救古老的纳西族民歌和舞蹈23种。艺术团多次代表乡、县、州到省内外演出,获得多项奖励及荣誉称号。村中至今仍传承着斗牛、斗羊、斗狗、斗鸡、射箭、踢毽子、打秋千等传统民间游戏娱乐活动。村里还恢复了传统的东巴造纸、纺织麻布、制作麻衣、打氆氇等手工艺。

吴树湾村作为三坝纳西族乡最为典型的古纳西村落,至今仍保存着"活着的象形文字"——东巴字、世界记忆遗产——东巴古籍、东巴绘画、东巴造纸、东巴经典、东巴舞蹈,以及与之相关的传统知识、技艺、民俗活动。在市场经济背景下,年青一代对传统文化产生隔阂,学习东巴文化积极性消淡,传承危机依然严峻;因传承经费极为困难,东巴文化学校成立18年来,至今仍在两间简陋的木楞房中进行传承活动;现代化进程加快严重冲击着原来脆弱的东巴文化生态环境,延续了上千年的传统文化的整体性保护迫在眉睫。

东巴文化作为一种传承了上千年的古老传统,它的形成、发展有着深厚的历史根基,对纳西族的社会历史发展产生过深远的影响,至今仍具有积极的现实意义。东巴文化被称为"纳西族古代社会的百科全书",涵盖了纳西族的哲学、思想、历史、文学、医药、美术、体育、军事等多方面的文化传统,它是作为一种思想体系,以宗教形式而渗透到纳西族民众的生活文化与精神世界中,统摄着整个纳西族民族意识形态,尤其在三坝这样传统文化保存较为完整的村落社区,这种影响更为突出。但在强大的现代化浪潮中,这一传统也时刻面临着灭顶之灾,需要政府、企业、学者、民众、民间传承人等多方力量的有效合作、扶持。当前最为紧迫的是需要重点开展对濒危东巴文化遗产的调查和抢救性保护工作,保护和鼓励拥有独门绝技且年事已高的项目代表性传承人收徒授艺,建立各类非物质文化遗产资源数据库和数字博物馆,建立健全东巴文化传承、保护、展示的设施和场所,将东巴文化传承人保护、民间传统节庆、习俗保护常态化,纳入生态保护区的日常内容。对于那些有代表性、特殊性、地域特点较浓、参与群众较多的节庆活动,激发其向文明、健康和最大限度保留传统特色的方向发展。

东巴文化传承的一点经验

吴树湾村的东巴文化传承延续了18年,积累的经验主要有以下几点。

其一，传承必须基于民间文化生态。

民间是东巴文化产生、传承、发展的基础、源头，离开了这一基础就一切都无从谈起。有本才能发展，有源才能开流，如果在没有传承、保护的基础上谈开发、利用如同缘木求鱼，南辕北辙。18年来的东巴文化传承最大的感受也是这一条，把东巴文化知识变成活的东西还给民众，让民众从这一传统文化中获得实实在在的好处，一是通过对东巴文化的保护、传承，恢复了文化生态，保护了三坝、白水台、纳西族、东巴文化的资源并使之延续和传承，使这一人文自然胜地得以继续流光溢彩，蜚声中外；如果没有东巴文化的支撑，三坝就失去了发展的基础与动力，也就失去了灵魂。二是通过把东巴文化的经典、仪式、歌舞与民间的节日、庆典、日常习俗相结合，丰富了民间文化生活、拓展了传承空间、规训了民间伦理道德、净化了社会风气，使传统文化在新的时代下焕发了生机。活鱼必须养在活水里。东巴文化是活着的，不断发展的有机文化，所以必须把传承建立在村落的文化根基、文化认同、传统习惯法、社区关系、文化空间等有机文化合力关系中，同时，要根据时代的变化不断吸纳、融入民众认可、呼声强烈的新文化因子，才能形成真正的"两条腿"走路。

其二，传承必须要依托村落、依靠民众。

传承民族文化不是图一时名利的市场经济行为，而是功在当代、利在千秋的文化工程，前景固然光明，过程千曲百折，尤其在市场经济背景下，民众的利益趋于多元化，所以在最大限度上团结民众、服务民众、依托村落、依靠民众，这才是传承得以可持续发展的动力所在。吴树湾东巴传承学校一开始成立时，也有一些民众不理解、不积极，认为是在恢复"落后"，也有人认为无利可图，政府部门都不搞，自己瞎鼓捣，认为前途未卜。但经过与村委会领导、老东巴、群众的多次交流、宣传，加上多年东巴文化传统的沉淀，使东巴传承学校得以顺利成立，并在实践中一直紧紧依托村落的生产、生活需要，为民众的红白二事、节庆、建新房等活动服务，从而获得了民众的大力支持，家长成了年轻学员的最大后盾，从而也提高了学员的学习积极性。另外，通过10多年来的东巴文化传承，村落风气明显改善，学校及村子名声也得到远播，深化了民众对传承的认同与支持，达成了多赢的大好格局。

其三，传承要搞好不同支系的内部关系，也要搞好与政府、学者、媒体等外在力量的关系。

学校最早基于吴树湾的阮卡支系的东巴文化传承，但随着时代的发展，仅仅局限于这一村、一个支系的传承明显不足，而且也不利于整个三坝乡乃至迪庆州东巴文化的传承，所以从 2000 年后开始，传承学校加大了传承范围，不仅派出学员到乡内大东巴处学习，也到丽江、宁蒗、俄亚等地学习，同时整合三坝东巴文化资源，本着美美与共、百花齐放的精神，动员不同村落的学员也参加到传承学校中学习，尤其是建立了传习馆后，在州内不同乡镇建立了 12 个传习点，从而使传承之花开遍了全州的纳西族地区。

纳西文化不只是属于纳西族，也是属于全世界人类所共有，尤其是百年来对它进行艰难探索、研究的国内外学者，对这一传统文化的宣传、弘扬做出了巨大的贡献。东巴文化的传承在多大程度上实现了研究国际化，也就有了更大的传承保障。基于此，传承学校与传习馆多年来与国内外的不同学术研究机构、学者、政府、企业、媒体等社会各界也进行了有效的合作交流，从而使传承工作获得了更多力量的参与、关注、支持。

其四，传承必须要有一个坚强的组织机构、组织章程以及民主、团结、协作、务实的作风。

不依规矩，不成方圆。一个团体的战斗力离不开坚强的组织班子，而班子的建设需要切实可行的章程。东巴学校一成立，通过集体商议、讨论的基础上选举了领导班子，制定了章程、执行细则，并通过大事共议、小事通报、民主表决、账务公开、收支分开的方式进行管理。传承学校虽是一个民间组织，但它的产生、发展极大地推动了村落社会风气、精神文化的建设，也提升了地方文化认同，使这一组织获得了很高的社会威望，无形中也增强了班子的凝聚力与荣誉感。尤其是义务为村民的丧葬、结婚、节庆仪式服务，获得了民众的极大拥护，这些活动的人力分配、日程安排、程序制定都有严格具体的规定，且经过多年训练，已经形成了自觉的文化意识、行为。有些不合理的规定、做法也在实践中不断予以修订、完善，从而使组织的生命力、凝聚力得到了有效的维护与提升。和树荣多年从事教育工作管理，作风正派民主，以理服人，与人为善，坚持原则的同时也不失灵活性，成为东巴传承学校的主心骨，学员大多是他的学生，对和老师的为人、能力也一直感同身受；同时，在 18 年的传承实践中看到了坚持的价值，从而形成了一个团结、民主、协作、务实的组织机构，为东巴文化传承奠定了坚实的组织保障。

存在的问题

毋庸讳言，现在东巴传承学校与传习馆也存在着资金匮乏、东巴大师奇缺、学员年龄偏小、文化生态恶化、外来商品经济冲击等诸多危机与困难。迪庆州对东巴文化传承投入不足，传习馆多次申报"文化生态建设村""东巴祭天""呀哩哩"等"非物质文化遗产"项目都一直未果。

另外，大部分学员已到了结婚年龄，一旦他们结婚成家，对可持续传承也会产生不良影响。一些中学毕业生也倾向于到城里打工；费时误工参加东巴传承培训，在家计收入方面并无多少实质性帮助，这些都严重制约着东巴文化的传承。

设想与建议

东巴文化是纳西传统文化的集大成者，也是中华民族乃至世界文化的优秀代表，2003年荣列世界记忆遗产名录就是世界对它文化价值的公认。白地东巴文化作为纳西文化重要的组成部分，它的传承命运如何关系到纳西文化的整体发展情况。而白地地处藏区，交通不便、发展滞后、资金奇缺，尤其是大部分民众仍处于解决温饱的状况，在这样一种情况下，传承东巴文化谈何容易？基于此，我们提出一些具体的想法、思路，希望能达成更大范围的共识。

首先，在国家层面上达成"纳西文化生态保护区"或"东巴文化生态区"，整合滇川藏交会区域间以东巴文化为代表的纳西族传统文化，使这一属于全人类共有的文化遗产得到有效的保护。丽江市拟报"丽江市纳西文化生态保护区"，纳西族主要集中在丽江市，但纳西文化是由滇川藏交会区域的不同纳西族支系、地域文化构成的，如果为照顾方便申报考虑而实行单方面行动，势必对纳西文化的整体保护，乃至文化认同、经济社会发展带来诸多后遗症，希望丽江方面能够多从大局出发，从"全人类文化遗产"的高度，把三坝、泸沽湖、俄亚、盐井等不同地域的纳西文化作为一个整体来考量，云南省人大常委会在2006年发布了《云南省纳西族东巴文化保护条例》，所以，最好能由省里统筹协调，做好全省和四川省东巴文化的保护。

其次，三坝是迪庆州纳西族东巴文化的集中地，也是构成迪庆州多元文化的重要组成部分，在建设迪庆州民族文化生态保护区的过程中，希望迪庆州委、州政府能够对三坝及州内纳西族地区的文化传承予以足够的重视，并把文化建设与新农村建设有机地结合起来，促进迪庆州纳西族地区经济社会的可持续发展。具体而言，希望把三坝作为迪庆州民族文化生态乡重点建设单位，把东巴文化保护列入州、县的发展规划中，并在财政预算中得到有效保障，在东巴舞蹈、东巴祭天、呀哩哩等申报非物质文化遗产项目中予以重视，尤其把现有的有代表性的东巴文化传承人列入县、州、省级传承人名单中。

最后，三坝是东巴文化的发祥地，但文化危机并未解除，仍需要政府、社会各界人士的关注支持，经过10多年的探索实践，我们已经积累了丰富的传承经验，取得了突出的成绩，为东巴文化的可持续传承奠定了坚实的基础。我们切实希望这一进程得到更有效的推进，尤其在硬件设施方面有重大突破，具体来说即在东巴传承学校、东巴传习馆的基础上建立一个集传承、保护、研究、展示于一身的迪庆州东巴文化博物馆或迪庆州东巴文化展示中心。我们提出这一方案有如下理由。一是现在东巴传承学校与传习馆基础设施10多年来没有得到有效改善，一直是一栋非常简陋的旧木楞房，严重制约了传承工作的开展；二是经过18年的传承，吴树湾村的东巴文化生态得到了极大的恢复，民众的态度、民间节庆、民俗活动、传统信仰、村落民居都是活形态的文化遗产，也是整个迪庆州东巴文化生态保存最好的展示地之一，如果能够把东巴文化博物馆或展示中心落在村中，不仅能够实现静态文化与动态文化、有形文化与无形文化的有机结合，而且更有利于传承、研究工作的深入拓展，同时通过有限度的开发促进村落经济社会发展，客观上也会推动民众对东巴文化传承的积极性，形成文化、经济良性互动的传承发展格局。三是迪庆州东巴文化博物馆或展示中心的落成，既是落实第十七届六中全会审议通过的《中共中央关于文化体制改革、推动社会主义文化大发展大繁荣若干重大问题的决定》的具体体现，也是落实迪庆州民族文化生态保护区具体目标的体现，同时符合国家、省出台的建设有特色的博物馆体系的文件精神。

调查人：和树荣　杨杰宏　和根茂　杨金志　杨玉春　和德明　和树昆　和立仕，整理撰稿人：杨杰宏　和树荣

调查时间：2013年10月21日至2016年4月7日

七

香格里拉市三坝乡东坝大村东巴经典传承现状调查报告

(一) 东坝大村概况

东坝大村位于北纬27°35′，东经100°06′，处于滇西北云贵高原横断山脉深处，属高寒山区，是一个四面环山的坝子。隶属云南省迪庆藏族自治州香格里拉市三坝纳西族乡，在香格里拉市东南部，三坝乡东北部。东坝大村原为东坝行政村[①]，村政府设在科目自然村，后于2013年根据国家新农村建设政策改革后，分为东坝一村村民委员会和东坝二村村民委员会，两村由一条名为威龙卡［ue²¹lo²¹kʰɑ³³］[②] 的河分为东西两部分，河东为一村，纳西语称为倪美透（［ȵi³³me³³tʰv³³］，汉语意为"太阳出"，即威龙卡以东日出的方向），村委会会址依旧在科目自然村，下辖科目等8个自然村组。河西为二村，纳西语称为倪美鼓（［ȵi³³me³³gv²¹］，汉语意为"太阳落"，即威龙卡以西日落的方向），二村村委会设在日树湾自然村，下辖7个自然村组。

据2010年统计，东坝大村共有1150多户，总人口4900人左右，是三坝乡人口最多的行政村。其中彝族有260户左右、1120多人，纳西族3780多人。每户平均两个孩子，男多女少，年龄在20岁到40岁的很多中青年男子都未婚育，年轻男女几乎都在香格里拉市或在丽江等地打工，在外求学的占1/4左右，在村里务农的几乎很少，家中一般只有老人和孩子。东坝大村耕地面积7500亩左右，地少人多，以前交通非常不便，但2005年公路改道，2010年建成柏油公路后，交通情况相对改善。东坝大村庄稼一年两熟到三熟不等，主要产蚕豆、马铃薯等豆类植物及玉米、小麦等主粮作物。东坝大村设有由乡政府管理的一间卫生所，医护人员4名，也有在一些自然村

[①] 本篇中，"东坝大村""东坝村""东坝行政村""东坝""更迪"等词，皆指"东坝村"这一概念。
[②] 本篇中的国际音标以笔者整理（2014—2016）的"东坝大村纳罕语音系表"为依据，文中纳西语皆采用汉语、国际音标双音注模式，为便于行文，同一词汇第二次出现时只用汉语音注。

里村民自发设有的一些临时医务室。另外，还设有一所完小，主要教育期限为小学一年级到六年级，并有幼儿园正在建设中，因距离较远，道谷、拉丁、迪满、次恩丁、老炉房、渣日等自然村还保留了村小学，且也有正在建设的幼儿园。

东坝，纳西语为"更迪"［kɯ^{55}dy^{21}］，这里的纳西人自称为"纳罕"［nɑ^{21}hæ^{33}］，并称东坝村为"格杜敕才柏"［kɯ^{55}dy^{21}tʂʰʅ^{33}tsʰe^{21}mbe^{33}］（汉语意译为东坝这10个村）。据东巴经记载，整个东坝大村最初只有4个自然村60户人家，后发展到中华人民共和国成立前，东坝已有10个自然村，但每个自然村人口很少，如科目村只有14户，补支村只有8户，日树湾村30户等。现在，东坝大村包括日树湾、科目、各迪、七络、次恩丁、迪满、车拉八、关机、补支、松巴、上渣日、下渣日等12个纳西族自然村组及老炉房（纳西语吉勒支［tɕi^{21}le^{33}tɯ^{33}］）、拉丁（纳西语［lɑ^{33}tɯ^{33}］）、东鼓（纳西语艾美罗［æ^{21}me^{33}lo^{21}］）等3个彝族自然村。其中，日树湾自然村和各迪自然村为纳西族阮卡支系村组，据记载，次恩丁自然村的部分杨姓家族也是纳西族阮卡支系，但现在他们的习俗都已随"纳罕"。

东坝大村的纳西族村落中，每个自然村传统的家族只有三四个，除了松巴，次恩丁及迪满三个自然村姓氏较多外，其他村落结构比较简单。日树湾村主要有三个家族，但只有习、和两姓，其中和姓有两个家族，分别为和姓的和家族及和姓的拉格家族。补支村主要有三个姓氏，分别为汪、和、钱。车拉八全村都姓和，都出自一个家族。七络和关机自然村为和、杨两姓。各迪村则以汪姓为主，迪满村有和、杨、杜、王、孙、李、墨、潘等姓氏，松巴村有墨、杨、和、宗、鲍、朱、李、阮、赵等姓氏，科目有墨、和、杨、夏等姓氏，次恩丁有和、杨、徐、王、李等姓氏。随着历史的变迁，东坝村不断与外界联姻，村落之间男女也不断互相通婚，以及村落搬迁等情况，村落里的姓氏越来越丰富，例如1949年前后，日树湾迁进两家姓潘汉族，后陆续又有其他民族如藏族、傈僳族等民族嫁到日树湾村等。

（二）东坝大村东巴经典的传承与现状调查

东坝大村是纳西族分布地区中东巴文化底蕴最为深厚的纳西族古村落之一，由于独特的地理环境与人文氛围，受当前旅游风潮的影响较小，东巴文化保存较好，东巴人数多，东巴经书、东巴仪式的保存也相对完好。东坝村的东巴信仰是东巴文化"自然传承"的动力，人物、仪式是东巴文化的主要"可视"载体，而经书贯穿了仪式与人物的始终，人物、仪式与经书的调查可以窥探东坝村东巴文化的传承进路、现状及走向。

1. 东坝大村的东巴传承与现状

东巴大村的东巴文化从历时的角度追述可以看出明显的时间段差异。民国以前到1958年，东坝村东巴文化氛围极为浓厚，1958年到1980年东坝村东巴文化断代20多年，1983年以后至今，国家重新重视文化建设，西南边陲的民族文化得到不断弘扬。

据东坝村许多老东巴讲，以前东坝大村的东巴人数很多，10个自然村中每个自然村至少都有10几个，其中日树湾村与关机村最多，两个村的东巴至少有40人左右。因此，东坝村1958年以前真正有名望的东巴至少在100人以上。另外，东坝大村只要是男性村民都会烧香诵经（主要为口颂），大部分女性村民都会选日子算方位。目前，东坝大村的东巴有50人左右，比较有威望的东巴有20人左右，年龄在50—70岁；普通东巴也有20人左右，年龄在30—50岁；30岁以下的东巴只有10人左右，皆在学习状态，或是只会做部分仪式；20岁以下的青少年在学习东巴的人数只有东巴总数的1/4左右。如今在东坝大村，20岁以上的村民中，大部分男性村民基本都还会一些口诵经，如烧香经等。小部分女性村民也会一些诸如看日子算方位等的简易东巴仪典。

东坝大村1958年以前的大东巴有117位左右，大部分东巴只能在民间听到一些他们的故事，在东巴经里的记载也只有家族和姓名，只能判断出东巴人数与村落所属。离1958年较近的可以确切知道年龄与事迹的东巴少于10位。

东坝大村1958年前最著名的东巴有：补支村的东巴乌鸡若、东巴阿五八等及他们前一辈的至少7位东巴，据补支村老者回忆，当时东巴们的经书至少500多册。七络村有独之嘎等8位东巴，独之嘎东巴，属龙，东巴名东之，卒于80年代，享年约75岁，车拉八村和补支村的许多东巴都曾向他学习，独之嘎的经书至今在其子杨贵宝处保留有20多册。车拉八村有懂战、阿普新根、年年、阿普十八等11位东巴，曾有200多册经书，现在只有20多册了。日树湾村物本家族的各塔嘎，东巴名东塔，属兔，卒于90年代，享年约68岁，其父根马嘎，东巴名东嘎，属狗，还有威及茸、东芝等都是著名东巴，约有10位著名东巴；密杰家族14代东巴中的格颤阿普、阿普各偷、阿普阿牛、阿普威补、阿普育才等16位东巴，其中阿普阿牛、阿普育才及阿普威补最为卓著，阿普威补属鸡，享年约68岁，卒于60年代，东巴名东卜。据阿普阿牛的弟子习尚洪东巴与阿明东奇东巴回忆，听阿普阿牛讲以前密杰家的经书比整整一座房的库存还多，起码有1500多卷。各迪村有马六东巴，属牛，70多岁去世；荷典东巴，属虎，也近70多岁去世，还有及路各头若、各牧偷东岭、威曼一嘎等 10 位有名的东巴。因为东坝大村只有各迪村和日树湾村为阮卡支系，日树湾村的东巴多，经书丰富，各迪村的经书和东巴们基本都是到日树湾村的阿普威补等东巴处抄写和学习。关机村补塔与米婵两家族是最初到达该地的家族，有东牛、东哲、东站、东嘎、西河里布吴罗、鼓足、几拓东嘎、和育才、培初等约 18 位大东巴，其中和育才最为有名。科目村的罗卡各偷若、阿普疏漏、当世、阿斯独、阿天宝、年年塔、路吉他东卢等 11 位东巴。迪满村的乌鸡若、瑰宝与阿五九等 7 位东巴，其中阿五九东巴最有威望。次恩丁村的阿普啊咕嘎、纳卜、豆豆恒等 9 位东巴。松巴村的甲嘎若等 10 位东巴，目前 80 多岁，并培养有杨泉、杨永生、和堂宗、杨时万等 4 位东巴。

1958 年以前东坝大村东巴及其经书数量

数量 \ 村名	补支村	七络村	车拉八村	日树湾村	各迪村	关机村	科目村	次恩丁村	迪满村	松巴村
东巴数	7	8	11	26	10	18	11	9	7	10
经书数	500	200	200	1500	500	800	600	100	100	300

说明：由于具体的东巴与经书数量无文字记载，表中数据来自 8 位东坝各自然村的老东巴及年长者之回忆。

自 1983 年在丽江召开的"东巴达巴座谈会"后，东坝大村的东巴文化得以重新重视与传承，并形成了以习阿牛为代表的家族传承与师徒传承并行的模式。

（1）习阿牛东巴及其弟子们的传承

习阿牛东巴，属兔，法名东牛，生于 1915 年（民国四年），卒于 2009 年，享年 94 岁，是纳西族最著名的东巴之一。13 岁起开始学习东巴知识，先后拜过东坝、白地等地的有名东巴为师，如东恒［to^{33} hɯ^{21}］、东古［to^{21}ku^{55}］、东克［to^{33} k^{h}ɯ^{33}］、东吉［to^{33} dzi^{21}］等。15 岁在东坝村烧香地"威及威"加威灵，18 岁时开始独立主持各种仪式，20 岁时在白地阿明灵洞加威灵，30 岁时已成为东坝、白地乃至丽江等地著名的大东巴。25 岁以前跟随日树湾本村的东恒、东古两位东巴，抄写经书，学习仪式。25 岁以后开始到各个纳西族地区游学，与四川、白地及丽江等地区的东巴切磋学习。1983 年，受邀参加云南省社会科学院丽江东巴研究室组织召开的"东巴达巴座谈会"，展示东巴舞姿，技惊四座，会后荣获"云南省高级舞蹈师"称号。2007 年被授予"中国民间文化杰出传承人"称号。其弟子遍布四川、丽江、迪庆等地区，据阿明东奇模糊的回忆，四川省木里县的甲嘎若

(现已无法判断具体人物)东巴就曾跟随习阿牛东巴学习过阮卡东巴知识,还有丽江市著名的学者东巴和力民,白地吴树湾村的和树坤东巴等。在东坝大村,其弟子有次恩丁村的和立军东巴,关机村的和树任东巴,各迪村的王吉福东巴,日树湾村的习尚洪东巴、阿明东奇东巴、习胜华东巴、和森林东巴、阿汝才东巴、习健民东巴、习国林东巴、习志国东巴、习德圆东巴、和永才东巴等,科目村的墨虎东巴、杨成章东巴等。

习阿牛东巴的弟子及其藏书情况介绍如下。

①习尚洪东巴。东巴名东嘎[$to^{33}ŋa^{33}$],属猴,1944年4月5日(农历三月十三日)生,是习阿牛东巴的亲传大弟子,他不仅东巴知识丰富,而且主持过各种大仪式,在日树湾东巴中有资历、有威望,是日树湾村继习阿牛东巴后知识最丰富的东巴。习尚洪东巴以东巴画见长,其父阿普育才就是远近闻名的东巴画家,现在他的东巴画远近闻名。习尚洪东巴藏有2册古老的经书,经书残缺不全,后无跋语,据他讲,一册是其父阿普育才所抄写,另一册不知道经书的抄写者。其他经书皆是出自习尚洪东巴之手,有经书110多册,塔卡画13张,110册经书中有30册经书是复印体,基本是从丽江、白地等地区复印而回,有52册经书是东巴纸质,有28册经书是其他材料。

②阿明东奇东巴。曾用名习胜林,东巴名东奇[$to^{33}tɕʰi^{21}$],是习阿牛东巴的小儿子,属狗,1959年生。阿明东奇东巴继承了习阿牛东巴的很多法器与经书,尤其继承了习阿牛东巴的东巴舞,他藏有曾跟随习阿牛东巴学习东巴舞时自己写的东巴舞谱,且有很多自己画的东巴画。阿明东奇东巴以算卦、画画及东巴音乐见长,早年往来于藏族地区,精通汉、藏、纳西三种语言,东巴知识极其渊博。他家里有一间佛堂,里面有很多藏文经书、法器和纳西东巴经书。他的经书中的复印本是东坝村最早有的复印本,是他年轻时在外学习带回的,他的经书共有490册,其中有150册是藏文经书,100册汉语藏书,200册是纳西东巴文经书,200册经书中有98册是他自己抄写的经书,48册是复印本,54册经书是没有跋语、没有年代,经书材质也有旧有新,无法判断抄写者。另外,还有东巴画25张,习阿牛东巴抄写的经书30册。

③习胜华东巴。是习阿牛东巴的二儿子,东巴名东恒[$to^{33}hɯ^{21}$],属虎,1950年生。从小对东巴知识耳濡目染。因为和习阿牛东巴一起生活,很小时候就跟着习阿牛东巴学习各种口诵经书。据此次全面调查,现在他家里有150册经书,其中有56册由习胜华东巴自己抄写,其余94册皆由习阿牛东巴及其他东巴所写,据他讲还有30册左右的经书被人借去还未归还。

可判断抄写作者和年代的经书有 89 册，基本在习阿牛东巴 65—92 岁之间（即 1980—2007 年）所抄写。另外，还有很多法器、服饰、东巴画等。

④习志国东巴。东巴名东国［to³³kue²¹］，属猴，1968 年生。他初中毕业，17 岁时开始跟随习阿牛东巴学习东巴知识，他说当时和他一起跟着习阿牛东巴学习的还有 3 人，但是他们都半途而废了，只有他坚持了下来。他有过三位师傅，先是跟着习阿牛东巴学习，然后跟阿普育才东巴和各迪村汪纳布茸东巴学习。他 34 岁时，师傅汪纳布茸去世，由他主持了祭东巴什罗仪式。从 27 岁时在本村主持了第一个丧葬仪式起，目前为止他已主持 16 个丧葬仪式。他祖上有过两位东巴即东牛［to³³ȵə²¹］、东土［to²¹tʰv⁵⁵］。他的经书也很多，有 54 册，其中有 3 册是古籍，已完全残缺不全，没有跋语年代，也无法判断经书抄写者，有 31 册是自己抄写的经书，其中有 21 册是其师友赠送的经书。

⑤和永才东巴。纳西名宇才茸［y³³tsʰe²¹zo³³］，东巴名东才［to³³tsʰe²¹］，属狗，1970 年生，43 岁。18 岁时开始学东巴，20 岁时在本村里主持第一个仪式，他的第一个师傅是关机村的和玉才东巴，18 岁至 25 岁，先后跟从关机村和玉才东巴、各迪村的汪纳布茸东巴、各迪村的汪玉宝东巴、迪满村阿五九［ɑ⁵⁵u³³tɕu³³］东巴、七络村斗支高［dv²¹dʐʅ³³ŋɑ³³］东巴、日树湾村习阿牛东巴等学习 "纳罕" 东巴经书和阮卡东巴经书。25 岁时，已基本精通东坝行政村的部分阮卡东巴经书及纳罕东巴经书，已能主持各种基本仪式。26 岁时，由习阿牛东巴在日树湾村北边的一个烧香地拉姆紫科［lɑ³³mv⁵⁵ndʐ²¹kʰɯ³³］加威灵。27 岁时，自己前往白地村阿明灵洞加威灵。28 岁时，曾到吴树湾村和占元东巴、波湾村树义田东巴处学习东巴知识。到目前为止，和永才东巴已主持过 130 个丧葬仪式及其他法事活动，东坝行政村的每个自然村皆请他主持过仪式。2012 年 2 月，他在白地东巴山庄和习尚洪东巴等人一起参加了东巴座谈会。现在，东坝日树湾村的东巴文化传习点就设在他家。目前他有习健民、和四九两名弟子，不过，和四九还处于入门阶段。

⑥墨虎东巴。乳名阿虎［ɑ⁵⁵hu²¹］，东巴名阿明兹梅塔［ɑ²¹mi²¹tsʰʅ⁵⁵me⁵⁵tʰɑ²¹］，是七络村大东巴独之嘎［dv²¹dʐʅ³³ŋɑ³³］取的，属鼠，1972 年生。14 岁开始学东巴，期初拜师于本村东巴杨天宝［gə⁵⁵dʑi²¹to³³po³³］，后随关机村的和育才东巴（俗称 "阿普育才"）学习，和玉才东巴去世后成习阿牛东巴关门弟子。也曾跟随白地波湾村树银甲东巴、吴树湾村和占元东巴、古都村和志本东巴学习，还到洛吉、永宁、四川俄亚、西藏盐井等地去交流过。他送过 5 个东巴，30 岁之前就做了和玉才东巴和本村杨天宝东巴

的超度东巴什罗［ʂæ⁵⁵ʈæ³³ŋv⁵⁵］仪式，主持过一般的丧葬仪式30多场，帮着别的东巴做的仪式有100多场。他的经书杂而多，有150多卷，其中古籍有13册，其他经书137册。

⑦习健民东巴。纳西名各突若［kə⁵⁵ tʰv³³ zo³³］，东巴名东土［to²¹ tʰv⁵⁵］，属羊，1979年生。他先后拜过三位师傅，分别是习阿牛东巴、习尚洪东巴、和永才东巴。在日树湾青年东巴群里，他是知识比较丰富的一位。他继承了习阿牛东巴的声线，咏诵东巴经声音浑厚，也继承了习尚洪东巴的东巴画，他画的东巴画现也已远近闻名。他的经书都是自己跟随师傅们学习时抄写的，没有无法判断年代的古老经书，主要以东巴纸为主，还有一些是烟纸盒。

⑧阿汝才东巴。东巴名东才［to³³ tsʰe²¹］，属猪，1971年生。他只会一些简单的仪式，未主持过仪式，也未系统学习过东巴，家里除了《烧香经》的几个抄写本外，没有其他经书。

⑨习国林东巴。纳西名阿七宝［a⁵⁵ tɕʰi²¹ po³³］，属猴，1980年生。是习尚洪东巴的大儿子。和习尚洪东巴一起生活，跟着习尚洪东巴学习已有4年多，能主持he²¹ ʂu⁵⁵等仪式，有自己抄写的经书5册。

⑩习德圆东巴。纳西名勒嘎［lv³³ ŋɑ³³］，法名东嘎［to³³ ŋɑ³³］，属猴，1992年生。习德圆东巴不仅跟习志国东巴学习，平时也在丽江学习东巴知识。目前已基本掌握各种东巴知识，能主持一些仪式。习志国东巴非常赏识这名弟子，他说现在每逢需要主持仪式或有法事活动，他都带着这位弟子。每个动作都对他讲得很细致，他也一学就会。他也有16册经书。

⑪杨成章东巴。属龙，1976年生，在丽江打工，有40多册经书。

⑫和森林东巴。法名东林［to³³ ʈi²¹］，属鼠，1948年生，现已去世。他家有2本经书，经书也已跟随往生。

⑬和持东巴。属猪，1946年生，68岁。主持过4次丧葬仪式，有经书10多册。

（2）东坝大村其他东巴的传承

东巴村有名望的东巴除了习阿牛东巴以外，还有关机村阿普育才东巴，迪满村阿五九东巴，各迪村马陆东巴，松巴甲嘎若东巴及七络独之嘎东巴等，他们都已去世，东坝村目前的其他东巴皆传承于该五位。东坝村的年青一代东巴除了跟随习阿牛东巴学习过外，直接或间接地都跟这五位东巴学习过，因此这五位东巴抄写的经书在很多年轻东巴手里都有。这五位东巴的大部分经书在各自的亲传弟子处。

关机村阿普育才的亲传弟子是阿斯若，和育才东巴的经书部分在家里，部分在阿斯若处，关机村还有过一个几拓阿普东巴，他流传下的经书有 12 册在本家收藏。

迪满村的阿五九东巴没有多少经书，但是口诵极其厉害，他的弟子有次恩丁村和文光东巴，乳名阿六九［a^{33}ʈu^{21}tɕy^{33}］，属虎，1974 年生。和立华东巴，乳名阿窝若［a^{21}u^{55}zo^{33}］，属虎，1974 年生。和丽军东巴，属虎，1974 年生，后来在丽江东巴文化研究院做学东巴的学生，他现在有 70 余本经书，原来写的经书与画的东巴画都边写边画边卖。阿六九和阿窝若两位东巴，他们的师傅都是迪满村的阿五九东巴和他们村的杨克恒［yə^{21}kʰɯ^{55}hɯ^{21}］东巴，他们小学毕业后 17 岁开始学东巴，24 岁时阿五九东巴去世，开始自己主持开丧超度、占卜、请家神、烧天香、驱鬼等仪式。他们共有 2 副九宫占卜抽签牌和 3 本经书（《持法杖经中册》《人类迁徙的故事》《粮食的来历》），都是请日树湾村的和永才东巴写的，其他经典都是靠口诵。还有迪满村的墨玉勤东巴，现 50 多岁，也是阿五九东巴的徒弟。

各迪村马陆东巴以东巴的"威"而出名，话说他主持东巴仪式基本不诵东巴经，只穿戴好东巴仪式服装后，坐镇仪场，摇铃敲鼓，以动作而代之。很多自然村的东巴都曾向他学习过东巴知识，如日树湾村的和永才东巴、习健民东巴、七络村的杨贵宝东巴等。各迪村以前有好几个大东巴，现在只有厄胆、纳布若、汪玉中、阿克吉、阿司等 5 个东巴。这几个东巴都只会部分仪式，都曾向马陆东巴学习东巴知识。马陆东巴留下的经书不多，部分辗转到曾跟他学习过东巴的弟子手中，如日树湾村和永才手中有 8 册左右的经书，另一部分留在家中或王吉福东巴家中，有 20 册左右，马陆东巴抄写的经书只有 7 册左右，其他都是其他东巴所抄写。

松巴村甲嘎若东巴，现年 80 多岁，擅长口诵，经书不多，目前培养有 4 名徒弟，分别为杨永生，50 多岁；和全，30 岁左右；喂塔，学名和丽坤，30 岁多；桂学［kui^{55}ɕue^{21}］，40 多岁。全村目前只有 10 几本经书。

七络村独之嘎东巴是很有名气的一位东巴，补支村、车拉八村、日树湾村和各迪村的很多东巴都曾跟他学习过东巴知识。七络村的杨贵全东巴和他的儿子阿五宗［a^{55}u^{33}tso^{33}］以及车拉八村的阿牛若［a^{55}ŋə^{21}zo^{33}］等东巴都是他的弟子，其中现年 50 多岁的杨贵全是独之嘎东巴的亲传弟子。东巴经书保存有 60 册左右，基本都是独吱嘎与其弟子抄写。

另外，还有科目村的和明万东巴是四代祖传东巴世家，他主要擅长背口诵经口经［kʰv^{33}tɕi^{33}］，会看些东巴文，也会跳东巴舞。主要做请家神、敬神烧天香、开丧超度等仪式。开丧超度仪式经常和墨虎东巴一起做，他属蛇，生于 1941 年。墨尚春东巴、肖玉华东巴、杨志金东巴等会露盘［lv^{55}

$p^hæ^{21}$] 仪式：路次泥露 [ʈu⁵⁵tsʰʅ²¹ȵi³³lv³³]（汉译：掷石子占卜）、皮下 [pʰi²¹çə⁵⁵]（汉译：肩胛骨卜）、艾鼓吕下 [æ²¹ku³³ly³³çə⁵⁵]（汉译：鸡头卜）、板满舵 [bæ²¹mæ³³to⁵⁵]（汉译：掷海贝卜）等，还有素库 [sv⁵⁵khv²¹]（汉译：请家神仪式）、崇巴季 [tʂhu⁵⁵pɑ³³ndʑi⁵⁵]（汉译：烧天香仪式）等仪式。不过基本都是口头传承与学习，只有和明万东巴处有30册左右经书。

目前，东坝大村50人左右的东巴中，可以真正算作东巴的（即经过了加威灵仪式及主持过大型仪式的东巴）只有10人左右。日树湾村有习尚洪、习胜华、阿明东奇、习志国、习健民、和育才等东巴。各迪村先前有马六、那不恒、王吉福等三位东巴，但都已先后去世，现只有王吉福的两个儿子阿虎曾和阿曾在学习中，分别属猴和属虎，已36岁和40多岁，但也自算作"素库东巴"。关机村有当丁、和书任及阿斯茸等三位东巴，科目村有墨虎、和明万东巴，次恩丁村只有何立军、阿五茸、阿鹿茸三位东巴，是迪满村阿五九的学生，阿五九东巴基本不会写东巴经，也不会读东巴文，但口传的东巴经极其传神，几乎任何东巴经都会，80多岁时去世。迪满村有瑰宝东巴、阿五九东巴、和万宝东巴（属猴36岁），车拉八村有阿娘茸在学习东巴知识中。松巴村松米子恪甲嘎茸已80多岁，口诵传神，目前培养有四名弟子，分别为杨永生、和唐荣、杨全、杨东等四个东巴。七络村和补支村无东巴，渣日村已几十年无东巴矣。

2016年东坝大村东巴与经书数量

村名\数量	补支村	七络村	车拉八村	日树湾村	各迪村	关机村	科目村	次恩丁村	迪满村	松巴村
东巴数	2	3	4	15	3	5	6	4	3	5
经书数	13	28	20	519	20	45	100	40	20	120

说明：此表数据来自各村东巴的口头表述和笔者的采样拍照调查，由于调查期间有东巴不在家等情况，有些数据来自其家人或师友之口，有待详查。

（3）东坝人村东巴的公认方式

传统上在东坝大村要成为最有威望的东巴，首先得学习各种东巴知识，熟悉各种东巴经典，如纳罕支系的和阮卡支系的不同东巴典籍，接着要开始主持一些如徐志、黑树等的简单仪式，而后要跟随师傅参加大型东巴仪式如丧葬仪式等学习各种仪式规则，到有了一定的基础后，在老东巴们和其师傅的主持下逐地（不同烧香地）进行加威灵仪式，以得到民间群众的承认，这是一个长期积累的过程，最后主持大型东巴仪式，然后再根据自己的知识积累专有一长，如习阿牛东巴专长东巴舞，习尚洪东巴专长东巴画等。

现今，东坝的大东巴得到其他东巴承认的方式可以分为加威灵与主持大型东巴仪式两种，加威灵没有年龄与时间的限制，一般情况下，加完威灵才会去主持大型东巴仪式，但是加了威灵却又没有主持过大型东巴仪式如开丧超度等仪式的东巴，也不会被承认为公认的大东巴，因此，东巴必须要加威灵，而后要主持过比较大型的东巴仪式，才会是公认的大东巴。东坝大村加威灵的地方很多，10个自然村中每个自然村村头都有一个烧香地，新东巴在老东巴或是其师傅的带领下先在该地加威灵，而后到格楚楚圣山，最后到白地村附近的阿明灵洞加威灵。东坝大村各自然村的烧香地名分别为：各迪村为拓普威，日树湾村为威吉威，车拉八村为曾杜步科，次恩丁村为河意威，迪满村为遮树威，松巴村为嘎络威，七络村为栽怒科，科目村为爱纳威，关机村为拉卡杜，补支村为拓普威。

2. 东坝大村东巴仪式分布

东坝大村东巴仪式种类繁多，仪式中各不相同的忌讳也很多，比较普遍的是，东巴仪式开始时忌讳有闲人打扰，在仪式中，参加仪式的东巴按不同的知识能力等级而参加仪式，各司其职，忌讳越级或对死者不敬，东巴仪式中忌讳听到乌鸦的鸣叫，丧葬仪式中的主持东巴在超度亡者期间必须住在其家里，并与死者同床，未下葬前，每天早晨第一声鸡叫须起床诵经叫鬼。有东巴去世，超度的东巴群体舞蹈前进到火葬场，行进在路上时，忌讳有普通群众参与，路边观望甚至挡路等。

东坝大村主要有阮卡和纳罕两个支系，两个支系的东巴仪式稍有差别，主要差别表现在经书的使用和仪式的分布情况不同。东坝大村不同自然村的东巴仪式大同小异，主要差异在于不同家族与个体户的传统习惯有别。据老东巴讲，以前传统上整个东坝大村东巴仪式共有200种左右，除了一年中每月都有固定的仪式外，每逢婚丧节庆、意外事故或打卦问神等情况，都会有相应的东巴仪式。但目前可记述的只剩20多种，过去做而现在不做的东巴仪式达180多种，东坝大村目前可记述的主要东巴仪式如下。

（1）布补［$mbv^{33}pv^{21}$］（汉译：压口舌、退口舌仪式）

布补仪式是非固定仪式，是东坝村比较常见的仪式之一，主要是在家里有人病痛，有不好的事情发生，或家里一段时间来以不顺利，家里即将要做一件大事等时，会请东巴进行该仪式，以"压口舌"。仪式中会用到木牌画，在家里诵经之后，要选择一个离家较远的地方进行卜辣［$mbv^{33}la^{55}$］，再进行诵经以将"口舌"压在该地。即将"mbv^{33}"压在"离家较远的某地"之意。mbv^{33}意为"议论"之意，有好有坏，因此，该仪式主要压不好的"口舌"议论与传播者及其过程。

（2）簇卜［tsʰv²¹pv²¹］（汉译：压害仪式）

簇卜仪式的灵活度比较大，该仪式主要用于有人生病或有突发意外，"簇"［tsʰv²¹］意为"鬼"，当某个人生病或有突发性意外时，家里会请东巴看经书，这里的"鬼"可以是天地间的万物，是一个抽象概念，看了经书，东巴认为生病的人是某种动物或人或其他某一事物的"鬼"在作祟，在"害"他，家里就会有针对性地进行簇卜仪式。因此为"压害"或"除害"仪式。簇卜还有另外一个仪式，在东坝地区主要在农历十月和十一月份进行。以家族为单位，本家为代表，请东巴将往生了的所有家族成员请回，并好生请饭，再送回安顿，为祭祖仪式。

（3）同理补［tʰvr³³tvr³³pv²¹］（汉译：压同理鬼仪式）

同理补仪式只用于专门的情况，这种仪式只能在夜晚进行，传说人间有一种鬼只有夜间能看见，专门在夜间作祟人间使动物、人类等"传宗接代"受到影响，即"早产"，因此，该仪式是压"早产鬼"。主要在家里的人或牲畜有过早产，或"眼下"有了早产的情况时进行。

（4）署鼓［ʂv²¹gv²¹］（汉译：祭署仪式）

署鼓是最大的仪式之一，通常，每年只会在农历正月十六在格楚楚山进行，但也偶有东巴们挑选吉祥日子，进行仪式的时候，主要是许多年不进行仪式或是有意外大事情发生时进行。ʂv²¹gv²¹仪式简单的理解是人类对自然的"补过仪式"，是自然规律中弱肉强食的弥补。人们认为自然界中，人们砍一棵树，踩死一条虫，甚至一只鸟吃了一条虫都是有一种"罪过"在里头，会因此得罪某位神仙或是鬼灵。因此，要通过祭拜"署"这种精灵得到某种"释怀"或"弥补"。

（5）恒树［he²¹ʂu⁵⁵］（汉译：祈福仪式）

恒树每年固定的时间主要是在农历正月初、正月十六及农历二月初八在格楚楚山进行，纳西语he²¹意为"神"，这种神具体的有一种"保佑神""保护神"的意象与语境，人们认为人们在自然界中做的每一件事，走的每一步都有一个神在"保佑着"。因此，尤其是男人要进行"he²¹ɕy⁵⁵ʂʅ³³"，"ɕy²¹tʂʅ⁵⁵"仪式也是he²¹ɕy⁵⁵ʂʅ³³的一种。

（6）mv⁵⁵pv²¹nda³³pv²¹（汉译：祭天仪式）

祭天仪式是一年中最大的仪式，在东坝村，祭天仪式一般在年初八、初九及初十这三天进行。初八叫"ɖæ²¹ŋue³³"，意思是这一天要先去打扫与布置祭天场地，初九正式祭天，叫"mv⁵⁵pv²¹"，祭天的这一天每家每户，哪个家族先前往场地都有严格的顺序，在场地，由主祭东巴主持，东巴们进行诵经、看卦象等具体的mə⁵⁵pə²¹仪式，初十叫"kua²¹sv³³"，这一天，是

$mv^{55}pv^{21}$结束的意思，要把场地清扫干净，并布置来年祭天情况等。$mv^{55}pv^{21}$ $nda^{33}pv^{21}$仪式主要是对自然灾害中的"大事件"如大地震、电闪雷鸣、大风呼啸等情况的祭祀，纳西男人自称为"$mv^{55}pv^{21}zo^{33}$"，意喻了人们对自然、对社会能够"天下太平"的愿望。

（7）$tʂhu^{55}pa^{33}ndzi^{55}$（汉译：烧天香仪式）

$tʂhu^{55}pa^{33}ndzi^{55}$仪式的频繁度仅次于$çy^{21}tʂɿ^{55}$仪式，是最普遍的仪式之一，家有喜事时，家庭或个人做了比较重要的决定，或是家里有人要出门时，当事之人都会去上山烧天香。在东坝地区，该仪式主要是拜"ue^{33}"神，喻意是请"ue^{33}"神保佑出远门的人，保佑全家和睦，保佑全家健康平安或保佑即将做某事的人和家庭等。

（8）$hi^{33}ʂɿ^{33}tshv^{21}ŋv^{55}$（汉译：丧葬仪式）

$hi^{33}ʂɿ^{33}tshv^{21}ŋv^{55}$是最大型、最烦琐的仪式之一，没有主持过大型的开丧超度仪式的东巴也不会被算作真东巴，丧葬仪式主要分为超度东巴什罗仪式和超度普通民众仪式，丧葬仪式的目的是超度亡灵，东巴们应当事人家的愿望，通过诵经、跳东巴舞等各种不同的仪式将亡者的灵魂送到祖先的"存在地"。

（9）$tʂhvr^{33}me^{33}me^{55}$（汉译：婚嫁仪式）

$tʂhvr^{33}me^{33}me^{55}$的意思是娶媳妇，这个仪式中主要进行$ndzv^{21}to^{55}$奏动仪式，仪式主要喻义是对新人们的美好期盼，在$ndzv^{21}to^{55}$奏动仪式的过程中会进行徐志、国戚等内容。

（10）$zʅv^{21}pv^{21}$（汉译：如补仪式）

$zʅv^{21}pv^{21}$如补仪式分纳西支系和阮卡支系，纳西支系一年举行两次（冬季与夏季各一次），阮卡支系一年举行一次（时间不定），仪式内容大同小异，主要是安抚所有从祖先到在仪式举行日之前去世的所有家族成员的魂。

（11）$zɿ^{21}tʂu^{55}pv^{21}$（汉译：求延寿仪式）

这是求寿的仪式，主要用于老人生病的时候，通过不断的烧香与诵经，请求生病中的老人能复原健康并能延年益寿的仪式。

（12）$ŋga^{33}pv^{21}$（汉译：胜利仪式）

$ŋga^{33}pv^{21}$是纳西族群表示"战神"的名词，字面意思为"胜利""赢"等，仪式的字面意思就已表达了一种"愿望胜利"的观念。从前，$ŋga^{33}pv^{21}$仪式大到国家战争、族群战争，小到个人的"成功"，都会用以祭祀$ŋga^{33}pv^{21}$神为前提活动，进行诵经。

（13）$dzʅər^{21}tsæ^{33}$（汉译：加威灵仪式）

$dzʅər^{21}tsæ^{33}$仪式是学习东巴知识中的新东巴，在其师傅的主持下，进行加威灵仪式，通过将东巴教祖师东巴什罗的"威灵"请来加到新东巴的身上，以证明该东巴成为"真正意义"的东巴的过程。

（14）zɑ²¹tʂə⁵⁵be³³（汉译：祭扎仪式）

在东坝，zɑ²¹被认为是天上的一位"亦正亦邪"的天神，人们在现实生活中遇到突然晕倒、突然中风等突发自然情况时，都被认为是天上的 zɑ²¹神或在作怪，或在惩罚当事人。因此，东巴们必须通过 zɑ²¹tʂə⁵⁵be³³仪式，诵经安抚 zɑ²¹神。

（15）dʑi³³khɑ³³pv²¹（汉译：祭水神仪式）

水口，即水的发源地，是东坝村最为重要的地方之一，人们认为水口既是一个神圣的地方，又是一个"恐惧"的地方，因此，在有人生病或出现意外时，请求东巴打卦诵经的时候，首先会看去过什么"水口"，是惊动了哪个水口的神，因此，要进行 dʑi³³khɑ³³pv²¹仪式。

（16）hiæ³³be²¹（汉译：祭风仪式）

hiæ³³bv²¹仪式主要在农历的四月份举行，人们认为 dv²¹tshv²¹，zɑ²¹tshv²¹是厉鬼，是或上吊或跳水等而产生的鬼，人们只有通过祭风才能把这些鬼压住。

（17）çy²¹tʂɿ⁵⁵（汉译：徐志仪式）

这是一个极其日常的仪式，从前，çy²¹tʂɿ⁵⁵徐志仪式一天举行三次，现在只是一天举行一次了，çy²¹tʂɿ⁵⁵徐志仪式主要用香叶在自家的神龛位置举行，喻义"祈福和保佑"。

（18）i²¹dər⁵⁵lɑ³³（汉译：马尼拉仪式）

i²¹dər⁵⁵lɑ³³仪式又称为马尼拉仪式，主要在农历正月十五进行，主要活动为东巴制造一个写有咒文的木板，而后由一个人领头，大家跟随围绕村子转，俗称"转经"或"转村"。

（19）no⁵⁵bv²¹（汉译：祭牲畜仪式）

no⁵⁵bv²¹仪式又可以分为 ɳɯ²¹pv²¹、ɑ³³pv²¹、dze³³pv²¹等小型的仪式，既可以分成小型的仪式在不同时间进行，也可以同时进行，ɳɯ²¹pv²¹仪式主要用于子孙兴旺，no⁵⁵pv²¹为庄稼葱郁、牲畜兴旺，ɑ³³pv²¹仅为牲畜兴旺，dze³³pv²¹为对生产工具及庄稼丰收的期望，这些仪式主要在农忙季节进行。

（20）hɯ²¹me⁵⁵（汉译：求雨仪式）

每逢东坝村天干地旱，久不逢雨的时候，村里的人们会自发组织，并请东巴到东坝村的圣山"格楚楚"去求雨，进行求雨仪式。求雨仪式的过程与"署鼓仪式"类似，但有些许不同，求雨仪式要比署鼓简单很多，可以说是署鼓仪式的简化。

（21）$sv^{55}khv^{21}$（汉译：素库仪式）

$sv^{55}khv^{21}$素库仪式也是比较平常的仪式之一，每逢过年过节、孩子满月、牲畜归家、买牲畜回家、新房建造等时，都会进行该仪式，主要祭祀素神。

其中，目前仍在举行的仪式有：

$mbv^{33} pv^{21}$压口舌仪式

$ṣv^{21} gv^{21}$祭署仪式

$he^{21} ṣu^{55}$合署仪式

$mv^{55} pv^{21} nda^{33} pv^{21}$祭天仪式（2006年，由日树湾村习阿牛东巴与翁堆活佛共同组织举行后，再未有举行至今）

$tṣhu^{55} pa^{33} ndʑi^{55}$烧天香仪式

$hi^{33} ʂʅ^{33} tshv^{21} ŋv^{55}$丧葬仪式

$tṣhvr^{33} me^{33} me^{55}$婚嫁仪式

$dẓər^{21} tṣæ^{33}$加威灵仪式

$dʑi^{33} kha^{33} pv^{21}$祭水神仪式

$çy^{21} tʂʅ^{55}$徐志仪式（点香）

$ȵɯ^{21} pv^{21}$，$no^{55} pv^{21}$，$a^{33} pv^{21}$，$dze^{33} bv^{21}$仪式

$hɯ^{21} me^{55}$求雨仪式

等等。

除以上12种仪式外，21种仪式中有12种仪式过去进行而现在已停止。

东坝大村举行的最多的仪式有：

$sv^{55} khv^{21}$素库仪式（请生命神）[①]。

$ȵɯ^{21} pv^{21}$，$no^{55} pv^{21}$，$a^{33} pv^{21}$，$dze^{33} pv^{21}$仪式

$çy^{21} tʂʅ^{55}$徐志仪式

$tṣhvr^{33} me^{33} me^{55}$婚嫁仪式

$hi^{33} ʂʅ^{33} tshv^{21} ŋv^{55}$丧葬仪式

$tṣhu^{55} pa^{33} ndʑi^{55}$烧天香仪式

$he^{21} ṣu^{55}$恒树仪式

$mbv^{33} pv^{21}$布补，压口舌仪式。

[①] 关于生命神"素"，可参看杨福泉《原始生命神与生命观》，云南人民出版社1995年版。

东坝村全年东巴仪式分布

月份(农历)	仪式数量(个数)	仪式名	仪式方式	月份(农历)	仪式数量(个数)	仪式名	仪式方式
1	9	素库仪式、恒树仪式、祭天仪式、烧天香仪式、撒密仪式、兹注卜仪式、嘎卜仪式、威卜仪式	全村共同祭天,其他按家族进行	7	1	逗卜仪式	按家族
2	2	素库仪式	按家族或家庭	8	1	北撒树仪式	全村共同
3	1	北海呗(大祭风仪式)	全村共同	9	1	颗出卜仪式	按家族
4	2	诺卜仪式、祭风仪式(海呗)	按家族	10	3	汝卜仪式、簇怒仪式、簇卜仪式	按家族
5	1	祭风仪式(海呗)	按家族	11	3	汝卜仪式、簇怒仪式、簇卜仪式	按家族
6	1	逗簇透仪式	按家族	12	2	布补仪式、母恒卜仪式	按家族

说明：此表中的某些仪式东巴们只记得其名而已忘记内容,目前已失传,因此只列出。

3. 东坝大村东巴经典情况

东坝大村东巴经书种类丰富,既有大量本地传统而古老的家传及师传经书,也有近年外来的抄写和复印经书。据东巴们讲,在至少五年以前,东坝大村东巴经书基本都是家里传下来的或是东坝村东巴之间互相借阅抄写的经书,近几年,交通便利,民间文化得到国家和政府重视,东巴文化的民间组织多起来,本地东巴与外界沟通开始频繁,本地东巴从外地抄写回来的经书,外来学者及采访者从外地复印后拿回来送给本地东巴的经书逐渐多起来。目前东坝大村有经书600多册,东巴经典情况如下所述。

(1) 东坝大村东巴经典材质

传统东巴经书的写作主要以村民自己制造的东巴纸为主,制造材料为一种名为"科度"的植物,如今老一代东巴都会造纸,但已无人在造。当代东巴经书早期主要以传统水泥袋内侧的硬纸、烟盒纸及一些账簿用纸等为主,近年丽江、白地等地东巴纸造纸有所恢复,经书用纸主要以外来引进的东巴纸及一般学生用的笔记本硬质纸和美术纸为主。笔者对东坝村的东巴经书进行了分类调查。

东坝大村的经书材质丰富多样,据习尚洪等东巴介绍,东坝大村所有的东巴仪式在1958年被禁止,且所有经书在这一年被马驮人扛,焚毁在科目村。因此,目前调查到东坝大村的经书主要分为四类。

①古籍,即1958年以前抄写的经书。这类古籍书写比较规范,纸质统一,皆为东坝村东巴自制的纸质,但目前保存有的数量极少。此类古籍基本呈残缺状,每页必残,有老鼠等啃过的痕迹,有不断翻看而缺失的岁月痕迹,每本经书基本都有缺页情况,书内无跋语,无法判断抄写年限,只有根据当前持书东巴模糊的口头介绍。整个大村的经书存留有49册左右,皆为东巴纸书写,平均纸张大小为27×9(厘米)。主要分布情况为日树湾村习胜华东巴处有10册,习尚洪东巴处有2册,阿明东奇处有5册,习志国东巴处有2册;关机村几拓家有6册,阿斯茸处藏有3册,迪满、松巴等村的东巴藏有大约6册,科目村墨虎东巴藏有5册左右,各迪村有5册左右,七络、车拉八和补支村共有5册左右。

东坝大村东巴古籍分布

村名	古籍数量（册）	有无跋语（有/无）	古籍材质	古籍总页数（页）	平均纸张大小（长×宽）（厘米）
日树湾村	19	无	东巴纸	116	27.5×8
七络村	3	无	东巴纸	15	27×9
车拉八村	1	无	东巴纸	8	26.5×8.5
补支村	1	无	东巴纸	9	29×7
各迪村	5	无	东巴纸	21	相差较大
关机村	8	无	东巴纸	48	27×9
科目村	5	无	东巴纸	12	27×9
迪满村	2	无	东巴纸	12	27×9
次恩丁村	1	无	东巴纸	7	25×10
松巴村	4	无	东巴纸	42	相差较大

说明:本表数据来自持书东巴口述与笔者拍照测量调查,有部分村的经书数据与尺寸来自该村东巴口头介绍。

②"账簿"经书,即以"集体公社"时代的账本为纸质的经书。这类经书主要抄写时间是在1949—1980年的30多年里。1949年中华人民共和国成立,有了"集体公社",就有了"集体账簿",据老村民和东巴们讲,1949—1958年将近10年的时间里,东坝村有不少经书是集体账本书写,但是1958年全村东巴经书的突然性销毁,经书全部付之一炬。但是"集体账簿"依然存在,在东巴文化禁止的30多年里,也有一些"悄然抄写"的东

巴经，目前只留下了 2 册左右。1980 年以后，大量废弃的集体账簿也成了东巴经书纸质的主要来源，因此改革开放后用账簿书写的东巴经书有近 80 多册。

另外，在民国时期及其以前，东坝村流行有一种称为"日板"的书写方式，"日板"为纳西语，"日"是"灶灰"的意思，"板"为"扫"之意。用"日板"书写，是东巴们学习的过程，书写后的"日板"无法保存。"日板"的制作过程比较简单但费劲，先用斧头等工具制作一块极其平整的木板，而后用猪油或牛油等不断将木板的一面擦拭，擦到油亮后晒干，再反复擦许多遍，最后将灰白色的灶灰筛到"最细"，均匀地撒在木板上，取一根细长的木棍开始写作，在学习过程中不断书写、不断擦拭，称为"日板"。据东巴们讲，这种书写方式是东坝村因自然灾害而东巴纸缺乏时发明的主要学习工具。在东巴文化禁止的 30 多年里，"日板"也成了东巴们私下学习及记忆东巴知识的主要工具。这也是东坝村东巴以"口诵"见长的原因之一。

③恢复期的经书，即以香烟盒子、针线盒子、皇历海报、纸质箱子、水泥袋子、学生作业本等为材质的东巴经书。当前东坝大村的东巴经书以此类为主，这个阶段的东巴经典都是东巴们凭自己的记忆写就的经书，纸张大小不一，厚度差异也大，目前有 120 多册。

④复印本经书，即东巴或村民们从外地复印后带回东坝村的经书。东坝大村最早的一册复印本经书是阿明东奇东巴在 1983 年从丽江复印后带回的"神罗扣" $ʂæ^{55}ʈæ^{55}ŋv^{55}$，《超度东巴神罗的经书》。目前东坝大村复印本经书有 150 册左右。

⑤现代经书，即现今东坝大村东巴经书的主要材质，以东巴纸和 A4 类纸为主，年青一代的东巴最先用此类纸书写，现在东巴们都用此类纸，有 180 多册。

（2）东坝大村东巴经典内容

东坝大村的经书按内容可分为 10 类。阮卡支系与纳罕支系除了开丧超度仪式中用的经书不同外，其他的经书基本都相同。一般仪式中，步履库 $pv^{21}ly^{33}khu^{33}$、笃定 $ndu^{21}tɯ^{33}$、只占 $dʐər^{21}tʂæ^{55}$ 这三册是必备经书，学习东巴知识也是必须从这三册开始。东坝大村的经书分类如下所述。

①素库 $sv^{55}khv^{21}$、合署 $he^{21}ʂu^{55}$、烧天香 $tʂhu^{55}pɑ^{33}ndzi^{55}$ 类经书。素库、合署、烧天香是东坝大村最普遍的仪式及其经书，这些经书几乎每个东巴家都有一两册，东坝大村有 50 册左右。其中，烧天香经书因仪式的不同而有不同形式的经书，烧天香的仪式有丧事仪式天香、水口仪式天香及格卜米卜

仪式天香等。这些场合的天香不同于平常的烧天香仪式。不同的仪式场合需要烧不同的天香。

②格卜米卜 gə²¹pv²¹mi²¹pv²¹ 类经书。格卜米卜包括崩卜、布卜、簇卜、处跨合跨屁等小型仪式，这些仪式所用的经书虽各有所异，但同属于小型的"卜"仪式，且有步履库 pv²¹ly³³khu³³、笃定 ndu²¹tɯ³³、只占 dʐər²¹tʂæ⁵⁵ 三册通用的经书。有 60 多册经书。

③盘素 phæ²¹sv²¹ 类经书。盘素，纳西语"打卦"的意思，此类经书主要包括打卦类和八字类：打卦类又包括海贝打卦、42 颗石子打卦、火卦、乌鸦卦、42 张卦等；八字类包括阿梅如律、母亲八字、镦哄如律、巴格律等经书，总共有 50 多册经书。

④开丧超度 hi³³ʂʅ³³tshv²¹ŋv⁵⁵ 类经书。主持一次一般民众的开丧超度仪式，需要经书 40 多册，主持一次东巴的开丧超度仪式需要经书 80 多册。因此开丧超度经书是目前最多的经书。经书每个东巴至少有 40 多册。

⑤祭天仪式 mv⁵⁵pv²¹nda³³pv²¹ 类经书。"牧补"（祭天）是一年中最大的仪式，牧补有专门的东巴称为"牧补东巴"，据所采访到的所有东巴讲，"牧补东巴"是山羊骨或绵羊骨通过"皮各"（占卜）仪式决定的。牧补有专门的仪式，叫牧补帖恒，有 20 多册。

⑥署鼓仪式 ʂv²¹gv²¹ 类经书。署鼓仪式也是个大仪式之一，东坝村的署鼓仪式在格楚楚山进行，只有关机村东巴能当署鼓仪式的主祭司。署鼓仪式由署鼓、撒密、撒比等三个小仪式构成。署鼓经书有 30 册左右。

⑦奏动 ndzv²¹to⁵⁵ 类经书。奏动经书目前只有 1 册，但奏动仪式是保存较好且比较重要的仪式之一，主要在婚礼进行，每逢结婚要请东巴进行奏动仪式，其中还有烧天香、国气、国引、徐志等过程，因此整个仪式经书有 6 册左右。

⑧突吃克 thv³³tʂhər³³khɯ⁵⁵、泽钴余 tse²¹ku³³hy⁵⁵ 类经书。突吃克与泽钴余只有两册经书，这类经书不同于其他仪式经书，据有东巴讲，这两本经书在家里禁止翻阅和诵读，并且只能在有刺的属下才能翻开，主要用于与天上的 360 天神与地下的魔鬼们对话，原有针对每位天神与鬼怪的经书，但目前只保存有 2 册了。

⑨化律 hua⁵⁵ly³³ 类经书。化律经书，纳西语"化律"为咒语的意思。此类经书都是藏语纳西音记载，日树湾村习阿牛东巴祖屋处居多，有 10 册。

⑩其他。除了以上分类，东坝村经书还有一些"杂类"，如古话 ku³³hua⁵⁵ 寓言故事，时本 ʂʅ²¹pei³³ 呀啊哩歌词等其他经书，有 50 多册。

(3) 东坝大村目前最常用的经书

东坝大村东巴们公认本地最重要的经书比较多，主要以经书内容种类的重要性与经书作为物质本身价值的重要性来区分。经书作为物质本身的重要性主要为古老的东巴经书，包括数代以前的东巴抄写的及家传的经书，按经书种类重要性区分，公认的本地最重要的经书主要有以下几种。

打卦用的经书：

thv^{33}ndzŋ^{33}看土黄吃什么选好日子的经书；

tɕhi^{55}za^{21}看时运的经书；

ȵə^{21}ndzŋ^{55}sv^{21}，mi^{33}ʐæ^{21}sv^{21}，kɯ^{33}lv^{21}sv^{21}o^{21}me^{55}看眼跳、火笑及狗叫的经书；

khv^{55}gu^{33}phæ^{21}sv^{21}生病时按属相看病因的卜书；

tso^{55}la^{33}tʂhv^{33}tshe^{55}牲畜抽线卦书；

bu^{55}tho^{33}tʂhv^{33}tshe^{55}属相抽线卦书。

开丧超度用的经书〔开丧超度经书又分为米娜（米娜指除东巴外的普通众生）与东巴丧葬仪式的不同而用不同经书，东巴去世几乎所有关于开丧超度的经书都会用到〕。

本地纳西族一切开丧超度仪式皆用的经书：

pv^{21}ly^{33}khu^{33}o^{21}me^{55}开丧超度经书；

thv^{21}dzo^{21}创世记经书。

米娜开丧超度仪式用的经书：

hi^{33}ʂʅ^{33}tshv^{21}ŋv^{55}超度亡者的经书；

sʅ^{33}bv^{33}ʐu^{21}tʂhər^{55}各村各家族祖先路线经书；

tshv^{21}tʂhər^{55}各村各家族祖先代数经书；

等等。

东巴开丧超度仪式用的经书：

ʂæ^{55}tɕæ^{33}ȵvr^{21}hɑ^{21}sɑ^{55}东巴去世时把亡者威灵引加于下一代的经书；

lo^{33}ndo^{33}gə^{55}mv^{55}关于丁巴什罗下凡的经书；

ʂæ^{55}tɕæ^{33}he^{33}ʐʅ^{33}phi^{21}用东巴神路图超度亡者东巴的经书；

ʂæ^{55}tɕæ^{33}he^{21}ʐʅ^{33}phi^{21}gv^{21}tʂu^{55}东巴神路图铺开时诵读的经书；

等等。

普通进香仪式用书：

tʂhu^{55}pɑ^{33}ndzi^{55}烧天香的经书；

sv^{55}khv^{21}he^{21}ʂu^{55}素库恒树经书。

其他：

ṣv²¹gv²¹祭署的经书；

çə³³na³³dv²¹dʐʅ³³hua⁵⁵ly³³o²¹me⁵⁵咒语经书（藏语发音的纳西象形文字）；

to⁵⁵ma³³no⁵⁵咒语经书（藏语发音的纳西象形文字）；

gv³³tʂu⁵⁵hiæ³³khua⁵⁵phi⁵⁵me⁵⁵祭风经书。

其中，当下东巴用得最多最普遍的经书主要为普通进香经书，部分打卦用书及部分开丧超度经书：

tʂhu⁵⁵pa³³ndʑi⁵⁵烧天香的经书；

sv⁵⁵khv²¹he²¹ṣu⁵⁵素库恒树经书；

thv³³ndʐʅ³³ly²¹看土黄吃什么选好日子的经书；

tçhi⁵⁵za²¹看时运的经书；

tso⁵⁵la³³tʂhv³³tshe⁵⁵牲畜抽线卦书；

bu⁵⁵tho³³tʂhv³³tshe⁵⁵属相抽线卦书；

pv²¹ly³³khu³³o²¹me⁵⁵开丧超度经书；

thv²¹dzo²¹创世记经书。

东坝大村经书分布

仪式名 村名	素库、合署、烧天香经书	格卜米卜经书	盘素经书	开丧超度经书	祭天仪式经书	奏动经书	突吃克、泽钴余经书	化律经书
补支村	3	5	1	10	0	0	2	0
七络村	6	8	2	15	3	0	2	0
车拉八	3	4	1	13	1	0	3	0
日树湾	20	25	15	50	20	10	6	10
各迪村	6	8	4	13	5	1	0	0
关机村	9	10	8	18	8	2	2	0
科目村	11	15	6	25	15	3	2	5
次恩丁	3	5	2	5	0	0	1	0
迪满村	2	2	2	5	0	0	0	0
松巴村	10	15	5	10	10	2	1	1

说明：本表数据来自各村落大东巴的叙述。

（三）东坝大村东巴文化传承与研究简述

1. 传承方式与特点

（1）传承方式

东坝村东巴传承方式主要为家族传承、学习拜师传承、姻亲传承等。家族传承主要表现为父传子、爷传孙、叔传侄，以日树湾村为例，习阿牛东巴传于儿子习胜华与阿明东奇，习尚红东巴传于其子阿七宝等为父传子。习阿牛传其孙阿明拉茸等为爷传孙，习胜华东巴传于"肖肯棕"为叔传侄。学习拜师传承方式主要为热爱东巴文化或是想学东巴文化的个人向东巴拜师学习，这种情况比较常见，东坝村当前比较有威望的多数东巴皆为习阿牛亲传弟子，如日树湾村习尚红东巴、习健民东巴，科目村墨虎等。比较特别的是姻亲传承，表现为原本为东巴的家庭，因无子嗣或家族里无人愿意传承东巴衣钵而传授入赘女婿或准女婿为东巴，潜在地承认其已成为家族一员，如日树湾村著名东巴习阿牛得传于其岳父阿普威布。但是，东坝大村因为在历史中的不断联姻与分家，其实归根结底，很多家庭都有亲戚关系，因此也可看作家庭传承的一种。

（2）传承特点

①口头传承的传统。以前由于生活水平的低下，东坝村经书材质的缺乏，且有些自然村姓氏复杂而家族多样，不同支系和自然村的东巴经传承有一种隐形的竞争关系，因此，东坝大村有一种口头传承的传统，历史上有很多东巴不会写东巴文，但对东巴仪式和东巴经书的"杜牧"（仪式规程）极其熟悉，仪式中要用的经书都能朗朗上口。

②家族传承的仪俗。在东坝大村，以前东巴与民众之间有"力卜"的关系，"力卜"大意为"责任"，即每个家庭或家族做仪式的时候都有一个固定的东巴主持仪式，这个东巴就是这家人的"力卜"，对这个家庭负责。因此，东巴知识家族传承居多，且在东坝村有一种约定俗成的说法：曾有过东巴的家族或家庭往后也不能断，只能往后延传。

③经书的多样化。随着社会历史的变迁，东巴经书的抄写材质与抄写方式丰富多样。首先，由于东巴的家族传承导致不同家族的东巴书写的东巴经书差异很大，甚至同一家族内的东巴书写方式也有出入。其次，东巴之间的那种竞争关系，无形中增添了不同经书的"神秘感"，这种"神秘感"导致东巴抄写方式的多样化。东坝大村经书的材质体现了历史车轮的痕迹，不同阶段的社会发展出现了不同的经书书写材质。

2. 东坝大村东巴文化研究简述

东坝大村的东巴经书目前还没有任何人进行过释读与翻译，但对东坝村东巴文化的研究历史悠久。最早东坝大村的东巴文化研究可以追溯到20世纪30年代东巴文研究者李霖灿和人类学家陶云逵等研究者到三坝地区调查纳西文化，有一些东坝村的经书被带出，此说法的根据是2015年美国纳西族研究者戴笠女士到东坝调查期间，带回一批复印本经书送给习尚洪东巴，其中有一本东坝补支村的东巴家谱，"tshv^{21}tʂɿ^{55}"簸翅《记录东巴代数的经书》，东巴们对经书已无法全面释读，但东巴经书后有模糊跋语，大概写于 1930 年。后来，1983 年在丽江召开的"东巴达巴座谈会"对日树湾村习阿牛的东巴舞蹈进行了初步调查，纳西族东巴舞蹈被国内外舞蹈专家充分肯定。此后，各界专家和研究者发表了一系列纳西族东巴舞蹈的相关论文，习阿牛东巴也被邀请到白地、丽江等地进行舞蹈的解释与经书的书写。习阿牛弟子和树坤、和力民等也到日树湾村威吉威加威灵[①]。1990 年杨德鋆等著的《纳西族古代舞蹈和舞谱》一书对习阿牛东巴的舞蹈做了详细的记录与调查，到 1992 年，纳西学者戈阿干的《东巴神系与东巴舞谱》一书记载了对东坝东巴舞蹈的实况调查（习阿牛东巴访谈等），早期三坝乡文化站站长和尚礼先生随习阿牛东巴与习尚洪东巴对东坝村东巴文化做了深入的调查与研究并著有许多作品，2006 年，冯莉女士到东坝村进行东巴文化调查，后著有《东巴舞蹈传人——习阿牛 阿明东奇》一书，阿明东奇东巴为习阿牛东巴第五子。2010 年，由三坝乡白地吴树湾自然村阮卡东巴文化学校牵头的东巴文化传承点设立，东坝大村共设有 8 个"迪庆州东巴文化传习点"。东巴文化得到进一步传承。

3. 传承现状

（1）经书的现代化

东坝大村的经书经历了从古籍、"账簿"经书、恢复期的经书、复印本经书到现代经书的过渡。目前东巴们经书的抄写都是用东巴纸进行规范化的裁剪后进行桑线装订，总页数视抄写经书需求而定，纸张大小大体三行一页，日树湾村的习尚洪东巴进行东巴纸的裁剪与装订比较多，有部分东巴都请他裁量。经书现代化的另一个体现是人类学者与其他文化研究者的田野调查给东坝东巴们带来了"现代思想"，复印本的东巴经书与丽江地区前沿的研究成果促使东坝村的经书也逐渐丰富多样起来。

（2）旅游风潮的渐进

2005 年后，东坝大村不断有高中生出现，2010 年后东坝大村有了一批拥有现代大学文化的大学生，整体文化素质在进步中。此后，随着国家政策的引导与扶持，东坝大村也有了大学生的自我创业，建立了以地方文化为特色的中小型公司，但屈指可数。到 2013 年，东坝大村公路改道，交通情况转好后，东坝大村的整体生活水平有所提高，每年正月村政府都会举行联欢晚会和新年运动会等文娱活动，且与外面世界的交流也开始密切，现代式多

[①] 关于"加威灵"，可参看杨福泉《略论纳西族东巴教的"威灵""威力"崇拜》，载《思想战线》2011 年第 5 期。

样的东巴经书与东巴画也不断出现。但是山高水远，目前东坝村东巴文化受旅游风潮影响的程度依然处在"渐进"期，东巴经书与东巴文化的现状总体呈现"原生态"。

(3) 本地文化建设的缺乏

本地文化建设历史性缺乏的原因之一是由于地处高原山区，地势险要而环境恶劣，人们生活水平长期落后。因此东坝大村的经济建设与政治建设已经步履维艰，文化建设就更加如履薄冰。另外，本地文化建设的历史性缺乏导致与现代文化发展速度无法接轨，古村落人们渴望保存文化传统与现代文化观念不断冲击的矛盾长期笼罩着古村落。

(四) 东坝大村与周边关系

东坝村有纳西族、彝族、藏族及汉族等多民族居住，在地域上与白族、回族等其他族群聚居区接近。居住在半山腰的彝族主要种植马铃薯，纳西族村民们在峡谷坝子里种植各种庄稼作物，深冬时节村民们用马驮着玉米等粮食与彝族互换马铃薯，盛夏共同在高山农场放牧，年龄稍大的彝族与纳西族村民皆会用两种语言互通交流。当地藏族与纳西族的关系最为密切，藏族活佛有的转世在当地纳西族家庭里，两族百姓在生活中请纳西族东巴或藏族活佛做法事的情景也很常见，老一辈的村民们很多都会说藏语，著名的香格里拉市噶丹松赞林寺还有纳西族活佛的清修地。据村民介绍，最早有汉族到东坝村可以追溯到1949年后有两户姓潘汉族迁入日树湾村，潘家有三兄弟，老二后来入赘迪满村。

东坝大村是一个多元文化融合的缩影，在这个四面环山的小坝子里，以纳西文化为主，结合了藏传佛教、汉传佛教、彝族文化及其他族群文化的很多内容。东坝大村除渣日村在地理空间上相距较远外，其他13个自然村相互距离较近，其中，10个传统纳西族自然村中，次恩丁、迪满及松巴三个自然村除了原有的几个纳西族传统家族外，大部分为汉族，从外迁入而融入了当地的纳西族村民，讲纳西语做东巴仪式但又保持有各自传统的汉传佛教信仰与一些风俗习惯。日树湾村习阿牛东巴家里出现过两位藏族活佛转世到纳西族家庭里的尼玛派藏族活佛，使得东坝村民对活佛也有一定的信仰，但是没有纯信仰藏传佛教的家庭，在日树湾很多经书如咒语类的经书中基本都是用藏语发音而用纳西象形文字写作而成。东坝大村三个彝族自然村与纳西族自然村虽然受传统观念影响，传统上互不通婚，但是频繁的经济交往与日常生活接触，两族的文化不断在相互影响中展演前进，彝族人请纳西族东巴到家里做法事的情况也很常见。东坝大村各自然村互相联姻及与外地人联姻的情况也使得当地的宗教信仰在以东巴教为主体的情况下不断多元化。在东坝，东巴为其他民族做法事是常事，据采访的大东巴几乎都讲经常为其他民族做法事，如打卦问财求安、除秽压害等仪式，主要为周边的汉族、藏族、彝族、傈僳族等族群。

附注：

感谢杨福泉导师不厌其烦的悉心指导，使学生在调查中锻炼了自我，并有了些许的学术成长。感谢东坝大村的每一位叔父与东巴，尤其日树湾村的习尚洪东巴、阿明东奇东巴、习胜华东巴等对本人从小的影响，且在调查期间给予的关怀与鼓励！

调查整理：习建勋

下篇（二）
东巴文献翻译

一

口诵经：《还树债》

第1页

py²¹①gə³³ dzɚ²¹ ts'y⁵⁵ zua²¹ ua²¹ me⁵⁵
东巴 的 树 赔，还债 是 语气词（强调、提醒）

写经、释读：和秀东

记音、翻译：杨福泉

时间：2014年2月

关于这本经书的来龙去脉和主题，参看本书第六章一

第2页

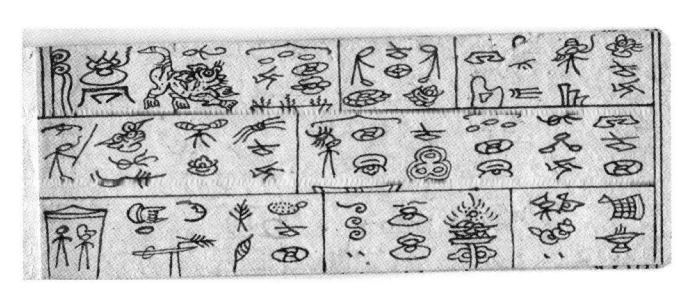

a³³la³³ mə³³ ʂɚ⁵⁵ȵi³³②，mɯ³³lɑ³³ kɯ²¹ tʂʅ³³ dzɯ²¹，kɯ²¹ dzɯ²¹ tʂʅ³³

---

① py²¹，此词有两意，一为动词，意思是"咏诵经文"；作为名词用，指祭司，即东巴。

② a³³lɑ³³ mə³³ ʂɚ⁵⁵ȵi³³，这是东巴经开头常常说到的一句话，有的学者翻译为"连'啊'也还不会说的时候"，这句话指"古时候"或"从前"。

古　时　候　　　　　天　也　星星　所有　生　　星星　生　　这
ŋi³³　ɯ³³　dy²¹ lɑ²¹ zə²¹ tʂhŋ³³ y²¹,　zə²¹ y²¹ tʂʼŋ³³ ŋi³³hæ²¹。｜ uæ³³ nɯ³³bi³³
天　吉祥　　地　也　草　所有生　草　生　　这天　绿　　　左　在　太
thv³³lv³¹,　bi³³ thv³³ tʂhŋ³³ ni³¹ lv²¹; yi²¹ nɯ³³le²¹ tsʼe⁵⁵ bu³³,　le²¹ tshe⁵⁵ tshi³³
阳升温暖太阳出来　这　天　暖　　右　在　月亮　　明亮　　月　亮　这
ŋi³³ bu³³。｜ gə²¹ yi³³ lɑ²¹ sɑ³³ to⁵⁵ khɯ³³ phɚ²¹, phɚ²¹ nɯ³³ mu²¹ dɯ⁵⁵ dɯ³³①
天　明亮　　上方　拉　萨　坡　脚　　白色　　白色　在　下方　整　齐
gv³³ dzɯ²¹ dy²¹ i³³　khv³³ tsɯ²¹ ɯ³³, gv³³ dzɯ²¹ dy²¹ kv⁵⁵ tsɯ²¹ le³³ u⁵⁵ khɯ⁵⁵。
藏族　　地（助）年　卜算　好，藏族　地　年　卜算　又　　去
Kv⁵⁵ lɑ³³ tʂhŋ³³ kv⁵⁵ ɯ³³。 Mu²¹ i³³　bv³³ lv⁵⁵ zʅ³³ zɑ²¹ mæ³³ nɯ³³ gə²¹ dɯ⁵⁵ dɯ³³,
年　也　这　年　好　　下方（助）羊　放　牧路下降　尾（助）上　整　齐
le³³ bv³³ dy²¹ i³³　he³³ tsɯ²¹ ɯ³³, le³³ bv³³ dy²¹ i³³ he³³ tsɯ²¹ le³³ u⁵⁵ khɯ⁵⁵,
白族　地（助）　月卜算　好　　白族　地（助）月　卜算　又　　去
he³³lɑ³³ tʂhŋ³³ he³³ ɯ³³。｜ dʑi³³ dʑə²¹② ly⁵⁵ gv³³ dy²¹, nɑ²¹ ɕi³³ dy²¹ i³³　ŋi⁵⁵ le³³
月　也　这　月　好　人　　劳作　　中　间地方　纳西　地（助）白天　和
hɑ⁵⁵ tsɯ³³ ɯ³³, ŋi⁵⁵ le³³ hɑ⁵⁵ tsɯ²¹ le³³ u⁵⁵ km⁵⁵。ŋi³³ lɑ³³ tshi³³ ŋi³³hɑ⁵⁵ lɑ³³
晚上　卜算　好　白天和　晚上　卜算　又　　去　白天　也　这天　夜晚（助）
X tʂhŋ³³ hɑ⁵⁵ ɯ³³。 mɯ³³ bv²¹ kɯ²¹ ɯ³³ hɑ⁵⁵ ɯ³³ ŋi⁵⁵ ɯ³³ zɑ²¹ ɯ³³ zy²¹ ɯ³³ gə³³
这夜　晚　好　天　下　星星　好　夜晚　好　白天好　饶星好　蕊星好　的
tshi³³ ŋi³³,　｜ i³³ dɑ²¹ tʂhŋ³³ dɯ³³ dʑɚ²⁴, lɑ²¹ kv³³ dzɚ²¹ mə³³ lɯ⁵⁵, lɯ⁵⁵ i³³mə³³
这　天　　主人　这　一　家　　手上　树　没有　伐　伐（助）没有
lɯ⁵⁵ nɑ⁵⁵, dzɚ²¹ tshy⁵⁵ le³³ zuɑ²¹ bɯ³³ dɯ³³ ŋi³³, gv³³ lv²¹ kɑ³³ le²¹ ŋi³³ me³³
伐　虽然　树木　赔偿又　还账将要一　天　　祈福　保佑　要的
ŋv⁵⁵ne²¹ he²¹ ŋə²¹ tʂhŋ⁵⁵ pɑ³³③gə²¹ le³³ be³³;　｜ dæ²¹ ŋi³³ tʂhu²¹ ŋi³³ me³³,
人　务神　与　恒神上　天香上　又　做　　勇猛要　快捷　要的人
gɑ³³ ne²¹ o²¹ ŋə²¹
胜神 与 哦神上

1. 译文：古时候，天上布满星星，这天的星星布得吉祥；地上长满青草，这天的青草布得吉祥；左边太阳出来暖洋洋，今天太阳暖洋洋，右边月

---

① dɯ⁵⁵ dɯ³³指整整齐齐、均衡，纳西口语为"dɯ⁵⁵ dɯ³³ ʂuɑ³³ ʂuɑ³³",指高度、长度等的整齐划一。
② 指辛苦，或辛苦地劳作。
③ 东巴教祭神和纳西人平时祭神的一种最常用的烧香仪式，烧的是刺柏枝。学术界常译为"烧天香"。

亮出来亮堂堂，月亮今天亮堂堂。上面拉萨白色的山坡脚，山坡上下很整齐。藏族之地善于卜算年份，我们到藏族地方去卜算年份。年份是今年吉祥。下面的放羊下坡之路，也是很规整。白族地方善于卜算月份，我们到白族地方去卜算月份，月份是今月吉祥。在人类生活的大地上，纳西人的地方善于卜算夜晚和白天，又去卜算夜晚和白天，今天的夜晚和白天吉祥。在天底下的星宿（包括饶星和蕊星）都吉祥，夜晚白天都吉祥的这一天，这家主人的手虽然没有砍过树，今天要举行还树债的仪式，要祈福和求保佑的人们，向务神与恒神烧天香；想要求勇猛和快捷的人们，向胜利神和哦神

第 3 页

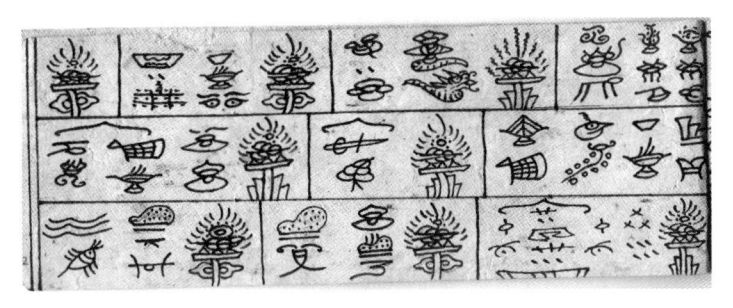

tʂhə⁵⁵ ba³³ gə²¹ le³³ be³³。| huɯ²¹ ɲi³³ dʑæ³³ ɲi³³ me³³, to²¹ nɯ³³ u²¹ ɲə²¹
天香　　上方又　做　　富裕要　兴旺　要　的人　夺神　与　吴神上
tʂhu⁵⁵ pa³³ gə²¹ le³³ be³³。nɯ²¹ ɲi³³ o²¹①ɲi³³ me³³, ʂv²¹ ɲə²¹ lv²¹ ɲə²¹ tʂhu⁵⁵
天香　　往上又　做　福要　泽要　的人　署上　龙上　天
pa³³ gə²¹ le³³ be³³；| i³³ da²¹ luɯ⁵⁵ kv⁵⁵ by³³ bv²¹ nɯ³³, zɿ³³ kv³³ ʂu²¹ le³³
香上又　做　　主人　能干的　祭司（助）　　酒头　道　净
be³³, le⁵⁵ kv³³ gɯ²¹ le³³ be³³, | mɯ³³ bv²¹ phə²¹ sæ²¹ ga³³ u²¹ ŋv⁵⁵ nɯ³³ he²¹②
又做　茶头道真　又做　　　天　下　盘　禅　嘎　吴　务　和　恒
ɲə²¹ tʂhu⁵⁵ pa³³ ge²¹ le³³ be³³。mɯ³³ ne²¹ da³³ ka²¹ dʑɯ²¹ ly⁵⁵ gv³³ ɕy⁵⁵ ɲə²¹
向　天香　　上　又做　　天　与　地　王　坐　中间　站　卜

---

① 据洛克的研究，"nɯ²¹（尼）o²¹"指男精，"o²¹"（窝）指女性分泌液或女性之蛋（卵），东巴经中有"父亲流'尼'之路，母亲下'窝'之路"的说法。（"尼"亦指家畜，"窝"亦指宝贵的物件，"尼窝"从以上诸意也引申出"福泽"之意。）方国瑜编撰、和志武参订的《纳西象形文字谱》中有一个表示男性生殖器的象形字：　　读"爪恩尼绕日"（tʃua²¹ ɣɯ³³ nɯ²¹ za²¹ zɿ³³），直译即"好男下'尼'之路"。

② 盘、禅、嘎、吴、务、恒，他们都是东巴教里的大神，详情参看杨福泉《东巴教通论》第九章：东巴教的神祇研究，中华书局2012年版，第264页。

tʂhu⁵⁵ pa³³ gə²¹ le³³ be³³。sɯ⁵⁵ ne²¹ ga³³①tʂu⁵⁵ ne²¹ hua²¹②，to²¹ ne²¹u²¹，dzi³³
天香　　上 又 做　素神与 嘎　　注神与 华神　　夺神与吴神 孜
ne²¹ uə³³③，hæ³³ ne²¹ lɯ⁵⁵④，o²¹ ne²¹ ʥɚ²¹ kæ³³ tʂhu⁵⁵ pa³³ gə²¹ le³³ be³³。｜o²¹
神与坞神 风神 与 猎神　　哦神与威灵神前天　香上又 做　　谷
me³³ he³³ dɯ²¹ no³³ tv³³ se³³⑤kæ³³ tshu⁵⁵ pa³³ gə²¹ le³³ be³³，｜mɯ³³ gə³³ ga³³
神 大　　诺土色（五谷神）前 天香上　又 做　　天的 嘎
la²¹⑥n̩i³³ n̩i³³ ga³³ la²¹，dy²¹ ga³³ la²¹ sʅ³³ tshɚ²¹ sʅ⁵⁵ ga³³ la²¹，ga³³ la²¹ sʅ²¹
剌 尼 尼　嘎 剌 地 嘎剌 三十　三　嘎剌　嘎剌　三百
çi³³ tʂhua⁵⁵tshɚ²¹ kæ³³ ŋə²¹ tʂhu⁵⁵ pa³³ gə²¹ le³³ be³³。
六 十 前 向　天香　上方又 做

2. 译文：（接上页）烧天香，要富裕和繁荣的，要向夺神与吴神烧天香。想要福泽的，向署与龙烧天香。这家主人请来的能干东巴，准备头道酒和头道茶水，向大神盘、禅、嘎、吴、务 和恒烧天香。向天与地和坐在中间的王烧天香；向素神与嘎神、注神与华神、夺神与吴神、孜神与坞神、风

---

① sɯ⁵⁵（素）：生命神，参看杨福泉《原始生命神与生命观》，云南人民出版社 1994 年版。ga³³（嘎）：胜利神。

② tʂu⁵⁵（著神），这是一个"连接之神"，常用水鸟"著"（zɿ⁵⁵）的象形文假借字。《襀垛鬼·烧天香》中说："华神以后到了著神，使繁星与高天的边缘联系的著神，使青草与大地的边缘联系的著神；使山坡与山峰联系的著神，使平田和开荒地联系的著神，使公牦牛的长角与九天联系的著神，使黑色的宽犁铧与七地联系的著神，父亲与儿子联系，能干的女子与七个地方的人联系的著神，使母亲抚育儿子能健康成长的著神。"连接之神，"嘎"（ga³³）在纳西古今语中都是"胜利""赢"的意思，"嘎神"即胜利之神、赢之神，亦有战神之含义。hua²¹（华神）是一个司掌着人类和家畜生育繁衍的精灵。洛克根据他的东巴所讲述的内容，将"华"定义为"司掌男性生育力之精灵"。

③ dzi³³ ne²¹ uə³³纳西语称村寨为"孜"（dzi³³）与"坞"（uə³³），这里指村寨神。

④ 猎神在纳西语中叫"丽"（lɯ⁵⁵）或"丽慈"（lɯ⁵⁵ tshʅ²¹），象形文字用牛虻（读音为 lɯ⁵⁵）的假借字表示。在纳西猎人的观念中，"丽慈"（lɯ⁵⁵ tshʅ²¹）既属于善神，也属于恶神，是有双重神格的精灵。他常常保护猎人，但有时也会伤害猎人。

⑤ o²¹ me³³ he³³（哦美恒）是纳西语，指五谷神，有时又称为"多补季子哦"，他司掌财富和五谷丰歉。东巴经中说他有五子五女，其五子又掌管着温泉。东巴教中有祭五谷神的仪式"哦美恒本"。五谷神原来没有具体的形象，到后来，东巴教中逐渐演变出有五谷神的形象，东巴在祭五谷神的仪式上挂五谷神的布卷轴画。五谷神骑着一头狮子，手托一只神鼠。其周围有几个骑龙、象、虎、箭猪等的神以及一个手持神箭和法铃的东巴，指五谷之神；dɯ²¹ no³³ tv³³ se³³是藏语，也指五谷神。

⑥ 嘎剌，东巴教中的一类战神，这种神祇与战争和胜利密切相关，有天神的 33 个嘎喇神，地神的 22 个嘎劳神，许许多多的神灵都有嘎喇神，如开天之神盘、辟地之神禅、胜利神、沃神、恒神、三代祖先、东西南北中五方、天上的白云白风、猛虎悍豹、牦牛犏牛等，皆有各自的嘎喇神。东巴经中说嘎喇神有 360 个。洛克（J. F. Rock）认为嘎喇神等同于藏人宗教的战争之神 dgra-lha，在藏族宗教中，hgo-bai lha-Inga 是 5 个与人类相伴的半神半人精灵。

神与猎神、哦神与威灵神烧天香；向谷神、诺土色（五谷神）烧天香，向天的尼尼嘎剌、地的三十三个嘎剌、向360个嘎剌烧天香。

第 4 页

| mɯ³³ gə³³ tɕy⁵⁵ tʂhu²¹ la³³ tʂʅ²¹ sa²¹ lɯ⁵⁵ uə³³ de³³ he³³ dɯ²¹ o³³ phər²¹ he²¹
　天　的　最　早　拉　止　萨　里　威　登　神　大　哦　盘　恒
i³³ kɯ²¹ khu⁵⁵①ti³³ ba³³ ʂɚ⁵⁵ lɚ³³②se⁵⁵ se³³ kha³³ dzə²¹ ma⁵⁵ mi³³ pa³³ lua²¹③kæ³³
依　根　库　东巴什罗　　　圣　生　卡　久　玛　米　巴　拉　前
ŋə²¹ tʂhu⁵⁵ pa³³ gə²¹ le³³ be³³。| mɯ³³ py²¹ zʅ³³ zu²¹④mɯ³³ pha²¹ ɯ³³ ha⁵⁵
向　天香　上　又　做　　美　本　日　汝　　美　帕　恩　哈
lɚ²¹ dzə³³ dzi²¹ dzə³³ lɚ²¹ pa³³ tha³³ kə⁵⁵ tha⁵⁵ iə²¹ ti³³ ba³³⑤kæ³³ tʂhu⁵⁵ pa³³ gə²¹
辽久　　敬久　　辽巴　塔　个　塔　优　丁巴　前上天香　上
le³³ be³³。be²¹ dæ³³⑥y²¹ phv⁵⁵ tʂua²¹ su³³ tshe²¹ sʅ⁵⁵ kv³³，y²¹ tɕi⁵⁵ tʂua²¹ so³³
又　做　本单　余　普　爪　苏　十　三　个　余　敬　爪　梭
tshe²¹ sʅ⁵⁵ kv³³ kæ³³ ŋə²¹ tʂhu⁵⁵ pa³³ gə²¹ le³³ be³³。ŋi³³ bv³³ la²¹ dua³³ ʂə⁵⁵ la³³
十　三　个　前　上　　天香　上　又　做　　尼　补　劳　都　瑟　拉

---

① sa²¹ lɯ⁵⁵ uə³³ de³³（萨里威登），he³³ dɯ²¹ o³³ phər²¹（恒丁哦盘）、he²¹ i³³ kɯ²¹ khu⁵⁵（恒依根库），东巴教的三个大神。

② ti³³ ba³³ ʂɚ⁵⁵ lɚ³³（东巴什罗），东巴教的祖师。

③ se⁵⁵ se³³ kha³³ dzə²¹（圣生卡久）ma⁵⁵ mi³³ pa³³ lua²¹（玛米巴拉），东巴教的2个神祇，玛米巴拉是山神。

④ mɯ³³ py²¹ zʅ³³ zu²¹（美本日汝），东巴教中神话了的祭司神。

⑤ mɯ³³ pha²¹ ɣɯ³³ ha⁵⁵（美帕恩哈），神化的女巫名；lɚ²¹ dzə³³ dzi⁵⁵ dzə³³（辽久敬久）祭司神；lɚ²¹ pa³³ tha³³ kə⁵⁵（辽巴塔个）、tha⁵⁵ iə²¹ ti³³ ba³³（塔优丁巴），二人都是神化了的祭司神。

⑥ be²¹ dæ³³（本单），这种神祇共有三类，每一类为13个。东巴经中称为"本神的13个余普旨梭神、13个余吕旨梭神、13个余敬旨梭神"，据洛克考证，这里的"旨梭"（zhiqso）一词，是藏语"bChu-gsum"（发音为 chu-sum）的音变，其意为"十三"（塔拉米贝）。

o³³ kə²¹ ta⁵⁵ la³³ mi²¹ be⁵⁵①tshe²¹ sʅ²¹ kv³³ kæ³³ tʂhu⁵⁵ pa³³ gə²¹ le³³ be³³。tɤ³³
哦 个 塔 拉 米 贝   十三个   前 天香 上 又 做。 端

kɤ²¹②mi³³ sʅ²¹ gv³³ ʃ²¹ tɤ³³ kɤ²¹ mi³³ de³³ tɕi⁵⁵ de³³tɤ³³ mi³³ tho³³ gv³³ tho²¹
格 咪 史   古 史 端 格 米 格 登 季   登 端   米 拖 古 拖

tɤ³³ kɤ²¹ tɕi⁵⁵ thv⁵⁵ dʑɤ²¹ de³³ t ɤ³³ ke²¹, tɤ³³ kɤ²¹ mə³³ kv⁵⁵ mə²¹ sʅ³³ sy³³ mə³³
端 格 季 突 久   登 端   格   端 格 不会   不 知 种 类

dʑy³³ me³³ tɤ³³ kɤ²¹。mə³³ do²¹ mə³³ mi³³ sy²¹ mə³³ dʑy³³ me³³ tɤ³³ kɤ²¹ mə³³ba³³
没 有   的 端 格 不 见 没 听见 种类 没 有   的 端 格 没辛劳

tɤ³³ kɤ²¹ zv³³ ʂʅ³³ dʑ³³zv³³ sæ³³ thɯ²¹ zv³³ ua³³ khæ³³ me³³ tɤ³³ kɤ²¹, tɤ³³ kɤ²¹
不辛劳 仇敌 肉 吃 仇敌 血 喝 仇敌 骨 咬 的 端 格   端 格

dʑɤ²¹ dɯ²¹ sʅ²¹ ɕi³³ tʂhua⁵⁵tshe³³ kæ³³ ŋə²¹
威力 大   三百   六 十   前

　　3. 译文：向天上的萨里威登、哦盘大神、恒依根库大神、东巴什罗（东巴教祖师）、圣生卡久、玛米巴拉神前烧天香；向美本日汝、美帕恩哈、辽久敬久、辽巴塔个、塔优丁巴烧天香；向13个本单余普爪苏武将、13个余敬爪梭武将烧天香；向13个尼补劳都、瑟拉哦个、塔拉米贝烧天香；向端格咪史、古史端格、米登季登端格、米拖古拖端格、季突久登端格端格、什么都懂什么都看得见什么都听得见的端格、不辛苦但吃仇敌的肉喝仇敌的血啃仇敌的骨的端格，威力大的360个端格前。

　　第5页

---

① ȵi³³ bv³³ la²¹ dua³³（尼补劳都）、ʂə⁵⁵ la³³ o³³ kə²¹（瑟拉哦个）、ta⁵⁵ la³³ mi²¹ be⁵⁵（塔拉米贝），都是东巴教的神祇。

② tə³³ kə²¹（端格）东巴教的神祇，东巴教中的这一类神将相传有360个，东巴经中说太阳月亮、大地、自然神"署"等皆有端格保护神。东巴象形文将其绘为长鹰头和翅膀的形象。他们与"优麻"神将有密切的关系，常常一起战斗镇压鬼怪。很多"端格"有名字；有无所不知，无所不见，无所不会的"端格"；9个白色的"端格"和9个黑色的"端格"；有天地之"端格"，星宿之"端格"，由日月之光中生出之"端格"，黑云白云中生出之"端格"。据洛克考证，东巴教中的"端格"神与藏族本教中的Thugs-dkar相同。

一　口诵经：《还树债》　　551

tʂhu⁵⁵ pa³³ gə²¹ le³³ be³³。tæ³³ kə²¹ thv³³ se³³ iə³³ ma²¹ thv³³，iə³³ ma³³ thv³³
天香　　上又做　　端格　出现后　优麻　出现　优麻　突

tʂhi³³ iə³³ ma²¹ pa³³ u³³ iə³³ ma²¹ ȵə³³ ȵə³³ iə³³ ma²¹ tɕi⁵⁵ tha⁵⁵ na²¹ na²¹ iə³³ ma²¹
尺　优麻　巴乌优麻扭　牛　优麻　季套　拿纳　优麻

mɯ⁵⁵ ʂɿ²¹ so³³ phv³³ iə³³ ma³³ mɯ⁵⁵ ʂɿ²¹ so³³ gu³³ iə³³ ma²¹ ʐua³³ thy²¹ ŋa³³ zɿ³³
木　使梭　普　优麻　木　使梭　古　优麻　如　区　敖汝

iə³³ ma²¹ mə³³ ba³³ zv̩²¹ ua³³ khæ³³ zv̩³³ ʂɿ²¹ dʑv̩³³ zv̩²¹ sæ³³ thɯ²¹ me³³ iə³³ ma²¹。
优　麻　不辛苦仇敌骨　咬　仇敌　肉吃仇敌　血　喝　的　优麻

iə³³ ma²¹ dʐv̩²¹ dɯ²¹ sɿ²¹ ɕi³³ tʂhua⁵⁵ tʂhɚ²¹ kæ³³ ȵə³³ tʂhu⁵⁵ pa³³ gə²¹ le³³ be³³。
优麻　威力大　三　百　六　十　前上　天香　上又做

iə³³ ma²¹ thv³³ se³³ he³³ dɯ²¹ thv³³，ȵi³³ me³³ thv³³ sɚ³³ gə³³ ŋv⁵⁵ dɯ³³ he³³ dɯ²¹，
优麻　出现后　神大　出现　太阳　出　木　的务神大　神大

i³³ tʂhɿ³³ mɯ²¹ mi³³ gə³³ ŋv⁵⁵ dɯ²¹ he³³ dɯ²¹，ȵi³³ me³³ gv³³ ʂu³³ gə³³ ŋv⁵⁵ dɯ²¹
南方　火的务大恒大　　太阳　落（西方）铁的务神大

he³³ dɯ²¹，ho³³ gv³³ lo³³ dʑi²¹ gə³³ ŋv⁵⁵ dɯ²¹ he³³ dɯ²¹ he³³ dɯ²¹，mɯ³³ ne²¹ dy²¹
神大　北方　　水的务神大　神大　神大　天与地

ly⁵⁵ gv³³，tʃɿ³³ gə³³ ŋv³³ dɯ²¹ he³³ dɯ²¹，mɯ³³ tɕɚ²¹ i²¹ ʂɿ⁵⁵ he³³ dɯ²¹，dy²¹
中间　土的务神大　神大　天上　以是神大　地

tɕɚ²¹ mi³³ dʑy³³ he³³ dɯ²¹，pɯ³³ fv³³ tʂhɿ³³ hua⁵⁵ he³³ dɯ²¹，bə³³ ʂɿ²¹ sæ³³ do³³
上　弥居　神大　　本府城皇　神大　　白沙　三多

he³³ dɯ²¹，he³³ dɯ²¹ tʂhɿ³³ ua²¹ kæ³³ ȵə³³ tʂhu⁵⁵ pa³³ gə²¹ le³³ be³³。he³³ dɯ²¹
神大　　神大　所有的　前上　天香　上又做神大

thv³³ se³³ py³³ bv²¹①tv³³，mɯ³³ gə³³ py³³ bv²¹ na⁵⁵ bv³³ se³³ gu³³，dy²¹ gə³³ py³³
出现后　本　补出现　天的本补纳补生古　　地的本

bv²¹ sa³³ bv³³ sa³³ lu²¹，ȵi³³ me³³ py³³ bv²¹ tə²¹ ma⁵⁵ tə²¹ dʐɿ³³，he³³ me³³ py³³
补萨补萨剌　太阳　本补　单玛　单支　　月亮　本

bv²¹ tɕi⁵⁵ tha⁵⁵ tɕi⁵⁵ iə²¹，kɯ²¹ gə³³ py³³ bv²¹ lɯ²¹ pa²¹ zi⁵⁵ zæ³³，
补　季塔　季尤　星的　本补　里巴蕊冉

4. 译文：烧天香，端格出现后出现了优麻，出现了突尺优麻、巴乌优

---

① py³³ bv²¹（"本补"），纳西族祭司的自称。民间则称之为"东巴"。"藏彝走廊"里很多属于藏缅语族的诸多族群民间信仰中的"本波""本布""崩布""白莫""毕摩""贝马"以及"顿巴""仓巴""多巴"等宗教专家的称谓，在准确理解其含义的前提下，深入研究藏彝走廊里各个族群的民间信仰的本末源流演变，将得出更为全面和准确的结论。参看杨福泉《东巴教通论》第十章第一节："东巴"和"本补"称谓考辨，中华书局 2012 年版，第 298 页。

麻、扭牛优麻、季套拿纳优麻、木使梭普优麻、木使梭古优麻、如区敖汝优麻，他们是不怎么辛苦就可啃仇敌的骨头、吃仇敌的肉、喝仇敌血的优麻。向威力大的360个优麻烧天香。优麻出现之后出现了大神，出现了东方属木的大神务与恒；出现了南方属火的大神务与恒；出现了西方属铁的大神务与恒；出现了北方属水的务与恒大神；出现了天地中间属土的大神务与恒；出现了天上的以是大神，地上的弥居大神；出现了本府城皇大神、白沙的三多大神，① 向所有的大神烧天香。大神出现以后出现了祭司本补、出现了天的祭司本补纳补生古、地的祭司补萨补萨刺；出现了太阳的祭司单玛单支、月亮的祭司季塔季尤，星的祭司里巴蕊冉。

第6页

kha²¹ gə³³ py³³ bv²¹ kv⁵⁵ tha²¹ ga³³ u²¹, tɕi¹² gə³³ py³³ bv²¹ tɕi³³ la²¹ pa³³ ty³³,
　王　的　本补　固　塔　嘎吴　　云的　本补　吉　拉　把　堆
hæ³³ gə³³ py³³ bv²¹ lo²¹ ɕy⁵⁵ tɕi³³ da³³, he¹² gə³³ py³³ bv²¹ la²¹ by³³ thv³³ kə⁵⁵, sɿ¹²
　风　的　本补　罗　旭　吉　达　　神　的　本补　拉　补　突　个　署
gə³³ py³³ bv²¹ iə³³ ȵi⁵⁵ tɕi³³ go³³, sa²¹ da⁵⁵②py³³ bv²¹ sa²¹ thv³³ dʑə³³ u²¹, ty³³ gə³³
的　本补　尤　尼　吉　果　　萨　的　本补　萨　突　久　坞　堆　的
py³³ bv²¹ pa³³ ty³³ lo²¹ ȵi⁵⁵, du¹²③ gə³³ py³³ bv²¹ i²¹ ʂɿ⁵⁵ bu³³ dʑo³³, tsho²¹ ze³³④

---

① 这里的"本府城皇"几个象形文字显然是汉语"本府城隍"的纳西音译东巴文假借字。三多是丽江纳西人全民供奉的地方保护神，供奉三多神的"三多郭"（北岳庙）建于唐代，是丽江最早的庙宇。

② sa²¹ da⁵⁵（萨大），属于司掌大自然的"署"的一类，管理着山神等。

③ du¹²（董），即纳西神话中创物神美利董主，男神，也译为阳神。

④ tsho²¹ ze³³（崇仁），即东巴神话中的文化英雄、第一个男性祖先崇仁利恩，他娶得天神之女衬红褒白咪，繁衍出藏、纳、白三兄弟，繁衍出这三个民族。

一　口诵经：《还树债》

本 补 巴 堆 罗尼　董 的　 本 补 以是补左　 崇　 仁
py³³ bv²¹ dzə²¹ bv³³ thv³³ tʂһ³³, tshy⁵⁵① gə³³ py³³ bv²¹ dze³³ ɯ³³ ʂ꜊⁵⁵ lə²¹, s꜊⁵⁵
本 补　久 补突吃　 趣　 的 本 补 曾 恩 世 辽　束
py²¹ uɑ³³ by³³, iə²¹ py²¹ lɑ²¹ thv⁵⁵, ho²¹ py²¹ ze⁵⁵ tɕi³³ me²¹ kv⁵⁵ lɑ²¹。ȵi³³ me³³
本 瓦本　 尤本拉突　伙本任金　 梅 固拉　 太 阳
thv³³ tʂhe⁵⁵ tʂhe³³ bu²¹ py³³ bv²¹, ɕy³³ zɚ³³ gɑ³³ lɑ²¹, i³³ tʂһ³³ mɯ²¹ se⁵⁵ zɿ²¹
出 衬 陈 补 本 补　 许 日 嘎 剌　　 南 方　 圣 日
mi²¹ go³³ py³³ bv²¹ ɕy³³ zɚ³³ gɑ³³ lɑ²¹, ȵi³³ me²¹ gv²¹ nɑ²¹ se³³ tʂho³³ lu²¹ py³³
米 果 本补　 许 日 嘎 剌　 太阳落（西）纳生 措　卢 本
bv²¹ ɕy³³ zɚ³³ gɑ³³ lɑ²¹。ho³³ gv³³ lo²¹ gv³³ se³³ khɑ³³ bɑ²¹ py³³ bv²¹ ɕy³³ zɚ³³
补 许 日 嘎 剌　 北 方　 古 色 卡巴 本 补 许 日
gɑ³³ lɑ²¹。
嘎 剌

5. 译文：王的祭司固塔嘎吴、云的祭司吉拉把堆、风的祭司罗旭吉达、神的祭司拉补突个、署的祭司尤尼吉果、萨的祭司突久坞，堆的祭司巴堆罗尼、董的祭司以是补左，崇仁的祭司久补突吃，趣的祭司曾恩世辽，束氏族的祭司束本瓦本，尤氏族的祭司尤本拉突，伙氏族的祭司伙本任金，梅氏族的祭司梅本固拉。东方的祭司衬陈补、许日嘎剌战神，南方祭司圣日米果、许日嘎剌战神，西方的祭司纳生措卢、许日嘎剌战神；北方祭司古色卡巴、许日嘎剌战神

第 7 页

---

① tshy⁵⁵（趣），即东巴神话中纳人父子连名制世系的第三代男性祖先高勒趣。

mɯ³³ ne²¹ dy²¹ ly⁵⁵ gv³³ so³³ y²¹ tsi³³ gv³³ py³³ bv²¹ çy³³ zɚ³³ ga³³ la²¹ çy³³ zɚ³³
天　与　地　中间　梭余几　古　本　补　许 日　嘎刺　许 日

ga³³la²¹ ʥɚ²¹ dɯ²¹ sʅ²¹ çi³³ tʂhua⁵⁵ tʂhɚ²¹ kæ³³ ȵə²¹ tʂhu⁵⁵ pa³³ gə²¹ le³³ be³³。py³³
嘎刺　威力 大　三 百　六　十　前 上 天　香　上 又　做。本

bv²¹ thv³³ se³³ sa²¹ da⁵⁵ thv³³, ȵi³³ me³³ thv³³ sv³³ phɚ²¹lv²¹ phɚ²¹, lv²¹ ze³³ pha³³
补　突　色　萨 大 突　　太　阳　出（东）署　白 　龙　白　　龙

phɚ³³, i³³ tʂhi³³ mɯ²¹ sv³³ hɚ²¹ lv³³ hɚ²¹ lv²¹ ze³³ pha³³ hɚ²¹, ho²¹ gv³³ lo²¹ sv³³
美 脸　白　南方署　绿 龙　绿 龙　美 脸 绿　北方　　署

sʅ²¹ lv²¹ sʅ²¹ lv²¹ ze³³ pha³³ sʅ²¹, ȵi³³ me³³ gv³³ sv³³ na²¹ lv³³ na²¹ lv²¹ ze³³
黄　龙　黄　龙　美 脸 黄　　太 阳 落（西）署　黑 龙　黑 龙　美

pha³³ na²¹, mɯ²¹ ne²¹ dy²¹ lv⁵⁵ gv³³ sv³³ ʥæ²¹ lv³³ ʥæ²¹ lv²¹ ze³³ pha³³ ʥæ²¹,
脸　黑　天　与　地　中间　署　斑杂 龙 斑杂 龙　美 脸　斑杂

ʂua²¹ le³³ ʥy²¹ sʅ⁵⁵ zʅ²¹ çy²¹ le³³ lo²¹ sʅ⁵⁵ zʅ²¹, ʥy²¹ dɯ²¹ ə³³ sʅ²¹ lo²¹ dɯ²¹
高　的 山　山 神 底 的 谷 山　神　　山　大　父 亲 谷　大

æ³³ me²¹, sʅ⁵⁵ zʅ²¹ zɚ²¹ da⁵⁵ ko²¹ da⁵⁵ na⁵⁵ da⁵⁵, ly²¹ ȵi³³ sa²¹ da⁵⁵① tv³³ tv²¹
母亲　山 神　日　大 果　大 拿　大　旅　尼　萨 大　千　千

kɯ³³ kɯ²¹ kæ³³ ȵə²¹ tʂhua⁵⁵ a³³② gə²¹ le³³ be³³。sa²¹ da⁵⁵ thv³³ se³³ ga³³ la²¹③ thv³³,
万　万　千　上　天 香　　上 又 做　萨　大　出 现 后　嘎刺　　出 现

phv³³ gə³³ sʅ⁵⁵ tʂhɚ³³ y²¹ ga³³ la²¹, y²¹ tçy⁵⁵ tʂhɚ⁵⁵ gə³³ y²¹, y²¹ ly⁵⁵ tʂhɚ⁵⁵ gə³³
祖 先 的　三　代　祖 先 嘎刺　祖 先 最 早　的　祖 先 次 辈 分 的

y²¹, y²¹ mi⁵⁵ tʂhɚ⁵⁵ gə³³ y²¹, phv³³ gə³³ sʅ⁵⁵ tʂhɚ³³ y²¹ ga³³ la²¹, kæ³³ ȵə²¹ tʂhu⁵⁵
祖 先 祖 先 小 辈 分 的 祖 先 祖 先 的　三 代　祖 先 嘎刺　前 上 天

pa³³ gə²¹ le³³ be³³, i³³ da²¹ tʂʅ³³ dɯ³³ ʥə²⁴, i³³ da²¹ lɯ⁵⁵ kv⁵⁵ by³³ bv²¹ nɯ³³,
香　上 又 做　主 人 这　一　家　主 人　能 干　本 补　（助）

---

① sa²¹ da⁵⁵ 萨大，司掌着大自然的署族（署类）的属下。

② tʃhua⁵⁵ a³³（= tʃhua⁵⁵ pa³³），塔城乡署明村的东巴有时也这么读。

③ ga³³ la²¹（嘎刺），这种神祇与战争和胜利密切相关，有天神的33个嘎刺神，地神的22个嘎刺神，许许多多的神灵都有嘎刺神，如开天之神盘、辟地之神禅、胜利神、沃神、恒神、三代祖先、东西南北中五方、天上的白云白风、猛虎悍豹、牦牛犏牛等，皆有各自的嘎刺神。东巴经中说嘎刺神有360个。象形文的"嘎刺"（gga laq）一词写为以一面胜利旗帜和一只手来象征，"手"是"劳"的表音字符。在东巴经中，"嘎刺"也常常写如一个头插战旗，身着盔甲的武士形象。"嘎"（gga）在纳西语中是"胜利"之意，嘎刺神一类战神。洛克（J. F. Rock）认为嘎刺神等同于藏人宗教的战争之神 dgra-lha，在藏族宗教中，hgo-bai lha-Inga 是5个与人类相伴的半神半人精灵。从经书中所述神、人、野兽、家畜等皆有嘎刺神的记载看，嘎刺神是一种帮助人神动物赢得战争和角斗的精灵，类似战神。东巴经中说："人类与鬼怪之间，由本神来评判。"

mɯ³³ bv²¹ phɚ²¹ sæ²¹ gɑ³³ u²¹ nɯ³³, ŋv⁵⁵ he²¹ tv³³ tv²¹ kɯ³³ kɯ²¹ kæ³³ ɳə²¹ tʂhu⁵⁵
天 下 盘 禅 嘎吴（助）务 恒 千 千 万 万 前 上 天

pɑ³³ gə²¹ le³³ be³³。ə³³ ɳi³³ lɑ³³ ʂɚ⁵⁵ ɳi³³,
香 上 又 做　　　古时候

6. 译文：向天地中间的梭余几古祭司、向360个威力大的许日嘎剌烧天香祭祀。祭司出现后就出现了萨大，东方的白色的署和白色的龙，脸白俊美的龙，南方绿色的署和脸绿俊美的龙，北方黄色的署，脸黄俊美的龙，西方黑色的署与脸黑俊美的龙，天地之间斑杂色的署和脸色斑杂俊美的龙，向高山的山神，低谷的山神，大山是父亲，山谷是母亲。向千千万万的山神日大、果大、拿大、旅尼萨大等烧天香。萨大产生后，接着产生了嘎剌，先产生了三代祖先的嘎剌，他们是辈分最早的祖先、辈分其次祖先、辈分最小的祖先、三代祖先的嘎剌，向这些嘎剌前烧天香。这家主人请了能干的祭司东巴，向天下面的盘、禅、嘎、吴、务、恒诸多大神前烧天香。古时候，

第8页

iə³³ dɑ³¹ tʂhɿ³³ dɯ³³ dʑi¹², gv³³ thv³³ gv³³ mə³³ sɿ⁵⁵, he³³ thv³³ he³³ mə³³ sɿ⁵⁵
主人 这 一 家 身 出身 不 舒 服 魂 出 魂 不

iə³³ lʂɿ⁵⁵, lɯ²¹ iə³³ ɑɯ³³ gv³³ gu²¹ ɳi²¹ iə³³ nɑ⁵⁵ sɿ³³ tɕhi²¹。iə³³ dɑ²¹ tʂhɿ³³ dʑi¹² nɯ³³,
舒服说是 夜里骨 身 疼 白天 肌肉 疼　　主人 这 家（助）

zy⁵⁵ tɕi³³ bə³³ y²¹ tʂɚ²¹, mɯ³³ zɿ³³ dy²¹ iə³³ sɑ³³ sɿ²¹le³³ su⁵⁵①hɯ³³, dʑɚ³³ ɑ²¹ dy²¹
年 轻 脚 轻 捷 使 美 汝 地 竹 片 又 去 卜 算 去　　久 阿 地

iə³³ tso⁵⁵ lɑ³³ le³³ ly²¹ hɯ³³, ɳəɳə²¹ dy²¹ iə³³ tʂhi³³ ku²¹ le³³ khɯ⁵⁵ hɯ³³, lv⁵⁵ lv³³
左　 拉 又 看 去 牛 牛 地 方 羊 骨 卜 又 烧 炙 去。　路 鲁

---

① sɑ³³ sɿ²¹ le³³ su⁵⁵竹片卜，相传傈僳人善于这种占卜法。

dy²¹ i³³ æ²¹ bæ³³ le³³ çə³³ huɯ³³ gv³³ zๅ²¹ dy²¹ i³³ kɯ²¹ tæ⁵⁵ le³³ phæ²¹ huɯ³³，le³³
地　鸡骨　又　占　去　藏人　地方　线团　又　解　去　白

bv³³ dy²¹ i³³ bæ²¹ mæ³³ le³³ to⁵⁵ huɯ³³ na²¹ çi²¹ dy²¹ ko³³ lo²¹，py²¹ kv⁵⁵ phæ²¹ tso³³
族　地方　海贝　又　掷　去　纳西　地方　里面　诵经会　卜的　器

sๅ²¹ çi²¹ tʂhua⁵⁵ tʂhæ²¹ ue³³ go²¹lo²¹，dɯ33 phæ²¹ dɯ³³ çə⁵⁵ le³³ ne²¹ khɯ⁵⁵ phæ²¹
三　百　六　十　村　里面　一　卜　一　占　又　去　卜

le³³ ua³³ gɯ³³ thv³³，çə³³ le³³ tshi²¹ gɯ³³ za²¹ le³³ dʑy³³ gv³³ tshæ²¹ phæ²¹ miə²¹
的　骨裂卦象出现占　的　裂纹兆象下降　又　有　90个　卜师眼

tha⁵⁵ nɯ³³ do²¹，ʂæ³³ tshæ²¹ dʐๅ³³ nv⁵⁵ me³³ nɯ³³ næ³³，dzæ³³ dɯ²¹ dzæ³³ tɕi⁵⁵
利（助）见　70个　首领　心　感觉树　大　树小

le³³ mə³³ tshæ⁵⁵ ue³³ na⁵⁵，çi²¹ tshæ⁵⁵ bi³³ phv²¹① dzæ³³ dɯ²¹ dzæ³³ tɕi⁵⁵ lɯ⁵⁵，
没　砍　啊　虽然　林　伐　林　伐　树　大　树　小　伐

dzæ²¹ tʂhy²¹ le³³ ʐua²¹②næ²¹ ua³³ gɯ³³　thv³³ tshi²¹ gɯ³³ za²¹ le³³ dzo³³ i³³ da²¹
树　赔偿　又　尝还必须　骨　裂卦象　出现　裂纹卦象下降又　有　主人

tshi³³ dɯ²¹ dʑi¹² ，æ³³ ʂua²¹ bæ³³ mə³³ phæ²¹（=phv²¹），bæ³³ tshy⁵⁵ be³³ le³³
这　一　家　岩　高　蜂　蜜　没取　　　　蜂蜜　尝还　又

ʐua²¹，ŋv²¹ lv³³ ŋv²¹ mə³³ phæ²¹③，ŋv²¹ tshy⁵⁵ be³³ le³³
还账　雪　山　银　没　挖，　银　赔偿　一样又

7. 译文：这个主人家，感觉身体不舒服，魂魄不安宁，夜里感觉骨头痛，白天感到肌肉疼。于是这家人请走得快的年轻人，到美汝地方去请占竹片卜；到藏人居住的久阿地去占左拉卜；到牛地去占羊骨卜；到路鲁人居住的地方去占鸡骨卜；去藏人居住的地方去占解线团卜，到白族人居住的地方占海贝卜；到纳西人居住的地方，请会360种诵经和占卜之法的纳西人占卜。占卜的结果在骨头的卦象中显示出来了。90个利眼的卜师看见了，70个首领的心感觉到了（结果），（他们告知）虽然主人家没有砍伐大树小树，就当作砍了树木伐了树林一样地还（树林）的债吧。从骨卜的卦象看，虽然他们没有采高岩上的野蜂蜜，但要当作采了一样地还（野蜂）的债；虽然没有采挖雪山上的银矿，但要当成采挖了银矿一样地还（雪山）的债。

第9页

① phv²¹，也是砍伐的意思，但此词有大面积砍伐，强行砍伐盗伐的意思，不是用于砍伐一棵或几棵树，而是指大量的砍伐。

② tshy⁵⁵ 与 ʐua²¹，前一词是指赔偿，赔偿应该还给人家的东西；而后一词则是专指还账，赔钱。

③ 这两句的 phæ²¹（=phv²¹），上句指采蜂蜜，有捣蜂窝的意思；下句指采银矿，phæ²¹这个词汇多用来指这类强力采集的行为，比如去大面积砍伐森林，也用这词。

一 口诵经:《还树债》

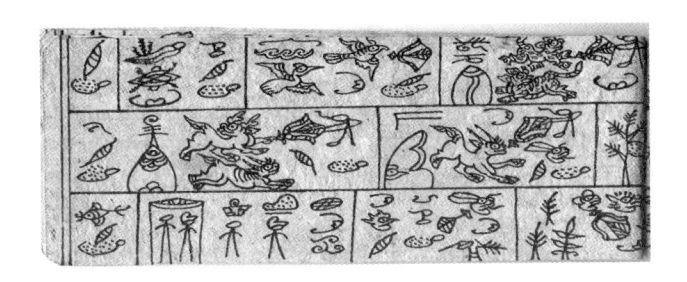

zua²¹ i³, bi²¹ hæ²¹ mə³³ zv²¹, hæ²¹ tshy⁵⁵ be³³ le³³ zua²¹。mɯ³³ lɯ⁵⁵ tɕi³³
还 金沙 没 淘金 赔偿一样 又还账 天 地 云 白

phə²¹ tʂu⁵⁵, kua³³ nɯ²¹ kə⁵⁵mə³³ khæ⁵⁵, kua³³ tshy⁵⁵ kə⁵⁵ tshy⁵⁵ be³³ le³³ zua²¹,
间 鹤 和 鹰 没 射 鹤 赔偿 鹰 赔偿 地 又 还账

la³³ dzə³³ so³³ gv³³ phə²¹, zə²¹ nɯ²¹ la³³ mə³³ khæ⁵⁵, zə²¹ tshy⁵⁵ la³³ tshy⁵⁵ be³³
虎 奔跑 峰 上 白 豹 与 虎 没 射 豹 赔偿 虎 赔偿 地

le³³ zua²¹。ŋv²¹ lv³³ lɯ²¹ tʂɻ⁵⁵ ɯ³³, tʂhua⁵⁵ nɯ²¹ i³³ mə³³ khæ⁵⁵, tʃhua⁵⁵ tshy⁵⁵
有 还账 雪山 悬崖 间 鹿 和羚羊 没有 射 鹿 赔

i³³ tshy⁵⁵ be³³ le³³ zua²¹。æ³³ ʂua²¹ se²¹ mə³³ khæ⁵⁵, se²¹ tshy⁵⁵ be³³ le²¹ zua²¹,
偿羚羊赔偿地又 还账 岩 高 岩 羊 没有 射 杀 岩羊赔偿地 又 还账

dzə³³ la²¹ bæ³³ mə³³ phə²¹, bæ³³ tshy⁵⁵ be³³ le³³ zua²¹。i³³ da²¹ tʂɻ³³ dʑi¹²
树 也 蜂蜜没 采 蜂蜜 赔偿地 又 还账 主人 这 家

dzə²¹ zo³³ o²¹ mi⁵⁵①mu²¹ mə³³i³³②mə²¹ na⁵⁵, mə³³ æ³³ tshy⁵⁵ phv³³ be³³ le³³ zua²¹,
苦 儿 辛劳女 不是因 为他们 尽管 没欠 赔偿价 地又 还账

mə³³ khæ⁵⁵ çy³³ phv³³ be³³ le³³ zua²¹, mə³³lɯ²¹ dzə³³ phv³³ be³³ le³³ zua²¹。lo³³
没 射 野兽价 地又 还账 不 砍伐树 价 地 又 还账 密

do³³ bi³³ dɯ²¹ bv²¹, gv²¹ ne²¹ bu²¹ mə³³ khæ⁵⁵, gv²¹ tshy⁵⁵ bu²¹ tshy⁵⁵ be³³
集 森林大 下 熊 与 野猪 没 射 熊 赔偿野猪 赔偿 地

le³³ zua²¹,
又 还账

8. 译文：虽然没有淘江里的金沙，但当成淘金一样地还江的债；虽然没有射杀天地白云之间飞翔的鹤与鹰，但当成射杀了鹤与鹰一般地还它们的债；虽然没有射杀山峰上奔跑的老虎与豹子，但当成射杀了虎与豹一样地还

---

① dzə²¹ zo³³ o²¹ mi⁵⁵ 又称为 dzə²¹ zo³³ tɯ²¹ mi⁵⁵，意为"辛苦劳顿的儿女们"，在20世纪50年代后也用来指"贫下中农"、"劳动人民"。

② mu²¹ mə³³i³³，用来指某事的发生不是因为某人或某原因。比如 thɯ³³ mu²¹ mə³³i³³ 不是因为他（意思是这怪不得他）。

它们的债；虽然没有射杀在雪山峻岭上的鹿和羚羊，但当成射杀了鹿和羚羊一样地还它们的债；虽然没有射杀岩羊，但当作射杀了岩羊一样地还它的债；虽然没有采树上的蜂蜜，但当作采了蜂蜜一样地还它们的债。这个主人家是辛辛苦苦谋生的人家，那些坏事都与他们没有关系，他们没有欠债但还了债；他们没有射杀野兽，但还了杀野兽的债；他们没有砍树，但还了砍树的债；他们没有射杀密林里的熊和野猪，但还了射杀熊和野猪的债。

第10页

dɚ³³ lɯ³³ khə²¹ lɯ³³ dv²¹ ne²¹ dæ³³ mə³³ khæ⁵⁵, dv²¹ tshy⁵⁵ dæ³³ tshy⁵⁵ be³³
荒地　空地　野猫和狐狸　没 射　野猫赔偿　狐狸赔偿　地
le³³ ʐua²¹。tʂʅ³³ mɯ³³ duə³³ hæ²¹ kho³³, sv²¹ nɯ²¹ ȵi³³ mə³³ y²¹, sv²¹ tshy⁵⁵
又还账　秋天　绿色　水　塘　水獭和鱼　没　捕　水獭赔偿
ȵi³³ tshy⁵⁵ be³³ le³³ ʐua²¹。tʂua²¹ zo³³ dʑi²¹ mə³³ sʅ⁵⁵, dʑi²¹ tshy⁵⁵ be³³ le³³ ʐua²¹,
鱼　赔偿　地　又　还账　男子　水　没有引　水赔偿　地又还账
bɯ³³ ɯ³³ khɯ²¹ me³³ le⁵⁵, tʂʅ³³ tshy⁵⁵ be³³ le³³ ʐua²¹。gə²¹ i³³ gv³³ dʑʅ²¹ phv²¹
女子 好 荒地 没 挖　土 赔偿　地又还账 上　藏 人 闲
lɯ³³ zo³³, zo³³ i³³ ne²¹ zo³³ ua²¹ mə³³ do²¹, thɯ³³ nɯ³³ be³³ iə³³ mə³³。mu²¹ i³³
逛　男 男 是 哪里男 是 不 知　他（助词）做 原来是　下
bæ³³ tɕhi³³ kə⁵⁵le³³ bv³³, mi⁵⁵ i³³ ze²¹ mi⁵⁵ ua²¹ mə³³ do²¹, thɯ³³ nm³³ be³³ iə³³
糖 卖 卖 白族 女　哪里女 是 不 知　她（助词）做 原
mə²¹。i³³ da²¹ tʂʅ³³ dɯ³³ dʑi¹², la²¹ gv³³ dʐɚ²¹ mə³³ lɯ⁵⁵, lɯ⁵⁵ i³³ mə³³ lɯ⁵⁵
来　主人 这 一 家　手 上 树 没 砍伐　砍伐 没有 砍伐
na⁵⁵, mə³³ lɯ⁵⁵ tshy⁵⁵ i³³ le³³ ʐua²¹ se²¹。i³³ da¹² lɯ⁵⁵ kv⁵⁵ py³³ bv²¹ nɯ³³, bɚ³³
虽然 没 砍 赔偿　又还账已经还 了主人 能干　祭司　牦　牛
phɚ²¹ tv³³ tv²¹ kɯ³³ kɯ²¹ be³³, ʐua³³ tʂhua³³ tv³³ tv²¹ ʐua³³ mɯ³³ kɯ³³ kɯ²¹
白 千 千 万 万 做 马　米 千 千 马 谷 万 万
tshy⁵⁵ i³³ le³³ ʐua²¹ se²¹。tshy⁵⁵ i³³ tʂʅ³³ ʐua²¹ se³³ kho³³ tho¹², i³³ da¹²

一 口诵经：《还树债》

| 赔偿 | 又 | 还账 | 了 | 赔偿 | 所有还账 | 已 | 之后 | 主人家 |

9. 译文：没有在空地荒地里射杀野猫和狐狸，但又当成射杀了它们一样地还它们的债；没有在秋天碧绿的水塘里捕捉水獭和鱼，但又当成捕捉了它们一样地还它们的债；男子没有引水（开渠引水），但当成引了水一样地还水的债；女子没有在荒地里挖土，但当成挖了土一样地还土的债。上方那个到处漫游的古宗（藏人），不知道是来自哪里的人，原来（上面这些事）是他做的呢；下方那个卖糖的雷补（白族人）女子，不知是哪里来的，上面这些事是她做得呢。① 这家主人，虽然没有砍伐树木，但当成砍了树木一样地还了树的债。这家主人请了能干的祭司（东巴），用谷物象征的千千万万牦牛和马做供品还了债，这之后，这家主人

第11页

tʂʅ³³ dʑi²¹ la³³, gv³³ thv³³ gv³³ le³³ sʅ⁵⁵, he³³ thv³³ he³³ le³³ sʅ⁵⁵ be³³ ho⁵⁵,
这 家 也   身出   现身又安宁   魂 出 魂 又 安宁这样祝愿
mɯ³³ gu²¹ mɯ³³ tʂhɯ³³ mɯ³³tɕhi⁵⁵ mɯ³³ by²¹, kho³³ dʑy³³ he³³ hɯ²¹, dʑi²¹ i³³ dɚ³³
不 病   不 热病   不 冷   不 舒服 声 轻捷 魂 安宁 水 流 潭
ʂɚ⁵⁵ gv³³ zʅ³³ ʂɚ²¹ ha⁵⁵ i³³, le³³ gv³³ ho⁵⁵。thɯ¹² uu²¹ se²¹。dzɚ²¹ tʂhy⁵⁵ ʐua²¹
满   成为寿 长 食富足 又 成为 愿 这 些 是 了 树 赔偿 还账
bɯ³³ me³³, kə⁵⁵ la²¹ sʅ³³ tʂa³³ dʑɿ³¹ gə³³ dɯ³³ dʑɚ²¹ ɲi³³ mu²¹ me⁵⁵。se³³ sʅ³³
要 的人 树枝 三 节 长 的 一   棵 要（强调） 纸张
khɯ²¹ ʐɚ³³ thɯ³³, mɯ⁵⁵ lɯ⁴³ tʂhe²¹ ɲi³³ khv⁵⁵ gə³³, tʂhe²¹ ɲi³³ khɯ²¹ phæ⁵⁵
线   系 的   天 地 十   二 属相 的   十 二 根 拴
dɚ³³ mu²¹ me⁵⁵。tʂhu⁵⁵ pa³³ mi²¹ sʅ²¹ kæ³³ dʑi⁵⁵ nɚ³³。thɯ³³ se¹² sʅ³³ dzɚ²¹ tʂhy⁵⁵

---

① 这里是民间戏谑之语，把所做的不恰当的事推诿给相邻的民族，这常常在民间文学作品中可以看到。

要　（强调）　天香火　　署前烧　　应该　只有　这样后　树　赔偿
z̞ua²¹ la²¹ me⁵⁵。dɚ³³ ɯ³³ tshv³³ phɚ²¹ khua³³①, ʂua²¹ me³³ ə³³ na⁵⁵ la³³ khɯ³³
还　账　请　潭　好　热　　水　泉　高　　　的　阿　纳　拉　山　脚
thv⁵⁵ nɯ³³ dʐ̩²¹ me³³ gə³³ lɯ³³ bu²¹ y²¹ te³³ sʅ⁵⁵ tha⁵⁵ to³³ y⁵⁵ pɚ⁵⁵ gə³³ the³³
下　　　　住　　的　祭　司　余　登　寺　塔　东　玉　写　的　经
ɯ³³ ua²¹。
书　是

10. 译文：愿这家主人身体又安康，魂魄又安宁！不病不痛不发热不寒战，声音轻柔魂魄安宁，流水满潭，长寿足食！（经文）就这些了。要举行"还树债"仪式的，要用一根有三节（杈）的树枝（当一棵树），要在树枝上拴上十二根象征天地十二属相的纸线条。要向署（司掌大自然的精灵）烧天香祭祀，这些做了以后，就可以行"还树债"仪式了。这是住在有好水塘有温泉，高高的阿纳拉山脚下的祭司余登寺塔东玉写的经书。

---

① dɚ³³ ɯ³³ tshv³³ phɚ²¹ khua³³，地名，直译即"好潭含盐泉水"，疑似硅酸盐矿泉水一类。

二

祭斯蹦祖先仪式：《在斯蹦祖先住地架檩子经》

第 1 页

sʅ³³bv³³y³³py²¹
祭斯蹦祖先仪式
sʅ³³bv³³y³³dzʅ²¹dze²¹ko³³lo²¹gə³³
mu⁵⁵tʂʅ⁵⁵kv³³lv²¹lo⁵⁵
在斯蹦祖先住地架檩子经

写经、释读：和桂生
记音、翻译：和力民
时间：2014 年 7 月 3 日
地点：玉龙县鲁甸乡新主村红光社

《在斯蹦祖先住地架檩子经》题解
此经横长 28 厘米，竖宽 8.8 厘米。全书 26 页。纸质为构皮造东巴土纸。封页为横本横书。内页经文每页三行横书，用竖线分隔句、段。无跋语。书写文字为东巴文，间有少数几个格巴文。墨书。麻线装订。书写人和桂生，法名东桂。书写地址为云南省丽江市玉龙纳西族自治县鲁甸乡新主村委会红光社。书写时间为 2014 年。

本经主要叙述以下内容。（1）在大地回春、布谷鸣叫、野鸡和锦鸡打鸣、松树长出嫩枝、大地鲜花绽放的吉年吉月吉日里，祭祀主人家请贤能东巴到斯蹦祖先住地，向祖先祈求年岁和寿岁，要给祖先建金黄色和银白色的大门，要为祖先的大门架绿松石色檩子，要给五行属性的五方五位大神和泥匠师傅、木匠师傅做食物供养。（2）祭祀主人家，从东、南、西、北、中五方五色的天、地、星、让星、日、月、山、堃处找来五色檩子，架在斯蹦祖先的大门上。祈愿能向祖先求得年岁和寿岁、生育和繁衍、富足和富余。（3）鸡的来历。善飞的天鸡和长尾的地鸡作变化，生下白、黄、绿、黑、花斑色的五个蛋。由此孵化出白、黄、绿、黑、花斑色的五种鸡。只有白鸡可以做给斯蹦祖先大门架檩子用的鸡。主人用白米和红麦饲养这只鸡。（4）主人派捷足的年轻人从高山上砍来大叶杜鹃、小叶杜鹃和杉树枝，做除秽用的梭刷火把。用梭刷火把斯蹦祖先地基里的山神、墓门、祭祀祖先的食物和祭物及檩子、公鸡除秽，给祭司和侍从、上香者及泥匠师傅、木匠师傅的工具除秽。把秽鬼驱送到南方秽鬼住地。叙述从鲁甸乡新主村经巨甸、金庄、石鼓、雄古、拉市、黄山茨满、丽江城、鹤庆、大理等路站地名。（5）向五行神灵祈愿。用公鸡鸡冠血在墓碑石门上点血，以示给祖先大门的檩子点血。又给八卦图鱼眼点血，给墓碑石门上雕刻着的青龙、白狮、金童、玉女、驮马、白鹿、白尾小龙点血，祈愿这些动物守护好斯蹦祖先大门。（6）用龙嘴里流出的药水给斯蹦祖先地基点药水，给山神、墓碑石门以及门上雕刻着的动物点药水。（7）开神门。祭司用食物祭献众大神和各种祭司神。送走泥匠师傅、木匠师傅。祭司敲击墓碑石门，开启斯蹦祖先的五方大门。祈愿建神门吉祥如意。

此经应用于祭祖性质的在墓地里为死去祖先立墓碑石门仪式。传统祭祖仪式主要有农历六月夏祭、十一月冬祭两次，另有正月或三月祭祖。传统祭祖立足于火葬死者遗体和超度死者亡灵的祭仪基础上。活者去世成死者，超度死者亡灵成祖先。因此，传统纳西族社会里，开丧主要是火葬死者遗体，超度主要是处理死者亡灵。只有经过超度仪式、归宗列祖后，才能称死者为祖先，从此受后代子孙的定时供奉。

清雍正元年（1723），丽江纳西族地区实行"改土归流"。流官推行中央集权倡导的儒家文化习俗。在清末的 188 年中，历代流官极力推行汉文化的婚丧嫁娶制度，纳西族殡葬习俗受到严重冲击。丽江大部分纳西族地区被迫逐渐改变传统丧葬习俗，变火葬为土葬，墓地文化逐渐形成。光绪《丽江府志稿》记载了这一转变。丽江现存的墓地石碑文献也证明这一点。随着汉族殡葬制度的推行，其墓地石碑文化亦随之传入纳西族地区，立墓碑石刻即如此。

鲁甸地区的丧葬习俗大约在清代末年有所改变，自清末渐有土葬墓地。但东巴教的开丧和超度仪式一直传承到20世纪50年代初。自清末至民国时期是土葬文化与传统东巴教丧葬文化并行共用时期。鲁甸太平村委会有一些汉族村落。据说太平村的墓葬文化比较具有代表性。其中有民国五年的墓碑石刻较为出名。传说立此墓碑石门时请汉族先生念汉语经文，也请当地东巴前往祭祀。笔者考察鲁甸乡新主村现存墓地，有墓碑石门的多是民国年间所立。很有意思的是，新主近代著名东巴大师和世俊和他的孙子和文质都学过汉文，很多碑文汉文是出自他们之手。和世俊还为人家写诗体墓志铭。这些都说明，至少在民国时期，鲁甸新主纳西族已经有系统的汉族土葬文化知识了。

敬天崇祖的纳西族一旦接受了汉族土葬习俗，也就随之接受立墓碑石门和与之关联的祭仪。据调查，一直以来，在做立墓碑石门仪式中念诵的经文都是汉族传统的汉语经文。后来有些东巴曾尝试把汉语译为纳西语。也有些东巴曾考虑过用东巴文译写汉语经文，但都未曾完成。和桂生从小师从本村东巴先生学习经文，自2005年以来频繁地为当地纳西族人家做开丧和祭祖仪式。每年清明前后，请他做立墓碑石门祭祖先人户众多，他也熟悉当地流传的立墓碑石门的汉语经文和仪规，2007年以后又跟随和力民学习传统东巴经典仪式知识，以及开办东巴文化学校，培养东巴文化传人，接受创新传承思想，故用东巴文书写此经，成为新版东巴经，并用于现今祭仪中。

此经在形式上基本上是从属汉族墓地文化中立墓碑石门的文化要素和基本程序，但具体内容则是汉纳文化的巧妙融合。称死者为斯蹦祖先，祈求年岁和寿岁、贤能和快捷、生育和繁衍、富足和富余的思想，祈愿上方祖先欢欣、下方家人生育繁衍和健康长寿，以及为祭物除秽并把秽鬼送往南方秽鬼住地，鬼檩子点血、献药等思想，与纳西族传统东巴经典文献思想意识形成一致，把立墓碑石门说成是为祖先建房门，以建房架檩子为题，也是汉文化传播过程中的民族化的表现。为墓碑石刻动物点血、献药，则是汉文化经语的直接译用。在语词上，墓志之词是直接借用。总之，此经是新时期东巴经典文献传承中增添的新作。

第 2 页

第 3 页

1｜a³³ la³³ mə²¹ ʂər⁵⁵ ȵi³³, mɯ³³ la³³ kɯ²¹ tʂʅ³³ dzʅ²¹, kɯ²¹ dzʅ²¹ tʂʅ²¹
　很古　时候　　就如此　天　也 星　所 出现　　星　出　今天
ȵi³³ ɯ³³；dy²¹ la³³ ʐə²¹ tʂʅ³³ y²¹, ʐə³³ y²¹ tʂʅ³³ ȵi³³ hər²¹。2｜uæ³³ nɯ³³ bi³³
明亮　　地 也 草 所 生长　　草 生长 今天 碧绿　　左　从　日
tʰv³³ lv²¹, bi³³ tʰv³³ tʂʅ³³ ȵi³³ ly²¹; i²¹ nɯ³³ le²¹ tʂʰe⁵⁵ bu³³, le²¹ tʂʰe⁵⁵ tʂʅ³³
出　温暖 日 出　今　天 温暖　右 从　月 　光 明亮 月 　光 今
ȵi³³ bu³³。3｜gə²¹ nɯ³³ la³³ sa²¹ to⁵⁵ kʰɯ³³ pʰər²¹ nɯ³³ dzʅ²¹ me³³ gə³³, gv³³
天　明亮　　 上 在 拉 萨 坡　边 白　在 住 着 的 藏
dzʅ²¹ 4｜kʰv⁵⁵ tsʅ²¹ ɯ³³, kʰv⁵⁵ ɯ³³ tʂʅ³³ dɯ³³ kʰv⁵⁵；mɯ²¹ i³³ bv³³ lv⁵⁵ ʐʅ³³
族　　年 运 算　善于 年 运 好　这　一　年　　下方　呢 绵 羊 牧 路
za²¹ mæ³³ nɯ³³ dzʅ²¹ me³³ gə³³, le³³ bv³³ he³³ tsʅ²¹ ɯ³³, he³³ ɯ³³ tʂʅ³³ dɯ³³ he³³。
下 尾　在 住 着 的　　白 族月 运 算　善于 月 运 好 这　一 月
dzi³³ dʐə²¹ ly⁵⁵ ua²¹ tɯ³³, na²¹ ɕi³³ kɯ²¹ tsʅ²¹ zy²¹ tsʅ²¹ ɯ³³, ȵi⁵⁵ tsʅ²¹ ha⁵⁵ tsʅ²¹
人类　居住 中间 地方　纳 西 星 运　算　蕊星 算 善于 日子 算 天数 算

二　祭斯蹦祖先仪式：《在斯蹦祖先住地架檩子经》　　565

ɯ³³ gə³³ tʂʰɿ³³ dɯ³³ n̪i³³，zʅu²¹ mu³³ le³³ zʐər²¹ iə³³①，khua³³ hər²¹ le³³ dza³³ iə³³，
好 的 这 一 天　夏　天 又　长 了　　嫩 　绿 又 生 长 了
kə⁵⁵ pu³³ le³³ lər²¹ iə³³，fv³³ hɯ²¹ le³³ tçy²¹ iə³³，dzər²¹ kv²¹ tho³³ tçi²¹ le³³ do³³
布　谷 又　鸣　了 野鸡 锦鸡 又　鸣　了　树　上　松　嫩枝 又 长
iə³³，ba⁵⁵ ba³³ le³³ ba²¹ iə³³②。gə²¹ i³³ sɿ³³ bv³³③y³³ dzɿ²¹ dæ²¹ ko³³ lo²¹，khv⁵⁵
了　花　朵　又　开　了 。 上方 的 斯 蹦 祖先 居住地 基 里 面 　年
me⁵⁵ zɿ³³ me⁵⁵ bɯ³³ me³³ tʂʰɿ³³ dɯ³³ n̪i³³，gə²¹ i³³ y³³④hɯ²¹ y³³ bæ²¹ gv³³，
岁　求　寿岁 求 要　的　这 一 天　上方的祖先 高兴 祖先 欢欣 成
mɯ²¹ i³³ sɿ⁵⁵ hɯ²¹ sɿ⁵⁵⑤dzæ³³ gv³³ iə³³。zo³³ çi²¹ ɯ³³ me³³ dæ²¹⑥le³³ tʂhu²¹
下方 呢 家人富足家人 富余 成 了 呀　儿 养育 好　的　贤能 又 快捷
be³³ thv³³ iə⁵⁵iə³³，mi⁵⁵ çi²¹ ɯ³³ me³³ ga³³ le³³ zi³³ be³³ thv³³ iə⁵⁵ iə³³。5｜i³³
的　成　了呀　女 养育 好　的　强胜 又 美丽　的　成　了 呀　主
da²¹ tʂʅ³³ dzi¹³ nɯ³³，gə²¹ i³³ sɿ³³ bv³³y³³dzɿ²¹ dæ²¹ khu²¹ lo²¹，6｜ŋv²¹ khu³³
人 这 家 来　上方 呢斯 蹦祖先居住地基 门 里　银　门
hæ²¹ khu³³ dɯ³³ khu³³ tʂʰɿ⁵⁵ bɯ³³ me³³，
金　门　一 道　建　要　的

　　古时亦如此。高天出星星，今天的星星最明亮；大地长青草，今天的青草最嫩绿。从神山左边升起的太阳很温暖，今天的太阳最温暖；从神山右边升起的月亮很明亮，今天的月光最明亮。居住在上方白坡处的藏族善于卜算年运，今年的年运最好；居住在下方放牧绵羊的南方地的白族人善于卜算月运，今月的月运最好；居住在中间地的纳西人善于卜算星运和闰星运，善于卜算日子和天数的运，今天的日子运最好。夏天的日子已经过得很长了，嫩草又开始生长了，山地里的鲜花又开始开放了。今天来斯蹦祖先居住的地基上，向斯蹦祖先求年岁和寿岁，居住在上方的历代祖先高兴和欢欣了，居住在下方的祭祀人家也高兴欢欣了；主人家养育的好儿子也贤能和快捷了，主

---

① 从这一句开始的一段经，省略文字。

② 前面这几句都是表示时令、时间的内容。给祖先立墓碑多在每年清明节前后，所以这里表示冬去春来的时令。

③ 斯蹦，音译，祖先的前缀词。其语义不明。东巴经中斯蹦常前缀在"祖父"前，胚倍常前缀在"祖母"前。

④ y³³，祖先。古代的纳西族先民认为，人死后，先是变为zɿ²¹，zɿ²¹即死者，经过超度以后，成为y³³，即祖先。

⑤ sɿ⁵⁵，一是指活人，二是指家神。这里指活人家人。

⑥ dæ²¹有两个方面含义，一是指道德修养，二是做事能干，因此译为贤能。

人家养育的女儿也强胜和美丽了。

主人这一家，要在居住在上方的斯蹦祖先地基门口建一道黄金门和白银门的这一天

第4页

1｜tsʅ⁵⁵ gə³³ tʂʅ³³ dɯ³³ n̪i³³，2｜gə²¹ i³³ y³³ hɯ²¹ y³³ bæ²¹，mɯ²¹ i³³
　　建　的　这　一　天　　上方呢祖先高兴祖先 欢欣下方　呢
sʅ⁵⁵ nɯ²¹ sʅ⁵⁵ ua²¹ gv³³ iə³³ hu⁵⁵。3｜ŋv²¹ khu³³ ɯ³³ me³³ nɯ²¹ le³³ thv³³，hæ²¹
家人生育家人繁衍成　的愿　　　银　门　好　的　吉　又　呈　金
khu³³ 4｜ɯ³³ me³³ ua²¹ le³³ za²¹ gə³³ tʂʅ³³ dɯ³³ n̪i³³，5｜i³³ da²¹ tʂʅ³³ dɯ³³
门　　好　的　祥　又　现　的　这　一　天　　主　人　这　一
dʑi¹³，be³³ le³³ phər²¹ mə³³ dʑy³³，ze⁵⁵ tɕi³³ bə³³ y²¹ tʂər²¹，ly⁵⁵ gv³³ py³³ bv²¹
家　　做　又　不　没　有　年轻 人　捷　足　派　中　间祭　司
dy⁵⁵。Ly⁵⁵ gv³³ py³³ bv¹³ nɯ³³，mɯ³³ bv²¹ kɯ²¹ ɯ³³，dy²¹ tɕər²¹ ʐə²¹ ɯ³³ tʂʅ³³
请　中　间　祭　司　来　天　下　星　吉　地　上　草　吉　这
dɯ³³ n̪i³³，6｜sʅ³³ bv³³ y³³ dzʅ²¹ dæ²¹ ko²¹ lo²¹①，ua³³ hər²¹ kv³³ lv²¹ dɯ³³ thv³³
一　天　　斯　蹦　祖先居住地基　里面　松石绿 檩子　一　次
lo⁵⁵②bɯ³³ me³³。7｜ly⁵⁵ gv³³ py³³ bv³³ nɯ³³，sər³³ mi³³ tʂʅ³³ ʂu²¹ dʑi²¹ gə³³
架　要　的　　中　间祭　司　来　木　火　土　铁　水　的
he³³ dɯ²¹
神　大

祈愿居住上方的历代祖先能高兴和欢欣，祝愿居住下方的主人能生育和繁衍。祈愿建白银门能呈现吉祥，建黄金门能呈现福泽的今天，祭祀人家没有别的办法，只有派捷足的年轻人请来人神鬼中间的贤能祭司来做祭仪。贤

---

① 此句指墓地。
② 这里把立墓碑当作为祖先建房，故称架檩子。

二　祭斯蹦祖先仪式：《在斯蹦祖先住地架檩子经》　　567

能的祭司在天下星星、地上草儿呈现吉祥征兆的今天，要在斯蹦祖先的地基里，架上绿松石色的房檩。贤能的祭司要为主人家在属性为木、火、土、铁、水五行的五位大神和

第5页

1 ｜ uɑ⁵⁵ kv³³ kæ³³ ȵə²¹, pu⁵⁵ dzʅ²¹ ȵi³³ kv⁵⁵ kæ³³①, khv⁵⁵ mə³³ lv²¹ me³³
　　　五 位面前向师　傅　 两 个　面前　 年岁 不 够 的
khv⁵⁵ le³³ me⁵⁵, zʅ³³ mə³³ lv²¹ me³³ zʅ³³ le³³ me⁵⁵。nɯ²¹ mə³³ lv²¹ me³³ nɯ²¹ le³³
年岁 又 求 寿岁 不够 的 寿 岁 又求 生育 不 够 的 生育 又
me⁵⁵, uɑ²¹ mə³³ lv²¹ me³³ uɑ²¹ le³³ me⁵⁵。nɯ²¹ mə³³ lv²¹ me³³ nɯ²¹ le³³ me⁵⁵, uɑ²¹
求　繁衍不 够　的　繁衍 又求　富足不　够　的　富足 又　求　富余
mə³³ lv²¹ me³³ dʐæ³³ le³³ me⁵⁵ bɯ³³ tʂhʅ³³ dɯ³³ ȵi³³, 2 ｜ lɣ⁵⁵ gv³³ pɣ³³ bv¹³ nɯ³³,
不　 够　的　富余 又 求　要　 这 一 天　　中间 祭 司 来
3 ｜ zʅ³³ kv³³ ʂu²¹ le⁵⁵ kv³³ gɯ²¹, çɣ²¹ mi³³ çɣ⁵⁵ dɣ²¹, kuɑ³³ tsʅ³³ kuɑ³³ iə³³ nɯ³³,
　　酒 头 道 醇　又 准 备　柏香火　柏香枝　　瓜 子 零　食来
sər³³ mi³³ tʂʅ³³ ʂu²¹ dʑi¹³ gə³³, hə³³ dɯ³³ uɑ⁵⁵ kv³³, dʐæ³³ çə⁵⁵ pu⁵⁵ dzʅ²¹, sər³³
木 火 土 铁 水 的　神 大 五 个　泥 糊 师 傅　木
dzʅ³³ 4 ｜ pu⁵⁵ dzʅ²¹ ȵi³³ kv⁵⁵ kæ³³, tʂhu⁵⁵ pɑ³³ gə²¹ le³³ be³³。5 ｜ Si³³ bɣ³³ ɣ³³
凿　　师傅两　个　 面　前食物 祭献上又　做　　　斯蹦祖先
dzʅ²¹ dæ²¹ khu³³ lo²¹, ŋv²¹ dʑi²¹ hæ²¹ dʑi²¹ uɑ²¹ dʑi²¹ tʂhu²¹ dʑi²¹ gə³³, uɑ³³
住　地基门里　银　房　金房 松石房 宝石 房　的　松石

两位木匠师傅面前，年岁不足求年岁，寿岁不够求寿岁，生育不够求生育，繁衍不够求繁衍，富足不够求富足，富余不够求富余的今天，贤能的祭司备上酿制出的头道醇酒、柏香火和柏香条，安排厨师和帮厨，给属性为木、火、土、铁、水的五位大神、糊泥师傅、木匠师傅做食物祭献。在斯蹦

---

① 这里指泥匠师傅和木匠师傅二人。

祖先的地基门里，要给祖先的金房、银房、松石房和宝石房架绿松石色的檩子了。

第6页

1 │ hər²¹ kv³³ lv²¹ dɯ³³ thv²¹ lo⁵⁵ bɯ³³ me³³。2 │ dʑi²¹ i³³ ŋi³³ me³³ thv³³,
　　 绿 檩 子 一 次 架 要 的　　水 流 东方
mɯ³³ phər²¹ dy²¹ phər²¹、kɯ³³ phər²¹ za³³ phər²¹、bi³³ phər le²¹ phər²¹、dʑy³³
天 白 　地白　 　星 白 让星 白 日 白 月 白 山
phər²¹ lo³³ phər²¹ kho⁵⁵, ŋv³³ phər²¹ kv³³ 3 │ lv²¹ dzər⁵⁵ le³³ tʂhə³³ le³³ lo⁵⁵。
白 壑 白 处 银 白 檩子 拿 又 这又安
4 │ dʑi²¹ i³³ i³³ tʂhŋ³³ mɯ²¹, mɯ³³ hər²¹ dy³³ hər²¹、kɯ²¹ hər²¹ za²¹ hər²¹、bi³³
　　水 流 南 方 天 绿 地 绿　 星绿让星绿 日
hər²¹ le³³ hər²¹、dʑy²¹ hər²¹ lo²¹ hər²¹ kho⁵⁵, ua³³ hər²¹ kv³³ lv²¹ 5 │ dzər⁵⁵ le³³
绿 月 绿 　山 绿 壑 绿 处 松石 绿 檩子 拿 又
tʂhə²¹ le³³ lo⁵⁵。6 │ dʑi²¹ i³³ ŋi³³ me³³ gv²¹, mɯ³³ na³³ dy³³ na²¹、kɯ³³ na²¹ za³³
这 又 上 　　水 流 西方 天 黑 地 黑 星 黑 让星黑
na²¹、bi³³ na²¹ le³³ na²¹、dʑy³³ na²¹ lo²¹ na²¹ kho⁵⁵, tʂhu²¹ na⁵⁵ kv³³ lv²¹ dzər⁵⁵
日 黑 月 黑 　山 黑 壑 黑 处 宝石 黑 檩子 拿
le³³ tʂhə²¹ le³³ lo⁵⁵。
又 这 又 架

东方，从白色的天、地、星、让星、日、月、山、壑处拿来银白色的檩子，架在这里。西方，从黑色的天、地、星、让星、日、月、山、壑处拿来黑宝石色的檩子，架在这里。

第7页

二　祭斯蹦祖先仪式：《在斯蹦祖先住地架檩子经》　　569

1 | dʑi²¹ i³³ ho³³ gv³³ lo²¹, mɯ³³ ʂʅ²¹ dy³³ tʂʅ²¹ kho⁵⁵, kɯ²¹ ʂʅ²¹ za²¹
　 水　 流　北　方　天　黄　地　黄　处　星　黄　让星
ʂʅ²¹kho⁵⁵, bi³³ ʂʅ²¹ le³³ ʂʅ²¹ kho⁵⁵, dʑy³³ ʂʅ²¹ lo³³ ʂʅ²¹ kho⁵⁵, hæ³³ ʂʅ³³ kv³³
黄　处　日　黄　月　黄　处　山　黄　壑　黄　处　金　黄　檩
lv²¹ dzər⁵⁵ le³³ tʂhə²¹ le³³ lo⁵⁵。2 | dʑi²¹ i³³ mɯ³³ le³³ dy²¹ ly⁵⁵ gv³³, 3 | mɯ³³
子　拿　又　这　又　安　　水　流　天　和　地　中　间　　　　天
dzʅæ²¹ dy³³ dzʅæ²¹, kɯ³³ dzʅæ²¹ za³³ dzʅæ²¹, bi³³ dzʅæ²¹ le³³ dzʅæ²¹ dʑy³³ dzʅæ²¹
花斑　地　花斑　星　花斑　让星　花斑　日　花斑　月　花斑　山　花斑
lo³³ dzʅæ²¹ kho⁵⁵, tʂhu³³ dzʅæ²¹ kv³³ lu²¹ dzər⁵⁵ le³³ tʂhə²¹ le³³ lo⁵⁵。4 | I³³ da²¹
壑　杂色　处　宝石　花斑　檩子　拿　又　这　又　安　主人
tʂi³³ dɯ³³ dzi¹³, khv⁵⁵ me³³ khv⁵⁵ dɯ³³、zʅ³³ me⁵⁵ zʅ³³ dɯ³³、nɯ²¹ me⁵⁵ nɯ²¹
这　一　家　年岁求　年岁得到　寿岁求　寿岁得　生育求　生育
dɯ³³、5 | ua²¹ me⁵⁵ ua²¹ dɯ³³, nɯ²¹ me⁵⁵hu ua²¹ dɯ³³, dzʅæ³³ me⁵⁵ dzʅæ³³ dɯ³³,
得、　　繁衍求　繁衍得　　富足　求　富足　得　　富余　求　富余　得
zʅ³³ ʂər²¹ hɑ⁵⁵ i³³ me⁵⁵ me³³ dɯ³³ iə⁵⁵ hu⁵⁵。6 | i³³ da²¹ tʂi³³ dɯ³³ dʑi¹³, gə²¹
寿　长　年　延求　的　得到　愿　　　主　人　这　一　家　　上
i³³ y³³
呢祖先

北方，从黄色的天、地、星、让星、日、月、山、壑处拿来金黄色的檩子，架在这里。天地中间，从杂色的天、地、星、让星、日、月、山、壑处拿来花斑宝石色的檩子，架在这里。祈愿祭祀主人一家，求年岁能得到年岁，求寿岁能得到寿岁，求生育能得到生育，求繁衍能够得到繁衍，求富足能够得到富足，求富余能够得到富余，得到延年益寿的福泽。主人这家

第 8 页

570　　　　　　　　　下篇（二）　东巴文献翻译

1｜hɯ²¹ y³³ bæ²¹、mɯ²¹ i³³ sʅ⁵⁵ nɯ²¹ sʅ⁵⁵ uɑ²¹ be³³ bɯ³³ me³³，2｜uɑ³³
　　高兴祖先欢欣　下　呢家人生育 家人繁衍做 要　　的　　松石
hər²¹ kv³³ lv²¹ æ²¹ nɯ³³ lo⁵⁵ bɯ³³ me³³，æ²¹ thv³³ æ²¹ 3｜pɯ⁵⁵ kv³³ mə³³ sʅ³³，
绿　檩子 鸡 用　安　要　的　　鸡 出 鸡　　来处 不 知 道
thv³³ le³³ pɯ⁵⁵ dzo²¹ ʂə⁵⁵ mə³³ ȵi²¹，thv³³ le³³ pɯ⁵⁵ dzo²¹ be³³ mə³³ ȵi²¹。
出　又　来　事　说　不　要　出　及　来　事　做　不　要
4｜tɕy⁵⁵ tʂhu²¹，mɯ³³ æ²¹ dzi²¹ tʂhu²¹ æ¹³ gə³³ ɑ³³ sʅ²¹ thv³³，5｜dy²¹ æ²¹ mæ³³
　最早　　　　天　鸡　飞　快　　鸡 的 父 亲 出　　　　地鸡 尾
ʂər²¹ æ¹³ gə³³ 6｜ɑ³³ me³³ thv³³。thɯ³³ mu³³ thɯ³³ ȵi²¹ kv⁵⁵ nɯ³³ pɯ³³ pɑ³³ be³³，
长　鸡 的　　　母　亲　出　　他　们　他 两　个　来　变　化　作
kv³³ phər²¹ kv³³ sʅ²¹、kv³³ hər²¹ kv³³ nɑ²¹ kv³³ dzæ²¹ uɑ⁵⁵ ly³³ thv³³。7｜kv³³
蛋 白　蛋 黄　蛋 绿　蛋 黑　蛋 花 斑　五　个　出　　　　蛋
hər²¹ dɯ³³ lv⁵⁵ pɯ³³ pɑ³³ be³³，æ³³ hər²¹ dɯ³³ tɕhy³³ thv³³，tʂhʅ³³ i³³ ʂv¹³①gə³³
绿 一 个　变 化 作　　鸡 绿 一　种　出　　　 这　呢 署神 的
æ²¹ gv³³ tsʅ⁵⁵，
鸡 是　说

要让上方的祖先高兴欢欣，要让下方的家人生育繁衍，要用鸡来做供物，架绿松石色檩子，如果不知道鸡的来历，就不要叙说鸡的事情，就不要做用鸡来祭祀的仪式了。

最初，天上善飞的天鸡是鸡的父亲，地上长尾的地鸡是鸡的母亲。天鸡地鸡作变化，下了白、黄、绿、黑、花斑色的五个蛋。绿蛋作变化，产生出一种绿色的鸡。绿鸡是祭署神的鸡，

第9页

---

① 署神，音译。自然神的总称。

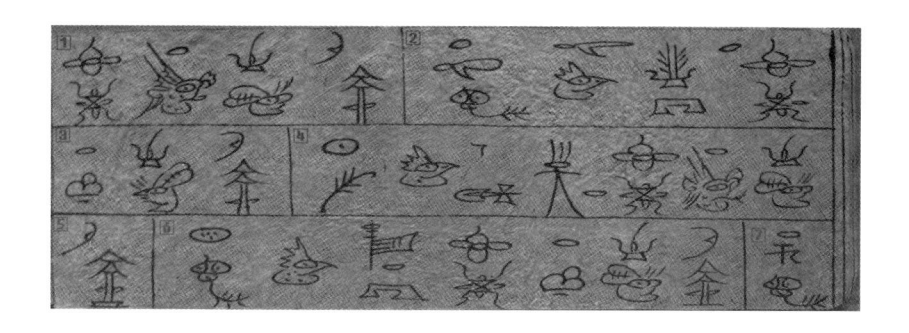

二　祭斯蹦祖先仪式：《在斯蹦祖先住地架檩子经》

1｜uɑ³³ hər²¹ kv³³ lv²¹ thɯ³³ nɯ³³ lo⁵⁵ mə³³ thɑ⁵⁵ iə³³ tsʅ⁵⁵。2｜kv³³ sʅ²¹
　松石绿 檩　子 它 用　架　不 能 了 说　　蛋黄
dɯ³³ lv⁵⁵ pɯ³³ pɑ³³ be³³，æ³³ sʅ²¹ dɯ³³ tɕhy³³ thv³³，thɯ³³ i³³ no⁵⁵①gə³³ æ²¹
一 个　变　化　作 鸡黄 一　种　　出 它 呢诺神 的 鸡
gv³³ tsʅ⁵⁵，uɑ²¹ hər²¹ 3｜kv³³ lv²¹ thɯ³³ nɯ³³ lo⁵⁵ mə³³ thɑ⁵⁵ iə³³ tsʅ⁵⁵。4｜kv³³
是 说　　　　　松石绿 檩 子 它 　用 架 不 能 了 说　　蛋
nɑ²¹ dɯ³³ lv⁵⁵ pɯ³³ pɑ³³ be³³，æ³³ nɑ²¹ dɯ³³ tɕhy³³ thv³³，thɯ³³ i³³ tshʅ¹³ gə³³ æ²¹
黑 一 个 变 化 作 鸡黑 一　种　出　 它 呢鬼　的 鸡
gv³³ tsʅ⁵⁵，uɑ³³ hər²¹ kv³³ lv²¹ thɯ³³ nɯ³³ lo⁵⁵5｜mə³³ thɑ⁵⁵。6｜kv³³ dʐæ²¹
是 说　松石绿 檩　子 它 来 架　不　能　　蛋花斑
dɯ³³ lv⁵⁵ pɯ³³ pɑ³³ be³³，æ³³ dʐæ²¹ dɯ³³ tɕhy³³ thv³³。thɯ³³ i³³ gɑ¹³②gə³³ æ²¹
一 个 变 化 作 鸡花斑 一　种　出　它 呢噶神 的 鸡
gv³³ tsʅ⁵⁵，uɑ³³ hər²¹ kv³³ lv²¹ thɯ³³ nɯ³³ lo⁵⁵ mə³³ thɑ⁵⁵。7｜kv³³ phər²¹ dɯ³³
是 说　松石绿 檩　子 它 用 架 不 能　　蛋 白 一
lv⁵⁵ pɯ³³ pɑ³³ be³³，
个 变 化 作

不能用它来做架绿松石色檩子作祭祀时的鸡。黄蛋作变化，产生出一种黄色的鸡。黄鸡是祭诺神的鸡，不能用它来做架绿松石色檩子作祭祀时的鸡。黑蛋作变化，产生出一种黑色的鸡。黑色的鸡是祭鬼的鸡，不能用它来做架绿松石色檩子作祭祀时的鸡。花斑蛋作变化，产生出一种花斑色的鸡。花斑鸡是祭噶神的鸡，不能用它来做架绿松石色檩子作祭祀时的鸡。白蛋作变化，

第 10 页

---

① 诺神，音译名。畜神的总称。
② 噶神，音译名。战神的总称。

1 ｜ æ³³ phər²¹ dɯ³³ tɕhy³³ thv³³。thɯ³³ i³³ he¹³ gə³³ æ²¹ gv³³ tsʅ⁵⁵，2 ｜ he²¹
　　鸡　白　一　种　出　　它　呢　神　的　鸡　是　说　　神
æ²¹ tʂʅ³³ dɯ³³ me³³，sʅ³³ bv³³ y³³ dzʅ²¹ dæ²¹ ko³³ lo²¹ ua²¹ hər²¹ 3 ｜ kv³³ lv²¹
鸡　这　一　只　斯　蹦　祖　先　住　地　基　里　面　松石绿　　檩子
thɯ³³ nɯ³³ lo⁵⁵ bɯ³³ me³³。4 ｜ I³³ da²¹ tʂʅ³³ dzi¹³ gə³³，zo³³ ɯ³³ mi⁵⁵ ɯ³³
它　来　架　要　的　　主　人　这　家　的　　儿　好　女　好
nɯ³³，lv³³ bv³³ lv³³ me³³ nɯ³³，lv⁵⁵ bv³³ lv⁵⁵ me³³ nɯ³³，tʂʅ³³ gə³³ tʂhua³³ phər²¹
来　孙子　孙　女　来　重孙子　重孙女　来　冬　的　米　白
tv²¹ gv³³ iə⁵⁵，5 ｜ zu²¹ gə³³ dze³³ hy²¹ ɕi³³ gv³³ iə³³，ɕi²¹ gə³³ he²¹ æ²¹ tʂʅ³³ dɯ³³
千石　给　　夏　的　麦　红　百　石　给　饲　养　的　神　鸡　这　一
me³³。6 ｜ kv³³ nɯ³³ ŋv³³ ba²¹ ba³³，mæ³³ nɯ³³ hæ³³ ba²¹ khæ⁵⁵①，
只　　头　呢　银　花　开　尾　呢　金　花　亮

产生出一种白色的鸡。白鸡是祭神灵的鸡，要用这只神鸡作为斯蹦祖先住地里架绿松石色檩子祭神时的鸡。主人家的好儿好女、孙子孙女、重孙子重孙女们，用冬季里收获的千石白米，夏季里收得的百石红麦来饲养这只神鸡。神鸡的鸡冠开着银花，鸡尾闪亮着金色花纹，

第11页

---

① 这两句是在描写立墓碑时用于祭祀的这只鸡的外貌特点。此仪式要用主人家养的一只公鸡。前一句描写公鸡的鸡冠，后一句描写公鸡的尾毛。

二 祭斯蹦祖先仪式：《在斯蹦祖先住地架檩子经》

1 | dzi³³ mu²¹ ua³³ sy²¹ gv³³①, miə²¹ ly²¹ lu⁵⁵ mɯ³³ lu⁵⁵ dy²¹ do²¹, 2 | he³³
　　衣　穿　五　样　成　　　眼　观　四　天　四　地　见　　神
nɯ³³ mi³³ me³³ ho⁵⁵ mɯ³³ ho⁵⁵ dy²¹ mi³³ gə³³ he²¹ æ²¹ 3 | tʂh³³ dɯ³³ me³³。ha³³
来　听　的　八　天　八　地　听　见　的　神鸡　　这　一　只　松石
hər²¹ kv³³ lv²¹ thɯ³³ nɯ³³ lo⁵⁵ bɯ³³ me³³, 4 | mə³³ tʂhə⁵⁵ mə²¹ ʂ³⁵ dʐy¹³ kv⁵⁵。
绿　檩子　它　用　架　将要的　　　不　除秽　不　净　有　的会
5 | tʂhə⁵⁵ thv²¹ tʂhə⁵⁵ pm⁵⁵ 6 | kv³³ mə³³ sɿ³³, tʂhə⁵⁵ dzo²¹ ʂə⁵⁵ mə³³ ȵi²¹；tʂhə⁵⁵
　　秽鬼　出　秽鬼　来　　处　不　知　秽鬼　事　说　不　要　秽鬼
le³³ ʂu⁵⁵ tʂhə⁵⁵ pɯ⁵⁵ kv³³ mə³³ sɿ³³, tʂhə⁵⁵ dzo²¹ be³³ mə³³ ȵi²¹。7 | tʂhə⁵⁵ le³³
出　处　秽鬼　来　历　不　知　秽鬼　事　做　不　要　　秽　又
ʂu⁵⁵ bɯ³³ me³³, i³³ da²¹ tʂh³³ dɯ³³ dzi¹³, be³³ le³³ phər²¹ mə³³ mə³³ dʐy³³, ze⁵⁵
净　要　的　主人　这　一　家　做　又　办　法　没有年　轻
tɕi⁵⁵ bə³³ y¹³ nɯ³³, ze⁵⁵ tɕi³³ bə³³ y¹³ nɯ³³, mu²¹ na²¹ so³³ ʂua²¹ da⁵⁵, lɯ³³ na²¹
人　足　捷　使　年轻人　足　捷　来　杜鹃　大　梭　刷②　砍　杉　大
so³³ ʂua²¹, ʂua³³ na²¹ so³³ ʂua²¹ da⁵⁵,
梭　刷　小叶杜鹃大梭　刷　砍

鸡身上穿着五种颜色的衣服，鸡眼观看着四方的天地，鸡耳听闻着八方的声音。这只将要用来架绿松石色檩子祭祀时的神鸡，如果不为它除秽的话，它就会是不洁净的。如果不知道秽鬼的出处，就不要叙说秽鬼的事情；如果不知道秽鬼的来历，就不要做除秽祭秽鬼的事情。要除秽的话，祭祀人家没有别的办法，派捷足的年轻人，到高山上砍大叶杜鹃做除秽的梭刷火把祭木，砍大杉枝做除秽的梭刷火把祭木，砍小叶杜鹃做除秽的梭刷火把祭木，

第 12 页

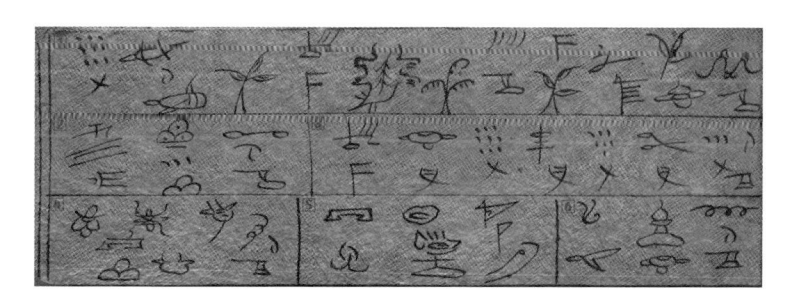

---

① 此句描写公鸡身上的五色鸡毛。
② 梭刷，音译。除秽用的火把名。用山上的杜鹃枝叶和松明等扎成，点上火以其烟雾除秽。

1 | so³³ ʂua²¹ gv³³ tshər²¹ gv³³ thv²¹ da⁵⁵ le³³ tshɿ²¹。mu²¹ na⁵⁵ so³³ ʂua²¹ ɯ³³
　　梭刷　九　十　九　把　砍　又　来　　杜鹃　尺　梭刷　肋
le³³ be³³, lɯ³³ na²¹ so³³ ʂua²¹ fv²¹ le³³ be³³, 2 | ʂua³³ na²¹ so³³ ʂua²¹ ho²¹ le³³
又　做　　柳绿　梭　刷　肠　又 做　　　　风　白　梭　刷　气　又
be³³, lv³³ na²¹ sɿ²¹ lv³³ so³³ ʂua²¹ ua³³ le³³ be³³, dʑi³³ na⁵⁵ so³³ ʂua²¹ ʂæ²¹ le³³
做　石　黑　三　颗　梭　刷　骨　又　做　水　大　梭　刷　血　又
be³³, mi³³ hy²¹ so³³ ʂua²¹ ko²¹ le³³ be³³①。3 | So³³ ʂua²¹ dɯ²¹ me³³ gv³³ tshər²¹
做　火　红　梭　刷　心　又 做　　　　梭　刷　大　的　九　十
gv³³ thv²¹ tsɿ³³, ly⁵⁵ me³³ ua³³ tshər²¹ ua³³ thv²¹ tsɿ³³, tɕi⁵⁵ me³³ sɿ³³ tshər²¹ sɿ⁵⁵
九　把　捆　　中　的　五　十　五　把　捆　　小　的　三　十　三
thv²¹ tsɿ³³ le³³ pu⁵⁵, 4 | ŋv³³ hæ²¹ gə³³ lv³³ bv³³ kv³³ nɯ³³ tʂha⁵⁵ le³³ ʂu⁵⁵, 5 |
把　捆　又 除秽　　银　金　的　烧　石　上　来　秽　又　除
gə²¹ i³³ ¨si³³ bv²¹ y³³ dʑi²¹ dæ²¹ ko³³ lo²¹, 6 | ʂæ³³ sɿ²¹ u⁵⁵ dɯ²¹ he³³ dɯ¹³ la³³ tʂhə⁵⁵
上　呢　斯　蹦　祖先　住　地基里　面　　　　山　神②　乌神　大　黑神　大　也　秽
le³³ ʂu⁵⁵。
又　除

　　从高山上砍来九十九把梭刷火把的祭木。用大叶杜鹃做梭刷火把的皮，用杉树枝做梭刷火把的毛，用小叶杜鹃枝做梭刷火把的肋骨，用绿柳枝做梭刷火把的肠子，用白风做梭刷火把的气息，用三颗黑石做梭刷火把的骨头，用水做梭刷火把的血液，用红火做梭刷火把的心脏。捆大的九十九把梭刷火把，捆中等的五十五把梭刷火把，捆小的三十三把梭刷火把。把火把拿到金色银色的烧石上烧，拿着这梭刷火把在斯蹦祖先的地基里，给山神及其乌神黑神等大神除秽。

第13页

---

① 这大段是对梭刷火把做人格化描写。
② 此山神乃祭祀人家墓地的山神。除秽、祭祀均要从山神处开始。

二　祭斯蹦祖先仪式：《在斯蹦祖先住地架檩子经》

1 | sɿ³³ bv³³ y³³ dzɿ²¹ dæ²¹ ko³³ lo¹³ gə¹³, ŋv²¹ khu³³ hæ²¹ khu³³ la³³ tʂhə⁵⁵
斯　蹦　祖先　住　地基里　面　的　　银　门　金　门① 也秽
le³³ ʂu⁵⁵, 2 | zɿ³³ kv³³ ʂu²¹, le⁵⁵ kv³³ gɯ²¹ la³³ tʂhə⁵⁵ le³³ ʂu⁵⁵, kua³³ tsɿ³³ kua³³
又除　　酒头道醇　茶头道浓　也 秽　又除　瓜　子　零
iə²¹, 3 | çy⁵⁵ dy²¹ çy²¹ mi³³ bæ³³ mi³³ tʂhə⁵⁵ le³³ ʂu⁵⁵, dv³³ phər²¹ kv³³ lv²¹ tʂhə⁵⁵
食　　柏香条柏香火油灯秽　又除　　海螺　白　檩子秽
le³³ ʂu⁵⁵, 4 | ua³³ hər²¹ kv³³ lv²¹ tʂhə⁵⁵ le³³ ʂu⁵⁵, 5 | tʂhu²¹ na⁵⁵ kv³³ lv²¹ tʂhə⁵⁵
又 除　　松石绿 檩　子 秽又 除　　宝石黑　檩子 秽
le³³ ʂu⁵⁵, 6 | hæ³³ ʂɿ²¹ kv³³ lv²¹ tʂhə⁵⁵ le³³ ʂu⁵⁵, 7 | tʂhu³³ dzæ¹³ kv³³ lv²¹
又除　　金黄　檩子秽　又除　　宝石 花斑 檩子
tʂhə⁵⁵ le³³ ʂu⁵⁵。8 | he¹³ gə³³ tçy²¹ tɯ³³ ɯ³³ æ¹³ phər²¹ la³³ tʂhə⁵⁵ le³³ ʂu⁵⁵, ly⁵⁵
秽又除　　　神的打鸣处大鸡公　也　秽又除中
gv³³ py³³ bv¹³② gə³³, khu³³ mə³³ gɯ²¹ la³³ tʂhə⁵⁵ le³³ ʂu⁵⁵, v²¹ zɿ³³ la²¹ mə³³ ʂu²¹,
间　祭司　的　　口不　净　也秽又除　侍从手不净
çy²¹ tʂɿ⁵⁵ la²¹ mə³³ tʂhə³³ la³³ tʂhə⁵⁵ le³³ ʂu⁵⁵。pu⁵⁵ dzɿ²¹ n̩i¹³ kv³³ gə³³, tsə⁵⁵
香　点　手不　洗　也　秽又除　师傅　两个　的　劈
be³³ ʂu²¹ be³³ tʂhə⁵⁵ le³³ ʂu⁵⁵。9 | tʂhə⁵⁵ tʂhv³³
斧　铁斧秽又除　　　秽驱

在斯蹦祖先的地基里在金色银色的门里除秽，在祭祀斯蹦祖先用的头道醇酒和头道浓茶上除秽，给厨师、帮厨除秽，在柏香条和柏香火、油灯上面除秽，给白海螺色檩子除秽，给绿松石色檩子除秽，给黑宝石色檩子除秽，给金黄色檩子除秽，给花斑宝石色檩子除秽，给打鸣处的神的大公鸡除秽，给人神鬼中间的贤能祭司除去口中不净的秽气，给祭司的侍从除去手中不净的秽气，给上香者除去不洗手带来的秽气，给三位泥工师傅和木匠师傅用的劈斧和铁斧熏除秽气。

第14页

---

① 金门银门指的是所立的墓碑口。
② 本格此句以后经文省略。

1 ｜ mə³³ tɕhi³³ me³³, tʂə⁵⁵ ka³³ la³³ i³³ kv⁵⁵; tʂhə⁵⁵ tʂhv³³ mə³³ tɕhi³³ me³³,
　　　不　送　的　秽鬼徘徊的会　秽鬼驱　不　送　的
tʂhə⁵⁵ thi⁵⁵ tho³³ i³³ kv⁵⁵。2 ｜ gə²¹ i³³ sæ³³ sɿ²¹ u⁵⁵ dɯ²¹ he³³ dɯ²¹ kv³³ nɯ³³
秽鬼捣　乱　的会　　　 上 的 山 神 乌神大 黑神大 处 以
mɯ²¹, sɿ³³ bv³³ y³³ dʐɿ²¹ dæ²¹ ko³³ lo²¹ nɯ³³ mɯ²¹, tʂhə⁵⁵ tʂhv³³ mɯ³³ mɯ²¹
下　斯　蹦先祖住地基里 面 以 下　　秽鬼　驱　下　方
tɕhi³³ le³³ fæ²¹。3 ｜ dər³³ ɯ³³　a⁵⁵ ʂər³³ dzu²¹①, tho⁵⁵ lo³³ be³³②, be³³ kv³³
送　又　去　　 地方好 阿 珊　助　　拖 龙 倍　倍 公
be³³ ly⁵⁵, be³³ mæ³³ lɯ³³③, dzo³³ me³³ dv²¹, ɕi³³ lv³³ phər³¹, tsa²¹ se⁵⁵, kə⁵⁵
倍 律　倍 迈 地　　 座 美 动　希 龙 潘　　 匦 瑟　戈
ʂə³³ lɯ³³, 4 ｜ dzi³³ na⁵⁵ ha³³ tɕhi²¹ lo²¹, la³³ kho⁵⁵, bə³³ thæ⁵⁵, gv³³ dv²¹ ue³³,
奢 冷　　　 技 纳 哈 期 罗　拉 廓　　鲍 苔　共 动 威
pa⁵⁵ tsɿ³³ mæ³³, æ²¹ ue³³, bv²¹ zɿ³³ tɯ³³, tʂhə⁵⁵ tʂhv³³ mɯ³³ mɯ²¹ tɕhi³³
巴 兹 迈　　 埃 威　 蹦 壬 登　　 秽　驱　下　下　送

不驱送秽鬼的话，秽鬼就会徘徊在这里；不驱送秽鬼的话，秽鬼就会在这里捣乱。自上方的山神及其乌神黑神处以下，自斯蹦祖先住的地基以下把秽鬼往下面南方地驱送。从好地方阿珊助、拖龙倍、倍公、倍律、倍迈、座美动、希龙潘、匦瑟、龙奢冷、技纳哈期罗、拉廓、鲍苔、共动威、巴兹迈、埃威、蹦壬登把秽鬼往下面南方地驱送。

---

① 音译地名，即今玉龙县鲁甸乡新主村委会。
② 地名，新主村红光社。
③ 此三个地名为新主红光社的村头、村中、村尾。此后均为地名。

二　祭斯蹦祖先仪式：《在斯蹦祖先住地架檩子经》　　　577

第 15 页

1 ｜ i³³ gv²¹, tsh̩⁵⁵ ku³³ lɯ³³, la³³ ba²¹ hu³³, dʑi²¹ tɕhi⁵⁵ lo²¹, la³³ ʂ̩⁵⁵
　　伊共　此估冷　腊罢冷　技期罗　腊施
lɯ³³, tsh̩⁵⁵ mæ³³ lɯ³³, gu²¹ be³³ lɯ³³, i³³ gv²¹ lɯ³³, 2 ｜ le³³ bv³³ dy²¹, kuæ³³
冷　此迈冷　固倍冷　伊共冷　　勒蹦钝① 观
i³³ ʂæ³³, 3 ｜ mɯ²¹ i³³ tsh̩³³ i³³ mɯ²¹ dy²¹, bv³³ lv⁵⁵ s̩³³ phe³³ dʑ²¹ me³³ dy²¹,
音山　　下　的　南方　地　绵羊牧　斯胚②居住的 地方
dæ³³ lər²¹ ȵə⁵⁵ ȵə³³ me³³ gə³³ dy²¹, hu⁵⁵ tɕhər³³ phv⁵⁵ phv³³ me³³ gə³³ dy²¹ ȵə²¹
狐狸叫　凄凉　这样的 地方　肠胃屎　倒　出　这样 的 地方处
tɕhi¹³ le³³ fæ²¹, 4 ｜ tsh̩⁵⁵ khuɑ³³ gv³³ lu²¹ i³³, æ³³ tʂ̩²¹ ʂər³³ tʂhə⁵⁵ i³³ me³³ dy²¹
送又去　　山羊角　九庹有　鸡爪七尺③ 有这样地方
ȵə²¹ tɕhi¹³ le³³ fæ²¹, 5 ｜ i³³ bi²¹ gv³³ huɑ²¹ le³³ dʑ̩²¹ dʑ̩²¹ me³³ dy²¹ ȵə²¹ tɕhi¹³ le³³
处 送又去　　大江九 条又交 汇这样地方　处　送又
fæ²¹。6 ｜ ŋv³³ lv³³ tʂhə⁵⁵
夫　　高　山　秽鬼

　　从伊共、此估冷、腊罢冷、技期罗、腊施冷、此迈冷、固倍冷、伊共冷、勒蹦钝、观音山，一直到下面南方地，把秽鬼驱送到南方地的放牧绵羊的斯胚居住的地方，驱送到狐狸嚎叫的凄凉的地方，驱送到宰杀牲畜后把牲畜的胃肠屎倒出的地方，驱送到山羊长有九庹长的羊角，鸡长有七尺长的爪的地方，驱送到九条大江相交汇的地方。

---

① 地名，鹤庆县界。
② 斯胚，音译。古代纳西族社会里的低层管理者。这里指牧羊主。
③ 羊角有九庹，鸡爪有七尺，说明此秽鬼住地是异常之地。

第 16 页

1 | a³³ sʅ²¹, ŋv³³ lv³³ le²¹ mə³³ tɕy²¹, tʂhə⁵⁵ le³³ tɕy²¹ mə³³ ȵi²¹; 2 | i³³
　　　父亲　高 山　回　不　返　秽鬼 又　回　不 能　　大
bi²¹ tʂhə⁵⁵ a³³ me³³, i³³ bi²¹ le²¹ mə³³ te³³, tʂhə⁵⁵ le³³ te³³ mə³³ ȵi²¹。 3 | tʂhʅ³³
江 秽鬼 母 亲　大 江 回 不　返　秽鬼 又　回　不 能　　这
lv²¹ tʂhʅ³³ ʂu⁵⁵ se³³ kho³³ tho¹³。 4 | lv⁵⁵ gv³³ py³³ bv¹³ nɯ³³, gə³³ gə²¹ dɯ³³ ɕy³³
除 这 除 秽 了 以 后　　中 间 祭 司 来　上 面 一 祈 愿
ne²¹, sər³³ mi³³ tʂʅ³³ ʂu²¹ dʑi²¹ gə³³ he³³ dɯ²¹ ua⁵⁵ kv⁵⁵ kæ³³ ȵə²¹ dɯ³³ ɕy³³ ne²¹,
着　木　火　土　铁　水 的 神 大　五 个　面 前 处 一　祈愿 着
dzɿ²¹ ɕə⁵⁵ sər³³ dzʅ³³ 5 | pu⁵⁵ dzʅ³³ ȵi³³ kv⁵⁵ kæ³³ ȵə²¹ dɯ³³ ɕy³³ ne²¹①, mɯ³³
泥　糊　木　凿　师　傅　两 个 面 前 处 一 祈 愿 着　　天
gə³³ he³³ dɯ²¹ i³³ ʂʅ⁵⁵ he³³ dɯ²¹ kæ³³ ȵə²¹ dɯ³³ ɕy³³ ne²¹, dy¹³ gə³³ he³³ dɯ²¹
的 神 大 伊 施 神 大 面 前 处　一 祈 愿 着　地 的 神 大
mi²¹ dʑy³³②he³³ dɯ²¹ kæ³³ ȵə²¹ dɯ³³ ɕy³³ nə²¹, mɯ³³ le³³ dy²¹ lv⁵⁵ gv³³ gə³³ he³³
咪　巨　神 大 面 前 处 一 祈愿 着 天　和 地 中 间 的 神
dɯ²¹ tʂua²¹ ʂʅ³³③he³³ dɯ²¹ kæ³³ ȵə²¹ dɯ³³ ɕy³³ ne²¹。py³³ bv¹³ dzər³³ dɯ²¹ kæ³³
大 抓　施 神 大 面 前 处 一 祈愿 着　祭 司 威 力 大 面前
ȵə²¹ dɯ³³ ɕy³³ ne²¹。6 | a⁵⁵ gɯ²¹ dɯ³³ hua⁵⁵ be³³, khv⁵⁵ me⁵⁵ zʅ³³ me⁵⁵, zʅ³³
处 一 祈 愿 着　　咱 们 一 伙 的　年岁 求 寿 岁 求　寿
ʂər²¹ ha⁵⁵ i³³ ʂu²¹ gə³³ lv⁵⁵ pv³³
长　年　延 求　的 磕　头

高山如同秽鬼的父亲，高山永不返回，秽鬼也不能返回；大江如同秽鬼

---

① 本格此后内容省略经文。
② 音译，神名。
③ 同上。

二　祭斯蹦祖先仪式：《在斯蹦祖先住地架檩子经》　　579

的母亲，大江永不返回，秽鬼也不能返回。
　　除了秽以后，贤能的祭司朝上方神灵方向作一次祈愿，朝属性为木、火、土、铁、水五行的五位大神处作一次祈愿，朝糊泥师傅和凿木师傅处作一次祈愿，朝天神伊施大神处作一次祈愿，朝地神咪巨大神处作一次祈愿，朝天地中央的抓施大神处作一次祈愿，朝威力无比的祭司处作一次祈愿。在场的咱们一伙人，朝上方祖先神求年岁、求寿岁、求健康长寿的向祖先神磕三个头。
　　第 17 页

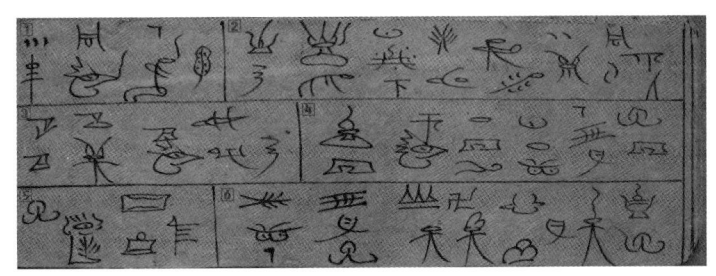

1 | sʅ⁵⁵ lv³³ kæ³³ tɕy²¹ dɯ³³ ty³³ ne²¹。2 | tʂʅ³³ ty³³ se³³ kho³³ tho²¹，ly⁵⁵
　　三　个　前面　朝　一　磕着　　这磕了以后　中
gv³³ py³³ bv²¹ nɯ³³，dzæ²¹ ɕə⁵⁵ pu⁵⁵ dzʅ²¹，sər³³ dzʅ³³ pu⁵⁵ dzʅ²¹ ȵi³³ kv⁵⁵ le³³
间　祭司　来　　泥糊　师　傅　　木凿　师　傅　　两个　又
ka³³ tɕhi³³，3 | tse⁵⁵ be³³ ʂu²¹ be³³ tse²¹，he²¹ æ²¹ kv³³ ʂu⁵⁵ tʂʅ³³ le³³ tshər⁵⁵
请　求　　凿斧　劈斧用　　神鸡　头　冠　这又　割
bɯ⁵⁵ se²¹①。4 | he²¹ gə³³ tɕy²¹ tɯ³³ ɯ³³ æ²¹ phər²¹，kv³³ kv⁵⁵ kv³³ ʂæ³³ nɯ³³，
要　了　　神的　鸣　处　大鸡　公　　头上　冠　血用
ua³³ hər²¹ kv³³ lv²¹ dɯ³³ thv³³ lo⁵⁵ bɯ³³ mə³³，kv³³ ȵə²¹ dɯ³³ thə⁵⁵ lər³³，me³³
松石绿　檩子　一次　架要　的　　头　上　一　滴点着　的
gə²¹ i³³ 5 | sʅ³³ bv³³ y³³ dzʅ²¹ dæ²¹ ko³³ lo²¹，y³³ bɯ²¹ y³³ bæ²¹ gv³³ he³³ hɯ⁵⁵。
上呢　　斯蹦　祖先住　地基里面　　祖先高兴祖先欢欣成的愿
6 | mæ⁵⁵ ȵə²¹ dɯ³³ thə⁵⁵ lər³³，lɯ³³ y²¹ u⁵⁵ gə³³ zo³³ ɯ³³ mi⁵⁵ ɯ³³ hə³³，gɯ³³
　　尾　处　一　滴点着　孝顺祖先您的　儿好　女好　这些　兄
zʅ³³ gu³³ me³³ hə³³，lv³³ bv³³ lv³³ me³³ hə³³，lv⁵⁵ bv³³ lv⁵⁵ me³³ hə³³，zʅ³³ ʂər²¹
弟　姊　妹　这些　孙子　孙　女　这些重孙子重孙女　这些　寿　长
hɑ⁵⁵ i³³
年　延

① 割鸡冠，用鸡冠上的血来给檩子点血，实际上是点在墓碑上。

向祖先神磕了头以后，贤能的祭司请求两位糊泥的泥匠师傅和凿木的木匠师傅，用劈斧和铁斧，割神鸡头上的鸡冠。打鸣处的神的大公鸡，要架绿松石色檩子时，用公鸡冠上的血，往檩子的头一端点一滴，祝愿住在斯蹦祖先地基里的历代祖先高兴欢欣。往檩子的尾一端点一滴，祝愿孝敬祖先的后代儿女们，兄弟姐妹们，孙子孙女们，重孙子重孙女们延年益寿。

第 18 页

1 ｜ kv^{33} phər^{21} dz̯ər^{21} dz̯æ^{33} ʂʅ^{21}，phv^{33} do^{21} lɯ^{55} do^{21} gv^{33} iə^{55} hu^{55}。
　　　　头发 白　　大牙　　黄　曾祖见 重孙见 成 愿 愿

2 ｜ ly^{55} ȵə^{21} dɯ^{33} thə^{55} lər^{33}，i^{33} da^{21} zʅ^{33} ʂər^{21}，py^{33} bv^{21} ha^{55} i^{33} gv^{33} iə^{55} hu^{55}。
　　中间　处　一　滴　点主人寿长　祭司年延　成的愿

3 ｜ ① pa^{33} kə^{21} miə^{21} ȵi^{33} phu^{55} ȵə^{21} dɯ^{33} thə^{55} lər^{33} mə^{33} i^{33}，i^{33} da^{21} zʅ^{33} ʂər^{21}，
　　巴戈　　眼 两只 处　一　滴　点 的 呢　主人 寿 长

py^{33} bv^{21} ha^{55} i^{33}，mə^{33} gu^{21} mə^{33} tshər^{33} gv^{33} iə^{55} hu^{55}。4 ｜ thɯ^{33} se^{55}，5 ｜ ②
祭司 年延　无 病 无 痛　　成 祝 愿　　　这样 了

mu^{55} tʂʅ^{55} kæ^{33} tɕy^{21} tʂʅ^{33} dzy^{21} gə^{33}，miə^{21} tʂʅ^{33} dzʅ^{21} me^{33} tɕy^{21}，dɯ^{33} thə^{55}
墓志 前面 处　所　有　的　　眼 所 长 的　朝　一 滴

lər^{33} iə^{55} me^{55}，6 ｜ he^{33} tʂʅ^{33} dzv^{21} me^{33} tɕy^{21} tɕər^{21} la^{33} dɯ^{33} thə^{55} lər^{33} iə^{55}
点着 给啊　　耳 所 有 的 朝 上也 一 滴点着 的

me^{55}。③ sʅ^{33} bv^{33} y^{33} dzʅ^{21} dæ^{21} ko^{33} lo^{21}，ŋv^{21} khu^{33} hæ^{21} khu^{33} tʂʅ^{33} tsʅ^{55} me^{33}，
　　　阿　斯蹦 祖先 住地基 里面　　银门　金门 所建的

khu^{33} tɕhi^{33} khu^{33} gæ^{33} gə^{33}，miə^{21} dzʅ^{21} tʂʅ^{33} ua^{21} me^{33}，he^{33} dzʅ^{21} tʂʅ^{33} ua^{21}

---

① 此句指的是点在绘有阴阳八卦图上的阴阳鱼眼上。
② 汉语借词，墓志的读音。
③ 此格后面经语文字省略，直至下一页开始。

二 祭斯蹦祖先仪式：《在斯蹦祖先住地架檩子经》 581

门 守 门 卫 的 眼 生 所 有 的 耳 长 所有
me³³, mə³³ ɲi⁵⁵ ɲi²¹ i³³ kv⁵⁵, mə³³ pər⁵⁵ se³³ mu²¹ na⁵⁵, a³³ i³³ tʂɻ khɑ²¹ nv⁵⁵,
的 不 一 样 的 会 没 写 了 的 虽然 现在 这 时 呢
ŋv²¹ khu³³ hæ²¹ khu³³ dɯ³³ khu³³ kæ³³ nɯ³³ dɯ³³ thv³³ le³³ ʂə⁵⁵ bə²¹。sɻ³³ bv³³ y³³
银 门 金 门 一 门 前面在 一 次 又 说 要 斯蹦 祖先
dzɻ²¹ dæ²¹ ko³³ lo²¹, ŋv²¹ khu³³ hæ²¹ khu³³ gə³³, ŋv³³ hæ²¹ khu³³ me³³ dv²¹ gə³³
住地基里面 银 门 金 门 的 银 金 门 大 处 的
kv³³ ŋə²¹ dɯ³³ thə⁵⁵ lər³³, khu³³ me³³ dv²¹ kv³³ nɯ³³, ua³³ hər²¹ mɯ³³ dzʐər³³ me³³
上 处 一 滴 点 门 大 处 上 在 松石绿 青龙 的
nɯ³³ tɕhi³³。① ua³³ hər²¹ mɯ³³ dzʐər³³ miə²¹ ɲə²¹ dɯ³³ thə⁵⁵ lər³³, miə²¹ i³³ ue⁵⁵
来 守 松石绿 青龙 眼 上 一滴点着 眼 呢 鹰
miə²¹ be³³, mə³³ ʂu²¹ mə³³ æ²¹ tʂɻ³³ lɯ³³ me³³, ua³³ hər²¹ mɯ³³ dzʐər³³khua³³
眼 像 不干净不友好所 来 的 松石绿 青龙 角
tha⁵⁵ me³³ nɯ³³ tʂə¹³ le³³ by²¹ tɕi³³ hu⁵⁵。He³³ ɲə²¹ dɯ³³ thə⁵⁵ lər³³, he³³ i³³ ue⁵⁵
利 的 来 抵 又 外 放 愿 耳 上 一 滴点着 耳 呢 鹰
he³³ be³³, sɻ³³ bv³³ y³³ dzɻ²¹ ko³³ lo²¹, mə³³ ʂu²¹ mə³³ æ²¹ tʂɻ³³ lɯ³³ me³³,
耳 像 斯蹦祖先住里面 不 干净不见到所 来 的
khua³³ khua²¹ sa⁵⁵ khua²¹ tʂɻ³³ lɯ³³ me³³, he³³ ɲə²¹ sɻ²¹ hɯ⁵⁵ hɯ³³, hɯ⁵⁵ le³³
消息 凶 话语 坏 所 来 的 耳 上 三 拍击 抛 又
by²¹ tɕi³³ hu⁵⁵。sɻ³³ bv³³ y³³ dzɻ²¹ dæ²¹ ko³³ lo²¹, gæ³³ le³³ kua³³ kua³³。gæ³³ le³³
外 放 愿 斯蹦祖先 居住 地基 里面 守护又 牢靠 守护又
tʂhər³³ tʂhər³³ hu⁵⁵。② tʂɻ³³ be³³ se³³ kho³³ tho²¹, ŋv²¹ khu³³ hæ²¹ khu³³, dv³³
实在 愿 这 做 了 以 后 银 门 金 门 海
phər²¹ se³³ ge³³ me³³ nɯ³³ tɕhi³³。Se³³ ge³³ miə²¹ ɲə²¹ dɯ³³ thə⁵⁵ lər³³, miə²¹ i³³
螺白 狮子的 米 守卫狮子 眼 上 一 滴点 眼 呢
ue⁵⁵ miə²¹ be³³, sɻ³³ bv³³ y³³ dzɻ²¹ dæ²¹ ko²¹ lo²¹, mə³³ ʂu²¹ mə³³ æ³³ tʂɻ³³ lɯ³³
鹰 眼 像斯蹦祖先 住 地基 里面 不 干净不看见 所 来
me³³, miə³³ na²¹ sɻ²¹ dzo³³ lo³³, dzo³³ le³³ by²¹ tɕi³³ fæ³³。He³³ ɲə²¹ dɯ³³ thə⁵⁵
的 眼 黑 三 转动 瞪 又 外 放 去 耳 上 一 滴
lər³³, he³³ i³³ ue³³ he³³ be³³, sɻ³³ bv³³ y³³ dzɻ²¹ dæ²¹ ko²¹ lo²¹, mə³³ tʂhə⁵⁵ mə³³
点着 耳 呢 鹰耳 像 斯蹦祖先 住 地基 里面 不 干 不

---

① 此句是指给墓碑石刻青龙像点血。
② 此句是指给墓碑石刻狮子像点血。

ʂu²¹ tʂhɿ³³ lɯ³³ me³³, he³³ çy⁵⁵ sɿ³³ tʂɿ⁵⁵ tʂɿ³³, tsɿ²¹ le³³ by²¹ tɕi³³ fæ³³。tʂhɿ³³
净　所　来　的　　耳顺　三　　拍打　拍　又　外　放　去　这
be³³ se³³ ko³³ tho²¹, sɿ³³ bv³³ y³³ dzɿ²¹ dæ²¹ ko³³ lo²¹, ŋv²¹ khu³³ hæ²¹ khu³³
做　了　以后　斯蹦 祖先　住　地基　里面　　银　门　金　门
tʂhɿ³³,① uæ³³ i³³ ŋv³³ phər²¹ zo³³ dæ²¹ me³³ nɯ³³ tɕhi³³,② i²¹ i³³ ua³³ hər²¹ mi⁵⁵ ze³³
这　　　左　呢　银　白　男子　能干的　来　守　右呢松石绿　女　美
me³³ nɯ³³ tɕhi³³。thɯ³³ gə³³ miə²¹ ȵə²¹ lər³³ me³³ i³³, miə²¹ i³³ ue⁵⁵ miə²¹ be³³,
的　来　守　　他们　的　眼　上点着的呢　眼　呢　鹰　眼　像
ka³³ me³³ ɯ³³ me³³ khu²¹ bv³³ lɯ³³ mə³³ ua¹³, khua²¹ me³³ dza³³ me³³ khv³³ bv²¹
好的　善的　里　进入　来　不　是　坏的　恶的　里　进入
lɯ³³ mə³³ tʂər²¹ mə³³ gv³³ be³³ hu⁵⁵。He³³ ȵə³³ lər³³ me³³ i³³, he³³ i³³ ue⁵⁵ he³³
来　不　让　的　成　的　愿　耳　上　滴　的　呢　耳　呢　鹰　耳
be³³, ka³³ khua³³ ɯ³³ khua³³ khv²¹ lɯ³³ me³³ mə³³ ua¹³, dzv̩³³ khua²¹ kha³³
像　好　声　善　声　里　来　的　不　是　灾祸　消息
khua²¹ khv²¹ le³³ mə³³ mi³³ gv³³ be³³ hu⁵⁵。tʂhɿ³³ be³³ se³³ kho³³ tho²¹, kæ³³ tɕy²¹
消息　里　又　不　听　成　的　愿　这　做　了　以后　前面
hæ³³ tʂɿ²¹ tɕi⁵⁵ z̞ua³³ me³³ nɯ³³ tɕhi³³③。thɯ³³ gə³³ miə²¹ ȵə²¹ lər³³ me³³ i³³,
金黄　驮　马　母　来　守　　它的　眼　上　滴　的　呢
miə²¹ i³³ ue⁵⁵ miə²¹ be³³, thɯ³³ gə³³ he³³ ȵə²¹ lər³³ me³³ i³³, he³³ i³³ ue⁵⁵ he³³ be³³,
眼　呢　鹰　眼　像　它　的　耳　上　滴　的　呢　耳　呢　鹰　耳像
sɿ³³ bv³³ y³³ dzɿ²¹ dæ²¹ ko³³ lo²¹, mə³³ lv²¹ mə³³ mæ³³ ȵə³³, mə³³ dzy³³ mə³³ dzy²¹
斯蹦　祖先　住　地　里面　不足　不及　时　没　有　没　在
ȵə²¹, gv³³ mɯ³³ gv³³ dy¹³ gə³³, ka³³ me³³ ɯ³³ me³³ tʂhu³³, hæ³³ sɿ²¹ tɕi⁵⁵ khua²¹
时　九　天　九　地的　好的　善　的　这　金黄　鞍鞯
thy⁵⁵, thy⁵⁵ le³³ tʂhə²¹ tɕi³³ lu³³。sɿ³³ bv³³ y³³ dzɿ²¹ dæ²¹ ko³³ lo²¹, kha³³ khua²¹
安　驮　又　这　放　来　斯蹦　祖先居住地基　里面　消息坏
sa⁵⁵ khua²¹ tʂhɿ³³ ua¹³ me³³, hæ³³ sɿ²¹ tɕi⁵⁵ khua²¹ thy⁵⁵, thy⁵⁵ le³³ by²¹ phi⁵⁵
话语　坏　所有的　　金黄　鞍鞯安　驮　又　外　扔
fæ³³。Khu³³ tɕhi³³ khu³³ gæ³³ tɯ³³ tɯ³³ gv³³ be³³ hu⁵⁵。tʂhɿ³³ be³³ se³³ kho³³
去　门　守　门　卫　实在　成　的　愿　这　做　了　以

---

① 此句是指给墓碑前石刻金童点血。
② 此句是指给墓碑前石刻玉女点血。
③ 此句是指给墓碑前石刻冥马点血。

二　祭斯蹦祖先仪式：《在斯蹦祖先住地架檩子经》

tho²¹, sɿ³³ bv³³ y³³ dzɿ²¹ dæ²¹ ko³³ lo²¹, ŋv²¹ khu³³ kæ³³ tɕy²¹,① tʂhua⁵⁵ phər²¹
后　　斯蹦祖先住地基　里面　　　银　门　前面　　鹿　白
me³³ nɯ³³ tɕhi³³。thu³³ gə³³ miə²¹ ne²¹ he³³ ŋə²¹ lər²¹ me³³ i³³, miə²¹ i³³ ue⁵⁵
的　来　守　　它　的　眼　及　耳　上　滴　的　呢　眼　呢　鹰
miə²¹ be³³, he³³ i³³ ue⁵⁵ he³³ be³³, sɿ³³ ua²¹ tʂhɿ³³ phi⁵⁵ me³³, sɿ³³ bv³³ y³³ dzɿ²¹
眼　像　耳　呢　鹰　耳　像　活者魂　所　丢失　的　斯蹦祖先住
dæ²¹ ko³³ lo²¹, y³³ ua²¹ tɕər²¹ ŋə²¹ tʂhɿ³³ lv⁵⁵ me³³, tʂhua⁵⁵ phər²¹ kv³³ ŋə²¹ tsa⁵⁵,
地基　里面祖先魂　上　面　这　绕　的　鹿　白　头　上　撞
tsa⁵⁵ le³³ by²¹ tɕi³³ thu⁵⁵。y³³ ua²¹ tʂhɿ³³ ua¹³ la³³, gv³³ dy²¹ æ³³ bɯ³³ la³³, tʂhua⁵⁵
撞　又　外　放　愿　祖先魂　所　有　也　九　地方　拘留　如果　鹿
phər²¹ me³³ nɯ³³ ʂu²¹ le³³ khv²¹ tɕi³³ gv³³ be³³ hu⁵⁵, sɿ³³ bv³³ y³³ dzɿ²¹ dæ²¹ ko³³
白　的　来　找　又　里　放　成　的　愿　斯蹦祖先住　地基里
lo²¹, gæ³³ le³³ kua³³ kua²¹。gæ³³ le³³ tʂhər³³ tʂhər²¹ gv³³ be³³ hu⁵⁵。tʂhɿ³³ be³³ se³³
面　守　又　牢　靠　护　又　实在　　　成　的　愿　这　做　了
kho³³ tho²¹, sɿ³³ bv³³ y³³ dzɿ²¹ dæ²¹ ko³³ ko²¹, ŋv²¹ khu³³ hæ²¹ khu³³ kæ³³,② lv²¹
以后　　斯蹦祖先住　地基　里面　　　银　门　金　门　前　龙
zo³³ mæ³³ phər²¹ me³³ nɯ³³ tɕhi³³, thu³³ gə³³ miə²¹ ne²¹ he³³ tɕy²¹ lər³³ bɯ³³ me³³,
小　尾　白　的　来　守　　它　的　眼　和　耳　上　滴　要　的
miə²¹ i³³ ue⁵⁵ miə²¹ be³³, he³³ i³³ ue¹³ he³³ be³³。③ dæ²¹ tʂhər³³ lv²¹ nɯ³³ iə⁵⁵ bɯ³³
眼　呢　鹰　眼　像　耳　呢　鹰　耳　像　　地基　药　龙　由　给　要
me³³。lv²¹ miə²¹ sɿ²¹ dzo³³ lo³³, lu⁵⁵ mɯ³³ lu⁵⁵ dy¹³ gə³³, lu⁵⁵ bə²¹ lu⁵⁵ pha³³ gə³³,
的　　龙　眼　三　转动　　四　天　四　地　的　　四方　　四面　的
dæ²¹ tʂhɿ³³ dzy³³ me³³ i³³, dæ²¹ tʂhər³³ lv²¹ nɯ³³ khɯ⁵⁵ le³³ fæ²¹; he³³ ŋə²¹ sɿ²¹
地基　所有　的　呢　地基　药　龙　来　放　又　去　耳　上　三
phv⁵⁵ lv³³, sɿ³³ bv³³ y³³ dzɿ²¹ dæ²¹ ko³³ lo²¹, y²¹ dzɿ²¹ dæ²¹ tʂhər³³ tʂhɿ⁵⁵ nɯ³³ ɕy³³
闪动　斯蹦祖先住　地基　里面　　　祖先住地基　药水　这　来　滴
le³³ fæ³³; ly⁵⁵ gv³³ py³³ bv¹³ nɯ³³, lv²¹ zo³³ khu³³ phər²¹ khu³³ nɯ³³ thv³³ me³³
又　去　中间　　祭司　来　龙　小　口　白　口　从　出　这样
gə³³, tʂhər³³ dzi²¹ me³³ nɯ³³ la³³, sɿ³³ bv³³ y³³ dzɿ²¹ dæ²¹ tʂhər³³ le³³ khɯ⁵⁵ bə²¹。
的　药　水　的　来　呀　斯蹦祖先住地基药　又　施　药

---

① 此句是指给墓碑前石刻白鹿点血。
② 此句是指给墓碑前石刻白龙点血。
③ 此句为给祖先神点的药水源自龙口。

gə²¹ i³³　　ṣæ³³　ṣʅ²¹　khɯ³³　ȵə²¹ lər³³ me³³ i³³，　ṣæ³³　ṣʅ²¹　u⁵⁵　dɯ²¹　he³³　dɯ²¹　nɯ³³
上 呢　　山神　旁　　处　　滴着　呢　　山神　乌神大　黑神　大　来
dʐy²¹ tṣər⁵⁵ gæ³³ le³³ kua³³ kua²¹，lo²¹ tṣər⁵⁵ gæ³³ le³³ tɯ³³ tɯ³³ gv³³ iə⁵⁵ hu⁵⁵。sʅ³³
山 界　 守护　又　牢靠　　壑界　守护　又　稳固　　成 的 愿　斯
bv³³ y³³ dzʅ²¹ dæ²¹ ko²¹ lo²¹ ȵə²¹ dɯ³³ thə⁵⁵ lər³³ bɯ³³ me³³，gə²¹ i³³ y³³ nɯ²¹ y³³
蹦 祖先住 地基 里 面 处 一 滴　点着　要　的　上方呢祖先高 兴
bæ²¹ gv³³ iə⁵⁵ hu⁵⁵。ŋv²¹ khu³³ hæ²¹ khu³³ lɯ³³ ȵə²¹ lər³³ bɯ³³ me³³，ŋv²¹ khu³³
祖先欢欣　成 的　愿　银门　金地　处　滴着　药　的　　银　门
tshʅ⁵⁵ le³³ tɯ³³ tɯ³³，hæ²¹ khu³³ tshʅ⁵⁵ le³³ tɯ³³ tɯ³³ gv³³ iə⁵⁵ hu⁵⁵。
建 又　牢靠　　金 门　建　又　结实　成 的 愿

　　皓首黄牙、曾祖与重孙四代同堂。往檩子的中间处点一滴，祝愿祭祀的主人长寿、祭祀延年、无病无痛。此后，在墓志前面的所有动物的眼睛上都给点一下啊，往所有动物的耳朵上都给点一下啊。

　　在斯蹦祖先居住的地基里，建金门和银门、守门和护门者、所有长眼者、所有长耳者，都有不一样的，虽然没有写下名，现在这个时候，要在金门银门前叙说一下了。斯蹦祖先住的地基里，在金色银色的大门上点滴血，金色银色的大门上有绿松石色的青龙把守着。把鸡血往绿松石色青龙的眼上点一滴，祈愿绿松石色青龙的眼睛如雄鹰的眼睛一般，让青龙把所有不干净不好的东西抵到外面去。把鸡血往绿松石色青龙的耳朵上点一滴，祈愿青龙的耳朵如雄鹰的耳朵一般，让青龙拍击三下耳朵，把斯蹦祖先居住地基里所有不纯洁的坏言坏语都抛到外面去。祝愿青龙能牢靠、实在地守护好斯蹦祖先居住的地基。此后，在斯蹦祖先居住的地基里，有白海螺色狮子守护着金色银色的大门。把鸡血往白海螺色狮子的眼睛上点一滴，祈愿白海螺色狮子的眼睛如雄鹰的眼睛一般，黑眼珠转动三下，把斯蹦祖先居住地基里看得见和看不见的不干净的东西瞪到外面去。把鸡血往白海螺色狮子的耳朵上点一滴，祈愿白海螺色狮子的耳朵像雄鹰的耳朵一样，耳朵拍打三下，把斯蹦祖先居住地基里所有不纯净的坏言坏语都抛到外面去。此后，在斯蹦祖先居住的地基里，有银白色贤能男子在左边守护着金色银色的大门，有绿松石色美丽女子在右边守护着金色银色的大门。把鸡血在贤能男子和美丽女子的眼睛上点一滴，祈愿贤能男子和美丽女子的眼睛如鹰眼一般敏锐，只让好的善的事物入门，不让坏的恶的事物入门。把鸡血往贤能男子和美丽女子的耳上点一滴，祈愿贤能男子和美丽女子的耳朵像鹰的耳朵一样，只让好的善的消息入门，不让灾祸和是非的消息入门。此后，斯蹦祖先住地的大门前面，有金

二　祭斯蹦祖先仪式：《在斯蹦祖先住地架檩子经》　　585

黄色的驮物母马守护着。把鸡血往驮物母马的眼睛上点一滴，祈愿驮物母马的眼睛像鹰眼一样敏锐；把鸡血往驮物母马的耳朵上点一滴，祈愿驮物母马的耳朵像鹰耳一样聪慧；让驮物母马在斯蹦祖先住地里出现东西缺货、粮食不足现象时，能够配上金黄色的鞍鞯，把九天九地的好的善的东西和粮食都驮放到这里来；能够配上金黄色的鞍鞯，把斯蹦祖先住地里的所有的坏消息坏言论都驮丢到外面去。祈愿驮物母马实实在在地守护好大门。

此后，在斯蹦祖先住地的银色大门前，有白鹿守护着大门。把鸡血点在白鹿的眼睛和耳朵上，祈愿白鹿的眼睛像鹰眼一样敏锐，白鹿的耳朵像鹰耳一样聪慧，如果祭祀主人的魂魄丢失了，活人的魂魄与斯蹦祖先居住地处的祖先魂魄缠绕在一起的话，祈愿白鹿用头角来撞，把活人的魂撞出到外面来。如果斯蹦祖先的魂也被拘留在外面九个地方的话，祈愿白鹿出去把斯蹦祖先的魂找回来，把斯蹦祖先住地的大门守护得牢靠、守护得实在。

此后，在斯蹦祖先住地的金色银色大门前，有白尾的小龙守护着大门。把鸡血点在白尾小龙的眼睛和耳朵上，祈愿小龙的眼睛如鹰眼一样敏锐，小龙的耳朵如鹰耳一样聪慧。

要用龙嘴里出来的药水给斯蹦祖先居住的地基点药。龙的眼珠子转动了三下，给斯蹦祖先住地的四天四地、四方四面的所有地基点上滴上药水；龙的耳朵闪动三下，给斯蹦祖先住地的地基上滴上药水；贤能的祭司用白尾小龙嘴里出来的药水来给斯蹦祖先居住的地基施药。药水滴在上方的山神处，愿山神的乌神黑神等大神，牢靠地守护着山界，稳固地守护着壑界。药水滴在斯蹦祖先居住的地基上，愿金色的大门建得结实，银色的大门建得牢靠。

第 19 页

1 ｜ gə^{21} i^{33} sʅ^{33} bv^{33} y^{33} dzʅ^{21} dæ^{21} khu^{21} lo^{21}, miə^{21} tʂhʅ^{33} dzʅ^{21} me^{33} i^{33},
　　上方 呢　斯蹦祖先住地基门里　　眼　所　生　的　呢

miə²¹ i³³ ue⁵⁵ miə²¹ be³³, he³³ tʂʐ¹³³ dzɿ²¹ me³³ i³³, he³³ ue⁵⁵ he³³ be³³, gæ³³
眼 呢 鹰 眼 像似 耳 所 生 的 呢 耳 呢 鹰 耳 像似 守护
le³³ kua³³ kua²¹, gæ³³ le³³ tʂʐər³³ tʂʐər²¹ gv³³ be³³ hu⁵⁵。2｜tʂʐ¹³³ be³³ se⁵⁵ kho³³
又 牢靠 守护又 实在 成 的 愿 这 做 了 以
tho¹³,① he²¹ dɯ²¹ ua⁵⁵ kv³³ gə³³, he²¹ khu³³ phu³³ bɯ³³ me⁵⁵。ly⁵⁵ gv³³ py³³ bv²¹
后 神 大 五 位 的 神 门 开 要 的 中间 祭司
nɯ³³, tʂua²¹ i³³ mə³³ so³³ zɿ³³ kv³³ ʂu³³ le³³ pu⁵⁵, bɯ³³ i³³ mə³³ so³³ le³³ kv³³ gɯ²¹
来 男 呢 没有 尝 酒 头道 醇 又 带 女 呢 没有 尝 茶 头道 浓
le³³ pu⁵⁵, ly⁵⁵ gv³³ py³³ bv²¹ tɕər²¹, i³³ da²¹ tʂʐ⁵⁵ dzi¹³ tɕər²¹, gv³³ lu²¹ ka³³ le²¹
又 带 中间 祭司 上 主人 这 家 上 赐福 保佑
tʂʐ¹³³ iə⁵⁵ gə³³, phv³³ la²¹ ga³³ la²¹ tʂʐ⁵⁵ ua²¹ me³³ tɕər²¹, zɿ³³ kv³³ ʂu²¹, le⁵⁵
所 给 的 神灵 胜利 神 所有 的 上 酒 头道 醇 茶
kv³³ gɯ²¹ nɯ³³ tʂhu⁵⁵ pa³³ be³³ bɯ³³ me³³, 3｜phər²¹ ne²¹ sæ²¹, 4｜ga³³ ne³³
头道 浓来 食物 祭献 做 要 的 潘神 和 筛神 噶神 和
u²¹, u⁵⁵ ne²¹ he¹³ la³³ tʂhu⁵⁵ pa³³ dɯ³³ ɯ³³ be³³, 5｜to²¹ ne²¹ u²¹, dzɿ³³ ne²¹
乌神 乌神 和 黑神 也 食物 祭献 一 次 做 多神 和 乌神 自神 和
ue³³, hua²¹ ne²¹ tʂv³³ gə³³ phv³³ la²¹ ga³³ la²¹ tʂhu⁵⁵ pa³³ dɯ³³ ɯ³³ be³³,
威神 花神 和 中神 的 神灵 胜利 神 食物 祭献 一 次 做
6｜hər³³ ne²¹ lɯ⁵⁵
含神 和 冷神

祈愿上方的斯蹦祖先住地的大门里所有的长眼者的眼睛像鹰眼一样敏锐，所有生耳者像鹰耳一样聪颖，实实在在地守护着斯蹦祖先的大门。

此后，要开五位大神守护着的神门了。在人神鬼中间的贤能祭司，带上男子还没有品尝过的头道醇酒，带上女子还没有品尝过的头道浓茶，要用头道醇酒和头道浓茶，给赐福和保佑贤能祭司和主人家的所有神灵、所有胜利神做一次食物祭献，给潘神和筛神、噶神和乌神、乌神和黑神做一次食物祭献，给多神和乌神、自神和威神、花神和中神等神灵和胜利神做一次食物祭献，给所有的含神和冷神、

---

① 此句非经文，而是提示往后要开五方神门了。

二　祭斯蹦祖先仪式:《在斯蹦祖先住地架檁子经》　　587

第 20 页

1 ｜ ʂv²¹ ne²¹ lv²¹, sa²¹ da⁵⁵ ʂʅ⁵⁵ zʅ²¹ tʂhʅ³³ ua²¹, tʂhu⁵⁵ pa³³ dɯ³³ ɯ³³
　　署神　和龙神　　萨达　　施日　　所有　食物祭献一　次
be³³。2 ｜ tʂhʅ³³ be³³ se³³ kho³³ tho²¹, ly⁵⁵ gv³³ py³³ bv²¹ dzər³³ dɯ²¹ tʂhʅ³³ ua²¹
做　　　这做完以后　　中间　祭司　威力　大　　所有
me³³ 3 ｜ tʂhu⁵⁵ pa³³ dɯ³³ ɯ³³ be³³,①（py³³ bv²¹ dzər²¹ mi²¹ khɯ⁵⁵ dər³³）
的　　食物　供养一　次　做　祭司　威力　名　加入　应
4 ｜ ȵi³³ me³³ thv³³, gə²¹ tshe⁵⁵ tshe⁵⁵ bv³³ ɕy³³ zər³³ py³³ bv²¹ tʂhu⁵⁵ pa³³ dɯ³³
东方　　　　　各册册蹦　　　五方　祭司　食物　供养　一
ɯ³³ be³³。I³³ tʂhʅ³³ mɯ²¹, se⁵⁵ zʅ²¹ mi³³ gu³³ ɕy³³ zər³³ py³³ bv²¹ tʂhu⁵⁵ pa³³
次　做　南方　　　瑟日咪固　　　五方　祭司　食物　供
dɯ³³ ɯ³³ be³³。ȵi³³ me³³ gv³³, na⁵⁵ se³³ tʂhu³³ lu²¹ ɕy³³ zər³³ py³³ bv²¹ tʂhu⁵⁵ pa³³
养　一　次　做西方　纳瑟初鹿　　　五方　祭司　食物　供养
dɯ³³ ɯ³³ be³³。5 ｜ ho³³ gv³³ lo²¹, gv³³ se⁵⁵ kha³³ ba³³ ɕy³³ zər³³ py³³ bv²¹ tʂhu⁵⁵
一　次　做　　北方共瑟喀巴　　　五方　祭司　食物
pa³³ dɯ³³ ɯ³³ be³³。mɯ³³ ne²¹ dy²¹ ly⁵⁵ gv³³, so³³ y²¹ tsi⁵⁵ gv³³ ɕy³³ zər³³ py³³
供养一　次　做　天　和　地　中央　　梭余积共　　五方　祭
bv²¹ tʂhu⁵⁵ pa³³ dɯ³³ ɯ³³ be³³。6 ｜ mɯ³³ gə³³ py³³ bv²¹ na⁵⁵ bv³³ so³³ gu³³, dy²¹
司　食物　供养　一　次　做　天神　的　祭司　纳蹦梭固地神
gə³³ py³³ bv²¹ sa³³ bv³³ sa³³ la²¹, ȵi³³ me³³ py³³ bv²¹ tər²¹ ma⁵⁵ tər²¹ dzʅ³³,
的　祭司　　萨蹦萨腊　　　太阳神　祭司　　丹麻丹治

署神和龙神、萨达神和施日神做一次食物祭献。
此后,给人神鬼中间威力无比的祭司神做一次食物供养,(此时应加入

---

① 祭祀时要补加与主人和主祭司有血缘和社会关系的祭司神名。

有威力的已故祭司的名字）给五方祭司神中的东方祭司神各册册蹦大神做一次食物供养。给五方祭祀神中的南方祭司神瑟日咪固大神做一次食物供养。给五方祭司神中的西方祭司神纳瑟初鹿大神做一次食物供养。给五方祭司神中的北方祭司神共瑟喀巴大神做一次食物供养。给五方祭司神中的天地中央祭司神梭余积共大神做一次食物供养。给天神的祭司纳蹦梭固、地神的祭司萨蹦萨腊、太阳神的祭司丹麻丹治、

第 21 页

1 ｜ he³³ me³³ py³³ bv²¹ tɕi⁵⁵ tha⁵⁵ tɕi⁵⁵ iə²¹ tʂhu⁵⁵ pa³³ dɯ³³ ɯ³³ be³³。kɯ²¹
月亮神　祭司　基塔基优　食物　供养　一　次　做　星神
gə³³ py³³ bv²¹ pa³³ la³³ ʐæ³³ tʂhu⁵⁵ pa³³ dɯ³³ ɯ³³ gə²¹ le³³ be³³。za¹³ gə³³ py³³ bv²¹
的　祭司　根巴腊髯　食物　供养一　次　上　又　做　让星的　祭司
za²¹ thv³³ so³³ dʑi³³ tʂhu⁵⁵ pa³³ dɯ³³ ɯ³³ gə²¹ le³³ be³³。tɕi³³ gə³³ py³³ bv²¹ tɕi³³ la²¹
让通梭技　食物　供养一　次上　又　做　云神的　祭司
pa³³ ty³³ tʂhu⁵⁵ pa³³ dɯ³³ ɯ³³ gə²¹ le³³ be³³。hər³³ gə³³ py³³ bv²¹ hər³³ da⁵⁵ lo³³ ɕy⁵⁵
基腊巴敦　食物　供养　一　次　上　又　做　风神的　祭司　含达罗虚
tʂhu⁵⁵ pa³³ dɯ³³ ɯ³³ gə²¹ le³³ be³³。kv⁵⁵ gə³³ py³³ bv²¹ kv⁵⁵ tha⁵⁵ ga³³ uə²¹ tʂhu⁵⁵
食物　供养　一　次　上　又　做　虹神的　祭司　公塔噶温食物
pa³³ dɯ³³ ɯ³³ gə²¹ le³³ be³³。2 ｜ sɿ⁵⁵ gə³³ py³³ bv²¹ sɿ³³ so³³ ɕə²¹ dua³³ tʂhu⁵⁵
供养一　次上　又　做　家神的　祭司　施梭休段　食物
pa³³ dɯ³³ ɯ³³ gə²¹ le³³ be³³。no⁵⁵ gə³³ py³³ bv²¹ tɕi³³ lɯ⁵⁵ tɕi³³ so³³ tʂhu⁵⁵ pa³³ dɯ³³
供养　一　次上　又　做　畜神的　祭司　基冷基梭　食物　供养　一
ɯ³³ gə²¹ le³³ be³³。u¹³ gə³³ py³³ bv²¹ u²¹ tɕi⁵⁵ tʂhʅ⁵⁵ bv³³，he²¹ gə³³ py³³ bv²¹ la²¹
次　上　又　做　乌神的　祭司　　乌基蛊蹦　　黑神的　祭司
bv³³ tho³³ kə⁵⁵ tʂhu⁵⁵ pa³³ dɯ³³ ɯ³³ gə²¹ le³³ be³³。ʂv¹³ gə³³ py³³ bv²¹ iə³³ ȵi³³ tɕi⁵⁵
腊蹦通戈　食物　供养　一　次　上　又　做署神的　祭司　优匿基
gu³³，3 ｜ ȵi³³ gə³³ py³³ bv²¹ thv³³ thv³³ ko²¹ ua³³，sa²¹ du⁵⁵ py³³ bv²¹ sa²¹ thv³³

固　　　匿神的　祭司　　　通通郭瓦　萨达　祭司萨通
dzɿə³³ u²¹, ty³³ gə³³ py³³ bv²¹ ty³³ pa³³ lo³³ ȵi⁵⁵ tʂhu⁵⁵ pa³³ dɯ³³ ɯ³³ gə²¹ le³³ be³³。
旧　乌　敦神的　祭司　敦巴罗匿　食物 供养 一 好 上 又 做
du¹³ gə³³ py³³ bv²¹ i²¹ ʂʅ⁵⁵ o³³ dzo³³, tsho²¹ ze³³ py³³ bv²¹ dzɿə²¹ bv³³ thv³³ tʂhʅ³³
杜神的祭司　　　伊施窝左　　　蹉热　祭司　　　浙蹦通蛮
tʂhu⁵⁵ pa³³ dɯ³³ ɯ³³ gə²¹ le³³ be³³。
食物 供养 一 好 上 又 做

月亮神的祭司基塔基优做一次食物供养。给星神的祭司根巴腊髯做一次食物供养。给让星的祭司让通梭技做一次食物供养。给云神的祭司基腊巴敦做一次食物供养。给风神的祭司含达罗虚做一次食物供养。给虹神的祭司公塔噶温做一次食物供养。给家神的祭司施梭休段做一次食物供养。给畜神的祭司基冷基梭做一次食物供养。给乌神的祭司乌基蚩蹦、黑神的祭司腊蹦通戈做一次食物供养。给署神的祭司优匿基固、匿神的祭司通通郭瓦、萨达神的祭司萨通旧乌、敦神的祭司敦巴罗匿做一次食物供养。给杜神的祭司伊施窝左、蹉热冷恩的祭司浙蹦通蛮做一次食物供养。

第22页

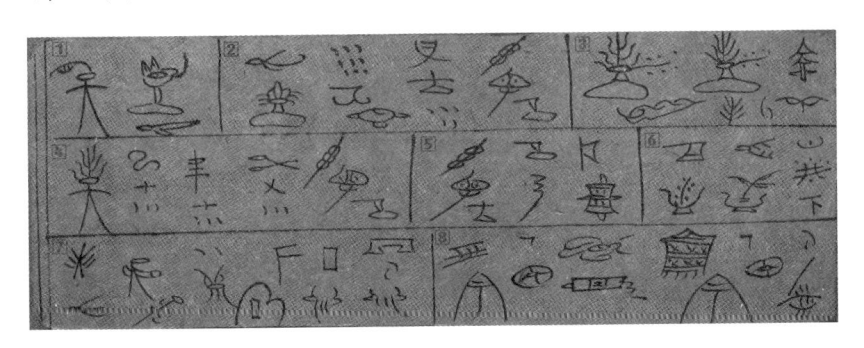

1 | ① tshy⁵⁵ gə³³ py³³ bv²¹ dzi³³ ɯ³³ ʂər⁵⁵ lər³³ tʂhu⁵⁵ pa³³ dɯ³³ ɯ³³ gə²¹ le³³
　　趋　的　祭司　剂恩珊岚　食物 供养 一 好 上 又
be³³。Me²¹ py²¹ kv³³la²¹, ho²¹ py²¹ ze⁵⁵ tɕi³³, iə²¹ py²¹ la²¹ thv⁵⁵, ʂv⁵⁵ py²¹ ua³³
做　　美宾共腊　　活宾热基　　优宾腊通　　嵩宾
by³³ tʂhu⁵⁵ pa³³ dɯ³³ ɯ³³ gə²¹ le³³ be³³。2 | phv³³ gv³³ tʂhər⁵⁵ dzɿər⁵⁵ dɯ²¹ tʂhʅ³³
瓦脿　食物 供养 一 好 上 又 做祖父 九　代　威力 大　所

---
① 此格后面经语文字省略。

ua²¹ tʂhu⁵⁵ pa³³ dɯ³³ ɯ³³ gə²¹ le³³ be³³。3｜lər²¹ dzə³³ tɕi⁵⁵ dzə³³，lər²¹ pa³³
有　食物供养一好上　又　做　　岚旧基旧　　岚巴

tha³³ kə⁵⁵，tha¹³ iə³³ ti³³ ba³³，4｜be²¹ dæ³³ y²¹ phy⁵⁵ tʂua²¹ so³³，y²¹ ly⁵⁵ tʂua²¹
塔戈　　塔优低罢　　　　倍代　余品抓梭　　余律

so³³，y²¹ tɕi⁵⁵ tʂua²¹ so³³ khə³³ ŋə²¹ tʂhu⁵⁵ pa³³ dɯ³³ ɯ³³ gə²¹ le³³ be³³①。ly⁵⁵ gv³³
抓梭余基抓梭　　哪里　食物供养一　好　上　又　做　中间

py³³ bv¹³ gə³³ sŋ⁵⁵ tʂhər³³ y²¹ ga³³ la²¹ khə²¹ ŋə²¹ tʂhu⁵⁵ pa³³ dɯ³³ ɯ³³ gə²¹ le³³ be³³。
祭司　的　三代　祖先　胜利神　那里　食物供养一次上　又　做

5｜tʂhu⁵⁵ pa³³ tʂŋ³³ be³³ se³³ kho³³ tho²¹②，sŋ³³ bv³³ y³³ dzŋ²¹ dæ²¹ khu³³ lo²¹，
　食物供养这　做　了以后　　斯蹦　祖先住　地基门　里

ŋv²¹ khu³³ hæ²¹ khu³³ mə³³ phu³³ nɯ³³，6｜tʂua²¹ i³³ mə³³ so³³ zŋ³³ kv³³ ʂu³³，
银　门　金　门　没有　开　就　　男呢没　尝酒头道醇

bɯ³³ i³³ mə³³ so³³ le⁵⁵ kv³³ gɯ²¹ nɯ³³，dzæ²¹ ɕə⁵⁵ pu⁵⁵ dzŋ²¹，7｜sər³³ dzŋ³³
女呢没尝茶头道浓用　泥　糊　师傅　　木凿

pu⁵⁵ dzŋ²¹ ɲi³³ kv⁵⁵ la³³，to⁵⁵ ʂua²¹ to⁵⁵ pv⁵⁵，lo²¹ ʂua²¹ lo²¹ pv⁵⁵ gə²¹ le³³ pv⁵⁵。
师傅　两个　也　坡　高　坡　送　壑深壑送　上　又　送

8｜Ly⁵⁵ gv³³ py³³ bv¹³ nɯ³³，lər²¹ dzy²¹ dɯ³³ ɲi³³ le³³ khv³³ lə²¹，gæ²¹ dzy²¹
中间祭司　来　　喊有　一　天　又　请来　帮忙　有

dɯ³³ ɲi³³ le³³ dy⁵⁵ lə²¹③，ly⁵⁵ gv³³ py³³ bv²¹ tɕər²¹，u³³ lu²¹ ka³³ le²¹ gv³³ be³³ hu⁵⁵。
一　天　又　邀来　　中间祭司　　上　　赐福　保佑　好的　愿

给嘎勒趋的祭司剂恩珊岚做一次食物供养。给美宾共腊、活宾热基、优宾腊通、嵩宾瓦脧做一次食物供养。给九代祖父的所有的大威力神做一次食物供养。给岚旧基旧神、岚巴塔戈神、塔优低罢神、倍代神中的余品抓梭神、余律抓梭神、余基抓梭神做一次食物供养。给贤能祭司的三代祖先胜利神做一次食物供养。

做了食物供养神灵的祭仪后，在还没有打开斯蹦祖先住地的金色银色大门时，就用没有被男子品尝过的头道醇酒，用没有被女子品尝过的头道浓茶来送糊泥师傅和凿木师傅，把他们两位师傅从高坡深壑处往上送。人神鬼中间的贤能祭司，在需要喊的那一天再来请你们，在需要帮助的那一天再来邀

---

① 此格后面一句经语文字省略。
② 此格后一句经语文字省略。
③ 此格后一句经语文字省略。

你们，祈愿你们赐福和保佑贤能的祭司我。
第 23 页

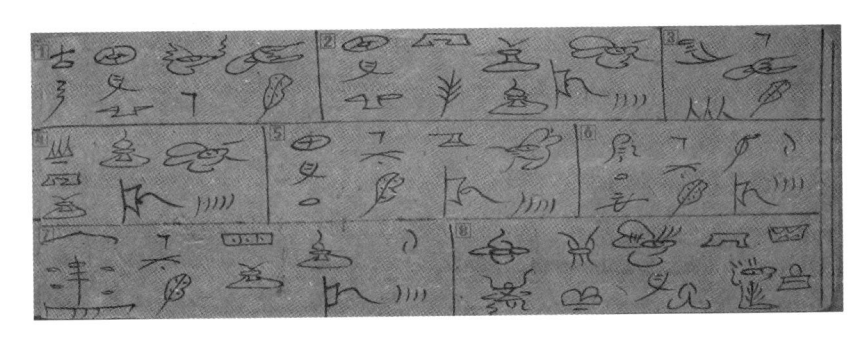

1 | tʂhʅ³³ pv⁵⁵ tʂhʅ³³ tɕhi³³ se³³ kho³³ tho²¹，ly⁵⁵ gv³³ py³³ bv¹³ nɯ³³，ȵi³³
　　这　送　这　走　了　以后　　　中间　　祭司　来
me³³ thɯ³³ ȵə²¹ dɯ³³ la⁵⁵ ne³³①, 2 | ȵi³³ me³³ thɯ³³, sər³³ gə³³ u⁵⁵ khu³³ he²¹
东方　朝　一　敲　敲　　东方　　木 的 乌神门 黑神
khu³³ phu³³ le³³ fæ²¹；3 | i³³ tʂhʅ³³ mɯ²¹ ȵə²¹ dɯ³³ la⁵⁵ ne²¹, 4 | mi³³ gə³³ u⁵⁵
门　开 又　去　　南方朝　一　敲敲　　铁 的 乌
ne²¹ he²¹ khu³³ phu³³ le³³ fæ²¹。5 | ȵi³³ me³³ gv²¹tɕy²¹ dɯ³³ la⁵⁵ ne⁵⁵，ʂu¹³ gə³³ u⁵⁵
神 和 黑神门　开 又 去 西方　　朝 一 敲敲 铁 的 乌
khu³³ he²¹ khu³³ phu³³ le³³ fæ²¹；6 | ho³³ gv³³ lo²¹ tɕy²¹ dɯ³³ la⁵⁵ la⁵⁵，dʑi¹³ gə³³
神 门 黑神　门　开 又 去　北方　朝 一 敲敲　水 的
u⁵⁵ khu³³ he²¹ khu³³ phu³³ le³³ fæ²¹；7 | mɯ³³ le³³ dy²¹ ly⁵⁵ gv³³ ȵə²¹ dɯ³³ la⁵⁵
乌神门　黑神门　开 又 去　天　和 地　中间　朝　一　敲
ne²¹，mɯ³³ ne²¹ dy²¹ ly⁵⁵ gv³³，tʂʅ¹³ gə³³ u⁵⁵ ne²¹ he²¹ khu³³ phu³³ le³³ fæ²¹。
敲　天　和 地中间　土 的 乌神 和 黑神 门 开 又 去
8 | uu³³ lɿəi²¹ yv³³ lv²¹ dɯ³³ thɯ³³ lo⁵⁵ me³³ i³³，sər³³ mi³³ tʂʅ³³ ʂu²¹ dʑi²¹ gə³³
松石 绿　檩子　一 次 架 的 呢　木 火 土 铁 水 的
u⁵⁵ khu³³ he²¹ khu³³ phu³³ le³³ fæ²¹②。sər³³ mi³³ tʂʅ³³ ʂu²¹ dʑi²¹ gə³³ u⁵⁵ ne²¹ he²¹
乌神 门 黑神 门 开 又 去 木 火 土 铁 水 的 乌神和 黑神
nɯ³³ u³³ lu²¹ ka³³ le²¹ ty³³ me³³ tʂhʅ³³ dɯ³³ ȵi³³③，gə²¹ i³³ y³³ hɯ²¹ y³³ bæ²¹ gv³³

---

① 诵此段经文时，祭司要在墓碑上敲击一下，以示开门。后同。
② 此分句文字省略。
③ 此分句文字省略。

| 来 | 赐福 | 保佑 | 给 | 的 | 这 | 一 | 天 | 上 | 呢祖先 | 高兴祖先欢欣 | 好 |

be³³ hu⁵⁵。
的愿

送走泥匠师傅和木匠师傅以后，贤能的祭司来朝东方敲击一下，打开东方属木的乌神黑神的方位门；朝南方敲击一下，打开南方属火的乌神黑神的方位门；朝西方敲击一下，打开西方属铁的乌神黑神的方位门；朝北方敲击一下，打开北方属水的乌神黑神的方位门；朝天地中央敲击一下，打开天地中央属土的乌神黑神的方位门。架上绿松石色的檩子，打开木、火、土、铁、水五方五行属性的乌神黑神的方位门。在木、火、土、铁、水属性的乌神和黑神赐福和保佑祭祀人家的这一天，祈愿住在上方的祖先高兴欢欣。

第 24 页

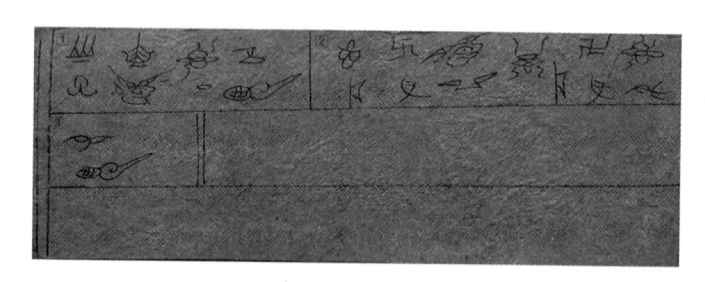

1 ｜ mɯ²¹ i³³ sɿ⁵⁵ nɯ²¹ sɿ⁵⁵ ua²¹ gv³³ be³³ hu⁵⁵。 2 ｜ ŋv²¹ khu³³ ɯ³³ me³³
　　　下　呢 家人生育 活人繁衍 好　　的 愿　　银 门　　好　的
nɯ²¹ le³³ thv³³ iə⁵⁵ hu³³, hæ²¹ khu³³ ɯ³³ me³³ ua²¹ le³³ zɑ²¹ 3 ｜ iə⁵⁵ hu⁵⁵。
吉　 又 出现 的 愿 金　门　好　 的 祥　又 呈现　　 祝 愿

祈愿住在下方的主人生育繁衍。祈愿建好银门出现吉祥景象，祈愿建好金门呈现祥瑞征兆。

第 25 页

二 祭斯蹦祖先仪式:《在斯蹦祖先住地架檁子经》

第 26 页

三

祭天神、地神和柏神仪式：
《阿瓦腊瓦唱本和射箭镇仇敌经》

第 1 页

mɯ³³ dɑ³³ çy⁵⁵ py²¹
祭天神、地神和柏神仪式
ɑ⁵⁵ uɑ³³ lɑ²¹ uɑ³³ dzər³³ ku³³，khæ⁵⁵ gu²¹ khæ⁵⁵ ʐv²¹ zər²¹

阿瓦腊瓦唱本和射箭镇仇敌经

写经、释读：和力民
记音、翻译：和力民
时间：2015 年 12 月 15 日（指翻译时间）
地点：丽江市古城区开南街道贵峰社区三元村

《阿瓦腊瓦唱本和射箭镇仇敌经》题解
本经横长 30 厘米，竖宽 14 厘米，共 14 页。纸张质地为莞花手工造东巴土纸。经书封页书写形式为横本横书。内页经文书写为每页三行横书，用竖线分隔句、段。有跋语。书写文字以东巴文为主，格巴文为辅。

书写风格为墨书，白色棉线装订。书写者和力民，法名阿明东贡。书写地址是云南省丽江市古城区开南街道贵峰社区三元村。书写时间是2004年腊月二十七日。

本经主要书写三个方面的内容。（1）阿瓦腊瓦唱本。在新年新月新日里，祭祀人们得到天神仲腊阿烹、地神册痕阿自和柏神门壬夸罗的保佑。人们如同先祖阿瓦腊瓦神一样，要去射靶镇鬼了。叙述砍桑木制作弯弓，种苴麻制作弓绳，砍竹子制作利箭的过程。（2）祭天歌舞唱本。祭天族群户主们牵手围圈旋歌时的唱词，表达得到天神、地神、柏神的保佑，实在牢靠地镇压仇敌了，天神、地神和柏神都高兴了。（3）射箭镇仇地经。祭天群的族人们去年度过平安一年，没有五方仇敌起兵来挑衅。今年祭祀天、地、柏神的今天，已经用猪祭献天、地、柏神了。祈愿神灵欢欣。未雨绸缪，在新的一年开启之际，东、南、西、北、中五方仇敌还没有起兵时，就先要果断、实在地把五方的喀鬼和治鬼镇压下去。最后是书写者跋语。记述书写此经的时间、原因、作为、处境以及对现今东巴文化传承危机的担忧。

祭天是纳西族东巴教比较重要的一个祭祀仪式，在民间有着比较广泛的群众基础和比较强烈的民族情感。民谚说 nɑ^{21}ɕi^{33} mɯ^{33} py^{21} dm^{21}，即纳西人以祭天为最重要的祭仪。就仪式程序和规模而言，祭天算不上大仪式。但是就其祭祀内容和重要性而言祭天集中体现纳西族敬天崇祖的道德行为，表达纳西族对自然和祖先的崇敬。祭天活动有严格的禁忌，以保证族群人对天神的恭敬。吃过狗肉、马肉的人，三年内不得进入祭天场祭天。在古代纳西族社会里，以能参加祭天为荣，以不能参加祭天为耻。正是如此，在古代，纳西族地区祭天活动成为一种风俗，甚至成为纳西族的一种民俗标志。也正是因为这样，自明以来的汉文献中，屡屡记载其俗。如景泰年间（1450—1457）的《云南图经》卷五记载："丽江军民府风俗……摩梭蛮，不事神佛，唯每岁正月五日具猪羊酒饭，极其严洁，登山祭天以祈福禳灾。祭毕，男女百数，执手圆旋，歌舞为乐。"《滇略》卷九、《云南志略》以及乾隆朝《丽江府志略》、民国《中甸县志稿》等有记载。

丽江盆地自1950年始停止纳西族传统祭天习俗。自20世纪90年代末以来，曾经有过几次祭天活动，但都属于展演性质。其一，祭天祖位不是建立在传统村落里。其二，祭天仪式没有连续性，多半是祭了一次后没有再次。其三，仪式程序不完整。其四，仪式要素不严谨。丽江市古城区开南街道贵峰社区三元村的温瑟阿宗族自20世纪90年代末恢复宗祖家会活动以来，欲恢复祭天习俗。正值1998年丽江纳西文化研习馆成立，在三元村开办贵峰东巴文化夜校,培养年轻人传承东巴文化,温瑟阿宗族有多名青年参加学习。于是,2000年春节,在21世纪开始之际,温瑟阿宗族40多户人家集中在传统祭天场,恢复了中断半个世纪的传统祭天习俗。此后每年春节坚持祭天,至2015年已有16年的历史了。丽江纳西文化研习馆已为此习俗的恢复,培养了一个主祭司和两个助祭司。在经济全球化、文化一体化的时代里,这个祭天群及其活动在丽江盆地具有唯一性。纳西族历史上的祭天,就其血缘祭天群体的大小,有氏族祭天、宗族祭天、家族祭天、家庭祭天等几种,此外还有村落祭天。这是以地域为单位的祭天组织。发展到民国时期,氏族祭天往往少有,宗族祭天尚有传承,而家族祭天和家庭祭天较为普遍。祭天群体的由大到小的演变,一方面说明经济私有化的发展和文化活动个体化的演变,另一方面也使得传统文化传承内容不断简化。祭天群体的由大到小的演变使得一些传统礼俗不断消亡。三元村温瑟阿宗族原来一直保持宗族祭天传统,大约民国时期一分为三,演变为家族祭天。21世纪初又恢复为宗族祭天,以40多户血缘宗族为比较稳定的祭天组织。人多力量大,就具备全面恢复纳西族传统祭天文化的客观条件。丽江纳西文化研习馆根据这些条件,为温瑟阿宗族传承较完整的祭天科仪内容和祭天经典。笔者曾完整地学习过玉龙山北部地区纳西族祭天经典和科仪。为了完整地保留和传承祭天文化遗产,在温瑟阿祭天群里传承了祭天唱阿瓦腊瓦调、祭天射箭和祭天跳舞唱凯旋歌。为了不让这些内容失传,特写这本经典。这本经书的内容,原来都是口碑传承。历史上自然就不会有文字经。现在书写成文字经典,也是新时期东巴经典文献传承的一个新版本。

第2页

三　祭天神、地神和柏神仪式：《阿瓦腊瓦唱本和射箭镇仇敌经》

第3页

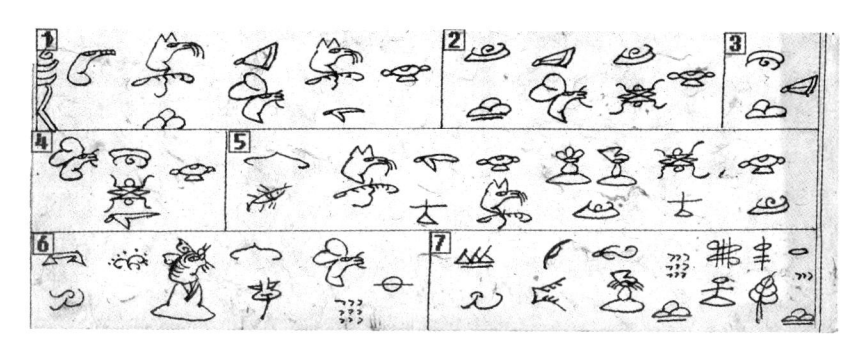

1 | o²¹①o³³, khv⁵⁵②lv²¹ phi⁵⁵ le³³ khv⁵⁵ ʂʅ⁵⁵ tʂʰʅ³³ dɯ³³ khv⁵⁵, 2 | he³³
　　　窝　窝　年　旧　后　又　年　新　这　一　年　　月
lv²¹ phi⁵⁵ le³³ he³³ ʂʅ⁵⁵ tʂʰʅ³³ dɯ³³ he³³, 3 | ha⁵⁵ lv²¹ phi⁵⁵ 4 | le³³ ha⁵⁵ ʂʅ⁵⁵
旧　后　又　月　新　这　一　月　　日子　旧　后　　又 日子 新
tʂʰʅ³³ dɯ³³ ha⁵⁵, 5 | mɯ³³ lɯ⁵⁵ khv⁵⁵ ʂʅ⁵⁵ tʂʰʅ³³ dɯ³³ khv⁵⁵, du²¹ se²¹ he³³ ʂʅ⁵⁵
这　一　日　　天　地　年　新　这　一　年 鹿神 瑟神③月份新
tʂʰʅ³³ dɯ³³ he³³, 6 | gə²¹ i³³④dzɿv³³ la²¹ a³³ phv³³ mɯ³³ nɯ³³ le³³ gv³³ lv²¹,
这　一　月　　　上方 呢　仲腊阿烹　　天神 来 又　保 佑
7 | mɯ²¹ i³³⑤tshe⁵⁵ hɯ²¹ a²¹ dzʅ³³ da³³ nɯ³³ le³³ gv³³ lv²¹, he²¹ i³³⑥khua³³
　　下方 呢　　册痕阿自　　地神 来　又　保佑　神 的 夸
dzɿ²¹ ly³³ gv³³ çy⁵⁵ sʅ⁵⁵ kv³³ nɯ³³ le³³ gv³³ lv²¹。
坐中间　柏神 三　位　来　又　保佑

---

① 原文本意为鸡，这里是东巴祭司诵唱时的启示语。
② 这是一个合体字。上部是一个鼠头。有两个读音，一读 vf⁵⁵, 意为鼠，二读 khv⁵⁵, 意为年，因怕有误读所以加了下面这个声旁，字读 khv⁵⁵, 像镰刀割物。此字本读 khv³³, 本意为割如 dzɯ³³ khv³³, 割麦，iç²¹ khv³³ 割稻谷。这里作假借声旁，读 khv⁵⁵。
③ 鹿（有的音译为董）神和瑟（有的音译为色）神，是纳西东巴教的创世神、道德神。经书云，他们是自然规律和社会规范的制定者。鹿神为男神，瑟神为女神。二神为夫妻。祭天场大门左右立两颗石头，代表此二神。传统纳西族民居大门两边亦立两颗石头代表此二神。鹿神瑟神也是阳神阴神。传说一年十二月份是他们制定的，故有鹿神瑟神分新年之说。
④ 音译为仲腊阿烹（有的音译为子劳阿普）。天神，祭天仪式的主要崇拜对象。他是纳西族女始祖册痕部鲍（有的音译为衬红褒伯）的父亲。祭天神坛上用一棵黄栎树象征。
⑤ 音译为册痕阿自（有的音译为衬恒阿仔）。地神，祭天仪式的主要崇拜对象。她是纳西族女始祖册痕部鲍的母亲。祭天神坛上用一棵黄栎树象征。
⑥ khua³³, 音译为夸，是柏神的简称。全名是 mɯ³³ zɿ³³ khua³³ lo²¹，门壬夸罗（有的音译为蒙若可罗）。他是纳西族女始祖册痕部鲍的舅父，是祭天仪式的主要崇拜者。在祭天神坛上用一棵柏树祭祀他，立在天神树和地神树的中间。

窝、窝，旧年后的新年这一年，旧月后的新月这一月，旧日后的新日这一日，天地开新年，新年这一年；鹿神瑟神分新月，新月这一月，祭祀的人们，得到上方的天神仲腊阿烹神的保佑，得到下方的地神册痕阿自神的保佑，得到坐在中间的柏神门壬夸罗神的保佑。

第 4 页

1 ｜ a^{55} ua^{33} la^{21} ua^{33} $tɯ^{33}$，la^{21} ua^{33} $khæ^{55}$ gu^{21}① $tɯ^{33}$。2 ｜ la^{21} ua^{33} $khæ^{55}$
　　阿瓦腊瓦② 起身　　腊瓦　射 靶 起身　　　腊瓦　射
gu^{21} $tɯ^{33}$，$khæ^{55}$ gu^{21} $ʐv^{21}$ $zər^{21}$ $bə^{21}$。3 ｜ $khæ^{55}$ gu^{21} $lɯ^{33}$ me^{33} $thɯ^{33}$，thv^{33}
靶 起身　射靶 仇敌 镇压 要　　　　　射 靶 弯弓　这　产生
me^{33} se^{21} be^{33} thv^{33} $mə^{33}$ do^{21}，$pɯ^{55}$ me^{33} se^{21} be^{33} $pɯ^{55}$ $mə^{33}$ do^{21}。4 ｜ $khæ^{55}$
的 如何 的 产生 不 知道 出来的 如何 的　出来 不 知道　　射
gu^{21} $lɯ^{33}$ me^{33} $thɯ^{33}$，$tɕhi^{21}$③ $sər^{33}$ $lɯ^{33}$ me^{33} tse^{33}。ze^{55} $tɕi^{33}$ $tɕhi^{21}$ da^{55} $bɯ^{33}$，
靶 弯弓 这　桑 木 弯 弓　制年轻人桑　木 砍 要去
$tɕhi^{21}$ $sər^{33}$ ze^{21} $nɯ^{33}$ $dzŋ^{21}$ $mə^{33}$ do^{21}。④ $tɕhi^{21}$ $sər^{33}$ $ʐər^{21}$ $nɯ^{33}$ $dzŋ^{21}$，$zər^{33}$ bi^{21}
桑 木 何处 在 生长 不 知道 桑木 生长 河谷 在 生长 江边河谷
$ʂv^{55}$ $nɯ^{33}$ $dzŋ^{21}$。5 ｜ $tɕhi^{21}$ do^{21} $ɕi^{33}$ $mə^{33}$ dzy^{21}，s^{33} $zŋ^{33}$ $miə^{21}$
地 在 生长 桑木 发现 人 没 有 智 者 眼

---

① gu^{21}，又称 $gu^{33}$$pe^{21}$ 即靶。祭天时，在祭天场附近的南方位立一块靶子，上面画一个持刀矛的鬼像。届时，祭天户主持弓搭箭射此鬼像，射中了，大伙举手叫好。

② 阿瓦腊瓦，神话传说中的纳西族先祖，英勇善战。传说，古代纳西族祭天时，有敌人进犯，先民们拿着弓箭从祭天场出发，与敌人殊死战斗，最后获胜。胜利归来，继续祭天。这就是祭天时射箭镇鬼的由来。

③ $tɕhi^{21}$ 这个字的东巴文是一个鹿子头。这里用来假借标桑木读音的第一个音节。

④ 桑木多生长在河谷地带的山上，故有此说。

三 祭天神、地神和柏神仪式：《阿瓦腊瓦唱本和射箭镇仇敌经》 599

    祭祀的人们，如同先祖阿瓦腊瓦神，要起身去射靶了。阿瓦腊瓦神要起身去射靶，要射靶来镇压仇敌了。射靶用的这弯弓呀，不知道是如何产生的，不知道是怎么做出来的。射靶用的这把弯弓，是用桑木制作的。年轻人要去砍桑木树来制作弯弓，但不知道桑木生长在何处。桑木生长在河谷地，生长在江边河谷地。最初没有人发现桑木，

第 5 页

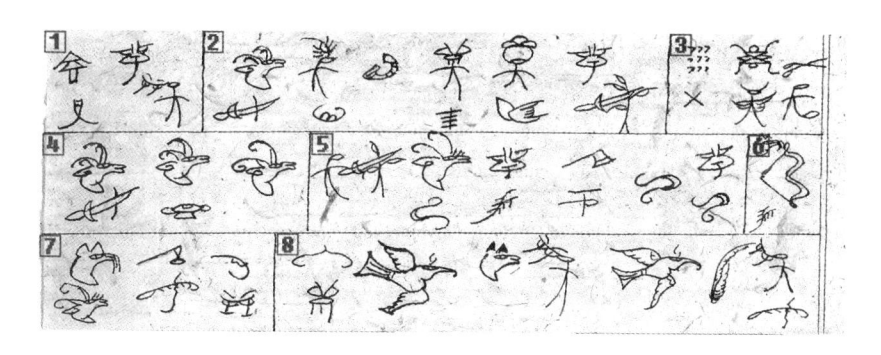

1 ｜ tha^{55} me^{33} nɯ^{33} do^{21}。2 ｜ tɕhi^{21} da^{55} ɕi^{33} mə^{33} dʑy^{21}, kv^{55} zŋ^{33} phv^{55}
    锐 的 来 看见   桑木 砍 人 没 有   能 者 美
lv^{33} la^{21} nɯ^{33} da^{55}。3 ｜ gv^{33} tshər^{21} hæ^{21}① ze^{55} tɕi^{33}, 4 ｜ tɕhi^{21} da^{55} tɕhi^{21} dɯ^{33}
发 手 来 砍   九 十 金 年轻人   桑木 砍 桑木 得到
se^{21}。5 ｜ da^{55} se^{33} kuə^{55} nɯ^{33} mæ^{21}。ʂu^{33} phər^{21} kuə^{55} nɯ^{33} kuə^{55}, hua^{33} dɯ^{21}
了   砍 了 刮 来 跟   上铁白 刮刨 用 刮   光滑 大
tʂhŋ^{33} lua^{33} lua^{33}。6 ｜ kuə^{33} gu^{21} khv^{55} nɯ^{33} mæ^{21}。7 ｜ lɯ^{33} me^{33} khv^{55} me^{33}
直 光 亮   刮 后 弯 来 跟上   弯弓 弯 的
se^{21} be^{33} khv^{55} mə^{33} do^{21}。8 ｜ mɯ^{33} kv^{33} kə^{55} dzi^{21} do^{21}, kə^{55} dv^{33} ly^{21} le^{33} khv^{55}。
如何 的 弯 不 知道   天 上 鹰 飞 见   鹰 翎 看 又 弯

    是锐眼的智者先发现桑木。最初没有人来砍桑木树，是美发能者亲手砍桑木。90 个可爱如金的年轻人，砍倒桑木了。砍倒桑木以后，接着就要削刮桑木。用白铁刮刨来削刮桑木，把桑木削刮得光滑发亮。削刮桑木后接着就要弯桑木。不知道如何才能把桑木弯制成弯弓。看到天空中飞翔的雄鹰，看着鹰翎弯制弯弓。

---

    ① hæ^{21}，本意为金。在这里是譬喻。纳西语里常用 hæ^{21} 与年轻男子和女子称谓连称，表示可爱亲爱，句译中译为"可爱如金"。

第 6 页

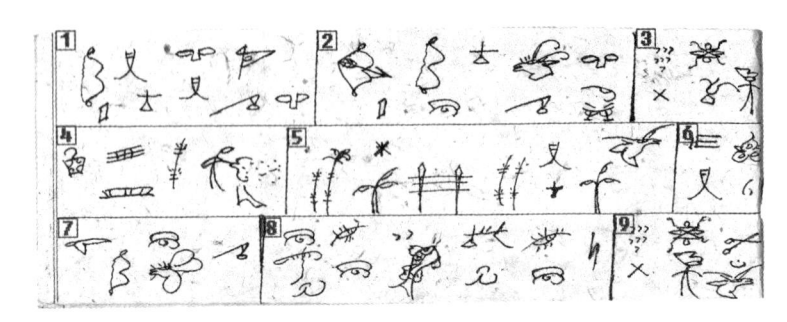

1 | khæ⁵⁵ to²¹ lɯ³³ me³³ thɯ³³, thv³³ me³³ the³³ be³³ thv³³。2 | khæ⁵⁵ to²¹
　　射　具　弯　弓　　这　产生　呀　这样的　产生　　射　具
lɯ³³ me³³ ha⁵⁵，thv³³ me³³ se²¹ be³³ thv³³ mə³³ do²¹。3 | ʂər³³ tshər²¹ hæ²¹ mi⁵⁵
弯弓　绳　产生的　如何的　产生　不　知道　　七　十　金　好
4 | dʑə²¹, dər²¹ lɯ³³ sa³³ phv⁵⁵ khɯ⁵⁵。5 | sa⁵⁵ ba³³ tv²¹ dʑər²¹ ka⁵⁵, sa⁵⁵
　　好　沃田　麻　播　去　　　 枲麻　千　棵　间　苴
me³³ ɕi³³ dʑər²¹ y²¹。6 | sa⁵⁵ me³³ ɯ³³ le³³ 7 | ʂɿ⁵⁵, khæ⁵⁵ lɯ³³ ha⁵⁵ le³³ be³³。
麻　百　棵　生长　　苴麻　皮　又　　剥　射　弓　绳　又　做
8 | khv⁵⁵ i³³ lɯ³³ ha⁵⁵ ɲi³³, so²¹ i³³ lɯ³³ ha⁵⁵ tʂhər³³。9 | ʂər³³ tshər²¹ hæ²¹
夜晚　呢　弓　绳　剥　清晨　呢　弓　绳　洗　　　七　十　金
mi⁵⁵ dʑər²¹ nɯ³³ y²¹,
好　好　来　拿

射具里的这把弯弓，就是这样产生的。射具里的弯弓上的弓绳，不知道是怎样产生的。70个可爱如金的好女子，到沃田里去播种麻。在千棵枲麻间，生长着百棵苴麻。剥下苴麻皮，来做弯弓上的弓绳。夜晚间剥做弓绳的麻，清晨时洗做弓绳的麻。70个可爱如金的好女子拿来剥洗好的麻，

第 7 页

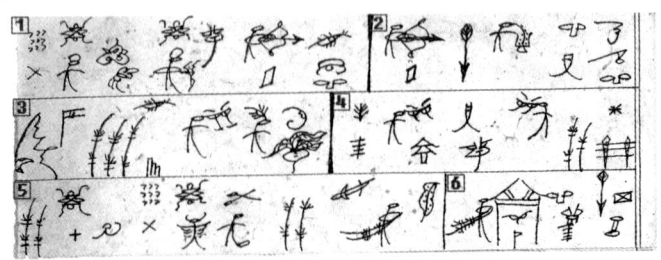

三　祭天神、地神和柏神仪式:《阿瓦腊瓦唱本和射箭镇仇敌经》　　601

1｜gv³³ tshər²¹ hæ²¹ zo³³ ɯ³³ ɳə²¹ ku²¹, gv³³ tshər²¹ hæ²¹ zo³³ ɯ³³ nɯ³³ bi²¹。
　　九十　金　男子　好　上　递给　　九　十　金　男　好　来　搓
khæ³³ to²¹ lɯ³³ ha⁵⁵ thɯ³³, thv³³ me³³ the³³ be³³ thv³³。khæ⁵⁵ to²¹ lɯ³³ ha⁵⁵ tsɿ⁵⁵
射　具　弓　绳　这　　产生　的　这样　的　产生　射　具　弓　绳　系
khæ⁵⁵ to²¹ lɯ³³ me³³ thɯ³³, thv³³ me³³ the³³ be³³ thv³³。2｜khæ⁵⁵ to²¹ lɯ³³ sɿ³³
射　具　弯弓　这　产生　的　这样　的　产生　　　　射　具　箭
tɕi³³, khæ⁵⁵ to²¹ lɯ³³ sɿ³³ thɯ³³, thv³³ me³³ se²¹ be³³ thv³³ mə³³ do²¹。3｜æ³³
放　　射　具　箭　这　产生　的　如何　的产生不知道　　崖
ʂua²¹ mɯ⁵⁵ lɯ³³ dzɿ²¹, mɯ⁵⁵ do²¹ ɕi³³ mə³³ dʐy²¹。4｜sɿ³³ zɿ³³ miə²¹ tha⁵⁵
高　竹子　生长　竹　发现　人　没　有　　　智者　眼　锐
me³³ nɯ³³ do²¹。mɯ³³ lɯ³³ tv²¹ dzər³³ ka⁵⁵, 5｜mɯ⁵⁵ sɿ²¹ ɕi³³ dzər³³ i³³。mɯ⁵⁵
的来　发现　竹子　千　棵　间　　　竹　黄　百　棵　有　竹
sɿ²¹ lɯ³³ sɿ³³ da⁵⁵。gv³³ tshər²¹ hæ²¹ ze⁵⁵ tɕi³³, mɯ⁵⁵ da⁵⁵ mɯ⁵⁵ ʂv²¹ ne²¹,
黄　箭　砍　　九　十　金　年轻人　　竹　砍　竹　拖　着
6｜ʂv²¹ pu⁵⁵ iə³³ ko²¹ thv³³。kv⁵⁵ zɿ³³ lɯ³³ tshe⁵⁵ tʂər²¹,
　　拖　着　家里　到　　能　者　箭　削　使

把剥洗好的麻递给90个可爱如金的好男子，90个可爱如金的好男子来搓麻绳。射具里的弓绳就是这样产生的。把弓绳系在弯弓上，弯弓和射具就是这样产生的。射具的弯弓上搭放利箭，不知道这利箭射具呀，是怎么产生出来的。高高的山崖上生长着竹子，最初没有人发现这山崖上的竹子。锐眼的智者发现了山崖上的竹子。在千棵青竹子中，有百棵黄竹。砍来黄竹做利箭。90个可爱如金的年轻人，忙着砍竹和托竹，把竹子拖回到家里。让能者来削箭，

第8页

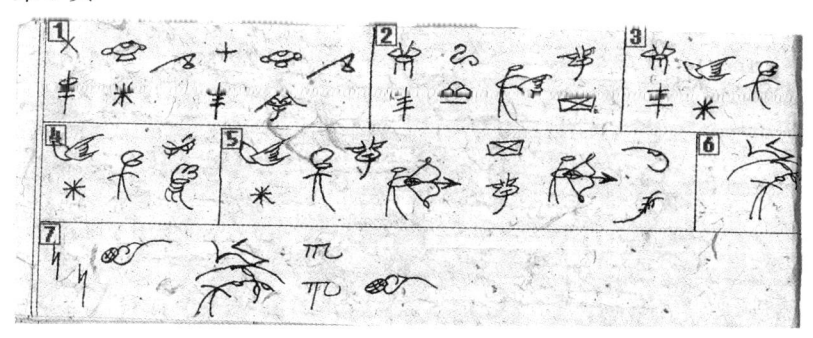

1｜tshe²¹ ly³³ dɯ³³ tv⁵⁵ be³³, ɕi³³ ly³³ dɯ³³ pa³³ be³³。2｜kv⁵⁵ zɿ³³ phv⁵⁵
　　十　支　一　包　做　　百　支　一　捆　做　　　能　者　美

lɯ³³ la²¹ nɯ³³ tshe⁵⁵，3 ｜ kv⁵⁵ zŋ³³ la²¹ tv²¹ zo³³，4 ｜ la²¹ tv²¹ zo³³ ȵə²¹ ku²¹。
发 手 来   削   能 者 手 准 男子   手 准 男子 上   递交
5 ｜ kv⁵⁵ zŋ³³ la²¹ tv²¹ zo³³ nɯ³³ khæ⁵⁵，tshe⁵⁵ nɯ³³ khæ⁵⁵ mə³³ mæ²¹。6 ｜ tɕhi²¹
    能 者 手 准 男子 来   射削   来   射   不 及   桑
sər³³ lɯ³³ me³³ y²¹，khæ⁵⁵ to²¹ lɯ³³ sŋ³³ y²¹，zˌv²¹ zər²¹ 7 ｜ tʂhər³³ tʂhər²¹ hu⁵⁵，
木   弯 弓 拿   射 具   箭   拿   仇 敌 镇 压   实   在   愿
zˌv²¹ zər²¹ ka³³ ka²¹ hu⁵⁵①。
仇敌 镇压   牢 靠 愿

把十支箭包成一包，把百支箭捆成一捆。美发的能者亲手来削箭，削好后给射击准确的男子，射击准确的男子接过箭，搭在弯弓上射出去，削箭者不能满足射箭者的需求。拿着桑木弯弓，拿着射具利箭，祈愿用弓箭能够实实在在地镇压仇敌，祈愿用弓箭能够牢靠地镇压仇敌。

第 9 页

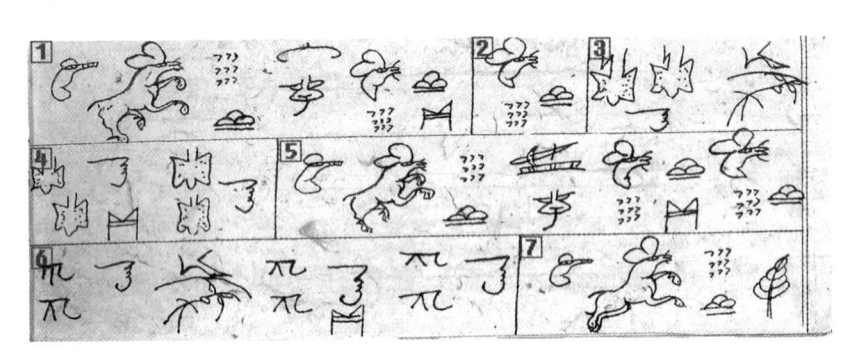

1 ｜ o²¹ le³³ gv³³ lv²¹②，mɯ³³ nɯ³³ le³³ gv³³ lv²¹ uə³³，2 ｜ le³³ gv³³ lv²¹。
    窝 又 保佑   天神   来 又   保佑   呀   又 保佑
3 ｜ tʂhər³³ tʂhər²¹ se²¹，zˌv²¹ zər²¹ 4 ｜ tʂhər³³ tʂhər²¹ se²¹ uə³³，tʂhər³³ tʂhər²¹
    实在   了   仇敌镇压   实在   了   呀   实在
se²¹。5 ｜ o²¹，le³³ gv³³ lv²¹，da³³ nɯ³³ le³³ gv³³ lv²¹ uə²¹，le³³ gv³³ lv²¹。
了   窝 又 保佑   地神 来 又   保佑   呀   又 保佑

①诵唱阿瓦腊瓦要起身去射箭的经文时，祭天主祭东巴要从神坛柏树上取下弓箭，朝神坛下的祭天户主们诵唱。
②这一段内容是祭天虚绥（祭天仪式的主持东巴）领唱，众祭天户主应和唱，在祭天场牵头围成圈往左移步跳舞的歌词。

三　祭天神、地神和柏神仪式：《阿瓦腊瓦唱本和射箭镇仇敌经》　　603

6｜ka³³ ka²¹ se²¹, z̩v²¹ zər²¹ ka³³ ka²¹ se²¹ uə²¹, ka³³ ka²¹ se²¹。7｜o²¹, le³³
　　牢靠　了　仇敌 镇压　牢靠　了　呀　　牢靠 了　　　窝　又
gv³³ lv²¹, çy⁵⁵
保佑　　　柏神

窝，祭天的族人户主们，又得到保佑了，又得到天神的保佑了呀，又得到保佑了；实在了，镇压仇敌实在了呀，实在了。窝，又得到保佑了，又得到地神的保佑了呀，又得到保佑了；牢靠了，镇压仇敌牢靠了呀，牢靠了。窝又得到保佑了，

第 10 页

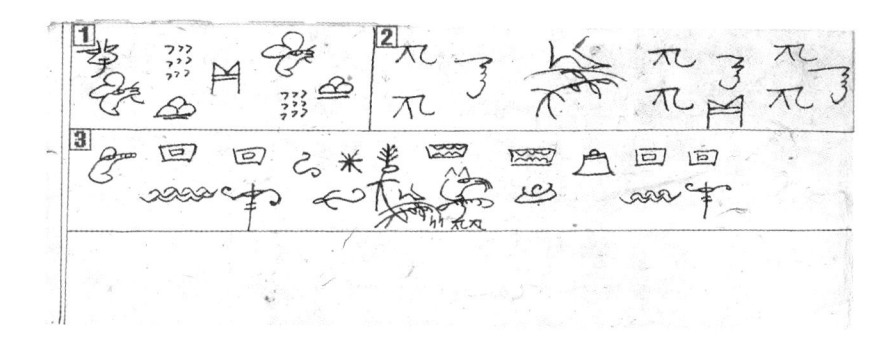

1｜nɯ³³ le³³ gv³³ lv²¹ uə²¹, le³³ gv³³ lv²¹；2｜ka³³ ka²¹ se²¹, z̩v²¹ zər²¹
　　来　又　保佑　呀　又　保佑　　牢靠　了　仇敌 镇压
ka³³ ka²¹ se²¹ uə²¹, ka³³ ka²¹ se²¹。3｜o²¹①,② ta⁵⁵ tçi²¹ ta⁵⁵ li⁵⁵,③ phv⁵⁵ tv²¹
牢靠　了　呀　牢靠　了　　窝　　大 吉 大 利　　烹 东
a³³ sŋ²¹ tʂʐ³³ hua⁵⁵ nɯ³³, z̩v²¹ zər²¹ tʂhər³³ tʂhər²¹ se²¹, z̩v²¹ zər²¹ ka³³ ka²¹ se²¹。
父亲 这　伙　来　仇敌 镇压实在　了　仇敌 镇压　牢靠　了
mɯ³³ hɯ²¹ da³³ bæ²¹ çy⁵⁵ hɯ²¹ çy⁵⁵ bɯ²¹ co²¹, khv⁵⁵ hɯ²¹ he³³ bæ²¹ se²¹, ta⁵⁵ tçi²¹
天神高兴地 神 欢 欣 柏神 高 兴 柏神 欢 欣 了 年 岁 高兴月份欢欣了大吉
ta⁵⁵ li⁵⁵。
大 利

---

①　从这里开始由唱转为说。
②　大吉大利为汉语。在祭天活动中一般都严禁说其他民族语，然此汉语都在直接借用。
③　烹东，音译名。纳西族祭天群友烹东、共恒、共筛、共寨四种组织，各有不同的传统规矩。

又得到柏神的保佑了呀，又得到保佑了；牢靠了，镇压仇敌牢靠了呀，牢靠了。窝，大吉大利，烹东祭天群的户主父亲这一伙，镇压仇敌实在了，镇压仇敌牢靠了。天神高兴了，地神欢欣了，柏神也高兴了，神灵们在年岁里高兴了，神灵们在月份里欢欣了，大吉大利。

第 11 页

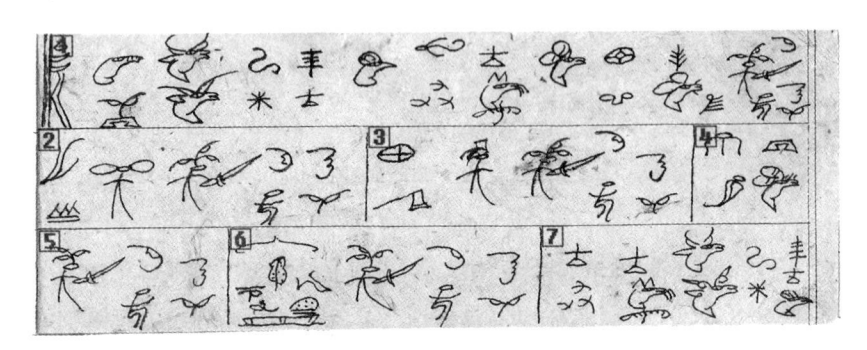

1 | o²¹, iə²¹ gə³³ ɯ³³ y²¹ phv⁵⁵ tv²¹ zɿ³³ tʂʅ³³ hua⁵⁵, a²¹ be³³ tʂʅ³³ khv⁵⁵
　　窝　优　的　恩余　烹东　守持　这　伙　　去年　这年
lo²¹, ȵi³³ me³³ thv³³ gə³³ sər³³ le³³ ho¹³ nɯ³³ ẓv²¹ mə³³ tɯ³³ se³³ iə³³, 2 | i³³
里　　东方　的木　　　勒活①　来仇敌没有起兵了呀
tʂʅ³³ mɯ²¹ gə³³ mi³³ le³³ bv³³ nɯ³³ ẓv²¹ mə³³ tɯ³³ se³³ iə³³, 3 | ȵi³³ me³³ gv²¹
南方　的　火　勒蹦②　来仇敌没有起兵　了呀　　西方
gə³³ ʂu²¹ gv³³ dzɿ²¹ nɯ³³ ẓv²¹　mə³³ tɯ³³ se³³ iə³³, 4 | ho³³ gv³³ lo²¹ gə³³ dʑi³³
的　铁　共自③　来仇敌　没有起兵了　呀北方　的　水
gə²¹ lo⁵⁵ nɯ³³ 5 | ẓv²¹ mə³³ tɯ³³ se³³ iə³³, 6 | mɯ³³ ne²¹ dy²¹ ly⁵⁵ gv³³ gə³³
各罗④　来　仇敌没有起兵了　呀　　天和地中央的
phər²¹ na⁵⁵ bə³³ u²¹ nɯ³³, ẓv²¹ mə³³ tɯ³³ se³³ iə³³。 7 | tʂʅ³³ be³³ tʂʅ³³ khv⁵⁵
潘纳鲍乌⑤　来　仇敌没有起兵了呀　　今年这岁

---

① 勒活，音译族名。指古代汉族。现今纳西语称为 ha³³ pa²¹。汉族居东方，故曰属木。
② 勒蹦，音译族名。指古代白族。古代白族亦有"勒墨"之称。今纳西族称白族仍为勒蹦。因白族居住在纳西族的南方，故曰五行属火。
③ 共自（有的音译为古宗），音译族名。指古代藏族。现今纳西族仍称藏族为共自。藏族居西方，故曰属铁。
④ 各罗（有的音译为郭洛），音译族名。古代居住在纳西族住地的北方。故曰属水。各罗人在古代自称一族，现已融入其他民族中。
⑤ 潘、纳、鲍、乌音译人种名、族名。古代与纳西族居住在一起的民族人种名字。

三　祭天神、地神和柏神仪式：《阿瓦腊瓦唱本和射箭镇仇敌经》　　605

lo²¹, ɯ³³ y²¹ phv⁵⁵ tv²¹ zɿ²¹ tʂhɿ³³ hua⁵⁵,
里恩余　烹东 守持　这　　伙

　　窝，优支系的守护着恩余烹东祭天群传统的大伙们，去年一年里，居住在东方的属木的勒活人仇敌没有起兵了呀，居住在南方的属火的勒蹦人仇敌没有起兵了呀，居住在西方的属铁的共自人仇敌没有起兵了呀，居住在北方的属水的各罗人仇敌没有起兵了呀，居住在天地中央的潘人、纳人、鲍人、乌人仇敌没有起兵了呀。今岁这一年，守护着恩余烹东祭天群传统的大家伙们，

第12页

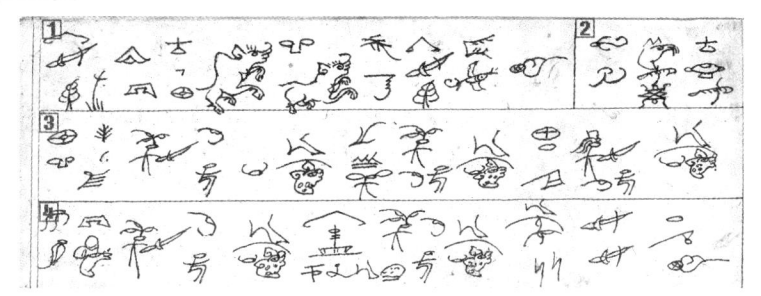

1 ｜ mɯ³³ ne²¹ dɑ³³, he²¹ i³³ khua³³ dzɿ²¹ ly⁵⁵ gv³³ çy⁵⁵ py²¹ tʂhɿ²¹ gə³³
　　天神 和 地神　神 的 夸　坐　中间　柏神 祭 来 的
tʂhɿ³³ dɯ³³ ȵi³³, bu²¹ thv⁵⁵ bu²¹ mæ²¹ se²¹。mɯ³³ hɯ²¹ dɑ³³ bæ²¹, çy⁵⁵ hɯ²¹
这　一　天　猪 献 猪　献 上 了　天神 高兴 地神 欢欣 柏神 高兴
çy⁵⁵ bæ²¹ gv³³ be³³ hu⁵⁵。2 ｜ a³³ i³³, khv⁵⁵ sɿ⁵⁵ tʂhɿ³³ dɯ³³ khv⁵⁵, 3 ｜ ȵi³³
柏神 欢欣 成 的 愿　　现在 年　新　这一　年　　东
me³³ thv³³ gə³³ sər²¹ le³³ ho²¹ nɯ³³ zv²¹ mə³³ tɯ³³ sɿ³³ nɯ³³, ȵi³³ me³³ thv³³ gə³³①
方　的　木　勒　活　来 仇敌 没有 起兵 还 就　东方　的
kha³³ ne²¹ dzɿ²¹ zər²¹ mɯ³³ le³³ zər²¹；i³³ tʂhɿ³³ mɯ²¹ gə³³ mi³³ le³³ bv³³ nɯ³³
喀鬼 和 治鬼 镇压 下 又 镇压　南方 的　火　勒 蹦 来
zv²¹ mə³³ tɯ³³ sɿ³³ nɯ³³, i³³ tʂhɿ³³ mɯ³³ gə³³ kha³³ zər²¹ dzɿ²¹ zər²¹ mɯ²¹ le³³
仇敌 没有 起兵 还就　南方　的　喀鬼 镇压 治鬼 镇压 下 又
zər²¹；ȵi³³ me³³ gv²¹ gə³³ su²¹ gv²¹ dzɿ²¹ nɯ³³ zv²¹ mə³³ tɯ³³ sɿ³³ nɯ³³, ȵi³³
镇压　西方　的　铁 共　自 来 仇敌 没有 起兵 还 就

---

① 喀鬼、治鬼，音译鬼名。纳西先民认为，仇敌起兵之前，首先是施鬼作祟、挑衅。因此未雨绸缪，先得镇压仇敌施放的鬼。

me³³ gv²¹ gə³³ kha³³ zɚr²¹ dzɿ³³ zɚr²¹ mɯ²¹ le³³ zɚr²¹；4｜ho³³ gv³³ lo²¹ gə³³
西方 的 喀鬼 镇压 治鬼 镇压 下 又 镇压 北 方 的
dzi²¹ gə²¹ lo⁵⁵ nɯ²¹ z̦v²¹ mə³³ tɯ³³ sɿ³³ nɯ³³，ho³³ gv³³ lo²¹ gə³³ kha³³ zɚr²¹
水 的 罗 来 仇敌 没有 起兵 还   就 北 方 的 喀鬼镇压 治鬼
dzɿ³³ zɚr²¹ mɯ²¹ le³³ zɚr²¹，mɯ³³ ne²¹ dy²¹ ly⁵⁵ gv²¹ gə³³ phər²¹ na⁵⁵ bə³³ u²¹
下   镇压 又 镇压   天 和 地   中央 的 潘 纳 鲍乌
z̦v²¹ mə³³ tɯ³³ sɿ³³ nɯ³³，mɯ³³ ne²¹ dy²¹ ly⁵⁵ gv³³ gə³³ kha³³ zɚr²¹ dzɿ³³ zɚr²¹
仇敌 没有 起兵 还   就 天 和 地   中央   的 喀鬼 镇压 治鬼 镇压
mɯ²¹ le³³ zɚr²¹。z̦v²¹ zɚr²¹ tʂhər³³ tʂhər²¹ da⁵⁵ da³³ gv³³ be³³ hu⁵⁵。
下 又 镇压   仇敌 镇压 实在   果 断 成 的 愿

来祭祀天神、地神和坐在天神地神中间的柏神门壬夸罗神的这一天，把需要祭献的猪已经祭献给天、地、柏神了。祈愿天神高兴、地神欢欣、柏神高兴。现在，在新的一年开启之际，居住在东方的属木的勒活人仇敌还没有起兵时，就把东方的喀鬼和治鬼镇压下去；居住在南方的属火的勒蹦人仇敌还没有起兵时，就把南方的喀鬼和治鬼镇压下去；居住在西方的属铁的共自人仇敌还没有起兵时，就把西方的喀鬼和治鬼镇压下去；居住在北方的属水的各罗人仇敌还没有起兵时，就把北方的喀鬼治鬼镇压下去；居住在天和地中央的潘人、纳人、鲍人、乌人仇敌还没有起兵时，就把天地中央的喀鬼治鬼镇压下去。祈愿射箭镇鬼能够实在、果断地镇压仇敌。

第 13 页

1｜bu³³ tho²¹① sər³³ phv³³ a⁵⁵ y²¹ khv⁵⁵，mi³³ uə²¹ ȵi³³ ly³³ nɯ³³ zɿ³³ me³³
   干支   木 公 猴 年   咪 温② 两颗 来 值 这样

---

① bu³³ tho²¹，即干支。以五行、阴阳及十二属相结合方式纪年。60 年为一轮，周而复始。
② 音译名，即九宫。纳西族纪年中除干支和五行十二属相外，还结合九宫纪年。

三　祭天神、地神和柏神仪式：《阿瓦腊瓦唱本和射箭镇仇敌经》　　　607

gə³³ tʂʅ³³ khv⁵⁵ gə³³ da³³ ua³³ he³³ gə³³ ȵi³³ tsər²¹ ʂər³³ ȵi³³ a⁵⁵ y²¹ khv⁵⁵ gə³³
的　这　年的　腊月月份　的　二　十　七　日　猴　属相　的
tʂʅ³³ ȵi³³ pər⁵⁵ mu³³ me⁵⁵。2｜mɯ³³ le³³ py²¹ 3｜gə³³ ua⁵⁵ khv³³ gv³³ lɯ⁵⁵ se¹³,
这　天　写的　啊　天神又祭　的　五　年　有　将　了
sər³³ le²¹①tsho²¹ ua²¹ uə³³ se³³ a²¹ mɯ³³ py²¹ hua⁵⁵ lu³³ tshər²¹ dʑi²¹ ha⁵⁵ nɯ³³ to³³
散勒②　宗族温瑟阿③　天神祭群体　四　十　户　余　来
ba²¹ mɯ³³ py²¹ 4｜ɕy³³ sue³³ la³³ dɯ³³ kv⁵⁵ me⁵⁵ the²¹ iə⁵⁵ se²¹ me⁵⁵。5｜a³³ i³³
东巴天神祭　虚绥④　也一个　教　且　给了　啊　现在
khu³³ tɕi³³ tʂʅ³³ la³³ dɯ³³ dze³³ be³³ pər⁵⁵ tɕi³³ iə⁵⁵ se²¹ me⁵⁵。6｜a³³ i³³ me³³
口碑　这　也　一　册　地　写　留存　给　了　啊　现在这样
gə³³ dzʅ²¹, dze³³ dze²¹ le⁵⁵ le³³ 7｜be³³ mɯ³³ py²¹ kv⁵⁵ me⁵⁵ la³³ do²¹ dzə²¹ iə³³
的　时代　完完整整　地天神祭会的也见难了
me⁵⁵, miə²¹ do²¹ ho³³ tshər³³ dy⁵⁵⑤me³³ ta⁵⁵ ua²¹ iə³³。8｜ŋə²¹ a³³ mi²¹ to³³ ku⁵⁵
呀　眼　见　汤　热　追逐　的　都　是　了　我　阿明东贡
to³³ ba²¹ the³³ ɯ³³ thɯ³³ 9｜ȵi³³ tsər³³ khv⁵⁵ ha⁵⁵ so³³ so²¹ se²¹, 10｜ŋə²¹ gə³³
东巴　经典　这　二十　年　余　学习　了　我　的
sʅ²¹ dzv³³ la³³ ʂʅ³³ se³³ ne²¹ iə³³, la³³ ha⁵⁵ sʅ³³ me³³ ka⁵⁵ ʂæ³³ do²¹ kv³³ la³³ mə³³
老师　也　死完将在了　更加　懂的　上交流　处也没
dzʅ²¹ se²¹ me⁵⁵, nɯ³³ tɕhi⁵⁵ se²¹ me⁵⁵, be³³ by³³ mə³³ i³³ se²¹ me⁵⁵。
有　了　呀　心　伤　了　呀　做　余地没有了呀

　　干支为公木猴年，两颗咪温值年的这年腊月二十七日属猴的这天书写的啊。恢复祭天将有五年了，为了散勒村温瑟阿宗族祭天群体40余户人家，我已经教出了一个祭天的东巴虚绥了啊。现在把这口碑内容也写成一本经留存给了啊。如今这个时代，能完完整整地祭祀天神的人也很难见到了呀，多是一些眼睛追逐热汤、急功近利者了。我阿明东贡学习东巴经典有20余年了，我的老师已将要去世完了，从今以后更难以有与懂得东巴文化的智者交

---

① 宗族之纳西族称谓，tsho²¹即人，ua³³即骨。ua³³tsho²¹即一根骨头上繁衍出来的族人。
② 散勒，音译村名。今称三元村，属云南省丽江市古城区开南街道贵峰社区。
③ 温瑟阿即宗族名，原是这个宗族创始人名字。后为本宗族族名。其宗族有十五代族谱刻于石上。
④ 虚绥，音译，祭天东巴称谓。东巴教祈神仪式中的主祭司皆称为虚绥。如祭天、祭祖、祭家神、祭村寨神等，均如此。
⑤ 此为纳西族常见口语，指那些急功近利、追逐现实利益者。

流的机会了呀,伤心了呀,没有什么办法了呀。

第 14 页

四

《超度女性死者·挽歌》

mi⁵⁵ ʂʅ³³ ɕi³³ ŋv⁵⁵ · mu⁵⁵ dzər³³ uɑ²¹ me⁵⁵
《超度女性死者·挽歌》
作者：和讯①
读经：和秀山②
记音：张磊　李英
翻译：张磊　李英
校译：李英

---

① 和讯（1927—2009），男，东巴，塔城署明东巴，国家级非遗传承人。
② 和秀山，男，1988年生，塔城署明人，本经书作者和讯东巴弟弟和训之孙，县级东巴传承人。

mi^{55} ʂʅ^{33} çi^{33} ŋv^{55} · mu^{55} dzər^{33} uɑ^{21} me^{55}
超度女性死者·挽歌

【内容提要】
本书主要记载了以下几个方面的内容。
（1）祖舞的出处及来历，以及开丧期间跳祖舞的情况。
（2）列举不会死亡的三个天神、三个地神，以及纳西族祖先与无数飞禽走兽死亡的生动事实，让死者知道有生就有老、有老就有死的客观规律，并劝慰死者不要为个人的死亡而忧伤。
（3）三个能干聪明的好妇人一齐出去买年岁和寿岁的情况。
（4）美居伟瓦男子卖马和出去买卖的情况。
（5）死者送上去的时候，把他生前的福泽留给活者。

【经书导读】
《超度女性死者·挽歌》mi^{55} ʂʅ^{33} çi^{33} ŋv^{55} · mu^{55} dzər^{33} uɑ^{21} me^{55} 主要流行于丽江玉龙县塔城、鲁甸一带。与其他两本经书《超度年轻男性死者·挽歌》ɑ^{33} sʅ^{21} tɑ^{21} le^{55} dʒu^{33} 和《超度年轻女性死者·挽歌》sʅ^{33} mu^{33} zʅ^{21} kə^{55} phv^{33}，在超度仪式上针对不同性别、不同年龄段死者灵活使用。

该经书在超度 60 岁以上女性死者时，在晚上所举行 mu^{55} dzər^{33} "挽歌"的歌舞 "dzu^{21}" 祖舞仪式的时候使用到。仪式表现形式为歌舞对答，东巴领唱众人和，对答形式较多采用比喻、顶针、借代、夸张等修辞手法，把人的死去比作飞禽走兽的死亡，经书全文始终贯穿生老病死是一个不可回避的自然规律的主题，从而起到劝慰死者、安慰生者的目的。

经书由署明国家级东巴画师和训在 20 世纪 80 年代后期，东巴文化在署明复兴的大背景下，凭借记忆书写，这本经书整合了《纳西东巴古籍译注》中的《超度死者·献贡品》《创世记》《开丧和超度死者·安慰死者之歌》三本经书的经典段落。为便于学徒的学习和记忆，经书打破了传统的"省略式"书写的特点，基本上采用一字一音的书写方式，字的书写粗犷极具山村乡野之风格。其中还掺杂了少许的格巴文字。

本书主要记载了以下几个方面的内容：祖舞的出处及来历，以及开丧期间跳祖舞的情况；列举不会死亡的三个天神、三个地神，以及纳西族祖先与无数飞禽走兽死亡的生动事实，让死者知道有生就有老、有老就有死的客观规律，并劝慰死者不要为个人的死亡而忧伤；三个能干聪明的好妇人一齐出去买年岁和寿岁的情况；美居伟瓦男子卖马和出去买卖的情况；超度死者，把死者灵魂送走之时，望死者把生前的各种福泽留给生者。

四 《超度女性死者·挽歌》

第1页

ho³³…, la³³iə²¹①ho²¹, la²¹ɯ³³mə³³ho³³ la²¹tʂhʅ³³ho³³, la²¹tʂhʅ³³ho³³me³³,
霍… 神灵 求 神灵好不求   神灵所 求   神灵所 求 的
nɯ¹³tʂhʅ³³ho²¹ nɯ²¹ho²¹nɯ³¹thv³³se²¹。‖ ho⁵⁵…, la³³iə²¹ho⁵⁵, la²¹ɯ³³mə³³ho⁵⁵
福 所求,福求福 出 了   霍…… 神灵 求 神灵好不求
la³³tʂhʅ³³ho³³, la²¹tʂhʅ³³ho³³me³³uɑ²¹le³³ho³³, uɑ¹³ho⁵⁵uɑ¹³zɑ²¹se²¹。‖ ho⁵⁵…
神灵所 求 神灵所求 的 福又求   禄 求 禄降了   霍……
la³³iə²¹ho⁵⁵, la²¹ɯ³³mə³³ho³³la³¹ tʂhʅ³³ho³³, la²¹ tʂhʅ³³ ho³³ɯ³³ me³³nɯ³³tʂhʅ²¹
神灵求 神灵好的   求神灵所求   神灵所 神灵好 的 来祭祀
py²¹ly⁵⁵khu³³lv²¹, gv³³bɯ³³çiɑ³³tɕhy²¹②, dv²¹tshe⁵⁵uæ²¹dɯ³³bə²¹ʐʅ³³ho²¹gə²¹
场地 里 启程 要去大鹏鸟   翅膀 左   一 边死者求 上
bɯ³³dər³³, ‖ gv³³bɯ³³çiɑ³³tɕhy²¹dv³³tshe⁵⁵i²¹dɯ³³bə²¹, sʅ⁵⁵③mu³³no³³ uɑ²¹the⁵⁵
去 应该   启程 要去大鹏鸟 翅膀 右 一 边 家神 福泽 如此
ɲi³³no³³uɑ²¹sʅ⁵⁵le³³sɑ⁵⁵。‖ ④ɑ³³lɑ³³mə³³ʂər³³ɲi³³, ʂər⁵⁵lɑ³³mə³³dɯ³³ɲi³³,
福泽 家神 又接   阿也 不 说 日 说 也 不 一 天
‖ ɑ³³tshe³³dzi³³mə³³thv³³, mɯ³³ne²¹dy¹³sʅ³³thv³³, ‖ mɯ³³ne²¹dy²¹khuɑ³³gɯ³³,
起初 人 不 出   天 和 地 先出   天 和 地 之间

---

① lɑ³³iə²¹, 神灵。东巴经中神灵多作 phv³³lɑ²¹。此处翻译参见《纳西东巴古籍译注》（100卷）第57卷《超度死者·献供品》，第83页，由和云彩读经，和发源翻译。

② çiɑ³³tɕhy²¹, 又读作 çiɑ³³tɕhy²¹，相传能制服自然精灵"署"的神鸟，受东巴教主东巴什罗派遣调解了人类与自然的矛盾。

③ sʅ⁵⁵，家神。是保佑家庭人畜顺利、兴旺的神灵。纳西族传统母房中柱上挂家神祭笼，内置家神箭、家神梯。逢结婚之仪要做 sʅ⁵⁵khv²¹迎请家神的仪式；丧葬仪式程序结束以后也要接着做 sʅ⁵⁵khv²¹迎请家神的仪式。

④ 从此节开始到下两页经书第2行第2格的内容与东巴经 tshobəthv 古事记当中的内容相同。主要以此引出下一节关于祖舞（见下页注释）起源的内容。

dʑy²¹na⁵⁵ʐua³³lua³³dʑy²¹①sɿ³³thv³³, ‖ dʑy²¹na⁵⁵ʐua³³lua³³dʑy²¹kv³³to⁵⁵,
居那若罗　　　　山　先出　　居那若罗　　　　山　　顶上

译文：（1）求神灵，不是为了好事不求神灵，求神灵时求福分，求福分求得好时福来临。求神灵，不是为了好事不求神灵，（2）求神灵时求福禄，求福禄求得好时福来临。（3）求神灵呀为死者，为死者祈求得好时，在祭祀场地里，要上去的大鹏神鸟翅膀的左边，死者要启程去上面；（4）要上去的大鹏神鸟翅膀的右边，把家神的福泽遗留给活者。（5）很古很古的时候，（6）起初，人类还没有出现之前，先出现了天和地，（7）在天地中央，先出现了居那若罗神山。（8）居那若罗神山山顶，

第2页

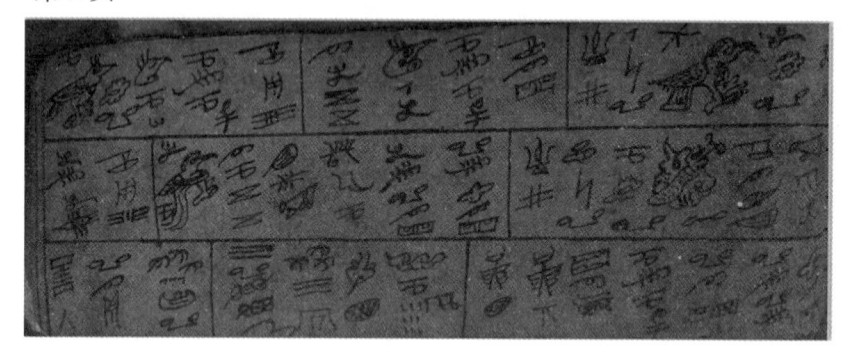

tshi⁵⁵li³³phər²¹sɿ³³thv³³,　tshi⁵⁵li³³phər²¹tʂhɿ³³me³³,　phər²¹pɯ³³phər²¹lɯ²¹
鹡鸰鸟 白 先出　　鹡鸰鸟 白 这 只　　白 出处 白 来历
be³³bə²¹tsɿ⁵⁵,　‖ mə³³na²¹mə³³tha⁵⁵tha⁵⁵,　po⁵⁵lo³³dɯ³³pə²¹na²¹,　phər²¹pɯ³³
做要说　不黑不可能　　嗉囊一根黑　　白 出处
phər³³lɯ²¹be³³mə³³lua²¹;　‖ thɯ³³gu²¹dɯ³³tʂhər⁵⁵thv¹³,　le⁵⁵kæ²¹na¹³sɿ³³thv³³,
白 来历 做 不 能　　之后 一 代 到　　　乌鸦 黑 先出
‖ le⁵⁵kæ²¹na²¹tʂhɿ³³me³³,　na²¹pɯ³³na²¹lɯ²¹be³³bə²¹tsɿ⁵⁵,　‖ le⁵⁵kæ²¹na²¹tʂhɿ³³
乌鸦 黑 这 只　　黑 出处 黑 来历 做要说　　　乌鸦 黑 这
me³³,　mə³³phər²¹mə³³tha⁵⁵tha³³,　dv³³tshi³³mæ³³tshi³³so³³pə²¹phər²¹,　na²¹pɯ³³
只 不 白 不 可能　　翅膀 尾 尖 三 根 白　　　黑 出
thv³³mə³³lua²¹,　thv³³pɯ³³thv³³lɯ²¹sy²¹mə³³lua²¹;　‖ thɯ³³gu²¹dɯ³³tʂhər⁵⁵thv¹³,
处出 不 能　　出 出处 出 来历 除 不 能　　　之后 一 代 到

---

① dʑy²¹na⁵⁵ʐua³³lua³³dʑy²¹，居那若罗神山。传说中的神山，以定天地。东巴仪式中在神坛之上必立一犁头代表此神山。

四 《超度女性死者·挽歌》　　　　　　　　　　613

phe³³le³³phər²¹tʂʅ³³me³³, thɯ⁵⁵ua³³ṣu²¹mə³³tʂu⁵⁵, dv³³tshi²¹kua³³mə³³i³³,
蝴蝶　白　这只　　　腰　骨　铁　不　接　　翅膀　力量　不　有
‖ phe³³le²¹thv³³mə³³kv⁵⁵, tʂʅ³³sʅ⁵⁵he³³ȵiə²¹thv³³, ‖ hər³³thv³³tʂhu³³tʂhu³³
蝴蝶　出不会　　冬　三　月　里　出　　　　风　吹　冲崇坡
bu²¹, tsh³³hər²¹tʂua²¹nɯ³³mu²¹, tɕi²¹phər²¹gv³³ty⁵⁵kua⁵⁵, ‖ ze²¹mu²¹ze²¹ɕiə⁵⁵
冬风　猛烈　来　吹　云　白　九　层　间　　　　哪里吹　哪贴
hɯ³³mə³³do²¹, phe³¹le²¹phər²¹tʂʅ³³me³³ phər²¹pɯ³³phər³³lɯ²¹thv³³mə³³lua²¹,
去　不　知　蝴蝶　白　这只　　白出处白　来历　出　不　能
thv³³pɯ²¹thv⁵⁵lɯ²¹sy²¹mə³³sʅ³³.
出　出处　出　来历　除　不　知

译文：（1）在居那若罗神山山顶先出现了白色的鹡鸰鸟，鹡鸰鸟说要做纯白色的典范，（2）但是，偏偏在它的嗉囊上长着一根黑色的羽毛，做不了白色的典范。（3）之后，过了一代，出现了乌鸦，（4）乌鸦说要做黑色的典范，（5）但偏在它的翅膀尖上长了三根白色的毛，所以它做不了黑色的典范。（6）接着到了下一代，出现了白色的蝴蝶，它也要做白色的典范，但是蝴蝶它，腰细没有力气，翅膀也没有力量，（7）而且，蝴蝶出生在寒冬三月里，（8）它在冲崇坡上，被猛烈的寒风吹打下，吹到了九层云外，（9）最后不知道飘去哪里、贴在哪里，蝴蝶它也就做不了白色的典范。

第 3 页

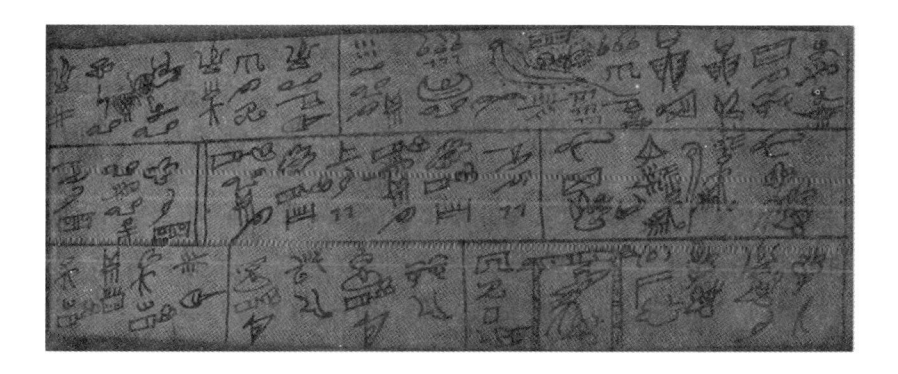

thɯ³³gu²¹dɯ³³tʂhər⁵⁵thv³³, tʂhua⁵⁵ua³³na²¹sʅ³³thv³³, tʂhua⁵⁵ua³³na²¹tʂʅ³³
之后　一　代　到　　　蚂蚁　黑　先　出　　蚂蚁　黑　这
me³³, thɯ⁵⁵tʂʅ²¹kua³³mə³³i³³, thɯ³³ua³³ṣu²¹mə³³tʂu⁵⁵, ‖ tʂhu⁵⁵ua³³thv³³mə³³
只　　腰　细力量不　有　　腰　骨　铁　不　接　　　蚂蚁　出　不

kv⁵⁵, ʐu²¹sɿ⁵⁵he³³ȵiə³¹thv³³, ʐua⁵⁵lua³³iə²¹ɖʑi²¹mæ³³, tʂɿ³³na²¹gv³³ty⁵⁵ko⁵⁵,
会　　夏　三月　里　出若罗　　尤吉河尾　　　土 黑 九 层 间
ze²¹phi⁵⁵ze²¹ʐv²¹hɯ³³mə³³do²¹,　na²¹pɯ³³na²¹lɯ³¹ ‖ be³³mə³³lua²¹, thv³³pɯ²¹
哪里 冲 哪里 冲 去 不 知　　黑 出处 黑来历　　做 不 能　　出 出处
thv⁵⁵lɯ³³sy²¹mə³³lua²¹。 ‖ ʥu²¹①thv³³kv³¹mə³³sɿ³³,　ʥu²¹dzo²¹ʂə⁵⁵mə³³ȵi²¹,
出 来历 除 不 能　　舞祖 出 处 不 知　　祖舞 事 说 不 要
dzu²¹pɯ³³kv²¹mə³³sɿ³³,　dzu²¹dzo²¹be³³mə³³ȵi²¹。 ‖ a³³tshe³³dʑi³³mə³³dzu³³,
舞祖 来历 处 不 知　　舞 祖 事 做 不 要　　起初 人类 不 祖舞
mɯ³³lɯ⁵⁵ʂu²¹lo²¹khua³³②,　ʂu⁵⁵③ɕi³³æ³³pa²¹mu⁵⁵, ‖ tʂhua²¹nɯ³³dzu³³kv³³ʂu³³,
美 利 斯 罗 柯　　　束 族 老人 死 男子 来 舞祖 头领
bɯ³³nɯ³³dzu³³mæ⁵⁵tʂu³³, ‖ o⁵⁵dzu³³the³³so²¹khɯ⁵⁵, he²¹dzu³³the³³ly²¹khɯ⁵⁵。
女子 来 舞祖尾 接　　沃神舞祖 向 学 去　恒神 舞祖　向 看 去
‖ gə²¹i³³to⁵⁵khɯ³³phər²¹④,　gv³³dzɿ³³æ³³pa²¹mu⁵⁵,　py³³ʂu²¹bv²¹nɯ³³mu⁵⁵,
　上　方　的　垛肯盘　　藏族 老人　死　土掌房 下 于　死
thɯ³³mu⁵⁵mə³³nɯ³³tɕhi⁵⁵。
他　死　不　心　伤心

　　译文：（1）接着又到了下一代，就出现了黑色的蚂蚁，蚂蚁说要做黑色的典范，但是它同样腰部细小，没有力量，（2）而且，它出生在盛夏的三月里。在若罗神山下被暴涨的尤吉河水冲到九层厚土之下，最后，也不知道冲到何处何地了。（3）这样，蚂蚁做不了黑色的典范。（4）不知道祖舞的出处，就不要去跳祖舞，不知道祖舞的来历就不要谈论祖舞的事情。（5）起初，人们还没有祖舞，但是，到后来在美利斯罗柯地方的束族老人死了（6）那里的男子在老人死后领头跳起了祖舞，女子在后面紧跟着跳着舞祖。（7）他们跳着从沃神那里学来的祖舞和恒神那里看到的祖舞。（8）居住在上方垛肯盘的藏族老人死了，老人死在了土掌房里，他死时人们没伤心。

---

　　① dzu²¹祖舞，舞种名称，此舞全称 ze²¹ze³³dzu³³。是在丧仪上跳的集体舞蹈。这里音译为祖舞。
　　② mɯ³³lɯ⁵⁵ʂu²¹lo²¹khua³³，地名，音译为美利斯罗柯。
　　③ ʂu⁵⁵，也作 sɿ⁵⁵，束，古代纳西氏族名。传说 me²¹、ho²¹、ʂu⁵⁵、iə²¹梅、伙、束、尤为纳西族四个古氏族名。前两个氏族居住在金沙江以东，后两个居住在金沙江以西。
　　④ o⁵⁵khɯ³³phər²¹，东巴经中把藏族先民居住的地方统称为垛肯盘。

四 《超度女性死者·挽歌》 615

第 4 页

bər²¹ ʂua⁵⁵la²¹ phər²¹ kho⁵⁵, tʰɯ³³kho³³ nɯ³³tɕhi⁵⁵hə²¹, ‖ gə²¹ba²¹lo²¹tʂʅ³³
牦牛 骟 前足 杀 它 杀伤心 了 孝子 这
hua⁵⁵, ku³³mu²¹hy²¹tʂʅ³³ thæ³³, ho²¹za³³na²¹tʂʅ³³kɯ⁵⁵, dze³³ʂʅ²¹khua³³tʂʅ³³
群 帽子 红 这 戴 靴子 黑 这 穿 七彩 哈达 这
lo⁵⁵, ‖ tsua²¹nɯ³³dzu³³kv³³ʂu³³, bɯ³³nɯ³³dzu³³mæ⁵⁵tsu⁵⁵, o⁵⁵dzu³³the³³so²¹
挂 男子 来祖舞 头 领 女子 来祖舞 尾 跟 沃神祖舞 向 学
khɯ⁵⁵, ‖ he²¹dzu³³the³³ly²¹khɯ⁵⁵; mɯ²¹i³³bv³¹ly⁵⁵zʅ³³za²¹mæ³³①, le³³bv³³
去 恒神祖舞 向 看 去 下方的 补陆日饶满 白族
sæ²¹②dɯ²¹mu⁵⁵, ua³³dʑi²¹bv²¹nɯ³³mu⁵⁵, tʰɯ³³mu⁵⁵mə³³nɯ³³tɕhi⁵⁵, ‖ tɕi⁵⁵iə²¹
禅神 大 死 瓦 房 下 于 死 他 死 不伤心 水牛
khua³³pa²¹kho⁵⁵, tʂʅ³³kho⁵⁵nɯ³³tɕhi⁵⁵hə²¹。‖ ku³³mu²¹phər²¹tʂʅ³³thæ³³, ho²¹
角 宽 杀 它 杀伤心 了 帽子 白 所 戴 靴
za³³na²¹tʂʅ³³kɯ⁵⁵, ‖ tsua²¹nɯ³³dʑu³³kv³³ʂu³³, bɯ³³nɯ³³dʑu³³mæ⁵⁵tsu⁵⁵, o⁵⁵
子 黑 所 穿 男子 来 祖舞 头 领 女人 来 祖舞 尾 跟 沃
dʑu³³the³³so²¹khɯ³³, he²¹dʑu³³the³³ly²¹khɯ⁵⁵; ‖ dʑi³³dʑiə²¹ly⁵⁵gv²¹uə³³, na²¹
神祖舞 向 学 去 恒神祖舞 向 看 去 人 好 中间 村子 纳
ɕi³³æ³³ŋ²¹mu⁵⁵, gɯ²¹dʑi²¹bv²¹nɯ³³mu⁵⁵, tʰɯ³³mu⁵⁵mə³³nɯ³³tɕhi⁵⁵, ɯ³³me³³
西 父亲死 木楞房 下 于 死 他 死 不 伤心 母牛
na³¹lv⁵⁵kho⁵⁵, tʂʅ³³kho⁵⁵nɯ³³tɕhi⁵⁵hə²¹, ku³³mu²¹phər²¹tʂʅ³³thæ³³, ɕuæ⁵⁵
黑色 杀 它 杀伤心 了 帽子 白 所 戴 孝
dʑi³³phər²¹tʂʅ³³mu²¹。
服 白 所 穿

---

① bv³³ly⁵⁵zʅ³³za²¹mæ³³，东巴经中把白族先民居住的地方统称为补陆日饶满。
② sæ²¹，白族的大神。音译为禅。

译文：(1) 当人们为超度老人而杀前足白色的骟牦牛的时候，人们的心才悲伤起来。(2) 孝子孝女头戴红色毡帽，脚穿黑色靴子，挂着七彩哈达前来吊唁老人，(3) 男人们在前面领头跳祖舞，女人们紧跟在后面跳着祖舞，她们跳着从沃神那里学来的祖舞，(4) 跳着从恒神那里看到的祖舞；(5) 居住在下方补陆日饶满尊禅神为大的白族老人死了，他死在瓦房里，他死时人们还不是很悲痛，(6) 当人们为超度大禅神而杀宽角水牛的时候，人们却备感悲伤。(7) 孝子孝女头戴白色毡帽，脚穿黑色靴子，来吊唁老人，(8) 男人们在前面领头跳祖舞，女人们紧跟在后面跳着祖舞，她们跳着从沃神那里学来的祖舞，跳着从恒神那里看到的祖舞；(9) 在富饶的大地中央，纳西族的父亲去世了，他在木楞房里死去，他刚去世时，人们还不是很悲伤，当人们为超度死去父亲而宰杀黑色的母牛的时候，大家却倍感哀痛。人们头戴白帽，身穿孝服前来吊唁。

第 5 页

tʂua²¹ nɯ³³ dʐu³³ kv³³ ʂu³³，bɯ³³ nɯ³³ dʐu³³ mæ³³ tʂu⁵⁵，‖ o⁵⁵ dzu³³ the³³ so²¹
　男子　来　祖舞　头领　女人　来　祖舞　尾　跟　　沃神祖舞　向　学
khɯ³³，he²¹ dzu³³ the³³ ly²¹ khɯ⁵⁵。‖ na²¹ mu³³ be³³ tv⁵⁵ dy²¹，sʅ²¹ nɯ³³ zo³³ tʂʅ³³
　去　　恒神祖舞处　看　去　　广大　村大　地　　父　来　儿　所
çi²¹，zo³³ çi²¹ zo³³ mə³³ tsʅ²¹，mə³³ tsʅ²¹ dʑy³³ mə³¹ tsʅ⁵⁵，‖ zo³³ phu²¹ khɯ³³ bə²¹ lɯ³³，
养　　儿子 养儿子 不理睬　不　理睬有　的　说　　儿子　逃　门槛　地方
lɯ³³ nɯ³³ gə²¹ le³³ hə²¹，‖ gə²¹ ŋv⁵⁵ tso³³①le³³ hə²¹，gə²¹ ŋv⁵⁵ tso³³ lɯ⁵⁵ thv¹³，‖ dze³³
地方从上面去了　　　上方　哦咗　又去　上方　哦咗　地到　　七彩
ʂʅ³¹ kha³³ tʂʅ³³ lo⁵⁵，khu³³ nɯ³³ ma²¹ lɯ³³ tʂhu³³，la²¹ nɯ³³ bɯ³³ dər²¹ lo⁵⁵，ŋv³³ tso³³

———
① ŋv⁵⁵ tso³³，地名，也作 o³³ tso³³，指西藏拉萨，此处音译为哦咗。

四　《超度女性死者·挽歌》

```
          哈达       这挂   口里    喇嘛经念    手上念珠挂        哦咗
‖ zo³³ phv³³ dɯ²¹, çy²¹ dʑi⁵⁵ zo³³ phv³³ dɯ³³, zo³³ le³³ tɕy²¹ mə³³ thɑ⁵⁵。‖ nɑ²¹ me³³
  男子价值大      烧香男子价值大     男子又回不   可能广大
be³³ tv⁵⁵ dɯ²¹, me³³ nɯ³³ mi⁵⁵ tʂʅ³³ çi²¹, mi⁵⁵ çi²¹ mi⁵⁵ mə³³ tsʅ²¹, mə³³ tsʅ²¹ dʑy³³
 村 大大     母亲来  女儿所养 女子养女子不理睬    不 理睬有
mə³³ tsʅ⁵⁵, mi⁵⁵ phu²¹ dʑi³³ kæ³³ lɯ³³, lɯ³³ nɯ³³ mɯ²¹ le³³ hə²¹。
 的  说女子逃   院子        地方从下方 又去
```

译文：（1）男人们在前面领头跳祖舞，女人们紧跟在后面跳着祖舞，（2）她们跳着从沃神那里学来的祖舞，跳着从恒神那里看到的祖舞。（3）在大村里，父亲养育了儿子，但是养了儿子却不理睬，这样的事情的确有。（4）因为没有好好地理睬儿子，儿子即走出了自家的门槛，去了很远的上方，（5）去了很远的拉萨哦咗地，最后到了拉萨哦咗。（6）离家出走的儿子，在拉萨哦咗地出家了，他身穿袈裟，口中颂着"玛尼"经，手上绕着念珠，在拉萨哦咗地男子分量重，（7）特别是烧香侍佛的男儿看更重，这样，离家出走的男儿不可能也不愿意回家了。（8）在大的村庄里，母亲养育了女儿，但是养了女儿不理睬，这样的事情的确有。（9）于是，女儿从家中院子离家出走了，走到下方去了。

第 6 页

```
 i³³ tʂʅ³³ i³³ mɯ²¹ lɯ³³ lɯ⁵⁵ thv¹³, khu³³ nɯ³³ le⁵⁵ kha³³ thɯ³³, lɑ²¹ nɯ³³ si³³ no³³
 昆明  南方 地  一 到   嘴来 茶苦 喝    手来 丝线
si³³。‖ kua³³ kə⁵⁵ thɯ³³ nɯ³³ si³³, tɕi²¹ phər²¹ ba³³ dzy²¹ thɯ³³ nɯ³³ si³³,‖ ma⁵⁵ i³³
 绣        鹤鹰  她来 绣       云 白 花 长 她来  绣         孔雀
```

thɯ⁵⁵tshɿ²¹thɯ³³nɯ³³si³³, ‖ ma⁵⁵i³³dv³³dzɿ³¹thɯ³³nɯ³³si³³, ‖ zʅ²¹la³³pər⁵⁵
腰　细　她　来　绣　　　孔雀　翅膀　长　她　来　绣　　　豹子　老虎　斑纹
dzɿ²¹thɯ³³nɯ³³si³³, ‖ i³³tʂhɿ³³i²¹po³³da²¹, i³³da²¹mi⁵⁵phv³³dɯ²¹, mi⁵⁵le³³tɕy²¹
长　她　来　绣　　昆明　　绸缎　织　绸缎织　女子价值　大　女子　又　回
mə³³tha⁵⁵, ‖ gu²¹mæ⁵⁵sɿ³³lv⁵⁵lv³³, sɿ³³sy²¹zʅ³¹piə⁵⁵hə²¹, ‖ zʅ²¹nɯ³³ta⁵⁵mə³³
不　可　　马　尾　三　缠绕　　　三　种　蛇　变　了　　　蛇　来入伙
kv⁵⁵, lɯ⁵⁵mu³³①sɿ³³sy²¹hua⁵⁵ȵə²¹ta⁵⁵hə²¹, ‖ lɯ³³mu³³zʅ²¹phv³³dɯ²¹, zʅ²¹
不　会　里姆　三　样　群　里　入伙又去　　　里姆　蛇价　大　　蛇
le³³tɕy²¹mə³³tha⁵⁵。‖ bv²¹lv⁵⁵khɯ³³phər²¹phi⁵⁵,
又　回　不　能　绵羊　牧　狗　白　丢失

译文：（1）离家出走的女儿，到了昆明地以后，口中喝着苦茶，手里绣着丝绣。（2）她绣着，白鹤与雄鹰，绣着五彩云朵，（3）绣着长着翅膀的腰部细小的孔雀，（4）绣着有斑纹的豹子与老虎。（5）在织着绸缎的昆明地，女人的地位高，所以离家出走的女儿不会回家了。（6）马尾巴缠绕成三股，（7）变成了三条蛇，这三条蛇呀，不会入伙，偏偏入伙到自然神界的里姆中，（8）里姆界，蛇的分量也很重，这些蛇是不会返回的。（9）牧羊犬丢失了。

第7页

---

① lɯ³³mu³³，纳西族通称自然神为署，此为署之一种，音译为里姆，署还有 sa²¹da⁵⁵、ni³³、ty³³几类，分别音译为刺道、尼、敦。

四　《超度女性死者·挽歌》　　　　　　　　　　　　　　　　619

dzʐ̩³³dy²¹tɑ⁵⁵le³³hə²¹,　lo²¹ho⁵⁵khɯ³³phv²¹dɯ²¹,　khɯ³³le³³tɕy²¹mə³³thɑ⁵⁵,
豹子　地入伙去了　　深谷　狗　价值　大　　狗　又回　不可

‖ tɕi²¹tʂu⁵⁵kuɑ³³lo⁵⁵kv³³,　lo⁵⁵dy²¹hɯ²¹tʂʐ̩³³do²¹,　kuɑ³³le³³tɕy²¹mə³³thɑ⁵⁵。
云　间　　鹤穿越处　穿越地去　所间　　　鹤又回　不可

‖ zʐ̩²¹mu⁵⁵dɯ³³sʅ¹³lɑ³³,　‖ zʐ̩²¹tɑ³³lɑ³³mə³³mu⁵⁵,　‖ mɯ³³dɑ⁵⁵mɯ³³tv³³dy²¹,
死者　一个也　　　　死者只是也不死　　　　竹　砍　美　捆地

ŋv⁵⁵tv²¹tɑ⁵⁵mə³³zɑ²¹①；tɕhi²¹khɯ²¹le⁵⁵nɑ²¹ʂər²¹,　ŋv⁵⁵ʂər³³tɑ⁵⁵mə³³zɑ²¹②。
您　单单　只是　不止　　猎狗　獐子黑引　　您　事　只　不止

‖ ŋv⁵⁵bv²¹kɯ²¹iə²¹mu⁵⁵,　ŋv⁵⁵tɕər²¹zə²¹iə²¹mu⁵⁵,　‖ mə³³mu⁵⁵mɯ³³mə³³mu⁵⁵,
您下　星星　死　　您上　青草　死　　　不死天不死

mɯ³³mu⁵⁵hər²¹tv⁵⁵tv⁵⁵,　khuɑ³³tv²¹lɑ²¹bə³³③mu⁵⁵,　dzu³³lɑ²¹æ²¹phv³³④mu⁵⁵,
天　死绿呦呦　　　夸杜拉崩　死　　　孜劳阿普死

mɯ³³zo³³pe⁵⁵tse⁵⁵mu⁵⁵ ‖ mɯ³³tɕər³³mə³³tʂhər³³thɯ³³sʅ²¹dzʐ̩²¹,　mɯ³³gv³³tho²¹
天　儿　背珍　死　天　上　不　腐朽这　三　个　　天　中央　后

nɯ³³le³³mu⁵⁵le³³ʂʐ̩³³hə²¹。
来　又　老　又死了

译文：（1）牧羊犬丢了却入伙进了豹子群，在深谷里狗的价值最大，丢失的狗儿再也不会返回了。（2）白云深处是白鹤穿越的好地方，只见过白鹤穿越过去，而没有见到过返回的。（3）在死去的芸芸众生里，（4）死的不单单是你一个，（5）也不单单只事关你个人，（6）在你之前死的就如同天上的星星一样多，在你之后死的也会像地上的青草般繁多。（7）天似乎不死，但蓝茵茵而沉寂的天空如同死了一般，那里居住着的夸杜拉崩死了、孜劳阿普天神也死了、天子背珍也死了。（8）天上有三个不会腐朽的，最后也在天的背后慢慢地变老，慢慢地死去了。

---

① 比兴句式，前一句为兴辞，后一句为正句。起谐音和发端的作用，两句之间无意义关联。dɑ⁵⁵ "砍" 与 tɑ⁵⁵ "只是" 谐音。

② 比兴句式，前一句为兴辞，后一句为正句。起谐音和发端的作用，两句之间无意义关联。ʂər²¹ "引" 与 ʂər³³ "事情" 谐音。

③ khuɑ³³tv²¹lɑ²¹bə³³，音译为夸杜拉崩。

④ dzu³³lɑ²¹æ²¹phv³³，音译为孜劳阿普。天神，是纳西族始祖崇仁利恩的岳父，衬红褒白咪（命）的父亲。一般以虎头注其名的第二个读音，这里以三个字符表示，起标音作用。

第 8 页

mə³³mu⁵⁵dy²¹mə³³mu⁵⁵, dy²¹be³³ʂʅ²¹ɯ⁵⁵ɯ⁵⁵, dy²¹zo²¹la³³lu²¹①mu⁵⁵, ɯ³³
不 老 地不 老 大地 地 黄 生生 敦若拉陆 死 恩
hɯ²¹æ³³pa²¹②mu⁵⁵, tshe⁵⁵hɯ²¹a³³dzʅ³³③mu⁵⁵, ‖ dy²¹tɕər²¹mə³³tʂhər³³thɯ³³sʅ⁵⁵
恒 阿巴 死 衬恒阿主 死 地 上 不 朽 这 三
dzʅ³³, dy²¹be³³ɕi³³nɯ³³le²¹ʂʅ³³le³³mu⁵⁵hə²¹。 ‖ mɯ³³ne²¹dy²¹kua⁵⁵gɯ³³, mə³³
个 地像人 死 又死 又老 了 天 和 地 之间 不
tʂhər³³gv³³dzʅ²¹mu⁵⁵; mɯ³³nɯ²¹dy²¹khua³³gɯ³³, ŋv³³lv²¹tʂhər³³by²¹mu⁵⁵;
朽 九 个 死 天 和 地 之间 雪山 朽 粉末 死
‖ z̧ər³³ne²¹ko²¹kua⁵⁵gɯ³³, lɯ³³mu³³khɯ³³sʅ²¹④mu⁵⁵; phər²¹ne²¹na²¹kua⁵⁵gɯ³³,
江边 和 高原之间 里姆肯素 死 白 和 黑之间
dze³³ɯ³³na³³sa²¹mu⁵⁵; ‖ bə³³ne²¹uə²²kua⁵⁵gɯ³³, ‖ uə²¹me²¹dʑiə²¹lɯ³³mu⁵⁵;
泽恩娜撒 死 村 和 寨 之间 伟美 玖 里 死
z̧ər³³ne²¹ko²¹kua⁵⁵gɯ³³, lɯ³³mu³³tv²¹tʂʅ²¹mu⁵⁵; dʑy²¹na²¹z̧ua²¹lo³³kv²¹, to³³
江边 和 高原之间 里姆 千 万 死 居那若 罗 顶 东
ba²¹ʂər⁵⁵lər²¹mu⁵⁵。 ‖ ⑤mɯ³³zy³³tɕy²¹dɯ³³tʂhər⁵⁵, mɯ³³gv³³tho²¹⑥nɯ³³le³³
巴 什 罗 死 美任菊 一 代 美固托 在 又 老

---

① dy²¹zo²¹la³³lu²¹音译为敦若拉陆。从上下文来看应该是先祖名。
② ɯ³³hɯ²¹æ³³pa²¹音译为恩恒阿巴。从上下文来看应该是先祖名。
③ tshe⁵⁵hɯ²¹a³³dzʅ³³音译为衬恒阿主，指孜劳阿普的妻子，衬红褒白咪（命）之母。后两个音节是祖母之意。
④ lɯ³³mu³³khɯ³³sʅ²¹，音译为里姆肯素，自然神ʂu²¹署的名称。此后的 dze³³ɯ³³na³³sa²¹泽恩娜撒、uə²¹me²¹dʑiə²¹lɯ³³伟美玖里均为署的名称。
⑤ 从此处开始到第9页经书最后一行第3格一代代列数纳西族远古祖先，即从 mɯ³³zy³³tɕy²¹、tɕy²¹ze³³dze³³、dze³³se³³tsho³³到 tshy⁵⁵zʅ³³lu⁵⁵zʅ³³，所有名号均音译。
⑥ mɯ³³gv³³tho²¹，音译为美固托，地名。以后的 mɯ³³gv³³ho²¹、mɯ³³gv³³mæ⁵⁵到经书第9页经书最后一行第3格 khɯ³³tshe²¹ʂu⁵⁵皆地名，音译。

mu⁵⁵ le³³ ʂʅ³³hə²¹ ; tɕy²¹ ze³³ dze³³ dɯ³³ tʂhər⁵⁵ , mɯ³³ gv³³ ho²¹ nɯ³³ le³³ mu⁵⁵le³³
又 死 了　　菊 任 精 一 代　　美 固 禾 在 又 老 又
ʂʅ³³hə²¹。
死　了

译文：（1）不老地不老，但是大地之上到了冬天也有枯萎变黄的时候。敦若拉陆死去了，恩恒阿巴死去了，地母衬恒阿主死去了。（2）大地之上有不会腐朽的三个人，但最终如同其他大地之上的人们一样变老死去了。（3）天地之间有九个不会腐朽的人，但最终也变老和死去了。矗立在天地之间的雪山，看似不腐朽，但也慢慢地风化为粉末而变老死去；（4）居住在干热河谷地带和高原之上的里姆肯素署精灵也变老死去了；处在黑白交界处的泽恩娜撒也变老而死了；（5）居住在村子和寨子里面的（6）伟美玖里自然神也变老死去了；（7）居住在干热河谷地带和高原之上的千千万万里姆署精灵也变老死去了；居住在居那若罗神山的东巴始祖东巴什罗也死了；（8）美任菊那一代死在了美固托地；菊任精那一代死在了美固禾地方。

第9页

tsho²¹ ze³³ lɯ³³ ɯ³³ tʂhər⁵⁵ , dze³³ se³³ tsho²¹ dɯ³³ tʂhər⁵⁵ , mɯ³³ gv³³ mæ⁵⁵ nɯ³³
崇 仁 利 恩 代　　真 任 崇　　一 代　　美 固 迈 在
mu⁵⁵。‖ bə³³mu⁵⁵the³³tʂʅ²¹zo³³, ua²¹hər²¹ ʐə²¹dʑ²¹bu²¹nɯ³³mu⁵⁵ , ‖ gv³³lv²¹
死　　崩 木 忒 此　　儿 绿 宝 石 绿 草 长 坡 在 死　　固 卢
ʂu⁵⁵ze³³mi⁵⁵ , y³³le²¹phər²¹dʑ³³ko²¹nɯ³³mu⁵⁵。‖ ɯ³³hɯ²¹no⁵⁵dɯ³³tʂhər⁵⁵ , sər³³
束 任 女子　　于 楞 盘 孜 高原 在 死　　恩 恒 懦　　一 代　　赛
dʑi²¹kv³³nɯ³³mu⁵⁵ ; ‖ no⁵⁵be³³phy²¹ ‖ dɯ³³tʂhər⁵⁵ , sər³³dʑi²¹thɯ⁵⁵nɯ³³mu⁵⁵ ;
吉 河 头 在 死　　懦 本 比　　一 代　　赛 吉 河 腰 在 死
‖ be²¹phy³³ua²¹dɯ³³tʂhər⁵⁵ , sər³³dʑi²¹mæ³³nɯ³³mu⁵⁵ ; ‖ ua²¹ka³³le²¹dɯ³³

本比瓦	一	代	赛吉河尾	在	死	瓦高楞	一
tʂhər⁵⁵,	luɯ³³	mu³³sʅ³³sy³³dy²¹	nɯ³³le³³	ʂʅ³³le³³mu⁵⁵hə²¹;	kua³³le²¹kua³³tshy⁵⁵

代	里姆	三种	地	在	又死又老了	高楞高趣
tʂhər⁵⁵, luɯ³³ ʂua²¹dʑi²¹kv³³bu²¹ nɯ³³le³³ ʂʅ³³le³³mu⁵⁵hə²¹, ‖ dʑi³³mi⁵⁵dʑi²¹tʂv³³

| 代 | 地高水头坡 | 在 | 又死又老了 | 吉蜜吉孜 | 呀 |
i³³, ‖ bə³³mu³³ua²¹hər²¹khu nɯ³³le³³ ʂʅ³³le³³mu⁵⁵hə²¹。 ‖ tshy⁵⁵zʅ³³lu⁵⁵zʅ³³i³³,

| 崩木绿宝石绿边 | 在 | 又死又老了 | 趣儿 | 四个有 |
khɯ³³tshe²¹ʂu⁵⁵nɯ³³mu⁵⁵ ‖ na²¹mu³³dʑi³³tshe³³lər²¹, dzæ²¹dzʅ²¹sʅ⁵⁵me³³he³³,

| 肯册束 | 在 | 死宽敞 | 屋檐 | 下 | 麻雀 | 三姐妹 |
le³³ʂʅ³³le³³mu⁵⁵hə²¹。 ‖ ho³³gv³³ho³³lo²¹dy²¹, gv³³dzʅ²¹phər²¹dɯ²¹mu⁵⁵。

| 又死又老了 | 北方 | 地 | 藏族 | 盘神 | 大死 |

译文：（1）崇仁利恩那一代和真任崇这一代都死在了美固迈地，（2）崩木忒此男儿死在长满青草的坡地之上，（3）固卢束任女子死在于楞盘孜高原之上。（4）恩恒懦那一代，死在了赛吉河上游；（5）懦本比这一代，死在了赛吉河中游；（6）本比瓦这一代，死在了赛吉河尾；（7）瓦高楞这一代，在三种里姆署精灵居住地变老死去了；（8）高楞高趣这一代，在高坡处有水的地方慢慢地变老变死。（9）吉蜜吉孜她呀，在绿松石般广大的门前变老死去了。（10）到了高楞趣这一代，他养育了四个儿子，最后四个儿子都死于肯册束地。（11）在广大的屋檐底下，有三对麻雀姐妹，最终它们也变老死去了。（12）北方的藏族大盘神死了，

第10页

i³³tʂhʅ³³i³³mi²¹dy²¹, le³³bv³³ʂæ²¹dɯ²¹mu⁵⁵。 ‖ gə²¹i³³to⁵⁵khɯ³³phər²¹,

| 南方 | 地方 | 白族 | 禅神 | 大死 | 上方的 | 垛肯盘 |

四　《超度女性死者·挽歌》　623

to^{55}pɯ^{21}æ^{33}pa^{21}mu^{55}，‖ mi^{21}i^{33}bv^{33}lv^{55}z̩ʅ^{33}za^{33}mæ^{33}，le^{33}bv^{33}hua^{55}dɯ^{21}mu^{55}。
铎本　老人死　　　下方的　补陆日饶满　　　白族　华神　大　死
‖ mu^{21}tʂhua^{21}uæ^{33}i^{55}ʂu^{33}①tho^{33}le^{33}ba^{33}tsha^{21}②mu^{55}；‖ tʂhv^{55}tʂhua^{21} i^{21}i^{55}ʂu^{33}，
　牡川　弯衣苏　　脱愣巴　曹死　　　　川　衣　衣　苏
gu^{21}me^{33}sa^{55}lɯ^{21}mu^{55}‖ na^{33}pɯ^{21}lɯ^{33}tʂʅ^{33}ɯ^{33}③，lɯ^{33}mu^{33}khɯ^{33}sʅ^{21}mu^{55}。
古美　萨里　死　纳比　林斥　恩里姆　　肯素　　死
‖ kv^{55}khua^{21}sʅ^{33}zʅ^{33}　i^{33}，æ^{33}ʂua^{21}khua^{33}nɯ^{33}mu^{55}，‖ sər^{33}mi^{55}ȵi^{33}me^{33}he^{21}，
古夸　三个（助词）崖　高　洞　里　死　　塞命　　两　姐妹
sər^{33} dʑi^{21}mæ^{33}nɯ^{33}mu^{55}。‖ phər^{21}ne^{21}na^{21}④ȵi^{33}kv^{55}，‖ tho^{33}khɯ^{33}phər^{21}nɯ^{33}
塞吉水　尾　在　死　　好人　和坏人　两个　松根白　在　死
mu^{55}；bə^{33}ne^{21}uə^{21}ȵi^{33}kv^{55}，dzo^{21}khua^{33}nv^{55}nɯ^{33}mu^{55}；‖ bər^{33}pv^{55}ȵi^{33}kv^{55}
　主子　和　仆人　两个　　桥　头　附近　在　死　　客人　主人　两个
la^{33}，tv^{33}tv^{21}gv^{55}z̩ʅ^{33} dʑi^{21}nɯ^{33}mu^{55}。‖ mɯ^{33}lɯ^{55}tɕi^{33}phər^{21}tʂu^{55}，kua^{33}kə^{55}æ^{33}
也笔直　九　路　交会　在　死　　天　地　云　白　间　鹤　鹰　母
me^{33}mu^{55}，‖ ȵy^{55}mu^{55}ȵy^{55}mə^{33}no^{33}，
亲　死　　自己　老 自己　不　发觉

译文：（1）居住在南方的白族大禅神死了。（2）居住在上方垛肯盘的铎本老人死了，（3）居住在下方补陆日饶满的白族大华神死了。（4）牡川弯衣苏地方，脱愣巴曹死了。（5）楚川衣衣苏地，古美萨里死了，（6）自然界的纳比林斥恩里姆肯素精灵也死了。（7）古夸三个人也死在高崖石洞里。（8）塞命两姐妹，死在了塞吉河尾。（9）好人和坏人两个，死在松林间；（10）主子和仆人两个，死在了桥的附近，（11）主人与客人两个，死在了笔直的九条路交会地。（12）白鹤与雄鹰的母亲死在连接天与地的白云深处。（13）它们都没有发现自己已老了。

---

① mu^{21}tʂhua^{21}uæ^{33}i^{55}ʂu^{33}与下一句的tʂhv^{55}tʂhua^{21}i^{21}i^{55}ʂu^{33}，分别音译为牡川弯衣苏、楚川衣衣苏，地名。不知现为何处。
② tho^{33}le^{33}ba^{33}tsha^{21}与下一句中gu^{21}me^{33}sa^{55}lɯ^{21}mu^{55}，分别音译为脱愣巴曹、古美萨里，人名。
③ na^{33}pɯ^{21}lɯ^{33}tʂʅ^{33}ɯ^{33}，指杉树茂盛的地带。这里音译。
④ phər^{21}、na^{21}与下一句bə^{33}、uə^{21}在《纳西族东巴古籍译注全集》中多解释为是古代不同族群的称谓，不能确切对应当代具体民族。也有东巴认为phər^{21}指好人，na^{21}指坏人，bə^{33}指主人，uə^{21}指仆人。这里音译。

第 11 页

dv³³ne²¹mæ³³kæ⁵⁵kæ⁵⁵, no³³phər²¹ȵy⁵⁵kæ³³gɯ²¹, ȵy⁵⁵mu³³ȵy⁵⁵le³³no³³。
翅膀和 尾 之间　绒毛 白　自己 前 落　自己 老 自己 又 察觉
‖ la³³dʑiə²¹ so³³gv³³phər²¹, ʐər²¹la³³æ³³me³³mu⁵⁵, ȵy⁵⁵mu⁵⁵ȵy⁵⁵mə³³no³³
虎　奔　山顶 白　 豹子 老虎 母亲　死　自己 死 自己 不 察觉
khu³³ne²¹dʑæ²¹kæ⁵⁵kæ³³, pər⁵⁵kæ³³æ³³gɯ²¹, ȵy⁵⁵mu⁵⁵ȵy⁵⁵le³³no³³。
嘴巴 和 獠牙 之间 斑纹威风自己 前　落　自己 老 自己 又 察觉
‖ ŋv³³lv³³lɯ³³tʂʅ³³ɯ³³, tʂhua⁵⁵i³³‖ æ³³me³³mu⁵⁵, ȵy⁵⁵mu⁵⁵ȵy⁵⁵mə³³no³³
雪 山 里 斥 恩　鹿 麂子 母亲死 自己 死自己 不 察觉
khua³³ne²¹he³³kæ⁵⁵kæ³³, khua³³phər²¹ȵy⁵⁵kæ³³gɯ²¹, ȵy⁵⁵mu⁵⁵ȵy⁵⁵le³³no³³。
角 和 耳朵 之间　角 白自己 前 落　自己 老自己 又 察觉
‖ tho³³le³³bɯ³³dzɿ²¹tʂu⁵⁵, gv²¹bu²¹æ³³me³³mu⁵⁵, ‖ ȵy⁵⁵mu⁵⁵ȵy⁵⁵mə³³mo³³
松 和 栗树长 间　熊 野猪 母亲 死 自己 老 自己 不察觉
khu³³le³³dʑæ²¹kæ⁵⁵kæ³³, ‖ dʑæ²¹phər²¹ȵy⁵⁵kæ⁵⁵gɯ²¹, ȵy⁵⁵mu⁵⁵ȵy⁵⁵le³³no³³,
嘴巴 和 獠牙 之间　獠牙 白 自己 前 落　自己 老 自己 又 察觉
‖ ŋv³³lv³³tho³³tʂhe²¹su⁵⁵, tɕhi²¹le³³æ³³me³³mu⁵⁵, ‖ ȵy⁵⁵mu⁵⁵ȵy⁵⁵mə³³no³³
雪山 松林 间　麂子獐子 母亲 死　自己 老 自己 不 察觉
khua³³ne²¹he³³kæ⁵⁵kæ³³, khua³³le³³ȵy⁵⁵kæ³³gɯ²¹, ȵy⁵⁵mu⁵⁵ȵy⁵⁵ le³³no³³。
角 和 耳朵之间 角 又 自己 前 落　自己 老 自己 又 察觉
‖ sər³³tɕhi²¹ȵiə²¹lo²¹kho³³
赛 其 尼 罗 柯

译文：(1) 当翅膀与尾巴间的白色羽毛掉落在自己面前的时候才觉得自己老了。(2) 老虎喜欢奔跑在山巅之上，豹子和老虎的母亲已老了，但是它们自己未觉得自己老,当嘴巴和獠牙之间的斑纹与往日的威风落在自己面前时才觉得自己变老。(3)在雪山里斥恩地的鹿和麂子的母亲已老了,但是它们未觉得自己的老。(4)当角和耳朵之间的白色的角掉落在自己面前时才察觉自己真的变老了。(5)生长在松树和栗树林的熊与野猪的母亲,也老了,但是它们还未觉得自己的老,当嘴与獠牙之间的白色獠牙掉落到自己面前时,才觉得自己已经老了。(6)在雪山长着松树的林子里,麂子和獐子的母亲变老了,但是它们未觉自己的老,当它们的角脱落在自己面前时才发觉自己已老了。(7)在赛其尼罗柯地方,

第12页

khua³³ kə⁵⁵ æ³³ me³³ mu⁵⁵, ȵy⁵⁵ mu⁵⁵ ȵy⁵⁵ mə³³ no³³, dv³³ ne²¹ mæ³³ kæ⁵⁵ kæ³³,
鹤　鹰　母亲　老　自己　老自己不察觉　翅膀和尾之间

no³³ phər²¹ ȵy⁵⁵ kæ³³ gɯ²¹, ȵy⁵⁵ mu⁵⁵ ȵy⁵⁵ le⁵⁵ no³³。‖ dər³³ lɯ³³ khɯ²¹ kɯ³³ tṣu⁵⁵,
绒毛　白　自己　前落　自己老　自己又察觉　肥田　瘦　地　间

dœ³³ dv²¹ æ³³ me³³ mu⁵⁵, ȵy⁵⁵ mu⁵⁵ ȵy⁵⁵ mə³³ no³³, ‖ by²¹ ne²¹ pər²¹ kæ⁵⁵ kæ³³, by²¹
狐狸　野猫　母亲老　自己老自己不　察觉　坏毛和白　之间　坏

dʑæ²¹ ȵy³³ kæ³³ gɯ²¹, ȵy⁵⁵ mu⁵⁵ ȵy⁵⁵ le⁵⁵ no³³。‖ tʂhv⁵⁵ mɯ³³ dər³³ hər²¹ kho³³, ʂu²¹
毛獠牙自己前落自己老自己又察觉　处　牧呆海柯　水獭

ȵi³³ æ³³ me³³ mu⁵⁵, ‖ ȵy⁵⁵ mu⁵⁵ ȵy⁵⁵ mə³³ no³³, si³³ ne²¹ da²¹ kæ⁵⁵ kæ³³, si³³ da²¹ ȵy³³
鱼　母亲老　自己老自己不察觉　鳞　和　鳍之间　鳞　鳍自己

kæ³³ gɯ²¹, ȵy⁵⁵ mu⁵⁵ ȵy⁵⁵ le⁵⁵ no³³。‖ bər²¹ mu³³ tse³³ lo³³ na²¹, zua³³ mu⁵⁵ dʐɿ³³ ly⁵⁵
前落　自己老自己又发觉　牦牛 老箐沟　黑　马老土中

gv³³,‖ ɯ³³ mu⁵⁵ so³³ khua³³ dʑy²¹, bv²¹ mu⁵⁵ ko²¹ kv³³ phər²¹, tshŋ⁵⁵ mu⁵⁵ da³³ iə²¹
间　　牛老　高山　山　绵羊老高山草甸白　山羊　老　青冈

dzər²¹，‖ khɯ³³ mu⁵⁵ ʂæ³³ dʑy²¹ kv³³
树　　狗　老　血　山　头

译文：（1）白鹤和雄鹰母亲已变老，但是它们未觉自己的老，当长在翅膀和尾之上的绒毛掉落到自己面前的时候才觉自己变老了。（2）生活在肥田与瘦地之间的狐狸和野猫，也没有觉得自己的老，当它们身上出现坏毛，獠牙脱落的时候，才察觉自己已经变老了。（3）在处牧呆海柯地，水獭和鱼儿的母亲也老了，但是自己未觉自己变老，当身上的鳞片与鳍脱落时才觉自己变老了。（4）牦牛在黑箐沟里老了，（5）马儿土地间变老。（6）牛在高山之上老了，（7）绵羊在高山草甸老了，（8）山羊在青冈树下变老，（9）狗儿在血山头变老。

第13页

bu²¹ mu⁵⁵ tshy⁵⁵ khɯ³³ dʑy²¹，æ²¹ mu⁵⁵ phv³³ bv³³ tɯ³³。‖ dv³³ dʐɿ²¹ dɯ³³ tv²¹ i³³，
　野猪老　趣可局　　　鸡老　糠堆　　翅膀长一千（助词）
dzər²¹ hər²¹ kua⁵⁵ nɯ³³ mu⁵⁵，‖ khua³³ dʐɿ²¹ dɯ³³ ɕi³³ i³³，so³³ gv³³ phər²¹ nɯ³³ mu⁵⁵。
树　绿　间在老　　　　蹄　长一百（助词）山巅白　在老
‖ na²¹ mu³³ be³³ tv⁵⁵ dɯ²¹，‖ nɯ³³ le³³ le³³ mu³³ hə²¹，dʑi³³ mu⁵⁵ tsho²¹ mu⁵⁵ hə²¹。
　广大　村　庄大　　　牲畜也又老了　　人老　人老了
‖ zɿ²¹ mu⁵⁵ dɯ³³ sɿ¹² la³³，‖ ŋv⁵⁵ ta⁵⁵ la⁵⁵ mə³³ za²¹ ‖ ŋv⁵⁵ tɕər²¹ kɯ²¹ iə²¹ mu²¹，ŋv⁵⁵
　死者　一个也　　您　才也不仅您　上　星如此老　　您
bv²¹ zə²¹ iə²¹ mu⁵⁵，‖ dʑu³³ zo³³ y²¹ tʂɿ³³ hua⁵⁵，‖ y²¹ zo³³ dʑu³³ tʂɿ³³ lo²¹，‖ zɿ²¹
下　草如此老　　孝子　后裔这　群　后裔儿舞祖这些　　死
mu⁵⁵ dɯ³³ sɿ¹³ la³³，‖ tɕi²¹ tʂu⁵⁵ kua³³ phv³³ dɯ²¹，kua³³ phər²¹ dɯ³³ me³³ le³³，tɕi²¹
者　一个也　　云间鹤　价值大　　鹤白　一只（助词）云
nɯ³³ gə²¹ le³³ hə²¹，kua³³ le³³ tɕy²¹ mə³³ tha⁵⁵；‖ la³³ hy²¹ dɯ³³ phu⁵⁵ be³³，so³³ nɯ³³
从上方又去　　鹤又返不能　　虎红一　只　做　山巅从

四 《超度女性死者·挽歌》　　　　　　　　　　627

gə²¹ le³³ hə²¹。
上方 又 去

译文：（1）野猪在趣可局地老死，鸡在糠堆上老死。（2）长翅膀的千种飞禽，最后在绿树间老死，（3）长蹄子的百种，最后在高山上老死。（4）在广大的村庄里面，（5）家畜也会变老死去，所有的人们也会老死去。（6）死去的您，死的不仅仅是你一个人，（7）在您之前死去的如天上的星星那样多，在您之后死的也会像地上的青草那样的繁多。（8）所有的孝子，（9）死者后裔跳祖舞的人们（10）以及今天死去的您，（11）都会像白鹤飞离了白云那样，去了就再也不能返回。（12）都会像跃出高山的老虎一样，

第 14 页

so³³ kho³³ la³³ phv³³ dɯ²¹, la³³ le³³ tɕy²¹ mə³³ thɑ⁵⁵；‖ bər²¹ phər²¹ dɯ³³ me³³ be³³,
山巅高原 虎 价值大 　虎 又 返 不 能　　牦牛 白 一 头 做
ko²¹ nɯ³³ gə²¹ le³³ hə²¹, ko²¹ khu³³ bər²¹ phv³³ dɯ²¹, bər²¹ le³³ tɕy²¹ mə³³ thɑ⁵⁵。
高原 从 上方又 去　高原　上　牦牛 价值大 牦牛 又 返 不能
‖ thɯ³³ gu²¹ dɯ³³ tʂhər⁵⁵ dɯ³³ ʐŋ⁵⁵ le⁵⁵ gv³³ ɳiə²¹，‖ ɑ³³ ɳi¹¹ lɑ³³ ʂər⁵⁵ ɳi³³，‖ la³³
之后 一 代 一辈又有 时　很古 的 时候　　拉
pu²¹ la⁵⁵ ʐŋ³³①mi⁵⁵, la³³ pu²¹ khə²¹ na⁵⁵ lv³³②nɯ³³ dzŋ²¹，‖ ʂu³³ lo²¹ ʂu²¹ se⁵⁵ mi⁵⁵，
布拉忍 女子　　拉布肯那鲁　 在居住　　署罗署瑟 女子
zŋ³³ za²¹ mæ³³ nɯ³³ dzŋ²¹, bə³³ mu³³ the³³ dzŋ²¹ mi⁵⁵, hər³³ dʑiə²¹ la³³ tshe⁵⁵ ko²¹ nɯ³³
日饶满 　在 居住　 崩姆特紫　　女子 含久老册格在 居

————————
① lɑ³³ pu²¹ lɑ⁵⁵ ʐŋ³³ 与此后两句中的 ʂu³³ lo²¹ ʂu²¹ se⁵⁵、bə³³ mu³³ the³³ dzŋ²¹ 均为人名，这里音译。
② lɑ³³ pu²¹ khə²¹ na⁵⁵ lv³³ 与此后两句中 zŋ³³ za²¹ mæ³³、hər³³ dʑiə²¹ la³³ tshe⁵⁵ ko²¹ 均为地名，这里音译。

dzɿ²¹, ‖ bɯ³³ dʑiə²¹sɿ⁵⁵kv³³ nɯ³³, gu³³ dʑiə²¹sɿ⁵⁵me³³ ɕi²¹, ‖ dɯ³³ȵi³³sɿ³³dzʐ²¹
住　　妇人能干三个来　马好三匹　　养　一天　三次
lu²¹, sɿ²¹ȵi²¹gv³³dzʐ²¹lu²¹。‖ ŋv²¹hər²¹ta⁵⁵ ʂər⁵⁵dʑy³³, ua²¹tʂhu²¹py³³ ʂər⁵⁵
遛　三天　九次遛　　银子 金子柜子满　有　绿松石墨玉石升 满
dʑy³³, ɯ³³y²¹tv²¹ ʂər⁵⁵dʑy³³, ‖ dʑy³³i³³mə³³dʑy³³sy³³mə³³dʑy³³uə²¹na⁵⁵, ‖ khv⁵⁵
有　　牛羊千满有　　　有 呀 不 有 样 不 有　虽然　年
mə³³lv²¹ta⁵⁵tsɿ⁵⁵。
不 足　只 说

译文：（1）即使在山间虎价高，去了就再也不能返回；（2）就像远离高山草甸的白牦牛，即使在草甸上牦牛价最高，去了之后也不能返回了。（3）之后过了一代，（4）很古的时候，（5）居住在拉布肯那鲁地方的拉布拉忍女子，（6）居住在日饶满的署罗署瑟女子，居住在含久老册格的崩姆特紫女子，（7）这三个能干的女子呀，养了三匹好马，（8）她们一天遛三次马，三天遛九次。（9）她们以养马致了富，家里有成箱成柜的金银，和以升计的绿松石和墨玉石，还有千万的牛羊。（10）虽然是无所不有，（11）却只抱怨自己的寿岁不够。

第 15 页

zɿ³³mə³³lv²¹ta⁵⁵tsɿ⁵⁵, ly³³dy²¹dʒər³³phər²¹hɯ⁵⁵①, kv³³tʂhər³³kv³³pər⁵⁵le³³u⁵⁵
岁 不 足只 说 永宁　露　白 海 头　洗 头 梳 又回
khɯ⁵⁵, kv³³tshe²¹ɕi³³ɕi³³phər²¹, ȵy⁵⁵ua²¹dʑi²¹ȵiə²¹khæ⁵⁵, dʑi²¹ua²¹ȵy⁵⁵le³³
去　　面颊鬓发　白　　自己 影 水 中 射　水 影 自己 又
ly²¹, ȵy⁵⁵lɯ⁵⁵mu⁵⁵se³³iə³³, ‖ khv⁵⁵mə³³ lv²¹ta⁵⁵tsɿ⁵⁵, zɿ³³mə³³lv²¹ta⁵⁵tsɿ⁵⁵,
看　自己 已经 老 了呀　　年 不 足 只 说　　寿 不 足 只 说

---

① ly³³dy²¹dʒər³³phər²¹hɯ⁵⁵，指宁蒗县永宁的泸沽湖。

khv⁵⁵hər²¹bɯ³³lu³³tsɿ⁵⁵，zɿ³³hər²¹bɯ³³lu³³tsɿ⁵⁵，khv⁵⁵hər²¹mɯ²¹le³³thɿ²¹，zɿ³³
年 卖 要 去 说 岁 卖 要 去 说 年 卖 往下 又 来 岁
hər²¹mɯ²¹le³³tshɿ²¹。‖ ly³³dy³³khu³³lɯ⁵⁵thv¹³，y³³ho³³bu²¹①ȵiə²¹thv³³。y²¹ho²¹
买 往下 又 来 永宁 口 已经 到 余禾 坡 处 到 ‖ 余禾
bu²¹nɯ³³tshɿ²¹，‖ lɯ³³ʂuɑ²¹uə³³i³³mæ³³②niə²¹thv³³。lɯ³³ʂuɑ²¹uə³³i³³mæ³³nɯ³³
坡 从来 地 高 伟意迈 处 到 地 高 伟意迈 从
tɯ³³，lv³³nɯ³³lv³³tsæ⁵⁵tsæ⁵⁵，dzæ²¹ɖʐu³³bu²¹③ȵiə²¹thv³³ dzæ²¹ɖʐu³³bu²¹nɯ³³
起身 石 和 石 堆积 璋主坡 处 到 璋主坡 从
tɯ³³，‖ gu²¹dze³³the³³sɿ²¹lu²¹，bə³³ʂɿ³¹dy²¹ȵiə²¹thv³³。‖ dzɿ³³kv³³so³³hɯ⁵⁵
起身 马 骑（助）三 遛 白沙 地 处 到 街头 三 绕一绕
hɯ³³，ŋv²¹tɕhi³³hæ³¹tɕhi³³me³³tɑ⁵⁵do²¹，khv⁵⁵le³³zɿ³³tɕhi³³me³³mə³³do²¹。
银子 买 金 卖 的 只见 年和寿 卖的 不见

译文：（1）岁寿不长呀。有一天，她们三人到永宁白露海子去洗头梳头，当时，她们面颊处的鬓发都已经花白了但是自己还未发现，当影子倒映在水中，看到自己两鬓斑白发现自己已老了。（2）只感到自己的寿岁不足，要去买年份，要去买寿岁，为了买年份与寿岁她们从上方下来了。（3）先到永宁余禾坡，再从余禾坡下来，来买年份与寿岁。（4）之后就到了高地伟意迈，然后再从伟意迈出发下来，（5）就到了石头林立的璋主坡。然后再从璋主坡起身，（6）骑着马遛了三次，终于到了白沙。（7）在白沙街子绕了三圈，白沙街有金银珠宝出售，唯独没有卖年份和寿岁的。

第16页

---

① y³³ho³³bu²¹，地名，音译为余禾坡。
② uə³³i³³mæ³³，地名，音译为伟意迈。
③ dzæ²¹ɖʐu³³bu²¹，地名，音译为璋主坡。

bə³³ ʂʅ²¹dzʅ³³nɯ³³tɯ³³， ʂa⁵⁵uə³³dzʅ³³ȵə²¹thv³³，‖ dzʅ³³kv³³so³³hɯ⁵⁵
　白沙　街　从起身　　束河　街　处 到　　 街头　三 绕

hɯ³³, ua²¹le³³tʂhu²¹tɕhi²¹me³³ta⁵⁵do²¹, khv⁵⁵le³³zʅ³³tɕhi³³me³³mə³³do²¹。‖ ʂa⁵⁵
一绕　绿松石 和 墨玉石 卖 的 只见　年 和 寿　卖 的 不见 束

uə³³dzʅ³³nɯ³³tɯ³³, sər³³ʂʅ³¹gu²¹be³³da⁵⁵, gu²¹be³³dzʅ³³ȵiə²¹thv³³,①
河 街 从 起身　 木 黄 背 地 砍　丽江 街　处到

‖ dzʅ³³kv³³so³³hɯ⁵⁵hɯ³³, ŋv²¹le³³hæ²¹tɕhi³³me³³tha⁵⁵do²¹, dzʅ³³mæ³³so³³hɯ⁵⁵
街 头　三　绕一绕　　银子 和 金子 卖 的 只见　街 尾 三 绕

hɯ³³, ua²¹le³³tʂhu²¹tɕhi²¹me³³ta⁵⁵do²¹, khv⁵⁵le³³zʅ³³tɕhi³³me³³mə³³do²¹，‖ gu²¹
一绕　绿松石 和 墨玉石 卖 的 只见 年 和 寿　卖的 不见 丽

be³³dzʅ³³nɯ³³tɯ³³, ŋv²¹zʅ³³tɕiə³³nɯ³³tɕiə⁵⁵, tɕiə⁵⁵lo²¹dzʅ³³ȵə²¹thv³³,② dzʅ³³
江　 街 从 起身　　恩忍久 尼久　　下关 街 处 到　 街

kv³³so³³hɯ⁵⁵hɯ³³, ‖ ŋv²¹le³³hæ²¹tɕhi³³me³³tha⁵⁵do²¹, dzʅ³³mæ³³so³³hɯ⁵⁵hɯ³³,
头三　绕一绕　　银 和 金　卖 的　只 见 街 尾 三 绕一绕

ua²¹le³³tʂhu²¹tɕhi²¹me³³ta⁵⁵do²¹, khv⁵⁵le³³zʅ³³tɕhi³³me³³mə³³do²¹。‖ tɕiə⁵⁵lo²¹
绿松石 和 墨玉石 卖 的 只见 年 和 寿 卖 的 不 见 下关

dzʅ³³nɯ³³tɯ³³, sər³³ʂʅ³¹i³³nɯ³³i³³, i³³tʂhʅ³³dzʅ³³ȵə²¹thv³³③, dzʅ³³kv³³so³³
街　从 起身 塞拾依尼依　昆明 街 处 到　 街头 三

hɯ⁵⁵hɯ³³, ŋv²¹le³³hæ²¹tɕhi³³me³³tha⁵⁵do²¹, khv⁵⁵le³³zʅ³³tɕhi³³me³³mə³³do²¹。
绕一绕　 银 和 金 卖的　　只 见年 和 寿 卖的 不 见

dzʅ³³mæ³³so³³hɯ⁵⁵hɯ³³
街 尾 三 绕一绕

译文：（1）在从白沙街起身就到了束河街，（2）在束河街子绕三圈，有绿松石和墨玉石珠宝出售，但就是没有出售年份与岁寿的。（3）从束河街出发，就到了丽江大研古城，（4）在丽江大研古城街头绕了三圈，有金银珠宝卖，就是没有卖年份与寿岁的。在丽江大研古城街尾绕了三圈，有绿松石和墨玉石珠宝卖，就是没有卖年份和寿岁的。（5）从丽江大研古城街出发，就到了大理下关街，在大理下关街头绕了三圈，（6）有金银珠宝出

---

① 比兴句式，前一句为兴辞，后一句为正句。起谐音和发端的作用，两句之间无意义关联。前面 gu²¹be³³ "背地"与后面 gu²¹be³³ "丽江"谐音。

② 与上相同，前面的 tɕiə⁵⁵与后面的 tɕiə⁵⁵lo²¹ "下关"的 tɕiə⁵⁵谐音。

③ 与上相同，前面的 i³³与后面的 i³³tʂhʅ³³ "昆明"的 i³³谐音。

售，唯独没有卖年份与寿岁的。在大理下关街尾绕了三圈，有绿松石和墨玉石珠宝出售，唯独没有卖年份与寿岁的。（7）从大理下关街出发，就到了昆明街，在昆明街头绕了三圈，有金银珠宝出售，没有出售年份与寿岁的。在昆明街尾绕了三圈，

第 17 页

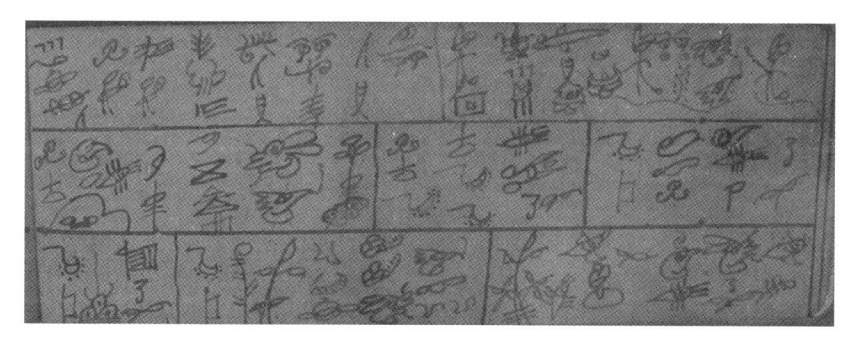

ua²¹ tɕhi³³ tʂhu²¹ tɕhi³³ me³³ ta⁵⁵ do²¹, i²¹ po³³ ɕi²¹ po³³ tɕhi³³ 、tho³³ bv⁵⁵ sa³³ sʅ²¹
绿松石卖　墨玉石　卖的只见　　绫罗绸缎　卖　土布　麻布
tɕhi³³ me³³ ta⁵⁵ do²¹, khv⁵⁵ le³³ zʅ³³ tɕhi³³ me³³ mə³³ do²¹。‖ bɯ³³ dʑia²¹ thɯ³³ sʅ⁵⁵ kv³³,
卖的　　只　见年 和寿　卖的　　不 见　妇人 能干 她们 三 个
gæ²¹ tha⁵⁵ ŋv²¹ nɯ³³ ŋv²¹, ŋv²¹ pu⁵⁵ le³³ tɕy²¹ tshʅ²¹①, ‖ i³³ tʂhʅ³³ kə⁵⁵ kv⁵⁵ bu²¹ lɯ⁵⁵
刀子锋利 银来 镶　哭着 又返 来　昆明 碧鸡关坡 一
thv¹³, mə³³ ly²¹ mə³³ tha⁵⁵ tha³³, le³³ tɕy²¹ dɯ³³ ly²¹ ne²¹, ‖ i³³ tʂhʅ³³ dzʅ²¹ thɯ³³
到　不看不 可以 回头 一 看着　　昆明　街 从
dzʅ³³, dzʅ³³ lɯ⁵⁵ kæ²¹ se²¹ iə³³; ‖ dzʅ³³ khu³³ hɯ⁵⁵ sʅ²¹ i³³, hɯ⁵⁵ lɯ⁵⁵ ko⁵⁵ ze³³
街　街　已经 散 了（助）街头　海 黄（助）海 已经 干涸
iə³³; ‖ dzʅ³³ khu³³ lv³³ me³³ na²¹, lv³³ lɯ⁵⁵ gua²¹ se³³ iə³³; ‖ dzʅ³³ khu³³ mɯ⁵⁵ lɯ³³
了　街 口 石 大黑　石已 碎 了（助）　街 口 竹子
dzər²¹, khɯ⁵⁵ tɕy²¹ hər²¹ lər⁵⁵ lər³³, tɕy²¹ se³³ ʂʅ³¹ phɯ³³ phɯ³³。‖ dzər²¹ lɯ⁵⁵ mu⁵⁵
树去　时 绿 油油　　返 时 黄 生生　　树 也 老
lu²¹ iə³³, mu⁵⁵ pɯ²¹ dʑy³³ lu³³ iə³³。
会（助）老 来历 有兴（助）

译文：（1）看见有绿松石和墨玉石珠宝，绫罗绸缎、土布、麻布等商品

---

① 比兴句式，前一句为兴辞，后一句为正句。起谐音和发端的作用，两句之间无意义关联。前面 ŋv²¹ "镶" 与后面 ŋv²¹ "哭" 谐音。

在出售，但就是没有出售年份与岁寿的。（2）这三个能干的女子，绝望了，哭着往回返。（3）当她们走到昆明金马碧鸡关坡的时候，不看不知道呀，回头看了一眼，（4）繁华的昆明街上人已经散了，（5）街口的大海干涸了，（6）街头的那个大石头，已经风化开裂了，（7）长在街头的竹子，她们来赶街的时候还是绿油油的，而此时已经变黄枯萎了。（8）此时，她们明白了，树会变老枯萎的，人也会变老甚至死亡，老的出处其实早就有了。

第 18 页

mu^{55}lɯ^{33}dʑy^{33}lu^{33}iə^{33}。‖ mi^{55}mu^{55}the^{21}mu^{55}ho^{55}，the^{21}mu^{55}ho^{55}se^{21}tsɿ^{55}。
老　来历有　兴了　　女子老（助）老吧（助）老吧了说
‖ bɯ^{33}dʑiə^{21}thɯ^{33}sɿ^{55}kv^{33}，gæ^{21}tha^{55}hæ^{21}nɯ^{33}zæ^{21}，zæ^{21}pu^{55}le^{33}tɕy^{21}tshɿ^{21}，①
妇人 能干 她们　三个　　　刀 锋利　金 来 镀　　笑着　又 回 来
bæ^{21}‖ le^{33}le^{33}tɕy^{21}tshɿ^{21}。‖ bɯ^{33}dʑiə^{21}thɯ^{33}sɿ^{55}kv^{33}，iə^{33}ko^{21}le^{33}thv^{21}ŋə^{12}，
　　 高兴　地　又 会 来　妇人好 她们三个　家里 又 到 时
‖ mɯ^{33}tɕhy^{21}uə^{33}uə^{33}zo^{33}，lo^{21}gv^{33}mɯ^{33}tɕhy^{21}uə^{33}nɯ^{33}dzɿ^{33}，‖ bɯ^{33}dʑiə^{21}
美居伟瓦　　　男子　罗古 美曲　　村在 住　　妇人能干
thɯ^{33}sɿ^{55}kv^{33}，‖ gu^{33}dʑiə^{21}sɿ^{55}me^{33}ɕi^{33}，gu^{33}lu^{21}kv^{33}mə^{33}dzɿ^{21}，‖ mə^{33}lu^{21}
她们　三个　　 马 好 三匹 养　　马 遛 处 没有 不　　遛
ŋy^{55}le^{33}tɕhi^{33}lu^{33}tsɿ^{33}，ŋv^{21}phər^{21}tv^{21}sa^{55}iə^{55}pu^{55}tsɿ^{21}，hæ^{33}ʂɿ^{21}ɕi^{33}sa^{55}iə^{55}pu^{55}
我　又 卖　会说　　银　白　千　两给 要给说　金　黄白　两给 要给
tsɿ^{21}，‖ ŋv^{21}i^{33}tv^{21}sa^{55}iə^{55}，
说　　银呀　千 两给

译文：（1）老的来历早就有了。（2）老了，那就老了吧。（3）这样，

---

① 比兴句式，前一句为兴辞，后一句为正句。起谐音和发端的作用，两句之间无意义关联。前面 zæ^{21} "镀" 与后面 zæ^{21} "笑" 谐音。

四　《超度女性死者·挽歌》

这三个女人高兴地笑着（4）回来了。（5）这三个能干的女子，回到了家里。（6）居住在罗古美曲村的美居伟瓦男子，家里没有马。（7）这三个能干的女子却（8）养着三匹好马，却没有地方遛马。（9）美居伟瓦男子对这三个能干的女子说："既然没有遛马的地方，就把马卖给我吧，给你们千两白银，给你们百两黄金的价钱。"（10）最后，他花千两白银，

第 19 页

| hæ²¹ i³³ çi³³ sa⁵⁵ iə⁵⁵, | gu²¹ hæ²¹ pu⁵⁵ le³³ tshๅ²¹。 | gu²¹ ʂər²¹ le³³ tɕy²¹ tshๅ²¹, |
| 金 呀 百 两 给 | 马 卖 着 回来 | 马 牵 又 回来 |

‖ mɯ³³ tɕhy³³ uə³³ ua²¹ zo³³, iə³³ ko²¹ le³³ thv³³ ȵə¹², uə³³ kv³³ le³³ lu²¹ khɯ⁵⁵, uə³³
美居伟瓦 男子 家里 又 到 时 村 头又遛去 村

kv³³ so³³ hɯ⁵⁵ hɯ³³, ‖ uə³³ kv³³ æ³³ guɑ²¹ le²¹, gu²¹ lu²¹ kv³³ mə³³ dzๅ²¹, ‖ uə³³
头 三 绕一绕 村头 崖碎 了 马 遛处 没有 村

khɯ²¹ le³³ lu²¹ khɯ⁵⁵, uə³³ khɯ³³ so³³ hɯ⁵⁵ hɯ³³, uə³³ khɯ³³ hɯ⁵⁵ guɑ⁵⁵ le²¹, gu²¹
脚 又 遛 去 村 脚 三 绕一绕 村脚 海 干涸 了 马

lu²¹ kv³³ mə³³ dzๅ²¹, ‖ mə³³ lu²¹ le³³ tɕhi³³ khɯ⁵⁵, la³³ tha⁵⁵ le³³ tɕhi³³ khɯ⁵⁵, la³³
遛 处 没有 不 遛 又 卖 去 老 套 又 卖 去 老

tha⁵⁵ lv³³ phər²¹ uə³³①, ‖ gu²¹ phv³³ be³³ dɯ²¹ tsๅ⁵⁵, lɯ³³ le³³ y²¹ mə³³ tha⁵⁵, gu²¹
套 鲁盘村 马 价钱 做 大 据说 重 得 拿不 能 马

phv³³ gv³³ mə³³ lə²¹, ‖ la³³ tha⁵⁵ hæ²¹ phv³³ dɯ²¹, gu²¹ phv³³ be³³ bɯ²¹ tsๅ⁵⁵, bu³³ le³³
价钱成 不 了 老套 金 价钱 大 马价钱 做 要 说 亮 地

y²¹ mə³³ tha⁵⁵, gu²¹ phv³³ gv³³ mə³³ lə²¹。 ‖ mə³³ tɕhi³³ le³³ tɕy²¹ tshๅ²¹, ly³³ dy²¹② le³³

---

① la³³ tha⁵⁵ lv³³ phər²¹ uə³³ 地名，音译为老套鲁盘村。la³³ tha⁵⁵ 为现在的盐源县左所乡。
② ly³³ dy²¹ 指现在的丽江市宁蒗县永宁。

拿 不 能 马 价钱 成 不 了　　不 卖 又 返 来　永宁 又
tɕhi³³khɯ⁵⁵,
卖　去

　　译文：(1) 百两黄金把马买了回来。(2) 美居伟瓦男子，骑着马到村头绕了三圈，(3) 但是村头的山崖崩裂了，没有可遛马的地方。(4) 又到村尾去遛马，在那里绕了三圈，村尾的大海也干涸了，没有可遛马的地方。(5) 因为没有地方可以遛马，他就到老套地去卖马。马的价钱在老套地的鲁盘村很高，买主想用鲁盘村来作马价，(6) 但是村子太沉重没法拿回来，抵不了马价。(7) 在老套地很多的黄金，说要用黄金来作马价，但是黄金太耀眼，无法拿，也就抵不了马价。(8) 美居伟瓦男子在老套地没能成交，又去永宁卖马。

第 20 页

ly³³dy²¹dy²¹tʂhʅ³³dy²¹， la³³ɯ³³dɯ³³phi³³be³³， dy²¹ŋə²¹the²¹①khu³³iə³³，
永宁 地 这 地　虎 皮 一 张 做　　地 上 铺 （助词）
ɯ³³le³³y²¹mə³³thɑ⁵⁵， gu²¹phv³³gv³³mə³³lə²¹。‖ ly³³dy²¹dʑi²¹tʂhʅ³³huɑ²¹， gu²¹
皮 又 拿 不 能 马 价钱 成 不 了　永宁 水 这 条　马
phv³³be³³bɯ³³tsʅ⁵⁵， lv²¹zi²¹dɯ³³khɯ³³be³³， lo²¹ŋə²¹the²¹kuə²¹iə³³， dʑi²¹nɑ³³y²¹
价钱 做 要 说　 龙 漂亮 一 条　地 嘴巴 上 缠绕 了 　水 大 拿
mə³³thɑ⁵⁵， gu²¹phv³³gv³³mə³³lə²¹。‖ mə³³tɕhi³³le³³tɕy²¹tsʅ²¹， ‖ la³³pu²¹khə⁵⁵
不 能 马 价钱 成 不 了 不 卖 又 返 来　拉 布 肯
nɑ²¹lv²¹hɯ⁵⁵②thv¹²， kho⁵⁵lo³³la³³khɑ³³dzo²¹， khɯ⁵⁵tɕy²¹dzo²¹dʑy²¹me³³， le³³

---

① the²¹，动词限定词，以表示后面动词的状态。
② la³³pu²¹khə⁵⁵nɑ²¹lv²¹hɯ⁵⁵地名，音译为拉布肯纳鲁恒。不知指现在的何处。

四 《超度女性死者·挽歌》

纳鲁恒　　　到　柯罗老卡　桥　去　时桥　有　的　返
tɕy²¹dzo²¹mə³³dʑy²¹se³³iə³³。‖ mɯ³³tɕhy³³uə³³ua²¹zo³³, ‖ gu²¹hæ²¹æ²¹la³³
回　桥　不　有　了（助词）　美居伟瓦　男子　　马青　缰绳也
khɯ⁵⁵,　se²¹tsho³³be³³le³³hə²¹,　‖ gu²¹ʂʅ²¹æ²¹la³³khɯ⁵⁵,　la³³tsho³³be³³le³³hə²¹,
放　岩养　跳地又去　马　黄　缰绳也　放　　虎跃　地　又去
‖ gu²¹na²¹æ²¹la³³khɯ⁵⁵,
马黑缰绳也　放

译文：(1) 永宁的买主要用永宁整个地方作马的价钱，但是永宁太大不能像一张虎皮，铺在地上卷起抬走，所以永宁地成不了马价。(2) 永宁的买主要用永宁河来作马价，但永宁河就像一条青龙一样，环绕着整个永宁地，大河就像没有骨头的物件，不能把它放在手里拿回来，也抵不了马价。(3) 美居伟瓦男子在永宁没能成交返回家。(4) 当他返回走到拉布肯纳鲁恒地的柯罗老卡桥时，前往卖马时有的那座桥，这时已经没有了。(5) 美居伟瓦男子从三个能干的女子买来的三匹青、黄、黑马，因为没有桥连接崖的那头，(6) 青马跳进了山崖，就像岩羊跳跃一样下去了。(7) 黄马跳进崖间，就像虎跳崖一样的下去了。(8) 黑马跳进崖间，

第21页

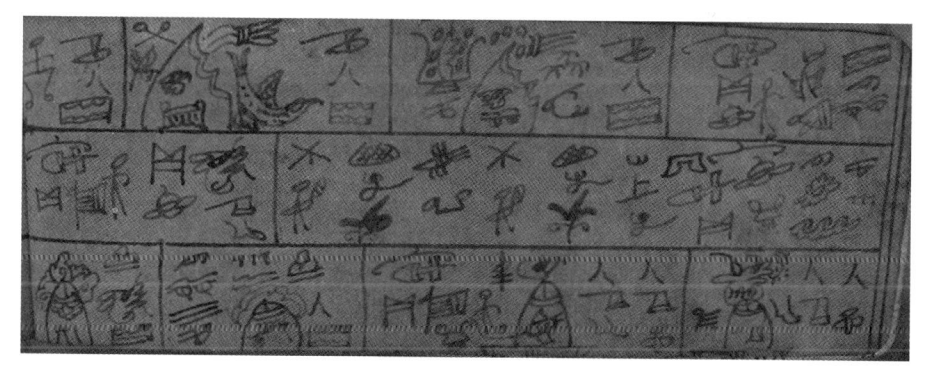

i³³tsho³³be³³le³³hə²¹,　‖ tɕi⁵⁵nv³³æ²¹la³³ku⁵⁵,　uə²¹dze²¹be³³le³³hə²¹,
山驴跳　地又去　　羊毛毡子崖也铺　鹰飞　地　又去
‖ tʂhùa³³phər²¹æ²¹ɲə²¹sa⁵⁵,　be³³gɯ³³be³³le³³hə²¹。‖ mɯ³³tɕhy³³uə³³ua²¹zo³³,
米粒　白　崖山撒　雪　下　地又　去　　美居伟瓦　男子
ze²¹phi⁵⁵hɯ³³mə³³do²¹,　‖ mɯ³³tɕhy³³uə³³ua²¹zo³³,　ue³³ua²¹le³³ʂu²¹khɯ⁵⁵,
哪里丢　去　不　知　美居伟瓦　男子　　伟瓦　又找　去
‖ la³³pu²¹khɯ²¹na⁵⁵dv²¹lɯ⁵⁵thv³³,　la³³pu²¹khæ⁵⁵na⁵⁵dv²¹nɯ³³ʂ⁵⁵,　na¹³gə³³

拉 布 肯 鲁 恒 已经到 　　拉 布 肯 鲁 恒 来 说 　您 的
mɯ³³tɕhy³³uə³³uɑ²¹zo³³, 　mɯ³³sʅ³³tɕi³³phər²¹so³³bɑ²¹be³³, ‖ dʑy²¹khuə⁵⁵lv⁵⁵le³³
美居伟瓦　男子　　　天上云　白三条地　　山 上　绕 又
hə²¹, ‖ mə³³do²¹hər³³phər²¹so³³bɑ³³be³³, so³³kuə⁵⁵lv⁵⁵le³³hə²¹。‖ mɯ³³tɕhy²¹
去　 不间风白　三股地　　山巅 上 绕 去了 美
uə⁵⁵uɑ²¹zo³³, ly³³dy²¹dʑy²¹ȵiə²¹le³³ʂu²¹khɯ⁵⁵, le³³ ʂu²¹le³³mə³³dɯ³³。‖ ho²¹
居伟瓦男子　永宁　山 处 又　找　去　又找 又 不 得　　盐源
dy²¹bər³³ər³³dʑy²¹ȵə²¹le³³ʂu²¹khɯ⁵⁵, le³³ ʂu²¹le³³mə³³dɯ³³。
班　安　山 处又 找　去 　　 又找 又 不 得

译文：（1）就像山驴一样下去了。（2）就像羊毛毡子铺崖上，像老鹰飞落崖间一样。（3）就像白色的米粒洒落在崖间，会像下雪般掉落一样，马儿跳下悬崖。（4）美居伟瓦男子也跟着跳进了崖间，不知道丢失到哪里去了。（5）人们寻找美居伟瓦男子找到了伟瓦地方，（6）找到了拉布肯纳鲁恒，那里的人说，您家的美居伟瓦男子，就像三股（7）云般缠绕到大地之上去了。（8）也像三股不见的白风那样，往山巅之上吹去了。（9）这样，又到永宁寻找他，但是没找到，　（10）还去盐源班安山去找他，仍然没找到。

第22页

mɯ⁵⁵pɯ²¹dʑy²¹lu³³ iə³³,　mɯ⁵⁵lɯ³³dʑy³³lu³³　iə³³, kæ³³nɯ³³dʑy³³lu³³iə³³ ‖
死 出处 有 兴（助） 死 来历有 兴（助）之前　就　有 兴（助）
ʂu⁵⁵pɯ³³kv³³dzər²¹mi⁵⁵, zʅ²¹mɯ⁵⁵dɯ³³sʅ¹³lɑ³³, o⁵⁵dy²¹he²¹dy²¹, he²¹;³³ɯ³³me³³
束笨古孜 女子 死者　　一 个　也　沃神地恒神地　恒神　好的

四　《超度女性死者·挽歌》　　　　　　　　　　　　　　　　　637

i³³dər³³sɿ³³tshər²¹ sɿ⁵⁵dy²¹lo²¹nɯ³³gə²¹le³³pv⁵⁵。‖①mɯ³³lɯ⁵⁵æ³³sɿ²¹②mu⁵⁵,
吉祥　三十　三　地　里从上方　又　送　　美　利父　亲　死
the⁵⁵ȵi²¹he²¹be³³gə²¹le³³pv⁵⁵, ‖ mɯ³³zɿ³³gv⁵⁵zɿ³³mɯ³³thv⁵⁵mə³³dər³³dər³³, the⁵⁵
如此　神　般上方又　送　　天子　九个　　天　开　不　差错　　如
ȵi³³no³³ua²¹sɿ⁵⁵le³³sa⁵⁵。‖ dy²¹ly⁵⁵æ³³me³³③mu⁵⁵, the⁵⁵ȵi²¹he²¹be³³gə²¹le³³pv⁵⁵,
此　福泽　活者又　遗留　　堆绿母亲　　死如此　神　般上方　又　送
dy²¹zɿ³³ʂər³³zɿ³³dy²¹khu³³ ‖ mə³³dər³³dər³³, the⁵⁵ȵi²¹no³³ua²¹sɿ⁵⁵le³³sa⁵⁵。‖
地　子　七　个　辟地　不　差错　　如此　福泽活者又遗留
ŋv³³lv³³tshər²¹by²¹mu⁵⁵, the⁵⁵ȵi²¹he³³be³³gə²¹le³³pv⁵⁵, ‖ tshər²¹ty³³sɿ²¹zɿ³³la³³,
雪山　腐朽　死　如此　神　般上方　又　送　　石匠　家族也
lv³³tsɿ²¹mə³³dər³³dər³³, the⁵⁵ȵi²¹no³³ua²¹sɿ⁵⁵le³³sa⁵⁵。
石头　砌　不　差错　如此　福泽　活者　又　遗留

　　译文：（1）美居伟瓦男子的死，可以知道死很早就存在了，早就有了死的来历与出处。（2）今天死去的束笨古孜女子您呀，作为死者的您，我们要把你送到沃神、恒神以及其他诸神居住的吉祥的三十三重天上，（3）就像美利父亲死时，我们送他那样来送您，把您送到神界。（4）但是，请您要把像开天九兄弟，开天无差错般的福泽要遗留给生者；（5）就像堆绿母亲死时那样来送您，把您送上去送到神界，但请您要把你那辟地七姐妹，（6）辟地不差错的福泽遗留给生者；（7）就像雪山腐朽风化死去那样来把您送上去，送到神界。（8）但是，请您把石匠家族砌石头不差错般的福泽遗留给生者。

第23页

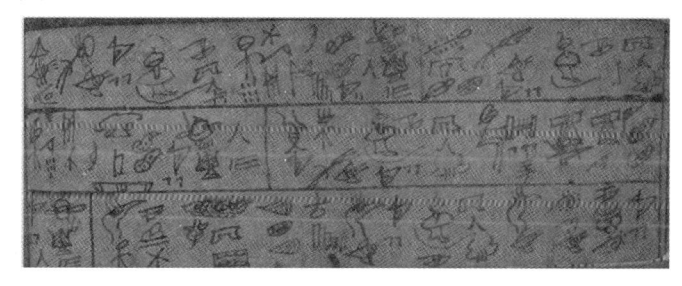

①　从此处始直到经书第25页第2行第2格的内容为：送别死者前，请求死者把福泽留给生者。
②　mɯ³³lɯ⁵⁵东巴经中的固定搭配。"父亲"前固定搭配mɯ³³lɯ⁵⁵，这里音译。也说le⁵⁵dʐɿ²¹ə³³sɿ²¹，音译为"楞周"。
③　dy²¹ly⁵⁵东巴经中的固定搭配。"母亲"前固定搭配dy²¹ly⁵⁵，这里音译。在多数东巴经中多为bv³³le²¹ə²¹me³³的搭配，音译为"补楞"。

mɯ³³lɯ⁵⁵du²¹dzʅ³³①mu⁵⁵, the⁵⁵ɳi²¹he²¹be³³gə²¹le³³pv⁵⁵, du²¹zo³³gv⁵⁵zʅ³³
美利董主　　　死　　如此 神 般上方又送 董儿 九 个
la³³, dzʅ³³tshʅ⁵⁵uə³³zæ²¹mə³³dər³³dər³³, the⁵⁵ɳi²¹no³³ua²¹sʅ⁵⁵le³³sa⁵⁵。‖ tʂhv⁵⁵
也 寨 建 村修 不 差 错　　如此 福泽 活者又遗留　茨
tʂua³³ dʑi³³mu³³②the⁵⁵ɳi²¹he²¹ be³³gə²¹le³³pv⁵⁵, ‖ dy²¹mi⁵⁵ ʂər³³kv⁵⁵la³³, the⁵⁵
爪 吉 姆 如此 神 般往上又送　　 地 女 七 个 也 如
ɳi³³no³³ua²¹sʅ⁵⁵le³³sa⁵⁵。‖ bə³³mu³³the³³tshʅ²¹③mu⁵⁵, the⁵⁵ɳi²¹he³³be³³gə²¹le³³
此 福泽 活者又 遗留　　　 崩姆特次死　 如此 神 般往上 又
pv⁵⁵, da²¹mi⁵⁵sʅ²¹zʅ³³la³³, dʑi³³tshər⁵⁵dʑi³³zʅ²¹mə³³dər³³dər³³, ‖ the⁵⁵ɳi²¹no³³
送 织 女 三个也 服 裁 衣 缝 不 差错 如此 福
ua²¹sʅ⁵⁵le³³sa⁵⁵。‖ kua³³zo³³phər²¹lv⁵⁵la³³, tɕi³³nɯ³³gə²¹le³³hə²¹ du³³mu³³ du³³
泽 活者又遗留 鹤 儿 白 生 生 云 从 往 又去 翅膀 所有 翅膀
tʂhʅ³³dzʅ²¹, kua³³mu³³the⁵⁵ɳi²¹he²¹be³³gə²¹le³³pv⁵⁵, kua³³mu⁵⁵no³³mə³³mu⁵⁵。
所长 鹤 死 如此 神 地 往上又送 鹤 死 绒毛不 死
no³³phər²¹the⁵⁵ɳi²¹no³³ua²¹sʅ⁵⁵le³³sa⁵⁵
绒毛 白 如此 福泽 生者 又 遗留

译文：（1）就像美利董主死时，如同神一样把你送上去，但请你把董族的九个儿子，建村造寨不差错般的福泽要遗留给生者；（2）就像茨爪吉姆死时，如同神一样把您送上去，（3）但是请您把大地七姐妹般的福泽遗留给生者；（4）就像崩姆特次死时，如同神一样把您送上去；但请您把织布三姐妹，裁缝衣服无差错般的（5）福泽遗留给生者；（6）白色的鹤儿，飞到白云之上去了，所有长着翅膀的飞禽，都像鹤死一样往上送，然而，鹤死但它那洁白的绒毛没有死啊，请把白鹤那洁白绒毛般，

第 24 页

---

① mɯ³³lɯ⁵⁵du²¹dzʅ³³神名，音译为美利董主。
② tʂhv⁵⁵tʂua³³dʑi³³mu³³美利董主之妻，音译为茨爪吉姆。
③ bə³³mu³³the³³tshʅ²¹人名，音译为崩姆特次。

no³³ phər²¹ the⁵⁵ ȵi²¹ no³³ ua²¹ sʅ⁵⁵ le³³ sa⁵⁵; ‖ la³³ zo³³ ʂʅ²¹ lv⁵⁵ la³³, so³³ nɯ³³ gə²¹
绒毛 白 如此 福泽 生者 又 遗留 虎儿 黄 生生 也 山巅 从 上方
le³³ hə²¹, pər⁵⁵ mu³³ pər²¹ tʂʅ²¹ dzʅ²¹, la³³ mu⁵⁵ the⁵⁵ ȵi²¹ he²¹ be³³ gə²¹ le³³ pv⁵⁵, ‖
又 去 斑纹所有斑纹 所 长 虎 死 如此 神 般 往上 又 送
la³³ mu⁵⁵ kæ²¹ mə³³ mu⁵⁵, ‖ pər³³ zi³³ kæ²¹ zi³³ no³³ ua²¹ sʅ⁵⁵ le³³ sa⁵⁵; ‖ mɯ³³ dɯ²¹
虎 死 威风 不 死 斑纹漂亮威风漂亮 福泽 生者 又 遗留 天 大
he²¹ be³³ gə²¹ le³³ pv⁵⁵, kɯ²¹ dzʅ²¹ mɯ³³ ʂər⁵⁵, mɯ³³ dʑy³³ khuə⁵⁵ ʂua⁵⁵ the⁵⁵ ȵi²¹ no³³
神 般 往上又 送 星 长 天 满天 有 轮廓 高 如此 福
ua²¹ sʅ⁵⁵ le³³ sa⁵⁵; ‖ dy²¹ mu⁵⁵ the⁵⁵ ȵi²¹ he²¹ be³³ gə²¹ le³³ pv⁵⁵, dy²¹ dʑy³³ khuə⁵⁵ gɯ²¹,
泽 生者 又 遗留 地 死 如此 神 般 往上又 送地有 地域 辽阔
ʐə²¹ y²¹ dy²¹ sər⁵⁵ the⁵⁵ ȵi²¹ no³³ ua²¹ sʅ⁵⁵ le³³ sa⁵⁵; ‖ dʑy²¹ na⁵⁵ zo³³ luo³³ dʑy²¹, dʑy²¹
草 长 地 满 如此 福泽 生者 又遗留 居那若罗 山 山
dɯ²¹ the⁵⁵ ȵi²¹ he²¹ be³³ gə²¹ le³³ pv⁵⁵, ‖ sər²¹ dzʅ²¹ dʑy²¹ ʂər⁵⁵ the⁵⁵ ȵi²¹ no³³ ua²¹ sʅ⁵⁵ le³³
大 如此 神 般 往上又 送 树 长 山 满 如此 福泽 活者 又
sa⁵⁵, ‖ he²¹ i³³ ba²¹ da²¹ dzər²¹ dɯ²¹ the⁵⁵ ȵi²¹ he³³ be³³ gə²¹ le³³ pv⁵⁵, ‖ tshe⁵⁵ dzʅ²¹ le²¹
遗留 含依宝达 树 大 如此 神 般 往上 又 送 叶 长 枯萎
mə³³ kv⁵⁵, the⁵⁵ ȵi²¹ no³³ ua²¹ sʅ⁵⁵ le³³ sa⁵⁵;
不 会 如此福泽 活者又 遗留

译文：（1）的福泽遗留给生者；（2）黄色的小虎崽，从山巅上往上去了，所有长斑纹的猛兽死了，都像老虎死了那样神一样往上送，（3）虎死了它的威风却没有灭，（4）请把那漂亮的斑纹与威风般的福泽遗留给生者；（5）就像天神一样往上送，但请把布满星星、轮廓高远的天的福泽遗留给生者；（6）就像大地死去了，也要像神一样往上送，但请把地域辽阔满地青草的人地的福泽遗留给生者；（7）就像居那若罗神山一样往上送，但请把居那若罗神山树林茂盛的福泽遗留给生者；（8）像含依宝达神树一样往上送，但是请把含依宝达神树树叶不会枯萎的福泽遗留给生者；

第 25 页

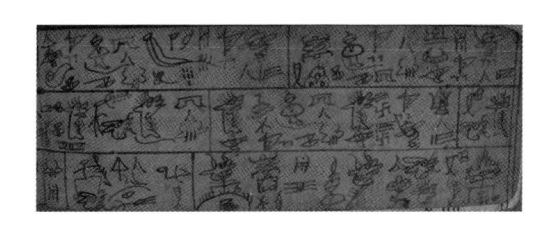

mɯ³³ lɯ⁵⁵ da³³ dʑi²¹ hɯ⁵⁵,　hɯ⁵⁵ dɯ²¹ thə⁵⁵ ȵi²¹ he²¹ be³³ gə²¹ le³³ pv⁵⁵,　dʑi²¹ na⁵⁵
美　利　达　吉海　　海　大　如此　神　般 往上 又　送　水大
mæ³³ ʂər²¹ ko⁵⁵ mə³³ kv⁵⁵,　the⁵⁵ ȵi²¹ no³³ ua²¹ sʅ⁵⁵ le³³ sa⁵⁵;　‖ tse³³ tse³³ hæ²¹ lv³³ me³³,
尾　长　干　涸 不会　如此　福泽　生者 又　遗留　仄真含鲁美
lv³³ dɯ²¹ the⁵⁵ ȵi²¹ no³³ ua²¹ sʅ⁵⁵ le³³ sa⁵⁵;　‖ dzu³³ zo³³ y²¹ tʂʅ³³ hua³³,　dzu³³ zo³³ y²¹
石 大　如此　福泽　生者 又 遗留　孝子　这　群　孝女
tʂʅ³³ lo²¹ dzər³³ le³³ zʅ²¹ pv⁵⁵ gə²¹ le³³ pv⁵⁵。‖ zʅ²¹ mu⁵⁵ dɯ²¹ sʅ¹² la³³,　the⁵⁵ ȵi²¹
这　里　唱　又 死者 送　往上 又 送　　死　者　一　个　也　如　此
he³³ be³³ gə²¹ le³³ pv⁵⁵,　zʅ²¹ mu⁵⁵ phɯ²¹ ɯ³³ sa⁵⁵ ɯ³³ the⁵⁵ ȵi²¹ no³³ ua²¹ sʅ⁵⁵ le³³ sa⁵⁵。‖
神　般　往上 又 送　死者　声气　好 气好　如此　福泽 生者 又　遗留
dzu³³ zo³³ y²¹ tʂʅ³³ hua³³,　‖ dzu²¹ le³³　‖ zʅ²¹ pv⁵⁵ dɯ²¹,　tsho³³ le³³ tshv²¹ thv⁵⁵ tshv²¹
孝子 这 群　群　　舞祖 又　死者 送　大跳　又 鬼　踩　鬼
zər²¹ mɯ²¹ le²¹ zər²¹ bɯ³³ me²¹,　‖ hæ²¹ dʑia²¹ la²¹ tshy⁵⁵ ko²¹ bər²¹ nɯ³³,　tsho³³ bə²¹
压　下　又 压　要去　的　含　久　拉　趣　格　牦　牛 来　跳　要 去
tsʅ⁵⁵,　bər²¹ nɯ³³ tsho³³ mə³³ du³³,　bər²¹ mæ³³ tshʅ⁵⁵ ba³³ sæ⁵⁵,　le⁵⁵ y²¹ dzu¹² nɯ³³
说　牦牛 来　跳　不 兴　牦牛 尾巴　　毡帽　系　又　拿　舞祖 来
thæ³³,　dzu¹³ nɯ³³ dɯ³³ tsho³³ lɯ³³
戴　舞祖 来 一　跳　来

译文：(1) 就像美利达吉神海一样往上送，但请把美利达吉神海水流不会断、不会干涸的福泽遗留给生者；(2) 请把仄真含鲁美神石的福泽遗留给生者；(3) 孝子孝女们呀，跳着祖舞和着歌声把死者往上送，(4) 把死者这个人像神一样往上送，但请死者把您的好声好气这样的福泽遗留给生者；(5) 孝子孝女们呀 (6) 跳着祖舞踩着鬼并把鬼镇压下去，(7) 在含久拉趣格高原，据说牦牛要想跳舞，牦牛呀不兴跳舞，人们就用牦牛尾巴来拴在毡帽上面，并把毡帽戴在跳祖舞的人的头上，像牦牛跑跳一样地来跳牦牛舞。

第 26 页

四　《超度女性死者·挽歌》

tsho³³le³³tshv²¹thv⁵⁵tshv²¹zər²¹mɯ²¹le³³zər²¹,　‖ zʅ²¹pv⁵⁵gə²¹le³³pv⁵⁵；‖ la³³
跳　又　鬼　踩　鬼　压　下　又　压　　　死者　送往上又送　　拉
tshe⁵⁵tʂhv²¹kho³³dv²¹,　tʂhua⁵⁵nɯ³³tsho³³bə²¹tsʅ⁵⁵,　tʂhua⁵⁵nɯ³³tsho³³mə³³du³³,
衬　楚　柯　杜　　鹿　来　跳　要　说　　鹿　来　跳　不　兴
tʂhua⁵⁵ɕi³³‖ za³³to⁵⁵pher²¹le³³y²¹dzu³³nɯ³³kɯ⁵⁵,　dzu³³nɯ³³dɯ³³tsho³³lu³³,
鹿　皮　　鞋子顶　白又拿舞祖来　穿　　舞祖来　一　　跳　来
tsho³³le³³tshv²¹thv⁵⁵tshv²¹zər²¹mɯ²¹le³³zər²¹,　dzər³³le³³zʅ³¹pv⁵⁵gə²¹le³³pv⁵⁵；‖
跳　又　鬼　踩　鬼　　压　下　又　压　　唱　又死者　送　往上又送
tho³³kv³³tɕhi²¹tha⁵⁵me³³,　khua³³mu³³khua³³tʂʅ³³dzʅ²¹,　khua³³dzʅ²¹ŋy⁵⁵ŋy³³
松　林　麂　子　　角　所有　角　所长　　角　长　左右摇晃
be³³,　ŋy⁵⁵be³³dɯ³³tsho³³lu³³；‖ fv³³zo³³ɯ²¹zo³³‖ la³³,　dv³³dzʅ²¹le³³lua⁵⁵lua²¹,
地　摇晃地一　跳　来　　　野鸡儿雏鸡儿　　也　翅膀长又又丰满
lua⁵⁵be³³dɯ³³tsho³³lu³³,　tsho³³le³³tshv²¹thv⁵⁵tshv²¹zər²¹mɯ²¹le³³zər²¹,　dzər³³le³³
聚　集　地一跳来　　跳　又　鬼　踩　鬼　压　下　又　压　　唱又
zʅ²¹pv⁵⁵bɯ³³；‖ kua³³pv⁵⁵tɕi²¹tɕi³³se²¹,　la³³pv⁵⁵so³³tɕi³³se²¹
死者　送　大　　鹤　送　云　放在　了　　虎　送山巅　放在　了

译文：（1）跳着祖舞踩踏鬼把鬼镇压下去，（2）把死者往上送；（3）在拉衬楚柯杜据说鹿要想跳舞，鹿呀不兴跳舞，用鹿皮（4）做成白顶的鞋子给跳祖舞的人穿，跳祖舞的人们穿着鞋子来跳一跳，跳着祖舞踩踏着鬼把鬼镇压下去，他们跳着和着，把死者往上送；（5）所有生在松树林间的麂子及其他长角动物，都左摇右晃地来跳一跳舞，（6）野鸡和雉鸡，（7）以及其他所有长翅膀的飞禽都长了丰满的羽毛，都聚集在一起来跳舞，跳着祖舞踩踏着鬼把鬼镇压下去。（8）唱着和着把死者送上去，就像送鹤送到白云之上，送虎送到山巅之上。

第27页

bər²¹ pv⁵⁵ ko²¹ tɕi³³ se²¹, ‖ ʐʅ²¹ pv⁵⁵ gə²¹ tɕi³³ se²¹。sʅ⁵⁵ ho⁵⁵ mɯ²¹ le³³ ho⁵⁵, sʅ⁵⁵
牦牛 送 高原 放在了 死者 送 往上 置 了　活人 拦　往下 又 拦　活人
phu²¹ mɯ²¹ le³³ tɕy²¹, ‖ dʐu¹³ la³³ dʐu²¹ mi³³ khɯ²¹ mə³³ dʐy³³, dʐu²¹ ta³³ khɯ²¹ mə³³
逃　往下 又 返舞祖 也 舞祖　过失　没有　　舞祖　过错 没
dʐy³³, mi³³ khɯ²¹ da³³ khɯ²¹ tʂʅ³³ dʐy³³ me³³, ‖ tshʅ²¹ tɯ³³ phv⁵⁵ le³³ fæ³³。‖ a³³ hu²¹
有　过失　过错 所有的　　　鬼　处 卸　又 去　昨晚
tha¹³ nɯ³³ sʅ⁵⁵ mi³³ khɯ²¹ hu²¹ tʂər²¹, khɯ²¹ hu²¹ khɯ³³ mə²¹ gv²¹, khɯ³³ la⁵⁵ dy²¹
他家 来 年轻人　狗 拦 使　狗 拦 狗 不 成　狗 打 棍
tɕhər³³ se²¹, tʂʅ³³ la³³ mi³³ khɯ²¹ tshʅ²¹ tɯ³³ phv⁵⁵ le³³ fæ³³。‖ no³³ ua²¹ sɑ⁵⁵ me³³ mɯ³³
断　了　这 也 罪责 鬼　处 卸 又 去　　福泽 遗留的
nɯ³³ tɕi²¹ gu²¹ sɑ⁵⁵, ‖ dy²¹ nɯ³³ ʐə²¹ gu²¹ sɑ⁵⁵, ‖ ŋv³³ lv²¹ tʂhu²¹ gu²¹ sɑ⁵⁵, i³³ bi²¹
天 给 云 上 遗留　地 给 草 上 遗留　雪山 墨玉石 上 遗留　长江
hæ²¹ gu²¹ sɑ⁵⁵, ‖ tɕi²¹ nɯ²¹ çv⁵⁵ gu²¹ sɑ⁵⁵, lɯ³³ kə⁵⁵ be³³ gu²¹ sɑ⁵⁵, mɯ⁵⁵ tshe²¹ dʐər³³
金 上 遗留　　云 给 柏树 后 遗留　杉树 雪 上 遗留　青竹　露
gu²¹ sɑ⁵⁵, ‖ ʐua³³ nɯ³³ tɕi⁵⁵ gu²¹ sɑ⁵⁵。
上 遗留　马 给　鞍 上 遗留

译文：（1）送牦牛到高原之上一样把死者送上去。（2）把死者送上去以后，要把生者的灵魂拦住，不让其跟着死者而去，让出逃的活人的灵魂返回来。（3）这样，跳祖舞的人们没有过错，跳祖舞的人们没有过失，如果真有过错过失的话，（4）也要把所有的过错与过失都卸在鬼的地方。（5）昨天晚上他们家让年轻人去拦狗，打狗的棍子断了，狗还是拦不了，把这过错都卸在鬼的地方吧。（6）死者留给生者的福泽就像：天留给白云福泽，（7）大地留给青草福泽，（8）雪山留给墨玉石福泽，长江留给金子福泽，（9）白云留给翠柏福泽，杉树留给白雪福泽，青竹留给露珠福泽，（10）马儿留给马鞍福泽一样，把福泽留给生者。

第 28 页

四　《超度女性死者·挽歌》

mu²¹nɯ³³lua²¹phər²¹sa⁵⁵,　‖ bu²¹nɯ³³tʂhər²¹gu²¹sa⁵⁵, bv³³nɯ³³si³³phər²¹
牛　给　牛轭白　遗留　　　猪　给　猪膘肉上　遗留　绵羊　给　羊毛　白
sa⁵⁵, æ²¹na⁵⁵no³³gu²¹sa⁵⁵, the⁵⁵n̥i³³no³³ua²¹sʅ⁵⁵le³³sa⁵⁵。‖ no²¹ua²¹tʂu³³me³³
遗留　鸡　大　绒毛上　遗留　如此　福泽　活人又　遗留　福泽　迎　的
dv³³phər²¹kɯ³³y²¹khua⁵⁵nɯ³³dzv̩³³,　‖ za²¹me³³ua²¹hər²¹kɯ³³y²¹khua³³lua²¹
白海螺　阁于　碗　里接　　　降　的绿松石绿　阁于　碗　里
za²¹, sa⁵⁵me²¹tʂhu⁵⁵na⁵⁵kɯ³³y²¹khua³³lua²¹za²¹, za²¹me³³hæ⁵⁵ʂʅ²¹kɯ³³y²¹
降　接　的墨玉石　阁于　碗　里降　降　的　金　黄　阁于
khua³³lua²¹za²¹。‖ no³³ua²¹dɯ²¹me²¹ua²¹tshər²¹ua³³gu²¹be³³le³³by³³, ly⁵⁵me³³
碗　里　降　福泽　大　的　五　十　五　背　做又　分　中间　的
lu³³tshər²¹lu²¹gu³³be³³le³³by³³, tɕi⁵⁵me³³sʅ³³tshər²¹sʅ³³gu²¹be³³le³³by³³。‖ no³³
四十　四　背　的又　分　　小　的　三十　三背　的又　分福
ua²¹nɯ²¹by³³ ‖ khu³³y²¹, o³³by³³la²¹y²¹。‖ sʅ²¹nɯ³³zo³³tɕər²¹sa⁵⁵, sʅ²¹to³³zo³³
泽　禄　分　　口轻　财物分　手轻　父亲　给　儿子上　遗留　父亲模样儿
to³³dɯ⁵⁵dɯ⁵⁵ho⁵⁵, me³³nɯ³³mi⁵⁵tɕər²¹sa⁵⁵, me³³hy⁵⁵mi⁵⁵hy³³ʂua³³ʂua²¹gv³³be³³
模样　整齐　愿　母亲　给　女儿　上　遗留　母亲　站　女儿　站　一样高　成　做
ho⁵⁵,　‖ phv²¹nɯ³³lɯ³³tɕər²¹sa⁵⁵, phv³³khu²¹lɯ⁵⁵khu²¹tʂu⁵⁵tʂu³³gv³³be³³ho⁵⁵。
愿　　　祖父　给孙　上　遗留　祖父口　孙　口　连接　成　做　愿

　　译文：(1) 像牛把福泽遗留给白色的牛轭一样，请你把你的福泽留给生者；(2) 就像猪把福泽留给猪膘肉，绵羊把福泽遗留给白色的羊毛，雄鸡把福泽遗留给绒毛一样，请你把你的福泽遗留给生者；人们从白海螺色的 (3) 阁于碗里来迎遗留的福泽，把福泽接到 (4) 绿松石的阁于碗里，再从墨玉石色的阁于碗里来迎，把它接到金色的阁于碗里。(5) 把人的福泽分成五十五背、中等福泽分成四十四背、小的福泽分成三十三背，(6) 福泽分好分匀之后，(7) 口轻了（所分的福泽均等了），手轻了（所分的福泽均等了）。(8) 父亲把福泽遗留给儿子，儿子像父亲一样能干聪慧；母亲把福泽遗留给女儿，愿女儿和母亲一样贤惠、漂亮。(9) 祖辈把福泽留给孙辈，愿孙辈同祖辈一样名声好，源远流长。

第 29 页

pv⁵⁵nɯ³³be³³tɕər²¹sa⁵⁵, pv⁵⁵dɯ²¹be³³la⁵⁵gv³³be³³ho⁵⁵, ‖ khv²¹nɯ³³lɯ³³
本村 给 村 上 遗留　本村大　村 厚 成 做 愿　亲属给 同族
tɕər²¹sa⁵⁵, khv²¹ɯ²¹lɯ³³ɯ³³gv³³be³³ho⁵⁵, ‖ ʂv⁵⁵mi³³dzʅ³³mi³³y²¹, lv³³gɯ³³ta⁵⁵
上 遗留　亲属好　同族好成 做 愿　署明 头目　拿 石 裂 说
gv³³be³³ho⁵⁵, ‖ dər³³ɯ³³tʂhv³³phər²¹khua³³ȵi³³me³³thv³³la³³iə³³lɯ⁵⁵bu²¹y²¹te³³
成 做 愿　　肥田　署明　　东方　　高明　祭师　余登
gu²¹bv³³①to³³②dʑiə²¹ua²¹③nɯ³³pər⁵⁵me³³ua²¹, ‖ phv³³nɯ³³pər⁵⁵me³³lɯ⁵⁵kæ³³
固补　东　玖伉　来 写是 呀 祖父 来 写 的 孙 前
tɕi³³iə⁵⁵iə³³, ‖ py²¹zʅ³³ʂər²¹ha⁵⁵i³³gv³³be³³ho⁵⁵。
置 了 呀　东巴 长寿富足 成 做 愿

译文：(1) 把村子的福泽遗留给后人，愿村子变大人口增加；(2) 把亲属的福泽遗留给后人，愿族群和睦壮大；(3) 愿署明头目的名声刻在裂石上面。(4) 家居肥田署明东方的高明东巴余登固补东玖伉来写。(5) 是祖父写后留给后世子孙的经书，(6) 愿东巴长寿富足。

---

① y²¹te³³gu²¹bv³³为经书作者和讯东巴之法名。
② to³³为"东巴"一词之简称。
③ dʑiə²¹ua²¹为经书作者和讯东巴之乳名。

五

三坝纳西族阮卡人东巴经
《烧天香》译注

封面

tʂhu⁵⁵pa³³ndzi⁵⁵
《烧天香》

授经：和占元①
抄经：和根茂②
诵经：和根茂、杨玉春等③
释读：和根茂、和树荣④
记音：杨杰宏
翻译：杨杰宏
地点：香格里拉县三坝乡吴树湾村

【版本说明】

经书由牛皮纸书写、装订，宽 10.1 厘米，长 28.01 厘米。本经由和根茂抄写于 2010 年 10 月 24 日，原经为村里老东巴和占元所写，为纳西族阮卡支系的东巴经典。此经书可以说在所有大大小小的东巴祭祀仪式、节庆以及日常生活中皆普遍使用。除了主持仪式的东巴比较全面掌握此经书外，三坝的一般老百姓都能口头吟诵经书主体部分，尤其是老一辈较为突出。三坝乡的纳西族家庭至今仍延续着早上祭神烧天香的习俗：男主人一大早起床

---

① 和占元（1926—2009），男，出生于三坝吴树湾村，纳西族阮卡支系人，熟悉东巴文化典籍、仪式，是纳西族地区为数不多的大东巴之一，2009 年 6 月 2 日去世。纳西名阿牛若，东巴法号为"东牛"。和占元从 13 岁开始学习东巴文化，15 岁时拜本村"阮卡"大东巴久干吉（另，水甲村也有同名的东巴大师）、永恒（舅舅）、肯若、东贡、东凡、阿山、阿垄等大师为师，系统学习东巴文化。"文化大革命"时担任生产队粮场保管员，冒着风险把收缴上来的上百册东巴经书收藏下来，并且在夜深人静时潜心钻研，东巴文化学识得到长足提高。改革开放后，一直以来从事东巴文化传承工作，协助各文化科研部门翻译了 200 多册东巴经书，1996—1997 年间，先后两次应邀到国内著名音乐人田丰创办的云南民族文化传习馆担任东巴文化教师，为传播东巴文化做出了应有的贡献。1998 年回到村里，与和树荣一同创办了阮卡东巴学校，义务传授东巴文化 10 多年，培养了和树昆、杨玉春、和根茂、和根利等 10 多个东巴传人。本册经书是和占元在村中授课时由和根茂抄写，经书的诵读、翻译也受教于和占元。

② 和根茂（1986—），男，出生于三坝乡吴树湾村，在三坝、香格里拉读书时利用周末、假期参加阮卡东巴学校的东巴文化课，对本地东巴经书、仪式较为熟悉。现在西南大学攻读语言学研究生，主要研究东巴文。

③ 诵经者因诵经时间、场合不同而分为两个单元，第一单元为在和树昆东巴婚礼上，由杨玉春、和根利等 10 多个东巴集体吟诵，第二单元为在和根茂家中由和根茂单独诵读。集体诵读者皆为吴树湾村的东巴，都受教于和占元东巴。

④ 主要释读者为和根茂，和树荣作为协助者，对疑难词句提供了解释依据。

后，先给神龛上香，供清水，点酥油灯，并吟诵烧天香经。如果家人外出，或遇上生日、考试等重大日子，家人也到白水台的神泉畔举行简单的烧天香仪式。本经是在和树昆的东巴结婚仪式上诵读，与其他东巴的《烧天香》经书都是抄自同一个东巴老师——和占元的经书。在仪式中念诵时，有的东巴对内容较为熟练，基本不需要照本宣科，也有些地方与经书内容不同，需要根据现场作适当的改变，而这些策略性的改变在集体诵读前就已经商议好，如因经书抄写的年份是兔年，而和树昆结婚的年份属蛇年，这样经书内容必须根据实情予以调整。由此也说明，作为文献存在的东巴经与仪式现场口头诵读的东巴经在经文内容上存在一定差异。

【经名释读】

tṣhu^{55}pa^{33}ndzi^{55}在现有的汉语翻译文本中均译为"烧天香"，在比较权威的李霖灿、方国瑜的两本字典（字谱）中也译为"烧天香"。这从这一名词的象形文字形体中也可看出"烧柏枝"的字义，柏枝在东巴祭祀仪式中用来表天神，烧柏枝比喻向天神祷告祈福，"烧天香"的语义缘于此。但从名称的语音上来分析却不尽然，tṣhu^{55}的本义为祭，pa^{33}的本义为物品、食品，ndzi^{55}的本义为烧，整个词义应为"烧食物祭献经"。"烧天香"并不准确，名称中并没有天之意。tṣhu^{55}pa^{33}ndzi^{55}仪式中，总共要向20多类神祇轮流祭献供品，向每一类神献祭的食物都是一样的，包括颂赞内容均是高度程式化的。[①] 和旭辉东巴也认为 tṣhu^{55}pa^{33}ndzi^{55}其宗旨是供神祈福，整个仪式就是给神供养的一个过程。

【内容提要】

这一经书是在东巴祭祀仪式中，举行烧天香仪程时用来念诵的。其主旨是迎请各方神灵降临祭坛，享受供奉的天香，并保佑人们风调雨顺、五谷丰登、人丁兴旺、富裕强盛、吉祥如意。其仪式内容主要分为8个部分：（1）祭祀主人家择吉日，准备各种祭木及供品；（2）说明吉日里烧天香的意义；（3）用杜鹃枝、蒿草、净水给祭品除秽；（4）烧天香迎请诸神；（5）禳灾；（6）招魂；（7）镇压仇鬼；（8）烧天香祭献神灵，许愿祈福。

第1页

[①] 根据2015年6月14日访谈和力民、和旭辉的内容整理。

tʂhu⁵⁵pa³³ndzi⁵⁵the³³ɯ³³ua³¹me⁵⁵
烧天香　　　　书　是　啊
第 2 页

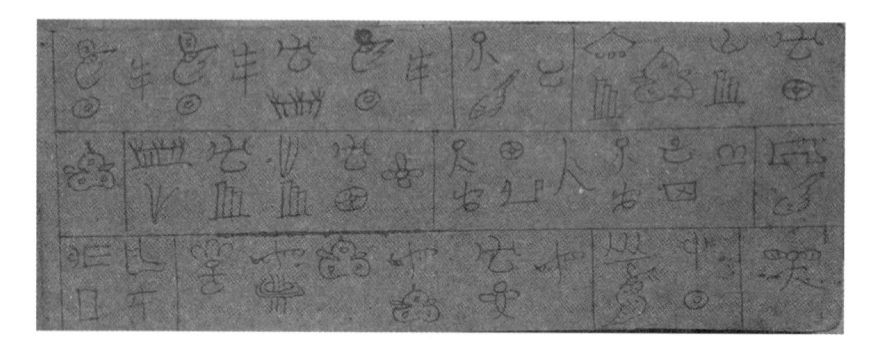

1. o³³ma³³ho³¹①
   嗡　嘛　哞
2. o³³ma³³ho³¹
   嗡　嘛　哞

---

① "嗡嘛哞"是六字真言"嗡嘛呢呗咪哞"的简写，系佛教化后的本教经典中传播到东巴经典中，此句的用法程式为放在经卷句首，以祈诸观世音的加持之意。六字真言又名六字大明咒，象征一切诸佛菩萨的慈悲和加持。其他经书里写成 o³³ho²¹。参见丽江东巴文化研究所编《纳西东巴古籍译注全集》（简称《全集》，后同）第 38 卷《退是非灾祸经》，云南人民出版社，第 3 页。

3. tʂɿ⁵⁵ dy³¹ o³³ ma³³ ho³¹①
    这个 地方 嗡 嘛 哞
4. i³³la³³ga³³,②
    依 剌 嘎
5. my³³ kɯ³¹ tsɿ³¹ ɯ³³
    天   星 生 好
6. kɯ³³ tsɿ³¹ tʂhɿ⁵⁵ ȵi³³ ɯ³³
    星 生 这 天 好
7. dy³¹ zɿ³³ tʂhɿ³³ dzu³¹
    地 草 这 生
8. zɿ³¹ dzu³¹ tʂhɿ⁵⁵ ȵi³³ hã³¹
    草 生 这 天 绿
9. a³³ ŋɯ³³ bi³³ thv³³ le³¹
    左 从 太阳 出 来
10. i³³ ŋɯ³³ le³³ tshe⁵⁵ bu³¹
     右 从 月亮 明 亮
11. gə³¹ la³³ sa³³ to⁵⁵ khɯ³³ phər³³
     上 拉萨 坡 下 白
12. gə³³ dzu³¹ khv⁵⁵ tsɿ³¹ ɯ³³
     藏人 年 算 好
13. khv⁵⁵ ɯ³³ tʂhɿ³³ dɿ³³ khv⁵⁵
     年 好 这 一 年
14. mi³¹ i³³ zɿ³³ dze³³ ma³³③
     下 依 日 增 满

意译：嗡嘛哞嗡嘛哞，这是个吉祥之地，依嘎啦，天上的星星出得好，星星出得好的今天；地上的青草长得好，青草长得好的今天。温暖的太阳从左边升起来，皎洁的月亮从右边升起来。上面拉萨白坡下，藏人擅长推算年

---

① 另外经书写成"tʂɯ⁵⁵ dy³¹ o³¹ ma³³ ho³¹"。
② 似应为"依嘎剌"，挂在右边位置的战神。嘎剌指东巴教中的战神。战神分为五方战神，白云、白风战神，大鹏鸟战神，虎豹战神，牦牛、犏牛战神等。
③ mi²¹ i³³ zɿ³³ dze³³ ma³³ 在《全集》中多写为 mi²¹ i³³ zɿ³¹ mæ³³ 或 mi²¹ i³³ bu³³ lv³¹ zɿ³¹ za³¹ mæ³³，意为"南边山路下坡的尽头"，"南边是牧羊坡的下坡尽头"。一般指住在纳西族南边的白族。但因本经书是阮卡人经书，据口头流传，三坝吴树湾的阮卡人源于木里、盐源一带，南边多为汉人。

运，今年年运好；下面日增满的地方，
第 3 页

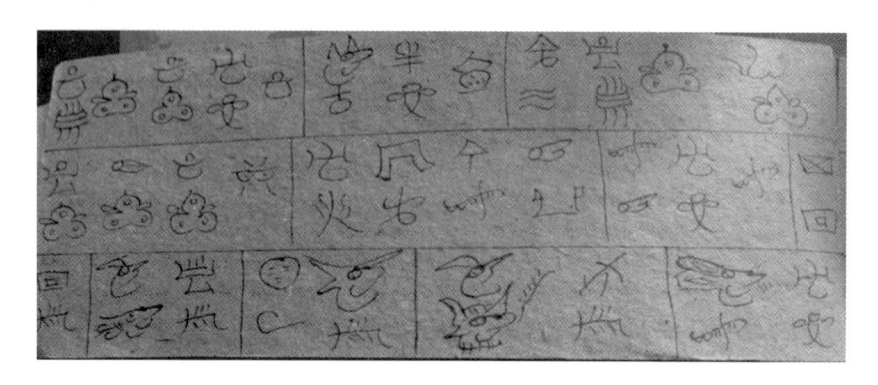

15. le³³uə³³he⁵⁵tsɿ³¹ɯ³³①
    汉 人 月 算 好
16. he⁵⁵ɯ³³tʂhɿ³³dɯ³³he³³
    月 好 这 一 月
17. dzi³³ndzɿ³³ly⁵⁵dɯ³³o³¹，②
    人类 居住 中 大 村
18. nɑ³¹hã³³hɑ⁵⁵tsɿ³³ɯ³³．③
    纳 罕 日 算 好
19. kɯ³³ɯ³³hɑ⁵⁵ɯ³³dzɿ³³ɯ³³he³³ɯ³³ȵə³¹，
    星 好 日 好 水 好 月 好 时
20. tʂhɿ³³be³³gə³¹nɯ³³bər³³lər³³khv³³ʂɿ⁵⁵thv³³，④
    这 年上从   年 新到
21. khv³³ʂɿ⁵⁵tʂhɿ³³dɯ³³khv⁵⁵，
    年 新 这 一 年
22. （藏）tshe³³tɑ⁵⁵tɑ³³so³³⑤
    虎（与）马、狗年（岁）相合

---

① le 在此处翻译为汉人，百卷东巴经书中翻译为白族。
② 疑此处为村解。习建勋另译为"dzer³³ndzɿ³³ly⁵⁵dɯ³³o³¹"。
③ 钟耀萍认为鼻化元音 hã、hĩ 应为人，腭化后成 ɕi。
④ bər³³lər³³ 未解。
⑤ 也可念诵为纳西语 lɑ³³ʐua³³khɯ³³khv⁵⁵thv²¹，虎与马、狗年（岁）相合。

五　三坝纳西族阮卡人东巴经《烧天香》译注　　　　　　　　　　651

23. （藏）tcə³³lo⁵⁵u³¹so³³①
　　鼠（与）龙年、猴年（岁）相合
24. （藏）pha³³lo⁵⁵y³¹so³³②
　　兔（与）猪、羊年（岁）相合
25. （藏）tcə³³mbər³¹tcy³¹so³³③
　　牛（与）蛇、鸡年（岁）相合
26. tho³³le³³khv⁵⁵tʂhɿ³³dɯ³³khv⁵⁵，④
　　兔年　这　一　年

意译：汉人擅长推算月份，这个月运气最好了；人类居住在大地的中央，纳罕人擅长推算日子，今天星好、水好、月好、时辰好。从上面（不详）新的一年已来到。虎与马、狗年（岁）相合，鼠跟猴、龙年（岁）相合，兔子、猪、羊年（岁）相合，牛跟蛇、鸡年（岁）相合，兔子新年这一年。

第 4 页

22. mi³¹nɯ³³du³³se³³he³³ʂɿ⁵⁵thv³³，
　　卜　从董神　色神　月　新　出
23. he³³ʂɿ⁵⁵tʂhɿ³³dɯ³³he³³，
　　月　新　这　一　月

① 纳西语：fv³³nɯ⁵⁵zv²¹lu²¹thv²¹鼠与猴、龙年（岁）相合。
② 纳西语：tho³³le³³bu⁵⁵yu²¹thv²¹兔子与猪、羊年（岁）相合。
③ 纳西语：ɯ⁵⁵nɯ³³zʅ²¹æ²¹thv²¹牛与蛇、鸡年（岁）相合。
以上四句为藏语音读，系藏族本教五行说的影响所致。这四句由和根茂译注。
④ zʅ³¹khv⁵⁵tʂhɿ³³dɯ³³khv⁵⁵，因和树昆结婚日为蛇年这一年。

24. i³³dɑ³³ɯ³³gv³³ndzã³¹tʂhʅ³³dɯ³³dzʅ³¹,
　　主人　恩　古　展　这　　一　家
25. tʂhʅ³³ȵi³³gə³¹nɯ³³bər³³dər³³ba³³phər³³dua³³gə³³,
　　这　　天　上　从　白　地　白　水台　的
26. ʂv³¹dzʅ³³bu³³ ʂv³¹dzʅ³³mu³³,
　　署① 父亲　　署　母亲
27. kv³³nɯ⁵⁵lv³¹sʅ³¹
　　岁　由　龙　养
28. ʂv³¹dɯ³¹lv³¹dɯ³¹,
　　署　大　龙　大
29. ʂv³¹khɑ³¹lv³¹khɑ³¹khɯ³¹,
　　署　王　龙　王　处
30. khv³³mə³³lv³¹me³³khv³³le³¹me³³
　　年　不　够　就　年　又　要

意译：从董神和色神的下面，新的月份来到了。在这新的月份里，在属于古展祭天群的人家里，从白地白水台处迎请而来的署父与署母的这一天，如果年成不够就到署王、鲁王②、龙王处祈求年岁，

第5页

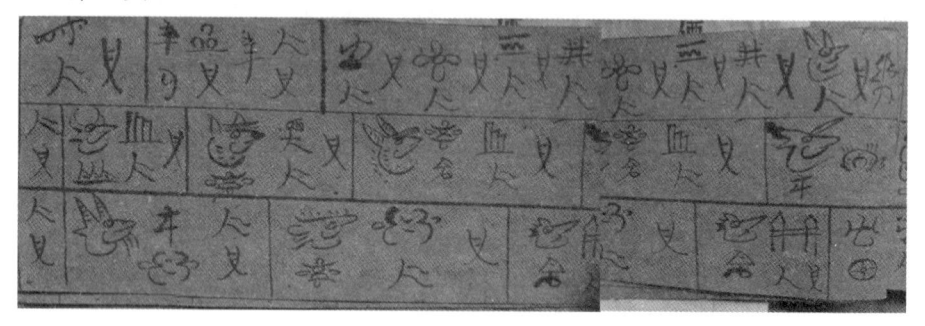

---

① 署，又译为"术"，东巴教中的自然神，主宰自然界人类以外的自然万物。署神分为龙神、聂神、里美神、刹道神四类。署神有善恶两类。署美纳布是最大的署神。

② 鲁王，也有经书中译为"龙王"，但与汉文化语境中的龙王不同，龙王以湖泊海洋为居所，主司行雨，此处的鲁王类似于山神，包括了山地自然界中的万物。在东巴教中鲁王是中立的，如果人类不侵犯其利益，它与人类相安无事，但如果人类触犯了其势力范围，则受到其报复。如果人类向河、湖里丢脏东西，乱砍滥伐，人类会遭受麻风、水疱、癞子、天花、伤寒、瘟疫、恶疮等多种疾病。

31. zɿ³³mə³³lv³¹me³³zɿ³³le³¹me³³，
　　寿① 不 够 就 寿 又 要
32. nɯ³³le³¹me³³，
　　福泽② 来 要
33. ɑ³¹le³¹me³³，
　　吉祥 又 要
34. hɯ³¹le³¹me³³，
　　富裕③ 又 要
35. ndzã³³le³¹me³³，
　　强盛 又 要
36. bɑ³³le³¹me³³，
　　庄稼 又 要
37. ɯ⁵⁵çy³¹ndzɿ³³le³¹me³³，
　　牛 红 对 来 要
38. ʐuɑ⁵⁵ʂɿ³¹tshɑ³¹le³¹me³³，
　　马 黄 群 来 要
39. dər³¹ʂɿ³¹dər³¹nɑ⁵⁵ndzu³³le³¹me³³，
　　骡 黄 骡 黑 对 来 要
40. bv⁵⁵phər³¹ko³¹le³¹me³³，④
　　羊 白 高山 来 要
41. tshɿ⁵⁵phər³³bv³¹le³¹me³³，
　　山羊 白 圈 来 要
42. bu⁵⁵ʂɿ³¹bv³¹le³¹me³³，
　　猪 黄 圈 来 要
43. ã⁵⁵nɑ³¹dzo³¹le³¹me³³．
　　鸡 黑 鸡圈 来 要

---

① zɿ³³本义为草，因草寿命最长，故以草引申为寿命。
② nɯ³³与ɑ³¹是一组有对应关系的东巴教神灵，其本义为主管生殖相关的神灵，后引申为主管福泽与吉祥的神灵。
③ hɯ²¹与ndzã³³是一对有对应关系的东巴教神灵，主管富裕与强盛的神灵。
④ 此处bv为羊之古语，指代家畜。

意译：年寿不够，要去祈求年寿；要去祈求福泽，要去祈求吉祥，要去祈求富裕，要去祈求坐骑，要去祈求好收成，要去祈求一对红牛，要去祈求一群黄马，要去祈求一对黄骡和黑骡，要去祈求满高山上的白羊，要去祈求满圈的山羊，要去祈求满圈的黄猪，要去祈求满圈的黑鸡。

44. tʂhʅ³³ ɲi³³ gə³¹ nɯ³³ bər³³ dər³³ ba³³ phər³¹ dua³³ gə³³，
  这 天 上 从 白 地 白水台 的
45. ʂv³¹ dzʅ³³ bv³³ ʂv³¹ dzʅ³³ mu³³，kv³¹ nɯ³³ lv³¹ sʅ³³. ①
  署 父亲 署 母亲 年 由 够 了
46. ʂv³¹ dɯ³¹ lv³¹ dɯ³¹，ʂv³¹ kha³¹ lv³¹ kha³³ nɯ³¹，
  署 大 鲁 大 署 王 鲁 王 来
47. khv³³ mə³³ ln³¹ me³³ khv³³ le³¹ iə³³，
  年 不 够 就 年 来 给
48. zʅ³³ mə³³ lv³¹ me³³ zʅ³³ le³¹ iə³³，
  寿 不 够 就 寿 来 给
49. nɯ³³ le³¹ iə³³，
  福泽 来 给
50. a³¹ le³¹ iə³¹，
  吉祥 来 给
51. hɯ³¹ le³¹ iə³³，
  富裕 来 给
52. ndzã³³ le³¹ iə³³，
  坐骑 来 给
53. ba³¹ le³¹ iə³³，
  庄稼 来 给

意译：从白地白水台处迎请而来的署父与署母的这一天，年成不够，就从署王、龙王处获得了年成，年寿不够而获得了年寿，还获得了福泽，获得了吉祥，获得了富裕，获得了坐骑，获得了好收成。

第6页

---

① ʂv³¹ dzʅ³³ bv³³ ʂv³¹ dzʅ³³ mu³³ 据东坝永才诵经"ʂv³⁵ dzi³³ bv³³ ʂv³⁵ dzi³³ mu³³"。

五 三坝纳西族阮卡人东巴经《烧天香》译注　　　　　655

54. ɯ⁵⁵çy³¹ndzu³¹le³¹iə³³，
　　牛 红　对　来 给
55. z̪uɑ⁵⁵ʂʅ³¹tshɑ³¹le³¹iə³³，
　　马　黄　群　来 给
56. dər³¹ʂʅ³¹dər³¹nɑ⁵⁵ndzu³³le³¹iə³³，
　　骡　黄　骡　黑 对　来 给
57. bu⁵⁵phər³³ko³¹ le³¹iə³³，
　　羊　白　 高山 来 给
58. tshʅ⁵⁵phər³³bv³¹le³¹iə³³，
　　山羊　白　畜圈 来 给
59. bu⁵⁵ʂʅ³¹bv³¹le³³iə⁵⁵，
　　猪 黄　畜圈 来 给
60. ã⁵⁵nɑ³¹dzo³³le³³iə⁵⁵．
　　鸡 黑　鸡圈 来 给
61. ȵi³³se³³mə³³tse³³，
　　要 完 不　满（完）
62. ʂv³¹khu³³le³¹mə³³pu³³，
　　署　门　来 没 开
63. ʂv³¹dv⁵⁵dɑ³¹dzʅ³¹kv³³，
　　署 杜 达　坐　处
64. ʂv³¹lv⁵⁵lɑ³¹dzʅ³¹kv³³，
　　署 路 拉　坐　处

　　意译：获得了一对红牛，获得了一群黄马，获得了一对黄骡和黑骡，获得了满高山上的白羊，获得了满圈的白山羊，获得了满圈的黑鸡，福泽绵

延，遗世无穷。当署神的大门还没打开，在杜达署神处，在路拉署神处，
第7页

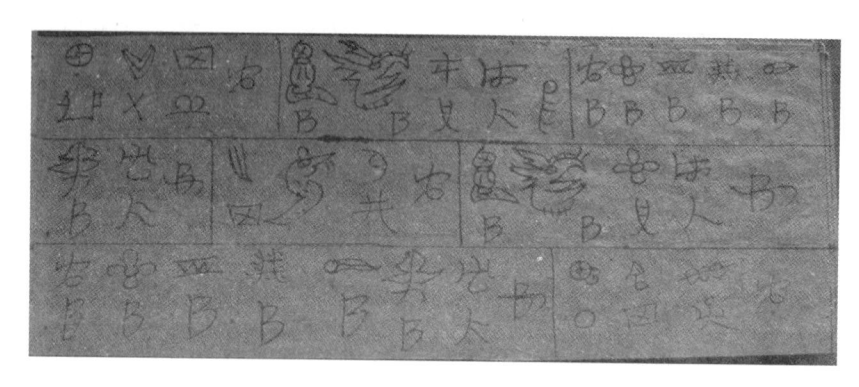

65. ȵi³³ me³³ thv³¹ khə³³ tshe³¹ tshe⁵⁵ bu³¹ nɯ³³，
　　太阳　　出　可　成　衬　补　从
66. ʂv³¹ khu³³ lv³¹ khu³³ phər³¹ me³³ dv⁵⁵ le³³ phu³³，
　　署　门　鲁　门　白　的　那边　来　开
67. nɯ³¹ khu³³、ɑ³¹ khu³³、hɯ³¹ khu³³、ndzã³¹ khu³³、dzɿ³¹ khu³³、bɑ³¹ khu³³，
　　福泽门　吉祥门　富裕门　强盛门　水门　庄稼门
68. tʂɿ³³ le³³ phu³³.
　　这边　来　开
69. i³³ bi³¹ mã³³ tshe⁵⁵ zɿ³³ mə³³ gu³¹ nɯ³³，
　　金沙江尾　策日蒙巩　　从
70. ʂv³¹ khu³³ lv³¹ khu³³ hã³¹ me³³ dv³³ le³³ phu³³，
　　署　门　鲁　门　黄　的　那边　来　开
71. nɯ³³ khu³³、ɑ³³ khu³³、hɯ³³ khu³³、ndzã³³ khu³³、dzɿ³³ khu³³、bɑ³¹ khu³³，
　　福泽门　吉祥门　富裕门　强盛门　水门　庄稼门
72. tʂɿ³³ le³³ phu³³.
　　这边　来　开
73. ȵi³³ me³³ kv³¹ nɑ³¹ tshe⁵⁵ tshu³³ lu³¹ nɯ³³
　　太阳　落　纳策处鲁　　从

意译：署神门、鲁神门从东边白色的可成衬补山处打开了，福泽门、吉祥门、富裕门、强盛门、水门、庄稼门也从这边打开了；署神门、鲁神门从南边黄色的策日蒙巩山处打开了，福泽门、吉祥门、富裕门、强盛门、水门、庄稼门也从这边打开了；从西边纳策处鲁山处，

第 8 页

74. ʂv³¹khu³³lv³¹khu³³nɑ³¹me³³dv³³le³³phu³³,
　　署　门　鲁　门　黑　的　那边　来　开
75. nɯ³³khu³³a³³khu³³hɯ³³khu³³ndʐã³³khu³³dzɿ³³khu³³ba³¹khu³³tʂʅ³³le³³phu³³.
　　福泽门　吉祥门　富裕门　强盛门　水　门　庄稼门　这边　来　开
76. i³³bi³¹gv³³gv³³se³³khə³³bu³³nɯ³³,
　　金沙江　头　　古色可补　　从
77. ʂv³¹khu³³lv³¹khu³³ʂɿ³³me³³dv³³le³³phu³³,
　　署　门　鲁　门　黄　的　那边　来　开
78. nɯ³³khu³³a³³khu³³hɯ³³khu³³ndʐã³³khu³³dzɿ³³khu³³ba³¹khu³³tʂʅ³³le³³phu³³.
　　福泽门　吉祥门　富裕门　强盛　门　水　门　庄稼门　这边　来　开
79. tʂɿ³³ly⁵⁵gv³³so³¹iə³¹tse⁵⁵gv³³nɯ³³,
　　土地　中间　　松由正古　　从
80. ʂv³¹khu³³lv³¹khu³³ndzã³³me³³dv³³le³³phu³³,
　　署　门　鲁　门　花色的　那边　来　开

意译：署神门、鲁神门从（西边）黑色那边打开了，福泽门、吉祥门、富裕门、强盛门、水门、庄稼门也从这边打开了；署神门、鲁神门从北方黄色的古色可补山处打开了，福泽门、吉祥门、富裕门、强盛门、水门、庄稼门也从这边打开了；署神门、鲁神门从大地中央花色的松由正古处打开了，

第9页

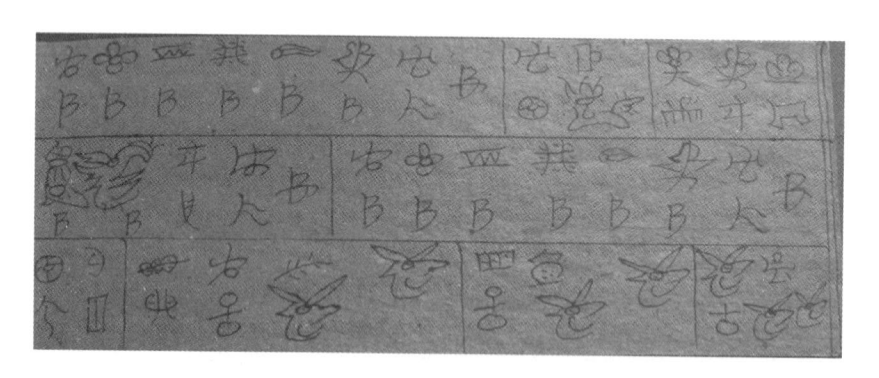

81. nɯ³³ khu³³ a³³ khu³³ hɯ³³ khu³³ ndzã³³ khu³³ dzi³³ khu³³ ba³¹ khu³³ tʂhɿ³³ le³³ phu³³.
 福泽门 吉祥门 富裕门 强盛门 水门 庄稼门 这边 来 开

82. tʂhɿ³³ ȵi³³ to³³ ba³¹ ʂã⁵⁵ lər³³ nɯ³³
 这 天 东巴 什 罗 由

83. bər³³ dər³³ ba³³ phər³¹ tua³³ gə³³，
 白地 白水台 的

84. ʂv³¹ khu³³ lv³¹ khu³³ phər³¹ me³³ dv³³ le³³ phu³³，
 署门 鲁门 白 的那边来 开

85. nɯ³³ khu³³ a³³ khu³³ hɯ³³ khu³³ ndzã³³ khu³³ dzɿ³³ khu³³ ba³¹ khu³³ tʂhɿ³³ le³³ phu³³.
 福泽门 吉祥门 富裕门 强盛门 水门 庄稼门 这边 来 开

86. ȵi³³ se³³ mə³³ tse³³，
 要 完 不 满

87. tʂhu⁵⁵ ba³³ nɯ³¹ ndzu³¹ no⁵⁵ y³³ y³³，
 天香 家畜 增加 畜神 祈祷

88. tʂʅ³³ndzu³¹o³³y³³y³³.①
    粮食 增加 丰收神 祈祷
89. nɯ³¹ndzu³¹ha⁵⁵y³³y³³.②
    财富 增加 生殖神 祈祷

意译：福泽门、吉祥门、富裕门、强盛门、水门、庄稼门也从这边打开了；这一天，东巴什罗把白地白水台的署神门、鲁神门从那边打开了，福泽门、吉祥门、富裕门、强盛门、水门、庄稼门也从这边打开了，这些福泽要也要不完。在此烧天香向畜神处祈求家畜繁殖，向丰收神处祈求粮食丰收，向生殖神处祈求人丁财富兴旺。

第 10 页

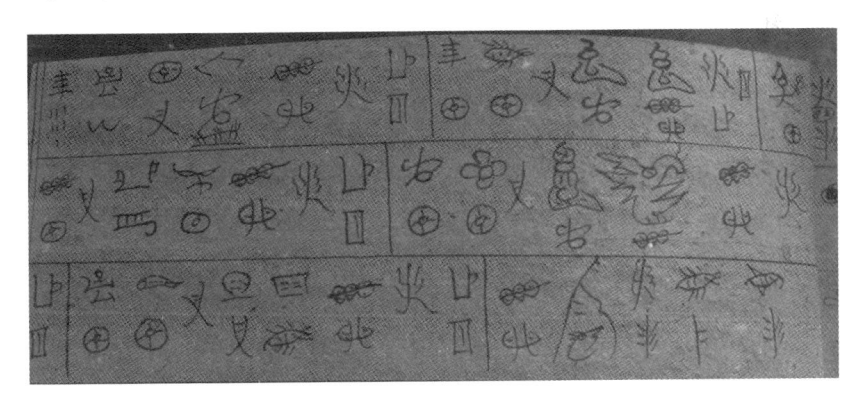

90. zʅ³³ʂər³¹ha⁵⁵i³³ɲi³³me³³,
    长命百岁   要 就
91. my³³nɯ³³dy³¹tʂhu⁵⁵ba³³be³³bi³³tse³³.
    天 和 地 天香 做 去 了
92. zʅ³³ɲilɯ³¹ɲi³³me³³,
    长寿要 美丽 要 就
93. o⁵⁵nɯ³³he³³tʂhu⁵⁵ba³³be³³bi³³tse³³.③
    窝神 和 恒神 天香 做 去 了

---

① o³³在百卷经书中译为谷神。
② ha⁵⁵在《全集》中多写为"hua³³"。
③ 窝（o⁵⁵）与恒（he³³）皆为东巴教中大神，俄神又指五谷神。俄盘考孜与俄美久时是其父母。恒神也是东巴教大神，与俄神一同生于白蛋。在东巴仪式中迎请此二神以镇鬼驱魔。

94. dã³¹ȵi³³ tʂhu³¹ȵi³³ me³³,
　　能干要　勤快要　就
95. thv³³tʂʅ³³iə³³ma³¹ tʂhu⁵⁵ba³³be³³bi³³tse³³.
　　土知优麻　　　天香　做 去 了
96. nɯ³³ȵi³³a³¹ȵi³³ me³³,
　　福泽要　吉祥要　就
97. ʂv³¹nɯ³³lv³³ tʂhu⁵⁵ba³³be³³bi³³tse³³.
　　署 和 鲁　天香　做 去 了
98. ha⁵⁵ȵi³³dzʅ³¹ȵi³³ me³³,
　　粮食要　水要　就
99. o³¹me³³dʑiə³³lɯ³³ tʂhu⁵⁵ba³³be³³bi³³tse³³.
　　窝神　久 勒　　天香　做 去 了
100. tʂhu⁵⁵ba³³ã³³ ʂua³¹çy⁵⁵ ʂər³³lɯ³³ ʂua³¹bã³¹sər³³
　　 天香　　崖 高　柏 木　地 高　槃 木

意译：要想得到长命百岁，就得向天地烧天香；要想得到长寿和美容，就得向窝神和恒神烧天香；要想得到勤快与能干，就得向土知优麻烧天香；要想得到福泽和吉祥，就得向署神和鲁神烧天香；要想得到粮食和水，就得向窝神久勒烧天香。用山崖上的高柏木、高地上的槃木来作天香木，

第 11 页

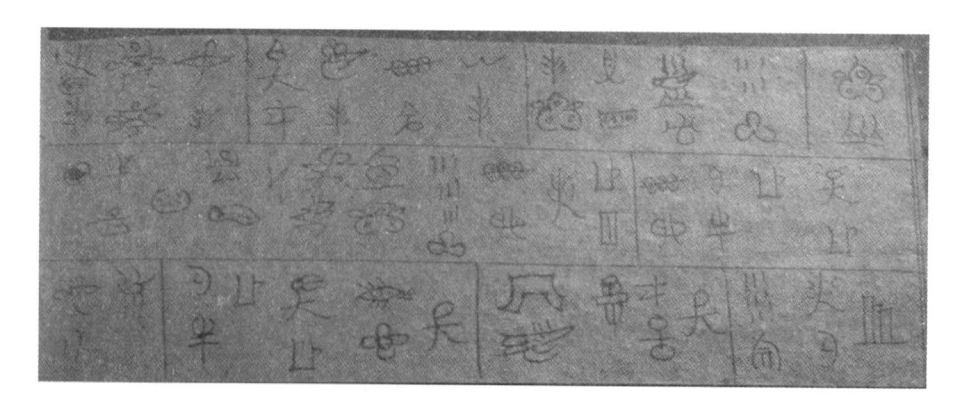

101. ŋv³¹phər³³tho⁵⁵sər³³,
　　 银　白　松　木

102. hã³³ʂʅ³¹mbi³¹sər³³,
　　金　黄　栗　木
103. dv³³phər³³hua³³sər³³,
　　海螺　白　桦　木
104. tʂhu³¹na⁵⁵i·³³sər³³,
　　墨玉　　香　木
105. sər³³ɯ³³me³³lua³¹bv³¹tʂhʅ³³kv⁵⁵sy³¹,
　　木　好　祭木　　这　九　种
106. ɯ⁵⁵çy³¹ma³¹, dze³³ʂu³¹by³¹, ha⁵⁵ dzʅ³³tʂhʅ³³,①
　　牛红油　　麦纯面　　粮食水　精华
107. ba⁵⁵ba³³o³³ɯ³³gv³³sy³¹tʂhu⁵⁵ba³³be³³bi³³tse³³.
　　花　圆　好　九　种　天香　做　去了
108. tʂhu⁵⁵ba³³mə³³ly³³bi³³,
　　天香　　不　祭　去
109. ndzi⁵⁵　bi³³dɯ³³ȵi³³kv⁵⁵②
　　烧(吃) 去　一　二　个
110. mə³³ly³¹bi³³thɯ³¹bi³³lɯ⁵⁵a³¹gv³¹.③
　　不　祭去　喝　去　了可能
111. gə³¹a³³lo³³ndzo³³phər³¹dzɻ³³gv³³,
　　上　　罗佐盘　　坐(山)　处
112. kv⁵⁵ndzv³¹ndzər³¹mə³³dzv³¹,
　　九　山　树　　没　长

意译：用银白色的松木，金黄色的栗木，白海螺色的桦木，墨玉色的香木等九种上好的树木来作祭木。用酥油、纯麦面、佳酿、花朵等九种祭品来祭天香。（未解）如果这一年不烧天香。从上边罗佐盘山以上的九座山上都没有树，

---

① 在《全集》第2卷《烧天香》经书中译作高崖上采来的蜜。
② 未解其义。
③ （tʂhə⁵⁵ba³³）mə³³ly³¹bi³³thɯ³¹bi³³lɯ⁵⁵a³¹gv³¹未解其义。另据习建勋讲述，在三坝乡东坝村经书为 tʂhə⁵⁵ba³³mə³³ly³¹bi³³tsʅ³¹gv⁵⁵，意为如果这一年不烧天香。

第 12 页

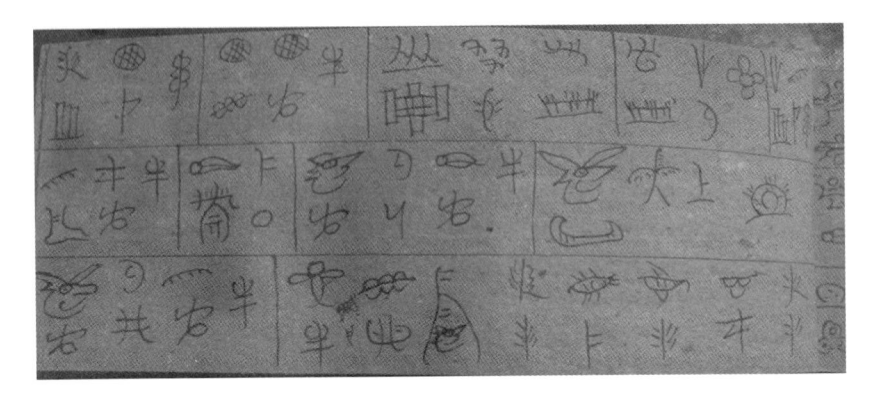

113. ndzər³¹ dzv³¹ mu⁵⁵ thã³³ tʂhu³¹，
　　　树　　长　老　到　快
114. mu⁵⁵ tʂhu³¹　mu⁵⁵ nɯ³³ ly³³，
　　　老　快　　杜鹃枝 来　祭
115. mi³¹ phe³¹ mbe³³ sʅ⁵⁵ ʑɑ³¹ dy³¹，
　　　下方　陪本素饶堆
116. tʂhʅ³³ dy³¹ ʑə³³ mə³³ hã³¹，
　　　这　地　草　不　绿
117. ʑə³³ dzʅ³¹ bu⁵⁵ the³³ tʂhu³¹．
　　　草　长　蒿草　来　快
118. bu⁵⁵ khɯ³³ phər³¹ nɯ³³ ly³³．
　　　蒿草脚　白　来　祭
119. dzʅ³³ so⁵⁵ ʂuɑ³¹ gv³³，ã³¹ nɯ³³ mə³³ tʂhʅ³¹ dzʅ³³ nɯ³³ ly³³．
　　　高山　顶　山鸡来 没 走水　来 祭
120. bu³³ dʑy³¹ lɯ³¹ ʂə⁵⁵ ko³¹，
　　　补局勒室　　高山
121. bu³³ nɯ³³ mə³³ gue³³ bu⁵⁵ nɯ³³ ly³¹，
　　　牲畜来 没 逛　蒿草来 祭

意译：上面的树老得快，用老得快的杜鹃木来作天香；在下方陪本素饶堆的大地上，别的草还没长绿，只有蒿草长得快，用白根蒿草来作天香；用高山牧场上山鸡没蹚过的纯净水来除秽，用补局勒室高山上牲畜没碰过的蒿草来除秽，

第 13 页

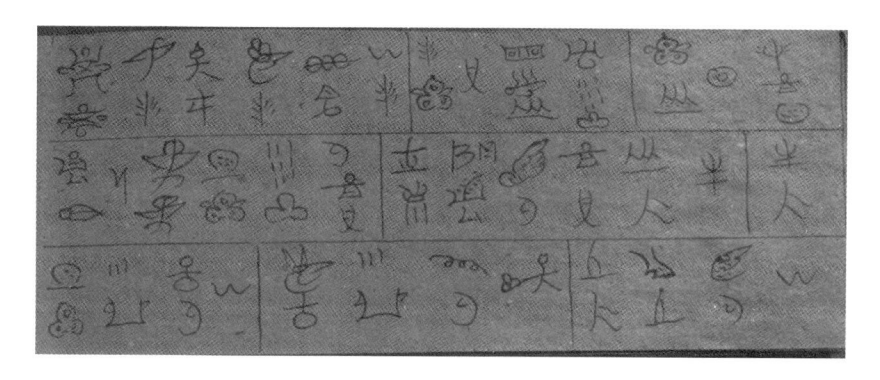

122. dɯ³³ly³¹nɯ³¹me³³tʂhu⁵⁵ba³¹ã³¹ ʂuɑ³¹çy⁵⁵ ʂər³³lɯ³³ ʂuɑ³¹bã³¹sər³³.
　　 一　祭　来　的天香　崖　高　柏　木　地　高　般　木
123. ŋv³³phər³¹tho⁵⁵ sər³³, hã³³ʂʅ³¹mbi³¹sər³³,
　　 银　白　松　木　金　黄　栗　木
124. dv³³phər³¹huɑ³³sər³³,
　　 海螺　白　桦　木
125. tʂhu³¹nɑ⁵⁵iˑ³³sər³³,
　　 墨玉　香　木
126. sər³³ɯ³³me³³luɑ³¹bv³³tʂhʅ³³kv⁵⁵sy³¹,
　　 木　好　祭木　　这　九　种
127. ɯ⁵⁵çy³¹mɑ³¹,
　　 牛　红　油
128. dze³³ʂu³¹by³¹,
　　 麦　纯　面
129. hɑ⁵⁵dziˑ³¹tʂhʅ³³,
　　 粮食　水　精华
130. ba³³ba³¹o³³ɯ³³gv⁵⁵sy³³mə³³ ʂu³¹me³³
　　 花　宝物　九　样　不　净　的
131. py³¹gv⁵⁵khu³³uə³³ zʅ³³lɑ³¹mə³³ ʂu³¹me³³mi³¹le³³ly³¹.
　　 念经　会　嘴　自己服侍手　不　干净的　下压来　祭
132. ly³³le³³o³³ɯ³³sv³³thy³³ndzv³³me³³iˑ³³

　　　　　除　后　财好　三　样　秽　不　有①
133. dzɿ³³　ndzv³¹ sv³³thv³³ tʂə⁵⁵　me³³ dã³³,
　　　　人类　居住　人到　秽气不　带
134. tɕhi³¹le³³ khuɑ³³tshɿ³¹tsɿ⁵⁵　mə³³i³³,（tɕhi³¹？）
　　　　麂子　獐子　蹄蹍　汗水　没　有

　　意译：用银白色的松木，金黄色的栗木，白海螺色的桦木，墨玉色的香木等九种上好的树木来作祭木。用酥油、纯麦面、佳酿除去给诵经者的口中、服侍者手上的不洁，除秽后祭献物品不沾秽气了，人类居住处最早的人类没有秽气，麂子和獐子的蹄蹍不沾汗水，
　　第14页

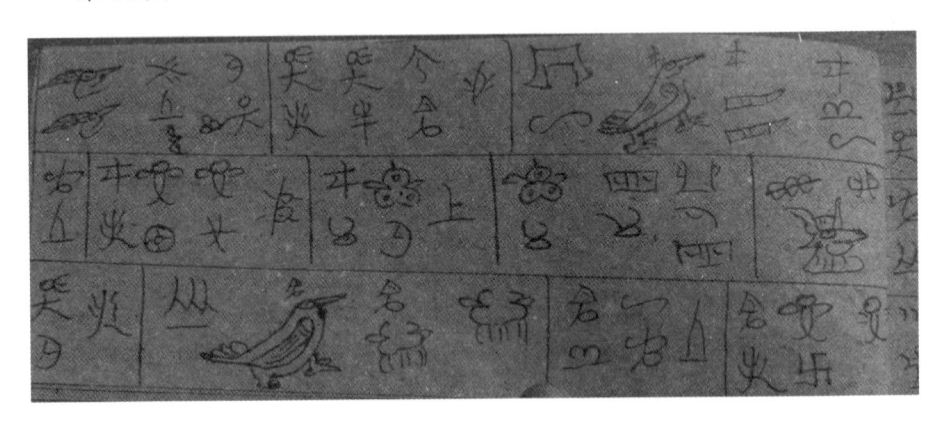

135. fv⁵⁵ hɯ³¹ mã³³ tɕhi³¹ tʂər³³ mə³³ dã³³,
　　　　野鸡　箐鸡尾　尖　　露　没　沾
136. thɯ³³be³³ thɯ³³ly³¹ se³³ na²⁴ sɿ³³,
　　　　这样　做　这样　祭　完　以后
137. gə³¹ɑ³³ tsɿ⁵⁵ lɯ³³ phər³¹ tʂu⁵⁵ tʂu³³,②
　　　　上边　点水雀　白　接连
138. phər³¹ bu³¹ lo³³ nɯ³³ tshɿ³¹.
　　　　白　坡　谷　从　来

---

①　此处原诵经者不解其义，参考了《全集》第3卷《祭村寨神仪式，烧天香》，云南人民出版社1999年版，第30页。
②　另译，东坝经书中此处为 dzi⁵⁵li³³，指鹡鸰鸟，本地俗称为点水雀。tsɿ⁵⁵lɯ³³指另外一种鸟，一般在高山牧场生存，习性如家鸡，擅长跳跃，短程飞跃。

五 三坝纳西族阮卡人东巴经《烧天香》译注

139. phər³¹be³³dɯ³³n̠i³¹dɯ³³dv³¹do³¹,
　　好　做　一　天　一　千　见
140. phər³¹khɑ³³　　ɯ³³mə³³ʂə⁵⁵,
　　好　事（消息）　好　不　说
141. ɯ⁵⁵khɑ³³luɑ³¹khɑ³³thv³³mə³³luɑ³¹,
　　能干　会干　到　不　能
142. tʂhu⁵⁵bɑ³³mbər³³thɯ³³mə³³be³³.
　　天香　烧　他　没　做
143. mi³¹le⁵⁵kã³¹nɑ³¹bu³³bu³³,
　　下边　乌鸦　黑压压
144. nɑ³³bu³³lo³³nɯ³³tshɿ³¹.
　　黑　坡　谷　从　来
145. nɑ³¹be³³dɯ³³sɿ³³dɯ³³hɑ⁵⁵lər³¹,①
　　黑压压　一　百　一　夜　叫

意译：野鸡和箐鸡尾尖上不沾露水，除秽做完了。从白坡谷上方飞来的点水雀，成千上万连成一片，但这样的白色一天看得见上千样，不能说白色是好事，不能说是它能干，因为它没有祭天香。下方的乌鸦从黑谷坡处黑压压地飞过来，叫了一百〇一夜，

第 15 页

---

① dɯ³³sɿ³³dɯ³³hɑ⁵⁵lər³¹，据习建勋记忆，东坝经书中此处为 dɯ³³n̠i³³dɯ³³hɑ⁵⁵lər³¹，dɯ³³hɑ⁵⁵dɯ³³hɑ⁵⁵lər³¹，意为叫了一天一夜，一夜叫了一千次。

146. nɑ³³ khɑ³³ ɯ³³mə³³ ʂə⁵⁵,
　　黑（坏）的（消息）　好　不　说
147. ɯ³³khɑ³³　luɑ³¹khɑ³³　thv³³mə³³luɑ³¹.
　　好 的（消息）会 的（消息）到 不 能
148. tʂhu⁵⁵bɑ³³bər³³ thɯ³³mə³³be³³,
　　天香　　　　烧 他 没 做
149. gə³¹dzɿ³³zv³¹mu³¹kv³³bu³³ nɯ³³mi³³dɯ³³dɯ³³,
　　上边 祖汝姆古补　　　　和　　以下
150. mi³¹dzɿ³³dʑiə³¹lər³¹dy³¹ nɯ³³gə³¹dɯ³³dɯ³³,①
　　下边 精久拉勒堆　　　　和 上　面
151. ɑ³³phu³³khɯ³³mu⁵⁵sɿ³³ȵi³³zɿ³³,
　　阿普　狗 老三 天　路
152. i³¹bu⁵⁵le⁵⁵tɕi³³sɿ³³hɑ⁵⁵zɿ³³,②
　　绸缎 来 驮 三 天 路
153. khɑ³³nɯ³³nɯ³³mə³³tɕy³¹,
　　远 与 近 没 有
154. do³³nɯ³³bɑ³¹mə³³tɕy³¹,
　　阴 与 阳 没 有
155. gv³³ly³³ze³³be³³me³³,③
　　保佑 一生 想
156. kɑ³³ly³³ze³³（be³³me³³),④
　　保佑 一生 想

意译：黑色的不能说是好的，也不能说它是好的会（坏）的，因为它没有祭天香。在上边的祖汝姆古补山以下，在人类居住的大地以上，其间的路程，天神阿普的猎狗都需要跑三天，马匹驮运绸缎需要三天路程，没有远和近，没有阴面与阳面，要想得到神灵保佑一生一世，

---

① dzɿ³³dʑiə³¹lər³¹dy³¹指人类居住的富饶的大地。
② i²¹bu⁵⁵le⁵⁵tɕi³³sɿ³³hɑ⁵⁵zɿ³³,和根茂认为可以另解为：绸缎、茶（或獐子）驮运要三天路程。
③ gv³³ly³³ze³³be³³me³³,此句和根茂校译为：许愿是怎么做的。
④ kɑ³³ly³³ze³³（be³³me³³),此句和根茂译为：怎样才能得到神灵的保佑？

五　三坝纳西族阮卡人东巴经《烧天香》译注　　　667

第16页

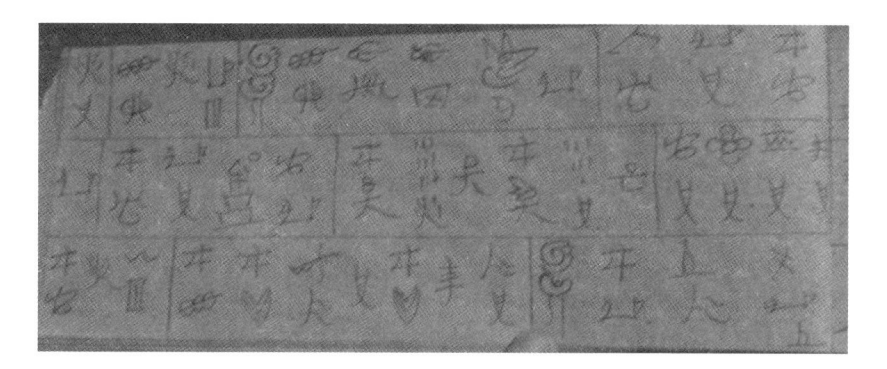

157. be³³me³³,
　　　想

158. tʂhu⁵⁵bɑ³³be³³bi³³tsʅ⁵⁵.
　　　天香　做　去　说

159. tʂhu⁵⁵bɑ³³ɑ³³so³³ɑ³³tshe⁵⁵dzʅ³³mə³³thv³³,
　　　天香　　最早的时候　　　人　没　出

160. my³³tʂʅ³³thv³³me³³phər³¹nɯ³³thv³³,
　　　天　全　出　的　盘神　从　出

161. phər³¹tʂʅ³³thv³³me³³ndʐv³¹nɑ⁵⁵zuɑ³³luɑ³³gv³³nɯ³³thv³³,①
　　　盘神　全　出　的　居那若罗神山　顶　从　出

162. phər³¹zo³³gv³³be³³gu³³, phər³¹mi⁵⁵ʂər³³me³³he³¹,
　　　盘神②儿　九　兄弟，　盘神女　七　姐妹

163. nɯ³³me³¹ɑ³¹me³³hɯ³¹me³³ndzã³³me³³phər³¹nɯ³³be³³i̇³³tse³³,
　　　福泽的　吉祥的　富　的　强　的　盘神从　变　来　的

164. phər³¹tʂhu⁵⁵phər³¹khɯ⁵⁵khv³³le³³me³³,
　　　盘神　供奉　盘神　处　年　又　要

165. phər³¹khɯ³³zʅ³³le³³me³³.
　　　盘神　处　寿　来　要

166. phər³¹thv³³tshʅ³³le³³ʂã³¹　thv³³tshʅ³¹,

---

① 盘神是东巴教中的大神、善神。盘神是从巨蛋中孵化而生，为开天之神，与辟地神——禅神对应并举。笔者疑盘神即汉族盘古开天神话中的盘古，盘古的"古"即蛋，阐明盘神系蛋生的。东巴经载：高天与繁星是盘神所开辟的。萨依威德是盘神之父，乌注化姆神是其母。

② 习建勋翻译：盘神九个儿子、七个姐妹都吉祥如意。gv³³be³³gu³³九个都好。

盘神　出　来　后　禅神①　出　来

意译：就得去烧天香。烧天香最早的时候，人类还没有产生，天是从盘神开辟而成的，盘神是从居那若罗神山上产生的，产生了盘神的九个儿子，盘神的七个女儿。福泽吉祥、富裕强盛都是盘神来赐予的。向盘神祭天香，祈求好年成，祈求长命百岁。祭献盘神后要祭献禅神。

第 17 页

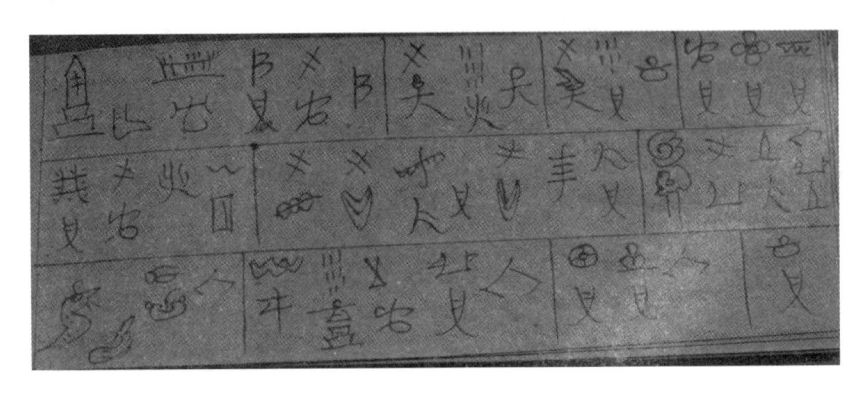

167. ndʐv³¹ nɑ³³ ʑua⁵⁵ lua³³ khɯ³³, dy³¹ tʂʅ³³ khu³³ me³³ ʂã³¹ nɯ³³ khu³³,
　　 居那若罗神山　　脚下　地　全　辟　的　禅神从　辟

168. ʂã³¹ zo³³ gv³³ be³³ gv³³,　ʂã³¹　mi⁵⁵ ʂər³³ me⁵⁵ he³¹,
　　 禅神儿　九　兄弟　禅神女　七　　姐妹

169. nɯ³³ me³³ a³¹ me³³ hɯ³¹ me³³ ndʑã³³ me³³　ʂã³¹ nɯ³³ be³³ i³³ tse³³,
　　 福泽的吉祥的　富　的　强　的　禅神从　变　来　的

170. ʂã³¹ tʂhu³³ ʂã³¹ khɯ³³ khv³³ le³³ me³³,
　　 禅神供奉　禅神处　年　又　要

171. ʂã³¹ khɯ³³ ʑʅ³³ le³³ me³³.
　　 禅神处　寿　又　要

172. ʂã³¹ thv³³ tsʅ³³ le³³ my³³ thv³³ tsʅ³¹,
　　 禅神出　来　后　天　出　来

173. ʑʅ³³ la³¹ a³³ phv³³ my³³,
　　 日劳阿普　　天②

---

① 禅神为辟地之神，与开天之神——盘神对应的辟地神。
② "日劳阿普"在《全集》中多写为"子劳阿普"，即天神、天父。

174. tɕi³³ phər³¹ gv³³ dy³³ tɕər³¹ nɯ³³ thv³³ me³³ my³³,
　　云　白　九　层　上　从　出　的　天
175. ȵi³³ me³³ lu³¹ me³³ mɯ³³,
　　太阳　暖　的　天
176. he³³ me³³
　　月亮

意译：居那若罗山下的大地是由禅神开辟出来的，产生了禅神九兄弟，禅神七姐妹。福泽吉祥、富裕强盛都是禅神来赐予的。向禅神祭天香，祈求好年成，祈求长命百岁。祭献禅神后要祭献天神。是人类先祖日劳阿普的天，是白云上有九层的天，是阳光普照的天，

第18页

177. mbu³³ me³³ my³³,
　　明亮　的　天
178. kɯ³¹ phər³¹ ly³³ dɯ³³ my³³,
　　星　白　颗　大　天
179. my³³ zo³³ gv³³ be³³ gv³³,
　　天　儿　九　兄弟
180. my³³ mi⁵⁵ ʂər³³ me³³ he³¹,
　　天　女　七　姐妹
181. nɯ³³ me³³ ɑ³¹　me³³ hɯ³¹ me³³ ndzã³³ me³³ my³³ nɯ³³ be³³ i³³ tse³³,
　　福泽的 吉祥的 富的 强的 天 从 变化来
182. my³³ tʂhu³³ my³³ khɯ³³ khv³³ le³³ me³³,
　　天　供奉　天　处　年　又　要
183. my³³ khɯ³³ zɻ³³ le³³ me³³.

　　　　　天　处　寿　又　要
184. my³³thv³³tshŋ³³le³³dɑ³³thv³³tsŋ³¹,
　　　　　天　出　来　后　地　出　来
185. lɯ³³bu³³hã³³ʂŋ³¹i³³me³³dɑ³³,
　　　　　田地下　金　黄　有　的　地
186. dzŋ³³kɑ³³ʂuɑ³³ʂuɑ³³dɑ³³,
　　　　　水　好　流淌　　地

意译：是月光皎洁的天，是有璀璨明星的天。天神有九个兄弟，七个姐妹，福泽吉祥、富裕强盛都是天神来赐予的。向天神祭天香，祈求好年成，祈求长命百岁。祭献天神后要祭献地神。是土下有黄金的大地，是清水流淌的大地，

第19页

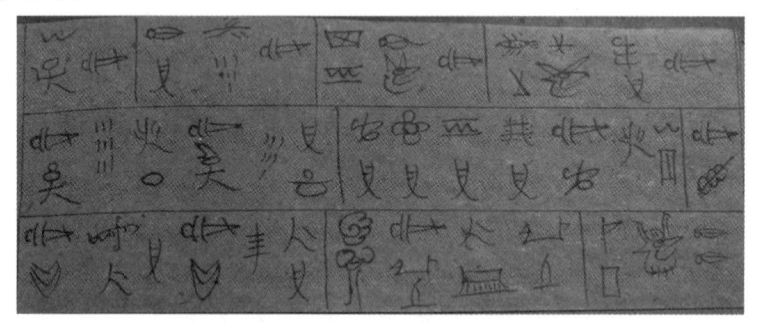

187. the³³phi³³i³³lu³³dɑ³³,①
　　　　　了　抽　有　冒　地
188. dzŋ³³me³³mã⁵⁵ʂər³¹dɑ³³.
　　　　　水　一样　后面长　地（细水长流的大地）
189. tshe⁵⁵hɯ³¹ɑ³³dzŋ³³dɑ³³,
　　　　　衬　恒　阿　祖　地
190. lɯ³³tɕiə³¹dv³¹y³¹ho³³me³³dɑ³³,
　　　　　地　上　　千羊　赶　的　地
191. dɑ³³zo³³gv³³be³³gv³³,
　　　　　地　儿　九　兄弟
192. dɑ³³mi⁵⁵ʂər³³me³³he³¹,

---

① 此句诵经者不解其义。百卷经书的烧天香经书中都以"是地下藏有黄金的地神，是地上牛羊成群的地神"。

　　　　　　地　女　七　　姐妹
193. nɯ³³me³³a³¹me³³hɯ³¹me³³ndzã³³me³³da³³nɯ³³be³³i³³tse³³,
　　　福泽的　吉祥的　富的　强的　地　从　变化　来
194. da³³tʂhu³³da³³khɯ³³khv³³le³³me³³,
　　　地　供奉　地　处　年　来　要
195. da³³khɯ³³zɿ³³le³³me³³.
　　　地　处　寿　来　要
196. da³³thv³³tsɿ³³le³³tsɿ³³（dzɿ³³）thv³³tsɿ³¹,
　　　地　出　来　后　雷　出　来
197. ko³¹do⁵⁵bər³¹dzɿ³³dzɿ³³.①
　　　科垛般祖　　雷

　　意译：是抽干又冒出水来的大地，是细水长流的大地，是衬恒阿祖的大地，是地上放牧着成千羊群的大地。地神有九个兄弟，七个姐妹。福泽吉祥、富裕强盛都是地神来赐予的。向地神祭天香，祈求好年成，祈求长命百岁。祭献地神后要祭献雷神。科垛般祖雷神

第20页

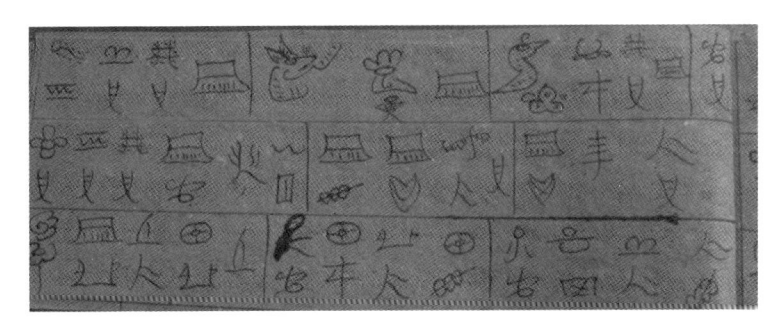

198. tʂv⁵⁵hɯ³¹mbu³³me³³ndzã³³me³³tsɿ³³（dzɿ³³）,
　　　马　亮大　骑　的　雷
199. la³³lər³³du³¹ze³³tsɿ³³（dzɿ³³）,
　　　拉勒独忍　　雷
200. zɿ³¹ɯ³³khɑ³³phər³¹ndzã³³me³³dzɿ³³,
　　　蛇　皮　牛角　白　骑　的　雷

---

① dzɿ³³指雷神。科垛般祖为雷神的名字。在东巴经书中以水的发音来指代雷神。《全集》中注音为dzi³³，系方言音差异所致。雷神与电神为对应的神灵。

201. nɯ³³me³³ ɑ³¹ me³³hɯ³¹me³³ ndzã³³me³³ dzɿ³³nɯ³³be³³i³³tse³³,
    福泽的 吉祥的 富的 强 的 雷 从 变化 来
202. dzɿ³³tʂhu³³dzɿ³³khɯ³³khv³³le³³me³³,
    雷 供奉 雷 处 年 来 要
203. dzɿ³³khɯ³³zɿ³³le³³me³³.
    雷 处 寿 来 要
204. dzɿ³³ thv³³tshɿ³³le³³bi³³thv³³tshɿ³¹,①
    雷 出 来 后太阳 出 来
205. ɑ³³nɯ³³bi³³ pər³¹thv³³le³³bi³³tʂhu⁵⁵,
    左 从 太阳 白 出 后 太阳 供奉
206. i³¹nɯ³³he³³tshe⁵⁵bu³¹le³³le³³tʂhu⁵⁵,
    右 从 月 明亮 后月亮 供奉

意译：是骑着高大漂亮坐骑的雷神，拉勒独忍雷神，是骑着白龙的雷神。福泽吉祥、富裕强盛都是雷神来赐予的。向雷神祭天香，祈求好年成，祈求长命百岁。祭献雷神后要祭献太阳。给从居那若罗山左边出来的太阳献供，给从居那若罗山右边出来的明月献供。

第 21 页

207. bi³¹ nɯ³³le³¹kɑ⁵⁵gɯ³³,
    太阳 和 月 之间
208. le³¹bu⁵⁵du³¹nɯ³³ndzv³¹,
    勒补董 来 坐②

---

① 雷神与电神（be³³）作为对应的神灵，在东巴经书里往往先后出现。但本经书中并未出现电神。
② 董神指美利董主，东巴经里祖先神。

五 三坝纳西族阮卡人东巴经《烧天香》译注　　　　　　　　　　673

209. le⁵⁵ zʅ³³ lɯ³³ me³³ du³¹ a³³ sʅ³¹,
　　　勒汝冷美　　董神　父亲
210. bu³³ le³¹ lɯ³³ me³³ du³¹ a³³ me³³,
　　　补勒冷美　　董神　母亲
211. ŋv³³ phər³¹ tho⁵⁵ lo³¹ du³¹ nɯ³³ thã³³,
　　　银　白　帽子里 董神　来　戴
212. khɯ⁵⁵ ɯ³³ hã³³ za³¹ du³¹ nɯ³³ kɯ⁵⁵,
　　　狗　皮 金 鞋 董神 来 穿
213. zua³³ lɯ³¹ du³¹ nɯ³³ lɯ³¹,
　　　马　牧 董神 由 牧
214. gu³¹ bã³¹ du³¹ nɯ³³ bã³¹,
　　　马　遛 董神 来 遛
215. dzʅ³¹ mu⁵⁵ du³¹ nɯ³³ mu⁵⁵,
　　　人　老 董神 由 老
216. le⁵⁵ lɯ³¹ du³¹ nɯ³³ lɯ³¹,
　　　田地 犁 董神 来 犁
217. dzʅ³¹ tshʅ⁵⁵ uə³³ zã³¹ du³¹ nɯ³³ ne³¹,
　　　村（房）建　寨 建　董神　由　做
218. ba³³ phv⁵⁵ du³¹ nɯ³³ phv⁵⁵.
　　　庄稼撒　董神　由　撒

意译：在日月之间，坐着勒补董神，勒汝冷美是董神的父亲，补勒冷美是董神的母亲，那白银的帽子由董神来戴，狗皮金鞋由董神来穿。牧马由董神来主管，人寿由董神来分配，田地由董神来犁，建村立寨由董神来管，播种由董神来管，

第22页

219. du³¹la³³ gv³³zo³³ sɿ³¹me³³ gv³³uə³³tshv³³,
    董神 九儿生 呀九 寨 建
220. gv³³mi⁵⁵sɿ³¹me³³ gv³³dy³¹khu³³,
    九 女 生呀九 地 辟
221. nɯ³³me³³ a³¹me³³ huɯ³¹me³³ndzã³³me³³ du³¹nɯ³³ be³³i³³tse³³,
    福泽 的 吉祥的 富 的 强 的 董神 从 变化 来
222. du³¹ tʂhu³³ du³¹ khɯ³³khv³³le³³me³³,
    董神 供奉 董神 处 年 来 要
223. du³¹ khɯ³³zɿ³³le³³me³³.
    董神 处 寿 来 要
224. du³¹ thv³³tshɿ³³le³³ u³¹ thv³³tshɿ³¹,
    董神 出 来 后 吾神 出 来①
225. mɯ³³be³³gə³³hã³¹kho⁵⁵ nɯ³³thv³³me³³ u³¹,
    天 星 镶 洞 由 出 的 吾神
226. dy³¹be³³ ʂər³³le³³nɯ³³thv³³me³³ u³¹,
    大地 时勒 由 出 的 吾神
227. zua³³lua³³da³¹tʂər⁵⁵ndzv³¹nɯ³³thv³³ [me³³] u³¹,②
    若罗达衬 山 由 出 的 吾神
228. a³³dy³³a³³u³¹ndzv³¹
    阿堆阿吾 山

意译：董神的儿子建立了九个村寨，女儿建造了九个新辟的土地。福泽吉祥、富裕强盛都是董神来赐予的。向董神祭天香，祈求好年成，祈求长命百岁。祭献董神后要祭献吾神。是从天上镶满星星的洞里出来的吾神，是由时勒大地上出来的吾神，是从若罗达衬山上出来的吾神，是阿堆阿吾山

第 23 页

---

① 吾神是东巴教中的大神，为山神，其形象穿白铠，骑金黄大象，右手持牦牛号角，左手持战旗，能捣毁仇敌寨子及碉堡。吾神与嘎神作为对应的神灵出现。

② 此处经文中漏写一个 [me³³]。

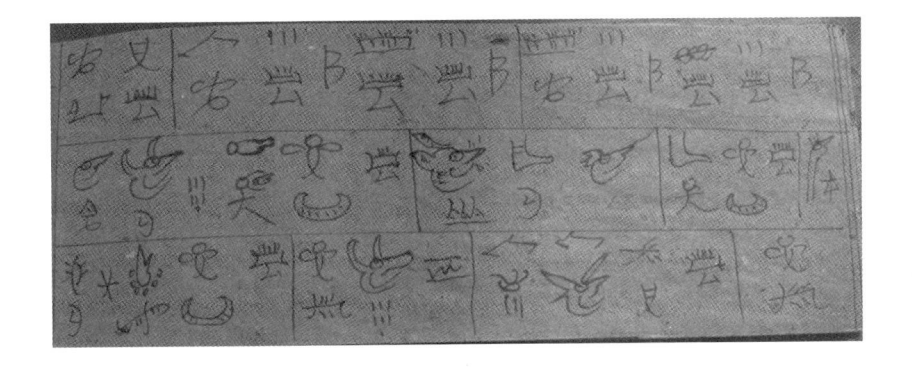

229. nɯ³³thv³³me³³u³¹.
　　　由　　出　的　吾神
230. my³³nɯ³³sʅ⁵⁵ u³¹ khu³³,
　　　天　从　三　福　丢
231. dy³¹u³¹ sʅ⁵⁵ u³¹ khu³³,
　　　地　福　三　福　丢
232. dy³¹nɯ³³sʅ⁵⁵ u³¹ khu³³,
　　　天　从　三　福　丢
233. tʂhu³³u³¹ sʅ⁵⁵ u³¹ khu³³,
　　　快捷　福　三　福　丢
234. kə⁵⁵na³¹khɯ⁵⁵mə³³ʂər³¹,①
　　　雕大　狗　不　牵
235. ʂʅ³³tsʅ³³dɯ³³tɕy³³u³¹,
　　　肉　吃　一　生　福
236. la³³ɕy³¹khɯ³³mə³³tɕy³¹,
　　　虎　红　线　不　下套
237. khɯ³³ba³¹dɯ³³tɕy³¹u³¹,
　　　收套　一　生　福
238. ko³³phər³¹sʅ³¹mə³³dv³¹,
　　　鹤　白　稻　不　种
239. tʂua³³khv⁵⁵dɯ³³tɕy³³ u³¹,
　　　米　啄　一　生　福

---

① khɯ⁵⁵ʂər²¹本义为牵狗，引申义为打猎。

240. dɯ³³so³¹khɯ⁵⁵ʂər³¹hɯ³³,
　　一　早　狗　牵　去
241. mɯ⁵⁵gv³³mɯ⁵⁵y³¹mã³³me³³u³¹;
　　雪羊　　　得　的　吾

意译：出来的吾神。从天上丢下来三种福，从地上丢下了三种福，丢下了三种快捷能干的三种福。丢下了不放雕、不打猎也能吃肉一生的福分，丢下了不安套也能捕捉到红虎的一生的福分，丢下了像白鹤一样不种稻谷能吃一辈子米的福分，丢下了早上牵猎狗出去就能猎到雪羊的福分；

第24页

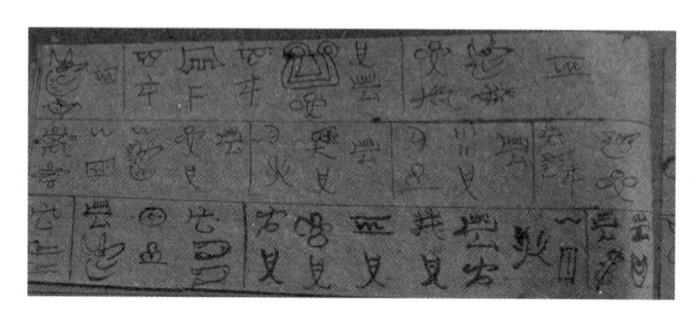

242. dɯ³³so³¹gu³¹bã³¹hɯ³³,
　　一　早　马　遛　去
243. ŋv³¹pər³³tʂua³³ʂua⁵⁵ŋv³¹phər³¹ʐua³³tɕi⁵⁵dɯ³³me³³u³¹,
　　银　白　马嚼子　银　白　马　鞍　得　的　吾神
244. dɯ³³so³¹le⁵⁵lɯ³³hɯ³³,
　　一　早　牛　放　去
245. hã³³ʂʅ³¹i³³tʂʅ⁵⁵i³³tʂʅ³³dɯ³³me³³u³¹,
　　金　黄　轭绳　轭杆得　的　吾神
246. mə³³be³³ndʐʅ³³me³³u³¹,
　　不　做　吃　的　吾神
247. me³³lu⁵⁵tʂhua³¹me³³u³¹,
　　不　牧　挤奶　的　吾神
248. u³¹　ã³¹phə³¹tɕy³¹dɯ³³tʂhʅ³³khã³³khã³³,
　　吾神　公鸡　啼　翅膀　这　展翅
249. u³¹　khɯ³³ɲi³³lu³¹dɯ³¹tʂhʅ³³guə³³guə³³,
　　吾神　狗　吠　这　摇动

250. nɯ³³me³³ a³¹me³³ hɯ³¹me³¹ndzã³³me³³ u³¹ nɯ³³be³³i³³tse³³,
　　福泽　的　吉祥的　　富的　　强　的　吾神　由变化　来

意译：丢下了一早上去遛马就能得到银马嚼子、银马鞍的福分，丢下了一早上放牛去就能得到金轭杆金轭绳的福分，丢下了不做农活也吃不完的福分，丢下了不放牧也有喝不完奶的福分，是公鸡见了展翅高鸣的吾神，是猎狗见了摇尾巴的吾神。福泽吉祥、富裕强盛都是吾神来赐予的。

第 25 页

251. u²¹tʂhu³³u³¹khɯ³³ khv³³le³³me³³,
　　吾神　供奉　吾处　年　来要
252. u³¹ khɯ³³zɿ³³le³³me³³.
　　吾神　处　寿　来要
253. u³¹　thv³³tshɿ³³le³³ŋa³³thv³³tshɿ³¹,
　　吾神　出　来　后嘎神　出　来①
254. my⁵⁵tɕiər³¹o³³mu³³o³³tʂə⁵⁵la³³nɯ³³zɿ³³me³³ŋa³³,
　　天　上　　吾姆吾奏　手　用　握　的　嘎神
255. su³¹a³³u³³dc³³la³³nɯ³³zɿ³³mo³³ŋa³³,
　　萨阿吾德　　手　用　握　的　嘎神
256. i³³gv³³a³³ge⁵⁵ la³³nɯ³³zɿ³³me³³ŋa³³,
　　英古阿格　手　用　握　的　嘎神
257. to³³mba³¹ʂər⁵⁵lər³³ la³³nɯ³³zɿ³³me³³ŋa³³,
　　东巴　　什罗　手　用　握　的　嘎神
258. sɿ³³ dã³¹　zo³³nɯ³³zɿ³³me³³ŋa³³,
　　父亲能干的儿　来　握　的　嘎神

---

① 嘎神指胜利神。嘎神与吾神是一对在东巴教中经常并举的神灵。

259. me³³dã³¹事　mi⁵⁵nɯ³³zๅ³³me³³nga³³,
　　　母亲能干的　女　来　握　的　嘎神

意译：向吾神祭天香，向吾神祈求好年成，祈求长命百岁。祭献完吾神祭嘎神。是天上的乌姆吾奏亲自统领的嘎神，是萨阿吾德亲自统领的嘎神，是英古阿格亲自统领的嘎神，是东巴什罗亲自统领的嘎神，是能干的父子亲自统领的嘎神，是贤惠的母女亲自统领的嘎神，

第26页

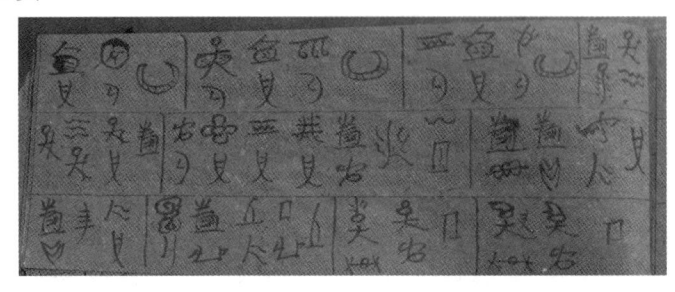

260. nga³³mə³³o³³me³³ȵi³³mə³³tɕy³¹,
　　　嘎　不是的　输　没　有
261. gɯ³³mə³³o³³me³³ẓu³¹mə³³tɕy³¹,
　　　饱　不是的　饿　没　有
262. hɯ³¹mə³³o³³me³³ʂๅ³³mə³³tɕy³¹,
　　　富　不是的　穷　没　有
263. nga³³tʂhu⁵⁵ndzã³³tɕi³³ndzã³³hər³³ndzã³³ndzã³³me³³nga³³.
　　　嘎神　供奉　骑　云　骑　风　骑　骑　的嘎神
264. nɯ³³me³³a³¹me³³hɯ³¹me³³ndzã³³me³³nga³³be³³i³³tse³³,
　　　福泽　的　吉祥的　富的　强的　嘎神　变化　来
265. nga³³tʂhu³³nga³³khɯ³³khv³³le³³me³³,
　　　嘎神供奉　嘎神　处　年　来　要
266. nga³³khɯ³³zๅ³³le³³me³³.
　　　嘎神　处　寿　来要
267. nga³³thv³³tshๅ³³le³³to³¹thv³³tshๅ³¹,①
　　　嘎神　出　来　后　朵　出　来

---

① 朵神与吾神、嘎神作为对应的神灵而经常在一起出现。在大祭风仪式中有祭朵神与吾神的仪式。

268. sʅ³³kã³¹zo³³nɯ³³to³¹,
　　 父　威　儿　来　合
269. me³³kã³¹mi⁵⁵nɯ³³to³¹,
　　 母　威　女　来　合

意译：是天天吃得饱没有饥饿过的嘎神，是只有富裕没有贫穷过的嘎神，是骑着白云、骑着清风的嘎神。福泽吉祥、富裕强盛都是嘎神来赐予的。向嘎神祭天香，祈求好年成，祈求长命百岁。祭献嘎神后要祭献朵神，是父亲威灵由儿子来传承的朵神，是母亲威灵由女儿来传承的朵神，

第 27 页

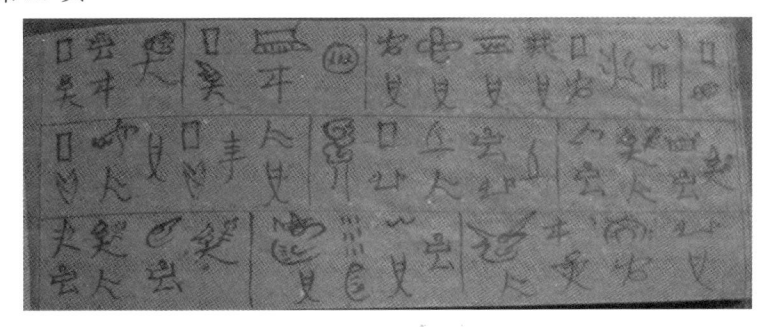

270. to³¹zo³³hɑ⁵⁵phər³¹dzʅ³³,
　　 朵　儿　粮　白　吃
271. to³¹mi⁵⁵dzʅ³³phər³¹mu³¹,①
　　 朵　女　裙　白　穿
272. nɯ³³　me³³　ɑ³¹　me³³hɯ³¹me³³ndzã³³me³³to³¹be³³i³³tse³³,
　　 福泽的　吉祥的　富的　强的　朵神　变化来
273. to³¹tʂhu³³to³¹khɯ³³khv³³le³³me³³,
　　 朵　供奉　朵　处　年　来　要
274. to³¹khɯ³³zʅ³³le³³me³³.
　　 朵　处　寿　来　要
275. to³¹thv³³tshʅ³³le³³hɑ³¹thv³³tshʅ³¹,
　　 朵　出　来　后　哈　出　来②
276. my⁵⁵hɑ³³dã³¹le³³dy³¹hɑ³³dã³¹,

---

① dzʅ³³应源于dzi³³，指衣服。thər³¹裙子。Kɑ⁵⁵kɑ³³连衣裙，可以从肩膀盖到脚。
② 哈神又称华神，东巴经中指生殖神或繁衍神。

天　哈　神　献　　后　地　哈　神　献
277. dzər³¹ ha³³ dã³¹ le³³ ge⁵⁵ ha³¹ dã³¹,
　　　　　树　哈　神　献　　后　枝　哈　神　献
278. ẓua³³ me³³ gv³³ phu⁵⁵ i³³ me³³ ha³¹,
　　　　　马　母　九　匹　怀　的　哈
279. y³³ le³¹ phər³¹ ze³³ ko³¹ nɯ³³ thv³³ me³³ ha³¹,
　　　　　余勒盘忍　　　高山　里　出　的　哈

意译：朵儿吃白粮，朵女穿白裙的朵神，福泽吉祥、富裕强盛都是朵神来赐予的。向朵神祭天香，祈求好年成，祈求长命百岁。祭献朵神后要祭献哈神，向天上的哈神祭献完以后向地上的哈神祭献，向树上的哈神祭献完以后向枝上的哈神祭献，祭献完以后给地神献饭，是使母马能怀孕九胎的哈神，是从余勒盘忍高山里出来的哈神。

第 28 页

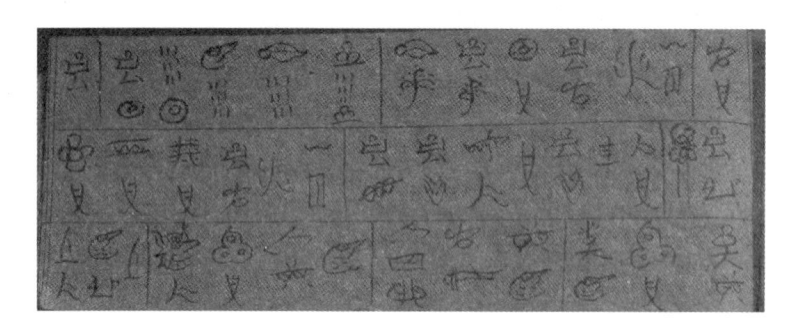

280. ha³¹ ma³¹ gv³³ tʂʅ³³ ma³¹ dɯ³¹ tʂʅ³³,
　　　　哈　油　九　块　油　一　块
281. ha³¹ gə³³ kv³³① gə³³ kə⁵⁵ dɯ³¹ gə³³,
　　　　哈神龛　九　根　　一　根
282. ha³¹ dzʅ³³ gv⁵⁵ ha³¹ dzʅ³³ dɯ³¹ ha³¹,
　　　　哈　水　九　条　　水　一　条
283. ha³¹ lv³³ gv³³ lv⁵⁵ dɯ⁵⁵ lu³³.
　　　　哈　石　九　块　石　一　块②

---

① ge³³ kv⁵⁵ 神龛，神龛与阿牙卓巴拉（a³³ ya³ dzo³¹ ba³³ la³¹）神位平行，后者为保佑家畜的神灵。农历三月时进行祭畜神仪式。

② 此四句未解。

284. dzʅ³¹ dzu³³ ha³¹ dzu³³ ɲi³³ me³³ ha³¹ nɯ³³ be³³ i³³ tse³³.
　　 水　 增　 粮　 增　 想要　 哈　 来　 变化
285. nɯ³³ me³³　a³¹ me³³ hɯ³¹ me³³ ndzā³¹ me³³ ha³¹ be³³ i³³ tse³³,
　　 福泽的　 吉祥的　 富的　 强的　 哈神　 变化　来
286. ha³¹ tʂhu³³ ha³¹ khɯ³³ khv³³ le³³ me³³,
　　 哈　供奉　 哈　哈　 处　 来　要
287. ha³¹ khɯ³³ zʅ³³ le³³ me³³.
　　 哈　 处　寿　来　要
288. ha³¹ thv³³ tshʅ³³ le³³ tʂu⁵⁵ thv³³ tshʅ³¹①,
　　 哈　出　 来　后　祖神　出　来
289. mbər³¹ le³³ ɯ³³ me³³ my⁵⁵ ŋə³¹ tʂu³³,
　　 牦牛　 和　好的　 天　上　连②
290. my⁵⁵ tshe⁵⁵ ba³¹ nɯ³³ da³³ ŋə³³ tʂu³³,
　　 杜鹃花　 来　 地　上　连
291. sʅ³¹ tʂu³³　ɯ³³ me³³ zo⁵⁵ ŋʅ³¹ tʂu³³,
　　 父　祖神　 好的　 儿　上　传

意译：向哈神祭献九包上好的酥油，（未解）风调雨顺、五谷丰登都是哈神赐予的，福泽吉祥、富裕强盛都是哈神来赐予的。向哈神祭天香，祈求好年成，祈求长命百岁。祭献哈神后要祭献祖神。好的牦牛是天上的祖神赐予的，杜鹃花是由大地上的祖神赐予的，父亲把繁衍神力传给儿子。③

第29页

---

① tshʅ³¹的本义为连接、联系、增加，也有繁殖的引申义，但主要指人口繁衍方面的生殖神。
② 其他经书译为：牦牛长角与九天相联系。
③ 这三句另可译为：好的牦牛与天相联系，杜鹃花与大地相联系，主神使父亲与儿子相联系。

292. me³³tʂu³³ ɯ³³me³³mi⁵⁵ȵə³¹tsɿ³³,
　　 母　祖神　好的　女　上　传
293. dzər³¹tʂu³³ ɯ³³me³³tshe⁵⁵ȵə³¹tʂu³³,
　　 树　祖神　好的　叶　上　传
294. bu³³tʂu³³ ɯ³³me³³kuɑ³³ȵə³¹tsɿ³³,
　　 锅　祖神　好的　火塘　上　传
295. nɯ³³me³³ɑ³¹　me³³hɯ³¹me³³ndzã³¹me³³tʂu³³be³³·i³³tse³³,
　　 福泽的　吉祥的　富的　强的　祖神　变化　来
296. tʂu³³tʂhu³³tʂu³³khɯ³³khv³³le³³me³³,
　　 祖神供奉　祖神处　年　来　要
297. tʂu³³ khɯ³³zɿ³³le³³me³³.
　　 祖神　处　寿　来　要
298. tʂu³³thv³³tshɿ³³le³³dzv³³thv³³tshɿ³¹,
　　 祖神 出 来 后 主神 出 来①
299. ndzv³³nɑ⁵⁵zuɑ³³luɑ³³kv³³nɯ³³thv³³me³³dzv³³,
　　 居那若罗神山　顶　由　出　的　主神
300. zuɑ⁵⁵luɑ³³thɯ⁵⁵nɯ³³thv³³me³³dzv³³,
　　 若罗神山腰　由　出　的　主神
301. zuɑ⁵⁵luɑ³³khɯ³³, nɯ³³thv³³me³³dzv³³,
　　 若罗神山脚　由　出　的　主神
302. zɿ³³lɑ³¹ɑ³³dɯ³³phu⁵⁵nɯ³³thv³³me³³dzv³³,
　　 日劳　左　一　处　来　出　的　主神

意译：母亲把繁衍神力传给女儿，大树把繁衍神力传给树叶，锅把繁衍神力传给火塘，② 福泽吉祥、富裕强盛都是祖神来赐予的。向祖神祭天香，祈求好年成，祈求长命百岁。祭献祖神后要祭献主神。是从居那若罗神山顶出来的主神，是从居那若罗神山腰出来的主神，是从居那若罗神山脚出来的主神，是从日劳阿普的左边出来的主神，

---

① 主神在此处应为保护神，在其他经书里没有提到此神。形容此神的句子在其他经书里多指村寨神，疑此神与后面的村寨神同。
② 这三句另可译为：(主神使)母亲与女儿相联系，大树与树叶相联系，锅与火塘相联系。

第 30 页

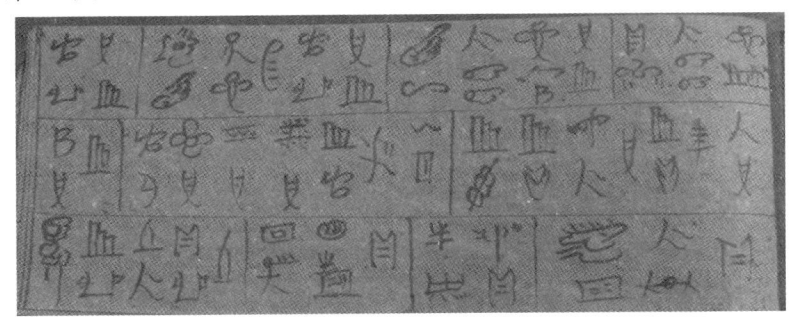

303. z̩ɿ³³la³¹i̇³³dɯ³³phu⁵⁵nɯ³³thv³³me³³dzv³³,
　　日劳　　右　一　处　来　出　　的　主神
304. la³¹a³³le³¹　ʂɿ⁵⁵ʂɿ³³dɯ⁵⁵my³³khu³³me³³dzv³³,
　　袖子　来　　卷起来　大　天　　辟　的　主神
305. uə³³ku³³le³¹　ʂɿ⁵⁵ʂɿ³³dɯ⁵⁵dy³¹khu³³me³³dzv³³,
　　裤腿　来　　卷起来　大地　　　辟　的　主神
306. nɯ³³me³³a³¹me³³hɯ³¹me³³ndzã³¹me³³dzv³³be³³i̇³³tse³³,
　　福泽的　吉祥的　富的　强的　主神　变化来
307. dzv³³tʂhu³³dzɿ³³khɯ³³khv⁵⁵le³³me³³,
　　主神供奉　主神处　年　来　要
308. dzv³³khɯ³³zɿ³³le³³me³³.
　　主神　处　寿　来　要
309. dzv³³thv³³tshɿ³³le³³uə³³thv³³tshɿ³¹①,
　　主神　出　来　后　寨神　出　来
310. dã³¹lər³¹mu³¹ɡa³³uə³³,
　　德勒姆卡　　　村
311. ly³³fv⁵⁵dze³³uə³³,
　　吕付增　　村
312. bu³³tɕiə³¹le⁵⁵kã³¹uə³³,
　　补久勒卡　　　村

----

① tshɿ³¹古语指村子，引申为村寨神。后面的 uə³³ 也指村寨神，二者是对应的。东巴仪式中的祭村寨神仪式（dzv³³uə³³by³¹）包含了一对应的村寨神。祭村寨神仪式一般在每年的农历二月初的属马、羊日举行，祭牲以猪或羊为主。

意译：是从日劳阿普右边出来的主神，是把袖子卷起来开天的主神，是卷起裤腿辟地的主神，福泽吉祥、富裕强盛都是主神来赐予的。向主神祭天香，祈求好年成，祈求长命百岁。祭献主神后要祭献寨神。是从德勒姆卡村、吕付增村、补久勒卡村，

第 31 页

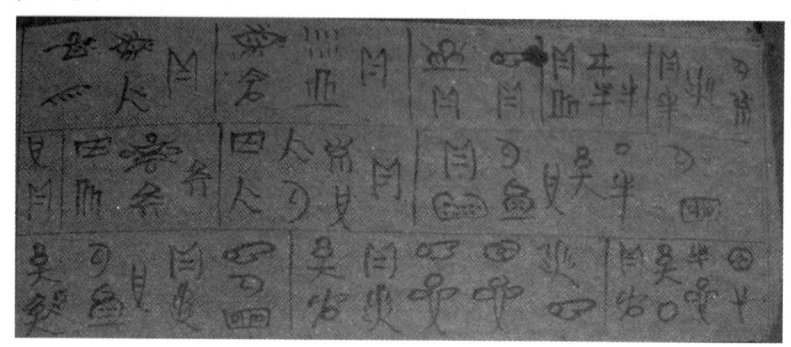

313. ʂv³¹bu⁵⁵lɯ⁵⁵le³³uə³³,
 署布勒本　村
314. lɯ³³nɑ³¹ho⁵⁵dv³¹uə³³,
 冷纳贺独　　村
315. lv³³gɯ³³uə³³ ʂʅ⁵⁵uə³³,①
 鲁给　　　吴树湾
316. uə³³dzʅ³³phər³¹ly³³ly³³,
 村寨　白　　花花
317. uə³³ly³³ be³³me³³gv⁵⁵me³³uə³³,
 村 仇杀做 不 会 的 寨神
318. tshe⁵⁵dzʅ³³ ʂʅ³¹thɑ⁵⁵thɑ³³,
 叶子 黄　生生
319. tshe⁵⁵le³³le³³ mə³³gv⁵⁵me³³uə³³,
 叶子 枯萎 不 会的 寨神
320. uə³³gv³³mə³³o⁵⁵me³³zo³³kv³³ly³¹me³³luɑ³¹.
 村 头 不 祭就 男儿 保佑 不 能
321. zo³³dɑ̃³¹ mə³³o⁵⁵me³³uə³³ çy⁵⁵ʂʅ³³mə³³luɑ³¹,
 男儿 能干不 是就寨神 烧香 不 能

---

① lv³³gɯ³³本义为"裂石"，uə³³ʂʅ⁵⁵uə³³指新村寨。相传是吴树湾来到三坝晚于其他村落，最初居住在一个巨大的裂石上而名。

五　三坝纳西族阮卡人东巴经《烧天香》译注　　685

322. zo³³ ȵɯ³³ uə³³ ɕy⁵⁵ ʂɿ³³,
　　 男儿　由　寨神　烧香
323. dɯ³³ ȵi³³ dɯ³³ ɕy⁵⁵ ʂɿ³³.
　　 一　天　一　烧香
324. uə³³ nɯ³³ zo³³ gv³³ ly³¹,
　　 寨神由　男儿　保佑
325. dɯ³³ ȵi³³ dv³¹ gv³³ ly³¹,
　　 一　天　千　保佑

意译：署布勒本村、冷纳贺独村、鲁给吴树湾出来的村寨神，是让村寨连成片的村寨神，是不让村寨之间发生仇杀的村寨神，是使叶子茂密永远不会枯萎的村寨神，村头不祭香就不会保佑男儿们，男子不能干就不能向寨神祭香，由贤能的男子向寨神烧天香，寨神保佑男儿们，一天给予千种福分。

第32页

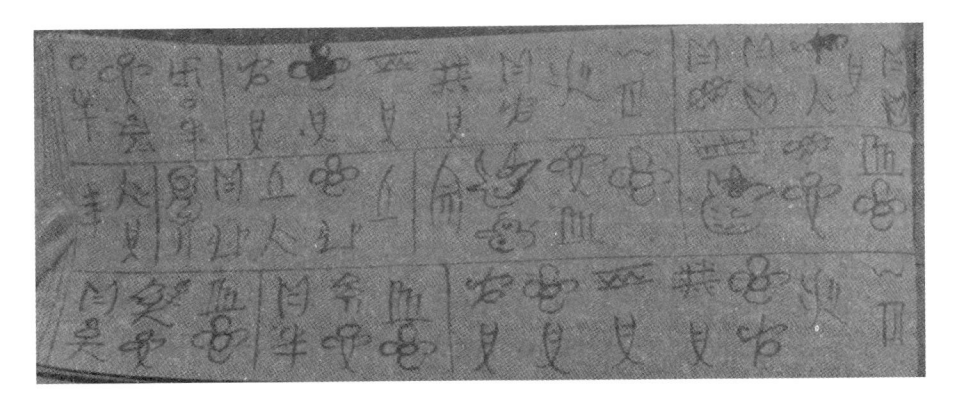

326. dɯ³³ hɑ⁵⁵ ɛɿ³³ gv³³ ly³¹
　　 一　晚　百　保佑
327. nɯ³³ me³³ ɑ³¹ me³³ hɯ³¹ me³³ ndzã³³ me³³ uə³³ nɯ³³ be³³ i³³ tse³³,
　　 福泽的 吉祥的 富的 强的 主神由 变化 来
328. uə³³ tʂhu³³ uə³³ khɯ³³ khv⁵⁵ le³³ me³³,
　　 寨神供奉 村寨神处 年　来　要
329. uə³³ khɯ³³ zɿ³³ le³³ me³³.
　　 寨神　处　寿　来　要

330. uə³³ thv³³ tshɿ³³ le³³ hã³¹ thv³³ tshɿ³¹,
    寨神 出　来　后　风神 出 来
331. ndzv³³ khɯ³³ ɯ³³ dɯ³¹ dzɿ³³ hã³¹,
    山　狗　好 一　对　风神
332. dy³¹ ʐuɑ⁵⁵ tʂhu³¹ dɯ³³ dzɿ³³ hã³¹.
    地 马　快　一　对　风神
333. ue³³ zo³³ da³¹ dɯ³³ dzɿ³³ hã³¹,
    村男儿 能干 一　对　风神
334. uə³³ ly³³ tha³³ dɯ³³ dzɿ³³ hã³¹.
    村 矛 利 一 对 风神
335. nɯ³³ me³³ a³¹ me³³ hɯ³¹ me³³ ndzã³³ me³³ hã³¹ be³³ i³³ tse³³,
    福泽 的 吉祥 的 富 的 强 的 风神 变化 来①

意译：一夜给予百种福分。福泽吉祥、富裕强盛都是村寨神来赐予的。向村寨神祭天香，祈求好年成，祈求长命百岁。祭献村寨神后要祭献风神。风神啊，就是像一对好猎狗跑得快的风神，像一对骏马跑得快的风神，是村中有一对能干男儿的风神，是村中有一对利矛的风神，福泽吉祥、富裕强盛都是风神来赐予的。

第 33 页

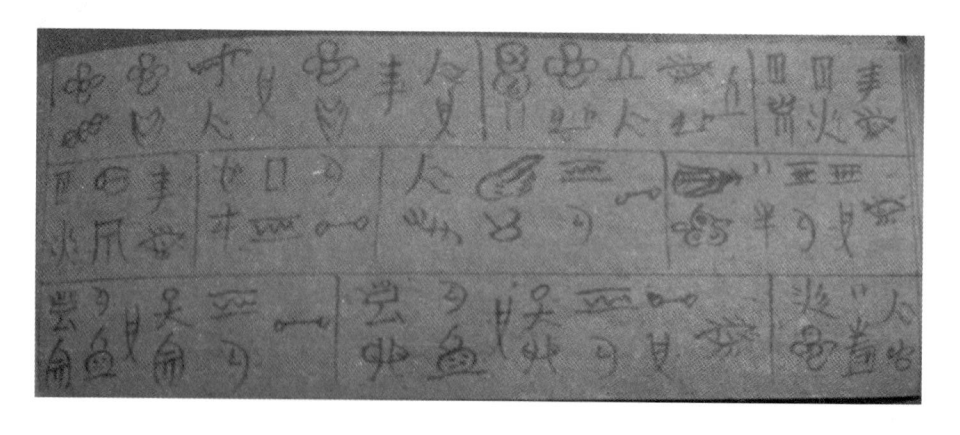

336. hã³¹ tʂhu³³ hã³¹ khɯ³³ khv⁵⁵ le³³ me³³,

---

① 风神，东巴教的神类。有善恶两大类，如属于嘎神、恒神、董神的风神为善类，风鬼属恶灵类。主管情死鬼的风神则兼具善恶二性，祭风是通过对风神的祭祀来求得殉情者灵魂的超度。

　　　　风神 供奉　风神 处　年　来 要
337. hã³¹ khɯ³³ zɿ³³ le³³ me³³.
　　　　风神　处　寿　来 要
338. hã³¹ thv³³ tshɿ³³ le³³ lɯ⁵⁵ thv³³ tshɿ³¹, ①
　　　　风神 出　来　后　猎神 出　来
339. tse³³ kv⁵⁵ tse³³ be³³ zɿ³³ lɯ⁵⁵,
　　　　十（用）仓（会）满（用）做 掌 猎神
340. tse³³ be³³ a⁵⁵ ka³³ zɿ³³ lɯ⁵⁵,
　　　　十　村　胜利　掌　猎神
341. sɿ³¹ phər³¹ to⁵⁵ hɯ³³ mə³³ tʂər³¹,
　　　　岩羊 跑　坡 去 不 让
342. le⁵⁵ za³¹ la³³ kha³³ hɯ³³ mə³³ tʂər³¹,
　　　　獐子 下来　沟　去 不 让
343. khã⁵⁵ ɯ³³ n̠i³³ ly³³ dər³³ mə³³ dər³³ me³³ lɯ⁵⁵,
　　　　弩　好 两 箭　中　不 中　的　猎神
344. u³³ ndzv³¹ mə³³ o⁵⁵ me³³ çi³³ dz³³ hɯ³³ me³³ tʂər³¹,
　　　　自己 山 不 是 的 他人 山 去 不 让
345. u³³ pa³³ mə³³ o⁵⁵ me³³ çi³³ pa³³ hɯ³³ mə³³ tʂər³¹,
　　　　自己 猎地 不 是 的 他人 猎地 去 不 让
346. dzər³³ hã³¹ n̠i³³ ka³³ la³¹ nɯ³³ dər³³ me³³ lɯ⁵⁵.
　　　　树　绿 两 枝 丫 从② 射 中 的 猎神

意译：向风神祭天香，祈求好年成，祈求长命百岁。祭献风神后要祭献猎神。是能让十仓满满的猎神，是能战胜十个村寨的猎神，是不让岩羊跑上坡的猎神，是不让獐子跑下沟的猎神，是一张好弩连发两箭都射不中的猎神，是让猎物只到自己山上不到他人山上去的猎神，是让猎物只到自己猎地不到其他猎地去的猎神，是射中两个绿枝丫的猎神。

---

①　猎神，主管狩猎能否丰收的神灵，分为善恶两类。出猎祭猎神则使狩猎顺利大获丰收。也有对猎神不敬行为而造成的家中牲畜患病、减少、死亡现象时，则要举行祭猎神仪式。

②　百卷第2卷中的《迎请素神——烧天香》中此句与好弩相联系，"是一次射出两箭，两枝都射中枝丫的猎神。"第81页。另《禳栋鬼大仪式——烧天香》中，此句又译为：使箭从两枝丫间射出，一点也没碰伤两边树枝的猎神。第346页。

第 34 页

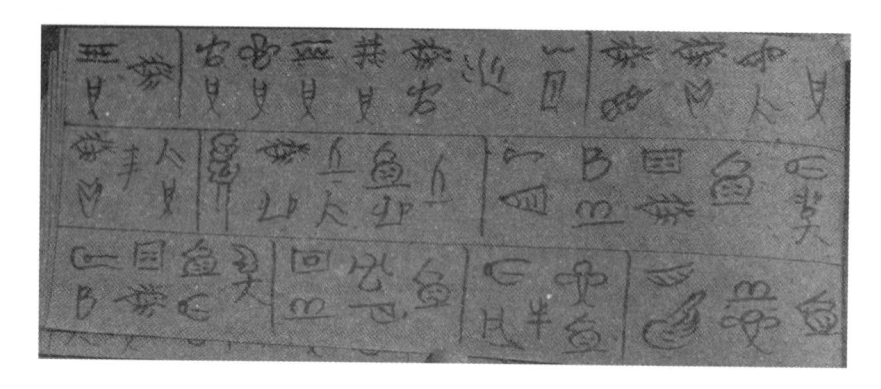

347. nɯ³³ me³³ ɑ³¹ me³³ hɯ³¹ me³³ ndzɑ̃³³ me³³ lɯ⁵⁵ nɯ³³ be³³i³³tse³³,
 福泽 的 吉祥的 富 的 强 的 猎神由 变化 来
348. lɯ⁵⁵ tʂhu³³lɯ⁵⁵ khɯ³³ khv⁵⁵ le³³ me³³,
 猎神供奉 猎神处 年 来 要
349. lɯ⁵⁵ khɯ³³ zɿ³³ le³³ me³³.
 猎神处 寿 来 要
350. lɯ⁵⁵ thv³³ tshɿ³³ le³³ o³¹ thv³³ tshɿ³¹,
 猎神出 来 后 丰收神出 来①
351. lo³³ to³³ khu³³ bu³³ dzə³¹ lɯ³¹ o³¹ ɑ³³sɿ³³,
 罗朵空补久冷 丰收神 父亲
352. khã⁵⁵ khu³³ dzə³¹ lɯ³³ o³¹ ɑ³³me³³,
 亢空久冷 丰收神 母亲
353. tɑ³³ bu³¹ tʂhɿ³³ tʂɑ⁵⁵ o³¹,
 水田 埂 土 垒 丰收神
354. ɑ³³ khɯ³¹ ly³³ dɯ³³ o³¹,
 蔓菁 个 大 丰收神
355. tɕhy⁵⁵ lɑ³³ bv³³ dɯ³³ o³¹,
 小米 谷穗 大 丰收神

意译：福泽吉祥、富裕强盛都是猎神来赐予的。向猎神祭天香，祈求好年成，祈求长命百岁。祭献猎神后要祭丰收神。罗朵空补久冷是丰收神的父

---

① o³¹本义为五谷，此处引申为掌管五谷的神灵，又称为丰收神。

亲，亢空久冷是丰收神的母亲，是垒沟建田时请来的丰收神，是使蔓菁增大的丰收神，是使小米谷粒饱满的丰收神，

第 35 页

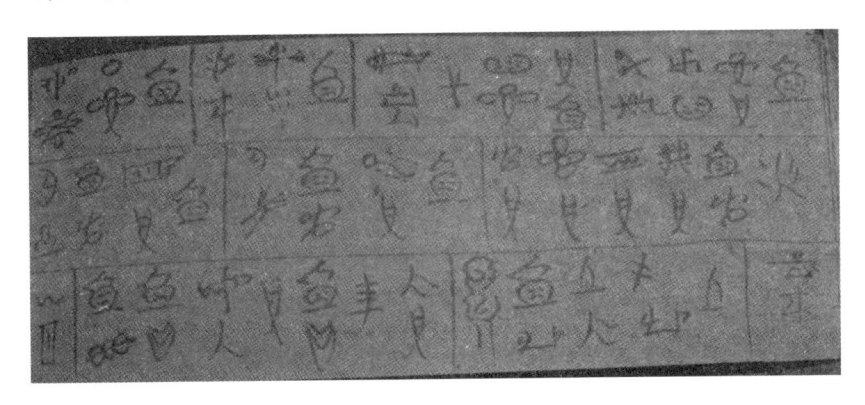

356. dze^{33} ʂɿ^{31}kv^{33}dɯ^{33}o^{31},
   小麦 黄　颗粒大　丰收神
357. sɿ^{31}phər^{31}me^{33}① ʂər^{33}o^{31},
   稻　白　颗粒长　丰收神
358. da^{33}ha^{33}dv^{31}gv^{33}dɯ^{33}me^{33} o^{31},
   主人　千　担　收获的　丰收神
359. tɕi^{55}so^{33}sɿ^{33}gv^{33}dɯ^{33}me^{33} o^{31},
   不落夫家女 百　担　收获的　丰收神②
360. mə^{33}lv^{31}o^{31}nɯ^{33}tʂu^{55}me^{33}o^{31},
   不　够 丰收神 来　赐　的 丰收神
361. mə^{33}mã^{33}o^{31}nɯ^{33}tʂər^{33}me^{33} o^{31},
   没　得　丰收神来　添　的 丰收神
362. nɯ^{33}me^{33}o^{31}me^{33}hɯ^{31}me^{33}ndzã^{33}me^{33}o^{31}be^{33}i^{33}tse^{33},
   福泽　的 吉祥的　富 的 强 的 丰收神 变化 来
363. o^{31}tʂhu^{33}o^{31} khɯ^{33}khv^{55}le^{33}me^{33},
   丰收神 供奉 主神处 年　来 要
364. o^{31}khɯ^{33}zɿ^{33}le^{33}me^{33}.

---

① 在百卷第 2 卷的《烧天香》中此处译为穗，第 83 页。
② 第 59 卷《超度死者——烧天香》中写为 dze^{33}hy^{31}ci^{33}gv^{33}dɯ^{33}me^{33}o^{31}，得到红麦百担的丰收神。

　　　　　丰收神　处　寿　来　要
365. o³¹ thv³³ tshŋ³³ le³³ tʂər³¹ thv³³ tshŋ³¹①，
　　　丰收神　出　来　后　威灵神　出　来

意译：是使小麦粒饱满的丰收神，是使白稻米颗粒长的丰收神，是使主人获得千担粮的丰收神，是使连不浇夫家女也获得百担粮的丰收神，口粮不够丰收神来接济，使之丰裕不缺粮的丰收神。福泽吉祥、富裕强盛都是丰收神来赐予的。向丰收神祭天香，祈求好年成，祈求长命百岁。祭献丰收神后要祭威灵神。

第 36 页

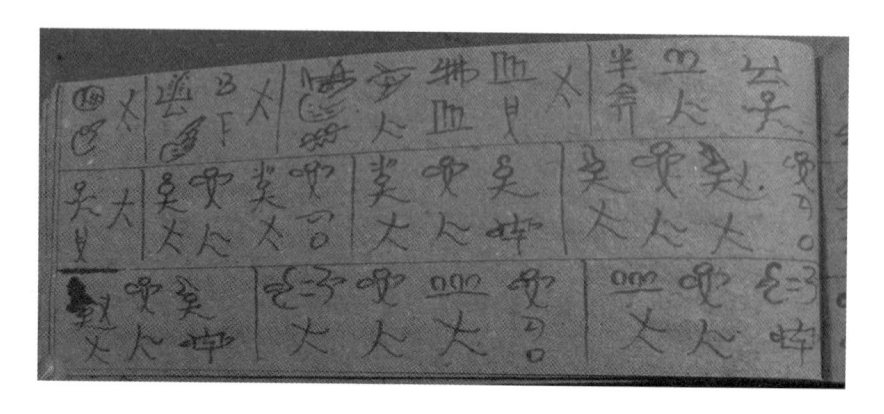

366. ʂv³¹ phər³¹ mu³³ kə⁵⁵ tʂər³¹，
　　　署　盘　母　各　威灵
367. z̩ʅ³³ la³³ kha³³ ʂua³¹ tʂər³¹，
　　　日　劳　卡　刷　威灵神
368. z̩ua⁵⁵ tʂhu³¹ mbã³¹ le³³ khua³¹ ndzŋ⁵⁵ ndzŋ³³ me³³ tʂər³¹，
　　　马　快　高兴　敌人　焦虑　的　威灵神
369. ly³³ tha³³ bu³³ le³³ khua³¹ ɲy³³ ɲy³³ me³³ tʂər³¹，
　　　矛　利　扛着　敌人　颤抖　的　威灵神
370. zo³³ tʂər³¹ dɯ³³ le³³ sŋ³³　tʂər³¹ dɯ³³ mə³³ kv³¹，

---

① tʂər³¹ 即威灵神，主管祭司的威灵。东巴通过举行加威灵仪式，可以获得历代东巴祖师的法力，并借助法力加持来驱鬼镇魔。举行加威灵仪式也是东巴出师的仪式，同时借此来提高个人的威望。加威灵仪式以白地的阿明灵洞最负盛名，其次为丽江文笔峰背后的满子斯灵洞，鲁甸新竹也有灵洞。

　　　　　儿　威灵　大　而　父亲威灵　大　不　胜
371. sʅ³³ tʂər³¹ dɯ³³ le³³ zo³³ tsã⁵⁵，
　　　　父　威灵　大　而　儿　传
372. mi⁵⁵ tʂər³¹ dɯ³³ le³³ me³³ tʂər³¹ dɯ³³ mə³³ kv³¹，
　　　　女　威灵　大　而　母　威灵　大　不　胜
373. me³³ tʂər³¹ dɯ³³ le³³ mi⁵⁵ tsã⁵⁵，
　　　　母　威灵　大　而　女　传
374. bv³³ tʂər³¹ dɯ³³ le³³ kua³³ tʂər³¹ dɯ³³ mə³³ kv³¹，
　　　　妻　威灵　大　而　夫　威灵　大　不　胜
375. kua³³ tʂər³¹ dɯ³³ le³³ bv³³ tsã⁵⁵，
　　　　夫　威灵　大　而　妻　传

意译：是署盘母各威灵神，是日劳卡刷威灵神，是让战马跑得快，让敌人焦急的威灵神，是扛着利矛使敌人颤抖的威灵神。儿子的威灵再大也大不过父亲的威灵，父亲的威灵传给儿子；女儿的威灵再大也大不过母亲的威灵，母亲的威灵传给女儿；妻子的威灵再大也大不过丈夫，丈夫把威灵传给了妻子。

第 37 页

376. tʂər³¹ thv³³ ga³³ la³³ thv³³，①

---

① 此处似漏写了 le³³。

　　　　　威灵　出　战神　出①

377. ŋi³³me³³thv³³du³³phər³¹khã⁵⁵phər³¹khɯ³³,
　　　东方　　　白海螺　铠甲　白　处②

378. dv³³pər³³z̪uɑ³³gv³³tsã³³,
　　　白海螺　骏马　骑

379. dv³³phər³¹the⁵⁵tɕi³³lu³¹,
　　　白海螺　旗子　拿

380. dv³³phər³¹gɑ³³lɑ³³tʂhu³³.
　　　白海螺　胜利神　供奉

381. i³³bi³¹mã³¹a³³hã³¹khã⁵⁵hã³¹khɯ³¹,
　　　南方　　　绿松石　　处

382. a³³hã³¹z̪uɑ³³gv³³ndzã³³,
　　　绿松石骏马骑

383. a³³hã³¹the⁵⁵tɕi³³lu³¹,
　　　绿松石　旗子　　拿

384. a³³hã³¹gɑ³³lɑ³³tʂhv³³.
　　　绿松石　胜利神　供奉

385. ŋi³³me³³kv³¹tʂhu³¹na³¹khã⁵⁵na³¹khɯ³³,
　　　西方　　玉　黑　铠甲　黑　处

386. tʂhu³¹na³¹z̪uɑ³³gv³³ndzã³³,
　　　玉　黑　骏马　骑

387. tʂhu³¹na³¹the⁵⁵tɕi³³lu³¹,
　　　玉黑　旗子　拿

　　意译：祭献完威灵神后祭献战神。东方的白海螺、穿着白铠甲的战神，骑着白海螺般白的战马，举着白海螺般白的战旗，向白海螺般白的战神祭天香；南方绿松石般绿的战神，骑着绿松石色的骏马，举着绿松石般的战旗，向绿松石色的战神祭天香；西边墨玉般黑的战神，穿着黑铠甲的战神，骑着墨玉色的骏马，举着墨玉色的战旗，

---

①　gɑ³³lɑ³³有的音译为嘎剌神，指战神。嘎剌神因不同的主神而类别众多，有五方嘎剌战神，白风、白云嘎剌战神，虎豹嘎剌战神，犏牛、牦牛嘎剌战神。《全集》第22卷中此处写为be³¹ga³³la³¹，译为胜利的本神，也有翻译为电神。第352页。

②　《全集》第2卷为kho⁵⁵ga³³mu³¹，意为穿戴着白色的铠甲。第86页。

第38页

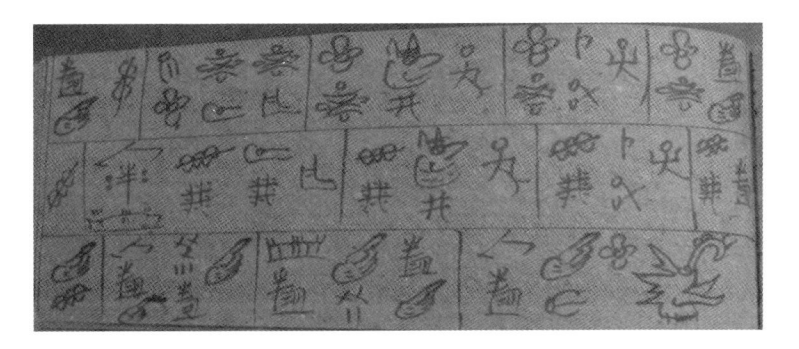

388. tʂhu³¹na³¹kɑ³³lɑ³³tʂhu³³.
 玉　黑　战神　供奉
389. i³³bi³¹gv³³hã³¹ʂɿ³¹khã⁵⁵ʂɿ³¹khɯ³³,
 北方　金 黄 铠甲 黄　处
390. hã³¹ʂɿ³¹ʐuɑ³³gv³³ndzã³³,
 金 黄　骏马　骑
391. hã³¹ʂɿ³¹the⁵⁵tɕi³³lu³¹,
 金 黄　旗子　拿
392. hã³¹ʂɿ³¹gɑ³³lɑ³³tʂhv³³.
 金 黄　战神　供奉
393. tʂɿ³³ly⁵⁵kv³³tʂhu³³ndzã³³khã⁵⁵ndzã³¹khɯ³³,
 土　中间　玉　花色　铠甲　花色　处
394. tʂhu³³ndzã³³ʐuɑ³³gv³³ndzã³³,
 玉　园花色　骏马　骑
395. tʂhu³³ndzã³³the⁵⁵tɕi³³lu³¹,
 玉　花色　旗子　拿
396. tʂhu³³ndzã³³gɑ³³lɑ³³tʂhv³³.
 玉　花色　战神　供奉
397. my³³gɑ³³lɑ³¹ɑ³³hã³¹my⁵⁵①ndzv³³tʂhu³³,
 天　战神　绿松石 猛龙　供奉

---

① 龙王之一，《全集》中翻译为"青龙"（mu³³dzə̣r³³）。

意译：向西方的墨玉色的战神祭天香；北方金黄色的战神，穿着金黄色铠甲的战神，骑着金黄色的骏马，举着金黄色的战旗，向西方金黄色的战神祭天香；大地中央花玉色，穿着花色铠甲的战神，骑着花玉色的骏马，举着花玉色的战旗，向大地中央花玉色的战神祭天香，向天上绿松石色的猛龙战神祭天香，

第 39 页

398. so^{33} ga^{33} la^{31} du^{33} phər^{31} sʅ^{33} gɯ^{33} tʂhu^{55},
　　启明星 战神 白海螺　狮子　　供奉
399. bi^{33} ga^{33} la^{31} bɯ^{55} dy^{31} la^{33} ɕy^{31} tʂhu^{55},
　　太阳 战神 脚掌 大　虎　红　供奉
400. ko^{31} ga^{33} la^{31} tɕi^{33} guə^{31} bər^{31} guə^{33} tʂhu^{55},
　　高山战神　　麂　大　牦牛大　供奉
401. dzər^{31} ga^{33} la^{31} ɯ^{33} ndzʅ^{33} ɕə^{33} tɕhy^{31} tʂhu^{55},
　　树　 战神 双　对　大鹏鸟　　供奉
402. lɯ^{55} ga^{33} la^{31} a^{33} hã^{31} by^{55} hã^{31} tʂhu^{55},
　　猎神 战神　绿松石　穿山甲　供奉
403. lɯ^{55} ga^{33} la^{31} lu^{31} u^{33} lu^{31} tɕiə^{31} tʂhu^{55},
　　猎神 战神 龙 吾　龙 上　　供奉
404. dzʅ^{33} ga^{33} la^{31} hã^{31} sʅ^{33} ba^{55} me^{33} ȵi^{55} tsʅ^{33} gu^{33} ga^{33} tʂhu^{55},
　　村寨 战神　金　黄　蛙大　泥鳅　　古卡　供奉

意译：向启明星战神白海螺狮子祭天香，向太阳战神大脚掌红虎祭天香，向树战神大鹏鸟祭天香，向狩猎战神绿松石色的穿山甲祭天香，向狩猎战神龙吾龙祭天香，向村寨战神金黄大蛙和泥鳅古卡祭天香，

第 40 页

405. kɑ³³lɑ³¹thv³³le³³ dua³¹gə³³thv³³,
　　战神　出　后　端格神① 出
406. ȵi³³ma⁵⁵ȵi⁵⁵gə³¹ dua³¹gə³¹thv³³,
　　尼冒尼　 的　 端格神　 出
407. ʐɑ³¹ua³³tʂʅ⁵⁵gə³¹ dua³¹gə³¹thv³³,
　　饶瓦次　　 的　 端格神　 出
408. ʂər⁵⁵lər³³lɑ⁵⁵iə³¹ dua³¹gə³¹thv³³,
　　什罗腊优　　 端格神　 出
409. dua³¹gə³¹uə³³ndzv³³hɯ³³. ②
410. uə³³i³³by⁵⁵i³³ly⁵⁵i³¹tɕi⁵⁵tʂua³³so³³tʂhu⁵⁵.
411. uə³³dã³¹he³³ndzu³³hɯ³³.
412. he³³nɯ³³lɯ⁵⁵mi³³ndzu³³,
413. ȵi³³me³³thv³³sʅ³³gə³³he³³dɯ³¹,
　　东方　　木 的　神　大
414. i³³bi³¹mã³³mi³³gə³³he³³dɯ³¹,
　　南方　火　的　神　大

意译：祭献完战神后祭献端格神（这一段为藏语咒语），东方属木的大神，南方属火的大神，

---

① 另译为多格。此神有翅膀，能飞行，属战神。评判人与鬼是非的神灵，多格神在东巴教中分类众多，多达 360 个，多出现在驱鬼镇魔的经书及仪式中。
② 据和根茂解释，这四句为藏语咒语，义不详。

第 41 页

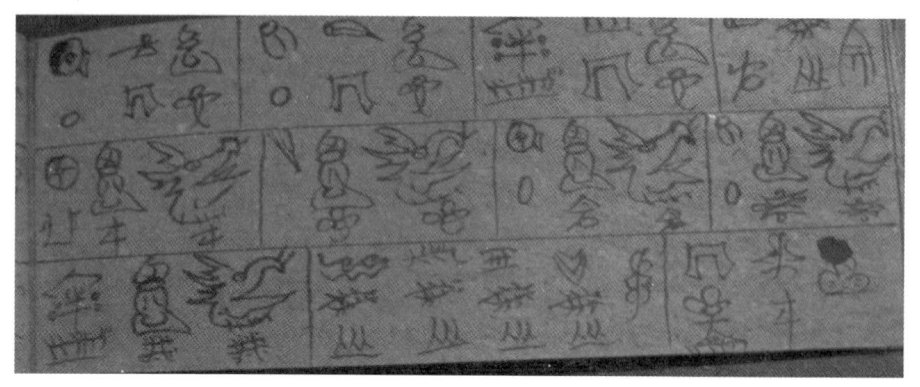

415. ŋi³³me³³kv³³ ʂv³¹gə³³he³³dɯ³¹,
　　 西方　　 铁 的 神 大

416. i³³bi³¹kv³³dzʅ³³gə³³he³³dɯ³¹,
　　 北方　　 水 的 神 大

417. tʂʅ³³ly⁵⁵kv³³tʂʅ³³gə³³he³³dɯ³¹,
　　 土 中间 土 的 神 大

418. dzʅ³³nɯ³³lɯ⁵⁵mi³³ndzʅ³³,①
　　 水 由 （勒米?）山

419. ŋi³³me³³thv³³ʂv⁵⁵phər³¹lv³¹phər³¹,
　　 东方　　 署 白 龙 白

420. i³³bi³³mã³³ʂv⁵⁵hã³¹lv³¹hã³¹,
　　 南方　　 署 绿 龙 绿

421. ŋi³³me³³kv³¹ʂv⁵⁵na³¹lv³¹na³¹,
　　 西方　　 署 黑 龙 黑

422. i³³bi³¹kv³³ʂv⁵⁵ʂʅ²¹¹lv³¹ʂʅ³¹,
　　 北方　　 署 黄 龙 黄

423. tʂʅ³³ly⁵⁵kv³³ʂv⁵⁵ndzã³¹lv³¹ndzã³¹,
　　 土 中间 署 花色 龙 花色

424. tɕi³¹lɯ⁵⁵mi³³,
　　 云 地 下边

425. so⁵⁵lɯ⁵⁵mi³³,

---

① 此句不详。

五　三坝纳西族阮卡人东巴经《烧天香》译注　　697

　　　高原　地下边
426. dər³³lɯ⁵⁵mi³³,①
　　　池　　地下边
427. khə³³lɯ⁵⁵mi³³tʂhu⁵⁵.
　　　沟　　地下边　相接②
428. gə³⁵bər³³dər³³ba³³phər³¹dua³³,
　　　上这　白　地　　白水台

意译：西方属铁的大神，北方属水的大神，大地中央属土的大神，（不详）

东方的白署神白龙神，南方的绿署神绿龙神，西方的黑署神黑龙神，北方的黄署神黄龙神，大地中央的杂署神杂龙神，从云朵田地下边，从高原牧场的田地下边，水潭处的田地下边，水沟处的田地下边相连接。上方的白地白水台，

第 42 页

429. ndzo³¹dv³³tɕy³³lo³³tshu³³,
　　　磋都局罗初（水源地）
430. hɯ³³kho³¹zo⁵⁵do³³lɯ³¹,
　　　恒若多　　田
431. fv⁵⁵ȵy⁵⁵du³¹a⁵⁵tʂā³¹lɯ³¹,

①　dər³³lɯ⁵⁵另指圈肥加工过的田地。
②　431—434 句语焉不详，此处译句仅供参考。

富拗都　　阿杂　田

432. y³¹mbe³³, dʑiə³³la⁵⁵lɯ³¹,
　　 佘本　　　久　拉　田

433. lv⁵⁵tsho³¹la³¹bã³³bã³¹,
　　 录磋拉般般

434. fv³³ɲi⁵⁵bi³³, lua³¹khɑ³³lo³¹,
　　 夫尼　　林　峦　卡　山谷

435. sʅ³³me³³bi³³, a³¹phər³¹khɯ³³,
　　 塞美比　　　岩　白　下

436. bu³³pu³³lɯ³³dv³¹,
　　 补补　里　读

437. bu³³lɯ³³tɕhi,
　　 补冷期

438. ge³³la³¹ka³³,
　　 上　　拉卡

439. mi³³la³¹ka³³,
　　 下　　拉卡

440. ɡɑ⁵⁵sʅ³³bi³³thã³³,
　　 水芹　林　下方

441. tʂhu⁵⁵bu³³bi³³tha³³,
　　 菖蒲　林　下方

442. i⁵⁵ʂʅ³³kv³³,
　　 野驴 死 处（山名）

443. ko³³tho³³ndʑy⁵⁵,
　　 高山松　山

意译：磋都局罗初，恒若多田，富拗都阿杂田佘本久拉田，录磋拉般般，夫尼林，峦卡山谷，塞比岩脚下，补冷期，上拉卡，下拉卡，水芹林下方，菖蒲林下方，野驴死处，高原松山，①

---

① 以上皆为三坝一带的地名。

第 43 页

444. dzɿ³³sər³³lər³¹kv³³,
 汁斯勒古
445. tʂər³³kɯ⁵⁵tsɿ³³kv³³,
 汁客仔古
446. dɯ³³kha³³a³³na³¹uə³³,
 中甸　鸡黑村
447. ho³¹tɕhi⁵⁵lər³¹ŋga³³uə³³,
 鹤庆　乌鸦　村
448. mɯ⁵⁵ȵy³³, la³³ɕy³¹uə³³,
 目 年（地名），虎 红 村
449. da³¹lər³³mɯ³¹ŋga³³uə³³,
 永宁　蒙高　村
450. ly³³［ɯ³³］fv⁵⁵tse³³uə³³,
 吕　　富增（海螺?）　村
451. ʂu³¹bu⁵⁵lɯ³³le³³uə³³,
 苏部冷勒　　村
452. ʂu³¹tshɿ³³tshɿ³³, ʐua³³ly⁵⁵ko³¹,
 署此此　　　牧马　高山
453. gə³¹mu³³tɯ³³, mi³¹mu³³tɯ³³,
 上　姆德　下　姆德（高山牧场，现由安南彝族居住）
454. mu³³dɯ³³tshe⁵⁵kv³³dzɿ³³,
 姆德　衬古　　山
455. gə³¹tho⁵⁵lo³¹,
 上托罗（山谷）

456. mi³³tho⁵⁵lo³¹
　　下托罗（山谷）
457. bu³¹fv³³lo³¹,
　　猫头鹰　山谷
458. be³³le³³ndzɯ³¹,
　　本 冷山

意译：汗斯勒古，汗客崩古，中甸黑鸡村，鹤庆乌鸦村，眸红虎村，永宁蒙高村，吕富增村，苏部冷勒村，署此此牧马草甸，上姆德，下姆德，上山谷，下山谷，猫头鹰山谷，本冷山，

第44页

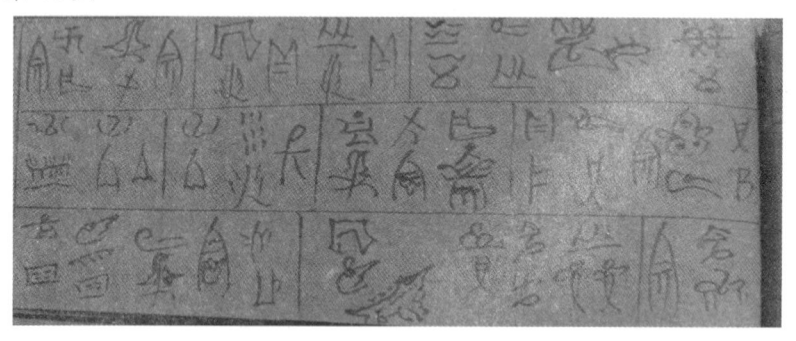

459. sɿ³³khɯ³³bã³¹sã³³ndzɯ³¹,
　　丝线　　悬垂　　山
460. gə³¹çy⁵⁵uə³³,
　　上　柏　村
461. mi³¹çy⁵⁵uə³³,
　　下　柏　村
462. ha³³ʔi³³kha³³,
　　风　有洞（阿明洞）
463. ɑ³³mi³¹ʂər⁵⁵lər³³nã³³kha³³,
　　阿明什罗　　藏身洞
464. kə⁵⁵dy³¹gə³¹tshv⁵⁵tshv⁵⁵,
　　东坝　　格次次山
465. gə³¹tshɿ⁵⁵kv³³be³³kv³³,
　　格次　九　村　头
466. ha³³ba³³tʂər³¹ŋv³³lv³³,

哈巴　　威灵　雪山
467. bɯ³³ ʂʅ³¹ tɕi³¹ ŋv³³ lv³³，
　　　白沙　　玉龙雪山
468. uɑ³³ ʂuɑ³¹ dzʅ³³ khɑ³³ me³³，
　　　瓦刷　　　大水井
469. dzʅ³³ ɯ³³ dər³³ me³³ khu³³，
　　　只 恩　　端美空
470. ʂv³³ dziə³³ gə³³ bu³³ dziə³¹，①
　　　水甲　　格补久
471. dər³³ dv³¹ ã³¹ sʅ⁵⁵ bi³³，②
　　　端都埃术　　林
472. gə³¹ o³³ tsho³³ lv³³ me³³ nɑ³¹ nɯ³³ mi³³ dɯ³³ dɯ³³，
　　　上面 拉萨　 石 大 黑 从　 以下
473. ndzu³¹ nɑ³¹ kv³³ Du³³ du³³，
　　　山　大　头　相连

意译：丝线般悬垂的山，上柏村，下柏村，有风洞，阿明灵洞，东坝格次次山，格次九村头，哈巴威灵雪山，白沙玉龙雪山，瓦刷大水井，只恩端美室，水甲格补久，端都埃术山林，从北方的拉萨大黑石以下算起，大山头相连，

第45页

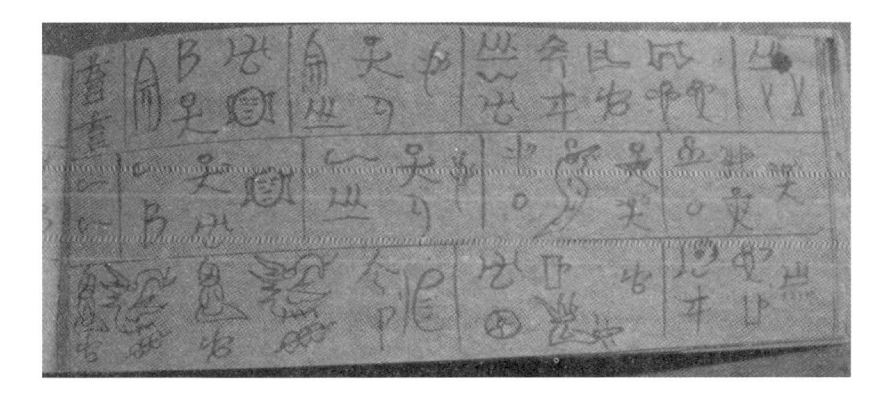

---

① 为一个水源处。
② 白地的水甲村上方地名。

474. ndzu³³khu⁵⁵ŋə³¹tʂʅ³³phɑ³³,
　　山　门　我　这　边
475. ndzu³¹mi³³ŋə³¹me³³sʅ³³,
　　山　名　我　不　知
476. mi³³i³³tʂʅ³³thɑ⁵⁵pər³³khɯ³³nɯ³³gə³³dɯ³³dɯ³³,
　　下　依赤（昆明）塔　白　下　从　以上①
477. mi⁵⁵tshe³³tɕi⁵⁵lo³³lo³¹,
　　竹　叶　云　相连
478. lo³¹khu⁵⁵ŋɑ³¹tʂʅ³³phɑ³³,
　　山谷门我　这　边
479. lo³¹mi³¹ŋɑ³¹me³³ʂʅ³³,
　　山谷名　我　不　知
480. ʂər³³kv³³zʅ³³ze³³dzʅ³³,②
　　斯古日增　　烧（香）
481. lv³³kv³³bɑ⁵⁵zʅ³³dzʅ³³,
　　龙古抱汝　　烧（香）
482. ʂv³¹nɯ³³lv³³［ɯ³³］tʂhu⁵⁵,
　　署　和　龙（介）供奉
483. ʂv³¹nɯ³³lv³³［ɯ³³］tʂhu⁵⁵,
　　署　和　龙　　供奉
484. se³³ko³³tho³³,
　　这以后
485. tʂʅ³³n̠i³³to³³mbɑ³³ʂər⁵⁵lər⁵⁵nɯ³³,
　　这　天　东巴什罗　由
486. zər³³phər³¹dɯ³³bi³³fv³³,
　　青稞白　一　驮　炒

意译：山门朝着我这边，山名我却不知道，从南方昆明白塔处以上算起，竹叶像云片一样地相连，山谷门朝向我这边，山名我却不知道。斯古日增山，龙古抱汝山，向署神和龙神祭天香。祭完天香后的这一天，东巴什罗

---

① 此处东巴经中一般译为昆明白塔，但白地东巴认为指大理三塔。
② 指山，借音。

带着一驮炒过的青稞面，
第 46 页

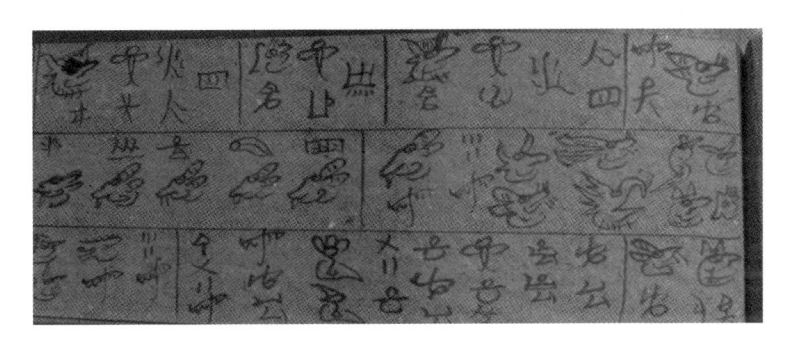

487. mbər³³ phər³¹ dɯ³³ dv³¹ be³³ le³³ tʂʅ³³,
　　牦牛　白　一　千　做　又　要
488. z̯ər³³ na³¹ dɯ³³ bi³³ fv³³,
　　青稞黑　一　驮　炒
489. mbər³³ na²⁴ dɯ³³ dv³¹ be³³ le³³ tʂʅ³³,
　　牦牛　黑　一　千　做　又　要
490. khv⁵⁵ gv³³ fv³³ nɯ³³ sʅ³³ [ɯ] fv³³,
　　年　头　鼠　和　木　　鼠
491. mi³³ [ɯ³³] fv³³,
　　火　　　　鼠
492. ʂu³¹ [ɯ³³] fv³³,
　　铁　　　　鼠
493. dzʅ³³ [ɯ³³] fv³³,
　　水　　　　鼠
494. tʂʅ³³ [ɯ³³] fv³³,
　　土　　　　鼠
495. fv³³ khv³³ ua³³ khv³³,
　　鼠年　　五　年
496. ɯ⁵⁵ khv³³ ua³³ khv³³,
　　牛年　　五　年
497. la³³ khv³³ ua³³ khv³³,
　　虎年　　五　年
498. tho³³ le³³ khv³³ ua³³ khv³³,

   兔　年　五　年
499. lv³³khv³³ua³³khv³³,
   龙　年　五　年
500. zʅ³³khv³³ua³³khv³³,
   蛇　年　五　年
501. zua⁵⁵khv³³ua³³khv³³,
   马　年　五　年
502. y³¹khv³³ua³³khv³³,
   羊　年　五　年
503. zu³³khv³³ua³³khv³³,
   猴　年　五　年
504. ã³¹khv³³ua³³khv³³,
   鸡　年　五　年
505. khɯ⁵⁵khv³³ua³³khv³³,
   狗　年　五　年
506. bu³¹khv³³ua³³khv³³.
   猪　年　五　年
507. mɯ³³lɯ³³tshe³¹ȵi³³khv⁵⁵,
   总共　十　二　年
508. khv³³nɯ³³khua³¹,①
   年　因为　坏
509. du³³se³¹tshe³¹ȵi³³he³³,
   董神与色神　十　二　月
510. he³³nɯ³¹khua³¹, dɯ³³he³³sʅ⁵⁵tshʅ³¹ha⁵⁵ha⁵⁵nɯ³³khua³¹。
   月　因为 坏　一月　三　十　天 天 由　坏
511. fv³³nɯ³³zua³³mə³³dv³¹,
   鼠 和　马　不　投合

  意译：一千头白牦牛祭天香，要用黑青稞一驮，黑牦牛一千头来祭天香。年首是鼠年，分为木鼠、火鼠、铁鼠、水鼠、土鼠五个年，还有牛年五年，虎年五年，兔年五年，龙年五年，蛇年五年，马年五年，羊年五年，猴

---

① khua³¹［ha³³?］指碗，因碗khua⁵⁵，与坏（khua³¹）音近，故引申为坏。又因碗里有饭，又指称饭（ha³³），同字异音异义，东巴根据上下文灵活辨识。

年五年，鸡年五年，狗年五年，猪年五年，总共十二年。董神与色神主管的十二个月，有些年份不好，月份不好，所以鼠和马不投，

第47页

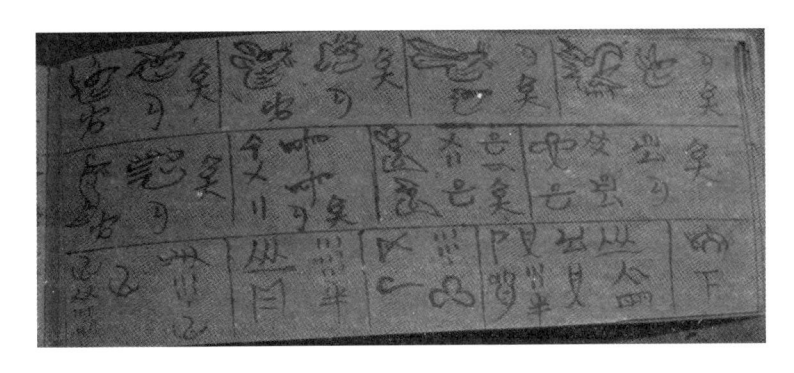

512. ɯ⁵⁵ nɯ³³ y³³ mə³³ dv³¹，
　　牛 和　羊　不　投合
513. lɑ³³ nɯ³³ zʅ³³ mə³³ dv³¹，
　　虎　和　蛇　不　投合
514. tho³³ le³³ ã³¹ mə³³ dv³¹，
　　兔　和　鸡　不　投合
515. mɯ³³ tʂər³³ khɯ⁵⁵ mə³³ dv³¹，
　　青龙　　 和　狗　不　投合
516. zʅ³³ nɯ³³ bu³³ mə³³ dv³¹，
　　蛇　和　猪　不　投合
517. bɯ³³（mɯ³³）lɯ³³ tshe³¹ ȵi³³ khv⁵⁵，
　　总共　　　　十　二　年
518. khv⁵⁵ mə³³ dv³¹，
　　年　不　投合
519. du³³ se³¹ tshe³¹ ȵi³³ he³³，
　　董神 色神 十 二 月
520. he³³ mə³³ dv³¹，
　　月　不　投合
521. dɯ³³ he³³ sɿ³³ tshər³¹ hɑ⁵⁵，
　　一　月　三　十　日
522. hɑ⁵⁵ mə³³ dv³¹，

　　　　日　不　投合
523. kɯ³³ [i³³] ŋi³³tsər³¹ho⁵⁵kɯ³¹,
　　　星　　二　十　八　星
524. ʐa³¹ ʂʅ³³kɯ³¹,
　　　饶星 七 星
525. miə³³uə³³kv³³ly³³,
　　　九宫　　九　只
526. tɕi⁵⁵lo³¹ ʂər³³sy³¹,
　　　季罗　　七　样
527. ko³¹nɯ⁵⁵me³³ua⁵⁵ly³³,
　　　内　　心　五　颗
528. khua³¹me³³mi³¹le³³tʂʅ³³,
　　　厄运　的　下　来 丢

意译：牛和羊不投，虎和蛇不投，兔和鸡不投，龙和狗不投，蛇和猪不投，总共有十二个年份不投，董神和色神主掌的十二个月，有些年份的属相不投，月份不投，一月三十日，有些日子不投，星宿二十八个，饶星七个，九宫九个，季罗七样，内心五颗，把这些所有的厄运往外禳。

第 48 页

529. ko⁵⁵ʂua³¹ma³³lua³³sər³³gv³³me³³mi³¹le³³tʂʅ³³,
　　　高山 杜鹃　 木　好　的　下　来 丢
530. ã³³lo³¹sər³³ʐua³³me³³ho³³me³³mi³³le³³tʂʅ³³,
　　　悬崖 木 能 的 对 的 下 来 丢
531. tʂʅ³³bu³³ba³³nɯ³¹the³³fv³³,
　　　丢　蒿草　来　缝补

532. no⁵⁵ba³³nɯ³³the³³fv³³, ①
  杂草　来　缝补
533. tʂʅ³³se³³ɑ³¹le³³ʂər³³,
  丢　完　魂　又　招
534. i³³dɑ³¹tʂhʅ³³dɯ³³ndzʅ³³,
  主人　这　一　家
535. uɑ³³dv³¹uɑ³³mbər³³ndzʅ³¹, ②
  五　千　牦牛　用
536. tʂʅ³³ndzʅ³³ɑ³¹le³³ʂər³³,
  这　家　魂　又　招
537. uɑ³³sʅ³³luɑ³¹khɯ⁵⁵ndzʅ³³,
  五　百　山骡　用
538. tʂʅ³³ndzʅ³³ɑ³¹le³³ʂər³³,
  这　家　魂　又　招
539. sʅ³³nɯ³³zo³¹,
  父　与　儿

意译：用高山上的杜鹃木来禳灾，用悬崖上最好的木头来禳灾，用石头压在蒿草上，用石头压在杂草上来禳灾，禳完灾后可以招魂了。主人这一家，用五千头牦牛来招魂，用五百头野骡来招魂，招回了父亲和儿子的灵魂，

第49页

---

① bu³³ba³³是指石头压在蒿草上，提醒过路者此路不能去，no⁵⁵ba³³指石头压在杂草上。
② uɑ³³dv³¹uɑ³³mbər³³五千只牦牛。另译为五千个瓦槽。uɑ³³sʅ³³lo³¹khə⁵⁵另译为五百个橡子。

540. me^{33}nɯ^{33}mi^{55},
    母 与 女
541. dɯ^{33}nɯ^{33}tɕi^{33},
    大 与 小
542. ʂua^{33}nɯ^{33}çy^{31},
    高 与 矮
543. lɯ^{33}dɯ^{33}le^{33}ɯ^{33},
    犁 大 犁 牛
544. ndʐã^{33}dɯ^{33}ʐua^{33}gu^{31},
    骑   大   骏马
545. do^{31}dɯ^{33}ʐua^{33}me^{33},
    怀孕   母马
546. tshŋ^{55}phər^{33}dzv^{33},
    山羊 白 对
547. y^{31}phər^{31}dzv^{33},
    绵羊 白 对
548. bu^{55}na^{31}ʂər^{55},
    猪 黑 满
549. ã^{55}naq^{31}dzo^{33},
    鸡 黑 架满
550. iə^{33}kv^{55}iə^{33}dzŋ^{31}ni^{33}dv^{31}kv^{55}nɯ^{33}gə^{31}le^{33}lɯ^{55},
    套绳 轭绳 鼻绳 处从   逃生
551. tʂua^{55}phər^{31}la^{33}tʂə^{31}ka^{55}nɯ^{33}gə^{31}le^{33}lɯ^{55},
    鹿 白 虎 爪 处从   逃生
552. so^{55} gə^{31}le^{33}thv^{33}.
    高山 上 又 去

意译：招回了母亲与女儿的灵魂，招回了大大小小的灵魂，招回了高高矮矮的灵魂，招回了大犁牛的灵魂，招回了坐骑大骏马的灵魂，招回了怀孕母马的灵魂，招回了成对白山羊的灵魂，招回了成对白绵羊的灵魂，招回了满圈黑猪的灵魂，招回了满圈黑鸡的灵魂，（不详）处逃生，白鹿从虎爪处得以逃生，重回高山上；

第 50 页

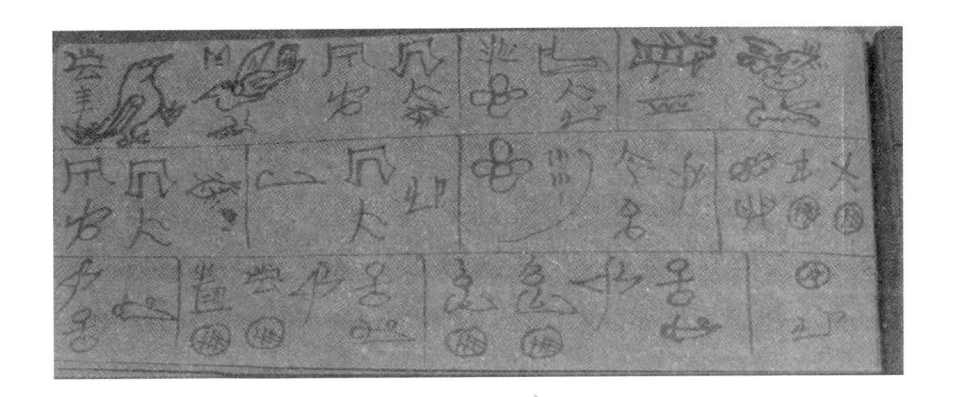

553. v⁵⁵zi³³ uə³¹ tʂə³¹ ka⁵⁵ nɯ³³ gə³¹ le³³ lɯ⁵⁵,
　　 鸟　鹰　爪　处　从　　逃生
554. dzər³¹ hər³³ khɯ³³ le³³ thv³³;
　　 绿树　　处　又　到
555. ȵi³³ hɯ³³ ʂv³¹ tʂə³¹ ka⁵⁵ nɯ³³ gə³¹ le³³ lɯ⁵⁵,
　　 鱼类　　署　爪　处　从　　逃生
556. dər⁵⁵ gə³³ le³³ thv³³;
　　 水塘处　又　到
557. a³¹ ʂər⁵⁵ se³³ na³³ sʅ³³,
　　 魂　招　完　了　后
558. tʂhu⁵⁵ ba³³ phər³³ mu³³ tʂər³¹ mu³³ zʅ³³ dzʅ³³ dɯ³¹,
　　 天香　盘神　士兵　威灵神　士兵　仇居处　启程
559. ngɑ³³　mu³³　u³³ mu³³ zʅ³³ dzʅ⁵⁵ dɯ⁵⁵,
　　 胜利神　十兵　吾神　士兵　仇居处　启程
560. o⁵⁵　mu³³　se³³ mu³³ zʅ³³ dzʅ³³ dɯ³³,
　　 窝神　士兵　色神　士兵　仇　居处　启程

意译：小鸟从鹰爪处得以逃生，重回绿树林中；鱼儿从署爪处得以逃生，重回到水塘里。魂招完后祭天香，向仇人发出了盘神、威灵神的兵，发出了胜利神，吾神的兵，发出了窝神和色神的兵，

第 51 页

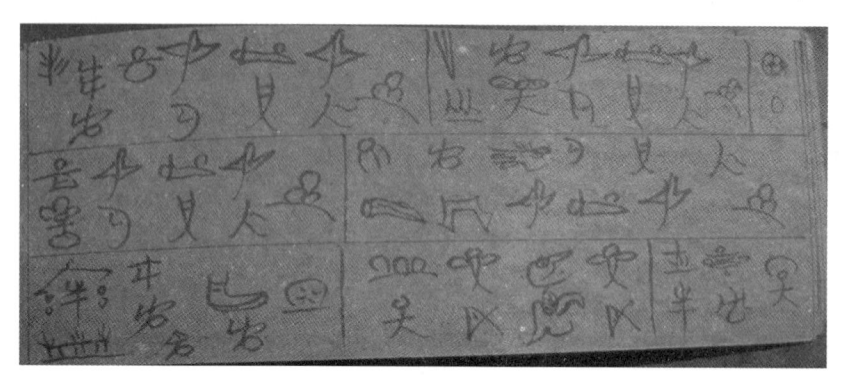

561. ŋi³³me³³thv³³，572. sʅ⁵⁵ho³¹nɯ³³he³³［ɯ³³］zʅ³³mə³³dɯ³³me³³zʅ³³le³³zər³¹，
　　　东方　木　禾人与 恒人　　仇 没 启程 时 仇 来 压
562. i³³bi³¹mã³³，mi³³nɯ³³le³³u³³zʅ³³mə³³dɯ³³me³³zʅ³³le³³zər³¹
　　　南方　　火的　　白族　仇 没 启程 时 仇 来 压
563. ŋi³³me³³kv³¹，ʂv³³nɯ³³gv³³dzʅ³³zʅ³³mə³³dɯ³³me³³zʅ³³le³³zər³¹，
　　　西方　　铁的　　藏人　仇没 启程 时 仇 来 压
564. i³³bi³¹kv³¹，dzʅ³³nɯ³³gə³¹lo⁵⁵zʅ³³mə³³dɯ³³me³³zʅ³³le³³zər³¹，
　　　北方　　水的　　格洛　仇没 启程 时 仇 来 压
565. tʂʅ³³ly⁵⁵kv³³，phər³¹nɯ³³nɑ³¹，
　　　土中间　　盘人 与 纳人
566. bɯ⁵⁵nɯ³³o³³，
　　　崩人与 沃人
567. kuɑ³³xi³³dɯ³¹tɕi⁵⁵，
　　　官员　　大 小
568. ke⁵⁵tsho³¹dɯ³³tɕi⁵⁵，
　　　礼品　　一 驮（大 小）
569. by³¹ly³³ʂər³³tʂhʅ³³thã³³，
　　　皮帽 黄 凡 戴

意译：属木东方的禾人与恒人还没打上门来前就予以镇压，属火南方的汉人仇人还没打上门来前就予以镇压，属铁西方的藏人还没打上门来前就予以镇压，属水北方的格洛仇人还没打上门来前就予以镇压，大地中央的盘人与纳人，崩人与沃人，大小官员，礼品一驮，只要戴黄皮帽的，

五　三坝纳西族阮卡人东巴经《烧天香》译注　　　　　　　　　　　　　　711

第 52 页

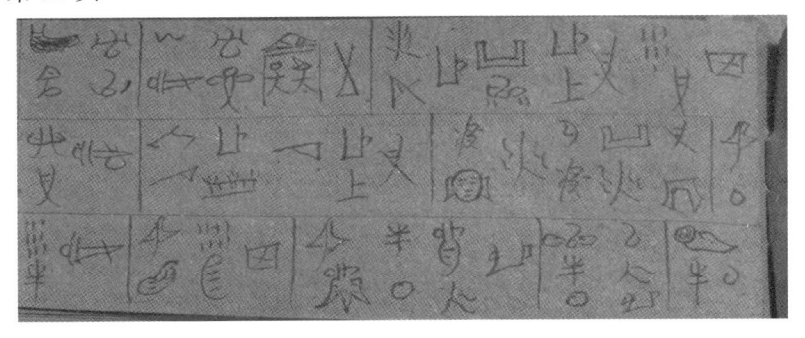

570. ho³¹ z̞a³³ na³¹ tʂʅ³³ kɯ⁵⁵,
　　 皮靴　黑　凡　穿
571. i³³ da³¹ tʂhʅ³³ dɯ³³ dzʅ³¹ tɕiə³¹
　　 主人　这　一　家　上边
572. sər³³ tɕi⁵⁵ bi³³ dzo³¹ gu⁵⁵ bi³³ ʂər⁵⁵ me³³,
　　 柴火　驮去　马槽添料　　说的
573. ʂər³¹ me³³ tshʅ³³
　　 长　的　砍断
574. ba³¹ me³³ kho⁵⁵,
　　 宽　的　划开
575. mɯ³³ tʂua⁵⁵ bi³³,
　　 天　争　要
576. dy³¹ tʂua⁵⁵ bi³³ ʂər⁵⁵ me³³,
　　 地　争　要　说　的
577. do³¹ pha³³ be³³,①
　　 见　脸　做
578. me³³ do³¹ dzo³¹ be³³ me³³ q̞ə³³.
　　 不　见　说背后话的　人
579. zʅ³³ gv³³ kv³³ ly³³ da³³,
　　 仇　头　九　个　砍
580. zʅ³³ la³¹ ho⁵⁵ pu³³ tshər⁵⁵,
　　 仇　手　八　只　砍断
581. zʅ³³ tʂhər⁵⁵ ly⁵⁵ kv³³ nɯ⁵⁵ le³³ thv³³,

---

① 眼睛，一般为横写。竖写意为看见。意为见到时说好话。

仇　肺　中间　心　来　掏

582. tsɿ³³ly⁵⁵kv⁵⁵kɯ⁵⁵le³³thv³³,
脾　中间　胆　来　掏

意译：所有穿黑皮靴的。在主人这一家上方，柴火堆满了马厩，长的砍断，宽的划开。

天地相争，见到说好话，不见说坏话。① 砍掉仇人的头，砍断仇人的手，掏出仇人的肺和心，掏出仇人的脾和胆，

第 53 页

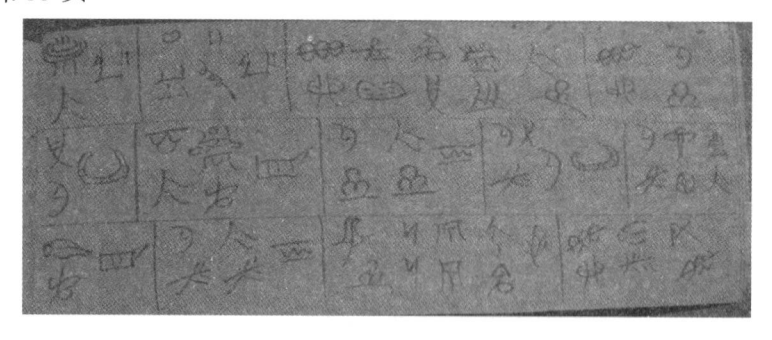

583. dv³³ly⁵⁵kv³³595. bu³³le³³thv³³,
肚　中间　肠　来　掏

584. kv³³khua³³ȵi³³tʂhər⁵⁵thv³³,
好　坏　两　代　出

585. tʂhu⁵⁵ba³³ʂv³¹kv³³na³³me³³u³¹mi³³le³³zər³¹,
天香　　署古纳美吾　　下边　来　压

586. tʂhu⁵⁵ba³³mə³³lv³³me³³mə³³ndʐy³³,
天香　不　够　的　没　有

587. ŋv³¹le³³hã³¹nɯ³³tʂhu⁵⁵,
银　和　金　来　供奉

588. mə³³lv³¹le³³lv³¹hɯ³¹,
不　够　又　够　了

589. mə³³mã³³me³³mə³³ndʐy³³,
不　得　的　没　有

590. mə³³mã³¹dɯ³³ȵi³³ha³³le³³dzɿ³³nɯ³³tʂhv⁵⁵,

―――――
① 天地相争，见到说好话，不见说坏话。这三句待解，与上下文不符。

　　　　不　得　一　天　粮食和　水　来　供奉
591. mə³³ mã³¹ le³³ ma³³ hɯ³¹.
　　　　不　得　又　得　了
592. zɿ³³ ʐɚ³¹ tʂhər⁵⁵ tʂhər⁵⁵,
　　　　仇　压　　彻底
593. zɿ³³ ʐɚ³¹ kɑ³³ kɑ³³ se³³ na³⁵ sɿ³¹,
　　　　仇　压　　牢固完了后
594. tshə⁵⁵ ba⁵⁵ ɑ³³ so³³ dʑi⁵⁵ tʂhv³³
　　　　天香　那　早　烧　早

意译：掏出仇人肚子里的肠子，好的和坏的分别有两代，用署古纳美吾的天香压下去，没有供养不够，用金银来供奉，不够的又够了，没有得不到的了。供养不够一天的用粮食和净水来供养，不够的又够了。所有的仇人都彻底压下去了后，要在早上早早地祭天香，

第 54 页

595. my⁵⁵ nɯ³³ dy³¹ tʂhu⁵⁵ ba³³ be³³ me³³ my⁵⁵ hɯ³¹ dy³¹ bã³¹ ho³³,
　　　天　和 地　天香　做　了　天　平安　地　高兴愿
596. phər³¹ nɯ³³ tʂər³¹ tʂhu⁵⁵ ba³³ be³³ me³³ phər³¹ hɯ³¹ tʂər³¹ bã³¹ ho³³,
　　　盘神　和　威灵神　天香　做　了　盘神　平安　威灵神 高兴愿
597. ngɑ³³ nɯ³³ u³¹ tʂhu⁵⁵ ba³³ be³³ me³³ ngɑ³³ hɯ³¹ u³¹ bã³¹ ho³³,
　　　胜利神 和 吾神　天香　做　了 胜利神 平安 吾神 高兴愿
598. o⁵⁵ nɯ³³ hɯ³¹ tʂhu⁵⁵ ba³³ be³³ me³³ o⁵⁵ hɯ³¹ he³¹ bã³¹ ho³³,
　　　窝神和 恒神　天香　做　了 窝神 平安 恒神 高兴愿
599. ʂv³¹ nɯ³¹ lv³¹ tʂhu⁵⁵ ba³³ be³³ me³³ ʂv³¹ hɯ³¹ lv³¹ bã³¹ ho³³,
　　　署神 和 青龙　天香　做 了　署神 平安 青龙 高兴愿
600. tʂhu⁵⁵ ba³³ khu³³ dzɿ³³ me³³ khu⁵⁵ dɯ³³ mu³³ mu³³ ho⁵⁵,
　　　供养　年饭菜（晚上烧香）年大　足够　愿

601. so³³dʐɿ³³me³³khu⁵⁵dɯ³¹ȥʅ³³ȥ̩a³¹ho⁵⁵，①
　　早　饭菜（早上烧香）　的　年　大　美好　愿
602. tʂhu⁵⁵bɑ³³o³³mu³³②
　　天香　　　足够

意译：向天地祭天香，愿天地平安高兴；向盘神和威灵神祭天香，愿盘神和威灵神平安高兴；向胜利神和吾神祭天香，愿胜利神和吾神平安高兴；向窝神和恒神祭天香，愿窝神和恒神平安高兴；向署神和龙神祭天香，愿署神和龙神平安高兴；愿献给神灵的供品和饭菜年年充足，第一早上献的供品饭菜美味可口，祭献足够的

第 55 页

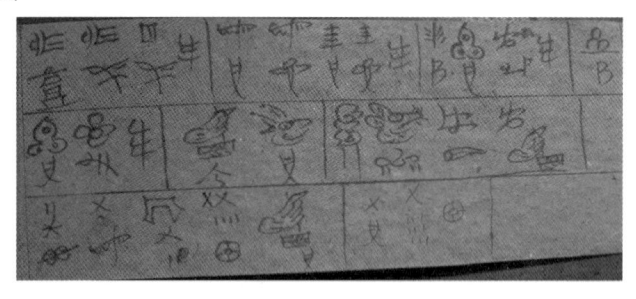

603. sɑ³³dy³³ sɑ³³iə³³ gɯ³³iə³³ho⁵⁵，③
　　降　得到　降　赐予　足够　祝愿
604. khv⁵⁵me⁵⁵khv⁵⁵dɯ³³，
　　年　求　年　得
605. zɿ³³me⁵⁵zɿ³³dɯ³³ho⁵⁵，
　　寿　求　寿　得　愿
606. ər³³khu³³ɯ³³me³³nɯ³³thv³³ho⁵⁵，
　　父　族　好　的　福泽　到　愿
607. lv³⁵khu³³ɯ³³me³³ɑ³¹　ȥ̩a³¹ho⁵⁵．

---

① tʂhu⁵⁵bɑ³³khu³³dʐɿ³³me³³khu⁵⁵dɯ³³mu³³mu³³ho⁵⁵，so³³dʐɿ³³me³³khu⁵⁵dɯ³¹ȥʅ³³ȥ̩a³¹ho⁵⁵，愿祭献给神灵的食物整年充足，整月充足。第 22 卷，禳栋鬼大仪式。第 369 页。第 59 卷《超度死者——烧天香》中另译为："在一年里献供品时，这一年得到丰收在望 在一月里献借口时，这个月吃食充足。"第 292 页。

② 有两解：一解为 o³³mu³³ 由 o³³me³³ 音变，指内在精华，引申为踏实、实在。另译为五谷神，即丰收年神。另一解为"足够"。

③ sɑ³³dy³³ 疑为 sɑ³³də³³，即迎接福泽。sɑ³³ 请为祭祀，迎请之意。此句译义仅供参考。

母　族　好　的　吉祥　降　愿

608. bər⁵⁵ se³³ se³¹ me⁵⁵.

　　写　完　了啊

609. lɑ³³ kv³³ du⁵⁵ dzi³³ nɯ³³ bər⁵⁵.

　　拉　贡　都　吉　由　写

610. ȵi³³ du³³ ne³³ tshe³³ khu⁵⁵ gə³³ tshe³³ dɯ³¹ ［he³³］ȵi³³ dzər³¹ lu³³ ȵi³³ bər⁵⁵ me³³.

　　二　千　零　十　年　的　十　一［月］二　十　四　日　写　的

［tshe³³ me³³ tshe³³ gv³³ ȵi³³］

　　十　月　十　九　日

意译：向丰收神献供品，愿每一年都获得大丰收；愿祈求年成得到好年成，祈求长寿而得到长寿；愿父族享受福泽，母族享受吉祥。

经书到此写完了，是由拉贡都吉在虎年里写的。日期是2010年10月24日写的。10月19日。

译注整理后记

关于对三坝阮卡支系的东巴经《烧天香》的翻译整理是出于一个偶然机缘。2012年底受邀参加了和树昆的东巴婚礼，因为一直没有参加过东巴婚礼，笔者对整个过程作了录像、录音。回家后重新翻看这些资料，突然发现这竟然是一次可以称得上"原生态"的东巴仪式。没有人主持的东巴婚礼，没有主持的东巴仪式，一切按照规矩从事，传统成为无声的"大词"，规约着人们的观念与行为。另外，《烧大香》经书是在东巴文化生态保存较好的纳西族村落里最为普及的东巴仪式，这一仪式可以说每天都在做，现在上点年纪的中老年人都会做，可以说是对民众的生活世界影响最为广泛的民间仪式。我们在调查期间，男主人起床后第一件事就是举行"烧天香"仪式。当然，这些日常民众举行的烧天香仪式与正规东巴仪式中的烧天香仪式还是有着区别的，主要表现在：（1）后者的规模比前者要大得多，大些的烧天香仪式可能花三四个小时，所献供品也要多；（2）程序规程繁杂也要远甚于前者，日常烧天香就是献香、净水、许愿，而东巴仪式中的烧天香则要进行除秽、布置仪式场地、请神、烧天香、献牲（分生熟二道），送神等不同规程；（3）东巴仪式中的烧天香根据不同的仪式性质、类型要念诵不同的经书，如除秽仪式、超度仪式、祭天仪式、放替身仪式等不同仪式的经书内容存在相应的不同，这与前者的简单易行是明显不同的。可以说，没有一部东巴经书能够在东巴仪式中应用如此广泛，在民众的日常生活中影响这么大。这也是笔者把此经作为重点研究的兴趣所在。但更大的一个原因是通过对阮卡经书与丽江这边的经书方面的比较研究，对东巴经书的流布、变异、传承有个量与质的把握与认识。

2013年2月14日，笔者前往吴树湾村，住在和树荣老师家里，从2月14—20日，在和树荣、和根茂两个老师的帮助下，对经文进行了初步的翻译整理，在这个过程中，遇上了诸多阻力与困难，一是吴树湾的阮卡人身份更多是一种历史记忆，因长期与白地的纳恒支系交流生活，语言风俗已经大部分同化了，但三坝方言与丽江的纳西语西部方言存在着差异，加上阮卡东巴经仍保留了大量的古语，从而给文本翻译整理带来了空前的挑战。另外一个困难来自经书的语言与语义之间的脱节，即好多东巴会念诵经书，但对其中有些经书内容语焉不详，知之不详，甚至会有相反的理解。这或许与东巴经是用来念诵的功能有关，也就是说，念诵有时比理解更为重要，经书还掺杂了一些东巴文记录的藏语咒语，说明了宗教经书中语言所具有的"魔力"及其文化现象。

基于此，笔者在翻译整理时采取了开放式整理方式措施，即秉承了以下三个原则：一是对经书中语焉不详的内容予以说明，不再进行强译；二是对模棱两可的多义项句子尽量保留不同的译句，同时予以说明；三是借他山之石来攻自己之玉，即借助参考其他经书来促进对本经句义的理解。

这样做是为了更好地保留经书的原貌真义，毕竟时过境迁，有些是无法回去的。因为东巴文字不是成熟的线性文字，它更多是扮演了提词本，提示记忆的文字功能，每个东巴对同一本经书的念诵会产生不同的文本，即使是同一个人，"这一次"与"前一次"或"下一次"同样不会是一模一样的。另外，古人对于东巴文化的理解与今人也不可同等观之。如有些可能是以讹传讹、约定俗成，即原义不是这个意思，但代代误传，错的变成了正确的；更大的可能是在于东巴的地域性、保守性特征造成的，即为了维护自身的权威身份，对经书进行自我风格化改造，民间称为"期扣"，意为放刺。这样的经书只有他自己才能看得懂，外人不知所云，这样就起到了对经书的"垄断"作用，当然也给后面的翻译整理带来了诸多阻碍。

诗无达诂。尽量尊重古人应是整理者应有的态度。当然，这不只是对学者而言，对传统文化保持一份尊重与谦卑，也是每一个现代人应有的态度。

再次感谢和树荣、和根茂、和力民三人的鼎力支持。和树荣、和根茂父子视我为家人,每一次的田野调查宾至如归,感激之情无法言表。这一本经书的翻译,不仅参考和力民、钟耀萍的译注及研究论述,而且得到了二位的校对,唯愿祥音绕耳,流水满塘,长命百岁,吉祥如意!

2015 年 7 月 13 日于北京高碑店

六

三坝吴树湾村东巴婚礼"谷气"调翻译

地点：云南省三坝乡白地村委会吴树湾村
时间：2014年1月20日
演唱者：和树春，男，61岁，农民，纳西族阮卡支系。
和树荣释读，杨杰宏记音翻译。
演唱场域："谷气调"为纳西族传统民歌调，丽江纳西族地区的"谷气调"与三坝的"谷气调"在音调上存在较大差异。"谷气调"在生产生活、过年过节、喜庆宴席中演唱，调式为传统沿袭而成，内容为歌手即兴之作，也有部分是传统古调，东巴经中也有记载。本次记录的"谷气调"为婚礼上演唱的庆婚调，属于东巴婚礼仪式的组成部分，在东巴主持的烧香、迎请素神仪式结束以后开始演唱。演唱方式为男女双方亲戚轮流演唱，歌手起调，众人相和。从上午9：45一直唱到下午5：40。和树春演唱的"谷气调"为此次婚礼歌第一个开唱的内容。

1. khe^{55} ʂər^{31} ɑ^{33} me^{33} zo^{33}
   猎狗 黄 阿 母 儿子

2. ɕy^{55} ɕy^{33} tshe^{33} ȵi^{33} ɕy^{31}
   吹哨调 十 二 种
   扬谷吹哨调有十二种

3. hɑ^{55} lər^{31} u^{33} me^{33} uɑ^{31}
   粮食扬风 他的 母亲 是
   扬谷的是母亲

4. tɕi^{55} lɑ^{31} tɕi^{55} tʂhu^{31} ȵi^{33}
   很久 很早 时
   很久很久的时候

5. dy^{31} lo^{31} dzɿ^{33} mɯ^{31} tʂu^{55}
   地上 繁衍 没有延续
   大地上没有人类的繁衍

六 三坝吴树湾村东巴婚礼"谷气"调翻译　　719

6. dzɿ³³ mə³³ tʂu⁵⁵ me³³ nɯ³³
　繁衍 没有 延续 因为
　因为没有人类繁衍

7. tsho³³ ze³³ lɯ³³ ɯ³³ zo³³
　　崇　仁　利　恩　男
　　崇仁利恩男儿

8. lɯ³³ ɯ³³ zo³³ nɯ³³ tʂu⁵⁵
　　利　恩　男　来 延续
　　利恩男儿来延续人种①

9. tsho³³ ze³³ lɯ³³ ɯ³³ zo³³
　　崇　　仁　利　恩　男
　　崇 仁 利 恩 男儿（这一代）

10. sɿ³³　nɯ³³　dzɿ³³　mə³³　ʂu³¹
　　父亲也　伴侣　没有 找
　　父亲也没有找伴侣

11. dzɿ³³　mə³³　ʂu³¹　me³³ nɯ³³
　　伴侣　没有　找　因为
　　因为没有找伴侣

12. dzɿ³³　ʂu³¹ bɯ³³ ʂə⁵⁵ me³³
　　伴侣　找 去　说 要
　　要去（天上）找伴侣

13. sɿ³³ ȵi³³ ge³¹ le³³ khɯ⁵⁵
　　三 天　上面 去
　　花了三天飞到天上去

14. sɿ³³ ha⁵⁵ ge³¹ le³³ ha⁵⁵
　　三 晚　上面　睡
　　夜宿天上三晚上

15. tshe⁵⁵ hɯ³¹ bu³³ bɯ³³ mi⁵⁵
　　衬 红 褒 白 咪（命）
　　衬红褒白咪（命）（这一代）

---

① 据东巴经《创世记》（又名《崇般图》）记载，崇仁利恩是纳西族的英雄祖先，遭遇洪灾后，人类仅剩下他一人，在董神指引下到天上寻求配偶，最后与天女衬红褒白咪（命）结亲，人类由此繁衍下来。

16. me³³ nɯ³³ dzɿ³³ mə³³ ʂu³¹
    母亲 也 伴侣 没有 找
    母亲也没有找伴侣

17. sɿ³³ ȵi³³ mɯ³¹ le³³ ha⁵⁵①
    三 天 下方 来 睡
    飞了三天到下面的人间

18. zo³³ lo³¹ ndʑy³³ khɯ³³ ha⁵⁵
    若 罗 山 下 睡
    夜宿居那若罗神山下

19. the³³ kv⁵⁵ le³³ do³³ do³¹
    这个 又 相见
    见到了崇仁利恩

20. ha³¹ i³³ tse³³ bɯ³¹ phər³¹
    风中 蝙蝠 白
    风中白蝙蝠

21. tse³³ bɯ³¹ ȵi³³ la³³ bu³¹
    蝙蝠 媒 人
    蝙蝠做媒人

22. tse³³ bɯ³¹ phər³¹ the³³ nɯ³³
    蝙 蝠 白 它 呀
    白蝙蝠它呀

23. zɿ³³ la³³ a³³ phv³³ khɯ³¹
    日 劳 阿 普 处
    飞到日劳阿普处

24. ʂua³¹ ʂə⁵⁵ ɕy³¹ le³³ ʂə⁵⁵
    高 说 低 又 说
    大小道理说了个遍

25. khua³¹ ʂə⁵⁵ tɕhi³³ le³³ ʂə⁵⁵
    苦 说 甜 又 说
    好话坏话都说尽了

26. zɿ³³ la³³ a³³ phv³³ tʂhɿ³³
    日 劳 阿 普 他

---

① 此次少了与上句相对应的两句:"因为(母亲)没有找伴侣,要去人间找伴侣。"

日劳阿普他呀

27. tse³³bɯ³³kho³³le³³mi³¹
   蝙 蝠 声音 又 听到
   听到了白蝙蝠的话

28. tshe⁵⁵hɯ³¹bu³³bɯ³¹mi⁵⁵
   衬 红 褒 白 咪（命）
   衬红褒白咪（命）

29. thɯ³³le³³dy³¹ȵiə³¹iə⁵⁵
   她 又 地 处 嫁给
   嫁给了人间大地

30. tsho³³ze³³lɯ³³ɯ³³iə⁵⁵
   崇 仁 利 恩 嫁给
   嫁给了崇仁利恩

31. zo³³le³¹mi⁵⁵dzʅ³³dzʅ⁵⁵
   男 与 女 相伴
   男女结成伴

32. sʅ³³ȵi³³mɯ³¹le³³tsʅ³¹
   三 天 下方 来 到
   飞了三天来到人间

33. sʅ³³hɑ³³mɯ³¹le³³hɑ⁵⁵
   三 晚 下方 来 睡
   夜宿大地三晚上

34. se³¹khɑ³³dzər³¹khɯ³³hɑ⁵⁵
   梅花 树 下 睡
   夜宿梅花树下

35. dzər³¹lɑ³³the³³mə³³no³³
   树 也 它 不 觉
   梅花树也未发觉

36. ba³¹ le³³ tʂʅ³³ mə³³ no³³
   高兴也 它 不 觉
   （二人）的高兴它也不知道

37. the³³ ba³¹ dʑy³³ me³³ nɯ³³
   这般 高兴 有 因为
   正因为有这般高兴

38. se³¹ kha³³ tɕi⁵⁵ tɕi⁵⁵ ba³¹
　　梅花　　悄　悄　开
　　梅　花静悄悄地绽放
39. dɯ³³ khv⁵⁵ ȵi³³ tɕhy³¹ ba³¹
　　一　年　两　季　开
　　一年开两季
40. ȵi³³ tɕhy³¹ ba³¹ le³¹ tshʅ³¹
　　两　季　　开　来　到
　　开了两季花
41. tshʅ³³ tɕhy³¹ ba³¹ tɕi⁵⁵ tɕi⁵⁵
　　冬　季　　花　小　小
　　冬季开小梅花
42. ʐu³¹ tɕhy³¹ ba³¹ dɯ⁵⁵ dɯ³¹
　　夏　天　花　大　大
　　夏天开大梅花
43. zo³³ le³¹ mi⁵⁵ dzʅ³³ dzʅ⁵⁵
　　男　与　女　相　伴
　　男女结成伴
44. ʂər³³ ȵi³³ mɯ³¹ le³³ tshʅ³¹
　　七　天　下　来　到
　　飞了七天来到（人间）
45. ʂər³³ ha⁵⁵ mɯ³¹ le³³ ha⁵⁵
　　七　晚　下　来　睡
　　在下边住了七天
46. ba⁵⁵ tsʅ³¹ nɯ³³ khɯ³³ ha⁵⁵
　　花　树　的　下　睡
　　夜宿花树下
47. kha³¹ khɯ³³ ba⁵⁵ ʂʅ³¹ ba³¹
　　篱笆　下方　花　黄　开
　　篱笆边上黄花开
48. ba⁵⁵ ʂʅ³¹ ba³¹ khɯ³³ ha⁵⁵
　　花　黄　开　处　睡
　　夜宿黄花处
49. ba³¹ la³¹ the³³ mə³³ no³³

花 也 它 不 知
花也不知道

50. the³³ mə³³ no³³ me³³ nɯ³³
　　它　不　知　因为
　　正因为不知道

51. dɯ³³ khv⁵⁵ ȵi³³ tɕhy³¹ ba³¹
　　一　年　两季　开花
　　一年花开两季

52. tʂʅ³³ tɕhy³¹ ba³¹ dɯ³¹ ba³¹
　　冬　季　开 大 花
　　冬季开大花

53. ʐu³¹ tɕhy³¹ ba³¹ ɕy³¹ ba³¹
　　夏 季　开　红 花
　　夏季开红花

54. dy³¹ lo³¹ dzʅ³³ ʂər⁵⁵ se³¹
　　地 上 伴侣 满　了
　　大地上人类繁衍起来了

55. mə³³ da³¹ u³³ mə³³ da³¹①
　　可　怜 啊 可　怜
　　可怜啊可怜

56. sʅ⁵⁵ tshe⁵⁵ dzʅ³¹ khu³³ da³¹
　　树 叶　水 上 漂
　　水面漂树叶

57. tshər³³ te³³ ŋa³¹ kv³³ tsa⁵⁵
　　剪　刀　剪 处 放
　　剪刀放剪处

58. hua⁵⁵ khɯ³³ le³³ tsha⁵⁵ iə⁵⁵
　　大伙 处 又 放 给
　　放回大伙处②

59. mə³³ do⁵⁵ dzʅ³¹ mə³³ do⁵⁵

---

① 此次为另一首之起调，因演唱时与前一首没有间隔，且内容有承应关系，故仍沿续前文。
② "放回大伙处"，意为他的歌已经唱完，交还给大伙来轮流唱。因为没有人接唱，和树春又接着唱下去。原则上如果没有人来接歌，原歌手可以连唱两首，但不能连唱三首。

不　结　亲　不　结
不结亲呀不结亲

60. tʂʅ³³dzʅ³¹ do⁵⁵　mə³³nɯ³³
这 对亲 结了 因为
因为结了这对亲

61. sʅ⁵⁵dʑiə³³　dy³³zo³³lo³¹
人类居住 地　里面
人类居住的大地上

62. dzʅ³³dzʅ³³dy³¹　ʂər⁵⁵se³³
伴　侣　大地满 了
大地上四处是结伴的人

63. tɕhi⁵⁵sər³³bv³³kɯ³³kɯ⁵⁵
雾　气　腰　带　穿
雾气萦绕大地

64. le⁵⁵dzi³³dy³¹zo³³lo³¹
人　类　地　里面
在人类居住的大地上

65. tsʅ³¹i³¹　lo³¹　ʂər⁵⁵se³³
水 流 山谷 满了
流水满山谷

66. mə³³da³¹u³³mə³³da³¹
可　怜 啊可　怜
可怜啊可怜

67. tʂʅ³³dzʅ³³do⁵⁵me³³nɯ³³
这　亲 结了 因为
因为结了这门亲

68. ka³³y³¹　ke⁵⁵y³¹　i⁵⁵①
雕 生存 鹰 生存 在
大雕与老鹰生存在

69. tɕi³³pər³¹tʂu⁵⁵niə³¹i³³
云　白　间　处 在

---

① "y³¹"在此处有两解，一为"生活""生存"，二为古语"祖先"，如"sʅ³³bv³³y³¹"。所以此句可以翻译为两个句子："大雕与老鹰生存在（白云间）"，"雕的祖先与鹰的祖先在"白云间"。

六 三坝吴树湾村东巴婚礼"谷气"调翻译　　725

在白云间

70. tɕi³³ pər³¹ tʂu⁵⁵ mə³³ o⁵⁵
　　白　云 之间 不　是
　　如果不是在白云间

71. le³³ dzɿ³¹ tʂu⁵⁵ mə³³ dʑiə³¹
　　来相伴 可能 不　会
　　就不可能结成成伴侣

72. tʂu⁵⁵　y³¹　ba³³　y³¹　dzɿ³¹
　　黑水鸡 生存 野鸭 生存 做伴
　　黑水鸡与野鸭相做伴

73. dzɿ³³ nɑ³¹ tʂu⁵⁵　n̠ə³³ dzɿ³¹
　　水　大　之间 处 相伴
　　在大水间相做伴

74. dzɿ³³ nɑ³¹ tʂu⁵⁵ mə³³ o⁵⁵
　　水　大　之间 不 是
　　如果不是这片大水域

75. le³³ dzɿ³¹ tʂu⁵⁵ mə³³ lɯ³³
　　来 做　伴　不　来
　　就不可能结成伴

76. tsɿ⁵⁵ sɿ³³　n̠y³³　sɿ³³　dzɿ³¹
　　秋 羊毛 春天 羊毛 相伴
　　秋天的羊毛与春天的羊毛相伴①

77. mu⁵⁵ ʂɿ³¹ dər³³　　mə³³ o⁵⁵
　　竹　黄 弹弦弓　不是
　　如果不是黄竹弦弓

78. uə³³ tshe³³ le³³ mə³³ dzɿ³¹
　　差点　来　不　做伴
　　就差点结不成伴侣

79. zo³³ y³¹ ko³³　kv³³② thv³³
　　男儿 高山 顶　到

---

① 秋天羊毛质量较好，而春天羊毛质量较差，弹羊毛时通常把二者相搭配，以此节省毛料。
② "ko³³ kv³³"本意为高山顶，"ko³³"是指高山间的草甸。东巴经里把"ko³³ kv³³"与"ʐər⁵⁵ khɑ³³"（河谷）相对应。此处为阮卡方言。

男儿到高山草甸间

80. la^{33}tshe^{55}ko^{33}　　kv^{33}tv^{33}
　　拉　策　高山顶　到
　　到拉策高山间的草甸

81. la^{33}tshe^{33}ko^{33} mə^{33}　o^{55}
　　拉　策　高山　不　是
　　如果不是拉策草甸

82. le^{31}dzɿ^{33}　　ku^{55} mə^{33} dʑy^{33}
　　来 做伴 会　不　有
　　就不会结成伴①

83. mə^{33}do^{55} dzɿ^{31} mə^{33} do^{55}
　　不　结亲　不　结

84. tʂhɿ^{33}dzɿ^{31} do^{55} me^{33}nɯ^{33}
　　这　对亲　结了　因为
　　因为结了这对亲

85. ʐər^{33}　bər^{33}　ko^{31} bər^{33} thv^{33}
　　河谷 客人 高山客人 到
　　高山、河谷间的客人都来到了

86. kv^{33}tsa^{31} tʂhɿ^{33}dzi^{33} ko^{31}
　　古　展　这　家　里
　　属于"古展"祭天群的这一家②

87. mu^{55} ʂɿ^{31} tsua^{33} me^{33} dɯ^{31}
　　竹　黄　床　母　大③
　　有黄竹做的大床④

88. mu^{55} ʂɿ^{31} tsua^{33} mə^{33} o^{55}
　　竹　黄　床　不　是
　　如果不是黄竹床

――――――――――

① 到高山草甸间放牧、打猎、采集是纳西族的传统生产方式，高山草甸也成为青年男女在劳动之余谈情说爱的地方。
② 纳西族按祭天群分为"姑展""姑徐""扑笃""姑珊""阿余"等。
③ "me^{33}"意为雌性、母、女，作名词的修饰词时，引申义为"大"，而"zo^{33}"（雄性、男）的引申义为"小"。
④ "黄竹大床"指母房火塘边的主床位，一般是男主人或尊者坐卧之处。黄竹因韧性强，经久耐用而有名。

89. le³¹dzʅ³³　khu⁵⁵mə³³dʐy³³
　　来 结伴　理由 没　有
　　就不可能结成亲①

90. kv³³tsa³¹tʂʅ³¹dɯ³³dzʅ³¹
　　古　展　这　一家
　　属于"姑展"祭天群的这一家

91. du⁵⁵phu³³tɑ⁵⁵huɑ³¹bɑ³¹
　　那　边　大　华花 开
　　那边开着大华花

92. tʂʅ³³phu⁵⁵le⁵⁵huɑ³¹bɑ³¹
　　这　边　勒　华花 开
　　这边开着勒华花

93. ly⁵⁵kv³³huɑ³³huɑ³³bɑ³¹
　　中间　华　华　花开
　　中间开着华华花②

94. huɑ³³huɑ³³bɑ³¹tʂʅ³³bɑ³¹
　　华　华　花　这　花
　　华华花这朵花

95. zo⁵⁵　sʅ³³me³³nɯ³³tʂhu⁵⁵
　　男儿 养　母　由　接
　　是由养育儿子的母亲接过来的

96. me³³nɯ³³huɑ⁵⁵huɑ⁵⁵iə⁵⁵
　　母亲　由　华　华　送给
　　欢乐是由母亲把送给的

97. me³³nɯ³³mɯ²¹le³¹tʂhu⁵⁵
　　母亲 由 下边 来　接
　　是由母亲从下方接了华华花

98. mi⁵⁵　lɑ³³huɑ⁵⁵huɑ⁵⁵i⁵⁵

---

① 意为结婚仪式是在黄竹床边举行。
② "大华花""勒华花""华华花"比喻欢乐、幸福,意为家里内外洋溢着欢乐幸福的氛围。"华"指华神,在东巴教中掌人类的寿命及生育。此处以"华华花"来寄托新人结婚后早生贵子的美好意愿。

女儿 也 欢乐 有
女儿也有了欢乐

99. du^{55} pu^{55} i^{33} do^{31} dz η^{33}
那 边 依朵 河①
那边是依朵河

100. tʂhη^{33} phu^{55} y^{31} me^{55} dz η^{33}
这 边 永魅 河
这边是永魅河②

101. y^{31} mə^{55} dz η^{33} the^{33} ho^{31}
永 魅 河 这条 河
这条永魅河河

102. ly^{55} kv^{33} hua^{33} hua^{33} dz η^{33}
中 间 华 华 河
中间是华华河

103. hua^{33} hua^{3} dz η^{33} the^{33} ho^{31}
华 华 水 这 河
华华河这条河

104. zo^{55} s η^{33} ba^{33} nɯ^{33} the^{31}
儿 养 父亲 由 喝
是由养育儿子的父亲来喝的

105. ba^{33} la^{33} hua^{33} hua^{33} i^{55}
父亲 也 欢 乐 有
父亲喝了后就有了欢乐

106. ba^{33} nɯ^{33} zo^{33} le^{33} ts η^{55}③
父亲 由 儿子 上 传
是由父亲把欢乐传给了儿子

107. zo^{33} la^{33} hua^{33} hua^{33} i^{55}
儿子 也 欢乐 有

---

① 依朵河在香格里拉县的小中甸镇境内。
② 永魅河在三坝乡境内。
③ "ts η^{55}"的本义为"传染""感染",东巴婚礼的纳西语称为"sɯ^{55} ts η^{55}"(素注),"sɯ^{55}"为家神,意为通过婚礼仪式,家神把神力传染给新娘,使其成为受家神保护的成员。

六 三坝吴树湾村东巴婚礼"谷气"调翻译 　　729

　　　儿子也就有了欢乐
108. hua³³ hua³³ i³³ da³¹ uə⁵⁵
　　　欢　乐　主人家 啊
　　　欢乐的主人这一家啊
109. sɿ³³ zo³³ le³³ ʂə⁵⁵ do³¹
　　　父 子 又 商　量
　　　父子相商量
110. dzɿ³³ bu³³ le³³ ʂə⁵⁵ do³¹
　　　夫 妻 又 商　量
　　　夫妻相商量
111. bər³³ khv³¹ da⁵⁵ ȵy³¹ thv³³
　　　客　请 神龛 处 到
　　　贵客请到神龛处
112. sɿ⁵⁵ ʂɿ³³ tʂua⁵⁵ ȵy³¹ thv³³
　　　木 黄 床　处 到
　　　请到黄木床处①
113. kv³³ tsa³¹ tʂhɿ³³ dɯ³³ dzɿ³¹
　　　古 展 这 一　家
　　　属于"姑展"祭天群的这一家
114. ma³³ lua³³ ba³³ pər³¹ bu⁵⁵
　　　玛 栾 瓢 白 给
　　　白色的玛栾瓢来给（好酒相待）②
115. bər³³ le³³ tʂhə³¹ mə³³ ʐua³¹
　　　客人也 离开 不　愿意
　　　客人也不愿意离开
116. guə³³ tsɿ⁵⁵ uə³¹ tʂhɿ³³ hua⁵⁵
　　　谷　气 尽兴 这 群
　　　尽兴唱谷气的这一群
117. guə³³ ʐɿ⁵⁵ ka³³ nɯ³³ tɕi⁵⁵
　　　谷气 酒 前面 在 摆放

---

① 纳西族民间传统婚礼在母房内举行，贵客须请到火塘边，神龛下的黄床上就座，以示尊敬。
② "玛栾瓢"是指用玛栾木做的瓢，比一般的瓢要大，比喻主人好客大方。

前面摆放着谷气酒
118. mə³³tsɿ⁵⁵mə³³ʐua⁵⁵ʐua³¹
　　不　唱不　愿意
　　不尽兴唱歌是不愿意了

七

香格里拉市东坝村东巴经《汝日·簇翅》译注

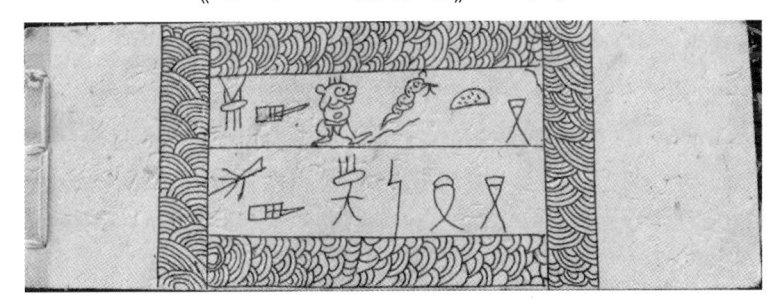

[$z̩v^{21}z̩ʅ^{33}$ · $tshv^{21}tʂhər^{55}$]

《汝日·簇翅》

【释译说明】

授经人：习阿牛①

---

① 习阿牛（1915—2009），男，属兔，东坝村日树湾人，纳西名阿牛茸［$a^{55}ŋə^{21}zo^{33}$］，东巴名东牛［$to^{33}ŋə^{21}$］，纳西语的"牛"［$ŋə^{21}$］音近汉语的"牛""年"等，在国家身份识别时期，被时任村政府办事人员将其身份证记作"习阿年"，学界一般称为"习阿牛"，村里人皆称呼其为"密吉阿普"［$mi^{55}dʑi^{21}a^{33}phv^{33}$］（汉语意为密吉家的爷爷）。13岁起开始学习东巴知识，先后拜过东坝、白地等的东巴为师，先后跟随如东恒［$to^{33}hɯ^{21}$］、东古［$to^{33}ku^{33}$］、东克［$to^{33}khɯ^{33}$］、东吉［$to^{33}dʑi^{21}$］等10余位东巴学习。15岁在东坝村烧香地"威及威"加威灵，18岁时开始独立主持各种仪式，20岁时在白地阿明灵洞加威灵，30岁时已成为东坝、白地乃至丽江等地著名的大东巴。25岁以后开始四处游历，与四川、白地及丽江等地区的东巴切磋学习。1983年，受邀参加云南省社会科学院丽江东巴研究室组织召开的"东巴达巴座谈会"，展示东巴舞姿，技惊四座，会后获"云南省高级舞蹈师"称号，被人们称为"东巴舞王""东巴法王"等。2007年6月，作为东巴舞蹈传承人，被中国文学艺术界联合会、中国民间文艺家协会命名为中国民间文化杰出传承人。其弟子遍布四川、丽江、迪庆等纳西族分布地区，是纳西族有盛名的东巴之一。

抄经人：习志国①
诵经人：习志国、习建勋②
释读人：习志国、习建勋③
记音人：习建勋
翻译人：习建勋
地点：香格里拉市东坝二村日树湾习志国家核桃树下④

【经书简介】

此经书由东巴纸书写，白线装订，大小为27.8×13（厘米），本经书由习志国东巴抄写于他在49岁时的农历九月初四，即2016年10月4日。此经书原文为习阿牛东巴在习家高山牧场（79岁时）牧牛时根据自己的回忆而写，耗时20天左右。原经书材质为水泥袋内侧黄皮纸，大小为27×14（厘米），现收藏于习胜华东巴家（习阿牛之子），早前习阿牛弟子们都分别抄写了副本，现经书原本损坏较严重，有缺页等情况，因此选取习志国东巴的抄本，相较而言，此本较全面，涵盖了日树湾村以"习阿牛家为本家"即密吉家（"密吉"为家名）而分化出的所有姓习家族。东坝日树湾村传统的纳西族只有两个姓氏，分别是"习""和"两家，不同家族的"魂路"大同小异，经书中明确记载有不同家族"分叉"或"相聚"的地方，但"魂代"是迥然不同的，每一个家族都有一本《祖先魂路经》[z̩v²¹ z̩ɿ³³]，

---

① 习志国（1968- ），东巴名东国[to³³ kue²¹]，属猴，东坝村日树湾人，是习阿牛东巴侄子，也是第三位弟子。他初中毕业，17岁时开始跟随习阿牛东巴在高山牧场放牛时学习东巴知识，据说当时和他一起跟着习阿牛东巴学习的还有3人，但是他们都半途而废，只有他坚持了下来。他有过3位师傅，先是跟着习阿牛东巴学习，然后跟阿普育才[ɑ³³ phv⁵⁵ y⁵⁵ tshe²¹]东巴和各迪村汪纳布茸[uɑ³³ nɑ³³ mbv³³]东巴学习。他34岁时，师傅汪纳布茸去世，由他主持了祭东巴什罗仪式。从27岁时在本村主持了第一个丧葬仪式起，目前为止他已主持16个丧葬仪式。他祖上有过两位东巴东牛[to³³ ŋɔ²¹]（习阿牛东巴）、东土[to²¹ thv⁵⁵]。据此经书跋语及本人介绍，写于他49岁时，即在2016年高山牧场其放牛时。

② 习建勋（1987- ），东坝村日树湾人，云南大学文学院在读博士研究生，习阿牛东巴之孙，习志国之侄，主要研究方向为纳西族东巴文化、艺术人类学等。此经书学习于2012年冬天，释读时间为2016年寒假。

③ 主要释读人为习志国东巴，笔者仅为协助者。由于笔者及习志国东巴对此经书从小耳濡目染，对仪式场合的使用及经书含义也非常熟悉，因此采取直接释读、直接翻译的方式。

④ 在东坝村，用于丧葬仪式的经书不能在家里的院子范围以内翻阅、诵读，因此地点的说明也比较重要。"核桃树下"，离习志国家250米左右，在他家与农田之间，面朝西，背靠土坡，每到下午，阳光照耀，田里麦子葱郁，坡上草木青黄，核桃树木荫凉，躺于其间，极其惬意，笔者与习志国东巴常坐于此处学习各类东巴知识。

经书里分别记载"魂路"（一般也被认为是先民搬迁而来的路线）、"魂代"（一般翻译为"家谱"，但确切意思是指每一代人死后的名字，按"夫妻一对"名字的记录方式，将其作为人死亡后"有人可以跟随"的依据），此册经书主要用于丧葬仪式，每一个人去世都要诵此经，意味着"跟着每一代去世的人，顺着每一代祖先走过的路"，让死者回到祖先（或神仙）的地方。

【经名释读】

《汝日·簇翅》［ʐv²¹ʐʅ³³·tshv²¹tshər⁵⁵］全称为《谷重汝日瓦梅·曼重簇翅瓦梅》［gv²¹tʂu⁵⁵ʐv²¹ʐʅ³³o²¹me⁵⁵·mæ⁵⁵tʂu⁵⁵tshv²¹tshər⁵⁵o²¹me⁵⁵］，汉语为《前部分为魂路，后部分为魂代》。［gv²¹tʂu⁵⁵］（经书的前半部分）和［mæ⁵⁵tʂu⁵⁵］（经书的后半部分）两词类似于经书目录，意指经书内容的范围，很多经书都会有此种词汇来指明经书所包括的大体内容，［ʐv²¹ʐʅ³³］和［tshv²¹tshər⁵⁵］两词为本经书的经书名分别为"魂路"（或"迁徙路"）和"魂代"（家谱），［o²¹me⁵⁵］（汉语发音为"瓦梅"或"噢梅"）是"是的"的意思，几乎所有的东巴经书都有该词汇，有"是……"之意。此经书所用的仪式时段为死者送往火葬场前，在院子里拉开"神路图"后，念诵此经以送"亡魂"。

【主要内容】

此经书用于云南省迪庆藏族自治州香格里拉市三坝纳西族乡东坝日树湾村习氏家族丧葬仪式中，其主旨是将死者亡魂随祖先的魂路送至每一位祖先所在①的地方。此经书近乎所有的内容皆为"纳罕话"②地名和人名，此部分内容无法直译为汉语，因而采取分别用国际音标和汉语发音双重"音注"的方式，这些地名和人名有待于以后再结合其他资料进行认真考释。剩下的小部分为此类经书的通用语，则进行国际音标"音注"，汉语"译注"，以求反映经书内容的原貌。

---

① "祖先所在"是一个抽象概念，人们对此的理解有多种，纳西语为"帕拉马库丁"［pha²¹la²¹ma²¹khu³³tɯ³³］（直译为神起源的地方或神聚居区的边缘），有认为是神起源的地方，也有认为是祖先的聚居地。

② "纳罕话"为纳西语中的一种方言，主要分布于香格里拉市三坝乡北部，东坝村纳西族皆自称为"纳罕"。

734　　　　　下篇（二）　东巴文献翻译

1. gv²¹ tʂu⁵⁵ z̩v²¹ z̩ʅ³³ o²¹ me⁵⁵ · mæ⁵⁵ tʂu⁵⁵ tshv³¹ tʂhər³³ o²¹ me⁵⁵
　前　半　魂　路　是　的　　后　半　鬼　代　是　的

2. kɯ³³ le³³ dzʅ²¹ ʂu²¹ ue³³, ue³³ khæ³³ kho⁵⁵ ɲɯ³³ gə³³①, hua⁵⁵ le²¹ kho⁵⁵, ŋv³³
　　格　嘞　日　树　湾，　喂　刊　阔　尼　格，　画　嘞　阔，　谷
tɕi³³ ɲ̩i⁵⁵ æ²¹ bv²¹, a³³ phv³³ ŋa³³ ue³³ lo²¹, ŋu²¹ mə³³ ka²¹ me³³ tɕi⁵⁵ sa⁵⁵ kv³³, mv³³
金　尼　矮　捕，阿　普　高　喂　龙，宫　么　嘎　梅　季　萨　谷，牧　么 mə³³
ka²¹ mə³³ ʈvr²¹ sa⁵⁵ kv³³ ɲɯ³³ gə²¹ z̩ʅ²¹ tʂhv³³ gə⁵⁵ gə²¹ tɕi³³②, æ²¹ ŋa²¹ to⁵⁵ kv³³
嘎　么　鲁　萨　谷　尼　格　日　初　各　格　期，　矮　高　多　谷
ʈɯ³³, ʈɯ²¹ ʂua²¹ sʅ³³ kiæ³³ hiæ⁵⁵, mbi²¹ khɯ³³ ʂər²¹, ka³³ la³³ pv²¹, pu³³ z̩ʅ³³
里，　里　要　思　给　汉，　比　可　什，　嘎　拉　步，卜　日

---

① "格嘞日树湾"〔kɯ³³ le³³ dzʅ²¹ ʂu²¹ ue³³〕为东坝日树湾村，是路线的起点，"格"〔gə³³〕本意为"上、朝上"，在此为"往北"之意，指明路线的方向。
② "日初各格期"〔z̩ʅ²¹ tʂhv³³ gə⁵⁵ gə²¹ tɕi³³〕，"初期"〔tʂhv³³ tɕhi³³〕为一词，意为"指明"，"日"〔z̩ʅ²¹〕为亡者的代称，此句意为"给亡者指明路线"（地名）的意思，在经书里，每一个地名之后要加此句以明确仪式中诵经的目的，无其他意义。在东巴教里，此类经书有"非仪式不语"的忌讳，因此，在此只译出此句，有特殊情况另做说明，后同。

七　香格里拉市东坝村东巴经《汝日·簇翅》译注　　　735

nɑ²¹ zɿ³³。
纳　日。

3. kɯ⁵⁵ dy²¹ kɑ²¹ phvr²¹ ʈɯ³³，po³³ lo³³ lo²¹，tsɿ³³ kuɑ³³ y²¹ huɑ⁵⁵ ʮæ³³，dzi²¹
　格　迪高　普　丁，波罗罗，紫光余画贴，极
tʂhər²¹ tshe²¹ n̩i³³ tʂhər²¹，æ³³ ndʐər³³ tshe²¹ n̩i³³ lo³³，lɑ²¹ bɑ²¹ dzi²¹ zɑ²¹ khɑ³³，khɑ²¹
　迟　才　倪　迟，　矮　珠　才　倪　罗，拉巴极　扎谷，　卡
zv²¹ æ⁵⁵ nɑ²¹ ue³³，khɑ²¹ dzv²¹ y²¹ phæ²¹ ʈɯ³³，tse²¹ mɑ²¹ lv³³ kho⁵⁵ ʈɯ³³，gv²¹ ʈɯ³³ mə³³
　祖　矮纳喂，卡祖　余盘丁，贼　嘛　楼　阔丁，谷　丁么
yə³³ kho⁵⁵，n̩i³³ lo³³ bɑ⁵⁵ bɑ³³ çi²¹。
杨　阔，　倪　罗巴巴喜。

4. thɑ³³ pɑ⁵⁵ ʈɯ³³，ʐvr³³ ʈvr³³ kə⁵⁵ ʂər⁵⁵ ʈɯ³³，çi²¹ tçə⁵⁵ lɑ²¹ khɑ³³ nɖvr³³，ʐvr³³
　沓　巴丁，汝楼　格　什丁，习家　拉卡　都，汝
ʈvr³³ æ²¹ khɑ³³ mbu²¹，ʐə²¹ lo²¹ dy²¹ kv³³ ʈɯ³³，lɑ²¹ yə³³ ɑ³³ pv⁵⁵ mbu²¹，bu²¹ lv⁵⁵ sɿ³³
楼　矮　卡　卜，　惹　罗迪谷里，拉杨阿卜　卜，　余楼思

dzi²¹khɑ³³, sʅ³³dɑ⁵⁵dzi³³zɑ³³mbu²¹。
极　卡，　思当　极扎　卜。

5. o³³tɕi⁵⁵ndzo²¹khu³³mɑ²¹, lʅ²¹bv³³i³³mbu²¹kue⁵⁵, lɑ⁵⁵lo²¹ndzi²¹mbu²¹kue⁵⁵,
噢极宗空嘛, 律卜依卜龟, 拉罗极　卜　龟,
lʅ³³i³³tho³³kɑ⁵⁵mbu²¹, ŋæ²¹ɖɯ²¹ue³³gv³³mbu²¹, ȵi³³lo³³tʂʅ⁵⁵phvr²¹ue³³, lɑ²¹
律依丛 嘎卜, 干 迪 喂 谷 卜, 倪罗纸 普 喂, 拉
do²¹dzi³³phvr²¹ue³³, lɑ³³do²¹dzi²¹phvr²¹ue³³。
多 极 谷 卜 拉 多 极 普 喂。

6. ɑ³³ʈvr³³me³³dze³³to⁵⁵, ɑ³³ʈvr³³kɯ²¹bɑ³³to⁵⁵, ɑ⁵⁵khə²¹khə²¹nɑ⁵⁵ue³³,
阿鲁么 贼 多, 阿鲁格 巴 多, 阿可克纳　喂,
khə²¹nɑ⁵⁵ue³³mbu²¹gv³³, dzʅ³³khɯ³³zə²¹tshe⁵⁵mbu²¹, tshe²¹ȵi³³zʅ²¹phvr²¹dzv²¹,
克 纳 喂 卜 谷, 紫 克 惹 才 卜, 才 倪 日 普 祖,
phvr²¹zʅ³³nɑ²¹zʅ³³zv²¹, ɕi²¹zə³³ho²¹zə³³dzv²¹, sʅ³³bv³³ŋgv³³khɑ³³ɑ³³。
普　惹 纳 惹 祖, 习 日 和 日 祖, 思 卜 谷 卡 阿。

七 香格里拉市东坝村东巴经《汝日·簇翅》译注　　　　　737

7. hæ²¹ ʂɿ²¹ tshe⁵⁵ ɤ³³ dy²¹, sɿ³³ bv³³ æ³³ na²¹ ue³³, gə³³ a³³ zʮv²¹ ndzv²¹ bv²¹ ly⁵⁵
　　海 什 才 恒 迪，思 卜 矮 纳 喂，格 阿 汝 祖 卜 律
kha²¹, tse²¹ ma²¹ lv²¹ kho³³ tɯ³³, mbe³³ gɯ³³ mv⁵⁵ la²¹ dy²¹, khæ³³ ʈʂæ³³ la²¹ tʂɿ²¹ dy²¹,
卡，泽 嘛 楼 阔 丁，呗 格 牧 拉 迪，刊 蓝 拉 纸 迪，
la³³ ɕi³³ mv⁵⁵ zʮu²¹ ue³³, me³³ dzə⁵⁵ dzə³³ mv³³ dy²¹, tʂua²¹ dzə⁵⁵ ʈvr²¹ phvr²¹ ue³³。
拉 喜 牧 汝 喂，梅 架 家 牧 迪，爪 架 楼 普 喂。

8. zʮvr⁵⁵ ʈvr³³ hɯ⁵⁵ mbu²¹ kue⁵⁵, zʮvr⁵⁵ ʈvr³³ khɯ³³, zʮvr⁵⁵ ʈvr³³ thɯ⁵⁵, zʮvr⁵⁵ ʈvr³³
　　汝 楼 恒 卜 龟，汝 楼 可，汝 楼 听，汝 楼
o³³, khɯ²¹ dzə²¹ yə⁵⁵ tsɿ³³ tɯ³³, tʂhu²¹ na⁵⁵ lv⁵⁵ mbv³³ khu⁵⁵, a²¹ ho²¹ kə⁵⁵ ndv³³ bv²¹,
噢，可　 夹 样 紫 丁，重 纳 楼 卜 空
phvr²¹ dzi²¹ la³³ dzi²¹ o³³, pha²¹ la²¹ a³³ dzi²¹ o³³。
帕 拉 阿 极 噢。

9. a^{55}dzi^{21}tʂhu^{21}dʑi^{21}i^{21}, a^{55}ndzɿ^{21}tʂhu^{21}ndzɿ^{21}dzv^{21}, pha^{21}la^{21}ma^{33}khu^{33}
阿极 重 极 依, 阿紫 重 紫 祖, 帕 拉 嘛 空
mbu^{21}, pha^{21}la^{21}ma^{33}khu^{33}tɯ^{33}。gə^{21}y^{33}pha^{21}la^{21}ma^{33}khu^{33}tɯ^{33}le^{21}thv^{33}ȵə^{21},
卜, 帕 拉 嘛 空 丁。格 余 帕 拉 玛 空 丁 嘞 突 牛,
tʂhər^{21}ndzɿ^{33}zo^{21}mə^{21}o^{55}bu^{21}a^{21}le^{21}lv^{55}fv^{33}, tɕhi^{21}ndzɿ^{33}mi^{55}mə^{21}o^{55}mbæ^{21}a^{21}le^{21}
赤 紫 宗 么 噢, 卜阿 嘞 楼 夫, 七 紫 咪 么 噢 半 阿 嘞
lv^{55}fv^{33}。
勒 夫。

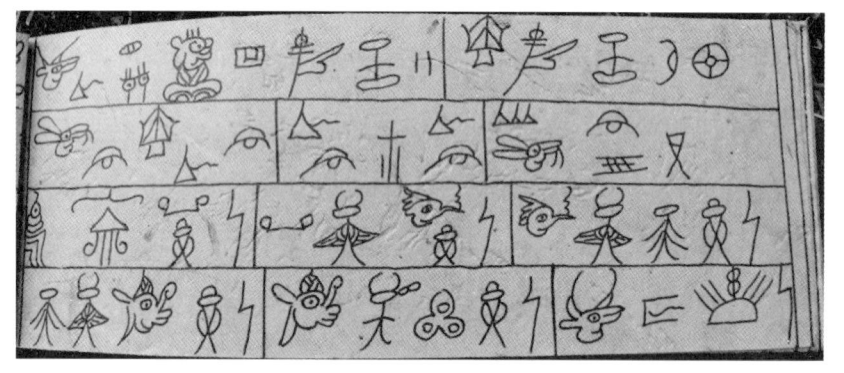

10. gə^{21}y^{33}pha^{21}la^{21}ma^{33}khu^{33}tɯ^{33}le^{21}thv^{33}ȵə^{21}, ʐv^{21}ta^{55}thie^{21}ndzv^{21}ȵi^{33}sv^{55}
格 余 帕 拉 玛 空 丁 嘞 突 牛, 汝 大 铁 祖 倪 苏
thie^{21}ndzv^{21}mə^{33}ȵi^{33}, le^{21}hu^{55}sv^{55}le^{21}hu^{55}le^{21}hu^{55}pv^{21}le^{21}hu^{55}, le^{21}hu^{55}
铁 祖 么 捏, 勒 虎 苏 勒 虎 勒 虎 卜 勒 虎, 勒 虎
ndʐər^{33}me^{55}。
独 梅。

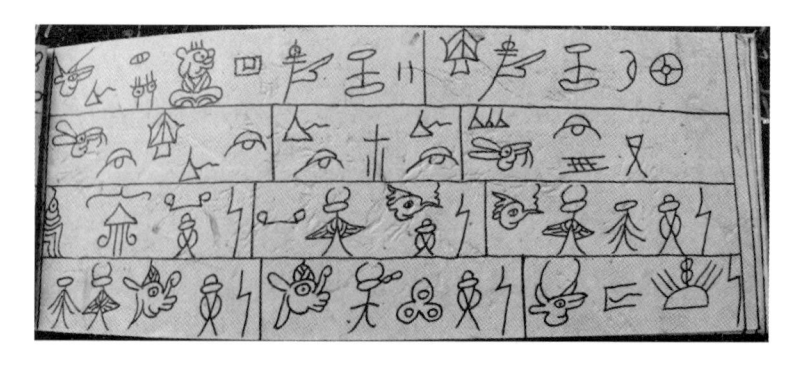

七 香格里拉市东坝村东巴经《汝日·簇翅》译注　　　739

1. mv³³ze³³thv³³ɖɯ²¹tʂhər⁵⁵①, thv³³dze³³tɕu²¹, tɕu²¹dze³³dzʅ³³, dzʅ³³dze³³
　牧 仔 突 迪 赤，　突 仔 举，　举 仔 紫，　紫 仔
tsho²¹, tsho²¹dze³³ʐɯ⁵⁵ɣ³³, ɣ⁵⁵hɯ²¹no⁵⁵。
丛，　丛 仔 里 恒，　恒 恒 弄。

2. no⁵be³³phv²¹, be²¹phv²¹o²¹, o³³ŋa³³la²¹, ŋa²¹la²¹tɕhy⁵⁵, tɕhy⁵⁵y³³ɕi²¹
　弄 呗 普，　呗 普 噢，　噢 嘎 拉，　嘎 拉 去，　去 余 习
ɖɯ²¹tʂhər⁵⁵, ɕi²¹a²¹tɕi⁵⁵tʂhər⁵⁵, a²¹tɕi⁵⁵i²¹ʂʅ³³, i²¹ʂʅ³³do³³na³³, a²¹pe³³a⁵⁵
迪 赤，　习 阿 极 赤，　阿 极 依 史，　依 史 多 纳，　阿 呗 阿
ŋgv³³, a⁵⁵hɯ²¹a⁵⁵me²¹, khɯ³³tʂhv³³gə²¹ue³³, na³³mbu³³bu³³ɕu³³, ha³³pa³³tha²¹
谷，　阿 恒 阿 么，　可 簇 格 喂，　纳 卜 卜 秀，　哈 巴 塔
kə⁵⁵mi³³tʂər⁵⁵②, dzə²¹ka²¹la²¹thi³³mv³³, dzɿ²¹zo³³a³³tha²¹。
格 咪 赤，　夹 嘎 拉 提 牧，　夹 宗 阿 塔。

---

① 迪赤 [ɖɯ²¹tʂhər⁵⁵]，纳西语"一代"的意思，在东巴经书中以竖线或该词汇隔开作为代际的区分。
② 哈巴塔（男）格咪（女）赤（代）[ha³³pa³³tha²¹kə⁵⁵mi³³tʂər⁵⁵]，此为习姓家族最早到日树湾村定居的第一代。

3. to³³dʑi²¹a³³dzɿ³³zʅv⁵⁵, to³³pu³³ŋga³³a³³dzɿ³³hɯ²¹, a²¹ku⁵⁵tha³³mv³³ha³³
多 极阿紫汝， 阿普 嘎阿紫恒， 阿共 塔 牧哈
pa⁵⁵zʅ²¹, khɯ²¹ku⁵⁵khɯ⁵⁵ma²¹tʂhər⁵⁵, to³³dʑə²¹kə⁵⁵tha²¹tʂhər⁵⁵, khɯ³³zo³³a³³
霸日， 可共 可 嘛 赤， 多夹 格塔 赤， 可 宗阿
tshe²¹, a³³phv³³①ngo³³mbv³³a³³dzɿ³³gɯ³³ma⁵⁵dʑə²¹, ue³³dʑi²¹, to³³hɯ²¹dʑə³³
才， 阿普 共 卜 阿紫格 嘛夹， 喂 极， 多恒 夹
kæ⁵⁵dʑi²¹, gɯ³³ma⁵⁵nga³³kə⁵⁵thv³³dʑi³³mv³³, khɯ³³zo³³, na³³mbv⁵⁵hɯ²¹
干 极， 格嘛 嘎格突 极 牧， 可宗， 纳卜 恒
ɖu²¹ma³³。
杜 玛。

dʑə²¹ka⁵⁵zo³³, zə²¹ka⁵⁵, to³³ȵə²¹a⁵⁵ȵə²¹mi⁵⁵②。
夹 嘎宗，夹嘎， 东牛 阿牛咪。
4. (mi⁵⁵dʑi²¹tɕi⁵⁵so²¹) tɕi⁵⁵so²¹gə³³tshv²¹tʂər⁵⁵o²¹me⁵⁵③, ta²¹nɖu⁵⁵ȵə²¹
（密极 季所）季所格 簇 赤 噢 么， 搭 独 年
dzi³³, i³³nɖvr³³kə⁵⁵thv³³, tha³³mv³³ȵə²¹nə⁵⁵, ha⁵⁵pa⁵⁵zo³³dv³³zʅ⁵⁵dzi²¹, a³³
极， 依丁格突， 塔牧 牛 牛，哈巴宗独之极， 阿
phv³³ma⁵⁵a³³dzɿ³³bu³³mi³³, to³³ȵə²¹khɯ³³mi⁵⁵, to²¹thv⁵⁵dʑi³³mv³³, gɯ³³ma⁵⁵
紫 玛 阿紫卜 咪， 多牛 可 命，多突 极 牧， 格 玛
zo³³kə⁵⁵thv³³hɯ²¹, lv³³zo³³, dʑə²¹ka⁵⁵hɯ³³khɯ³³ku⁵⁵mi⁵⁵,

---

① 阿普 [a³³phv³³]，为"爷爷"之意，东巴经中常用的敬称，后代在记录前一代时会在名字前加"爷爷"或"奶奶"等称谓。
② 东牛（男）阿牛咪（女）[to³³ȵə²¹a⁵⁵ȵə²¹mi⁵⁵]，东牛为习阿牛，阿牛咪为其妻子。
③ 季所 [tɕi⁵⁵so²¹]，日树湾习姓"季所"家为"密极"（习阿牛的本家）中分出的四家之一，两家名分别为"季所"、"季所紫史丁"与"季所丛谷"以及"季所季所"四家。

宗 格 突 恒，楼 宗， 夹 嘎 恒 可 共 咪，

ue²¹ʐiæ²¹mi⁵⁵， i⁵⁵ndʐvr²¹mi⁵⁵。
喂 蓝 咪， 依 独 咪。

5.（tɕi⁵⁵so²¹dzɿ²¹ʂɿ²¹tɯ³³）① y³³zo³³i³³ndər⁵⁵tshe²¹， a⁵⁵ma³³zo³³ue⁵⁵
 （季 所 紫 史 丁） 余 宗 依 丁 才， 阿 玛 宗 喂
dzi²¹mi⁵⁵。
极 咪。

6.（tɕi⁵⁵so²¹tɕi⁵⁵so²¹）② gɯ³³ma⁵⁵hɯ²¹a²¹zv⁵⁵， to²¹nga³³y⁵⁵hɯ²¹mi⁵⁵， ue²¹
 （季 所 季 所） 更 玛 恒 阿 汝， 东 嘎 余 恒 命， 喂
hɯ²¹mi⁵⁵， i³³ndʐvr³³， ɕo³³po³³， a⁵⁵dʐə²¹zo³³。
恒 命， 依 独， 萧 波， 阿 甲 宗。

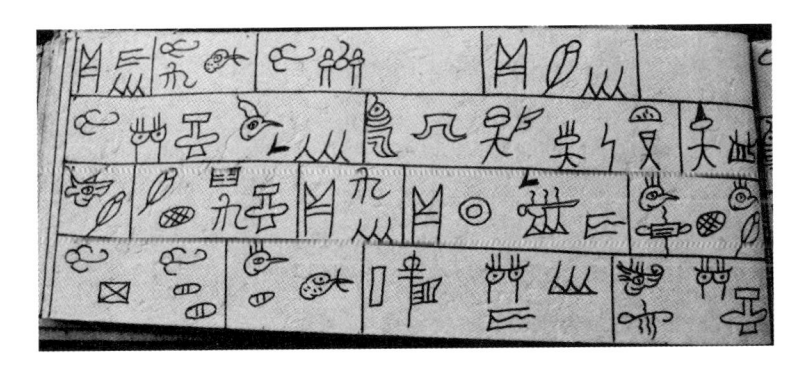

---

① 此为季所第二家。
② 此为季所第三家。

7. （tɕi⁵⁵so²¹tsho³³kɯ³³）① ue²¹hɯ²¹mi⁵⁵, a⁵⁵ka²¹tʂə⁵⁵, a²¹ku⁵⁵, ue²¹zi³³
（季 所 丛 谷）喂 恒 命，阿 嘎 哲，阿 共，喂 极
mi⁵⁵, a⁵⁵ȵə²¹zo³³, ɕə²¹na⁵⁵mi⁵⁵。
咪，阿 牛 宗，晓 纳 咪。

8. （mi²¹dzɿ²¹gə⁵⁵dæ⁵⁵）② gə⁵⁵dæ⁵⁵tshv²¹tʂhə⁵⁵o²¹me⁵⁵, dv²¹dzʐ³³y²¹dzi³³,
（密 极 格 典）格 典 簇 赤 噢 梅，独 之 余 极，
dzi³³mv³³dʐə²¹ka²¹zo³³, ue²¹ka²¹mi⁵⁵, ue²¹ma³³na³³mbv⁵⁵hɯ²¹, kɯ⁵⁵tʂæ³³mv³³
极 牧 甲 嘎 宗，喂 嘎 咪，喂 玛 纳 卜 恒，格 展 牧
kə⁵⁵dzi²¹, a⁵⁵tshe²¹a⁵⁵thv³³thv³³, kə⁵⁵thv³³tʂə⁵⁵, to²¹nga³³ȵə⁵⁵hɯ³³mi⁵⁵, bu²¹
格 极，阿 才 阿 突 突，格 突 哲，东 嘎 牛 恒 咪，卜
khv²¹ȵə²¹zo³³,
可 牛 宗，

a⁵⁵u³³i⁵⁵nɖvr²¹mi⁵⁵, to³³tshe²¹a³¹ku⁵⁵hɯ²¹。
阿 屋 依 独 咪，东 才 阿 共 恒。

9. （gə⁵⁵dæ⁵⁵yə²¹ko²¹）③ gə⁵⁵dæ⁵⁵gə²¹tɕu²¹tha⁵⁵tshv⁵⁵tʂhər⁵⁵o²¹me⁵⁵, a²¹
（格 典 杨 裹）格 典 格 举 塔 簇 赤 噢 梅，阿
ku⁵⁵dzi²¹dʐə²¹ka⁵⁵mv³³, ue²¹hɯ²¹mi⁵⁵,
共 极 夹 嘎 牧，喂 恒 咪，
ue²¹ʐiæ²¹zo³³kə⁵⁵thv³³mi⁵⁵。
喂 蓝 宗 格 突 咪。

---

① 此为季所第四家。
② 密极格典（mi²¹dzɿ²¹gə⁵⁵dæ⁵⁵），此为日树湾大东巴习尚洪家，以"密极"为本家的"格典"家有两家，分别为其本家和第二家。
③ 此为密极格典（mi²¹dzɿ²¹gə⁵⁵dæ⁵⁵）本家。

七　香格里拉市东坝村东巴经《汝日·簇翅》译注　　　　　　　　　　　　　　743

10. ko²¹to⁵⁵tshv²¹tʂhər⁵⁵o²¹me⁵⁵①，ɣ⁵⁵zo³³a³³ma³³，y²¹tha²¹a⁵⁵ka³³dʑi²¹，
　　裹多　簇　赤　噢梅，　　恒宗阿玛，　余塔阿嘎极，

a²¹nga³³a²¹y⁵⁵，a²¹kuʅ⁵⁵gɯ⁵⁵ma⁵⁵thi³³，gɯ³³ma⁵⁵nga³³tɕhi³³ʐɯ⁵⁵tha²¹，na³³
阿嘎　阿余，阿共 更　玛 提，　更　玛　嘎 七　里塔，　纳
mbɯ³³mi³³，bu²¹nga³³ue²¹y⁵⁵，na³³mbv⁵⁵dʐə²¹i⁵⁵ndvr²¹mi⁵⁵，a²¹ku⁵⁵tshe²¹bu²¹
卜　　咪，　卜　嘎　喂余，纳卜 夹　依　独　咪，阿共　才 卜
mi⁵⁵y²¹hɯ²¹，mv³³ȵə⁵⁵hɯ³³gɯ³³ma³³mi⁵⁵，gɯ³³ma⁵⁵hɯ²¹ue²¹dʑə²¹mi⁵⁵，a⁵⁵
咪 余恒，　牧 牛 恒 更 玛 咪，更 玛 恒　喂 夹 咪，阿
hɯ²¹mi⁵⁵，gɯ³³ma³³，ẓua³³mi⁵⁵，a⁵⁵nga²¹zo³³ue²¹hɯ²¹mi⁵⁵，a⁵⁵tɕi²¹zo³³。
恒　咪，　更　玛，　阮　咪，阿嘎宗喂　恒咪，　阿夹宗。

11. dʑi²¹ʂʅ⁵⁵tshv²¹tʂhər⁵⁵o²¹me⁵⁵②，ɖu²¹ma³³，kə⁵⁵tha²¹a⁵⁵hɯ²¹mi⁵⁵，
　　极 什 簇　赤　噢梅，　　独 玛，　格塔阿恒咪，
ẓua³³mi⁵⁵，y⁵⁵hɯ²¹mi⁵⁵，na³³mbv³³zo³³ue²¹ku⁵⁵mi⁵⁵，a²¹sʅ⁵⁵zo²¹，a²¹ʂv⁵⁵mi⁵⁵，
阮　咪，　余恒咪，　纳 卜 宗喂 共 咪，阿思宗，　阿树咪，
na²¹mv⁵⁵nga³³。dʑi²¹ʂʅ⁵⁵gə²¹tʂhæ⁵⁵tshv²¹tʂhər⁵⁵o²¹me⁵⁵，i³³ndər³³tʂə⁵⁵，ue³³
纳 牧 嘎。极 什 格 颤 簇 赤 噢梅，依 独 哲，　喂

---

①　此为密极家分出的"裹多"[ko²¹to⁵⁵]家。
②　此为密极家中分出的"极什"[dʑi²¹ʂʅ⁵⁵]家。

po^{33}i^{33}ndər^{33}mi^{55}, a^{55}tɕhi^{21}mi^{55}, ku^{55}hɯ^{21}。
波 依 独 咪, 阿 七 咪, 共 恒。

12. dv^{21}mbv^{33}khɯ^{33}tshv^{21}tʂʅ^{55}o^{21}me^{55}①, tʂæ^{33}mv^{33}dzə^{21}ka^{21}zo^{33}, ma^{21}
独 卜 可 簇 赤 噢 梅, 展 牧 夹 嘎 宗, 玛
ma^{55}, a^{55}ŋa^{33}a^{21}sʅ^{21}mi^{55}, a^{55}fæ^{21}zo^{33}, a^{21}ku^{55}tha^{21}la^{21}mi^{55}, no^{21}bv^{33}tɕhi^{33}
玛, 阿 嘎阿思咪, 阿发宗, 阿共 塔拉咪, 农 卜 七
ʈɯ^{33}, ue^{33}tɕi^{33}tshe^{21}。ʈɯ^{33}mv^{55}ndv^{21}tshv^{21}tʂhər^{55}, mv^{33}ȵə^{55}ŋa^{33}ue^{33}tɕi^{33}sʅ^{55},
里, 喂极才。里牧 独 簇 赤, 牧牛 嘎喂极思,

mbu^{55}tho^{21}mi^{33}za^{21}gə^{33}ʑv^{21}khv^{55}gv^{21}me^{33}tshe^{55}do^{21}ʈu^{33}ȵi^{33}ɕi^{21}to^{33}kue^{21}ŋɯ^{33}
卜 妥 密 扎格 驻 寇 九 月 初 四 日 习东国
dzʅ^{21}ʑv^{21}ʈu^{55}tshʅ^{21}ŋgv^{33}khv^{55}gv^{33}ȵə^{21}ɤ^{33}lv^{55}kv^{33}ŋɯ^{33}pvr^{55}se^{21}me^{55}②。
在 四 十 九 岁 时 牧牛 时 写 的。

习建勋整理译注

---

① 此为密极家中分出的"独卜可"[dv^{21}mbv^{33}khɯ^{33}]家。
② 此为经书跋语。

后　　记

这是国家社会科学基金重点项目，原名"纳西东巴文献搜集、释读刊布的深度开发研究"（项目批准号：11AZD073），现在把即将出版的最终成果名称稍作改动而为《东巴文献及其当代释读刊布和创新》。本书的主要内容、学术价值、特色以及所提出的一些结论和具体建议。都已经在导论中做了比较细致的叙述。

我在这里说明几个小问题，比如本书中一些纳西语的音译大体求同，但其中由于方言的差异，也会有些差异，纳西音节文字"格巴"也有写为哥巴的，本书里统一为格巴；学术界有的用"本教"，有的用"苯教""钵教"等，本书里统一为"苯教"。有些纳西语的音译，由于方言的差异或习惯用法，也会有些不同，比如纳西族阮可人，也有音译为阮科或汝卡的。国外的人名也因为不同文献的原因，也会有一些音译的差异，比如意大利藏学家图齐（Giuseppe·Tucci），也有音译为杜奇的。

本书的撰写分工如下：

杨福泉：负责项目和全书的设计、统稿，负责上编的撰稿；中编专题研究的第一章、第二章、第三章（与李静生合作）、第四章、第五章、第六章（一）；下编（一）一（与赵世红、李静生合作），下编（二）一（与和秀东合作）。杨杰宏：撰写中编第六章（二）、第七章、第八章、第九章、第十章、第十二章；下编（一）七（与和占元、和根茂、杨玉春、和树荣合作）；下编（二）五（与和根茂、和树荣合作），下编（二）六（与和树荣合作）

和力民：下编（一）二、四；下编（二）二（与和桂生合作）、三。

李德静、下编（一）六；下编（二）八（与杨扎实合作）

李英：（上编）第十一章；下编（一）四（与张磊合作）、下编（二）四（与和讯、和秀山和张磊合作）

张磊：下编（一）四（与李英合作）、下编（二）四（与和讯、和秀山和李英合作）。

习建勋：下编（一）八；下编（二）七（与习志国合作）。

杨琼珍：上编第二章（七）的翻译。

本书责任编辑任明先生耐心细致地审读书稿，不厌其烦，一一指出和纠正文稿中的一些错讹，多次校稿，付出了大量的心血，在此谨向他表示深深的谢意！

杨福泉

2020年1月17日